Schäfer / Conzen
Praxishandbuch der Immobilien-Projektentwicklung

Praxishandbuch der Immobilien-Projektentwicklung

Herausgegeben von

Dr. Jürgen Schäfer

und

Dr. Georg Conzen

Bearbeitet von

Prof. Stefan Blümm, Frankfurt am Main; *Ralf F. Bode*, Hamburg;
Klaus Dederichs, Stuttgart; *Dr. Georg Conzen*, Düsseldorf;
Jörg Eschweiler, Hamburg; *Ralf Euling*, München; *Dr. Robin L. Fritz*, Frankfurt am Main;
Dr. Christiane Gebhardt, St. Gallen/Schweiz; *Dr. Frank Geyer*, Frankfurt am Main;
Dr. Sebastiaan Gerards, Aachen; *Dr. Thomas Harlfinger*, München;
Norbert Hermanns, Aachen; *Dr. Holger Jakob*, Frankfurt am Main; *Axel Jordan*, Hamburg;
Stephan Jüngst, Frankfurt am Main; *Mitja Jurecic*, Stuttart; *Prof. Dr. Tobias Just*, Eltville;
Jörg Kadesch, Frankfurt am Main; *Dr. Jörg Kelter*, Stuttgart;
Wolfgang Kubatzki, Frankfurt am Main; *Jörg Lamers*, Frankfurt am Main;
Joachim Löw, Wiesbaden; *Rainer Milzkott*, Berlin; *Dr. Hans-Georg Napp*, Frankfurt am Main;
Dr. Georg Reutter, Hamburg; *Dr. Stefan Rief*, Stuttgart; *Maik Rissel*, Hamburg;
Andreas Röhrig, Köln; *Dr. Jürgen Schäfer*, Bad Homburg v.d.H.;
Wolfgang Schneider, Hamburg; *Anna Schümann*, Düsseldorf;
Monica A. Schulte Strathaus, Frankfurt am Main; *Hartwig Schulz*, Wiesbaden;
Dr. Ruedi Schwarzenbach, Erlenbach/Schweiz; *Tarkan Straub*, Frankfurt am Main;
Peter Valy, München; *Andreas Völker*, Frankfurt am Main;
Eckhard Wulff, Hamburg

4. Auflage 2019

C.H.BECK

beck.de

ISBN 978 3 406 72621 7

Wilhelmstraße 9, 80801 München

Druck: Beltz Grafische Betriebe GmbH
Am Fliegerhorst 8, 99947 Bad Langensalza

Satz: Fotosatz Buck
Zweikirchener Str. 7, 84036 Kumhausen
Umschlaggestaltung: Ralph Zimmermann – Bureau Parapluie

Gedruckt auf säurefreiem, alterungsbeständigem Papier
(hergestellt aus chlorfrei gebleichtem Zellstoff)

Vorwort zur 4. Auflage

Wir freuen uns, dass auch die dritte Auflage - ebenso wie alle Vorauflagen - sehr gut angenommen und ausverkauft wurde. Das Buch hat sich zu dem Standardwerk im Bereich der Projektentwicklung entwickelt. Wir sind daher auch in dieser 4. Auflage unserer Linie treu geblieben. Renommierte und anerkannte Praktiker schreiben dieses Buch aus Ihrer Praxis für die Praxis. Alle bisherigen Artikel wurden von den Autoren überarbeitet und aktualisiert. Aufgrund der Aktualität des Themas „Digitalisierung" haben wir hierzu einen Artikel neu aufgenommen. Ebenso wurden für die Themen „Redevelopment" und „Baulandentwicklung" eigenständige Artikel verfasst. Das Gleiche gilt für das Thema „Projektentwicklung im Bestandsportfolio aus Unternehmersicht". Wir wünschen allen Lesern eine interessante Lektüre voller Anregungen.

Bad Homburg v.d. Höhe, Düsseldorf, im Januar 2019

Dr. Jürgen Schäfer
Dr. Georg Conzen

Vorwort zur 1. Auflage

In Deutschland werden im Durchschnitt jedes Jahr alleine Büro- und Verwaltungsgebäude mit einer Fläche von 6 Mio. m^2 fertiggestellt (Statistisches Bundesamt, veröffentlichte Gesamtzahl der Fertigstellungen zwischen 1995 und 1999). Dies entspricht einem Investitionsvolumen von mindestens 13 Mrd. €. Dennoch wurde der Bereich der Projektentwicklung ebenso wie die Immobilienwirtschaft im Ganzen hinsichtlich der Ausbildungsangebote und der zur Verfügung stehenden Literatur bisher stark vernachlässigt. Noch immer gibt es für die Immobilien-Projektentwicklung kein umfassendes Handbuch aus der Praxis für die Praxis. Diesem unbefriedigenden Umstand soll mit dem vorliegenden Werk ein Ende bereitet werden.

Dieses Buch behandelt erstmals umfassend die wichtigsten Aspekte einer Projektentwicklung von der Akquisition des Grundstücks bis zur Veräußerung des fertiggestellten und vermieteten Objektes. Über 20 renommierte Autoren aus der Praxis schildern hierbei sowohl den anzustrebenden idealtypischen Ablauf einer Projektentwicklung als auch Strategien und Maßnahmen zur Vermeidung bzw. Beseitigung der projektentwicklungsimmanenten Problemstellungen.

Wir wünschen dem Leser, dass ihm dieses Handbuch für seine tägliche Arbeit wichtige Hinweise und Anleitungen gibt.

Frankfurt am Main/Düsseldorf im April 2002

Dr. Jürgen Schäfer
Dr. Georg Conzen

Inhaltsübersicht

Inhaltsverzeichnis

Inhaltsverzeichnis

Literaturverzeichnis

Bauer et al.: Green Building: Konzepte für nachhaltige Architektur. München, 2007

Bauer, W. (Hrsg.), Jurecic, M., Rief, S., Stolze, D.: Office Analytic – Erfolgsfaktoren für die Gestaltung einer typbasierten Arbeitswelt. Stuttgart: Fraunhofer Verlag, 2018

Bauer, W. et al.: Jahresbericht 2016 Fraunhofer IAO. Stuttgart: Fraunhofer Verlag, 2017

Bauer, W., Hofmann J.: Klassifikationsschema Büro. Nutzertypen als Grundlage für eine tätigkeits- und nutzerorientierte Bürogestaltung, in: wt Werkstatttechnik online, Heft 1/2, 2004

Baumgärtner, F./T. Eßer/R. Scharping (Hrsg.); Public Private Partnership in Deutschland, Frankfurt a.M., 2009

Bertschek, Irene/Graumann, Sabine, Monitoring Report: Wirtschaft DIGITAL 2014 https://www.tnsinlfatest.com/wissensforum/studien/pdl7bmwi/tns_inlratestjnonitoring_repor t_2014_langfassung.pdf (19.6.2017)., 2014

Bode, Ralf F.: Nachhaltigkeitszertifizierung als Werkzeug des Risikomanagements, Immobilienwirtschaftliche Zukunftsstrategien mit Green Building Labels. In: greenbuilding 10/2010.

Bode, Ralf F.: „Wer nicht mitmacht, hat schon verloren!", Megatrend Nachhaltigkeit: Standards für Immobilien der Zukunft. In: greenbuilding 02/2012.

BREEAM: BREEAM Europe Commercial. URL: http://www.breeam.org/page.jsp?id=293 (Stand: 29.4.2013)

Bone-Winkel, S., Feldmann, P, Spies, F.F.: Bauwirtschaft und Projektentwicklungsmarkt, in: Schulte, K.-W. [Hrsg.] Immobilienökonomie IV – Volkswirtschaftliche Grundlagen, 4. Auflage, Oldenbourg, München, S. 43-66, 2008

Budäus, D. (1998); Organisationswandel öffentlicher Aufgabenwahrnehmung, Baden-Baden

Bundes-SGK – Sozialdemokratische Gemeinschaft für Kommunalpolitik in der Bundesrepublik Deutschland e.V.; Öffentlich-Private Partnerschaften für Kommunen – Ein Wegweiser der Projektarbeitsgruppe Öffentlich-Private Partnerschaften der SPD-Bundestagsfraktion, Berlin, 2004

Bullinger, H.-J., Kelter, J.: Quo vadis Büro? Die Entwicklung des Büro-Arbeitsplatzes. In: Votteler, Arno (Hrsg.): Lebensraum Büro: Ideen für eine neue Bürowelt; Oktagon-Verlag, München, Stuttgart, 1992

Bundesministerium für Verkehr, Bau und Wohnungswesen (BMVBW); Gutachten, PPP im öffentlichen Hochbau, Berlin, 2003

Bundesministerium für Verkehr, Bau und Wohnungswesen (BMVBW)/Deutscher Sparkassen- und Giroverband (DSGV) (2009); PPP-Handbuch – Leitfaden für öffentlich-private Partnerschaften, Bad Homburg

Bundesministerium für Verkehr, Bau und Stadtentwicklung (o.J.): BNB-Bewertungsmethodik. URL: http://www.nachhaltigesbauen.de/bewertungssystem-nachhaltiges-bauen-fuer- bundesgebaeude-bnb/bnb-bewertungsmethodik.html (Stand: 29.4.2013)

Bundesministerium für Wirtschaft und Arbeit; Public Private Partnership – Ein Leitfaden für öffentliche Verwaltung und Unternehmer, Berlin, 2003

Creusen, Utho/Gull, Birte/Hackl, Oliver, Digital Leadership: Führung in Zeiten des digitalen Wandels. Wiesbaden: Springer Fachmedien, 2017.

Deutsche Gesellschaft für nachhaltiges Bauen (DGNB): Daten und Fakten. URL: http://vvww.dgnbinternational.com/fileadmin/consense/Vortraege__2010/Workshops_100623/VolkerAuchSchw elk_DatenFaktenDGNBZertifizierteGebaeude_Consense2010.pdf

Deutsches Netzwerk Büro e.V./ Initiative Neue Qualität der Arbeit (Hrsg.): Büroarbeit weiter denken. Dr. Curt Haefner-Verlag GmbH, Leinfelden-Echterdingen, 2017

Literaturverzeichnis

Deutscher Verband der Projektmanager in der Bau- und Immobilienwirtschaft (DVP) e.V. (Hrsg.): Nachhaltigkeitsrelevante Prozesse in der Projektsteuerung. Berlin, 2011

Draeger, Susan (2010): Endbericht: Vergleich des Systems des Deutschen Gütesiegels Nachhaltiges Bauen mit internationalen Systemen, Forschungsprogramm Zukunft Bau im Auftrag des BMVBS, Berlin

DGUV: DGUV Information 215-441: Büroraumplanung – Hilfen für das systematische Planen und Gestalten von Büros. Deutsche gesetzliche Unfallversicherung, Berlin, 2016

Eichholz, Piet et al.: Marktstudie: Doing well by doing good? An analysis of the financial performance of green buildings in the USA, 2008

Eichhorn, P./C. Reichard; G.F. Schuppert (Hrsg.); Kommunale Wirtschaft im Wandel – Chancen und Risiken, Baden-Baden, 1999

Eilbacher, M./H.-G. Napp; Ausschreibung und Vergabe beim PPP-Praxisbeispiel Hochtaunuskliniken, in: Knop, D/M. Weber (Hrsg.)., PPP-Jahrbuch 2012, S. 51-54 *Euroconstruct* (2017): Summary Report 84st Euroconstruct Conference, München, November 2017.

Finanzministerium des Landes Nordrhein-Westfalen; Public Private Partnership im Hochbau – Finanzierungsleitfaden, Frankfurt am Main/Düsseldorf, 2004

Fraunhofer IAO: Unveröffentlichte Projektdokumentationen

Gottschalk, O.: Verwaltungsbauten – Flexibel, kommunikativ, nutzerorientiert. Bauverlag GmbH; Wiesbaden, Berlin, 1994

GreenBookLive (o.J): BREEAM. URL:http://www.greenbooklive.com/search/scheme.jsp?id=8 (Stand: 26.4.2013)

Green Building Certification Institute (GBCI) (2011): URL: http://www.gbci.org/org- nav/about-gbci/about-gbci.aspx (Stand: 26.4.2013)

Haner, U.-E.: Organizational innovation – A matter of concurrency. In: The ISPIM Innovation Summit, Kuala Lumpur, Malaysia on 4-7 December 2016

Hasso-Plattner-Institut, Was ist Design Thinking? https://hpi-academy.de/design-thinking/was-ist-design-thinking.html (11.10.2017).

Hund Möbelwerke: https://www.hund-moebel.de/wp-content/uploads/2016 /10/planungsprinzip-buero-konzepte-zellenbuero.png

Jones Lang LaSalle: Property Management Benchmark: Büroflächenkennziffern. 2005; Büroflächenkennziffern 2009. Studie zur Belegung von Büroflächen, Frankfurt, 2009

Just, T. (2013): Demografie und Immobilien. 2. Aufl. Oldenbourg. München.

Just, T. und Uttich, S.: Es sind nicht nur Gebäude. Frankfurter Societäts Verlag. Frankfurt, 2016

Just, T.; Voigtländer, M.; Eisfeld, R.; Ilenger, R.; Hesse, M. und Toschka, A. (2017). Wirtschaftsfaktor Immobilien 2017. Studie im Auftrag von: gif e.V., DV e.V., BID und Haus & Grund Deutschland e.V., Wiesbaden und Berlin.

Kapp, H.-G.; Schulfinanzierung heute – Nutzungsüberlassung im Rahmen des Public Private Partnership, in: Rathaus consult, Heft 3, S. 22-23, 2003

Kapellmann/Langen, Einführung in die VOB/B, 2012

Kelter, J.: New Work – In die Zukunft denken. Auf dem Weg in eine multilokale und agile Bürowelt. In: Swiss Prime Site, Prime Times, Ausgabe August 2015; S. 4-9.

Kelter, J.: Auf dem Weg in die Zukunft – Trends und Produktivitätspotenziale für exzellente Bürowelten. in: Die Zukunft der Arbeit. Winterfeld, U.; Godehardt, B.; Reschner, C. (Hrsg.), Frank & Timme Verlag, 2011

Kelter, J.: Der Office-Excellence-Check – Erstellung von Basismaterialien. Projektbericht für die Bundesanstalt für Arbeitsschutz und Arbeitsmedizin (BAuA), 2006

Kelter, J.: Entwicklung einer Planungssystematik zur Gestaltung der räumlich-organisatorischen Büroumwelt. IPA-IAO Forschung und Praxis 380. Zugl.: Stuttgart, Univ., Diss., 2002. Jost-Jetter Verlag, Heimsheim, 2003

Kern, P., Lorenz, D.: Planung und Realisierung von Bürogebäuden. In: IO Management zeitschrift (1991), Nr. 9

Kirchhoff U./H.-G. Napp; Innovative Finanzdienstleistungen schaffen Haushaltsspielräume, in: Priewasser, E.; N., 2000

Kleinheyer; Veränderungsmanagement und Restrukturierung im Kreditgewerbe, Frankfurt am Main, S. 663-692

Kniffka, Bauvertragsrecht, 3. Aufl. 2018

Kniffka, ibrOKBauVertrR, Online, Kommentar (Stand 12.12.2017)

Königswieser, Roswita/Hillebrand. Martin [2013], Einführung in die systemische Organisationsberatung. Heidelberg: Carl-Auer Verlag GmbH, 2013.

Kroll, M.; Leasing-Handbuch für die öffentliche Hand (11. Aufl.), Lichtenfels *Lakenbrink, Simone* (2009): Zertifizierung von Bestandsimmobilien. Untersuchung der Neubauzertifizierung „Deutsches Gütesiegel Nachhaltiges Bauen" auf die Anwendbarkeit auf Bestandsgebäude. Berlin, 2010

LEED: LEED Green Building Rating Systems. URL: http://www.usgbc.org/leed/ rating-systems (Stand: 29.4.2013)

Lennerts, Kunibert et al.: Handbuch: Nachhaltige Shopping-Center. Karlsruhe und Hamburg, 2010

Locher/Koeble/Frik, Kommentar zur HOAI, 13. Aufl. 2016

Loitzl, M., Puffert, M.: Der Büroplaner. Lebensmittel Büro. Eschborn: Management Circle Edition, 2008

Messerschmidt/Voit, Privates Baurecht, 3. Aufl. 2018

Metzger, Wertermittlung von Immobilien und Grundstücken, 6. Aufl., Haufe Verlag, Freiburg, München, Stuttgart, 2018

Mösle, Peter et al.: Green Building Label. Die wichtigsten Zertifizierungen auf dem Prüfstand. In: greenbuilding 02/2009.

Münchner Handbuch des Gesellschaftsrechts, Gummert/Weipelt (Hrsg.), Band 1, 4. Aufl. 2018

Napp, H.-G. (2003); Finanzierungswege für PPP-Modelle – Angesichts des Aufgabenspektrums der Kommunen bietet sich eine Kooperation von öffentlicher Hand und Privatsektor an – Lösen Public-Private-Partnership-Modelle den Investitionsstau auf?, in: Demokratische Gemeinde, Heft 12, S. 16

Napp, H.-G.; Public Private Partnership – Finanzierungsaspekte, in: Kommunalpolitische Blätter, Heft 10, S. 56-59, 2004

Napp, H.-G.; Aus Sicht der Finanzwirtschaft: Beschaffungsvariante mit Zukunft, in: Knop, D/M. Weber (Hrsg.)., PPP-Jahrbuch 2012, S. 17-20, 2012

Osterwalder, Alexander/Pigneur, Yves, Business Model Generation, John Wiley & Sons, Inc., 2018

Piele, C., Piele, A.: Mobile Arbeit – Eine Analyse des verarbeitenden Gewerbes auf Basis der IG Metall-Beschäftigungsbefragung 2017. Stuttgart, Fraunhofer Verlag, 2017

Priewasser, E./N. Kleinheyer; Veränderungsmanagement und Restrukturierung im Kreditgewerbe, Frankfurt am Main, 2000

Reidenbach, M./Bracher, T./Grabow, B./Schneider, S./Seidel-Schulze, A.; Investitionsrückstand und Investitionsbedarf der Kommunen (Deutsches Institut für Urbanistik (Difu) (Bd. 4), Berlin, 2008

Rief, S., Seifferlein, W.: Cognitvie Environments – Über die Wechselwirkungen von persönlichen Daten und Raumparametern. In: md Interior Design Architecture, 64. Jg., Heft Februar 2018, S. 20-23

Roland Berger Strategy Consultants: Studie: Energie- und Ressourceneffizienz im Immobilienmanagement. München, 2011

Schäfer, J., Conzen, G.: Praxishandbuch der Immobilienprojektentwicklung, 3. Aufl., C.H.Beck. München 2013

Schlemminger, Horst (Hrsg.) (2013): Green Building: Zertifikate Recht Steuern Finanzierung, Stuttgart

Literaturverzeichnis

Sehwarting, G. Kommunales Kreditwesen – Haushaltsrechtliche Grundlage/Schuldenmanagement/Neue Finanzierungsformen. Berlin, 2000

Spath, D. (Hrsg.), Bauer, W.; Rief, S.; Kelter, J.; Haner, U.-E.; Jurecic, M.: Arbeitswelten 4.0 – Wie wir morgen arbeiten und leben. Stuttgart: Fraunhofer-Verlag, 2012

Spath, D. (Hrsg.), Kelter, J., Rief, S., Bauer, W., Haner, U.-E.: Information Work 2009 – Über die Potenziale von Informations- und Kommunikationstechnologien bei Büro- und Wissensarbeit. Stuttgart, Fraunhofer Verlag, 2009

Stolze, D., Kelter, J., Rief, S., Bauer, W.: Neue Arbeitswelten: Erfahrungen aus der Einführung und Umsetzung von New Work Projekten. In: Bericht zum 60. Kongress der Gesellschaft für Arbeitswissenschaft vom 12.-14. März 2014, München, S. 478-480.

Sturm, F., Kelter, J., Schimpf, S., Castor, J.; Wagner, F.; Rief, S.: FuE Arbeitsumgebung 2015+. Fraunhofer IAO, Stuttgart, 2012

van Meel, J.: The European Office – Office design and national context. 010 Publishers, Rotterdam, 2000

VBG: Büroarbeit – sicher, gesund und erfolgreich (BGI 650), BC-Verlag, 2016

Vornholz, Günter et al.: Marktstudie Deutsche Hypo: Nachhaltigkeit in der Im mobil i en Wirtschaft. Hannover, 2012

Wendlinger, Immobilienkennzahlen, Fundierte Immobilienanalyse in der Praxis, 2. Aufl., Linde Verlag, Wien, 2018

Werner/Pastor, Der Bauprozess, 16. Aufl. 2017

WGBC (World Green Building Council): Research Report: THE BUSINESS CASE FOR GREEN BUILDING, A Review of the Costs and Benefits for Developers, Investors and Occupants, 2013

Wurm/Wagner/Zartmann, Das Rechtsformularbuch, 2011

Yudelson, Jerry: Green Building A to Z: Understanding the Language of Green Building. Gabriola Island, Kanada, 2007

Zerhusen, Mandatspraxis Privates Baurecht, 2008

ZJA Zentraler Immobilien Ausschuss e.V. (Hrsg.) (2015): Perspektiven der Immobilienwirtschaft – Nachhaltigkeit: Kodex, Berichte und Compliance. Berlin

Autorenverzeichnis

Prof. Dipl.-Ing. Dipl.-Ing. (FH) Immobilienökonom (ebs) Stefan Blümm lehrt an der Hochschule RheinMain in Wiesbaden im Studiengang Immobilienmanagement. Sein Forschungs- und Vorlesungsschwerpunkt liegt in den Fachgebieten Projektentwicklung und Projektmanagement. Zuvor war er in verschiedenen Leitungsfunktionen in renommierten Unternehmen, u.a. 10 Jahre bei KSP Jürgen Engel und 8 Jahre als Geschäftsführer des Unternehmensbereichs „Projektentwicklung" der DIC Deutschen Immobilien Chancen, maßgeblich am jeweiligen Unternehmenserfolg beteiligt. Von ihm verantwortete Projekte erhielten Auszeichnungen und Preise, wie z.B. den international höchst renommierten „Mipim Award" und den „Immobilienmanager Award", jeweils für die beste deutsche Projektentwicklung. Neben seiner Tätigkeit in der Forschung und Lehre, berät Herr Professor Blümm kommunale, private und institutionelle Immobilieninvestoren zu Strategien der Unternehmens-, Portfolio- und Projektoptimierung.

Ralf F. Bode ist geschäftsführender Gesellschafter der atmosgrad° GmbH mit Sitz in Hamburg. Er studierte Architektur an der RWTH Aachen, in Paris und in den USA sowie Immobilienökonomie an der European Business School. Er arbeitete als freier Architekt und war verantwortlicher Projektleiter für das Pavillongelände der Weltausstellung EXPO 2000 in Hannover. Bis 2009 arbeitete er in Projektmanagement und -entwicklung für die offenen Immobilienfonds der Union Investment Real Estate, war für diverse Bauvorhaben und Entwicklungsprojekte im Bereich Büro, Hotel und Einzelhandel verantwortlich, und leitete unter anderem das Bishopsgate Tower Projekt in London. Seit 2007 ist er in der Deutschen Gesellschaft für Nachhaltiges Bauen (DGNB) aktiv und gründete 2009 mit atmosgrad° eines der ersten Projektmanagement- und Beratungsunternehmen in Deutschland, das sich ganz der Nachhaltigkeit in der Immobilienbranche, dem Green Building Management und der Immobilienzertifizierung widmet. 2012 gründete er mit der pbr AG das Gemeinschaftsunternehmen a°blue, um die zentralen Green Building Themen auch im Planungsalltag zu verankern. Er ist Dozent an der Akademie der Immobilienwirtschaft (ADI) in Hamburg, ist Mitglied der Fachkommission Nachhaltigkeitszertifizierung des AHO und schreibt Fachartikel zum Thema. Er arbeitet als Auditor und berät als Mitglied des Immobilienbeirates das DGNB-Präsidium zu immobilienwirtschaftlichen Fragen.

Dr. Georg Conzen, MRICS, ist seit über 20 Jahren spezialisiert auf die Bereiche Investment und Projektentwicklung hochwertiger Gewerbeimmobilien. Er ist Mitbegründer und geschäftsführender Gesellschafter der CORESIS Management GmbH, eine auf Immobilienanlagen spezialisierte Vermögensverwaltungsgesellschaft. Der Tätigkeitsschwerpunkt der CORESIS liegt in der Entwicklung und Umsetzung von individuellen auf den Investor zugeschnittenen Investmentlösungen. Mandanten sind insbesondere institutionelle Investoren sowie Privatbanken und Family Offices.

Herr Dr. Conzen war vor seiner jetzigen Tätigkeit geschäftsführender Gesellschafter der COVER Projektentwicklung GmbH in Düsseldorf. In dieser Funktion realisierte er zahlreiche Gewerbeimmobilien und veräußerte diese erfolgreich an institutionelle Investoren. Im Rahmen seiner beiden vorhergehenden beruflichen Stationen als Geschäftsführer der RAG Gewerbeimmobilien GmbH und als Prokurist der IVG Immobilien AG verantwortete er insbesondere den Geschäftsbereich Development.

Herr Dr. Conzen studierte Raumplanung (Dipl.-Ing.) und promovierte im immobilien-betriebswirtschaftlichen Bereich (Dr.rer.pol.). Er war von 2005 bis 2016 Studienleiter mit Schwerpunkt Real Estate Management bzw. Dozent für den Studiengang „Master of Science in Redevelopment – Real Estate and Urban Management" an der RWTH Aachen. Im Rahmen der Referendarausbildung (Hochbau) des Landes Nordrhein-Westfalen war er als Dozent für den Bereich Projektentwicklung tätig. Herr Dr. Conzen ist Member der Royal Institution of Chartered Surveyors sowie Herausgeber und Co-Autor der im C.H. Beck-Verlag erschienen Praxishandbücher „Immobilien-Investitionen" und „Immobilien-Projektentwicklung".

Klaus Dederichs ist seit 2015 für Drees & Sommer tätig. Er ist Associate Partner und Head of ICT der Drees & Sommer-Gruppe und verantwortet insbesondere die Themen Information and Communication Technology (ICT), Digitalisierung, Business Transformation, IoT, Big Data, Industrie 4.0 und Data Center, Vorbereitungsphase und Planungsphase. Klaus Dederichs studierte Physikalische Technik an der FH Aachen und arbeitete mehrere Jahre lang in verschiedenen Ingenieurbüros. Von 1999 an verantwortete er bei einem international agierenden Beratungs- und Planungsunternehmen zunächst als Projekt- und Fachbereichsleiter, später als Geschäftsführer, Prokurist und Partner zahlreiche Projekte im Rahmen des

Lebenszyklus von Immobilien. Als Leiter Rechenzentrum war er für die Entwicklung und Konzeption der Rechenzentrumsplanung verantwortlich. Klaus Dederichs entwickelte den Kongress Bau- und Betrieb von Rechenzentren (Management Forum Starnberg), den er bis heute als Kongressleiter organisiert und moderiert.

Jörg Eschweiler ist Leiter Portfoliostrategie Immobilien und Prokurist der Family Office Bank Marcard, Stein & Co AG in Hamburg. Mit Kunden setzt er sowohl direkte als auch indirekte Immobilienanlagestrategien im kompletten Risiko-Renditespektrum um, hierunter auch Eigen- und Fremdkapitalbeteiligungen an Bestands- und Neubauprojektentwicklungen. Er ist Immobilienökonom sowie Diplomingenieur für Städtebau und Stadtplanung.

Ralf Euling (Rechtsanwalt und Partner), Jahrgang 1964, studierte Rechtswissenschaften in Bochum und Marburg an der Lahn. Nach dem ersten Staatsexamen 1991 und dem zweiten Staatsexamen 1994 ist er als Rechtsanwalt mit den Schwerpunkten privates Baurecht / Architektenrecht, Vergaberecht sowie gewerbliches Mietrecht tätig. Seine berufliche Laufbahn begann er in Frankfurt am Main bei einer auf das private Bau- und Architektenrecht spezialisierten Kanzlei. Ab 2002 war er in München in einer internationalen Wirtschaftskanzlei tätig und trat 2011 als Partner zunächst bei Sibeth Rechtsanwälte Steuerberater, München ein, die 2015 zu ARNECKE SIBETH und seit 2018 zu ARNECKE SIBETH DABELSTEIN fusioniert sind. Ralf Euling ist überwiegend beratend bei der Gestaltung von Bau- und Architektenverträgen, gewerblichen Mietverträgen und der Gestaltung von Vergabeverfahren tätig, verfügt daneben aber auch über langjährige Erfahrung bei gerichtlichen Streitigkeiten. Daneben ist er auch als Dozent für die ADI Akademie für Immobilienwirtschaft am Standort München für privates Baurecht und als Lehrbeauftragter an der HBC Hochschule Biberach University of Applied Sciences tätig.

Dr. Robin L. Fritz (Rechtsanwalt und Partner) hat sein zweites Staatsexamen im Jahr 1986 abgelegt und war anschließend in einer New Yorker Anwaltskanzlei tätig. Im Jahr 1988 erfolgte die Promotion zum Dr. jur. Er ist seit 1987 Rechtsanwalt in Frankfurt am Main in der auf Wirtschaftsrecht mit Schwerpunkt im Bereich Immobilienrecht spezialisierten Kanzlei Paul, Paul & Schmitt, in der er seit 1988 Partner ist. Heute ist er geschäftsführender Partner der Kanzlei FPS Fritze Wicke Seelig Partnerschaftsgesellschaft von Rechtsanwälten mbB, die aus der Fusion der Kanzleien Paul, Paul & Schmitt und Fritze Weigel Bornemann Arnold & Kelm hervorgegangen ist

Dr. Christiane Gebhardt ist Head Global Initiatives bei Malik Management Zentrum St. Gallen in der Schweiz. Ihr Schwerpunkt liegt in der Strategie- und Organisationentwicklung und Umsetzungsbegleitung in Smart Cities, Innovationsclustern und Science Parks sowie im Management Development und Coaching von Führungskräften.

Dr. Frank Geyer, ist seit 2017 bei der Kanzlei FPS Fritze Wicke Seelig Partnerschaftsgesellschaft von Rechtsanwälten mbH als Rechtsanwalt und Fachanwalt für Steuerrecht mit Schwerpunkt im Steuerrecht, insbesondere im Immobiliensteuerrecht, tätig. Seit seiner Zulassung als Rechtsanwalt im Jahr 2010 hat er für weitere nationale und internationale Kanzleien in diesem Bereich gearbeitet. Neben der Beratung von in- und ausländischen, institutionellen Investoren und Private Clients bei Immobilientransaktionen stellen die Betreuung bei Betriebsprüfungen, in komplexen Einspruchs- und Klageverfahren sowie bei konzerninternen Umstrukturierungen weitere Schwerpunkte seiner Praxis dar.

Dr. Sebastiaan Gerards ist seit Ende 2016 als Vorstandsreferent bei der Landmarken AG in Aachen tätig. Hier unterstützt er Vorstand Norbert Hermanns in der täglichen Vorstandsarbeit und bei unternehmensstrategischen Zukunftsthemen. Der gebürtige Flame hat im belgischen Hasselt Architektur studiert und dort auch seinen Master gemacht. An der niederländischen Universität Maastricht setzte er noch einen zweiten Master-Abschluss in „Arts & Heritage" drauf, ehe er für vier Jahre nach Hasselt zurückkehrte, um zum Thema Generationenwohnen in Bestandsgebäuden zu promovieren.

Dr. Thomas Harlfinger MRICS studierte an der Technischen Universität Dresden Bauingenieurwesen. Im Anschluss an sein Diplom war er als wissenschaftlicher Mitarbeiter am Institut für Stadtentwicklung und Bauwirtschaft an der Universität Leipzig für die Bereiche Projektentwicklung und Projektmanagement verantwortlich. Hierbei übernahm er neben den Lehraufgaben vor allem Forschungs- und Beratungsprojekte zu den Themen „Entwickeln und Bauen im Bestand" und „Immobilienmanagement". Im Jahr 2005 schloss Herr Dr. Harlfinger sein Promotionsverfahren durch die Verteidigung seiner Dissertation mit dem Titel „Referenzvorgehensmodell zum Redevelopment von Bürobestandsimmobilien" ab. Seit 2006 ist Herr Dr. Harlfinger für Drees & Sommer tätig. Hier liegen seine Tätigkeitsschwerpunkte einerseits im Bereich Immobilienconsulting mit Fokus auf Portfoliostrategie und -management, Public Private Partnership sowie Projektentwicklung. Andererseits übernimmt Herr Harlfinger Leistungsbilder des Projektmanagements. Weiterhin wissenschaftlich engagiert sich Herr Dr. Harlfinger als Lehrbeauftragter der Universität Leipzig. Seit 2013 ist er Geschäftsführer der Drees & Sommer GmbH München und seit 2017 Partner der Drees & Sommer SE.

Norbert Hermanns ist Gründer und Vorstandvorsitzender der Landmarken AG. Hier entwickelt er seit Jahrzehnten große Immobilienprojekte aus den Bereichen Handel, Wohnen, Büro- und Spezialimmobilien, aber auch ganze Stadtquartiere. Nutzerfreundlichkeit, Ideenreichtum, Nachhaltigkeit, gute Architektur und das Schaffen von Mehrwerten sind ihm dabei ebenso wichtig wie die Wirtschaftlichkeit. Landmarken faszinieren ihn als Objekte mit prägender Wirkung auf ihr Umfeld. Nicht zuletzt geht es Norbert Hermanns auch darum, Impulse für Innenstadt-Entwicklungen zu geben. Die Verbindung aus Ästhetik, Nachhaltigkeit und gesellschaftlichem Nutzen ist dabei immer das oberste Ziel.

Dr. Holger Jakob absolvierte sein Studium an der Universität Passau. Nach Zulassung als Rechtsanwalt im Jahre 1996 promovierte er im Jahre 1998 an der Universität Marburg. Herr Rechtsanwalt Dr. Jakob berät im Gesellschaftsrecht/M&A sowie im Steuerrecht. Die Beratungsschwerpunkte im Gesellschaftsrecht/M&A liegen vorwiegend im Bereich von Gesellschaftsgründungen, Umwandlungen und Strukturierungen sowie der Begleitung von Transaktionen. Dr. Holger Jakob wurde in 2002 zum vereidigten Buchprüfer und in 2005 zum Steuerberater bestellt.

Axel Jordan ist Leiter Gewerbekunden Mittelstand & Verbund der DZ HYP. Herr Jordan verfügt über langjährige Erfahrung in der gewerblichen Immobilienfinanzierung. Nach Bankausbildung und dem Studium der Betriebswirtschaftlehre an der Universität zu Köln arbeitete Herr Jordan in unterschiedlichen leitenden Funktionen bei diversen Pfandbriefbanken u.a. bei der EUROHYPO AG sowie der LBB/Berlin Hyp AG bevor er 2008 als Leiter Gewerbekunden Mittelstand & Verbund in die DZ HYP (vormals DG HYP) eintrat. In seinem Verantwortungsbereich liegt die bundesweite Steuerung – über 6 Regionalzentren in den Metropolen – des gemeinschaftlichen, gewerblichen Immobiliengeschäftes mit Volksbanken und Raiffeisenbanken sowie des Direktgeschäftes mit professionellen, gewerblichen Immobilienkunden.

Stephan Jüngst (Rechtsanwalt und Fachanwalt für Bau- und Architektenrecht, Partner) ist im Jahre 1968 in Bad Homburg v. d. H. geboren. Er studierte Rechtwissenschaften in Mainz. Sein erstes Staatsexamen absolvierte er im Jahre 1993 und sein zweites Staatsexamen im Jahre 1996. Herr Jüngst ist seit 1996 in der Sozietät FPS Fritze Wicke Seelig Partnerschaftsgesellschaft von Rechtsanwälten mbB in Frankfurt am Main tätig, in der er seit 2000 Partner ist. Herr Jüngst ist auf die Gebiete des Immobilien- und Architektenrecht, Privates Baurecht und gewerbliches Mietrecht spezialisiert

Mitja Jurecic hat Immobilienwirtschaft und Innovationsmanagement studiert. Am Fraunhofer-Institut für Arbeitswirtschaft und Organisation in Stuttgart leitet er innerhalb des Forschungsbereichs Unternehmensentwicklung und Arbeitsgestaltung das Team Workspace Innovation Er verantwortet u.a. das Verbundforschungsprojekt OFFICE 21, in dem die aktuellen und zukünftigen Entwicklungen in der Büro- und Wissensarbeit frühzeitig identifiziert und konkrete Handlungsoptionen zur optimalen Gestaltung und Implementierung neuer Arbeitswelten entwickelt werden. Seine Arbeitsschwerpunkte sind die Erforschung von Arbeitsumgebungen mit dem Ziel die Leistung von Individuen und Teams zu fördern und die Innovationsfähigkeit von Unternehmen zu steigern. Mitja Jurecic hat zahlreiche Planungsprojekte begleitet und innovative Büro- und Arbeitsumgebungen für Unternehmen entwickelt.

Prof. Dr. Tobias Just, Wissenschaftlicher Leiter der IRE|BS Immobilienakademie und Professor für Immobilienwirtschaft an der Universität Regensburg. Nach seiner Ausbildung zum Groß- und Außenhandelskaufmann beim Otto-Versand Hamburg studierte Tobias Just Volkswirtschaftslehre an den Universitäten Hamburg und Uppsala/Schweden. Seine anschließende Promotion an der Helmut-Schmidt-Universität der Bundeswehr Hamburg zum Thema Globalisierung und Ideologie wurde 2001 mit dem Wissenschaftspreis der Universität ausgezeichnet. Parallel dazu unterrichtete er am Europa-Kolleg Hamburg und dem Haus Rissen-Institut internationale Ökonomie. Von 2001 bis Oktober 2011 war Tobias Just als Senior Economist bei Deutsche Bank Research für bau- und immobilienrelevante Themen sowie für die Entwicklung von Branchenanalysetools verantwortlich; seit Anfang 2008 leitete er die Branchen- und Immobilienmarktanalyse. Tobias Just war von 2003 bis 2007 Mitglied der IFD-Arbeitsgruppe zur Einführung von REITs in Deutschland und nahm regelmäßige Lehraufgaben an der TU Berlin sowie an der IRE|BS Immobilienakademie wahr. 2006 war Tobias Just Research Fellow am American Institute of Contemporary German Studies an der Johns Hopkins Universität Washington DC. 2010 wurde er mit der Schrift Demografie und Immobilien an der TU Berlin habilitiert. Neben rd. 60 Studien für Deutsche Bank Research hat Tobias Just über 70 Artikel in Fachbüchern und Fachzeitschriften publiziert. Ende 2011 erschien das Buch „Understanding German Real Estate Markets“, das Tobias Just gemeinsam mit Wolfgang Maennig herausgegeben hat. Seit 2012 ist er im Executive Committe des Urban Land Institute Germany und im Vorstand der Corporate Governance Initiative der deutschen Immobilienwirtschaft.

Autorenverzeichnis

Jörg Kadesch (Rechtsanwalt und Fachanwalt für Bau- und Architektenrecht, Partner) ist im Jahre 1971 in Eltville/Rheingau geboren. Er studierte Rechtswissenschaften in Mainz und Modena/Italien. Sein erstes Staatsexamen absolvierte er im Jahre 1997 und sein zweites Staatsexamen im Jahre 2000. Herr Kadesch ist seit 2000 als Rechtsanwalt zugelassen und in der Kanzlei FPS Fritze Wicke Seelig Partnerschaftsgesellschaft von Rechtsanwälten mbB in den Bereichen Immobilienwirtschaftsrecht und Privates Bau- und Architektenrecht tätig, in der er seit 2005 Partner ist.

Dr.-Ing. Jörg Kelter, Maschinenbau-Studium an der Universität Stuttgart mit dem Vertiefungsschwerpunkt Arbeitswissenschaft. Seit 1989 langjährige Mitarbeit am Fraunhofer-Institut für Arbeitswirtschaft und Organisation (IAO), Stuttgart, in unterschiedlichen Funktionen. Abschluss der Promotion 2002. Er hat zahlreiche Projekte für Unternehmenskunden wie auch für öffentliche Auftraggeber und Ministerien geleitet und ist Autor diverser nationaler und internationaler Fachartikel und Buchbeiträge. Seine Tätigkeitsschwerpunkte in Forschungs- und Beratungsprojekten rund um das Thema „Arbeits-/Bürowelten für Wissensarbeit" umfassen: New Work Consulting; Entwicklung und Implementierung nutzerorientierter Bürokonzepte unter besonderer Berücksichtigung von organisatorischen Aspekten, technischer Infrastruktur, Büroraumstruktur und ergonomischen Aspekten sowie die Konzeption und Durchführung zahlreicher empirischer Studien (z.B. Büroraum & Bürolayout, Office Index 2000, Office Performance, Information Work, Arbeitswelten 4.0).

Wolfgang Kubatzki (Jahrgang 1960), 1978–1981 Studium an der Fachhochschule für Finanzen in Sigmaringen mit dem Abschluss: Diplom-Finanzwirt, 1992 Studium an der EBS Immobilienakademie mit Abschluss Immobilienökonomie. Von 1987 bis 2000 im Immobilienmanagement in leitender Position tätig. Von 2000 bis 2016 tätig in der FERI Group im Bereich Immobilien Portfolio Management und Bewertung, davon mehrere Jahre als Geschäftsführer der Feri Real Estate Management GmbH sowie als Mitglied der Geschäftsleitung der Feri EuroRating Services AG verantwortlich für alle Immobilienaktivitäten der Feri AG. Seit August 2016 tätig in der Scope Group und als Geschäftsführer der Scope Investor Services GmbH verantwortlich für die Beratung von Institutionellen Investoren und Finanzinstituten.

Jörg Lamers, Rechtsanwalt und Notar, hat sein Studium an der Universität Regensburg und Frankfurt am Main absolviert und wurde im Jahre 1989 als Rechtsanwalt zugelassen. Im Jahre 2008 wurde er als Notar bestellt. Er hat umfassende Erfahrung bei der Beratung und gerichtlichen Vertretung von national wie auch international tätigen Mandanten im Bereich des Immobilienwirtschaftsrechts und des Legal Real Estate Asset Managements. Er berät Unternehmen bei dem Erwerb, der Veräußerung und Strukturierung von Immobilen und Immobilienportfolien. Dies umfasst auch die ständige rechtliche Betreuung und Optimierung von Bestandsportfolien unter allen rechtlichen Gesichtspunkten.

Joachim Löw, Dipl.-Betriebswirt. Nach seinem Studium war Herr Löw als Controller und kaufm. Leiter in der Investitionsgüterbranche tätig. Seit 1991 bis 2004 war Herr Löw geschäftsführender Gesellschafter der Schulz & Löw Consulting GmbH. Hier war er für die Weiterentwicklung und Implementierung von Controlling-Systemen für die Immobilienbranche verantwortlich. Neben seinen Projekttätigkeiten übernahm Herr Löw Lehraufträge im Fachbereich Wirtschaft der Fachhochschule Wiesbaden für Controlling und EDV. Seit 2005 ist Herr Löw selbstständiger Berater für Finanz- und Rechnungswesen.

Rainer Milzkott ist geschäftsführender Gesellschafter der urbanPR Gesellschaft für Öffentlichkeitsarbeit, Projekt- und Standortmarketing mbH in Berlin. Er studierte Soziologie, Stadt- und Regionalplanung und Publizistik. Arbeitete 15 Jahre als Autor und Redakteur bei Hörfunk und Fernsehen zu Themen von Architektur und Stadtentwicklung. 1990 Gründung mit dem Architekten Gerald Blomeyer der Blomeyer & Milzkott Gesellschaft für Öffentlichkeitsarbeit in der Stadtentwicklung. Konzeption und Realisation von neuen Kommunikationsstrategien für große Bauvorhaben und Entwicklungsgebiete in der Region Berlin. 2000 Umfirmierung in urbanPR GmbH. Gemeinsam mit Dr. Ottfried Franke leitet er die Agentur, die bundesweit in der Kommunikation über die gebaute Umwelt für Bauherren, Kommunen, Verbände und Ministerien tätig ist.

Dr. Hans-Georg Napp hat an der Universität-Gesamthochschule Paderborn einen Abschluss als Diplom-Volkswirt erworben. Am finanzwissenschaftlichen Lehrstuhl der Paderborner Universität hat er in der Folge promoviert („Kommunale Finanzautonomie und ihre Bedeutung für eine effiziente lokale Finanzwirtschaft"). Er besitzt Berufserfahrung in der kommunalen Verwaltung. Vor seiner Tätigkeit für die Landesbank Hessen-Thüringen war Herr Dr. Napp im Bundesministerium der Finanzen verantwortlich tätig (Abteilung „Finanzbeziehungen des Bundes zur Europäischen Union, den Bundesländern sowie den Kommunen"). Darüber hinaus hat er während seiner Beschäftigung im Bundesfinanzministerium vor allem auf dem Gebiet der privaten Durchführung öffentlicher Infrastrukturinvestitionen Grundlagenarbeit geleistet. Herr Dr. Napp ist gegenwärtig Bankdirektor und Leiter des Zielkundenbereiches „Öffentliche Hand/Kommunalnahe Unternehmen" der Landesbank Hessen-Thüringen. In dieser Funktion ist er verantwortlich für die Steuerung der Geschäftsbeziehung der Bank zu den Kunden aus diesem Bereich. Er besitzt Finanzierungs- und Projekterfahrung bei der Realisierung öffentlicher Infrastrukturinvestitionen und ist Autor zahlreicher Veröffentlichungen und Vorträge zu Finanzierungsfragen von PPP-Modellen. Herr Dr. Napp ist Vorsitzender des Arbeitsausschusses des Finanz- und Wirtschaftsrates beim Verband kommunaler Unternehmen (VKU) und stv. Vorsitzender des PPP-Vereins Hessen e.V.

Dr. Georg Reutter war seit 2008 Mitglied im Vorstand der DG HYP, seit 2009 dessen Sprecher und seit 2013 Vorsitzender. Seit der Fusion von DG HYP und WL BANK zur DZ HYP Mitte 2018 ist Dr. Georg Reutter Co-Vorsitzender des Vorstands des fusionierten Instituts. In dieser Funktion verantwortet er die Bereiche Gewerbekunden Mittelstand & Verbund, Gewerbekunden Institutionelle & Internationale, Treasury, Kommunikation, Marketing & Investor Relations, Recht sowie Vetriebssteuerung Gewerbekunden. Dr. Georg Reutter hat langjährige Erfahrung in der Finanzierung komplexer Immobilien mit nationalen und internationalen Kunden. Er begann seine Karriere bei der Deutsche Bank AG, arbeitete für die Eurohypo AG und war Bereichsleiter bei der Landesbank Berlin AG/Berlin Hyp AG, bevor er 2008 in der Vorstand der DG HYP eintrat.

Dr.-Ing. Stefan Rief, Jahrgang 1972. Nach dem Studium der Architektur wechselte Herr Rief 2001 als wissenschaftlicher Mitarbeiter zum Fraunhofer-Institut für Arbeitswirtschaft und Organisation IAO. Dort leitet er das Competence Center „Workspace Innovation". In den vergangenen Jahren hat Herr Rief zahlreiche Beratungsprojekte zur Entwicklung innovativer Raum- und Gebäudekonzepte für Arbeits- und Lernwelten in unterschiedlichsten Branchen (Dienstleistung, Automobil, Luftfahrt und Pharma) begleitet. Herr Rief ist Lehrbeauftragter für Arbeitsgestaltung im Büro an der Universität Stuttgart.

Maik Rissel ist langjähriger Leiter Immobilien Portfoliomanagement und Direktor der Family Office Bank Marcard, Stein & Co AG. Der diplomierte Immobilienwirt ist gesamtverantwortlich für das Portfolio- und Asset Management der direkten und indirekten Immobilienanlage. Er verfügt über eine mehr als zwanzigjährige Erfahrung in unterschiedlichsten Disziplinen der Immobilienindustrie, drei immobilienökonomische Studienabschlüsse und ist Mitglied in diversen Anlage- und Managementausschüssen. Das verantwortete Team managt als Eigentümervertreter die Immobilieninvestments von Unternehmerfamilien und Stiftungen im In- und Ausland. Seit einigen Jahren werden zusätzlich Drittkundenmandate von institutionellen Anlegern und Single Family Offices betreut. Die Aufgaben decken das komplette immobilienökonomische Managementspektrum ab: Akquisition, Due Diligence, Verhandlung, Finanzierung, Vermietung, Entwicklung, Controlling, Turnaround-Management, Verkauf, Selektion und Management von Fondsportfolios sowie Konzeption von Club Deals und Joint Ventures. In den Portfolios werden im Rahmen von Core-Satellite-Strategien sowohl konservative als auch opportunistische Anlagestrategien umgesetzt. Eigen- und Fremdkapitalbeteiligungen (Real Estate Private Equity/Debt).an Bestands- und Neubau-Projektentwicklungen sind ein in der Immobilienallokation seit Jahren etablierter Baustein.

Dipl.-Ing. Andreas Röhrig, moderne Stadt Gesellschaft für zur Förderung des Städtebaues und der Gemeindeentwicklung mbH, Köln. Werdegang: 1983 – 1991 Studium der Geodäsie, Rheinisch-Westfälische Technische Hochschule Aachen, Rheinische Friedrich-Wilhelms-Universität Bonn, Vertiefung Städtebau und Bodenordnung, Abschluss Diplom-Ingenieur; 1992 – 1993 DSK Deutsche Stadtentwicklungsgesellschaft mbH, Frankfurt/M; Projektbearbeiter/Projektleiter für städtebauliche Entwicklungsmaßnahmen; 1994 – 1997 BauGrund, Deutsche Bau- und Grundstücks-AG, Bonn; Projektleiter/Gruppenleiter, Städtebauliche Entwicklungsmaßnahmen, Konversionen, Erschließungsmaßnahmen; 1998 – 2003 LEG Landesentwicklungsgesellschaft NRW GmbH, Dortmund Geschäftsbereichsleiter, Prokurist, Führung des Profit Centers, Sanierungs- und Entwicklungsmaßnahmen, Realisierung von Grundstücksfondsprojekten z.B. Dortmund Phoenix-WEST, Bochum Jahrhunderthalle; Aufsichtsrat: Ökozentrum NRW, Entwicklungsagentur östliches Ruhrgebiet; 2004 – 2008 LEG Standort- und Projektentwicklung Köln GmbH, Köln Geschäftsführer, ca. 35 Mio. € Umsatz p.a., Projekt- und Standortentwicklung z.B. Köln Rheinauhafen, Bonn Rheinauer Gärten, Köln Eifelplatz, Geschäftsführer: Biomasse Heizkraftwerk Siegerland GmbH, Aufsichtsrat: Projektgesellschaft Hauptbahnhof Remscheid; 2009 – 2011 LEG Standort- und Projektentwicklung GmbH, Düsseldorf, Köln, Essen, Bielefeld, Geschäftsführer, ca. 55 Mio. € Umsatz p.a., Neuausrichtung der Sparte Development mit Strategie-, Verkaufs- und Changemanagement; 2012 – 2014 HOCHTIEF Solutions AG, Düsseldorf; Niederlassungsleiter formart NRW, ca. 80 Mio. € Umsatz p.a., Projektentwicklung und Bauträgergeschäft in NRW z.B. Quartiersentwicklung NeMo am Düsseldorfer Landtag; seit 1.1.2015 moderne stadt Gesellschaft zur Förderung des Städtebaues und der Gemeindeentwicklung mbH, Köln, Geschäftsführer, ca. 60 Mio. € Umsatz p.a., Stadt- und Projektentwicklung, z.B. Clouth-Quartier, Deutzer Hafen, Porzer Innenstadt, Butzweilerhof.

Dr. Jürgen Schäfer, FRICS, ist seit über 20 Jahren spezialisiert auf die Entwicklung, das Konzeptionieren und das Management von Immobilieninvestments. Er ist Mitbegründer und geschäftsführender

Autorenverzeichnis

Gesellschafter der CORESIS Management GmbH. Die CORESIS Management GmbH ist ein auf Immobilienanlagen spezialisierter inhabergeführter Vermögensverwalter. Sie ist fokussiert auf das Strukturieren und das Managen renditeorientierter Immobilienanlagen in Deutschland. Eine Spezialität der CORESIS ist das Entwickeln von individuellen auf den jeweiligen Immobilien-Investor zugeschnittenen Investmentlösungen. Mandanten sind deutsche Unternehmerfamilien, Stiftungen, (Multi-)Family Offices, Privatbanken sowie institutionelle Investoren.

Vor der Gründung der CORESIS war Herr Dr. Schäfer Vorstand (COO) der börsennotierten DIC Asset AG sowie Partner der Feri Finance AG und Head of Real Estate der Feri Wealth Management GmbH.

Herr Dr. Schäfer ist promovierter Jurist, Bankkaufmann und Immobilienökonom (ebs). Er promovierte als Stipendiat der Studienstiftung des deutschen Volkes im Vertragsrecht. Für den Bereich Immobilieninvestments und Assetmanagement ist er Dozent der Deutschen Vereinigung für Finanzanalyse und Asset Management (DVFA) sowie Dozent an der International Real Estate Business School. Er ist Fellow der Royal Institution of Chartered Surveyors sowie Herausgeber und Co-Autor der im C.H. Beck Verlag erschienen Praxishandbücher „Immobilien-Investitionen", „Immobilien-Projektentwicklung" und „Real Estate Investment Trusts".

Wolfgang Schneider ist Geschäftsführer der BNP Paribas Real Estate Consult GmbH. Nach Abschluss seines Studiums der Wirtschaftsgeographie in Hamburg trat er 1990 beim Gewos-Institut ein, wo er ab 1991 als Teamleiter für die Bereiche Gewerbliche Immobilien und Wirtschaftsförderung verantwortlich war. 1994 wechselte er zur BNP Paribas Real Estate Consult GmbH, damals noch Müller Consult GmbH, später dann Atisreal Consult GmbH, wo er seit 1997 als Prokurist die Niederlassung in Hamburg führte, bevor er im Mai 2001 als Geschäftsführer die Leitung des Unternehmens übernahm. Wolfgang Schneider ist Mitglied im Managementboard der BNP Paribas Real Estate Gruppe und Mitglied des International Research Board. In dieser Funktion ist er u.a. für die nationale und internationale Marktberichterstattung sowie für die vergleichende Analyse der europäischen Märkte verantwortlich. Neben seinen beruflichen Aktivitäten betätigt sich Wolfgang Schneider als Fachautor und Referent bei unterschiedlichen Seminarveranstaltern.

Anna Schümann hat Architektur und technische-orientierte Betriebswirtschaftslehre in Stuttgart studiert. Sie hat 2009 bei der Ernst & Young Real Estate GmbH begonnen und ist dort heute als Direktorin tätig. Frau Schümann ist auf die öffentliche Beratung von Hochbau- und (Verkehrs-)infrastrukturprojekten spezialisiert. Sie betreut eine Vielzahl von Großbaumaßnahmen u.a. in Deutschland, der Schweiz und Luxemburg – von der Entwicklung über die Planung und Konzeption bis zur Verwertung. Neben Veröffentlichungen zum Thema PPP und Workplace Consulting wirkt sie bei zahlreichen Fachtagungen als Referentin mit.

Monica A. Schulte Strathaus ist Partnerin und Geschäftsführerin der Ernst & Young Real Estate GmbH. Nach Abschluss ihres Studiums der Architektur und Bauökonomie an der Bergischen Universität Wuppertal war sie in verschiedenen Positionen in Beratungsunternehmen im In- und Ausland tätig, bevor sie 2002 zur Ernst & Young Real Estate GmbH (damals Prof. Weiss & Partner Projektsteuerungsgesellschaft) wechselte. Ihre Beratungsschwerpunkte liegen neben der Projektentwicklung und Projektsteuerung in der strategischen, wirtschaftlichen und technischen Beratung von Bund, Ländern, Kommunen und Privaten bei der Durchführung von Hochbau- und Infrastrukturprojekten. Neben Veröffentlichungen zum Thema Projektmanagement und PPP wirkt sie bei zahlreichen Fachtagungen als Referentin mit.

Hartwig Schulz, Dipl.-Betriebswirt, ist geschäftsführender Gesellschafter der Schulz & Löw Consulting GmbH. Nach seinem Studium war Herr Schulz als Softwareentwickler von Treasury-Systemen tätig. Seit 1991 ist er als Geschäftsführer bei Schulz & Löw Consulting GmbH verantwortlich für die Entwicklung von Informationssystemen für die Immobilienwirtschaft, wie beispielsweise das Projekt-Controlling-System für Projektentwickler PCS und das Internetportal für die Immobilienwirtschaft immoportal.de.

Dr. Ruedi Schwarzenbach ist geschäftsführender Partner der Improvement Group AG, Zürich in der Schweiz. Er berät institutionelle Anleger bei der Festlegung von Immobilienanlagestrategien und der operativen und operativen Ausgestaltung des Immobiliengeschäfts.

Tarkan Straub, Immobilienfachwirt (IHK), Director Office Leasing, ist bei dem global agierenden Immobiliendienstleister Avison Young in Frankfurt für die Beratung und Vermittlung im Bereich der gewerblich genutzten Immobilie für Miet- und Kaufinteressenten, Eigentümer und Projektentwickler zuständig. Schwerpunkt seiner Tätigkeit in Frankfurt sowie im Rhein-Main Gebiet ist die Durchführung von Bedarfs- und Wirtschaftlichkeitsanalysen zur Schaffung von Entscheidungsgrundlagen sowie die Verhandlungsführung und das Zusammenfassen von Informationen und Ergebnissen als Handlungsempfehlungen. Tarkan Straub kann auf mehr als 15 Jahre Berufserfahrung in der Beratung und Vermittlung zurückblicken und hat in dieser Zeit zahlreiche nationale sowie internationale Kunden erfolgreich beraten.

Peter Valy ist als Head of Investment für RICHMOND Real Estate Brokers GmbH tätig. Seine bundesweiten Tätigkeitsschwerpunkte liegen in der Begleitung bzw. Durchführung von Transaktionen für nationale und internationale Unternehmen und er widmet sich auch der strategischen Weiterentwicklung der Aktivitäten in Deutschland für die Richmond Gruppe. Seine weiteren Aufgaben umfassen unter anderem die Analyse von Investmentmärkten, Buy-Side-Beratung, Vendor Due Diligence, sowie die Beratung von Investoren bei Transaktionen gemäß derer Anlagestrategien. Peter Valy begleitete seine Kunden in der Vergangenheit erfolgreich bei mehreren Immobilientransaktionen in Deutschland und Europa. Er kann auf mehr als 19 Jahre Berufserfahrung bei namhaften nationalen und internationalen Unternehmen der Immobilienberatung zurückblicken, bei denen er in leitender Funktion tätig war.

Andreas Völker ist Geschäftsführer der BNP Paribas Real Estate Consult GmbH. Nach Abschluss seines Studiums der Wirtschaftsgeographie, der Stadtplanung und der Volkswirtschaftslehre war Herr Völker für das Gewos-Institut in Hamburg tätig. 1996 wechselte er zur BNP Paribas Real Estate Consult GmbH, damals noch Müller Consult GmbH, später dann Atisreal Consult GmbH, zunächst als Projektleiter in der Hamburger Niederlassung. Im Oktober 1999 übernahm er die Leitung der neuen Frankfurter Niederlassung. Im März 2003 wurde er in die Geschäftsführung der BNP Paribas Real Estate Consult GmbH berufen. Seine Arbeitsschwerpunkte liegen in den Bereichen Investment-Consulting, Standort- und Marktanalyse, Konzeptentwicklung und projektbegleitende Beratung für Büro-, Gewerbe- und Wohnimmobilien sowie der Erarbeitung von Umstrukturierungs- und Vermarktungskonzepten für gewerbliche Liegenschaften. Seit 2012 ist er zusätzlich auch in die Geschäftsführung der BNP Paribas Real Estate Holding GmbH berufen worden. Dort widmet er sich der strategischen Weiterentwicklung der Deutschlandaktivitäten der Gruppe. Neben seinen beruflichen Aktivitäten betätigt sich Andreas Völker als Fachautor und Referent bei unterschiedlichen Seminarveranstaltern.

Eckhard Wulff war von 1984 bis zu seinem Wechsel in den Ruhestand Ende 2017 Syndikusanwalt bei der Deutsche Genossenschafts-Hypothekenbank (DG HYP), zwischenzeitlich DZ HYP. Als Bereichsleiter war er unter anderem verantwortlich für die Rechtsabteilung der Bank. Ein wesentlicher Schwerpunkt der Rechtsabteilung war und ist die Beratung der Kreditbereiche in Vertrags- und Sicherheitenfragen. Insbesondere bei der gewerblichen Immobilienfinanzierung haben die Immobiliensicherheiten, deren rechtliche Gestaltung und Bewertung eine hervorgehobene Bedeutung.

Teil 1
Einführung

Übersicht

1. Definition und Abgrenzung der Immobilien-Projektentwicklung

1.1 Begriff

Der Begriff der Immobilien-Projektentwicklung ist gesetzlich nicht definiert. Eine einheitliche **Begriffsdefinition** konnte sich in der Praxis bisher nicht durchsetzen.

Das Wort Projekt wurde ursprünglich von dem lateinischen Wort „projectum“ abgeleitet, welches „das nach vorne Geworfene“ bedeutet. Ein Projekt ist also etwas, das man voranbringt. Verbunden mit dem Wort „Entwicklung“ ist es sowohl dem Wortsinn als auch dem allgemeinen Sprachgebrauch nach etwas, das ständig weiterentwickelt („weitergeworfen“) wird, bis es zur Realisierung gelangt, sofern sich eine Realisierung im Rahmen der Entwicklungsphase als sinnvoll erweist.

Für den Bereich der Immobilienwirtschaft wird der Begriff der Projektentwicklung üblicherweise im Sinne der vorgenannten Definition verwendet. Hier steht der Begriff für die Entwicklung eines Immobilienprojektes von dem Projektanstoß bis hin zur Realisierung, inklusive des Verkaufs des Projektes bzw. des fertigen Produktes. Notwendige Komponenten einer Projektentwicklung sind neben einer Projektidee immer das Grundstück, das notwendige Kapital und der bzw. die Nutzer des fertigen Gebäudes. Projektentwicklungsimmanent ist in der Regel zudem der Wunsch, dass die Investition eine auskömmliche Rendite erwirtschaftet.

Immobilien-Projektentwicklung ist also das Zusammenführen von Projektidee, Grundstück, Kapital und Nutzer mit dem Ziel, eine rentable Investition zu tätigen.

Einen Projektentwickler kann man deshalb als **Entrepreneur** bezeichnen, der versucht, die Nachfrage sowohl von Seiten der Nutzer als auch von Seiten der Investoren vorauszusehen und mit dem Ziel der Erwirtschaftung einer Rendite zu erfüllen.

Teilweise wird in der Literatur versucht, unter Beachtung des Lebenszyklusgedankens den Begriff der Projektentwicklung über den gesamten Lebenszyklus einer Immobilie auszudehnen. In diesem Sinne umfasst der Begriff der Projektentwicklung im weiteren Sinne nach Auffassung von Herrn Prof. Dr. Klaus-Jürgen Diederichs „den gesamten Lebenszyklus der Immobilie vom Projektanstoß bis hin zur Umwidmung oder dem Abriss am Ende der wirtschaftlich vertretbaren

Nutzungsdauer"[1]. Durch diese allumfassende Begriffsdefinition wird der Begriff der Projektentwicklung, der für einen dynamischen, zeitlich befristeten Prozess des Gestaltens steht, deutlich überspannt. So lässt sich insbesondere die Phase der Nutzung einer Immobilie, beginnend mit dem Einzug eines Nutzers, nicht mehr als Teil einer Projektentwicklung bezeichnen.

1.2 Arbeitsinhalte

Ausgehend von der vorgenannten Definition umfasst das Tätigkeitsfeld eines Projektentwicklers üblicherweise die folgenden unterschiedlichen **Arbeitspakete** eines Entwicklungsprozesses, die ineinander verzahnt sind:

1. Projektidee/Analysephase (inkl. Grundstücks-, Standort-, Markt- und Rentabilitätsanalyse)
2. Projektkonzeption (inkl. Grundstückssicherung, Nutzungskonzept, Marketingkonzept, Finanzierungskonzept, etc.)
3. Bauvorbereitung (inkl. Gemeinde- und Behördenabstimmung, Einrichtung Projektcontrolling, Beauftragung von Gutachtern und Architekten)
4. Vermietung (inkl. Erstellung Präsentationsunterlagen, Identifikation von potenziellen Mietinteressenten, Vertragsverhandlungen etc.)
5. Projektrealisierung (inkl. Bauplanung, Bauausführung und Übergabe)
6. Verkauf (inkl. Kalkulation, Erstellung der Präsentationsunterlagen, Identifikation potenzieller Kaufinteressenten, Vertragsverhandlungen etc.)

Anhand dieser zahlreichen, vielschichtigen und miteinander vernetzten Aufgabeninhalte wird deutlich, warum die Projektentwickler insbesondere Koordinatoren sind, deren Aufgabe darin besteht, sämtliche Teilbereiche eines Projekts zu einem Gesamterfolg miteinander zu verbinden.

1.3 Abgrenzung

1.3.1 Projektmanagement

Gemäß DIN 69901 (2009) ist Projektmanagement die „Gesamtheit von Führungsaufgaben, -organisation, -techniken und -mitteln für die Initiierung, Definition, Planung, Steuerung und den Abschluss von Projekten".

Die Berufsordnung des DVP Deutsche Verband der Projektmanager in der Bau- und Immobilienwirtschaft e.V. (2014) definiert Projektmanagement als „die Wahrnehmung von Auftraggeberfunktionen bei der Realisierung von Bau- und Immobilienprojekten in technischer und wirtschaftlicher, zum Teil auch rechtlicher Hinsicht." Projektmanagement beschreibt damit sowohl Leistungen der Projektsteuerung als auch Leistungen der Projektleitung.

Beide vorgenannten Definitionen – insbesondere die des DVP – beschreiben ein sehr breites Arbeitsfeld des Projektmanagers, welches sich auf den ersten Blick nur geringfügig von den Arbeitsinhalten der Projektentwicklung unterscheidet.

In der Praxis bezieht sich der Begriff Projektmanagement üblicherweise mehr auf technische und wirtschaftliche Aspekte, die im direkten Zusammenhang mit der Planung und Ausführung eines Bauwerks stehen. Das Entwickeln einer Projektidee, die Grundstückssicherung sowie Marketing, Vermietung und Objektverkauf zählen demgegenüber, üblicherweise nicht zum sogenannten Projektmanagement.

Begrenzt man das Projektmanagement demgemäß auf die Projektleitungs- und Projektsteuerungsfunktionen eines zu realisierenden Bauvorhabens, so ist das Projektmanagement ein Teil der Projektentwicklung und kommt im Wesentlichen in den Bereichen der Bauvorbereitung und der Projektrealisierung zum Einsatz.

[1] *Diedrichs*, in Handbuch Immobilien-Projektentwicklung, Köln 1996, S. 30.

1.3.2 Projektsteuerung

Der Begriff des Projektmanagements wird umgangssprachlich häufig als Synonym für die Projektsteuerung verwandt. Bei genauerer Betrachtung zeigt sich, dass die Projektsteuerung ein Teil des Projektmanagements ist. Seit 1993 arbeitet die AHO-Fachkommission Projektsteuerung/Projektmanagement im Ausschuss der Verbände und Kammern der Ingenieure und Architekten für die Honorarordnung (AHO) e.V. unter maßgeblicher Mitwirkung des DVP an der Erstellung und Erweiterung der Leistungsbilder sowie der Honorierung von Projektmanagementleistungen in der Bau- und Immobilienwirtschaft.

Die Berufsordnung des DVP sowie das AHO-Heft 9 (2014) definieren die Projektsteuerung als die Wahrnehmung von Auftraggeberfunktionen bei der Realisierung von Bau- und Immobilienprojekten in beratener Funktion.

Das Leistungsbild des AHO-Hefts 9 gliedert die Projektsteuerung in fünf Handlungsbereiche:

A Organisation, Information, Koordination und Dokumentation (übrige Handlungsbereiche einbeziehend)
B Qualitäten und Quantitäten
C Kosten und Finanzierung
D Termine, Kapazitäten und Logistik
E Verträge und Versicherungen

Diese Handlungsbereiche enthalten Grund- und besondere Leistungen der Projektsteuerung, die alle Projektstufen (Projektvorbereitung, Planung, Ausführungsvorbereitung, Ausführung und Projektabschluss) betreffen.

Bei der Betrachtung der Leistungen des Projektsteuerers zeigt sich, dass dieser operative Aufgaben für den Bauherrn erbringt. Er hat keine Entscheidungs-, Weisungs- und Durchsetzungsbefugnis und erbringt damit sogenannte delegierbare Aufgaben.

Aufgrund des vorstehenden Leistungsspektrums wird der Projektsteuerer ebenso wie der Projektleiter – jedoch ohne dessen weitergehende Befugnisse – im Wesentlichen in den Bereichen Bauvorbereitung und Projektrealisierung tätig.

Ebenso wie das Projektmanagement ist der Aufgabenbereich der Projektsteuerung ein Teilbereich des Projektentwicklungsprozesses, der Aufgabenbereich der Projektentwickler (vgl. Kap. I 1.2), geht jedoch deutlich darüber hinaus. Ein weiterer Unterschied liegt i.d.R. darin, dass der Projektentwickler üblicherweise die Rolle des Bauherrn innehat, wogegen der Projektsteuerer seine Aufgaben als Dienstleister erfüllt.

1.3.3 Facility-Management

Als **Facility-Management** wird heute üblicherweise eine ganzheitliche und umfassende **Immobilienbewirtschaftung** verstanden. Im Fokus des Facility Managers stehen die Arbeitsplatzgestaltung, der Werterhalt und die Kapitalrentabilität. Die GEFMA, also der Deutsche Verband für Facility-Management e.V., definiert das Facility-Management als die Koordination und das Bereitstellen von Informationen für das Planen, Bauen und Nutzen von Immobilien, Gebäudebestand, Personal- und Sachanlagen. Begriffe und Definitionen enthält im Detail die Richtlinie GEFMA 100-1.

Üblicherweise werden von den Facility-Managern folgende Leistungen angeboten:

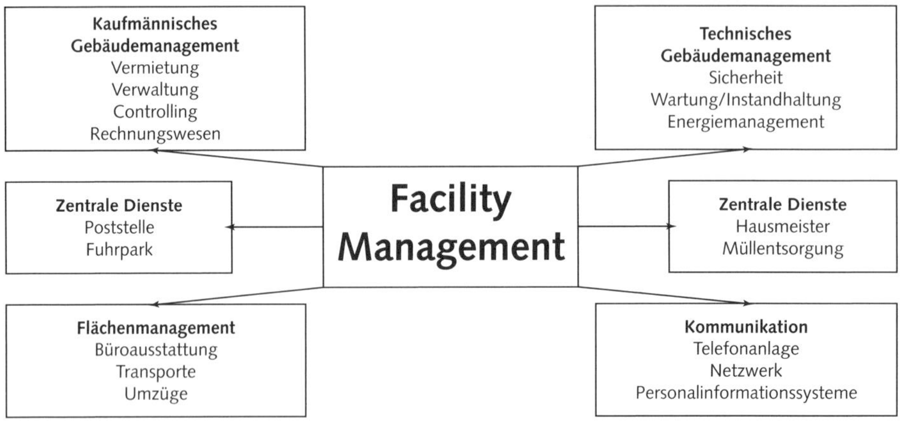

Facility-Manager sollten bei größeren Projekten, sofern im Projektteam kein ausreichendes Know-how vorhanden ist, als Berater in die Projektentwicklung einbezogen werden, da sie aufgrund ihrer praktischen Erfahrungen Hinweise zur Reduzierung der späteren Betriebskosten und zur Vermeidung von Planungsfehlern (z.B. Überprüfung des Anlieferungs- und Entsorgungskonzeptes oder der Reinigungsfähigkeit der Fassade) geben können. Der Zeitpunkt, zu dem der Facility-Manager als Berater tätig werden sollte, ist von Projekt zu Projekt je nach Komplexität verschieden. Grundsätzlich gilt, je komplexer ein Bauvorhaben ist, desto früher ist es sinnvoll, den Facility-Manager als Berater einzuschalten. Das Einschalten sollte zwischen der Vorentwurfsphase und dem Zeitpunkt der Bemusterung erfolgen. Das Facility-Management selbst stellt sich dennoch nicht als ein Teil der Projektentwicklung dar. Berücksichtigt man, dass die Projektentwicklung mit dem Verkauf eines errichteten und vermieteten Gebäudes an einen Investor bzw. der Übergabe des Gebäudes an einen Nutzer endet, und die Kernaufgabe des Facility-Managements darin besteht, die weitere Nutzungsphase zu begleiten, so zeigt sich, dass zwischen dem Facility-Management und der Projektentwicklung zwar ein fließender Übergang stattfindet, das Facility-Management jedoch kein Teil der Projektentwicklung ist.

2. Beginn und Ablauf einer Immobilien-Projektentwicklung

Der Anstoß für eine Projektentwicklung kann aus unterschiedlichen Richtungen erfolgen. So kann am Anfang der Projektentwicklung, wie in der folgenden Abbildung dargestellt, z.B. die Suche eines Nutzers nach einem neuen Standort, Kapital, welches in Immobilien angelegt werden soll, eine Projektidee für ein fiktives bzw. ein konkretes Grundstück oder ein Bestandsgrundstück, das einer Nutzung zugeführt werden soll, stehen.

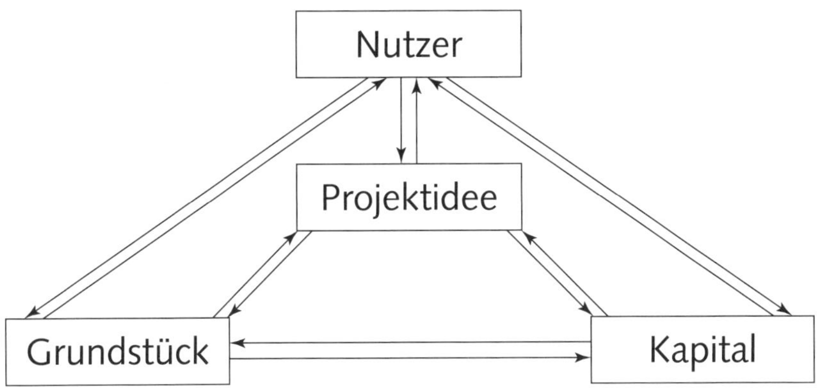

Einen wesentlichen Einfluss auf den Beginn der Projektentwicklung hat sowohl die Lage des Grundstücks als auch die allgemeine Nachfragesituation. Während in sehr guten Lagen nicht nur in Zeiten hoher, sondern auch in Zeiten geringerer Nachfrage vielfach Grundstücke entwickelt werden, ohne dass zuvor ein Nutzer gefunden wurde, steht in Zeiten einer generell schlechten Nachfrage oder bei weniger guten Standorten der potenzielle Nutzer deutlich häufiger im Vordergrund, das heißt am Beginn einer Projektentwicklung.

Der **Projektentwicklungsablauf** von der Projektidee bis hin zur Übergabe an den Nutzer umfasst im Wesentlichen die folgenden Arbeitsschritte, wobei deren Reihenfolge variieren kann bzw. einige Arbeitsschritte auch parallel erfolgen:

2.1 Projektidee/Analysephase

– **Projektidee/-skizze**
  - grobes Bebauungs- und Nutzungskonzept
  - Quantifizierung des Kostenrahmens
– **Grundstücksanalyse**
  - Baurecht (Flächennutzungsplan, Bebauungsplan)
  - Erschließung
  - Altlasten
  - Bodenbeschaffenheit
  - Belastungen/Beschränkungen

- **Standortanalyse**
  - demographische Faktoren (Bevölkerungsbestand, -struktur, Erwerbs- und Sozialstruktur etc.)
  - wirtschaftliche Faktoren (Einkommensverhältnisse, -verwendung etc.)
  - technische Infrastruktur (Verkehrsanbindung, Ver- und Entsorgung etc.)
  - soziale Infrastruktur (Kindergärten, Schulen, Versorgungsqualität, kulturelle Einrichtungen etc.)
  - Nachbarschaft
  - Image
  - Konkurrenz (Projekte und Objekte)
- **Analyse gesellschaftlicher Rahmenbedingungen**
  - Akzeptanz in der Bürgerschaft
- **Analyse Büroflächenmarkt**
  - Bestand
  - Teilmärkte
  - Nachfrage und Umsatz
  - Leerstand/Leerstandsabsorption
  - Mietpreise
  - Tendenzen
- **Analyse Anlagemarkt**
  - Zielgruppen
  - Käufer-/Verkäufermarkt
  - Renditeerwartung
  - Tendenzen
- **Developmentrechnung (Grobkalkulation)**
  - Grundstückskosten
  - Baukosten
  - Baunebenkosten
  - Vermarktungskosten
  - Finanzierungskosten
  - Mietertragspotential
  - Festlegung des internen Zinssatzes
  - (Bewirtschaftungskosten)
  - (Steuerdaten)

2.2 Projektkonzeption

- **Zeit- und Ablaufplanung**
- **Bestimmung des Projektträgers**
  - eigenständige Projektgesellschaft (z.B. GmbH/GmbH & Co. KG)
  - Projektträger für mehrere Projektentwicklungen

- **Vermarktungskonzept**
  - Zielgruppenanalyse
  - Zielgruppendefinition
  - Position des Projektes im Wettbewerb
  - Vermarktungsstrategie
  - Marketinginstrumente
  - Marketingkosten/Liquiditätsbedarf
- **Finanzierungskonzept**
  - klassische kurz- bis mittelfristige Projektfinanzierung
  - andere Formen: z.B. Joint Venture unter Eigenkapitalbeteiligung einer Bank
- **Einrichten Projektcontrolling und Einbindung Rechnungswesen**
  - Budget- und Kostenkontrolle
  - Rechnungsprüfung
  - Vorbereitung und Abwicklung Zahlungsverkehr
- **Grundstückssicherung**
  - Ankauf
  - Kaufoption
  - Kaufangebot
- **Bebauungs- und Nutzungskonzept verfeinern (u.U. Architektenwettbewerb)**
  - Abstimmung mit Stadtplanungsamt, Bauaufsichtsamt, Trägern öffentlicher Belange
  - Abstimmung mit Ver- und Entsorgungsunternehmen
- **Aktualisieren/Verfeinern der Developmentrechnung**

2.3 Bauvorbereitung/Vermietung

- **Gemeinde- und Behördenabstimmungen, Bauvoranfragen, Nachbarschaftszustimmungen**
- **Vermietung**
  - Erstellen von Präsentationsunterlagen, Mustermietvertrag und Mieterbaubeschreibung
  - Beauftragen von Maklern
  - Identifikation von Mietinteressenten
  - Aufnahme von Vermietungsverhandlungen
  - Abschluss von Mietverträgen
  - Aktualisieren der Developmentrechnung
- **Ausschreibungen und Vergabe von Aufträgen an**
  - Architekten
  - Gutachter (z.B. Baugrund, Altlasten)
  - Vermessungsingenieure
  - Sachverständige
  - Projektsteuerer

- **Abschluss von Erschließungs- und Versorgungsverträgen**
- **Verfeinern der Projekt- und Baubeschreibung**
- **Abschluss Kreditgespräche (Finanzierungszusage)**
- **Steuerung**
  - Programm-Fortschreibung
  - Ablauf- und Terminkontrolle
  - Aktualisieren der Developmentrechnung

2.4 Projektrealisierung/Verkauf

- **Vergabe von Aufträgen an Fachingenieure, Beweissicherungsverfahren**
- **Behördenabstimmung, Bauantrag und sonstige Genehmigungsanträge**
- **Mengenermittlung, Leistungsbeschreibung und Ausschreibungen von Bauaufträgen**
- **Vergabe von Aufträgen an verschiedene ausführende Baufirmen (Einzel- oder Paketvergabe) oder an einen Generalunternehmer**
- **Abschluss von Versicherungsverträgen für den Projektträger**
- **Management von Mieterausbauwünschen/Änderungsmanagement**
- **Verkauf des Projektes**
  - Vorbereitung der Präsentationsunterlagen
  - Kalkulation des Verkaufspreises
  - Identifikation von potenziellen Investoren
  - Aufnahme von Akquisitionsgesprächen mit potenziellen Investoren
  - Vorbereitung des Kaufvertrages/gegebenenfalls eines GÜ-Vertrages
  - Abschluss von Verträgen mit Investoren
  - Aktualisieren der Developmentrechnung
- **Steuerung/Projektcontrolling**
  - Programm-Fortschreibung
  - Qualitätskontrolle
  - Ablauf- und Terminkontrolle
  - Budget- und Kostenkontrolle
  - Aktualisieren der Developmentrechnung
- **Projektabnahme nach Baufertigstellung**
  - Mitwirken an Beweissicherungsverfahren
  - Dokumentation inklusive Gewährleistungskalender
  - Zusammenstellung und Verfolgung von Gewährleistungsansprüchen
  - Sicherheitseinbehalte
  - Projektabrechnung
  - Abschluss Developmentrechnung

- **Übergabe an Mieter/Investor**
  - technische Einweisung
  - Regelung von Mietereinbauten
- **Abschluss von Facility-Managementverträgen**
  - Verwaltung
  - Wartung
  - Versicherungen

2.5 Post-completion-audit

- **Erfolgskontrolle bezüglich aller Projektkomponenten nach Durchführung des Projektes**
- **Optimieren künftiger Projektabläufe**

3. Anforderungen an den Projektentwickler

3.1 Typus/Know-how

Projektentwicklung ist aufgrund der Vielfalt der von ihr umfassten Aufgabenfelder und der Notwendigkeit, sie möglichst zeitnah und reibungslos miteinander zu verbinden, eine sehr komplexe Managementaufgabe. Allein durch die Zusammenarbeit von Spezialisten lässt sich diese interdisziplinäre Aufgabe nicht lösen. Den Spezialisten fehlt hierzu sehr häufig der Blick für das Ganze, auch sind sie nur selten gewillt, sich neben ihrer Spezialdisziplin umfassend mit anderen Disziplinen auseinander zu setzen.

Aufgrund des für die Projektentwicklung notwendigen ganzheitlichen Denkens sollte der Projektentwickler vom Typus her grundsätzlich ein **Generalist** mit Hang zum unternehmerischen Handeln sein.

Die Fähigkeiten und Eigenschaften, die ein Projektentwickler mitbringen muss, um seiner Aufgabe als motivierende, koordinierende und organisierende Kraft, die hinter einem Projekt steht, gerecht zu werden, sind sehr different.

Das für die Durchführung einer Projektentwicklung notwendige Know-how lässt sich direkt aus den zu bewältigenden Aufgabenfeldern ableiten.

Der Developer sollte

- Vorstellungen darüber besitzen, wie sich die Gesellschaft sowie das gesamtwirtschaftliche Umfeld entwickelt, um hieraus Trends für die Immobilienwirtschaft ableiten zu können;
- Ideen entwickeln für die Nutzung von Grundstücken, damit überhaupt mit der Entwicklungsarbeit begonnen werden kann;
- Standortbeurteilungen vornehmen können insbesondere ein Gespür sowohl für die derzeit guten Lagen als auch für die künftig guten Lagen besitzen;
- mit Politikern und Verwaltungen der Städte umgehen können, um Meinungsbildungen zugunsten der formulierten Entwicklungsziele zu erreichen;
- die Interessen/Bedürfnisse der Bürgerschaft kennen;
- den Immobilienmarkt kennen – und zwar sowohl die Angebots- als auch die Nachfrageseite;
- das Bau- und Planungsrecht sowie das Erschließungsrecht so weit kennen, um für die Entwicklung von Projekten Möglichkeiten der Realisierung ausloten zu können und um die zur Führung und Überwachung der Planungs- und Bauphase notwendigen Grundkenntnisse zu haben;
- betriebswirtschaftliche Kenntnisse besitzen, insbesondere zur Anfertigung von Developmentrechnungen, ebenso Grundkenntnisse über die steuerrechtliche Behandlung von Immobilien sowie über die Finanzierungsabläufe besitzen;
- Instrumente im Bereich des Projektcontrollings kennen bzw. einsetzen können;
- Kenntnisse bezüglich Ausschreibung und Vergabe von Planungs- und Bauaufträgen haben;
- juristische Grundkenntnisse in den Bereichen Grundstücksrecht, Gesellschaftsrecht, Werkvertragsrecht und Mietrecht aufweisen;
- grundsätzlich ein erhebliches Maß an Verhandlungsgeschick und Know-how bei der Gestaltung aller abzuschließenden Verträge besitzen – seien es Verträge mit Beratern, Planern, ausführenden Firmen, Nutzern oder Käufern;
- Instrumente im Bereich des Marketings kennen und umfassend anzuwenden wissen.

Sofern Projektentwickler gelegentlich als Spekulanten bezeichnet werden, hat dies zwar vielfach einen negativen Beigeschmack. Ausgehend von dem lateinischen Ursprung dieses Wortes, gemäß dem „speculare" nichts anderes als „voraussehen" bedeutet, muss ein Projektentwickler tatsächlich ein Spekulant sein. Denn gerade das Voraussehen von Marktsituationen ist eine Fähigkeit, die der gute Projektentwickler besitzen sollte.

3.2 Persönlichkeit/Arbeitsweise

Der Developer sollte eine selbstständige ziel- und ergebnisorientierte Arbeitsweise besitzen. Ferner ist ein hohes Maß an Durchsetzungsfähigkeit wichtig. Der Projektentwickler kann nicht Experte in allen Teilgebieten sein. Es ist vielmehr seine Aufgabe, die Spezialisten aus den Bereichen Research, Recht, Steuern, Bauplanung, Baumanagement, Vermietung, Verkauf, Marketing und Objektmanagement zum Nutzen des Projekts zusammenzuführen, ihnen die anzustrebenden Ziele vorzugeben und deren laufende Arbeit sowie die Arbeitsergebnisse zu kontrollieren. Der Developer muss zudem im Stande sein, die Projektbeteiligten zum Wohle des Projektes zu motivieren.

4. Ausbildungsstätten für Projektentwickler

4.1 Ausgangssituation

4.1.1 Das Tätigkeitsfeld des Projektentwicklers

Der Prozess der Immobilien-Projektentwicklung ist sehr komplex und setzt sich aus einer Vielzahl von Teildisziplinen zusammen. So erfordert eine grundlegende Standort- und Marktanalyse zu Beginn des Prozesses Erfahrungen in der immobilienwirtschaftlichen Situation eines Gebietes und Kenntnisse grundstücksspezifischer Faktoren und Einflussgrößen.

Bei der anschließenden Umsetzung einer Projektidee innerhalb eines konkreten Nutzungskonzeptes ist Basiswissen aus dem Baubereich unabdingbar, um Planungen und Entwürfe optimal einschätzen und umsetzen zu können. Dazu zählt auch der sichere Umgang mit Vorgaben aus der übergeordneten räumlichen Planung, der Projektplanung sowie Ausführung. Relevante Rechtsnormen sind hierbei u.a. das BauGB, die HOAI, das BGB sowie die VOB.

Der Komplex der Vermarktung umfasst nicht nur das Darstellen des Projektes in der Öffentlichkeit, sondern auch die Nutzer- und Investorensuche. Dem Marketing kommt eine wichtige Rolle zu, da erst der Verkauf bzw. die Vermietung des Objektes zur Rentabilität des Projektes führt. Auch Betrachtungen zur Wirtschaftlichkeit sind vom Projektentwickler während der gesamten Spanne der Entwicklung durchzuführen. Dies wiederum erfordert eine realistische Einschätzung von Baukosten und Verkaufs- oder Vermietungserlöse.

Parallel dazu sind die Finanzierungsmöglichkeiten zu klären und mit dem Projekt und dessen Ablauf in Einklang zu bringen. Außerdem erfordert die Projektentwicklung ein umfassendes Wissen auf dem rechtlichen Gebiet, da die Baurechtschaffung sowie die notwendigen Verträge (aus Verkauf und Vermietung, zwischen den Baubeteiligten etc.) rechtlich abgesichert und „wasserdicht“ sein sollten.

Zusammenfassend werden anhand der Teilgebiete des Projektentwicklungsprozesses folgende Spezialkenntnisse benötigt:

Teilgebiet der Projektentwicklung	Kenntnisse
Marktanalyse	Kaufpreise, Mietpreise, Trends, Prognosen, Konkurrenz, Bestand, ansässige Makler, …
Standortanalyse	Grundstücksbewertung, Altlasten, Denkmalschutz, infrastrukturelle Anbindung, Lage, Besonderheiten, hard/soft facts, …
Nutzungskonzept	Innovative Ideen, Umsetzungen im Rahmen der Vorgaben des Bauplanungs- und Bauordnungsrechtes, sinnvolle Umsetzung der Projektidee, Optimierung des Bauwerkes für potenzielle Nutzer und Investoren, Genehmigungsfähigkeit gewährleisten, Projektmanagement während der Planung und Bauausführung, …
Wirtschaftlichkeit	Kenntnis der gängigen Methoden zur Wirtschaftlichkeitsberechnung, Fähigkeit zur reellen Einschätzung von Kosten und Erlösen, Marktkenntnisse
Finanzierung	Erfahrungen im Kreditgeschäft, Optimierung der Finanzierungskosten
Recht	Kenntnis und sicherer Umgang im Bau-, Planungs-, Miet-, Grundstücks-, Denkmalschutz- und Kaufrecht, Vertragsmanagement

Nutzung und Betreiben	Umsetzung ganzheitlicher Konzepte, frühe Berücksichtigung der FM-Konzeption
Vermarktung, Nutzer- und Investorensuche	Abstimmung und Beauftragung bzw. Durchführung von Vermarktungsmaßnahmen, Kontaktpflege zu potenziellen Kreisen, Vorbereitung der Vertragsabschlüsse

4.1.2 Notwendigkeit zur gezielten Ausbildung

Wie der vorangestellten Aufzählung zu entnehmen ist, umfasst der Bereich der Immobilien-Projektentwicklung sehr viele Einzelgebiete der Bau-, Betriebs- und Immobilienwirtschaft. Es ist jedoch zu differenzieren zwischen der Kenntnis von Sachverhalten, Spezialgebieten und Themenkreisen und deren vollkommener Beherrschung. Für den Projektentwickler sollte im Vordergrund stehen, die angesprochenen Bereiche zu kennen und ganzheitlich zu überschauen. Ebenfalls in seinem „Kenntnisbereich" sollten die „Knackpunkte" eines Projektes liegen, d.h., eine intensive Auseinandersetzung mit baurechtlichen und wirtschaftlichen Fragestellungen ist Voraussetzung.

Für alle Fachrichtungen, die im Prozess der Projektentwicklung angesprochen werden, sind jedoch auch in den meisten Fällen zusätzlich Spezialisten, z.B. Juristen, Steuerberater, Makler, Planer verschiedenster Sparten, Marketingunternehmen, Analysten und andere, einzubinden. Somit ist die Hauptaufgabe des Projektentwicklers die Koordination der beteiligten Personen sowie die Abstimmung und inhaltliche Mitwirkung bei den einzelnen Teilprozessen. Dazu ist nicht nur Sozialkompetenz notwendig, sondern auch Erfahrung in Personalführung und Wissensmanagement.

Der Projektentwickler ist somit der zentrale Ansprechpartner des Projektes, bei dem alle Stränge zusammenlaufen. Ihm obliegt die Koordination des Gesamtprozesses und vor allem die Sicherstellung der Schnittstellen der einzelnen Themenfelder.

In der Praxis bedeutet das oft, dass diese Funktion von Spezialisten eines Fachgebietes besetzt wird, welche sich auf genannter Bandbreite weitergebildet haben oder über langjährige Erfahrung verfügen. Die zunehmende Komplexität und Größe von Immobilienprojekten macht es jedoch immer mehr erforderlich, dass genau für die oben beschriebene Tätigkeit Aus- und Weiterbildungsprofile bereitgestellt werden, durch die kompetenter Nachwuchs ausgebildet wird.

In den letzten Jahren haben viele Ausbildungsstätten auf diese Nachfrage reagiert. Meist wurde basierend auf einer bautechnischen, betriebs- oder immobilienwirtschaftlichen Ausbildung das Angebot um Zusatzvorlesungen oder -fächer erweitert, teilweise entstanden im Zuge von der Weiterentwicklung innerhalb des Real Estate Managements oder der Immobilienwirtschaft völlig neue Ausbildungsrichtungen. Grundsätzlich lässt sich dabei folgende Einteilung der Institutionen vornehmen:

- Universitäten,
- Fachhochschulen,
- Berufsakademien, andere Akademien und Institute.

Im Folgenden sollen die wichtigsten Institutionen mit ihrem jeweiligen Ausbildungsprofil näher beschrieben werden. Die Klassifizierung wurde danach vorgenommen, ob eigene Vorlesungsreihen zur Projektentwicklung angeboten werden oder ob die Themen dieses Gebietes nur innerhalb einer anderen Lehrveranstaltung angesprochen werden.

Die nachfolgenden Ausführungen erheben keinen Anspruch auf Vollständigkeit. Die Recherchen wurden nach bestem Wissen und Gewissen durchgeführt. Sollten trotzdem Institutionen unerwähnt bleiben oder andere sich nicht ausreichend vertreten sehen, so bitten wir, dies zu entschuldigen. Ziel war es, eine weitest gehenden Überblick über die aktuell in Deutschland vorhandenen Ausbildungsstätten für Projektentwickler zu geben und konnte es nicht sein, die einzelnen Aus- und Weiterbildungsveranstaltungen bzw. deren Lehrinhalte eingehend zu beschreiben.

4.2 Grundausbildung

4.2.1 Überblick

Es besteht die Notwendigkeit, dem zukünftigen Projektentwickler eine solide Grundausbildung zu bieten. Darin sollte das gesamte benötigte Themenspektrum grundlegend vermittelt werden.

Bei der Untersuchung der Möglichkeiten der Grundausbildung im Bereich der Immobilien-Projektentwicklung in Deutschland fällt auf, dass der Hauptteil des Angebotes von Hochschulen und Fachhochschulen getragen wird. Sonstige Akademien und Ausbildungsstätten hingegen konzentrieren sich mehr auf die Weiterbildungs- und Aufbaustudiengänge.

In den Studiengängen, die Immobilien-Projektentwicklung anbieten, variiert die Spannbreite ebenfalls. Im Hochschulbereich befassen sich Immobilienmanager, Bau- und Wirtschaftsingenieure, Architekten, Raumplaner, Immobilien- und Betriebswirtschaftler mit Projektentwicklung, bei den Fachhochschulen hingegen Bauingenieure, Betriebs- und Immobilienwirtschaftler.

Im Folgenden werden die Institutionen näher vorgestellt, deren Lehrangebot eine eigene Vorlesungsreihe zur Thematik beinhaltet.

4.2.2 Universitäten

4.2.2.1 RWTH Aachen

Im Zuge des Masterstudiengangs Bauingenieur und Wirtschaftsingenieur mit der Fachrichtung Bauingenieur wird die Vorlesung „Immobilien-Projektentwicklung“ angeboten. In dieser Vorlesungsreihe „Immobilien-Projektentwicklung“ werden mit den Phasen, Aufgaben, Zyklen und Kernbegriffen die Grundlagen der Projektentwicklung vermittelt. Weitere Studieninhalte sind Corporate Real Estate Management, Due Diligence-Prüfung für Immobilienobjekte, Marktsektoren mit der Vermittlung von Standort- und Marktanalysen. Finanzierungsthemen und privatwirtschaftliche Finanzierungs- und Betreibermodelle öffentlicher Aufgaben sind ebenso Vorlesungsbestandteil.

Anschrift:	RWTH Aachen Lehrstuhl für Baubetrieb und Projektmanagement Mies-van-der-Rohe-Straße 1 52074 Aachen
Ansprechpartner:	Prof. Dr. Rainard Osebold
Internet:	http://www.ibp.rwth-aachen.de

4.2.2.2 Technische Universität Berlin

An der Technischen Universität Berlin können sich Architekten und Bauingenieure im Master mit Schwerpunkt Immobilienökonomie/Projektentwicklung vertraut machen. Ziel des Schwerpunktes Immobilienökonomie/Projektentwicklung ist es, in Forschung und Lehre die komplexen Inhalte einer erfolgreichen Immobilien-Projektentwicklung darzustellen. Diese reichen von wirtschaftlichen, rechtlichen und technischen Planungs-und Projektsteuerungsleistungen in der Architektur-, Stadt- und Regionalplanung bis hin zu Theoriekenntnissen in Marktforschung und ökonomischen Modellen. Anhand von praktischen Übungen, Seminaren bis zum Vertiefungsentwurf (Lehrforschungsprojekt), erhalten die Studierenden ein spezifisches Fachwissen im interdisziplinären Themenspektrum der Immobilienwirtschaft. Mit Hilfe von wissenschaftlichen Methoden werden Erkenntnisse in einem akademischen Umfeld diskutiert und neue Lösungsansätze interdisziplinär ausgetauscht. Die dadurch erlernten Fähigkeiten bieten ein breites Spektrum an Wissen in allen sich angrenzenden Architekturbereichen und sozialgesellschaftlichen Fragestellungen in Verknüpfung mit wirtschaftlichen, rechtlichen und technischen Aspekten.

Anschrift:	Technische Universität Berlin Fakultät Planen Bauen Umwelt Institut für Architektur Straße des 17. Juni 135 10623 Berlin
Ansprechpartnerin:	Prof. Dr. Kristin Wellner
Internet:	http://www.tu-berlin.de

4.2.2.3 Technische Universität Dortmund

Die Fakultät Raumplanung der Universität Dortmund bietet für Studenten der Raumwirtschaftspolitik und des Bauingenieurwesens im Master diverse Module zur Immobilienprojektentwicklung an. In dem Projekt „Integrierte Immobilien- und Quartiersentwicklung" ist das Ziel an einem konkreten Beispiel der Flächenentwicklung eine Machbarkeitsstudie durch eine Analyse und Konzeptentwicklung durchzuführen. In der „Immobilienprojektentwicklung" werden die Handlungsfelder Standort- und Stakeholderanalyse, Baurechtsprüfung, Baukostenanalyse, Nutzungskonzepte, Vermarktung und Wirtschaftlichkeitsbewertung behandelt.

Anschrift:	Technische Universität Dortmund Lehrstuhl Immobilienentwicklung August-Schmidt-Straße 6 44227 Dortmund
Ansprechpartner:	Prof. Dr. Nadler
Internet:	https://www.tu-dortmund.de

Studiengang: „Bauprozessmanagement und Immobilienwirtschaft"

In dem Masterstudiengang Bauprozessmanagement und Immobilienwirtschaft, der Bachelorabsolventen aus den Bereichen Architektur und Bauingenieurwesen offen steht, wird ein ganzheitliches und interdisziplinäres Verständnis der ökonomischen, rechtlichen, technischen und ökologischen Grundlagen der Bau- und Immobilienwirtschaft in Kombination mit vertiefenden Kenntnissen der bau- und verfahrenstechnischen sowie der ablauforganisatorischen Besonderheiten der Bauabwicklung vermittelt.

Anschrift:	Technische Universität Dortmund Lehrstuhl Immobilienwirtschaft und Bauorganisation August-Schmidt-Straße 8 44227 Dortmund
Ansprechpartner:	Prof. Dr. Ivan Čadež
Internet:	https://www.bauwesen.tu-dortmund.de

4.2.2.4 Technische Universität Darmstadt

Zum Masterstudium Wirtschafts-Bauingenieur wird an der TU-Darmstadt der Vorlesungsblock „Immobilienwirtschaft" gelesen. Hier setzt sich der Student mit den zentralen Punkten der Projektentwicklung und der Immobilienwirtschaft auseinander. Die Themen Markt- und Standortanalyse, Nutzungs- und Verwaltungskonzept und Due Diligence werden ebenso wie Immobilienentwicklung, Finanzierung- und Assetmanagement, Nutzung und Betrieb im Rahmen der Vorlesung studiert.

Anschrift:	Technische Universität Darmstadt Fachbereich Immobilienwirtschaft und Baubetriebswirtschaftslehre Hochschulstraße 1 64289 Darmstadt
Ansprechpartner:	Prof. Dr. Pfnür
Internet:	http://www.real-estate.bwl.tu-darmstadt.de/real_estate/index.de.jsp

4.2.2.5 Technische Universität Bergakademie Freiberg

Der Lehrstuhl Allgemeine BWL bietet in der SBWL Baubetriebslehre das Fach „Projektentwicklung" an. Zunächst wird die Projektentwicklung im Immobilienbereich (u.a. Wohnimmobilien, Gewerbeimmobilien, Freizeit- und Sozialimmobilien) erläutert. Dann wird die Infrastruktur- Projektentwicklung (u.a. im Verkehrs- und Umweltbereich) vorgetragen. Die Phasen der Projektentwicklung wurden als Regelkreis zwischen Technik, Nutzung, Marketing, Finanzierung, Projektkalkulation und externen Effekten begriffen.

Anschrift:	TU Bergakademie Freiberg Lehrstuhl für Baubetriebslehre Schlossplatz 1, 09599 Freiberg
Ansprechpartner:	Prof. Dr. Ing. Dipl.-Kfm. Dieter Jacob
Internet:	http://tu-freiberg.de/fakult6/baubetriebslehre

4.2.2.6 Hafencity Universität Hamburg

An der Hafencity Universität Hamburg werden den Studenten der Stadtplanung und Architektur in diversen Veranstaltungen die Grundlagen der Projektentwicklung vermittelt. In weiterführenden Modulen wie der „Projekt- und Stadtentwicklung", soll das Wissen der Studenten über die wesentlichen Schritte einer (Immobilien-)Projektentwicklung und der (Stadt-) Quartierentwicklung verdichten und Interdisziplinaritäten sowie deren Wirkungszusammenhänge aufdecken. Anhand konkreter Beispiele wird insbesondere die Zusammenarbeit mit öffentlichen Akteuren auf verschiedenen prozessualen Ebenen behandelt. Wahlweise kann das erlangte Wissen anhand einer Projektarbeit in einem Praxisbeispiel gefestigt und erweitert werden.

Für Architekten gibt es im Master eine Veranstaltung, die Projektentwicklung anhand eines „Architekturprojekts im Lebenszyklus der Immobilie" vermittelt. Hier werden die Grundlagen der Projektentwicklung für die direkte Anwendung bei eigenen Projekten gelehrt. Die Architekten sollen in die Lage versetzt werden, baukulturelle und wirtschaftliche Anforderungen in Einklang zu bringen. Inhaltlich werden Grundlagen der Projektentwicklung, Machbarkeitsstudien – Wirtschaftlichkeitsanalysen und Berichte aus der Praxis von Projektentwicklungsgesellschaften abgehandelt.

Anschrift:	Hafencity Universität Hamburg Stadtplanung Überseeallee 16 20457 Hamburg
Ansprechpartner:	Prof. Dr.-Ing. Thomas Krüger
Internet:	https://www.hcu-hamburg.de/

4.2.2.7 Karlsruher Institut für Technologie (KIT)

Das KIT bietet den Studenten der Architektur, des Bau- und Wirtschaftsingenieurwesens die Möglichkeit die Vorlesungsreihe „Real Estate Management" zu besuchen. Inhaltlich wird dort das Thema Projektentwicklung behandelt. Weitere Studieninhalte sind der Wohnungsmarkt, -nachfrage und Lebensstile, Bedarfsermittlung, Wirtschaftlichkeitsuntersuchungen, Risikomanagement und Verfahren der Wertermittlung. Das Angebot wird durch Vorträge von Gästen aus verschiedenen Bereichen der Wohnungswirtschaft und durch Exkursionen ergänzt.

Anschrift:	Karlsruher Institut für Technologie (KIT) Lehrstuhl für Ökonomie und Ökologie des Wohnungsbaus Kaiserstr. 12 76131 Karlsruhe
Ansprechpartner:	Prof. Dr.-Ing. Lützenkopf
Internet:	http://www.oew.kit.edu/

4.2.2.8 Technische Universität Kaiserslautern

An der Technischen Universität Kaiserslautern wird Studenten des Bauingenieurwesens und der Raum- und Umweltplanung am Fachbereich Immobilienökonomie ein Vorlesungsblock zu den wirtschaftlichen Aspekten der Immobilie angeboten. Die Vorlesungen „Immobilienfinanzierung, -bewertung und -projektentwicklung" sowie „Immobilienprojektentwicklung und Due Diligence" sind der inhaltliche Schwerpunkt. Der Themenbereich Projektentwicklung beinhaltet Anforderungen und Ziele des Projektentwicklers, Nutzeranforderungen, Flächendefinitionen, Markt- und Standortanalyse, Projektkalkulation und Immobilienmarketing. In der weiterführenden Veranstaltung „Projektentwicklung und Due Diligence" wird Datenmanagement, Finanzierung, Förderung und Besteuerung von Immobilien-Projektentwicklungen behandelt.

Anschrift:	Technische Universität Kaiserslautern Fachgebiet Immobilienökonomie Paul-Ehrlich-Straße 67663 Kaiserslautern
Ansprechpartner:	Prof. Dr. Björn-Martin Kurzrock
Internet:	https://www.bauing.uni-kl.de/immobilienoekonomie/startseite/

4.2.2.9 Universität Kassel

An der Universität Kassel werden am Fachgebiet Bauwirtschaft/Projektentwicklung Kenntnisse und Fertigkeiten auf dem Sektor des Bau-Projektmanagements im In- und Ausland vermittelt. Ziel ist es Architekten, tätig in der Bauabwicklung, notwendige Voraussetzungen auf dem Gebiet der Projektorganisation bereitzustellen. In dem Modul Bauwirtschaft/Projektentwicklung wird sich themenspezifisch in den Aspekten Projektentwicklung, Ablaufplanung, Baucontrolling, Projektsteuerung und Projektmanagement vertieft. Im Vertiefungsmodul des Masters wird für eine Projektarbeit eine Standort- und Nutzungsanalyse, Bedarfsermittlung, Grundstückseinordnung, Wirtschaftlichkeitsplanung und Machbarkeitsstudie durchgeführt.

Anschrift:	Universität Kassel Fachgebiet Bauwirtschaft und Projektentwicklung Universitätsplatz 9 34127 Kassel
Ansprechpartner:	Prof. Dr. Antonius Busch
Internet:	http://www.ibw-kassel.de

4.2.2.10 Universität Leipzig

Institut für Immobilienmanagement

Im Bachelor wird den Studenten der Betriebswirtschaftslehre die Lehrveranstaltung „Immobilienmanagement" angeboten. Die Inhalte bauen auf dem kaufmännischen und volkswirtschaftlichen Wissen der grundlegenden Bachelor-Module auf. Dabei werden die Immobilien aus dem Blickwinkel Rechtslage, Verkehrswert, Verwaltung, Vermittlung, Finanzierung und Investment betrachtet. Abschließend werden die Standort- und Marktanalyse sowie die Projektentwicklung abgehandelt. Im Master wird ein Veranstaltungsblock für die Themenbereiche Immobilienanalyse, Immobilieninvestment und Immobilienresearch angeboten. Die Immobilie wird als Einzelanlage und Anlageprodukt analysiert. Die Veranstaltung „Immobilieninvestment" behandelt die Immobilienprojektentwicklung aus dem Investmentblickwinkel. Der Praxisbezug wird in einer Case Study zum „Immobilienresearch" abgedeckt.

Anschrift:	Universität Leipzig Wirtschaftswissenschaftliche Fakultät Institut für Immobilienmanagement Grimmaische Straße 12 04109 Leipzig

Ansprechpartner: Prof. Dr. Wolfgang Pelzl
Internet: http://www.immo.uni-leipzig.de/

4.2.2.11 Technische Universität München

Die Technische Universität München ist dem hohen Bedarf an Immobilienprojektentwicklung mit ihrem neuen Ausbildungskonzept nachgekommen und bietet den Bachelorstudiengang „Bauingenieurwesens mit ausführungsorientiertem Profil" an. Das „Construction Real Estate Management", kurz CoRE, genannte Konzept führt die Studenten von Beginn an die Planung und Realisierung von Projekten heran, indem Planungsprozesse und Kosten- und Leistungsrechnung vermittelt werden.

Der konsekutive Master kann mit den Schwerpunkten Immobilienentwicklung oder Bauprozessmanagement fortgeführt werden. Dieser Master steht auch Bauingenieuren und Architekten frei und wird mit dem Titel Master of Science (Msc.) abgeschlossen.

In der Veranstaltung „Immobilienprojektentwicklung" werden Grundlagen der Investition, Standortanalyse, Marktdaten und -beteiligte neben der Wirtschaftlichkeit von Immobilien vermittelt. Weiterhin werden Developmentrechnungen und Sensitivitätsanalysen durchgeführt. Mit Gastvorträgen wird Praxisnähe gewährleistet.

Weitere Themengebiete des Studiums sind u.a. das Portfolio- und Assetmanagement, Wertermittlungsmethoden und Immobilienfinanzierung. Ein Großteil der Dozenten stammt aus der freien Wirtschaft, wodurch ein praxisnahes Studium gewährleistet wird.

Anschrift: Technische Universität München
Lehrstuhl für Bauprozessmanagement und
Immobilienmanagement
Arcisstr. 21
80333 München
Ansprechpartner: Prof. Dr.-Ing. Josef Zimmermann
Internet: http://www.lbi-tum.de/

4.2.2.12 Universität Regensburg/IREBS

Seit 2003 besteht das Institut für Immobilienwirtschaft an der Universität Regensburg. Als Teil der Wirtschaftswissenschaftlichen Fakultät umfasst das Institut mittlerweile 10 Lehrstühle und 15 Honorar- und Gastprofessuren. Seit dem Wintersemester 2005/06 werden die Bachelorstudiengänge BWL und VWL mit dem Schwerpunkt Immobilienwirtschaft angeboten. Je nach Studiengang (BWL/VWL) können betriebswirtschaftliche (Immobilienwirtschaft) oder volkswirtschaftliche (Immobilienökonomie) Aspekte der Immobilie systematisch vertieft werden. Die Thematik Immobilienentwicklung wird als Schwerpunktmodul der Immobilienwirtschaft behandelt und von Prof. Dr. Stephan Bone-Winkel betreut.

Die Universität Regensburg bietet einen eigenen Masterstudiengang im Bereich Immobilienwirtschaft („Master of Science in Real Estate") als Vollzeitstudium an. Der Schwerpunkt „Immobilienentwicklung und -management" beinhaltet die Veranstaltungen Immobilienentwicklung II, Immobilienmanagement II und Handelsimmobilien II.

Anhand von Fallstudien und realen Projekten wird den Studenten eine praxisnahe Vermittlung der Instrumente und Methoden der Projektentwicklung vermittelt. Gelehrt wird teilweise fachdisziplinübergreifend und überwiegend in Blockveranstaltungen. Prüfungen erfolgen überwiegend in Form von Projektarbeiten, Studien und Case Assignments. Ein Auslandsaufenthalt und die Möglichkeit eines Doppelabschlusses werden angeboten.

Anschrift: Universität Regensburg
Honorarprofessur für Immobilienentwicklung
Universitätstraße 31
93040 Regensburg
Ansprechpartner: Prof. Dr. Stephan Bone-Winkel
Internet: http://www.uni-regensburg.de/wirtschaftswissenschaften/immobilien

4.2.2.13 Universität Stuttgart

Seit dem Wintersemester 2008/09 wird an der Universität Stuttgart der Bachelorstudiengang „Immobilientechnik und Immobilienwirtschaft" und seit dem Wintersemester 2011/12 der konsekutive Masterstudiengang angeboten. Im Bachelor werden den Studenten mit dem „Immobilienmarketing" und der „Immobilienbewirtschaftung" die finanziellen Aspekte einer Immobilie nähergebracht und im Master fundiert. Dabei werden die Immobilien in sämtliche Lebenszyklusphasen betrachtet und die ingenieur- und wirtschaftswissenschaftlichen, energetischen, planerischen sowie rechtlichen Aspekte vermittelt. Weiterführend ist eine Spezialisierung in den genannten Bereichen möglich. Verpflichtend muss die Veranstaltung „Immobilienplanung und -entwicklung" besucht werden, deren Inhalte Projektentwicklung, Portfoliomanagement sowie Planung und Entwicklung im Wohnungsbau sind. Weitere Fächer wie Städtebau, Marketing oder Rechtsgrundlagen der Immobilienwirtschaft runden das interdisziplinäre Lehrfeld ab. Weiterhin gibt es die Möglichkeit Grundlagen und Methoden der Projektplanung und des Projektmanagements von Bauprojekten zu erlernen.

Das Institut für Baubetriebslehre ist Kooperationspartner der „Deutschen Gesellschaft für nachhaltiges Bauen (DGNB)". Studierende des Masterstudiengangs haben die Möglichkeit, die Grundlagen für die Prüfung zum „Registered Professional" zu erwerben.

Anschrift:	Universität Stuttgart Institut für Baubetriebslehre Pfaffenwaldring 7 70569 Stuttgart
Ansprechpartner:	Prof. Dr.-Ing. Fritz Berner
Internet:	www.iui.uni-stuttgart.de

4.2.3 Fachhochschulen

4.2.3.1 Hochschule 21

Die Hochschule 21 bietet für Studenten des „Wirtschaftsingenieurwesens Bau und Immobilien" mit Abschluss B.Eng. u.a. die Schwerpunktfächer Projektentwicklung, Immobilien- und Immobilienportfoliomanagement an. Ziel ist es ein Immobilienprojekt über den ganzen Lebenszyklus der Immobilie steuern zu können. In diesem Zusammenhang entwickeln die Studierenden oft in enger Zusammenarbeit mit Akteuren der Bau- und Immobilienwirtschaft reale Projekte aus unterschiedlichen Marktsektoren. Die Veranstaltung „Projektentwicklung" wird flankiert vom „Lebenszyklusmanagement", „Wirtschafts- und Immobilienrecht" und dem „Immobilienmanagement", um die Immobilie als Wirtschaftsobjekt zu verstehen.

Anschrift:	hochschule21 Staatlich anerkannte private Fachhochschule Harburger Str. 6 21614 Buxtehude
Ansprechpartner:	Prof. Dr. Benjamin Beug
Internet:	https://www.hs21.de

4.2.3.2 Hochschule Aschaffenburg

Die Fakultät Wirtschaft und Recht bietet für ihren Bachelorstudiengang (BA) „Internationales Immobilienmanagement" als Studienschwerpunkte „Projektentwicklung" an. Hier wird das Modul „Projektentwicklung und Immobilienbewertung" seminaristisch gehalten. Die Lehrinhalte werden mit Hilfe von Praxisbeispielen und Projektarbeiten vermittelt. Weitere Schwerpunktbereiche sind das Bestandsmanagement, die Immobilienbewertung und -rechnungslegung, das Immobilieninvestmentmanagement und das Internationale Management.

Anschrift: Hochschule Aschaffenburg
Dekanat Wirtschaft und Recht
Würzburger Str. 45
63743 Aschaffenburg

Ansprechpartner: Prof. Dr. Holger Paschedag

Internet: https://www.hs21.de

4.2.3.3 Hochschule für Technik und Wirtschaft, Berlin

Der vom Fachbereich 3 – „Wirtschafts- und Rechtswissenschaften" angebotene Bachelorstudiengang „Immobilienwirtschaft" enthält die Veranstaltungen „Lebenszyklus der Immobilie I – Projektentwicklung 1: Neubau (Grundstück, PE)" und „Lebenszyklus der Immobilie III – Projektentwicklung 2", die es jeweils im Grundstudium zu absolvieren gilt. Es muss für ein Neubauprojekt ein Nutzungskonzept entwickelt und weiterführend eine Machbarkeitsstudie in Verbindung mit einem wirtschaftlich geprüften Nutzungskonzept angefertigt werden. Der Studiengang ist durch die AQUAS akkreditiert. Der Masterstudiengang „Facility Management" beinhaltet die Veranstaltung „Projektentwicklung und Portfoliomanagement", die von dem „Projekt zum Portfoliomanagement" flankiert wird. Der englischsprachige Masterstudiengang „Construction and Real Estate Management" mit Abschluss M.Sc. hat ebenfalls den Studienbestandteil des Developments.

Anschrift: Fachhochschule für Technik und Wirtschaft Berlin
Fachbereich Wirtschaftswissenschaften I
Treskowallee 8
10313 Berlin

Ansprechpartner: Prof. Dr. Ariane Wägner, Prof. Dr. Werner Nann,
Prof. Dr.-Ing. Dieter Bunte

Internet: https://iw.htw-berlin.de

4.2.3.4 Hochschule für Wirtschaft und Recht, Berlin

Im Fachbereich 2 – Duales Studium – soll die Betriebswirtschaftslehre mit Schwerpunkt Immobilien, diese als Assetklasse und Wirtschaftsgut vermitteln und relevante wirtschaftliche, gesellschaftliche und rechtliche Rahmenbedingungen ausleuchten. Darüber hinaus werden Marktteilnehmer und individuelle und gesellschaftliche Anforderungen an die Gebäudenutzung analysiert. Die Studenten erlernen die Entwicklung, Bewirtschaftung und Vermarktung einer Immobilie zu beherrschen und den Markt zu verstehen. Das Thema Projektentwicklung kann vertieft werden. Neben der vorgeschalteten Regionalentwicklung, Stadtplanung und Bauordnung wird im darauffolgenden Semester die Projekt- und Produktenentwicklung angeboten. Nach 6 Semestern des dualen Vollzeitstudiums wird der Titel „Bachelor of Arts" verliehen.

Anschrift: Hochschule für Wirtschaft und Recht Berlin
Fachbereich Wirtschaft
Alt-Friedrichsfelde 60
10315 Berlin

Ansprechpartner: Prof. Dr. Jeannette Raethel

Internet: https://www.hwr-berlin.de

4.2.3.5 Hochschule Biberach

Der Bachelorstudiengang Betriebswirtschaft mit der Studienrichtung Bau und Immobilien enthält das Pflichtmodul XXI „Projektentwicklung". Inhaltlich werden Themen wie Erfolgsfaktoren und Risiken (Standort- und Marktanalysen, Nutzungskonzeptionen, Renditeberechnungen, Vertragsmanagement und Risiken der Projektentwicklung) und Möglichkeiten (Märkte, Formen, Produkte der Projektentwicklung) behandelt.

Im Masterstudiengang Betriebswirtschaftslehre mit Schwerpunkt „Bau und Immobilien" ist im 1. Semester das Modul II „Projektentwicklung" Pflichtfach. Lehrziele sind die Einführung in die Methoden, Aufgaben und Ziele der Projektentwicklung, markttragfähige Projektkonzeptionen, strategische und operative Ausrichtung eines international aufgestellten Projektentwicklers, Revitalisierung von Unternehmensimmobilien und das Projektcontrolling sowie das Risikomanagement.

Anschrift:	Fachhochschule Biberach Fachbereich Betriebswirtschaft (Bau) Karlstraße 11 88400 Biberach
Ansprechpartner:	Prof. Dipl.-Kfm. Eckhard Klett
Internet:	https://www.hochschule-biberach.de

4.2.3.6 Hochschule Bochum

Für Architekturstudenten wird der einjährige Masterstudiengang „Projektentwicklung" angeboten. Dabei werden die Fachdisziplinen Städtebau, Projektentwicklung und Architektur zusammengeführt. Der Studiengang wurde im Jahr 2007 akkreditiert und 2012 sowie 2016 reakkreditiert. Fragen der Projektentwicklung werden interdisziplinär mit Experten aus den Bereichen Medien, Finanzen, Kommunikation, Urbanistik und Architektur erarbeitet. Dabei wird der Zusammenhang zur gebauten Umwelt, menschlichen Verhaltensweise, Kommerz und Kultur behandelt. In der Regel handelt es sich um architektonische Projekte die Themen wie Stadtmarketing und Medienkommunikation umschließen. Synergien zu den beiden Masterstudiengängen Architektur Mediamanagement und Städtebau der Hochschule Bochum werden entwickelt und genutzt.

Anschrift:	Hochschule Bochum Lennershofstraße 140 44801 Bochum
Ansprechpartner:	Prof. Dipl.-Ing. Xaver Egger
Internet:	http://www.hochschule-bochum.de

4.2.3.7 Fachhochschule Darmstadt

Im Wahlpflichtbereich des Bachelorstudiengangs Bauingenieurwesen bietet der Fachbereich Bauwirtschaft die Vorlesung „Immobilienwirtschaftliche Grundlagen" an, der sich aus der Immobilienbewertung und Immobilienprojektentwicklung zusammensetzt. Weiterführend kann im Master die Veranstaltung „Immobilienprojektentwicklung" besucht werden. Ziel ist es die Studierenden in die Lage zu versetzen, ein Immobilienprojekt selbstständig zu entwickeln. Dazu werden vertiefte Kenntnisse des Entwurfs von Nutzungskonzepten, Durchführung von Kostenschätzungen, Bewertung von Gewerbeimmobilien und Sonderfälle der Grundstücksbewertung vermittelt.

Anschrift:	Fachhochschule Darmstadt Fachbereich Bauwirtschaft Haardtring 100 64295 Darmstadt
Ansprechpartner:	Prof. Dr.-Ing. M. Sohni
Internet:	http://www.fbb.h-da.de

4.2.3.8 Fachhochschule Hildesheim/Holzminden

Im Bachelorstudiengang Immobilienwirtschaft und –management hören die Studenten die Vorlesungen Projektentwicklung, Baurecht, Facility Management, Rechnungswesen und Investition und Finanzierung von Immobilien. Rahmenveranstaltungen zu Managementtechniken und Marketing greifen den interdisziplinären Ansatz bei der Ausbildung von Projektentwicklern auf. Im Master-Studiengang können die Studenten anwendungs- und forschungsorientierte Schwerpunkte wählen bei denen besonders auf die Anforderungen in der höheren Verwaltung eingegangen wird. Im Bereich Projektentwicklung gilt es Ziele, Aufgaben, Funktionen und Instrumente der Projektentwicklung und den Studenten projektentwicklungsspezifischen Anforderungen, Methoden und Techniken der Öffentlichkeitsarbeit zu vermitteln. Eine eigene Vertiefung im Rahmen des Public-Private-Partnership wird angeboten.

Anschrift:	Fachhochschule Hildesheim/Holzminden Fakultät Management, Soziale Arbeit, Bauen Haarmannplatz 3 37603 Holzminden
Ansprechpartner:	Prof. Dr. Dieter Grommas
Internet:	http://www.hawk-hhg.de

4.2.3.9 Jada Hochschule

Der internationale Masterstudiengang (Master of Engineering) „Facility Management und Immobilienwirtschaft" behandelt die Führung und Steuerung einer Immobilie über ihren gesamten Lebenszyklus. Das Studium richtete sich an Architekten, Bau-, Wirtschafts-, Vermessungsingenieure und Maschinenbauingenieure (Verfahrenstechnik). Lerninhalte sind neben Soft Skills und Immobilienrecht das technische, kaufmännische und immobilienwirtschaftliche Management.

Im Bereich der Projektentwicklung werden u.a. der Markt für Immobilien-Projektentwicklungen (Marktteilnehmer, Berufs- und Leistungsbilder), Projektinitiierung (Idee, Standort, Kapital, Flächenkonzept, Frontdoor/Backdoor Approach), Projektkonzeption und Feasibility Studie (Standort- und Marktanalyse, Nutzungskonzept, Wettbewerb, Risiko, Kostenschätzung), Wirtschaftlichkeits- und Renditeanalyse, Sensitivitätsanalysen behandelt.

Anschrift:	Jada Hochschule Fachbereich Bauwesen und Geoinformation Ofener Str. 16/19 26121 Oldenburg
Ansprechpartner:	Prof. Dr. Thomas Weßels
Internet:	http://www.jade-hs.de

4.2.3.10 Duale Hochschule Baden-Württemberg Mannheim

Im 6 semestrigen BA Studiengang „Immobilienwirtschaft" wird den Studierenden ein breites Grundwissen der Immobilienwirtschaft vermittelt. Es folgt eine Spezialisierung in Projektierung, Finanzierung, Bauliche Maßnahmen, Immobilienrecht, Facility Management, Vermietung und Vermarktung und Standort. In der Projektierung wird unter anderem „Projektentwicklung und Projektmanagement" als ein Modul bereitgestellt und der Bogen zur Stadt- und Regionalplanung und -entwicklung geschlagen. Von der Hochschule werden in Kooperation einige Duale Partner angeboten.

Anschrift:	Duale Hochschule Baden-Württemberg Mannheim Fakultät Wirtschaft Coblitzallee 1-9 68163 Mannheim
Ansprechpartner:	Prof. Dr. Harald Nitsch, Prof. Dr. Verena König
Internet:	http://www.iw.dhbw-mannheim.de

4.2.3.11 Hochschule Mittweida

Im Studiengang „Immobilienmanagement und Facilities Management" (B.Eng.) werden Kenntnisse und Handlungsmöglichkeiten bezüglich der Planung, Realisierung, Nutzung und Verwertung von Wohn-, Verwaltungs- und Büroimmobilien sowie Handels-, Industrie- und Spezialimmobilien über den gesamten Lebenszyklus vermittelt. Die Module „Immobilieninvestitionen/Immobilienfinanzierung", „Immobilienbewertung" und „Immobilienprojektentwicklung I+II" werden angeboten. In der Immobilienprojektentwicklung erfolgt die Vermittlung der Grundlagen des Immobilienmarketings und der Vermarktung. Ziel ist es eigenständig Planungsabläufen hinsichtlich der Standortanalyse, der Projektplanung, dem Stellen des Bauantrages und der Marketingstrategie, sowie die erarbeiteten Daten in einem Exposè zu entwickeln und umzusetzen. Die Teamarbeit wird durch Projektarbeit vermittelt.

Im Anschluss an das Bachelorstudium besteht die Möglichkeit, das Masterstudium Industrial Management an der Hochschule Mittweida aufzunehmen. Seit 2013 existiert die Fachvertiefung Immobilienmanagement und Facilities Management. Im ersten Semester wird neben den betriebswirtschaftlichen Grundlagen das Modul Immobilienwirtschaft angeboten. Das zweite Semester beinhaltet die Veranstaltungen der Vertiefungsrichtung mit jeweils zwei Modulen des Immobilienmanagements und des Facility Managements, in denen weiterführende fachspezifische Kenntnisse praxisbezogen vermittelt werden. Während des anschließenden Forschungs- und Entwicklungsprojekt erfolgt in einem selbstgewählten Unternehmen und somit in praxisnaher Umgebung die umfangreiche Bearbeitung einer Aufgabe in der gewählten Vertiefungsrichtung.

Anschrift:	Hochschule Mittweida Fakultät Wirtschaftswissenschaften Technikumplatz 17 09648 Mittweida
Ansprechpartner:	Prof. Dr.-Ing. Jan Schaaf
Internet:	https://www.wi.hs-mittweida.de

4.2.3.12 Hochschule für Wirtschaft und Umwelt Nürtingen-Geislingen

Der Bachelorstudiengang „Immobilienwirtschaft" bietet im Vertiefungsstudium die Vorlesungen „Projektentwicklung von Wohnimmobilien" und „Projektentwicklung von Gewerbeimmobilien" an. In dem Bereich Wohnimmobilien werden theoretische Grundlagen und komplexe Prozesse einer Immobilien-Projektentwicklung detailliert in ihren einzelnen Phasen behandelt. Die Nutzung der Wohnimmobilie steht im Vordergrund. In der weiterführenden Veranstaltung wird das Wissen anhand der Gewerbeimmobilien vertieft. Dabei fällt der Fokus auf Büroimmobilien und Handelsimmobilien, die in ihrer Komplexität ausführlich erörtert werden. Dies wird aus aktueller Marktsicht um weitere ausgesuchte Nutzungsarten (z.B. Senioren- und/oder Logistikimmobilien etc.) ergänzt. Darüber hinaus werden u.a. die Themen der Finanzierung, Immobilienbewertung, Corporate Real Estate/Public Real Estate und Risikomanagement behandelt.

Anschrift:	Hochschule für Wirtschaft und Umwelt Nürtingen-Geislingen Studiengang Immobilienwirtschaft Parkstr. 4 73312 Geislingen
Ansprechpartner:	Prof. Dr. rer. pol. Robert Göötz, Prof. Dr. Dieter Rebitzer
Internet:	https://www.hfwu.de

4.2.3.13 Hochschule Anhalt (FH)

Mit dem Bachelorstudiengang Immobilien- und Baumanagement wird in Bernburg auch ein umfassendes Know-how aus dem Development-Bereich vermittelt. Neben den Veranstaltungen „Projektentwicklung" und „Projektentwicklung im Bestand" tragen dazu auch die flankierenden Vorlesungen der „Grundlagen Immobilienwirtschaft", „Grundlagen Projektmanagement", und „Grundlagen/Strategisches Facility Management" bei, so dass die Projektentwicklung im realen Prozesszusammenhang vermittelt wird. Zudem bietet die Hochschule Anhalt den Masterstudiengang „Facility- und Immobilienmanagement" an. Im 2. Semester des Masters wird u.a. die Projektentwicklung behandelt.

Anschrift:	Hochschule Anhalt (FH) Fachbereich Wirtschaft Strenzfelder Allee 28 06406 Bernburg
Ansprechpartner:	Prof. Dr. Michael Kuhn
Internet:	https://www.hs-anhalt.de

4.2.3.14 Duale Hochschule Stuttgart

An der Dualen Hochschule Stuttgart wird im Bachelorstudium der Schwerpunkt Immobilienwirtschaft gelehrt. Dabei werden Spezialisierungen in den Bereichen Vermittlung, Bewertung/ Finanzierung von Immobilien, Projektentwicklung, Immobilienfonds und Wohnungseigentums-Verwaltung (WEG-Verwaltung) angeboten. Neben der Projektentwicklung werden noch Corporate Real Estate Management, Facility Management, Immobilienrecht, finanztheoretische Grundlagen und Schlüsselqualifikationen der Rhetorik und des Projektmanagements vermittelt. Der Studiengang ist durch die Royal Institution of Chartered Surveyors (RICS) akkreditiert, womit die Absolventen die Möglichkeit haben, sich zum Chartered Surveyor (MRICS) weiterzuqualifizieren.

Die Duale Hochschule bietet insgesamt 70 Duale Partner in dem Bereich der Immobilienwirtschaft an.

Anschrift:	Duale Hochschule Baden-Württemberg Fakultät Wirtschaft Herdweg 20 70174 Stuttgart
Ansprechpartner:	Prof. Dr. Hanspeter Gondring
Internet:	https://www.dhbw-stuttgart.de

4.3 Weiterbildung

4.3.1 Überblick

Das Weiterbildungsangebot im Bereich der Immobilien-Projektentwicklung richtet sich vor allem an Berufstätige, die durch eine spezielle Zusatzbildung ihr Wissensspektrum vergrößern wollen. Auslösend dafür kann beispielsweise sein, dass innerhalb von Unternehmen der Immobilienwirtschaft gezielt Weiterbildung auf diesem Sektor angeboten bzw. gefördert wird. Auch zur Verbesserung der Chancen am Arbeitsmarkt können Fortbildungsmaßnahmen dienen. Grundlage sollte jedoch immer eine fachverwandte Ausbildung sein, wie z.B. Betriebswirtschaftslehre, Immobilienökonomie oder Bauingenieurwesen.

Der Großteil der Weiterbildungsmöglichkeiten mit Projektentwicklungsthemen wird von freien Instituten angeboten. Es ergeben sich in diesem Bereich allerdings erhebliche Schwankungen im Inhalt der einzelnen Maßnahmen, im zeitlichen Umfang und bezüglich der Kosten.

4.3.2 Universitäten

4.3.2.1 Technische Universität Berlin

Seit 2007 wird an der Technischen Universität Berlin der berufsbegleitende Masterstudiengang (Msc.) „Real Estate Management" angeboten. Der Masterstudiengang wendet sich als Teilzeitstudium an Berufstätige und Berufsanfänger mit einem Hochschul- oder Fachhochschulabschluss in den Fächern Architektur, Stadt- und Regionalplanung sowie Bauingenieurwesen. Um das Spannungsfeld einer Diversifizierung zu erzeugen, werden jedoch u.a. auch Absolventen der Fächer Rechtswissenschaft, Betriebswirtschaftslehre, Volkswirtschaftslehre, Wirtschaftsingenieurwesen und Geodäsie bzw. Vermessungswesen zugelassen.

Die differenzierten Lehrinhalte werden in unterschiedlichen Lehrveranstaltungsformen – Vorlesungen, Seminaren, praxisnahen Übungen und Integrierten Projekten – vermittelt. Einen zentralen Stellenwert haben die Integrierten Projekte als Rückgrat des Studiums: Auf der Basis realer Fälle aus der Standort- und Projektentwicklung werden in interdisziplinär zusammengesetzten Teams Problemlösungen erarbeitet. Im Rahmen der Projektarbeit werden durch Exkursionen, Rückfragenkolloquien, moderierten Gruppendiskussionen, Teamarbeit und Workshops Lern- und Vermittlungsmethoden eingesetzt, die berufserfahrenen Studierenden angemessen sind und die zugleich die Sozialkompetenz trainieren.

Der Masterstudiengang Real Estate Management gliedert sich in einen dreisemestrigen Studienteil, sowie ein daran anschließendes 4. Semester. Dieses ist der Masterthesis vorbehalten.

Das Studium behandelt die Projekt- und Standortentwicklung von der rechtlichen, ökonomischen und ingenieurwissenschaftlichen Seite. Die Dozenten kommen zu 60% von der Hochschule und 40% aus der Immobilienwirtschaft bzw. Standort- und Projektentwicklung, wodurch der Praxisbezug gewährleistet wird. Zulassungsvoraussetzung ist eine zweijährige Berufserfahrung, ein Hochschul- oder Fachhochschulabschluss in einem der Bereiche: Architektur, Stadt- und Regionalplanung, Raumplanung, Bauingenieurwesen, Rechtswissenschaft, Volks- und Betriebswirtschaftslehre, Wirtschaftsingenieurwesen, Geografie, Vermessungswesen u.ä. Diplom-, Master-, Bachelorabschluss oder äquivalent mit mind. 180 ECTS-Punkten sowie die Zahlung der Studiengebühren in Höhe von 13.800 €. Hinzu kommen 1.200 € für Einschreibegebühren inkl. BVG-sowie Reisekosten zu den Auslandsaufenthalten.

Anschrift:	Weiterbildungsstudiengang Real Estate Management Technische Universität Berlin Technologie- und Innovationszentrum Berlin (TIB) Sekr. TIB 2 Gustav-Meyer-Allee 25 (Haus 20/21) 13355 Berlin
Ansprechpartner:	Prof. Dr. Kristin Wellner
Internet:	http://www.rem-berlin.de

4.3.2.2 Technische Universität Bergakademie Freiberg

Die Veranstaltung „Projektentwicklung" im Rahmen der SBWL Baubetriebslehre kann im Rahmen des Aufbaustudiums Wirtschaftswissenschaften und des berufsbegleitenden Aufbaustudiums für Architekten und Ingenieure belegt werden. Inhaltlich teilt sich die Veranstaltung in zwei Teile. Zunächst erfolgt eine Vermittlung der Projektentwicklung im Immobilienbereich (u.a. Wohnimmobilien, Gewerbeimmobilien, Freizeit- und Sozialimmobilien). Anschließend findet eine Konzentration auf die Infrastruktur-Projektentwicklung (u.a. im Verkehrs- und Umweltbereich) statt.

Zulassungsvoraussetzung für das Aufbaustudium Wirtschaftswissenschaften ist ein erfolgreich abgeschlossenes Studium in einem ingenieurwissenschaftlichen oder mathematisch-naturwissenschaftlichen Studiengang an einer Universität oder gleichgestellten Hochschule oder Examensprädikat „gut" oder besser einer Fachhochschule oder ein Bachelorabschluss nach Ablegen einer Eignungsprüfung. Das Studium ist ein Präsenzstudium und hat eine Regelstudienzeit von zwei Jahren. Als Abschluss wird der Titel „Dipl.-Wirtsch." dem bereist erworbenen akademischen Titel vorangestellt. Neben den normalen Semestergebühren fallen keine Studiengebühren an.

Das berufsbegleitende Aufbaustudium Wirtschaftswissenschaften für Architekten und Bauingenieure ist eine Variante des zuvor beschriebenen Aufbaustudiums Wirtschaftswissenschaften. Es werden Absolventen von Universitäten und gleichgestellten Hochschulen mit Examensprädikat „gut" oder besser, einer Fachhochschule oder ein Bachelorabschluss nach Ablegen einer Eignungsprüfung zur Immatrikulation zugelassen. Das berufsbegleitende Studium dauert drei Studienjahre und findet in zehn Blockkurswochenenden im monatlichen Abstand je Studienjahr statt. Der Ausbildungsort ist das Bildungszentrum der Hessischen Bauwirtschaft in Frankfurt am Main.

Die Teilnehmer schließen einen Ausbildungsvertrag mit dem Bildungszentrum der Hessischen Bauwirtschaft ab. Bei der Buchung einzelner Veranstaltungen kostet ein Blockkurswochenende 500 Euro. Bei Buchung eines gesamten Studienjahres kostet das Blockwochenende 400 Euro, also 4.000 Euro für ein Studienjahr.

Anschrift:	Technische Universität Bergakademie Freiberg Fakultät für Wirtschaftswissenschaften Lessingstr. 45 09596 Freiberg
Ansprechpartner:	Prof. Dr. Ing. Dipl.-Kfm. Dieter Jacob
Internet:	http://www.aufbaustudium-wirtschaftsingenieur.de

4.3.2.3 Deutsche Immobilien Akademie an der Universität Freiburg (DIA)

Die Deutsche Immobilien Akademie bietet den qualifizierten Zwischenabschluss zum/r „Geprüften Immobilienfachwirt/in (IHK)" bzw. „Immobilienwirt/in (DIA)" an. Dieser kann nach insgesamt 4 Studiensemestern erworben werden. Darauf aufbauend besteht mit dem „Kontaktstudiengang für Immobilienwirtschaft" die Möglichkeit in zwei Semestern einen universitären Abschluss zu erreichen. Dieser steht auch Fachwirten bzw. Interessenten mit einem ähnlichen Abschluss zur Verfügung. Aufbauend auf dem Kontaktstudiengang ist das Master-Programm „Real Estate Management" an der Hochschule für Wirtschaft in Zürich möglich. Es wird in Blockveranstaltungen gelehrt die berufsbegleitend mit jeweils 14-tägiger Dauer stattfinden. Pro Halbjahr wird ein Block angeboten, sodass die Vorbereitung auf die Prüfungen in zwei Jahren erfolgen kann. Eine zeitliche Straffung des Studiums ist grundsätzlich möglich.

Aufgrund der parallelen Einschreibung an der Steinbeis-Hochschule Berlin wurde für die aufeinander aufbauenden Studiengänge eine umfassende Qualifikation geschaffen, die mit den akademischen Grad BA in Real Estate abschließt. Mit diesem ersten Hochschulabschluss stehen DIA-Absolventen weitere akademische Master-Abschlüsse offen.

Anschrift:	Deutsche Immobilien Akademie an der Universität Freiburg CRES/Center for Real Estate Studies Eisenbahnstraße 56 79098 Freiburg
Ansprechpartner:	Thomas Büren
Internet:	https://www.steinbeis-cres.de https://www.dia.de

4.3.2.4 Technische Universität Dresden

Mit dem „Europäischem Institut für postgraduale Bildung GmbH" (EIPOS) bietet die Technische Universität Dresden AG (TUDAG) seit 1990 Weiterbildungen in den Bereichen Bauwesen, Immobilienwirtschaft, Brandschutz und Unternehmensführung auf Hochschulniveau an.

Im Bereich der Immobilienwirtschaft gibt es den Masterstudiengang „Master of Science Immobilienmanagement".

Es ist für Masterabsolventen unabdingbar, über den heimischen Tellerrand geschaut zu haben. Aus diesem Grund arbeitet EIPOS seit Jahren mit internationalen Partnern wie der Tongji-Universität in Shanghai oder Boise State University in den USA zusammen.

Eine Studienwoche führt in die asiatische Finanz- und Immobilienmetropole Shanghai in China. In kaum einer anderen Stadt der Welt sind Projektentwicklungen so greifbar wie in der Mega-City im Jangtse-Delta. In zahlreichen Fachexkursionen erleben die Teilnehmer unterschiedlichste Projekte, angefangen vom Einzelprojekt bis zur Entwicklung von ganzen Stadtvierteln, in allen Phasen des Entwicklungsprozesses.

Die Zentrale Evaluations- und Akkreditierungsagentur Hannover (ZEvA) hat den weiterbildenden Masterstudiengang Immobilienmanagement M.Sc. bis zum Studienjahr 2020/2021 als Abschluss akkreditiert. Der Masterstudiengang umfasst 10 Module, von denen das Modul 5 die Themen Immobilien-Projektentwicklung und Redevelopment umfasst. Die Studiendauer beträgt 26 Monate mit 10 Modulwochen, wovon 9 Module in Dresden (Deutschland), 1 Modul in Shanghai (China) absolviert werden. Der Master endet mit dem Abschluss „Master of Science (Immobilienmanagement)". Die Kosten belaufen sich auf 16.100 €. Darin eingeschlossen sind alle Lehrveranstaltungen, Prüfungen und Skripte. Nicht eingeschlossen sind die Reise- und Aufenthaltskosten.

Anschrift:	EIPOS GmbH Freiberger Straße 37 01067 Dresden
Ansprechpartner:	Dipl.-Wirtsch.-Ing. (FH) Peter Neumann
Internet:	https://www.eipos.de/weiterbildung

4.3.2.5 Universität Weimar

Nach 6 sehr erfolgreichen Jahren des Studiums „Projektentwicklung und Immobilienresearch" startet die Bauhaus Weiterbildungsakademie Weimar e.V. (WBA) in Kooperation mit der Bauhaus-Universität Weimar im Herbst 2018 ein Relaunch: Mit „Projektentwicklung | Immobilien, Märkte, Standorte" wird ein Zertifikatsstudium angeboten, das Präsenzzeit und Blended-Learning kombiniert. Neben den bewährten Präsenzphasen zu projektentwicklungstypischen Themen wie Typologien, Märkten und Trends erhält der Studierende parallel im digitalen Lernraum weiterführendes Lehrmaterial und Informationen zu allen Studienschwerpunkten.

Nach einer Vertiefung der Grundlagen der Immobilien-Projektentwicklung bildet die Betrachtung verschiedener Immobilien-Typologien einen thematischen Schwerpunkt des Studiums: Büro, Einzelhandel, Hotel, Gastronomie, Logistik, Sozialimmobilien und Wohnen. Es schließen sich Themen an, die rechtliche, steuerliche und wirtschaftliche Fragen klären. Dabei spielt die Auseinandersetzung mit Märkten und Trends eine besondere Rolle. Das Studium läuft über maximal drei Semester und kann berufsbegleitend absolviert werden. In den ersten zwei Semestern finden jeweils ca. 4 bis 5 Präsenzphasen statt. Die Hausarbeit ist im dritten Semester anzufertigen. Für das zweisemestrige Studium wird ein Entgelt von 2.190 Euro je Semester erhoben. Hinzu kommt eine Semestergebühr in Höhe von 39 € pro Semester für das Studentenwerk Thüringen. Prüfungsgebühren fallen nicht an. Nach erfolgreichem Abschluss verleiht die Bauhaus-Universität Weimar gemeinsam mit der Bauhaus Weiterbildungsakademie Weimar den Titel „Fachplaner/in für Immobilienprojektentwicklung" bzw. den Titel „Fachingenieur/in für Immobilienprojektentwicklung" für Teilnehmer/innen mit einem Ingenieur-Abschluss.

Anschrift:	Bauhaus Weiterbildungsakademie Weimar e.V. Coudraystraße 13 A 99423 Weimar
Ansprechpartner:	Prof. Dr.-Ing. B. Nentwig
Internet:	http://www.wba-weimar.de

4.3.2.6 Universität Wuppertal

Der Masterstudiengang (Msc.) Real Estate Management + Construction Project Management ist ein zweijähriger, berufsbegleitender Studiengang, der interdisziplinäres Wissen über den gesamten Lebenszyklus einer Immobilie vermittelt. REM + CPM behandelt inhaltlich die Projektentwicklung, das Projektmanagement, das Real Estate- und Facility Management. In 12 Modulen werden von 80 Dozenten technische und kaufmännische Kompetenzen zum Immobilienmanagement und der Unternehmensführung sowie Soft Skills zur Teamleitung vermittelt.

Die Studierenden verbringen in vier Semestern rund 90 Studientage in Wuppertal und zwei Wochen im Ausland. Studienstart ist jeweils im April. Das erste Semester beginnt mit einer Präsenzphase von einer Woche. Anschließend folgen im 14-tägigen Rhythmus, jeweils von Donnerstag bis Samstag, ganztägige Seminarveranstaltungen. Das letzte Semester schließt mit einer Präsenzwoche ab. Zusätzlich ist ein angemessenes Eigenstudium erforderlich. Jedes Semester endet mit Modulprüfungen und einem Abschlusscolloquium, in dem die Ergebnisse der semesterbegleitenden Fallstudien präsentiert werden. Das Studium umfasst insgesamt 12 Modulprüfungen und drei SemesterAbschlussColloquien (SAC).

Der Praxisbezug wird durch semesterbegleitende Fallstudien abgedeckt, die in Teamarbeit gelöst werden. Im Modul „Projektentwicklung, Immobilienbewertung und -marketing“ werden die Aufgabenfelder Marktanalyse, Nutzungskonzeption, Kosten-, Ertrags- und Terminrahmen, Rentabilitätsanalyse, Finanzierung, steuerliche Aspekte, Vermietung/Vermarktung, Risiko- und Sensitivitätsanalyse sowie Chancen und Risiken der Projektentwicklung behandelt. Darüber hinaus werden die Themen der Verkehrswertermittlung und die Vermarktung von Wohn- und Gewerbeimmobilien vermittelt.

Zulassungsvoraussetzungen sind ein abgeschlossenes Studium an einer Hoch-, Fachhochschule oder Berufsakademie (Diplom, Staatsexamen, Bachelor), mindestens ein Jahr Berufserfahrung und der TOEFL-Test, wobei dieser bis zum Auslandsaufenthalt nachgeholt werden kann. Das berufsbegleitende Studium zum Master of Science in Real Estate Management + Construction Projekt Management (M.Sc.) dauert 4 Semester und wird über Studiengebühren finanziert. Diese betragen 3.750 € pro Semester inkl. der Studiengebühren für den Auslandsaufenthalt. Darin nicht enthalten sind die Kosten für Reise, Unterkunft und Verpflegung.

Anschrift:	Weiterbildung Wissenschaft Wuppertal gGmbH c/o Bergische Universität Wuppertal – Fakultät 5 Pauluskirchstr. 7 42285 Wuppertal
Ansprechpartner:	Univ.-Prof. Dr.-Ing. Dipl.-Volkswirt Guido Spars
Internet:	https://www.rem-cpm.de

4.3.3 Fachhochschulen

4.3.3.1 Hochschule für Technik und Wirtschaft, Berlin

Der viersemestrige MBA „Real Estate Management“ ist als berufsbegleitender Studiengang ausgelegt. Studieninhalte sind neben der Projektentwicklung u.a. Rechnungswesen, Marketing, Immobilien- und Unternehmensbewertung, Portfolio- und Risikomanagement sowie Präsentation und Rhetorik. Das Studium ist in Form größerer Präsenzblöcke von jeweils zehn Tagen und kürzeren Unterrichtsblöcken von Freitag bis Sonntag in Berlin aufgebaut. Es existiert eine Kooperation mit der BBA (Akademie der Immobilienwirtschaft Berlin e.V.). Die Dozenten werden von der HTW und der BBA gestellt. Der Studiengang ist durch die Royal Institution of Chartered Surveyors (RICS) und die FIBAA akkreditiert, wodurch die Absolventen Mitglied der RICS werden können. Mitarbeiter von Mitgliedsunternehmen der BBA zahlen einmalig 1.000 Euro bei der Anmeldung und weitere 3.000 pro Semester, die in Monatsraten à 500 Euro zu entrichten ist. Für Nicht-Mitglieder gilt 2.000 Euro bei Anmeldung und 3.375 Euro pro Semester in Monatsraten à 562,50 Euro. In der Summe bedeutet dies 13.000 Euro für Mitglieder

der BBA, 15.500 Euro für Nichtmitglieder der BBA. Zulassungsvoraussetzungen sind ein Abgeschlossenes Studium an einer Hoch- oder Fachhochschule, mindestens ein Jahr, idealerweise zwei Jahre branchenspezifische Berufserfahrung und nachgewiesene Englischkenntnisse. Die Unterrichtssprachen sind Deutsch, teilweise Englisch.

Der englischsprachige internationale Aufbaustudiengang „Construction and Real Estate Management" (ConREM) wird im Rahmen einer Kooperation der HTW mit der STADIA Helsinki angeboten. Das Programm dauert 16 Monate und gliedert sich in vier Blöcke von 15 Wochen. Der erste Block erfolgt durch eLearning, der zweite findet in Finnland, der dritte in Berlin statt und im vierten Block ist die Masterarbeit zu schreiben. Im Programm wird die Veranstaltung „International Project Development and Project Management" angeboten. Zulassungsvoraussetzung sind ein akademischer Abschluss im Bereich Bauingenieurwesen, Architektur, Facility Management oder Ähnliche.

Anschrift:	BBA – Akademie der Immobilienwirtschaft e.V., Berlin Lützowstraße 106 10785 Berlin
Ansprechpartner:	Jana Brackrock
Internet:	https://rem.htw-berlin.de

4.3.3.2 Akademie der Hochschule Biberach

Seit Februar 2002 besteht die Möglichkeit, den Master-Studiengang „Internationales Immobilienmanagement" zu belegen.

Der Studiengang Internationales Immobilienmanagement vermittelt umfassendes Know-how für Nachwuchs- und Führungskräfte der Immobilienwirtschaft mit Schwerpunkt auf Gewerbeimmobilien. Er ist generalistisch angelegt mit dem Ziel, den Teilnehmern, die bereits Spezialisten auf ihrem jeweiligen Fachgebiet sind, einen Einblick in die anderen Disziplinen zu geben und Gesamtzusammenhänge deutlich zu machen. Dies erfolgt sowohl durch Dozenten aus der Praxis als auch durch interdisziplinäre Projektarbeiten in Teams auf den Gebieten Projektentwicklung, Investment, Asset- und Portfoliomanagement.

Das Studium gliedert sich über einen Zeitraum von 13 Monaten in ca. elf Wochen Präsenzzeit in fünf Blöcke. Die Gesamtdauer des Masterstudiums beträgt ca. 1 Jahr plus Masterarbeit. Die Lehrveranstaltungen werden in Biberach, Zürich und London durchgeführt. Zulassungsbedingung ist ein abgeschlossenes Studium an einer Hochschule, FH oder BA sowie gute Englischkenntnisse. Die Bewerber sollten darüber hinaus mindestens ein Jahr Berufserfahrung in der Immobilienwirtschaft verfügen. Die Teilnehmerzahl ist begrenzt. Maßgeblich für die Zulassung ist die Reihenfolge des Eingangs der Anmeldungen. Die Gesamtgebühr für das Masterstudium Internationales Immobilienmanagement beträgt 19.900,– EUR.

Anschrift:	Akademie der Hochschule Biberach Postfach 1260 88382 Biberach
Ansprechpartner:	Prof. Dr. Norbert Geiger
Internet:	https://www.akademie-biberach.de

4.3.3.3 SRH Hochschule Heidelberg

Die SRH Hochschule Heidelberg bietet den Masterstudiengang „Projektmanagement Bau" an. In Projektform werden als Schwerpunkt die Phasen „Projektentwicklung und Projektrealisierung" und „Projektrealisierung und Facility-Management" bearbeitet. Im Modul „Projektentwicklung und Immobilienmanagement" werden Trends in Stadt- und Immobilienentwicklung sowie Instrumente und Rechtsgrundlagen der Raumplanung, Planungsgrundlagen zur Projektentwicklung vermittelt. Das Studium dauert insgesamt 18 Monate. Die Vorlesungen finden freitags und samstags ganztags statt. Sie werden durch ein bis zwei Präsenzwochen im Jahr ergänzt. Die monatlichen Kosten belaufen sich auf 670 € zzgl. einmalig 650 € Immatrikulationsgebühr.

Voraussetzung für die Zulassung ist ein abgeschlossenes Bachelor- oder Diplomstudium in den Studiengängen Betriebswirtschaft, Wirtschaftsingenieurwesen, Architektur, Bauingenieurwesen, Stadtplanung oder vergleichbaren Studiengängen. Gleichzeitig sollte mindestens eine einjährige Berufserfahrung im Bau- oder Immobilienbereich bestehen.

Anschrift:	SRH Hochschule Heidelberg Bonhoefferstr. 11 69123 Heidelberg
Ansprechpartner:	Prof. Dipl.-Ing. Bernhard Hort
Internet:	https://www.hochschule-heidelberg.de

4.3.3.4 Hochschule Anhalt (FH)

Im postgradualen Studiengang Immobilienbewertung sorgen die Veranstaltungen „Investition und Finanzierung", „Baukonstruktion", „Grundstückswertermittlung", „Rechtsfragen der Projektentwicklung", „Bauträger- und Maklerwesen" sowie „Marketing" für eine prozessorientierte Übermittlung der Projektentwicklung. Zum Ergänzungsstudium ist berechtigt, wer einen Hochschulabschluss auf dem Gebiet Architektur, Bauingenieurwesen, Geodäsie, Betriebswirtschaft oder Volkswirtschaft vorweisen kann. Es ist ein Präsenzstudium bestehend aus vier Semestern, die sich in zwei reinen Theoriesemestern und zwei kombinierten Theorie- und Praxissemestern gliedern. Das Studium schließt mit der Verleihung des Titels Dipl. Wirtschaftsingenieur (FH) ab.

Anschrift:	Hochschule Anhalt (FH) Abt. Bernburg Alter Markt 17 06406 Bernburg
Ansprechpartner:	Prof. Dr.-Ing. Ulrich Weber
Internet:	https://www.hs-anhalt.de

4.3.4 Sonstige Einrichtungen

4.3.4.1 Europäische Immobilienakademie

An der Europäischen Immobilienakademie kann man den Titel des geprüften „Immobilien-Projektentwickler" erlangen. Schwerpunktthemen sind Prüfung des Standorts und des Baurechts, Erarbeitung einer Nutzungskonzeption, Ermittlung der Mieterträge und Investitionen, Prüfung der Wirtschaftlichkeit und vorbereitende Maßnahmen zur Projektrealisierung. Abschließend wird eine Fallstudie besprochen. Zusätzlich zu den Lehrveranstaltungen wird ein Immobilienprojekt besichtigt und die einzelnen Schritte der Projektentwicklung vor Ort analysiert. Darüber hinaus erarbeiten die Teilnehmer im Rahmen einer Projektarbeit eine Konzeption für ein reales Grundstück. Die Projektarbeit beinhaltet die Besichtigung des Grundstücks und die Erstellung und Präsentation der Projektstudie. Unterrichtet wird der Lehrgang „Geprüfte/r Immobilien-Projektentwickler/in (EIA)" an den Standorten Saarbrücken und Berlin. An den Studienorten werden die Lehrgänge mit unterschiedlichen zeitlichen Konzeptionen angeboten. Weitere Module und Titel die an der Akademie erreicht werden können sind Immobilienmakler, -verwalter und Wertermittler für Immobilien.

Zulassungsbedingungen zur Grundausbildung sind ein mittlerer Bildungsabschluss und zwei Jahre berufspraktische Erfahrung in der Immobilienbranche. Die Kosten belaufen sich pro Lehrgang auf 1.390 Euro.

Anschrift:	Europäische Immobilien Akademie Saarbrücken Hohenzollernstraße 35 66117 Saarbrücken
Internet:	https://www.eia-akademie.de

4.3.4.2 Akademie der Immobilienwirtschaft (ADI)

Im berufsbegleitenden Kontaktstudium Immobilienökonomie wird das Wissen der modernen Immobilienökonomie vermittelt. Das Aufbaustudium schließt mit dem Titel Diplom-Immobilienökonom (ADI) und ist an 5 Standorten der ADI (Hamburg, Frankfurt a.M., Düsseldorf, München und Stuttgart) von der RICS akkreditiert und von der FIBAA zertifiziert. Die Vermittlung der Lehrinhalte findet innerhalb von 5 Trimestern seminaristisch und durch Vorlesungen statt. Themengebiete sind betriebswirtschaftliche, juristische, technische und planerische Grundlagen, Entwicklung, Investition, Finanzierung und Bewertung von Immobilien sowie die separate Betrachtung von Gewerbe- und Wohnimmobilien. Abschließend wird in einer Projektarbeit das erlernte Wissen anwendungs- und problemorientiert umgesetzt. Dazu muss ein real existierendes Grundstück/Immobilie entwickelt, revitalisiert oder umgewidmet werden. Schwerpunkte der Projektarbeit stellen die Standort- und Marktanalyse (einschließlich der Prüfung von Baurechten, Altlasten sowie sonstigen Lasten und Beschränkungen), die Projektentwicklung, die Wirtschaftlichkeits- und Risikoanalyse, die Finanzierung und die Vermarktung dar. Am Ende verteidigen die einzelnen Gruppen ihre Ergebnisse vor einem Expertenteam (Disputation). Das Immobilienstudium endet mit einer mündlichen Abschlussprüfung. Die Studiendauer umfasst 15 Monate bei 59 Vorlesungstagen an Wochenenden sowie Blockwochen und kostet 13.500 € zzgl. Mwst.

Anschrift:	Akademie der Immobilienwirtschaft GmbH Staatliche Studienakademie Postfach 72 01 71 70577 Stuttgart
Ansprechpartner:	Prof. Dr. Hanspeter Gondring, Simone Ulmer M.Sc. Geschäftsführerin ADI
Internet:	http://www.adi-akademie.de

4.3.4.3 EBZ Business School

An der EBZ Business School wird der Studiengang „Master of Science Projektentwicklung" als berufsbegleitendes Studium in Bochum angeboten. Im Verlauf dieses fünfsemestrigen Masterstudiengangs erlernen die Teilnehmer, Bauprojekte sowohl von der technischen, als auch von der kaufmännischen Seite zu durchblicken. Sie werden damit zu ganzheitlich denkenden Fachleuten, die diese Projekte von der Planungsphase über die Umsetzung und bis hin zur Vermarktung begleiten können. Als interdisziplinäre Kenner ihres Fachs bieten sich Karrierechancen in Bauträgergesellschaften, Wohnungs- und Immobilienunternehmen sowie in Ingenieur- und Architekturbüros.

Das Vollzeitstudium führt in fünf Semestern zum Master-Abschluss. Die Kosten belaufen sich auf 4.200 € pro Semester (1–4) und hinzu kommen 300 € für die Abschlussprüfung (5. Semester) – in Summe somit 17.100 €. Zum Masterstudiengang kann zugelassen werden, wer ein abgeschlossenes Hochschulstudium (Bachelor/Diplom) und Grundkenntnisse der Betriebswirtschaftslehre und Architektur/Stadtentwicklung/Raumplanung nachweist sowie über einschlägige Berufserfahrung von mindestens einem Jahr verfügt.

Anschrift:	EBZ BUSINESS SCHOOL Springorumallee 20 44795 Bochum
Ansprechpartner:	Prof. Dipl.-Ing. Architekt Andreas M. Krys, Dr. Lieselotte Steveling,
Internet:	http://www.ebz-business-school.de

4.3.4.4 EBS Universität

An der EBS Universität wird das Intensivstudium Immobilien-Projektentwicklung angeboten. Dort werden in drei Modulen die Themen Management von Immobilien-Projektentwicklungen

(Modul 1), Recht, Steuern und Zertifizierung in der Immobilien-Projektentwicklung (Modul 2) und Projektmanagement/Technik in der Immobilien-Projektentwicklung (Modul 3) behandelt. Das Studium richtet sich insbesondere an Führungs- und Nachwuchskräfte sowie Fachkräfte aus den Bereichen Immobilieninvestition, Immobilienfinanzierung und Immobilien-Entwicklung. Zulassungsvoraussetzung ist der Nachweis eines abgeschlossenen Studiums an einer Universität, Fachhochschule oder Berufsakademie; grundsätzlicher Nachweis der allgemeinen bzw. fachgebundenen Hochschul- oder Fachhochschulreife und mindestens zwei Jahren Berufserfahrung. Fallweise ist ein Fachwirt-Studiengang zulassungsgewährend.

Der reguläre Preis beläuft sich auf 10.700 Euro, wobei es für persönliche Mitglieder von EBS Alumni e.V. oder IMMOEBS einen reduzierten Preis von 10.175 Euro gibt. Die Studiendauer beträgt 1 Semester bei 20 Präsenztagen über ca. 5 Monate und schließt mit dem Titel Immobilien-Projektentwickler (EBS) ab.

In dem Kontaktstudium Immobilienökonomie (EBS) beschäftigt man sich im Modul Lebenszyklus mit der Projektentwicklung, die dabei aber eine untergeordnete Rolle einnimmt. Der Fokus liegt auf den klassischen Tätigkeiten der Immobilientransaktion und dem Immobilienmanagement. Der Studiengang ist von der Royal Institution of Chartered Surveyors (RICS) akkreditiert und die Gesamtstudiendauer beträgt berufsbegleitend 18 Monate, bestehend aus 3 Semestern mit insgesamt 58 Präsenztagen. Der reguläre Preis beträgt 19.000 Euro und für Mitglieder von EBS Alumni e.V. oder IMMOEBS gibt es einen reduzierten Preis von 18.500 Euro. Erfolgreiche Absolventen erhalten das Universitätszertifikat Immobilienökonom (EBS).

Weiterhin bietet die EBS den „Master in Real Estate“ (Msc.) an, der als Modul „Sustainable Real Estate Development“ beinhaltet. Dies unterteilt sich in die Entwicklung und Nachhaltigkeit. Weitere Module des Studiums sind die Immobilienbewertung, -finanzierung, und das Investment, und Management. Die Studiendauer beläuft sich auf 20 Monate. Ein Doppelabschluss an einer der über 230 Partneruniversitäten ist möglich. Der Unterricht findet hauptsächlich auf Englisch statt und der Studiengang ist von der FIBAA akkreditiert. Die Studiengebühren betragen 26.040,– €.

Anschrift:	EBS Business School Real Estate Management Institute Gustav-Stresemann-Ring 3 65189 Wiesbaden
Ansprechpartner:	Dr. Kerstin H. Hennig
Internet:	https://www.ebs.edu

4.3.4.5 IRE BS Immobilienakademie GmbH

Das Weiterbildungsangebot der IREBS Immobilienakademie GmbH ist sehr vielfältig und reicht vom Kontaktstudium Immobilienökonomie über einen Executive MBA in International Real Estate bis hin zu diversen Intensivstudiengängen im Immobilienkontext.

Im Rahmen des Kontaktstudiums Immobilienökonomie wird die Vorlesungsreihe „Projektentwicklung und Stadtplanung“ angeboten, deren Inhalt sich nahtlos in das komplexe Vorlesungsprogramm einfügt. Im gesamten Lehrangebot werden dabei alle notwendigen immobilienwirtschaftlichen und bauspezifischen Themen vermittelt, welche die Grundlagen der Projektentwicklung darstellen. Der genaue Aufbau kann dem Modulstudium „Projektentwicklung und Stadtplanung“ entnommen werden. Jedes Studiensemester besteht aus einer Blockphase (zwei Wochen) und elf bzw. acht Wochenendphasen. Zulassungsvoraussetzung sind ein abgeschlossenes Studium an einer Universität, Hochschule (Fachhochschule) oder Dualen Hochschule (Berufsakademie) in verschiedenen Studiengängen (Betriebswirtschaftslehre, Volkswirtschaftslehre, Rechtswissenschaft, Stadtplanung, Architektur und Ingenieurwesen etc.) oder die erforderliche Eignung, die durch andere qualifizierte Aus-/Weiterbildung oder durch mehrjährige Berufserfahrung erworben wurden. Die Studiengebühren belaufen sich auf 15.500 Euro zzgl. der jeweils gültigen gesetzlichen MwSt. und bei erfolgreicher Teilnahme wird der von der Royal Institution of Chartered Surveyors (RICS) anerkannten Titel „Immobilienökonom (IREBS)" verliehen.

Das Intensivstudium Corporate Real Estate Management beinhaltet ein weiter gespanntes Lehrangebot, so dass die Themenbereiche der Projektentwicklung zwar behandelt werden, jedoch nicht so ausführlich wie im vorgenannten Studiengang. Die Studiendauer umfasst 16 Tage in vier Monaten und ist in vier Module zu jeweils vier Tagen unterteilt. Es gibt keine Zulassungsvoraussetzungen mehr, aber der Studiengang richtet sich insbesondere an Führungs-, Führungsnachwuchs- und Fachkräfte. Die Studiengebühren belaufen sich auf insgesamt 7.500 Euro zzgl. MwSt. Ein erfolgreicher Abschluss führt zur Verleihung des Titels „Corporate Real Estate Manager (IREBS).

Die Immobilienakademie bietet zudem den „Executive MBA in International Real Estate" sowie den „Executive MBA in Real Estate Finance" an. Weitere Intensivstudiengänge die angeboten werden beziehen sich auf Handelsimmobilien, Certified Real Estate Investment Analyst, Digital Real Estate Management und Real Estate Asset Management. Darüber hinaus besteht für einzelne Unternehmen die Möglichkeit, in Zusammenarbeit mit der IREBS Immobilienakademie Konzepte zu Seminaren zu erarbeiten. Diese werden dann für einen bestimmten Mitarbeiterkreis als geschlossene Immobilienseminare angeboten.

Anschrift:	IREBS Immobilienakademie International Real Estate Business School Immobilienakademie GmbH Barocketage Kloster Eberbach 65346 Eltville im Rheingau
Ansprechpartner:	Prof. Dr. Tobias Just (FRICS), Prof. Dr. Stephan Bone-Winkel
Internet:	https://www.irebs-immobilienakademie.de

4.4 Zusammenfassung und Ausblick

Zusammenfassend kann gesagt werden, dass sich in Deutschland sowohl auf dem Gebiet der Grundlagenausbildung als auch innerhalb der Weiterbildung vielfältige Möglichkeiten bieten, die Immobilien-Projektentwicklung als multidisziplinäre Funktion vermittelt zu bekommen. Schwerpunktmäßig geschieht dies im Bereich der Ausbildung zum Betriebswirt oder Bau- bzw. Wirtschaftsingenieur. Aber auch aus der Sicht von Raumplanern und Architekten wird Projektentwicklung vermittelt, dann natürlich mit anderen Schwerpunkten.

Hauptsächlich werden die Inhalte der Projektentwicklung in Studiengänge eingebunden, deren Inhalte zumeist betriebs- und immobilienwirtschaftliche oder baufachliche Grundlagen vermittelt, aus denen heraus der Projektentwicklungsprozess übergeordnet den Zusammenhang mit weiteren Inhalten, z.B. Marketing, Baurecht oder Finanzierung, bildet.

Dieser Ansatz wird vor allem auf dem Gebiet der Weiterbildung oft verfolgt. Hier erstreckt sich das Angebot von berufsbegleitenden Aufbaustudiengängen über Vollzeit-Weiterbildungsangebote bis hin zu Einzelseminaren. Letztere sind jedoch nur eingeschränkt zur umfassenden Wissensvermittlung nutzbar, da sie aufgrund ihrer kurzen Dauer (oft nur ein oder wenige Tage) meistens nicht den gesamten relevanten Lehrstoff vermitteln können und stark auf ein schon vorhandenes Grundwissen angewiesen sind.

5. Volkswirtschaftliche Bedeutung der Immobilien-Projektentwicklung

5.1 Einleitung

Für Analysten ist eine Branche dann besonders spannend, wenn sie entweder sehr groß ist, oder wenn sie überdurchschnittlich rasch expandiert respektive schrumpft, mit einem Investment also sehr hohe Chancen bzw. Risiken verbunden sind. Veränderungen in großen Branchen können gravierende Rückwirkungen auf andere Wirtschaftszweige in einer Volkswirtschaft haben.

Die Immobilienprojektentwicklung ist also aus guten Gründen ein lohnender Untersuchungsgegenstand. Weder bewegen sich die Marktakteure in „ruhigem Fahrwasser“, noch handelt es sich hierbei um eine „Quantité négligeable“. Wie *Schäfer/Conzen* in der Einführung zeigen, fehlt es allerdings an einer offiziellen Definition. Das „Zusammenführen von Projektidee, Grundstück, Kapital und Nutzer“ berührt mehrere in der Wertschöpfungsstatistik des Statistischen Bundesamts ausgewiesene Wirtschaftszweige (z.B. Architekten, Grundstückskäufer und -händler). Die Messung der Bedeutung von Projektentwicklungen gelingt daher am leichtesten über die sichtbaren Marktergebnisse, also die geleistete Bautätigkeit. Diese ist nur ein Derivat der Branche, denn der Projektentwickler ist gewissermaßen der Intermediär, der alle notwendigen Akteure an einen Tisch bringt, die Bauleistung selber ist aber das Ergebnis aller dieser Akteure. Gleichwohl ist die Bauleistung letztlich der eigentliche Sinn und Zweck der Projektentwicklung.

Projektentwicklung und Bauwirtschaft sind sehr ähnlichen Zyklen unterworfen. Der Projektentwickler setzt mit seiner Arbeit viel früher als die Bauunternehmen an, denn die Grundstückssuche und der Grundstückskauf gehören genauso zu den Aufgabenfeldern des Projektentwicklers wie die Kapitalbeschaffung und die Beauftragung respektive Durchführung von Machbarkeitsstudien. Die Wertschöpfungsstufen des Projektentwicklers sind umfassender als jene in der Bauwirtschaft. Dies lässt in der Regel höhere Margen in der Projektentwicklung als in der Bauwirtschaft zu, denn die Tätigkeit eines Developers ist spezifischer, sie erfordert fachspezifische Qualifikation und ist damit nicht so einfach duplizierbar; dies reduziert die Wettbewerbsintensität für Projektentwickler im Vergleich zur Bauwirtschaft und ermöglicht höhere Margen.

Im Folgenden wird zunächst die Bedeutung der Bauwirtschaft für die gesamte Volkswirtschaft skizziert, um von den Ergebnissen der Bauwirtschaft auf die vorauslaufenden Projektentwickler schließen zu können. Hierbei geht es in einem ersten Schritt um Neubauten. Es wäre jedoch unzureichend, nur neue Immobilien als Ergebnis erfolgreicher Projektentwicklung zu begreifen, da auch eine umfangreiche Sanierung oder Renovierung das Resultat einer Projektentwicklung nach obiger Definition ist. Gerade in einer alternden Gesellschaft muss der Anteil der Sanierungsmaßnahmen stetig zunehmen, denn das Volumen der Bestandsbauten ist über die Jahrzehnte im Zuge der demografischen und wirtschaftlichen Entwicklung gewachsen, der Bedarf an Erhaltungsmaßnahmen wächst also mit dem Entwicklungsstand und der Alterungsgeschwindigkeit einer Volkswirtschaft. In gleichem Maße verlagert sich das Gewicht für Projektentwickler von Neubauten zu Bestandsmaßnahen. Dies ist jedoch keineswegs ein linearer, alles dominierender Trend. So zeigt die Entwicklung in Deutschland seit 2012 sehr wohl, dass eine gut laufende Gesamtkonjunktur, geringe Bautätigkeit in früheren Jahren sowie Veränderungen in anderen demografischen Faktoren sehr wohl diese Gewichtsverlagerung für Jahre aussetzen können.

Im Anschluss an die Darstellung der Bauwirtschaft werden die deutschen Daten mit Referenzgrößen in anderen europäischen Ländern verglichen, um daran anschließend zu zeigen, wie sich die Projektentwicklung im Konjunkturverlauf entwickelt. Wird das gesamtwirtschaftliche Auf und Ab durch die Branchenkonjunktur verstärkt oder sogar gedämpft? Lässt sich hiermit sinnvolle Konjunkturpolitik betreiben?

Schließlich wird die typische Risiko-Rendite-Position von Projektentwicklungen skizziert, um diese mit den Positionen anderer Immobilieninvestitionsmöglichkeiten zu vergleichen. Dies ist für institutionelle Anleger wichtig, die ihr Portfolio über das gesamte Immobilienanlageuniversum diversifizieren möchten.

5.2 Die Bauwirtschaft in der Volkswirtschaftlichen Gesamtrechnung

Folgt man der gängigen Definition für Projektentwicklung, ließe sich quasi jede Bautätigkeit als Projekt bezeichnen. Daher lässt sich die Bedeutung der Projektentwickler sehr gut über das Volumen der gesamten Bautätigkeit erfassen – auch wenn damit eben die anderen Wertschöpfungsstufen ausgeblendet werden.

5.2.1 Struktur und Volumen der Bauinvestitionen

Für 2017 werden die gesamten Bauinvestitionen in Deutschland vom Statistischen Bundesamt auf rd. 322 Mrd. EUR veranschlagt – das sind beachtliche 11 % mehr als noch zwei Jahre zuvor. Insgesamt beläuft sich die Bautätigkeit aktuell auf etwa 10 % des gesamten Bruttoinlandsprodukts. Dies entspricht in etwa dem langjährigen Mittelwert für die Branche. Allerdings hat die Baubranche seit 2005, als sie ihren zyklischen Tiefpunkt erreicht hatte, eine beachtliche Trendwende eingeleitet: Im Jahr 2005 lagen die Bauinvestitionen bei knapp 200 Mrd. EUR und damit etwa ein Viertel unterhalb des vormaligen Höchststands von 1995, als die Bauinvestitionen über 260 Mrd. EUR erreicht hatten. Dies sind alles nominale Werte, der gesamte Anpassungsdruck wird also eher unterschätzt. Seit 2005 legte die Bautätigkeit wieder um über 60 % auf das aktuelle Niveau zu. Nominal ist dies der höchste je für Deutschland ausgewiesene Wert.

Der überwiegende Teil des gesamten Bauvolumens entfällt auf Bautätigkeiten in und an Gebäuden (2017: rd. 263 Mrd. EUR), der Rest auf Tiefbaumaßnahmen. Bei den Gebäudebauak-

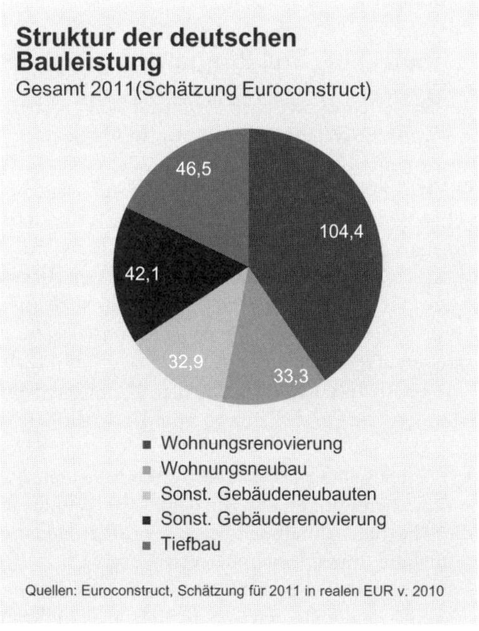

tivitäten entfällt das größte Gewicht auf Wohnungsbauten. Fast 60% der gesamten Bautätigkeit (180,5 Mrd. EUR) findet im Wohnungssegment statt. Somit bleiben knapp 141,5 Mrd. EUR für den Bau von „Nicht-Wohngebäuden", wie es in der der offiziellen Statistik etwas schwerfällig heißt, davon entfallen in etwa 55 Mrd. EUR auf Tiefbauten.

Wie in entwickelten Volkswirtschaften mit einem hochwertigen Immobilienbestand üblich, verlieren Neubauten im Trend relativ an Bedeutung. Das gilt sowohl für den gewerblichen als auch für den Wohnungs- und den Tiefbau. Über die letzten Jahre fanden rd. 60% der gesamten Bautätigkeit an bestehenden Immobilien statt – im Wohnungssegment ist der Anteil sogar noch höher. Seit 2006 erholt sich der Neubau wieder, sodass der Anteil der Bestandsmaßnahmen wieder leicht sinkt. Doch selbst im Jahr 2017 erreichte das Bauvolumen im Wohnungsneubau nicht mehr als ein Drittel des gesamten Wohnungsbauvolumens. Bei Gewerbebauten, bei denen die wirtschaftliche und technische Nutzungsdauer in der Regel kürzer ist als für Wohnungsbauten, liegt der Anteil der Neubaumaßnahmen mit rund 40% etwas höher – sinkt aber bis zuletzt im Trend.

Der hohe Anteil von Renovierung und Sanierung liegt im Wesentlichen an sechs Gründen. Erstens profitiert Deutschland von der hohen wirtschaftlichen Dynamik früherer Jahrzehnte und der teilweise rechtlich verankerten Pflicht zu hoher Bauqualität. Es wurden somit in der Vergangenheit Immobilien gebaut, die heute noch immer nutzbar sind. Zweitens hat der Nachholbedarf nach dem zweiten Weltkrieg und nach Ende des Sozialismus in Ostdeutschland dazu geführt, dass der Immobilienbestand insgesamt relativ jung ist. Der Anteil der Ersatzneubauten ist also etwas geringer als er es ohne diese Zäsuren gewesen wäre. Drittens wirft die demografische Entwicklung erste Schatten auf die Neubautätigkeit, denn zunehmend fehlen junge Familien als Bauherrn. Viertens hatte sich der Staat über Jahre sukzessiv aus der Neubauförderung zurückgezogen. Möglich, dass sich dies mit der Neuauflage der Großen Koalition ab 2018 ändert, dies deutet zumindest der vorliegende Koalitionsvertrag sowie das eingeführte Baukindergeld an. Fünftens hat die Abfolge aus Dotcom-Euphorie und anhaltende Wirtschaftsschwäche in den Jahren nach 2001 zu einem sehr hohen Büroleerstand geführt, der erst im Aufschwung der späten 2010er Jahre abgebaut wurde. Sechstens bedeutet der zunehmende Konkurrenzkampf des Online-Handels mit traditionellen Handelsformaten auch, dass das Neubaupotenzial für typische Einzelhandelsimmobilien beschränkt wird. Bisher kann dies nicht durch Neubaupotenziale in der Logistik kompensiert werden.

5.2.2 Entwicklung und Prognose für Deutschland

Der starke Rückgang der Bauleistung zwischen 1995 und 2006 war einer Reihe von Sondereffekten geschuldet. So sorgte die Wiedervereinigung in Ostdeutschland für umfangreiche Bauprojekte in allen Bausegmenten. Hierbei wurde mit „deutscher Gründlichkeit" der Bogen erheblich überspannt. Die Bauinvestitionen in Ostdeutschland stiegen bis Mitte der 90er Jahre auf rd. 35% des ostdeutschen Bruttoinlandsprodukts. Dieser Wert konnte nicht nachhaltig sein – nach dem Zweiten Weltkrieg kam die Bauwirtschaft in Westdeutschland nicht einmal auf 20% der Wirtschaftsleistung. Als die Fördermaßnahmen ab Mitte der 90er Jahre zu Recht deutlich zurückgefahren wurden, und sowohl auf den Wohnungs- als auch auf den Gewerbeimmobilienmärkten die Leerstände stiegen und die Mieten und Preise fielen, musste die ostdeutsche Bauwirtschaft einen massiven „Gesundschrumpfungsprozess" durchlaufen.

Aber nicht nur die ostdeutsche Bauwirtschaft hatte Anfang der 90er Jahre eine positive Sonderkonjunktur. Im Westen sorgte der Zuzug von 1,5 Millionen Ostdeutschen und 2,5 Millionen Aussiedlern für Zusatznachfrage. Westdeutsche Unternehmen profitierten von dem Nachfrageimpuls aus den neuen Ländern und investierten in neue Kapazitäten, der westdeutsche Bau war durch die Eigenheimzulage und die degressive Abschreibungsregelung doppelt begünstigt. Nachdem diese Fördermaßnahmen beendet wurden und der Nachfrageimpuls aus der Wiedervereinigung abebbte, musste auch die westdeutsche Bauwirtschaft auf Normalniveau konsolidieren. Da das Bauvolumen bis 2005 auf so niedrige Werte gesunken war, konnte die Finanz- und Wirtschaftskrise die Bauwirtschaft nicht mehr schwer belasten. Tatsächlich sorgten die starken geld- und fiskalpolitischen Impulse für eine starke Stimulierung auch der Bauwirtschaft. Hinzu kam, dass zunächst aus den durch die Euro- und Finanzkrise stark belasteten südeuropäischen Ländern, später auch aus Osteuropa, Hunderttausende Zuwanderer nach Deutschland kamen. Dies wurde durch die massive Flüchtlingsbewegung insbesondere im Jahr 2015 zusätzlich verstärkt. Dies hat insgesamt den Bevölkerungsrückgang gestoppt und dazu geführt, dass die Zahl der Einwohner seit 2010 wieder zunimmt. Die Bauwirtschaft war in den letzten Jahren also neben der Tatsache eines Niveaueffekts durch drei wichtige Faktoren begünstigt: niedrige Zinsen, starke Zuwanderung und steigende Einkommen.

Quelle: Statistisches Bundesamt

Im Wohnungsneubau nahm die Zahl der Fertigstellungen seit Mitte der 1990er Jahre stark ab. Von 1996 bis 2009 belief sich der Rückgang im gesamten Wohnungsneubau auf über 70 %, im Mehrfamilienneubau sogar auf über 80 %. Erst 2009 wurde die Talsohle nachhaltig durchschritten, und der Wohnungsbau erholte sich ausgehend von sehr niedrigem Niveau. Bis zuletzt wurden die sehr hohen Fertigstellungszahlen der 1990er Jahren jedoch nicht wieder erreicht. Zwar könnten nach der amtlichen Statistik des Statistischen Bundesamtes 2017 wieder knapp 300.000 Wohneinheiten fertiggestellt worden sein. Das wäre jedoch noch immer nur unbedeutend mehr als die Hälfte des Niveaus von 1997. Dies gilt in ähnlicher Dimension auch für den Mehrfamilienhausbau. Die stark steigenden Mieten in vielen Ballungsräumen lassen sich auf die oben genannten gesamtwirtschaftlichen Bestimmungsfaktoren – starker Bevölkerungsanstieg und steigende Einkommen – zurückführen. Hinzu kommt, dass gerade junge Menschen und zuwandernde Ausländer bevorzugt in Kernstädten ihre erste Wohnung suchen. Dass eine neue Bauübertreibung droht, ist bisher nicht angezeigt. Dies gilt vor allem auch deswegen, weil die Angebotsseite nicht mehr so elastisch reagieren kann wie in den 1990er Jahren. Die starke Konsolidierung der Bauwirtschaft lässt sich nicht rasch rückgängig machen.

Im Nichtwohnungsbau verlief der Anpassungsprozess etwas anders: Bis zur Jahrtausendwende profitierte dieses Segment noch von der Euphorie am Neuen Markt, für potenzielle IT-Unternehmen und IT-Berater wurden umfangreiche Büro- und Werksgebäude konzipiert. Als die Blase platzte, brach der Nichtwohnungsbau (v.a. Büro- und Fabrikbauten) deutlich ein. Von 2001 bis 2005 sank das Bauvolumen (gemessen in umbautem Raum) bei Bürobauten um über 40 %. Bei Handelsbauten lag das Minus im selben Zeitraum „lediglich" bei 15 %. Seitdem hat sich zwar auch der Nichtwohnungsbau wieder etwas erholt, doch fällt der Anstieg insgesamt weniger kräftig aus als bei den Wohnungsbauten. Im Bürobereich waren viele Büros noch bis zur Mitte der 2010er Jahre unvermietet. In den letzten Jahren hat die gut laufende Gesamtwirtschaft jedoch auch im Bürosegment die Leerstände in allen wichtigen Metropolregionen abgebaut und die Mieten steigen lassen. Dies hat auch die Bereitschaft zur Finanzierung und Projektierung neuer Bürobauten wieder neu belebt. Insgesamt verläuft die Entwicklung im

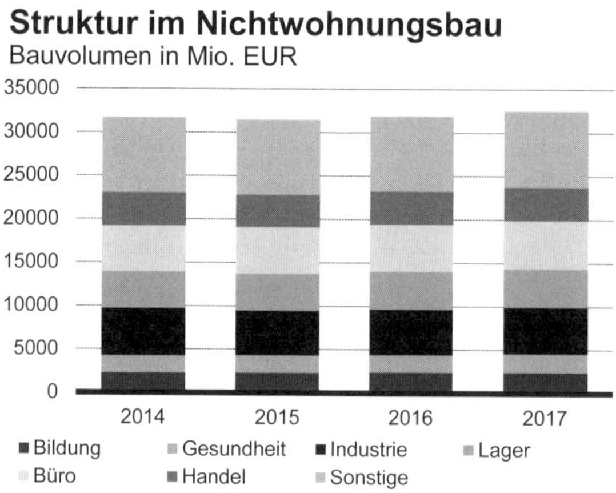

Anm.: Alle Angaben in realen 2016er EUR. 2017 geschätzt

Quelle: Euroconstruct 2017

Nichtwohnungsbau vergleichsweise stabil und zuletzt etwas aufwärts. Profitieren können insbesondere Bürobauten, Industrie- und Lagergebäude, aber auch einige öffentliche Bauten, allen voran Gesundheitsbauten.

Nach vorne schauend dürfte der Dynamikunterschied zwischen Wohnungs- und Gewerbeimmobilienbaumarkt anhalten, denn die Preissignale sind auf dem Wohnungsmarkt noch immer stark und die Politik scheint unterdessen auch den Mut aufzubringen, den Wohnungsbau anzukurbeln. In den letzten Jahren hatten viele Maßnahmen eher darauf gezielt, preisliche Veränderungen zu unterbinden. Dies hat jedoch nicht gut funktioniert. Allerdings werden zwei wichtige Belastungsfaktoren die Wachstumsdynamik der Bauwirtschaft in den kommenden Jahren bremsen: Erstens wird das regulatorische Umfeld insbesondere mit „Basel IV" die Immobilienfinanzierung für Banken weniger attraktiv machen. Zweitens laufen einige der Schubgeber der letzten Jahre aus: Die Zuwanderung aus Süd- und Osteuropa hat sich dank etwas günstigerer gesamtwirtschaftlicher Rahmendaten in den Herkunftsländern etwas beruhigt. Außerdem dürfte die Binnenwanderung in die Metropolstädte und Universitätsstädte sinken. Dies hat zum einen etwas mit Niveaueffekten zu tun, vor allem aber mit dem Auslaufen der Impulse durch doppelte Abiturientenjahrgänge, die durch die Umstellung der Gymnasialzeit von neun auf acht Jahre vorübergehend entstanden. In einigen Bundesländern könnte sich sogar ein doppelter Rückschlag ergeben, da die Umstellung auf die längere gymnasiale Ausbildung wieder zur Normalität wird.

5.3 Vergleich mit europäischen Märkten

Die deutsche Wirtschaft ist die größte Volkswirtschaft in Europa. Dies spiegeln auch die Bauwirtschaftsdaten. Rund ein Fünftel der gesamteuropäischen Bautätigkeit entfällt auf Deutschland (hier wurden als Referenz die 19 Länder im EUROCONSTRUCT-Universum herangezogen). Frankreich und Großbritannien folgen mit je einem Siebtel vor Italien mit knapp 11 %. Für den Wohnungsbau ist der deutsche Anteil aktuell mit einem Viertel sogar noch größer. Dies liegt freilich weniger an einer befürchteten Übertreibung im deutschen Wohnungsbau als vielmehr an den noch immer spürbaren Anpassungen in anderen Ländern, die im Zuge der Finanz- und Wirtschaftskrise notwendig wurden, hier insbesondere in Spanien oder Irland. In beiden Ländern erholt sich der Wohnungsbau zwar allmählich, liegt aber weiterhin deutlich unterhalb des Vorkrisenniveaus und auch unterhalb dessen, was die wirtschaftliche Bedeutung der Länder nahelegen würde. Für den gewerblichen Hochbau nimmt die Bautätigkeit in Großbritannien eine Sonderrolle ein. Das Bauvolumen insbesondere für Büro- und Handelsbauten übersteigt sogar das deutsche Bauvolumen.

Galt vor der Finanz- und Wirtschaftskrise die deutsche Bauwirtschaft im Vergleich zur Wirtschaftsleistung als relativ klein, so hat sich dieses Bild in Europa gedreht: In Deutschland ist die Relation von knapp 10 % der Bautätigkeit am BIP sogar etwas größer als im gesamteuropäischen Mittel, und viele große europäische Länder weisen aktuell spürbar kleinere Quoten aus.

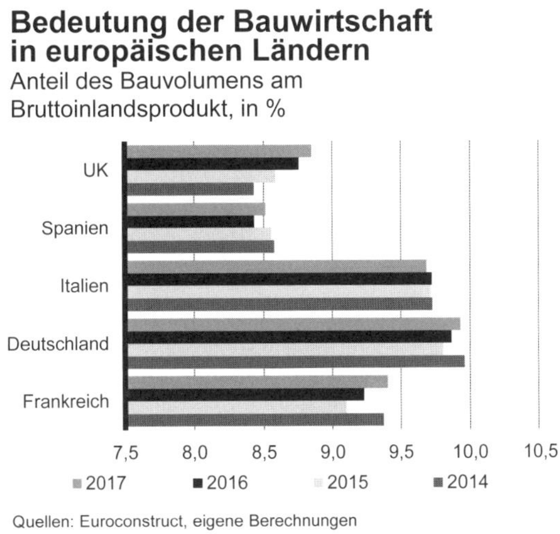

5.4 Die Bauwirtschaft im Konjunkturverlauf

Es ist wenig überraschend, dass die Bauwirtschaft und gerade auch das Neubaugeschäft eng mit der gesamtwirtschaftlichen Lage korrelieren. Zum einen gibt es die oben genannte definitorische Beziehung, immerhin erklären die Bauinvestitionen ein Zehntel des gesamten Bruttoinlandsprodukts (BIP). Vor allem resultieren neue Wirtschaftsbauten aus der Investitionsbereitschaft der Unternehmen, und neue Wohngebäude entstehen dann, wenn die Menschen zuversichtlicher in die Zukunft blicken und ihr Einkommen langfristig binden wollen.

Vergleicht man die Entwicklung der Bauinvestitionen (in Veränderungsraten gegenüber dem Vorjahr) mit der Veränderung des Bruttoinlandsprodukts, werden vier wichtige Aspekte deutlich:

1. Die Bauinvestitionen sind von 1995 bis 2005 zurückgegangen und die gesamte Entwicklung ist volatiler als jene des Inlandsprodukts insgesamt.
2. Die Bauwirtschaft korreliert sehr stark mit der Gesamtwirtschaft. Tatsächlich ist das Bestimmtheitsmaß, also der Anteil der erklärten Streuung zwischen BIP und Bauinvestitionen bei über 40 %, wenn man das Krisenjahr 2009 aus der Analyse herausnimmt, sogar bei über 60 %. Das heißt, der größte Teil der Entwicklung am Bau wird durch die allgemeine Wirtschaftsentwicklung bestimmt. Dies gilt sowohl für den Wohnungs- als auch für den Nichtwohnungsbau.
3. Der Struktureffekt der Anpassungsrezession ist sehr deutlich zu erkennen. Übertreibungen in der Bauwirtschaft werfen einen sehr langen Schatten auf die Branche in Folgejahren. Daher sind baupolitische Weichenstellungen mit Bedacht vorzunehmen.
4. Es ist erkennbar, dass die Bauwirtschaft gestärkt aus der Finanz- und Wirtschaftskrise kam. Insbesondere der Wohnungsbau entwickelte sich stärker als die Gesamtwirtschaft.

Wichtig ist für alle diese Vergleiche, dass hier nominale Daten verglichen wurden. Da die Inflationsraten nach der Finanzkrise sehr niedrig ausfielen, wird die Wachstumsbeschleunigung in Deutschland der letzten Jahre in diesem Schaubild deutlich.

Die starke Volatilität der Bauwirtschaft ist Wohl und Wehe zugleich: Auf der einen Seite ist die Branche ein beliebter Schubgeber in Krisenjahren. Mit Förderung von Bauaktivitäten lässt sich die Gesamtwirtschaft stabilisieren. Dies gilt gerade auch deswegen, weil der gesamtwirtschaftliche Multiplikator der Bauwirtschaft aufgrund der geringen Importabhängigkeit relativ groß ist. Allerdings verführen diese Zusammenhänge Wirtschaftspolitiker gerne dazu, die Bauwirtschaft für taktische Maßnahmen zu nutzen. Wie die heftige Anpassungsrezession der späten 1990er Jahre belegt, ist dies keineswegs ein Vorteil für die Branche. Da im Zuge dieser Anpassung nicht nur Sachkapital, sondern auch Humankapital erst auf- und dann abgebaut wurde, werden so Zyklen weit in die Zukunft getragen.

5.5 Der Projektentwickler als Entrepreneur

Neben dieser nüchternen Statistik kommt den Projektentwicklern innerhalb der Baubranche eine besondere Bedeutung zu. Sie sind Entrepreneure. Sie schaffen etwas Neues durch das Zusammenbringen und Koordinieren vieler Experten und Einzelfertigkeiten. Dies bedeutet in der Regel höheres Risiko, denn Engpässe in einer Kernbranche wie Finanzierung oder Bauwirtschaft schlagen sofort auf den Markt der Projektentwickler durch. Gleichzeitig ist diese Schlüsselstellung innerhalb der tiefen Wertschöpfungskette jedoch nicht nur mit vergleichsweise hohem Risiko verbunden, dieses Risiko wird in guten Jahren mit hohen Renditemöglichkeiten belohnt.

Zwar wird regelmäßig der Eindruck erweckt, die Wirtschaftsentwicklung in Deutschland sei eine Einbahnstraße, in der lang anhaltende Trends wie Strukturwandel, demografische Entwicklung oder Globalisierung nur wenig Bewegungsraum lassen. Dies ist jedoch nur eingeschränkt richtig. Zwar sind die meisten demografischen Trends quasi unumkehrbar, jedoch kennt man viele der immobilienbezogenen Auswirkungen für die nächsten Jahrzehnte bisher nur bruchstückhaft, da man das Verhalten der zukünftigen Senioren ex ante nicht kennt. Wie die letzten Jahre gezeigt haben, können auch demografische Trends durch heftige Zuwanderungen über Jahre ausgesetzt und überlagert werden. Diese Zuwanderungsbewegungen weit im Voraus zu prognostizieren ist wohl unmöglich.

Dann haben Entrepreneure gegenüber Statistikern Prägemöglichkeiten. Es bleibt zwar richtig, dass bedeutende strukturelle Veränderungen vor uns liegen und diese auch Lasten für die Immobilien- und Bauwirtschaft mitbringen werden. In einem solchen Umfeld werden sich jedoch gerade die unternehmerischen Projektentwickler von den „Kopierern" positiv abheben.

Darüber hinaus sind Projektentwicklungen im Rahmen eines gut diversifizierten Immobilienportfolios eine sinnvolle Bereicherung, da sie für das Portfolio Zusatzgewinne bringen können.

Wichtig ist zudem, dass die Schlüsselrolle der Projektentwickler ein hohes Maß an Vernetzung erzwingt. Sind Schlüsselbranchen regional oder sogar lokal aufgestellt, verlieren mögliche Größenvorteile für die Branche der Projektentwickler an Bedeutung. Projektentwicklungen erfordern viel lokale Expertise, da der Zugang zu Land, Finanzierung und Architekturexpertise mitunter lokal unterschiedlich ist. Dies führt national zu einem sehr granularen Markt; die einzelnen lokalen Teilmärkte sind mitunter jedoch hoch konzentriert. Auch dieser Konzentrationsgrad und die Belohnung lokaler Expertise erklären (in guten Jahren) die vergleichsweise guten Renditemöglichkeiten.

5.6 Schlussbemerkungen

Es wird regelmäßig darauf hingewiesen, dass Projektentwickler in den 1990er Jahren eine regelrechte Achterbahnfahrt hinter sich hatten. Nach dem steilen Aufschwung ging es in einer langen Schussfahrt mit dem kleinen Zwischenhoch zur Jahrtausendwende abwärts. Zwar beschleunigten zahlreiche Sonderfaktoren, wie die Anpassungen an die Wiedervereinigung oder die Euphorie und Enttäuschung am Neuen Markt diese Dynamik, daraus jedoch zu schlussfolgern, dass Übertreibungen in der Zukunft nicht mehr zu erwarten seien, weil eben diese Sonderfaktoren ihre Wirkung verloren haben, wäre fahrlässig. Projektentwicklungen bleiben auch in Zukunft ein volatiles und somit risikobehaftetes Geschäft. Das ist der Charme der Branche, und es ist gerade auch ihr spezifischer Nutzen für die Volkswirtschaft. Es ist dennoch unerlässlich, dass sich die Entwickler, die Baufirmen und nicht zuletzt auch die Banken dieser besonderen Risikoposition bewusst sind. Das ist der beste Schutz vor zukünftigen Übertreibungen und damit auch die Gewähr, dass die überdurchschnittlichen Renditen nachhaltig erwirtschaftet werden können.

6. Projektentwicklung im Bestandsportfolio aus Unternehmersicht

6.1 Unterschiedliche Ideologien des Bestandshalters und des Developers

Die primären Ziele des Bestandshalters sind **langfristig seinen Ertrag zu steigern** und den Wert der Immobilie zu erhalten. Es gilt für ihn die sich täglich verringernden Mietvertragslaufzeiten und den daraus resultierenden Wertverlusten der Immobilie entgegenzuwirken. Er strebt an den Miet-Cash-Flow des Portfolio stetig zu erhöhen, Leerstände zu vermeiden und die Gebäude bestmöglich vermarktbar zu halten. Der Bestandshalter ist **langfristig orientiert**. Es ergeben sich für ihn aus der Lebensdauer des Gebäudes, langlaufenden Mietverträgen, der Möglichkeit der langfristigen Finanzanlage, Inflationssicherheit, Wertsicherung des eingesetzten Kapitals (Substanzwert = „Betongold"), langfristige Investitionszyklen bzw. Investitionen.

Der **Entscheidungsmaßstab** des Bestandshalters ist **langfristig geprägt**, d.h. langfristigen renditeschwächeren, risikoarmen Opportunitäten wird der Vorzug gegeben vor kurzfristigen, renditestarken, risikoreichen Investitionsgelegenheiten.

Der Developer entwickelt die zentrale Projektentwicklungsidee, die die Ausgangspunkte bzw. Erfolgsfaktoren einer Projektentwicklung „Kapital", „Nutzer" und „Grundstück" zusammenführt. Gerade die ersten Phasen eines Development sind dabei geprägt durch einen **kreativen schöpferischen Akt der Ideenfindung**. Mittels Kreativität und Phantasie entwickelt der Developer zunächst fiktive Lösungsansätze, dies zumeist in Alternativen, die er dann sukzessive ausarbeitet, bewertet und in ein Immobilienprojekt überführt. Dabei hat er **komplexe Sachverhalte** u.a. der Betriebswirtschaft, der Rechtswissenschaft, der Stadtplanung, Architektur und Ingenieurwissenschaften, mit umfangreichen Beteiligten, in einem strukturierten Managementprozess zu organisieren.

Die Prozesse verlaufen oftmals parallel oder iterativ. Der Developer muss **generalistisch Denken** und Arbeiten. Wesentlicher Tätigkeitsschwerpunkt des Developer ist die **Reduzierung von Risiken und die Erhöhung von Renditen**. Für ein erfolgreiches Development sind immer die Faktoren „Zeit" bzw. „Timing" entscheidend. Bedingt durch Marktzyklen, zeitlich befristeten Gelegenheiten, Konkurrenzsituationen und Nutzervorgaben muss der Developer die zeitlichen Abläufe seines Developments planen und aktiv steuern.

Der **Entscheidungsmaßstab** des Developers ist **kurzfristig geprägt**. Er gibt kurzfristigen renditestarken risikoreichen Investitionsgelegenheiten den Vorzug vor langfristigen renditeschwächeren, risikoarmen Investments.

6.2 Die Managementdisziplinen des Bestandshalters

Durch die Internationalisierung der Immobilienmärkte und die Entwicklung der Immobilie zur Kapitalanlage sind diverse Managementdisziplinen entstanden, welche dem Immobilienmanagement zuzuordnen sind. Eine Vielzahl von Begriffen wurde aus dem angelsächsischen Sprachgebrauch übernommen. Es ist fest zu stellen, dass es für die **Managementdisziplinen im Detail unterschiedliche Leistungsprofile und Definitionen** gibt, die nicht eindeutig gegeneinander abzugrenzen sind. In der Praxis kommt es des Öfteren vor, dass sich die Leistungen der einzelnen Disziplinen überschneiden. Die folgende Abbildung gibt einen Überblick über die einzelnen Managementdisziplinen sowie deren **hierarchische Anordnung** in einem Bestandhaltungsunternehmen.

Abbildung 1: eigene Grafik in Anlehnung an Teichmann 2007, S. 15

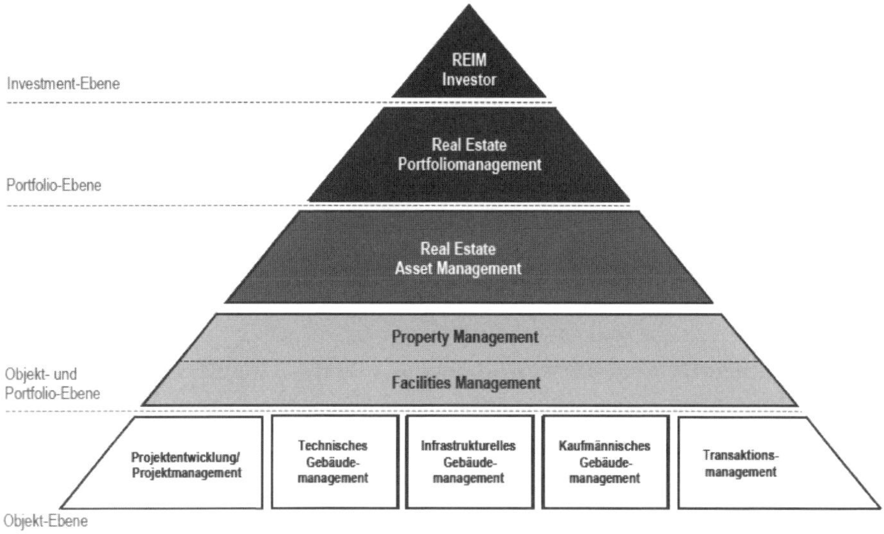

6.3 Wertschöpfungsmöglichkeiten im Gebäudebestand

Die Wertschöpfung beim Bauen im Bestand hat mehrere Ansatzpunkte. Grundsätzlich gibt es sowohl werterhaltende als auch wertsteigernde Maßnahmen.

Werterhaltende Maßnahmen sind z.B. die Maßnahmen der Instandhaltung. Diese sollen die Flächenverfügbarkeit sicherstellen und Ausfallkosten minimieren. Der Zustand der baulichen Anlage soll auf dem Ausgangsniveau gehalten werden. Ziel ist es langfristig den Ertrag und/ oder den Substanzwert der Immobilie zu erhalten.

Die Ansätze der **wertsteigernden Maßnahmen** sind geprägt durch das Ziel, jeweils durch den Einsatz von Kapital in Form von Investitionen in den Gebäudebestand, den langfristigen Ertrag der Immobilie zu steigern.

Eine Möglichkeit der Wertsteigerung liegt im Einbau eines höheren technischen Standards, der den Nutzerkomfort erhöht. Eine andere Möglichkeit liegt in der Reduzierung der Betriebskosten des Gebäudes durch energetische Modernisierungsmaßnahmen. Dadurch kann, bei Beibehaltung der gleichen Warmmiete für den Nutzer, eine Erhöhung der Nettokaltmiete durch den Bestandshalters ermöglicht werden. Beide Maßnahmen können zu **Mietsteigerungen** führen.

Eine weitere wertsteigernde Maßnahme besteht durch die Ergänzung der Immobilie durch An-, Unter-, oder Aufbauten, die zu einer **Flächenerhöhung** und somit zu einer Mehrnutzung und einem Mehrertrag der Immobilie führt.

Der letzte Ansatz liegt in der **Änderung der Art der Nutzung**, sofern sich durch eine Nutzungsänderung ein höherer Mietertrag erzielen lässt.

Oftmals werden einzelne oder gar alle vorgenannten unterschiedlichen Maßnahmen der Wertschöpfung miteinander kombiniert.

6.4 Abgrenzung Redevelopment

Das Wort „Redevelopment“, setzt sich zusammen aus dem lateinischen „re-“, übersetzt „wieder“, „erneut“, dass in Bildung mit dem Verb „developen“ ausdrückt, dass eine Bestandsimmobilie **von Neuem** im kreativen Schöpfungsaktes, mittels einer „Idee“, **entwickelt** wird. Dabei ist das Grundstück bzw. das Gebäude vorhanden, die beiden weiteren Ausgangspunkten der

Projektentwicklung „Nutzer“ und „Kapital“ werden Seitens des Projektentwicklers gesucht und eingebracht.

Beim „Nutzer“ handelt es sich in diesem Fall um eine **Änderung der Nutzungsart**, eine Umnutzung, die mittels Baurechtechtschaffung (Bauantrag mit Baugenehmigung), ggfs. zunächst mittels Planungsrechtschaffung (Änderung Flächennutzungsplan) legitimiert wird. Das Redevelopment grenzt sich zur Revitalisierung, bei der die Nutzungsart nicht geändert wird, über die Notwendigkeit der **baurechtlich** erforderlichen **Bauantragsplanung und Genehmigung** ab (s. nachfolgende Abbildung 2). Bei der Revitalisierung ist kein kreativer schöpferischer Akt, keine neue Idee erforderlich.

Abbildung 2: Abgrenzung Revitalisierung, Redevelopment und Development

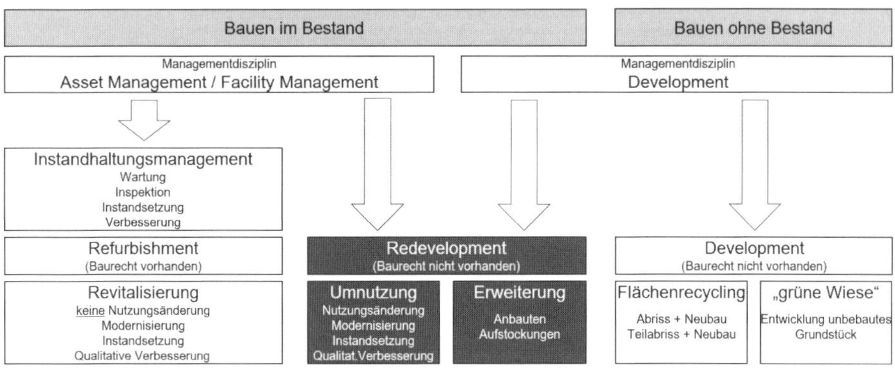

6.5 Ausgangslage Bestandsportfolio

Regelmäßig stehen Bestandshalter vor der Entscheidung ob eine Projektentwicklung aus dem eigenen Gebäudebestand heraus angegangen werden soll. Diese Fragestellung entsteht häufig insbesondere zum **Zeitpunkt** eines **Mieterwechsels** (drohender Leerstand) oder aufgrund eines länger andauernden **Leerstands** im Objekt.

Gründe für eine Änderung der Nutzungsart bzw. eines Redevelopment gibt es viele. Durch den Wandel der Arbeitswelten, dem demografischen Wandel, der Anforderung einer gesteigerten Digitalisierung, insbesondere sich stetig veränderten Marktsituationen (Nachfrage und Angebot), ergibt sich eine immer **kürzere Nutzungsdauer** und ein **kürzerer Lebenszyklus** von Immobilien. Dadurch steigt die Häufigkeit der Notwendigkeit einer Umnutzung deutlich an.

So hat der Bestandshalter regelmäßig abzuwägen ein Refurbishment, ein Redevelopment oder eine Neubau-Projektentwicklung (Komplettabriss der Immobilie) durchzuführen. Alternativ kann er auch einen Verkauf der Immobilie (Exit) in Erwägung ziehen. Dies vor dem **Ziel** des Bestandshalters (wieder) eine **rentable Nutzung** der Immobilie zu erreichen.

Aufgrund der aktuellen Marktsituation, in der Renditesteigerungen des Portfolios durch Zukauf, durch hohe Einkaufspreise getrübt werden, taucht das Thema „Projektentwicklung im Bestandsportfolio“ in den letzten Jahren deutlich vermehrt auf.

6.6 Gründe für ein Redevelopment durch den Bestandshalter – „Die Immobilie ist eh da“

Anstoß des Redevelopments ist die Bestandsimmobilie, diese ist im Portfolio des Bestandshalters bereits vorhanden. Oftmals erscheint eine wirtschaftliche Nutzung aufgrund eines drohenden oder vorhandenen Leerstands dauerhaft nicht möglich. Der Bestandshalter entscheidet aus der

Abbildung 3: Anstoßpunkt des Development beim Bestandshalter

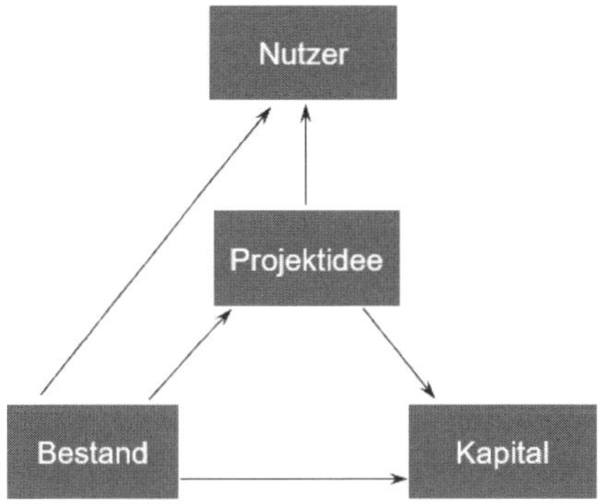

Sachlage der Eigentümerschaft einer Immobilie heraus über eine mögliche Bestandsentwicklung.

Im Unterschied zu einem Neubau-Development auf „der grünen Wiese", ergeben sich durch die Bestandsimmobilie diverse Development-Vorteile: z.B. ist eine Einschätzung der Lage deutlich einfacher, da das Bestandsobjekt und die Lage vorhanden sind. Aktuelle Trends der Urbanität sowie ein Mangel an Neubaulandflächen befeuern aktuell die Bestandsentwicklung stark.

Eine Entwicklung aus dem Bestandsportfolio heraus birgt jedoch auch Risiken (s. auch Absatz 6.10). So hat der langjährige Bestandshalter zumeist einen **hohen emotionalen Bezug** zu der „in die Jahre" gekommenen Immobilie. Er hat bereits über einen längeren Zeitraum hinweg die Immobilie im Eigentum, diese regelmäßig erfolgreich nachvermietet und aufwendig Instand gehalten. Aufgrund der **selbst erlebten Historie** der Immobilie werden im Rahmen eines Redevelopmentprozess oft falsche Ideen entwickelt und/oder falsche Entscheidungen getroffen. Auch ist feststellbar, dass der Bestandshalter oftmals zeitlich zu lang am Bestand und an vorhandenen Bedingungen festhält.

Eine weitere Schwierigkeit in dieser Ausgangslage ergibt sich häufig aufgrund vorhandener zu **hoher Buchwerte** der Immobilie. Diese hat der Bestandshalter aufgrund der historischen (guten) Vermietung in der Bilanz dargestellt. Die Buchwerte hat er, trotz sich verringernder Erträge, nicht angemessen reduziert. Der sich nun ergebende „Einstandspreis" des Redevelopment ist zu hoch und liegt oftmals über einem Marktwert. Die Projektentwicklung wird dadurch von Beginn an unrentabel, dass Development gelangt trotz aller Bemühungen zu keinem monetär rentierlichen Ergebnis.

Sollte eine **Unrentabilität**, aufgrund des hohen Buchwerts implementiert, vor Beginn des Development erkannt werden, kann es andererseits zu Fehlentscheidungen kommen. Dies dahingehend, dass ein Redevelopment nicht begonnen wird, um sich der Tatsache des zu hohen Buchwerts nicht zu stellen.

Hin und wieder ist auch feststellbar, dass bei einem Bestandshalter der „schnelle" Ausweg einer „lediglich" notwendigen, jedoch mühsamen Revitalisierung und Nachvermietung, „im großen Wurf", einem Redevelopment gesucht wird. Jedoch das neue Produkt mit neuer Nutzungsart, bei hohen Investitionen, keinen Mehrertrag generiert.

6.7 Unternehmensstrategien „ Development" des Bestandshalters

6.7.1 Strategie „Projektentwicklung als Teil des Asset Management"

Bei dieser Strategie steht nicht primär das wirtschaftliche Ziel (Erhöhung der Rendite) im Vordergrund, sondern die **Abdeckung der Anforderungen des Nutzers** bzw. des Objektes.

Einen nicht nur taktischen, sondern strategischen Stellenwert bekommt die in ein langfristig ausgerichtetes aktives Asset Management **integrierte Projektentwicklungsaktivität**. In der klassischen Managementphasen-Betrachtung, die Entstehung, Nutzung und Verwertung unterscheidet, stellt dies sowohl eine Vorwärts-, wie eine Rückwärtsintegration dar. Das Development ist dann in hohem Maße für den Erfolg der Asset- und Portfoliomanagement-Strategie mitverantwortlich.

Die Verkürzung von Immobilien-Lebenszyklen durch den schnellen Wandel von Nutzerbedürfnissen und Umfeldbedingungen führt zur **Parallelisierung der Managementaufgaben** und der Managementdisziplinen. Die Integration von Entwicklungsprozessen in das Asset Management zielt auf eine Verlängerung der ökonomischen Nutzungsdauer von Objekten und eine kontinuierliche Verjüngung des Bestandsvermögens ab.

6.7.2 Strategie „Rendite-Kicker"

Aus Sicht eines Bestandshalters versprechen Projektentwicklungsaktivitäten **attraktive zusätzliche Ertragsaussichten** bei individuell gestaltbarem Zusatzrisiko. Sofern sich Grundstücke oder Gebäude im Bestand befinden, deren Ertragswert hinter den Möglichkeiten zurückbleibt die der Standort bietet, ist das Redevelopment eine Option, die geeignet ist, die Rendite des Immobilieninvestments deutlich zu steigern.

Wenn ein langfristig orientiertes Bestandsmanagement den Kern des Geschäfts darstellt, haben **selektive Development-Maßnahmen** (nur) die Funktion eines Rendite-Kickers: d.h. Renditen durch Projektentwicklungsaktivitäten werden mehr oder weniger systematisch „obendrauf" erwirtschaftet.

Development-Kapazitäten, die der Bestandshalter dazu vorhält, konzentrieren sich dann vorwiegend auf ein überschaubares und probates Instrumentarium, wie z.B. Modernisierungsmaßnahmen und Refurbishments ohne Änderung des Nutzungskonzepts. **Punktuell** werden einzelne **Redevelopments** unternommen. Dies zumeist lediglich, wenn die Immobilie, über einen längeren Zeitraum, keinen Ertrag erwirtschaftet.

Vielfache komplette Neuentwicklungen und tiefgreifende Nutzungsänderungen mit Neupositionierung am Markt sind dabei eher selten, da die Investmentpolitik des Bestandshalters vordringlich auf leicht planbare stetige Erträge ausgelegt ist. Zumeist sind Unternehmen die die Taktik des „Rendite-Kicker" umsetzen, institutionelle, publikumsoffene Gesellschaften. Dies vor dem Hintergrund, dass das Ziel des stetigen risikoarmen Mietcashflow überwiegen soll.

6.7.3 Strategie „Wertschöpfungsmotor"

Eine andere strategische Funktion kann die Projektentwicklung bei einem Bestandshalter übernehmen, deren Investmentpolitik stärker opportunistisch ausgelegt ist, d.h. auf eine **gezielte Ausnutzung von Gelegenheiten** zum günstigen Erwerb von Liegenschaften, die Restrukturierungs- und Repositionierungspotenzial bieten. Anders als beim Bestands-Management mit Rendite-Kicker besteht hier das Geschäftsmodell darin, Objekte mit identifiziertem Wertschöpfungspotenzial zu einem günstigen Kaufpreis zu akquirieren, mittels eigenem Know-how und Kapital zu entwickeln und schließlich die Immobilie mit signifikant gesteigertem Substanz- und Ertragswert weiter zu platzieren. Den höheren Risiken stehen höhere Ertragsaussichten gegenüber; die höhere Risikobereitschaft und die höheren Renditeerwartungen sind in der Unternehmens- und Investmentpolitik verankert.

In der Praxis werden Unternehmen dieses Typs selten als Publikumsgesellschaft geführt; sie refinanzieren sich häufig durch Private Equity. Ein überschaubarer, stabiler Anteilseignerkreis garantiert einen Konsens hinsichtlich Risikobereitschaft und Renditezielen, beschränkt allerdings auch die Möglichkeiten zur Beschaffung von weiterem Wachstumskapital.

6.7.4 Kombinierte Strategien

In der Praxis der Bestandshaltung sind **Mischformen** der o.g. Strategien der Regelfall; die Funktion des Developments wird in unterschiedlichem Umfang genutzt, um das ertragsorientierte Geschäftsmodell zu stützen und zu ergänzen.

6.8 Vorteile der internen Projektentwicklung für den Bestandshalters

6.8.1 Ausdehnung des unternehmerischen Entscheidungs- und Handlungsspielraums

In den letzten Jahren hat eine verstärkte Annäherung zwischen Projektentwicklung einerseits sowie Asset- und Portfoliomanagement andererseits stattgefunden. Der wesentliche Charme des Developments durch den Bestandshalter liegt in der Ausdehnung des unternehmerischen Entscheidungs- und Handlungsspielraums durch **aktive gestalterische Einflussnahme** auf bereits vorhandene Immobilien.

6.8.2 Gewinnabschöpfung

Ein starker Anreiz für einen Bestandshalter zur Integration der Projektentwicklung besteht darin, den **Gewinn der Projektentwickler** selbst zu erwirtschaften und so bei gleichem Investmentobjekt eine höhere Gesamtrendite zu erzielen.

6.8.3 Entfall Transaktionskosten – Kostenersparnis

Der Bestandshalter der bereits Eigentümer der Immobilie ist, erspart die in den letzten Jahren sich stetig erhöhenden Transaktionskosten. Der Bestandshalter kennt seine Bestandsimmobilie genau und benötigt keine Due Diligence, er benötigt keinen Makler, keine Rechtsanwalts- und Notarkosten. Es fällt keine Grunderwerbsteuer an. Diese **nicht anfallenden Transaktionskosten** können sich auf 10 – 12% der Immobilienkosten summieren und erhöhen durch den Nichtanfall, die Renditemöglichkeit des Redevelopments.

6.8.4 Bestandsrevitalisierung und Portfolio-Verjüngung

Bei Bestandshaltern, die große Immobilienportfolien ankaufen, spielt die Projektentwicklung für das aktive Portfoliomanagement eine wichtige Rolle. Die vorherigen Eigentümer trennen sich vor allem von Portfolien mit Immobilien, in denen sich für sie Ertragsschwächen abzeichnen, die sie nicht selbst beheben können oder wollen. Für Bestandshalter mit Projektentwicklungs-Kompetenz ergibt sich dann die Chance zum günstigen Aufkauf mit anschließender Revitalisierung und **Verjüngung des Liegenschaftsvermögens** durch gezielte Modernisierungs- und Umstrukturierungsmaßnahmen. Auch eigene Immobilien, die schon länger im Bestand sind und bei Auslaufen der Mietverträge als nicht mehr marktkonform gelten müssen, sind auf diese Weise weiterzuentwickeln und neu zu positionieren.

6.8.5 Füllen der Pipeline

Eigene Projektentwicklungsaktivitäten können helfen, einen eventuellen Mangel an geeigneten Bestandsimmobilien zu beheben. Der Bestandshalter kann sich Immobilien **nach eigenen Anforderungen gestalten** und ist weniger davon abhängig, was der Markt anbietet. Er kann die Qualitätsmerkmale der Objekte und auch das Timing der Verfügbarkeit – etwa während Phasen ansteigenden Preisniveaus und hohen Wettbewerbsdrucks, die den Ankauf am Immobilienmarkt unattraktiv erscheinen lassen – auf sein Investment-Anforderungsprofil zuschneiden.

6.8.6 Erschließung zusätzlicher Pipelines

Ein leistungsfähiges Entwicklungsteam bei einem Bestandshalter hat prinzipiell **mehrfachen Marktzugang**. Projekte kommen zum ersten durch Ankäufe des Portfoliomanagements zustande, bei denen weiteres Entwicklungspotenzial identifiziert wurde. Wegen der hohen Renditechancen werden die Investmentmanager am Markt gezielt nach interessanten Portfolien und Einzelobjekten mit solchen Potenzialen suchen und sich dann für ihre Objekte „den Termin beim internen Entwickler geben", um die wertsteigernde **Operation im Bestand** durchführen zu lassen.

Zum zweiten können die Developer in Eigeninitiative Entwicklungsprojekte am Markt rekrutieren und auch das **Investment in Eigenregie** durchführen, um das Objekt entweder für die spätere Übernahme ins Portfolio auszugestalten oder aber mit erfolgreicher Entwicklung gewinnbringend weiter zu platzieren. Schließlich ergibt sich bei guter Reputation des Developers im Markt auch noch die Möglichkeit, für Dritte oder zusammen mit Dritten im Development tätig zu werden, zum Beispiel in Form von **Entwicklungspartnerschaften** bei komplexen Projekten. Die Nutzung aller drei Marktzugänge hält die Wettbewerbsfähigkeit des Entwicklungsteams auf hohem Niveau und sorgt zugleich für eine konsequente Projektselektion.

6.8.7 Ausschöpfen von Marktzyklen

Anleger mit hohen Renditeerwartungen sind daran interessiert, **Investitionen antizyklisch** vorzunehmen. Die Vorteile der Investition in Zeiten der Marktkontraktion, wenn Grundstücke, Objekte und auch Bauleistungen günstig einzukaufen sind und der Vermarktung in eine steigende Flächennachfrage und optimistische Stimmung hinein, liegen auf der Hand. Durch eigene Projektentwicklungen lassen sich **zukunftsorientierte Bestände** schaffen, die neben dem maßgeschneiderten jährlichen Cashflow auch einen Zuwachs an stillen Reserven sicherstellen. Alternativ, sofern der Verkauf einer entwickelten Immobilie beabsichtigt ist, können mittels Redevelopment Immobilien mit Nutzungen im Markt angeboten werden, die aufgrund eines **vorhandenen Marktzyklus** auf eine hohe Nachfrage stoßen und hohe Erlöse erwirtschaften können.

6.8.8 Ertragswertoptimierung und außerordentliche Projektrealisierungsgewinne

Die Möglichkeit, im Rahmen von Developments frühzeitig einen den **eigenen strategischen Zielen entsprechenden Mieter-Mix** aufzubauen und eine **Gestaltung der Mietverträge** vornehmen zu können, ist ebenfalls ein großer Vorteil für den Bestandshalter. Beim Ankauf vollvermieteter Objekte fehlt diese Gestaltungsmöglichkeit. Eine weitergehende **Gestaltbarkeit** ergibt sich beim **zeitlichen Anfall von Erträgen** aus der Immobilie. Dem Developer stehen mehr Stellschrauben zur Verfügung als dem reinen Bestandshalter, um künftige Cashflows für den jeweiligen Anlagehorizont und die dazugehörige Strategie zur Realisierung von Erträgen („Buy and Hold", „Buy and Sell") zu optimieren.

6.8.9 Optimierung der Prozessorganisation

Um auch in großem Stil aktives dynamisches Asset- und Portfoliomanagement betreiben zu können, setzen Bestandshalter auf neue Strukturen in integrierten Investment-, Planungs- und Vermarktungsprozessen.

Ein Developerteam beim Bestandshalter kann dabei als **Koordinator und Promotor komplexer Wertschöpfungsprozesse** eingesetzt werden. Die Vergrößerung von Portfolien und Zuwachs an Aktivitäten lässt die Anzahl der „Baustellen" bei einem Bestandshalter anwachsen. Hält die Organisation mit der Komplexität der Prozesse nicht Schritt, kann das zum Stillstand des Wachstums und sogar insgesamt sinkenden Erträgen führen. Dabei helfen Projektentwickler im Hinblick auf **Prozessorganisation** im Team, bei der lokalen Markt- und Kundenorientierung, dem Interessenausgleich zwischen unterschiedlichen Optimierungszielen sowohl interner als auch externer Gremien.

Inhouse-Expertise und Kapazitäten für das Management von Querschnittsprozessen sorgen für einen Know-How Gewinn, Vorteile in der Projektsicherheit, Zeiteinsparung und Kostenvorteile, die dem Unternehmen insgesamt zugutekommen. **Generalistisch arbeitende Developer** sorgen für einen Interessensausgleich bei unterschiedlichen Optimierungsansätzen.

6.8.10 Unterstreichung der Immobilienkompetenz

Durch die **sichtbaren Wertschöpfungsaktivitäten** kann der Bestandshalter **positive Marketing- und Imageeffekte** vereinnahmen und unterstreicht mit gelungenen Projekten seine immobilienwirtschaftliche Kompetenz.

6.9 Nachteile der internen Projektentwicklung für den Bestandshalter

Der Liste der Vorteile eigener Projektentwicklung stehen auch einige Nachteile gegenüber, die es abzuwägen gilt:

6.9.1 Aufbau eigener Personal-Kapazitäten

Zur Durchführung von Redevelopments ist der Personalbestand durch qualifizierte Developer auszubauen. Der Aufbau eines Personalbestands ergibt regelmäßig einen **Flexibilitätsnachteil**; es entstehen Personalvorhaltekosten, die sich bemerkbar machen, wenn das Portfolio keine Developmentansätze (mehr) besitzt oder der Kapitalzufluss des Bestandshalters und sein interner Entwicklungsbedarf stark schwankt.

Dieses Risiko lässt sich abmildern, sofern ein leistungsfähiges, kompetent aufgestelltes Entwicklungsteam in der Lage ist, **Engagements mit Dritten**, also Vertragspartnern auf dem freien Markt einzugehen. Dies nicht allein zur Optimierung der Auslastung, sondern auch, um einen wettbewerbsfähigen Leistungsstandard zu pflegen und auszubauen.

6.9.2 Marktwahrnehmung als Developer

Eigene Entwicklungsaktivitäten können für einen Bestandshalter auch bedeuten, dass er am Markt von anderen Projektentwicklern als **Wettbewerber** wahrgenommen wird. Dies hat zu Folge, dass ihm Projekte erst dann angeboten werden, wenn sich diese fest konkretisiert haben. Es bestehen **Ängste der anderen Projektentwickler**, den Bestandshalter mit ganz frühen Projektideen anzusprechen, die dann z.B. als Forward-Deal mit resultierenden Preisnachlässen angeboten würden, da dieser als Konkurrent agieren könnte. Damit geht einher, dass günstige frühe Kaufgelegenheiten in einem angespannten Markt, weniger vorhanden sind.

6.9.3 Steigende Fehlertoleranz

Nicht ganz von der Hand zu weisen ist das Phänomen einer **steigenden Fehlertoleranz**: Auf Fehler externer Dienstleister oder Projektpartner wird oftmals schneller und stringenter reagiert als auf die eigener Geschäftseinheiten, die in der Bestandshaltung Development betreibt.

6.9.4 Hereinnahme von Risiken

Das Hereinnehmen von Risiken, die ansonsten ein externer Entwickler trägt ist die nicht zu vermeidende **Kehrseite der zusätzlichen Chancen** und Ertragspotenziale, an denen der Bestandshalter interessiert ist.

6.10 Risikounterschiede Neubauentwicklung zu Redevelopment

Anhand der beiden nachfolgenden **systematischen Risikoprofile** lassen sich drei wesentliche Unterschiede der Risiken von Neubauentwicklungen zum Redevelopment ablesen.

Abbildung 3, systematisches Risikoprofil Neubauprojektentwicklung

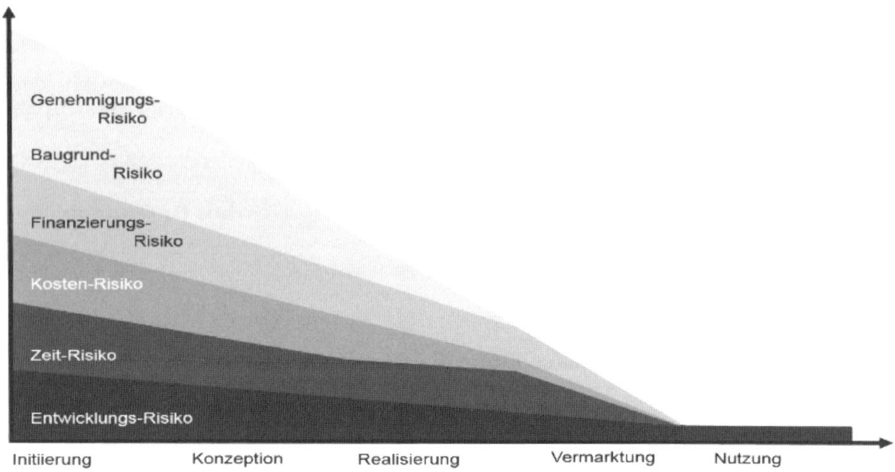

Abbildung 4, systematisches Risikoprofil Redevelopment

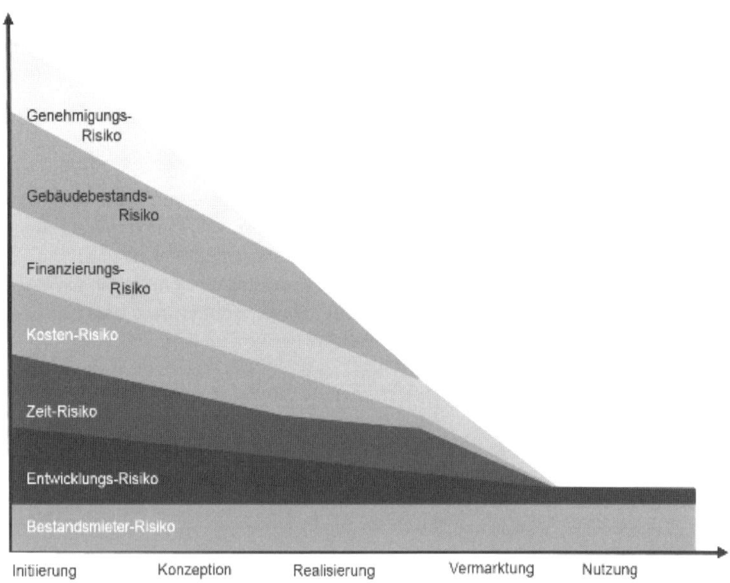

6.10.1 Einzelne Risiken im Redevelopment entfallen

Aufgrund der Tatsache, dass die Immobilie gebaut vorhanden ist, gibt es einzelne Risikoarten die bei einem Redevelopment entfallen. Beispielhaft zu nennen sind das **Baugrundrisiko**, die **Risiken der Erschließung** sowie **Risiken** die sich aus der **Lage und Umfeld** der Immobilie ergeben können.

6.10.2 Zusätzliche Risiken im Redevelopment entstehen

Es gibt einzelne Risikoarten die ausschließlich bei einem Redevelopment entstehen. z.B. das **Gebäudebestandsrisiko** oder das **Bestandsmieterrisiko**. Um diese frühzeitig zu bewerten sind umfangreiche Untersuchungen des Gebäudebestands und der Bestandsmieter ratsam (technische und rechtliche Due Diligence). Daraus müssen frühzeitig Maßnahmen der Risikoverringerung abgeleitet, umgesetzt und regelmäßig bewertet werden. Der **Risikomanagementprozess** ist diesbezüglich zu ergänzen.

6.10.3 Komplexität steigt erheblich an

Der **wesentliche Unterschied** in den Risikoprofilen liegt jedoch in der **zeitlichen Ausprägung** des Redevelopments. Aufgrund der Tatsache, dass die Immobilie bereits im Bestand vorhanden ist, entfallen zeitlich sämtliche einer Gebäuderealisierung vorausgehenden Maßnahmen. Dies umfasst die Planung und Durchführung der Grundstückssicherung bzw. des Grundstückskauf, der Grundstücksvorbereitung, der Baugrubenerstellung etc. Der Gedanke „time is money" liegt nahe, so dass die Phasen der Projektentwicklung, wie die Projektinitiierung, die Projektkonzeption, die Projektkonkretisierung und die Projektvermarktung theoretisch zeitgleich zu der Projektrealisierung begonnen werden können und dann **zeitlich parallel verlaufen**. Dies sorgt natürlich für eine Verkürzung der Gesamtzeit (die Kapitalbindung ist kürzer, die dynamische Rendite verbessert sich), jedoch steigt die Komplexität des Projektes aufgrund der **Parallelität der Prozesse** exorbitant an. Die Unkenntnis oder Unterschätzung dieses Sachverhalts ist, in Verbindung mit unerfahrenem Personal, eine Hauptursache von missglückten Redevelopments.

6.11 Organisationsformen des Unternehmens

Lässt man projektspezifische Themen der Projektentwicklung außeracht, liegt die Ursache von missglückten Projektentwicklungen zumeist in der Unternehmens- und Organisationsstruktur, in fehlendem Projektentwicklungs-Know-How, einer ungenügenden Auseinandersetzung mit vorhandenen Projektrisiken und falschem Timing. Projektentwicklung hat im Unterschied zur Bestandshaltung neben den nötigen „kreativen" Tätigkeiten eine deutlich höhere Komplexität.

In der Praxis finden wir **unterschiedlich ausgeprägte Organisationsformen**, die jeweils verglichen miteinander, unterschiedliche Vor- und Nachteile besitzen. Es gibt keine Organisationsstrukturen, die Handbuchmäßig aufbereitet, einfach adaptiert werden können.

Nachfolgende fünf Modelle zeigen die vorhandene Bandbreite der in der Praxis regelmäßig anzutreffenden organisatorischen Alternativen auf. Die individuell für einen bestimmten Bestandshalter passende Struktur ist immer Abhängig von der Größe und Organisationsform des Bestandshalters, dessen mittel- und langfristigen Zielen, dem zur Verfügung stehenden Personal und der Art des spezifischen Developments zu entwickeln.

6.11.1 Der Asset-Manager als Developer – „Das machen wir einfach mit"

Die Grenzen zwischen einer größeren Revitalisierung einschließlich dem „Aufhübschen" des Gebäudes (in der auch neues Baurecht aufgrund z.B. brandschutztechnisch genehmigungsrechtlicher Änderungen erforderlich ist) und einem Redevelopment sind fließend.

Naheliegend für jeden Bestandshalter ist der Gedanke den zuständigen verantwortlichen Asset-Manager, der „ja eh da ist" und das Objekt und die Mieter seit Jahren betreut, die Tätigkeiten des Development (mit-)erledigen zu lassen. Oftmals sind diese Ansätze (zunächst) für den Asset-Manager oder dessen Vorgesetzten herausfordernd und motivierend. Jedoch lässt sich regelmäßig in der Praxis erkennen, dass dieser Ansatz schief geht. Zum einen aufgrund dem **fehlendem inhaltlichen Projektentwicklungs-Know-How**, insbesondere **fehlender beruflicher Erfahrung** des Asset-Managers oder anderseits aufgrund dessen **fehlenden persönlichen Eigenschaften** wie Risikosensibilität, Kreativität und Dynamik.

Zum zweiten lässt sich oftmals feststellen, dass die im Bestandsunternehmen **vorhandenen Organisationen und Strukturen** ein Development erschweren, in Teilen unmöglich machen. Dies fängt beim Rollenverständnis des tradierten Bestandhaltungsunternehmens an, das langfristig, risikoscheu und (lediglich) passiv eine Flächennachfrage bedient.

So können in einem Bestandhaltungsunternehmen die **Entscheidungswege** und die **Entscheidungszeiträume** zu lang und/oder die Mitarbeiter in den Entscheidungsgremien hinsichtlich einem Development unerfahren sein. Passende Werkzeuge bzw. Tools des Chancen- und Risikomanagements, des Controlling oder des Reporting und Dokumentation sind für eine Projektentwicklung nicht vorhanden.

Institutionelle Bestandshalter die publikumsoffen sind, besitzen (zum Anlegerschutz) zumeist externe Risikoauflagen z.B. gemäß dem Kapitalanlagegesetzbuch (KAGB), die eine interne Projektentwicklung (einschl. den dann sich ergebenden Risiken) untersagen bzw. das Prozedere und den Verlauf einer Projektentwicklung erschweren.

Auch wenn es sehr verlockend erscheint eine Projektentwicklung mit vorhandenem talentiertem Personal aufzusetzen und die erst Phase der Projektinitiierung durchaus erfolgreich angegangen worden ist, steigert sich die **Komplexität** und die **Projektdynamik** im Projektverlauf oftmals sehr schnell und die aktive Projektführung und Projektübersicht geht verloren.

Merke: ein sehr guter Asset-Manager ist noch lange kein guter Developer!

6.11.2 Integrierte Modelle – Bestandshalter ergänzt sich mit einzelnen Developern

Insbesondere in Bestandshaltungsunternehmen, die lediglich **vereinzelte Gelegenheiten** eines Development wahrnehmen wollen, kann es ein funktionierender Ansatz sein, sich punktuell mit einzelnen erfahrenen Developern im Unternehmen zu ergänzen. Das Know-How und die Persönlichkeit der Person können dann geeignet sein, ein Projekt erfolgreich umzusetzen. Hier gilt es für den Bestandshalter „lediglich" im Unternehmen geeignete Werkzeuge und Tools zur Verfügung zu stellen und Entscheidungswege und vor allem Entscheidungszeiträume einem Developement anzupassen.

Als Organisationsform des Unternehmens ist eine **Matrixorganisation** bestens geeignet. Der einzelne Developer wird als Experte in unterschiedlichen Bestandhalterteams bzw. Immobilienprojekte eingebunden. Die Personalverantwortlichkeit, das inhaltliche Coaching, ggfs. das Controlling liegt in einer separaten (Development-) Leitungsfunktion. Die aus dieser Organisationsform grundsätzlich resultierenden Probleme z.B. unklarer Schnittstellen, unklarer Verantwortlichkeiten, mögliche Kompetenzüberschreitungen, hoher Kommunikationsaufwand, sind über exakte Abgrenzungen zu reduzieren bzw. zu vermeiden.

Die Schwierigkeit für den Bestandshalter liegt in diesem Modell bei der Verfügbarkeit, der Wechselbereitschaft und dem langfristigen Einbinden von **Top-Developer Personal**, da für dieses ernsthafte Karrierechance aufgrund lediglich vereinzelter Developments oftmals fehlt. Sehr gute erfahrene Mitarbeiter sind kaum zu gewinnen, junge gewonnene und am Projekt ausgebildete Mitarbeiter verlassen das Unternehmen zumeist, aufgrund von fehlenden interessanten Folgeprojekten, vor Projektabschluss.

Die Nachteile der internen Projektentwicklung (s. Kapitel 9) sind insbesondere diesem Unternehmensmodell intensiv zu betrachten und gegen die Vorteile (s. Kapitel 8) abzuwägen.

6.11.3 Integrierte Modelle – Bestandshalter mit Developmentabteilung

Sofern dauerhaft ein Projektvolumen von **mehreren parallel verlaufenden Developments** vorhanden ist, ist es sinnvoll parallel zur Bestandshaltung eine separate Developmentabteilung einzurichten. In diese werden Projektentwicklungen verlagert und von der „Spezialabteilung" verantwortlich bearbeitet.

Hierbei entsteht häufig der Gedankengang, insbesondere bei Überlastung der Mitarbeiter Bestandshaltung, aufwendige Bestandhaltungsaufgaben wie Instandhaltung, Sonderprojekte oder Revitalisierungen zu den Kollegen Development zu verschieben. Ungeliebte, zeitaufwändige, komplizierte, ggfs. unrentable Projekte werden gerne „mal schnell" auf einen anderen Schreibtisch verlagert.

Die „Spezialabteilung" mit der Spezialqualifikation und Expertise der Mitarbeiter, entwickelt sich dann sukzessive zu einer weiteren Bestandshaltungsabteilung um. Dies gilt es frühzeitig, am besten bereits bei Gründung der Abteilung, zu vermeiden. Viele Bestandshalter tun dies mit einer **Zuständigkeitsbeschreibung**, die eine Mindestprojektgröße (z.B. € 5 Mio. Baukosten) oder ein Projektziel wie Schaffung Planungsrecht oder Schaffung Baurecht vorschreibt. Darüber hinaus lassen sich jeweils Sonderfälle der Zuständigkeit vereinbaren.

Die Organisationsform des Unternehmens ist zumeist als **Divisionale Organisation** ausgeprägt. D.h. jede Abteilung (Division) hat einen eigenen Tätigkeitsschwerpunkt, eigene Verantwortlichkeiten, dies mit eigenen Leitungsfunktionen.

Vorteilhaft für das Unternehmen ist, dass jede Abteilung auf die spezifische **Divisionsstrategie** ausgerichtet sein kann. Es kann zudem eine exakte Leistungsdefinition und eine exakte Leistungsbeurteilung durchgeführt werden. Jede Abteilung arbeitet eigenständig.

Jedoch: aufgrund dieser Organisationsstruktur nimmt der **Wissenstransfer** zwischen den Abteilungen sehr stark ab. Seitens der Unternehmensleitung sollte vor diesem Hintergrund, mittels geeigneter Maßnahmen, auf eine enge Verzahnung der Abteilungen geachtet bzw. ein know-how Transfer angeregt werden.

Unabhängig davon entstehen **häufig Synergieverluste**, dies durch den Umstand, dass artverwandte Tätigkeiten in den Divisionen, jeweils mit eigenen Mitarbeitern besetzt werden, die jeweiligen Personalressourcen jedoch nicht vollständig ausgeschöpft sind. Zu guter Letzt ist Seitens des Bestandhalters darauf zu achten, dass Divisionszielen nicht von den Unternehmensziele abweichen.

6.11.4 Externe Modelle – Bestandshalter mit eigenem Development Unternehmen

Die Unternehmerische Struktur wird in diesem Fall mittels einer Holdinggesellschaft (betrieblicher Hauptzweck einer auf Dauer angelegten Beteiligung an Unternehmen) oder einer Muttergesellschaft (Bestandshaltergesellschaft) gelegt, die mittels Unternehmensvertrag auf betriebliche Funktionsbereiche einer Tochtergesellschaft (Developmentgesellschaft) einwirkt.

Vorteilhaft für die Muttergesellschaft ist die **rechtliche Selbständigkeit** der Tochtergesellschaft, direkte Beteiligungen werden in indirekte Kapitalbeteiligungen verwandelt. U.a. können so Risiken aus dem Bestandshalterunternehmen herausgelagert werde. Ggfs. können darüber hinausgehend Steuervorteile genutzt werden. Am Markt kann die Developmentgesellschaft, die unabhängig von der Muttergesellschaft auftritt und ein eigenes Image besitzt, selbständig (auch für Dritte) arbeiten.

Gleichzeitig nimmt natürlich die Verbundenheit, der Know-How-Transfer und das Nutzen von Synergien, zwischen den Gesellschaften immer weiter ab.

In der Tochtergesellschaft besteht die Möglichkeit analog einem eigenständigen Trader-Developer selbständig Projekte zu akquirieren, zu entwickeln und zu veräußern oder im Bestandshaltungsunternehmen vorhandene Immobilien zu entwickeln. Bei Letzterem werden zumeist Projektentwicklungsverträge mit Leistungsbildern und Fee- bzw. Honorarstrukturen vereinbart.

6.11.5 Externe Modelle – Bestandshalter in Zusammenarbeit mit „fremden" Developern

Sofern der Bestandshalter **unregelmäßig lediglich einzelne Projektentwicklungsgelegenheiten** wahrnehmen möchte, besteht eine gute Möglichkeit der erfolgreichen Abwicklung in der Zusammenarbeit mit „Dritten". Für den Bestandshalter muss grundsätzlich gelten: lieber gut zugekauft als schlecht selbst entwickelt.

Bei dem Zukauf von Leistungen die mittels „einfachen" Dienstleistungsverträgen, über Werkverträgen, bis hin zu komplexen gesellschaftsrechtlichen „Joint Venture"-Vereinbarungen vereinbart werden, ist der Regelungsinhalt für den Bestandshalter frei wählbar.

Minimalst vertraglich aufzunehmen ist die Beschreibung des geschuldeten Leistungsbildes, die Vertragslaufzeit, die Honorierung und die Gewährleistung. In jedem Fall ist es sinnvoll über **Leistungsanreize** bzw. Pönalregelungen die Leistungsbereitschaft des „fremden" Developers zu aktivieren. In der Praxis haben sich **Joint-Venture-Vereinbarungen** als am sinnvollsten erwiesen, beim „fremden" Developer wird eine Leistungsbereitschaft am besten durch eine Projektbeteiligung erreicht. Der Developer partizipiert dann mit eigenem Investment am Projekterfolg oder Projektmisserfolg.

Zu beachten ist: die Projektentwicklung mit einem „fremden" Developer ist kein Selbstläufer, auch auf Seiten des Bestandshalters ist zumindest ein kompetenter verantwortlicher Mitarbeiter zu positionieren, der die Zuständigkeiten Ansprechpartner, Controller und Entscheider (nach Rücksprache in den maßgeblichen Gremien des Bestandshalters) umfasst.

6.12 Strategische Anforderungen an den Bestandshalter für die Projektentwicklung

6.12.1 Fokussierung und Spezialisierung

Als Gegenstand der Projektentwicklung sind grundsätzlich alle Nutzungsformen denkbar. Da Developments aber know-how- und managementintensiv sind, empfiehlt sich eine konsequente Fokussierung und Spezialisierung. Der Schwerpunkt der Developmenttätigkeiten ergibt sich dabei aus den **präferierten Nutzungsarten des Bestandsportfolios**.

Sofern die Developmentleistung punktuell für Dritte angeboten wird, ist darauf zu achten sich in bestimmten Teilmärkten einen Namen zu machen und eine Erfolgskontinuität dokumentieren zu können. **Sichtbare und charakteristische Engagements** spielen für den Bestandshalter eine wichtige Rolle als Türöffner, wenn es darum geht, sich bei interessanten Objekten als präferierter Transaktionspartner ins Gespräch zu bringen. Visibilität und Erfolgsdynamik der umgesetzten Projekte fördern den gewünschten „Deal flow": die laufende Akquise von Objekten. Auch auf der Finanzierungsseite zählt ein fundierter Track-record meist als zusätzlicher Vermögenswert.

6.12.2 Wachstumsfreundliche Strukturen

Typisch für das traditionell mittelständische Projektentwicklungsgeschäft ist die fallweise Entwicklung – ein Markt mit standardisierten Projekten besteht nur in Ausnahmefällen. Entsprechend stark ist der Drang, die individuellen Optimierungsmöglichkeiten eines Projekts auszuschöpfen. Die Einbindung in die größere Organisation der Bestandshaltung, die einen wachsenden Projektfluss sicherstellt, beeinflusst die Prioritäten des Entwicklers bei der Ressourcenlenkung. Die Beschäftigung vieler zusätzlicher Köpfe mit Einzeloptimierungsaufgaben ist für ein Unternehmen, das auf dynamisches Wachstum zielt, keine Option. Der Developer muss unter dieser Prämisse stärker auf **Standardisierungspotenziale** achten und die eigenen Entscheidungsprozesse auf Strukturen einstellen, die der Organisation ein sicheres „Scaling-up", also den Erfolg in größerem Maßstab erlauben.

6.12.3 Fungibilität am Miet- und Investmentmarkt

Vom Projekt zum Produkt: Die Immobilie „under development" muss sich mit anderen Kapitalmarktprodukten messen lassen. Daher muss der Projektentwickler verstärkt auf Flexibilität und höhere Fungibilität bei **Nutzerwechsel** wie auch für eine mögliche **Weiterplatzierung** achten. Die Marktgängigkeit der Immobilie als Anlagegut wird ein gewichtiges Bewertungskriterium. Sofern die entwickelten Immobilien im eigenen Portfolio verbleiben, rückt der Planungs- und Entwicklungsansatz „Nachhaltiges Bauen" und „Lebenszykluskosten" stark in den Vordergrund.

6.12.4 Gibt es „ideale" Projektgrößen?

Die Betreuung von Projektentwicklungsaktivitäten ähnelt dem Management von Beteiligungsunternehmen: Das Engagement lässt sich nicht allein vom Schreibtisch aus steuern und zahlreiche kleine Projekte erfordern in vielen Belangen die gleiche Aufmerksamkeit wie dieselbe Anzahl mittelgroßer Projekte. Unter Effektivitätsgesichtspunkten ist es also sinnvoll, für know-how- und managementintensive Redevelopments, die längerfristig Kapazitäten binden, **Mindestgrößen** im Rahmen der Investmentpolitik zu beachten.

Je größer das Einzelprojektvolumen, desto überschaubarer wird allerdings auch die Anzahl der möglichen späteren Käufer, und je länger der Entwicklungshorizont, desto mehr nimmt die Kalkulierbarkeit von Risiken wie z.B. nachfrageseitigem Strukturwandel sowie des Entstehens von konkurrierenden Angeboten ab. In der Praxis bevorzugen Bestandshalter daher aus Gründen der Fungibilität und Risikostreuung „kleinere" bis „mittlere" Projektgrößen, mit Investitionssummen zwischen 10 und 50 Mio. Euro und Entwicklungszeiten von 12 bis 36 Monaten.

6.13 Risikominimierung und Risikooptimierung

Oftmals wird Seitens des Bestandshalters gewünscht die im Verhältnis zu einer Revitalisierung erhöhte Rendite gerne zu vereinnahmen, die in einer Projektentwicklung entstehenden zusätzlichen Risiken (s. Absatz 10.2) und der damit einhergehende Notwendigkeit einer Risikotragung jedoch abgelehnt.

Projektentwicklung als Bestandshalter bedeutet in der Praxis nicht einfach nur mehr Risiken durch die **Vorwärts- und Rückwärtsintegration in der Wertschöpfungskette**, sondern gleichzeitig auch: mehr **Steuerbarkeit der Risiken**. Dieser Umstand stellt eine wertvolle Komponente für das aktive Asset- und Portfoliomanagement des Bestandhalters dar.

6.13.1 Systematische Reduzierung der Bewertungsrisiken und fundierte Szenarien für das Asset Management

Integriertes Entwicklungsgeschäft bedeutet einen **Informationsvorteil** hinsichtlich des Wertes der Immobilie. Der Objektwert kann von Seiten des Entwicklers besser beurteilt und gestaltet werden als vom Erwerber der fertigen Immobilie. Für höhere Transparenz sorgt das Wissen des Entwicklers nicht nur bei den eigenen Entwicklungen, sondern auch bei der Einschätzung der Konzepte Dritter.

Die Expertise und Perspektive des Projektentwicklers ist systematisch in der Fundierung von Investmententscheidungen des Bestandshalters einsetzbar. Zum einen in Form praktischer Erfahrung zur Einschätzung der Nutzungsflexibilität und eines späteren **Redevelopment-Potenzials**, aber auch in Form von weiterem Projektentwicklungs-Rüstzeug wie dynamischen Investitionsrechnungen und **Sensitivitätsanalysen**.

Nicht nur bei der Akquisition, sondern auch in der Phase der Bestandsbewirtschaftung entstehen durch das Projektentwicklungsengagement Synergien und Informationsvorteile für das Unternehmen. Dank Research aus erster Hand und **Monitoring von Marktindikatoren** für das Asset Management ist das Unternehmen in der Lage, frühzeitig Trends und Potenziale zu erkennen und unterbewertete Standorte und Objekte neu zu nutzen.

6.13.2 Optimierung des Kapitalaufwands durch Projektentwickler-Know-how

Hohen Kapitalaufwand für Liegenschaften in 1a-Lagen und vollvermietete Objekte rechtfertigt das Management eines auf das Asset- und Portfoliomanagement beschränkten Bestandshalters gegenüber seinen Anlegern regelmäßig mit dem beherrschbaren Risiko. Objekte in B-Lagen und Randlagen ebenso wie die Übernahme notleidender Engagements, bieten darüber hinaus große Chancen, stellen allerdings für den Bestandshalter hohe Anforderungen an die Analyse und das weitere Handling. Das Projektentwickler-Know-how macht es möglich, gezielt solche Objekte zu akquirieren, diese mit einem Abschlag zu erwerben und mit kalkulierbarem Einsatz neu zu positionieren sind. Diese **kalkulierten Risikostrukturen** bleiben bei disziplinierter Strategieumsetzung zu jedem Zeitpunkt überschaubar, sodass der Bestandshalter keine Abschläge in der Qualität des langfristigen Bestandsportfolios in Kauf nehmen muss, aber höhere Renditen auf das Eigenkapital erwirtschaftet werden können.

Mit Rücksicht auf die präzisen Planungs- und Reporting-Erfordernisse des Bestandshalters, was den zeitlichen Anfall von Aufwand und Erträgen angeht, erstreckt sich der Kalkulationshorizont des Entwicklers von der Investition über die gesamte Nutzungsphase der Immobilie bis hin zum möglichen Verkauf. Die Aufgabe des Developers ist es unter anderem, anfallende Zahlungen im Rahmen von Investitionsrechnungen möglichst exakt zu prognostizieren und in die Geschäftsplanung zu integrieren. Mit der Ausgestaltung seiner Maßnahmen hat er Einfluss auf die „lifecycle costs" eines Objekts – die jährlichen Zahlungsströme, die von der Investition während der Lebensdauer der Immobilie ausgelöst werden. Dies kann im Besten Fall planvoll eingesetzt werden zur Einflussnahme und Justierung im Kontext der Portfolio-Strategie und Erfolgsplanung des Bestandshalters.

6.14 Erfolgreiches Schnittstellenmanagement

Ein weiterer wichtiger Beitrag zur Risikogestaltung ist die **Gesamtprozessoptimierung**, die mit Hilfe des Projektentwicklungsteams erreicht werden kann. Projektsicherheit, Zeiteinsparung und Kostenvorteile kommen dem Unternehmen insgesamt zugute.

Immobilienprojekte werden nicht dadurch erfolgreicher, dass sie konstruktionstechnisch, architektonisch oder ingenieursmäßig optimiert werden; es muss dafür gesorgt werden, dass **konsequente Make-or-Buy-** oder auch **Outsourcing-Entscheidungen** getroffen werden. Spezielle Dienstleistungen müssen zur richtigen Zeit in Anspruch genommen und die Investment-Zielsetzungen in wirtschaftlicher und rechtlicher Hinsicht abgedeckt werden.

Der Projektentwickler hat mit der Koordination vielfältiger Innen- und Außenkontakte eine Schlüsselposition als Schnittstellenmanager. Er muss wissen, wer welche Beiträge zu welcher Zeit leisten kann und soll. Die Projektentwicklung im Hause ist dazu geeignet, auf einer interdisziplinären Ebene der Organisation den Wertschöpfungsprozess anzutreiben und innovative Lösungen in die Wege zu leiten.

In der typischerweise flacheren Hierarchie der Developer bleiben Eigenverantwortlichkeit und das Bedürfnis nach Kreativität auch in Routinearbeiten relativ hoch. Für den Einfluss auf das Ergebnis ist nicht eine formelle Machtbefugnis ausschlaggebend, sondern die Fähigkeit, einem Projekt oder Objekt Wertzuwachs zu geben. Der Projektentwickler hat in diesem Unternehmensmodell eine **informelle Leitungsfunktion**, indem er die Möglichkeiten schafft, durch die andere zur Wertschöpfung beitragen können.

6.15 Projektentwicklung im Bestandsportfolio – Fluch oder Segen?

Bisher fielen die Geschäftsbereiche Bestandshaltung und Projektentwicklung oftmals auseinander. Historisch war die Liegenschaftsverwaltung konservativ geprägt, der Developer galt als

Risiko suchender Gambler. Mittlerweile erkennen Bestandshalter immer mehr, dass im Rahmen der dynamischen aktiven Bestandshaltung eine interne Projektentwicklung einen deutlichen Mehrwert erzeugen kann. Diese kann, bei Tragung der damit einhergehenden zusätzlichen Risiken, ein großes **Wertschöpfungspotenzial nutzen**.

Viele der Merkmale, die für den traditionellen Bestandshalter Anlagerisiken darstellen (wie z.B. Leerstände, ausgeprägte Marktzyklen, für die Objektlage suboptimale Nutzungskonzepte) stellen in Verbindung mit Development-Know-how und -Kapazitäten **hohe Renditechancen** dar.

Projektentwicklung erweitert das Instrumentarium des Asset Managements und das Investment-Spektrum des Immobilien-Bestandshalters. Dies allerdings nicht zwingend im Hochrisiko-Bereich: zusammengenommen – in der Kombination von Development mit Asset- und Portfoliomanagement – ist eine **Risikoadjustierung** möglich, die unter dem Strich zu höheren Renditen bei gleichem Kapitaleinsatz oder gleicher Rendite bei niedrigerem Einsatz führt.

Es gilt in jedem Fall zu beachten: die laufenden Anforderungen an Effizienz und Teamorganisation sind hoch und setzen eine disziplinierte Strategieumsetzung, ein hohes Handlungstempo und kurze Entscheidungswege voraus.

Während eine Matrixorganisation in kleinen Firmen noch leicht auf Zuruf zu leiten ist, tendieren große Institutionen zu struktureller Trägheit und einer zunehmenden Aufspaltung von Verantwortungsbereichen. Dies birgt die Gefahr einer schleichenden Desintegration. Dem **„entwicklungsfähigen Bestandshalter"** gelingt es, klare **Entscheidungsmodelle** ohne strukturelle Verkrustungen zu etablieren, Teams bereichsübergreifend an einem Strang ziehen zu lassen und eine hohe **Identifikation** der Entscheidungs- und Leistungsträger mit dem Gesamterfolg zu sichern.

Mit eines der wichtigsten Merkmale der Hochleistungsorganisation ist das **hohe Handlungstempo** und die Flexibilität zur kurzfristigen Chancenwahrnehmung, bei zugleich nachvollziehbarer Darstellung nach außen. Hierzu muss eine pointierte Gremienkommunikation erfolgen. Projektentwicklung als Wertschöpfungsmotor eines wachstumsorientierten Immobilien-Bestandshalters stellt außergewöhnlich hohe strukturelle Anforderungen an das Unternehmen als **Hochleistungsorganisation**.

Der Erfolg ergibt sich schließlich als Produkt aus Know-How, Kapital, Kreativität, Timing und Umsetzungsgeschwindigkeit.

7. Baulandentwicklung

7.1 Vorgaben und Rahmenbedingungen

Vorgaben für Baulandentwicklungen bilden unter anderem die kommunale Bauleitplanung sowie die übergeordneten Landes- und Fachplanungen.

Darüber hinaus kann es weitere programmatische sowie normative Vorgaben und Entwicklungserwartungen v.a. auf gemeindlicher Ebene geben, mit denen sich der Entwickler auseinandersetzen muss.

Auch fachliche Rahmenbedingungen sind zieldefinierend.

Um was handelt es sich bei diesen Vorgaben und Rahmenbedingung für die Entwicklung im Einzelnen?

Formale Vorgaben

Landesentwicklungspläne und -programme treffen auf der Ebene der Bundesländer Festlegungen zur Raumordnung. Diese werden auf der nachgeordneten Regionalplanungsebene konkretisiert und sind bis auf die kommunale Ebene hin wirksam. So definieren **Regionalpläne** bspw. generelle Ansiedlungsbereiche oder regional bedeutsame Grünzüge.

Im Weiteren gibt es **raumbedeutsame Fachplanungen** des Bundes, der Länder und der Kommunen, bspw. die Bundesverkehrswegeplanung oder die Landschaftsplanung, deren Vorgaben ebenfalls bis auf das einzelne Grundstück wirken.

Auf der kommunalen Ebene trifft die **Bauleitplanung** die zentralen planerischen Festlegungen zur Lenkung und Ordnung der städtebaulichen Entwicklung der Gemeinde. Sie ist mit der vorbereitenden Bauleitplanung (**Flächennutzungsplanung**) und der verbindlichen Bauleitplanung (**Bebauungspläne**) zweistufig – beide werden als Satzung vom Gemeinderat beschlossen. Bebauungspläne treffen konkrete, bindende Vorgaben für die Art und das Maß der baulichen Nutzung von Grundstücken.

Informale Vorgaben

Darüber hinaus können **teilräumliche Entwicklungskonzepte** auf kommunaler und interkommunaler Ebene Entwicklungsvorgaben für eine Baulandentwicklung geben. Diese verfolgen einen integrierten Ansatz und definieren neben konkreten Maßnahmen auch generelle Entwicklungslinien für den von ihnen betrachteten Raum (bspw. Rechtsrheinisches Entwicklungskonzept Nord, Stadt Köln[1]).

Neben solch integrierten räumlichen Betrachtungen sind auch **thematische (sektorale) Masterpläne und Konzepte** bedeutsam (bspw. Städtebaulicher Masterplan Innenstadt Köln[2]).

In einer Vielzahl von Gemeinden gibt es zwischenzeitlich sog. Baulandbeschlüsse, mit denen die jeweiligen Gemeinderäte im Rahmen eines Beschlusses „Spielregeln" für die Baulandentwicklung in ihren Gemeinden definieren. Ziel ist neben der Transparenz des kommunalen Handelns eine Beteiligung der Vorhabenträger an den planbedingten Infrastrukturkosten sowie – seit einigen Jahren – die Förderung des öffentlich geförderten bzw. preisgedämpften Wohnungsbaus.

Exemplarisch soll hier das Kooperative Baulandmodell Köln der Stadt Köln beleuchtet werden.[3]

---

[1] Stadt Köln (Hg.) 2009: Rechtsrheinisches Entwicklungskonzept Teilraum Nord mit Deutz-Nord. Mülheim-Süd und Buchforst. Köln.

[2] Unternehmer für die Region Köln e.V. (Hg.) 2009: Städtebaulicher Masterplan Innenstadt Köln. Köln.

[3] Stadt Köln (Hg.) 2017: Das Kooperative Baulandmodell Köln – Richtlinie und Umsetzungsanweisung. Köln.

Mit derzeit steigenden Bevölkerungszahlen steht die kommunale Wohnungspolitik in Köln vor einer großen Herausforderung.

Grund für die Forderung nach einem Kooperativen Baulandmodell ist der seit Jahren stark sinkende Anteil von öffentlich geförderten Mietwohnungen am Gesamtbestand in der Stadt Köln und dem gleichzeitig geringen Neubauvolumen von öffentlich geförderten Wohnungen. Derzeit ist fast die Hälfte der Kölnerinnen und Kölner berechtigt, in einer entsprechenden Wohnung zu leben. Das vorhandene Angebot deckt dies aber bei Weitem nicht.

Insgesamt besteht Einigkeit darüber, dass die Schaffung von zusätzlichem Wohnraum in allen Preissegmenten und die Beteiligung an planbedingten Infrastrukturkosten nur in einem Schulterschluss zwischen Wohnungswirtschaft und der Stadt Köln erfolgen können. Insofern besteht der Grundsatz einer transparenten Gleichbehandlung aller Vorhabenträger, die ein Bebauungsplanverfahren mit Wohnungsbau durchführen möchten.

Konzeptionelle Grundlage für die Förderung des Wohnungsbaus in der Stadt Köln stellt das im Jahr 2013 beschlossene Stadtentwicklungskonzept Wohnen dar[4]. Ein Instrument dessen ist das Kooperative Baulandmodell Köln, welches seit 2014 Anwendung findet – umfassend fortgeschrieben im Jahr 2017.

Das Modell kommt bei allen Planungen von Wohnungsbau zur Anwendung, die einer Bebauungsplanung bedürfen. Zentrale Kenngröße ist dabei der Umfang der im Rahmen Planung neu ermöglichten/geschaffenen Geschossfläche Wohnen. Ausgehend davon ermitteln sich die vom Vorhabenträger zu übernehmenden Verpflichtungen (vgl. Abbildung). Grundsätzlich wird dabei angenommen, dass die Beteiligung der Investoren an den Zielen bzw. Folgekosten angemessen ist.

Planvorhaben zur Schaffung von Wohnbaurecht							
Prüfung Bagatellgrenze							
GF ≥ 1 m² oder ≥ 1 WE						GF ≥ 1.800 m² oder ≥ 20 WE	GF ≥ 6.750 m² oder ≥ 75 WE
Mehrbedarf **KITa** Nr. 3 (1) b)	Mehrbedarf **öffentlicher Spielplatz** Nr. 3 (1) c)	Mehrbedarf **öffentliche Grünfläche** Nr. 3 (1) d)	vertragliche Regelung **Ausgleichs-, Erschließungsmaßnahme** Nr. 3 (1) e), g)	Übernahme **Bauverpflichtung** (i.d.R. 3 Jahre) Nr. 3 (1) f)	Abschluss **Planungsvereinbarung** Nr. 3 (1) h)	30 % öffentlich **geförderter Wohnungsbau** Nr. 3 (1) a)	Durchführung **Qualifizierungsverfahren** Nr. 3 (1) I)
ab 50 Kinder	**ab 500 m²**	**ab 5.000 m²**					
Herstellung der **KITa**	Herstellung der **Spielplatzfläche**	Herstellung der **Grünfläche**					
bis 50 Kinder	**bis 500 m²**	**bis 5.000 m²**					
Ablösebetrag, Grundstücksbereitstellung	Ablösebetrag	Ablösebetrag					

[5]

Eine Bagatellgrenze für die Verpflichtung zur Errichtung von 30 % öffentlich geförderten Wohnungsbaus besteht ab einer Zahl von 20 Wohneinheiten (bzw. 1.800 m² Geschossfläche).

Die Zuständigkeiten und Schritte im Rahmen der Bebauungsplanung bei Anwendung des Kooperativen Baulandmodells gestalten sich wie nachstehend dargestellt.

In der Diskussion um die Erfordernisse von öffentlich gefördertem und preisgünstigem Wohnraum hat das Baulandmodell bereits heute einen wichtigen Beitrag geleistet: Projektentwickler setzen sich frühzeitig mit den Bedingungen des öffentlich geförderten Wohnungsbaus auseinander und erkennen, dass die Realisierung in diesem Segment Vorteile mit sich bringt.

---

[4] Stadt Köln (Hg.) 2015: Stadtentwicklungskonzept Wohnen. Köln.

[5] Vgl. Stadt Köln (Hg.) 2017: Das Kooperative Baulandmodell Köln – Richtlinie und Umsetzungsanweisung. Köln: 14.

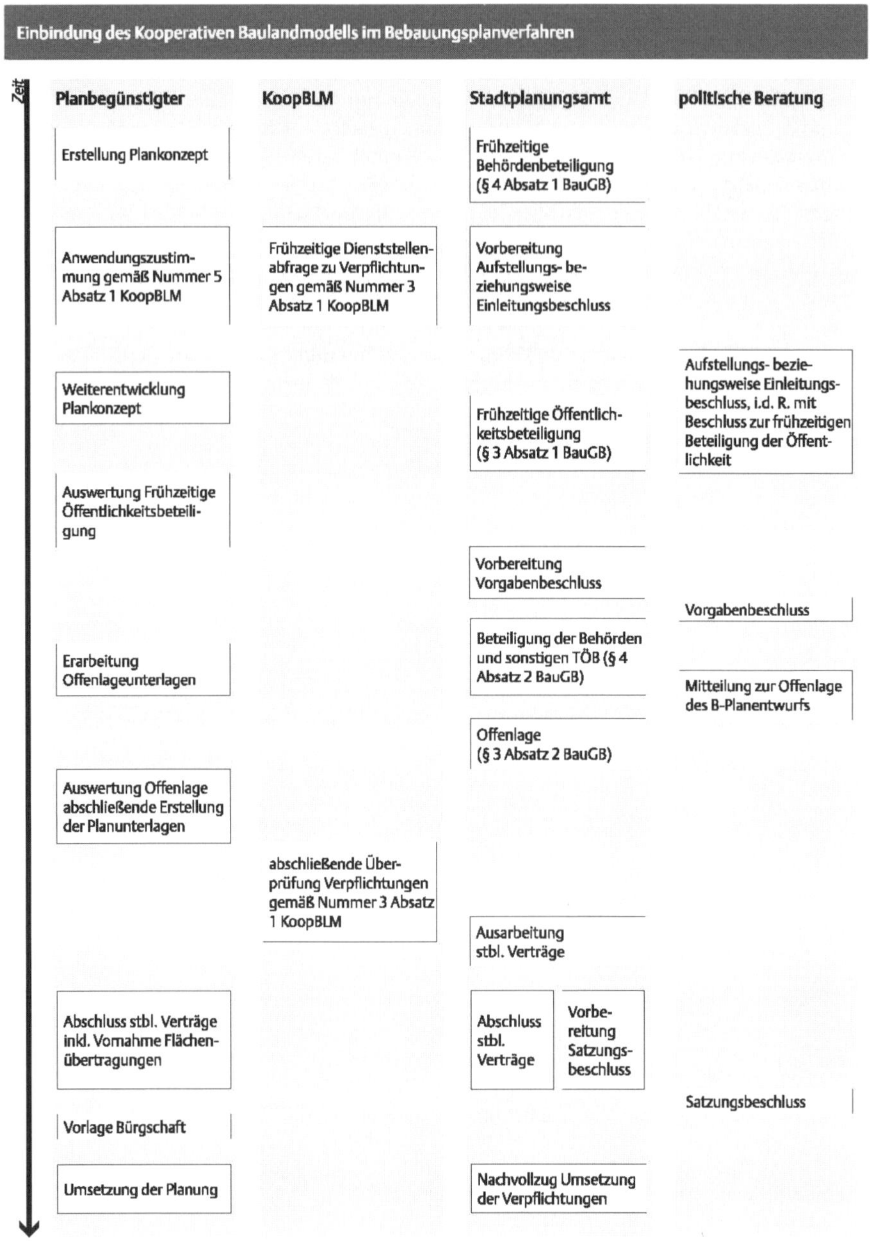

[6]

Zudem wird langfristig eine Dämpfung der marktüblichen hohen Grundstückspreise erwartet.

[6] Vgl. Stadt Köln (Hg.) 2017: Das Kooperative Baulandmodell Köln – Richtlinie und Umsetzungsanweisung. Köln: 26.

Fachplanerische/fachliche Rahmenbedingungen
Über planerische Vorgaben hinaus gelten für jedes Grundstück fachliche Rahmenbedingungen, die zumeist im Rahmen von Gutachten differenziert untersucht und aufbereitet werden. Dies sind bspw. Baugrundgutachten, Untersuchungen zur Schallimmissionssituation oder aber zur verkehrlichen Situation im Plangebiet. Nicht zuletzt im Rahmen der Bebauungsplanung spielen diese eine wesentliche Rolle im Rahmen der Planbegründung und Abwägung.

Selbstverständlich ist die vorgenannte Aufzählung nicht abschließend. Wichtig ist, dass die Mehrzahl dieser Vorgaben nicht unveränderbar ist. Insbesondere die kommunalen planerischen Vorgaben können durch Beschluss der zuständigen Gremien geändert und fortgeschrieben werden.

7.1.1 Verfahren zur Definition der Entwicklungsziele

In flächenmäßig großen Vorhaben und bei stadtentwicklungspolitisch bedeutsamen Entwicklungen werden vielfach umfangreiche Verfahren zur Zielentwicklung durchgeführt, deren Ergebnisse dann Grundlage für die Fortschreibung bzw. Neufassung der (kommunalen) Vorgaben ist.

In Abhängigkeit der einzelfallspezifischen Situation und Fragestellung – geht es bspw. um die generelle Definition der künftigen Nutzungsstruktur im gesamtstädtischen Kontext oder um detaillierte Vorgaben für die Bebauung – wird die Gestalt dieser Verfahren meist im Dialog zwischen Entwickler und Kommune definiert. Grundsätzlich ist zu unterscheiden zwischen formalisierten Verfahren (bspw. gem. RPW 2013[7]) und sog. kooperativen Verfahren, die hinsichtlich ihres Prozessdesigns nicht reglementiert sind und vielfältige Möglichkeiten zur Einbindung von Stakeholdern und Öffentlichkeit bieten.

Beispiel für ein kooperatives Verfahren in jüngerer Vergangenheit ist das „Werkstattverfahren Mülheimer Süden inkl. Hafen" der Stadt Köln.

Anlass und Ziel
Im Juli 2013 beschloss das zuständige Gremium des Rates der Stadt Köln die Durchführung eines interdisziplinären, dialogischen Werkstattverfahrens zur Definition eines Entwicklungsrahmens für die Flächen im Mülheimer Süden.[8]

Aufgrund seiner zentralen Lage kommt dem Mülheimer Süden inklusive des Areals des Mülheimer Hafens stadtentwicklungspolitisch eine hohe Bedeutung zu. Für das zum Zeitpunkt des Verfahrensbeginns nur noch teilweise gewerblich-industriell genutzte Gebiet ergab sich die einmalige Chance, sich zu einem urbanen Quartier mit Wohnnutzung in nennenswertem Maß weiter zu entwickeln. Nicht zuletzt die angespannte Situation auf dem Kölner Wohnungsmarkt, der Nutzungsdruck auf Flächen im Innenbereich und der absehbare zusätzliche Wohnraumbedarf einer wachsenden Kölner Bevölkerung geboten eine Überprüfung der bisherigen Nutzungsvorstellungen, wie sie im Rechtsrheinischen Entwicklungskonzept Köln-Nord für den Mülheimer Süden definiert waren.

Im Ergebnis wurde eine umsetzungsorientierte Planungs- und Entwicklungskonzeption für den Mülheimer Süden inklusive Hafen erwartet, die eine nutzungsstrukturelle, städtebauliche und freiraumplanerische Perspektive für den Raum aufzeigt. Wohnungen sollten dabei stärker als bislang Berücksichtigung finden.

Neben einer baulichen Gesamtkonzeption sollte im Zuge der Erarbeitung auch der Realisierungsprozess im Dialog mit Grundstückseigentümern und Nutzern aufgezeigt und in die Erarbeitung der Planungs- und Entwicklungskonzeption alle relevanten Akteure mit ihren spezifischen Vorstellungen sowie und die breite Öffentlichkeit eingebunden werden.[9]

---

[7] Ministerium für Bauen, Wohnen, Stadtentwicklung und Verkehr und des Finanzministeriums NRW 2014: Richtlinie für Planungswettbewerbe (RPW 2013). Düsseldorf.

[8] Stadt Köln (Hg.) 2013: Beschlussvorlage Nr. 0687/2013: Interdisziplinäres, dialogisches Werkstattverfahren zur Erstellung einer Planungs- und Entwicklungskonzeption für den Mülheimer Süden inklusive Hafen als Fortschreibung des Rechtsrheinischen Entwicklungskonzeptes Teilraum Nord (REK-Nord); hier: Verfahrensdefinition und Bedarfsfeststellung. Köln.

[9] Stadt Köln (Hg.) 2013: Werkstattverfahren Mülheimer Süden inkl. Hafen, Aufgabenstellung. Köln.

Abb.: Plangebiet Werkstattverfahren Mülheimer Süden inkl. Hafen

(Quelle: Stadt Köln (Hg.) 2013: Werkstattverfahren Mülheimer Süden inkl. Hafen, Aufga-benstellung. Köln: 18)

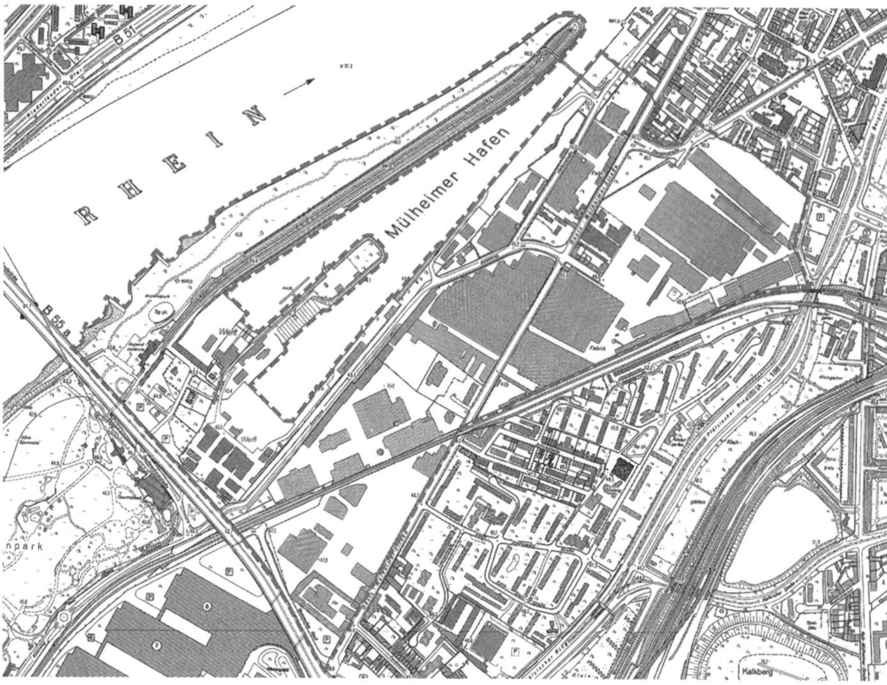

Entsprechend gliederte sich das Verfahren wie nachstehend dargestellt:

Abb.: Werkstattverfahren Mülheimer Süden inkl. Hafen, Prozessschema

(Quelle: https://www.stadt-koeln.de/politik-und-verwaltung/stadtentwicklung/ablauf-des-werkstattverfahrens-muelheimer-sueden-inklusive-hafen, Zugriff am 10.06.2018)

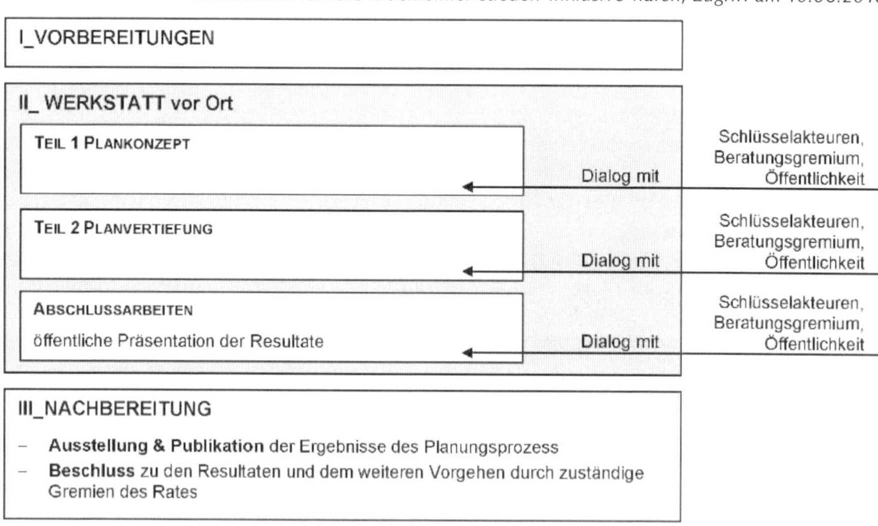

Die Planungs- und Entwicklungskonzeption wurde von zwei interdisziplinären Planungsteams unter Leitung eines Städtebauers erarbeitet. Der Dialog mit der Öffentlichkeit und den Schlüsselakteuren wurde aufgrund der Vielzahl Beteiligter sowie der fachlichen Eingebundenheit der Mitarbeitenden der Verwaltung durch eine unabhängige Moderation geleitet. Eine fachliche Prüfung und Reflektion sowie qualitative Weiterentwicklung der Entwürfe erfolgte durch ein sog. Beratungs- und Begleitgremium, welches mit lokalen Vertreter*innen und Fachleuten besetzt war.

Der Aufwand für die Durchführung des interdisziplinären, dialogischen Werkstattverfahrens zur Erstellung einer Planungs- und Entwicklungskonzeption für den Mülheimer Süden inklusive Hafen betrug circa 250.000 € brutto) wobei die formale, konzeptionelle und inhaltliche Vor- und Nachbereitung sowie die Begleitung des Verfahrens durch die Stadt Köln selbst erfolgte.[10]

7.1.2 Entwicklungsschritt: Projektentwicklung

Schaffung planerischer und bauplanungsrechtlicher Voraussetzungen
Nachdem die Zielsetzung der Entwicklung definiert ist, beginnt die konkrete Planung des Vorhabens. Unabhängig von der (hoch-)baulichen Planung, die ggf. bereits parallel erfolgt, ist es erforderlich, die bauplanungsrechtlichen Voraussetzungen für das Vorhaben zu schaffen.

Bei Vorhaben von einer gewissen Größe ist in der Regel davon auszugehen, dass hierfür ein Bebauungsplan gem. § 30 BauGB erforderlich ist.

Sofern also die bauplanungsrechtlichen Voraussetzungen für das beabsichtigte Verfahren – bspw. mittels bestehendem Bebauungsplan – noch nicht vorliegen, ist ein Bebauungsplan für das Vorhaben durch die Kommune aufzustellen.

Die Aufstellung eines Bebauungsplans ist dabei eine hoheitliche Aufgabe der Kommune und erfolgt in einem formalisierten Bauleitplanverfahren gem. § 3 ff. BauGB, welches mit Satzungsbeschluss durch den Rat der Kommune abgeschlossen wird.

Herrichtung und Erschließung von Flächen
- Diagramme
- Schaubilder
- Ablaufdiagramm, formelle Bauleitplanung

7.1.3 Liegenschaften/Bodenmanagement

1) Ausgangslage Bodenmanagement:
2) Instrumente zur Grundstückssicherung aus kommunaler Sicht bzw. aus Sicht einer unternehmerischen Entwicklungsgesellschaft
3) Ankauf von Grundstücken

[10] Stadt Köln (Hg.) 2013: Beschlussvorlage Nr. 0687/2013: Interdisziplinäres, dialogisches Werkstattverfahren zur Erstellung einer Planungs- und Entwicklungskonzeption für den Mülheimer Süden inklusive Hafen als Fortschreibung des Rechtsrheini-schen Entwicklungskonzeptes Teilraum Nord (REK-Nord); hier: Verfahrensdefinition und Bedarfsfeststellung. Köln.

Abb.: Bauleitplanverfahren zur Aufstellung eines Bebauungsplanes

(Quelle: eigene Darstellung)

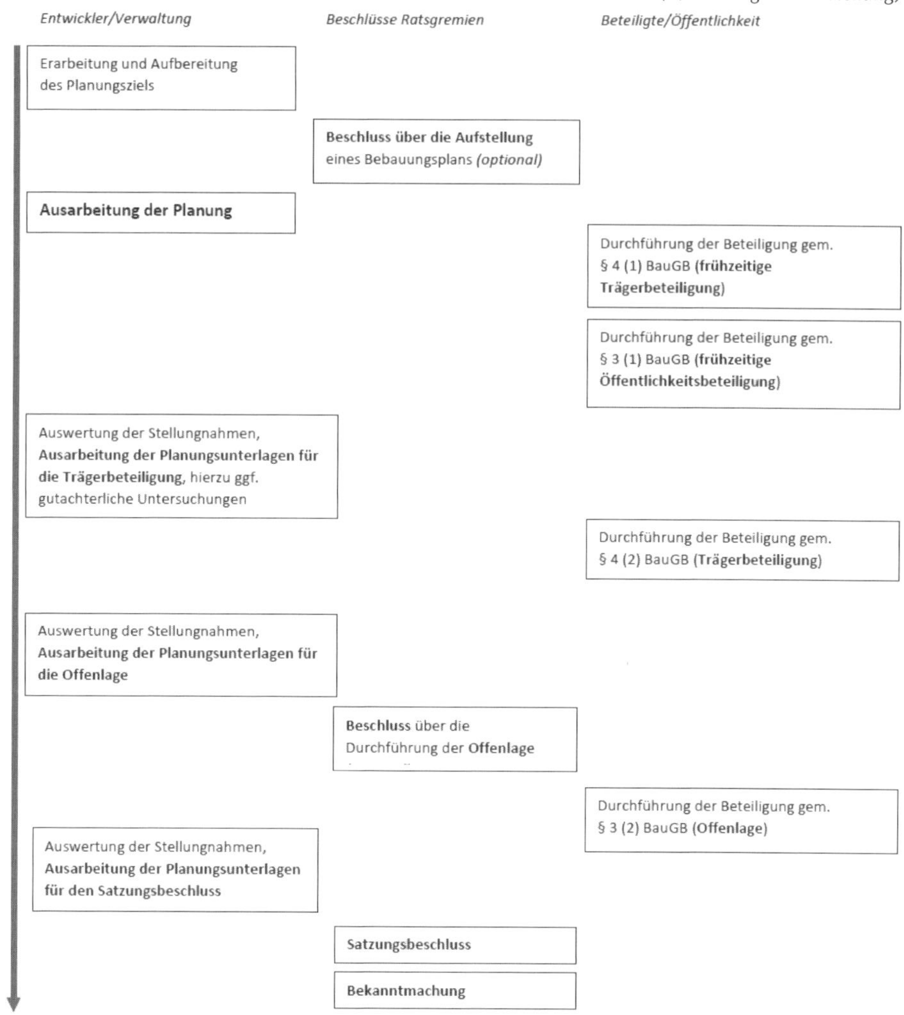

Zeitschiene eines Grundstückskaufvertrages

V	Aufnahme Verhandlungen
KV	Kaufvertragsabschluss
A	Auflassungsvormerkung (Sicherungsrecht für Käufer)
KF	Kaufpreisfälligkeit (Besitzübergang)
E	Eigentumserwerb (Eigentumsumschreibung im Grundbuch)

Letter of Intent (LOI): Absichtserklärung
Am Ende von Vorgesprächen entscheiden sich Verkäufer und Käufer die Verhandlungen intensiver fortzuführen. In diesem Fall halten die Parteien die Eckpunkte des Verhandlungsstandes einschließlich des Kaufpreises und der wirtschaftlichen Berechnungsgrundlagen für diesen Kaufpreis in einem LOI fest. Der LOI ist nicht im BGB geregelt und verursacht nur in sehr seltenen Fällen einen berechtigten Anspruch auf Abschluss eines Kaufvertrages („culpa in contrahendo").

Üblich sind in diesem Zusammenhang Exklusivitätsvereinbarungen, in denen sich der Verkäufer gegenüber dem Kaufinteressenten für einen bestimmten Zeitraum nur mit diesem exklusiv zu verhandeln.

Kaufgegenstand
Bei dem zu verhandelnden Kaufgegenstand handelt es sich um ein Grundstück, einem räumlich abgegrenzten Teil der Erdoberfläche, der im Bestandsverzeichnis eines Grundbuchblattes unter einer laufenden Nummer eingetragen ist. Ein Grundstück kann aus mehreren Flurstücken bestehen. Häufig wird über Teilflächen verhandelt, so dass nach erfolgtem Kaufvertragsabschluss eine Grundstücksteilung mit entsprechender Übernahme in das Liegenschaftskataster erforderlich wird. Grundsätzlich gilt, dass die mit dem Grund und Boden fest verbundenen Sachen, insbesondere Gebäude zum Grundstück und somit auch zum Kaufgegenstand gehören. Insofern handelt es sich bei Gebäuden um wesentliche Bestandteile i.S.d. 94 Abs. 1 BGB. Eine Ausnahme bildet der § 95 BGB. Hier ist das Eigentum am Grundstück getrennt vom Eigentum am Gebäude. Diese sog. Scheinbestandteile sind nur zu einem vorübergehenden Zweck mit dem Grund und Boden verbunden. Eine weitere Ausnahme bildet das Erbbaurecht, welches den Erbbauberechtigten das veräußerliche und vererbliche Recht einräumt, auf oder unter der Erdoberfläche des Grundstücks eines fremden Eigentümers ein Bauwerk zu besitzen. Aus der Sicht des Eigentümers des Grundstücks ist das Erbbaurecht ein beschränktes dingliches Recht, das auf seinem Grundstück lastet. Das Erbbaurecht wird selbst wie ein Grundstück behandelt (so genanntes „grundstücksgleiches Recht") und im Grundbuch (in Abteilung II) wie ein Grundstück eingetragen. Meist wird vereinbart, dass der Erbbauberechtigte an den Eigentümer des Grundstücks eine einmalige Gegenleistung oder monatliche Zahlungen (den sog. Erbbauzins) leisten muss.

Due Diligence – Klärung wichtiger Fragen vor dem Grundstückserwerb
Zur Klärung von rechtlichen, wirtschaftlichen und technischen Risiken ist im Rahmen der Ankaufsverhandlungen eine umfassende Bestandsaufnahme (*Due Diligence: engl. „Prüfung mit der angemessenen Sorgfalt"*) zwingend erforderlich. Der Prozess sollte strukturiert erfolgen und bildet die Grundlage für die weitere Kalkulation sowie Regelungen im Kaufvertragsentwurf.

Folgende Punkte sind idealtypisch im Rahmen einer Due Diligence zu untersuchen, die Auflistung ist nicht abschließend:
– Einsicht in das Grundbuch
– Einsicht in das Liegenschaftskataster
– Einsicht in das Baulastenkataster
– Klärung der planungsrechtlichen Rahmenbedingungen
– Prüfung vorhandener Baugenehmigungen
– Prüfung sonstiger Nutzungsgenehmigungen
– Prüfung vorhandener Mietverträge
– Drittverträge z.B. Nachbarschaftsverträge und öffentlich-rechtliche Verträge
– Steuerrechtliche Fragen
– Versicherungen
– Bescheinigung der Zahlung von öffentlichen Abgaben und Erschließungskosten
– Einheitswert- und Grundsteuermessbescheid
– Urheberrechtliche Fragen

Aus technischer Sicht sollten beispielhaft folgende Aspekte berücksichtigt werden:

- Einsicht Altlastenkataster sowie ggf. Untersuchung von Altlasten bzw. Abfällen und Kampfmittelbelastung
- Leitungspläne Ver-/Entsorgungsleitungen, Kanalpläne
- Bestandsunterlagen Gebäude (Grundrisse und Ansichten, Flächenberechnungen, Baubeschreibung)
- Dokumentation Instandhaltungszustand, ggf. unter Hinzuziehung eines Sachverständigen
- Erstellung einer Fotodokumentation

Vorkaufsrechte

Den verschiedenen Arten der Vorkaufsrechte kommt im Grundstücksverkehr eine besonders wichtige Rolle zu, die im Rahmen des Ankaufs genau beleuchtet werden muss.

Das schuldrechtliche, beurkundungspflichtige Vorkaufsrecht i.S.d. §§ 463 ff. BGB räumt dem Berechtigten innerhalb einer zweimonatigen Frist die Möglichkeit ein, im Falle des Zugangs der Information über den Verkauf des Grundstückes an einen Dritten, durch eine einseitige, schriftliche Erklärung zwischen sich und dem Verkäufer einen Kaufvertrag zu grundsätzlich gleichen Bedingungen zu Stande zu bringen. Hervorzuheben ist, dass der Vorkäufer durch die Ausübung seines Rechtes nicht in den bestehenden Kaufvertrag eintritt, sondern einen eigenständigen Kaufvertrag entstehen lässt.

Das dingliche Vorkaufsrecht i.S.d. §§ 1094 ff. BGB kann ausschließlich für Grundstücke bzw. grundstücksgleiche Rechte bestellt werden und wird ins Grundbuch eingetragen.

Häufig wird sich der Verkäufer gegenüber dem Käufer ein Rücktrittsrecht für den Fall der Ausübung des Vorkaufsrechts durch den Berechtigten einräumen lassen. Aus Sicht des Ankäufers sollte frühzeitig der Eigentümer dazu gebracht werden auf den Berechtigten einzuwirken, damit dieser auf sein Vorkaufsrecht verzichtet.

Unter verschiedenen gesetzlichen Vorkaufsrechten sind für Kommunen die Regelungen in den §§ 24 und 25 BauGB zur „Sicherung ihrer Bauleitplanung" von entscheidender Bedeutung. Unterschieden wird dabei zwischen dem „allgemeinen" (§ 24 BauGB) und dem „besonderen" (§ 25 BauGB) Vorkaufsrecht.

Zum Abschluss eines Grundstückskaufvertrages ist eine Erklärung von der Gemeinde über das Bestehen und die Ausübung des Vorkaufsrechtes (bzw. auf dessen Verzicht) erforderlich. Das allgemeine Vorkaufsrecht der Gemeinde ist nicht im Grundbuch eingetragen.

Eine Ausübung ist innerhalb von zwei Monaten durch Verwaltungsakt vorgesehen (§ 28 Abs. 2 BauGB). Aus Sicht der Entwicklungsgesellschaft ist eine enge Abstimmung mit der Kommune erforderlich. Die Vorkaufsrechte nach BauGB sind im Zuge der Ankaufsbemühungen eine Möglichkeit für die Kommune und damit für die Entwicklungsgesellschaft zur Flankierung des Grundstücksverkehrs bzw. Sicherung erforderlicher Grundstücke.

Grundstückskaufvertrag

Kein Grundstückstransfer ohne notarielle Beurkundung (§ 311 b BGB)

Warnfunktion: durch das Formerfordernis werden die Parteien auf die bes. Bedeutung des Geschäfts hingewiesen und u.U. zur Überprüfung ihres rechtsgeschäftlichen Willens veranlasst

Beweisfunktion: durch die notarielle Urkunde wird der Beweis des Vertragsschlusses und des Vertragsinhalts gesichert
Betreuungsfunktion: dem Notar obliegt gem. § 17 BeurkG in gewissem Umfang eine Rechtsbetreuung der Parteien

Kaufpreis

Festpreis: häufig, wenn es sich um ein bereits vermessenes Grundstück handelt

Mindestkaufpreis: unterstellt eine geplante Mindestbebauung auf der Fläche
Kaufpreisnachzahlung: für eine noch nicht vermessene Teilfläche und Erhöhung der baulichen Ausnutzung; hierfür kommen verschiedene Berechnungsmethoden zum Einsatz (für Wohngebäude in aller Regel die DIN 277 und für Büros die Flächenberechnung nach Gif)

Steuerliche Erwägungen
Aufteilung des Kaufpreises in Grundstück- und Gebäudeanteil, da nur Gebäude abschreibungsfähig sind.
Ausweisung des Kaufpreisanteils für Zubehör, da dieser nicht der Grunderwerbsteuer unterliegt.

7.2 Erschließung

Die Entwicklung von Wohn- oder Gewerbeflächen sowohl auf Konversionsflächen als auch von bisher unbebauten Arealen erfordert den Bau technischer Infrastruktur in Form von Verkehrsflächen und Kanälen. Ggf. vorhandene technische Infrastruktur ist vielfach zu erneuern oder vollständig dem neuen Nutzungskonzept anzupassen.

Nach dem § 123 BauGB ist die Erschließung Aufgabe der Gemeinde. Die Erschließung kann nach § 11 BauGB auf der Grundlage eines städtebaulichen Vertrags dem Vorhabenträger (Erschließer) übertragen werden. Der Abschluss eines Erschließungsvertrags stellt heute die übliche Vorgehensweise bei größeren Projektentwicklungen dar. Der Erschließungs- oder Durchführungsvertrag regelt hinsichtlich der technischen Infrastruktur die Planung, Vergabe, den Bau und die anschließende Übergabe an die Kommune. Hierbei werden auch die straßenbegleitenden Grünflächen geregelt. Weiterhin werden Festlegungen zu möglichen Kostenbeteiligungen, Sicherheitsleistungen, Gewährleistungen Erschließungsbeiträgen und ggf. besondere Zulassungskriterien für Planer und ausführende Unternehmen getroffen.

Die techn. Infrastruktur der so entwickelten Areale wird üblicherweise nach Fertigstellung an die Kommune oder kommunale Gesellschaften (z.B. Stadtentwässerungsbetriebe) übergeben.

Ein Erschließungsvertrag gliedert sich in der Regel wie folgt:

§ 1 Vertragsgegenstand
Beschreibung des Umfangs der Erschließungsanlagen (z.B. Gehwege, Stellplätze, Fahrbahn, Mischverkehrsflächen, Straßenabläufe, Sammelkanäle, Pumpwerke, Ausstattung der Verkehrsflächen, Stadtmobiliar, Beschilderung, Lichtsignalanlagen, Wegweisung).

§ 3 Entwurfs- und Ausführungsplanung
Art und Umfang der vom Erschließer zu erstellenden Planunterlagen (Lagepläne, Ansichten, Schnitte, Maßstäbe, Details, besondere Planunterlagen z.B. zu Lichtsignalanlagen). Vorgehensweise zur Freigabe/Genehmigung durch kommunale Fachämter.

§ 4 Planvereinbarung und Versorgungsleitungen
Für die Versorgung des Plangebietes z.B. mit Strom, Gas, Wasser, Fernwärme, Telekommunikation) sind im Rahmen der Verkehrs- und Kanalplanung die Trassen mit den einzelnen Versorgungsunternehmen abzustimmen und einem gemeinsamen Planwerk („Planvereinbarung) darzustellen und mitzuzeichnen. Auf dieser Grundlage erfolgt dann später die fachtechnische Planung der Versorger.

§ 5 Ingenieurbüro/Garten- und Landschaftsarchitekt
Die Kommune als Vertragspartner des Erschließers behält sich ein Mitspracherecht bei der Auswahl der vom Erschließer zu beauftragenden Fachplaner vor, um so sicherzustellen, dass die Qualitätsanforderungen der Kommune eingehalten werden.

§ 6 Ausführende Unternehmen
Ebenso behält sich die Kommune vor, nur fachlich geeignete ausführende Firmen zuzulassen, die über eine ausreichende Erfahrung und Qualifikation verfügen.

§ 7 Verdingung
Da die Ausschreibung und Vergabe der Bauleistungen der Erschließungsanlagen durch den Erschließer erfolgt, werden die vom Erschließer bzw. dessen Planern zu erstellenden Verdingungsunterlagen vor dem Versand an die Bieter von den Fachämtern der Stadt hinsichtlich der

ausgeschriebenen Qualitäten überprüft und freigegeben. Ebenso behält sich die Kommune ein Vetorecht bezüglich der vom Erschließer zu beauftragenden ausführenden Firmen vor.

§ 8 Ausbau
In diesem Abschnitt werden Fragen zum Bauablauf z.B. zur Erreichbarkeit von Grundstücken Dritter, ökologischen Baubegleitung, Baulogistik, archäologischen Funden usw. vereinbart.

§ 9 Bauleitung und Schadenshaftung
Dieser Abschnitt regelt die Übertragung der Bauleitung auf den Erschließer sowie die Übernahme der Verkehrssicherungspflicht während der Bauzeit und Fragen der Schadenshaftung. In der Regel schließt dieser Abschnitt auch die Vorlage eines Zeit- und Maßnahmenplans durch den Erschließer und die regelmäßige Unterrichtung der Kommune über den Baufortschritt ein.

§ 10 Reinigung
Aufgrund der Übertragung der Verkehrssicherungspflicht während der Bauzeit an den Erschließer obliegt diesem auch die Reinigung innerhalb des Erschließungsgebietes und ggf. der unmittelbar angrenzenden Flächen.

§ 11 Sicherung der Erschließung
Vom Erschließer ist eine gegenüber der Kommune eine Sicherungsbürgschaft in Höhe der geschätzten Baukosten abzugeben. Damit wird sichergestellt, dass die Erschließungsanlagen im Fall einer Insolvenz des Erschließers durch die Kommune fertiggestellt werden können.

§ 12 Technische Funktionsprüfung und Prüfung der Pflanzungen und Einsaaten
In diesem Abschnitt werden die Anforderungen einzelner Fachgewerke (i.d.R. Kanal- und Straßenbau, Vermessung) beschrieben (z.B. Dichtheitsprüfungen, Rammsondierungen, Kamerabefahrung, Datenformate der Bestandsvermessung, Pflanzungen und Einsaaten, Hauptprüfungen bei Brückenbauwerken usw.) vereinbart.

§ 13 Abnahme
Die vom Erschließer hergestellte technische Infrastruktur wird von der Kommune abgenommen. Diese Abnahme stellt keine Abnahme im Sinne der VOB dar, für den Erschließer ist es daher wichtig, hier eine vertragliche Bindung des ausführenden Unternehmens vorzusehen, damit Forderungen der Kommune an das ausführende Unternehmen weitergegeben werden können.

§ 14 Gewährleistung
Dieser Abschnitt definiert Gewährleistungsfristen und ggf. erforderlicher Mängelbeseitigungen.

§ 15 Freigabe der Sicherungsbürgschaft
In der Regel wird die Sicherungsbürgschaft (vgl. § 11) entsprechend dem Baufortschritt reduziert. Auch hier ist es für den Erschließer wichtig, das ausführende Unternehmen entsprechend zu binden, so dass keine Regelungslücken zwischen dem VOB-Vertrag und dem städtebaulichen Vertrag erschließen.

§ 16 Beitragspflicht für Erschließungsanlagen
Sofern die Kommune Beiträge nach dem Kommunalabgabengesetz erheben wird, können hier Regelungen zur Anrechnung des Erschließungsaufwands durch den Erschließer getroffen werden.

§ 17 Verantwortung für termingerechte Erschließung, Ansprechpartner sowie Sondernutzungen
Zwischen der Kommune und dem Erschließer werden Fertigstellungsfristen der zu übergebenden öffentlichen Erschließungsanlagen vereinbart, üblich ist z.B. eine Bindung an die Fertigstellung von Hochbaumaßnahmen

Weitere formale Regelungsinhalte finden sich in den folgenden Abschnitten:

§ 18 Übertragung auf Rechtsnachfolger
§ 19 Wirksamkeit des Vertrages

§ 20 Anwendung der Vergabe- und Vertragsordnung für Bauleistungen (VOB) Teil B
§ 21 Salvatorische Klausel/Schriftform/Gerichtsstand

7.3 Vermarktung

Konzeptvergaben
Das Instrument der Konzeptvergabe bietet eine Möglichkeit, auch in Wachstumsregionen trotz steigender Immobilienpreise erforderliche, sozial durchmischte Quartiere zu schaffen dabei gleichzeitig eine hohe bauliche Qualität zu erzeugen.

Im Rahmen von Konzeptvergaben werden Grundstücke nicht ausschließlich zum Höchstpreis, sondern im Rahmen von wettbewerblichen Verfahren nach der Qualität des Nutzungskonzeptes vergeben bzw. veräußert. Hierbei kommt es zu einem Bewertungsverfahren verschiedener Eignungs- und Wertungskriterien. Folgerichtig handelt es sich dabei im Wesentlichen um soziale, wohnungspolitische, ökologische sowie weitere funktionelle und städtebauliche Kriterien.

Im Folgenden soll die Konzeptvergabe aus Sicht einer Entwicklungsgesellschaft angesprochen werden, die nicht den Voraussetzungen für ein formales Vergabeverfahren unterliegen. Eine Kommune selbst kann vor allem nur dann außerhalb der formellen vergaberechtlichen Rahmenbedingungen veräußern, wenn sie selbst keinen wirtschaftlichen Vorteil aus der Grundstücksnutzung erzielt.

Grundsätzlich erfolgt der Zuschlag im Rahmen einer Konzeptvergabe an denjenigen, der das beste Konzept vorstellt und nicht allein den höchsten Preis offeriert. Soweit die Inhalte der vorgestellten Konzepte den Erwartungen der Entwicklungsgesellschaft am besten entsprechen, wird man vom besten Konzept sprechen können.

Zur Vorbereitung einer Konzeptvergabe ist somit die Feststellung der Anforderungen erforderlich, die auf dem auszuschreibenden Grundstück umgesetzt werden sollen. Insofern wird vorab eine konkrete Projektbeschreibung erstellt, die die zu realisierenden Ziele beschreibt. Die Projektbeschreibung enthält als zentrales Dokument neben den Projektzielen weitere verfahrensrelevante Inhalte und Grundlagendokumente.

Aus den Zielen müssen Kriterien abgeleitet werden, anhand derer ein Konzept bewertet wird. Diese Bewertungskriterien werden der Übersicht halber in einer Bewertungsmatrix zusammengefasst. Im Sinne eines gestuften Verfahrens wird bei den Kriterien zwischen Eignungs- und Wertungskriterien differenziert. Erstere dienen der Feststellung, ob die Bewerber für die erfolgreiche Realisierung des Projektes geeignet sind, dieses im Wesentlichen aus Sicht des Bedarfs und der finanziellen Leistungsfähigkeit. Die Wertungskriterien dienen im nächsten Schritt der eigentlichen Bewertung der eingereichten Konzepte. Ein übergeordnetes Ziel, wie z.B. die Schaffung bezahlbaren Wohnraums, sollte vorliegen. Für die inhaltliche Ausarbeitung und Festlegung der Bewertungskriterien empfiehlt sich die Hinzuziehung eines Beratungsgremiums, dies in Anlehnung zu den für die Entwicklungsgesellschaft relevanten Gremien.

Der zu erzielende Kaufpreis soll im Rahmen der Konzeptvergabe nur eine anteilige Rolle spielen. Daher steht die Entwicklungsgesellschaft vor der Herausforderung die wirtschaftlichen Ziele einerseits und die funktionellen-qualitativen Ziele anderseits auszubalancieren.

Dieses kann auf zwei Wegen gelöst werden, wobei sich der Preis entweder als Wertungskriterium in der Bewertungsmatrix selbst wiederfindet oder außerhalb der Wertungskriterien als Zahlungsverpflichtung eines Mindestkaufpreises vorausgesetzt bzw. geprüft wird:

Ist der Preis Teil der Bewertungsmatrix besteht grundsätzlich das Risiko, dass mit Abschlägen zu dem geplanten Verkaufspreis zu rechnen ist, da sich die inhaltliche Aspekte entsprechend auswirken und dafür ausschlagegebend sein sollen, dass das beste Konzept den Zuschlag erhält. Die Frage bei welchem Bewertungsanteil ‚Preis' der Marktwert des Grundstücks annähernd erreicht werden kann ist nicht pauschal zu beantworten, sondern unterliegt den Rahmenbedingungen auf den Grundstücksmärkten. So geht die Stadt Köln bei Ihren Festlegungen zu Konzeptvergaben von einem Anteil von 30 %, was letztlich durch den Nachfrageüberhang auf dem regionalen Markt zu begründen ist.

Eine Alternative besteht in der Ermittlung eines Mindestkaufpreises, der z.B. dem Markt- oder Verkehrswert entspricht. Der Preis wird nicht Teil der Bewertungsmatrix. Durch diese Vorgehensweise ist es auch möglich, einen Mindestpreis zu definieren, der unterhalb des Marktwertes liegt, um bestimmte Nutzungen gezielt zu fördern bzw. anzusiedeln. In diesem Zusammenhang wäre auch die Vorgabe einer Preisobergrenze möglich, um den Wettbewerb um die beste Idee zu intensivieren. In jedem Fall kann die Entwicklungsgesellschaft bei dieser Vorgehensweise die wirtschaftlich gebotene Ergebnissteuerung sicherstellen.

Die Konzeptvergabe kann unter Einsatz transparenter Eignungs- und Zuschlagskriterien z.B. als Anhandgabe zur Projektentwicklung durchgeführt werden. Der erfolgreiche Investor muss hierbei eine Anhandgabevereinbarung mit der Entwicklungsgesellschaft abschließen. Dann hat er während der festgelegten Anhandgabeperiode Zeit, um das Grundstück zu beplanen und sein Konzept zu vervollständigen. In dieser Zeit erfolgt auch die architektonische Entwicklung und Qualifizierung, auf dessen Basis Kostenschätzungen vorgenommen und die Baugenehmigung vorbereitet werden. Gegen Ende der Anhandgabezeit wird der Kaufvertrag endverhandelt, wobei sich der Bauherr verbindlich dazu verpflichten muss, zu dem von ihm vorgelegten Konzept zu stehen. Zeigt sich während der Anhandgabezeit, dass Auflagen oder Vereinbarungen nicht eingehalten werden, kann ihm das Grundstück wieder entzogen werden. Dadurch hat die Entwicklungsgesellschaft die Möglichkeit Einfluss auf das Vorhaben in der Entwicklungsphase zu nehmen. Durch einen Abstimmungsprozess mit exakten Zeitplänen kann ein geordnetes und zügiges Voranschreiten des Projektes gewährleistet werden.

Bei Wohnbaulandprojekten ist die Konzeptvergabe ein innovatives Instrument, um breite Schichten der Bevölkerung mit Wohnraum zu versorgen, die Realisierung von öffentlich geförderten Wohnraum abzusichern sowie gemeinschaftliche bzw. genossenschaftliche Wohnprojekte und verschiedene Wohnformen zu fördern.

Bei dicht-gemischten Projekten in Wachstumsregionen soll zudem die Integration der sozialen Infrastruktur (z.B. Kindergärten) von vornherein mitgeplant und umgesetzt werden. Dieses gilt ebenso für die Funktionsvielfalt und -mischung auf Ebene der Quartiere, Baufelder und Gebäude selbst. Somit ist die Konzeptvergabe nicht nur ein Instrument zur Schaffung von bezahlbarem Wohnraum, sondern auch ein strategisches Instrument der Stadtentwicklung insgesamt, mit der übergeordnete Strategien zu verfolgt werden können, die im Rahmen von reinen Höchstpreisverfahren bei Grundstücksgeschäften nicht berücksichtigt werden[11].

7.4 Städtebauliche Kalkulation

Im Folgenden wird der Aufbau und der Inhalt einer städtebaulichen Kalkulation für das Stadtentwicklungsprojekt „Deutzer Hafen" erörtert. Hierbei handelt es sich um die Kosten- und Finanzierungsübersicht, die im Rahmen der vorbereitenden Untersuchungen i.S.d. § 165 Abs. 4 BauGB erstellt wurde, um Aufschluss über die Finanzierung und damit über die Durchführbarkeit der Entwicklungsmaßnahme zu erhalten.

Zu den Voraussetzungen einer zügigen Durchführung innerhalb eines absehbaren Zeitraumes zählt die gesicherte Finanzierung der Maßnahme. Bereits im Rahmen der vorbereitenden Untersuchungen ist daher eine städtebauliche Kalkulation mit allen Kosten und Erlöse der Gesamtmaßnahme überschlägig durchzuführen, um die wirtschaftlichen Auswirkungen und die Möglichkeiten der Finanzierung aufzuzeigen.

Basierend auf der Methode der städtebaulichen Kalkulation ist eine fortlaufenden Aktualisierung vorgesehen, damit zu jedem Zeitpunkt die Wirtschaftlichkeit der Maßnahme beurteilt werden kann.

Daher stellt die Kalkulation ein wichtiges strategisches Steuerungsinstrument für die wirtschaftliche Maßnahmendurchführung dar. Durchführungsrisiken aufgrund von Zinsschwan-

[11] vgl. Hessisches Ministerium für Umwelt, Klimaschutz, Landwirtschaft und Verbraucherschutz (Hg.) 2017: Grundstücksvergabe nach der Qualität von Konzepten. Wiesbaden.

kungen, Konjunkturschwankungen auf dem Immobilienmarkt, Vermarktungsrisiken sowie aufgrund sonstiger Unwägbarkeiten sind durch entsprechend sorgfältige Auswahl der Modellparameter zu berücksichtigen.

Zur Erstellung einer überschlägigen Kosten- und Finanzierungsübersicht werden alle Kosten und Erlöse systematisch nach dem aktuellen Stand der Planung ermittelt und auf einen Stichtag zusammengestellt. Auch werden die Kosten der Vor- und Zwischenfinanzierung der einzelnen Maßnahmen berücksichtigt, wobei eine vollständige kreditfinanzierte Durchführung unterstellt wird.

Die Grundlage für die Erfassung der entwicklungsbedingten Maßnahmen und für die Kalkulation der Kosten ist die städtebauliche Rahmenplan. Aus dem Rahmenplan wurde sowohl eine vorgezogenen Massenprüfung als auch flankierend erforderliche fachplanerische Stellungnahmen bzw. Kostenschätzungen hinzugezogen. Die veranschlagten Kosten für die Erschließungsmaßnahmen orientieren sich an stadtspezifischen Standards wie der Erschließungsbeitragssatzung und auch an empirischen Erfahrungswerten, die auf das aktuelle Preisniveau angepasst wurden. Zudem wurden Datenbanken und Schriften des Baukosteninformationszentrums (BKI) systematisch ausgewertet. Einzelne Kostenpositionen wie die Verlagerungskosten sind mit den betroffenen Unternehmen erörtert worden.

Im weiteren Verlauf der Maßnahme ist diese Kosten- und Finanzierungsübersicht entsprechend des Entwicklungsverlaufes entsprechend der konkretisierten Zeit- und Maßnahmenplanung differenziert nach Jahren darzustellen. Es handelt sich dabei um eine statische Kalkulation, da eine dynamische Betrachtung zum frühen Zeitpunkt wegen der ungewissen Verfahrensabläufe mit erheblichen Unsicherheiten verbunden wäre. Im Rahmen der statischen Betrachtung werden alle Kosten und Erlöse zum Stichtag ermittelt. Die Preissteigerungen während der Durchführung werden prozentual erfasst und summarisch ermittelt. Zum aktuellen Zeitpunkt wird davon ausgegangen, dass die Wertentwicklung der Endwerte und die Preissteigerungen bei Bau- und Entwicklungskosten parallel verlaufen. Konjunkturelle Entwicklungen der Kosten und Ein-nahmen wirken sich daher ergebnisneutral sind.

Im Rahmen der Baulandentwicklung für den Deutzer Hafen sind folgende entwicklungsbedingten Kosten- und Erlösarten zu veranschlagen[12]:

Kosten
- Vorbereitungsmaßnahmen
- Projektsteuerung
- Grunderwerb
- Freilegung und Herrichten
- Verlagerungskosten
- Erschließungsmaßnahmen
- Baumaßnahmen
- Zwischenfinanzierung

Erlöse
- Grundstückserlöse
- Miet- und Pachterlöse aus Zwischennutzungen
- Ausgleichsbeträge aus dem Entwicklungsrecht
- Fördermittel (z.B. Stadtumbau)
- Sonstige Erlöse
- Kaufpreisreduktion z.B. für geförderten Wohnungsbau oder Errichtung von Kindertagesstätten durch Investoren

---

[12] Vgl. Haag/Menzel/Katz (Hg.) 2007: Städtebauliche Sanierungs- und Entwicklungsmaßnahmen. Ein Handbuch für die Praxis mit zahlreichen Mustern, Beispielen, Schemata und Übersichten. Stuttgart.

8. Redevelopment von Bestandsimmobilien – Bauen im Dialog

8.1 Einleitung

Das „Bauen im Bestand" nimmt in der Immobilienwirtschaft immer größeren Raum ein. Es spart Ressourcen, verbraucht keine wertvollen Grünflächen, bietet Vorteile beim Zeit- und Kostenmanagement und erfährt Akzeptanz in der Bevölkerung, wenn die Planung im Dialog mit Stadt und Bürgern geschieht. Das Redevelopment, das hier näher beleuchtet werden soll, ist eine von mehreren Varianten des „Bauens im Bestand".

Beim Redevelopment werden bestehende Gebäude, deren bisherige Nutzung entfallen ist oder sich künftig nicht mehr rentiert, einer neuen Nutzungsbestimmung zugeführt. Beispiele für Redevelopments sind die Umwandlung reiner Handelsimmobilien zu gemischt genutzten Immobilien mit Wohnen, Büro, Handel und Gastronomie, um z.B. innerstädtische Standorte nachhaltig zu beleben, oder die Schaffung von Wohnraum in vormals industriell oder gewerblich genutzten Immobilien. Um das US-amerikanische Verständnis von Redevelopment, mit dem eher öffentlich geförderte Quartiersentwicklungen wie zum Beispiel die Umwandlung ehemalige Kasernen oder alte Industriebrachen in Stadtquartiere mit gemischter Nutzung gemeint sind, soll es hier nicht gehen. Diese unterschiedlichen Interpretationen legen jedoch nahe, sich einmal näher mit der Begriffsdefinition zu befassen, auch wenn eine allgemeingültige Definition des Begriffs Redevelopment nicht existiert. Stattdessen wird er oft mit Refurbishment in einen Topf geworfen oder mit dem Begriff Revitalisierung gleichgesetzt, was beides falsch ist. Im Gegenteil, hier ist eine klare Abgrenzung erforderlich und im Grunde ganz einfach:

Ein Refurbishment und eine – in der Regel umfangreichere – Revitalisierung finden beide mit dem Ziel statt, den Zustand bzw. Standard einer Immobilie zu verbessern, um sie für die gleiche Nutzung wie vorher fit zu machen. Eine Handelsimmobilie bleibt eine Handelsimmobilie, ein Bürogebäude bleibt ein Bürogebäude. Der Übergang zwischen Refurbishment und Revitalisierung ist fließend, die Maßnahmen reichen von einer reinen Aufpolierung bis hin zur Umsetzung baulicher Maßnahmen wie der kompletten Entkernung und Veränderung der inneren Architektur eines Gebäudes. Im Gegensatz dazu wird beim Redevelopment der bisherige Nutzungszweck aufgehoben und die Immobilie – wie bereits oben beschrieben – einer neuen Nutzung zugeführt, was in der Regel auch einen erhöhten Aufwand bedeutet.

Während also Refurbishments und Revitalisierungen dazu dienen, einen verbesserten Zustand bei gleicher Nutzung zu erzielen bzw. die Gebrauchstauglichkeit von Immobilien durch Sanierung, Umbau oder Erweiterung im Einklang mit dem aktuellen Stand der Technik und den Marktanforderungen zu erhalten, erschafft das Redevelopment ganz neue, zukunftsorientierte Nutzungsmöglichkeiten.

Elementar ist dabei eine bauliche Umgestaltung, die eine Aufwertung herbeiführt, wobei diese Umgestaltung – zum Beispiel bei einem Denkmal – auch ganz behutsam oder reversibel erfolgen kann. Die üblichen Erfahrungen aus Projektentwicklungen im Neubau lassen sich dabei nur zum Teil auf Redevelopment-Projekte übertragen. Die planungsrechtlichen Voraussetzungen sind andere, hinzu können Überraschungen beim Zustand der vorhandenen Bausubstanz ebenso kommen wie Anforderungen aus dem Denkmalschutz oder die Auswirkung emotionaler Bindungen in der Bevölkerung an das Bestandsgebäude und seine vorherige Nutzung. Für das Redevelopment spezifische Voraussetzungen müssen deshalb immer Berücksichtigung finden.

Eine Beschäftigung mit dem Thema Redevelopment loht sich für Projektentwickler allemal, da dieser Bereich gerade mit Blick auf Nachhaltiges Bauen und Flächenrecycling immer mehr Bedeutung gewinnt. Vor allem in den Städten wird bebaubarer Raum zur Mangelware, dafür bestehen Räume, deren Nutzung überholt und nicht mehr zukunftsorientiert ist. Hier muss Projektentwicklung künftig verstärkt ansetzen.

Gut sichtbar wird dies in vielen Innenstädten, wo die über Jahrzehnte immer mehr auf den Handel ausgerichtete Nutzung zu einer Monotonie geführt hat, die dringend aufgebrochen werden muss. Projektentwickler, die sich intensiv mit den Zukunftsperspektiven innerstädtischer Standorte beschäftigen, setzen deshalb auf die Umwandlung von Monostrukturen hin zu attraktiven Nutzungsmischungen, die eine Belebung von Innenstädten auch nach Ladenschluss garantieren. Aus einem ehemaligen Kaufhaus ein vertikales Stadtquartier mit Wohnen, Büro, Handel und Gastronomie zu machen, ist beispielsweise ein zukunftsorientiertes Redevelopment. Auch die Umwandlung von Kirchen, die als solche nicht mehr gebraucht werden, kann spannende Formen des Redevelopments ermöglichen, wie später noch in einem Beispiel gezeigt werden wird.

8.2 Entscheidungskriterien für das Bauen im Bestand

Bei der Entscheidungsfindung zum Bauen im Bestand sind verschiedene Kriterien abzuwägen. Hauptkriterien sind Baurecht und Bebauungsplan, die Baukosten, Chancen- und Risikoabwägung sowie das künftige Nutzungskonzept und Vermarktungspotenzial, aus denen sich die Verwertungsstrategie ableitet. Auch die Akzeptanz in der Bevölkerung spielt eine Rolle. Diese ist beim Bauen im Bestand oft größer als bei einem Neubau. Während Neubauten „auf der grünen Wiese", also auf bisher unbebauten oder unversiegelten Flächen, häufig auf Widerstand stoßen, weil die „Gegner" Flächenversiegelung anprangern und ökologische Argumente ins Feld führen, bedeutet ein Abriss und Neubau oft einen Stich ins Herz derer, die mit dem Bestandsgebäude positive Erinnerungen verbinden. Der Erhalt einer solchen Immobilie und ihre zukunftsorientierte Umnutzung werden dagegen oft positiv und wohlwollend begleitet. Diese Akzeptanz zahlt auch auf das spätere Vermarktungspotenzial und damit die Verwertungsmöglichkeiten ein.

Hinzu kommt, dass die vorhandene Baufläche optimal genutzt werden kann. Denn durch geänderte Baubestimmungen dürfen Projektentwickler nach Abriss oftmals nicht mehr so hoch oder so breit neu planen, wie es die Maße der ursprünglichen Immobilie eigentlich erlaubt hätten. Durch das Redevelopment erhält man also Flächenpotenziale, die man beim Neubau unter Umständen verloren hätte. Auch die niedrigeren Baukosten können ein Entscheidungskriterium für ein Redevelopment sein. So ist der Materialverbrauch natürlich drastisch geringer als beim Neubau und auch die Dauer des Umbaus liegt oft unter der eines Neubaus. Das gilt auch für den Zeitraum, in dem Baurecht geschaffen wird. Wenn die Flächen deutlich schneller wieder zur Verfügung stehen, ist das natürlich ein Wettbewerbsvorteil. Nicht unterschätzen darf man jedoch die Risiken, z.B. durch unvorhergesehene Mängel an der Bausubstanz oder Schadstoffbelastungen.

Ein Projektentwickler, der ein Denkmal erhält und einer neuen Nutzung zuführt oder auch einen nicht denkmalgeschützten Baukörper nutzt, anstatt ihn abzureißen und komplett neu zu bauen, agiert nachweislich nachhaltig. Dieser nicht zu unterschätzende Faktor kann sich positiv auf das Image auswerten, das ein Unternehmen erhält, wenn es sich um städtebaulich prägnante Immobilien kümmert und neu belebt.

Letztlich fällt die Entscheidung für das Redevelopment einer Immobilie nicht aus dem Bauch heraus, sondern aufgrund eingehender Analysen. So sollten alle Entscheidungsparameter in einer Markt- und Standortanalyse zusammengetragen und mit dem Nutzungskonzept in einer SWOT-Analyse nach Stärken, Schwächen, Chancen und Risiken bewertet werden. In der Regel fließen in die Analyse die Makro- und Mikro-Standortfaktoren ein, die Abgrenzung des Einzugsgebietes, das Wettbewerbsumfeld und seine Veränderungen, die Objektanalyse und das vorhandene Markt- und Umsatzpotenzial. Dass dennoch auch emotionale Aspekte bei der Entscheidungsfindung eine Rolle spielen können, zeigen einige der folgenden Praxisbeispiele.

8.3 Kommunale Belange und mögliche Hürden

Einige der baulichen Risiken, die bei Redevelopment-Projekten auftreten können, wurden oben schon genannt. Es kann aber auch Hürden geben, die bereits in der Planung bzw. Konzeptfindung für die Neunutzung einer Bestandsimmobilie auftreten können. Da sind zum Beispiel Themen der Bauordnung. So kann es sein, dass eine bisherige reine Handelsimmobilie in der Innenstadt nicht einfach einem neuen Nutzungsmix zugeführt werden kann, ohne vorher den Bebauungsplan ändern zu müssen, wenn dieser die neue Nutzung an dem Standort nicht vorsieht. Dies kostet vor allem Zeit, denn eine Bebauungsplanänderung kann schnell ein Jahr und mehr dauern – vorausgesetzt in der betroffenen Kommune besteht überhaupt die Bereitschaft dazu.

Wenn in einer Kommune andere Vorstellungen darüber herrschen, wie ein Standort künftig genutzt werden soll, als man sie selbst als Projektentwickler hat, dann ist man gefordert, einen gemeinsamen Weg zu finden. Private Investoren und Projektentwickler sollten sich als Partner der Städte verstehen und Konzepte individuell aus dem jeweiligen Standort heraus entwickeln. Auch ist es wichtig, alle Akteure frühzeitig in die Planung und Konzeptfindung einzubinden. Wer versteht, dass das Zusammenspiel aus Immobilie und Raum eine enorme Bedeutung für die Stadtentwicklung hat und dazu ein mehrwertschaffendes Konzept mit anspruchsvoller Architektur vorstellt, der wird auch Zweifler überzeugen können. Wir verstehen als Projektentwickler kommunale Belange deshalb auch nicht als Hürde, sondern als Ansporn, das bestmögliche, zukunftsorientierte Konzept für den jeweiligen Standort zu entwickeln und damit – wenn möglich – Impulse zu setzen, die auf das gesamte Umfeld positiv wirken.

Gleiches gilt für die Belange des Denkmalschutzes im Falle von Bestandsimmobilien, die ganz oder teilweise denkmalgeschützt sind. Natürlich kann man die Vorgaben der Denkmalschutzbehörden als Hürden verstehen, zum Beispiel wenn alte Fenster nicht ausgetauscht oder geplante Decken und Wände nicht eingezogen werden dürfen. Im schlimmsten Fall kann der Denkmalschutz bestimmte Verwertungsstrategien ganz zunichtemachen. Andererseits sind Denkmäler oft sehr emotional besetzte Gebäude, deren Geschichte und kulturelles Erbe ein großes Pfund ist, das man bei einer behutsam umgesetzten Nachnutzung als Vermarktungspotenzial für sich nutzen kann.

Ein dritter Fall möglicher Hürden sind die Vorgaben, die der Vorbesitzer einer Immobilie macht. Dies kommt zum Beispiel vor, wenn sakrale Gebäude wie ehemalige Kirchen oder Klöster einer neuen, weltlichen Nutzung zugeführt werden sollen. Die abgebende Gemeinde oder der das Gebäude aufgebende Orden legen in der Regel nachvollziehbare Ausschlusskriterien fest, die bestimmte, nicht mit Glaubensgrundsätzen vereinbare Nachnutzungen unterbinden. So war es auch in dem folgenden Beispiel des Kirchenbaus St. Elisabeth in Aachen, für den die abgebende Gemeinde einen Betrieb als Bordell, Casino oder Moschee ausgeschlossen hatte. Ein Problem liegt in dieser Eingrenzung jedoch nicht. Im Gegenteil, solche Ausschlusskriterien verschaffen Klarheit und erhalten die Würde des Gebäudes, mit der zugleich auch ein Werterhalt verbunden sein kann.

8.4 Praxisbeispiele

8.4.1 St. Elisabeth: ehemalige Kirche wird zur DIGITAL CHURCH

Die Umnutzung nicht mehr benötigter Kirchen und Klöster ist nicht nur ein Thema, das die Immobilienbranche in Zukunft verstärkt beschäftigen wird, sondern auch ein klassischer Redevelopment-Fall. Um dies zu erläutern, widmen wir uns im nächsten Teil des Beitrages mit einem Beispiel aus Aachen. Hier hat die Pfarrei Christus unser Bruder für ihre über 100 Jahre alte Kirche St. Elisabeth einen Käufer gesucht, der mit dem historischen und sakralen Erbe des denkmalgeschützten Baus behutsam umgeht. Als Projektentwicklerin hat die Landmarken AG die Kirche schließlich im Auftrag des Erwerbers, eines Family Offices, zum Digitalisierungszentrum der Region Aachen mit Co-Working-Space entwickelt, das zugleich als kultureller

Abb. 1 und Abb. 2: Coworking (links) und Event (rechts) in der Digital Church

Veranstaltungsort nutzbar ist. Hauptnutzer und Betreiber ist der Verein digitalHUB Aachen, der junge Start-ups fördert und mit Industrieunternehmen und dem Mittelstand vernetzt. Dafür wurden 2017 beste Bedingungen für die digitale Szene mit 100 Arbeitsplätzen geschaffen: High Speed Internet, neueste Kommunikations- und Präsentationstechniken, ein ausgeklügeltes Lichtkonzept, effiziente Heizung und modernes Design. Zudem wurde die ehemalige Kirche als „Shared Space" entwickelt, der das historische Erbe ins Nutzungskonzept integriert und den Bau als Raum für Begegnung offen hält, so wie die Kirche früher auch einmal ein Raum der Begegnung war. Dazu sind die Flächen so gestaltet, dass das Gebäude, in dem tagsüber gearbeitet wird, abends und am Wochenende offen und nutzbar für Kulturveranstaltungen, Konferenzen und Events ist.

Bürokratische Hürden gab es in diesem Fall nicht, da die Stadt Aachen das Projekt von Beginn an positiv begleitet hat. Für die Stadt hat dieses Redevelopment gleich vier positive Aspekte: Erstens bleibt ein charakteristischer, denkmalgeschützter Kirchenbau in seiner gotischen Optik vollständig im Stadtbild erhalten, zweitens wird durch das dort entstandene Digitalisierungszentrum der Wirtschafts- und Wissenschaftsstandort – Aachen versteht sich mit seinen beiden technischen Hochschulen als Herzkammer digitaler Entwicklung – gestärkt, drittens erhält die Kongressstadt Aachen einen dringend benötigten, zusätzlichen Veranstaltungsort mit besonderer Atmosphäre und viertens ist das Quartier Aachen-Nord, in dem sich St. Elisabeth befindet, ein Stadtteil mit Erneuerungsbedarf, für den die DIGITAL CHURCH ein Impulsgeber für weitere Entwicklungen ist.

Deutschlands erster Co-Working-Space in einem Kirchenschiff ist nämlich nicht nur ein Leuchtturm der Digitalisierung, sondern zugleich Ankerpunkt einer sozialen Quartiersentwicklung: Mitten in diesem Stadtteil mit Erneuerungsbedarf setzt die DIGITAL CHURCH den Startschuss für neue Entwicklungschance und kann zum Nukleus eines lebendigen digitalen Quartiers werden. Mit ihr als Leuchtturm kann es gelingen, weitere Unternehmensansiedlungen in diesem vormals industriell geprägten Stadtteil zu schaffen. Flächen für Wachstumsunternehmen werden in direkter Nachbarschaft bereits angeboten.

Auch die Denkmalbehörden waren froh, dass sich jemand findet, der sich um das wertvolle Gebäude kümmert. Die Herausforderung bestand darin, in dem über 100 Jahre alten Gebäude unter den Voraussetzungen des Denkmalschutzes beste Bedingungen für Start-ups und Events zu schaffen. Ein großes Thema waren zum Beispiel die Fenster, von denen in Abstimmung mit dem Denkmalschutz zumindest einige ausgetauscht werden konnten, um mehr Helligkeit und damit arbeitsgerechtes Licht in den Kirchenraum zu bekommen. Kunstvoll gestaltete, denkmalgeschützte Fenster blieben dagegen erhalten und machen den besonderen Charme des Gebäudes aus. Zudem waren die alten Holztüren so aufzubereiten, dass sie in ihrer Erscheinung immer noch dem Denkmal gerecht werden, zugleich aber auch die zeitgemäßen Anforderungen an die Schließanlage eines gewerblich genutzten Gebäudes erfüllen. Für die Umsetzung beider Nutzungskonzepte musste in dem auf Nachhall ausgelegten Sakralbau eine arbeits- und eventfreundliche Akustik bei gleichzeitigem Erhalt der vollen Deckenhöhe von bis zu 19 Metern geschaffen werden. Neben maßangefertigten Akustikpaneelen an den neuralgischen Schall-Reflexionspunkten der Innenwände sorgt ein Hohlkammer-Ständerboden mit schallabsorbierendem Teppich für eine Halbierung der Nachhallzeit. In den Seitenschiffen sorgen hinterleuchtete Akustikpaneelen für Privatsphäre.

Unter dem reversiblen Bodenaufbau bleibt der denkmalgeschützte Kirchenboden vollkommen intakt. Dazwischen verläuft die elektrische Infrastruktur. Zudem wird das Gebäude über zusätzliche Luftauslässe innerhalb der Bodenplatten beheizt. Um ein optimales Arbeitsumfeld für die digitale Start-Up-Szene zu ermöglichen, wurde eine leistungsstarke WLAN-Infrastruktur installiert. Da davon im Kirchenschiff nichts zu sehen sein sollte, wurde die gesamte Technik, inkl. kilometerlanger Verkabelung, im Dachstuhl oberhalb des Kreuzrippengewölbes installiert. Die Router strahlen nun von oben durch die Gewölbedecke ins Kircheninnere. Weil sämtliche Baumaßnahmen reversibel sind, bleibt das gotische Kirchengebäude in seiner ursprünglichen Form erhalten.

Wie oben bereits erwähnt, spielt auch die Akzeptanz in der Bevölkerung eine wichtige Rolle – dies gilt in besonderem Maße für ehemalige Kirchen, mit denen Gläubige und Gemeindemitglieder tiefgreifende, persönliche Erinnerungen an wichtige Lebensereignisse verbinden, die dort stattgefunden haben. Wichtig war deshalb die frühzeitige Einbindung der Bürger und Akteure vor Ort, die durch einen gut vorbereiteten Workshop im World-Café-Format intensiv in den Prozess der Konzeptfindung eingebunden wurden. Die dort entwickelten Ideen, mehrere Nutzungen zu ermöglichen und den Bau zum Impulsgeber einer Gesamtentwicklung für das Quartier zu machen, sind in das später umgesetzte Konzept eingeflossen.

Zu den Entscheidungskriterien für ein Redevelopment gehört immer auch eine Rentabilitätsanalyse. Kann ein ideenreiches und architektonisch anspruchsvolles Projekt wie die DIGITAL CHURCH Mehrwerte für die neuen Nutzer und das gesamte Umfeld schaffen und zugleich wirtschaftliche Nachhaltigkeit erzielen? Im Falle von St. Elisabeth ist eine Rentabilität alleine mit der Kirchenmiete durch das Digitalisierungszentrum nicht zu erreichen, da der Ertrag gedeckelt ist. In der Besonderheit dieses Kirchenbaus liegt für uns als Projektentwickler jedoch eine Attraktivität, die uns emotional gepackt hat. Als Projektenwtickler verstehen wir St. Elisabeth als Labor, das uns viel über die Nachnutzung emotionaler Gebäude erzählen kann und dessen Rentabilität für uns als Projektentwickler auch in den Erkenntnissen liegt, die wir für künftige Projekte daraus ziehen können. Zudem ist die Kirche Teil eines Ensembles, zu dem weitere Gebäude gehören, die mit erworben wurden. In diesem Fall kann die Nutzung bzw. Vermietung dieser umliegenden Gebäude der wirtschaftlichen Kompensation dienen. Da außerdem das Digitalisierungszentrum als Zwischennutzung verstanden werden kann, ist für die Kirche wie auch für das ganze Areal mittelfristig eine ganz andere wirtschaftliche Nutzung denkbar, zum Beispiel als Hotel mit Veranstaltungsfläche. Im Rahmen einer Markt- und Standortanalyse war im Vorfeld unter anderem mit dem Kongressbetreiber Eurogress, dem Aachen Tourist Service und Aachener Hoteliers gesprochen worden. Recherchen haben ergeben, dass der Hotelmarkt der Stadt hier noch Bedarf hat.

Abb. 3: Ergebnisse des World Cafés zum Redevelopment der Kirche St. Elisabeth

Davon abgesehen ist es mit der jetzigen Nutzung gelungen, die Spiritualität dieses besonderen Raumes zu erhalten und einer neuen Community anzubieten. Das Konzept eines Co-Working-Space, in dem an der digitalen Zukunft gearbeitet wird, ist so erstmalig überhaupt in einer Kirche umgesetzt worden. Das gilt auch für die Nutzung als „Shared Space“, wo der gemeinsame Arbeitsraum zum Veranstaltungszentrum wird und das historische Erbe der Kirche als offener Ort der Begegnung fortführt. Mit diesem Konzept findet nicht nur ein ungenutzter Kirchenraum eine neue Verwendung, sondern zugleich entsteht ein Impuls für die Entwicklung des gesamten Quartiers.

8.4.2 O-Werk: Altes Industriemonument wird zum Innovation Campus

In Bochum hat das Ende der Automobilproduktion im Opel-Werk einen regelrechten Schock ausgelöst. Im Jahr 2014 war nach fast 14 Millionen Fahrzeugen im Stadtteil Laer der letzte Opel Zafira vom Band gerollt. Tausende Arbeitsplätze fielen weg, von denen möglichst viele durch Neuansiedlung zukunftsorientierter Unternehmen zurückgewonnen werden sollen.

Herzstück des 65 ha großen Gewerbe- und Industriegebiets MARK 51°7, das auf dem früheren Opel-Werksgelände entstanden ist, ist das Gebäude der früheren Opel-Werksleitung. Die weithin sichtbare Landmarke mit rund 14.300 qm Mietfläche hat die Landmarken AG von der Entwicklungsgesellschaft Bochum Perspektive 2022 der Stadt Bochum und der Firma Opel erworben, nachdem ein gemeinsam mit den Architekten von RKW entwickeltes Konzept für ein Redevelopment vorgelegt wurde. In dem ehemaligen Verwaltungsbau – in Anlehnung an die Historie O-Werk genannt – entsteht nun ein Innovation Campus, ein moderner Büro- und Forschungsbau mit Maker Spaces, Kita und Gastronomie.

Abb. 4 und Abb. 5: Historische Bilder Opel Werk in Bochum

Vier bis sechs Monate sind für Entkernungsarbeiten und die Schadstoffsanierung im Jahr 2018 veranschlagt. Parallel dazu wird der Bauantrag gestellt. Geschaffen werden neue Bürowelten mit offenen Strukturen, nachdem die Überprüfung durch die Architekten ergeben hat, dass die Bausubstanz eine solche Nutzung hergibt. Im Rahmen dieser Analyse wurde auch eine Kostenschätzung erstellt, um mögliche Kostentreiber zu identifizieren und festzustellen, welche Teile erhalten bleiben können und welche ausgetauscht werden müssen. Dabei sind nutzungsunabhängige Kosten wie für Shell & Core, also Dach, Fassade und die Gebäudetechnische Anlagen (GTA) ebenso zu kalkulieren wie Kosten, die durch Mieterwünsche entstehen und dadurch unterschiedliche Mietansätze hervorrufen, die in der Verwertungsstrategie Berücksichtigung finden müssen.

Abb. 6: Innenraumentwurf Co-Working im O-Werk

Das Konzept, mit dem der alte Industriestandort in eine moderne und innovative Arbeits- und Entwicklungswelt transferiert wird, geht voll auf. Schon vor Beginn des geplanten Umbaus gibt es für den Innovation Campus mehr Mietinteressenten als vorhandene Flächen. Die Ruhr-Uni Bochum und privatwirtschaftliche Unternehmen werden sich hier ansiedeln und moderne Arbeitsplätze schaffen. Auf zwei Halbetagen werden sogenannte Maker Spaces entstehen, eine Mischung aus Büro- und Werkstatt- bzw. Laborräumen, in denen Studenten der Ruhr-Uni ihre ersten Entwicklungs- und Geschäftsideen umsetzen können. Die Universität wird weitere Flächen mit Instituten und Lehrstühlen belegen, die sich gründungsaffinen Themen widmen.

Anders als beim vorgenannten Projekt waren hier öffentliche Belange zu beachten, die in klaren Vorgaben für den Projektentwickler mündeten. Das Projekt befindet sich an einem Standort im Strukturwandel, der von der öffentlichen Hand gesteuert wird. Federführend ist die Bochum Perspektive 2022, eine Gesellschaft der Stadt Bochum, an der auch die Firma Opel beteiligt ist, wodurch zum Teil unterschiedliche Interessen berücksichtigt werden müssen. Bereits beim ersten Angebot im August 2015 musste ein Nutzungskonzept vorgelegt werden, das sich an den Vorgaben der Politik orientiert. Zwar wurde keine bestimmte Anzahl von zu schaffenden Arbeitsplätzen vorgegeben, jedoch muss das Thema Arbeit beim Standortmarketing bedacht werden.

Das vorgelegte Konzept, den Strukturwandel durch einen Innovation Campus zu fördern, hat die Bochum Perspektive 2022 schnell überzeugt. Eine Rolle bei der Verwertungsstrategie spielt auch die Makrolage im Ruhrgebiet mit seinen vielen etablierten Unternehmen. Synergien entstehen durch die geplante Entstehung eines Technologieparks am anderen Ende des Plangebiets, wo Wirtschaft, Uni und hochschulnahe Institute zusammengeführt werden sollen. Eine Entwicklung, die 2019 und damit später starten wird als das O-Werk. Die Verwaltung der Ruhr-Uni Bochum sieht das O-Werk jedoch schon jetzt als Leuchtturmprojekt für den Universitätsstandort. Zugleich ist es ein Vorzeigeprojekt für Redevelopment im Strukturwandel mit einem historisch bedeutenden Gebäude, das dank gelungener Transformation in ein neues Zeitalter als Zeitzeuge einer früheren Ära erhalten bleibt.

8.4.3 Karmeliterhöfe: Moderne Büros im früheren Polizeipräsidium

Ein besonders gelungenes Beispiel für ein Redevelopment, das bereits zwischen 2008 und 2010 umgesetzt wurde, soll am Schluss noch erwähnt werden: die Karmeliterhöfe in Aachen. Das zum Zeitpunkt seiner Umwandlung bereits 100 Jahre alte Gebäude gehört zweifellos zu den besonderen Orten im Gefüge einer Stadt, an denen die Menschen Vergangenheit spüren. Geschützt durch die Auflagen der Bauämter werden solche Gebäude mit ihren historischen Dimensionen zu speziellen Herausforderungen für Architekten, Stadtplaner und Projektentwickler, die Vergangenheit und Zukunft miteinander verbinden möchten.

Abb. 7 und Abb. 8.: Treppenhaus (links) und Büroraum (rechts) in den Karmeliterhöfen

Wo früher ein Gericht und das alte Polizeipräsidium ihre Räume hatten, lautete die Kernfrage der Verwertungsstrategie: Wie kann das enorme Potenzial dieses Gebäudes für einen attraktiven Bürostandort genutzt werden? Hilfestellung gab dazu das Gebäude selbst, das pure Inspiration für die Projektentwickler der Landmarken AG war. Schon bei den ersten Begehungen wurden Details entdeckt, die später zu Kernelementen intelligenter Vermarktungskonzepte wurden. Ein Wappen mit Reiter – entdeckt in der Sandsteinfassade, wurde zur Bild- und Farbmarke des gesamten Objekts. Die Komplexität der Immobilie mit mehreren Gebäudeabschnitten ließ während des Umbaus gleich mehrere Handwerker sich in den Gängen verlaufen, was schließlich zur Einführung eines modernen Farbleitkonzepts führte, das bis heute Orientierung bietet. Der Name Karmeliterhöfe leitet sich vom Orden der Karmeliterinnen ab, die lange vor dem Polizeipräsidium auf dem Gelände eine Ordensniederlassung unterhielten. Die Neubenennung des Gebäudes in dieser Form bewirkte schließlich, dass die Karmeliterhöfe nachhaltig in der Wahrnehmung der Aachener verankert werden konnte.

Das Vorhandensein eines Bedarfs nach hochwertigem Büroraum in stilvollem Ambiente hatten Markterhebungen zuvor bereits ergeben, zudem sollte der trapezförmige Bau im klassizistischen Stil des Aachener Neubarock zum Unternehmenssitz der Landmarken AG selbst werden. Die Frage nach der künftigen Rentabilität konnte somit vorab mit einer positiven Prognose beantwortet werden. Auch die Lage kann als ideal betrachtet werden, liegt das ca. 4.000 m^2 große Grundstück mit dem Gebäude doch fußläufig zum Hauptbahnhof und zum Stadtzentrum.

Mit seiner repräsentativen Ausgestaltung, einem beeindruckenden Treppenaufgang vom Foyer aus in die oberen Etagen, den alten Sitzungssälen, aber auch den ehemaligen Gefängniszellen bot das Objekt den Projektentwicklern vielseitige Optionen, ein alternatives Büroraumkonzept für Aachen zu entwickeln. Mit einer behutsamen Sanierung ist es gelungen, diesen städtebaulichen Markstein an die Bedürfnisse der Gegenwart anzupassen und auf 8.000 m^2 Mietfläche moderne Büros zu entwickeln, die mit Grundflächen zwischen 500 und 1.000 m^2 pro Abschnitt guten Absatz fanden. Mieter und Gäste schätzen die Kombination aus historischem Flair und moderner Formensprache und machen das Redevelopment des ehemaligen Polizeipräsidiums zu einem immobilienwirtschaftlichen Erfolg.

8.5 Fazit

Redevelopments, also die Umwandlung von Bestandsimmobilien mit dem Ziel, neue Nutzungsmöglichkeiten zu schaffen, werden in der Immobilienwirtschaft immer mehr Raum einnehmen. Sie sind nachhaltig, imagefördernd und im besten Fall kosten- und zeitsparend. Deshalb werden Investoren sich künftig intensiv mit dieser Form der Projektentwicklung beschäftigen und kreative Ideen entwickeln müssen, um Standorte neu zu beleben. Wer die Risiken kennt und beachtet, behutsam mit der Emotionalität umgeht, die von alten Gebäuden ausgeht, und aus dem jeweiligen Standort heraus passende Konzepte mit Mehrwert für die ganze Umgebung entwirft, kann mit Redevelopments erfolgreich und wirtschaftlich tragfähig zu einer zukunftsorientierten Stadt- und Standortentwicklung beitragen.

Das Beispiel von St. Elisabeth in Aachen zeigt, dass Denkmalschutz keine Hürde sein muss, sondern lediglich eine Herausforderung und zugleich Chance darstellt, in einem attraktiven Umfeld tolle neue Nutzungsmöglichkeiten zu schaffen. Die neuen Nutzer, junge Start-ups und digitale Entwickler, sind froh, ihre kreative Tätigkeit an einem Ort der Tradition ausüben zu können und ihre Ideen für die Zukunft in einer besonderen spirituellen Atmosphäre zu entwickeln, die sich positiv auf die eigenen Denkprozesse auswirkt.

Am Beispiel O-Werk Bochum erkennt man, dass kommunale Belange und Vorgaben einer wirtschaftlichen Verwertung nicht im Wege stehen. Durch ein behutsames und bedarfsgerechtes Herangehen an das Gebäude, bei dem so viel wie nötig und so wenig wie möglich verändert wird, kann eine alte Hülle zeitgemäß verwendet und ein sinnvoller Beitrag zum notwendigen Strukturwandel geleistet werden.

Die Karmeliterhöfe schließlich beweisen, wie sehr die Wiederbelebung eines „alten Schätzchens“ auch den Entwicklern selbst Freude machen kann. Ein Dornröschen aus dem Schlaf zu küssen und dabei einen immobilienwirtschaftlichen Erfolg zu landen, ist in doppelter Hinsicht ein Musterbeispiel für gelungenes Redevelopment.

9. Rating von Projektentwicklungen und von Projektentwicklungsgesellschaften

9.1 Einführung

Jede Investitionsentscheidung wird vor dem Hintergrund einer individuellen Einschätzung der zukünftigen Entwicklung eines Investitionsgegenstandes getroffen. Ob die Erwartungen an eine Investition tatsächlich erfüllt werden können, zeigt sich erst in der Zukunft. Dies gilt natürlich auch bei Investitionen in Immobilien. Wie wird sich der Standort entwickeln? Wie wettbewerbsfähig wird die Immobilie in zehn Jahren? Wie sind die Mieter einzuschätzen? Insbesondere diese Indikatoren haben Einfluss auf die Entwicklung der Mieten und die Wertentwicklung der Immobilie. Die entsprechenden Risiken und Chancen gilt es entsprechend einzuschätzen und zu würdigen. Bei Projektentwicklungen sind weitere Risiken zu beachten. Projektentwicklungen haben, insbesondere bei gewerblich genutzten Immobilien, in der Regel eine Laufzeit zwischen achtzehn und vierundzwanzig Monaten. Die Investitionsplanung kann deshalb nicht auf der Basis aktueller Marktverhältnisse getroffen werden.

Bei Projektentwicklungen bestehen daher für alle handelnden Akteure, dem Projektentwickler selbst und seinen kapitalgebenden Partnern, der finanzierenden Bank und letztlich dem Endinvestor, eine Vielzahl von Unsicherheiten: Wird die Immobilie erfolgreich vermarktet werden können? Wird die geplante Immobilie termingerecht fertig? Ist der Projektentwickler in der Lage Kosten und Qualität des Projekts zu kontrollieren? Wird die Projektentwicklungsgesellschaft überhaupt das Ende der Projektentwicklung überleben? Das sind nur einige Fragen, die bei allen Projektentwicklungen eine große Rolle spielen. Rating im Bereich der Projektentwicklungen hat die Aufgabe, diese Unsicherheiten zu prüfen, zu bewerten und damit zu reduzieren. Durch die Finanzmarktkrise und die anschließende Regulierung des Bankensystems haben sich zudem die Finanzierungsbedingungen für Projektentwickler deutlich verändert. Im Hinblick auf die Erschließung alternativer Finanzierungsquellen erlangt das Rating eine noch größere Bedeutung.

Ratings sind in vielen Wirtschaftszweigen nicht mehr aus der täglichen Praxis wegzudenken. Die Bonität von Unternehmern oder Anleiheemittenten wird ebenso in Ratingnoten ausgedrückt wie die Beurteilung von Investmentfonds. Auch in der Immobilienwirtschaft hat der Ratinggedanke zunehmend an Bedeutung gewonnen. So wird seit einiger Zeit – auch unterstützt durch die Diskussion um eine Vielzahl von Regulierungsvorhaben – ein Rating von Immobilienmärkten, von Immobilien und von Immobilienfonds praktiziert. Dies zeigt sich nicht zuletzt in den Anlagestrategien aktueller Fondsangebote, die oft ihre Asset Allocation aus der Bewertung von Standorten und Objekten auf der Basis eines spezifischen Ratingansatzes herleiten.

Auch in der Presse wurde das Thema im Hinblick auf private Anleger bereits intensiv diskutiert, beispielsweise im Zusammenhang mit dem Rating von offenen Immobilienfonds oder von Fondsobjekten geschlossener Immobilienfonds. Im Zuge des deutlichen Rückgangs der geschlossenen Immobilienfonds hat in den letzten Jahren bei privaten Anlegern die Investition in Immobilien durch Erwerb von Teileigentum deutlich an Attraktivität gewonnen. Dabei geht es nicht nur um Wohnungseigentum, sondern auch um Pflegeappartements oder Hotelzimmer. Die notwendige Prüfung von Projektentwicklungen ist also auch beim privaten Anleger angekommen.

Im Folgenden sollen einige Grundlagen für das Rating von Projektentwicklungen und das Rating von Projektentwicklungsgesellschaften vorgestellt werden. Dabei wird in der Einzeldarstellung auf die Ratingmethodik der Scope Group Bezug genommen.

9.2 Rating Grundlagen

9.2.1 Ratingarten

Rating ist eine multi-dimensionale Bewertung in Hinblick auf eine bestimmte Zielsetzung. Im Finanzmarkt im Allgemeinen und dem Bereich der Kapitalanlage im Besonderen unterscheidet man zwei Typen von Ratings:
– Bonitäts- bzw. Credit Rating
– Investitionsrating

Das Bonitätsrating oder Credit Rating ist die Bewertung der Zahlungsfähigkeit eines Schuldners (Land, Unternehmen, Emission, usw.). Analysiert wird die Fähigkeit eines Schuldners Verbindlichkeiten vollständig und termingerecht zu erfüllen. Dies kann sich auf die allgemeine Bonität des Schuldners beziehen oder auf von diesem emittierte Schuldtitel. Dabei wird in letzterem Falle die Fähigkeit beurteilt die aus dem Schuldtitel versprochene Zinszahlung sowie die Rückführung der Schuld stets zum jeweiligen Fälligkeitszeitpunkt und in voller Höhe zu zahlen. Maßstab ist dabei entweder ausschließlich die Ausfallwahrscheinlichkeit (Probability of default) oder aber der zu erwartende Verlust (Expected loss) unter bestimmten Stressszenarien. Das Investitionsrating bewertet die Qualität einer Investition (Aktie, Immobilie, Fonds usw.) unter Berücksichtigung von Rendite und Risiko. Es wird untersucht, ob ein Investment in der Lage ist, dass versprochene bzw. erwartete Renditeziele zu erreichen Während beim Bonitätsrating also die Bestimmung einer Ausfallwahrscheinlichkeit oder der erwartete Verlust im Zentrum des Interesses stehen, also lediglich ein Downward-Risk betrachtet wird, geht es beim Investitionsrating um Chancen und Risiken einer Investition.

Gemeinsam ist allen Ratings, dass einem Dritten auf schnelle und einfache Weise eine Bewertung unterschiedlicher Alternativen ermöglicht werden soll, ohne dass er selbst über alle dafür erforderlichen Informationen verfügen oder detaillierte eigene Untersuchungen anstellen muss.

Beim Rating von Projektentwicklungen und von Projektentwicklern können je nach Anlass oder Investitionsart sowohl Credit Ratings als auch Investitionsratings hilfreich für den Investor oder gar zwingende Voraussetzung sein. Nicht betrachtet werden die inzwischen bei den meisten Banken existierenden Systeme zum Immobilien Rating im Hinblick auf die Anforderungen von Basel II. Hierbei handelt es sich um ein Bonitätsrating und es geht darum, das Rating der Bonität des Kreditnehmers um ein Rating der zu finanzierenden Immobilie (Objektrating) zu ergänzen. Zielsetzung ist es, eine Prognose der Ausfallwahrscheinlichkeit für ein bestimmtes Objekt abzuleiten. Dabei werden neben einer Analyse der Cashflows aus einer Immobilie auch Fragen zum Standort und zur Qualität der Immobilie, zur Qualität des Managements sowie zum Mieter des Objekts berücksichtigt.

9.2.2 Anforderungen

Damit Ratings den in sie gesetzten Erwartungen gerecht werden können, sind an sie eine Reihe von Anforderungen zu stellen:
– Prognoseorientiert
  Ratings sollen Hilfen für Investitionsentscheidungen liefern. Sie müssen deshalb die zukünftige Entwicklung reflektieren.
– Langfristig
  Da Immobilieninvestitionen langfristig orientiert sind, müssen auch Ratings langfristig ausgerichtet sein.
– Vergleichbar
  Um Investitionsalternativen und Risiken miteinander vergleichen zu können, muss eine Vergleichbarkeit zwischen verschiedenen Investitionsobjekten an unterschiedlichen Standorten und mit verschiedenen Nutzungsarten gegeben sein.

- Quantitativ und qualitativ
  Damit die Ergebnisse überprüfbar sind, müssen Ratings quantitativ geprägt sein. Qualitative Komponenten sind für eine vollständige Beurteilung jedoch unverzichtbar.
- Transparent
  Die Ergebnisse müssen so dargestellt werden, dass die Begründungen vom Anwender nachvollzogen werden können.

Die wesentliche Aufgabe der Ratings ist es stets, die Unsicherheit von Investitionsentscheidungen zu reduzieren.

9.2.3 Ratingbegriff

Obwohl der Begriff Rating in aller Munde ist, gibt es keine von allen Marktteilnehmern anerkannte Definition. Dabei ist der Begriff Rating keineswegs auf einen bestimmten Wirtschaftszweig begrenzt. So wird in Gablers Wirtschaftslexikon Rating als eine Methode zur Einstufung von Sachverhalten, Gegenständen oder Personen bezeichnet, wobei unter Rating das Ergebnis des Beurteilungsverfahrens verstanden wird. Üblicherweise wird Rating aber hauptsächlich dem Finanz- und Bankwesen zugeordnet. In diesem Zusammenhang definiert Moody's Ratings als Meinungen über die Fähigkeit und Bereitschaft eines Emittenten zur vollständigen und fristgerechten Erfüllung seiner Zahlungsverpflichtungen aus der von ihm begebenen Schuldverschreibung während der Laufzeit. Ratings sind also zukunftsorientierte Aussagen. Sie basieren auf Indikatoren und Prognosen über die Fähigkeit, Zahlungsverpflichtungen zu erfüllen. Was bedeutet dies für Ratings bei Immobilieninvestitionen?

Nach Scope sollen Investitionsratings bei Immobilieninvestments eine Aussage treffen, ob und in welchem Maße das Investment eine risikoadjustierte Rendite erwarten lässt. Dabei spielt das Rating des oder der jeweiligen Immobilien eine besondere Rolle. Der Verband der Pfandbriefbanken (vdp) bezeichnet das Markt- und Objektrating für Immobilien als ein standardisiertes Verfahren, um die nachhaltige Qualität einer Immobilie in ihrem relevanten Markt darzustellen. Maßstab der Qualität ist die mittelfristige Verkäuflichkeit der Immobilie zu einem dann angemessenen Preis zwischen Experten, denen alle Markt- und Objektinformationen zur Verfügung stehen.

9.2.4 Ratingkriterien und Ratingprozess

An Ratings und Ratingagenturen sind einige Anforderungen zu stellen, die die Auswahl möglicher Agenturen begrenzt.

- Formale Kriterien
  Es muss sich um eine Kapitalgesellschaft handeln, die über eine Mindestgröße verfügt und die seit geraumer Zeit am Markt etabliert ist.
- Inhaltliche Kriterien
  Es ist der Nachweis einer am Markt erprobten und wissenschaftlich abgesicherten Analysesystematik zu erbringen.
- Unabhängigkeit
  Das Analyseinstitut darf keine eigenen Anlageprodukte konzipieren und anbieten. Auch darf keine Abhängigkeit von Gesellschaftern oder Tochterunternehmen bestehen, die Anlageprodukte konzipieren oder anbieten.
- Offenheit
  Das Unternehmen muss seine Ratingmethodik offen legen und sich zudem einer Überprüfung der Anforderungen stellen.
- Reputation
  Das Unternehmen sollte über einen nachweislichen Track Record im Hinblick auf die Anzahl und die Aussagekraft der erteilten Ratings verfügen.

Zur Erteilung von Credit Ratings ist darüber hinaus die Zulassung der Europäischen Wertpapier- und Marktaufsichtsbehörde (ESMA) zwingende Voraussetzung.

Die wichtigsten Marktteilnehmer für Ratings im Immobilienbereich sind:
- Scope
- Fitch
- Moody's
- Standard & Poors (S&P)

Darüber hinaus spielt das von einem international besetzten Arbeitskreis der TEGoVA (The European Group of Valuers' Association) entwickelte System zum Rating von Immobilien eine große Rolle.) festgeschrieben wurde.

Der Ablauf eines Ratings erfolgt üblicherweise nach fest vorgegebenen Regeln, die im Folgenden beispielhaft für ein Rating eines Investments (Eigenkapital oder Fremdkapital) im Bereich der Projektentwicklung dargestellt werden:
- Datenanforderung und -erhebung
  Fragenkataloge, Produktinformationen, Objektinformationen, Verträge, Transaktionsschaubild, etc.
- Objektbegehung und Interviews
  Durchführung von Objektbegehungen und Interviews mit Geschäftsführung und wesentlichen Mitarbeitern
- Analyse und Bewertung
  Durchführung der Analysen und Bewertungen anhand der Daten und der Interviews, gegebenenfalls ergänzende Abstimmung mit dem Auftraggeber im Hinblick auf die Erfassung der tatsächlichen Gegebenheiten,
- Ratingkomitee
  Festlegung der Ratingergebnisse im Ratingkomitee
- Vorstellung des Ratings beim Auftraggeber
  Bekanntgabe des Ratingergebnisses beim Auftraggeber, Begründung des Ratings
- Veröffentlichung des Ratings durch die Ratingagentur
  Ratings können als „Public Rating" oder als „Private Rating" erteilt werden. In letzterem Falle wird das Rating nur einem begrenzten Personenkreis zugänglich gemacht und dient nicht zur Information der breiten Öffentlichkeit. Diese Vorgehensweise wird insbesondere bei den Transaktionen gewählt, bei denen der Investor bereits vorher feststeht, aber das Rating dennoch aus regulatorischen Gründen notwendig ist. Bei Credit Ratings, die als „Public Rating" erteilt werden, gibt es zwingende Vorschriften zur Veröffentlichung des Ratings durch die Ratingagentur. Scope wendet diese Vorgehensweise entsprechend auch bei den Investitionsratings an. Alle Ratingagenturen sind verpflichtet die entsprechende Ratingmethodik zu veröffentlichen. Hier sei beispielhaft auf die Webseiten der Scope Ratings GmbH www.scoperatings.com und der Scope Analysis GmbH www.scopeanalysis.com verwiesen.

9.2.5 Ratingskalen

Ergebnis des Ratingprozesses ist die Zusammenfassung der Bewertung mittels einer Ratingnote. Die Aussage ist um so genauer, je mehr Noten vergeben werden. Als internationalen Standard hat sich mittlerweile eine 21-Stufen-Skala mit Ratingnoten von AAA bis D (AAA, AA, A, BBB, BB; B, CCC, CC, C, C, D) durchgesetzt, wobei die einzelnen Ratingnoten noch durch „+" oder „-" abgestuft werden, zum Beispiel A+, A, A-. Im Credit Rating ist die Note „BBB-" von besonderer Bedeutung, denn ab der Note „BBB-" wird den Ratingnoten der sogenannte „Investment Grade" zugesprochen. Der „Investment Grade" ist bei institutionellen Investoren eine wesentliche Voraussetzung zur Investition in Schuldtitel wie zum Beispiel einer Inhaberschuldverschreibung.

Die Ratingnoten dienen zum einen der Zuweisung einer bewertenden Kommentierung, andererseits erlauben Sie – zumindest in Grenzen – eine Vergleichbarkeit von Ratings verschiedener Institutionen (Agenturen oder Banken). Allerdings beschränkt sich die Vergleichbarkeit immer auf den Ratinggegenstand. Es ist zum Beispiel zwingend vorgeschrieben, Ratingnoten im Bereich Structured Finance mit dem Suffix „sf" zu versehen. Scope setzt diese Logik auch bei

Investment Ratings um. So versieht die Scope Analysis GmbH Asset Management Ratings mit dem Suffix „AMR" und das Rating von Alternative Investment Fonds mit dem Suffix „AIF".

9.2.6 Ratingtypen

Wie bereits unter 8.2. erläutert wird zwischen Credit Ratings und Investment Ratings unterschieden. Beide Formen des Ratings können auch bei Investments in Projektentwicklungen vorkommen. So wird grundsätzlich bei Fremdkapitalinvestments ein Credit Rating erteilt werden. Bei Eigenkapitalinvestments kommt das Investment Rating zur Anwendung. Nachfolgend werden die bei Investments in Projektentwicklungen relevanten Ratingtypen vorgestellt:

- Corporate Rating
  Corporate Ratings sind Credit Ratings und beurteilen die Kreditwürdigkeit eines Unternehmens. Sie können sich dabei auf die Einschätzung der Kreditwürdigkeit eines Unternehmens im Allgemeinen (Corporate issuer rating) oder eines vom Unternehmen begebenen Schuldtitels beziehen. (Corporate debt rating)
- Project Finance Ratings
  Bei Projektentwicklungen von Immobilien wird oft die Lücke zwischen der klassischen Bankfinanzierung (Senior Tranche) und dem Eigenkapital des Projektentwicklers mit einem weiteren Finanzierungsinstrument geschlossen. (Junior Tranche) Als Emittent dieses Instrumentes tritt in der Regel aber nicht der Projektentwickler selbst auf, sondern die Projektgesellschaft, die Eigentümerin des Grundstückes ist.
- Asset Management Ratings
  Eigenkapitalinvestoren tragen das volle Kapitalrisiko. Demgemäß ist insbesondere die Beurteilung der Managementqualität des Projektentwicklers für diese Investoren von wesentlicher Bedeutung. Das Asset Management Rating stellt eine Bewertung der Managementqualität zur allgemeinen und besonderen Beurteilung der Leistungsfähigkeit des Unternehmens dar.
- Investment Rating des Projektes
  Eigenkapitalbeteiligungen bei Projektentwicklungen können in der Regel entsprechend der Methodik von Alternative Investment Fonds beurteilt werden. Dabei werden alle Chancen und Risiken der Projektentwicklung analysiert und bewertet.

9.3 Rating von Projektentwicklungsgesellschaften

9.3.1 Grundlagen

Der Erfolg eines Immobilieninvestments wird in wesentlichem Maße durch die Immobilie – Standort, Objektqualität und Vermietungssituation – selbst bestimmt. Darüber hinaus hängt der Investitionserfolg auch in hohem Maße von der Managementleistung einzelner Unternehmen ab (z.B. Betreiber, Asset Manager, Property Manager). In diesen Fällen spiel die Bewertung der Managementqualität eine große Rolle. Im Falle einer Immobilienprojektentwicklung ist dies insbesondere der Projektentwickler.

Das Scope Asset Management Rating prüft die Qualität eines Unternehmens und bewertet alle relevanten Einflussfaktoren auf die Managementqualität. Die Beurteilung der Managementqualität analysiert, ob der Projektentwickler über die Fähigkeit verfügt, das Projekt erfolgreich zu planen, zu organisieren, zu steuern und termingerecht fertigzustellen.

9.3.2 Managementqualität

Die Projektentwicklung von Immobilien ist ein komplexer Managementvorgang. An den Projektentwickler sind sehr unterschiedliche Anforderungen in verschiedenen Disziplinen zu stellen. Hierzu gehört zuerst ein hinreichendes Maß an Kreativität und Ideenreichtum für die spätere Nutzung des Grundstücks eine Lösung zu entwickeln, die Politik, Banken, Nutzer und Investoren überzeugt. Die Fähigkeit einen Standort entsprechend beurteilen zu können und profunde Kenntnisse des Immobilienmarktes sind ebenso essentiell wie rechtliche und ausgeprägte betriebswirtschaftliche Kenntnisse. Hinzu kommt die Beherrschung der Marketinginstrumente. Die Fähigkeit zur Prozesssteuerung erscheint in diesem Gesamtkontext schon als Selbstverständlichkeit.

Inwieweit der Projektentwickler diese Anforderungen erfüllt, beurteilt Scope in den Panels Unternehmen, Investmentmanagement, Track Record, Operations und Marketing. Bei der Bewertung des Unternehmens wird die Organisation, die Finanzstruktur und die Marktpositionierung analysiert. Im Panel Investmentmanagement werden wesentlich die Investmentprozesse durchleuchtet. Dies umfasst sowohl die innere Organisation als auch das Partnernetzwerk. Schließlich werden auch die Umwelt-, Sozial- und Governance-Standards untersucht. Das Panel Track Record beschäftigt sich mit der historischen Performance des Projektentwicklers, hierzu gehören Kriterien wie Anzahl der realisierten Projekte, Termintreue, Kosteneinhaltung, Verkaufserfolg, Vermietungserfolg. Das Panel Operations beschäftigt sich mit der operationellen Aufstellung des Projektentwicklers. Scope fokussiert dabei auf die wichtigsten betrieblichen Aspekte mit Schwerpunkt auf Funktionen der operationellen Integrität, Governance, Compliance und des Risikomanagements. Schließlich befasst sich das Panel Marketing mit den Kommunikationsfähigkeiten des Projektentwicklers und seiner Kundenbetreuung.

9.3.3 Corporate Rating

Das Corporate Rating als Credit Rating untersucht folgerichtig das Risikoprofil eines Projektentwicklers. Hierbei werden Geschäftsrisiken, Finanzrisiken und ergänzende Einflussfaktoren betrachtet. Zu den Geschäftsrisiken gehört eine Branchenbetrachtung sowie eine Untersuchung der Wettbewerbsposition. Bei den finanziellen Risiken werden Liquidität, Verschuldung und Cash flow-Generierung analysiert. Zudem können ergänzende Einflussfaktoren hinzutreten wie zum Beispiel die Frage der Einbindung in einen Konzern und die daraus resultierenden Konsequenzen für das Unternehmen.

9.4 Rating von Projektentwicklungen

9.4.1 Grundlagen

Im Unterschied zu Ratings von Investments in bestehende Immobilien bezieht sich das Rating von Projektentwicklungen auf Immobilien, die sich in der Planung, Projektierung oder im Bau befinden. Für Investoren ergibt sich ein gegenüber dem Investment in eine fertiggestellte Immobilie ein erhöhtes Renditepotenzial. Dabei können zwei verschiedene Investitionsansätze in Betracht kommen. Dies ist zum einen die Beteiligung an der Projektentwicklung selbst mit dem Ziel, am Projektentwicklungsgewinn des Projektentwicklers zu partizipieren. Zum anderen sehen Investoren das Investment in Projektentwicklungen als Möglichkeit der Immobilieninvestition auf einer früheren Stufe der Wertschöpfung verbunden mit entsprechenden Preisvorteilen (Forward deal). Demgegenüber stehen die zusätzlichen Risiken aus den komplexen Planungs-, Projektierungs- und Bauprozessen sowie Risiken aus der Finanzierung und der Vermarktung der Immobilie.

Das Rating für Projektentwicklungen prüft die für den Erfolg und für die Qualität eines Projektes relevanten Einflussfaktoren sowie die damit verbundenen Risiken und bewertet sie aus der Sicht eines Investors und der Fremdkapitalgeber, sei es die finanzierende Bank oder aber ein alternativer Finanzierungspartner. Dabei geht es im Grunde stets um die Beurteilung eines Investmentangebotes. Wie bereits dargestellt, kann es sich dabei um eine Fremdkapitalinvestition oder eine Eigenkapitalinvestition handeln. Nicht zuletzt wegen der möglichen Komplexität und der dadurch strukturell hinzutretenden Analysekomponenten fokussieren sich die folgenden Ausführungen auf die Analyse und das Rating von Eigenkapitalinvestitionen. Im einfachsten Falle kauft der Investor die Immobilie im Projektstadium und vereinbart eine

Kaufpreiszahlung zum Beispiel nach der Makler- und Bauträgerverordnung. In vielen Fällen wird man aber ein strukturiertes Investmentangebot in Form einer Gesellschaftsbeteiligung oder einer fondsähnlichen Konstruktion vorfinden. Demgemäß zieht Scope für ein solches Rating ausdrücklich oder analog die Methodik zur Bewertung von Alternative Investments// Geschlossene Fonds heran. Das Rating basiert auf der Bewertung der Vermögensgegenstände (des Projektes) und ihrer Risiko- und Renditeparameter, der Bewertung der Qualität des Asset Managers (des Projektentwicklers). Hierzu wird auf Ziffer 8.3.2 verwiesen. Ergänzend kommt die Bewertung der Investmentstruktur hinzu.

9.4.2 Analyseprozess

Bei der Analyse des Projektes steht die umfassende Beurteilung der Projektrisiken im Vordergrund. Diese besteht aus den Komponenten Planungsrisiken, Ausführungsrisiken und Investitionsrisiken. In der Kategorie *Planungsrisiken* werden die Planungsgrundlagen, Genehmigungsgrundlagen sowie die Kosten- und Terminplanung untersucht. Vollständigkeit und Qualität der Planung sind dabei die wesentlichen Bewertungskriterien. Des Weiteren wird beurteilt, ob die planungsrechtlichen Vorgaben eingehalten werden.

Im Bereich *Ausführungsrisiken* werden die Eignung des Baugrundes und die Qualität der geplanten bzw. der fertiggestellten Ausführung beurteilt. Hinzu kommt die Überprüfung der Termineinhaltung im laufenden Projektfortschritt. Die Ausprägung der Ausführungsrisiken hängt somit wesentlich vom Projektstatus zum Bewertungsstichtag ab.

Als *Investitionsrisiken* werden insbesondere die marktspezifischen Risiken, der Kaufpreis des Grundstücks beziehungsweise die Entwicklungs- und Konstruktionskosten, weitere Projektkosten wie Finanzierungskosten und Vermarktungskosten sowie die zu erwartenden Mieterträge und schließlich der Verkaufspreis der fertiggestellten Immobilie betrachtet. Damit sind die wesentlichen Parameter benannt. Projektspezifisch können stets weitere Parameter hinzutreten.

Im Zusammenhang mit der Analyse der Investmentstruktur wird die rechtliche Struktur des Angebotes und die vertraglichen Beziehungen zwischen den Parteien einschließlich möglicher Drittparteien untersucht.

9.4 Ratingermittlung

Für jedes zu bewertende Projekt erstellt Scope ein eigenes Cashflow-Modell, das die Struktur des Angebotes widerspiegelt. Im Analyseprozess werden die Parameter definiert, die den Cashflow determinieren. Jeder dieser Parameter kann wiederum von einer Vielzahl von Variablen bestimmt werden. Während einige der Variablen konstant sein können, schwanken andere im Zeitablauf. Dabei kann die Bewertung der Managementqualität und der Struktur zu Anpassungen der Variablen führen. Um die Rendite-Risiko-Relation letztlich zu bewerten, führt Scope eine Simulation der Variablen mit hinreichender Anzahl von Simulationsläufen durch, die die erwartete Rendite und deren Volatilität beeinflussen. Das Ergebnis ist eine Wahrscheinlichkeitsverteilung der zu erwartenden Rendite. Aus dieser ermittelt Scope die Downside-Volatilität des Investments. Scope kalkuliert die Downside-Volatilität als Quadratwurzel der Downside-Abweichung der erwarteten Rendite. Das Rating wird letztlich errechnet aus dem Quotient des erwarteten internen Zinsfusses abzüglich des risikofreien Zinssatzes und der Downside Volatilität. Im Ergebnis erhält der Nutzer des Ratings eine eindeutige und transparent hergeleitete Meinung zur Rendite-Risiko-Relation des angebotenen Investments.

9.5 Bedeutung der Bewertung von Projektentwicklungen für private Investoren

Während der Markt für geschlossene Immobilienfonds sich in den letzten Jahren auf einem niedrigen Niveau stabilisiert hat, hat sich das Angebot an Direktinvestments stark erhöht. Dies betrifft insbesondere das Angebot zum Erwerb von Immobilien im Teileigentum. Dies sind zunächst natürlich Wohnungen, mittlerweile hat sich das Angebot aber auch auf Pflegeappartements in Pflegeheimen oder auch Hotelzimmer ausgeweitet. In den letzten Jahren hat der deutsche Wohnimmobilienmarkt deutlich an Attraktivität gewonnen. Mieten und Preise sind stark gestiegen. Im Zuge dessen haben die privaten Anleger in großem Umfange in Eigentumswohnungen investiert. Die anhaltende Niedrigzinsphase hat diesen Trend wesentlich unterstützt. Dies hat insbesondere in den Wachstumsstädten Dresden und Leipzig zu einem regelrechten Boom geführt, nicht zuletzt, weil dort bei der Sanierung von Altbauten auch noch die sogenannte „Denkmal-Afa" in Anspruch genommen werden konnte. Dies bedeutet aber auch, dass der Anleger die Wohnung noch vor Baubeginn erwerben musste. Hieraus resultiert die zwingende Notwendigkeit sich nicht nur mit dem Projekt sondern auch mit dem Bauträger/Projektentwickler auseinanderzusetzen. Nun wird dies für die meisten Privatinvestoren eine nur schwer lösbare Aufgabe um sein. Umso mehr muss sich der Anlageberater dieser Herausforderung stellen und im Rahmen seiner Anlageberatung nicht nur die Qualität des Projektes sondern auch die Leistungsfähigkeit des Projektentwicklers prüfen. Dies kann in den Grundzügen nach denselben Parametern erfolgen, wie sie vorstehend dargestellt worden sind. Dazu gehört eine Prüfung der Vollständigkeit und Nachvollziehbarkeit der Dokumentation wie zum Beispiel Lagedarstellung, Baubeschreibung, Aufmaße, Kaufpreisliste usw., aber auch eine Prüfung der Angebotsstruktur. Die Angebote werden in ähnlicher Form dargeboten, wie man es früher von geschlossenen Beteiligungen gewohnt war. Da die Immobilie im Projektstatus erworben wird, ist eine hinreichende, verständliche und nachvollziehbare Beschreibung der Anlage unverzichtbar. Hier hat sich ein Prospektierungsstandard in Anlehnung an den IdW S4 als Marktstandard herausgebildet, der auch entsprechend testiert wird.

9.6 Zusammenfassung

Fundierte Prognose, Analysen und Ratings sind heute für langfristig orientierte Entscheidungen auch am Immobilienmarkt unverzichtbar und in vielerlei Hinsicht notwendige Voraussetzung.

Das gilt in besonderem Maße für Projektentwicklungen, da hier eine Vielzahl von Unsicherheiten bestehen, die für die Projektbeteiligten, insbesondere den Investor und die Fremdkapitalgeber, zu hohen Risiken führen können. Ratinggegenstand sind sowohl der Projektentwickler als auch der jeweilige Investitionsgegenstand. Ein systematischer Analyseprozess, bei dem alle Risikofaktoren überprüft und bewertet werden, kann die Risiken transparent machen und bei der Investitionsentscheidung und im Risikomanagement zur Sicherstellung des Investmenterfolges eingesetzt werden. Entsprechende Analysen und Bewertungen sind dabei nicht nur für institutionelle Investoren sondern auch für private Anleger von wesentlicher Bedeutung.

10. Operatives Controlling als integraler Bestandteil des Risiko Management Systems

„If cybernetics is the science of control, management is the profession of control"
Stafford Beer, Decision and Control, London 1962, 2nd edition, p. 239 – Stafford Beer gilt als Begründer der Managementkybernetik

10.1 Erst die Strategie, dann die Rendite …

Eine erfolgreiche Investition in die Immobilie ist vor allem eine Frage des richtigen Zeitpunktes der Investition bzw. der Desinvestition. Neben dieser einfachen Erkenntnis, lohnt sich aber für den Finanzinvestor durchaus auch die Frage wie das Asset Management in dem dazwischen liegenden Zeitraum erfolgt. Dahinter steckt die Annahme, dass der Wert der Immobilie im Lebenszyklus des Objektes nicht nur durch ein aktives Mietermanagement bestimmt wird, sondern auch durch Instandhaltungs-/und Instandsetzungsmassnahmen oder sogar durch Projektentwicklung mit Änderung der Nutzungsart.

Diese Leistungen finden in der Berichterstattung für den Finanzinvestor und in der Kennzahlensystematik von Finanzinstituten und Fonds bisher wenig Beachtung. Sie bestimmen jedoch den Grad der Liquidität und den Return on Investment und determinieren Handlungskorridore, für den Ein-/Ausstieg. Insbesondere dann erlangen sie eine neue Bedeutung, wenn der Investor nicht eine Einzelimmobilie hält, sondern ein Portfolio strategisch aufbauen und managen möchte. Interessant wird es, wenn eine Heterogenität hinsichtlich der Lebenszyklen und der Nutzungsarten der Immobilien besteht und Wertsteigerungen insbesondere über Baumaßnahmen und Nutzungsänderungen herbeigeführt werden können. Differenziert man in den Investor, der selbst Assets hält und Projektentwicklung aktiv betreibt und den reinen Finanzinvestor, so ist die erste Gruppe für das Management und das Controlling des Geschäftes verantwortlich, während die zweite Gruppe ein solches unternehmerisches Handeln sichergestellt wissen muss, um die Validität der Aussagen der Berichterstattung nicht stets hinterfragen zu müssen. Fast alle Finanzinvestoren delegieren die Aufgaben des Managements und des Controllings der Einzelimmobilie an den Assetmanager. Vereinzelt wird auch die Steuerung des ganzen Immobilienportfolios nicht selbst wahrgenommen. Der Finanzinvestor muss jedoch sicherstellen, dass diese Aufgaben beim Assetmanager in adäquater Form wahrgenommen werden. Dies bedingt ein Mindestmaß an Grundkenntnissen zur Einschätzung der Leistung des Projektcontrollings.

Investitionen in ein Projektportfolio bestehend aus Projekten und Bestandsimmobilien an unterschiedlichen Standorten mit unterschiedlicher Nutzung und Größe, bedürfen deshalb einer **klaren Strategie für die Gesamtinvestition** über alle Objekt und Projekte.

Vermutlich ist diese einfache Wahrheit im opportunitätsgetriebenen Projektgeschäft dem einen oder anderen Immobilieninvestor erst deutlich geworden, als Banken ihre Investitionsentscheide an die Forderungen nach einem **Risiko Management System (RMS) auf Unternehmensebene** zu knüpfen begannen. Nur wenige Unternehmer in der Immobilienbranche haben ihre vielen Einzelprojekte als Portfolio verstanden und sie dementsprechend geführt. Aktuelle Gesetze und Regularien verlangen für kapitalmarktorientierte Kapitalgesellschaften die Beschreibung der wesentlichen Merkmale des internen Kontroll- und des Risikomanagementsystems in Hinblick auf den Rechnungslegungsprozess.

Chancen und Risiken liegen in der Immobilienwirtschaft nah beieinander und machen den Reiz der Immobilienentwicklung aus. Je größer die Risikoposition und je stärker der Einfluss kleiner terminlicher Abweichungen auf den Investitionserfolg ist, desto wichtiger wird die Auseinandersetzung mit dem Einfluss des Einzelprojektes auf das Gesamtportfolio. Jeder weiß, dass über lange Zeiträume und viele Unabwägbarkeiten hinweg, die tatsächliche Rendite oder

der in der Akquisitionsphase dargestellte Trading Profit des Einzelprojektes nicht prognostiziert werden können. Die Investitionsbereitschaft wird deshalb üblicherweise mit Bürgschaften und Garantien des Unternehmens unterstützt. Trotz all dieser Bemühungen entscheidet letztlich – Jahre später – allein die Nachfrage der Immobilienmieter über die tatsächliche Performance des Kapitals. Jeder, der auf die falsche Zielgruppe gesetzt hat, wird Renditeerwartungen dann zurücknehmen müssen. Die Immobilienblase in den USA und die dahinterliegenden Einzel- und Unternehmensschicksale beweisen, welche Auswirkungen falsche Projektentscheide und Fehleinschätzungen der Höhe und des Zeitpunktes des Return on Investments in Summe auf Pensionsfonds haben können.

Zwischen Investitionsentscheid und der Realisierung der Rendite liegen mehrere Jahre. Dieser Zeitraum bedeutet Unschärfe. Daraus ergeben sich hohe Anforderungen an die Auswahl der Projekte und vor allem an die Berichterstattung während der Projektdurchführung. Wenn darüber hinaus Investor und Management institutionell auseinanderfallen, wird die fortlaufende Information über die Projekte ein zentrales Thema. Für den Investor besteht die Notwendigkeit, Investments zu kontrollieren und zu steuern – also Investment-Controlling im eigentlichen Sinne zu betreiben.

Auch wenn die Flut der Wertberichtigungen nach der Konsolidierung der Geschäfte abebbt, ist der Kontrollwunsch der institutionellen Investoren mehr denn je ein dominanter Faktor in der globalen Immobilienwirtschaft. Leider besteht diese Kontrolle oft aus einem quantitativen Finanzkennzahlen-Set, das dem Kontext des Unternehmenscontrollings- und -berichtswesens angepasst und dann dem Projektcontrolling übergestülpt wird. Für eine Unterstützung des Managements in der Steuerung mehrerer Projekte ist dieses Kennzahlen-Set nicht zweckmäßig. Auch für den Umgang mit Unschärfen bedeutet ein ausschließlich auf finanzielle Größen ausgerichtetes Controlling eine ungünstige Komplexitätsreduktion. Die Berichterstattung bleibt so entkoppelt vom eigentlichen Projektmanagement und -controlling und verkennt die Orientierungsgrößen, die für eine Steuerung von Projekten notwendig sind. Negiert wird ebenso das sogenannte Kumulusrisiko, ein Konzept, das aus dem Arbeitsbereich der Rückversicherer stammt. Unnötig zu betonen, dass auch die Rentabilität der Projekte je nach angelegten Kennzahlen und Profitberechnungssystematik divergiert. Diese Tatsache erklärt die Stagnation der Projektentwicklungen in Unternehmen, in denen ein immobilienfernes Kerngeschäft die Kennzahlensystematik und Renditevorgaben dominiert. Sind in einem Niedrigzinsumfeld „Immobilienentwicklungen" ein willkommener „Cashbringer", ist eine renditeschwache Projektentwicklung bei einer stagnierenden Wirtschaft als Geschäftsfeld in Gefahr die nächste Reorganisation nicht zu überleben. Renditeerwartungen und Risikolimiten anderer Branchen sind als Orientierungsgrößen des Risiko-Managements großer Konzerne immer mitzudenken. Als Gegenbewegung zur Niedrigzinspolitik haben in den letzten Jahren Banken und Fonds das Thema Immobilien wiederentdeckt. Vertraut mit dem Umgang mit Finanzmarktrisiken, nicht mit den operativen Risiken des Geschäftes, haben sie in der Subprime-Markt-Krise gelernt, dass Immobilienwerte sich zu einer Bedrohung kumulieren können, die weder versicherungstechnisch noch durch Hedge Fonds abgesichert werden kann – und auch nicht mit der Werthaltigkeit einer Immobilie. Tatsächlich hatte sich das Risiko im Immobilien- und Finanzmarktsystem durch positive Rückkopplungsmechanismen weiter verstärkt und perpetuiert. Deshalb müssen ein Controlling des Immobiliengeschäftes (der einzelnen Projektentwicklung und des PE-Portfolios) sowie ein Controlling der Finanzkennzahlen im Kontext alternativer Anlagestrategien stattfinden. Erst die Steuerung aller Risikoarten macht ein integratives Risiko Management System aus.

10.2 Controlling als Element des Risiko Management Systems

Der systemorientierte Ansatz nach Ulrich legt ein Verständnis der Unternehmung als produktives, soziales System an. In der Folge werden Problematik und Lösungsansätze des Controllings von Investitionen in Projektentwicklungen vor diesem Hintergrund beleuchtet. Controlling wird nicht nur als Funktion, sondern vor allem als Aufgabe des Managements verstanden. Damit ist der Umgang mit Risiken aus dem operativen Geschäft wieder in die Risikobetrachtung eingeschlossen. Es ist ein notwendiges Element eines Managementsystems, das eine Umsetzungsstrasse von der unternehmensbezogenen Strategie bis zu individuellen Leistungsergebnissen der Mitarbeiter vorgibt.

Für die Umsetzung der Strategie ist eine zweckmäßige Organisation notwendig, in der mittels geeigneter Führungsprozesse und adäquater Arbeitstechnik individuelle Ergebnisse ermöglicht werden. In diesem Verständnis ist neben der Entwicklung der Führungskräfte und Mitarbeiter das Controlling das wesentliche Element, um eine Rückkopplung der Leistungsergebnisse zu den strategischen Vorgaben zu gewährleisten. Wichtig ist, eine negative Rückkopplung von Prozessen sicherzustellen, um bei Überschreitung von Risikolimiten Eskalationsmechanismen auszulösen.

10.3 Projektcontrolling als Unterstützung des Projektmanagers und der Unternehmensleitung

Controlling wird heute glücklicherweise nicht mehr mit Kontrolle übersetzt. Vielmehr hat sich endlich das Verständnis durchgesetzt, dass Controlling die Steuerung des Unternehmens durch **transparente und gut aufbereitete Informationen** ermöglicht, während die **Kontrolle** der Ergebnisse und die sich daran anschließende **Entscheidung** darüber dem Management als Führungsaufgaben zuzuweisen sind. Es ist die Aufgabe des Managements sicherzustellen, dass Entscheidungen durch den Controller vorbereitet, und Informationen über Einzelprojekte erhoben und zu Aussagen über das Gesamtportfolio verdichtet werden. Die Auswahl der geeigneten Instrumente liegt hingegen im fachlichen Ermessen des Controllings. Die Kennzahlen sind Steuerungsinformationen für das Geschäft und deshalb aus den spezifischen Treibern des Geschäftes oder Projektes unter Berücksichtigung des Geschäftsmodelles abzuleiten.

Abb. 1: Die Aufgaben der Führungskraft und des Controllings

© Malik MZSG

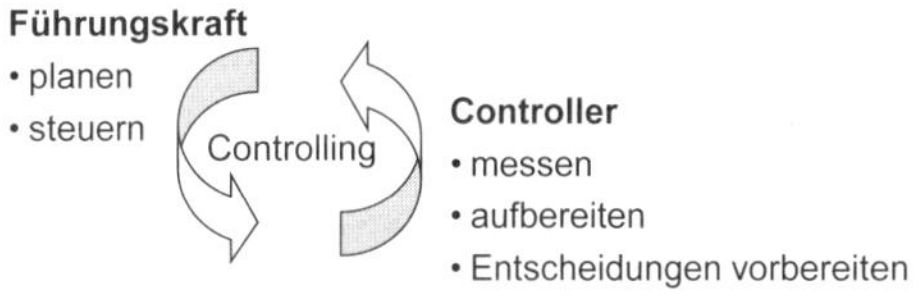

Obwohl Projektcontrolling inzwischen als Kernkompetenz im Immobiliengeschäft gesehen werden kann, muss die **Unabhängigkeit des Projektcontrollers** durch klare Unterstellungsverhältnisse sichergestellt werden. Der Projektcontroller ist weder dem Projektmanager unterstellt, noch kann er seine Aufgabe in einer Doppelfunktion mit dem Unternehmenscontrolling wahrnehmen. Er steuert den Prozess der Berichterstattung auf Projektebene, stellt die geeigneten Instrumenten dafür zu Verfügung und ist ein wichtiger Ansprechpartner für den Projektleiter und für die Geschäftsleitung in den Belangen des Projektcontrollings. Die jeweiligen Aufgaben der Führungskraft und des Controllings lassen sich bildhaft darstellen: Der Kapitän steht am Ruder, der Controller steht ihm als Lotse zur Seite.

10.4 Anforderungen an die Berichterstattung: Die Stakeholder

Controlling in der Immobilienwirtschaft dient verschiedenen Anspruchsgruppen und muss deshalb unterschiedliche Informationsbedürfnisse befriedigen:

Abb. 2: Vereinfachte Darstellung des Risiko Management Systems

© Malik MZSG

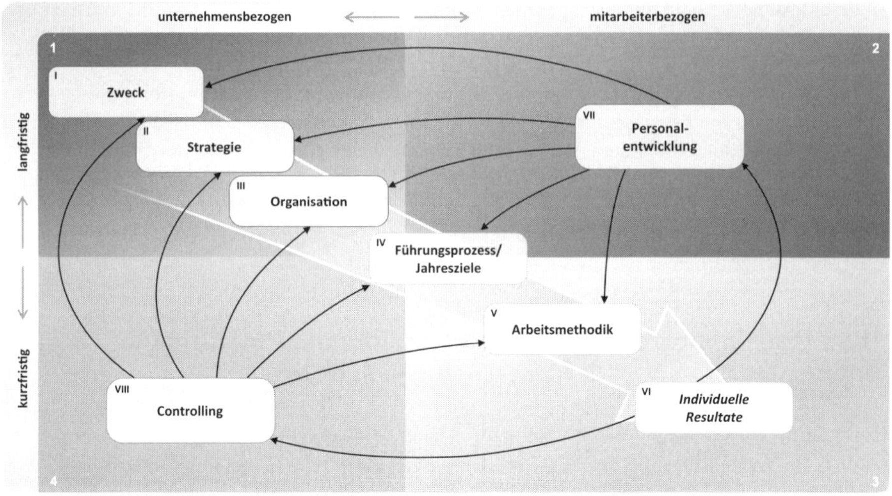

- **Investoren** wollen mittels **Kennzahlen** über die **Investition und Desinvestition der eingesetzten Mittel** entscheiden. Operatives Eingreifen ist jedoch nur über die Projektmanager möglich, was bei der Beteiligung in einer Projektentwicklungsgesellschaft eine Frage des Durchsetzens in Netzwerkbeziehungen ist. Aber wo wären wir, wenn jeder Kleinanleger die Strukturen und das Management von Immobilienfonds einer harten Due Diligence unterziehen und unter subjektiver Problemwahrnehmung operativ eingreifen würde? Fazit ist: **Stimmen die Kennzahlen nicht, verlässt der Investor das Projekt.**
- Die **Geschäftsleitung von projektbezogenen Immobiliengesellschaften**, die für die **Steuerung der Investitionen und der Liquidität im Gesamtgeschäft** eine Gesamtbetrachtung der Projekte anstellt, benötigt Informationen, die über Renditeerwartungen hinausgehen. Die Projektdaten müssen zu einer **Gesamtsicht aus Kosten und Erlösen** verdichtet werden und in die Gewinn- und Verlustrechnung, die Bilanz des gesamten Geschäftsfeldes überführt werden. **Der Unternehmer braucht eine Managementinformation, die ihm ein zielgerichtetes Handeln ermöglicht.**
- **Projektmanager**, die ihre Vorgaben zum Projekt in einem „magischen Dreieck" aus **Leistung, Terminen und Kosten** einzuhalten – oder gar zu übertreffen – versuchen und dabei mit vielen qualitativen Faktoren operieren, brauchen wiederum eine andere Steuerungsinformation. **Die Projektmanager sind diejenigen, die das Projekt operativ managen.**

Dieser **Dreiklang von Anspruchsgruppen** mit unterschiedlichen Anforderungen an die Berichterstattung vereinfacht die Lage nicht. Die Vielzahl von unterschiedlichen Informationsbedürfnissen führt meist dazu, dass das schwächste Glied der Kette, der Projektmanager, unterschiedliche Berichtsformen bedient. Die **Schlüsselperson des Projektmanagers** zu bestimmen, sie mit den richtigen Instrumenten auszustatten, ist von erfolgsentscheidender Bedeutung. Das Vertrauen in die Kompetenz dieser zentralen Figur, die gestellte Aufgabe verantwortlich zu bewältigen und den Projektfortschritt adäquat zu berichten, ist conditio sine qua non. Jeder Banker wird bestätigen: ohne Vertrauen in das Projektmanagement, gibt es kein Geld.

10.5 Häufige (Fehl-)Entwicklungen im Projektcontrolling

Die Beratungspraxis und zahllose Gespräche mit Branchenexperten benennen eine Vielzahl von Entwicklungen des Projektcontrollings im Immobiliengeschäft, die fast ausschließlich als Fehlentwicklungen zu sehen sind:

10.5.1 Unklare Projektdefinition

Die Geschäftseinheit in der Immobilienwirtschaft ist das Projekt. Was nun aber ein Projekt ist, in einer Branche, die von der Flächenentwicklung über die Projektentwicklung bis hin zu Bestandsverwaltung reicht, ist häufig Gegenstand langer Diskussionen und unterschiedlicher Auslegungen. Ebenso sind Projektbeginn- und Ende nicht klar festgelegt.

10.5.2 Zementieren gängiger Praxis

Projektbasierte Unternehmungen bauen meist erst nach dem zehnten Projekt eine übergreifende Berichtsstruktur auf, die dann die Gewohnheiten der eingesetzten Projektmanager konsolidiert. Wird das Immobiliengeschäft erst als neues Geschäftsfeld aufgebaut, stellt sich bald die Frage, wie die Projekte in ein bestehendes Unternehmenscontrolling integriert werden sollen. Spätestens dann prallen die Treiber und Kennzahlen aus der Welt der Immobilienprojekte mit denjenigen aus der Welt des Controllings von kontinuierlicher Produktion und Dienstleistung aufeinander und erfordern eine getrennte Betrachtung.

10.5.3 Erfüllen rechtlicher Anforderungen an ein Frühwarnsystem

Aus dem Gesetz zur Kontrolle und Transparenz der AG (KonTrAG) ergibt sich die Frage des Haftungsdurchgriffs und des frühzeitigen Erkennens von Abweichungen. Wirtschaftsprüfer interpretieren diese Notwendigkeit mit der Einführung von finanziell ausgerichteten Controllinginstrumenten. Diese Systeme erlauben zwar den Rückblick auf Vergangenes, haben mit dem systematischen Erkennen von Chancen und Risiken aber wenig gemein.

Sollen Controlling und Berichtswesen nicht nur den Gesetzgeber **zufrieden stellen**, sondern tatsächlich zur **Führungsinformation und Steuerung** eingesetzt werden, ist das Procedere der Bereitstellung eines solchen Systems klar. **Jede Führungsebene muss die notwendigen und hinreichenden Stellhebel des Geschäftes kennen und verfolgen.** Diese Daten sind dann zu verdichten, statt nur auf der unteren Ebene abgefragt und ungefiltert nach oben berichtet zu werden. Resultate solcher Überfrachtung sind das unverhältnismäßige Wachstum des Controllingapparates, die Explosion der Overheadkosten, sowie – auf lange Sicht – eine fragwürdige Qualität der eingepflegten Daten.

10.5.4 Unflexible Controllingsysteme

Immobilienprojekte werden je nach Größe und Finanzierung rechtlich eigenständig ausgestaltet und/oder mit Projektpartnern durchgeführt. Diese Konstruktionen können äußerst komplex sein und bedingen ein umfangreiches Vertragswerk. Sie bedeuten einen weniger direkten Zugriff auf Informationen aus dem Projekt.

10.5.5 Unterschätzen der Dynamik

Projekte laufen über einen bestimmten Zeitraum und können aber aufgrund von Genehmigungsverzögerungen, schleppenden Vermietungen etc. immer wieder Verschiebungen erfahren, die für die Planung und Bereitstellung von Ressourcen finanzieller und personeller Art weitreichende Folgen haben. Häufig sind Controllinginstrumente nicht in der Lage, Änderungen im Umfang von Projekten hinreichend abzubilden.

10.5.6 Missachtungen des Subsidiaritätsprinzips

Die Verunsicherung in Geschäftsleitungen und Vorständen hat eine Kontrollwut ausgelöst, die nur noch von den Basel III Bestimmungen der Banken übertroffen wird. Die Immobilienkrise hat gezeigt, dass diese Kontrollen nicht wirksam waren. Das operative Geschäft sollte dort erfolgen, wo es unter Kontrolle gebracht werden kann, d.h. auf der Ebene der Projektleitung; Vorstände sollten keine Aufsichtsratsfunktionen in Projektentwicklungsgesellschaften übernehmen. Denn in letzter Konsequenz würde diese Doppelfunktion von Linie und Projekt bedeuten, über sein eigenes Handeln (und seine Fehler) entscheiden zu müssen. Wichtig ist, so haben Manager und Vorstände von Immobilien AG erkannt, die Frage der Strategie und damit eng verbunden, jene des Portfolios, sowie diejenige der Struktur, in der die Wertschöpfung erbracht werden soll, zu klären. Diese Rückbesinnung auf die eigentlichen Aufgaben der Unternehmensleitung ist neu; zu sehr hat sich die oberste Unternehmensleitung im Projektgeschäft aufgerieben.

10.5.7 Entkoppelungen von den Entscheidungsstrukturen

Als weitere Fehlentwicklung ist aufzuführen, dass das Berichtswesen oft als Blindleistung erbracht wird, weil es von Entscheidungsstrukturen entkoppelt ist. Die einfache Forderung nach Feedbackschleifen bleibt so unerfüllt. Maßnahmen zur Steuerung im Projekt, die auf der übergeordneten Ebene entschieden werden sollten, können vom Projektleiter mangels der fehlenden Position im Formular nicht rapportiert werden. Darüber hinaus bleibt dem Projektmanager – und nicht selten auch der Geschäftsführung – vielerorts die Bedeutung des Projektes im Gesamtportfolio des Unternehmens mangels Transparenz verborgen.

10.5.8 Fehlende Verzahnung

Viele Berichte laufen heute ins Leere. Es wird nur nach oben berichtet, der Projektleiter erfüllt seine Informationspflicht aufgrund einer Bringschuld. Oft verfügt nur die nächsthöhere Ebene über die Information, die ein Projektmanager zu Steuerung des Einzelprojektes braucht. Kritische Finanzierungsstrukturen sind dem operativen Projektleiter selten bekannt; deren Einfluss auf seine Projektrendite ebenso wenig. Viele Controllingabteilungen verfälschen die Führungsinformation bereits auf der untersten Ebene, d.h. der Projektebene, in dem der Projektbericht bereits Abschreibungen, Steuerabzüge und Quersubventionierungen darstellt. Eine Aussage zu treffen, ob das geplante Budget in Zeit, Kosten und Qualität eingehalten wird, ist so nicht möglich.

10.5.10 Missachtung der handelnden Personen

Der Person des Projektleiters kommt in der Projektentwicklung eine zentrale Bedeutung zu. Ob er sich geschickt im Markt bewegt, Opportunitäten erkennt, wie er mit Risiken und Menschen umgeht; all das ist ein wesentlicher Erfolgsfaktor. Jeder Projektleiter hat seine persönliche Arbeitsmethodik und steht externer Kontrolle mit gesunder Skepsis gegenüber. Der Projektleiter ist eine Führungskraft, die als Netzwerkmanager, Nutzer, Anleger und Projektentwicklung letztlich zusammenführt. Seine Aufgaben, Kompetenzen und Verantwortlichkeiten geben Aufschluss darüber, ob das Management das Unternehmen führt oder ob das oberste Leitungsgremium selbst operativ im Projektgeschäft die Projektleitungen übernimmt.

10.6 Ausgestaltung des Projektcontrollings

Aus den beobachteten Fehlentwicklungen und den oben diskutierten Anforderungen aus dem Projektentwicklungsgeschäft ergeben sich klare Konsequenzen für die Ausgestaltung des Projektcontrollings:

Erfolgsentscheidend für den Aufbau und das weitere Funktionieren von Controlling- und Berichtssystemen ist, eine hohe Qualität der Basisdaten von den Projektleitern einzufordern und auch nachzuhalten. Dies gelingt, wenn der Projektcontroller in einem ersten Schritt den Projektleitungen eine echte Hilfestellung anbietet.

Abb. 3: Entwicklungen und Ausgestaltung des Controllings

Entwicklungen	Konsequenzen für die Antragstellung
• Unklare Projektdefinition • Zementieren gängiger Praxis • Erfüllen rechtlicher Anforderungen • Neue Bewertungsmethoden • Unflexible Controlling-Systeme • Unterschätzte Dynamik • Missachtung des Subsidaritätsprinzips • Entkopplung von den Entscheidungsstrukturen • Fehlende Verzahnung • Missachtung der handelnden Personen	• Klare Definition des Projektentwicklungsprozesses mit festgelegten Entscheidungs- und Freigabe-Meilensteinen • Trennung von Notwendigem und Wünschenswertem; Prioritäten werden auf das Geschäftsnotwendige gesetzt • Aufnahme eines qualitativen Teiles in das Projektcontrolling • Klare Regelung des Vertragscontrollings • Klare Verbindung zum Rechnungswesen. Durchgängigkeit vom Projektentwickler zum Rechnungswesen sicherstellen • Projektcontrolling ist Schlüsselkompetenz im Immobiliengeschäft • Projektcontrolling ist so schlank als möglich auszugestalten • Kommentierungen von quantitativen Daten sind explizit einzufordern • Qualitativer Teil des Projektcontrollings zur Erfassung vorlaufender Größen • Regelmäßige Aggregation der Daten zum Aufzeigen von Gesamtwirkungen (Portfolioanalyse und Akquisitionsentscheidungen) • Klare organisatorische Entflechtung und unabhängiges Controlling • Interessenskonflikte vermeiden (Entscheidungen über Projekt-Exits müssen unabhängig getroffen werden können) • Explizites Einbinden von Entscheidungsprozessen in Controlling-Instrumente • Frühzeitiger Einbezug anderer Funktionen in den Aufbau des Projektcontrollings • Schlanke, einheitliche Instrumente erhöhen die Sicherheit aller und führen zu Win-win Situationen • Projektcontrolling als Führungsinstrument einsetzen • Frühzeitiger Einbezug der Betroffenen in die Entwicklung und Einführung des Projektcontrollings

10.7 Basis der Information: Der Projektbericht

Basis für ein erfolgreiches und wirkungsvolles Projektcontrolling ist ein klares, gemeinsames Verständnis über den **Projektentwicklungsprozess**. Besonderes Augenmerk ist dabei auf den Projektbeginn mit der Genehmigung einer Vorstandsvorlage und auf das Projektende mit der Nachkalkulation zu legen. Wieviele Projektleiter mussten Projekte ohne klare Budgets und Ursprungsplanung übernehmen und wurden so zur Tontaube für jedermann?

Erfolgsentscheidend ist weiter eine **knappe Berichtsstruktur,** die sich an der **Logik des Geschäfts** und an bestehenden Leitlinien im Bereich der Projektentwicklung orientiert (z.B. Honorarordnung für Architekten und Ingenieure (HOAI), Kostengruppen gemäss DIN 276 etc.).

Die mögliche Gliederung eines Projektberichts besteht beispielsweise in 1. Grunddaten, 2. Vermarktungseckwerte, 3. Wesentliche Meilensteine, 4. Kosten, 5. Erlöse, 6. Finanzierung, 7. Ergebnis und Kennzahlen, 8. Verträge, 9. Sachstand. Zudem sollen die Berichtenden explizit zur Kommentierung der Zahlen angehalten werden und die quantitativen Zahlen qualitativ erläutern (z.B. Vermarktungsstände). Planungen abzugeben und Abweichungen frühzeitig zu berichten, sind ein Zeichen hoher Professionalität und sollte als solches vom Management verstanden werden. Mit begründeten Abweichungen von der Planung muss sachlich umgegangen werden. Ebenso ist es eine Entlastung für Projektleitung **und** Unternehmensleitung, wenn durch das Projektberichtswesen ein institutionelles Gefäß für die Adressierung von Entscheidungsbedarf auf der nächsten Hierarchieebene zur Verfügung gestellt wird. Projektmeetings, an denen Projektleiter und Geschäftsführung teilnehmen, können so strukturierter ablaufen.

Abb. 4: Exemplarische Darstellung des Berichtswesens auf Projektebene

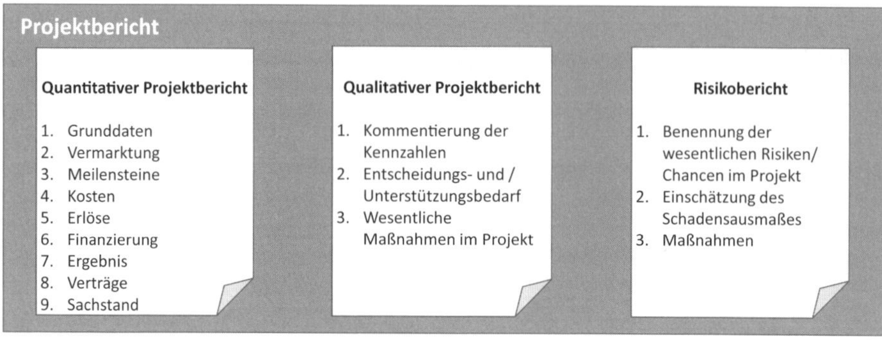

Ein solches Projektberichtswesen als Basis des Projektcontrolling mit möglichst einfachen Mitteln zu realisieren, hat sich vielfach bewährt. Ohne zusätzlichen Schulungsaufwand ist es für das dezentrale Projektentwicklungsgeschäft am besten geeignet und schnell einsetzbar.

10.8 Verdichtung der Projektberichte: Das Management Informationssystem (MIS)

Das Immobiliengeschäft ist opportunitätsgetrieben. Die Anzahl der Projekte wächst oft schleichend und unbeobachtet, denn der Fokus der Branche liegt auf dem einzelnen Projekt – oft sogar nur auf einzelnen Prestigeprojekten. Der oben dargestellte Projektbericht liefert die Entscheidungsgrundlage für Desinvestitions- und Investitionsentscheide auf Einzelprojektebene und unterstützt den Projektmanager in seiner Arbeit. Für das Management des Immobilienunternehmens oder den Manager des Portfolios ist diese Information aber nicht ausreichend, um die richtige Gewichtung und Verteilung der Investitionen auf mehrere Projekte zu beurteilen. Um als **Führungsinformation für die Steuerung des Gesamtportfolios** zu dienen, müssen die Daten der Einzelberichte in sinnvoller Weise verdichtet werden.

Das Vorgehen folgt einer einfachen Logik:

Abb. 5: Die Management Informationssystem-Pyramide (MIS)
Vom Projektbericht zur Portfolio- und Unternehmenssteuerung

© Malik MZSG

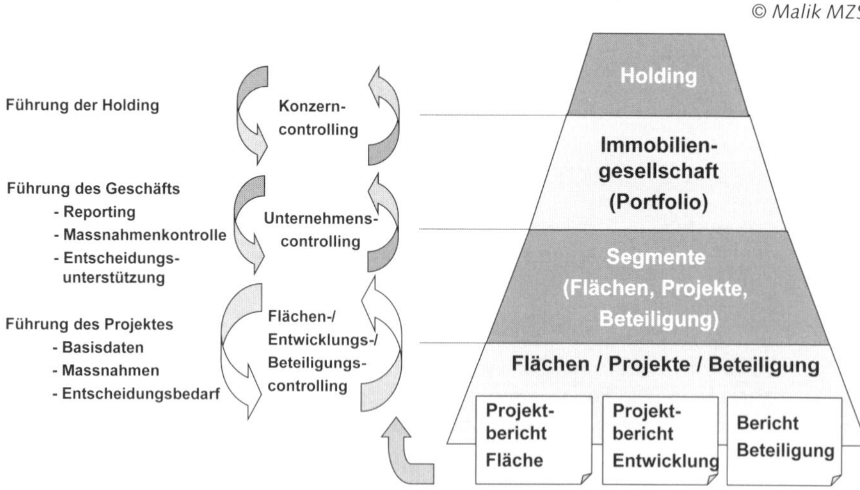

Die Basisdaten aus den Projektberichten am Fuß der Pyramide werden ebenengerecht aggregiert und für die Steuerung des Geschäfts aufbereitet. Dies bedeutet, dass die aktuellen Informationen aus den Projekten für das gesamte Portfolio verdichtet und in Soll-Ist-Vergleichen dargestellt werden. Eine Spiegelung an den in der Strategie festgelegten Eckwerten und Korridoren erlaubt aufschlussreiche Einsichten für die **Steuerung des Geschäftes und für die Strategieerarbeitung**. Das Management Informationssystem MIS bietet eine Grundlage für die Führungsarbeit im Sinne der Konzentration auf das Wesentliche. Beispielsweise ist eine Übersicht über die Vorratsgrundstücke, das Gesamtinvestitionsvolumen der in Entwicklung befindlichen Projekte und die zur Vermarktung stehenden Flächen ein Schlaglicht auf das heutige und auch auf das zukünftige Geschäft. Ein **Zielkorridor,** der das geplante Gesamtinvestitionsvolumen im Strategiezeitraum beschreibt, zeigt dem Unternehmer inwieweit die begonnenen Projektvorhaben in der zeitlichen Perspektive dieses Limit über- oder unterschreiten. Auch wird deutlich, in welchem Verhältnis das stetige Bestandsgeschäft und das volatile, risikoreicherer Projektentwicklungsgeschäft stehen und wie viel Liquiditätspotential im Bestandsgeschäft, bzw. in noch nicht vollständig vermarkteten Projekten, steckt. Die Bedeutung des Erfolges eines großen Einzelprojektes für das Portfolio und für die Lebensfähigkeit des Unternehmens tritt in dieser einfachen Übersicht klar zutage.
Die Aufbereitung der Berichte und auch die Berichtsfrequenz unterscheiden sich je nach Berichtsstufe. Die Gesamtsicht ist jedoch für alle Anspruchsgruppen und insbesondere für Investoren und die Unternehmensleitung interessant.

Ein Management Informationssystem (MIS) sollte rasch die wesentlichen Informationen über das Projektportfolio vermitteln und gleichzeitig das Augenmerk der Geschäftsleitung auf die kritischen Projekte lenken.

Im Folgenden ist eine Gliederung eines solchen Management Informationssystems (MIS) wiedergegeben, wie sie sich etwa für die Gliederung eines periodischen Berichtes zuhanden der Geschäftsleitung eignet:

Abb. 6: Das Projektgebirge und der Zielkorridor: Die Steuerung des Gesamtinvestitionsbedarfs

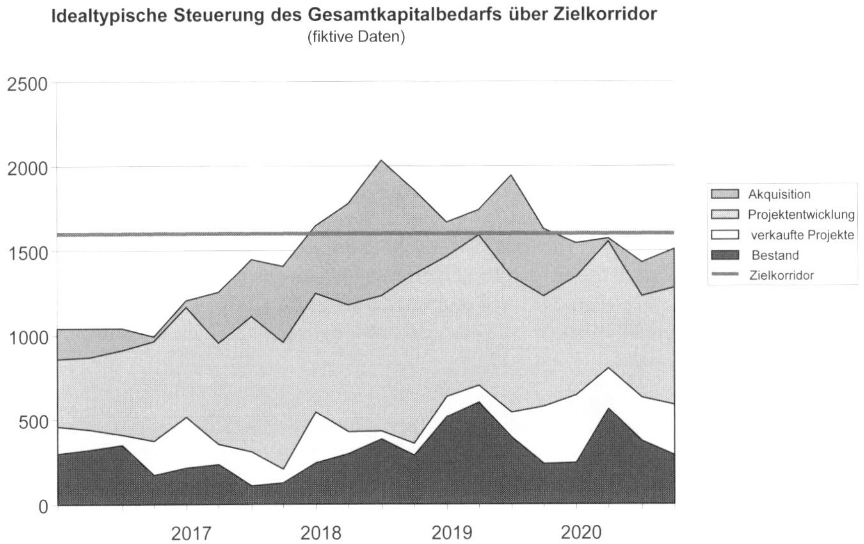

1 Übersicht Ampelblatt (Budget-Plan-IST)
Eine Ampelübersicht dient der raschen Übersicht über alle Projekte und enthält (teilweise in graphischer Form) Angaben zu:
- Gesamtinvestitionsvolumen (GIV)
- Gesamterlöse
- Eigenkapital-Anteil
- Rentabilität Umsatzrendite (solange Projektlaufzeit < 3 Jahre)
- Vermarktungsstand/Leerstand
- Handlungsbedarf

2 Übersicht Kosten – Erlöse im Zeitverlauf
Übersicht über geplante Kosten/Erlöse zur Abschätzung des Finanzbedarfs

3 Finanzierung
Finanzierungsbedarf und -struktur (Unter-/Überdeckungen), Eigenkapitalbasis

4 Übersicht vermarktbare Bruttoflächen
Überprüfung des Angebots vs. Nachfrage, Strategiekonformität, Kontinuität des Geschäftes (strukturiert nach Region und Nutzungsart und aufgelöst über die Zeit)

5 Übersicht Projekteckdaten (Tabelle der Eckdaten)
Übersicht über alle Projekte in der Quersicht. Erkennen von wesentlichen Unterschieden in der Kosten/-Erlösstruktur

6 Kommentierung der Projekte
Einzelkommentierung der Projekte zum Handlungsbedarf, wesentliche Meilensteine und offene Maßnahmen in den Projekten mit:
- Ampel (s. vorne)
- Sachstand
- Erreichte Meilensteine
- Handlungsbedarf
- Maßnahmen

7 Sonderauswertungen
Auswertungen des **Projektportfolios** können als Strategievorbereitung, zum Aufdecken von Verbesserungspotentialen bezüglich der optimalen Projektgröße, Liquiditätssituation oder zur Ermittlung von Personalbedarf dienen. Der Schwerpunkt solcher Sonderauswertungen kann auf den **Treibern der Rendite** (z.B. Projektgröße, Projektlaufzeit, Projektleiter, Anteil interner/externer Aufwendungen etc.) oder auf der **Struktur der Risiken** (überproportionale Risiken durch zeitlich parallel laufende Großprojekte) liegen. Vergleichende Darstellungen der Projekte in Portfolioübersichten liefern Hinweise, ob **Geschäftsmodelle** wie Netzwerksteuerung oder eine hoch integrierte Bearbeitung von Projekten für das Unternehmen rentabler sind, kleine oder mittlere Projekte besser und schneller gelingen als große Prestigeobjekte, oder ob eine Ausschreibung von Einzelgewerken ein passenderes Modell sind als eines, das auf Generalunternehmerverträgen basiert.

Abb. 7: Projektportfolio nach Projektvolumina, Projektphase und Vermarktungsstand

© Malik MZSG

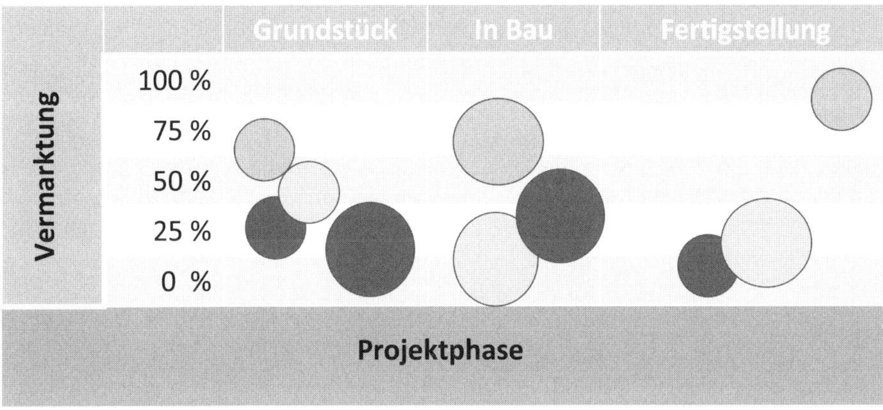

Durchmesser: Projektvolumen
Ampelfarben: Risikoposition

8 Optional: Chancen/Risiken
Quantitative und qualitative Übersicht über die gemeldeten Chancen und Risiken. Durch die Aggregation der in den Projekten gemeldeten Chancen und Risiken werden Klumpenrisiken wie beispielsweise zu viele Verträge mit potentiell insolventen Bauträgern offensichtlich.

Mit dieser einfachen Verdichtung der Projektberichtsstruktur ist es der Unternehmensleitung möglich, sich auf **die wesentlichen Projekte zu fokussieren und das Gesamtgeschäft zu planen und zu steuern.** Anhand der logischen Struktur der Projektberichte lassen sich Akquisitionsvorhaben und Projektbesprechungen sachlich und in kurzer Zeit in Regelsitzungen besprechen. Es können Entscheidungen getroffen werden, die das einmal festgelegte Budget, die Fortführung des Projektes, aber auch das Einleiten von wichtigen Maßnahmen betreffen. Die einheitliche Struktur erlaubt eine rasche Einsicht in jedes Projekt, Stellvertretungen werden vereinfacht – die **Organisation des Projektentwicklungsgeschäftes wird wesentlich effektiver und auch effizienter.**

10.9 Ein gutes Projektcontrolling benötigt Schnittstellenkompetenz: Kernaufgaben des Controllers

Im Idealfall kann ein **erfahrener Projektleiter als Projektcontroller** gewonnen werden. Er hat das Fachwissen die Berichtsdaten zu verstehen, kann die vom Projektleiter dargestellten Chancen und Risiken richtig einschätzen, sowie die Überstimmung von quantitativer und qualitativer Aussage im Projektbericht ermessen. Seine Qualifikation ermächtigt ihn beispielsweise die Auswirkung von Terminverzügen bei städtebaulichen Genehmigungsverfahren auf die Projektrendite sicher zu erfassen. Als ehemaliger Projektleiter wird er als Projektcontroller am ehesten die Akzeptanz der Projektentwickler erlangen. Seine Schnittstellenkompetenz besteht darin, dass er auch die **Anforderungen des betrieblichen Rechnungswesens und des Unternehmenscontrollings versteht und diese bedienen kann.**

Zu den **Kernaufgaben des Projektcontrollers** gehört neben dem Aufbau und der Pflege des Projektcontrollingsystems auch die Unterstützung der Planung. Mit der beschriebenen Aggregation zum Management Informationssystem wird eine Planung von Projekten über mehrere Jahre erst möglich.

Zur Steuerung der aktuellen Projekte können Maßnahmen innerhalb des Projektberichts aufgenommen und im MIS zuhanden aller Beteiligten schriftlich festgehalten werden. Der Projektcontroller hat an dieser Stelle mit Hartnäckigkeit für die Umsetzung zu sorgen. Werden bei einzelnen Projekten wesentliche Abweichungen festgestellt, oder ändert sich der Projektrahmen in erheblichem Umfang, so sind zwei weitere Projektcontrollinginstrumente in Betracht zu ziehen: Das **Projekt-Review** und das **Projekt-Audit**. Während im Projekt-Review das Projekt und seine zweckmäßige Konzeption auf dem Prüfstand steht, prüft man im Projekt-Audit die professionelle Ausführung eines Projektes. Hier können jeweils bestimmte Tatbestände als Auslöser für die genauere Überprüfung von Projekten als Hilfestellung dienen (s. Kriterienliste im Anhang). Diese einschneidenden Maßnahmen werden durch die Geschäftsleitung angeordnet und vom Projektcontroller vorbereitet. Der Projektbericht dient dabei den Beteiligten als Strukturierungshilfe des Meetings.

So wünschenswert die richtige Besetzung dieser wichtigen Schnittstelle zwischen Controlling und Projektentwicklung ist, so sehr mangelt es in Deutschland an intern rekrutierbaren Projektleitern für diese Aufgabe. Es besteht ein wesentlicher Nachholbedarf in der Aus- und Weiterqualifizierung in den Unternehmen und in den Ausbildungseinrichtungen der Immobilienwirtschaft.

10.10 Resümee: Jedes Projekt ist einzigartig – aber immer Teil einer Strategie

An großen Investitionsentscheidungen lassen sich häufig Strategien ablesen. Bei der Einführung von Projektcontrolling wird meist deutlich, dass sich hinter den vielen projektgebundenen Budgetfreigaben der Vergangenheit eine hohe Gesamtsumme an investiertem Kapital verbergen kann, die die Zukunft des Unternehmens bestimmt. **Risiken, die als Folge von Fehlern der Vergangenheit zu sehen sind,** treten zutage. Nolens volens haben viele Immobilienunternehmen die strategischen Weichen durch schnell getroffene Projektentscheide gestellt, ohne das Ganze zu sehen. Das Management dieser Firmen bearbeitet vielerorts in reaktiver Weise die Konsequenzen, statt antizipativ zu handeln und Strategieentwicklung zu betreiben.

Entscheidend ist, dass **der steigenden Anzahl der Projekte an einem bestimmten Punkt mit einer neuen Qualität in der Führung – und mit Steuerungssystemen – begegnet werden muss.** Die notwendige Transparenz und Führungsinformation für ein zielgerichtetes Handeln liegt dem Unternehmen zu diesem Zeitpunkt aber oft nicht vor. Die plötzliche Klarheit über die unausweichlichen Risiken verstellt dann leider den Blick auf **diejenigen Risiken, die es sich einzugehen lohnt, und auf diejenigen, die man sich leisten kann und muss, weil sie Chancen und zukünftige Erfolgspotenziale bedeuten.** Strategieentwicklung sollte auf solchen Überlegungen beruhen.

Die Immobilienbranche musste nach der Wertberichtigungswelle und den Rückzugsstrategien der Investoren aus der Projektentwicklungsgeschäft lange Jahre mit der Schere aus „Anlagedruck" und geringer Nachfrage der Immobiliennutzer umgehen. In Konzernen haben die einstigen Gewinnbringer, die Immobilien-Geschäftsfelder mit Projektentwicklung, und viele firmeneigene Bestandsportfolios dem angestammten Kerngeschäft Platz gemacht, das in Zeiten der Transformation einer hohen Management-Attention und hoher Investitionen bedarf. Klassische Projektentwickler und Generalunternehmer haben von der Niedrigzinsphase profitiert. Es steht zu erwarten, dass nach einer Welle der rasanten Neuentwicklungen der neue Bauboom mittelfristig wieder zu einer Immobilienblase, bzw. zu Leerständen und zu Wertverlusten führt. Gleichzeitig werden derzeit Geschäftsmodelle attraktiv, die neue Investoren wie z.B. Städte adressieren und bezahlbaren Wohnungsbau mit modernisierten Infrastrukturen (wie z.B. Mobilität, Energie, Smart Buildings) kombinieren oder nachhaltige Quartiersentwicklungen zum Ziel haben.

Jedem Immobilienentwickler ist klar, dass Unternehmensteile im „Mengengeschäft" eine andere Wachstumsdynamik an den Tag legen als das volatiles, projektgetriebenes Dienstleistungsgeschäft, das im Risiko betrieben wird. Diese Erkenntnis entbindet aber nicht von der **originären Führungsaufgabe über das Einzelprojekt hinaus zu planen,** Ist- und Sollwerte miteinander zu vergleichen und Entscheidungen über die Zukunft des Unternehmens – sei es Konzernteil oder eigenständiges Immobiliengeschäft – zu treffen. Nur so können Fehlentwicklungen frühzeitig erkannt und antizipiert werden. Wichtiger Teil eines ganzheitlich verstandenen Controllings ist damit eine seriöse **Strategiearbeit und die Wahrnehmung der Führungsaufgaben des Managements.**

In welcher Institution die Konsolidierung der Daten zum Management Informationssystem (MIS) für die strategische Auswertung letztlich stattfindet, ist zu vereinbaren. Tatsache ist, dass diese Zuweisung von Aufgaben oft im institutionellen Dreieck zwischen Finanzinvestor, Projektsteuerer und Projektentwickler untergeht. Ist der Projektentwickler selbst im finanziellen Risiko, besteht eine höhere Wahrscheinlichkeit, eine solche durchgängige Systematik einer Verdichtung von Kennzahlen von Objekt- bzw. Projektbericht zum Portfolio aufbauen zu können. Die Entwicklungen in der Immobilienwirtschaft haben aber gezeigt, dass auch das Interesse der Finanzinvestoren dahin gehen sollte, durch vertragliche Beziehungen eine solche Durchgängigkeit des Controllings herzustellen. Die zeitlichen Anforderungen an ein Wertmanagement sind deutlich gestiegen und die höhere Dynamik im Lebenszyklus der Immobilie bedarf endlich der Einführung und der sicheren Handhabung von Managementinstrumenten. Das Einblenden von organisatorischen und führungstechnischen Elementen in die Risiko Management Systeme macht diese wirksamer.

Anhang

Kriterien-Pool für Projekt-Reviews/-Audits

1. Wesentliche Kostenabweichungen zur Developmentrechnung (z.B. durch erhöhte Planungs- und Baukosten oder durch unerwartet hohe Gutachter bzw. Beraterkosten)
2. Erlösabweichungen zur Developmentrechnung (z.B. durch eine schleppende Vermietung bzw. einen geringeren Mietzins
3. Wesentliche Zeitabweichungen vom genehmigten Projektzeitplan (z.B. im Rahmen der Vermarktung oder beim Bauablauf). Durch Zeitabweichungen können auch Vertragsrisiken entstehen, so z.B. wenn Übergabetermine an Mieter bzw. Investor gefährdet sind (Vertragsstrafen)
4. Änderungen in der Gesellschafterstruktur der Projektgesellschaft
5. Probleme mit Mitgesellschaftern bzgl. der Qualität der Bearbeitung der Aufgabenbereich (bzw. mangelhafte Kommunikation oder fehlender Informationsaustausch zwischen den Gesellschaftern und deren Projektverantwortliche)
6. Wesentliche Änderungen im Rahmen der bereits existierenden Projektplanung bzw. des Projektkonzeptes, welche u.a. zu einer Überarbeitung der vorliegenden Baugenehmigung führen kann (z.B. mit dem Ziel, ein marktgerechteres Produkt zu entwickeln)
7. Probleme im Rahmen der Schaffung von Baurecht
8. Abweichungen vom genehmigten Finanzierungskonzept (z.B. durch Unterdeckung)
9. Ausstieg oder Wechsel von externen Projektbeteiligten (z.B. Architekt, GU, oder Makler)
10. Wechsel der Projektleitung,
11. Nicht befriedigende qualitative Leistung der Projektleitung
12. Mangelhafte Projektdokumentation bzw. mangelhafte Gesellschafterinformation
13. Veränderte Marktinformation, die zur Abweichung von der Developmentrechnung Gremienbeschluss führt (z.B. durch veränderte Mietpreise oder allgemein gestiegene Baukosten)
14. Probleme bei der Bauabwicklung (z.B. unerwartete Altlasten, Nachträgen des Generalunternehmers)
15. Leerstand; Mietpreise, Häufigkeit der Mieterausbauten, Refurbishments, Mietvertragsdauer. (Bestand)
16. Es liegt keine Lebenszyklusplanung mit Instandhaltungsmaßnahmen vor. (Bestand)
17. Wesentliche Änderungen im strategischen Umfeld (Politikvorgaben) und in der Unternehmensstrategie

Teil 2
Akquisition

Übersicht

1. Grundlagen der Investitionsentscheidung

1.1 Basisüberlegungen vor Beginn einer Investitionsentscheidung

Wie bei allen Investitionsentscheidungen ist auch vor der Investitionsentscheidung eines Projektentwicklers zu prüfen, ob die Investition die angestrebte Rendite bei einem akzeptablen Risiko erwarten lässt. Aufgrund der Vielfalt möglicher Einflussfaktoren auf das Rendite-/Risikoverhältnis einer Projektentwicklung muss es das Bestreben des Projektentwicklers sein, möglichst alle wesentlichen Einflussfaktoren vor dem rechtsverbindlichen Abschluss von Verträgen, insbesondere des Grundstückskaufvertrages, so weit wie nötig zu überprüfen. Häufig kollidiert dieses Bestreben mit der Notwendigkeit schnell zu handeln, um zum Beispiel einem konkurrierenden Unternehmen zuvorzukommen. Diesen Zielkonflikt muss der Projektentwickler individuell für jedes einzelne Projekt lösen und einschätzen, zu welchem Zeitpunkt er ein ausreichendes Maß an Informationen besitzt, um eine Investitionsentscheidung treffen zu können.

Die Fehler der meisten fehlgeschlagenen Projektentwicklungen wurden nicht im Laufe einer Projektentwicklung, sondern vor der Investitionsentscheidung gemacht. Hierzu zählen zum Beispiel die Fehleinschätzung bezüglich der Vermarktbarkeit der Immobilie, das Unterschätzen des notwendigen Zeitbedarfs bis zum Baubeginn, das „Schönrechnen" eines Projektes wegen des unbedingten Willens das Projekt durchzuführen oder keine ausreichende Berücksichtigung der Nachbarrechte.

Der optimale Start einer Projektentwicklung ist also durch die ausreichende Berücksichtigung aller die Projektentwicklung wesentlich beeinflussenden Faktoren gekennzeichnet. Im Folgenden werden solche wesentlichen Aspekte in übersichtlicher Kurzform angesprochen. Je nach Projekt können diese mehr oder weniger erheblich sein bzw. weitere wesentliche Aspekte können hinzukommen.

1.2 Wesentliche Aspekte von A bis Z

1.2.1 Abriss

Vor dem Abriss von Gebäuden ist zu prüfen, ob eine Abrissgenehmigung einzuholen ist. Im Weiteren sind Umfang und die Art der Abrisssubstanz unbedingt zu untersuchen. Die Kosten für die Entsorgung von Sondermüll (z.B. Asbest), aber auch die hierdurch entstehende Verzögerung sind nicht zu unterschätzen. Hinzu kommen Transportkosten zu entfernter liegenden Deponien, wenn nahe liegende Deponien nicht existieren oder vorübergehend geschlossen wurden. Sofern durch den Abriss die benachbarte Bebauung in Mitleidenschaft gezogen werden könnte, ist ein Beweissicherungsverfahren bezüglich der Nachbarbebauung durchzuführen und in den Zeitplan sowie die Developmentkalkulation einzustellen. Befindet sich bzw. befand sich in der Abrisssubstanz Wohnraum, ist in jedem Fall zu überprüfen, ob für den abzureißenden Wohnraum Ersatzwohnraum geschaffen werden muss. Von Sprengungen im Rahmen des Abrisses sollte bei innerstädtischen Grundstücken sehr zurückhaltend Gebrauch gemacht werden, da die hierdurch unter Umständen entstehenden zeitlichen und finanziellen Einsparungen vielfach durch den notwendigen Ausgleich von Folgeschäden aufgehoben werden.

1.2.2 Altlasten/Kampfmittel

Vor Beginn einer Projektentwicklung sollte ein erster Blick in das örtliche Altlastenverdachtskataster erfolgen. Mögliche Problemflächen sind hier oftmals bereits festgehalten. Im Weiteren kann mittels entsprechender Gutachten Klarheit über den Umfang und die Art möglicher Kontaminierungen erzielt werden. In diesem Zusammenhang sind die möglichen Entsorgungsarten, notwendige Zeiträume und die zu erwartenden Kosten zu ermitteln. Vorsicht ist insofern geboten, als die Städte und Gemeinden häufig kostenintensive Entsorgungsverfahren verlangen. Falls eine umfassende Altlastenuntersuchung vor dem Grundstückskauf nicht möglich ist, sollte versucht werden, dass der Verkäufer eines Grundstücks den Projektentwickler von den Kosten einer öffentlich-rechtlichen und/oder privatrechtlichen Inanspruchnahme aufgrund möglicher Altlasten freistellt. Darüber hinaus kommen Vertragsgestaltungen in Betracht, wonach sich der Verkäufer an den Kosten zumindest beteiligt und/oder dem Käufer bei Überschreiten eines bestimmten Betrages ein Rücktrittsrecht vom Vertrag einräumt.

Weiterhin sollte das Risiko vorhandener Kampfmittel beachtet werden. Hier sollte über die Behörden geklärt werden, ob ein Kampfmittelverdacht besteht, welche Gutachten eingeholt und welche Maßnahmen zur Entsorgung oder baubegleitend beim Aushub der Baugrube durchgeführt werden müssen.

Neben dem Sanierungsrisiko ist im Zusammenhang mit Altlasten das Risiko einer möglichen Bauzeitverlängerung sowie einer Baukostenerhöhung zu berücksichtigen. Indizien für Altlasten bzw. Kampfmittel lassen sich insbesondere aus der Historie der Grundstücke ablesen. In diesem Sinne können z.B. Luftaufnahmen, die direkt nach dem 2. Weltkrieg gemacht wurden, Aufschluss über die Wahrscheinlichkeit von Bombenfunden geben.

1.2.3 Altsubstanzerhaltung/-sanierung

Grundsätzlich ist eine genaue Untersuchung des Altbestandes notwendig. Sinnvoll ist insofern, Gutachten einzuholen und die Kosten für eventuell vorhandene Denkmalschutzauflagen zu beachten. Zu berücksichtigen ist auch, dass bei historischen Bauten vielfach eine Abweichung der tatsächlichen Bauausführung von den vorhandenen Plänen stattgefunden hat. Den Unwägbarkeiten im Rahmen der Altbausanierung ist durch entsprechende Risikopositionen in der Developmentrechnung zu begegnen. Den erhöhten Kosten bei der Denkmalschutzsanierung sind die steuerlichen Vorteile im Rahmen der Abschreibungsmöglichkeiten gegenüberzustellen, wobei der Traderdeveloper frühzeitig eine rechtliche Konstruktion wählen muss, die es dem Erwerber erlaubt, an der erhöhten Abschreibung zu partizipieren.

1.2.4 Baugenehmigung/Bauvorbescheid

Es empfiehlt sich, die Genehmigungsfähigkeit des geplanten Vorhabens – soweit wie möglich vor rechtsverbindlichem Ankauf des Grundstückes – zu klären. Sofern noch keine Baugenehmigung vorliegt, lassen sich vertragliche Rücktrittsrechte vielfach an die Art und das Maß der möglichen Bebauung koppeln.

Neben den bauplanungsrechtlichen Anforderungen sind auch bauordnungsrechtliche Aspekte zu berücksichtigen, wie z.B. die Stellplatzpflicht und das Zufahrtserfordernis. Ein gutes Mittel, die Genehmigungsfähigkeit einer geplanten Maßnahme in ihren wesentlichen Ausprägungen frühzeitig zu klären, ist die Bauvoranfrage. Der auf die Bauvoranfrage erteilte Bauvorbescheid ist nicht nur deutlich preiswerter als eine umfassende Baugenehmigung, sondern auch deutlich schneller zu erlangen. Der Bauvorbescheid gibt hinsichtlich der hierin enthaltenen Aussagen dem Projektentwickler Rechtssicherheit, sobald die Rechtskraft des Bauvorbescheides eingetreten ist.

Im Hinblick auf die in vielen Landesbauordnungen enthaltene Genehmigungsfiktion, wonach das Bauvorhaben als genehmigt gilt wie es beantragt wurde, falls nicht innerhalb einer bestimmten Frist ein abweichender Bescheid erlassen wird, sind manche Behörden dazu übergegangen, die Frist dadurch zu „verlängern“, dass sie kurz vor deren Ablauf noch das Nachreichen weiterer Unterlagen verlangen. Es ist deshalb angeraten, eine schriftliche Anfrage nach Einreichung der Bauantragsunterlagen zu stellen, ob noch weitere Unterlagen gewünscht werden.

1.2.5 Baulasten

Baulasten, wie z.B. eine Abstandsflächenbaulast oder eine Zufahrtsbaulast, sind durch einen Blick in das Baulastenverzeichnis zu ermitteln und entsprechend bei den weiteren Überlegungen zu berücksichtigen. In manchen Fällen können sie die sinnvolle Verwertung eines Grundstückes massiv beeinträchtigen. Daher kann es angebracht sein, noch vor dem rechtsverbindlichen Ankauf eines Grundstückskaufs, vom Verkäufer Änderungen hinsichtlich der Baulasten zu verlangen oder diese Veränderungen gemeinsam mit dem Verkäufer zu bewirken.

1.2.6 Baum- und Artenschutz

Bezüglich der Pflanzenarten ist die Baumschutzsatzung bzw. Baumschutzverordnung einzusehen, ferner sind die Ausgleichskosten für gerodete Pflanzen sowie die Kosten für die auflagengemäße Bepflanzung zu ermitteln. Besteht die Gefahr einer eventuellen Nichtbebaubarkeit des gesamten oder von Teilen des Grundstücks aufgrund seltenem/altem Baum-/Gräserbewuchs sowie seltener Tierarten, sollte ein ökologisches Gutachten eingeholt werden.

Insbesondere bei größeren oder seit langem brachliegenden Grundstücken kann es vorkommen, dass sich seltene Tierarten (z.B. der Feldhamster oder die spanische Mauereidechse) oder seltene Pflanzenarten (z.B. Silbergras) auf dem projektierten Grundstück niedergelassen haben. Abstimmungen mit den Naturschutzbehörden, den kommunalen Behörden und den Regierungspräsidien sowie die artengerechte Erhaltung bzw. Umsiedlung von seltenen Pflanzen oder vom Aussterben bedrohter Tiere können sich über mehrere Jahre erstrecken und ein Bauvorhaben wirtschaftlich untragbar machen.

1.2.7 Baurecht/Bebaubarkeit

Zu den ersten Schritten im Rahmen einer Projektentwicklung zählt es, die Bebaubarkeit eines Grundstückes und damit das einschlägige Baurecht zu klären. Hierzu zählt die Prüfung, ob für das Grundstück ein rechtskräftiger Bebauungsplan vorliegt und ob eventuell ein Bauleitverfahren (Aufstellung eines neuen Bebauungsplanes) durchgeführt oder geplant wird. Wichtige Aspekte sind z.B. die Berücksichtigung von Auflagen und Ausnutzungskennziffern eines Bebauungsplanes (GFZ, GRZ, Baugrenzen, Höhen, Abstände). Wenn kein Bebauungsplan vorliegt, gelten im Allgemeinen die Regelungen des BauGB §§ 34 ff., das heißt, dass ein Vorhaben zulässig ist, wenn es sich nach Art und Maß der baulichen Nutzung, der Bauweise und der Grundstücksfläche, die überbaut werden soll, in die Eigenart der näheren Umgebung einfügt und die Erschließung gesichert ist. Die Regelungen beziehen sich insbesondere auf die GRZ und die Geschossigkeit sowie die Dachform.

Sollte kein Bebauungsplan existieren und sich auch keine Bebaubarkeit nach § 34 BauGB anbieten, kann in Zusammenarbeit mit der Stadt ein Vorhaben- und Erschließungsplan erstellt werden. Dies ist zwar zeitaufwendig, jedoch im Verhältnis zum regulären Ablauf eines B-Planverfahrens üblicherweise dennoch zeitsparend. Die Kosten für den Vorhaben- und Erschließungsplan werden gerne zu 100 % den Projektentwicklern auferlegt und müssen daher einkalkuliert werden. In diesem Zusammenhang sollte ebenfalls überprüft werden, ob zusätzlich zum Bebauungsplan im Rahmen eines städtebaulichen Vertrages weitere über den Bebauungsplan hinausgehende Regelungen, wie z.B. die Genehmigung besonderer Nutzungen innerhalb bestimmter Fristen erforderlich sind. Erschließungsverträge regeln ferner, welche Qualitäten bei den Erschließungsmaßnahmen vorzusehen sind und ob die Kosten für erforderlichen Erschließungsmaßnahmen und Ausgleichs- und Ersatzmaßnahmen durch den Vorhabenträger zu finanzieren sind.

Neben den rechtlichen Aspekten der Bebaubarkeit sind auch tatsächliche Aspekte zu prüfen. Hierzu zählen zum Beispiel die Zufahrtmöglichkeit für Baufahrzeuge, Überfahrtswege auf Nachbargrundstücken, die Nutzung von Nachbargeländen für Baucontainer, Vorhandensein von Strommasten, von denen in der Bauphase oder aber auch dauerhaft Störungen ausgehen können. Zu berücksichtigen ist ferner, dass Nachbarn durch Kräne in ihrem Luftraum verletzt werden könnten. Bei einer dichten nachbarschaftlichen Bebauung muss beim Aushub häufig ein Baugrubenverbau mit rückwärtiger Verankerung eingebracht werden, um die Baugrube abzustützen. Bei einer rückwärtigen Verankerung im Nachbargrundstück ist eine schriftliche Nachbarzustimmung einzuholen.

Sobald Nachbarn von der Baumaßnahme betroffen werden, sollte in einem ausreichend frühen Stadium mit ihnen gesprochen und schriftliche Einverständniserklärungen eingeholt werden. Ängstliche Nachbarn erhöhen die kalkulierten Kosten in der Regel durch herbeigeführte Baustopps, wirtschaftlich denkende Nachbarn erhöhen die kalkulierten Kosten durch Ablöseforderungen für ihre Zustimmung. Ein Beweissicherungsverfahren für die nachbarschaftliche Bebauung ist sinnvoll.

1.2.8 Bodendenkmäler

Archäologische Funde führen vielfach zu unkalkulierbaren Kosten; dies nicht zuletzt durch sehr lange Baustopps aufgrund langwieriger Untersuchungen. Ebenfalls ist eine komplette Einstellung des Bauvorhabens aufgrund der Nichtverlegbarkeit/-versetzbarkeit historischer Bauten/-teile nicht auszuschließen. Sinnvoll ist es diesbezüglich, sich die geschichtlichen Unterlagen zum historischen Stadtaufbau und Berichte über Funde in der näheren Umgebung anzusehen. Darüber hinaus sollten Bodengutachter, die sich bereits mit den umliegenden Grundstücken beschäftigt haben, befragt werden.

1.2.9 Bürgerinitiativen

Die geplante Projektentwicklung kann erheblich durch Bürgerinitiativen behindert werden. Die Gefahr, die von Bürgeninitiativen ausgeht, ist stark davon abhängig, auf welche „Sensibilitäten" die Projektentwicklung bei den Bürgern und den Politikern trifft. Insofern gilt es, frühzeitig ein Gefühl für die Befindlichkeiten vor Ort zu entwickeln. Gespräche mit dem Stadtplanungsamt und den politischen Parteien können hierbei eine große Hilfe sein.

1.2.10 Denkmalschutz

Denkmalgeschützte Gebäude haben in der Regel ihren besonderen Reiz und bieten darüber hinaus attraktive Abschreibungsmöglichkeiten und öffentliche Fördermöglichkeiten. Nicht zu unterschätzen jedoch sind die Schwierigkeiten und der bauliche Aufwand, der mit der Erfüllung der Denkmalschutzauflagen und der Sanierung der oft maroden Altbausubstanz einhergeht. Die Einschaltung eines Historikers kann sinnvoll sein, um die Diskussion über unangemessene Auflagen zu versachlichen.

1.2.11 Development-Kalkulation

In der Development-Kalkulation werden häufig in einer statischen Betrachtung das zum Zeitpunkt der Fertigstellung und Vollvermietung angefallene Gesamtinvestitionsvolumen für ein Projekt der geplanten Jahresnettomiete gegenübergestellt, um die Rendite auf das investierte Kapital bzw. Eigenkapital zu ermitteln. Weiterhin wird der Entwicklungsgewinn bei Weiterverkauf des Projektes kalkuliert (vgl. Kapitel 8.1).

1.2.12 Entmietung

Sofern die zum Abriss/zur Sanierung vorgesehene Altbausubstanz noch vermietet ist, sind erhöhte Kosten, insbesondere aufgrund von Abstandszahlungen und zeitlicher Verzögerungen einzukalkulieren. In Extremfällen können notwendige Entmietungen, insbesondere im Wohnungsbereich zu jahrelangen Rechtsstreitigkeiten führen.

1.2.13 Erschließung

Es ist zu überprüfen, ob das Grundstück voll erschlossen, teilerschlossen oder nicht erschlossen ist. Entsprechend sind die Erschließungskosten einzukalkulieren. Bei sehr großen Grundstücken werden die Kosten für eine interne Erschließung des Areals eventuell nicht von der Stadt übernommen. Sie müssen dann bei der Kalkulation als Kosten sowie als Vertriebsnachteil (höhere Verkaufspreise sowie Folgekosten für die Anlieger) berücksichtigt werden.

1.2.14 Erwerbskosten

Im Zusammenhang mit den Verhandlungen über den Grundstückskaufpreis sollte der Bodenrichtwert (Gutachterausschuss) eingeholt sowie Vergleichswerte ermittelt werden. Vergleichswerte können z.B. durch Auswertung von Verkaufsanzeigen, Maklerbefragung oder durch Einschalten ortskundiger Gutachter ermittelt werden. Die Ermittlung eines vertretbaren Grundstückskaufpreises kann sowohl über das Residualwertverfahren als auch über eine Investitionsrechnung erfolgen (vgl. Kapitel 8.1.2).

1.2.15 Erwerbsnebenkosten

Hinsichtlich der Erwerbsnebenkosten ist frühzeitig zu prüfen, ob im Rahmen des Erwerbs eine Provisionspflicht gegenüber einem Makler entstehen wird. In Ausnahmefällen ist es denkbar, dass man sich im Rahmen der Erwerbsverhandlungen mehreren Maklern gegenüber provisionspflichtig gemacht hat. Besteht diese Gefahr, so ist mit den betroffenen Maklern vor Ankauf der Immobilie eine Vereinbarung zur Provisionspflicht zu schließen.

Sofern ein Erwerb über einen Makler erfolgt und eine Courtagereduktion hinsichtlich des Ankaufs dadurch beabsichtigt wird, dass dem Makler der weitere Vertrieb des Grundstückes inklusive des noch zu erstellenden Gebäudes überlassen werden soll, ist zuvor die Leistungsfähigkeit des Maklers genau zu prüfen. Dies resultiert insbesondere daraus, dass Projektentwickler immer wieder in dem Bestreben, am Anfang des Projektes Geld zu sparen, mit dieser Aktion gegebenenfalls viel mehr Geld riskieren, da der Makler, der das entwicklungsfähige Grundstück vermittelt hat, eben nicht der Richtige ist, der im Rahmen des Verkaufs des fertiggestellten Projektes die besten Käufer zu den besten Konditionen vermitteln kann.

Ferner ist zu prüfen, ob eine Grunderwerbssteuerpflicht nur bezüglich des Grundstückswertes besteht oder bei einer mitverkauften Planung auch die noch zu realisierende Immobilie umfasst. Darüber hinaus sollte geklärt werden, ob die Grunderwerbsteuerpflicht über einen Share Deal (Gesellschaftsanteilserwerb) vermieden werden kann.

1.2.16 Finanzierungsmodalitäten

Zur Vermeidung von negativen Überraschungen sind mit der finanzierenden Bank frühzeitig die Konditionen für den Grundstücksankauf oder besser noch für die gesamte Entwicklungsmaßnahme abzustimmen. Zu den insofern abzustimmenden Konditionen zählen nicht nur der Zinssatz und die Laufzeit, sondern auch das Verhältnis von Eigen- und Fremdkapital sowie Art und Maß von Sicherheiten.

Aufgrund der Tatsache, dass Finanzierungszusagen von Seiten der Bank vielfach nicht nur auf das Objekt/Projekt abgestellt werden, sondern auch von der Einschätzung der Bank hinsichtlich der Bonität und Erfahrung des Darlehensnehmers abhängig sind, sollte üblicherweise versucht werden, mit einer Bank bzw. mehreren Banken eine langfristige Vertrauensbasis aufzubauen. Dies bringt nicht selten eine erhebliche Zeit- und Kostenersparnis mit sich.

1.2.17 Gründung

Bezüglich der Tragfähigkeit des Baugrundes sind so schnell wie möglich ausreichende Informationen (Bodengutachten) einzuholen. So ist beispielsweise das Vorhandensein von Schwemm-/Fließsand für jedes tiefer zu gründende Bauvorhaben sehr problematisch; Fels führt zu kostenintensiven Sprengungen.

Weiterhin sollten der Grundwasserstand und die Sickerungsmöglichkeiten untersucht werden, um Einschätzungen über eine mögliche Wasserhaltung während der Bauzeit sowie die Art der Fundamentierung und Kellerabdichtung treffen zu können.

1.2.18 Grunddienstbarkeiten

Grunddienstbarkeiten, wie z.B. Überfahrtsrechte und Leitungsrechte sind durch einen Blick in Abteilung II des Grundbuches zu ermitteln und deren Folgewirkung auf das Projekt einzukalkulieren. Bei zu massiven Störungen des Projektes ist zu klären, ob sie beseitigt werden können oder ob von der Projektdurchführung Abstand zu nehmen ist.

1.2.19 Image

Das Image eines Standortes als wesentlicher Faktor einer Projektentwicklung wird häufig unterschätzt. Aus diesem Grunde sollte das Image eines Standortes genauestens untersucht werden, um eine negative Beeinträchtigung der Projektentwicklung zu vermeiden. Besteht ein negatives Image und ist nicht absehbar, dass sich das Image mittels einer Reihe von Marketingmaßnahmen kurzfristig zum Positiven verändern lässt – was sehr selten der Fall sein wird –, sollte im Zweifel von einer Projektentwicklung Abstand genommen werden.

1.2.20 Infrastruktur

Die Infrastruktur eines Standortes ist ein entscheidender Erfolgsfaktor und ist in jedem Fall nutzerorientiert zu untersuchen. In diesem Sinne haben zum Beispiel für Bürobauten die Anbindung an den öffentlichen Personennahverkehr, an den Individualverkehr und an den Flughafen einen ähnlichen Stellenwert wie Nahversorgungseinrichtungen für Wohnungsbauvorhaben.

1.2.21 Konkurrenz

Vor der Durchführung einer Projektentwicklung ist unbedingt eine Konkurrenzuntersuchung bezüglich der momentan im Bau befindlichen sowie der geplanten Bauvorhaben im Wesentlichen nach Art, Zielgruppe, Größe, Schnitt, Lage und Preis vorzunehmen. Ebenso muss der vorhandene Leerstand untersucht werden. Die Untersuchung muss im Ergebnis erkennen lassen, ob das geplante Projekt – ausgehend von der Konkurrenzsituation – unter einen Zeit-, Qualitäts- und/oder Preisdruck kommt und ob zu erwarten ist, dass das Projekt diesem Druck standhalten also dennoch erfolgreich sein wird. Im Idealfall wird ein Projekt so geplant, dass es über die Aspekte Zeit, Qualität und/oder Preis gegenüber der Konkurrenz Vorteile erlangt.

1.2.22 Kostenschätzung

Vor Beginn der Realisierung einer Projektentwicklung ist es wichtig, eine relative Sicherheit bezüglich der anfallenden Kosten zu haben. Dazu zählen neben den Baukosten auch die Nebenkosten, die durch Planer, Behörden und Finanzierung anfallen. Idealerweise sollten Kostenschätzungen der Planer und Projektsteuerer möglichst durch Kostenberechnungen der potentiellen ausführenden Unternehmen ergänzt und mit den eigenen Erfahrungswerten verglichen werden.

1.2.23 Lage

Die Lage des zu entwickelnden Grundstücks ist und bleibt ein wesentlicher Erfolgsfaktor einer Projektentwicklung. Sie sollte deshalb im Hinblick auf das angedachte Bauvorhaben mittels einer Stärken- und Schwächenanalyse genauestens untersucht werden. Hierzu zählt eine Untersuchung des unmittelbar angrenzenden Umfeldes (heruntergekommene nachbarschaftliche Bebauung, Grünanlagen, Fabrikgelände mit Emissionen, Problemzonen wie BAB, Bahngleise oder Ähnliches); die Lage innerhalb des Stadtviertels, innerhalb der Stadt sowie innerhalb des Kreises und der Region. Je nach Größe und Art des Bauvorhabens kann die Betrachtung des Umfeldes noch weiter gefasst werden.

1.2.24 Leverageeffekt

Ein wesentlicher Aspekt im Hinblick auf das einzugehende Risiko und die Finanzierung ist die Frage, mit wie viel Fremdkapital die Projektentwicklung durchgeführt werden soll und kann. Während einerseits – im Falle eines erfolgreichen Verlaufs der Projektentwicklung (Rendite des Gesamtprojektes liegt über der Fremdkapitalverzinsung) – die Eigenkapitalrendite mittels eines hohen Fremdkapitaleinsatzes deutlich gesteigert werden kann, besteht andererseits die Gefahr, dass bei einem zu geringen Eigenkapitaleinsatz und dem Eintritt von Projekthindernissen das Eigenkapital zu schnell aufgebraucht wird und die Insolvenz droht. Vor dem Hintergrund der vielen potentiellen Hindernisse im Laufe eines Immobilienprojektes sollte das Eigenkapital immer mit erheblichen Sicherheitspolstern kalkuliert werden und der mögliche positive Leverageeffekt somit nicht in Gänze ausgereizt werden.

1.2.25 Marktprognose

Die erzielbaren Miet- und Kaufpreise des angedachten Projektes müssen unter Berücksichtigung der zu erwartenden Angebots- und Nachfragesituation auf den Zeitpunkt der Fertigstellung prognostiziert werden. Bei Einzelhandelsprojektentwicklungen ist zudem die Entwicklung der Kaufkraft innerhalb der abzudeckenden Region zu untersuchen.

Im Hinblick auf die durch den Projektentwickler zu tätigenden Prognosen kann auf die Ergebnisse von spezialisierten Marktforschungsunternehmen und Analysegesellschafen zurückgegriffen werden. In jedem Fall muss der Projektentwickler aber eine eigene Expertise aufbauen, um eine möglichst gute Einschätzung der künftigen Marktlage entwickeln zu können.

1.2.26 Mietverträge

Sollen bestehende Objekte abgerissen werden oder Um- bzw. Anbauten vorgenommen werden, so sind die Vertragsklauseln der bestehenden Mietverträge in die Planung einzubeziehen und hinsichtlich der Risiken zu bewerten. Hierzu zählen z.B. Fristen, Mieteroptionen, Wertsicherung (Indexierung), Optierbarkeit (Umsatzsteuer) und die Vertragsbedingungen bei Revitalisierungsarbeiten.

1.2.27 Nachbarschaftserklärung

Sofern die Notwendigkeit von Nachbarschaftszustimmungen absehbar ist (z.B. Grenzbebauung, Überfahrtsrechte), sollten diese rechtzeitig in schriftlicher Form eingeholt werden. Nicht selten werden in diesem Zusammenhang von den Nachbarn finanzielle Forderungen gestellt, die in die Gesamtinvestitionskosten zumindest als Risikoposition einkalkuliert werden sollten.

1.2.28 Politische Lage

Instabile politische Lagen oder bevorstehende Wahlen führen seitens der Gemeinde/Stadt oftmals zu Zugeständnissen oder auch Absagen, die kurze Zeit später widerrufen oder nur noch in abgeänderter Form beibehalten werden. Dies kann von Vorteil sein, kann jedoch auch ganze Bauvorhaben zum Scheitern bringen. In diesem Sinne ist es von besonderer Wichtigkeit die „Stabilität" der Gemeinde/Stadt einschätzen zu können und sich möglichst frühzeitig ein umfassendes Bild über die politische Willensbildung zu machen.

In der Regel gilt: „Was seitens des Hoheitsträgers nicht rechtsverbindlich erklärt ist, ist nicht erklärt"! Ein sinnvolles Mittel zur Erlangung einer Rechtssicherheit ist auch hier das Einreichen einer Bauvoranfrage.

1.2.29 Team

Zur Durchführung eines Projektes ist in jedem Fall ein interdisziplinäres Team zusammenzustellen. Wichtige Aspekte bei der Zusammenstellung sind insbesondere, dass das Team aufgrund seiner Kapazität und Kompetenz in der Lage ist, dass Projektziel innerhalb des vorgegebenen zeitlichen, finanziellen und qualitativen Rahmens zu bewältigen. Nicht selten resultiert aus der Nichtbeachtung der verfügbaren Kapazitäten und Kompetenzen ein erhebliches Problem, welches aber erst im Projektablauf deutlich erkennbar wird. Zudem ist es sinnvoll, eine Person mit der Führung des Teams zu betrauen, was es notwendig macht, diese Person bereits vor dem Projektstart entsprechend dem vorstehend Gesagten auszuwählen.

1.2.30 Verkehrsanbindung

Die Verkehrsanbindung ist nutzerorientiert zu untersuchen: Flughafen, Bus, Bahn, S- und U-Bahn, Land- und Bundesstraßen sowie Bundesautobahnen sind zu berücksichtigen. Insofern ist auf ihr Vorhandensein, ihre Haltestellen, ihre Frequentierung (Staus) sowie ihre Befahrbarkeit im Winter zu achten.

1.2.31 Vermarktungskonzept/Vertrieb

Schon im Rahmen der ersten Überlegungen bezüglich des Beginns einer Projektentwicklung muss der Vertrieb (Vermietung und Verkauf) sowohl hinsichtlich der Art des Vertriebes (direkter Vertriebsweg mittels eigener Vertriebsabteilung oder indirekter Vertriebsweg mittels Makler bzw. anderer externer Dritter) und damit auch hinsichtlich der Vertriebskosten ermittelt werden. Darüber hinaus muss geklärt sein, zu welchen Marktbedingungen (Miete/Verkaufspreis) eine Vermarktung mit hoher Wahrscheinlichkeit möglich ist. Diese Festlegungen sind wesentliche Teile eines Vermarktungskonzeptes.

In diesem Vermarktungskonzept werden alle mit der Vermarktung zusammenhängenden Informationen sowie die hieraus gezogenen Schlussfolgerungen systematisch erfasst. Dieses Konzept fördert damit den Marktüberblick sowie eine realistische Markteinschätzung und hilft somit auch Fehler in der Vermarktung zu vermeiden. Im Rahmen des Erstellens des Vermarktungskonzepts ist streng darauf zu achten, dass bei vorangegangenen Projekten beschrittene Vermarktungswege nicht einfach ungeprüft auf neue Projekte übertragen werden. Jedes Projekt hat seine individuellen Besonderheiten auch in vermarktungstechnischer Hinsicht. Das Vermarktungskonzept ist erstmalig vor der Grundstückssicherung zu erstellen, es sollte ständig überprüft und – sofern nötig – aktualisiert werden.

Ein Vermarktungskonzept sollte mindestens die folgenden Aspekte beinhalten: Standortanalyse (inklusive aller wichtigen Standortrahmenbedingungen hinsichtlich Makro- und Mikrostandort), Marktanalyse (inklusive Zielgruppen, Angebot, Nachfrage, Umsatz, Leerstand, Mietpreise, Verkaufspreise und Tendenzen), Betrachtung der Position des Projektes im Wettbewerb (inklusive Stärken- und Schwächenanalyse), Entwicklung der Vermarktungsstrategie (inklusive der anzustrebenden Ziele, der Miet- und Verkaufspreise, der Marketingmittel, des Zeitpunktes ihres Einsatzes, Aussagen zur Einschaltung von Maklern und sonstigen Vermittlern bzw. Multiplikatoren) sowie die Planung der Marketingkosten und des Liquiditätsbedarfs.

1.2.32 Vorkaufsrechte

Vorkaufsrechte sind zu ermitteln und – sofern vorhanden – schriftliche Verzichtserklärungen einzuholen. Neben den vertraglichen Vorkaufsrechten, die durch Grundbucheinsicht ermittelt werden können, ist bei größeren Bauvorhaben das gesetzliche Vorkaufsrecht der Städte/Gemeinden nicht außer Acht zu lassen. Letzteres wird aufgrund der finanziellen Situation der Städte und Gemeinden jedoch in den seltensten Fällen ausgeübt.

1.2.33 Zahlungsmodalitäten

Der Kaufpreis sollte – sofern die Bebaubarkeit eines Grundstückes noch nicht feststeht – abhängig von dem Ausnutzungsgrad des Grundstücks gestaltet werden (z.B. auf Basis der BGF). Eine erfolgsorientierte Kaufpreiszahlung in zuvor definierten Raten, z.B. erste Rate nach Baugenehmigung, zweite Rate nach Verkauf o.Ä. bedeutet eine starke Risikominderung – vor allem bei Grundstücken, die noch eine Reihe von Unwägbarkeiten mit sich bringen. Denkbar ist auch eine Kaufpreiszahlung in Form eines Anteils an der zu erstellenden Immobilie, z.B. durch Übertragung von Eigentumswohnungen. Die Zahlungsmodalitäten für die einzuschaltenden Dienstleister, wie Planer, Baufirmen etc. sollten so weit wie möglich nach Leistungsstufen und erfolgsbezogen vereinbart werden.

1.2.34 Zeitplan

Die Komplexität einer Immobilienprojektentwicklung erfordert einen durchdachten Zeitplan, um alle wesentlichen Tätigkeiten zu erfassen und soweit wie möglich zeitlich zu optimieren. Ein realistischer Zeitplan muss bereits vor Projektbeginn aufgestellt sein und zumindest die wesentlichen Stufen der Projektentwicklung wie Grundstückskauf, Bauantrag, Baubeginn, Vermarktungsbeginn (Vermietung/Verkauf) und Fertigstellung beinhalten.

1.2.35 Zyklus

Die Erfahrung zeigt, dass sowohl der Miet- als auch der Investmentmarkt eigenen Zyklen folgt. Der Zeitpunkt des Einkaufs des entwicklungsfähigen Grundstückes und der Zeitpunkt der Fertigstellung des vermietbaren Gebäudes sowie des Verkaufs des vermieteten Objektes sind somit ganz erhebliche Aspekte, die über den Erfolg oder Misserfolg einer Projektentwicklung entscheiden. Es ist daher für den Entwickler von essentieller Bedeutung, die Zyklik des Immobilienmarktes zu erkennen und richtig zu nutzen. Im Hinblick auf lokale Unterschiede in den Zyklen und den Einfluss des gesamtwirtschaftlichen Umfeldes (Zins, Wirtschaftswachstum, etc.) ist es somit wichtig, dass sich der Entwickler sowohl mit den lokalen Gegebenheiten als auch mit der gesamtwirtschaftlichen Situation auseinandersetzt, um Entwicklungen rechtzeitig antizipieren zu können.

2. Grundstücks-, Standort- und Marktanalyse

2.1 Einsatzgebiete und Nutzen von Analysen

Grundstücks-, Standort- und Marktanalysen bilden eine wesentliche Grundlage für die Überprüfung oder die Ausarbeitung von Entwicklungs-, Nutzungs- und Vermarktungskonzepten. Im Zusammenhang mit einer Projektentwicklung sollten sie niemals um ihrer selbst willen erstellt werden, sondern immer eine zielorientierte Fragestellung beantworten. Dies setzt voraus, dass sich der Projektentwickler im Klaren darüber ist, welche zusätzlichen Informationen Analysen in den unterschiedlichen Phasen der Entwicklung liefern können und welchen Nutzen das Projekt daraus ziehen kann.

Die Einsatzgebiete dieser Analysen sind grundsätzlich sehr vielfältig. Bereits die prinzipielle Entscheidung darüber, ob sich ein Projektentwickler an einem Makrostandort bzw. in einer Stadt engagiert, kann über eine gezielte Marktanalyse abgesichert werden. In bestimmten Marktsituationen ist dies sogar dringend anzuraten. Als Beispiel kann die Investitionsentscheidung in zyklisch verlaufenden Büromärkten herangezogen werden. Immer dann, wenn das Flächenangebot bei hoher Nachfrage knapp wird und die Mietpreise steigen, werden viele neue Projektentwicklungen in Angriff genommen. In dieser Situation stellt sich oft die Frage, ob es mittelfristig zu einem Überangebot und damit zu Vermarktungsschwierigkeiten kommt. In diesem Zusammenhang muss eine fundierte Büromarktanalyse die zu erwartende Nachfrage- und vor allem die absehbare Angebotssituation anhand nachvollziehbarer Informationen und Modellrechnungen aufzeigen.

Wenn bereits ein konkretes Grundstück vorhanden ist, müssen Standort- und Marktanalysen nicht nur den Gesamtmarkt umfassen, sondern insbesondere auf den Mikrostandort, das Umfeld und weitere Standortaspekte reflektieren. Die Frage, ob das Grundstück eine ausreichende Qualität hat, um im Gesamtmarkt zu bestehen, rückt dabei stärker in den Vordergrund, hier sind vor allem Lageaspekte entscheidend.

Aber Analysen können auch konkrete Informationen über die bauliche Konzeptionierung oder die anzustrebende Vermarktungsstrategie liefern und damit integraler Bestandteil innerhalb der gesamten Projektentwicklungsphase sein. Themen wie Zielgruppenbestimmung, Standortimage oder qualitative Trends der Nutzeranforderungen stehen dann im Mittelpunkt der Untersuchungen.

Das mögliche Einsatzspektrum von Grundstücks-, Standort- und Marktanalysen ist also sehr umfangreich. Wichtig ist vor jeder Analyse eine klare Definition der Aufgabenstellung, und die Klärung der prinzipiellen Zielrichtung. Im Idealfall sollte die Abstimmung gemeinsam zwischen Projektentwickler und Berater erfolgen. Eine vertrauensvolle Zusammenarbeit ist Grundvoraussetzung für nutzbare und hilfreiche Analyseergebnisse.

2.2 Grundlagen marktorientierter Analysen

2.2.1 Grundstücksanalyse

2.2.1.1 Grundstücksanforderungen unterschiedlicher Nutzungen

Bei der Grundstücksanalyse ist zu unterscheiden zwischen den unmittelbaren Grundstücksfaktoren und den weiteren mittelbaren Einflussparametern. Zu den unmittelbaren Grundstücksfaktoren gehören z.B. die Bodenbeschaffenheit, die Topographie, der Zuschnitt oder das mögliche Vorhandensein von Altlasten. Die Qualität und Nutzbarkeit eines Grundstücks wird darüber hinaus durch weitere Aspekte, insbesondere das Baurecht, Gestaltungssatzungen oder stadtplanerische Vorgaben beeinflusst.

Ziel der Grundstücksanalyse ist es demzufolge einerseits, zu überprüfen, ob die Rahmenbedingungen für die angedachte Nutzung geeignet sind. Andererseits muss sie aber auch aufzeigen, ob der für die Aufbereitung des Grundstücks notwendige finanzielle Aufwand und die realistischen Ertragsperspektiven zusammen passen.

Vor allem der Kenntnis und Berücksichtigung der Grundstücksanforderungen unterschiedlicher Nutzungen kommt dabei eine besondere Bedeutung zu. So sind z.B. sanierte oder gesicherte Altlasten für gewerbliche Nutzungen in der Regel ein geringeres Problem als für Wohnnutzungen. Selbst wenn keine Gefahr von gesicherten Altlasten mehr ausgeht, sind die Imageprobleme bei der Vermarktung von Wohnungen oder Häusern oft nicht zu überwinden. Häufig unterschätzt wird auch die topographische Situation eines Grundstücks. Selbst geringe Grundstücksneigungen können beispielsweise für großflächige Einzelhandelsflächen zu erheblichen Problemen bei der inneren Erschließung oder Andienung führen.

Während hohe Grundwasserstände für Nutzungen, die nur oberirdisch Flächen benötigen, normalerweise kein Problem darstellen, können sie für große Büroentwicklungen, die auf Tiefgaragen angewiesen sind, zu überproportional hohen Baukosten und damit zum Scheitern des Projektes führen. Auch die Verträglichkeit unregelmäßig geschnittener Grundstücke ist bei einzelnen Nutzungen unterschiedlich hoch. Während Büro- und Wohnnutzungen durch entsprechend angepasste architektonische Konzepte eher mit schwierigen Zuschnitten umgehen können, sind Gewerbe- und Logistiknutzungen und teilweise auch Handelsimmobilien hier weniger flexibel.

Diese wenigen Beispiele sollen exemplarisch verdeutlichen, dass es selten Grundstücke gibt, auf denen alles funktioniert. Nutzeranforderungen und Grundstücksrahmenbedingungen müssen zusammen passen.

2.2.1.2 Einfluss von Grundstücksfaktoren auf Vermarktungsperspektiven

Im Rahmen der Grundstücksanalyse sollte beachtet werden, dass trotz insgesamt guter Rahmenbedingungen häufig ein einziger Faktor ausreichen kann, um die Vermarktungsperspektiven zu beeinträchtigen. So kann z.B. eine fehlende oder ungenügende Sichtanbindung die Vermarktung eines Grundstücks stark einschränken oder zumindest die erzielbaren Preise erheblich reduzieren, obwohl aufgrund aller anderen Bedingungen, wie z.B. Lage im Stadtgebiet, Baurecht, Einzugsgebiet, Grundstücksgröße und -zuschnitt, Verkehrsanbindung eine Einzelhandelsnutzung prädestiniert wäre.

Gleiches gilt auch für den Zusammenhang von einzelnen Grundstücksfaktoren und anzusprechenden Zielgruppen. Ein Grundstück, das durch seine Lage und sein Umfeld für die Zielgruppe der sogenannten „Kreativen" geeignet ist, kann z.B. aufgrund einer bestehenden Gestaltungssatzung trotzdem nicht funktionieren. Wenn die Gestaltungssatzung beispielsweise eine eher konservative, „langweilige" Fassade vorschreibt, wird es vielfach schwierig, ein architektonisches Konzept zu finden, das diese Zielgruppen anspricht.

Zusammenfassend lässt sich also festhalten, dass eine Vielzahl von Grundstücksfaktoren in der Analyse zu berücksichtigen ist. Eine frühzeitige Euphorie auf Seiten des Projektentwicklers – ohne vorherige Prüfung und Analyse aller relevanten Einflussparameter – kann negative Folgen haben, die nicht oder nur mit erheblichen Anstrengungen zu korrigieren sind bzw. die Wirtschaftlichkeit des Vorhabens einschränken.

2.2.2 Standortanalyse

2.2.2.1 Standortanforderungen unterschiedlicher Nutzungen

Das unterschiedliche Nutzungen auch variierende Standortanforderungen aufweisen erscheint selbstverständlich. Während für den Einzelhändler der Kunde – vor allem in ausreichender Zahl – im Vordergrund steht, sind es für Büronutzer in der Regel die Mitarbeiter, das Image oder Kostenaspekte. Ob Schulen und Kindergärten in ausreichender Quantität und Qualität vorhanden sind, muss der Projektentwickler im Wohnungsbau berücksichtigen, ansonsten kann es ihm relativ gleichgültig sein. Dass es aber auch innerhalb der einzelnen Immobilienteilmärkte bzw. den jeweiligen Zielgruppen deutliche Unterschiede hinsichtlich der Standortanforderungen gibt, wird häufig vernachlässigt.

Gerade hier gibt es aber Wirkungszusammenhänge, die nicht auf den ersten Blick erkennbar sind, gleichwohl aber sehr entscheidend sein können. Leicht nachvollziehbar ist es z.B. bei Handelseinrichtungen, dass Fachmärkte auf der „grünen Wiese" vor allem ausreichende Stellplätze und ein großes Einzugsgebiet brauchen, wohingegen die Geschäfte der Innenstadt in erster Linie viele Passanten benötigen. Dass aber Konkurrenz für einige Branchen nichts Schlechtes, sondern sogar positiv ist, und sie deshalb oftmals Grundstücke oder Geschäfte in unmittelbarer Nähe des Wettbewerbs suchen, ist nicht jedem Entwickler geläufig. Als Beispiele stehen Möbel- oder auch Schuhgeschäfte. Da Kunden diese Güter nur selten benötigen, suchen sie eher Standorte auf, bei denen sie dicht beieinander viel Auswahl bzw. mehrere Anbieter finden.

Auch bei der Entwicklung von großen Büroobjekten wird oft vergessen, welche Anforderungen die Zielgruppen haben und wie Standortentscheidungen gefällt werden. So wird sich ein Projektentwickler, der gezielt Büroflächen für Backoffice-Bereiche baut, weil er einen vermeintlich idealen Standort hierfür hat (ausreichend großes und günstiges Grundstück, viele Stellplätze, gute Individualverkehrsanbindung, niedrige Mieten), nicht lange freuen, falls er nicht auch auf eine vernünftige ÖPNV-Anbindung geachtet hat. Große Backoffice-Einheiten, gehören zu großen Unternehmen, die normalerweise einen Betriebsrat haben, der bei derartigen Entscheidungen eingebunden werden muss. Da Betriebsräte häufig begeisterte ÖPNV-Nutzer sind, sollte dieser Faktor – genauso wie die geringe Neigung von Geschäftsleitungen sich mit dem Betriebsrat anzulegen – niemals unterschätzt werden. Ähnlich ist es übrigens, wenn der Projektentwickler bei der Konzeption des Objektes die mögliche Integration einer Kantine vergisst. Dies ist zwar meistens baulich auch nachträglich heilbar, verursacht dann aber nicht kalkulierte Kosten. Einige der wichtigsten Standortanforderungen ausgewählter Nutzungen sind in Abb. 1 dargestellt.

2.2.2.2 Harte Standortfaktoren

Grundsätzlich unterscheidet man bei harten Standortfaktoren zwischen physischen und sozioökonomischen Faktoren. Zu den physischen Faktoren zählen dabei in erster Linie die vorhandene infrastrukturelle Situation in unterschiedlichen Bereichen, wohingegen die sozioökonomischen Faktoren die sozialen und wirtschaftlichen Rahmenbedingungen widerspiegeln.

Im Vordergrund vieler Standortanalysen stehen häufig die sogenannten harten Standortfaktoren. Hierfür gibt es mehrere Gründe. Zum einen ist ein Standort, bei dem die harten Faktoren nicht stimmen, in der Regel automatisch zum Scheitern verurteilt, weil elementare Nutzeranforderungen nicht erfüllt werden können. Zum anderen lassen sich harte Faktoren aber auch erheblich besser erfassen als weiche und vor allem besser untereinander vergleichen. Sie sind üblicherweise messbar und können hinsichtlich ihrer Bedeutung und Ausprägung mit Erfahrungswerten aus vielen anderen Projektentwicklungen verglichen werden. Den harten Faktoren kommt damit ein besonderes Gewicht bei der Analyse einzelner Standorte zu.

Um zu aussagefähigen Ergebnissen zu kommen, ist es allerdings wichtig, die „richtigen" Faktoren zu analysieren. Gerade diese Fähigkeit macht den erfahrenen Standortanalytiker aus. Häufig ufert in Standortanalysen der deskriptive Teil (insbesondere bezogen auf den Makrostandort) aus, während der analytische Teil zu kurz kommt. Für die Analyse eines Bürostandortes ist beispielsweise die Entwicklung der Übernachtungszahlen in einer Stadt, des Passagieraufkommens des örtlichen Flughafens oder der Anteil der Altersgruppe der 10- bis 15-jährigen völlig irrelevant. Hierdurch wird zwar Fleißarbeit dokumentiert, der Entwickler kann damit aber nichts anfangen. Insbesondere im Zusammenhang mit der Flut verfügbarer Informationen im Internet ist die Verlockung groß, die Standortanalyse „aufzupusten". Ziel muss es demgegenüber sein, sich auf die wichtigen Faktoren zu konzentrieren, diese aber auch sachgerecht zu interpretieren und bezogen auf die geplante Projektentwicklung zu kommentieren. Auch bei der Auswahl der einzubeziehenden Standortfaktoren muss berücksichtigt werden, dass unterschiedliche Nutzungen jeweils andere Anforderungen stellen.

Abb. 1: Die wichtigsten Standortanforderungen ausgewählter Nutzungen

	Besonders wichtig	Wichtig
	Büro	
Hochwertige Nutzungen	• gutes infrastrukurelles Umfeld (Einzelhandel, Gastronomie) • positives Image des Standortes • gute ÖPNV-Anbindung	• ausreichende Individualverkehrsanbindung • Mindestanzahl an Stellplätzen
Backoffice-Bereiche	• gute Individualverkehrsanbindung • ausreichende ÖPNV-Anbindung • ausreichende Parkplätze	• Gastronomieeinrichtungen im Umfeld • ausreichende Nähe zu Arbeitskräften
	Einzelhandel	
Innerstädtischer Handel	• gute fußläufige Erreichbarkeit • hohe Passantenfrequenz • Parkhäuser • ÖPNV-Anbindung	• Wettbewerbssituation im Umfeld • Synergien zu Gastronomie und Freizeit
Stadtteillagen	• Nähe zu Wohngebieten • gute Erreichbarkeit (ÖPNV, IV) • ausreichende Parkplätze	• Nähe zu ergänzenden Handelseinrichtungen • gute Sichtanbindung
„Grüne Wiese"	• ausreichendes Einzugsgebiet • gute Erreichbarkeit mit dem PKW • ausreichende Parkplätze	• guter Branchenmix bei Centern • Nähe zu ergänzenden Handelseinrichtungen
	Wohnen	
Einfamilienhäuser/ Reihenhäuser	• attraktives, möglichst „grünes" Umfeld • gute Individualverkehrsanbindung • gute Erreichbarkeit Schule, Kindergarten	• ÖPNV-Anbindung • Nahversorgung in mittelbarer Nähe
Geschosswohnungsbau	• gute ÖPNV-Anbindung • gute Nahversorgung in fußläufiger Nähe • gute Erreichbarkeit Schule, Kindergarten	• ausreichende Parkplätze
	Gewerbepark	
	• Nähe zum großstädtischen Wirtschaftsraum • gute Individualverkehrsanbindung	• moderate Grundstückspreise
	Hotel	
Top-Hotels	• imageträchtiger Standort • zentrale Lage • attraktives Kultur-/Freizeitangebot	• ÖPNV-Anbindung
Tagungshotels	• gute Individualverkehrsanbindung • ausreichendes Einzugsgebiet	• Nähe zum Flughafen
2-Sterne-Hotels	• überregionale Verkehrsanbindung • hohes Verkehrsaufkommen	• moderate Grundstückspreise

Quelle: BNP Paribas Real Estate Consult GmbH

2.2.2.3 Weiche Standortfaktoren

Von großer Bedeutung sind aber auch die weichen Standortfaktoren. Anders als die harten Faktoren sind diese in den meisten Fällen nicht oder nur sehr bedingt messbar. Gerade bei der Bewertung weicher Standortfaktoren kommt es deshalb in ganz besonderem Maße auf die Erfahrung des Standortanalytikers an. Sie können häufig nur mit qualitativen Methoden, also z.B. persönliche Gespräche oder Begehungen, ermittelt werden. Zu den weichen Standortfaktoren gehören z.B.

- Image des Mikrostandortes
- Umfeldnutzungen/-ambiente
- historische Nutzungen von Standorten
- politische Mehrheiten
- Wirtschaftsklima
- Genehmigungspraxis der Verwaltung
- Wohn- und Freizeitqualität
- kulturelles Angebot

Die Bedeutung von weichen Standortfaktoren kann aus unterschiedlichen Zusammenhängen resultieren. Besonders wichtig ist die Tatsache, dass die mit Abstand meisten Standortentscheidungen nicht ausschließlich rational, sondern auch mit einer großen emotionalen Komponente getroffen werden. Bei einer Einzelhandelsnutzung kann es aber z.B. auch sein, dass Kunden einen Standort trotz aller realen Vorteile aufgrund von Imageaspekten nicht annehmen. Mitunter reicht es aus, wenn dieses mit historischen Ereignissen im Zusammenhang steht, die für den Projektentwickler kaum nachvollziehbar sind. Deshalb sollten Projektentwickler gerade an Standorten, an denen sie nicht über eigene regionale Erfahrungen verfügen, besonderes Gewicht auf eine fundierte Analyse weicher Faktoren legen.

Aufgrund der zunehmenden Ausdifferenzierung von Märkten, mit daraus resultierenden, neuen Nutzeranforderungen entstehen teilweise sogar neue Standortfaktoren. Ein eindrucksvolles Beispiel war im Zuge der Etablierung von Call-Centern zu beobachten. Dass die Call-Center-Dichte südlich des Ruhrgebietes spürbar abnimmt, liegt am bis zum damaligen Zeitpunkt nicht relevanten Standortfaktor „Dialektfreiheit". Für Call-Center ist es wichtig, ein ausreichendes Arbeitskräftepotential vorzufinden, das weitestgehend dialektfreies und damit allgemein verständliches Hochdeutsch spricht. Dies ist im norddeutschen Raum leichter zu realisieren.

Ganz entscheidend ist, dass gerade weiche Standortfaktoren extrem stabil sind. Eine Stadt, die es geschafft hat als besonders wirtschaftsfreundlich zu gelten, muss schon über einen längeren Zeitraum ziemlich viel „Mist bauen", um dieses Image wieder zu zerstören. Umgekehrt ist es aber auch ein extrem langer und schwieriger Weg, wenn man ein schlechtes Image abstreifen will. Gerade der letzte Aspekt hat in der Vergangenheit schon so manche Projektentwicklung scheitern lassen, weil manche der Meinung waren, dass sie allein durch die Größe ihres Projektes das Image schon „drehen" würden.

2.2.2.4 Beeinflussbarkeit von Standortfaktoren

Zu einer professionellen Standortanalyse gehört aber nicht nur die Erfassung und Interpretation der Ist-Situation, sondern auch der Blick in die Zukunft. Vor allem die Frage, inwieweit vorhandene Rahmenbedingungen durch den Projektentwickler zu beeinflussen sind, muss hierbei beantwortet werden. Eine Grundregel hierbei ist, dass die Möglichkeiten der Einflussnahme in einzelnen Standortfaktorgruppen unterschiedlich sind. Am höchsten ist sie im Bereich der harten physischen Faktoren. Eine Verbesserung der straßenseitigen Erschließung oder größere Dimensionierung einzelner Medien der Ver- und Entsorgung kann mit entsprechenden Ämtern und Versorgungsunternehmen verhandelt werden.

Demgegenüber sind sozioökonomische Faktoren vielfach gar nicht zu beeinflussen. Zwar kann ein Entwickler eine nicht ausreichende Kaufkraft durch die Integration von Handelsnutzungen, die größere Einzugsbereiche haben, versuchen zu erhöhen. Das Problem nicht in ausreichendem Maße qualifizierter Arbeitskräfte wird er z.B. aber kaum lösen können.

Nahezu chancenlos ist ein Projektentwickler bei den weichen Faktoren. Ein negatives Image beispielsweise zu ändern ist zwar theoretisch möglich, dauert aber sehr lange, so dass der Erfolg einer Projektentwicklung gefährdet sein kann.

2.2.3 Marktanalyse

Zusammen mit der Standortanalyse bildet die Marktanalyse die zweite wesentliche Grundlage für die Entwicklung von Nutzungs-, Entwicklungs- und Vermarktungskonzepten. Die Marktanalyse soll Auskunft geben über die bisherige, aktuelle und zukünftig zu erwartende Entwicklung von Angebot und Nachfrage sowie Preisen.

Wie bei jeder Analyse ist die Aufgaben- und Fragestellung entscheidend bei der Wahl der Methodik und der Instrumente sowie bei der Bestimmung des Analyseumfanges. Marktanalysen in der Immobilienwirtschaft dienen der allgemeinen Marktbeobachtung von Marktteilnehmern, um die eigenen Aktivitäten entsprechend optimal am Markt ausrichten zu können. Häufig werden Marktanalysen in Vorbereitung konkreter Immobilienprojekte erstellt, um die anstehenden Investitionsentscheidungen auf eine fundierte Grundlage stellen zu können.

Mit Hilfe der Analyseergebnisse lässt sich das Investitionsrisiko abschätzen und gegebenenfalls eingrenzen, indem das geplante Immobilienprodukt möglichst nah an den qualitativen und quantitativen Nachfragepräferenzen ausgerichtet werden kann. Mit Hilfe von Geographischen Informationssystemen (GIS) lassen sich die Analyseergebnisse sehr anschaulich auch in einen räumlichen Bezug setzten und inhaltlich mit der Standortanalyse verknüpfen. Von besonderem Interesse ist bei der Martkanalyse aber vor allem auch der Blick in die Zukunft und die Frage nach abschätzbaren zukünftigen Marktentwicklungen im Detail.

Je nach dem zu untersuchenden Immobilienmarktsegment gelten unterschiedliche Voraussetzungen und Rahmenbedingungen. So sind allein Datenlage und verfügbare Quellen der Marktanalyse im Wohnungsmarkt andere – und deutlich bessere – als im Büromarkt. Für Spezialmärkte, wie Freizeit- und Hotelimmobilien müssen teilweise Marktdaten erst über Primärerhebungen oder langjährige eigene Beobachtungen zusammengetragen werden. Kapitel 2.4 gibt Auskunft über die jeweils zur Verfügung stehenden und geeigneten Quellen der Recherche. Daraus folgt, dass für die verschiedenen Immobilienmarktsegmente zum Teil unterschiedliche Instrumente der Analyse eingesetzt werden müssen.

Die Methodik wird darüber hinaus maßgeblich von der erforderlichen Analysetiefe bestimmt, welche sich aus der Aufgabenstellung ergibt. Beispielsweise gibt die gesamtstädtische Angebots- und Nachfragesituation zunächst nur eine recht allgemeine Auskunft über Größe, Dynamik, Entwicklungsstand und Niveau eines Marktes. Noch wichtiger für eine Investitionsentscheidung sind jedoch die Bedingungen auf Teilmärkten und in einzelnen Marktsegmenten, weil hier die Entwicklungen zum Teil sehr unterschiedlich verlaufen. Eine Büroimmobilie in der City kann z.B. immer noch erfolgreich am Markt platziert werden, wenn der Gesamtmarkt schon von einem Überangebot geprägt wird.

Da die Informations- und Datenlage je nach Maßstabsebene der Untersuchung sehr unterschiedlich ist, kann auch die Aussagekraft der Analysen nicht beliebig kleinräumig oder bezogen auf einzelne Objekte herunter gebrochen werden. Erschwerend kommt hinzu, dass eine isolierte Betrachtung von Teilmärkten und Marktsegmenten ebenso irreführend sein kann, wie die Analyse, die sich nur auf die Globalsicht des Gesamtmarktes beschränkt. Denn es bestehen wechselseitige Beziehungen zwischen den Teilmärkten. Ein Angebotsdefizit an einem Standort führt häufig zu einer Abwanderung der Nachfrage an andere Standorte mit verfügbarem Angebot.

Aussagekräftige Marktanalysen sollten deshalb die Teilmärkte einer Stadt oder eines Raumes möglichst differenziert betrachten. Entsprechend der unterschiedlichen Datenlage auf den Maßstabsebenen müssen angepasste Analyseinstrumente zum Einsatz kommen.

2.2.3.1 Angebots- und Wettbewerbsanalyse

Die Angebots- und Wettbewerbsanalyse untersucht die Qualität und Quantität des bereits vorhandenen, in Bau befindlichen, sicher projektierten und geplanten Immobilienangebotes. Dabei sollte das Angebot möglichst klar in vorhandene bzw. relevante Marktsegmente differenziert werden.

So gliedert sich das Büroflächenangebot in Flächen unterschiedlicher Typen (Einzel-, Gruppen-, Großraumbüros usw.) sowie Ausstattungs- und Nutzwertkategorien. Diese Typen und Kategorien können durchaus abweichend voneinander am Markt gehandelt werden: Ein Angebotsüberhang an Großraumbüroflächen ist für die Nachfrage nach Zellenbüros kaum relevant. Der vorhandene Leerstandssockel auf deutschen Büromärkten setzt sich häufig aus einem überdurchschnittlichen Anteil älterer oder nicht nachfragegerechter Flächen zusammen. Trotzdem herrscht teilweise ein Mangel an hochwertigen, flexibel und effektiv nutzbaren Flächen an den von Nutzern präferierten Standorten. Die spezifischen Nachfrage- und Preisparameter reagieren in den jeweiligen Kategorien entsprechend unterschiedlich.

Der Wohnungsmarkt kennt ebenfalls sehr differenziert zu betrachtende Segmente, wie zum Beispiel Eigenheime und Geschosswohnungsbau. Das Marktsegment der Eigenheime kann weiter differenziert werden in die Kategorien „Freistehendes Einfamilienhaus, Doppelhaushälften, Reihenhäuser", das Segment Geschosswohnungsbau üblicherweise in „Eigentumswohnungen, freifinanzierter Mietwohnungsbau und geförderter Wohnungsbau". Weitere Spezialsegmente sind etwa das Seniorengerechte Wohnen, wie das Betreute Wohnen, oder Boardinghäuser und jüngst Mikroapartments. Weitergehende Untergliederungen der genannten Kategorien sind möglich und sinnvoll, etwa nach Alter, Lage, Größe, wenn eine sehr umfassende Analyse durchgeführt und in diesen Kategorien konkretisierte Ergebnisse erarbeitet werden sollen.

Zwischen den einzelnen Marktsegmenten und Kategorien herrschen Interdependenzen in unterschiedlicher Ausprägung. Diese Wechselwirkungen zu kennen ist wichtig, um die richtige Auswahl der zu untersuchenden Segmente und Kategorien im Rahmen der Marktanalyse treffen zu können. In einem engen Wohnungsmarkt eines Ballungsraumes gibt es aufgrund der Knappheit an Eigenheimen ein Ausweichen der Nachfrage auf Eigentumswohnungen oder auch auf hochwertige Mietwohnungen. Im ländlichen Raum kann dagegen das Segment der Eigenheime bei entspanntem Markt relativ isoliert von dem des Geschosswohnungsbaus betrachtet werden.

Im Wohnungsmarkt vermag die Angebotsanalyse teilweise auf recht detaillierte und regelmäßig aktualisierte Bestandserfassungen zurückzugreifen. Da die Wohnungspolitik eines der bedeutenden Politikfelder war und ist, erfasst die amtliche Statistik in der Regel sehr genau, wie viele Wohnungen in welcher Größe und welchem Gebäudetyp (Wohngebäuden mit ein bis zwei Wohneinheiten, Wohngebäuden mit mehr als zwei Wohnungen) an einem Ort vorhanden sind, zum Bau genehmigt oder fertiggestellt sind. Im Rahmen von Gebäude- und Wohnungszählungen werden darüber hinaus Bestandsstrukturen hinsichtlich Alter, Größe und Ausstattung, bezogen auf statistische Räume abgebildet.

Auf dem gewerblichen Immobilienmarkt liegen solche öffentlich erstellten Statistiken nicht vor, so dass auf eigene Primär- oder Fremderhebungen oder qualitative Methoden zurückgegriffen werden muss. (s. auch Quelle für Researcharbeit Kapitel 2.4). Ein weiterer Aspekt ist die klare Definition der Parameter, etwa der „Bürofläche": Welche werden in den Quellen genutzt und können für die Marktanalyse herangezogen werden? Hier konnten durch die Festlegungen der gif Gesellschaft für immobilienwirtschaftliche Forschungen e.V. wesentliche Fortschritte erreicht werden. Trotzdem sind detaillierte Marktkenntnisse unabkömmlich, wie das Beispiel München zeigt, wo das Marktgeschehen immer noch – trotz gif-Definitionen – überwiegend durch Flächenangaben bezogen auf BGF bestimmt wird.

Im Rahmen der Angebots- und Wettbewerbsanalyse werden zunächst die harten, weitgehend vergleichbaren Faktoren des Angebotes ausgewertet. Hierzu zählen neben der Lageeinordnung, die Parameter Größe, Ausstattung, Preis. Wenn es um die Bestands- oder Neubauentwicklung geht, kann hierzu die amtliche Statistik herangezogen werden (z.B. Wohnungsbestandsdatei). Darüber hinaus können Primärerhebungen Lücken der amtlichen Statistik überbrücken helfen. Beispielsweise lassen sich durch Begehungen Immobilienbestände erfassen und nach unterschiedlichen Kriterien bewerten, was allerdings ein sehr aufwändiges Verfahren ist und nur begrenzte Aussagen zum Innern der Objekte zulässt.

Für die Bewertung des Angebotes insbesondere bei einer Wettbewerbsanalyse hilft die Auswertung von Zeitungsinseraten und Exposees sowie Immobilienportalen im Internet. Die Aussagekraft dieser Analysen muss allerdings kritisch hinterfragt und verifiziert werden, da sie über eine tatsächliche Realisierung am Markt noch keine Auskunft geben. Da hier jedoch der unmittelbare Kontakt zur Vermarktung von Objekten gegeben ist, wird dieses Instrument vor allem bei Marktanalysen eingesetzt, die die Grundlage von Neubauinvestitionen bilden sollen. Aber nicht nur die quantitativen und klar vergleichbaren Fakten sind entscheidend. Wie bei der Standortanalyse spielen auch weiche Faktoren eine nicht unwesentliche Rolle. Ein Neubauangebot wird im Wettbewerb erfolgreich platziert werden können, wenn Faktoren wie Standortimage und Vermarktungskonzept den Wünschen der Zielgruppen entsprechen.

2.2.3.2 Nachfrageanalyse

Die Untersuchung der Nachfrage ist neben der des Angebotes das zweite Kernelement der Marktanalyse. Im Vergleich zum Angebot, welches in der Immobilienwirtschaft aufgrund der langen Herstellungszeiten naturgemäß eher „träge" reagiert, handelt es sich bei der Nachfrage um einen sehr volatilen Faktor. Dies gilt insbesondere in Marktphasen mit hohem und/oder steigendem Angebot. In Phasen eines erheblichen Nachfrageüberhanges bzw. hoher Bedarfe gibt es wenige Auswahlmöglichkeiten. Das knappe Angebot kann mit hoher Chance am Markt platziert werden, auch wenn die Nachfragepräferenzen nicht hundertprozentig getroffen werden. Während der Entspannungsphasen differenziert sich das Marktgeschehen allerdings stark aus und es muss versucht werden, möglichst nachfragegerechte Angebote zu schaffen. Für diese maßgeschneiderten Immobilien werden deshalb Nachfrageanalysen besonders häufig eingesetzt.

Die Analyse der Nachfrage ist mit besonderen Schwierigkeiten verbunden, da hierfür zum einen nur wenige konkrete und verwendbare Daten vorliegen und sie sich zum anderen relativ kurzfristig, etwa durch externe Faktoren beeinflusst, verändern kann. Auf die qualitativen und quantitativen Bestimmungsfaktoren einer potenziellen Nachfrage lässt sich daher häufig nur indirekt durch verschiedene Analyseverfahren schließen, etwa durch die langjährige Beobachtung des bisherigen Nachfrageverhaltens. Die Einschätzung der zukünftigen Nachfrage ist dagegen mit erheblichen Unsicherheiten verknüpft (s. auch Prognosen Kapitel 2.3.4).

Als Instrumente und Quellen stehen Marktberichte der großen Maklerhäuser und von Beratungsunternehmen zur Verfügung. Auf dem Wohnungs- und Einzelhandelsmarkt werden teilweise auch Analysen und Strukturuntersuchungen durch die Kommunen veranlasst, um Flächenplanungen und politische Entscheidungen vorzubereiten. Darüber hinaus bieten Primärerhebungen Möglichkeiten, relativ konkrete und aktuelle Aussagen zu Potenzial und Präferenzen der Nachfrage zu ermitteln. Die Befragung von (potentiellen) Nachfragern, zum Beispiel im Rahmen eines Vorvermarktungstests, lässt Aussagen zu der Marktgängigkeit eines Immobilienproduktes zu. Nicht zuletzt erlauben intensive Expertengespräche mit Marktakteuren und Nachfragern qualitative Aussagen zur Nachfrage. Damit kann zwar ebenfalls kein konkretes zukünftiges Nachfragevolumen präzise ermittelt werden, jedoch werden hiermit wichtige Entscheidungsfaktoren und Präferenzen der Nachfrager identifiziert – bedeutende Informationen, die im Rahmen von standardisierten Fragebogenaktionen häufig verloren gehen.

Am Büromarkt wird mit Hilfe der Aufzeichnung der Vermietungsleistungen durch die großen Maklerhäuser die Nachfrage der vergangenen Jahre recht gut abgebildet, mitunter sogar differenziert nach Teilmärkten, angemieteten Flächenarten und den Branchen der Nachfrager. Um die zukünftige Nachfrageentwicklung auf dem Büromarkt analysieren zu können, stehen verschiedene Ansätze zur Verfügung. Bei den Maklerhäusern werden Nachfragegesuche erfasst: Damit ist hier zwar keine absolute Größe der Nachfrage ermittelbar, da nicht sicher ist, wie viele der tatsächlichen Gesuche registriert sind und welche davon letztendlich in effektive Nachfrage verwandelt werden können. Immerhin ist mit Hilfe der Gesuche aber ein Trend der Nachfrage, auch differenziert nach Lagen und Flächenkategorien ablesbar.

Auf dem Wohnungsmarkt werden Vermietungen nicht zentral erfasst, hier sind Einzelbefragungen von Maklern und Vermietern hilfreich. Die Gutachterausschüsse für Grundstückswerte registrieren immerhin neben den Grundstückspreisen bzw. Bodenrichtwerten für unterschiedliche Grundstückskategorien für den Eigentumsmarkt die Verkaufsfälle und Preise für Eigenheime und Eigentumswohnungen. Insbesondere für viele Ballungsräume liefern diese Gutachterberichte sehr umfangreiche Daten und Informationen zu den erwähnten Marktsegmenten.

Auf dem Markt für Einzelhandelsflächen, zum Beispiel bei der Planung eines Fachmarktzentrums, eines Discounters oder eines Verbrauchermarktes, wird häufig zunächst das Kaufkraftpotential ermittelt, um über erprobte Modellrechnungen eine Umsatzchance zu kalkulieren. Die Kaufkraftzahlen der GfK in Nürnberg geben die kleinräumig lokalisierbare Kaufkraft der Einwohner in der Bundesrepublik Deutschland an. Mit Hilfe von Berechnungsverfahren lassen sich für einzelne Warengruppen Ausgabenvolumina pro Jahr ermitteln, die für den Einzelhandel potenziell zur Verfügung stehen. Im nachfolgenden Schritt wird der vorhandene Besatz an Verkaufsflächen der relevanten Wettbewerber erhoben und bewertet, um dann das Einzugsgebiet für das geplante neue Angebot abzugrenzen. Da ein neuer Fachmarkt selten das gesamte Ausgabenvolumen auf sich vereinen kann, ist die entscheidende Größe die Abschöpfungsquote bezogen auf den neuen Fachmarkt. Sie hängt ab vom Einzugsgebiet und der darin „lebenden" Kaufkraft der Einwohner, der Erreichbarkeit des geplanten Fachmarktes und dem

Wettbewerb im relevanten Umfeld. Das anteilige und abgeschöpfte Ausgabenvolumen in der jeweiligen Warengruppe am geplanten Standort wird im letzten Schritt umgerechnet auf eine realistische Raumleistung. Um einen Fachmarkt erfolgreich betreiben zu können, müssen bestimmte Raumleistungen erreicht werden. Andererseits gibt es für die verschiedenen Branchen bestimmte Betriebstypen und Mindestgrößen an Fachmärkten, Discountern oder Verbrauchermärkten. Gelingt es, die Umsatzchance mit gängigen Betriebstypen und -größen am Standort in Deckung zu bringen, kann ein Projekt realisiert werden, das auch eine anhaltende Tragfähigkeit verspricht.

Um über einen längeren Zeitraum in der Zukunft das Nachfragevolumen ermitteln zu können, wurden in der Immobilienwirtschaft schon verschiedene Verfahren entwickelt und erprobt. Hierzu folgen in Kapitel 2.3 weitere Ausführungen.

2.2.3.3 Analyse der Nutzeranforderungen

Zunächst ist zwischen eigengenutzten und für die Fremdvermietung vorgesehenen Immobilien zu unterscheiden. Da bei der eigengenutzten Immobilie der zukünftige Nutzer bereits bekannt ist, können die spezifischen Nutzeranforderungen durch Befragung oder Planungsbeteilung recht einfach ermittelt werden. Da die Lebens- und Nutzungsdauer auch von eigengenutzten Immobilien tendenziell kürzer wird, sollte jedoch in diesem „einfachen" Bereich der Marktanalyse eine Drittverwertungsmöglichkeit in jedem Fall mit berücksichtigt werden. Ob die geplante Immobilie bei Bedarf auch auf dem Mietmarkt erfolgreich platziert werden könnte, interessiert beispielsweise auch die finanzierende Bank oder den Gutachter, der den Marktwert des Objektes für die Bilanz einschätzen soll.

Die Anforderungen der noch unbekannten Nutzer bzw. Mieter an eine Mietimmobilie lassen sich demgegenüber nur mit erheblich mehr Aufwand erfassen. Zum einen kann man beobachten, welche Immobilienangebote am Markt bisher erfolgreich absorbiert worden sind und aktuell werden. Dabei ist zwischen gesättigten und engen, unterversorgten Märkten zu unterscheiden. In gesättigten Märkten wird besonders deutlich, welche Angebote im verschärften Wettbewerb bestehen. Im unterversorgten Markt gehen die Nutzer auch Kompromisse ein, so dass erfolgreiche Angebote nicht immer und nicht dauerhaft den Nutzeranforderungen entsprechen müssen. Zum anderen bieten sich direkte Befragungen von potenziellen Nutzern an.

2.2.3.4 Zielgruppenbestimmung

Häufigstes Ziel der Angebots- und Nachfrageanalyse ist die Bestimmung einer geeigneten Zielgruppe für ein geplantes Immobilienprojekt. Dabei kann entweder mit Hilfe der Analyse geprüft werden, für welche noch nicht näher definierten Immobilienprodukte ein ausreichendes Potenzial vorhanden und nutzbar ist. Oder umgekehrt: Für ein definiertes Immobilienprodukt kann ermittelt werden, wie umfangreich oder wie kaufkräftig die avisierte Zielgruppe ist.

Ist erst einmal die Nachfrage von Zielgruppen in Umfang und Qualität bestimmt, lassen sich für Immobilienprojekte recht aussagekräftige Nutzungs- und Vermarktungskonzepte erarbeiten.

Eine besondere Herausforderung für das Immobilienconsulting ist es dabei, neue, latente oder angebotsinduzierte Nachfrage zu erfassen. Denn in den sich differenzierenden Märkten weisen insbesondere diejenigen Immobilienentwickler und -investoren Erfolge auf, die einen Trend frühzeitig erkennen und bisher unterbewertete Standorte in dieser Weise neu nutzen und prägen. In dieser Weise sind die Umnutzungen alter Industrieobjekte für neue Büro-, Einzelhandels- und Wohnnutzungen in mehreren deutschen Städten, nicht zuletzt oft auch im Zusammenhang mit einer Wasserlage, zu werten. Diese „unkonventionellen" Produkte haben sich mitunter an schwierigen Standorten durchgesetzt und konnten mit einer klaren Zielgruppenansprache neue Nachfrage generieren. Bei nüchterner ex-post-Analyse sind solche Trends und innovativen Marktentwicklungen nicht vorhersehbar gewesen. Rein objektiv entsprechen die Flächen auch nicht immer den optimalen Ansprüchen. Doch wirken auch hier weiche Faktoren, wie Atmosphäre, Tradition usw., die eine Nachfrageentscheidung nicht unwesentlich beeinflussen.

2.3 Ausgewählte Analyseinstrumente

Für die Angebots- und Nachfrageanalyse steht eine Reihe von Instrumenten zur Verfügung. Die Wahl des geeigneten Instruments bzw. Instrumentenbündels hängt von der Aufgaben- und Fragestellung der Untersuchung, der Anforderung nach Detailgenauigkeit und von den betroffenen Immobilienmarktsegmenten ab.

2.3.1 Stärken-Schwächen- und SWOT-Analyse

Die Stärken-Schwächen-Analyse steht häufig am Ende einer Standortanalyse und dient der zusammenfassenden Bewertung der Standortfaktoren. Sie wird eingesetzt, wenn die Nutzung des Standortes bereits weitgehend festgelegt ist und diese noch auf Standorteignung geprüft werden soll. Jeweils für die einzelnen in der Untersuchung betrachteten Markt- oder Nutzungssegmente müssen eigene Profile erstellt werden, da die Standorteignung für diese jeweils unterschiedlich zu bewerten ist. So können Standorte für Wohnen hervorragend geeignet, für Einzelhandelsnutzungen jedoch völlig ungeeignet sein.

Das in einem Profil dargestellte Analyseergebnis weist auf der Kopfzeile eine Bewertungsskala auf, beispielweise gestaffelt von „sehr gut" bis „ungenügend". Auf der linken Spalte werden die Standortfaktoren gelistet, meist unterteilt in Makro- und Mikrostandortfaktoren. Die Bewertung der Faktoren für eine Immobiliennutzung erfolgt dann mit Hilfe eines Symbols im betreffenden Kästchen, etwa „Straßenverkehrsanbindung – sehr gut". Durch die Verbindung der Symbole mit einer Linie wird die Gesamtschau der Standorteignung im Bild sichtbar. Eine Linie überwiegend im linken Bereich des Profils signalisiert gute Wertungen der Standortfaktoren und damit eine gute Standorteignung. Der rechte Bereich steht für eine geringere Eignung. Ist die Linie geradlinig, ist die Aussage eindeutig. Einzelne Ausschläge geben Anlass zur Interpretation und zur Klärung der Frage, ob einzelne Standortbedingungen gegen eine Realisierung der Nutzung sprechen. Dies kann eintreten, wenn zum Beispiel die Anbindung an den Straßenverkehr für eine Fachmarktnutzung „ungenügend" ausweist.

Stärken-Schwächen-Analysen sind Ist-Betrachtungen und können beinahe beliebig ausgeweitet und detailliert werden, je nach dem wie viele Standortfaktoren für die Fragestellung eine Rolle spielen. Sind auf absehbare Zeit wesentliche Änderungen einzelner Standortbedingungen zu erwarten, kann dies entsprechend vermerkt werden, oder das Profil wird von vornherein auf einen zukünftigen Ist-Zustand ausgelegt.

Am Ende einer Stärken-Schwächen-Analyse sollte eine abschließende Bewertung der Standorteignung der untersuchten Nutzungssegmente stehen. Hierbei ist zu klären, welche Standortfaktoren möglicherweise im Rahmen der Projektentwicklung beeinflusst werden oder sich verändern können, wodurch sich verbesserte Rahmenbedingungen ergeben könnten.

In einem erweiterten Profil können neben den Stärken und Schwächen eines Standortes auch die Chancen und Risiken für Immobilieninvestitionen in einzelnen Segmenten benannt und bewertet werden. Eine solche zusammenfassende Darstellung – häufig in einer Vier-Felder-Matrix gegliedert – wird „SWOT-Analyse" genannt. Die Wertungen und Aussagen zu den vier Bereichen werden in Kurzform in dem jeweiligen Feld erfasst.

Die SWOT-Analyse bietet den Vorteil, neben der Bewertung der Standorteignung zugleich auch das Risiko einer Projektentwicklung aus Standortsicht erörtern zu können. Außerdem werden in einer Übersicht „beide Seiten einer Medaille" sicht- und ablesbar und können gegeneinander abgewogen werden. Die SWOT-Analyse sollte deshalb auch eine Diskussion der einzelnen Aussagen umfassen, um letztendlich eine abschließende Wertung des Standortes und eine Einschätzung zur Eignung für die jeweilige Nutzung zu bieten.

Abb. 2: Ergebnisdarstellung einer Zielgruppenbestimmung

Nutzergruppe / Merkmal	Logistik: Spedition & Logistik	Logistik: Citylogistik	Handel: Teppichhandel	Handel: Pelzhandel	Handel: Lebensmittel-spezialgroßhandel	Handel: Spezial Möbelgroßhandel	Handel: Antik- & Kunsthandel	Dokumenten-Logistik: Daten- & Aktenvernichtung	Dokumenten-Logistik: Druckerei	Dokumenten-Logistik: Archiv	Kreative: Gold & Juwelen Manufaktur	Kreative: Film & Medien	Kreative: IT-Branche	Kreative: Design
Seriösität der Branche	+	+	--	++	+	++	+	++	++	++	++	+	+	+
Volatilität der Branche	+	-	++	--	+	-	+	--	-	--	--	+	++	+
Kombination Produktion/ Vertrieb/ Lager möglich	0	0	0	+	0	+	0	+	+	0	+	+	++	++
Kombination Showroom/Lager möglich	0	0	+	+	++	++	++	0	+	0	++	0	++	++
Trennung von Kopffunktionen und Lager/Produktion möglich	+	-	-	-	+	+	--	+	-	+	++	++	-	-
Fühlungsvorteile mit gleichen Unternehmen für Standortwahl bedeutend	0	0	+	+	0	+	++	-	-	--	+	++	++	++
innenstadtferner Standort möglich	0	0	+	-	++	++	+	++	++	+	-	++	++	+
Anforderung an Sicherheitsstandard	+	+	+	++	-	+	++	+	+	++	++	+	+	-
Warenumschlags-intensität	++	++	+	-	++	++	+	++	+	+	-	+	++	0
Mietpreis (DM/m²/Monat) Kopffunktionen (Verwaltung)	16-20	16-20	7-12	17-20	14-18	14-18	14-18	16-20	14-16	16-20	18-22	23-26	24-28	14-18
Mietpreis (DM/m²/Monat) Archiv/ Lager/ Produktion/ Showroom	8-10	8-10	7-12	30-40 [1]	8-10	8-10	8-10	8-12	8-12	10-14	30-40 [1]	10-12	12-16	14-18
Bewertung für Nutzungskonzept	flächenintensiv; Stockwerklager paßt nicht in moderne Logistikkonzepte; geringe Zahlungsbereitschaft		schwieriges Klientel; Flächennachfrage rückläufig	seriös; Stockwerklagerung möglich; Flächenkombinationen gewünscht; hoher Sicherheitsstandard gewünscht; können in ein Thema eingebunden werden				seriös; sehr großer Flächenbedarf; Stockwerke nicht gefragt; innenstadt- ferner Standort gefragt	seriös; großer Flächenbedarf; für Dokumente hoher Sicherheitsstandard; innenstadt-ferner Standort gewünscht	seriös; hoher Sicherheits-standard, Stockwerke möglich; gute Zahlungs-bereitschaft	seriös; Flächen kombinationen gewünscht; gute Zahlungs-bereitschaft; aber geringe Nachfrage	seriös; Flächenkombinationen und Sicherheitsstandards gewünscht; hohe Zahlungsbreitschaft; hohe Flächennachfrage aber gehobene Ansprüche an Ausstattungsqualität		
Gesamtbewertung für Standort	↘	↘	→	↗	↗	↗	↗	→	→	↗	↗	↑	↑	↑

Legende: Bedeutung für Standort/Branche
- ++ sehr hoch
- \+ hoch
- 0 weniger bedeutend
- \- gering
- -- sehr gering

Mietpreise orientieren sich an Zahlungsbereitschaft für bisherigen Standort
1) Mieten in Einzelhandelslagen

Quelle: BNP Paribas Real Estate Consult GmbH

Abb. 3: Beispiel für ein Stärken-/Schwächenprofil

Standortmerkmal	Standortbewertung				
	sehr gut	gut	mittel	weniger gut	unzureichend
überregionale Individualverkehrsanbindung		●			
innerörtliche Individualverkehrsanbindung		●			
ÖPNV-Anbindung	●				
Nahversorgungsinfrastruktur		●			
Nutzungsstruktur und Erscheinungsbild des Umfeldes			●		
Sichtanbindung des Projektgrundstücks		●			
Entwicklungspotential für Standortstärkung		●			
Nutzungskonflikte und Lärmemissionen im Standortumfeld					

Quelle: BNP Paribas Real Estate Consult GmbH Jul 06

2.3.2 Nutzwertanalyse

Die Nutzwertanalyse wird in der Regel für Standorte oder Grundstücke eingesetzt, für die noch keine konkreten Nutzungsüberlegungen bestehen. Die Analyse trägt dazu bei, die Standorteignung für verschiedene denkbare Nutzungen auf einem ausgewählten Grundstück vergleichend bewerten zu können.

Die Nutzwertanalyse wird in der Form einer tabellarischen Übersicht erstellt, die in der Kopfzeile die verschiedenen ausgewählten und zu prüfenden Nutzungssegmente enthält. In der linken Spalte erscheinen wie bei der Stärken-Schwächen-Analyse die Standortfaktoren im gewünschten Detaillierungsgrad. Mit Hilfe eines einfachen Bewertungsverfahrens wird der Standortfaktor je nach Bedeutung und Wirkung für die ausgewählten Nutzungen bewertet. Eine U-Bahn-Anbindung für eine Büronutzung erhält demnach eine positive Wertung in Form einer hohen Punktzahl.

Die einzelnen Bewertungen ergeben eine Gesamtpunktzahl. Diese Gesamtwertungen für die einzelnen Nutzungen werden miteinander verglichen. Dabei wird schnell ersichtlich, welche Nutzungen überwiegend gute Bewertungen erhalten haben und damit besonders geeignet sind, am analysierten Standort platziert zu werden. Dabei ist die Höhe der Punktzahl nicht von entscheidender Bedeutung, vielmehr sollen Tendenzen der Wertigkeit verglichen werden.

Da die Nutzwertanalyse vielfach als subjektiv bezeichnet wird, entstand der Wunsch nach stärker quantifizierbaren Kriterien und Bewertungsmaßstäben. In diesem Zusammenhang wurde in den Niederlanden die Real Estate Norm (REN) entwickelt, die im Prinzip ein ähnliches Verfahren darstellt. Für die Bewertung der einzelnen Standortkriterien werden jedoch bestimmte Normen und Zielerfüllungskriterien festgelegt. Das Erreichen der Kriterien wird mit Hilfe von Punkten bewertet. Da nicht alle Standortfaktoren über die gleiche Bedeutung verfügen, werden außerdem die Bewertungen gewichtet. Die Bewertung bedeutender Standortfaktoren schlägt sich also im Ergebnis stärker nieder, als die der weniger bedeutenden.

In der Praxis kommt die REN meistens zu den gleichen Ergebnissen, wie die Nutzwertanalyse – einen erfahrenen Anwender vorausgesetzt – allerdings mit einem deutlich höheren Aufwand. Außerdem ist anzumerken, dass der Versuch, Standortbedingungen zu quantifizieren, eine Scheingenauigkeit und Objektivität suggeriert, die der Realität nicht entspricht. Dies gilt zumal dann, wenn wir es wie hier nicht mit monokausalen Zusammenhängen, sondern mit sehr komplexen Systemen in der immobilienwirtschaftlichen Standort- und Marktanalytik zu tun haben, die nicht immer rationalen Gesetzmäßigkeiten unterliegen.

2.3.3 Szenariotechnik

Um zukünftige Marktentwicklungen besser einschätzen zu können, werden im Rahmen von Marktanalysen häufig Szenarien aufgestellt. Szenarien sind Entwicklungsrichtungen und -verläufe, die unter bestimmten, vorher definierten Rahmenbedingungen eintreten könnten. Ursachen und Folgen bestimmter Entwicklungen und deren Wechselwirkungen sollen also aufgezeigt und nachvollziehbarer gemacht werden.

Die Entwicklung von Szenarios dient damit weniger der genauen Vorhersage von zukünftig zu erwartenden Ereignissen oder Marktentwicklungen. Die eingesetzten Szenariotechniken tragen vielmehr zum Verständnis der Marktzusammenhänge und der sie beeinflussenden Rahmenbedingungen bei.

Im Vergleich mehrerer, meist zweier oder dreier Szenarien untereinander, werden die realistischen Entwicklungsspielräume eines Marktes sichtbar. Durch die intensive Auseinandersetzung mit den Einflussparametern, den Wirkungen und Folgen kann die Eintrittswahrscheinlichkeit von Marktentwicklungen innerhalb eines Entwicklungskorridors besser eingeschätzt werden. Ein aktuelles Beispiel für den sinnvollen Einsatz ist die zukünftige Entwicklung der Büromärkte. Durch die Berücksichtigung von Wechselwirkungen und unterschiedlichen Eintrittswahrscheinlichkeiten der Nachfrage- und Angebotsentwicklung können der Entwicklungskorridor aufgezeigt und Investitionen abgesichert werden.

Die Szenariotechnik ist damit eines der wichtigsten und zur Zeit am häufigsten eingesetzten qualitativen Analyseinstrumente.

2.3.4 Prognosen

Die Forderung nach aussagekräftigen Prognosen in der Immobilienwirtschaft ist weit verbreitet. Wissenschaftlich fundierte Prognosen vermitteln einen hohen Anspruch auf Seriosität und hohe Eintrittswahrscheinlichkeit. Die Beobachtung der regelmäßigen und in kurzen Abständen aufeinander folgenden Revisionen der Wirtschaftsprognosen gibt allerdings Anlass zu erheblichen Zweifeln. Dabei können die allgemeinen Wirtschafts- und Wachstumsprognosen auf einen viel umfangreicheren Datenkranz zurückgreifen als die Immobilienwirtschaft.

Im Wohnungsmarkt gab es schon seit den sechziger Jahren intensive Bemühungen um Marktprognosemodelle. Da die Datenlage auf dem Wohnungsmarkt – wie bereits erwähnt – ungleich besser ist, als in den gewerblichen Marktsegmenten, konnten auch relativ anspruchsvolle Modelle entwickelt und eingesetzt werden. Allerdings herrschten über einen langen Zeitraum überwiegend Nachfrageüberhänge auf dem deutschen Wohnungsmarkt. Es ging deshalb damals vor allem um die Ermittlung des Bedarfs in der Zukunft. Unter Festlegung gewisser pauschaler Versorgungskriterien, zum Beispiel pro Kopf ein Zimmer, ließen sich sehr detaillierte Prognosen mit dem Ziel der Ermittlung von Neubaubedarfen in den einzelnen Wohnungsmarktsegmenten berechnen. Vorteilhaft erwies sich dabei, dass Geburten- und Sterberate als Rahmenbedingungen der Bevölkerungsstatistik bekannt waren und diese Parameter sich in der Regel nur langsam ändern.

Dass die Prognosen dennoch in der Realität nur selten eintrafen, um eine wenigstens mittelfristig fundierte Planungsgrundlage zu bilden, hatte ihre Ursachen in der ungleich schwieriger zu kalkulierenden Zuwanderung, etwa durch Aus- und Übersiedler, aber auch der interregionalen Wanderungen. Außerdem zeigt die vermeintlich gesicherte amtliche Statistik, wie die letzte Volkszählung mit der immensen Untererfassung belegt, ihre Schwächen. Viele der Bevölkerungsprognosen der letzten Jahre lagen deshalb trotz ausgefeilter Methodik zu niedrig. Besonders nachteilig ist, dass die Prognosemodelle auf konkrete Einzelfälle, etwa Immobilieninvestitionen an einem Standort, nur schwer herunterzubrechen sind. Außerdem lassen sie Marktfaktoren wie Preise und Mieten außer Acht. Von daher bedürfen auch Wohnungsmarktprognosen immer einer Überprüfung bzw. Interpretation, insbesondere bezüglich der Plausibilität der eingeflossen Grundannahmen.

Mit der zunehmenden Professionalisierung der Branche und den inzwischen länger werdenden Zeitreihen der professionell erhobenen Marktkennziffern wächst die verlässliche Datenbasis

Abb. 4: Beispiel für eine Nutzwertanalyse

Standortbedingungen	hafenbezogenes Gewerbe	nicht hafenbezogenes Gewerbe	Handwerk/ Kleingewerbe	Technologie / Gründerunternehmen	Büro / Dienstleistungen	Wohnen (geringer Wohnwert)	Wohnen (hoher Wohnwert)	kleine Freizeiteinrichtungen / Sport / Museum	Freizeitgroßeinrichtung / Hotel / Kino
M a k r o s t a n d o r t									
Anbindung									
überregionale Verkehrsanbindung	++	++	+	+	+	+	+	+	++
lokale Verkehrsanbindung / Erschließung	–	–	–	–	–	+	+	o	–
ÖPNV-Anbindung	+	+	+	+	+	+	+	+	+
Wasserlage / Kaianlagen	++	o	o	o	o	+	++	+	++
Gleisanschluß	++	+	o	o	o	o	o	o	o
fußläufige Erreichbarkeit	o	o	o	o	o	–	–	–	–
Wirtschaftsstruktur									
privatwirtschaftliches Investitionsklima	–	–	+	+	–	o	o	–	+
qualifiziertes Arbeitskräftepotential	o	o	+	+	+	o	+	o	o
Tourismuspotential	o	o	o	o	o	o	o	+	++
Aussicht auf öffentliche Förderung	–	–	–	+	–	+	–	–	–
Bevölkerungsstruktur in der Region									
Bevölkerungswachstum	o	o	o	o	o	+	+	o	o
Alters- und Sozialstruktur	o	o	o	o	o	+	+	+	+
Kaufkraftpotential	o	o	+	o	o	o	+	+	+
Umfeldstruktur									
vorhandene gewerbliche Nutzung	+	+	+	o	–	–	–	–	–
vorhandene Marine-Nutzung	o	o	o	o	o	o	o	+	+
vorhandene Wohnnutzung	–	–	o	o	o	+	o	+	o
Entfernung zu Bürolagen	o	o	o	–	– –	o	o	o	o
Entfernung zu Einkaufslagen	o	o	o	–	–	–	–	–	o
infrastrukturelle Ausstattung	o	o	o	–	–	–	–	–	–
Wertung Makrostandort	+ 4	+ 1	+ 3	+ 1	– 6	+ 4	+ 4	+ 2	+ 6
M i k r o s t a n d o r t									
topografische Situation	+	+	+	o	o	o	o	o	o
baurechtliche Voraussetzungen	+	+	+	+	+	–	–	–	–
vorhandene Flächen- u. Entwicklungspotentiale	– –	– –	+	+	–	–	–	+	– –
Nutzbarkeit der Bausubstanz	o	o	+	+	–	–	– –	o	– –
Sichtanbindung	o	o	o	o	–	o	o	–	–
Zufahrtsmöglichkeiten	–	–	o	o	o	o	o	–	– –
interne Verkehrserschließung	–	–	o	o	o	o	o	–	– –
Park- u. Abstellmöglichkeiten	–	–	+	+	–	+	+	o	– –
Passantenfrequenz	o	o	o	o	o	o	o	– –	–
Umfeldeinflüsse	o	o	o	o	o	–	– –	–	– –
Synergieeffekte durch Umfeld	o	o	+	+	o	o	o	o	o
Wertung Mikrostandort	– 3	– 3	+ 6	+ 5	– 3	– 2	– 5	– 6	– 15
Gesamtwertung Standort	1	– 2	+ 10	+ 6	– 9	+ 2	– 1	– 4	– 9

Bewertungsschema: + = positiv; – = negativ; o = neutral / irrelevant; ++ / – – = positive bzw. negative Ausprägung wird durch die besondere Relevanz für die jeweilige Nutzungsart verstärkt

Quelle: BNP Paribas Real Estate Consult GmbH; 07/2006

auch auf dem Büromarkt. Da der Bedarf an Prognosemodellen, nicht zuletzt aufgrund der zunehmenden Bedeutung internationaler Marktteilnehmer in Deutschland, in den letzten Jahren erheblich gewachsen ist, gibt es mittlerweile auch ein entsprechendes Angebot.

Die Treffsicherheit der vorhandenen Prognosen lässt aber immer noch, nicht anders als bei den gesamtwirtschaftlichen Prognosemodellen großer Wirtschaftsforschungsinstitute, stark zu Wünschen übrig. Ein Grund hierfür ist darin zu sehen, dass die Prognosen häufig auf die Nachfrageseite des Büromarktes ausgerichtet sind. Sie orientieren sich an den Bürobeschäftigten, deren Entwicklung wiederum abhängig ist von der Gesamtbeschäftigtenentwicklung. Da die Zahl der Bürobeschäftigten durch die amtliche Statistik nicht erfasst wird, muss man sich mit Hilfe von Modellrechnungen und Schätzungen dieser Größe nähern. Wurde die Bürobeschäftigtenzahl ermittelt und für die kommenden Jahre hochgerechnet – mit welchen Annahmen und Prognosefaktoren auch immer – ergibt sich über einen Schlüssel des Flächenverbrauchs je Bürobeschäftigten der zukünftige Flächenbedarf.

Die Ungewissheit über das zukünftige Wirtschafts- und Beschäftigtenwachstum macht diese Prognosen demzufolge nur bedingt nutzbar. Besonders dynamische Entwicklungen in bestimmten Branchen, wie etwa nach der Liberalisierung des Telekommunikationsmarktes oder im Zusammenhang mit dem IT- und Internet-Boom, werden chronisch untererfasst, weil die Beschäftigtenentwicklung hier kaum vorausgesagt werden kann.

Außerdem hat sich die Nachfrage als eine insgesamt dynamische Größe erwiesen. Mit Ausnahme der überproportionalen, und nicht an fundamentalen wirtschaftlichen Kennziffern orientierten Nachfragesteigerung in den Jahren des New Economy Booms, ist die Nachfrage nach Büroflächen in den letzten zwei Jahrzehnten letztendlich kontinuierlich gestiegen. Vielmehr war das Angebot die entscheidende Größe im Markt, welche zu Leerstand und Preisverfall geführt hat. Deshalb bestimmt nicht der Bedarf nach Büroflächen den Erfolg einer Büroimmobilie, sondern die Wettbewerbsposition innerhalb eines Marktes. Einer Analyse des Angebotes mit Vorausschau der zukünftigen Entwicklung kommt also mindestens ebenso große Bedeutung in der Marktanalytik zu.

Im anglo-amerikanischen Raum, wo zum Teil bereits über einen sehr viel längeren Zeitraum Büromarktdaten erfasst und ausgewertet werden sowie eine generell höhere Markttransparenz herrscht, wurden verschiedene Prognose- und ökonometrische Modelle aufgelegt. Diese verfolgen häufig einen Ansatz der Vorausberechnung zyklischer Marktbewegungen. Sie sind aufgrund der schwierigen Datenlage in Deutschland nur sehr begrenzt oder mit großen Abstrichen einsetz- bzw. übertragbar. Vor diesem Hintergrund benötigt eine aussagekräftige Standort- und Marktanalytik immer noch den Einbezug von qualitativen Verfahren und Instrumenten. Umso mehr kommt es deshalb auf langjährige Erfahrungen sowie umfassende und detaillierte Marktkenntnisse des Analytikers an.

2.4 Quellen für Researcharbeit

2.4.1 Allgemein zugängliche Informationen

2.4.1.1 Amtliche Statistiken

Bei der Researcharbeit kann der Standort- und Marktanalytiker auf eine ganze Reihe allgemein zugänglicher Informationen zurückgreifen. Eine Quelle hierbei ist die amtliche Statistik. Dies gilt insbesondere für die Bereiche der Analyse, in denen allgemeine Rahmenbedingungen berücksichtigt werden. So können z.B. die wirtschaftliche Situation eines Standortes, Arbeitsmarkt- und Bevölkerungszahlen oder Pendlerbeziehungen mit amtlichen Daten abgebildet werden.

Immobilienmarktbezogene Daten sind demgegenüber in der amtlichen Statistik nur begrenzt verfügbar. Dabei gestaltet sich die Situation für den Wohnungsmarkt noch erfreulicher als für die gewerblichen Immobilienmärkte. Zahlen zur Bevölkerungs- und Haushaltsentwicklung, Veränderung der Haushaltsgrößen, Wanderungsbewegungen sowie Baufertigstellungen und

-genehmigungen (differenziert nach Marktsegmenten) stellen für den Projektentwickler wichtige Informationen zur Einschätzung der zukünftigen Entwicklung und Konkurrenzsituation dar.

Für gewerbliche Immobilien beschränkt sich die amtliche Statistik dagegen auf Angaben zu Baufertigstellungen und -genehmigungen. Hierbei erfolgt eine Differenzierung nach den Kategorien Büro- und Verwaltungsgebäude, Fabrik und Werkstattgebäude, Handels- einschließlich Lagergebäude, Hotels und Gaststätten sowie sonstige Nichtwohngebäude.

2.4.1.2 Sonstiges

Neben der amtlichen Statistik stehen eine Reihe weiterer Informationsquellen zur Verfügung, die allgemein zugänglich sind. Hierzu gehören einerseits veröffentlichte Informationen, andererseits aber auch das Wissen vieler Mitarbeiter öffentlicher Ämter oder Gesellschaften. Allerdings sind nicht alle diese Informationen kostenfrei zu beziehen. Regelmäßige Erhebungen zur Kaufkraft, Datenbanken privater Anbieter im Internet, Zeitungsarchive u.s.w. sind in der Regel kostenpflichtig. Hier bedarf es einer genauen Abwägung, ob sich die Investitionskosten für diese Informationen unter Kosten-/Nutzenaspekten rechnen.

Quellen für allgemein zugängliche Informationen:
- Zeitungsarchive
- Fachzeitschriften
- Internet/Immobilienportale
- Sonderuntersuchungen statistischer Ämter
- Marktberichte von Maklern und Banken
- Berichte von Wirtschaftsförderungen
- Veröffentlichte Gutachten von Kommunen und Forschungsinstituten
- regelmäßige Untersuchungen kommerzieller Anbieter (z.B. Kaufkraftzahlen der GfK)
- Datenbanken kommerzieller Anbieter (z.B. PMA)
- Wirtschaftsförderungsämter/-gesellschaften
- Stadtplanungsämter
- Industrie- und Handelskammern

2.4.2 Primärdatenerhebung

Um wichtige Marktdaten, zukünftige Entwicklungen, Nachfragepotentiale oder strukturelle Aspekte einbeziehen zu können, sind aber Primärerhebungen durchzuführen. Da gerade diese Informationen aber häufig die entscheidenden sind, um den Erfolg einer geplanten Projektentwicklung beurteilen zu können, muss ein guter Standort- und Marktanalytiker nicht nur über das notwendige methodische Instrumentarium, sondern auch über viel Erfahrung verfügen.

Als Beispiele für Informationen, die nur mit Primärdatenerhebungen zu gewinnen sind, stehen das Einzugsgebiet für Handelseinrichtungen, zu realisierende Flächenumsätze, Nachfragezielgruppen für unterschiedliche Bürostandorte, sich verändernde Nutzeranforderungen an Büroflächen, Wettbewerbsanalysen von Konkurrenzobjekten, Ausstattungswünsche von Wohnungseigentümern und viele mehr.

Das Instrumentarium zur Recherche dieser Daten ist sehr vielfältig und muss der jeweiligen Fragestellung entsprechend eingesetzt werden. Besonderes Augenmerk sollte dabei auf Kosten-/Nutzenaspekte gelegt werden. Vielfach kann mit geringerem Aufwand und intelligenter Methodik ein besseres Ergebnis erzielt werden als mit überdimensionierten Ansätzen. Zum Einsatz kommen u.a. folgende Instrumente:
- Befragungen
- Haushaltsbefragungen
- Unternehmensbefragungen
- Nutzer-/Mieterbefragungen
- Kundenbefragungen
- Passantenbefragungen
- Expertengespräche

- Workshops
- Modellrechnungen
- Szenarien
- Prognosen
- Kartierungen
- Zählungen
- Begehungen

3. Formen der Grundstücksakquisition und -sicherung

Die Grundstücksakquisition gehört zu den typischen Projektphasen einer Projektentwicklung in der Immobilienbranche.

Vor Beginn der Projektentwicklung steht regelmäßig die Idee oder das Kapital für ein Projekt. Dann wird ein adäquates Objekt und ein adäquater Standort gesucht werden.

Der nächste Schritt neben Analysen und Grobkalkulationen ist daher die Grundstücks-/Immobilienakquisition, also die Vermittlung bzw. Ermittlung eines entsprechenden Grundstückes oder einer entsprechenden Immobilie. Zu dieser wird sich in der Regel eines „Maklers" bedient.

Konnte ein Objekt (Grundstück/Immobilie) gefunden werden, das für das angedachte Projekt in Frage kommt, ist es zumeist erforderlich, die Zugriffsmöglichkeit auf das Grundstück, während der Planungsphase bis zum Zeitpunkt einer Entscheidung für das Projekt, zu sichern.

Dem Investor stehen hierbei diverse Möglichkeiten zur frühen Sicherung des Grundstücks zur Verfügung, wobei insbesondere die nachfolgend aufgeführten in Betracht kommen.

3.1 Vorkaufsrechte

Nach der Einräumung eines Vorkaufsrecht besteht zugunsten des hierdurch Berechtigten die Möglichkeit, dass er im Falle des Verkaufs des gesicherten Grundstücks, durch eine einseitige Erklärung gegenüber dem Verkäufer, mit diesem einen Kaufvertrag zustande zu bringen. Dies zu den gleichen Bedingungen wie sie in dem Vertrag zwischen Verkäufer und dem Dritten vorgesehen sind (§ 464 Abs. 2 BGB). Dabei tritt der Vorkaufsberechtigte nicht in den Vertrag zwischen Verkäufer und Drittem ein, sondern es entsteht ein eigenständiger Kaufvertrag. Da auch der Kaufvertrag zwischen Verkäufer und Drittem bestehen bleibt, wird bzw. muss sich der Verkäufer beispielsweise ein Rücktrittsrecht gegenüber dem Dritten für den Fall einräumen lassen, dass der Vorkaufsberechtigte sein Vorkaufsrecht ausübt. Anderenfalls wäre er gegenüber zwei Vertragspartnern zur Vertragserfüllung betreffend ein und denselben Vertragsgegenstand verpflichtet.

Das Vorkaufsrecht ist dabei beschränkt auf den Fall des Verkaufs, soweit der Verpflichtete also einen Tausch oder eine Schenkung vornimmt, greift es nicht, es sei denn, der Verpflichtete nimmt dabei ein Umgehungsgeschäft vor, was in der Regel schwer nachweisbar ist.

Ist an einem veräußerten Grundstück ein gesetzliches Vorkaufsrecht eingetragen, so hat der Notar darauf hinzuweisen.

Üblicherweise tritt der Notar an die eingetragenen Vorkaufsberechtigten nach rechtswirksamen Vertragsabschluss heran, um die Vorkaufsfrist (sofern nichts anderes vertraglich vereinbart wurde: zwei Monate, § 469 Abs. 2 S. 2 BGB) durch Mitteilung an den Vorkaufsberechtigten in Gang zu setzen.

Auch wenn der Notar die Frist zur Ausübung des Vorkaufsrechts auslöst, kann der Vorkaufsberechtigte die Ausübung gegenüber dem Verkäufer erklären, so dass Notar und Käufer im Ungewissen bleiben, ob der Berechtigte das Vorkaufsrecht ausgeübt hat oder nicht. Deshalb unterliegt die von der Nichtausübung des Vorkaufsrechts abhängige Kaufpreisfälligkeit einer gewissen Unsicherheit.

Anders als beispielsweise das gesetzliche Vorkaufsrecht nach dem BauGB hindert ein im Grundbuch eingetragenes Vorkaufsrecht den grundbuchlichen Vollzug des Kaufvertrages, also die Eintragung des neuen Eigentümers in der Abt. I nicht. Das eingetragene Vorkaufsrecht hat die rechtliche Wirkung einer Vormerkung. Gesichert wird also der bedingte Übereignungsanspruch des Vorkaufsberechtigten.

Die Belastung des Grundstücks mit einem Vorkaufsrecht führt, jedenfalls so weit das Vorkaufsrecht zeitlich unbeschränkt gewährt wird, zu einer nicht unerheblichen Wertminderung des belasteten Grundstücks. Denn Kaufinteressenten erlangen erst nach Ablauf der zweimonatigen Ausübungsfrist Gewissheit darüber, ob ihr Kauf tatsächlich wirksam ist. Zudem wird das vorkaufsrechtbelastete Grundstück erschwert beleihbar, weil die finanzierende Bank bei der Auszahlung des Kredits nicht mit hinreichender Gewissheit feststellen kann, ob vor Entstehung ihres Grundpfandrechts noch ein Verkauf stattgefunden hat. Im Allgemeinen verlangen finanzierende Banken deshalb einen Rangrücktritt des Vorkaufsberechtigten. Der Vorkaufsberechtigte ist dann zwar über die Grundpfandrechtsbestellung zu Gunsten der Bank zu unterrichten, jedoch trotzdem nicht verpflichtet zurückzutreten.

Zu unterscheiden ist zwischen schuldrechtlichen (§§ 463 ff. BGB), dinglichen (§§ 1094 BGB) sowie gesetzlichen Vorkaufsrechten.

3.1.1 Schuldrechtliches Vorkaufsrecht gem. §§ 463 ff. BGB

Unter den Anwendungsbereich des schuldrechtlichen Vorkausfrechts gemäß §§ 463 ff. BGB fällt alles, was Gegenstand eines Kaufvertrages sein kann, somit auch ein Grundstück oder eine Immobilie.

Der Vorkaufsvertrag bedarf dabei der Form des Kaufvertrages, was für den Fall der Sicherung einer Immobilie oder eines Grundstückes bedeutet, dass auch dieser notariell beurkundet werden muss. Das schuldrechtliche Grundgeschäft ist analog § 311 b Abs. 1 BGB notariell zu beurkunden. Durch die Eintragung des Vorkaufsrechts im Grundbuch kann der Formmangel jedoch gem. § 311 b Abs. 1 Satz 2 BGB geheilt werden, sofern nicht nur ein schuldrechtliches Vorkaufsrecht vorgemerkt war.

Da ein schuldrechtliches Vorkausfrecht lediglich zwischen den Vertragspartnern und nicht gegenüber Dritten wirkt, wird das Grundstück/die Immobilie allein hierdurch noch nicht ausreichend gesichert.

Hierzu ist die dingliche Sicherung in Verbindung mit einer Auflassungsvormerkung (§ 883 BGB) empfehlenswert.

3.1.2 Dingliches Vorkaufsrecht gem. §§ 1094 ff. BGB

Das dingliche Vorkaufsrecht entsteht als abstrakt dingliches Recht durch Einigung und **Eintragung** auf dem Blatt des belasteten Grundstücks (§§ 873, 874 BGB).

Das dingliche Vorkaufsrecht **wirkt Dritten** gegenüber, im Gegensatz zum schuldrechtlichen Vorkaufsrecht, gem. § 1098 Abs. 2 BGB wie eine Vormerkung.

Vorteil des dinglichen Vorkaufsrechts gegenüber dem schuldrechtlichen ist zum einen, dass das dingliche Vorkaufsrecht auch ausgeübt werden kann, wenn das Grundstück von einem Insolvenzverwalter aus freier Hand verkauft wird (§ 1098 Abs. 1 Satz 2 BGB). Zum anderen ist es möglich, dass dingliche Vorkaufsrecht für mehrere oder alle Vorkaufsfälle zu bestellen (§ 1097 BGB), so dass die Ausübung auch dann möglich ist, wenn der Vorkaufsberechtigte in einem voherigen Vorkaufsfall bereits auf die Ausübung verzichtet oder sie unterlassen hatte.

Im Gegensatz zum schuldrechtlichen Vorkaufsrecht kann das dingliches Grundstücksrecht vorbehaltlich der Ausnahme gem. § 109 Abs. 1 BGB zu Gunsten von Zubehör nur zu Lasten von Grundstücken und grundstücksgleichen Rechten vereinbart werden, es genügt damit dem vorliegenden Ziel der Sicherung eines Grundstücks im Rahmen einer Projektentwicklung voll und ganz. Eine Einschränkung besteht jedoch dahingehend, dass das dingliche Vorkaufsrecht im Gegensatz zum schuldrechtlichen nicht auf einen bestimmten Kaufpreis begrenzt werden kann.

3.1.3 Gesetzliche Vorkaufsrechte

Ein solches findet sich beispielsweise in § 577 BGB für den Mieter von Wohnraum oder in § 2034 BGB für den Miterben. Weiterhin im BauGB für Gemeinden zur Sicherung der Bauleitplanung, im Reichssiedlungsgesetz oder in verschiedenen Landesgesetzen.

Im Rahmen der Sicherung von Grundstücken/Immobilien für eine Projektentwicklung sind diese jedoch nur eingeschränkt nutzbar, da der Investor zuvor in die Stellung des jeweiligen Vorkaufsberechtigten (Mieter, Miterbe, Gemeinde, usw.) gelangen müsste.

Von den Vorkaufsrechten zu unterscheiden sind:

3.2 Optionsrecht

Das Optionsrecht ist das Recht, durch einseitige Erklärung einen Vertrag, insbesondere einen Kaufvertrag zustande zu bringen. Es begründet keinen schuldrechtlichen Anspruch auf Abschluss des Hauptvertrages, sondern stellt ein Gestaltungsrecht dar.

Je nachdem, welche Art das Recht ist, spricht man zum Beispiel bei einer Option auf einen Ankauf von einem Ankaufsrecht (*call-option*) oder bei einer Option auf eine Veräußerung von einem Verkaufsrecht (*put-option*).

Das Optionsrecht ergibt sich in der Regel aus einem aufschiebend bedingten Vertrag (Optionsvertrag im engeren Sinn). Dieser Vertrag wird dadurch unbedingt, dass der Optionsrechtsinhaber erklärt, sein Optionsrecht auszuüben.

Bei dieser Form des Optionsrechts ist die Optionsvereinbarung/der Optionsvertrag formbedürftig gem. § 311 b BGB, die Optionserklärung ist jedoch **formfrei** möglich.

Anders dann, wenn im Rahmen der Einräumung des Optionsrechts dem Berechtigten ein langfristiges bindendes Vertragsangebot gemacht wird. In diesem Fall ist auch die Optionserklärung **formbedürftig**.

Da die Veräußerungsverpflichtung aus dem Optionsvertrag im Sinne von § 883 Abs. 1 Satz 2 BGB ein aufschiebend bedingter Anspruch ist, kann und sollte hier für den bedingten Erwerber eine Eigentumsvormerkung im Grundbuch eingetragen werden. Die entsprechende Bewilligung nebst Antragstellung kann und sollte bereits im (notariell zu beurkundenden) Optionsvertrag enthalten sein.

In der Praxis häufig vertreten ist das Ankaufsrecht. Das Ankaufsrecht geht in seiner Bedeutung weiter als das Vorkaufsrecht, indem es nicht nur den Abschluss eines anderweitigen Kaufvertrages, sondern auch andere Ereignisse, bis hin zum freien Entschluss des Ankaufsrechtberechtigten berücksichtigen kann. Beim Ankaufsrecht kann die Ausübung auch in den freien Willen beider Vertragsparteien gestellt werden.

Das Ankaufsrecht hat den Vorteil gegenüber einer Option, bei der Angebot und Annahme getrennt beurkundet werden, dass die Risiken einer solchen getrennten Beurkundung vermieden werden, weil es sich um einen „normale ausgehandelten Kaufvertrag" mit Auflassung handelt, der die Besonderheit hat, dass die Wirksamkeit des schuldrechtlichen Vertrages unter einer oder auch mehreren aufschiebenden Bedingungen steht. Hierbei kann aufschiebende Bedingung allein die Erklärung des Käufers sein, von seinem Ankaufsrecht Gebrauch zu machen, aber auch der Eintritt bestimmter Voraussetzungen, die im Interesse des Käufers vor Wirksamwerden des Vertrages erfüllt sein sollen, z.B. die Erteilung der Baugenehmigung.

Der Anspruch aus dem Ankaufsrecht ist regelmäßig im Wege der Abtretung auf Dritte übertragbar und unterliegt einer **10**-jährigen Verjährung. Schon mit Beurkundung des Grundstückverkaufsangebotes kann der – möglicherweise erst noch durch Annahme entstehende – Kaufvertrag durch Vormerkung gesichert werden.

Zudem entsteht die Grunderwerbsteuer erst mit Bedingungseintritt (§ 14 Nr. 1 GrEStG), weshalb der aufschiebend bedingte Kaufvertrag einem unbedingten Kaufvertrag mit einem vertraglichen Rücktrittsrecht des Käufers vorzuziehen ist. Auch in letzterem Fall gibt es noch Möglichkeiten, die entstandenen Grunderwerbsteuer zurückzuerlangen. Neben dem Zinsschaden ist dieser Weg an gesetzliche Formalien gebunden, bei deren Verletzung eine Rückerstattung der Grunderwerbsteuer ausgeschlossen ist.

3.3 Kaufvertrag mit Rücktrittsvorbehalt

Ein Rücktrittsvorbehalt ist ein vertragliches Rücktrittsrecht, das eine schuldrechtliche Vereinbarung fordert.

Abhängig von dem angestrebten Ziel kann der Rücktrittsvorbehalt dabei unterschiedlich ausgestaltet sein, wobei er eher weit gefasst sein wird, sollte einer der Parteien noch nicht abschließend zum Erwerb entschlossen sein und sich daher die Möglichkeit der Lösung vom Vertrag offen halten möchte.

3.4 Befristetes Kaufangebot

Es besteht außerdem die Möglichkeit, sich vom Verkäufer ein befristetes Kaufangebot geben zu lassen, das die angestrebten Vertragsbedingungen enthält.

Eine dingliche Sicherung ist allein hierdurch jedoch nicht gegeben, insoweit gilt ebenfalls das bereits unter Punkt 3.1.1 Gesagte.

3.5 Kaufvertrag mit aufschiebender oder auflösender Bedingung

Bei einer aufschiebenden Bedingung steht dem Erwerber zunächst nur ein Anwartschaftsrecht zu, das mit Eintritt der Bedingung zum Vollrecht erstarkt.

Bei der auflösenden Bedinung hingegen tritt zunächst die gewollte Rechtsänderung ein. Die Partei, die durch die auflösende Bedingung begünstigt wird, hat jedoch ein Anwartschaftsrecht auf Wiederherstellung des früheren Zustandes, bei einem Kauf somit ein Recht auf Rückerwerb.

Bis zum Eintritt der vereinbarten Bedingung befindet sich das jeweilige Rechtsgeschäft in einem Schwebezustand, wobei die Formbedürftigkeit des Rechtsgeschäftes entsprechend § 311 b Abs. 1 Satz 1 BGB zu beurteilen ist.

Im Gegensatz zum Ankaufsrecht (Punkt 3.2), bei dem durch ein bindendes Verkaufsangebot, das nur innerhalb einer bestimmten Frist angenommen werden kann und das Zustandekommen allein durch den Ankaufsberechtigten beeinflusst wird, ist das Zustandekommen bei einem aufschiebenden bedingten Kaufvertrag – wie auch bei einem Vorvertrag – (Punkt 3.6) in den freien Willen der Parteien gestellt.

3.6 Vorvertrag

Der Vorvertrag ist ein schuldrechtlicher Vertrag, der die Verpflichtung zum späteren Abschluss eines Hauptvertrages begründet. Er kann so gestaltet sein, dass nur der eine Teil gebunden ist, der andere hingegen keine Pflicht zum Vertragsschluss übernimmt. Die vorzeitige Bindung durch einen Vorvertrag kann dann sinnvoll sein, wenn dem Abschluss des Hauptvertrages noch tatsächliche und/oder rechtliche Gründe entgegenstehen.

3.7 Vorhand

Die Einräumung einer Vorhand kann unterschiedlich ausgestaltet sein. Gleich ist allen Varianten, dass sich jemand vertraglich verpflichtet, vor Veräußerung oder Vermietung eines Gegenstandes, diesen zunächst dem Vorhandberechtigten anzubieten.

Je nach Ausgestaltung bedarf dabei auch die Einräumung der Vorhand bezüglich eines Grundstücks der Form des § 311 b Abs. 1 Satz 1 BGB.

3.8 Grundstückskauf als Form der Akquise

Der Grundstückserwerb als solcher ist gekennzeichnet durch den Abschluss der Verträge vor dem Notar und die formalen Eintragungen im Grundbuch. Das Grundbuch ist ein öffentliches Register, welches in seiner Abteilung I die Eigentümer, in der Abteilung III die Hypotheken und Grundschulden und in der Abteilung II die sonstigen Belastungen führt.

Der Grundstückskaufvertrag ist ein Verpflichtungsgeschäft, er bedarf gem. § 311 b Abs. 1 BGB der notariellen Beurkundung. Durch ihn **verpflichtet** sich der Verkäufer, das Eigentum an einem Grundstück zu übertragen.

Von dem Verpflichtungsgeschäft ist das Verfügungsgeschäft zu unterscheiden. Hierunter versteht das BGB Rechtsgeschäfte, die darauf gerichtet sind unmittelbar auf ein bestehendes Recht einzuwirken, es also zu verändern, zu übertragen, zu belasten oder aufzuheben.

Für Verfügungsgeschäfte über Grundstücke ist einerseits eine dingliche Einigung, die Auflassung genannt wird und grundsätzlich vor einem Notar erklärt werden muss, und andererseits eine Eintragung im Grundbuch, die aufgrund Eintragungsbewilligung und Eintragungsantrag erfolgt, erforderlich.

3.8.1 Vorbereitung

Schon vor dem Besuch beim Notar empfiehlt es sich für den Erwerber, sich über den Grundbuchinhalt und die dort eingetragenen Belastungen zu informieren. Einsichtnahme in das Grundbuch ist jedem gestattet, der ein berechtigtes Interesse darlegen kann, also auch dem Kaufinteressenten, wenn er bereits in Kaufverhandlungen eingetreten ist. Kein Einsichtsrecht hat hingegen, wer durch Grundbucheinsichtnahme erst den Namen des Grundstückseigentümers erfahren will.

Da der Notar nicht zu Nachforschungen über das Bestehen einer Wohnungsbindung verpflichtet ist, empfiehlt es sich für den Investor, selbstständig Erkundigungen über das Bestehen einer möglichen Wohnungsbindung einzuholen. Denn nach dem Wohnungsbindungsgesetz wird die Zweckbestimmung von öffentlich geförderten Sozialwohnungen durch Festschreibung der Kostenmiete gesichert.

Gleiches gilt für Baulasten. Denn der Notar ist vor der Beurkundung auch nicht verpflichtet das Baulastenverzeichnis einzusehen. Baulasten sind weder in der Natur zu erkennen, noch lassen sie sich dem Grundbuch entnehmen, sondern sind nur aus dem, bei den Baubehörden geführten Baulastenverzeichnissen, zu entnehmen. Eine Baulast begründet eine öffentlich-rechtliche Verpflichtung – beispielsweise zur Sicherung der Durchleitung von Wasser und Abwasser – gegenüber der Baubehörde, nicht jedoch gegenüber einem etwaig Begünstigten. Strittig ist, ob Baulasten in der Zwangsversteigerung des belasteten Grundstücks bestehen bleiben. Nimmt man dies an, so hat die Baulast eine außerordentlich starke Stellung, die durch eine Dienstbarkeit nur erreicht werden kann, wenn diese an erster Stelle eingetragen wird. Die Baulast kann also die Bebaubarkeit und damit die Werthaltigkeit des Grundstücks in erheblicher Weise mindern.

Steuerliche Fragen des zu beurkundenden Geschäfts werden seitens des Notars grundsätzlich nicht geprüft, sofern für ihn kein Anlass zur Besorgnis besteht, einem Beteiligten drohe ein Schaden, weil dieser sich wegen mangelnder Kenntnis der Rechts- oder Sachlage einer Gefährdung seiner Vermögensinteressen nicht bewusst werde. Eine Zerlegung des Kaufpreises in einen Grundstücks-/Gebäudeanteil und einen Anteil für die mitverkauften Einrichtungsgegenstände, die nicht grunderwerbsteuerpflichtig sind, ist grundsätzlich sinnvoll. Ein Vorgang, welcher der Grunderwerbsteuer unterliegt ist nach dem Willen des Gesetzgebers von der Umsatzsteuerpflicht befreit. Eine umsatzsteuerfreie Veräußerung kann bei dem Verkäufer jedoch zu umsatzsteuerlichen Schwierigkeiten führen. In diesen Fällen macht der Verkäufer von der Möglichkeit (Option) Gebrauch, auf die Steuerbefreiung zu verzichten (§ 9 UStG). Im Sprachgebrauch „optiert" der Verkäufer. Es ist allerdings bei der Veräußerung von bereits vermieteten Immobilien stets zu prüfen, ob überhaupt die Möglichkeit besteht, die Option wirksam auszuüben.

3.8.2 Formerfordernis

Gem. § 311 b I BGB sind Verträge, die einen Teil verpflichten, das Eigentum an einem Grundstück zu übertragen oder zu erwerben in notarieller Form zu beurkunden. Zu beurkunden ist der gesamte Vertrag, also alles, was nach dem Willen der Vertragsteile Leistung und Gegenleistung darstellt. Somit sind auch alle anlässlich eines Grundstückskaufvertragsabschlusses getroffenen Nebenabreden – unabhängig ob wichtig oder nebensächlich – und mit dem Kaufvertrag gekoppelte Rechtsgeschäfte, wie z.B. Sanierungsvereinbarungen zu beurkunden. Formbedürftig ist aber auch jedwede Vereinbarung, durch die für den Fall des Scheiterns eines Vertrages die Entscheidungsfreiheit des Erwerbers beeinträchtigt wird. Ebenso bedürfen spätere Änderungen des Kaufvertrages der notariellen Beurkundung, wobei eine formlose Abänderung dann möglich ist, wenn die Auflassung bereits beurkundet ist.

Daneben muss die Eigentumsübertragung am Grundstück durch Einigung und Eintragung erfolgen (§ 873 BGB).

Ausreichend ist es, wenn der Kaufgegenstand im Vertrag grundbuchmäßig bezeichnet wird, also entweder mit der Flurstücknummer oder der Grundbuchstelle. Bei Kaufverträgen über bebaute Grundstücke umfasst die gesetzliche Übereignungspflicht das Grundstück und darauf errichtete Gebäude sowie die zur Herstellung des Gebäudes eingefügten Sachen und das entsprechende Zubehör. In einer Anlage zum Kaufvertrag kann ein Bestandsverzeichnis des mitverkauften Zubehörs beigefügt werden, welches nicht vom Notar verlesen werden muss.

3.8.3 Gestaltungsmöglichkeiten

Oftmals liegen Erschließungskosten, insbesondere für Straßen und Abwasserkanäle, als öffentliche Last auf dem Kaufgrundstück. Da zwischen Fertigstellung einer Erschließungsanlage und Erhebung des Erschließungsbeitrags oftmals Jahre liegen können, führt dies dazu, dass der Erwerber oftmals nicht mehr mit einer Erhebung rechnet.

Deshalb sollte hierzu eine vertragliche Kostenregelung getroffen werden.

Da das Eigentum am Grundstück erst mit der Eintragung im Grunduch auf den Käufer übergeht, ist eine Sicherung zu Gunsten des Käufers anzuraten, für die es verschiedene denkbare Methoden gibt.

Eine Möglichkeit ist die treuhänderische Einschaltung eines Notars, bei dem der Kaufpreis hinterlegt wird. Die einen Teil des Kaufvertrages bildende Verwahrungsvereinbarung bestimmt, ob und wann der Kaufpreis auf das Notaranderkonto einzuzahlen und unter welchen Umständen es an den Verkäufer auszuzahlen ist. Üblicherweise erfolgt dies, wenn der Käufer im Grundbuch vorgemerkt ist, die Lastenfreistellung gesichert ist, die erforderlichen Genehmigungen vorliegen und die Bestätigung der Gemeinde über die Nichtausübung ihres Vorkaufsrechts vorliegt.

Es kann auch vereinbart werden, dass der Kaufpreis direkt vom Käufer an den Verkäufer geleistet wird. Der Notar wird dann von beiden Seiten dazu angewiesen, Fälligkeitsmitteilung zu machen, sobald die vertraglich vereinbarten Voraussetzungen vorliegen.

Fälligkeitsvoraussetzung ist in der Regel die Eintragung einer Vormerkung zugunsten des Käufers. Deshalb wird zumeist bereits im Kaufvertrag die Vormerkung für den Erwerber bewilligt. Durch die Vormerkung wird der Käufer gegen Zwischeneintragungen im Grundbuch geschützt, da er verlangen kann, dass Zwischeneintragungen, die nach der Vormerkung eingetragen wurden, gelöscht werden.

Sofern der Verkäufer selbst noch nicht Eigentümer des Grundstücks ist, kann der Erwerber durch Abtretung des Anspruchs auf Eigentumsverschaffung gesichert werden, wobei i.d.R. die Rechte aus einer Vormerkung mit auf den Erwerber übergehen. Dabei ist der Erwerber in den Fällen nicht gänzlich geschützt, in denen der abgetretene Anspruch überhaupt nicht existiert oder ihm eine Einrede entgegensteht, bzw. außerhalb des Grundbuchs bereits abgetreten oder gepfändet wurde. Zweckmäßig ist es, die Abtretung des Eigentumsverschaffungsanspruchs bei der Vormerkung des Eigentümers im Grundbuch eintragen zu lassen und den eingetragenen Eigentümer zur Anerkennung des abgetretenen Anspruchs unter Einwendungsausschluss zu veranlassen. Eine weitergehende Sicherung des Erwerbers ist dadurch erreichbar, dass der eingetragene Eigentümer eine Vormerkung zugunsten des Erwerbers bewilligt und ein unmittelbarer Eigentumsverschaffungsanspruch gegen ihn begründet wird.

Der Käufer hat beim Grundstückskaufvertrag gem. § 448 Abs. 2 BGB die Kosten der Beurkundung, der Auflassung, der Eintragung ins Grundbuch und der zur Eintragung erforderlichen Erklärungen zu tragen. Im Übrigen ist die Frage der Kostentragungspflicht nicht gesetzlich geregelt. Üblicherweise enthält der Vertrag zwar die Regelung, dass der Erwerber sämtliche mit dem Vertrag und seiner Durchführung verbundenen Notar- und Gerichtskosten trägt. Allerdings sollte zu Zwecken der Streitvermeidung ebenfalls geregelt werden, wer die Kosten der Bestellung eines dinglichen Rechts, z.B. eines Wegerechts zugunsten des Verkäufers, die Kosten eines nicht zustande gekommenem Vertrages bei Vereinbarung eines Ankaufsrechtes etc., die Kosten bei vereinbartem Rücktrittsvorbehalt, die Kosten der Grunderwerbsteuer, die Maklerkosten oder die Kosten bei Scheitern eines Kaufvertragabschlusses aufgrund des Umstandes, dass eine Partei nicht ordnungsgemäß vertreten ist, zu tragen hat.

Der Notar muss den Vertragsparteien den Kaufvertrag vollständig vorlesen, dies gilt einschließlich aller Anlagen. Einen Verzicht auf das Vorlesen gestattet das Gesetz nur bei Verweisen auf eine andere notarielle Niederschrift und bei „Bestandsverzeichnissen über Sachen, Rechte und Rechtsverhältnisse" (§ 14 BeurkG). Hierunter fallen Listen des mitverkauften Inventars und eine Aufstellung über die bestehenden Mietverhältnisse, nicht jedoch eine Baubeschreibung, die stets als zu verlesende Anlage mitbeurkundet werden muss. Jede einzelne Seite des Bestandsverzeichnisses ist jedoch von den Parteien als Gültigkeitsvoraussetzung bei dem Notartermin zu unterschreiben.

3.8.4 Tatsächliche und rechtliche Auswirkungen

Der Verkäufer ist verpflichtet die Sache zu übergeben, während der Käufer die gekaufte Sache zum vertraglich vereinbarten Zeitpunkt abzunehmen hat. Dabei empfiehlt es sich, den Zeitpunkt der Besitzübergabe durch Angabe eines Kalendertages genau festzulegen, damit der Verkäufer auch ohne Mahnung in Schuldnerverzug kommt und den durch den Verzug entstandenen Schaden zu ersetzen hat.

Mit der Besitzübergabe gehen nach der gesetzlichen Regelung Nutzen und Lasten auf den Käufer über, ebenso wie die Gefahr der zufälligen Verschlechterung. Die Ansprüche aus der Gebäudeversicherung stehen dem Käufer jedoch erst nach Eigentumsumschreibung im Grundbuch zu. Prinzipiell wird der Käufer seine Ansprüche im Schadensfall zwar mit Zustimmung des Verkäufers geltend machen können. Hierbei kommt es im Einzelnen aber auf die Versicherungsbedingungen an.

Besitzübergabe bedeutet grundsätzlich die Übergabe des unmittelbaren Besitzes. Dies ist nicht möglich, so weit das Kaufobjekt vermietet ist, weil dann nur der mittelbare Besitz verschafft werden kann. Denn durch den Verkauf und Eigentumswechsel erlöschen Miet- und Pachtverhältnisse nicht. Wird das Grundstück von Miet- oder Pachtrechten nicht freigestellt und die Gewährleistung für die Freimachung des Grundstückes nicht vertraglich ausgeschlossen, so liegt ein Rechtsmangel vor.

Ein **Rechtsmangel** liegt aber auch dann vor, wenn eine Wohnungsbindung nach dem Wohnungsbindungsgesetz besteht oder Grundstücksbelastungen, wie z.B. Dienstbarkeiten zugunsten von Versorgungsunternehmen, bestehen.

Früher war eine Unterscheidung zwischen Sach- und Rechtsmängeln, aufgrund des Umstandes, dass die Haftung für Rechtsmängel erheblich strenger als diejenige für Sachmängel war, weil der Verkäufer stets – es sei denn der Käufer kannte den Mangel bei Kaufvertragsabschluss – haftete und grundsätzlich Schadensersatz wegen Nichterfüllung zu leisten hatte, während bei Sachmängeln eine zugesicherte Eigenschaft fehlen oder ein Mangel arglistig verschwiegen worden sein musste, erforderlich. Zudem galt bei Rechtsmängeln nicht die kurze Verjährungsfrist von einem Jahr ab Übergabe. Nunmehr sind Sach- und Rechtsmängel gleichgestellt. Ansprüche aufgrund von Sach- und Rechtsmängeln verjähren nunmehr grundsätzlich in 2 Jahren (§ 438 I Nr. 3 BGB).

Anders als eine Dienstbarkeit gilt eine Baulast, ebenso wie nicht genehmigte Umbauten oder bauliche Mängel, als Sachmangel. Die Gewährleistung für diese Mängel kann ausgeschlossen werden, nicht jedoch für vom Verkäufer arglistig verschwiegene Mängel.

3.9 Kauf von Objektgesellschaften als Form der Akquisition

Besonderheiten können sich beim Erwerb von Objektgesellschaften ergeben, die Grundstücke oder Gebäude zum Eigentum haben.

Der Kauf von Objektgesellschaften lässt sich nicht ohne Weiteres – nur – mit den Regeln des Kaufrechts vollständig erfassen.

Der Erwerb einer Objektgesellschaft erfolgt durch Übertragung von Gesellschaftsanteilen oder durch die Übertragung aller oder bestimmter Wirtschaftsgüter und Verbindlichkeiten.

3.9.1 Voraussetzungen

Bei Veräußerung eines Grundstücks, das zum Gesamthandsvermögen einer GbR gehört, müssen alle im Grundbuch eingetragenen Gesellschafter (§ 899 a) mitwirken oder ein ausweislich des Gesellschaftsvertrages Bevollmächtigter.

Wollen Erwerber als Gesellschafter einer GbR Grundstücke erwerben, so sollte bei der Abfassung des Gesellschaftsvertrages jedenfalls ein Notar miteinbezogen werden, da die gesetzlichen Regelungen bei Gesellschaften deren alleiniger Zweck das Halten eines Grundstücks ist, nicht zu interessengerechten Ergebnissen führen. Der Gesellschaftsvertrag wird jedenfalls dann ohnehin beurkundungsbedürftig, wenn Gesellschaftszweck der Erwerb eines bestimmten Grundstücks ist oder sich ein Gesellschafter zur Einbringung eines Grundstücks verpflichtet.

Beurkundungsbedürftig ist die Umwandlung von Gesamthands- in Bruchteilseigentum oder von einer Gesamthandsgemeinschaft auf eine andere. In allen Fällen wird eine Auflassung erforderlich. Dies gilt auch für die Fälle, in denen ein Grundstück von einer fortbestehenden auf eine andere GbR übereignet wird – selbst wenn die Gesellschaften personenidentisch sind.

3.9.2 Gestaltungsmöglichkeiten

Besondere Bedingungen gelten, so weit im Zusammenhang mit dem Erwerb einer Objektgesellschaft die Überführung von Personengesellschaften, wie der GbR oder KG, in Kapitalgesellschaften, z.B. eine GmbH oder AG erfolgen soll. Hier sind aus juristischer Sicht verschiedene Wege gangbar. Zum einen kann die Personengesellschaft liquidiert werden und das bei der Liquidation vorhandene Vermögen, also das Grundstück in eine neu zu gründende Kapitalgesellschaft eingelegt werden. Ferner kann die Personengesellschaft ihr gesamtes gesamthänderisch gebundenes Vermögen oder auch Teile davon an die GmbH verkaufen und übereignen oder mit und ohne Gewährung von Gesellschaftsrechten in die Kapitalgesellschaft einbringen. Weitere Möglichkeit ist, dass die Gesellschafter der Personengesellschaft ihre Gesellschaftsanteile in Form des Grundstücks gegen Gewährung von Gesellschaftsrechten in eine GmbH einbringen. Nach dem UmwG kann die Personengesellschaft außerdem formwechselnd auf eine GmbH oder auch GmbH und Co. KG umgewandelt werden oder auf eine bestehende oder neu zu errichtende GmbH verschmolzen werden.

Soll hingegen eine Kapitalgesellschaft auf eine Personengesellschaft, also OHG und KG, verschmolzen werden, so unterscheidet das Gesetz zwischen der Verschmelzung durch Aufnahme und der Verschmelzung durch Neugründung. Zudem ist die sog. Spaltung zur Aufnahme und zur Neugründung zulässig. Daneben kann durch einen Formwechsel der Rechtsträger lediglich sein „rechtliches Gewand" wechseln.

Für die jeweiligen Rechtskonstruktionen gelten unterschiedliche steuerrechtliche Konsequenzen, die im konkreten Einzelfall den juristisch gangbaren Wege unter Berücksichtigung der Gesellschafts- und Gesellschafterinteressen aufzeigen.

3.9.3 Tatsächliche und rechtliche Auswirkungen

Der Erwerb einer Gesellschaft, deren Einbringung in eine bestehende oder zu diesem Zweck gegründete Personen- und Kapitalgesellschaft und die einem Unternehmenskauf gleichbleibende Veräußerung von Anteilen an Gesellschaften zählen zahlreiche steuerliche – verschiedene Steuerarten betreffende – Auswirkungen.

Erwerben mehrere Personen gemeinschaftlich als Gesellschafter einer GbR Grundstücke, so hat dies gegenüber der Kapitalgesellschaft für sie den Vorteil grunderwerbsteuerfreier Übertragung der Beteiligung an Dritte oder unter den Gesellschaftern sowie der gesamthänderischen Bindung, also des Umstandes, dass der einzelne Gesamthänder über Forderungen weder ganz noch teilweise verfügen kann. Dem stehen jedoch die Nachteile gesamtschuldnerischer Haftung, der Auflösung der GbR durch den Tod eines Gesellschafters und die jederzeitige Kündigungsmöglichkeit eines jeden Gesellschafters gegenüber.

4. Public Private Partnership

4.1 Ausgangslage – Der aktuelle PPP-Markt in Deutschland

Im Unterschied zur (endlichen) Privatisierung von öffentlichen Vermögenswerten und der vollständigen Übertragung traditionell öffentlich erbrachter Leistungen an Private, geht es bei den ursprünglich aus dem Angelsächsischen kommenden Ansätzen in Form der Public Private Partnership (PPP) bzw. der Public Finance Initiative (PFI) um eine Partnerschaft oder Zusammenarbeit auf Zeit zwischen öffentlichem und privatem Sektor. Es gibt diese „Partnerschaften" in Deutschland seit nunmehr beinahe zwei Jahrzehnten, wobei die Gebietskörperschaften Privaten quasi als „Erfüllungsgehilfen" öffentliche Dienstleistungen übertragen haben, hierbei jedoch ihre Gewährleistungsverantwortung bzw. Daseinsvorsorgeverpflichtung dem Bürger gegenüber behalten.

Vor diesem Hintergrund stellt sich die Frage, wie öffentlich-private Partnerschaften zukünftig auch weiter als Beschaffungsalternative genutzt werden können und vor allem welche öffentlichen Aufgaben der Daseinsvorsorge sich anbieten, in Form einer Public Private Partnership umgesetzt zu werden. Obwohl die Finanzmarktkrise den Blick verständlicherweise auf die Frage der Finanzierbarkeit solcher Projekte gelenkt hat, sollten dadurch die wichtigsten Gründe zur Auswahl dieser Kooperationen für die Bereitstellung öffentlicher Infrastruktur nicht übersehen werden. Öffentlich-private Partnerschaften sind und bleiben eine erprobte Alternative zu einer konventionellen Beschaffung.

Die öffentliche Hand hatte in den letzten zwei Jahrzehnten mit Beschaffungsalternativen im Rahmen von Public Private Partnerships (PPP) ein neues Verständnis zur Realisierung von öffentlichen Infrastrukturprojekten entwickelt. Verbunden mit der Umsetzung erfolgversprechender PPP-Strukturen ging eine Sensibilisierung der öffentlichen Hand bezüglich der preis- und der kostenbestimmenden Faktoren eines Projektes einher. Waren bei privatwirtschaftlichen Beschaffungsvorgängen der ersten Generation der (Bau-) Preis oder auch steuerinduzierte Barwertvorteile gegenüber qualitativen Faktoren dominierend, so hat die Befassung mit PPP richtigerweise zu einer Beschäftigung und damit zu einer Quantifizierung jeder einzelnen, ein Projekt bestimmenden, Einflussgröße geführt. Dabei geht es letztlich um eine Gesamtoptimierung über den Lebenszyklus und damit die Realisierung von Effizienzvorteilen, die auch die jeweiligen Betriebsphase beinhalten.

Diese Partnerschaften der privaten Auftragnehmer und Finanzdienstleister mit der öffentlichen Hand waren angesichts der Ergebnisse und Veränderungen im Zuge der Wirtschafts- und Finanzmarktkrise sicherlich vor neue und anspruchsvolle Herausforderungen gestellt. Nur eine offene regelmäßige Kommunikation unter allen Beteiligten wird es auch ein Jahrzehnt nach diesem Einschnitt ermöglichen, die Chancen bei komplett veränderten Rahmenbedingungen zu nutzen. Ob das genügt, dass die öffentlich-private Partnerschaft eine Beschaffungsvariante mit Zukunft bleibt, lässt sich auf Basis der bisherige Erfahrungen und deren durchaus nachgewiesener Vorteile nicht vorhersagen.

Aus Bankensicht empfiehlt es sich der jeweiligen Finanzierung aufbauend auf den bisherigen Erfahrungen weiterhin,

- bereits bei Ansprache der Finanzierungspartner die Aufteilung des Finanzierungsbedarfes auf mehrere Partner (Bankenclub) in Erwägung zu ziehen,
- die aktuell häufig begrenzte Kreditlaufzeit durch Zinsderivate für die verbleibende Investitions-/Lebenszyklusperiode abzusichern, um die Kalkulationssicherheit für die Projektgesamtdauer zu erhöhen bzw.

Schaubild 1: PPP zwischen Eigenerledigung und materieller Privatisierung

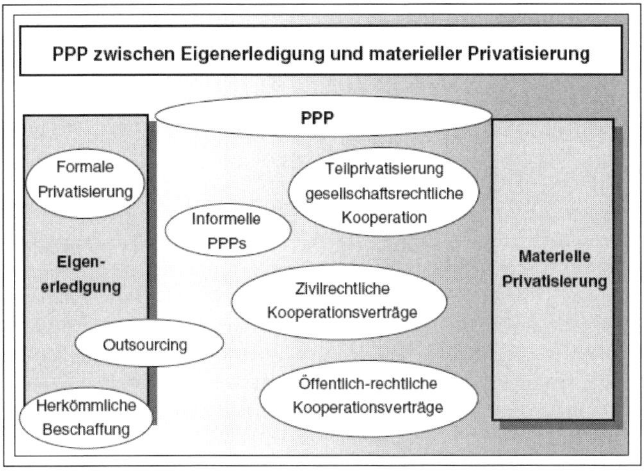

– neben klassischen Bankdarlehen auch geeignete Kapitalmarktprodukte oder die Platzierung von Schuldscheinen zu prüfen, um sich zusätzliche Gläubigergruppen zu erschließen.

4.2 Vielfältige Organisationsmodelle sind denkbar und wurden umgesetzt

Unter beschriebenen Rahmenbedingungen hatte sich in der Vergangenheit in Deutschland eine Vielzahl unterschiedlicher Organisations- und Finanzierungsmodelle herausgebildet. Diese ermöglichen der jeweiligen Gebietskörperschaft für fast alle Anwendungsfälle und Aufgabenfelder eine zweckmäßige Umsetzung. Schließlich sollen die Kostenvorteile von PPP-Modellen nicht durch zusätzliche Steuerlasten oder den Wegfall von Fördermitteln aufgezehrt werden. Die Finanzinstitute waren und sind weiterhin an der Entwicklung entsprechender Modellvarianten an vorderster Stelle beteiligt.

Schaubild 2: Organisationsformen

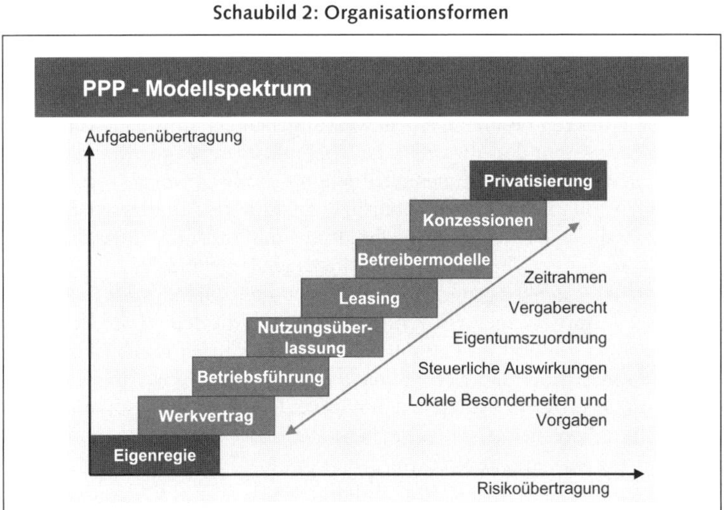

Die Liste deutscher PPP-Projekte war zwischenzeitlich (vor allem bis 2008) sehr umfangreich. Hierzu zählten anfangs vor allem Forfaitierungslösungen unter dem sogenannten „Mogendorfer Modell" (ursprünglich entwickelt anhand von Verkehrsinfrastrukturprojekten in Rheinland-Pfalz), Hochbauprojekte oder die Finanzierung von Mautmodellen im Straßenbau wie der Herrentunnel in Lübeck oder die Warnowquerung in Rostock. Nicht immer wurden Optimierungspotentiale in vollem Umfang ausgeschöpft, was vor allem auch nicht an der bisher sondern an der in Deutschland geringer genutzten Möglichkeit von „Lebenszyklusansätzen" gelegen haben dürfte.

Erst spät setzte sich die Erkenntnis durch, dass PPP mehr als nur eine haushalts- oder steuerorientierte Struktur sein kann, sondern eine Alternative darstellt, komplexe Vorhaben der öffentlichen Hand für weite Teile der beabsichtigten Nutzungsdauer im „Paket" zu beschaffen („Lebenszyklusansatz"). Standen Projekte wie beispielsweise das Universitätsklinikum in Jena als klassischer Vertreter noch für PPP- Modelle der ersten Generation, so stellte die bauliche Sanierung und Bewirtschaftung der Schulen des Kreises Offenbach aus dem Jahre 2004 exemplarisch den Übergang auf die Umsetzungsalternativen der zweiten Generation dar. Die dortigen Entscheidungsträger hatten nicht nur die Bau- und Sanierungsleistungen sowie deren Vorfinanzierung sondern auch und gerade den Betrieb sowie den laufenden Unterhalt für einen Zeitraum von fünfzehn Jahren an private Partner vergeben. Es handelt sich folglich um eine integrierte Beschaffung von Bau- und Bewirtschaftungsleistungen, die im Gegensatz zur traditionellen Beschaffung nicht mehr nur gewerkeweise eingekauft werden, sondern als Gesamtansatz weite Teile und damit Stufen des Bereitstellungsprozesses öffentlicher Infrastruktur umfassen.

Der öffentliche Auftraggeber beschränkt sich dabei auf seine Kernaufgaben wie Sicherstellung, Zurverfügungstellung, Bedarfsbestimmung, Controlling; die privaten Partner übernehmen weitestgehend die eigentlichen operativen Funktionen. Über ein komplexes Vertragswerk wird sichergestellt, dass Risiken nicht mehr überwiegend von der öffentlichen Hand zu tragen sind, sondern „verursachungsgerecht" zugewiesen/allokiert werden können. Vor dem Hintergrund aufsichtsrechtlicher Vorgaben und vor allem wegen der Vorteilhaftigkeit kommunalkreditähnlicher Konditionen wird bei der eigentlichen Finanzierung weiterhin oft mit den aus der ersten Generation bekannten Einredeverzichtserklärungen gearbeitet.

Aber die Kreativität der PPP-Anbieter hat angesichts der fast erdrückenden Rahmenbedingungen auch ihre Kehrseite. Trotz langjähriger Erfahrungen mit diesen Modellen haben sich wenig Standards etablieren können. Im föderalen Deutschland werden etwa 70% der öffentlichen Investitionen durch Kommunen getätigt. Jede Stadt oder Gemeinde muss sich ihre Informationen selbst beschaffen, was kosten- und zeitintensiv ist. Realisierte Projekte bzw. durchgeführte Ausschreibungsverfahren belegen dies leider eindrucksvoll.

Trotz erfolgreich umgesetzter Vorhaben konnte sich in der Gesellschaft und damit auch auf politischer Ebene bislang keine durchgängige Unterstützung für PPP entwickeln; stattdessen führte die zunehmende Verunsicherung bei der Entscheidung für eine Beschaffungsvariante PPP teilweise zu einem Rückzug bis hin zu einem weitest gehenden Stillstand. Makroökonomisch könnte man zwar erwarten, dass die deutsche Konjunktur durch den stabilen Arbeitsmarkt und die belebte Entwicklung der Binnennachfrage positiv beeinflusst wird. Doch haben die Auswirkungen der Kapitalmarktkrise erhebliche Folgen für die Mittelbeschaffung – selbst bei kommunaler Bonitätsleihe. Zudem bedürfen Erhaltung und Ausbau der öffentlichen Infrastruktur neben den Anforderungen der Energiewende im Besonderen und den finanzpolitischen Herausforderungen im Allgemeinen großer Anstrengungen auf allen föderalen Ebenen. Verbunden mit den genannten Anforderungen wird mittelfristig auch die demographische Entwicklung Spielräume weiter einengen und der Konsolidierungszwang bedeutsam bleiben. Daher scheint es geboten, dass Bund, Länder und Kommunen die Chancen auf wirtschaftliche Vorteile und betriebswirtschaftliche Effizienz prüfen, um öffentliche Gelder wirkungsorientiert einsetzen zu können. Nachhaltiges Investieren ist hier das neue Stichwort. Alles in allem ist das Misstrauen gegenüber PPP-Projekten stetig gewachsen.

4.3 PPP – wie finanzieren?

Der jederzeitige und umfassende Zugang von Banken zu kurz- und langfristiger Liquidität wurde durch die andauernden weltweiten Krisen und deren Auswirkungen auch auf die Kapitalbasis der Kreditinstitute deutlich beeinträchtigt. Die stark gestiegene Unsicherheit der Kreditinstitute bezogen auf ihren eigenen Liquiditätsbedarf sowie die Beeinträchtigung einer zuverlässigen Bonitätseinschätzung der Geschäftspartner erlauben die Refinanzierung vieler Institute nur mit (Marktrisiko-)Aufschlägen. Die Frage der (Re-)finanzierung auch bei PPP-Projekten steht daher stärker denn je im Focus.

PPP-Finanzierungsstrukturen, insbesondere beim „Einredefreien Ankauf von Forderungen", waren aber von den Auswirkungen der Krise weniger betroffen, als viele andere Bereiche der Wirtschaft. Die PPP-Finanzierungssystematik bietet in der Regel umfangreiche Variationsmöglichkeiten, um auf die geänderten Rahmenbedingungen zu reagieren. Bonitätsunabhängig können Darlehensanfragen aber oft nicht mehr aus einer Hand allein bedient werden. Dabei sind interne Restriktionen ebenso ausschlaggebend wie lange Laufzeiterwartungen auf der Kundenseite. Es empfiehlt sich daher, bereits bei Ansprache der Bankpartner die Aufteilung des Finanzierungsbedarfes auf mehrere Gläubiger in Erwägung zu ziehen oder die aktuell häufig mit maximal 10 Jahren darstellbare Kreditlaufzeit durch Zinsderivate für die verbleibende Restlaufzeit abzusichern, um die Kalkulationssicherheit für die Projektgesamtdauer zu erhöhen.

Wesentliches Ziel einer risikoadjustierten Finanzierung ist die Identifikation und sachgerechte Zuweisung von Projektrisiken. Die Projektfinanzierung ist die Form der Finanzierung, mit der in der weitestgehenden Art und Weise Risiken auf den privaten Projektpartner übertragen werden. Finanzierungspartner werden daher an die Projektprüfung und an die Projektbegleitung hohe Anforderungen stellen. Hierin liegt ein wesentlicher Vorteil für den (öffentlichen) Auftraggeber.

4.3.1 Bauzeitfinanzierung

Üblicherweise hat der private Auftragnehmer die während der Bauphase zur Erstellung des Gewerkes benötigten finanziellen Mittel ohne Mitwirkung des öffentlichen Auftraggebers zu beschaffen. Die Finanzierung des Bauvorhabens erfolgt daher regelmäßig über die Aufnahme gewerblicher Kreditmittel durch den privaten Auftragnehmer. Bei der Konditionierung des Kredites stellt die finanzierende Bank auf die Bonität des privaten Auftragnehmers – bzw. auf die hinter einer ggf. eingesetzten Projektgesellschaft stehenden Gesellschafter – ab. Dieser Kredit wird beim Übergang in die Endfinanzierung, d.h. im Zuge der Abnahme bzw. Übergabe der Immobilien/Infrastruktur an den öffentlichen Auftraggeber, üblicherweise durch einen Forderungsverkauf abgelöst. Die Kosten für die Zwischenfinanzierung werden damit den Erstellungskosten hinzugerechnet und fließen in die Endfinanzierung bzw. die Projektkalkulation ein.

Grundlage für die Kalkulation der Zwischenfinanzierung ist der sog. Mittelabflussplan. In diesem Plan sind die während der Bauphase vom Auftragnehmer benötigten finanziellen Mittel für die Erstellung des Gewerkes nach Zeitpunkt und Höhe aufgeschlüsselt.

Die Kreditaufnahme erfolgt entweder auf Basis eines variablen oder festen Zinssatzes. Welche dieser beiden Varianten sinnvoll ist, hängt von der aktuellen Zinsstruktur des Geldmarktes und von der Einschätzung deren Entwicklung über die Bauphase ab. Um eine Vergleichbarkeit der Zwischenfinanzierungskonditionen im Rahmen der Angebotsvergleiche zu gewährleisten, werden von der Vergabestelle entsprechende Referenzzinssätze vorgegeben. Bei einer variablen Verzinsung werden üblicherweise EURIBOR-Sätze (z.B. 1-Monats EURIBOR) als Referenz verwendet. Bei Ausschreibungen, die einen festen Zinssatz für die gesamte Bauzeit abfragen, kommen auch andere Referenzzinssätze (z.B. ISDA-Sätze) oder Zinssicherungsinstrumente (z.B. FRA's) zum Einsatz.

Auf Grundlage dieser Referenzzinssätze werden von der finanzierenden Bank in der Angebotsphase Margenaufschläge ermittelt und offeriert. Die Margenaufschläge für die Zwischenfinanzierung orientieren sich an denen für klassische gewerbliche Darlehen. Die Zinsfestschreibung (Zinsfixing) erfolgt nach Vereinbarung mit dem Auftraggeber, üblicherweise im Zuge der Unterzeichnung des PPP-Projektvertrages bei festen Zinskonditionen bzw. regelmäßig während der Bauphase bei variablen Zinskonditionen. Dies jeweils unter Verwendung des dann aktuellen Referenzzinssatzes unter Hinzurechnung des angebotenen Margenaufschlages.

Von entscheidender Bedeutung für die Zwischenfinanzierung ist die Bonität des privaten Auftragnehmers. Diese bestimmt, ob im Hinblick auf das geplante Projekt- und damit auch Zwischenfinanzierungsvolumen Kreditmittel überhaupt gestellt werden können und falls ja, wie hoch der Margenaufschlag ist.

Aufgrund der bei zwischengeschalteten Projektgesellschaften regelmäßig geringen Bonität des Kreditnehmers müssen die finanzierenden Banken bei ihrer Kreditentscheidung auf die Bonität der Gesellschafter der Projektgesellschaft sowie insbesondere auf die Bonität des eingebundenen Bauunternehmens abstellen. Die Objektgesellschaft kann in der Bauphase nur dann gefährdet sein, wenn deren Gesellschafter bzw. das Bauunternehmen – sofern dieses nicht Gesellschafter der Objektgesellschaft ist – ausfällt.

Zur Besicherung des Kredites wird die Bank – unabhängig vom Einsatz einer Objektgesellschaft – regelmäßig die sicherungsweise Abtretung der Entgeltansprüche (inkl. Sekundäransprüche) aus dem Projektvertrag verlangen. Im Einzelfall kann die Stellung weiterer Sicherheiten notwendig sein. Grundsätzlich orientieren sich die Anforderungen hierbei an den klassischen Sicherungsbedürfnissen im Rahmen gewerblicher Betriebsmittelkredite.

4.3.2 Forfaitierung mit Einredeverzicht

Bei der traditionellen Form der Realisierung öffentlicher Investitionsvorhaben werden die benötigten Finanzierungsmittel üblicherweise über den öffentlichen Haushalt als Kommunalkredit aufgenommen. Aufgrund von Bonitätsvorteilen, die öffentliche Gebietskörperschaften in Deutschland genießen, können so im Vergleich zu z.B. gewerblichen Finanzierungen deutlich günstigere Zinskonditionen erzielt werden.

Diese im Rahmen von Kommunalkrediten erzielbaren Finanzierungskonditionen gelten nach wie vor in der Praxis als Vergleichsmaßstab für alternative Finanzierungsvarianten im Rahmen von PPP-Projekten.

Um einerseits das Projektrisiko für den öffentlichen Auftraggeber so gering wie möglich zu halten, andererseits aber auch die – aufgrund der ausgezeichneten öffentlichen Bonität – bestehenden Finanzierungsvorteile zu nutzen, hat sich in Deutschland ein PPP-Finanzierungsmodell – die „Einredefreie Forfaitierung" – etabliert, welches diese beiden Aspekte berücksichtigt. Während bei diesem Modell die Zwischenfinanzierung in der risikoreicheren Bauphase, wie dargestellt, regelmäßig über einen gewerblichen Kredit des Auftragnehmers erfolgt, wird nach (Teil-) Abnahme des Gewerkes die Finanzierung auf die öffentliche Hand abgestellt. Damit ist das Projekt nicht über die gesamte Laufzeit (auch nicht indirekt) mit den höheren Finanzierungskosten des Privaten belastet.

4.3.2.1 Begriff der Forfaitierung

Im Gegensatz zur Fremdfinanzierung des privaten Partners über ein Darlehen (Dauerschuldverhältnis) erfolgt die Endfinanzierung bei Forfaitierungsmodellen nicht über eine Kreditgewährung (§§ 488 ff. BGB), sondern über einen Forderungskaufvertrag (§§ 433 ff. BGB). Durch den Verkauf von Forderungen des privaten Partners, die dieser durch die Auftragserfüllung gegenüber dem öffentlichen Auftraggeber erworben hat, wird der Finanzbedarf sichergestellt. Dafür stehen grundsätzlich ankaufbare Entgeltströme wie Werklohnforderungen, Mieten, Pachten, Facility Management- bzw. Betreiberentgelte etc. zur Verfügung. Forderungskäufer ist ein finanzierendes Kreditinstitut.

Der Begriff Forfaitierung kommt aus dem Französischen. „À forfait" bedeutet „In Bausch und Bogen", eine Umschreibung der Regresslosigkeit des Verkaufs. Forfaitierung ist demnach der regresslose Forderungsverkauf bestehender oder zukünftiger Forderungen. Als regresslos bezeichnet man einen Forderungsverkauf, wenn der Verkäufer nur für die Verität (d.h. den

Bestand), nicht aber für die Bonität (d.h. die inhaltliche Güte, Erbringlichkeit) der verkauften Forderung einsteht. In der Praxis bedeutet dies, dass sich der Forderungskäufer nicht mehr an den Forderungsverkäufer wenden (Regress nehmen) kann, wenn der Schuldner die Leistung nicht erbringt. Der Forderungskäufer trägt das Risiko des Forderungsausfalls.

Die finanzierende Bank wird durch die Abtretung Inhaber der Forderungen. Sie wird die Rückführung der ausgereichten Mittel (Forderungskaufpreis) durch Zahlungen des Forderungsschuldners, dem öffentlichen Partner einer PPP-Struktur, sicherstellen.

Unter dem Begriff „Forfaitierung" bzw. „Forfaitierungsmodell" wird im deutschen PPP-Markt üblicherweise die nachfolgend beschriebene „Forfaitierung mit Einredeverzicht" verstanden. Ein Forderungsverkauf, der ohne Erklärung eines Einredeverzichts durch den öffentlichen Auftraggeber erfolgt, wird im Regelfall dem Bereich der Projektfinanzierung zugeordnet.

Neben dem schuldrechtlichen Kaufvertrag, der im Rahmen einer Forfaitierung geschlossen wird, erfolgt zur Übertragung der Forderung eine Forderungsabtretung (dingliches Rechtsgeschäft). Um im Falle einer solchen Abtretung den Schuldner zu schützen und seine Stellung nicht zu verschlechtern, hat der Gesetzgeber in den §§ 398 ff. BGB auch Schuldnerschutzvorschriften implementiert. Der Schuldner kann unter gewissen Voraussetzungen dem neuen Gläubiger (Forderungskäufer) Einwendungen, die ihm aus dem ursprünglichen Vertragsverhältnis zum alten Gläubiger (Forderungsverkäufer) zustehen, geltend machen und damit die Erfüllung der Forderung verweigern (§ 404 BGB). Ebenso kann er unter gewissen Voraussetzungen mit einer bestehenden Forderung gegen den Altgläubiger auch gegenüber dem neuen Gläubiger aufrechnen (§ 406 BGB).

Bei der Festsetzung der Finanzierungskonditionen wird jedes Kreditinstitut neben der Bonität des Schuldners auch die Wahrscheinlichkeit des Ausfalls, d.h. die Störung der erwarteten Rückführung der angekauften Forderungen, Preis bestimmend in die Angebote einfließen lassen.

Durch die Erklärung eines Verzichts auf die Geltendmachung der oben beschriebenen Schuldnerrechte (Einredeverzicht) verringert sich für das finanzierende Kreditinstitut das Risiko eines Zahlungsausfalls bzw. Zahlungsverzugs. Das finanzierende Kreditinstitut kann daher aufgrund des durch den Einredeverzicht stabilisierten Zahlungsstroms allein auf die Bonität der Öffentlichen Hand abstellen und für Kommunen eine „kommunalkreditähnliche" Finanzierungskondition gewähren. Der öffentliche Auftraggeber verliert durch die Erklärung des Einredeverzichts keine Rechte (Mängelhaftungsrechte) gegenüber dem Privaten. Einen solchen Einredeverzicht erklärt der öffentliche Auftraggeber nur nach eingehender Prüfung der erbrachten Leistungen (Abnahme der Bauleistungen).

Aufgrund der Natur mancher Forderungen (z.B. Mietzinsforderungen) und der Auswirkungen der aktuellen Insolvenzordnung (2-monatiger Bestand der Vorabzession) muss die finanzierende Bank zur Erreichung von kommunalkreditähnlichen Konditionen die Einredeverzichtserklärung zu einem selbstständigen (abstrakten) Schuldversprechen weiterentwickeln. Daher enthält in der heutigen Praxis die dargestellte Einredeverzichtserklärung des öffentlichen Auftraggebers üblicherweise auch immer ein sog. „abstraktes Schuldversprechen".

Neben dem klassischen Einredeverzicht werden folglich sog. abstrakte Schuldversprechen oder Schuldanerkenntnisse im Sinne der §§ 780, 781 BGB durch den öffentlichen Auftraggeber gegenüber der Bank abgegeben. Durch diese Erklärung verpflichtet sich der öffentliche Auftraggeber unabhängig vom Bestand des zugrunde liegenden Vertragsverhältnisses zum Privaten – aus dem die Forderung abgetreten wird – gegenüber der Bank zur Zahlung eines bestimmten Betrages, der der forfaitierten Forderung entspricht.

Ein solches abstraktes Schuldversprechen stellt eine Absicherung für die Bank für den Fall dar, dass sie den öffentlichen Auftraggeber nicht oder nicht dem vereinbarten Umfang aufgrund der Abtretung in Anspruch nehmen kann. Dies könnte der Fall sein, wenn die Abtretung selbst nicht wirksam ist, die Bank also nie Rechtsinhaberin wurde oder etwa, wenn die abgetretene Forderung nie entsteht und die Abtretung damit gegenstandslos ist. Ein abstraktes Schuldversprechen des öffentlichen Auftraggebers ermöglicht es somit dem finanzierenden Kreditinstitut, den öffentlichen Auftraggeber aus einem selbstständigen Schuldverhältnis in Anspruch zu nehmen.

Aus Sicht des öffentlichen Auftraggebers ist hierbei darauf zu achten, dass das abstrakte Schuldversprechen nur aufschiebend bedingt für den Zeitpunkt der Abnahme der Bauleistung abgegeben bzw. basierend auf einer vertraglichen Verpflichtung erst dann erklärt wird. Andernfalls würde der öffentliche Auftraggeber das Risiko einer Inanspruchnahme durch die Bank ohne Gegenleistung von Seiten des privaten Partners tragen. Letztlich soll der öffentliche Auftraggeber erst dann eine Zahlungsverpflichtung eingehen, wenn er auch definitiv die vertraglich vereinbarte Leistung erhalten hat.

Des Weiteren sind vertragliche Regelungen zwischen dem privaten Partner und dem öffentlichem Auftraggeber erforderlich, die die Gefahr einer doppelten Inanspruchnahme des öffentlichen Auftraggebers durch Bank und privaten Partner in jedem Falle ausschließen.

Je nachdem, wie das vertragliche Verhältnis zwischen öffentlichem Auftraggeber und privatem Partner ausgestaltet ist, kommen unterschiedliche Forfaitierungsmodelle zum Einsatz. Üblicherweise werden bei PPP-Projekten zwischen den Parteien lieferungs- und leistungsbasierte Verträge, Mietverträge (bzw. Nutzungsüberlassungsverträge[4]) oder Leasingverträge geschlossen. Nachfolgend sollen die entsprechenden Finanzierungsmodelle mit ihren jeweiligen Eigenarten dargestellt werden.

Bei diesen Vertragsmodellen wird zwischen öffentlichem Auftraggeber und privatem Auftragnehmer ein typengemischter Vertrag mit im Schwerpunkt werkvertraglichem Charakter geschlossen. Die im Regelfall nach der Bauendabnahme fälligen Werklohnforderungen für die Erbringung der vereinbarten Bauleistung werden dem öffentlichen Auftraggeber gestundet bzw. durch Novation durch eine Darlehensforderung ersetzt und an den Finanzierungspartner veräußert (forfaitiert). Die Stundungs- bzw. Darlehenskonditionen sind gemeinsam mit dem Finanzierungspartner bei Vertragsabschluss festgelegt worden. Für den öffentlichen Auftraggeber bedeutet dies, dass anders als bei der klassischen Vergabe, die haushalterischen Belastungen aus dem Investitionsvorhaben nicht bereits als Gesamtentgelt bei den Bauabnahmen, sondern nur in Höhe der Jahresannuität während des Stundungs- bzw. des Kreditzeitraums erscheinen.

4.3.2.2 Bundmodell

Diese Modellvariante geht auf Überlegungen des Bundesverkehrministeriums Anfang der neunziger Jahre zurück, im Fernstraßenbau durch den Einsatz von privatem Know-how und Kapital Zeit- und Effizienzgewinne zu realisieren. Kennzeichnend ist, dass der Auftraggeber erst nach Endabnahme des gesamten Projektes bzw. großer Zwischenabschnitte als Bonitätsträger für die finanzierenden Institute herangezogen werden kann. Die während der Bauphase benötigte Zwischenfinanzierung wird als Fremdkapital in Form eines klassischen kurzfristigen Kredits dem privaten Auftragnehmer zur Verfügung gestellt. Regelmäßig sehen die Verträge vor, dass der bis zur Endabnahme aufgelaufene Zwischenfinanzierungssaldo durch den Verkauf der aus dem Werkvertrag resultierenden Ansprüche abgelöst bzw. mit diesen verrechnet wird. Erst zu diesem Zeitpunkt geht die Öffentliche Hand ins Obligo. Sie hat sich bei Auftragserteilung verpflichtet, nach erfolgter Fertigstellung und Abnahme einen Einredeverzicht gegenüber dem Finanzierungspartner zu erklären.

Die höheren Finanzierungskosten der gewerblichen Zwischenfinanzierung in der Bauphase werden von den öffentlichen Auftraggebern bewusst in Kauf genommen, um – anders als bei traditionellen Vergaben – Finanzierungs- bzw. Haftungs-verpflichtungen erst nach der Endabnahme entstehen zu lassen ((Teil-) Risikotransfer).

4.3.2.3 „Mogendorfer-Modell"

Diese Modellstruktur ist benannt nach dem PPP-Projekt „Ortsumgehung Mogendorf" in Rheinland-Pfalz, bei dem in den neunziger Jahren erstmals für PPP-Vorhaben auch eine Kommunalkreditfähigkeit schon während der Bauzeit erreicht werden konnte. Bei diesem Verfahren werden vom Auftraggeber während der Bauphase bereits sog. Bautestate erteilt. Darin erklärt der öffentliche Auftraggeber gegenüber dem Auftragnehmer und dem finanzierenden Institut, dass eine Teilleistung (etwa ein Bauabschnitt) vertragsgemäß erbracht wurde und damit eine (Teil-)Werklohnforderung entstanden ist. Zusätzlich wird für die Teilforderung durch entspre-

Schaubild 3: Einredefreie Forfaitierung: Bundmodell

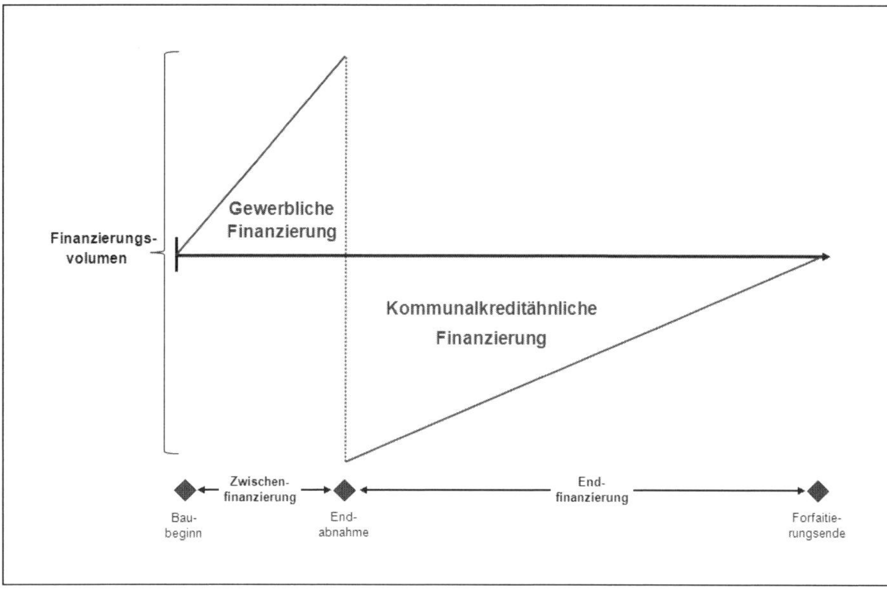

chende Ausgestaltung des Testats ein Teil-Einredeverzicht erklärt. Diese Forderungen können dann vom Unternehmen zur Sicherstellung des Liquiditätsbedarfs während der Bauphase an die Bank verkauft werden. Der bis zur Erteilung des jeweiligen Zwischentestats aufgelaufene Zwischenfinanzierungssaldo (gewerbliche Finanzierung, z.B. Betriebsmittellinie des privaten Auftragnehmers) wird durch die Forfaitierung abgelöst. Dies kann nicht nur für den Auftraggeber im Hinblick auf die gegenüber dem Bundmodell in der Bauphase (kommunalkreditähnliche Konditionen) reduzierten Finanzierungskosten interessant sein, sondern ist besonders bei Projekten hilfreich, bei denen mittelständische Bauunternehmen beauftragt werden sollen. Denn der private Auftragnehmer benötigt insgesamt ein geringeres Zwischenfinanzierungsvolumen, sodass die Kreditinstitute im Rahmen der Kreditlinie für den privaten Partner ein verringertes Risiko einkalkulieren. Durch den bei dieser Finanzierungsvariante geringeren kurzfristigen Fremdfinanzierungsbedarf ist für mittelständische Unternehmen die Teilnahme am PPP-Verfahren erleichtert.

Eine Weiterentwicklung erfuhr das „Mogendorfer Modell“ 1998 in einem Hochbauvorhaben, dem Neubau des Universitätsklinikums Jena. Da hier neben anderen zu beachtenden Vorgaben die zwingende HBFG-Fähigkeit[6] (50% Kostenübernahme durch den Bund) auch langfristige Zinssicherheit vorschrieb, mussten Strukturen entwickelt werden, die die bei Bauprojekten nicht auszuschließenden Verzögerungen, Minderleistungen etc. gegenüber den ursprünglichen Plänen in Einklang bringen mit den banktechnischen Notwendigkeiten zur Quotierung langfristiger Stundungszinssätze. Diese Vorgaben können von den Banken mit vielfältigen Instrumenten zur Zinssicherung erreicht werden.

Diese Struktur wurde im Rahmen des Projektes „privatwirtschaftliche Sanierung und Bewirtschaftung der Schulen des Kreises Offenbach“ im Jahre 2004 nochmals weiterentwickelt. Das Projekt steht für den Übergang von PPP-Projekten der ersten Generation (z.B. Bundmodell und Mogendorfer-Modell), die noch Bauen und Betrieb trennten, zu Projekten der zweiten Generation (z.B. PPP-Inhabermodell und PPP-Erwerbermodell), bei dem über die gesamte Vertragslaufzeit (hier 15 Jahre) auch die Bewirtschaftung durch Private übernommen wird. Bei diesem größten bisher in Deutschland realisierten PPP-Projekt lagen die Schwerpunkte auf der zeitnahen Sanierung der Gebäude und der Hebung von Effizienzpotenzialen in der Bewirtschaftung (aktuelle Auswertungen gehen von Effizienzvorteilen von ca. 18% aus). Als

Schaubild 4: Einredefreie Forfaitierung: Mogendorfer Modell

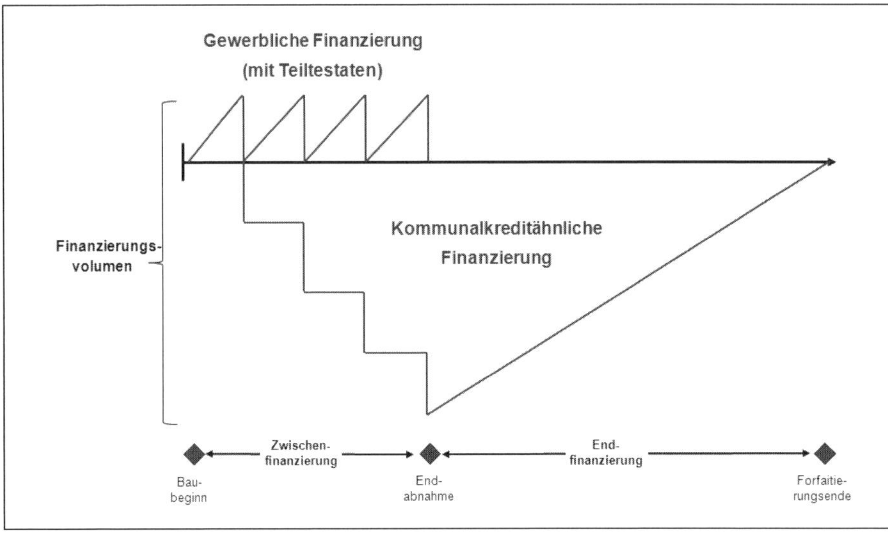

Finanzierungsvariante wurde deshalb eine flexible Forfaitierungsstruktur gewählt, die es erlaubt, sowohl in der Bauzeit als auch in der Bewirtschaftungsphase die günstigen Kommunalkreditkonditionen anzusetzen. Die Verpflichtung der Öffentlichen Hand aus dieser Erklärung setzt gegenüber dem Finanzier allerdings erst nach mängelfreier Fertigstellung und Abnahme der zu finanzierenden (Teil-) Leistungen ein, obwohl langfristige Zinssicherheit bereits ab Vertragsunterzeichnung gewährt wird (modifizierte Mogendorf-Struktur).

Die Forfaitierung ist eine marktübliche, praktikable und erprobte Form der Finanzierung, die bei fast sämtlichen kleinen bis mittelgroßen und damit der Mehrzahl der PPP-Projekte in Deutschland zur Anwendung kommt und sich bewährt hat.

Im Rahmen der bei PPP-Projekten erforderlichen Wirtschaftlichkeitsuntersuchung wird die Forfaitierung von manchen Beratern – neben einem obligatorischen Vergleich mit einer Kommunaldarlehensfinanzierung – auch mit der Finanzierungsform „Projektfinanzierung" verglichen. Im Hinblick auf die Risikopositionen des öffentlichen Auftraggebers bietet die Forfaitierung in Verbindung mit einer PPP-Zwischenfinanzierung die Möglichkeit gewisse Risiken auf den privaten Auftragnehmer zu verlagern, die bei einer Kommunaldarlehensfinanzierung bei der öffentlichen Hand verbleiben würden. Eine noch weitergehende Risikoübertragung ist im Vergleich hierzu unter Verwendung einer Projektfinanzierung möglich.

Letztlich ist eine Risikoverlagerung von der öffentlichen Hand auf den privaten Partner aber nicht per se sinnvoll, sondern muss immer im Verhältnis zu den damit verbundenen (Mehr-) Kosten beurteilt werden. Beim o.g. Wirtschaftlichkeitsvergleich zwischen Forfaitierung und Projektfinanzierung werden also die jeweiligen Mehr- bzw. Minderrisiken für die öffentliche Hand quantifiziert und in die Bewertung mit aufgenommen. Es hat sich vielfach gezeigt, dass die Projektfinanzierung in der Gesamtbetrachtung – „Risiko-/Kostenrelation" – insbesondere bei großvolumigeren PPP-Projekten wirtschaftlicher sein kann als ein Forfaitierungsmodell. Dies liegt u.a. an den bei Projektfinanzierungen bestehenden, im Vergleich zur Forfaitierung deutlich höheren Transaktionskosten. Um einen solchen (nicht direkt vom Projektvolumen abhängigen) Kostenblock zu rechtfertigen, bedarf es einer gewissen Masse an potentiellen, übertragbaren Risiken, die in Proportionalität zum Projektvolumen bestehen. D.h. bei vielen Projekten zahlt der öffentliche Auftraggeber erst ab einem gewissen Projektvolumen einen angemessenen Preis für die mit Hilfe der Projektfinanzierung übertragenen Risiken. Eine Überprüfung, welches Finanzierungsmodell – Forfaitierung oder Projektfinanzierung – das wirtschaftlicherer ist, muss daher im Einzelfall vorgenommen werden.

Beabsichtigt der öffentliche Auftraggeber Finanzierung als Forfaitierungsmodell auszugestalten und damit einen Einredeverzicht zu erklären, ist er gut beraten, die Entscheidung bereits im Vorfeld der Ausschreibung zu fällen und in der Vergabebekanntmachung zu veröffentlichen. Würde die Bereitschaft zu einer Einredeverzichtserklärung nicht allen Bietern gleichermaßen mitgeteilt , könnte dies zu einer Begünstigung einzelner Marktteilnehmer im Verfahren führen und möglicherweise einen Beihilfetatbestand auslösen.

Strittig ist nach wie vor die Anrechnungspflicht der mit einem Einredeverzicht versehenen forfaitierten Forderungen auf den öffentlichen Defizitsaldo nach den Maastrichter Verschuldungskriterien. EUROSTAT hat zwar zur Anrechnung von PPP-Modellen ausgeführt, dass Projekte dann nicht im Sinne der Maastrichter Kriterien einzurechnen seien, wenn das Baurisiko und entweder das Ausfall- oder das Nachfragerisiko auf den privaten Partner übertragen wird. Aber gerade die Bewertung, wann das Ausfall- oder Nachfragerisiko tatsächlich übertragen wird, ist strittig. In Abhängigkeit von der konkreten vertraglichen Ausgestaltung, insbesondere dem Sicherheitenkonzept, kann die einredebefreite Forfaitierung jedenfalls dazu führen, dass ein hinreichender Risikotransfer auf den privaten Partner im Sinne der EUROSTAT-Kriterien nicht vorliegt und die Verbindlichkeiten im Sinne der Maastrichter Verschuldungsregeln anrechnungspflichtig sind.

Letztlich sollte jedoch bei keinem Projekt eine Entscheidung für oder gegen eine bestimmte Finanzierungsform aufgrund der Maastricht-Kriterien fallen. Entscheidend ist, wie bereits dargestellt, welche Finanzierungsvariante in der Gesamtbetrachtung die Wirtschaftlichere ist. Und diese ist aufgrund gesetzlicher Bestimmungen (öffentliches Haushaltsrecht, Grundsatz der Wirtschaftlichkeit) zwingend zu wählen – unabhängig von EU-Kategorisierungen.

4.3.3 Projektfinanzierung

Projektfinanzierungen erfordern eine eigene Zweck-/Projektgesellschaft. Sie wird in privatrechtlicher Rechtsform gegründet und ihre Gesellschafter/Sponsoren werden in der Regel haftungsrechtlich vom Projekt abgegrenzt. Diese „special purpose company" ist üblicherweise nur auf einen einzigen Geschäftsgegenstand beschränkt, beispielsweise die Sanierung und anschließende Bauunterhaltung/Instandsetzung und Bewirtschaftung eines Schulgebäudes und wird deshalb als Einzweckgesellschaft oder Special Purpose Vehicle bezeichnet. Sie ist allerdings kein Finanzierungsvehikel, da sie auch Management- und Be-treiberfunktion für das Vorhaben übernimmt.

Im Rahmen einer Projektfinanzierung werden die aufzubringenden Mittel zu wesentlichen Teilen von Fremdkapitalgebern zur Verfügung gestellt. Bestandteile dieses Fremdkapitalanteils können langfristige Kapitalmarktmittel, Fördermittel und Mezzaninkapital sein, wobei letzteres sowohl Fremd- als auch Eigenkapitalcharakter haben kann.

Die Darstellung der langfristigen Kapitalmarktmittel kann in Form klassischer Darlehen an die Projektgesellschaft erfolgen. In der Praxis hat sich allerdings – auch aus steuerlichen Gründen – durchgesetzt, diese Mittel im Wege der Forfaitierung von z.B. Werklohnforderungen, als Mieten, Pachten oder Leasingraten darzustellen. Die Forfaitierung wird in der Regel nicht einredefrei gestellt. Somit verbleiben alle Einreden und Einwendungen des öffentlichen Auftraggebers erhalten. Gängig ist auch die Aufteilung der Fremdmittel in Risikotranchen mit entsprechender Konditionierung.

10 % bis in Einzelfällen 50 % der Finanzierungsmittel muss das investierende Unternehmen/der Projektsponsor selbst aufbringen, meist in Form von echtem Eigenkapital oder sonstigem Nachrangkapital. Dieser Anteil kann aber auch durch Kapitalbeteiligung von Finanzinvestoren ganz oder teilweise ersetzt werden.

Bezüglich der Gesamtfinanzierungskosten befindet sich die Öffentliche Hand an diesem Punkt oft in einem Interessenskonflikt. Sie ist einerseits an der Minimierung der Finanzierungskosten mit Hilfe einer entsprechenden Reduktion der Eigenkapitalquote interessiert, wodurch das später zu zahlende Leistungsentgelt gemindert wird (Optimierung der Finanzierungskosten, weil Eigenkapital teurer als Fremdkapital ist). Andererseits braucht sie eine möglichst hohe

Interessensangleichung des Privaten an die eigenen Ziele, um Sicherheit in der Leistungserstellung und wirtschaftliche Stabilität im Projekt zu erlangen. Eine hohe Kapitalbeteiligung der Sponsoren wird in diesem Zusammenhang als glaubhafte Zusicherung angesehen, vertragliche Vereinbarungen einzuhalten und auf opportunistisches Verhalten zu verzichten. Gleichwohl sind Projektsponsoren grundsätzlich daran interessiert, eigene Risiken und damit die Haftung zu begrenzen. Insofern bevorzugen diese wiederum einen möglichst geringen Eigenkapitalanteil. Eine Minimierung des Eigenkapitals trägt ferner dazu bei, die Rendite des eingesetzten Kapitals zu erhöhen (Leverage-Effekt).

Da die Projektfinanzierung – wie oben ausgeführt – allein auf das Projektvorhaben abstellt, ist der PPP-Projektvertrag zwischen Projektgesellschaft und öffentlichem Auftraggeber im Rahmen der Risikobeurteilung von zentraler Bedeutung. In diesem Vertrag konkretisieren sich

- sämtliche Rechte und Verpflichtungen der Vertragspartner in Bezug auf die grundlegenden Rechtsbeziehungen der Partner,
- Regelungen zu den Bau- und Betriebsleistungen,
- Regelungen zur Vergütung,
- Regelungen zur Finanzierung der anfänglichen Bauleistungen,
- Regelungen zum Versicherungsumfang,
- Bestimmungen zu Vertragsänderungen und -kündigungen,
- Entschädigungsregelungen, etc.

Ein Entwurf des Vertrages nach den Vorstellungen des Auftraggebers wird meist der Ausschreibung zugrunde gelegt und während des Vergabeverfahrens mit den Bewerbern verhandelt. Für die Bank ist dieser Vertrag die Basis der Finanzierung; insofern hat diese ein hohes Interesse bzw. die Notwendigkeit daran, an der Gestaltung des Vertrages mitzuwirken, und zwar zur Sicherung der notwendigen Rahmenbedingungen für die Finanzierungsvereinbarungen. Hierzu zählt eine ausgewogene Risikoverteilung, Beherrschbarkeit übernommener Risiken, Mitwirkungspflichten des öffentlichen Auftraggebers bei Maßnahmen der Bank im Falle von Leistungsstörungen (Direktvereinbarung), etc.

Die detaillierte Untersuchung und Kostenkalkulation des projektierten Vorhabens (rechtliche, technische, steuerliche und finanzwirtschaftliche Due Diligence) seitens der Banken sowie deren aktive Rolle und Einflussnahme auf die Finanzplanung und Vertragsgestaltung ist typisch für Projektfinanzierungen. Es entsteht also ein gewisser Zeitbedarf bei den Banken; die Prüfung ist auch mit erheblichen Kosten verbunden.

Aus Sicht der Bank ist jede Projektfinanzierung ein individuelles Produkt, ebenso wie das finanzierte Projekt selbst. Kosten- und Risikostrukturen, Cash Flow-Pläne, Laufzeit- und Tilgungsstrukturen, Projekt- und Leistungsverträge, Finanzierungsmodalitäten, Sicherheiten usw. werden auf die spezifischen Erfordernisse des Projekts angepasst. Ein Schulneubau bringt andere Risiken mit sich als die Sanierung eines Krankenhauses, der Bau und Unterhalt einer Ortsumfahrung andere Herausforderungen als die Erweiterung und der Betrieb einer Mautautobahn.

4.4 Mögliche Vorteile und zu beachtende Risiken von PPP-Projekten

Ein Blick auf mögliche Vor- und Nachteile öffentlich-privater Zusammenarbeit offenbart die Chancen und Risiken, die bei der Entscheidung über die Ingangsetzung eines PPP-Projektes zu berücksichtigen sind. Vor- und Nachteile betreffen sowohl die strategische (sprich die Grundsatzentscheidung, ob ein PPP-Projekt zustande kommen soll) als auch die operative Ebene (Frage nach der Ausgestaltung des laufenden Betriebs). Die operative Ebene sollte bereits zu Beginn entsprechender Projekte Berücksichtigung finden, denn der laufende Betrieb hat im Regelfall Rückwirkungen auf die Arbeit und das Entscheidungsverhalten der staatlichen Aufgabenträger.

Als entscheidende **strategische Vorteile** gelten:

- Die öffentliche Hand kann bei entsprechender privatrechtlicher Realisierung nicht nur auf private Finanzmittel zugreifen, sondern auch betriebswirtschaftliche sowie technologische

Kenntnisse nutzen, über die sie selbst nicht verfügt. Damit können Leistungen erbracht, aufrechterhalten oder optimiert werden, die ohne PPP dem (finanziellen) Ressourcenmangel zum Opfer fallen würden.

- Häufig gehen mit PPP positive regionalwirtschaftliche Effekte wie die Schaffung von Arbeitsplätzen und/oder eine Verbesserung der Infrastruktur (mit ihrem Vorleistungscharakter für alle Wirtschaftsaktivitäten) einher.
- Anders als im Fall einer vollständigen materiellen Privatisierung von Aufgaben bleiben politische Einflussmöglichkeiten und die Mitsprache der öffentlichen Hand in Projektgremien und bei der Vertragsgestaltung grundsätzlich erhalten.
- Finanzielle, technische, organisatorische und personelle Risiken, die besonders bei überdurchschnittlich großen und/oder besonders innovativen Projekten auftreten, können geteilt und damit für den einzelnen Partner verringert werden.
- Interessen der Politik, gesellschaftlicher Gruppen sowie der Beschäftigten sind in entsprechende Projekte integrierbar.

Als wesentliche **operative Vorteile** lassen sich anführen:

- Managementtechniken aus dem privaten Sektor können in Einzelprojekten erprobt und aufgrund der gewonnenen Erfahrungen – ggf. auch in modifizierter Form – auch für andere Verwaltungsbereiche ein- und umgesetzt werden.
- Die Existenz von PPP-Projekten ermöglicht es (im Sinne der Setzung neuer Leistungsstandards und eines Qualitätsmanagements), den verwaltungsinternen Erfahrungsaustausch und Wettbewerb zu fördern.
- Der enge Kontakt mit einem privaten Partner erleichtert es, mögliche Folgeprojekte vorzubereiten und deren Realisierbarkeit und Marktchancen frühzeitig auszuloten. Darüber hinaus kann ein (größerer) privater Partner, der im Regelfall verschiedenste nationale und internationale Projekte gleichzeitig durchführt, einer Verwaltung und damit dem öffentlichen Auftraggeber wertvolle Informationen bezüglich aktueller Entwicklungen in einem Projektfeld bzw. Infrastrukturbereich geben.

Doch auch einige **strategische Risiken** sind aufzuführen:

- Der organisatorische und personelle Aufwand für die Projektvorbereitung ist in der Regel recht hoch. Die Prüfung, Vorbereitung und Durchführung von vergabe- und personalrechtlichen Maßnahmen, Vertragsklauseln (Ausschreibungen, Beihilferegelungen, Personalüberleitung, Kontroll- und Konfliktmechanismen) sind zeitintensiv und erfordern spezielles Know-how. Diese Nachteile dürften in der Regel verschwinden, sobald dieses Know-how vorhanden ist.
- Politische Beteiligungsmöglichkeiten bleiben zwar grundsätzlich erhalten, werden jedoch im Gegensatz zu vollständig öffentlichen Projekten eingeschränkt.
- Die privatwirtschaftliche und öffentlich-rechtliche Vorgehensweise unterscheiden sich in der Regel deutlich. In den PPP-Gremien muss jedoch eine gemeinsame Vorgehensweise erarbeitet werden.
- Grundsätzlich ist mit Ausführungsproblemen oder im Extremfall sogar der Insolvenz des privaten Anbieters zu rechnen. Diese Aspekte können häufiger in einem rezessiven Umfeld oder bei neuartigen innovativen Projekten auftreten.

4.5 Welche Infrastrukturbereiche können auch weiterhin von PPP-Modellen profitieren?

Die PPP-Initiative ÖPP Deutschland AG (Partnerschaften Deutschland) ist angetreten, interessierten Gebietskörperschaften bei der Identifikation geeigneter Vorhaben beratend und begleitend zur Seite zu stehen.

Wenngleich die Bundesregierung aktuell bestimmte Infrastrukturbereiche für besonders förderwürdig erachtet, kommen für PPP-Projekte auch Bereiche wie

– der Hochbau (z.B. Schulen, Krankenhäuser),
– die kommunale Ver- und Entsorgung,
– der Öffentliche Personennahverkehr bzw.
– städtebauliche Maßnahmen

in Frage.

Generell, aber insbesondere für den gewerblichen Mittelstand, können sich Projektfinanzierungen als problematisch erweisen. Die Ursache liegt in den Anforderungen an das einzubringende Eigenkapital als Haftungsgrundlage. Die Einsatzmöglichkeiten sind aufgrund der Kapitalausstattung der kleinen und mittleren Unternehmen begrenzt. Vor diesem Hintergrund gewinnt das Thema Eigenkapitaleinbringung durch Dritte im Rahmen der Projektfinanzierung auch bei der Finanzierung von PPP-Projekten zunehmend an Bedeutung. Auch aus Sicht der öffentlichen Hand sprechen gewichtige Gründe für eine Projektfinanzierung, allen voran der tatsächliche und umfassende Risikotransfer. In der konventionellen Realisierungsvariante verbleiben Risiken im Wesentlichen bei der öffentlichen Hand und sind dem mit Kapitalmarktaktivitäten einhergehenden Anpassungsprozess an neue Umweltsituationen oder Präferenzen entzogen. Im Hinblick auf die übliche Lebens- und Nutzungsdauer von Infrastruktureinrichtungen kann die mit einer konventionellen Realisierung fixierte Risikoallokation folglich ineffizient sein, selbst wenn sie sich auf Basis der zum Zeitpunkt der Beschaffungsentscheidung verfügbaren Informationen als vorteilhaft dargestellt hat. Die letztendliche Entscheidung ist folglich im jeweiligen Einzelfall zu treffen.

4.6 Perspektiven für den PPP-Markt in Deutschland

Vor gut zehn Jahren von November 2008 bis Januar 2009 wurde zur Erhebung der PPP-Projekte in Deutschland vom Deutschen Institut für Urbanistik (Difu) eine Befragung durchgeführt. Städte und Gemeinden mit mehr als 10.000 Einwohnern aber auch alle Landkreise, Landes- und Bundesministerien wurden nach ihrer allgemeinen Einschätzung zu PPP in der jeweiligen Kommune bzw. in der jeweiligen Landes- oder Bundeseinrichtung befragt. Interessant ist als Ergebnis, dass nur etwa 140 Befragte PPP befürworteten, während etwa 240 sich in ihrer Argumentation gegen PPP richteten. Dabei spielten unter den genannten Risikofaktoren die Gefahr unvollständiger Verträge sowie die Sorge vor Kontrollverlust für die Öffentliche Hand (vgl. dazu eine Stichprobenerhebung unter Kommunen aus 2006 von Bremeier) eine ausgeprägte Rolle. Tatsächlich kann die Übertragung der Verantwortung in private Hände gerade den Beschäftigten nur selten die gleiche Arbeitsplatzsicherheit bieten, wenngleich die wachsenden Defizite auf kommunaler Seite diesbezüglich auch zu entsprechenden Anstrengungen führen. Wie Budäus in seinem Werk „Organisationswandel öffentlicher Aufgabenwahrnehmung" bereits 1998 Jahre ausführte – und der Prozess ist noch längst nicht abgeschlossen – befindet sich der öffentliche Sektor in Deutschland im Umbruch. „Eine die Vergangenheit prägende gesellschaftliche Mentalität der Allzuständigkeit von Staat und Verwaltung für möglichst viele Risiken und Problemlagen der einzelnen Gesellschaftsmitglieder wird immer stärker in Frage gestellt. Es vollzieht sich ein grundlegender Wandel des Funktions- und Rollenverständnisses des Staates."

Die Voraussetzung für gesicherte Arbeitsplätze im Dienstleistungssektor ist ein intakter ausgelasteter Produktionssektor. Da dieser nur in Teilen, wie etwa den Versorgungsunternehmen oder dem ÖPNV der staatlichen Daseinsvorsorge unterliegt, ist der staatliche Einfluss auf die Standortfrage für den Produktionsfaktor Arbeit limitiert. Die Privatwirtschaft profitiert zwar als Auftragnehmer von staatlichen Konjunkturprogrammen sowie zinssubventionierten Förderprogrammen. Leider gelingt es jedoch nur selten – wie etwa dem Textilhersteller Trigema in Burladingen – sich betriebswirtschaftlicher Zwänge soweit zu entledigen, dass dies zu einer freiwilligen Selbstverpflichtung zum Standort Deutschland führt.

So ist die Privatisierung öffentlicher Dienstleistungen durchaus kritisch zu hinterfragen, insbesondere da die Effizienzvorteile sowie die Kernkompetenz der Privatwirtschaft in vielen Feldern einem gleichzeitig wachsenden Service-Bedürfnis in der Bevölkerung gerecht werden sollte.

So kann die Privatisierung öffentlicher Dienstleistungen durchaus kritisch hinterfragt werden, insbesondere da die Effizienzvorteile sowie die Kernkompetenz der Privatwirtschaft in vielen Feldern einem gleichzeitig wachsenden Service-Bedürfnis in der Bevölkerung gerecht zu werden haben. Waren es in 90er Jahren der kommunale Rückzug aus der netzgebundenen Infrastruktur, so hat sich dies zuletzt auch auf den Gesundheits- und Pflegebereich sowie öffentliche Wohnungsbaugesellschaften und den Bildungssektor ausgeweitet. Gemäß einer Untersuchung von Brandt und Schulten im letzten Jahr fand der größte Personalabbau bei öffentlichen Dienstleistungen in den Bereichen Verkehr (vor allem Deutsche Bahn) sowie der Post und in der Energie- und Wasserwirtschaft statt.

Zu den Risiken zählen hierbei Konflikte zwischen den beiden Partnern, wie etwa der Verlust von öffentlichem Einfluss sowie ein Imageverlust auf beiden Seiten, wenn das Projekt nicht erfolgreich verläuft. Ein gelungenes PPP-Projekt benötigt daher klar verteilte Verantwortungs- und Entscheidungskompetenzen sowie eine deutliche Trennung von Leistungserstellungen und politischer Einflussnahme. Die oben bereits erwähnte PPP-Umfrage des Difu aus 2008 hat in diesem Zusammenhang ergeben, dass immerhin 64 der befragten 541 Kommunen und Ministerien in Bund und Ländern in den letzten fünf Jahren PPP-Projekte abgebrochen haben, da in 55 % der angegebenen Fälle die Eigenerstellung wirtschaftlicher erschien oder in immerhin 30 % der Fälle eine alternative Realisierung durch die Öffentliche Hand als möglich angesehen wurde. Dies trägt mit dazu bei, dass die Privatwirtschaft und die Öffentliche Hand näher zusammenrücken müssen, um auch weiterhin die Chancen im PPP-Markt gemeinsam zu heben. Sobald sich die Bewertung von Chancen und Risiken im Nachlauf der Krise wieder normalisiert habt, werden PPP-Projekte erneut in den Fokus aller Beteiligten rücken. Noch allerdings sorgen staatliche Maßnahmen wie die Konjunkturpakete mit dafür, dass Öffentlich-Private Partnerschaften mit ihrem Planungsvorlauf und nicht selten aufwändigen Projektstrukturen temporär an Attraktivität einbüßen könnten.

Gemäß einer Studie von forsa aus 2008 bewerten 50 % der Deutschen die Übernahme von öffentlichen Dienstleistungen durch private Unternehmen negativ. Es gilt daher, vertragliche Modelle dahingehend zu entwickeln, dass gegenüber der Öffentlichkeit ein hohes Maß an Transparenz sichergestellt wird und gleichzeitig möglichst viele der Aspekte beachtet werden, die für die Kommunen, die Beschäftigten und die Bürger von Bedeutung sind.

Die Berücksichtigung des Gemeinwohls etwa durch eine die privaten Haushalte schonende Gebührenpolitik könnte zu Lasten einer Gewinnmaximierung als Zeichen gesetzt werden, das zu einer Akzeptanzerhöhung beitragen kann. Für jegliche Zusammenarbeit mit der Privatwirtschaft sollte aus kommunaler Sicht dafür Sorge getragen werden, dass der Bürger als Quasi-Gesellschafter der Kommune wieder stärker in den Fokus gerückt wird. Dies nicht zuletzt, da Daseinsvorsorge nicht nur die flächendeckende Bereitstellung von Leistungen unter Kosten- und Qualitätsaspekten beinhaltet, sondern auch die aktive Einbindung der Nutzer und damit Bürger an der Weiterentwicklung und Nachhaltigkeit öffentlicher Dienstleistungen.

Es ist zu konstatieren, dass sich auf Seiten der politisch Verantwortlichen unverändert deutliche Mehrheiten gegen eine Privatisierung im Bereich öffentlicher/kommunaler Infrastruktur finden. Die Ergebnisse der gesellschaftlichen Veränderungen und Trends der vergangenen Jahre lassen eine wachsende Sensibilität in Bezug auf das Vertrauen in wirtschaftliche Prozesse im Allgemeinen und die Partizipation an deren Ergebnissen im Besonderen erkennen. Die zunehmende

Bedeutung solcher Fragen und die Bedeutung der Einbindung der Bürgerschaft bei Planung und Realisierung bedeutender Infrastruktur-Großprojekte (s. Stuttgart 21, (Hochspannungs-) Stromtrassen bzw. Flughafenerweiterungen) steckte die Rahmenbedingungen und Eckpunkte der Zusammenarbeit zwischen privatem und öffentlichem Sektor neu ab.

Obgleich sich trotz vieler erfolgreich verlaufender Projekte und Vorhaben bis dato in der Gesellschaft und damit auch auf politischer Ebene keine echte Unterstützung für Partnerschaftsprojekte entwickelt hat und die Verunsicherung bei und mit einer Entscheidung für diese Beschaffungsvariante oft geblieben ist, bieten deren Erfahrungen nach wie vor ideologiefreie Orientierung für künftige Problemlösungen im Rahmen des staatlichen Bereitstellungsauftrages für diverse (vernachlässigte) Infrastrukturen. So trifft oft eine nicht ausreichende Finanzlage (trotz sprudelnder Steuereinnahmen) der staatlichen bzw. kommunalen Haushalte auf eine Erwartungshaltung der Bürger, beispielsweise eine ökologisch orientierte Energieversorgung weiterhin vor allem auch durch öffentliche Leistungserbringer umzusetzen. In der Vergangenheit gefällte Privatisierungsentscheidungen bei der Daseinsvorsorge wurden/werden hinterfragt und die hohe Zahl auslaufender Konzessionsverträge führte zu einer Auseinandersetzung und neuen Ausrichtung der gemeindlichen Energiepolitik. Damit wird deutlich, dass Lebenszyklusgedanken, Effizienzgesichtspunkte, Nachhaltigkeitsaspekte und Risikoabwägungen wie in der Vergangenheit bei öffentlich- privaten Partnerschaften entwickelt und auch angewendet, im Rahmen der Energiewende ebenfalls Beachtung finden sollten.

Wesentliche Strukturwandeltreiber der Immobilien- bzw. Infrastrukturbranche wie Digitalisierung, sozio-demografischer Wandel, Urbanisierung, Nachhaltigkeit, Wertewandel und Wissensgesellschaft werden den Anpassungsdruck auf die Akteure im Wertschöpfungssystem, egal ob auf öffentlicher oder privater Seite, stetig erhöhen. Auch wenn dieser Anpassungsdruck unterschiedlich sein wird, werden **alle** Akteure Anpassungsstrategien entwickeln müssen, indem sie ihre Prozesse, Strukturen, Produkte, Dienstleistungen oder sogar ganze Geschäftsmodelle überprüfen und verändern müssen. Dies trifft auch und gerade die öffentliche Hand und darf nicht nur allein von der Machbarkeit der Finanzierungsseite her gesehen werden. Ganz im Sinne der Ganzheitlichkeit ursprünglicher PPP-Ansätze zeigte deren Entwicklung und Anwendung, dass partnerschaftliches Miteinander auch und gerade unter den Gesichtspunkten Risikotransfer, Lebenszyklus und Gesamtoptimierung oft richtungsweisend und quasi vorausschauend war und weiter sein kann.

5. Projektentwicklungspartnerschaften

Da der Initiator eines Projekts in der Regel nicht in sämtlichen Bereichen, die bei einer Immobilienprojektentwicklung betroffen sind, versiert ist, empfiehlt es sich, dass er sich einen oder mehrere Partner für die Realisierung des Projektes sucht.

Als Partner kommen Finanzinvestoren, (z.B. Banken), insbesondere der Endinvestor, Bauunternehmen/-er, die öffentliche Hand (z.B. in Form der Stadt, der Gemeinde oder des Landes, in der das Projekt geplant ist) in Betracht.

Selbstverständlich kann das jeweilige Projekt unmittelbar durch den Projektentwickler bzw. seine Gesellschaft durchgeführt werden.

Sinnvoller ist jedoch die Durchführung durch eine unabhängige Gesellschaft, bestehend aus den einzelnen Partnern. Die Übernahme der aus dem Projekt entstehenden Rechte und Verbindlichkeiten kann dann durch diese eigens zu diesem Zweck geschaffene Gesellschaft erfolgen. Eine solche rechtlich selbstständige **Projektgesellschaft** wird zumeist ein auf die Projektaktiva beschränkter Projektträger sein, der ohne bzw. mit beschränktem Rückgriff auf die Eigentümer der Gesellschaft für alle Projektverbindlichkeiten haftet, die Haftung wird also auf die Projektgesellschaft begrenzt. Interessanter Aspekt ist auch die Tatsache, dass ein Verkauf durch Übertragung der Gesellschaftsanteile erfolgen kann (*share deal*). Diese Gesellschaft wird regelmäßig Kernstück eines komplexen Vertragswerkes sein, welches die rechtlichen Beziehungen der Beteiligten regelt und Grundlage der Kreditgewährung ist.

Daneben besteht für den Projektentwickler aber auch die Alternative, unter Vermeidung einer Gesellschaftsgründung, einen **Projektentwicklungsvertrag** mit seinem Auftraggeber zu schließen.

5.1 Partnerschaftliche Verträge

Die Aufgaben einer Projektgesellschaft sind abhängig von der jeweiligen Projektstruktur, den Projektzielen und der Konstellation der Beteiligten. Allgemein gültige Definitionen existieren insoweit nicht. Hieran hat sich die juristische Konstruktion im konkreten Einzelfall auszurichten. Die Aufgabenverteilung bei Projektpartnerschaften, auch diejenige zwischen der Projektgesellschaft und den Projektbeteiligten, wird sich vielmehr an den steuerlichen, landesspezifischen – nicht zuletzt rechtlichen – Parametern ausrichten. Das Aufgabenspektrum der Projektgesellschaft kann von einer reinen Verwaltung eines rechtlichen Instrumentes bis hin zur Wahrnehmung sämtlicher für die Projektfinanzierung und den Projektbetrieb erforderlichen Aufgaben reichen. Die denkbaren gesellschaftsrechtlichen Konstruktionen der Projektpartnerschaften und ihre Konsequenzen können aufgrund ihrer Vielfältigkeit an dieser Stelle nur angedeutet werden.

5.1.1 Gestaltungsmöglichkeiten

Die Gründung eines selbstständigen Rechtsträgers dient der Vermeidung eines Rückgriffs auf die Projektpartner. Gläubiger der Projektpartnerschaft sollen lediglich auf die Projektaktiva und den zukünftig zu erwartenden Zahlungsstrom zurückgreifen können. Die neue Projektpartnerschaft wird zentrales Kernstück in dem die Projektfinanzierung stützenden Vertragsgeflecht. Maßgebliche Bedeutung für die Wahl der Rechtsform der Projektpartnerschaft haben die Frage der Ausgrenzung der Projektaktiva und -passiva aus den Bilanzen der Beteiligten, deren Haftungsbegrenzung und die Optimierung ihrer steuerlichen Belastung. Ferner sind Fragen der Stellung von Kreditsicherheiten, der Beherrschung der Projektpartnerschaft bzw. der Zusammenarbeit der Partner und Investoren zu berücksichtigen.

Die Projektentwicklungspartner verpflichten sich regelmäßig als Gesamtschuldner zur Leistungserbringung an den Kunden, wobei die einzelnen Partner die entstehenden Verpflichtungen und Risiken so übernehmen, als ob jeder für seinen Leistungsanteil einen besonderen Vertrag mit dem Kunden geschlossen hätte. Zentraler Regelungskomplex der Projektentwicklungspartnerschaftsverträge wird der Abschnitt über die Haftung sein, dessen Ziel es ist, die einzelnen Ereignisse den einzelnen Partnern zuzuordnen.

Zu regeln ist die Behandlung von Ansprüchen Dritter im Verhältnis der Partner untereinander. Daneben sind diejenigen Ansprüche zu regeln, die Schäden betreffen, die ein Partner dem anderen zugefügt hat und Kosten für die Beseitigung von Störungen, wie Mängel und Verzögerungen, die einer der Partner verursacht hat. Dabei sind auch die Ansprüche einer weitgehenden Regelung zuzuführen, die kein Verschulden oder keine Verantwortlichkeit der einzelnen Partner voraussetzen.

Der Projektentwicklungspartnerschaftsvertrag wird also weitestgehend als gesellschaftsrechtlicher Vertrag einzustufen sein, knüpft jedoch hinsichtlich der Zuordnungs- und Haftungsregeln weitgehend an werkvertragliche Ereignisse im Rahmen der Projektrealisierung an, so dass die gesellschaftsrechtliche Vertragsbasis oftmals durch die werkvertraglichen Beziehungen bestimmt wird, wie bspw. bei der Frage, ob ein Mangel vorliegt und wer diesen verursacht hat.

5.1.1.1 Personengesellschaft

Grundsätzlich ist als Rechtsform der Projektpartnerschaft auch eine Personengesellschaft, wie z.B. eine Gesellschaft bürgerlichen Rechts (GbR) denkbar, wodurch jedoch regelmäßig die üblicherweise gewünschte Haftungsbegrenzung nicht erzielt werden kann. Sofern es mehrere gemeinsam handelnde Partner gibt, sind die Fragen der Vertretung der Gesellschaft und der gesamtschuldnerischen Haftung durch eine meist umfangreiche Regelung im Innenverhältnis zu bewältigen.

Diesen konzeptionellen Nachteilen der Personengesellschaft steht die größere steuerrechtliche Flexibilität gegenüber, die es den Beteiligten ermöglicht die steuerrechtliche Behandlung ihrer Projekteinkünfte weitgehend unabhängig voneinander zu gestalten. Die Rechtsform der Personengesellschaft ist auch Voraussetzung für die Inanspruchnahme steuerlicher Vorteile.

Mehr Freiraum bietet die GmbH & Co. KG, da die Haftung von der Komplementärin uneingeschränkt getragen wird und die Kommanditisten typischerweise in ihrer Haftung auf die Hafteinlage beschränkt sind und das Kommanditkapital je nach Bedarf angepasst werden kann.

5.1.1.2 Kapitalgesellschaft

Die Schaffung einer eigenständigen Kapitalgesellschaft, wie z.B. einer GmbH oder AG, deren alleiniger Gesellschaftszweck die Errichtung, Finanzierung, Vermarktung oder der Betrieb des jeweiligen Projekts ist, hat regelmäßig steuerlichen, rechtlichen und betriebswirtschaftlichen Aspekten Rechnung zu tragen.

Hierbei ist zu bedenken, dass Vorteil einer GmbH der ist, dass sie grundsätzlich weniger strengen Regularien unterliegt, als eine AG.

Ob die von den Projektpartnern gewünschte Haftungsbegrenzung im Ergebnis tatsächlich erreicht wird, ist im Einzelfall zu prüfen, da die Haftung über die geleistete Einlage hinaus durchaus möglich ist und sich die Gläubiger über die Projektaktiva hinaus zusätzliche Sicherheiten in Form von Garantien, Bürgschaften, etc. einräumen lassen werden.

Die Rechtsform der Kapitalgesellschaft hat den Vorteil, die Projektdurchführung organisatorisch aus den Unternehmen der Projektbeteiligten herauszulösen und die Verfolgung von Partikularinteressen einzelner Projektbeteiligter somit zu erschweren. Insgesamt unterliegt die Kapitalgesellschaft höheren rechtlichen Anforderungen , z.B. im Hinblick auf Veröffentlichungspflichten. Sie ist jedoch in Bezug auf die zukünftige Übertragbarkeit von Anteilen, bspw. an andere Investoren oder im Rahmen eines Börsenganges, jedoch auch flexibler.

Hinzu kommt bei einer, im Rahmen einer zur Projektentwicklung/-durchführung gegründeten GmbH, dass die Ausschüttungen bzw. der Verkaufserlös der Gesellschaftsanteile steuerlich geringer belastet, was einen *share deal* für den Verkäufer noch lukrativer macht. Die

GmbH ist hierbei allerdings strengen gesetzlichen Regularien unterworfen und ist darüber hinaus sowohl in den Ausschüttungsmöglichkeiten, als auch bei der Nutzung von Verlusten aus der Entwicklungsphase benachteiligt.

Für den Käufer gilt dies allerdings nicht. Ein steuerlich beratener Käufer wird im Falle eines *share deal* erhebliche Abschläge auf den Kaufpreis gegenüber einem Asset-deal machen. Eine derartige Vorgehensweise ist für den Käufer aus rechtlichen und kaufmännischen Erwägungen sinnvoll, da er mit dem Erwerb der Anteile tiefgreifende steuerliche Nachteile in Kauf nehmen muss.

5.1.1.3 Weitere Rechtsträger

In bestimmten Fallkonstellationen ist es für die Projektbeteiligten zweckmäßig, weitere Rechtsträger, also bspw. eine Betriebs- und eine Besitzgesellschaft, zu schaffen, die in genau definierten Verhältnissen zueinander stehen. Die Gründe hierfür können in der Risikoverteilung zwischen den Beteiligten, die ihre Beiträge streng voneinander abgrenzen wollen oder aber auch in den besonderen Rechtsvorschriften des Projektlandes liegen. Bei Direktinvestitionen im Ausland werden häufig Vorschaltgesellschaften oder Holdings gegründet, die entweder im Heimatland oder in sog. Steueroasen ihr Domizil finden.

Vorschaltgesellschaften sind insbesondere dann zweckmäßig, wenn bei Projekten mit vielen Projektbeteiligten die Interessen schon vorab gebündelt werden sollen, um auf diese Weise die Entscheidungsfindung zu vereinfachen.

Ferner können sich aus dem Unternehmensstandort Steuervorteile ergeben. Projektbeteiligte können ihre Anteile an der Projektgesellschaft kurzfristig veräußern und bei entsprechender Ausgestaltung der Anteilsverhältnisse ist mit vergleichsweise geringem Kapitaleinsatz die Kontrolle über das Projekt möglich. Außerdem ermöglicht die Zwischenschaltung einer Vorschaltgesellschaft eine zusätzliche Sicherung vor dem Durchgriff auf Projektbeteiligte, soweit die Projektpartnerschaft in Form einer Personengesellschaft geführt wird.

Oftmals werden auch Finanzierungstochtergesellschaften der Projektpartner in die Projektstruktur eingebunden. Diese stellen der Projektpartnerschaft Kapital in Form von Eigenkapital oder nachrangigen Gesellschafterdarlehen zur Verfügung. Da Finanzierungsgesellschaften mit der Kreditwürdigkeit der Muttergesellschaft ausgestattet sind, können sie sich zumeist zu deren Konditionen am Kapitalmarkt refinanzieren.

Insbesondere bei internationalen Projekten bestehen Fremdkapitalgeber oftmals auf der Einbindung von Treuhändern, die ihre Interessen gegenüber den Projektpartnern vertreten sollen. Die Kontrolle der Erlöszahlungen erfolgt dabei oftmals dadurch, dass der Projektträger seine Forderungen aus Lieferungen und Leistungen an den Treuhänder abtritt, der die Erlöse dann nach der vereinbarten Rangordnung an die Berechtigten weiterleitet.

Leasinggesellschaften werden in die Finanzierung des Projektes oftmals eingebunden, um steuerliche Vorteile zu nutzen, die sich aus nationalem Steuerrecht, wie z.B. steuerlich wirksame Verlustvorträge, oder über die Ausnutzung unterschiedlicher länderspezifischer Abschreibungsvorschriften bei grenzüberschreitenden Finanzierungen ergeben. Diese Vorteile werden dann über niedrige Leasingraten an die Projektgesellschaft weitergeleitet. Bei diesen Konstruktionen ist allerdings stets zu beachten, dass sie immer auf den aktuellen steuerrechtlichen Rahmenbedingungen beruhen und durch zukünftige Rechtsänderungen ihre Gültigkeit verlieren können.

5.1.1.4 Public Private Partnership

Zuweilen werden Public Private Partnerships (kurz PPPs) als eigenständige Form der Projektrealisierung genannt. Dabei handelt es sich bei der typischen PPP um eine Zweckgemeinschaft zwischen Sponsoren der öffentlichen Hand und der Privatwirtschaft. Bereits in den 70er Jahren wurden in den USA PPPs bei größeren städtebaulichen und stadtenwicklungspolitischen Vorhaben eingesetzt, um die Finanznot öffentlicher Stellen zu lindern und neue Wege zur Finanzierung hoheitlicher Aufgaben zu beschreiten. In Partnerschaft mit einem privaten Unternehmen und gegen Zahlung von Nutzungsentgelten soll die Verwendung öffentlicher Ressourcen minimiert werden.

Ob diese öffentlich-privaten Partnerschaften wirklich die Merkmale eines eigenständigen Rechtsträgers erfüllen, hängt vom Einzelfall ab. Denkbar sind hier Kooperationsformen eher informeller Art, Kooperationen vertraglicher Art, aber auch Zusammenschlüsse in gemeinsamen Gesellschaften.

Letztere werden erkennbar, bei den Grundstücksverkehrs- und Wohnungsbaugesellschaften. Zweck dieser Gesellschaften ist es, Grundstücke zu erwerben, zu erschließen, teilweise zu bebauen und zu veräußern. Für die öffentliche Hand bietet dies die Möglichkeit zur Einflussnahme auf die Realisierung des hoheitlich geschaffenen Baurechts, die Ausnutzung des Know-how der beteiligten Privaten und die Aufteilung von planungsbedingten Wertzuwächsen zwischen Kommune und Privateigentümern. Die beteiligten Privatpersonen versprechen sich hingegen eine Einflussnahme auf die Bauleitplanung und eine Beschleunigung von Entscheidungsvorgängen durch die Übernahme privatrechtlicher Organisationsstrukturen.

Je nach rechtlicher Konstruktion der PPP kann der Handlungsspielraum der Projektpartnerschaft erheblich eingeschränkt sein. Bei der Gründung öffentlich-privater Unternehmen sind die Vorschriften des jeweiligen öffentlichen Wirtschaftsrechts zu beachten. Bei rechtlich selbstständigen Organisationsformen lässt etwa das Kommunalrecht in der Bundesrepublik Deutschland nur solche Formen zu, bei denen die Haftung auf einen bestimmten Betrag begrenzt ist. Gemeinden können deshalb nicht Gesellschafter einer OHG oder GbR sein oder persönlich haftender Gesellschafter einer KG, können sich aber an einer GmbH oder als Kommanditist an einer KG beteiligen. Dagegen scheiden AG's aufgrund der selbstständigen Stellung des Vorstandes und der Pflicht der Aufsichtsratmitglieder, nur die Belange bei ihren Entscheidungen zu berücksichtigen, regelmäßig aus. Dient das gemischtwirtschaftliche Unternehmen der öffentlichen Aufgabenerfüllung, wie z.B. der Wohnungsbauförderung, so kann sich die Kommune durch den Wechsel der Rechtsform nicht ihrer Grundrechtsbindung entziehen.

5.1.2 Risiken und Probleme

Die beschriebenen Projektpartnerschaften unterliegen diversen Risiken. Störungen der Realisierung eines Gesamtprojektes können beispielsweise darauf beruhen, dass aus den unterschiedlichsten Gründen die Fertigstellung des Objekts verzögert wird, sich die Herstellungskosten erhöhen, oder sich die Erlöse aus dem Projekt als geringer als erwartet darstellen. Bei derartigen Projektstörungen, die den wirtschaftlichen Zahlungsfluss behindern und in Extremfällen zur Insolvenz der Projektgesellschaft führen können, stellt sich die Frage der Verantwortlichkeit der einzelnen Projektbeteiligten.

Projektstörungen werden regelmäßig sowohl im Rahmen der Vertragsverhältnisse mit Dritten und der Projektpartner untereinander relevant werden. Insbesondere bei Projektentwicklungspartnerschaften, die von mehr als zwei Partnern getragen werden, treten prozessuale Probleme auf, weil das Zivilprozessrecht auf den Zwei-Parteien-Prozess zugeschnitten ist. Zwar sind Parteienhäufung und Streitgenossenschaft denkbare zivilprozessuale Erscheinungsformen, jedoch sind bei drei oder mehr völlig selbstständigen Parteien mit divergierenden Interessen oftmals bei der dritten oder vierten Partei eigenständige Interessen vorhanden, die nicht der Kläger- oder Beklagtenseite zuordenbar sind.

Es ist deshalb verfahrensmäßig zweckmäßig, die wesentlichen Komplexe voneinander zu trennen und dann in Zweiparteien-Konstellationen die jeweiligen zwei Streitpartner untereinander diesen Komplex klären zu lassen. Zu vermeiden ist, dass drei oder mehr Partner wechselseitig nach Art des „jeder gegen jeden" Ansprüche geltend machen.

Der Frage der Risikoverteilung wird bei der Abfassung der einzelnen Verträge große Aufmerksamkeit zu schenken sein. Angesichts beschränkter Finanzressourcen der Projektpartnerschaft ist das Risiko der durch Projektänderungen oder Projektverzögerungen bedingten Überschreitungen der Kosten besonders gravierend. Angesichts der Vielzahl der denkbaren Planungs-, Bau- und Betriebskostenrisiken wird allerdings eine lückenlose vertragliche Regelung kaum denkbar sein. Vor diesem Hintergrund sollten die Projektpartner im Vorfeld prüfen, ob auch im Falle der Verwirklichung möglicher Risiken das Projekt wirtschaftlich robust genug ist, um beendet zu werden.

Im Hinblick auf die Risiken und die Möglichkeiten der Projektstörung besteht ein erhebliches Bedürfnis der Beteiligten nach schnellen und effizienten Mechanismen zur Streitbeilegung. Insofern ist zu beobachten, dass Schiedsgerichtsverfahren in verstärktem Maße vertraglich bevorzugt werden.

5.2 Projektentwicklungsverträge

Neben den Fragen gesellschaftsrechtlicher Kooperation der Projektpartner kann, unter Vermeidung einer Gesellschaftsgründung, ein Projektentwicklungsvertrag zwischen Auftraggeber und Projektentwickler geschlossen werden, **der regelmäßig werkvertraglichen Charakter haben wird**.

Gegenstand dieses Vertrags kann die Schaffung der Grundlagen für eine der stadtbildprägenden Lage des Grundstücks entsprechende, architektonisch anspruchsvolle und für künftige Nutzer attraktive Bebauung mit Büro-, Wohn- und Einzelhandelsflächen sein. Ziel des Projektentwicklungsvertrages ist es, die Zusammenarbeit der Beteiligten zur Erreichung der angestrebten Ziele zu regeln, ohne jedoch eine Gesellschaft bürgerlichen Rechts zu gründen.

Im Einzelnen ist eine Vielzahl von Vertragspflichten denkbar.

Der Projektentwicklungsvertrag verpflichtet den Projektentwickler oftmals zu Erwerb, Bebauung und Vermarktung, d.h. Veräußerung an einen oder mehrere Investoren, im Rahmen der Projektentwicklung. Vertraglich zu vereinbarende Aufgabe des Projektentwicklers ist zum einen die Bestandsaufnahme der für die Zielrichtung maßgeblichen Determinanten des Projektes, wie z.B. Mitpreisniveau und Konkurrenzsituation. Zum anderen obliegt ihm die Aufstellung und Realisierung einer Projektorganisation sowie die Erarbeitung und Vorlage einer baulichen Konzeption auf der Grundlage der ermittelten Determinanten und unter Berücksichtigung der stadtbildprägenden Lage des Grundstückes. Ferner hat gewöhnlich der Projektentwickler marktgängige Nutzungskonzeptionen für das Projekt zu erarbeiten und Marketingleistungen für das Projekt einschließlich der Akquisition von Investoren und der damit verbundenen PR-Tätigkeit zu erbringen.

Vereinbart werden kann auch, dass der Projektentwickler die Beschaffung der Finanzierungsmittel sicherstellt. Oftmals werden die Verpflichtungen des Projektentwicklers dadurch einer Kontrolle zugeführt, dass ihm die Pflicht auferlegt wird, regelmäßig Projektberichte zu erstellen.

Der Auftraggeber wird hingegen verpflichtet, das Grundstück in einem vertraglich zu fixierenden Zustand zur Verfügung zu stellen. Im Einzelnen ist vertraglich zu bestimmen, nicht zuletzt vor der Frage der Kostenverteilung, ob das Grundstück von Anlagen baulicher und sonstiger Art sowie von Altlasten, Boden- und Grundwasserverunreinigungen zu räumen ist. Sollte der Auftraggeber eine Kommune sein, kann die Durchführung sämtlicher bauplanungsrechtlicher und bauordnungsrechtlich erforderlicher Maßnahmen, die das Baurecht für die Verwirklichung des Projekts im Rahmen der gesetzlichen Möglichkeiten fordert, Gegenstand vertraglicher Vereinbarung werden.

5.2.1 Gestaltungsmöglichkeiten

Vereinbart werden kann, ob der Auftraggeber bei der Entscheidung über konkrete Nutzer und Investoren – mit oder ohne Vetorechtswirkung – zu beteiligen ist. Weiterhin wird dem Auftraggeber regelmäßig die Verpflichtung auferlegt werden können, den Projektentwickler bei der Lösung von Problemen zu unterstützen.

Zweckmäßigerweise wird das Erreichen des Projektzieles als Ende des Vertrages bestimmt werden. Im Übrigen sollte der Vertrag nur aus wichtigen Gründen kündbar sein. Dies insbesondere dann, wenn die für den Projektfortgang erforderlichen wesentlichen Entscheidungen der städtischen Körperschaft nicht oder in nicht zureichender Weise – sowohl inhaltlich als auch zeitlich – herbeigeführt werden, obwohl der Projektentwickler diese unter angemessener Fristsetzung schriftlich angemahnt hat. Der Projektentwickler sollte sich eine Kündigung aus wichtigem Grund für den Fall einräumen lassen, in dem planungsrechtliche Festlegungen des

Auftraggebers die Vermarktungsfähigkeit der vom Projektentwickler im Benehmen mit dem Auftraggeber entwickelten baulichen, an sich planungsrechtlich zulässigen Konzeption ausschließen oder nachhaltig beeinträchtigen. Zudem ist es im Interesse des Projektentwicklers dann ein Sonderkündigungsrecht zu haben, wenn der Auftraggeber den vom Projektentwickler vorgeschlagenen Investor nicht zum Zuge kommen lässt.

Für den Fall der Vertragskündigung sind die Erstattungs- und Honoraransprüche des Projektentwicklers zweckmäßigerweise schon vorab zu bestimmen. Praktikabel ist hier eine Lösung, die eine pauschale Monatsvergütung neben einem Selbstkostenerstattungsanspruch und einem Anspruch auf Aufwendungsersatz für bei Dritten in Auftrag gegebener Planungen vorsieht. Ferner sollten Ansprüche auf Schadensersatz wegen schuldhafter Vertragsverletzungen unberührt bleiben.

5.2.2 Tatsächliche und rechtliche Auswirkungen

Für den Projektentwicklungsvertrag gilt Werkvertragsrecht. Seit dem 01. Januar 2018 soll das Gesetz zur Reform des Bauvertragsrechts und zur Änderung der kaufrechtlichen Mängelhaftung für mehr Verbraucherschutz und Haftungsgerechtigkeit bei Bauvorhaben sorgen. Die Auswirkungen der Gesetzesänderung werden auch im Projektentwicklungsvertrag zu berücksichtigen sein, da sie gerade in der Erstellungsphase einige Änderungen enthält.

Unverändert ist, dass bei fehlerhafter Leistungserbringung seitens des Projektentwicklers der Auftraggeber, zumindest hinsichtlich der nach der Abnahme festgestellten Mängel, Mangelbeseitigung (Nacherfüllung), wozu auch die Herstellung eines neuen Werkes zählt (§§ 634, 635 BGB), nach erfolgloser Nacherfüllung die Mängelbeseitigung selber vornehmen und die Kosten hierfür ersetzt verlangen (§ 637 BGB), Rücktritt oder Minderung (§§ 636, 638 BGB) verlangen, bzw. wenn der Projektunternehmer den Mangel zu vertreten hat, auch Schadensersatz (§ 636 BGB) oder Ersatz vergeblicher Aufwendungen verlangen kann. Die Ansprüche verjähren bei Bauwerken in fünf Jahren nach Abnahme, § 634 a Abs. 1 Nr. 2.

Zumeist verpflichten sich die Vertragsparteien zu einer vertrauensvollen, wechselseitig offenen Zusammenarbeit. Dabei hat der Projektentwickler die ihm obliegenden Entscheidungen zügig zu treffen und die Projektentwicklung auch in Bereichen außerhalb seiner eigenen Vertragspflichten nachhaltig zu fördern. Der Auftraggeber wird hingegen die Vorschläge des Projektentwicklers zur Projektoptimierung bei rechtlicher Zulässigkeit unterstützen.

6. Besonderheiten beim Grundstückskauf von und bei der Zusammenarbeit mit Kommunen

Aufgrund der Deregulierungen der letzten Jahre bedürfen nur noch in wenigen Bundesländern Verfügungen über den kommunalen Grundbesitz aufsichtsbehördlicher Genehmigungen. Hingegen bedarf die Belastung kommunaler Grundstücke mit Grundpfandrechten, so weit nicht im Verordnungswege Freistellungen erfolgt sind, nach wie vor eines Dispenses der Aufsichtsbehörde, wenn damit fremde Verbindlichkeiten gesichert werden. Ist der Urkundeninhalt insoweit nicht ergiebig oder lässt er Fragen offen, werden die Grundbuchämter bei der Prüfung der Verfügungsbeschränkung wegen des Sicherungszwecks ein Negativattest der Aufsichtsbehörde verlangen. Fehlt die Genehmigung oder wird sie versagt, ist das genehmigungsbedürftige Rechtsgeschäft unwirksam bzw. nichtig. Zweck der Genehmigungsvorbehalte ist, das Vermögen der Kommunen zu schützen, indem ihnen das weiter benötigte Grundeigentum in der Substanz zur weiteren Nutzung zu erhalten bleibt.

6.1 Besonderheiten öffentlich-rechtlicher Verträge

Die Verwaltungsverfahrensgesetze (VwVfG) des Bundes und der Länder regeln mit Blick auf die Betätigung der öffentlichen Hand, dass Behörden bei der Ausübung öffentlich-rechtlicher Verwaltungstätigkeit ein öffentlich-rechtliches Rechtsverhältnis durch Vertrag begründen, ändern oder aufheben können, soweit Rechtsvorschriften dem nicht entgegenstehen. Die Behörde kann also einen öffentlich-rechtlichen Vertrag auch mit demjenigen schließen, an den sie sonst einen Verwaltungsakt (VA) richten würde. Im Staat-Bürger-Verhältnis ist diese Regelung sowohl in rechtlicher, als auch in praktischer Hinsicht von erheblicher Bedeutung und zugleich Ausdruck rechtsstaatlichen und bürgerfreundlichen Verwaltungshandelns. Ein öffentlich-rechtlicher Vertrag kommt wegen der notwendigen Willensübereinstimmung nur einvernehmlich zustande und wird – abgesehen von Anfechtungs-, Rücktritts- und Kündigungsrechten – grundsätzlich auch nur einvernehmlich wieder beseitigt. Verträge mit der öffentlichen Hand können dem Bürger eine Mitwirkungsbefugnis in den Grenzen der gesetzlichen Zulässigkeit bei der Ausübung öffentlicher Gewalt einräumen.

Durch die Kooperation zwischen den Kommunen und Projektentwicklern kann die Bereitstellung, Erschließung und Bebaubarkeit von Grundstücken beschleunigt und verbessert werden. Zudem kann durch eine vertragliche Regelung den Besonderheiten des Einzelfalls flexibler Rechnung getragen werden. Jedoch zwingt der Grundsatz der Gesetzmäßigkeit der Verwaltung die Kommunen dazu, die gesetzlichen Spielräume auf der Tatbestands- oder Rechtsfolgenseite einzuhalten. Dem Vertrag zuwiderlaufende Rechtsvorschriften sind zu beachten. Hierunter fallen nicht nur die Rechtsprinzipien des Verfassungsrechts, etwa die Grundsätze des Vorrangs und des Vorbehalts des Gesetzes sowie die Verhältnismäßigkeit, sondern auch einfachgesetzliche Regelungen in Gesetzen und Rechtsverordnungen. Ob und inwieweit Rechtsvorschriften einem öffentlich-rechtlichen Vertrag entgegenstehen, hängt von der Ausgestaltung des jeweils einschlägigen Rechts ab und bedarf einer Prüfung im konkreten Einzelfall.

Eine weitere Zulässigkeitsgrenze öffentlich-rechtlicher Verträge besteht darin, dass eine auf Abschluss eines solchen Vertrags gerichtete Behördentätigkeit eine einzelfallbezogene Tätigkeit erfordert. Es muss sich um eine konkrete Entscheidung in einem konkreten Fall zwischen konkreten Vertragspartnern handeln.

Der öffentlich-rechtliche Vertrag kommt durch ein stets schriftliches, von einem entsprechenden Erklärungsbewusstsein getragenes Angebot und durch eine entsprechende Annahmeerklärung zustande. Insoweit finden zivilrechtliche Vorschriften entsprechend Anwendung. Der

Gegenstand des Vertrages und die vereinbarten Regelungen müssen bestimmt oder jedenfalls genügend bestimmbar sein. Inhalt, Umfang und Zweck der beider- oder einseitigen Leistungen müssen eindeutig und zweifelsfrei sowie grundsätzlich allein aus dem Wortlaut der Urkunden ersichtlich sein.

Ob ein Vertrag auf dem Gebiet des öffentlichen Rechts vorliegt, kann im Einzelfall – wie etwa im Bauplanungsrecht – schwierig feststellbar sein, da öffentlich-rechtliche und zivilrechtliche Elemente zusammenfließen können, so dass eine strikte Trennung nicht möglich ist. Ein Vertrag kann bei isolierter Betrachtung der dort jeweils vereinbarten einzelnen Rechte und Pflichten vielmehr sowohl öffentlich-rechtlich als auch privatrechtliche Elemente enthalten. Bei einem solchen gemischten Vertrag kommt es der h.M. zufolge darauf an, ob die Vertragsabmachungen mit ihrem Schwerpunkt öffentlich-rechtlich oder privatrechtlich ausgestaltet sind. Der Vertrag ist dann jedenfalls für die sich gegenüberstehenden, maßgeblichen Leistungen und Gegenleistungen insgesamt dem einen oder anderen Bereich zuzuordnen. Als öffentlich-rechtliche Verträge gelten beispielsweise Garagen- und Stellplatzersatzverträge, Baudispensverträge, Erschließungsverträge, Ablösungsverträge über Erschließungsbeiträge, Folgelastenverträge bei Ausweisung neuer Baugebiete, Flächennutzungsplanverpflichtungsverträge und freiwillige Baulandumlegungen zwischen Gemeinde und Grundstückseigentümern zur Erschließung und Bebauung eines Gebiets. Hingegen sind beispielsweise die Vereinbarung einer Gemeinde mit Privatpersonen über die Verlegung eines Gemeindekanals, der Bauwichvertrag im Kaufvertrag von zwei Nachbarn, der Vertrag über Leitungsverlegungen in öffentlichen Straßen zwischen Grundstückseigentümer und Gemeinde sowie der Vertrag zwischen Gemeinde und Bahngesellschaft über kostenlose Wasserlieferung, zivilrechtliche Verträge.

In der Praxis haben sich in einzelnen Teilrechtsgebieten bestimmte verwaltungsrechtliche Verträge herausgebildet, weil sich herausgestellt hat, dass konsensuales Verwaltungshandeln zu Problemlösungen durchweg besser geeignet ist, als vornehmlich einseitige Entscheidungen. Im Rahmen der Vertragsverhandlungen kommt der Gemeinde als Trägerin der Planungshoheit zwar regelmäßig ein Übergewicht zu, jedoch sind auch Fälle denkbar, insbesondere bei Industrieansiedlungen in kleineren Gemeinden, in denen ein kapitalkräftiger Investor die Vertragsbedingungen diktiert.

Der Planungshandel, bei dem eine nicht näher bezifferte Zahlung in die Gemeindekasse oder die unentgeltliche Übereignung von Grundstücken von dem Umfang des geschaffenen Baurechts abhängig gemacht wird, ist zwar unzulässig, wird jedoch real praktiziert.

Neben dem Schriftformerfordernis für mit den Kommunen abgeschlossene Verträge ist zur Rechtswirksamkeit eine notarielle Beurkundung erforderlich, wenn sich in ihm ein Vertragsteil verpflichtet, das Eigentum an einem Grundstück oder Grundstücksteil zu übertragen oder zu erwerben. Ein ohne Beachtung dieser Form geschlossener Vertrag ist nichtig. Er wird allerdings seinem ganzen Inhalt nach gültig, wenn die Auflassung und die Eintragung in das Grundbuch erfolgen. Entsprechendes gilt für Wohnungs- und Teileigentum und für Erbbaurechte. So ist beispielsweise die Verpflichtung in einer schriftlichen Urkunde, bestimmte Grundstücksflächen, insbesondere Straßengrundstücke, an die Gemeinde abzutreten wegen Formmangels nichtig. Eine Heilung dieses Mangels tritt erst mit Auflassung und Eintragung im Grundbuch ein. Insoweit ist auch zu beachten, dass ein aus mehreren selbstständigen Vereinbarungen bestehender, zusammengesetzter Vertrag insgesamt beurkundungspflichtig ist.

Besonderheit öffentlich-rechtlicher Verträge zwischen einer Privatperson und einer Gemeinde ist, dass sich jeder der Vertragsschließenden der sofortigen Zwangsvollstreckung unterwerfen kann (§ 61 VwVfG). Auch für die Unterwerfungserklärung ist das Schriftformerfordernis einzuhalten. Gibt die Behörde die Unterwerfungserklärung ab, so muss sie von dem Behördenleiter, seinem allgemeinen Vertreter oder einem Angehörigen des öffentlichen Dienstes, der die Befähigung zum Richteramt hat, vertreten werden, um wirksam zu sein. Die Unterwerfung unter die sofortige Zwangsvollstreckung der Behörde ist auch nur dann wirksam, wenn sie von der fachlich zuständigen Aufsichtsbehörde der vertragsschließenden Behörde genehmigt worden ist. Zweck dieser Regelung ist es, die Behörde und ihren Vertragspartner zu schützen. Deshalb werden nach herrschender Meinung die vorstehenden Einschränkungen auch für die

Entgegennahme der Unterwerfungserklärung angewandt. Ist ohnehin eine notarielle Beurkundung erforderlich, so bietet es sich an, eine Zwangsvollstreckungsunterwerfung in die Urkunde aufzunehmen.

6.2 Vertragliche Vereinbarungen über die Erschließungskosten

6.2.1 Gestaltung des Erschließungsvertrages

Die Kommune kann die Erschließung durch Vertrag auf einen Dritten übertragen (§ 124 Abs. 1 BauGB). Bei einem echten Erschließungsvertrag führt der Unternehmer die Erschließung auf eigene Kosten und eigene Rechnung durch, ohne dass eine spätere Abrechnung gegenüber der Kommune stattfindet. Demgegenüber übernimmt beim unechten Erschließungsvertrag der Unternehmer die Herstellung der Erschließungsanlagen, wobei er die anfallenden Kosten jedoch nur vorübergehend trägt und diese zu einem späteren Zeitpunkt von der Kommune erstattet erhält.

Gegenstand eines Erschließungsvertrags können beitragsfähige sowie nichtbeitragsfähige Erschließungsanlagen in einem bestimmten Erschließungsgebiet sein. Der Erschließungsvertrag muss deshalb das Erschließungsgebiet genau regelnd festsetzen. Zudem sollte die Herstellungsverpflichtung des Erschließungsunternehmers bezüglich der zu errichtenden Erschließungsanlagen und deren Durchführung möglichst konkret geschrieben werden. Die vertraglich vereinbarten Leistungspflichten müssen den gesamten Umständen nach angemessen sein und in sachlichem Zusammenhang mit der Erschließung stehen. Unwirksam sind deshalb „Luxuserschließungen", also Erschließungen die über das hinausgehen, was die Bebauung und der Verkehr im Erschließungsgebiet erfordern. Dabei kann sich das Erschließungsunternehmen auch zur Tragung des gemeindlichen Eigenanteils verpflichten.

Mit Fremdanliegern, also Eigentümern von Grundstücken die durch die im Erschließungsvertrag vereinbarten Maßnahmen einen Vorteil erlangen, kann der Erschließende privatrechtliche Erstattungsvereinbarung treffen. Unterlässt er dies, so hat er gegen diese Fremdanlieger keinen zivilrechtlichen Kostenerstattungsanspruch.

Vertraglich zu regeln sind ferner die Auswirkungen von Änderungen des Planungsentwurfs auf die Herstellungspflicht des Erschließenden, die Erstellung der Grundstücksanschlüsse sowie das Recht der Gemeinde zur Ersatzvornahme.

6.2.2 Gestaltung der Ablösungsvereinbarungen

Die Gemeinde ist grundsätzlich zur Erhebung von Erschließungsbeiträgen und landesrechtlichen Kommunalabgaben mittels Beitragsbescheides verpflichtet. Nähere Regelungen treffen die jeweiligen gemeindlichen Erschließungsbeitragssatzungen. Vereinbarungen über Beiträge sind nur mit Ablösungsvertrag oder nach Maßgabe der gesetzlichen Billigkeitsregelungen zulässig.

Nach § 133 Abs. 3 Satz 5 Baugesetzbuch kann die Gemeinde Erschließungsbeiträge durch öffentlich-rechtlichen Vertrag mit dem Grundstückseigentümer ablösen. Die Ablösung hinsichtlich der Erschließungsbeiträge nach dem Baugesetzbuch ist nur für eine bestimmte, beitragspflichtige Erschließungsanlage möglich, für die die sachliche Beitragspflicht noch nicht entstanden ist.

Nach dem Gesetzeswortlaut kann nur der Erschließungsbeitrag im ganzen abgelöst werden. Die Ablösung hat zur Folge, dass die Beitragspflicht nicht mehr entsteht, was auch dann gilt, wenn sich die Eigentumsverhältnisse nach Abschluss des Ablösungsvertrages ändern.

Eine Ablösung ist auch durch Landabtretung und andere Sachleistung möglich. Bei der Ablösung beim Verkauf gemeindeeigener Grundstücke ist zu beachten, dass die Vereinbarung einer verdeckten Ablösung, d.h. eines Gesamtkaufpreises inkl. der Erschließung, nichtig ist[1].

---

[1] BVerwG NJW 1990, 1679.

Zur Einhaltung der Grundsätze der Abgabengerechtigkeit und -gleichheit ist die Offenlegung des Ablösebetrages, damit der Erwerber nachprüfen kann, ob der Ablösebetrag in inhaltlicher Übereinstimmung mit den Ablösebestimmungen ermittelt worden ist, notwendig. Beim Verkauf von gemeindeeigenen Grundstücken ist es so, dass die sachliche Erschließungsbeitragspflicht erst mit Übergang des Eigentums auf den Erwerber oder der Bestellung eines Erbbaurechtes eintritt. Ausreichend kann es hingegen sein, wenn der Ablösungsbetrag zwar nicht im Vertrag genannt wird, jedoch die Kommune dem Grundstückserwerber den Ablösungsbetrag vor Abschluss des Vertrages mitgeteilt hat.

6.2.3 Gestaltung von Vorauszahlungsvereinbarungen

Bei Veräußerung von gemeindeeigenen Grundstücken wird häufig vereinbart, dass der Erwerber Vorauszahlungen auf die Erschließungsbeiträge sowohl im Bereich des Erschließungsbeitragsrechts nach dem Baugesetzbuch, als auch für die Kommunalabgabengesetzbeiträge leistet. Zudem sind Sachleistungen, wie beispielsweise die Übereignung von Grundstücksteilen, zulässig. Ferner bedarf es für die vertraglich vereinbarte Vorauszahlung keiner Erschließungsbeitragssatzung. Allerdings muss die endgültige Abrechnung auf der Grundlage der gesetzlichen Vorschriften durch Erlass von Beitragsbescheiden erfolgen.

Die Verrechnung der Vorausleistungen, die auf einer vertraglichen Vorauszahlungsvereinbarung beruhen, mit der endgültigen Beitragsschuld kann vereinbart werden. Denn während die bescheidmäßig erhobenen Beiträge überwiegend mit der endgültigen Beitragsschuld – auch wenn der Vorausleistende nicht mehr beitragspflichtig ist – zu verrechnen sind, erfolgt bei vertraglich vereinbarten Vorauszahlungen keine automatische Verrechnung mit den endgültigen Beitragsforderungen. Es bietet sich deshalb an, zu vereinbaren, dass die Vorausleistung auch als zu Gunsten eines evtl. Rechtsnachfolgers erbracht anzusehen ist.

6.3 Durchführungsverträge zum Vorhaben- und Erschließungsplan

Der vorhabenbezogene Bebauungsplan (§ 12 BauGB) ist im Gegensatz zum einfachen oder „qualifizierten“ Bebauungsplan von Beginn an auf Verwirklichung angelegt. Es handelt sich also um eine Kombination verschiedener Verträge, nämlich des mit der Gemeinde abgestimmten Vorhaben- und Erschließungsplans des Investors, der gemeindlichen Satzung und des zwischen Vorhabenträger und Gemeinde zu schließenden Durchführungsvertrags. Mit diesem – dem öffentlichen Recht zuzuordnenden – Vertragstyp soll die beschleunigte Investition der privaten Wirtschaft gefördert werden. Öffentlich-rechtliche und zivilrechtliche Elemente sind in den Durchführungsverträgen zum Vorhaben- und Erschließungsplan miteinander verknüpft und stehen in einer gegenseitigen Wechselwirkung.

Regelmäßig vollzieht sich das Verfahren derart, dass in einer Vorbereitungsphase der Investor für ein bestimmtes Projekt einschließlich der Erschließung der Kommune einen Plan vorlegt. Dieser Plan muss sich auf städtebauliche Angelegenheiten beschränken, jedoch nicht zwangsläufig mit der Baunutzungsverordnung in Einklang stehen. Oftmals endet das Verfahren mit dem Antrag des Investors an die Kommune, für den von ihm vorgelegten, mit der Gemeinde abgestimmten Vorhaben- und Erschließungsplan, das Planaufstellungsverfahren einzuleiten. Ein Anspruch auf eine Bauleitplanung besteht jedoch auch in diesem Verfahren nicht. Der Bebauungsplan wird – anders als der Durchführungsvertrag – Inhalt der Satzung. Im Gegensatz zum „üblichen“ Bebauungsplanverfahren kommen jedoch viele Instrumente des BauGB nicht zur Anwendung, wie z.B. die Teilungsgenehmigung, das Vorkaufsrecht, die amtliche Umlegung oder das Erschließungsbeitragsrecht. Im Ergebnis steht jedoch der vorhabenbezogene Bebauungsplan hinsichtlich seiner Rechtsfolgen einem einfachen oder „qualifizierten“ Bebauungsplan gleich.

6.3.1 Gestaltungsmöglichkeiten

Der Durchführungsvertrag zum Vorhaben- und Erschließungsplan ist ein Spezialfall zum städtebaulichen Vertrag. Er verbindet den Vorhaben- und Erschließungsplan des Investors mit dem Bebauunsplan der Gemeinde. Sofern Erschließungsflächen an die Kommune veräußert werden, ist seine notarielle Beurkundung erforderlich.

Der Durchführungsvertrag muss vor dem Beschluss der Gemeinde über den vorhabenbezogenen Bebauungsplan geschlossen werden, wobei es möglich ist, seine Wirksamkeit an das Inkrafttreten des vorhabenbezogenen Bebauungsplans zu knüpfen.

Investor kann jede natürliche oder juristische Person sein, also auch eine GbR oder eine Körperschaft öffentlichen Rechts. Die Gemeinde selbst kann nicht Vorhabenträger sein, wobei eine juristische Person des Privatrechts, also insbes. eine städtische Wohnungsbaugesellschaft, die ganz oder überwiegend im Eigentum der Gemeinde steht, wiederum nach h.M. Vorhabenträger sein kann.

Ein Wechsel des Investors ist nur nach Zustimmung der Kommune möglich. Allerdings darf die Kommune die Zustimmung nur dann verweigern, wenn Tatsachen die Annahme rechtfertigen, dass die fristgemäße Durchführung des Vorhaben- und Erschließungsplans gefährdet ist (§ 12 Abs. 5 Satz 2 BauGB). Hingegen hat die Kommune nicht das Recht, die bereits erlassene Satzung anlässlich des Wechsels des Vorhabenträgers wieder aufzuheben.

Das zu realisierende Vorhaben sollte nach Art und Maß der baulichen Nutzung, der überbaubaren Grundstücksflächen und der Außengestaltung im Durchführungsvertrag möglichst exakt beschrieben werden. Im Rahmen der Vertragsdurchführungspflicht sollten die Fristen zur Abgabe des Bauantrags, des Baubeginns und der Fertigstellung vertraglich fixiert werden. Im Interesse der Kommune liegt es grundsätzlich, die Durchführung derjenigen Maßnahmen vertraglich sicherzustellen, an denen der Investor kein eigenes wirtschaftliches Interesse hat und die Finanzausstattung des Investors durch Kreditzusagen oder Bankbürgschaften zu gewährleisten.

Vertragsbestandteil ist weiterhin die Verpflichtung des Investors zur Erbringung der Erschließungsleistungen, so wie sie durch von der Gemeinde genehmigte Ausbaupläne konkretisiert werden. Diese Verpflichtung wird regelmäßig durch eine Vertragserfüllungsbürgschaft gesichert.

Zu regeln ist ferner die Verteilung der Planungs- und Erschließungskosten. Gesetzlich zulässig ist, dass der Investor entweder nur einen Teil, oder aber die gesamten Kosten trägt. Das Risiko des Ausbleibens einer beiderseits zugrunde gelegten Planverwirklichung kann der Kommune auferlegt werden, die in diesem Fall die Planungskosten zu ersetzen hat.

Letztlich ist es denkbar, das gesamte Spektrum des städtebaulichen Vertrages zu regeln. Denkbar sind daher Einheimischenbindungen, Verpflichtungen im Rahmen des sozialen Wohnungsbaus und Regelungen zu Arbeitsplatzsicherungen. Zudem sollte eine Verpflichtung zur Vertragsanpassung aufgenommen werden, da sich regelmäßig Modifizierungen des ursprünglichen Vorhabenplans im Laufe der Vorhabenrealisierung ergeben werden.

6.3.2 Tatsächliche und rechtliche Auswirkungen

Kommt es zu Leistungsstörungen, so berühren diese nur den Durchführungsvertrag, nicht jedoch den Bebauungsplan selbst. Den Vertragsparteien stehen die üblichen vertragsrechtlichen Möglichkeiten offen und der Gemeinde zusätzlich die Möglichkeit, die Satzung aufzuheben, wenn der Vorhaben- und Erschließungsplan nicht innerhalb der vereinbarten Frist durchgeführt wird (§ 12 Abs. 6 BauGB). Erfolgt die Satzungsaufhebung, so fällt auch automatisch die Geschäftsgrundlage für den Durchführungsvertrag weg. Die Gemeinde hat ein Wahlrecht, ob sie ihre Ansprüche aus dem Durchführungsvertrag geltend macht oder den Bebauungsplan aufhebt.

Aus der Aufhebung des vorhabenbezogenen Bebauungsplans können dem Investor keine Entschädigungsansprüche gegen die Gemeinde erwachsen. Dieser Anspruchsausschluss findet jedoch keine Anwendung auf die Flächen außerhalb des Vorhaben- und Erschließungsplangebietes.

6.4 Gewährverträge

Die Kommunen haben die Möglichkeit, die Förderung ihrer individuellen Ziele auf verschiedensten Wegen zu sichern.

Zunächst können öffentlich-rechtliche Verträge zur Sicherung städtebaulicher Ziele dienen. Dies bedeutet im Einzelfall, dass Bau- und Nutzungspflichten vereinbart werden können. Regelmäßig wird dies bei der Veräußerung gemeindeeigener Grundstücke der Fall sein. Die Baupflichten enthalten dabei zumeist eine Fristvereinbarung, in der ein Bauwerk entsprechend den Festsetzungen des Bebauungsplans und unter Beachtung der sonstigen baurechtlichen Vorschriften bezugsfertig zu errichten ist. Zulässig ist auch die Vereinbarung bestimmter Nutzungszwecke, wie z.B. als Wohnraum, für den Fremdenverkehr oder die Vermietung an bestimmte Personenkreise. Maßstab für derartige Nutzungsbindungen dürfte die Geltungsdauer eines Bebauungsplanes, nach Ansicht des OLG München[2] 20 Jahre, sein.

Die vertragliche Sicherung derartiger Nutzungsbindungen erfolgt beim Verkauf gemeindeeigener Grundstücke in der Regel durch ein Wieder- oder Rückkaufsrecht, wobei der Rückübertragungsanspruch der Gemeinde mittels einer Auflassungsvormerkung im Grundbuch abgesichert wird.

Nutzungs- oder Baupflichten werden oftmals auch über Kaufpreiserhöhungsklauseln gesichert, die bei einem Verstoß gegen die eingegangenen Bau- und Nutzungspflichten als Kaufpreisaufzahlung die Differenz zwischen dem von der Gemeinde geforderten Kaufpreis und dem auf dem freien Baulandmarkt üblichen Kaufpreis umfassen.

Gängige Sicherungen von bestimmten Grundstücksnutzungen sind aber auch Fremdenverkehrsdienstbarkeiten, die die Nutzung bestimmter Gebäude für den Fremdenverkehr festschreiben, oder auch die Verpflichtung zur Errichtung eines Seniorenwohnheimes.

Problematisch sind hingegen Verpflichtungen zu Betriebsansiedlungen im Rahmen kommunaler Wirtschaftsförderungsmaßnahmen. Diese unterliegen der Beihilfenkontrolle der Europäischen Kommission nach dem EG-Vertrag. Kommt es zur Feststellung einer Unvereinbarkeit einer Beihilfe mit dem EG-Vertrag, so ist der gesamte öffentlich-rechtliche Vertrag gemäß § 134 BGB nichtig. Der EuGH hält das Vertrauen auf den Bestand einer gemeinschaftsrechtswidrigen Bewilligung von Förderungsgeldern nicht für schutzwürdig und verneint zudem die Zulässigkeit eines Entreicherungseinwandes wegen Bösgläubigkeit.

Relativ neu sind Vereinbarungen umweltrechtlichen Charakters. Das Bundesverwaltungsgericht hat die Zulässigkeit eines öffentlich-rechtlichen Vertrags über Immissionsschutzmaßnahmen und seine Kopplung mit Wirtschaftsförderungsprojekten ausdrücklich bejaht. Allerdings bestehen insoweit Grenzen, als beispielsweise die Ansprüche der Nachbarn eines Gewerbebetriebes im Rahmen bauleitplanerischer Konfliktbewältigung zu berücksichtigen sind. Weder förmliche, öffentlich-rechtliche Verträge noch Absprachen unterhalb der Vertragsebene dürfen also gegen Rechtsverbote, also insbesondere Rechte Dritter verstoßen.

Auch Verpflichtungen, bestimmte Energiearten von einer explizit benannten Energieversorgungsanlage zu beziehen, können nicht zulässigerweise vereinbart werden. Hingegen sind die Kommunen aufgrund des § 1a Baugesetzbuch dazu verpflichtet, Ausgleichs- und Ersatzmaßnahmen für Eingriffe in Natur und Landschaft zu ergreifen. Eine Vereinbarung, die eine Verpflichtung zur Durchführung von Kompensationsmaßnahmen beinhaltet, ist zulässig. Üblich und zulässig ist es, dass der Investor die Kosten für die Ausgleichs- und Ersatzmaßnahmen einschließlich einer Anwuchsphase von ca. 3 Jahren samt Ersatzbepflanzung übernimmt.

6.4.1 Sicherung der Einheimischenrechte

Insbesondere in Ballungsgebieten, aber auch in Fremdenverkehrsbereichen besteht oftmals das Problem, dass Wohnraum für die ortsansässige Bevölkerung zu angemessenen Bedingungen nur schwer beschaffbar ist. Da die Wohnraumversorgung der ortsansässigen Bevölkerung

[2] OLG München, NJW 1998, 1962.

nicht durch Festsetzungen in Bebauungsplänen lenkbar ist, wurden frühzeitig zivilrechtliche Gestaltungen gesucht, bei denen der Erwerber vor Einleitung des Bauleitplanverfahrens entweder gegenüber der Gemeinde ein Angebot abgibt oder ihr ein Ankaufsrecht einräumt, von dem jeweils nur beim Verkauf an einen Nichteinheimischen Gebrauch gemacht werden darf. Die Bindungsfrist derartiger Vertragsmodelle darf 20 Jahre nicht überschreiten und kann auch durch Erbbaurechtsmodelle nicht umgangen werden. Oftmals liegt der Kaufpreis bei derartigen Modellen unter demjenigen, den auswärtige Grundstückserwerber zu entrichten hätten. Zu Zwecken der Streitvermeidung ist es zweckmäßig, den Begriff des Einheimischen genau zu definieren. Derartige Vertragskonstruktionen dürfen keinen vollständigen Ausschluss Ortsfremder von der Ansiedlung bewirken, was jedenfalls dann nicht der Fall ist, wenn Ortsfremden Bauplätze im privaten Grundstücksverkehr zur Verfügung stehen. Zu beachten ist auch, dass Höchstpreisklauseln zulässig sind, sofern der von der Gemeinde zu entrichtende Kaufpreis dem Sondermarktniveau für Grundstücksgeschäfte zwischen Einheimischen folgt.

6.4.2 Verpflichtung zum Sozialwohnungsbau

Die Kommunen haben zudem die Möglichkeit, vertraglich die Verpflichtung zum Sozialwohnungsbau zu vereinbaren, wobei zwei Rechtskonstruktionen denkbar sind. Soweit die Verpflichtung, Wohnungen mit den Mitteln des sozialen Wohnungsbaus zu errichten, nach dem Wohnungsbindungsgesetz besteht, muss nur die Verpflichtung zur Beantragung und Verwendung der Förderungsmittel vertraglich geregelt werden. Meist geschieht dies derart, dass der Bauherr bis zu einem bestimmten Zeitpunkt die entsprechenden Mittel zu beantragen und bei deren Gewährung diese sodann in Anspruch zu nehmen hat. Im Übrigen gelten die Vorschriften des Wohnungsbindungsrechts, insbesondere die dem Investor im Bewilligungsbescheid auferlegten Pflichten. Hiervon abweichende Vereinbarungen dürften nicht zulässig sein.

Daneben versuchen Kommunen, Sozialwohnungen auch im Rahmen freifinanzierter Vorhaben zu realisieren. Dabei verpflichtet sich der Investor der Gemeinde gegenüber, Wohnungen in den Größen des II. Wohnungsbaugesetzes zu errichten und nur an Personen zu veräußern oder zu vermieten, die die Voraussetzungen des sozialen Wohnungsbaus erfüllen. Die im ersten Fall vom Gesetz detailliert geregelten Bindungen müssen bei freifinanzierten Vorhaben vertraglich detailliert geregelt werden, um insbesondere die Belegungsbindung sicherzustellen. Anders als bei den mit Mitteln des sozialen Wohnungsbaus geförderten Wohnungen können aber auch höhere Einkommensgrenzen oder weitere Kriterien, wie z.B. Zugehörigkeit zu einer bestimmten Bevölkerungsgruppe, vereinbart werden. Möchte die Kommune hingegen Einfluss auf die Auswahl des späteren Mieters haben, muss sie sich dieses Recht vertraglich ausbedingen und als Dienstbarkeit im Grundbuch eintragen lassen. Dabei dürfen die Bindungen aber wohl nicht strenger sein, als im öffentlich geförderten sozialen Wohnungsbau, weshalb auch mindestens ein Vorschlag von drei Mietern gemacht werden muss und die Mietpreisbindung jedenfalls nicht unterhalb der im sozialen Wohnungsbau zulässigen Kostenmiete liegen darf.

Oftmals werden Vertragsstrafenvereinbarungen getroffen, da auch bei einem grundbuchmäßig gesicherten Wohnungsbesetzungsrecht ein entgegenstehender Mietvertrag wirksam bleibt. Denn anders als beim öffentlich geförderten, preisgebundenen Wohnungsbau stellen Verstöße gegen die Belegungsverpflichtungen keine Ordnungswidrigkeiten dar. Die Ablösung einer freiwillig eingegangenen Bindung zur Errichtung von Sozialwohnungen durch Zahlung eines Geldbetrages ist nach überwiegender Ansicht, da es sich um Wohnungsbauabgaben ohne gesetzliche Grundlage handeln würde, unzulässig.

6.5 Kostenübernahmevereinbarungen

Grundsätzlich muss die Gemeinde die Kosten ihrer kommunalen Planung selbst tragen. Jedoch kann ein Vertragspartner sich gegenüber der Gemeinde zur Übernahme der Kosten verpflichten, die sein Bauvorhaben verursacht. Gängiger Vertragstyp sind Folgekostenverträge, die die

Übernahme von Aufwendungen betreffen, die den Gemeinden als Folge neuer Ansiedlungen für Anlagen und Einrichtungen des Gemeindebedarfs entstehen und sich schon dadurch von Erschließungsverträgen unterscheiden. Derartige Verträge sind solange zulässig, wie kein Machtmissbrauch durch die öffentliche Hand vorliegt, die Ursächlichkeit zwischen Bauvorhaben und Folgelasten gewahrt bleibt und keine Unverhältnismäßigkeit zu bejahen ist. Von der Typologie her handelt es sich um einen öffentlich-rechtlichen Austauschvertrag. Beispiele für Folgelasten sind Schulen, Altenheime, Senioreneinrichtungen, Sportplätze und Kindergärten.

Nach vorherrschender Ansicht sind Folgekostenverträge nur bei einheitlich geplanten, großen Projekten zulässig, nicht jedoch bei kleineren Bauvorhaben, die nicht auf eine zusammenhängende gemeindliche Planung zurückzuführen sind und nicht zu einer grundlegenden Änderung der kommunalen Infrastruktur führen würden.

Gegenstand derartiger Verträge können Anlagen und Einrichtungen sein, die der Allgemeinheit dienen. Sie können außerhalb des Bau- oder Planungsgebiets der Gemeinde liegen. Entscheidend ist allein, dass nur Kosten für Maßnahmen übernommen werden dürfen, die Voraussetzungen oder Folge des geplanten Vorhabens sind.

Unzulässig sind allerdings Verträge, die eine Gemeinde unterschiedslos bei jeder Schaffung neuen Baurechts zur Voraussetzung macht und die letztlich auf eine unzulässige Zuzugs- oder Infrastrukturabgabe hinauslaufen. Allerdings kann die Gemeinde bei der Kostenschätzung von konkreten Erfahrungswerten ausgehen, wobei jedoch stets die genaue Zuordnung zu den vom konkreten Projekt ausgelösten Maßnahmen erforderlich ist.

7. Finanzierung von Immobilien-Projektentwicklungen

7.1 Rahmenbedingungen

Die Finanzierung von Immobilien-Projektentwicklungen gehört zu den spannendsten Themen in der Immobilienfinanzierung. Wer bietet diese komplexe Dienstleistung an und welche Aspekte sind zu beachten?

7.1.1 Projektentwicklung und Investment

Projektentwicklung (Development) wird von der Bestandshaltung (Investment) abgegrenzt. Während die Bestandshaltung auf fertiggestellte und vermietete Immobilien abzielt, beschäftigt sich die Projektentwicklung mit der Erstellung und der Vermarktung von Immobilien, wobei Vermarktung sowohl für Vermietung als auch den anschließenden Verkauf (Exit) der Immobilie steht. Während der Projektentwickler die Immobilie im Umlaufvermögen hält (Dividende entsteht durch Gewinnrealisierung beim Verkauf), ist die Immobilie beim Investor Teil des Anlagevermögens (Dividende entsteht aus dem Mietcashflow).

Weiterhin wird die Projektentwicklung im engeren Sinne von der klassischen Bauträgertätigkeit abgegrenzt. Während sich Bauträger ausschließlich mit der Erstellung von Wohngebäuden beschäftigen, die in der Regel an Privatkunden verkauft werden (Einfamilienhäuser, Doppelhäuser, Reihenhäuser, Eigentumswohnungen; Käufer sind Kapitalanleger oder Eigennutzer), beschäftigen sich Projektentwickler mit gewerblichen (Büro, Einzelhandel, Logistik, Hotel) oder gemischt genutzten Objekten (Wohnanteil), die in der Regel ein größeres Volumen sowie höhere Komplexität aufweisen und die an Investoren, Family Offices, Fonds und institutionelle Bestandshalter verkauft werden.

Im Vergleich zum Investment zeichnet sich die Projektentwicklung durch besondere Risiken aus, die in der reinen Bestandshaltung nicht in dem Maße bestehen: das Bauen und das Vermarkten (Vermietung und Verkauf). Die Projektentwicklung gilt somit in der Finanzierungspraxis als stärker risikobehaftetes Geschäft.

Vor diesem Hintergrund lassen sich plakativ zwei Einstellungen zur Finanzierung von Projektentwicklungen unterscheiden: Während es Banken gibt, die die Finanzierung von Projektentwicklungen unter Komplexitäts- und Risikogesichtspunkten grundsätzlich ausschließen („No Developments"), gibt es andere, die dieses Segment als Teil des normalen Geschäfts begreifen. Dazu gehören insbesondere spezialisierte Immobilienbanken, die die Projektentwicklung in der Kreditrisikostrategie mit einem besonderen Fokus behandeln.

7.1.2 Projektentwicklung als Teil der Wertschöpfungskette

Zunächst ist festzustellen, dass Projektentwicklung und Bestandshaltung sich hinsichtlich der Risikodimensionen „Bauen" und „Vermarkten" nicht grundsätzlich, sondern nur graduell unterscheiden. Da es sich bei Immobilien nicht um statische Aktiva handelt, sondern um Wirtschaftsgüter, die ständigem Wandel standhalten müssen und die insofern zu jeder Zeit eines aktiven Managements bedürfen, beinhaltet auch die Bestandshaltung Risikodimensionen, die sonst der Projektentwicklung zugeordnet werden. Auch langfristige Mietverträge (10 Jahre) laufen eines Tages aus und es entstehen Vermietungsrisiken, die häufig auch mit baulichen Anpassungen (z.B. Mieterausbauten, Anpassung an den technischen Fortschritt, Ökostandards) oder einer gänzlichen Repositionierung der Immobilie (z.B. Umbau Büro in Wohnen, Aufteilung) einhergehen. Das reine Abstellen auf die vermeintlich risikoarmen Objektzustände „fertiggestellt und vermietet" ist somit zu relativieren. Die Bank sollte analysieren, welche tatsächlichen Risikophasen es im Lebenszyklus von Immobilien in jedem Einzelfall geben mag und ihre Finanzierungsbereitschaft danach ausrichten. Dabei kann sich sogar ergeben, dass die Projektentwicklung in bestimmten Konstellationen (z.B. Baukostensicherheit, Vermietung und Exit gegeben) faktisch risikoärmer ist als eine Bestandshaltung, bei der die Anschlussvermietbarkeit schwierig erscheint.

Da Projektentwicklung wertschöpfend agieren sollte (Immobilie wird unter Verkehrswert hergestellt, typische Marge liegt bei 15–20%), ist bei Projektentwicklungen ein zusätzlicher Risikopuffer vorhanden, sodass bei gleichem Eigenkapitaleinsatz der Loan to value (LTV) bei der Projektentwicklung niedriger sein kann. Ein ausgereiztes Investment hingegen (z.B. teurer Ankauf einer Core-Immobilie) mag nur limitierte Chancen bieten, aus der Immobilie im weiteren Verlauf „etwas zu machen", sodass eine Bank zum Ergebnis kommt, die Projektentwicklung zu begleiten, nicht jedoch die anschließende Bestandshaltung, bzw. diese nur unter einer risikoadjustierten Struktur.

Schließlich ist nicht nur bei der Risikostruktur, sondern auch auf Seiten der Kundschaft die Abgrenzung vom Projektentwickler zum Bestandshalter fließend. Erfolgreiche Projektentwickler können selbst Bestandshalter sein (oft mit ihren interessantesten Objekten, die sie behalten) und große Bestandshalter können als Projektentwickler agieren, sei es nolens volens in der Revitalisierung oder auch, um das Know How zu verbreitern, besser zu nutzen oder das Risiko-/Ertragsprofil zu schärfen.

7.1.3 Strategien aus Banksicht

Banken/Fremdkapitalgeber, die sich auf professionelle Weise mit Immobilienfinanzierungsrisiken auseinandersetzen und regelmäßig investieren, sollten das Segment der Projektentwicklung aktiv besetzen, um Kompetenz und Kundenbindung darstellen zu können, einen tiefen Einblick in das ständig erforderliche Management von Immobilien zu erhalten und das eigene Kreditportfolio mit unterschiedlichen Aggregatzuständen zu diversifizieren. Die Begleitung von Projektentwicklungen hat ein anderes Risiko-/Rendite – Profil, als die klassische Langfristfinanzierung. Developments binden höhere Ressourcen in der Bank, zum einen personell (Arbeitsaufwand, begleitendes Controlling), zum anderen finanziell (ungedeckte Refinanzierung, Eigenkapital). Dem steht ein höherer Ertrag (Marge/Bearbeitungsgebühr) gegenüber und eine im Durchschnitt kürzere Laufzeit der Finanzierungen. Daher ist für die Projektentwicklung eine gesonderte Geschäfts- und Risikostrategie angezeigt:

- Die Begleitung von Projektentwicklungen sollte vorrangig die Kernmärkte einer Bank umfassen, in denen sie sich gut auskennt und in denen sie einen besonders breiten und tiefen Marktzugang hat. Das heißt: Je weiter weg vom Heimatmarkt/Kernmarkt, desto kritischer muss geprüft werden, ob und in welchem Umfang Developments zum Finanzierungsangebot zählen.
- Der Anteil der Projektentwicklungen am Kreditportfolio sollte beobachtet werden. Da Finanzierungen von Projektentwicklungen eine niedrigere durchschnittliche Laufzeit aufweisen als Investments (z.B. 3 Jahre vs. 6 Jahre im Schnitt), wird entsprechend der Anteil am Neugeschäft höher sein (z.B. 50% Anteil am Neugeschäft um 25% Anteil am Portfolio zu generieren).
- Da Projektentwicklungen für die Bank einen spürbar höheren Aufwand bedeuten, sind die hierfür erforderlichen Ressourcen sorgfältig zu kalkulieren, um zu jeder Zeit zuverlässig und konstant liefern zu können. Dem steht ein höherer Ertrag gegenüber, der das Geschäft entsprechend attraktiv machen sollte.

7.2 Grundlagen der Projektentwicklungsfinanzierung

Eine Projektentwicklung kann grundsätzlich in drei Phasen aufgeteilt werden:
(1) die Grundstücksankaufsphase
(2) die Bauphase und
(3) die Vermarktungsphase,

wobei insbesondere die Phasen (2) und (3) durchaus parallel verlaufen können.

Entsprechend dieser Einteilung wird eine Finanzierung strukturiert.

7.2.1 Grundstücksankaufsphase

7.2.1.1 Wirtschaftlichkeit

Grundlage jeder Projektentwicklung ist die Wirtschaftlichkeit. Zu ihrer Bestimmung sind unterschiedliche, aufeinander aufbauende Aspekte zu analysieren um die „Sinnhaftigkeit" einer Projektentwicklung einschätzen zu können. Grundsätzlich sollte eine Projektentwicklung „wertschöpfend" kalkuliert sein, wobei die Marge in der Regel zwischen 15 bis 20 % der Gesamtkosten liegt.

Die Analyse beginnt mit der Untersuchung des Standortes, also der Lagebeurteilung, der Struktur und Charakteristik der Kommune, ihrer Wirtschaftskraft und Infrastruktur. Ferner sind Aspekte des direkten Umfeldes zu analysieren, der Bebaubarkeit des Grundstückes hinsichtlich Größe, Zuschnitt, Zuwegung, Planungs-und Baurecht, Baugrund und Altlasten.

Basierend auf dieser Analyse ist das Projekt- und Nutzungskonzept zu entwickeln, das sich mit den Themenschwerpunkten Flächenausnutzung und -effizienz, Qualität der Bauausführung und den überschlägigen Gesamtkosten auseinander setzt.

Die sich nun anschließende Marktanalyse beschäftigt sich, aufbauend auf dem Nutzungskonzept, mit der Fragestellung, ob das Projekt „in den Markt passt". Hierzu wird die Marktnachfrage am Standort, die Leerstandssituation, Flächenabsorption sowie das Mietpreisniveau analysiert. Auf Basis dieser Analysen ist die optimale Positionierung des Projektes im Marktumfeld möglich.

Zu jeder Wirtschaftlichkeitsanalyse gehört auch die Risikoanalyse. Hierbei werden wesentliche risikorelevante Aspekte identifiziert, die die Realisierung einer Projektentwicklung erschweren. Kernelemente sind das Genehmigungsrisiko, Kosten- und Terminrisiken der Bauausführung, Vermietungs- und Vermarktungsrisiken. Die Analyse soll aufzeigen, ab welchen „Verschiebungen" eine Projektentwicklung wirtschaftlich keinen Sinn mehr macht. Welche Pufferpositionen sind einzuplanen, um bei Veränderungen dennoch eine wirtschaftlich tragfähige Projektentwicklung umsetzen zu können?

Die Bank wird bei ihrer Finanzierungsprüfung die Wirtschaftlichkeitsanalyse kritisch nachvollziehen, ggf. externe Experten (Gutachter) einbeziehen und eigene Risikoabschläge kalkulieren. Projekte ohne ausreichende Wirtschaftlichkeit (< 15 %) werden zunehmend negativ beurteilt und ggf. von der Finanzierung ausgeschlossen.

7.2.1.2 Residualwert

Der Einstieg in eine Projektentwicklungsfinanzierung beginnt mit der Finanzierung des Grundstückskaufes. Grundvoraussetzung für die Finanzierungsbereitschaft einer Bank ist die gesicherte Bebaubarkeit des Grundstückes gemäß dem Nutzungskonzept des Projektentwicklers. Der Nachweis eines gesicherten Baurechts kann über einen gültigen Bebauungsplan oder über eine bereits vorliegende Baugenehmigung gemäß dem Nutzungskonzept des Projektentwicklers erfolgen. Da zum Zeitpunkt des Grundstückserwerbs dieses Konzept zwar feststehen sollte, in der Regel aber weder eine Vermietung noch ein Exit/Verkauf vorliegt und damit die Realisierungswahrscheinlichkeit unsicher ist, wird aus Banksicht die Grundstücksankaufsfinanzierung als risikoträchtigste Phase eingeschätzt. Vor diesem Hintergrund ist die Strukturierung konservativ zu gestalten, das heißt ein erhöhter Eigenkapitaleinsatz ist erforderlich.

Zur genaueren Strukturierung/Bestimmung der Relation Eigenkapital/Fremdkapital in der Phase des Grundstückserwerbs ist die Einschätzung des Grundstückswertes von entscheidender Bedeutung. Hierzu wird üblicherweise das sogenannte Residualwertverfahren eingesetzt (auch Investorenmethode genannt). Dies stammt aus der Immobilienbewertung und wird angewandt, wenn ein Investor sich fragt, welchen maximalen Grundstückspreis er zahlen kann, um ein Projekt wirtschaftlich realisieren zu können.

Zunächst wird der erwartbare Verkehrswert der fertiggestellten und vermieteten Immobilie ermittelt. Dabei wird ein vereinfachtes Ertragswertverfahren ohne Berücksichtigung des Bodenwertes verwendet, da der Bodenwert ja gerade ermittelt werden soll. Im Anschluss werden alle für die Realisierung der Baumaßnahme notwendigen Kosten einschließlich Zinsen des Fremdkapitals und Gewinn (Risikomarge) abgezogen. Daraus ergibt sich der maximal tragfähige Grundstückswert/-preis, das sogenannte Residuum.

Parameter sind Mieten/Verkaufspreise zur Ermittlung des Verkehrswertes, Baukosten inkl. Baunebenkosten, Finanzierungskosten und der kalkulatorische Projektentwicklergewinn. Der Wert wird über die voraussichtliche Wartezeit bis zur Realisierung diskontiert (abgezinst).

Die Finanzierungshöhe wird in der Grundstücksankaufsphase nicht nur in Relation zum Kaufpreis gesetzt (Loan to cost), sondern auch in Relation zum Residualwert (Loan to residual value). Typische Relationen liegen in einer Spanne von 50% bis 75%.

7.2.1.3 Baurecht

Bei Projektentwicklungen sind sowohl aus Sicht des Projektentwicklers als auch aus Sicht des finanzierenden Institutes die baurechtlichen Fragen rechtzeitig und zufriedenstellend zu klären.

Zu den wesentlichen Punkten zählen die Erteilung der Baugenehmigung bzw. auch der jeweiligen Teilbaugenehmigung sowie ggf. eine schriftliche Bestätigung der Kommune, dass der Erteilung der endgültigen Baugenehmigung keine Hindernisse entgegenstehen. Insoweit ist ein eindeutiger Bezug zum Bauantrag herzustellen. Eventuell kann es in der Phase der Grundstücksankaufsfinanzierung ausreichen, die Bebaubarkeit zunächst auch ohne Baugenehmigung, jedoch auf Basis eines beschlossenen Bebauungsplanes oder Bauvorbescheids nachzuweisen. Dies kann Abschläge in der Finanzierungshöhe zur Folge haben.

An dieser Stelle sind auch städtebauliche Verträge und Erschließungsverträge zu erwähnen. Städtebauliche Verträge (§ 11 BauGB) werden in der Regel im Rahmen des Bebauungsplanverfahrens geschlossen und dienen der Durchsetzung städtebaulicher Aufgaben. Die Kommune kann damit Einfluss auf die städtebauliche Entwicklung und die Stadtgestaltung nehmen. Führt die Kommune eine Erschließung nicht selbst aus, kann sie diese gemäß § 124 i.V.m. 11 BauGB auch z.B. auf einen Bauträger übertragen. Dieses hat einen erheblichen Kostenvorteil für die Kommune und gibt dem Bauträger hinsichtlich der Erledigungszeiträume Planungssicherheit.

Ohne gutachterlichen Nachweis des Baurechts sollte keine Grundstücksankaufsfinanzierung erfolgen. In besonders nachgefragten Märkten besteht gelegentlich der Wunsch, bereits ohne gesichertes Baurecht in die Ankaufsfinanzierung einzusteigen, um erst nachläufig mit fortschreitender Entwicklung das gewünschte Baurecht herbeizuführen. Dies ist insbesondere der Fall bei hoher Knappheit an geeigneten Grundstücken (z.B. Ankauf bisher gewerblich genutzter Flächen für spätere Wohnbebauung). Derartige Konstellationen sind in der Finanzierung besonders herausfordernd und bedürfen einer am Einzelfall ausgerichteten speziellen Risikoanalyse und einer entsprechend konservativen Finanzierungsstruktur.

7.2.1.4 Grundstückssicherung

Der Projektentwickler hat unterschiedliche Möglichkeiten, sich ein Grundstück zur Entwicklung zu „sichern".

Der klassische Weg ist der Abschluss eines Kaufvertrages ohne besondere Nebenabreden. Die Fälligkeit des Kaufpreises ist hierbei in der Regel lediglich davon abhängig, dass sichergestellt ist, dass der Erwerber im Grundbuch als Eigentümer eingetragen wird. Eine „Sicherung" des Grundstückes über diesen Weg wird ein Projektentwickler in der Regel nur dann in Betracht ziehen, wenn die geplante Entwicklungsmaßnahme gut umsetzbar ist und die Chancen einer frühen Bindung die daraus resultierenden Risiken überwiegen.

Bei der Grundstückssicherung über Option handelt es sich hingegen um einen Grundstückskaufvertrag mit aufschiebenden Bedingungen. Die Fälligkeit des Kaufpreises bzw. das Wirksamwerden des Kaufvertrages (Rücktrittsrechte des Erwerbers) wird unter gewisse Bedingungen gestellt, die entweder der Veräußerer oder der Erwerber zu erfüllen haben. Typisch ist die Vereinbarung, dass der Erwerber/Projektentwickler vom Kaufvertrag zurücktreten kann, sofern eine Baugenehmigung für die geplante Nutzung des Grundstückes innerhalb einer festgelegten Zeitspanne nicht erwirkt werden kann. Damit sichert sich der Projektentwickler das Grundstück für seine Planungen ohne Übernahme von Grundstücksankaufskosten. Dies wirkt deutlich risikominimierend für den Projektentwickler und erleichtert die Finanzierungsbeschaffung.

In ähnlicher Weise wirkt das „Anhandgabeverfahren“, das im kommunalen Bereich für die Entwicklung stadteigener Grundstücke angewandt werden kann. Mit der Anhandgabe erhält der Projektentwickler die Möglichkeit, innerhalb einer definierten Frist eine Baugenehmigung oder einen Bau-Vorbescheid zu erwirken. Die Anhandgabe ist eine Selbstbindung der Kommune. Sie gibt dem Interessenten die Gewähr, dass das Grundstück innerhalb eines bestimmten Zeitraumes keinem Dritten angeboten wird. Sie ist zwar rechtlich keine Verkaufszusage, in der faktischen Wirkung kommt sie dieser aber nahe.

7.2.2 Bauphase

7.2.2.1 Baurisiko

Das Baurisiko lässt sich unterteilen in das Risiko der Bauzeit und der Baukosten. Die Beherrschung und das Management beider Risiken sind elementar für das Gelingen einer Projektentwicklung.

Die Termintreue, als die zeitgerechte Fertigstellung des Projektes, ist von großer Bedeutung, da in der Regel die abgeschlossenen Mietverträge mit festen Übergabeterminen versehen sind. Sollten diese durch den Projektentwickler nicht eingehalten werden, haben die Mieter potentiell Kündigungsrechte und Schadensersatzansprüche. Der Verkauf eines solchen Objektes ist erschwert, das Management des Zeitverzugs inklusive Neuvermietung mit zusätzlichen Kosten verbunden. Je nach Marktsituation werden solche Folgen mehr oder weniger gravierend ausfallen. Vor diesem Hintergrund ist es auch aus Sicht der Bank ratsam, die Mietverträge mit zeitlichen „Puffern“ auszustatten, um so ggf. auftretende zeitliche Verzögerungen der Fertigstellung auffangen zu können.

Das Baukostenrisiko lässt sich einerseits durch Einplanung von Kostenreserve-Positionen reduzieren. Diese sollten mindestens 5 % der Baukosten betragen. Andererseits lässt sich durch Abschluss eines GU-Vertrages (Generalunternehmer) mit Vereinbarung einer Fertigstellungsgarantie und eines festen Kostenrahmens das Risiko weiter minimieren. Insbesondere bei größeren Projektentwicklungen kann die damit verbundene Reduzierung des Baurisikos wertvoller sein als die ggf. etwas höheren Kosten des GU im Vergleich zur Einzelgewerkvergabe.

7.2.2.2 Projektcontrolling

Das Projektcontrolling ist eine zentrale Aufgabe des Projektmanagements/Projektentwicklers. Hierunter versteht man nicht nur die reinen Überwachungsfunktionen der Themenbereiche Terminkontrolle, Kostenkontrolle, Qualitätskontrolle sondern im Kern auch den Einsatz von Steuerungsmaßnahmen, die es ermöglichen, bei Abweichungen zur Planung doch noch im festgelegten Zeitfenster und Budgetrahmen zu bleiben.

Das Controlling erfolgt dabei über regelmäßige Soll/Ist-Abgleiche der wesentlichen Projektparameter, um im Bedarfsfall unverzüglich Maßnahmen zu ergreifen und Abweichungen zum ursprünglichen Plan aufzufangen.

Die finanzierende Bank hat ein fundamentales Interesse an der Steuerung/Beherrschung des Baurisikos. Hierfür kann, abhängig von der Größe und Komplexität einer Projektentwicklung, zusätzlich ein externer Projektcontroller beauftragt werden, der im Auftrag der Bank das Baurisiko in seinen Ausprägungen Termin- und Kostentreue überwacht. Aus Banksicht ist es ratsam, diesen Projektcontroller bereits während der Entwicklungsphase des Projektes einzuschalten, um einerseits frühzeitig mit einer Projektentwicklung vertraut zu werden, sowie anderseits ggf. steuernd bereits in einem frühen Stadium (im Sinne der Bank) eingreifen zu können. Die in der Regel monatlich vorzulegenden Projektberichte geben der Bank einen regelmäßigen und zeitnahen Einblick über den Fortschritt des Projektes. Ergänzt wird dies durch regelmäßige Bautenstandsberichte, die in der Regel durch bankeigene Gutachter erfolgen. Diese Unterlagen/Berichte sind letztlich auch Basis für die baufortschrittsgemäßen Valutierungen der Kreditmittel.

7.2.2.3 Cost Overrun und Interest Shortfall

Hinsichtlich der Kostenrisiken besteht ein gleichgelagertes Interesse zwischen Bank und Projektentwickler, die damit verbundenen Gefahren in den Griff zu bekommen. Neben den oben genannten Maßnahmen wird die Bank in vielen Fällen als zusätzliches Mittel zur Sicherstellung der Fertigstellung eine Kostenüberschreitungsgarantie (cost overrun) verlangen. In der Praxis übernimmt häufig die Muttergesellschaft des Darlehensnehmers oder aber eine Drittbank die Sicherstellung der Abdeckung von Kostenüberschreitungen in der Bauphase. Im Rahmen der Kostenüberschreitungsgarantie wird zunächst die Gesamtkostenkalkulation festgeschrieben. Sollten während der Bauphase Kostenüberschreitungen bei einzelnen Positionen festgestellt werden, so erfasst die Garantie jeweils die Differenz zwischen geplantem Betrag und der Überschreitung. Kommt es in einzelnen Fällen zu Kostenunterschreitungen hat dies keinen Einfluss auf die Garantieverpflichtung, da üblicherweise keine Saldierung vorgenommen wird. Allerdings sind auch Regelungen bekannt, wonach Überschreitungen mit Unterschreitungen verrechnet werden, diese sind in der Praxis aber mangels Vorhersehbarkeit der Kostenentwicklung nur schwer nachzuhalten und zu kontrollieren. Kostenüberschreitungsgarantien können auch auf einen Höchstbetrag begrenzt sein.

Eine weitere Sicherungsmaßnahme im Hinblick auf den erfolgreichen Abschluss des Bauprojektes ist die Interest Shortfall-Garantie. Sie dient der Absicherung von potentiellen Lücken in der Kapitaldienstfähigkeit durch die Garantie eines bonitätsstarken Garantiegebers, z.B. um bei einer möglichen Bauzeitverlängerung und somit Laufzeitverlängerung der Kreditmittel die Zinszahlungen zugunsten der Bank sicherzustellen.

7.2.3 Vermarktungsphase

7.2.3.1 Vermietung

Die Vermietung bzw. Vorvermietung eines Projektes ist elementarer Bestandteil für das Gelingen einer Projektentwicklung. Ohne Nutzer/Mieter lässt sich ein Projekt in der Regel nicht umsetzen.

Dem Vermietungskonzept ist daher besondere Beachtung zu schenken. Das Vermietungsmanagement sollte bereits in der Projektentwicklungsphase eng eingebunden werden, um, abgestimmt auf die jeweiligen Anforderungen des Standortes, Aspekte wie Ziel/-Nutzergruppen, Ausstattungsstandard, Flächenkonzeption, Mietpreis sowie Nebenkosten einschließlich der Festlegung von Mietincentives zu definieren. Auf Basis dieser Parameter erfolgt dann durch den Projektentwickler oder durch beauftragte Makler die gezielte Ansprache von Interessenten bzw. die Festlegung des Marketing/-Vertriebskonzeptes. Um die Vermietungschancen eines Projektes besser einschätzen zu können, bietet es sich grundsätzlich an, auf Basis der festgelegten Parameter ein „market sounding" durchzuführen, d.h. Interessenten das Projektkonzept vorzustellen und deren Interessenlage zu bewerten. Damit können noch vor Projektstart Änderungen auf Grund von Anregungen/Wünschen potenzieller Mietinteressenten berücksichtigt werden. Letztlich wird ein Projekt erst gestartet, wenn die Vermietbarkeit geklärt und in der Regel eine spürbare Vorvermietung erreicht ist. Die Höhe der Vorvermietung hängt dabei wesentlich von der Objektart ab. Je spezieller die Nutzungsart des Projektes, desto höher die Vorvermietung. So wird beispielsweise eine Hotelprojektentwicklung erst gestartet, wenn der Hotelbetreiber vertraglich gebunden ist. Gleiches gilt für Pflegeheime. Bei der Projektentwicklung von Einzelhandelsimmobilien, z.B. Einkaufszentren, ist zumindest die Sicherung der Ankermieter eine Grundvoraussetzung für das Gelingen.

Im Bürobereich ist eine differenzierte Betrachtung erforderlich, abhängig von der Lage des Objektes, des Nutzungskonzeptes sowie der jeweiligen Marktsituation/Nachfragesituation. Die Spanne der Vorvermietung sollte dabei grundsätzlich mindestens zwischen 30 und 50% der Flächen bzw. des kalkulierten Mietertrages liegen. Eine hohe Vorvermietung signalisiert letztlich die Marktgängigkeit eines Projektes.

Aus Banksicht ist eine angemessene Vorvermietung des Projektes entscheidend. Die Angemessenheit wird dabei beurteilt nach den bereits oben genannten Kriterien sowie zusätzlich nach der Möglichkeit der „Tragbarkeit" der Fremdfinanzierung. Grundsätzliche Überlegung dabei ist, dass die Mieterträge aus der vereinbarten Vorvermietung mindestens den Zinsdienst der Fremdfinanzierung sichern.

7.2.3.2 Verkauf

In der Regel erfolgt der Verkauf einer Projektentwicklung im Laufe oder mit Fertigstellung des Projektes. Daher sollte bereits in der Planungsphase das Projekt so konzipiert werden, dass es für eine Vielzahl von Investoren attraktiv ist. Es sollte aber nicht nur das Projekt an sich attraktiv sein, auch rechtliche Gestaltungen können eine Vermarktung positiv beeinflussen. Die Abwicklung über eine SPV (single purpose Gesellschaft, z.B. in der Rechtsform einer GmbH & Co. KG) ermöglicht dem Developer, den Verkauf des Projektes über einen Share Deal abzuwickeln, also den Verkauf der Gesellschaft bzw. Gesellschaftsanteile. Dabei besteht die Möglichkeit, Grunderwerbssteuern einzusparen, somit also Kostenvorteile für den Erwerber zu generieren.

Ebenso kann es die Vermarktung eines Projektes befördern, wenn der Developer mit dem Projekt zugleich eine Investorenfremdfinanzierung einer Bank „mitliefert".

Potentielle Investoren sind im Hinblick auf ihr jeweiliges Anlegerinteresse (Objektarten, Investitionsvolumina, Renditevorstellungen) zu analysieren und dann gezielt anzusprechen. Die Gruppen der Investoren lassen sich grob wie folgt unterscheiden:

– private Investoren
  heterogene Gruppe, die Bandbreite reicht von Einzelinvestoren bis zu institutionalisierten Vermögensverwaltungen bzw. Family Offices
– geschlossene Fonds
  Gruppe mit hoher Nachfrage. Das Investitionsvolumen hängt wesentlich von der Platzierungskraft des Fondsauflegers ab, i.d.R. werden Investitions-Volumina zwischen € 20–50 Mio. nachgefragt. Forward-Sales (Ankauf der Projekte noch in der Erstellungsphase) haben sich in den letzten Jahren durchgesetzt. Diese bieten dem Fondsauflieger den zeitlichen Rahmen, das Eigenkapital bis zur Fertigstellung des Projektes „einzusammeln".
– Institutionelle
  Gruppe mit stärkster Nachfrage bestehend aus institutionellen Fonds nach KVG, klassischen offenen Publikums-Fonds, Versicherungen , dass Investitionsvolumen liegt in der Regel > € 50 Mio.

Aus Banksicht kommt dem Exit, also dem Verkauf des Projektes, eine entscheidende Rolle zu, da die Laufzeit der Finanzierung an die Exit-Planungen des Projektentwicklers angepasst ist. Insofern ist beispielsweise ein frühzeitiger Exit/Verkauf des Objektes (forward-sale) aus Banksicht ein deutlich risikominimierender Faktor, da die Bank davon ausgehen kann, dass im Rahmen der Laufzeit der Finanzierung diese auch planmäßig aus dem Verkaufserlös zurückgeführt wird. Ebenso kann ein vorzeitiger Verkauf des Projektes die Bank veranlassen, einen sogenannten EK-Release durchzuführen. Hierunter ist zu verstehen, dass die Bank einen Teil des vom Projektentwickler eingesetzten Eigenkapitals zurückerstattet, da sich die Risikolage des Projektes deutlich verbessert hat und die planmäßige Rückführung der Finanzierung gesichert erscheint. Wesentliche Parameter, die eine Bank im Rahmen der Prüfung eines EK-Release durchführt, sind beispielsweise die Einschätzung der Bonität des Erwerbers, die Prüfung des Verkaufsvertrages (dieser sollte keine besonderen Auflagen/Bedingungen enthalten, die eine Abwicklung gefährden) sowie die allgemeine Prüfung des planmäßigen Verlaufes der Projektes hinsichtlich der Kosteneinhaltung und der termingerechten Fertigstellung. Erst eine positive Einschätzung zu diesen Punkten wird eine Bank veranlassen, einem EK-Release zuzustimmen.

7.3 (Langfristige) Finanzierung über einen Hypothekarkredit

Im Fokus des Projektentwicklers steht zunächst nur die Phase der Projektentwicklung selbst, die selten 3 Jahre übersteigt und durch spezifische Finanzierungsstrukturen gekennzeichnet ist.

Mit Blick auf die zukünftige Veräußerung des Objektes und somit auf das anschließende Investment ergibt sich das Erfordernis einer an die Entwicklungsphase anschließenden Endfinanzierung. Für jeden Projektentwickler sollte es ein Anliegen sein, die langfristige spätere Beleihbarkeit optimal zu gestalten. Dies kann den Wert einer Immobilie signifikant beeinflussen. Werden die Kriterien einer Endfinanzierung bereits frühzeitig berücksichtigt, kann daraus nicht nur ein Kosten- sondern auch ein Zeitvorteil erwachsen. Nicht selten übernimmt der Finanzierer der Projektentwicklung anschließend auch die Endfinanzierung.

Die typische Form einer Endfinanzierung findet sich in dem (langfristigen) Real- bzw. Hypothekarkredit. Im folgenden werden der Realkredit und seine Anforderungen dargestellt. Hierbei ist zu berücksichtigen, dass die genannten Kriterien nicht alleine für den Realkredit maßgeblich sind, sondern dem Projektentwickler wichtige Hinweise geben, die eine sorgfältige Projektfinanzierung begünstigen.

7.3.1 Realkredit und Refinanzierung

Der Realkredit ist ein durch ein Grundpfandrecht gesicherter Kredit. Seine Voraussetzungen sind im Pfandbriefgesetz (PfandbG) geregelt. Eine ausführliche Darstellung der rechtlichen Rahmenbedingungen findet sich in Schimansky/Bunte/Lwowski – Stöcker, „Bankrechts-Handbuch“, 5. Auflage, 2017, § 87 Rn. 1 ff. Die Definition des Realkredites gilt darüber hinaus aber auch für alle anderen Kreditinstitute, die Immobilienfinanzierungen betreiben.

Das Pfandbriefbankgeschäft darf grundsätzlich von jedem Kreditinstitut in Deutschland betrieben werden. Voraussetzung ist, dass es eine schriftliche Genehmigung der Bundesanstalt für Finanzdienstleistungsaufsicht (BaFin) nach § 32 Kreditwesengesetz (KWG) besitzt und weitere in § 2 Abs. 1 PfandbG geregelte Voraussetzungen erfüllt.

7.3.2 Realkredit und Eigenkapital

Realkredite, die bestimmte Kriterien erfüllen, sind hinsichtlich der Eigenkapitalanforderung privilegiert. Ab 1. Januar 2014 gilt die Kapitaladäquanzregelung (EU VO Nr. 575/2013). Die so genannte CRR (Capital Requirements Regulation) hat die in der Solvabilitätsverordnung (SolvV) getroffenen Regelungen zur angemessenen Eigenkapitalausstattung von Banken übernommen. Gemäß Art 126 Abs. 1 CRR können Forderungen, die vollständig durch Grundpfandrechte auf gewerblichen Immobilien besichert sind, mit einem Risikogewicht von 50 % berücksichtigt werden. Voraussetzung ist, dass das Grundpfandrecht bestimmten Anforderungen entspricht. Nach Art 208 Abs. 2a. CRR muss das Grundpfandrecht zum Zeitpunkt des Kreditvertragsschlusses in allen relevanten Rechtsordnungen rechtlich durchsetzbar sein und muss allen rechtlichen Anforderungen genügen (Art 208 Abs. 2b. CRR). Art 208 Abs. 2c. CRR fordert, dass die Sicherheitenvereinbarung sowie das Verfahren zur Durchsetzbarkeit der Sicherheiten so ausgestaltet ist, dass eine Sicherheitenverwertung in einem angemessenen Zeitraum möglich ist. Weiter verlangt Art. 208 Abs. 5 CRR eine angemessene Schadensversicherung (s.a. § 15 PfandbG). Nach Art. 229 Abs. 1 CRR ist die Immobilie durch einen unabhängigen Sachverständigen (Gutachter) zu schätzen. Eine diesbezügliche Überwachung hat durch die Bank bei Gewerbeimmobilien jährlich, bei Wohnimmobilien alle 3 Jahre stattzufinden (Art. 208 Abs. 3a. CRR).

Basiert die Risikobetrachtung der Bank auf einem internen Rating (IRBA Ansatz), kann sich eine noch höhere Eigenkapitalentlastung für die Bank ergeben. Dies hat in der Konsequenz auch positive Auswirkungen auf das Risikomanagement der Bank, sodass die Bank Wert darauf legen wird, die geforderten Kriterien zur Erreichung einer CRR-konformen Sicherheit konsequent einzuhalten. Letztlich kommt dieses dem Darlehensnehmer zu Gute, da es im Ergebnis den Kredit verbilligt.

7.3.3 Voraussetzungen

7.3.3.1 Grundpfandrecht

Die Absicherung des Realkredites geschieht in der Regel durch Grundschulden, in Einzelfällen durch Hypotheken. In der Kreditpraxis sind Grundschulden heute Standard, da sie grundsätzlich unabhängig von einer zugrundeliegenden Forderung bestehen können. Damit erlangen sie eine höhere Verkehrsfähigkeit als die Hypothek, deren Bestehen von der Forderung abhängig ist (Akzessorietät). Die Ausgestaltung eines Grundpfandrechts kann sowohl als Buch- als auch als Briefrecht erfolgen. Briefrechte können durch Übergabe des Briefes auch außergrundbuchlich übertragen werden. Die höhere Flexibilität birgt jedoch eine größere Unsicherheit hinsichtlich des Nachweises der Rechtsinhaberschaft.

Wichtig ist, dass die Eintragung des Grundpfandrechts möglichst an erster Rangstelle in den Abteilungen II und III des Grundbuches erfolgt, um den 60 % igen Beleihungsrahmen voll auszuschöpfen. Nicht wertmindernde Rechte dürfen in Abteilung II des Grundbuches vorgehen, hierzu können unter Berücksichtigung des Einzelfalles z.B. Leitungs- oder auch Wegerechte gehören. Im Übrigen sind vorgehende Rechte wertmäßig zu erfassen und schmälern so die Ausnutzung des Beleihungswertes von 60 % und damit den Realkreditrahmen.

7.3.3.2 Vollstreckungsunterwerfung

Die Möglichkeit der Einleitung von Vollstreckungsmaßnahmen gegen einen säumigen Darlehensnehmer steht naturgemäß nicht in dessen Fokus bei der Kreditaufnahme. Ungeachtet dessen handelt es sich hierbei um einen wichtigen Baustein aus Sicht der finanzierenden Bank, letztlich aber auch um eine Voraussetzung, die bei der Konditionengestaltung dem Darlehensnehmer zu Gute kommt. Um die privilegierende Wirkung des Realkredites im Hinblick auf Eigenkapitalbelastung und Deckungsfähigkeit nutzen zu können, verlangt die CRR „rechtliche Durchsetzbarkeit" des Grundpfandrechts. Diese ist gegeben, wenn die Bank in der Lage ist, bei Eintritt des Sicherungsfalles den Wert des Grundpfandrechtes in angemessener Zeit realisieren zu können. (s.o. 7.3.2.) Voraussetzung ist jeweils die Fälligkeit des Grundpfandrechts, also die Fälligstellung des Grundpfandrechts durch die Bank

Von der Möglichkeit einer zeitnahen Verwertbarkeit ist insbesondere auszugehen, wenn das im Grundbuch eingetragene Grundpfandrecht gemäß § 800 ZPO dinglich vollstreckbar ausgestaltet ist. Dies wird dadurch erreicht, dass sich der Eigentümer des Grundstücks in der (Grundpfandrechts-) Bestellungsurkunde hinsichtlich des Grundstücks der Vollstreckung unterwirft, der Notar auf der Urkunde eine sogenannte Vollstreckungsklausel anbringt und die Vollstreckbarkeit im Grundbuch zusammen mit dem Grundpfandrecht eingetragen wird. Die Bank erhält mit der vollstreckbaren Ausfertigung der Bestellungsurkunde einen „Titel", der sie berechtigt, im Falle des Notleidendwerdens des Darlehens Vollstreckungsmaßnahmen (Zwangsversteigerung/Zwangsverwaltung) bei Gericht zu beantragen.

Aus Kostengründen wird von Darlehensnehmern oftmals Wert auf eine sogenannte Teilvollstreckbarkeit gelegt. Handelt es sich um ein einzelnes Grundpfandrecht, wird in einem solchen Fall die Vollstreckbarkeit nur hinsichtlich eines „zuletzt zu zahlenden Teilbetrages" erklärt (hierzu ausführlich Gaberdiel/Gladenbeck, „Kreditsicherung durch Grundschulden, 9. Auflage, Rn. 319 ff.). Ein maßgeblicher Kostenvorteil wird allerdings nur erreicht, wenn die Grundschuldbestellungsurkunde nicht vom Notar gefertigt wird, er vielmehr nur die Unterschriften beglaubigt und daneben eine gesonderte Unterwerfungserklärung wegen eines Teilbetrages fertigt. Nicht zuletzt aus Haftungsgründen wird die Bank aber häufig verlangen, dass die Bestellungsurkunde vom Notar erstellt wird. In diesem Fall reduziert sich der Kostenvorteil bereits erheblich. Auch hat die Bank zu bedenken, dass der Eigentümer oder ein nachrangiger Gläubiger berechtigt ist, auf den vollstreckbaren Teil zu zahlen und damit die Vollstreckung zu beenden. Ein vollstreckbarer Teilbetrag wird daher aus Sicht der Bank immer eine im Verhältnis zum Darlehensbetrag angemessene Höhe haben müssen. Wird ein Gesamtrecht auf verschiedenen Grundstücken, die keine wirtschaftliche Einheit darstellen, bestellt, sind Teilvollstreckbarkeiten für die Bank nicht akzeptabel, da die erhebliche Gefahr besteht, dass durch Vollstreckungen in Einzelgrundstücke der Vollstreckungstitel „aufgebraucht" wird.

Ungeachtet der dinglichen Vollstreckungsunterwerfung, die im Hinblick auf die Eigenkapitalunterlegung eine besondere Rolle spielt, wird, abhängig vom Einzelfall, häufig auch eine sogenannte "persönliche" Vollstreckungsunterwerfung vereinbart, in der sich der Darlehensnehmer der Vollstreckung in sein gesamtes Vermögen unterwirft. Dies bedeutet, dass ungeachtet einer Verwertung des Beleihungsobjektes, die Bank Zugriff auf das sonstige Vermögen des Darlehensnehmers hat. Im Falle einer Objektgesellschaft würde sich dieser Zugriff auf das Vermögen der Objektgesellschaft beschränken. Von den Banken werden zum Teil auch persönliche Unterwerfungserklärungen von Privatpersonen (z.B. Geschäftsführern, Anteilsinhabern etc.) verlangt, um die Sicherheitenposition zu verbessern. Eine erfolgreiche Vollstreckung ins persönliche Vermögen kann ggf. eine Verwertung des Beleihungsobjektes unnötig machen, allerdings zeigt die Praxis, dass Vollstreckungsmaßnahmen, gegen welche Vermögenswerte auch immer, ein eindeutiges Zeichen des Scheiterns einer Finanzierung sind. Im Interesse der Vertragsparteien sollten daher Probleme, die die Finanzierung gefährden könnten, rechtzeitig und offen angesprochen werden, um gemeinsame Lösungen zu finden.

7.3.3.3 Deckungsfähigkeit

Wesentliche Grundlage des Realkredites ist die Beleihungswertermittlung nach § 16 PfandbG, die die Bank mittels Begutachtung des zu finanzierenden Objektes durchzuführen hat. 60% des auf Grund dieser Wertermittlung festgesetzten Grundstückswertes (Beleihungswert) gelten als Realkredit.

Eine Pfandbriefbank refinanziert den Realkredit durch die Emission von Pfandbriefen. Aufgrund dieses Refinanzierungsmittels kann die Pfandbriefbank nicht nur zinsgünstige sondern auch langfristige Finanzierungen anbieten. Pfandbriefe sind mündelsichere Wertpapiere (§ 1807 Abs. 1 Ziffer 4 BGB), deren besondere Sicherheit und Qualität sich dadurch auszeichnen, dass sie mit grundpfandrechtlich gesicherten Forderungen unterlegt sind. Diese grundpfandrechtlich gesicherten Forderungen werden in eine sogenannte Deckungsmasse, die die Pfandbriefbank unterhält, eingestellt und dienen zur Absicherung der Pfandbriefkäufer.

Grundsätzlich kann eine Pfandbriefbank auch über den 60%igen Beleihungsraum hinaus Finanzierungen darstellen, diese genießen dann allerdings nicht die Privilegierung des Realkredites und sind auch nicht über die Emission von Pfandbriefen refinanzierbar („ungedeckte" Refinanzierung).

7.3.3.4 Beleihungswertermittlung

Rechtliche Grundlagen der Beleihungswertermittlung ist neben § 16 Abs. 2 PfandbG die Beleihungswertermittlungsverordnung (BelWertV), in der das Wertermittlungsverfahren und der Einsatz von Gutachtern geregelt sind. Die Bank hat den Beleihungswert zu ermitteln und anschließend festzusetzen. Eine ausführliche Darstellung des Beleihungswertes findet sich in Crimman, „Der Beleihungswert", vdp Schriftenreihe Bd. 55, Berlin 2016.

Der Beleihungswert stellt einen eigenständigen Wert mit einer eigenständigen Methodik der Ermittlung dar und ist klar abzugrenzen gegen den Verkehrswert einer Immobilie.

Der Verkehrswert ist der Wert, der auf dem Immobilienmarkt aktuell zu erzielen ist. Der Beleihungswert ist demgegenüber nach der Definition des § 3 Abs. 1 BelWertV der Wert einer Immobilie, der erfahrungsgemäß unabhängig von vorübergehenden, etwa konjunkturell bedingten Wertschwankungen am maßgeblichen Grundstücksmarkt und unter Ausschaltung von spekulativen Elementen während der gesamten Dauer der Beleihung bei einer Veräußerung voraussichtlich erzielt werden kann. Im Gegensatz zum aktuellen Verkehrswert steht also die Nachhaltigkeit bei der Ermittlung des Beleihungswertes im Vordergrund.

In der Praxis werden bei der Beleihungswertermittlung hinsichtlich aller wertbestimmenden Faktoren Abschläge vorgenommen, die die Nachhaltigkeit reflektieren. Dies betrifft insbesondere den Kapitalisierungszins, der im Beleihungswertverfahren gemäß § 12 Abs. 4 BelWertV bei gewerblicher Nutzung nicht unter 6% in Ansatz gebracht werden darf, sodass die Abschläge in besonders „heißen" Marktphasen (z.B. Marktkredite 4%) höher ausfallen. Ebenso wichtig ist der Mietansatz, der auf nachhaltige Mieten abzielt und insofern außergewöhnlich hohe Mieten (overrents), die z.B. für „maßgeschneiderte" Objekte gezahlt werden, unberücksichtigt lässt.

Erfahrungsgemäß liegt der Beleihungswert zwischen 10 und 25 % unter dem Verkehrswert. Dieser Aspekt spielt bei der Finanzierbarkeit eine maßgebliche Rolle, da Banken Obergrenzen nicht nur für den LTV (Auslauf auf den Verkehrswert/Loan to value), sondern auch auf den LTMV (Auslauf auf den Beleihungswert/Loan to mortgage value) vorsehen. Das Beleihungswertkonzept wirkt insgesamt zyklusdämpfend und ist damit ein wichtiger Baustein der deutschen Finanzierungskultur und einer generell stabilitätsorientierten Marktverfassung. Allerdings kann sich diese Regelungswirkung nur dann entfalten, wenn der Abstand zwischen Verkehrswert und Beleihungswert nicht zu groß wird. Da die Vorgaben des Beleihungswertes einer Verordnung unterliegen und zunächst nur dem Schutz der Pfandbriefgläubiger dienen, besteht die Gefahr einer zu starken Entfernung vom Marktgeschehen. Dies kann in der aktuellen Niedrigzinsphase insbesondere in erstklassigen Lagen beobachtet werden, wo die Beleihungswerte teilweise weit (z.B. 50 %) unter den Verkehrswerten liegen und somit die Korrektivwirkung zunehmend fraglich wird.
Zur Bestimmung des Beleihungswertes sind der Ertragswert und der Sachwert getrennt zu ermitteln. Der Beleihungswert ist unter Berücksichtigung dieser Werte abzuleiten. Die Grundlagen der Ertragswert- und Sachwertermittlung sind in den §§ 8 ff. und 14 ff. BelWertV niedergelegt.

BELEIHUNGSWERT BERÜCKSICHTIGT NUR NACHHALTIGE EIGENSCHAFTEN EINER IMMOBILIE

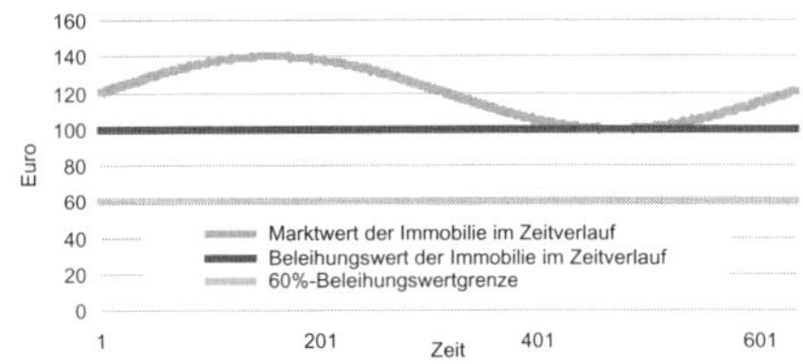

Quelle: vdp, Darstellung DZ BANK AG

60% BELEIHUNGSWERTGRENZE BIETET ZUSÄTZLICHEN SCHUTZ

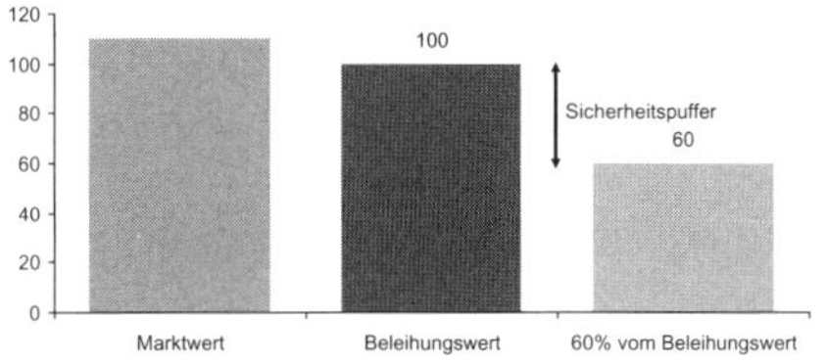

Quelle: DZ BANK AG

§§ 4 Abs. 1, 7 BelWertV verlangen, dass eine Besichtigung des Beleihungsobjektes durch einen unabhängigen Gutachter zu erfolgen hat. Der Gutachter muss von der Bank bestimmt werden. Es genügt nicht, dass Gutachten vom Darlehensnehmer vorgelegt oder in Auftrag gegeben werden (§ 5 Abs. 2 BelWertV). Hierdurch soll vermieden werden, dass sich der Gutachter in ein (finanzielles) Abhängigkeitsverhältnis zum Darlehensnehmer begibt. Der Gutachter muss für die Wertermittlung von Immobilien besonders qualifiziert sein. Eine solche Qualifikation wird bei staatlich bestellten bzw. zertifizierten Gutachtern angenommen (§ 6 BelWertV). Das Gutachten muss Aussagen zur Objekt- und Standortqualität, zum regionalen Immobilienmarkt, zu den rechtlichen und tatsächlichen Objekteigenschaften und zur Beleihungsfähigkeit des Objektes, seiner Verwertbarkeit und Vermietbarkeit enthalten (§ 5 Abs. 3 BelWertV).

Bei der Ermittlung des Beleihungswertes ist also neben den Objekteigenschaften die rechtliche Situation des Beleihungsobjektes zu berücksichtigen. Zu prüfen ist demnach auch, ob das zugunsten der Pfandbriefbank eingetragene Recht erstrangig ist, oder aber andere Grundpfandrechte in Abteilung III bzw. Rechte in Abteilung II des Grundbuches vorgehen, ggf. auch gleichrangig eingetragen sind. Vorgehende und gleichrangige Grundpfandrechte sind grundsätzlich mit ihrem Nominalwert zu berücksichtigen und schmälern damit den privilegierten Realkreditanteil.

Neben nicht wertrelevanten Rechten in Abteilung II des Grundbuches sind auch wertmindernde Rechte zu beachten, wie z.B. Dienstbarkeiten (s.u. 7.3.3.5 Mieterdienstbarkeit). Auch insoweit muss die Pfandbriefbank bei der Beleihungswertprüfung ermitteln, ob nicht eine Einschränkung der Verwertbarkeit gegeben ist, die wiederum Einfluss auf den Beleihungswert und damit im Ergebnis auf die Ausnutzung des 60 %-Rahmens hat.

Eine Übersicht über die Dienstbarkeiten bzw. die Rechte in Abteilung II des Grundbuches finden sich in Jezewski, „Eintragungen in Abteilung II des Grundbuches“, 14. Auflage, 2012.

7.3.3.5 Mieterdienstbarkeit

Dienstbarkeiten sind Rechte, die zugunsten einer dritten Person in Abteilung II des Grundbuches eingetragen werden. Für alle Dienstbarkeiten gilt, dass die Auswirkungen auf die Beleihbarkeit bzw. den Realkreditanteil sorgfältig zu bewerten sind. Eine auch bei der Finanzierung von Projektentwicklungen besonders praxisrelevante Form der Dienstbarkeiten ist die Mieterdienstbarkeit, die hier gesondert erörtert werden soll.

Insbesondere Ankermieter verlangen vom Eigentümer/Vermieter die grundbuchliche Absicherung ihrer Mietverträge. Dies kann durch die Eintragung einer sogenannten Mieterdienstbarkeit in Abteilung II des Grundbuches geschehen. Durch die Mieterdienstbarkeit erreicht der Mieter, dass unabhängig vom Bestand des Mietvertrages ein Nutzungsanspruch des Mietobjektes besteht. Aus Sicht des Mieters, der ggf. erhebliche Aufwendungen getätigt hat, wie auch aus Sicht des Vermieters/Eigentümers, der seinen Mieter halten will, eine verständliche Forderung. Aus Sicht der Bank aber ein Kriterium, das sich nachteilig auf die Beleihungswertberechnung auswirken kann. Wie bereits oben dargelegt, wird der Spielraum für den Realkredit eingeengt und damit der Kredit für den Darlehensnehmer verteuert.

Im Hinblick auf die Eintragung einer Mieterdienstbarkeit haben sich im Markt unterschiedliche Vorgehensweisen entwickelt.

Die Eintragung wird sowohl vorrangig vor dem Bankengrundpfandrecht als auch nachrangig vorgenommen. Aus Bankensicht grundsätzlich unproblematisch ist die nachrangige Eintragung einer solchen Dienstbarkeit, da diese bei einer zwangsweisen Verwertung des Beleihungsobjektes erlöschen würde. Allerdings wird die nachrangige Dienstbarkeit häufig mit dem Ansinnen einer sogenannten „Liegenbelassens"- bzw. „Bestehenbleibensvereinbarung" verknüpft. Im Falle der Verwertung des Beleihungsobjektes verpflichtet sich danach die Bank, im Versteigerungsverfahren, unter der Voraussetzung der wirksamen Existenz des Mietvertrages, Anträge auf Liegenbelassen bzw. Bestehenbleiben des Rechts zu stellen. Letztlich bedeutet dieses, dass das Recht trotz Nachrangigkeit bestehen bleibt und ein Erwerber den Mieter „übernehmen" muss. Damit wird das gesetzliche Kündigungsrecht des Erstehers (§ 57a ZVG) im Ergebnis „ausgehebelt", da der Mieter aufgrund des Bestehenbleibens der Mieterdienstbarkeit weiterhin zur Nutzung berechtigt ist. Eine gleiche Wirkung wird in der Insolvenz über § 111 InsO erreicht. Das kann für den Ersteher/Erwerber in bestimmten Fällen (z.B. Ankermieter) durchaus wünschenswert sein, schränkt aber auch die Möglichkeit der Eigennutzung für ihn ein und kann sich für die Bank als Verwertungshindernis herausstellen.

Eine weitere Möglichkeit ist, dass die Mieterdienstbarkeit von vornherein vorrangig vor dem Grundpfandrecht eingetragen wird. Die Folge für den Ersteher und die Bank ist dieselbe wie oben beschrieben.

Bei beiden Varianten unberührt bleibt die Verpflichtung des Dienstbarkeitsberechtigten, die Mieterdienstbarkeit löschen zu lassen, wenn der Mietvertrag nach mietrechtlichen Regeln kündbar ist bzw. gekündigt ist.

Sowohl bei der vorrangigen als auch bei der nachrangigen Mieterdienstbarkeit ist der Verwertungsnachteil von der Bank zu bewerten. Die Bewertung geschieht insbesondere aus dem Blickwinkel eines potenziellen Erstehers, für den sich die Frage stellt, ob und in welcher Höhe sich durch die Mieterdienstbarkeit eine Wertverschlechterung des Objektes ergibt. Inwieweit ein Abzug vom Beleihungswert und damit eine Verkürzung des Realkredites mit dem Zinsnachteil für den Darlehensnehmer die Folge ist, ist im Einzelfall unter Abwägung aller Besonderheiten des Einzelfalles von der Bank zu entscheiden. In jedem Fall ist zwingend darauf zu achten, dass bei beiden Konstellationen (Vorrang/Nachrang) die Mieterdienstbarkeit mit einem im Grundbuch verzeichneten Höchstbetrag versehen wird (§ 882 BGB). Hierdurch wird erreicht, dass nicht nur für die finanzierende Bank sondern auch für mögliche zukünftige Ersteher und deren Finanzierer, zumindest das Risiko bei Erlöschen der Mieterdienstbarkeit in der zwangsweisen Verwertung berechenbarer bleibt.

Beispiel für die Ermittlung des Realkreditanteiles unter Berücksichtigung einer Mieterdienstbarkeit:

Verkehrswert	10,0 Mio. €
Ermittelter Beleihungswert (ohne Wertreduzierung):	9,0 Mio. €
./. Wertreduzierung durch Dienstbarkeit	0,5 Mio. €
Beleihungswert:	8,5 Mio. €
60 % des Beleihungswertes:	5,1 Mio. €
./. Abteilung 3: vorgehende Grundschuld über	0,9 Mio. €
./. Höchstbetrag der Dienstbarkeit (§ 882 BGB)	10 T €
Es ergibt sich ein Realkreditanteil von	4,19 Mio. €

7.3.3.6 Regelmäßige Überprüfung der Beleihbarkeit

Die Pfandbriefbank ist gehalten, die Beleihbarkeit regelmäßig zu überprüfen. Neben der laufenden Einreichung von Wirtschaftlichkeitsunterlagen zur Bewertung des Kreditrisikos und des Beleihungsobjektes muss sie in regelmäßigen Abständen eine Einschätzung des Beleihungsobjektes vornehmen. (s.o. 7.3.2.) § 26 der BelWertV verlangt, dass bei Anhaltspunkten, die darauf hindeuten, dass sich die Grundlagen der Beleihungswertermittlung nicht nur unerheblich verschlechtert haben, diese zu überprüfen sind. Dies wird insbesondere dann der Fall sein, wenn sich das Preisniveau auf dem jeweiligen regionalen Immobilienmarkt in einem die Sicherheit gefährdenden Umfang verschlechtert hat. Die Konsequenz einer solchen Entwicklung kann sein, dass die darlehensvertraglichen Regelungen anzupassen bzw. ggf. auch weitere Sicherheiten zu stellen sind (s.u. 7.5.3.3. Covenants).

7.4 Strukturierung von Krediten

Die Finanzierung von Projektentwicklungen ist ein maßgeschneidertes Produkt, das in der Finanzierung die unterschiedlichen Phasen des Vorhabens abbildet. Der Einsatz von Eigenkapital und Fremdkapital, das Pricing und die Eingriffs- und Rückgriffsrechte der Bank werden an den Projektfortschritt individuell angepasst.

Die grundsätzliche Höhe des Eigenkapitaleinsatzes hängt schwerpunktmäßig vom Risikogehalt des Projektes ab und steht somit in direkter Abhängigkeit zur Vermietungsleistung/ Vorvermietungsquote, der Exit-Wahrscheinlichkeit, bzw. des realisierten Exits sowie der Handhabung der Baurisiken. In Abhängigkeit dieser Parameter und des Projektfortschrittes erfolgt individuell die Festlegung des Eigenkapitaleinsatzes.

Die Strukturierung einer Projektentwicklungsfinanzierung ist ein iterativer Prozess, der den unterschiedlichen Interessen der Bank und des Projektentwicklers Rechnung trägt. In der Regel überschreiten die Projektvolumina häufig die Eigenkapitalkapazitäten eines Developers, dies auch vor dem Hintergrund, dass mehrere Projekte parallel realisiert werden.

Diesem Umstand tragen verschiedene Finanzierungsinstrumente Rechnung, die im folgenden näher erläutert werden.

7.4.1 Horizontale Tranchierung

Unter der horizontalen Tranchierung von Krediten wird allgemein die Einteilung der jeweiligen Kredittranche nach ihrem Risikogehalt, also ihrem jeweiligen Rangverhältnis zu anderen Finanzierungstranchen verstanden (Frage des „first loss pieces"). Dabei wird pauschal unterstellt, dass nachrangige Finanzierungstranchen mit einem erhöhten Ausfallrisiko behaftet sind. Entsprechend dieser Maßgabe erwarten daher nachrangige Kapitalgeber auch eine höhere Verzinsung.

7.4.1.1 Senior- und Junior loan

Die klassische Projektfinanzierung wird über einen Senior loan dargestellt. Orientierungsgröße bei normaler Risikostruktur ist eine 70/30 Aufteilung im Hinblick auf Fremdmittel/Eigenmittel. Diese Quote wird auch LTC bezeichnet (Loan to cost). Die Absicherung des Senior loan erfolgt im wesentlichen durch eine erstrangige grundpfandrechtliche Besicherung auf dem zu realisierenden Projekt.

Diese Finanzierungsform verlangt vom Projektentwickler einen spürbaren Eigenkapitaleinsatz. Im Hinblick auf die in der Regel knappe Verfügbarkeit von Eigenkapital besteht grundsätzlich, in Abhängigkeit der jeweiligen Risikolage des Projektes (Stichworte: Vermietungsstand, Exit-Wahrscheinlichkeit etc.), die Möglichkeit, die Fremdmittelquote durch die Aufnahme eines Junior loan zu erhöhen.

Durch die Aufnahme eines Junior loan kann die Struktur der Fremdfinanzierung z.B. auf 80/20 erhöht werden, d.h. der LTC steigt auf 80 %. Ein Junior loan wird wesentlich durch eine nachrangige grundpfandrechtliche Besicherung abgesichert. Der höhere Risikogehalt eines Junior loan schlägt sich in einer deutlich höheren Verzinsung nieder.

In der Praxis hat der Junior loan an Bedeutung verloren. Banken haben die Erfahrung gemacht, dass das adäquate Pricing solcher Tranchen einerseits schwierig ist, andererseits die Tranchierung eines Kredites in mehrere Teile zu unerwünschter Komplexität führt.

Häufig wurde daher die „Junior-Tranche“ gar nicht separat bezeichnet, sondern als „Aufvalutierung“ des bestehenden Senior loan definiert.

7.4.1.2 Mezzanine und Eigenkapitalderivate

Eine größere Rolle spielt das Mezzanine-Kapital. Abgeleitet aus der Architektur im Sinne von „Zwischengeschoss“ ist Mezzanine als Sammelbegriff für Finanzierungsarten zu verstehen, die in ihren rechtlichen und wirtschaftlichen Ausgestaltungen eine Mischform zwischen Eigen- und Fremdkapital darstellen. Die Bereitstellung von Mezzanine-Kapital kann dabei in unterschiedlichsten Ausprägungen erfolgen. Grundsätzlich üblich bei Immobilien-Projektentwicklungen ist die Form des nachrangigen Darlehens, des partiarischen Darlehens und der stillen Beteiligung. Diese drei Ausprägungen unterscheiden sich einmal hinsichtlich der Mitwirkungs-, Informations- und Kontrollrechte der Kapitalgeber sowie andererseits hinsichtlich der rechtlichen und wirtschaftlichen Behandlung dieser Kapitalform durch die vorrangigen Gläubiger. In der Regel wird Mezzanine-Kapital nicht grundpfandrechtlich besichert.

Mezzanine-Geber sind oftmals Private Equity-Gesellschaften, Banken sowie spezielle Mezzanine-Fonds, aktuell auch Crowd-Funding Plattformen. Die Mezzanine-Geber refinanzieren sich ihrerseits größtenteils über Fremdkapital bzw. reichen die gewährten Darlehen gebündelt in Form von Verbriefungen an Investoren weiter.

Der Einsatz der jeweiligen Kredittranchen aus Sicht des Projektentwicklers sollte grundsätzlich nach dem Prinzip der optimalen Allokation der begrenzten eigenen Eigenmittel erfolgen. Zu berücksichtigende Faktoren sind dabei die Bereitschaft von Gläubigern, entsprechende Tranchen zu übernehmen, die steigenden Kosten/Verzinsung der nachrangig besicherten Tranchen sowie die ggf. vorhandenen Mitwirkungsrechte von Gläubigern, die eine unabhängige pragmatische Umsetzung einer Projektentwicklungsmaßnahme erschweren können.

Um eine Anrechnung von Mezzanine- bzw. eigenkapitalähnlichen Mitteln als tatsächliches Eigenkapital im Rahmen der Finanzierung durch die Bank zu erreichen, hat der Projektentwickler einige grundsätzliche Parameter zu berücksichtigen.

In der Regel werden nachrangige Finanzierungsmittel nur befristet zur Verfügung gestellt. Ferner erwarten die Kapitalgeber oft eine laufende Verzinsung sowie zusätzlich eine Beteiligung am Projektentwickler-Erfolg. Die Befristung der Bereitstellung der Mittel ist so zu wählen, dass die Laufzeit der Mittel länger ist als die zugrundeliegende Laufzeit der Finanzierungszusage des Senior lenders. Ebenso sollte sichergestellt werden, dass eine laufende Verzinsung des Kapitals nicht über das Projekt an sich erfolgt, sondern der Projektentwickler hier zusätzliche Mittel einsetzt. Wesentlich ist zusätzlich der Abschluss einer „Intercreditor Vereinbarung“ oder „Nachrangvereinbarung“.

Diese Vereinbarung zwischen dem Senior lender und dem Nachranggläubiger regelt im wesentlichen, dass der Nachranggläubiger (unabhängig von seiner Besicherung) seine Rechte aus dem Nachrangdarlehen erst geltend macht, sobald alle vertraglichen Ansprüche des Senior lenders erfüllt sind. Nur damit wird erreicht, dass die Nachrangverbindlichkeiten des Projektentwicklers als eigenkapitalähnliche Mittel eingestuft werden können. In der Finanzierungspraxis ist hingegen häufig zu beobachten, dass Mezzaninekapitalgeber einen hohen Verzinsungsanspruch gleichzeitig mit der starken Rechtsposition eines klassischen Fremdkapitalgebers (Besicherung, Einfluss auf die Verwertung) kombinieren wollen. Davor kann nur gewarnt werden, da solche Konstellationen regelmäßig zu großen Problemen mit dem Senior Lender führen bis hin zur gänzlichen Unfinanzierbarkeit eines Projektes.

7.4.2 Vertikale Tranchierung

Während die horizontale Tranchierung von Krediten die Aufteilung der Kredittranchen nach ihrem Risikogehalt bestimmt, ist unter der vertikalen Tranchierung die Aufteilung von Kredittranchen, die ein gleiches Risikoprofil ausweisen, auf mehrere Gläubiger gemeint (Pari passu).

Die vertikale Tranchierung von Krediten ermöglicht es Banken, größere Transaktionen darzustellen, da entweder von Anfang an oder im Nachgang andere Banken oder der Kapitalmarkt an einer Transaktion beteiligt werden.

Hierbei können zwei grundsätzlich unterschiedliche Wege der Tranchierung festgestellt werden, die Syndizierung und die Verbriefung.

Während die Verbriefung von Kreditrisiken seit einigen Jahren kaum noch eine Rolle spielt, hat die klassische Syndizierung von Krediten, insbesondere bei großvolumigen Transaktionen, wieder deutlich an Bedeutung gewonnen.

7.4.2.1 Verbriefung

Verbriefung (Securitization) bedeutet die Schaffung von handelbaren Wertpapieren (Securities) aus Forderungen (zukünftige Zahlungsströme) oder Eigentumsrechten im weitesten Sinne.

In einer Verbriefungstransaktion überträgt der Verkäufer (Bank) bestimmte Vermögenspositionen (Darlehensforderungen inkl. der zu Grunde liegenden Sicherheiten) auf einen Käufer. Der Käufer refinanziert diesen Kauf durch die Emission von Wertpapieren auf dem Kapitalmarkt.

Hierbei wird unterschieden zwischen dem „True sale" und einer „synthetischen" Verbriefung. Während bei einer True sale Transaktion die Bank mit bilanzbefreiender Wirkung Vermögenspositionen auf einen Käufer überträgt, erfolgt bei der synthetischen Verbriefung mit Hilfe von Kreditderivaten lediglich ein Risikotransfer.

Somit verkürzt sich im Rahmen einer True sale Verbriefung die Bilanz der Bank, ein tatsächlicher Verkauf der Forderung findet statt; bei der synthetischen Verbriefung erfolgt keine Verkürzung der Bilanz, es werden lediglich die Risiken aus der Vermögensposition „verkauft"/ abgesichert.

In beiden Fällen bleibt die Bank in der Regel der Ansprechpartner des Kunden/Projektentwicklers. Die Bank übernimmt die Servicer-Funktion für die Transaktion.

7.4.2.2 Syndizierung

Hinsichtlich der Syndizierung von Krediten können grundsätzlich zwei Wege unterschieden werden, zum einen die sofortige Beteiligung anderer Banken an einer Transkaktion, zum anderen die nachträgliche Beteiligung.

Die sofortige Beteiligung von mehreren Banken wird auch als „Club Deal" bezeichnet, d.h. mehrere Banken (mindestens zwei) strukturieren gemeinsam eine Finanzierung von Beginn an. In der Regel wird im Rahmen der Strukturierung ein Konsortialführer festgelegt, der die wesentlichen Abwicklungsaufgaben (z.B. treuhänderisches Halten der Sicherheiten für alle Banken) übernimmt.

Bei der nachträglichen Beteiligung von Banken an einer Transaktion übernimmt eine Bank zu Beginn das sogenannte „Underwriting", d.h. die gesamte Finanzierung wird zunächst nur von einer Bank alleine zugesagt. Im Nachgang, d.h. nach Zusage und ggf. Auszahlung des Kredites beteiligen sich andere Banken an der Finanzierung. Um das Risiko der nachträglichen Syndizierung einzuschränken, erfolgt durch die zunächst allein übernehmende Bank (vor Zusage an den Kunden/Projektentwickler) ein „Market sounding", in dem die grundsätzlichen Parameter der Finanzierung anderen Banken in anonymisierter Form dargelegt werden. Auf diese Weise lassen sich Interessebekundungen einholen, um die Syndizierbarkeit präzise einschätzen zu können.

Für den Kunden/ Projektentwickler ist grundsätzlich das „Underwriting" Verfahren die präferierte Vorgehensweise, da hier nur mit einer Bank verhandelt werden muss.

Zwischenzeitlich hat allerdings das „Club Deal" Verfahren an Bedeutung gewonnen, da hiermit das Risiko, im Rahmen des „Underwriting" auf einem Kredit „sitzen" zu bleiben, ausgeschlossen werden kann. Ebenso ist es von großer Bedeutung, dass bei größeren Transaktionen von Anbeginn an mehrere Banken ein gleiches Verständnis von Risiko/Ertragsrelationen haben. Die Entscheidungsfindung wird somit für alle Beteiligten sicherer.

Die Konsortialbeteiligung kann sowohl durch Zurverfügungstellung von liquiden Mitteln, als auch in Form einer Bürgschaft erfolgen. Die beteiligten Banken vereinbaren einen Konsortialvertrag, der auf den Darlehensvertrag Bezug nimmt und das Verhältnis der Konsorten untereinander regelt. Konsortialverträge sind auf Konsens ausgelegt. Das Auftreten gegenüber dem Darlehensnehmer aber auch die interne Abstimmung im Konsortium sollte einvernehmlich erfolgen.

Insbesondere Finanzverbünde, wie die genossenschaftliche Finanzgruppe, können den Darlehensnehmern im Rahmen von Konsortialfinanzierungen einen Mehrwert bieten, da hier das regionale Know How der Primärbanken mit dem fachlichen Know How des Spezialfinanzierers (Pfandbriefbank) kombiniert wird. Durch die flächendeckende Präsenz der Primärbanken werden auch regionale Märkte in der gewerblichen Immobilienfinanzierung kundennah und professionell bearbeitet.

7.4.2.3 Sicherheitenverteilung

Wichtig für die beteiligten Konsorten ist die Sicherheitenverteilung. Augenmerk wird hier zunächst auf die grundpfandrechtliche Absicherung gelegt. Beim Club Deal ist vorstellbar, dass die beteiligten Banken jeweils ein Grundpfandrecht erhalten, das in der Höhe ihrer Beteiligung an dem Konsortium entspricht. Diese einzelnen Grundpfandrechte werden gleichrangig im Grundbuch eingetragen. Nicht selten wird das Grundpfandrecht aber in voller Höhe für den Konsortialführer bestellt. Dieser hält es treuhänderisch für die Konsorten. Allerdings wird den meisten Konsorten das Treuhandverhältnis alleine nicht reichen.

- **Übertragung von Grundpfandrechten**
  Wie bereits dargestellt, ist eine eigenkapitalprivilegierende Wirkung nur zu erreichen, wenn die Bank auch tatsächlich Inhaberin des Rechts wird. Handelt es sich bei dem Konsorten um eine Pfandbriefbank, wird diese, auch unter dem Gesichtspunkt ihrer eigenen Pfandbriefdeckung, Wert auf die Inhaberschaft des Rechtes legen. Auch andere Banken werden dieses wegen der eigenkapitalprivilegierenden Wirkung des Grundpfandrechts fordern.
  Inhaber des Rechts wird der Konsorte durch Abtretung und Eintragung des Grundpfandrechts im Grundbuch. Dies ist ein verhältnismäßig (kosten- und zeit-)aufwändiges Verfahren. Handelt es sich bei dem Grundpfandrecht um ein Briefrecht, kann auch eine Abtretung mit Briefübergabe erfolgen, eine Eintragung im Grundbuch ist zum Rechtserwerb dann nicht erforderlich, die Abtretungserklärung ist aber notariell zu beglaubigen, um die Rechtsnachfolge unzweifelhaft belegen zu können.
- **Refinanzierungsregister**
  Seit 2009 steht ein vereinfachtes Verfahren zur Verfügung, um den beteiligten Konsortialbanken Zugriff auf das Grundpfandrecht zu verschaffen. Der Gesetzgeber hat das Refinanzierungsregister (§§ 22 a ff KWG) 2009 ausdrücklich zur Anwendung bei Konsortialfinanzierungen eröffnet (BT Drucksache 16/11130, S. 46). Den Banken ist damit bei Konsortialfinanzierungen ein Instrument an die Hand gegeben worden, das die Verteilung von grundpfandrechtlichen Sicherheiten im Konsortium schnell und unbürokratisch löst. Zwischenzeitlich führen nahezu alle großen, im gewerblichen Immobilienkreditgeschäft tätigen Banken ein solches Register. Ebenso wie über die Deckungsmasse der Pfandbriefbank der staatlich bestellte Treuhänder, wacht über das Refinanzierungsregister der staatlich bestellte „Verwalter des Refinanzierungsregisters" (§ 22 e KWG), der die Ordnungsgemäßheit des Registers prüft. Ausführlich zum Refinanzierungsregister Schimansky/Bunte/Lwowski – Stöcker „Bankrechtshandbuch" 5. Auflage, 2017, § 87 Rn. 151 ff.

Grundlage der Regelung ist das treuhänderische Halten des Grundpfandrechtes durch den Konsortialführer (selten: durch einen Konsorten). Wird zugunsten des Konsortialführers das gesamte Recht bestellt, kann dieser ein sogenanntes Refinanzierungsregister einrichten, in das der dem Konsorten zustehende Anteil des Rechts eingetragen wird. Mit dem Auszug aus dem Refinanzierungsregister erhält der Konsorte ein Dokument, das seinen Anspruch auf Übertragung des ihm zustehenden Grundpfandrechtsteiles insolvenzfest macht (Aussonderungsanspruch). Dieser insolvenzfeste Anspruch wiederum wird heute sowohl privilegierend unter Eigenkapitalgesichtspunkten als auch geeignet zur Einstellung in die Deckungsmasse anerkannt.

– Sonstige Sicherheiten
Soweit im Darlehensvertrag weitere Sicherheiten bestellt werden (z.B. Mietabtretungen etc.), ist es üblich, dass diese vom Konsortialführer für die Konsorten treuhänderisch gehalten werden. Im Verwertungsfall handelt der Konsortialführer dann auch für die Konsorten bzw. tritt die Zusatzsicherheiten an die Konsorten entsprechend ihrer Konsortialbeteiligung ab.

7.5 Ausgestaltung des Darlehensvertrages

7.5.1 Finanzierungskosten

Die für den Darlehensnehmer entstehenden Kreditkosten setzen sich aus dem Kreditzins sowie weiteren Gebühren und Kosten zusammen. Unter dem Begriff Kreditzins lassen sich auch die Refinanzierungskosten der Bank und die Marge subsumieren.

7.5.1.1 Refinanzierungskosten

Eine der ureigensten Aufgaben von Banken ist die Versorgung der Wirtschaft mit Krediten/ Liquidität. Zu diesem Zweck generieren Banken im Rahmen ihrer Refinanzierung Liquidität, die sie anschließend als Kredit der Wirtschaft zur Verfügung stellen können. Die Kosten dieser Refinanzierung spiegeln den Zinsaufwand wider, den eine Bank für die Aufnahme von Liquidität zu entrichten hat.

Die Höhe der Refinanzierungskosten ist abhängig vom aktuellen Marktzins und den Liquiditätskosten einer Bank. Dabei orientiert sich der Marktzins am aktuellen Zinsniveau für die festgelegte Zinsbindung des Kredites (z.B. Swapsatz, Euribor). Die Liquiditätskosten spiegeln den Zinsaufwand für die Beschaffung von Liquidität über die Dauer der Liquiditätszusage für den Kredit wider. Die Höhe der Liquiditätskosten wird sowohl von der Art der Besicherung der Liquiditätsaufnahme (gedeckt/ungedeckt) als auch von der Bonität der Bank beeinflusst. Je besser die Bonität einer Bank, desto geringer die Liquiditätskosten.

Während vor der Finanzmarktkrise die Liquiditätskosten kaum eine Rolle spielten, hat sich dies seither verändert. Die Liquiditätsbeschaffung ist als eigene – teilweise bedeutende – Kostenkomponente transparent geworden, was sich in den Finanzierungskosten widerspiegelt.

7.5.1.2 Marge

Die Höhe der Marge wird durch eine Vielzahl von Faktoren bestimmt. Hierzu zählen die jeweilige Marktsituation, die Bonität des Darlehensnehmers und die Qualität des Beleihungsobjektes. Zudem ist zu hinterfragen, ob die Erwartungen des Kunden hinsichtlich des Projekterfolges realistisch sind. Decken die angestrebten Erlöse die anfallenden Kosten für Verwaltung, Risiko und Eigenkapital? Wird ein ausreichender Gewinn erwirtschaftet?

Bei prosperierender Wirtschaft wird erfahrungsgemäß der Wettbewerb unter den Banken zu einem Druck auf die Margen führen, während sich umgekehrt in wirtschaftlich schwierigen Zeiten auch die Banken im Finanzierungsgeschäft zurückhalten und zum Ausgleich ihres Risikos höhere Margen durchsetzen können. Ggf. kann es in einer solchen Situation zu einer Kreditknappheit kommen, wenn es an liquiden Mitteln fehlt. Dann sind nur noch wenige Banken überhaupt bereit und in der Lage, Kreditrisiken einzugehen, was ihnen wiederum ermöglicht, ihre Margenvorstellungen anzupassen.

7.5.1.3 Gebühren und sonstige Kosten

Mit Urteilen vom 4. Juli 2017 (BGH XI ZR 233/16 und BGH XI ZR 562/15) hat der BGH über die Geltendmachung von Bearbeitungsgebühren entschieden. Danach ist die Vereinbarung von Bearbeitungsgebühren in Allgemeinen Geschäftsbedingungen (AGB) im Geschäft mit Nichtverbrauchern (Gewerbekredit) ebenso unzulässig wie im Verbraucherkreditgeschäft. Weiterhin möglich ist jedoch die freie, individuelle Vereinbarung, das Aushandeln, von Bearbeitungsgebühren. Im Interesse der Vertragspartner ist hierbei die sorgfältige Dokumentation der Verhandlungen wichtig. Um den Anforderungen des BGH gerecht zu werden, ist die Bank gehalten, das „Ob und das „Wie“ der Bearbeitungsgebühr zur Disposition stellen. Grundsätzlich ist insoweit auch eine Berücksichtigung des Bearbeitungsaufwandes im Zins möglich. Häufig wird bereits in den vorvertraglichen Regelungen (z.B. im sogenannten Term Sheet) eine Gebührenregelung zwischen Bank und potenziellem Darlehensnehmer vereinbart. Insbesondere bei komplexen Finanzierungen wird es für die Bank erforderlich sein, bereits vor Vertragsschluss nähere Kenntnisse über das Beleihungsobjekt zu erlangen, die die Erstellung eines Gutachtens erforderlich werden lassen. Im Term Sheet wird häufig eine Mandatierungsgebühr vereinbart, die die Kosten der Bank in der anstehenden Due Diligence zumindest teilweise abdeckt. Die für die Bestellung und Eintragung der Grundpfandrechte anfallenden Notar-/Grundbuchkosten sind ebenfalls durch den Darlehensnehmer zu tragen. Individuell vereinbart werden können auch weitere externe Kosten. Ein Zusagezins fällt an, wenn die Bank den Kredit bereits zugesagt hat, die Zinshöhe aber noch nicht vereinbart ist. Eine solche Regelung bietet dem Darlehensnehmer den Vorteil, dass er einerseits eine gesicherte Finanzierung erlangt, andererseits aber in einem gewissen, mit der Pfandbriefbank abgestimmten Rahmen die Marktentwicklung für sich nutzen kann. In diesem Fall muss die Bank aufgrund der Bindungswirkung der Kreditzusage jedoch bereits Eigenkapital vorhalten. Eine entsprechende Situation tritt ein, wenn das Recht eingeräumt wird, ein Darlehen sukzessive in Anspruch zu nehmen. Der Zusagezins ist insofern gerade bei der Finanzierung von Projektentwicklungen ein wichtiges Thema. Nach Abschluss des Darlehensvertrages und Fixierung des Zinssatzes wird ein so genannter Bereitstellungszins bis zur Auszahlung des Darlehens erhoben. Dieser stellt für die Bank den Ausgleich zwischen erfolgter Refinanzierung und noch nicht eingesetzter Darlehensverzinsung dar. Bei sorgfältiger Planung und rechtzeitiger Erfüllung der Auszahlungsvoraussetzungen können die Bereitstellungszinsen minimiert bzw. ganz vermieden werden, zumal die Banken nach erfolgter Kreditzusage in Einzelfällen einen Übergangszeitraum akzeptieren, in denen die Bereitstellungszinsen noch nicht einsetzen.

Weitere Gebühren und Kosten können im Fall der Syndizierung von Krediten entstehen, um den damit verbundenen Aufwand abzudecken.

7.5.2 Management von Zinsänderungsrisiken

Grundsätzlich werden Developmentfinanzierungen aufgrund ihrer kurzen Laufzeit auf Basis kurzfristiger Zinsen refinanziert. Typisch ist die Bereitstellung auf Basis des 3-Monats-Euribor als sogenanntes Roll-Over-Darlehen. Bei dieser Darlehensform wird zu festgelegten Zeitpunkten (i.d.R. alle 3 Monate) der Zinssatz auf Basis des Euribor-Satzes neu festgelegt.

Aufgrund der kurzen Laufzeit von Developmentfinanzierungen spielt das Management von Zinsänderungsrisiken im Vergleich zum klassischen, langfristigen Investorenkredit eine eher untergeordnete Rolle.

Dennoch ist dem Zinsmanagement eine gewisse Aufmerksamkeit zu schenken, da üblicherweise bis zum Projektstart nach Zusage der Darlehensmittel durch eine Bank mehrere Monate vergehen können und die Darlehensaufnahmen sukzessive erfolgen (entsprechend Baufortschritt). Damit können steigende Zinsen die Realisierung eines Projektes gefährden, sofern die möglichen Zusatzkosten durch den Investor nicht getragen werden können.

Vor diesem Hintergrund sollten mögliche Zinssteigerungen in der Kalkulation berücksichtigt werden. Ebenso können durch den Einsatz von Sicherungsinstrumenten Zinsänderungsrisiken reduziert und somit eine größere Planungssicherheit für die Projektentwicklung erreicht werden.

Ein aktives Zinsmanagement ist ein geeignetes Mittel, um sich eine bessere Kalkulationsgrundlage hinsichtlich der Zinshöhe zu verschaffen und Risiken abzufedern.

7.5.2.1 Festzins

Als klassisches Zinssicherungsinstrument gilt der Festsatzkredit, bei dem ein unveränderlicher Zinssatz für die gesamte Kreditdauer bzw. die vereinbarte Zinsfestschreibung festgelegt wird. Der Projektentwickler erhält somit vollständige Planungssicherheit hinsichtlich der Zinshöhe für sein Vorhaben, kann aber von möglichen Zinssenkungen nicht profitieren. An zusätzlichen Kosten für diese Sicherheit hat der Projektentwickler Bereitstellungsprovisionen zu entrichten (s.o. 7.5.1.3).

7.5.2.2 Swap/Swaption/Cap

Ein weiteres Instrument zur Absicherung von Zinsänderungsrisiken ist der Swap. Ein Swap ist eine vertragliche Vereinbarung zwischen zwei Partnern (Projektentwickler und Bank), die sich unabhängig von einem eventuell bestehenden Kredit auf Zinszahlungsmodalitäten bezieht. In der praktischen Auswirkung ist der Swap wirtschaftlich einer Festzinsvereinbarung angenähert.

Da es sich bei einem Swap-Geschäft um den Austausch von Zahlungsströmen handelt, sind bei einer Projektentwicklungsfinanzierung in der Swap-Struktur die vorgesehenen Auszahlungstermine zu berücksichtigen. Hierdurch verliert der Projektentwickler Flexibilität bzw. bei abweichenden Auszahlungsterminen des Kredites zum Swap-Geschäft die fristenkongruente Zinssicherung. Vor diesem Hintergrund kann es sich anbieten, eine Swaption abzuschließen, bei der der Projektentwickler zum Optionstermin entscheidet, ob der Swap in Anspruch genommen wird oder nicht.

Beabsichtigt der Projektentwickler an fallenden Zinsen zu partizipieren aber gleichzeitig Planungssicherheit hinsichtlich der Zinshöhe zu erreichen, so kommt der Abschluss eines Cap in Frage. Ein Cap ist die vertragliche Festlegung einer Zinsobergrenze bezogen auf einen Referenzzinssatz (in der Regel Euribor). Durch den Kauf eines Zinscap sichert sich der Projektentwickler einen Höchstzinssatz für seine Finanzierung in Höhe der vereinbarten Zinsobergrenze auf Basis des zugrunde liegenden Euribor-Darlehens. Hierfür zahlt er als Käufer des Cap bei Abschluss eine einmalige Prämie.

Somit profitiert der Projektentwickler von den Vorteilen der variablen Finanzierung (Partizipation an sinkenden Zinsen), bei gleichzeitiger Absicherung des Risikos steigender Zinsen.

7.5.2.3 Trigger Rate

Ein praktikables und kostengünstiges Instrument, um einerseits von niedrigen/fallenden kurzfristigen Zinsen zu profitieren und sich andererseits gegen steigende Zinsen zu schützen, ist die darlehensvertragliche Vereinbarung einer Trigger Rate. Die Trigger Rate stellt eine Barriere dar, ab welcher der Kunde auf Verlangen der Bank von einem variablen Zins bzw. einer kurzfristigen Zinsfestschreibung in eine feste (langfristige) Zinsvereinbarung wechseln muss.

7.5.3 Auszahlungsvoraussetzungen, Auflagen, Covenants

7.5.3.1 Grundpfandrechtliche Sicherheiten

Die Realkreditfähigkeit setzt die rangrichtige Eintragung von Grundpfandrechten voraus. Vor Auszahlung des Darlehens muss daher die Eintragung des Grundpfandrechtes zu Gunsten der Pfandbriefbank an der zuvor vereinbarten (ersten) Rangstelle nachgewiesen sein. Der Nachweis wird durch Vorlage von (beglaubigten) Grundbuchauszügen erbracht. Auch ist der Bank die notarielle Grundschuldbestellungsurkunde möglichst in vollstreckbarer Form einzureichen. In Ausnahmefällen kann eine Auszahlung auch vor Eintragung der Grundpfandrechte erfolgen, wenn der Notar im Rahmen einer gutachterlichen Bewertung eine sogenannte „Notarbestätigung“ abgibt, dass er die Grundpfandrechtsbestellungsurkunde auch im Namen der Bank beim Grundbuchamt eingereicht hat, alle Grundbuchkosten gezahlt sind und er sich davon überzeugt hat, dass der rangrichtigen Eintragung nichts im Wege steht.

7.5.3.2 Sonstige Auszahlungsvoraussetzungen und Auflagen

Vor Auszahlung ist der wirksame Abschluss des Darlehensvertrages durch rechtsverbindliche Unterzeichnung zu belegen. Hierbei ist insbesondere die erforderliche Vertretungsbefugnis der handelnden Personen auf Seiten des Darlehensnehmers durch entsprechende Dokumente nachzuweisen.

Die Pfandbriefbank zahlt das Darlehen bzw. zuvor vereinbarte Darlehensteile nach Erfüllung der Auszahlungsvoraussetzungen zur zweckgerechten Verwendung aus. Bei Projektfinanzierungen ist zwischen Darlehensnehmer und Bank ein entsprechender Auszahlungsplan zu erstellen und regelmäßig zu überwachen.

Bei den Auszahlungsvoraussetzungen ist zu unterscheiden zwischen Voraussetzungen, die bereits bei erster Teilauszahlung vorliegen müssen und Voraussetzungen, die mit dem jeweiligen Baufortschritt zu erfüllen sind. Neben den Unterlagen zum Beleihungsobjekt wie z.B. Kaufvertrag, Katasterunterlagen, Flurkarten, Bauplanungsunterlagen, Baugenehmigungen, Bauzeichnungen etc. sind ggf. auch bereits abgeschlossene Mietverträge (mit Ankermietern) vorzulegen. Für die jeweilige Auszahlung nach Baufortschritt ist ein entsprechendes Projektcontrolling einzurichten (s.o. 7.2.2.2). Auszahlungen erfolgen gegen Bestätigung des Bautenstandes durch den bauleitenden Architekten oder unter zusätzlicher Einschaltung eines von der Bank bestellten Sachverständigen. Üblicherweise werden von der Bank Zusatzsicherheiten wie z.B. Mietabtretungen, Abtretungen von Versicherungsleistungen etc. verlangt. Vorzulegen sind von dem Darlehensnehmer Bonitätsunterlagen wie Jahresabschlussunterlagen etc., diese sind als Auflagen auch in den folgenden Jahren nach Auszahlung des Darlehens in vereinbarten zeitlichen Abständen einzureichen.

Ein wesentlicher Bestandteil der Auszahlungsvoraussetzungen ist auch der Nachweis einer ausreichenden Gebäudeversicherung, § 15 PfandbG.

7.5.3.3 Covenants

Unter Covenants werden Bedingungen verstanden, die im Kreditvertrag vereinbart werden und an deren Verletzung bestimmte Rechtsfolgen (insbes. Margenerhöhung, Nachbesicherung und Kündigung) geknüpft sind. Dabei wird das Ziel verfolgt, nach Eintritt einer wirtschaftlichen Verschlechterung des Kreditnehmers (bilanzbezogene Covenants) oder des Beleihungsobjektes (objektbezogene Covenants) die Sicherheitenposition der Bank zu stabilisieren. Dies geschieht entweder mittels Durchsetzung der vereinbarten Rechtsfolgen oder aber durch den befristeten Verzicht darauf als „Gegenleistung“ im Rahmen einer Nachverhandlung. Die Vereinbarung von Covenants hat im Gegensatz zu den allgemeinen Regelungen aufgrund der AGB den Vorteil, dass bereits bei Vertragsabschluss eindeutig definiert und dem Kunden bekannt ist, wann für die Bank eine wirtschaftliche Verschlechterung eingetreten ist und welche Rechtsfolgen daraus hergeleitet werden können.

Bei objektbezogenen Covenants spielt der sogenannte LTV (Loan to value) eine wichtige Rolle. Hierbei handelt es sich um die Gegenüberstellung von Darlehenssumme und Verkehrswert des Objektes. Steht z.B. einem Darlehen von 1 Mio. € ein Verkehrswert von 1,5 Mio. € gegenüber, so beträgt der LTV 67%. Die Bank wird im Rahmen der Finanzierungsprüfung aus Risikogesichtspunkten eine Obergrenze des LTV festlegen. Eine Verschlechterung des LTV wird in der Regel einen Covenantbruch mit den damit verbundenen Konsequenzen auslösen.

7.6 Finanzierungsgespräch

Die Finanzierung von Projektentwicklungen basiert auf Vertrauen – alles andere kommt später, auch das „Kredithandwerk“. Die Verhandlung einer Finanzierung ist ein anspruchsvoller Prozess, der zeitlich und sachlich sorgfältig gesteuert werden muss.

7.6.1 Im Mittelpunkt steht der Kunde

Wie bei allen Finanzierungen ist zunächst die Kundenbonität zu bewerten. Wichtig ist die Vorlage von Jahresabschlüssen, Wirtschaftlichkeitsunterlagen etc., die durch die Bank sorgfältig zu prüfen sind. Nicht zu vernachlässigen sind aber auch Kenntnisse über die bisherigen Erfahrungen des Kunden im Projektentwicklungsgeschäft und dessen Ansehen im Markt. Handelt es sich um Objektgesellschaften, so steht die Erfahrung der Akteure aber auch die Kapitalausstattung der Gesellschaft im Vordergrund. Liegen komplexe Kundenstrukturen zugrunde, z.B. durch Einbindung von Mutter- und Tochterunternehmen bzw. verschachtelte Beteiligungsverhältnisse, ist unter Berücksichtigung der Anforderungen des Geldwäschegesetzes die Frage nach dem wirtschaftlich Berechtigten durch den Darlehensnehmer ausreichend zu beantworten.

Immer wieder steht das Bankgeschäft vor den Herausforderungen der Globalisierung (Ausweitung der Tätigkeit auf weit entfernte Märkte), Disintermediation (räumliche/sachliche Entkopplung von Kreditgeber und Kreditnehmer) und Securitization (Herstellung einer Handelbarkeit von Kreditrisiken durch Verbriefung). Die natürliche Produktionstiefe im Kreditgeschäft kann arbeitsteilig aufgespalten werden – aus einer „Bank“ (aus einem Team) werden mehrere Häuser (mehrere unterschiedliche Teams), die jeweils nur einen Teilausschnitt des Kreditgeschäfts verantworteten, z.B.: (1) Einkäufer (Origination), (2) Zwischenlagerstellen (Warehousing), (3) Strukturierer (Securitization), (4) Verkäufer (Sales) sowie (5) Investoren in Kreditrisiko (institutionelle Anleger). Letztlich kann den Investoren (den eigentlichen Kreditgebern) der Kreditkunde am Anfang der Kette kaum oder nicht mehr bekannt sein, ebenso wenig dessen spezifischer Markt. Eine hohe Kundenferne im Kreditgeschäft ist möglich, vielleicht sogar erwünscht. Dem liegt der Gedanke zugrunde, dass Kreditrisiko sich numerisch – quantitativ begreifen lässt (durch weit ausgearbeitete und auf mathematischen Modellen basierende Ratinginstrumente). Die persönliche Kenntnis des Kreditkunden und seiner Beweggründe wäre dann entbehrlich und durch mathematisch-statistische Verfahren der Diversifikation ersetzt. Die Vorgehensweise kann für das Massengeschäft (z.B. Kreditkartenforderungen, private Baufinanzierung) angewandt werden, aber auch für großvolumige und entsprechend komplexe gewerbliche Finanzierungen einschließlich des Projektentwicklungsgeschäfts.

Dieses Modell hat in der Finanzkrise nach 2007 zu Problemen geführt, da es zu leichtfertiger Kreditvergabe und erhöhten Risiken gekommen ist. Aktuell ist festzustellen, dass – zumindest bei komplexen Finanzierungen – das Vertrauen und die persönliche Beziehung eine wichtige Eingangsgröße ist, an der sich das anschließende Verhandeln über Strukturen, LTVs und Covenants ausrichtet. Auch ohne dokumentierte Haftung ist das persönliche Commitment, das Gespräch und der Austausch mit einem langjährig aktiven Partner über viele Jahre hinweg eine unverzichtbare Größe, die eine Bank (bei ansonsten gleichen rechtlichen Vereinbarungen) anders handeln lässt.

7.6.2 Auswahl der anzusprechenden Banken

Der Aufbau und die Pflege langfristiger Bankbeziehungen und die Bildung verlässlicher Partnerschaften ist wichtig. Projektentwickler, bei denen die Bank annehmen kann, dass sie sich auch ohne formelle Verpflichtung um einen Problemfall kümmern, haben eine wesentlich stabilere Finanzierungsbasis als Kunden, die bei Aufkommen von schlechtem Wetter der Bank „den Schlüssel in die Hand drücken“.

Für das Finanzierungsgespräch sollte eine ausgewählte, aber nicht zu große Zahl von Banken angesprochen werden, die für eine gewünschte Finanzierung mit einer hohen Abschlusswahrscheinlichkeit in Frage kommen. Die kreditmäßige Prüfung einer Projektentwicklung macht für alle Beteiligten viel Arbeit. Misserfolge sind dann für beide Seiten unerfreulich und sollten möglichst vermieden werden.

7.6.3 Verhandlung des Term Sheet

Nach dem Erstkontakt sollte zunächst die grundsätzliche Finanzierungsbereitschaft geklärt werden. Anschließend ist gemeinsam ein Term Sheet zu erarbeiten, das die umfangreichen, für eine Projektentwicklung einschlägigen Finanzierungsparameter klarstellt. Bindende Term Sheets kann die Bank erst nach ihrer internen Genehmigung durch das Kreditkomitee herausgeben. Sofern dieser Schritt bereits absolviert ist, wird in der Regel aus Effizienzgründen gleich ein Kreditvertrag erstellt, so dass „Binding Term Sheets" in der Praxis nur selten vorkommen. Term Sheets sind somit in aller Regel für beide Seiten nicht bindend (Non binding), d.h. die Bank macht einen Gremienvorbehalt („vorbehaltlich abschließender Prüfung und Zustimmung unseres Kreditkomitees, etc.") und der Projektentwickler ist nicht zur Abnahme verpflichtet. Gleichwohl entsteht in dieser Phase eine Bindungswirkung. Es kann vorkommen, dass eine Bank trotz Term Sheet schließlich absagt und es kann vorkommen, dass ein Projektentwickler eine Finanzierung nicht abnimmt, obwohl diese durch Term Sheet ins Auge gefasst wurde und die Bank schließlich auch bereit war, einen Kreditvertrag zu liefern. Allerdings sollten solche „Unfälle" eine Ausnahme sein. Banken sind insofern gut beraten, vor Herausgabe eines Term Sheets das Kreditkomitee zumindest überschlägig mit der Anfrage vertraut zu machen (sogenannter „Quick Check"), um Überraschungen zu vermeiden. Dies sorgt für eine höhere Zuverlässigkeit im anschließenden Entscheidungsprozess. Der Projektentwickler sollte nachfragen, wer in der Bank sich mit einem Fall schon beschäftigt hat, wenn ein Term Sheet herausgegeben wurde. Generell sind Banken zu bevorzugen, bei denen der Entscheidungsprozess transparent ist und die Beteiligten persönlich bekannt sind. Es macht keinen Sinn, die Entscheidungsträger der Bank (Bereichsleiter, Vorstand) laufend in die Verhandlungen einzubinden; es sollte aber eine Nähe vorhanden sein, die es ermöglicht, bei Eilbedürftigkeit oder Missverständnissen den direkten Kontakt aufzunehmen.

7.6.4 Detailanalyse, Beschaffung der erforderlichen Gutachten

Daran schließt sich die Detailanalyse der Bank an, die die Beschaffung ggf. erforderlicher Gutachten miteinschließt. In jedem Fall wird die Bank ein Wertgutachten beauftragen, um den Auslauf auf den Verkehrswert (LTV) und den Beleihungswert (LTMV) feststellen zu können. Dazu treten, insbesondere bei Spezialimmobilien (z.B. Hotels, Shopping Center) weitere Fachgutachten, die das Marktpotential und die kritischen Erfolgsfaktoren der projektierten Immobilie zusätzlich untersuchen. Es ist wichtig, die Begutachtung sorgfältig zu begleiten und insbesondere bei der Objektbesichtigung dafür zu sorgen, dass die Wirtschaftlichkeit des Projekts transparent wird. Weiterhin wird die Bank in dieser Phase alle noch fehlenden Unterlagen anfordern, die der Projektentwickler im eigenen Interesse zügig liefern sollte.

Kritisch ist in dieser Phase die Zeit. Es ist insofern wichtig, nachzuhaken und einen verbindlichen Zeitplan zu vereinbaren. (Wann liegen die Gutachten vor? Wann ist die Kreditvorlage fertig? Wann entscheidet das Kreditgremium?)

7.6.5 Kreditentscheidung und Vertragsschluss

Nach der finalen Kreditentscheidung werden zwischen dem Kunden und der Bank die Kreditmodalitäten im Rahmen des Kreditvertrages vereinbart. Hierbei steht das angelsächsische Modell (Vertrag wird von beiden Seiten durch Anwälte verhandelt, „Case law", langer Kreditvertrag) dem deutschen Modell gegenüber (Kreditverhandlungen direkt zwischen Bank und Kunden, gesetzlich geregeltes Darlehensrecht, daher kurze und übersichtliche Kreditverträge). Dabei kann das deutsche Modell Vorteile haben, in dem alle notwendigen Aspekte rechtssicher, einfach und transparent geregelt werden.

7.7 Fazit

Die Begleitung von Projektentwicklungen ist ein spannendes Feld, die „hohe Kunst" in der Immobilienfinanzierung und ermöglicht, wenn sie richtig gemacht wird, lohnende Geschäfte für beide Seiten. Neben kredithandwerklichen, kaufmännischen und rechtlichen Aspekten sind insbesondere auch „weiche" Faktoren zu berücksichtigen, denn: Trotz komplexer Strukturen und oftmals hoher Volumina ist und bleibt diese anspruchsvolle Finanzierungsform ein „People's business".

8. Alternative Projektfinanzierungen außerhalb der Bankenwelt

8.1 Einführung

Klassische Bankkredite sind der Kraftstoff der kapitalintensiven Immobilienindustrie. Im Zuge der Bankenregulierung unterliegen die Vergabemechanismen für Bankkredite seit einigen Jahren maßgeblichen Veränderungen. Mit der 2007 von den USA ausgehenden Finanzmarktkrise, die in vielen Ländern Kreditinstitute an den Rand der Insolvenz führte und massive staatliche Eingriffe zur Rettung von Instituten erforderlich machte, haben die Initiativen für eine Verschärfung des Aufsichtsregimes zusätzlichen Auftrieb erhalten.

Der Baseler Ausschuss für Bankenaufsicht, 1974 durch die Zentralbankpräsidenten der G10 ins Leben gerufen, bemüht sich um die Schaffung eines einheitlichen Regelwerks für das internationale Bankensystem. Ein wesentliches Ziel ist es dabei, die Krisenresistenz von Banken zu verbessern. Die durch den Ausschuss entwickelten Reformpakete notieren unter den Begriffen Basel I bis III. Basel III ging ein Arbeitsauftrag der G20 aus dem Jahr 2009 voraus, eine Empfehlung für neue Eigenkapital- und Liquiditätsstandards für international tätige Kreditinstitute zu entwickeln. Dies geschah unter dem Einfluss der massiven Verwerfungen im Zuge der Finanzkrise. Unter Basel III wurden die Anforderungen an das verpflichtend vorgeschriebene Niveau und die Qualität des durch die Banken vorzuhaltenden Eigenkapitals erheblich gesteigert. Zusätzlich müssen Banken mehr liquide Vermögenswerte vorhalten und es soll eine neue Verschuldungsobergrenze eingeführt werden. Die Regelungen wurden 2013 im Europäischen Parlament und Rat verabschiedet und ab 2014 stufenweise eingeführt.

In der Fachöffentlichkeit sind die Auswirkungen der Regulierungsinitiativen auf Kreditinstitute und die Finanzierbarkeit von Immobilien und Immobilienprojekten intensiv diskutiert worden:

- Da Eigenkapital i.d.R. teurer als Fremdkapital ist, steigen die Kosten der Kreditvergabe durch höhere Eigenkapitalunterlegungspflichten.
- Die mit der Regulierung einhergehenden Reporting- und Dokumentationspflichten bedeuten zusätzliche Kosten für die Kreditinstitute.
- Höhere Kosten, die derzeit kaum an den Kreditnehmer weitergegeben werden können, schwächen die Ertragslage der Banken und erhöhen den Druck zur Konsolidierung.
- Um die Aktivseite der Bilanz der Kreditinstitute von Risikopositionen zu entlasten, werden besonders risikoreiche Kreditvergaben wie in der Projektentwicklung so weit als möglich reduziert.
- Ein stärkerer Fokus auf risikoarme Immobilienfinanzierungen mit gedeckelten Kreditausläufen und Kreditrisiken resultiert auch aus der schlechteren Möglichkeit der Refinanzierung von höheren Kreditausläufen und –risiken.

Für Kreditnehmer bedeutet dies im Ergebnis höhere Kreditkosten, geringere Beleihungshöhen, eine Tendenz zu kürzeren Kreditlaufzeiten, strengere Financial Covenants (Verpflichtung zur Einhaltung maximaler Verschuldungsquoten oder Schuldendienstdeckungsquoten) und für Projektfinanzierungen zusätzlich erhöhte Anforderungen an die Planungsreife, die Qualität der Standorte, den Umfang der Besicherung, die Vorvermietungsquote und die Kostensicherheit. Je stärker Projekte von dem idealtypischen Profil abweichen, umso eingeschränkter ist die Finanzierbarkeit durch Kreditinstitute.

Bei Bestandsfinanzierungen haben sich Investoren zwischenzeitlich daran gewöhnt, höhere Eigenkapitalbeiträge leisten zu müssen. Konnten Immobilien vormals üblicherweise in Höhe von bis zu 90 Prozent des Immobilienwertes oder der Entwicklungskosten durch Bankenkredite finanziert werden, bewegen sich die Finanzierungszusagen konventioneller Banken heute üblicherweise auf Niveaus zwischen 60 und 80 Prozent.

Abb. 1: Sinkende Beleihungsausläufe für Fremdkapitaldarlehen von Banken

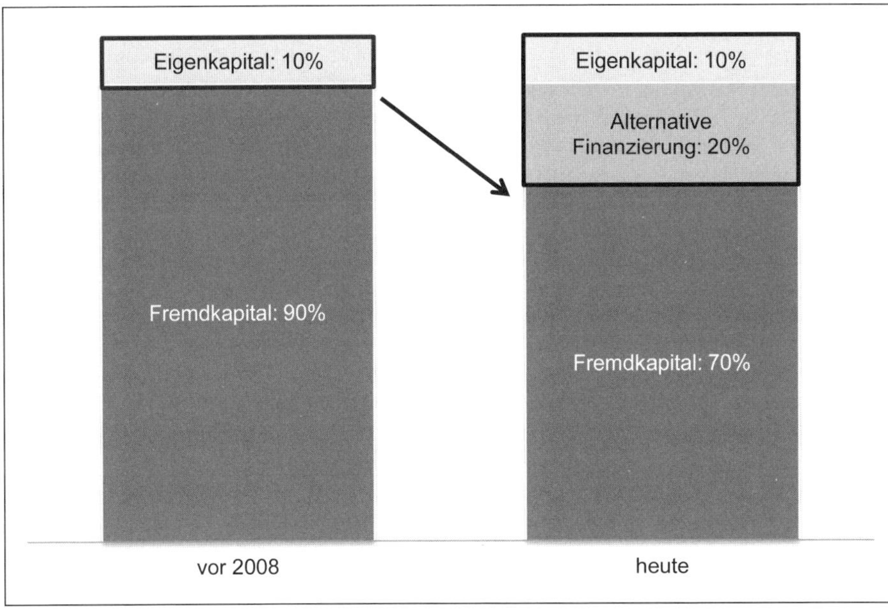

Quelle: eigene Darstellung

Anders stellt sich die Situation für Projektentwicklungen dar. Projektentwickler sind als operativ tätige Unternehmen darauf angewiesen, möglichst wenig Kapital langfristig in Projekten zu binden. Liquidität wird benötigt, um neue Projekte vorzubereiten und laufende Kosten des Unternehmens zu decken. Im Hinblick auf die Finanzierung von Immobilienprojekten verbleibt damit eine Lücke, die aus alternativen Kapitalquellen geschlossen werden muss.

Investoren sehen sich einer durch die Zinspolitik der Zentralbanken massiv verzerrten Investmentlandschaft gegenüber. Dies hat zu deutlichen Verschiebungen von Kapital aus den Rentenmärkten in die Immobilienmärkte geführt. Bei insgesamt guten Investitionsrahmenbedingungen und einer starken Immobilienkonjunktur sind aufgrund eines limitierten Angebotes an investmentfähigen Immobilien die Preise im deutschen Immobilienmarkt, aber auch bei vielen europäischen Nachbarn, auf ein Allzeithoch gestiegen. Investoren suchen händeringend nach Anlagealternativen im Segment Immobilie, die höher verzinst sind als fertige Bestandsimmobilien.

Verknüpft man den Kapitalbedarf von Projektentwicklern mit dem Anlagedruck von Investoren, wird deutlich, warum alternative Projektfinanzierungen derzeit ein hohes Interesse erfahren. Den Ausgestaltungsmöglichkeiten im Hinblick auf Instrumente, Verzinsung, Laufzeiten und Gewinn- und Verlustregelungen sind kaum Grenzen gesetzt. Dieser Beitrag beschreibt die gebräuchlichen Instrumente der alternativen Projektfinanzierung und untersucht typische Fragestellungen im Kontext der Anwendung. Dabei bemühen sich die Autoren, sowohl den Sichtweisen eines Entwicklers als auch denen eines Kapitalgebers gerecht zu werden.

8.2 Alternative Instrumente der Projektfinanzierung

8.2.1 Bausteine der Finanzierung einer Unternehmung

In der Unternehmensbilanz wird auf der Aktivseite die Mittelverwendung und auf der Passivseite die Mittelherkunft unterschieden. Die Mittelherkunft untergliedert sich in Eigenkapital und Fremdkapital. Als Eigenkapital gelten Mittel, die der Unternehmung von ihren Eigentümern unbefristet zur Verfügung gestellt werden, u.a. die Einlagen der Gesellschafter, Aktien oder einbehaltene Gewinne. Fremdkapital ist das durch Schuldenaufnahme finanzierte Kapital der Gesellschaft, das durch Gläubiger befristet zur Verfügung gestellt wird und für das i.d.R. Zinsansprüche bestehen. Im Insolvenzfall besteht der wesentliche Unterschied zwischen Eigen- und Fremdkapital darin, dass das Eigenkapital gegenüber den Gläubigern der Gesellschaft haftet.

Es gibt zwischen den Polen Eigenkapital und Fremdkapital aber auch noch eine Bandbreite von Finanzierungsinstrumenten, die nicht eindeutig dem Eigen- oder Fremdkapital zuzuordnen sind. Diese werden gemeinhin als „Mezzanine Kapital" bezeichnet. Je nachdem, ob die Instrumente stärker dem Eigenkapital oder dem Fremdkapital angenähert sind, spricht man von Equity Mezzanine oder Debt Mezzanine Kapital.

Abb. 2: Passivseite der Bilanz: Mittelherkunft

Aktiva	Passiva
Anlagevermögen	**Eigenkapital**
	• Einlagen der Gesellschafter
	• **Private Equity** (direkte Miteigentümerschaft an einem Unternehmen)
	• Public Equity (börsengehandeltes Beteiligungskapital / Aktienkapital)
	Mezzanine Kapital
	• Equity Mezzanine
Umlaufvermögen	• Debt Mezzanine
	Fremdkapital
	• Bankkredite
	• Leasing von Ausrüstungsgütern
	• Lieferantenkredite
	• Anzahlungen von Kunden
	• Anleihen

Quelle: eigene Darstellung

8.2.2 Abgrenzung und Beschreibung alternativer Finanzierungsinstrumente

Die Immobilienprojektentwicklung ist ein besonderer Finanzierungsanlass, der sich von klassischen Unternehmensfinanzierungen dadurch unterscheidet, dass das unternehmerische Risiko in der Projektentwicklung sehr hoch und der Zeitraum, in dem die Finanzierung in Anspruch genommen wird, begrenzt ist. Zudem wird während der Projektentwicklungsphase im Regelfall kein Einkommen produziert, aus dem laufende Zinsansprüche bedient werden können.

In Ergänzung zu dem klassischen Fremdkapital der Bank und dem echten Eigenkapital des Entwicklers haben deshalb für Immobilienprojektentwickler Finanzierungsinstrumente an Bedeutung gewonnen, die unter den Begriffen **Real Estate Private Equity** und **Mezzanine Kapital** subsummiert werden können und fortan von den Autoren unter dem Begriff „**Alternative Projektfinanzierung**" geführt werden.

Abb. 3: Abgrenzung Alternative Projektfinanzierung

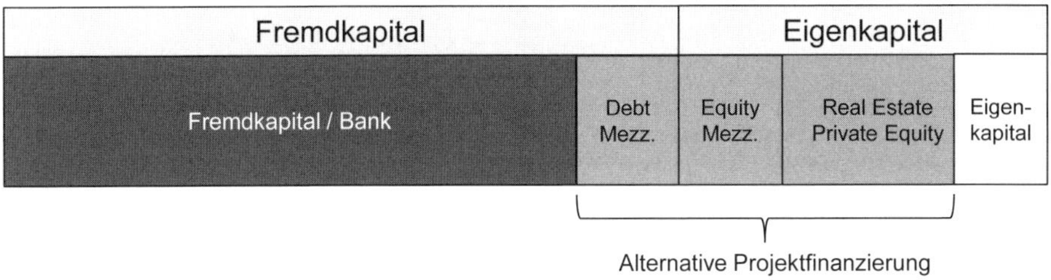

Quelle: eigene Darstellung

Real Estate Private Equity
Real Estate Private Equity dient dem Zweck, das Eigenkapital der Gesellschafter durch externes Eigenkapital zu ergänzen. Üblicherweise tritt der Kapitalgeber mit allen Rechten und Pflichten in die Stellung eines Gesellschafters ein. Demzufolge gilt die Beteiligung auch gegenüber Fremdkapitalgebern als vollumfänglich haftendes Eigenkapital. „Real Estate Private Equity im eigentlichen Hochrisikosinn ist Beteiligungskapital, das von externen Investoren mit einem meist hohen Fremdkapitalhebel für kurz- bis mittelfristige Investitionen [...] zur Verfügung gestellt wird"[1].

Mezzanine Kapital
Mezzanine Kapital hat sich als ein hybrides Finanzierungsinstrument in der Stellung zwischen Eigen- und Fremdkapital in der Immobilienindustrie durchgesetzt. Es hängt von der konkreten Ausprägung ab, ob das Mezzanine Kapital dem wirtschaftlichen Eigenkapital oder dem Fremdkapital zugerechnet werden kann. Hervorzuheben ist die hohe Flexibilität in der Ausgestaltung im Hinblick auf Laufzeiten, Kündigungsmöglichkeiten, Verzinsung, Gewinn- und Verlustregelungen, Rückzahlungsmodalitäten und Haftung[2]. Der Projektentwickler kann seinen Aufwand für das Debt Mezzanine Kapital steuerlich geltend machen.

Die Bank, die üblicherweise das Fremdkapital stellt, wird darauf achten, dass das Mezzanine Kapital wirtschaftlich und rechtlich dem haftenden Eigenkapital zugeordnet ist. Nur so ist es dem Projektentwickler möglich, die aus dem Kreditrating der Bank abgeleiteten Anforderungen an Beleihungsauslauf und Eigenkapitalquote zu erfüllen.

Im Rahmen einer strukturierten Finanzierung verfolgen Real Estate Private Equity und Mezzanine Kapital unterschiedliche Zielsetzungen und können auch kombiniert eingesetzt werden.

---

[1] Rottke, Nico B.: Bedeutung von Real Estate Private Equity für Deutschland. In: Rottke, Nico B. und Rebitzer, Dieter W. (Hrsg.): Handbuch Real Estate Private Equity. Köln 2006. S. 35

[2] vgl. Reul, Georg und Roß, Tim-Sebastian: Mezzanine Kapital für Projektentwicklungen. In: Rottke, Nico B. und Rebitzer, Dieter W. (Hrsg.): Handbuch Real Estate Private Equity. Köln 2006. S. 710

Abb. 4: Abgrenzung Private Equity vs. Mezzanine

Real Estate Private Equity	Mezzanine Kapital
– Real Estate Private Equity füllt ausschließlich Eigenkapitallücken.	– Mit Mezzanine Kapital können Finanzierungslücken entweder im Bereich des Eigenkapitals oder des Fremdkapitals geschlossen werden.
– Der Kapitalgeber hat i.d.R. eine Gesellschafterstellung und greift mit eigenem Know-How aktiv in das Management der Gesellschaft ein.	– Der Mezzanine Kapitalgeber hat im Regelfall eine passive Stellung gegenüber den Gesellschaftern und greift nicht in das Management der Gesellschaft ein.
– Der Kapitalgeber wird ausschließlich am Gewinn (bzw. Verlust) der Gesellschaft beteiligt – entweder anteilig oder überproportional zu den anderen Gesellschaftern.	– Mezzanine Kapital beinhaltet in der Regel eine feste Verzinsung, kombiniert mit einer erfolgsabhängigen Komponente, beispielsweise einem Equity Kicker.
– Real Estate Private Equity wird wie internes Eigenkapital nachrangig zu allen sonstigen Ansprüchen bedient und unterliegt damit einem höheren Risiko als Mezzanine Kapital. Dementsprechend ist die Verzinsungserwartung deutlich höher.	– Im Verwertungsfall wird der Mezzanine Kapitalgeber vor Real Estate Private Equity bedient

Quelle: eigene Darstellung, in Anlehnung an: Rebitzer, Dieter W.[3]

Im Abgleich der einschlägigen Literatur mit den praktischen Erfahrungen der Autoren können insbesondere die in Abb. 5 dargestellten Arten und Ausprägungen alternativer Finanzierungsinstrumente herausgehoben werden. Die Instrumente können sowohl auf Ebene der Zweckgesellschaft (Projekt-SPV) als auch auf Ebene der Muttergesellschaft (Projektentwicklungsunternehmen) Anwendung finden.

Diese werden nachfolgend näher beschrieben:

Abb. 5: Übersicht Alternative Finanzierungsinstrumente

<table>
<tr><th>Eigenkapital</th><th>Mezzanine Kapital</th><th>Fremdkapital</th></tr>
<tr><td>Real Estate Private Equity/ Joint Venture</td><td></td><td></td></tr>
<tr><td>Atypisch stille Beteiligung</td><td></td><td></td></tr>
<tr><td colspan="2">Genussrechte</td><td></td></tr>
<tr><td></td><td>Typisch stille Beteiligung</td><td></td></tr>
<tr><td></td><td>Options-/Wandelanleihe</td><td></td></tr>
<tr><td></td><td colspan="2">Partiarisches Darlehen</td></tr>
<tr><td></td><td colspan="2">Nachrangdarlehen</td></tr>
<tr><td></td><td></td><td>Anleihe</td></tr>
<tr><td></td><td></td><td>Bankdarlehen</td></tr>
</table>

Quelle: eigene Darstellung in Anlehnung an Fischer Mezzanine Kapital – eine Alternative für Unternehmer und Investoren. Vortrag Donauwörth 2006.

[3] Rebitzer, Dieter W.: Rahmenbedingungen für Real Estate Private Equity in Deutschland. In: Rottke, Nico B. und Rebitzer, Dieter W. (Hrsg.): Handbuch Real Estate Private Equity. Köln 2006. S. 57

Real Estate Private Equity/Joint Venture

- Der Eigenkapitalpartner beteiligt sich direkt an der Gesellschaft, indem er Gesellschaftsanteile übernimmt. Individuell wird üblicherweise entweder eine beherrschende oder eine gleichberechtigte Stellung angestrebt. In der Regel wird auch ein Geschäftsführer durch den Eigenkapitalpartner gestellt, der mit dem Projektentwickler gemeinsam vertretungsberechtigt ist. Der Gewinnanspruch ergibt sich der Höhe nach aus dem prozentualen Anteil des Eigenkapitalpartners an der Gesellschaft. Für den Eigenkapitalpartner ist es wichtig, seine Haftung zu begrenzen, im besten Fall auf das eingesetzte Kapital.
- Projektentwicklungen werden vielfach auch im Joint Venture von Unternehmen getätigt, die sich in ihrem Qualifikationsprofil ergänzen und die im Rahmen der Projektentwicklung unterschiedliche Aufgaben übernehmen. Hier ist üblicherweise von einer Gleichverteilung aller Rechte und Pflichten im Gesellschaftsvertrag auszugehen und die Geschäftsführung wird ebenfalls gemeinsam ausgeübt.

Atypisch stille Beteiligung

- Wenn der Gesellschafter neben Gewinn und Verlust auch an den stillen Reserven des Unternehmens beteiligt ist und (einem Kommanditisten einer KG gleichgestellt) Einfluss auf die Geschäftsführung nehmen kann, spricht man von einer atypischen stillen Beteiligung.

Genussrechte

- Begriff und Inhalte von Genussrechten sind gesetzlich nicht definiert und bedürfen deshalb einer vertraglichen Regelung. Bei der Ausgestaltung von Genussrechten sind jedoch ausgewählte Regelungen des Aktiengesetzes zu berücksichtigen.
- Genussrechte beteiligen den Darlehensgeber nicht an der Gesellschaft. Sie können dem Anleger „eine Beteiligung am Gewinn und daneben (oder auch alternativ) eine Beteiligung am Liquidationserlös einräumen“[4].
- Die Gewinnbeteiligung des Gläubigers kann auf unterschiedlichste Art erfolgen. Es sind feste Verzinsungen und gewinnabhängige Verzinsungen oder Kombinationen daraus möglich. In der Regel ist auch eine Beteiligung des Genusskapitals am Verlust vorgesehen.
- In der Handelsbilanz wird das Genussrecht in den allermeisten Fällen als Fremdkapital ausgewiesen. Es ist nur im Ausnahmefall die Zurechnung zum Eigenkapital möglich, wenn z.B. die Nachrangigkeit gegenüber allen anderen Gläubigern besteht, eine vollständige Erfolgsabhängigkeit inklusive Verlustteilnahme vereinbart wurde und das Kapital langfristig zur Verfügung gestellt wird.
- Üblicherweise liegt die Laufzeit von Genussrechten im mittelfristigen Bereich zwischen acht und zwölf Jahren. Daher finden Genussrechte eher für Bestandsfinanzierungen Anwendung.

Stille Beteiligung/Stille Gesellschaft

- Die stille Gesellschaft ist als solche keine Handelsgesellschaft. Sie ist eine Innengesellschaft, die nicht nach außen in Erscheinung tritt.
- Der stille Gesellschafter beteiligt sich derart an dem Handelsgewerbe eines anderen, dass seine Einlage gegen einen Anteil am Gewinn in das Vermögen des Inhabers des Handelsgewerbes übergeht. Ein Gesellschaftsvermögen entsteht nicht. Der stille Gesellschafter wird durch die Beteiligung nicht zum Kaufmann; der Inhaber muss aber Kaufmann sein und wird aus den mit Dritten abgeschlossenen Geschäften allein berechtigt und verpflichtet. Die Geschäftsführung/Vertretung steht ausschließlich dem Inhaber zu. Nach § 233 Abs. 1 HGB stehen dem stillen Gesellschafter jedoch Kontrollrechte zu, die im Rahmen der Gesellschaftsverträge auch noch erweitert werden können.

---

[4] *Johannemann, Ulf:* Hybride Finanzierungsformen. In: Lüdicke/Sistermann: Unternehmensteuerrecht, München 2008. S. 391.

- Der stille Gesellschafter muss zwingend am Gewinn des Unternehmens beteiligt sein; die Beteiligung am Verlust kann ausgeschlossen werden (§ 231 HGB). Wenn eine Beteiligung am Verlust ausgeschlossen ist, ist die Einlage des stillen Gesellschafters als Fremdkapital auf der Passivseite der Bilanz unter „sonstigen Verbindlichkeiten" aufzuführen. Besteht jedoch eine Beteiligung am Verlust der Gesellschaft, „ist die Stellung des Stillen der eines Eigenkapitalgebers angenähert, sofern neben der Verlustbeteiligung auch eine Nachrangvereinbarung besteht"[5]. Es ist entweder ein Ausweis als Eigenkapital oder als Sonderposten zwischen Eigenkapital und Verbindlichkeiten möglich.

Options- und Wandelanleihen

- Optionsanleihen (= Teilschuldverschreibung mit Bezugsrecht auf Aktien) setzen sich aus zwei Bausteinen zusammen: zum einen einer Schuldverschreibung mit einer festen Verzinsung, zum anderen einem Bezugsrecht für Aktien des Unternehmens, das die Anleihe begibt. Das Bezugsrecht ist unabhängig von der eigentlichen Anleihe. Für das Bezugsrecht zahlt der Investor entweder ein Aufgeld oder er akzeptiert eine geminderte Verzinsung der Anleihe (offenes vs. verdecktes Aufgeld). Die Laufzeit beträgt durchschnittlich zehn bis zwölf Jahre.
- Bei der Wandelanleihe hat der Investor das Recht, seine Anleihe mit verzinslichem Zahlungsanspruch gegen Aktien der ausgebenden Gesellschaft zu tauschen. Die Laufzeit kann grundsätzlich variabel gewählt werden; üblich sind 5 bis 20 Jahre, so dass auch dieses Instrument eher für Bestandsfinanzierungen Anwendung findet. Während die Anleihe als Fremdkapital gilt, zählt die Aktie zum Eigenkapital der Gesellschaft.

Partiarisches Darlehen und Nachrangdarlehen

- Rechtsgrundlage für Partiarische Darlehen ebenso wie für Nachrangdarlehen bilden die Reglungen des BGB, § 488 ff.
- Unter einem Partiarischen Darlehen erhält der Darlehensgeber für die Überlassung des Darlehens einen Anteil am Gewinn oder Umsatz. Zusätzlich zur Gewinnbeteiligung kann auch ein fester Zins vereinbart werden, der jedoch im Wert i.d.R. nachrangig zur Gewinnbeteiligung steht.
- Bei einem Nachrangdarlehen steht im Gegensatz dazu üblicherweise die feste Verzinsung im Vordergrund. Nachrangdarlehen zeichnen sich zudem in der Regel durch feste Laufzeiten aus.
- Im Insolvenzfall erfolgt eine nachrangige Bedienung der Forderungen gegenüber dem Fremdkapitalgeber. Partiarische Darlehen und Nachrangdarlehen sind aber in jedem Fall vorrangig gegenüber dem Eigenkapital der Gesellschaft.
- Nicht nur in Bezug auf die Forderungen, sondern auch in Bezug auf die Sicherheiten steht das Nachrangdarlehen gegenüber dem Fremdkapital zurück. Eine dingliche und schuldrechtliche Besicherung von Nachrangdarlehen ist aber durchaus üblich.
- Primäres Unterscheidungsmerkmal zur stillen Beteiligung ist, dass keine Verbindung zwischen Darlehensgeber und Darlehensnehmer über die rein wirtschaftlichen Interessen der Vertragsparteien hinaus besteht. Eine Einflussnahme auf die Geschäftsführung des Unternehmens findet nicht statt und Kontrollrechte sind üblicherweise stark eingeschränkt. Sollten sehr weitgehende Kontrollrechte und ggf. Einflussnahmen eingeräumt werden, besteht die Gefahr einer Mitunternehmerschaft und damit einer Gewerbesteuerpflicht für den Darlehensgeber.

Anleihe

- Bei der Anleihe handelt es sich um eine festverzinsliche Schuldverschreibung mit fester Laufzeit und Rückzahlung des eingesetzten Kapitals am Ende der Laufzeit. Der Erwerber einer Anleihe wird Gläubiger der ausgebenden Unternehmung. Emittenten sind sowohl private Unternehmen als auch die öffentliche Hand.

---

[5] *Johannemann* in Lüdicke/Sistermann a.a.O., S. 386 ff..

- Börsennotierte Anleihen dienen vorrangig der langfristigen Kreditfinanzierung eines Unternehmens. Projektentwicklungsunternehmen nutzen das auf Unternehmensebene eingesammelte Kapital für den auf Projektebene geforderten Eigenkapitalanteil. Das Instrument stellt allerdings hohe Anforderungen an den Emittenten, z.B. hinsichtlich Emissionsvolumen oder Publizitätspflichten.
- Privat platzierte Anleihen („Privatanleihen") gewinnen jedoch für Projektentwickler mit einem überschaubaren Kapitalbedarf zunehmend an Bedeutung und werden sowohl auf Unternehmensebene als auch auf Ebene der Zweckgesellschaft (Projekt-SPV) eingesetzt. Privatanleihen (sowohl als Inhaberschuldverschreibungen als auch als Namensschuldverschreibungen) werden nicht öffentlich angeboten, sondern gezielt bei einem limitierten Kreis von Anlegern platziert. Die Anleihen werden nicht gehandelt und demnach bis zur Fälligkeit von den Investoren gehalten. Zwar muss ein Wertpapierprospekt erstellt werden, eine Prospektprüfung durch die BaFin ist jedoch nicht erforderlich. Der Emissionsaufwand ist erheblich reduziert und die Vorlaufzeit für den Emittenten mit wenigen Wochen überschaubar.

Für die Immobilienprojektfinanzierungen ist es wesentlich, dass partiarische und Nachrangdarlehen ebenso wie auch Genussrechte so ausgestaltet werden, dass sie wirtschaftlich dem Eigenkapital zugeordnet werden können. Dem kommt für die Projektgesellschaft deshalb besondere Bedeutung zu, weil Eigenkapital nicht passiviert werden muss und ein höherer Eigenkapitalanteil sich positiv auf die Möglichkeit zur Aufnahme von Fremdkapital auswirkt.

Abb.: 6 Merkmale der Instrumente im Vergleich

	Laufzeit	Charakter	Mitbestimmung Kapitalgeber	Bedienung der Ansprüche	Verzinsungserwartung	Relevanz für Projektfinanzierung
Real Estate Private Equity	Unbefristet	Eigenkapital	Operativer Eingriff ins Management	Nachrangig zu allen anderen Kapitalquellen	Sehr hoch	Hoch
Atypisch stille Beteiligung	Unbefristet	Eigenkapital	Operativer Einfluss	Nachrangig zu allen anderen Kapitalquellen	Sehr hoch	Hoch
Stille Beteiligung	Unbefristet	Eigenkapital	Informations- u. Kontrollrechte	Nachrangig zu allen anderen Kapitalquellen	Hoch	Hoch
Partiarisches Darlehen	Je nach Ausgestaltung	i.d.R. Fremdkapital	Stark limitierte Informations- u. Kontrollrechte	Nachrangig ggü. FK-Bank, vorrangig ggü. EK	Mittel bis hoch	Hoch
Nachrangdarlehen	i.d.R. feste Laufzeit	i.d.R. Fremdkapital	Stark limitierte Informations- u. Kontrollrechte	Nachrangig ggü. FK-Bank, vorrangig ggü. EK	Mittel bis hoch	Hoch
Genussrechte	Feste Laufzeit, i.d.R. zwischen 8 u. 12 Jahren	i.d.R. Fremdkapital	Keine	Nachrangig ggü. FK-Bank, vorrangig ggü. EK	Erhöht	Gering
Anleihen/ Options- und Wandelanleihen	Feste Laufzeit, i.d.R. zwischen 5 u. 20 Jahren	Fremdkapital (nach Wandlung: Eigenkapital)	Keine	Nachrangig ggü. FK-Bank, vorrangig ggü. EK	Gering	Mittel

Quelle: eigene Darstellung

Aktuelle Erhebungen zur Relevanz alternativer Finanzierungsinstrumente zeigen das folgende Bild:

Abb. 7: Befragung unter Finanzierungsexperten – Welche alternativen Finanzierungsformen werden derzeit besonders stark genutzt?

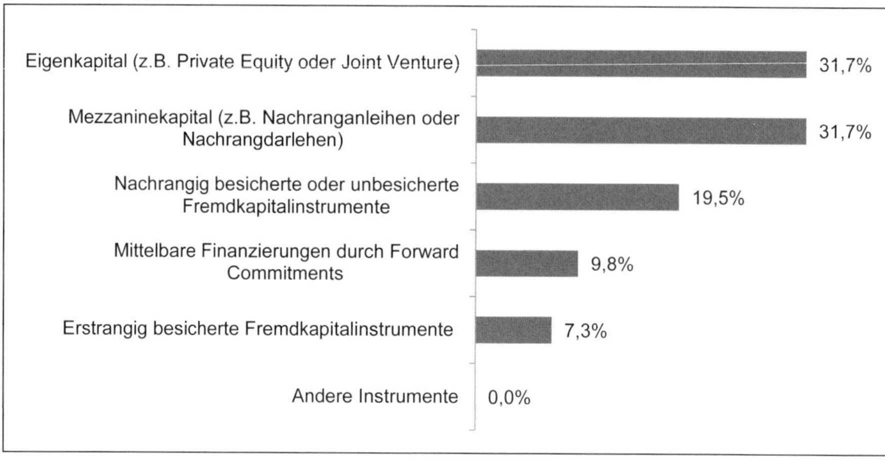

Quelle: Panelstudie BF Quartalsbarometer Q2/2018

8.2.3 Sonderformen

„Bridge Loan"

Im Zusammenhang mit alternativen Finanzierungsformen soll auch kurz auf den sog. „Bridge Loan" eingegangen werden. Wie der Name andeutet, geht es darum, einen kurzfristigen Finanzierungsbedarf zu decken, der im Rahmen von Projektentwicklung beispielsweise dann entsteht, wenn die Grundstückakquisition durchgeführt wird, bevor die Hochbaufinanzierung steht oder wenn eine Projektfinanzierung zurückgeführt werden muss, das Closing einer Veräußerung aber noch einige Monate in der Zukunft liegt oder aber die Umstellung auf eine Bestandsfinanzierung noch nicht erfolgt ist. Anbieter von Immobilienfonds nutzen gelegentlich Bridge Loans, um die Zeitspanne zwischen dem Erwerb einer Fondsimmobilie und der Platzierung des Eigenkapitals zu überbrücken. Im Kontext von Unternehmensfinanzierungen kann ein Bridge Loan dazu dienen, kurzfristigen Kapitalbedarf eines Unternehmens zu überbrücken, bevor aus der Emission einer Anleihe oder neuer Aktien Kapital zufließt.

Als Bridge Loan bezeichnet man üblicherweise Übergangsfinanzierungen für einen Zeitraum bis zu einem Jahr mit einer gegenüber einer Bestandsfinanzierung deutlich höheren Verzinsung und i.d.R auch Besicherung an der unterliegenden Immobilie. In der Abgrenzung zum Mezzanine Kapital wird der Bridge Loan auch als „Hard Money Loan" bezeichnet, da die Besicherung i.d.R. über das „harte Asset" – die fertig entwickelte und am Markt kurzfristig platzierbare Immobilie – erfolgt. Als Kapitalgeber kommen sowohl Banken als auch alternative Kapitalgeber in Frage.

„Forward Commitment"

Das Forward Commitment (oder auch: Forward Deal) bezeichnet den schlüsselfertigen Erwerb einer Immobilien-Projektentwicklung in der Planungs- oder der frühen Bauphase. Der Investor übernimmt je nach Vertragsgestaltung verschiedene Risikokomponenten, die beim Erwerb einer Bestandsimmobilie nicht von ihm zu tragen sind. Für den Entwickler und die finanzierende Bank reduzieren sich die Risiken durch den Verkauf entsprechend, so dass bessere Finanzierungskonditionen und ein geringerer Eigenkapitaleinsatz das Resultat ist. In Abhängigkeit vom Zeitpunkt der Kaufpreiszahlung werden unterschiedliche Begrifflichkeiten verwendet:

– Forward Funding: Die Transaktion einer Immobilien-Projektentwicklung, bei der der Kaufpreis durch den Erwerber in Raten nach Baufortschritt gezahlt wird
– Forward Purchase: Die Transaktion einer Immobilien-Projektentwicklung, bei der der Kaufpreis endfällig, d.h. nach Fertigstellung des Projektes gezahlt wird

8.3 Verzinsungserwartung

Verträge über alternative Projektfinanzierungen werden zwischen Kapitalgebern und Projektentwicklern individuell verhandelt. Anforderungen an den Zins folgen, im Gegensatz zum rating- und kapitalmarktbasierten Zins der Fremdkapitalbanken, individuellen Einschätzungen zu den projektspezifischen Risiken sowie Erfahrungen aus vergleichbaren Geschäften.

Eine erste Indikation in Bezug auf die Zinserwartung ergibt sich aus der Reihenfolge, nach der Gewinn- und Zinsansprüche der unterschiedlichen Kapitalgeber bedient werden, bzw. aus der Haftungsfolge des bereitgestellten Kapitals im Verwertungsfall („Waterfall"). Zins- und Gewinnansprüche werden nach Abschluss einer erfolgreichen Projektentwicklung in einer festen Rangfolge an die Kapitalgeber verteilt. Die Ansprüche des Fremdkapitals sind vorrangig gegenüber den Ansprüchen des Mezzanine- und des Eigenkapitals. Dann wird das nachrangige Mezzanine Kapital aus den eingehenden Zahlungsströmen bedient und erst zuletzt können die Eigenkapitalpartner und Gesellschafter ihren Rückzahlungs- und Gewinnanspruch geltend machen. Eventuelle Verluste hingegen steigen von „unten nach oben". Zunächst wird bis zum vollständigen Verzehr das Eigenkapital des Entwicklers belastet („Erstverlusttranche" oder auch „first loss piece"). Daraufhin steht das Beteiligungskapital im Feuer und erst wenn auch dieses vollständig aufgezehrt ist, wird das Fremdkapital belastet. Aus der Stellung im Waterfall lässt sich üblicherweise auch die Höhe der erwarteten Kapitalverzinsung ableiten. Gemeinhin fordert der Gläubiger, der als erstes an einem möglichen Verlust beteiligt wird, die höchste Verzinsung auf sein Kapital. Je geringer das Verlustrisiko des Anlegers ist, desto niedriger ist die Verzinsung des eingesetzten Kapitals.

Abb. 8: Rangfolge der Gläubiger und Begünstigten („Waterfall")

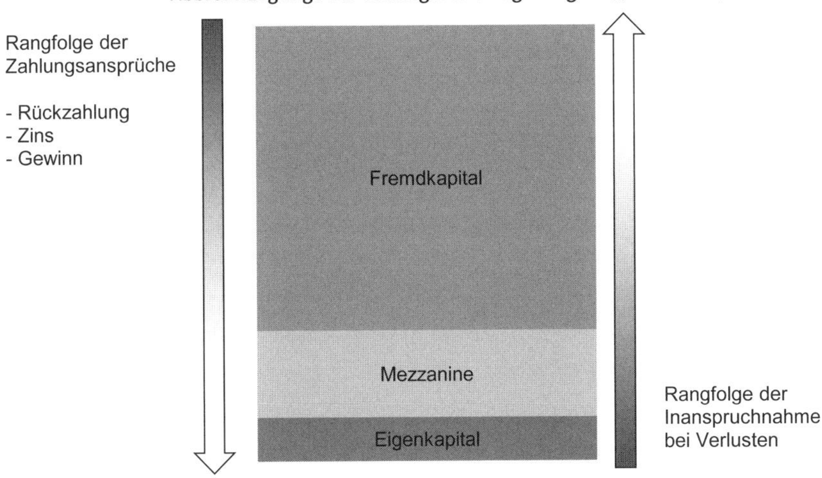

Quelle: eigene Darstellung

Darüber hinaus reflektiert der Verzinsungsanspruch das Risikoprofil einer Entwicklung und bildet sich aus den folgenden Faktoren:
– Track Record des Entwicklers
– Managementqualität des Entwicklers

- Standort
- Nutzungsart
- Eigenkapitalanteil des Entwicklers am Projekt
- Belastbarkeit der Datenbasis
- Reife/Stadium des Projektes
- Vermietungsstand und Stand der Verkaufsaktivitäten
- Qualität der Besicherung des Beteiligungskapitals
- Kapitalbindungsdauer
- Komplexität der Beteiligungsstruktur

Phasen der Projektentwicklung/Phasen der Projektfinanzierung
Nachfolgende Abbildung veranschaulicht exemplarisch die Phasen einer Projektentwicklung. Grundsätzlich gilt, dass das Projektrisiko zwischen der Projektidee und dem Verkauf immer weiter abnimmt, da im Zuge der fortschreitenden Entwicklung immer mehr Annahmen durch Gewissheiten ersetzt werden. Die Reife der Projektentwicklung ist demnach ein wichtiger Parameter zur Ableitung des Verzinsungsanspruches, so dass vereinfacht formuliert werden kann: je höher der Vorverkaufs- oder Vorvermietungsstand und die Baukostensicherheit, desto geringer das Risiko und somit der Verzinsungsanspruch. Aus Perspektive des Mezzanine Kapitals ist das aber nur bedingt richtig, da die unterschiedlichen Phasen der Projektentwicklung unterschiedlich kapitalintensiv sind und das Delta zwischen realisiertem Wert und eingesetztem Kapital dann am größten ist, wenn umfängliche vertragliche Verpflichtungen gegenüber Dritten eingegangen wurden, die Bautätigkeit aber noch am Anfang steht.

Abbildung 9: Phasen der Projektentwicklung

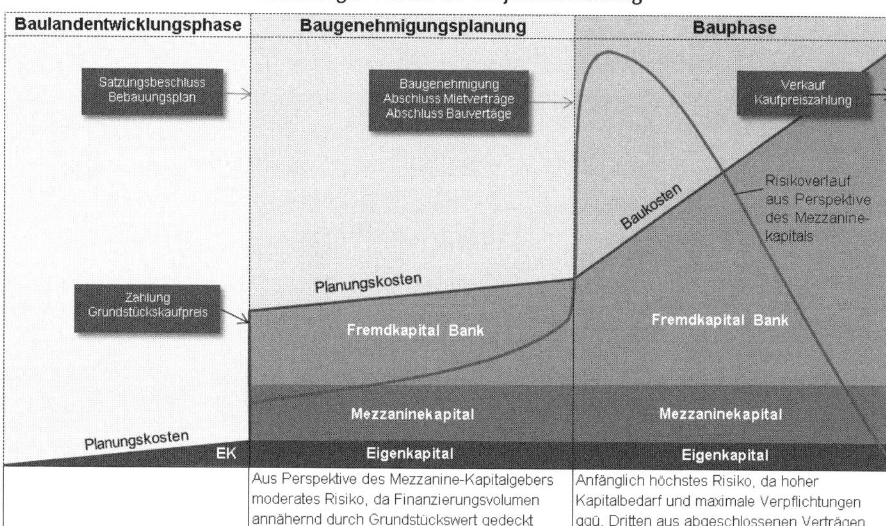

Quelle: eigene Darstellung

Die Gesamtverzinsung setzt sich üblicherweise aus zwei Bausteinen zusammen:
- **Basisverzinsung**: Die jährliche Basisverzinsung kann sowohl als laufender als auch als endfälliger Zins oder als eine Mischung aus beidem gezahlt werden. Bei den mezzaninen Finanzierungsinstrumenten ist dieser Zins gegenüber allen Gewinnausschüttungen zugunsten des Projektentwicklers vorrangig (Vorzugsrendite/Preferred Return). Bei einem üblichen Projekt mit hinreichender Reife kann als grober Richtwert eine Basisverzinsung von rd. 10 Prozent p.a. als marktüblich angenommen werden. Da Projekte üblicherweise

keine laufenden Erträge produzieren, müsste eine laufende Zinskomponente mitfinanziert werden. Dieser Aspekt führt möglicherweise zu Diskussionen zwischen den Parteien.

– **Gewinnbeteiligung/Equity Kicker**: Hierunter versteht man die Teilhabe am Projektgewinn. Der Projektgewinn ist üblicherweise bereits um die Vorzugsrendite und ggf. gestundeten Gebührenansprüche des Projektentwicklers bereinigt. Die Gewinnbeteiligung kann entweder als ein Anteil am Projektgewinn, der zwischen Entwickler und Kapitalpartner nach einer vorab festgelegten Quote aufgeteilt wird, oder als ein fest definierter Pauschalbetrag vereinbart werden. Die Schwierigkeit liegt in der transparenten Definition der Bemessungsgrundlage, da die Bilanzierung innerhalb der Projektgesellschaft sowohl hinsichtlich der Höhe des Gewinns als auch hinsichtlich des Zeitpunkts der Ausweisung durchaus Spielräume bietet. Wir empfehlen einfache, nachvollziehbare Berechnungsformeln.

Eine beispielhafte Attribution der Verzinsungsbausteine könnte wie folgt aussehen:

– Basiszinssatz von 10 Prozent p.a.,
  • davon 3 Prozent p.a. laufend, vierteljährliche Auszahlung
  • die restlichen 7 Prozent endfällig
– Erfolgsbeteiligung in Höhe von 20 Prozent des Gewinns (oder vorab definierter Pauschalbetrag)

In der Regel liegt der Verzinsungsanspruch für gewerbliche Projektfinanzierungen 2 bis 4 Prozentpunkte höher als für wohnungswirtschaftliche Projekte.

Abb. 10: Exemplarische Verzinsung Mezzanine

Sektor	Basisverzinsung p.a.		Gewinnbeteiligung	
	von	bis	von	bis
Wohnen	7,00 %	11,00 %	20,00 %	30,00 %
Büro, Handel	10,00 %	14,00 %	20,00 %	40,00 %

Quelle: eigene Darstellung

Private Equity Investoren erwarten aufgrund ihrer höheren Haftung auch eine höhere Verzinsung. Zusätzlich wird eine Gewinnbeteiligung in signifikanter Höhe erwartet. Der Zinsanspruch ist jedoch für beide Komponenten vollständig erfolgsabhängig.

Abb. 11: Exemplarische Verzinsung Private Equity

Sektor	Basisverzinsung p.a.		Gewinnbeteiligung	
	von	bis	von	bis
Wohnen	12,00 %	18,00 %	30,00 %	50,00 %
Büro, Handel	15,00 %	20,00 %	30,00 %	50,00 %

Quelle: eigene Darstellung

Zusätzlich zur Basisverzinsung und zu dem Gewinnanteil trägt der Projektentwickler in der Regel die Kosten der Bestellung der Sicherheiten und zahlt eine allgemeine Bearbeitungsgebühr (einmalig rd. 1 bis 2 Prozent vom Kapital) an den Kapitalgeber, aus der dieser seinen Prüfungsaufwand deckt.

Es kann zwischen dem Projektentwickler und dem Kapitalgeber zu Diskussionen darüber kommen, wann der Verzinsungsanspruch beginnt. Der Kapitalgeber hat das grundsätzliche Interesse, den Abschluss des Darlehensvertrags und die Auszahlung des Darlehens zeitlich nicht weit auseinanderfallen zu lassen, denn spätestens mit Abschluss des Vertrags hat er seine Prüfung abgeschlossen und die Mittel reserviert. Er ist in der Zahlungspflicht, d.h., er kann die auszureichenden Darlehensmittel nur noch kurzfristig und risikofrei anlegen. Unter IRR-Gesichtspunkten, also Verzinsung über Laufzeit, beginnt jetzt für den Kapitalgeber die Zinsuhr zu ticken. Bei einem deutlich späteren Kapitalabruf durch den Entwickler würde also selbst bei einem sehr hohen vertraglichen Zins das Gesamtergebnis aus Investorenperspektive durch die Zeit zwischen Bindung und Abruf erheblich geschmälert.

Selbstverständlich ist die Verzinsung alternativer Projektfinanzierungen auch abhängig vom allgemeinen Zinsumfeld. Die eingangs beschriebenen Verschiebungen der Kapitalströme in die Anlageklasse Immobilie und die Verfügbarkeit von Risikokapital aus unterschiedlichsten Kapitalquellen haben auch die Verzinsungsniveaus der alternativen Projektfinanzierungen unter Druck gesetzt, wie die nachfolgende Grafik beispielhaft veranschaulicht.

Abb. 12: Verzinsung von Risikokapital – zeitliche Entwicklung (exemplarisch)

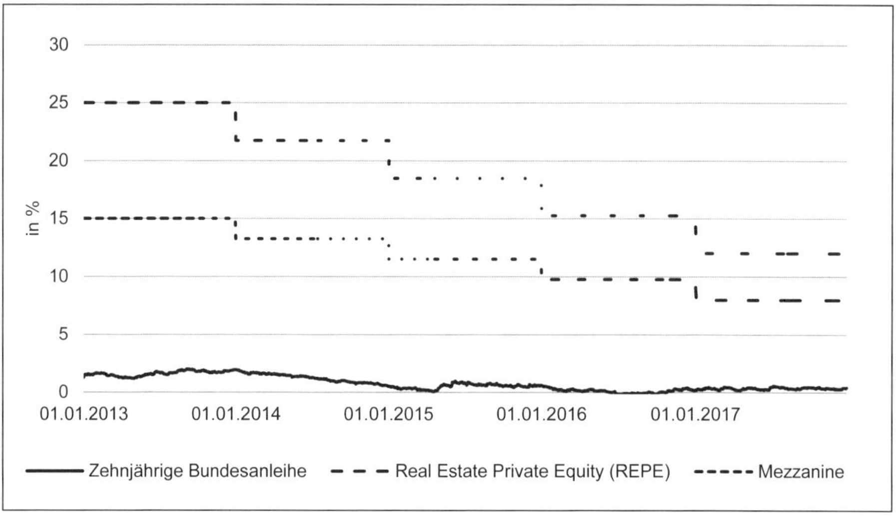

Quelle: Datastream, eigene Darstellung

8.4 Schutzmechanismen zur Absicherung von Ausfallrisiken

Unabhängig von der Form der Kapitalgewährung (Real Estate Private Equity/Mezzaninekapital) sind Beteiligungen an alternativen Projektfinanzierungen grundsätzlich als eine unternehmerische Beteiligung in einer hohen Rendite-/Risikoklasse einzuordnen, bei der die Qualität der Absicherung des eingesetzten Kapitals in erster Linie von der Qualität des operativen Partners und der Qualität des Projekts bestimmt wird.

Dennoch werden insbesondere für Mezzanine Darlehensstrukturen oftmals umfangreiche Schutz- und Sicherheitenmechanismen vereinbart, auf die wir im Weiteren stichpunktartig eingehen. Das Gros der klassischen Sicherheiten, die in Darlehensverträgen vereinbart werden, hilft im Fall eines Projekts in Schieflage oftmals nur sehr bedingt weiter, da einer Verwertung zwei wesentliche Einschränkungen entgegenstehen, die nachfolgend unter 8.4.1 und 8.4.2 ausgeführt werden:

8.4.1 Der Rangrücktritt gegenüber dem Fremdkapitalgeber

Nachrangklauseln regeln die Reihenfolge, in der die Inhaber von Forderungen aus der Vermögensmasse des Schuldners der Forderungen befriedigt werden. In der strukturierten Finanzierung reiht sich die alternative Projektfinanzierung mit allen Ansprüchen im Rang hinter der Bank, die das Fremdkapital stellt, ein (vgl. auch Abb. 8: „Rangfolge der Gläubiger und

Begünstigten"). Da der Fremdkapitalgeber in der Regel den größten Anteil an der Finanzierung trägt, beansprucht er für sich in jeder Hinsicht eine bevorzugte Stellung. Ansprüche eines alternativen Kapitalgebers können demnach erst dann geltend gemacht werden, wenn die Bank, die das Fremdkapital stellt, mit all ihren Forderungen vollständig bedient wurde.

Aus Perspektive der fremdfinanzierenden Bank ist die Konstellation dann als ideal zu erachten, wenn weitere Kapitalgeber ihr gegenüber nicht eigenständig in Erscheinung treten. Dies ist regelmäßig dann der Fall, wenn das Beteiligungskapital nicht auf der Ebene der Projektgesellschaft sondern auf der Ebene des Projektentwicklungsunternehmens eingeht und damit vollumfänglich als Eigenkapital haftet. Wird das Beteiligungskapital aber als Nachrangdarlehen auf Ebene der Zweckgesellschaft eingebracht, ergibt sich aus zwei Zusammenhängen heraus Regelungsbedarf. Zum einen muss die fremdfinanzierende Bank damit umgehen, dass ein Nachrangdarlehen den **Beleihungsauslauf** der Finanzierung verschiebt. Da der Beleihungsauslauf ein wesentliches Kriterium für die Risiko-Klassifizierung seitens der Bank darstellt, wird ein erhöhter Auslauf also i.d.R. zu einer Erhöhung des geforderten Darlehenszinses führen. Zweitens will die fremdfinanzierende Bank sicherstellen, dass ihr Zugang zu den Sicherheiten und die Möglichkeit zur Verwertung nicht durch Dritte eingeschränkt wird. Auch behält sich der Fremdkapitalgeber vor, eine Sicherheitenverwertung ohne Zustimmung des Nachranggläubigers einzuleiten. Im umgekehrten Fall ist eine eigenmächtige Sicherheitenverwertung des Nachranggläubigers üblicherweise ausgeschlossen. Gleichsam erkennt der Fremdkapitalgeber aber an, dass, soweit Ansprüche des Fremdkapitalgebers aus der Verwertung der Sicherheiten voll erfüllt sind, die Rechte und Ansprüche zur Verwertung durch den Nachranggläubiger freigegeben werden. Die Regelungen zwischen Fremdkapital und Beteiligungskapital werden üblicherweise im Rahmen eines **Inter Creditor Agreement** (ICA), einer Rangrücktrittserklärung und/oder einer Darlehensbelassungserklärung getroffen. Regelmäßig ist eine zunehmende Komplexität in der Dreiecksbeziehung dann zu erwarten, wenn das Fremdkapital nicht nur durch eine Partei, sondern durch ein Konsortium gestellt wird, in welchem seitens der verschiedenen beteiligten Banken wiederum unterschiedlichste Anforderungen an die Vertragsbedingungen gestellt werden.

8.4.2 Der „Qualifizierte Rangrücktritt"

Bei der Gestaltung von Mezzanine-Darlehen ist darauf zu achten, dass die Darlehensvergabe kein erlaubnispflichtiges Kreditgeschäft nach dem Kreditwesengesetz KWG begründet. Das Tätigen von Kreditgeschäften ohne Bankenerlaubnis ist bußgeld- und u.U. auch strafbewehrt. Nach § 32 (1) KWG dürfen Kreditgeschäfte gewerbsmäßig nur von Banken durchführt werden:

> „Wer im Inland gewerbsmäßig oder in einem Umfang, der einen in kaufmännischer Weise eingerichteten Geschäftsbetrieb erfordert, Bankgeschäfte betreiben oder Finanzdienstleistungen erbringen will, bedarf der schriftlichen Erlaubnis der Aufsichtsbehörde; […]"

Ein Kreditgeschäft liegt insbesondere dann vor, wenn dem Darlehensgeber ein unbedingter Rückzahlungsanspruch zusteht. Um einen unbedingten Rückzahlungsanspruch und damit ein erlaubnispflichtiges Kreditgeschäft auszuschließen, wird in Nachrangdarlehensverträgen üblicherweise zusätzlich zum Nachrang gegenüber der fremdfinanzierenden Bank in Bezug auf die Darlehensrückzahlung und Sicherheitenverwertung ein sog. „qualifizierter Rangrücktritt" vereinbart. Damit ist ein Rückzahlungsanspruch solange und soweit ausgeschlossen, als die Zahlungsfähigkeit des Darlehensnehmers bzw. des Sicherheitengebers bedroht ist. Aber auch Sicherheiten, die von Dritten für das Darlehen gewährt werden, sollten einen qualifizierten Rangrücktritt aufweisen. Anderenfalls bestünde die Gefahr, dass der qualifizierte Rangrücktritt im Darlehensvertrag durch die aus den Sicherheiten folgenden unbedingten Zahlungs- bzw. Verwertungsansprüche faktisch aufgehoben werden könnte.

Ein Darlehensgeber, der mit dem Darlehensnehmer einen qualifizierten Nachrang vereinbart hat, muss demnach sein Kapital wie ein Gesellschafter auch und gerade dann in dem Unternehmen belassen, wenn dieses in eine wirtschaftliche Schieflage gerät.

Es haben sich Gestaltungsvarianten herausgebildet, bei denen für den erlaubnispflichtigen Bestandteil des Darlehensgeschäfts ein bereits lizensierter Bankenpartner hinzugenommen wird. Ein Bankenpartner („Fronting Bank") gibt das Darlehen aus und reicht es dann in unverbriefter oder verbriefter Form gegen eine Gebühr („Fronting Fee") an einen nicht lizensierten Dritten weiter. Die mit dem Darlehen in Verbindung stehenden nicht erlaubnispflichtigen Dienstleistungen können dann ebenfalls von dem nicht lizensierten Dritten erbracht werden. Der wesentliche Vorteil, der sich daraus ergibt, ist, dass auf den sog. qualifizierten Rangrücktritt in den Darlehens- und Sicherheitenverträgen verzichtet werden kann, was die Sicherheitenposition des Darlehensgebers verbessert. In der Praxis erweist sich das Modell jedoch als wenig flexibel. Immer dann, wenn sich beispielsweise Restrukturierungsbedarfe im Hinblick auf das Darlehen ergeben, mehrere Auszahlungszeitpunkte für das Darlehen angelegt sind oder Anschlusskredite vereinbart werden sollen, ist wiederum der Einbezug des Bankenpartners erforderlich. Während das Fronting-Modell in der Vergangenheit vielfach von Darlehensfonds genutzt wurde, ist die Wahrnehmung der Autoren, dass das Modell aufgrund der damit verbundenen Einschränkungen zuletzt eher an Bedeutung verloren hat.

8.4.3 Instrumente zum Schutz des Beteiligungskapitals

Der Schutz des Beteiligungskapitals wird nicht allein durch klassische Kreditsicherheiten gewährleistet. Die Autoren nutzen deshalb den Begriff der Schutzinstrumente für Maßnahmen zum Schutz des Beteiligungskapitals in einem weit gefassten Sinne. Hierzu zählen beispielsweise auch die Voraussetzungen, die an die Auszahlung des Beteiligungskapitals geknüpft sind oder die vertraglich vereinbarten Berichtspflichten des operativen Projektpartners.

Der nachfolgende beispielhafte Instrumentenkasten berücksichtigt Maßnahmen, die ihre Wirkung in unterschiedlichen Projektkonstellationen oder Projektphasen entfalten.

Auszahlungsvoraussetzungen für das Beteiligungskapital, z.B.

- Rechtswirksame Bestellung der Sicherheiten- bzw. Schutzinstrumente zugunsten des Risikokapitalgebers
- Abgeschlossener Ankauf des Projektgrundstücks durch den Entwickler
- Das Eigenkapital des Entwicklers wurde nachweislich und unwiderruflich in die Zweckgesellschaft eingezahlt
- Vorlage einer verbindlichen Zusage bzw. Übergabe des abgeschlossenen Vertrags über die Fremdfinanzierung, wobei die Konditionen keine negativen Abweichungen gegenüber den Annahmen der Projektentwicklerrechnung bei Vertragsschluss aufweisen
- Schriftliche Bestätigung des Fremdkapitalgebers über die Erfüllung der Auszahlungsvoraussetzungen für das Fremdkapitaldarlehen
- Bei geplanter Beauftragung eines Generalunternehmers (GU): Ein GU-Vertrag wurde abgeschlossen und zur Verfügung gestellt. Die wirtschaftlichen Annahmen der Projektentwicklerrechnung werden durch die Beauftragung bestätigt. Bei Einzelvergaben: Nachweis Baukostensicherheit
- Bestätigung und Nachweis, dass
  - das Grundbuch neben der Buchgrundschuld des Fremdkapital Darlehensgebers keine weiteren Belastungen in Abteilung III enthält
  - die Baugenehmigung ohne Auflagen erteilt wurde
  - die Entwicklung angemessen versichert ist
  - sich zwischen der Unterzeichnung des Mezzanine Darlehensvertrages und dem Auszahlungstag keine wesentlichen negativen Änderungen in Bezug auf die Projektentwicklerrechnung ergeben haben
- Sollte die Auszahlung mehrerer Darlehenstranchen vereinbart sein, kann das Erreichen bestimmter Meilensteine (Verkaufs- oder Vermietungsstände) als Auszahlungsbedingung vereinbart werden

- Abtretung der Rückgewähransprüche um sicherzustellen, dass der Kreditnehmer nach Tilgung des Fremdkapitaldarlehens kein neues Darlehen aufnimmt, bevor das Mezzanine-Darlehen getilgt ist
- Zufriedenstellende Selbstauskunft über die Vermögensverhältnisse der Darlehensnehmerin und/oder der Bürgen
- Übernahme einer Kostenüberschreitungsgarantie durch den Projektentwickler
- etc.

Berichtspflichten des Projektenwicklers, z.B.
- Testierte Jahresabschlüsse, spätestens sechs Monate nach Abschluss des Geschäftsjahres
- Recht zur Prüfung auf Kosten des Entwicklers, falls Zweifel an der Ordnungsmäßigkeit begründet ist
- Informationspflicht über deutliche Verschlechterung der Ertrags-, Finanz-, Liquiditäts-, Geschäftslage oder der Geschäftsaussichten des Entwicklers
- Monatliches Reporting über den Projektfortschritt: Bericht über Vermietungsaktivitäten, Bericht über Verkaufsaktivitäten, Änderungen an Verträgen (Mietverträge, Vertrag über Fremdkapitaldarlehen, Bauverträge, etc.)
- Fortschreibung der Projektentwicklerkalkulation und Kommentierung der relevanten Abweichungen, Übersicht über die Mittelverwendung, Vergabestatus, Baukostenentwicklung, Bautenstandsbericht, Terminplanung, Risikoeinschätzung etc.
- Durchführung vierteljährlicher Projektgespräche auf der Baustelle, auf Wunsch unter Hinzuziehung von Dritten
- Änderungen des Vertrags mit der fremdfinanzierenden Bank
- Veränderungen des Gesellschafterkreises
- Informationen über Neugründung von Gesellschaften und über An-/Verkäufe des Darlehensnehmers
- Vorlage neu abgeschlossener Mietverträge
- Vorlage des endverhandelten Vertrags über den Verkauf der Projektentwicklung und Kopie des abgeschlossenen Vertrages
- Information über Insolvenzanträge, Verpfändungen oder sonstige Streitigkeiten

Klassische Sicherheiten, insbes.
- Bürgschaften, Patronate oder Schuldbeitritte der Muttergesellschaft der Projektgesellschaft und/oder der Privatpersonen auf erstes Anfordern und unter dem Verzicht auf Vorausklage
- Abtretung von Kauf-/Mietpreisansprüchen zugunsten des Risikokapitalgebers
- Verpfändung von Gesellschaftsanteilen
- Untersagung von weiteren Kreditaufnahmen und Belastungen des Grundstücks
- Untersagung von Zahlungen an verbundene Unternehmen oder Personen, die über das genehmigte Budget der Projektkalkulation hinausgehen, bis zum Zeitpunkt der Rückführung des Beteiligungskapitals (inklusive Zins- und Gewinnansprüchen)
- Kontenverpfändung: Nach Rückzahlung der Fremdkapitaldarlehen wird der Kreditnehmer die laufenden Gesellschaftskonten an den Risikokapitalgeber verpfänden.

Schutzmechanismen im weiteren Sinne, z.B.
- Beteiligung des Entwicklers am Projekt mit echtem Eigenkapital in relevanter Größenordnung
- Recht zum Ankauf und zur Übernahme der Projektgesellschaft („Call Option SPV"): Der Beteiligungspartner kann unter vorab definierten Bedingungen (Verfehlen von Meilensteinen, wesentliche Verstöße des Projektpartners gegen vertragliche Pflichten, o.ä.) die Projekt-

gesellschaft übernehmen, um die Projektentwicklung in eigener Verantwortung weiter zu führen. In der Regel ist es erforderlich, Verpflichtungen aus dem Fremdkapitaldarlehen und ggf. weiteren Verträgen zu übernehmen und ggf. auch zusätzliches Kapital einzubringen, um das Projekt zu stabilisieren. Die Übernahme ist steuerlich und rechtlich komplex und Bedarf der Mitwirkung der Fremdkapital-Bank.

- Recht zum Ankauf und zur Übernahme der Immobilie („Call Option Asset"): Die Objektübernahme ist deutlich einfacher als die Übernahme der Gesellschaft, da in der Regel der Ballast von alten Vertragsbeziehungen abgestreift wird und das Projekt neu aufgestellt werden kann. Allerdings dürfte üblicherweise Grunderwerbsteuer ausgelöst werden.
- Der Beteiligungspartner erhält das Recht, unter bestimmten Voraussetzungen die Geschäftsführung auszutauschen bzw. zu übernehmen.
- Vereinbarung von zustimmungspflichtigen Geschäften, z.B. Abschluss von
  - Mietverträgen (ab einem Mindestvolumen von …)
  - Bauverträgen (ab einem Mindestvolumen von …)
  - Ankauf- und Verkaufsverträgen
  - Finanzierungsverträgen
  - Etc.
- Erhöhter Basiszins oder erhöhte Gewinnbeteiligung für den Risikokapitalgeber als Folge von Verstößen des Projektpartners gegen vertragliche Verpflichtungen oder bei Nichterreichung von Projektzielen

8.5 Perspektive des Kapitalgebers

8.5.1 Marktteilnehmer

Als Kapitalgeber für Immobilienprojektentwicklungen betätigen sich unterschiedlichste Parteien, insbesondere:

Sehr vermögenden Privatpersonen/Family Offices[6] sind seit Jahrzehnten in diesem Segment aktiv. Investierte diese Gruppe früher eher opportunistisch, führen heute oftmals strategische Überlegungen zu einem Engagement in diesem Segment. Es wird sowohl direkt als auch indirekt über Club Deals investiert. Vorteil dieser Investorengruppe ist, dass sie weitgehend unreguliert ist und schnell und unternehmerisch handeln kann. Ein Nachteil kann sein, dass emotionale Kriterien Eingang in die Anlageentscheidung finden.

Auch potente **Bauunternehmer**, die selbst Projektentwicklungsgeschäft betreiben, können als Finanzierungspartner für Projektentwickler auftreten. Eine beliebte Konstellation ist hierbei, dass der Bauunternehmer sich im Zuge der Finanzierungsbeteiligung den lukrativen Hochbauauftrag für sein Unternehmen sichert.

Ein **Joint Venture** von Gesellschaften im Kontext einer Immobilienprojektentwicklung kann in unterschiedlichsten Konstellationen stattfinden. Oftmals sind die Gesellschafter zu jeweils gleichen Teilen am Kapital der Joint Venture Gesellschaft beteiligt, besetzen aber unterschiedliche Kompetenzfelder:

- Eine Partei übernimmt bspw. das kaufmännische Management, die Finanzierung, Buchhaltung, Bilanzierung, etc., während die andere Partei baut, vermietet und verkauft.
- Eine Partei hat exklusiven Zugang zum Ankermieter oder zum Grundstück, hat aber fachliche Defizite oder mangelnde Ressourcen, die eine andere Partei ausgleicht.
- Zwei Entwickler verbünden sich im Zuge eines Bieterverfahrens, um eine stärkere Position gegenüber der Konkurrenz aufzubauen.

[6] Family Office bezeichnet Organisationsformen und Dienstleistungen, die sich mit der Verwaltung privater Großvermögen befassen.

– Der Projektentwickler begründet mit einem bereits identifizierten Endinvestor ein Joint Venture für das Projekt.
– Der Projektentwickler bildet gemeinsam mit dem Finanzierungspartner, der den Großteil der Eigenmittel stellt, eine gemeinsame Gesellschaft.

Mittlerweise sehr aktive Marktteilnehmer sind **Versicherungen und Versorgungswerke**. Vergleichbare Regulierungsinitiativen wie für Banken gab es unter dem Stichwort „Solvency II" auch für die Versicherungswirtschaft. Solvency II ist als europäisches Aufsichtsregime 2016 in Kraft getreten. Den Kern bildet die Anforderung an eine risikobasierte Eigenmittelausstattung von Versicherern mit dem Ziel, das Insolvenzrisiko der Gesellschaften zu verringern. Versicherer sind im Zusammenhang mit der Vergabe von Krediten an die Immobilienindustrie aus zweierlei Gründen von Interesse. Zum einen sind sie selbst als Kreditgeber aktiv und könnten diese Rolle durchaus weiter ausbauen, denn nach den Maßgaben von Solvency II gelten für die Vergabe von Darlehen niedrigere Eigenkapitalunterlegungsanforderungen als für die Anlage in (fremdfinanzierte) Immobilien oder Aktien. Zudem ist die Regulierung der Versicherer in Bezug auf die Kreditvergabe weniger strikt als die Regulierung des Bankensektors. Gleichzeitig sind Versicherer jedoch auch traditionelle Abnehmer für Pfandbriefe oder Schuldverschreibungen, die Banken als Refinanzierungsinstrument dienen. Daneben treten große Versicherer auch als Initiatoren von exklusiven Projektfinanzierungsfonds für Unternehmen der Versicherungswirtschaft auf. Sie bieten so auch kleinen und mittelgroßen Versicherungen die Möglichkeit, in Immobilienfinanzierungen zu investieren. Versicherungen und Versorgungswerke nutzen Finanzierungspartnerschaften mit Projektentwicklern aber auch, um sich Zugang zu Projekten für den Ausbau des eigenen Immobilienbestands zu verschaffen.

Während sich **Kreditinstitute** im Zuge der Finanzkrise weitgehend aus dem Segment der alternativen Projektfinanzierungen zurückgezogen hatten, sind sie heute wieder vermehrt als Risikokapitalgeber aktiv. Typischerweise tun sie dies ergänzend zu ihrer klassischen Rolle als Fremdkapitalgeber. Durch das Angebot sog. „Whole Loans" (Darlehen, die die Mezzanine-Tranche und die Fremdkapital-Tranche einer Finanzierung zu einer Gesamtfinanzierung zusammenfassen), fungiert die Bank als sog. „one stop agency" des Projektentwicklers für Finanzierungthemen.

Die volumenstärksten Marktteilnehmer im Segment „alternativer Projektfinanzierungen" sind **Finanzierungsfonds**, die von Intermediären der folgenden Industriezweige aufgelegt werden:
– Investmentbanken
– Private Equity Firmen
– Immobiliengesellschaften
– Emissionshäuser für Fonds
– Projektentwicklungsgesellschaften
– Beratungs- und Maklergesellschaften
– Banken
– Vermögensverwalter

Diese Fonds werden überwiegend aus Anlagegeldern von Großinvestoren gespeist. In der Regel entscheiden sich Anleger für Fondslösungen, wenn keine eigene Expertise vorgehalten wird oder an der Expertise und dem Marktzugang eines Fondsmanagers partizipiert werden kann. Weiterhin ermöglicht eine Investition über Fonds eine breitere Diversifikation über mehrere Projekte.

Der Darlehensvergabe durch Investmentfonds waren in Deutschland in der Vergangenheit investmentrechtlich sehr enge Grenzen gesetzt. Auf Grundlage des 2016 in Kraft getretenen OGAW-V-Umsetzungsgesetzes hat der deutsche Gesetzgeber inzwischen jedoch Regelungen zur Darlehensvergabe sowie zur Restrukturierung von Darlehensforderungen durch Alternative Investment Fonds (AIF) in das Kapitalanlagegesetzbuch aufgenommen. Kapitalanlagegesellschaften dürfen nun unter bestimmten Voraussetzungen (u.a. Anteilserwerb nur durch professionelle oder semi-professionelle Anleger, keine Vergabe von Darlehen an Verbraucher,

Mindestanforderungen an die Risikostreuung und das Risikomanagement) Kreditfonds auflegen und Darlehen vergeben. Dahinter steht die Erwartung des Gesetzgebers, dass Darlehensfonds durchaus wertvolle Beiträge für die Finanzierung der Realwirtschaft leisten können.

Abb. 13: Expertenbefragung – Welche alternativen Kapitalgeber nehmen Sie in der Praxis wahr?

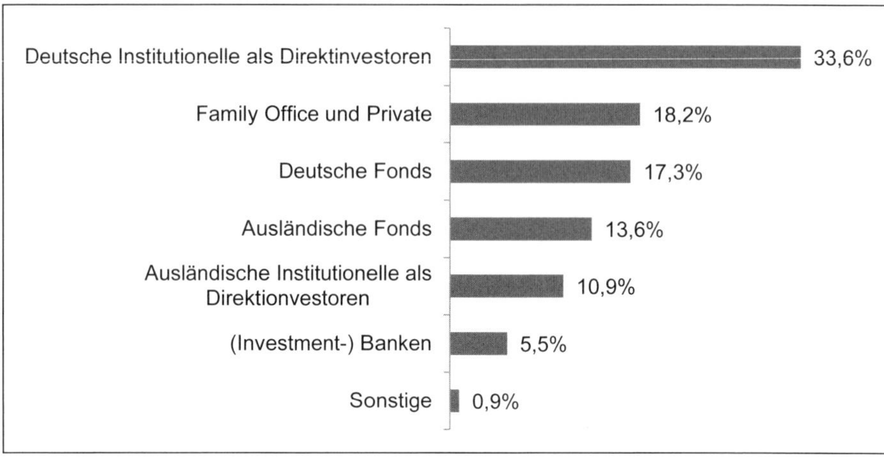

Quelle: Panelstudie BF Quartalsbarometer Q4/2017

Crowd Investing Plattformen

Crowd Investing Plattformen haben sich in den letzten Jahren als neue Marktteilnehmer für alternative Projektfinanzierungen etabliert. Die erste rein auf Immobilienprojekte ausgerichtete Plattform ging 2012 in den USA an den Start, im gleichen Jahr startete die erste Crowd Funding Plattform für Immobilien in Deutschland. Das Volumen der vermittelten Finanzierungsvolumina ist in den USA von anfänglich wenigen Millionen US-Dollar auf mittlerweile mehrere Milliarden US-Dollar gestiegen. In Deutschland ist das Volumen der über Kapitalplattformen eingeworbenen Mezzanine-Tranchen zwar stark wachsend, derzeit in absoluten Zahlen und im Verhältnis zum gesamten Finanzierungsmarkt betrachtet aber noch überschaubar.

Crowd Investing Plattformen stellen Immobilienprojektentwicklern Risikokapital üblicherweise in Form von Nachrangdarlehen zur Verfügung. Auch in diesem Modell ergänzt das nachrangige Risikokapital in der strukturierten Finanzierung die erstrangige Fremdfinanzierung einer Bank und das Eigenkapital, das der Projektentwickler selbst einlegt. Besonderheit ist jedoch, dass dieses Risikokapital nicht von einer Partei zur Verfügung gestellt wird, sondern über eine Online-Plattform an eine Vielzahl von Kleinanlegern („Crowd") ausplatziert wird. Anleger können bereits ab Mindestanlagebeträgen von wenigen hundert Euro investieren. Unter anderem das 2015 in Kraft gesetzte Kleinanlegerschutzgesetz KASG definiert jedoch Spielregeln, die das Geschäftsfeld der Plattformen einschränken. So gilt für Privatpersonen eine Beteiligungsobergrenze von 10.000 Euro, wobei der Investor ab einer Beteiligung von 1.000 Euro eine Selbstauskunft über seine Einkommensverhältnisse abgeben muss. Für die Plattformen selbst gilt eine Befreiung von der Pflicht zur Erstellung eines ausführlichen Verkaufsprospekts nur bei Beteiligungsvolumina bis 2,5 Mio. Euro.

Die im Markt bestehenden Plattformen nutzen derzeit vielfach noch ein Modell, bei dem das Investorenkapital über einen Treuhänder gebündelt wird. Der Treuhänder ist gleichzeitig der Verwalter der vom Projektentwickler (qualifiziert nachrangig) gewährten Sicherheiten. Mehrere Anbieter wollen jedoch zukünftig verstärkt das Instrument der Anleihe nutzen. So sollen sowohl öffentliche als auch privat platzierte Anleihen konzipiert werden, die auch die Vermittlung größerer Mezzanine-Tranchen ermöglichen und die zudem den Anforderungen institutioneller Investoren genügen.

Abb. 14: Entwicklung des Crowdinvesting Volumens in Deutschland

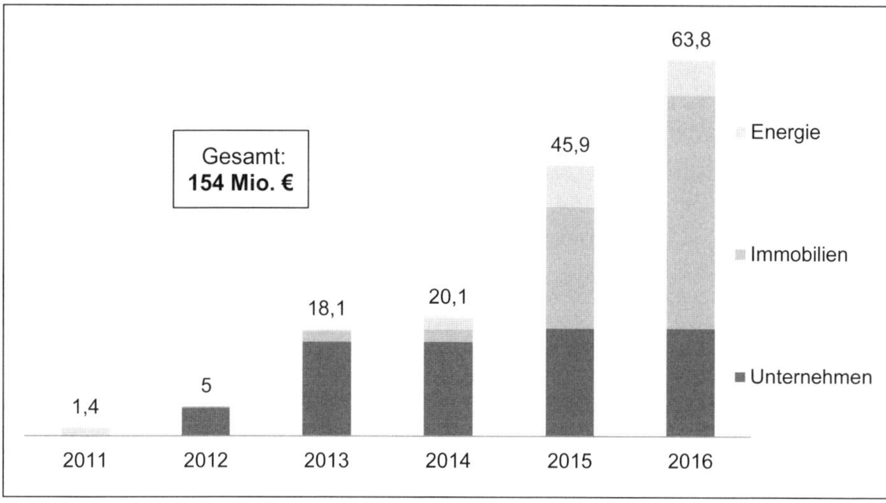

Quelle: crowdfunding.de. Crowdinvesting Marktbericht 2016

Maßgebliche Faktoren für das zunehmende Interesse von Anlegern an einer Beteiligung sind neben den geringen Mindestanlagebeträgen die im aktuellen Marktumfeld ansprechende Verzinsung des eingelegten Kapitals im mittleren einstelligen Prozentbereich und die kurzen Laufzeiten der Projektbeteiligungen von 2 bis 3 Jahren. Zumindest fraglich bleibt dabei, ob die gewährte Verzinsung das Investitionsrisiko tatsächlich widerspiegelt, denn üblicherweise werden auf Projektebene zwischen der Crowd Investing Plattform und dem Projektentwickler deutlich höhere Verzinsungen von >10 % p.a. vereinbart. Die Plattformen überzeugen in erster Linie mit ihrer digitalen Vermittlungstechnik, die es dem Privatanleger deutlich erleichtert und in vielen Fällen überhaupt erst ermöglicht, in Risikokapitaltranchen für Projektentwicklungen zu investieren.

Aus Sicht der Autoren sind v.a. vier Fragen für den langfristigen Erfolg des Geschäftsmodells entscheidend:

1. Welche der Plattformen, die derzeit alle noch von Venture Capital abhängig sind, werden sich langfristig durchsetzen?
2. Wie reagieren Anleger im Falle einer Zinswende – werden Mezzanine-Verzinsungen für die Crowd im mittleren einstelligen Prozentbereich attraktiv genug sein, wenn Anlagealternativen wieder an Bedeutung gewinnen?
3. Wie reagieren die angesprochenen Privat- oder Kleinanleger, wenn es tatsächlich in relevantem Umfang zur Leistungsstörung oder zum Ausfall von Projekten kommt?
4. Wie geht die Regulierung mit dem Thema Crowd Investing um? Je größer die Bedeutung von Crowd Investing wird, desto stärker dürften Bestrebungen der Finanzaufsicht werden, das Thema auch regulatorisch strenger einzuhegen.

8.5.2 Vor- und Nachteile alternativer Projektfinanzierungen für Kapitalgeber

Vorteile

- Hohe Renditechance
- Geringe Korrelation der Investition zu den Kapitalmärkten
- Im Erfolgsfall kurze Kapitalbindung
- Vielfältige Ausgestaltungsmöglichkeiten

Nachteile
- Hohes Anlagerisiko
- Spezialwissen aus der Beteiligungs- und der Immobilienindustrie notwendig
- Zeitintensive Prüfung und Verhandlung
- Hohe Eintrittsbarrieren
- Instrument ist nicht fungibel

8.6 Perspektive des Projektentwicklers

8.6.1 Marktteilnehmer

Während die Ranglisten der aktivsten Projektentwicklungsunternehmen derzeit von überregional tätigen mittelständischen Konzernen wie der Zech Group oder der CG Gruppe angeführt werden, sind dennoch vor allem kleinere und mittlere Unternehmen mit regionaler Ausrichtung für die Projektentwicklerlandschaft in Deutschland prägend. Der Bedarf für alternative Finanzierungsinstrumente ist durchaus bei allen genannten Gruppen zu verzeichnen. Der Umfang der Finanzierungstranchen bringt es hierbei mit sich, dass Projektentwickler mit kleineren Projekten eher bei privaten Kapitalgebern fündig werden, wogegen Konzerne mit Projektvolumina deutlich oberhalb von 100 Mio. Euro ggf. eher bei institutionellen Investoren und großen Kapitalsammelstellen geeignete Ansprechpartner finden.

8.6.2 Ziele des Projektentwicklers

Die Position des Projektentwicklers in der Partnerschaft mit dem externen Geldgeber ist zunächst recht klar. Er sieht sein Kerngeschäft in den Herausforderungen des Planens, Bauens und Vermarktens der Projektentwicklung. Kapitalbeschaffung ist für ihn traditionell eine eher lästige Pflicht und die Bereitschaft, ggf. sogar Eingriffe in das operative Geschäft zuzulassen, um überhaupt Zugang zu Kapital zu erhalten, ist zunächst gering ausgeprägt. Auf der anderen Seite ermöglichen ihm externe Kapitalquellen, sein Eigenkapital zu schonen, das Risiko auf Einzelprojektebene zu minimieren und Ressourcen für die Realisierung von Neugeschäft vorzuhalten. Der erweiterte Kapitalzugang ist oftmals die Voraussetzung für die Expansion bzw. überhaupt den Zugang zu Projekten einer gewissen Größenordnung. Möglicherweise gelingt es dem Entwickler auch, selbst bei Aufnahme von hoch verzinstem Risikokapital seine Eigenkapitalrendite weiter zu verbessern.

Dies vorausgeschickt verfolgt er in der Verhandlung mit externen Kapitalgebern üblicherweise folgende Ziele:
- Minimierung des Einsatzes von echtem Eigenkapital aus dem Gesellschafterkreis
- Flexibler Zugang zu Kapital, das bedarfsabhängig in Anspruch genommen werden kann (z.B. in Form eines Rahmenkredits)
- Minimierung des administrativen Aufwands durch strukturierte Finanzierungen aus einer Hand („one-stop-agency“)
- Minimierung der Kapitalkosten durch Verhandlung einer möglichst geringen Verzinsung/Gewinnbeteiligung
- Endfälligkeit und Erfolgsabhängigkeit der Zins-/Gewinnansprüche
- Flexible Ausrichtung der Zinskosten an der Entwicklung der Projektrisiken
- Möglichkeiten zur variablen Ausgestaltung der Konditionen an den Projekterfordernissen
- Keine Gewährung von Sicherheiten über das Projektgrundstück bzw. die Projektgesellschaft hinausgehend („non recourse“)

– Vollständiger Erhalt der operativen Handlungsfähigkeit durch Vermeidung einer Gesellschafterstellung für externe Geldgeber oder Gewährung von Zustimmungs- oder Informationsrechten

Darüber hinaus verfolgt der Entwickler aber auch noch eine Reihe von weiteren, eher weichen Zielen:

– Er ist i.d.R. an langfristigen Partnerschaften interessiert, so dass in der Zusammenarbeit anfänglich Standards definiert werden, auf die bei Folgeprojekten zurückgegriffen werden kann, so dass sich der Aufwand in der Zukunft reduziert.
– Er fordert Verlässlichkeit, denn er muss die Geschlossenheit der Finanzierung möglichst frühzeitig und über die gesamte Projektlaufzeit hin gewährleisten können.
– Er benötigt Flexibilität in den Darlehensbedingungen, damit der Veränderlichkeit des Finanzierungsgegenstandes in den Vereinbarungen Rechnung getragen werden kann.

Die Verhandlungsstärke des Entwicklers richtet sich grundsätzlich nach vier Hauptkriterien:

– Bonität des Kreditnehmers
– Track Record im Hinblick auf das konkrete Bauvorhaben
– Qualität des Projektes/Objektes
– Finanzierungsauslauf/LTV
– Aktuelle Wettbewerbssituation am Finanzierungsmarkt

8.6.3 Neue Anforderungen an den Projektentwickler

Die Fokussierung der Banken auf die Qualität ihrer Kreditportfolios privilegiert die Finanzierung von Immobilienprojekten in guten Lagen, mit sehr guter Objektqualität sowie nachgewiesenermaßen marktgängigen Nutzungskonzepten und im besten Fall bereits bekannten Nutzern. Projektentwickler werden in Zukunft mehr Aufwand für die Erstellung von Standort- und Marktanalysen sowie Nutzungskonzepten betreiben müssen. Von ihnen wird volle Transparenz und Überprüfbarkeit ihrer Leistungen in allen Phasen des Entwicklungsprozesses gefordert. Neben den Transparenzerfordernissen auf der Projektebene werden auch die Aufbauorganisation, die Prozessorganisation, Kompetenzen und Referenzen sowie Reporting-Standards des Projektentwicklers Prüfungsschwerpunkte, die in die Entscheidung über Kapitalvergaben mit einfließen.[7] Auffällig ist, dass Banken für die Entwicklung von Wohnimmobilien aufgrund des vermeintlich geringeren Vermarktungsrisikos in der Regel bessere Finanzierungskonditionen stellen als für gewerblich genutzte Immobilien.

Weitere Konsequenzen für den Projektentwickler:

– Durch Basel II+III entstehen den Banken im Zuge komplexerer Verfahren der Kreditbearbeitung dauerhaft höhere Kosten. Diese Kosten werden u.U. an die Kreditnehmer weitergereicht.
– Die Einbindung externer Controller zur Überwachung der kaufmännischen und technischen Projektabwicklung durch die Banken wirkt ebenfalls kostenerhöhend, da die Kreditnehmer an diesen Kosten i.d.R. beteiligt werden.
– Das prozyklische Kreditvergabeverhalten des Bankensektors wird verstärkt.
– Die Anforderungen an die Qualität von Bürgschaften und Garantien steigt, um gegebenenfalls günstigere Finanzierungskonditionen durchsetzen zu können.
– Die restriktivere Kreditvergabe erfordert einen erhöhten Einsatz von Eigenkapital. Dieses ist im Vergleich zu Fremdkapital teurer und nicht steuerlich abzugsfähig.

---

[7] *Pitschke* Konsequenzen der Neuen Basler Eigenkapitalvereinbarung für mittelständische Immobilien-Projektentwickler. Diplomarbeit an der European Business School Schloß Reichartshausen. Oestrich-Winkel 2001.

Alternative Finanzierungsinstrumente können zumindest teilweise einen Ausgleich schaffen und Finanzierungslücken schließen. Jedoch steigen Aufwand und Anforderungen an Know-How und Organisationsaufbau des Entwicklers, z.B. durch:

- Professionelle Ansprache alternativer Finanzierungspartner
- Zusätzliche Gespräche und Verhandlungen mit Kapitalgebern
- Neue Komplexität durch eine Mehrzahl von Beteiligten mit unterschiedlichen Interessen
- Verzahnung der Interessen und Verträge zwischen Eigenkapitalgeber, Mezzanine Kapitalgeber und Fremdkapitalgeber
- Höherer laufender Aufwand für das Finanzierungsmanagement
- Neue Reportingpflichten

Entwickler sind gezwungen, auf die gestiegenen Anforderungen durch Aufbau von spezialisiertem Personal zu reagieren oder aber in diesem Feld spezialisierte Dienstleister zu engagieren. Die Hauptaufgaben sind insbesondere Projektaufbereitung, Erarbeitung von Finanzierungskonzepten, Kapitalakquisition, Verhandlung der Verträge, Betreuung der Kapitalgeber, Prüfung der Einhaltung der Zahlungsflüsse und Verträge, Controlling und Reporting sowie Risikoanalysen. Die geforderte Kombination aus Finanzierungs-Know-How und immobilienwirtschaftlichem Know-How wird heute noch nicht von allen Unternehmen vorgehalten.

8.6.4 Vor- und Nachteile alternativer Projektfinanzierungen für Entwickler

Vor- und Nachteile alternativer Finanzierungsinstrumente sind aus der Perspektive des Projektentwicklers nicht allgemeingültig zu beantworten. Die Inanspruchnahme ist immer auch mit Pflichten und ggf. unternehmerischen Einschränkungen verbunden. Während die eigenkapitalnahen Instrumente üblicherweise mit operativer Einflussnahme des Kapitalpartners verbunden sind und das Kapital teuer erkauft wird, bestehen kaum Anforderungen an die Besicherung, eine Bedienung von Ansprüchen erfolgt nur bei Erfolg, das Kapital steht üblicherweise unbefristet zur Verfügung und vom Know-How-Beitrag des Finanzierungspartners kann ggf. profitiert werden. Demgegenüber haben die eher fremdkapitalnahen Instrumente den Vorteil, dass der Kapitalpartner eine eher passive Rolle einnimmt und der Entwickler „Herr im eigenen Hause" bleibt. Die Kapitalkosten sind geringer, woraus Leverage-Chancen resultieren. Die Zinszahlungen auf das Kapital können vom Entwickler, soweit die Ausprägung eher Fremdkapital-nah ist, in der Regel steuerlich geltend gemacht werden. Im Gegenzug steigen die Anforderungen an die Besicherung und die Flexibilität in der Mittelverwendung sinkt. Falls eine laufende Verzinsung vereinbart wurde, muss diese mitfinanziert werden. Üblicherweise ist die Laufzeit begrenzt, so dass ein Auseinanderfallen von Fälligkeit und Projektabschluss möglich ist.

Vorteile

- Möglichkeit der Realisierung von Großprojekten, die einen Eigenkapitaleinsatz verlangen, der vom Projektentwickler selbst nicht dargestellt werden kann
- Bonitätsfördernd – Stärkung des wirtschaftlichen Eigenkapitals der Entwicklung
- Möglichkeit der schnelleren Expansion durch zeitgleiche Realisierung mehrerer Projekte
- Möglichkeit zur Finanzierung von antizyklischen Projekten oder Nischenthemen
- Diversifikation durch Verteilung des verfügbaren Eigenkapitals auf mehrere Projekte
- Steigerung der Eigenkapitalrendite
- Steuerliche Abzugsfähigkeit der Verzinsung
- Erhalt der unternehmerischen Freiheit, da Kapitalgeber häufig passiv bleiben
- Reduktion des eigenen Verlustrisikos aufgrund des geringeren selbst aufzubringenden Eigenkapitalanteils

Nachteile

- Der absolute Gewinnanteil sinkt

- Höhere Kapitalkosten gegenüber klassischem Kredit
- Zusätzlicher administrativer Aufwand z.B. durch Anforderungen an das Berichtswesen, Auseinandersetzung mit aktivem Finanzierungspartner etc.
- Erhöhte Transparenzerfordernisse
- Risiko der Sanktionierung durch den alternativen Kapitalgeber (Kündigung, Teilnahme an der bzw. Einflussnahme auf die Geschäftsführung, Vertragsstrafen etc.)
- Im schlimmsten Fall Abberufung als Geschäftsführer und Verlust der Kontrolle über das Projekt

8.7 Die Zusammenarbeit zwischen Kapitalgeber und Projektentwickler

8.7.1 Gesprächsführung zwischen den Parteien

Eine Finanzierungspartnerschaft gründet auf Vertrauen. Vertrauen gründet auf Transparenz sowie offener, frühzeitiger Kommunikation von Zwischenständen, Entscheidungsknoten, Änderungen und sich anbahnenden Problemen. Partnerschaft setzt voraus, eigene Prozesse kritisch hinterfragen zu lassen und auf Anregungen und Erfordernisse des Projektpartners einzugehen. Da sich nicht alle Eventualitäten, die im Projektverlauf auftreten können, im Vorwege antizipieren und vertraglich regeln lassen, muss der Kapitalgeber das Gefühl haben, dass er auch im Falle von unerwarteten Schwierigkeiten mit dem Projektentwickler einen Steuermann an Bord hat, der im Sinne der gemeinsamen Interessen Kurs hält.

Nun bestehen jedoch zwischen den Parteien in der Regel Informationsasymmetrien. Der Projektentwickler besitzt gegenüber dem Kapitalpartner einen Wissensvorsprung in Bezug auf die geplante Projektentwicklung und wird möglicherweise versuchen, diesen zu seinen Gunsten auszunutzen. Um einer Übervorteilung des Kapitalgebers durch den Projektentwickler entgegenzuwirken, ist es wirkungsvoll, diesem Anreize zum korrekten Verhalten geben, beispielsweise durch:

- Festlegung einer asymmetrischen Gewinnverteilung – der Entwickler erhält seinen Gewinnanteil erst, nachdem der Kapitalgeber vollständig bedient wurde
- Eigenkapitalbeteiligung des Entwicklers mit Vinkulierungsverbot[8]
- Deckelung der aufwandsbezogenen Projektmanagementgebühr bzw. Kopplung an den Projekterfolg
- Weitere Sicherheiten wie Patronate oder Bürgschaften
- Zustimmungspflicht des Kapitalgebers zu vorab definierten Geschäften
- Umfangreiches Reporting, das eine Einschätzung über die tatsächlichen Verhältnisse im Projekt (insbes. Entwicklung von Baukosten, Bauzeiten, Vermietungsaktivitäten, ggf. Änderungen/Nachträge Bestandsmietverträge, Vermarktungsprozess, Mittelverwendung, etc.) zulässt
- Regelmäßige Jour Fixe zwischen Kapitalgeber und Projektentwickler auf der Baustelle

8.7.2 Anbahnungsphase

Es ist hilfreich, wenn sich die Parteien aus anderen Zusammenhängen bereits kennen. Eine lockere Kontaktpflege über den Rahmen eines konkreten Projektes hinaus macht den Einstieg in ein konkretes Projekt einfacher. Für konkrete Finanzierungsgespräche erachten es die Autoren

[8] Verbot des Übertrags eines Anteils bzw. der Refinanzierung auf Dritte ohne Zustimmung

als hilfreich, wenn für eine klassische Aufbaufinanzierung zumindest die folgende Projektreife nachgewiesen werden kann:
- Projektgrundstück angebunden bzw. Zuschlag realistisch zu erwarten
- Vor-/Entwurfsplanung mit Kostenschätzung und Ausstattungsbeschreibung sowie Plausibilisierung der Kosten
- Baugenehmigung erteilt bzw. Genehmigungsfähigkeit vorabgestimmt
- Detaillierte Projektentwicklerkalkulation
- Marktanalyse

8.7.3 Termsheet

Die Nutzung von Termsheets hat sich auch unter Marktteilnehmern der alternativen Projektfinanzierung etabliert, um bereits in einer frühen Phase der Prüfung einer Finanzierungsbeteiligung die wesentlichen wirtschaftlichen und juristischen Bedingungen zu dokumentieren. Ziel ist es zu vermeiden, dass sich erst am Ende eines zeitaufwendigen und kostenintensiven Prüfprozesses herausstellt, dass die Parteien von unterschiedlichen Voraussetzungen ausgegangen sind. Aus dem Termsheet resultiert für die Parteien in erster Linie eine moralische Verpflichtung zum Abschluss von bindenden Finanzierungsverträgen. Ggf. sind aber auch Regelungen dazu enthalten, von welcher Partei potenzielle Prüfkosten zu tragen sind, wenn es nicht zum Abschluss von bindenden Finanzierungsverträgen kommt.

Sofern im Termsheet bereits alle vertraglich wesentlichen Punkte angesprochen werden, kann dies den späteren Aufwand zur Gestaltung der Kredit- oder Beteiligungsverträge deutlich reduzieren.

Beispielhafte Regelungsbereiche eines Term Sheets:
- Vertragsparteien
- Präambel
  - Projektbeschreibung/Investment-Logik
  - Ziele und Aufgaben des Joint Venture Partners (Risikokapitalgeber)
  - Ziele und Aufgaben des Entwicklers (Sponsor)
- Zusammenfassung der Entwicklerkalkulation mit Kennziffern
- Mittelherkunft und Mittelverwendung
- Aufbau- und Ablauforganisation
- Transaktionsform: Asset vs. Share Deal
- Status des Projektes/Objektes: Due Diligence Ergebnisse, Finanzierungsgespräche, Verhandlungsstatus, Hürden etc.
- Organigramm der Beteiligungsverhältnisse
  - Joint Venture Gesellschaft: Rechtsform, Gesellschaftsanteile, Stammkapital, Stimmrechte
  - Objektgesellschaft: Rechtsform, Gesellschaftsanteile, Stammkapital, Stimmrechte
- Investitions- und Verkaufsstrategie: Mindesthaltedauer, Basislaufzeiten, Verlängerungen, Exit-Recht, Übernahme-Optionen, Change of Control-Klausel, Bad Leaver-Klausel
- Finanzierungsstruktur: Eigenkapital, Mezzanine, Fremdkapital/Konditionen des Fremdkapitaldarlehens
- Konditionen des Beteiligungskapitals: Bearbeitungsgebühr, Mindestverzinsung, Vorrangverzinsung, Equity Kicker, Nachschussverpflichtungen, Haftungsabgrenzung
- Ergebnisverteilung während der Haltedauer und nach Verkauf
- Sicherheiten und Schutzmechanismen
- Gebührenansprüche des operativen Projektpartners sowie weiterer Dienstleiter (z.B. für Akquisition, Finanzierung, Asset-/Projektmanagement, Buchhaltung, Rechnungswesen)

- Zeitplan
- Sonstige Vereinbarungen: Exklusivität, Vertragsstrafe, Kostenteilung bei Abbruch
- Anlagen: LOI oder Kaufvertrag über das Projektgrundstück, Investitionsrechnung, Termsheet über Fremdkapitaldarlehen, Organigramm, Due Diligence Reports

8.7.4 Beteiligungsstruktur und Struktur des Projekterwerbs

Es empfiehlt sich eine frühzeitige Abstimmung der Beteiligungsstruktur sowie der Erwerbsstruktur für das Projekt bzw. das Projektgrundstück unter Einbezug der Disziplinen Steuern und Recht. Dies ist insbesondere bei der Investition über eine gemeinsame Gesellschaft anzuraten. Aspekte, die hier Berücksichtigung finden sollten, sind:

- Flexibilität im Exit (Asset Deal, Veräußerung Objektgesellschaft, Veräußerung Joint Venture Gesellschaft)
- Begrenzung der Haftung
- Steuerlich optimierter Erwerb des Projekts bzw. des Projektgrundstücks
- Steuerlich optimierte Vereinnahmung von ggf. entstehenden laufenden Erträgen
- Steuerlich optimierte Vereinnahmung von Veräußerungserlösen
- Abzugsfähigkeit von etwaigen Verlusten

Die Aufsetzung der Struktur kann von erheblichem Einfluss auf den wirtschaftlichen Erfolg und auch die Vermarktbarkeit des entwickelten Produkts sein.

8.7.5 Beteiligungsprüfung

Die Due Diligence eines Kapitalgebers hat, ebenso wie die Due Diligence eines Immobilienkäufers, die sorgfältige und umfassende Prüfung einer geplanten Investition zum Ziel. Im Rahmen der Due Diligence werden die Stärken und Schwächen der Investition analysiert. Die Ergebnisse bilden einerseits die Grundlage für die Festlegung der Verzinsungserwartung, die mit der Investition einhergehen sollte. Andererseits fließen die Erkenntnisse in die Vertragsverhandlung ein mit dem Ziel, identifizierte Risiken so weit als möglich zu transferieren. Insbesondere geht es aber darum, die vorhandene Informationsasymmetrie zwischen dem Projektentwickler und dem Kapitalgeber abzubauen, Lücken in der bestehenden Informationslage zu schließen und vorliegenden Informationen auf Plausibilität zu prüfen. Gegebenenfalls wird der Prüfende durch Anwälte, Wirtschaftsprüfer, Steuerexperten, Marktexperten und Baufachleute unterstützt. Die Steuerung der Due Diligence erfolgt üblicherweise durch die kaufmännische Seite. Entwickler und Kapitalgeber vereinbaren Zeitraum und Umfang für die Due Diligence. Gegebenenfalls kann die Zahlung einer Aufwandsentschädigung vereinbart werden, falls es nicht zum Abschluss einer Kapitalbeteiligung kommt.

Die Due Diligence für eine Beteiligung setzt sich – auch abhängig von der Art der Beteiligung und der Form der Besicherung – aus unterschiedlichen Prüfungsschwerpunkten zusammen. Wesentliche Bausteine könnten insbesondere sein

- Projekt
  - Technische Aspekte des Bauvorhabens
  - Genehmigungen
  - Bauzeiten-/Baukostenplan, Baukostenschätzung, Vergabemechanismus
  - Projektentwicklungsrechnung
  - Gebührenansprüche (zugunsten des Entwicklers bzw. Dritter)
  - Vermietungs- u. Vermarktungsstrategie
- Marktumfeld
  - Standort- und Marktanalyse
- Projektentwickler

  - Track Record
  - Operative Aufbau- und Ablauforganisation
  - Risikomanagementsysteme (Projekt-/Unternehmensebene)
  - Kennzahlen (Gesellschafterstruktur, Bilanzen, wirtschaftliche Substanz/Kapitalausstattung)
  - Wirtschaftliche, rechtliche und finanzielle Verflechtungen zwischen den Gesellschaftern und den Gesellschaften
  - Sicherungsübereignungen, Rechte Dritter, etc.
  - Rechtsstreitigkeiten
- Recht
  - Gesellschaftsrecht
  - Genehmigungen
  - Verträge (Kaufverträge, Mietverträge, Gesellschaftsverträge, etc.)
  - Sicherheiten
- Steuern
  - Steuerrechtliche Implikationen der Beteiligung
- Finanzierung
  - Strukturierung der Finanzierung
  - Inhalte des Finanzierungsvertrags des Entwicklers mit der Fremdkapitalseite
  - Regelungen zwischen unterschiedlichen Kapitalgebern (Inter Creditor Agreement)
- Reporting- und Controllingstandards

Eine sorgfältige und umfassende Due Diligence ist die Voraussetzung für eine zielgerichtete Verhandlungsführung, denn die gewonnenen Erkenntnisse und Regelungsbedarfe können dann im Beteiligungsvertrag entsprechend gewürdigt werden. Typische Regelungsbereiche eines Darlehens-/Beteiligungsvertrags stellt Kapitel 8.8 dar.

8.7.6 Beteiligungscontrolling/Berichtspflichten

Wenn es nach erfolgreichem Abschluss einer Beteiligung zum Abruf des Beteiligungskapitals kommt, obliegt es dem Kapitalgeber nachzuhalten, dass die vertraglichen Pflichten durch den Entwickler eingehalten werden und die Projektentwicklung plangemäß verläuft. Nur durch eine aktive Projektbegleitung ist der Finanzierungspartner in der Lage, drohende Schieflagen des Projekts frühzeitig zu erkennen und etwaige vertraglich bestehende Maßnahmen (bis hin zur potenziellen Kündigung der Beteiligung) zu ergreifen, um sein eingesetztes Kapital zu retten. Dafür ist Voraussetzung, dass die Instrumente und Inhalte sowie der Turnus der Berichterstattung des Projektentwicklers gegenüber dem Finanzierungspartner im Beteiligungsvertrag definiert wurden. Für einen Katalog potenzieller Berichtspflichten, die die Grundlage für das Beteiligungscontrolling des Kapitalgebers darstellen, verweisen die Autoren auf Kap. 8.4.3.

8.7.7 Prozessketten für die Umsetzung von Finanzierungspartnerschaften

Nachfolgend sollen beispielhafte Prozessketten der Vertragsparteien vom Erstgespräch bis zur Rückführung des Beteiligungskapitals skizziert werden, um einen gesamthaften Überblick über wesentliche Prozesse bei der Umsetzung einer Finanzierungspartnerschaft zu geben:

Abb. 15: Prozessketten der Vertragsparteien

Entwickler und Kapitalgeber	Kapitalgeber intern
– Anbahnung	
– Austausch grundlegender Informationen	– Meinungsbildung: Grundlegendes Investitionsinteresse?
– Einigung über wesentliche wirtschaftliche und vertragliche Parameter – Abschluss Absichtserklärung (Term Sheet/Letter of Intent)	
– Beteiligungsprüfung (Due Diligence)	– Definition Umfang u. Inhalte – Auswahl u. Beauftragung externer Due Diligence Partner (insbes. Recht, Steuern, Technik, Marktumfeld) – Durchführung – Bewertung der Ergebnisse – Ableitung von Ansätzen für die Vertragsverhandlungen – Verbindliche Kapitalzusage
– Verhandlung Beteiligungsvertrag	– Abstimmung mit weiteren Parteien, die ggf. die Verhandlung unterstützen (insbes. Rechtsanwalt, Steuerberater)
– Abschluss Beteiligungsvertrag	– Interne Genehmigungsprozesse, z.B. rechtliche und regulative Vorschriften, Compliance, Risikoüberwachung – Gründung der Gesellschaft, die das Beteiligungskapital ausgibt
– Kapitalabruf	– Liquiditätsplanung – Prüfung Auszahlungsbedingungen – Überweisung des Kapitals
– Controllingphase	– Reporting (intern für Investoren, extern für ggf. weitere Parteien wie AR, BaFin, ...) – Buchhaltung der Gesellschaft, die das Beteiligungskapital ausgibt (Steuererklärung, Bilanz, GuV, Jahresabschluss)
– Kapitalrückführung	– Auszahlung Kapital/Zins an Investoren – Schlussbilanz der Beteiligungsgesellschaft – Auflösung/Rückkauf der Gesellschaft

Quelle: eigene Darstellung

8.8 Vertragsgestaltung

Während die klassischen Fremdfinanzierungverträge stark formalisiert sind, verhandeln Kapitalgeber im Bereich Mezzanine Kapital und Private Equity üblicherweise individuelle Verträge. Vertragsverhandlungen werden zeitlich oft unterschätzt. Es ist zu empfehlen, dass die Parteien zu einem möglichst frühen Zeitpunkt der Gespräche neben der Abstimmung eines Termsheets auch einen ersten Mustervertrag zirkulieren lassen. So kann das Risiko deutlich reduziert werden, dass ein Geschäft zu einem Zeitpunkt, zu dem bereits erhebliche zeitliche und finanzielle Ressourcen für die Due Diligence und Verhandlung aufgewendet wurden, an juristischen Vertragshürden scheitert.

Aus der Vielzahl möglicher Vertragsarten möchten die Autoren im Folgenden das Beispiel eines Nachrangdarlehensvertrags (Debt Mezzanine) und eines Equity Joint Ventures herausgreifen und wesentliche Regelungen stichwortartig erläutern. Die grundlegenden Regelungsbereiche sind durchaus vergleichbar. Die Berücksichtigung der individuellen Projektkonstellation ist jedoch unumgänglich. Der Umfang der Verträge kann erheblich variieren. Den Autoren sind aus ihrer Praxis Beispiele von fünf Seiten aber auch Vertragskonvolute mit mehr als 200 Seiten bekannt.

8.8.1 Beispiel: Debt Mezzanine Vertrag

§ Vertragsparteien
Hier werden Darlehensnehmer, Darlehensgeber, Gesellschafter, Garant oder Patron und die autorisierten Zeichnungsberechtigten genannt. Die Festlegung, wer Vertragspartei wird, ist oft Gegenstand intensiver Diskussionen. Während der Projektentwickler in der Regel versucht, seine projektspezifische Zweckgesellschaft einzusetzen und sein Haftungsrisiko auf diese zu begrenzen (non-recource-Finanzierung), wird der Darlehensgeber versuchen, einen Haftungszugriff auf die bonitätsstärkere Muttergesellschaft bzw. Schlüsselpersonen zu erhalten.

§ Vorbemerkung und Projektbeschreibung
In der Vorbemerkung wird der wirtschaftliche Zweck des Darlehens beschrieben und die entscheidungsrelevanten Informationsgrundlagen, auf denen die Darlehensvergabe erfolgt, werden zusammengefasst. Es empfiehlt sich, eine Projektbeschreibung inklusive Wirtschaftlichkeitsberechnung als Anlage zum Vertrag zu nehmen.

§ Einräumung des Darlehens und § Verwendungszweck
Hier wird der Darlehensbetrag aufgeführt und eine mögliche Nachschusspflicht der Kapitalgeber ausgeschlossen. Der Verwendungszweck sollte deutlich herausgestellt und klar abgegrenzt werden. Es soll verhindert werden, dass das Kapital für andere Zwecke als die vereinbarten verwendet wird, z.B., dass das Kapital an andere Projektgesellschaften weitergereicht oder ausschließlich zur Bedienung von Managementgebühren des Entwicklers eingesetzt wird. Es kann als Zahlungsvoraussetzung ein schriftlicher Verwendungsnachweis des Entwicklers vereinbart werden.

§ Auszahlungsvoraussetzungen
Hier verweisen die Autoren auf die Ausführungen in **Kap. 8.4.3.**

§ Inanspruchnahme/Auszahlung
- Zwischen dem Vertragsabschluss und dem Kapitalabruf können mehrere Monate liegen, in denen sich die Grundlagen der Investition verändern können. Es werden deshalb Bedingungen definiert, unter denen das Darlehen nicht mehr ausgezahlt werden muss:
  - Abruf erfolgt außerhalb der vereinbarten Fristen
  - Zusicherungen waren falsch
  - Garantien haben sich verschlechtert
  - Verstoß gegen Auflagen des Vertrages
- Vereinbarung einer Strafzahlung für den Fall, dass das bereitgestellte Kapital vom Entwickler nicht abgerufen wird
- Ggf. Vereinbarung über einen Bereitstellungszins

§ Laufzeit
Der Entwickler sollte die Fälligkeiten der Eigen-, Mezzanine- und Fremddarlehen harmonisieren und sich gleichzeitig Verlängerungsoptionen bzw. Möglichkeiten für die Umwandlung in eine temporäre Bestandsfinanzierung einräumen lassen. Dies sichert ihn für den Fall ab, dass die Fertigstellung der Projektentwicklung in ein schlechtes Marktumfeld gerät und eine Veräußerung zu den erwarteten Konditionen vorübergehend nicht möglich ist.

Der Kapitalgeber wird daran interessiert sein, sein Darlehen mit einer festen Laufzeit zu versehen, ggf. erweitert um eine einseitige Verlängerungsoption. Aus Sicht des Investors erscheint eine Laufzeit von weniger als 12 Monaten vor dem Hintergrund des mit der Investition verbundenen Aufwands als nicht sinnvoll. Eine auch für den Entwickler akzeptable Maximallaufzeit könnte die gemäß Rahmenterminplan erwartete Zeitdauer der Entwicklung multipliziert mit dem Faktor 2 sein. Wenn also die prognostizierte Entwicklungszeit inklusive Verkauf 18 Monate beträgt, könnte die Laufzeit des Mezzaninedarlehens auf 36 Monate begrenzt werden.

§ Verzinsung
Hier verweisen die Autoren auf die Ausführungen in **Kap. 8.3**.

§ (Teil-) Kündigung, Tilgung
Es ist zu regeln, ob Teilkündigungen des Darlehens unter der Laufzeit zugelassen werden sollen. Für den Entwickler ist es i.d.R. von Interesse, das relativ teure Mezzanine Darlehen frühzeitig zurückzuführen, wenn ihm beispielsweise aus einem frühzeitigen Verkauf erste Kaufpreisraten zufließen oder aus „Step up-Vereinbarungen“ (Auszahlung von Fremdkapitaltranchen gekoppelt an das Erreichen bestimmter Meilensteine) mehr günstiges Fremdkapital zur Verfügung steht.

Die ordentliche Rückzahlung wird üblicherweise an folgende Ereignisse gekoppelt:

- Verkauf der Projektentwicklung (Share-/Asset Deal) und Kaufpreiszahlung
- Erreichen der Maximallaufzeit

Weitere Regelungsbereiche in diesem Zusammenhang sind Verzugszinsen und Schadenersatz für die Nichtzahlung bei Fälligkeit sowie Kündigungsfristen.

Außerordentliche Kündigungsgründe für den Mezzaninegeber können u.a. sein:

- Nichtzahlung nach Eintritt von Fälligkeiten
- Zusicherungen und/oder Gewährleistungen haben sich zum damaligen Zeitpunkt als unrichtig herausgestellt
- Gegen Auflagen wurde verstoßen
- Informationspflichten wurden trotz Mahnung nicht erfüllt
- Sicherheiten werden widerrufen oder angefochten
- Pfändung ins Vermögen des Darlehensnehmers
- Verschlechterung der wirtschaftlichen Verhältnisse
- Liquidation oder Insolvenz des Darlehensnehmers
- Nicht erfolgter Abruf des Mezzanine Kapitals

§ Sicherheiten
Der Entwickler ist bestrebt, seine Finanzierung „non recourse“ abzuschließen, also Haftungen, die über die Zweckgesellschaft der Projektentwicklung hinausgehen, zu vermeiden. Diese Perspektive teilt der Kapitalgeber naturgemäß nicht, zumal er in dem hier zugrunde gelegten Vertragsbeispiel keine Gesellschafterstellung innehat. Hinsichtlich potenzieller Sicherheiten und Schutzinstrumente zugunsten des Kapitalgebers verweisen die Autoren auf **Kap. 8.4.3**. Die Kosten zur Bestellung der Sicherheiten übernimmt in der Regel der Entwickler.

§ Berichtspflichten des Entwicklers
Aufgrund fehlender operativer Eingriffsrechte des Mezzaninegebers werden dem Projektentwickler üblicherweise umfangreiche Berichtspflichten auferlegt. Für einen Katalog potenzieller Berichtspflichten verweisen die Autoren auf **Kap. 8.4.3**.

§ Zusicherungen/Gewährleistungen/Auflagen
Der Kapitalgeber sollte sich Informations- oder Vetorechte für die wesentlichen Geschäftsvorgänge einräumen lassen.

Folgenden Regelungen sind üblich:

- Vermögenswerte der Darlehensnehmerin sind nicht mit Drittsicherheiten belastet

- Nur die bekannten Fremdkapitalmittel dürfen aufgenommen werden
- Es sind keine (außer-)gerichtlichen Rechtsstreitigkeiten angekündigt oder anhängig
- Die übergebenen Projektdokumente sind vollständig und enthalten alle aktuellen und entscheidungsrelevanten Informationen
- Die Darlehensnehmerin wird
  - keine Willenserklärungen abgeben und keine Rechtshandlungen vornehmen, durch die Sicherungsrechte der Darlehensgeberin gefährdet oder beeinträchtigt werden könnten
  - keinerlei eigenkapitalähnliche Finanzierungen aufnehmen oder ausgeben und das eingesetzte Eigenkapital nicht an Dritte syndizieren
  - sicherstellen, dass ihr jeweils aktuelles Geschäftsfeld bzw. ihr jeweils gegenwärtiger Geschäftsbetrieb nicht übertragen, aufgegeben, ausgegliedert oder geändert wird
- Abschluss und Vorlage eines Baucontrollingvertrages mit einem unabhängigen Dritten
- Abschluss eines umfangreichen Versicherungsschutzes für die Entwicklung
- Geschäfte mit verbundenen Unternehmen nur unter marktüblichen Konditionen
- Zustimmungspflichtige Geschäfte
  - Änderungen des Vertrages über die Fremdfinanzierung
  - Veräußerung der Projektentwicklung zu einem Preis, der nicht ausreicht, um Kapital und Zins aus dem Mezzanine Darlehensvertrag zu bedienen
  - Change of Control Klausel
  - Verträge mit verbundenen Unternehmen
  - Abschluss von Mietverträgen, die weniger als 90 Prozent der geplanten Effektivmiete gemäß Entwicklungsrechnung betragen
  - Änderung der Gesellschaftsverträge
- Stundung und Deckelung von Projektmanagementgebühren: Da der Kapitalgeber kein Interesse daran hat, dass der Entwickler sein Eigenkapital vorzeitig aus der Entwicklung herauszieht, sollten die Gebühren und Beträge, die er aus dem Zahlungskreislauf erhält, aufgedeckt und betragsmäßig gedeckelt werden. Es ist zu empfehlen, den Empfängerkreis von Zahlungen auf alle verbundenen Unternehmen und Personen des Entwicklers zu erweitern. Eine marktübliche Projektmanagementgebühr sollte auf Basis der Baukosten kalkuliert werden und sich an der Komplexität des Bauvorhabens orientieren. Die Autoren halten eine Gebühr zwischen 3 und 6 Prozent für angemessen. Darüber hinausgehende Gebühren sollten gestundet werden und erst nach vollständiger Bedienung der Ansprüche des Fremdkapital- und des Mezzanine-Kapitalgebers zur Auszahlung gelangen. Weitere Gebühren für Ankaufs-, Finanzierungs-, Vermietungs- und Verkaufsmanagement halten die Autoren für unangemessen, da diese Tätigkeiten zu den grundlegenden Aufgaben der Projektentwicklung zählen.

§ Rangrücktritt
Häufig benötigt der Entwickler die Zusage über das Mezzanine Kapital oder sogar den abgeschlossenen Mezzanine-Darlehensvertrag als Eigenkapitalnachweis für den Abschluss der Fremdfinanzierung mit der Bank. Der Mezzanine-Darlehensgeber muss gegenüber der fremdfinanzierenden Bank anerkennen, dass seine vertraglichen Ansprüche gegenüber den Ansprüchen des Fremdkapitalgebers in der Weise im Rang zurücktreten, dass sie nur mit dessen Zustimmung oder nach Erfüllung sämtlicher Ansprüche des Fremdkapitalgebers zu befriedigen sind.

§ Sonstige Regelungen
- Garantien der Gesellschafterin des Darlehensnehmers
- Geldwäschegesetz
- Vertraulichkeit

– Mitteilungen: Hier wird die Art und Weise und der Ansprechpartner für verbindliche Vertragsangelegenheiten definiert. Weiterhin sollten Reaktionsfristen vereinbart werden.
– Ankaufsrecht: Es ist denkbar, dass sich der Mezzanine-Darlehensgeber ein Recht zum Ankauf des fertig entwickelten Objekts einräumen lässt.

Als Anlagen zum Vertrag werden typischerweise beigefügt:
– Projektbeschreibung sowie ausführliche Projektentwicklerkalkulation
– Musterreporting (Baufortschritt, Kostenkontrolle, Mieten, Verkauf etc.)
– Muster Ziehungsnotiz
– Muster Sicherungszweckerklärung
– Muster Notarbestätigung
– Muster Verpfändungserklärung
– Muster Grundschuldbestellung

8.8.2 Beispiel: Joint Venture Vertrag

Grundsätzlich finden viele Regelungsinhalte eines Debt Mezzanine Vertrags auch beim Joint Venture Vertrag Anwendung. Die Vertragsausgestaltung ist jedoch üblicherweise komplexer, da vielschichtige gesellschafts- und steuerrechtliche Aspekte berücksichtigt werden müssen. Darüber hinaus übernimmt der Joint Venture Partner (Investor) in dieser Beteiligungsform oftmals eine operative Aufgabe und/oder Organschaft, die ebenfalls geregelt werden muss. Das Eigenkapital wird zur steuerlichen Optimierung in der Regel über Gesellschafterdarlehen eingebracht. Insgesamt ähneln Joint Venture Verträge für Immobilienprojektentwicklungen Vertragsformen, die aus der Corporate Finance oder M&A Transaktionswelt bekannt sind. Beispielhafte Elemente eines Joint Venture Vertrags sind:

§ Parteien
– Aufführung des operativen Vertragspartners (Projektentwickler/Asset Manager) mit der Zweckgesellschaft (Projekt-SPV und der Muttergesellschaft
– Benennung der geldgebenden Gesellschaft des JV Partners (Investor)

§ Präambel mit Erläuterung
– Kurzbeschreibung der Entwicklungs- und Verwertungsstrategie und Benennung der wesentlichen Wert- und Kostentreiber
– Kurzbeschreibung der Aufgaben der Parteien
– Transaktionsstruktur

§ Erwerbsstruktur
– Ausführliche Beschreibung der Beteiligungsart/-form/-verhältnisse der Parteien an der Joint Venture Gesellschaft inklusive einer Beschreibung des Prozesses zur Auf- und Umsetzung des Gemeinschaftsunternehmens (Termin- und Maßnahmenplan, Ankauf oder Gründung der Joint Venture- und der Projektgesellschaft, Grundzüge der Satzungen, etc.)
– Ausführliche Beschreibung des Erwerbs- und Finanzierungsvorgangs des Grundbesitzes mit den Inhalten: Grundstückskaufvertrag, Finanzierungsdaten, aufschiebende Bedingungen der Verträge, Closing-Voraussetzungen, Businessplan/Investitionsrechnung

§ Finanzierung
– Herkunft und Zusammensetzung der Eigenmittel (Eigenkapital, Gesellschafterdarlehen, Umwandlung von Managementgebühren, anzurechnende Entwicklungsvorleistungen etc.) sowie die Modalitäten der Eigenmittel wie Verzinsung, Ausschüttungs- und Gewinnverteilung, Entnahmen

– Beschreibung der Fremdfinanzierung: Zins- und Tilgungsregelungen, Sicherheitenkonzept, Covenants-Regelungen, wesentliche Nebenbedingungen (z.B. Zulässigkeit von Übernahme- und Exit-Rechten des JV Partners, Zulässigkeit laufender Ausschüttungen, Regelungen für zukünftige TI-/Capex-Bedarfe, Ausschluss von Kapitalnachschussverpflichtungen)

§ Verwaltung des JV

– Beschreibung der Aufbau- und Ablauforganisation: Festlegung von Zuständigkeiten der Vertragspartner, Beschreibung einer Geschäftsordnung der Geschäftsführung, Benennungspflichten und -rechte, Vertretungsbefugnisse, Monitoring, Berichtswesen, Regelungen zur Gesellschafterversammlung wie Stimmrechte, Definition von zustimmungspflichtigen Geschäften etc.

– Regelungen zu den Beratungsverhältnissen/-verträgen des Gemeinschaftsunternehmens: Akquisition, Asset/Development/Property Management, Buchhaltung, Jahresabschluss, Steuerberatung, Honorare, Leistungsbilder

§ Exit und Erlösverteilung

– Festlegungen in Bezug auf den Exit: Vor-Bedingungen wie Mindestkaufpreis für die Auslösung eines Exit-Rechtes bzw. -Verlangens eines Vertragspartners, gegenseitige Übernahme-Optionen, Regelung zur Ermittlung von Preisen und Werten, Beschreibung der entsprechenden Verfahrensweise mit Fristen

– Detaillierte Beschreibung der Ausschüttungs- und Erlösverteilung während der Haltedauer und nach Veräußerung unter Berücksichtigung der unterschiedlichen Exitformen (Share Deal vs. Asset Deal)

§ Sonstiges

– Rechtsfolgen wesentlicher Vertragsverletzungen, Vertraulichkeit, Schriftformerfordernis, Laufzeit, Kostenverteilung bei ausbleibendem Vollzug des Vertrags, Gerichtsstand, Salvatorische Klausel

8.9 Ausblick

Vor dem Hintergrund eines attraktiven Umfelds für Projektentwicklungen, der im Niedrigzinsumfeld weiter attraktiven Verzinsung für alternative Finanzierungen und den weiter steigenden regulatorischen Anforderungen in der Bankenbranche gehen die Autoren davon aus, dass sich alternative Finanzierungsinstrumente nicht nur als fester Baustein der strukturierten Immobilienprojektfinanzierung etabliert haben sondern zudem vor weiteren Bedeutungsgewinnen stehen. Damit sind die Voraussetzungen für eine weitere Professionalisierung und Institutionalisierung auf Anbieterseite gegeben. Hierzu trägt auch die Regulierung des Finanzsektors insgesamt bei, die Anbieterstrukturen in feste Regularien zwingt. Die Autoren erwarten für die kommenden Jahre einen zunehmend entwickelten Markt für Projektfinanzierungen mit entsprechender Angebotsvielfalt und die Ausbildung von Industriestandards.

Für Investoren macht eine Ergänzung des Anlagespektrums um alternative Projektfinanzierungen nicht nur aus portfoliotheoretischen Überlegungen heraus Sinn. Die Beteiligung an der Produktion von Immobilien eröffnet tiefe Einblicke in immobilienökonomische Zusammenhänge, die klassischen Bestandsinvestoren üblicherweise verborgen bleiben und eröffnet Marktzugänge, die auch für den Auf- und Ausbau von Direktbeständen genutzt werden können. Im Marktzyklus kann die (Finanzierungs-)Beteiligung an aktiven Wertschöpfungsstrategien auch dann noch sinnvoll sein, wenn fertige Immobilien bereits deutlich zu teuer geworden sind, so dass Anlageziele auch in Marktphasen umgesetzt werden können, in denen der reine Bestandsinvestor keine attraktiven Handlungsoptionen mehr vorfindet.

9. Wesentliche Instrumente der Akquisitionsphase

9.1 Developmentrechnungen

Im Rahmen der Projektentwicklung werden mit Developmentrechnungen grundsätzlich zwei Ziele verfolgt. Zum einen will der Projektentwickler wissen, welchen Maximalkaufpreis er für ein Grundstück sinnvollerweise bezahlen sollte. Dieses Ziel erreicht er mit einer Rechnung nach dem Residualverfahren, auch **Bauträgermethode** genannt. Zum anderen ist der Projektentwickler sowohl vor als auch nach dem Start der Projektentwicklung daran interessiert, den zu erwartenden Gewinn der Projektentwicklung zu kalkulieren. Dies erreicht er durch eine **Investitionsrechnung**. Beide Verfahren werden im Folgenden vorgestellt.

9.1.1 Residualverfahren/Bauträgermethode

Mit dem Residualverfahren wird der Wert eines zur Entwicklung stehenden Grundstückes ermittelt. Der so ermittelte Wert stellt hierbei für den Entwickler im Hinblick auf eine angemessene Rendite und unter Berücksichtigung des erzielbaren Kauferlöses den vertretbaren Grundstückskaufpreis dar, der – vernünftigerweise – nicht überschritten werden sollte.

Bei der Berechnung des Grundstückswertes, des sogenannten Residuums, wird folgendermaßen vorgegangen: Berechnet wird zunächst der Verkaufspreis des Grundstückes nach vollendeter Bebauung, also inklusive des vermieteten Gebäudes. Hiervon werden die Bau-, Entwicklungs-, Finanzierungs- und Vermarktungskosten einschließlich des erwarteten Projektentwicklergewinnes abgezogen. Es verbleibt das **Residuum I**, das den Grundstückswert zum Zeitpunkt der Projektfertigstellung darstellt. Das Residuum I wird nun unter Berücksichtigung der Finanzierungskosten auf den Betrachtungszeitpunkt (Zahlung des Kaufpreises) abgezinst, um die Zinsbelastung aus der Finanzierung des Kaufpreises oder die angestrebte Eigenkapitalverzinsung in der Zeitspanne zwischen Erwerb des Grundstückes und Vermarktung des fertig gestellten Objektes zu berücksichtigen. Nach Abzug der Erwerbsnebenkosten folgt hierheraus der vertretbare Grundstückskaufpreis, das sogenannte Residuum II (vgl. folgende Abbildung).

Residualverfahren

Verkehrswert nach vollendeter Bebauung des Grundstücks

–

Bau-, Entwicklungs-, Finanzierungs- und Vermarktungskosten
einschließlich Unternehmergewinn

=

Residuum I

–

Abzinsung für Zeitraum der Projektentwicklung und -fertigstellung und Abzug der Erwerbsnebenkosten

=

vertretbarer Grundstückskaufpreis
(Residuum II)

Im Ausland wird das Residualverfahren nicht nur von Projektentwicklern, sondern vielfach auch von Grundstückssachverständigen zur Ermittlung des Grundstückswertes angewendet.

Demgegenüber findet diese Methode in Deutschland bei Grundstückssachverständigen deutlich weniger Anwendung. Der Grund hierfür liegt vornehmlich in der Einschätzung, dass das Ergebnis dieses Verfahrens aus einer Vielzahl von Annahmen resultiert und deshalb eine „große Streuung" aufweise. Tatsächlich besteht eine sehr hohe Sensitivität des Grundstückswertes gegenüber den Eingabevariablen. Dies zeigt das folgende Beispiel, wonach eine Veränderung der Wert- und Kostenvariablen um 5 % zu einer Verringerung des Grundstückswertes um 70 % führt.

Verkaufserlös	€ 150 Mio.	€ 142,5 Mio. (– 5 %)
./. Kosten und Gewinne	€ 130 Mio.	€ 136,5 Mio. (+ 5 %)
= **Grundstückswert**	**€ 20 Mio.**	**€ 6 Mio. (– 70 %)**

Aufgrund der vorgenannten Sensitivität ist bei dem Ansatz der Wert- und Kostenvariablen große Vorsicht, das heißt eine sorgfältige Einschätzung der einzelnen Komponenten geboten. Bei fundierter Kalkulation mit angemessenen wirtschaftlichen Kennzahlen kann dennoch ein marktgerechter Grundstückswert ermittelt werden.

1. Verkehrswert des Projektes nach vollendeter Bebauung des Grundstückes und nach Vollvermietung

Nutzung	Vermietbare Fläche €	Miete monatlich in €/m²/Stck.	Miete p.a. in €
Büro	20.000 m²	15,00	3.600.000
Lager	2.400 m²	7,50	216.000
Parkplätze	340 Stck.	77,50	316.200

	Jahresrohertrag	€ 4.132.200
./.	Summe der Bewirtschaftungskosten (10 % v. Jahresrohertrag)	€ 413.220
=	Jahresreinertrag	€ 3.718.980
x	Vervielfältiger (5,55 % Rendite)	18
=	Zwischensumme/Gesamtinvestition	€ 66.941.640
./.	9,5 % Erwerbsnebenkosten (GrESt. 6,5 % (z.B. NRW); Notar- und Gerichtskosten 1,0 %; Makler 2,0 %)	€ 5.807.722
=	**Verkaufserlös**	**€ 61.133.918**

2. Projektkosten

+	Reine Baukosten				
	Büro	20.000 m²	1.500 €/m²	€ 30.000.000	
	Lager	2.400 m²	850 €/m²	€ 2.040.000	
	Parkplätze	340 Stck.	12.500 €/Stck.	€ 4.250.000	
				€ 36.290.000	€ 36.290.000
+	Baunebenkosten (14 % der Baukosten)				€ 5.080.600
+	Vermarktungskosten (0,5 % des Verkaufserlöses)				€ 305.670
+	Vermietungsprovision (3 Monatsmieten)				€ 1.033.050
=	Projektkosten ohne ZwiFi				€ 42.734.998
+	Zwischenfinanzierung auf 50 % der Projektkosten (20 Monate Laufzeit/3,5 % p.a.)				€ 1.245.688
+	Gewinn (15 % des Verkaufserlöses)				€ 9.165.000
=	**Projektkosten gesamt**				**€ 53.120.008**

Residuum I
(für das Grundstück verfügbarer Betrag; Verkaufserlös./. Projektkosten gesamt) **€ 8.013.910**

3. Vertretbarer Grundstückskaufpreis

	Residuum I	€ 8.013.910
./.	Zwischenfinanzierung Grundstück (24 Monate Laufzeit/3,5 % p.a. = Abzinsungsfaktor)	€ 532.839
./.	Residuum II einschließlich Erwerbsnebenkosten	€ 7.481.070
./.	9,5 % Erwerbsnebenkosten (GrESt. 6,5 % (z.B. NRW); Notar- und Gerichtskosten 1,0 %; Makler 2,0 %)	€ 649.043
=	**Residuum II (vertretbarer Grundstückskaufpreis)**	**€ 6.832.028**

Die Gewerbesteuer ist eine Ländersteuer. Somit kann die Grunderwerbsteuer je nach Bundesland unterschiedlich hoch festgesetzt werden (z.B. in Bayern 3,5 % und in NRW 6,5 %). Eine aktuelle Übersicht findet man auf der Internetseite von Wikipedia *https://de.wikipedia.org/wiki/Grunderwerbsteuer (Deutschland)*

Aus der obigen Berechnung wird erkennbar, dass bei einem 4.000 m² großen Grundstück ein m²-Preis in Höhe von € 1.708 gezahlt werden kann, so dass nach Fertigstellung des Projekts noch ein Verkaufserlös in Höhe von 15 % für den Developer verbleibt. Dieser Grundstückspreis entspricht einer guten Stadtteillage in einer deutschen Großstadt.

9.1.2 Investitionsrechnung

Zur Kalkulation der Rentabilität einer Projektentwicklung bedarf es einer Wirtschaftlichkeitsanalyse in der Form einer Investitionsrechnung. Der Detaillierungsgrad einer Investitionsrechnung kann von einer Art „Bierdeckelrechnung" mit nur wenigen überschlägig ermittelten Zahlen bis hin zu einem vollständigen Finanzplan reichen. Der vollständige Finanzplan erfasst nicht nur die direkten Zahlungen (z.B. Investitionsausgaben, laufende Einnahmen und Ausgaben, Verkaufserlös), sondern berücksichtigt auch indirekte Zahlungen, die sich als Konsequenz aus direkten Einnahmen und Ausgaben ergeben (z.B. Zwischenfinanzierung, Ertragssteuern).

An eine praxisgerechte Investitionsrechnung sind insbesondere folgende Anforderungen zu stellen:

- Übersichtliche und möglichst exakte Darstellung des Zahlenmaterials,
- Transparente und flexible Darstellung der Annahmen,
- Einfache Anwendbarkeit,
- Möglichkeit den Detaillierungsgrad mit fortschreitendem Projektverlauf zu erhöhen.
- Eine einfache Investitionsrechnung, welche von einer Reihe von Projektentwicklungsunternehmen mit kleineren Differenzierungen verwendet wird, soll im Folgenden dargestellt werden. Sie erfüllt die vorgenannten Anforderungen und lässt sich je nach Bedarf weiter verfeinern. Diese einfache Investitionsrechnung wird für den sogenannten Traderdeveloper, also den Developer, der das Objekt nach Fertigstellung veräußern will, in den meisten Fällen ausreichen.

Beispiel einer einfachen Developmentrechnung (Beträge sind gerundet):
Zu Beginn der Developmentrechnung sollten zunächst allgemeine Projektdaten, wie sie im Folgenden dargestellt werden, stehen.

Projektdaten	
Objekt/Projekt	Frankenkarree
Standort/Lage	Frankfurt/Main
Eigentümer	GbR Schleicher
Nutzungsart	Büro- und Geschäftsgebäude
Renditeanforderung	15 %
Grundstückskaufpreis fällig am	mit Baugenehmigung (voraussichtlich 1.12.2020)
Baubeginn	1.1.2021
Baufertigstellung	30.6.2022
Übergabe	1.7.2022

Anschließend sollten allgemeine Informationen über das **Grundstück**, das heißt insbesondere Ausnutzungskennziffern mitgeteilt werden. Für den in diesem Bereich einzutragenden Mietflächenfaktor ist festzulegen, auf welcher Basis der Developer eine Vermietung anstrebt, das heißt, ob er zum Beispiel auf Basis der BGF, der NGF oder nach GIF-Norm (heutiger allgemein anerkannter Standard) vermieten will.

1.	Grundstückseckdaten	
1.1	Grundstücksgröße	10.902 m²
1.2	GRZ	0,5
1.3	GFZ	2,3
1.4	Mögliche BGF (entsprechend GRZ/GFZ)	25.075 m²
1.5	Anzahl der Geschosse	5 OG & 2 UG
1.6	MFL-Faktor, oberirdisch	0,85
1.7	Objektspezifische BGF oberirdisch	24.097 m²
1.8	Objektspezifische MFL oberirdisch	20.482 m²
1.9	Objektspezifische BGF unterirdisch (Lagerflächen + Archiv)	3.300 m²
1.10	Objektspezifische MFL unterirdisch (Lagerflächen + Archiv)	2.805 m²
1.11	Tiefgarage – Stellplätze	500 Stück
1.12	Außenstellplätze	30 Stück

Die folgende Gesamtkostengliederung entspricht in ihrem Aufbau der DIN 276 (Hochbau) und ist daher leicht nachzuvollziehen. Im ersten Schritt werden die **Grunderwerbskosten** dargestellt. Hierzu zählen auch die Erwerbsnebenkosten wie Notar- und Gerichtsgebühren, Maklerprovision und Grunderwerbssteuer (bezugnehmend auf das Land Hessen mit aktuell 6 %).

2.	Grunderwerbskosten Kostengruppe 100			€
2.1		10.902 m² x €	850	9.266.700
2.2				
2.3				
2.4				
2.5				
2.6				
2.7				
	Zwischensumme	10.902 m²		9.266.700
2.8	Notariats-/Gerichtsgebühren		1,50 %	139.001
2.9	Grunderwerbsteuer (Hessen)		6,00 %	556.002
2.10	Maklerprovision (Grundstück)		3,00 %	278.001
2.11	Vermessungsgebühren			
2.12	Abfindungen			
2.13	Sonstiges			
2.14	**Summe**			**10.239.704**
2.15	**€/m² Mietfläche** (oberirdisch): 500 **€/m² BGF** (oberirdisch): 425			

Die Grundstückskosten können auch über die zu realisierende BGF ermittelt werden.

Im Rahmen der sogenannten **Grundstücksaufbereitung** werden die Kosten aller vorbereitenden Maßnahmen aufgelistet, um das Grundstück bebauen zu können. Hierzu zählen z.B. Sicherungsmaßnahmen, Abbruchmaßnahmen, Altlastenbeseitigungen, Kosten für die öffentliche Erschließung (z.B. Abwasserentsorgung, Wasserversorgung, Gasversorgung) und Kosten für die nicht öffentliche Erschließung. Kosten für die nicht öffentliche Erschließung sind insbesondere Kosten für Verkehrsflächen und technische Anlagen, die ohne öffentlich-rechtliche Verpflichtung oder Beauftragung mit dem Ziel der späteren Übertragung in den Gebrauch der Allgemeinheit hergestellt und ergänzt werden. Die Kosten von Anlagen auf dem eigenen Grundstück sind demgegenüber in dem Bereich Außenanlagen bzw. innere Erschließung in der Investitionsrechnung einzusetzen.

In dem Kostenblock Grundstücksaufbereitung spiegelt sich insbesondere die Genauigkeit einer eingehenden Grundstücksanalyse sowie die Art der Gestaltung des Grundstückskaufvertrages wider.

3.	**Grundstücksaufbereitung (Herrichtung und Erschließung) Kostengruppe 200**			
3.1	Abbruchkosten	7.900 m³ x 28,00 €	221.200	
3.2	Dekontamination/Altlasten-beseitigung			
3.3	Öffentliche Erschließung			
3.4	Nichtöffentliche Erschließung			
3.5	Ausgleichsabgabe Stellplätze			
3.6	Wasserhaltung			
3.7	Sonstige Kosten		60.000	
3.8	**Summe**			**281.200**

In dem Bereich **Baukosten** werden die Kosten der Bauleistung und Lieferung zur Herstellung des Bauwerkes inkl. der daran angeschlossenen oder damit fest verbundenen technischen Anlagen dargestellt. Für eine erste überschlägige Developmentrechnung reicht üblicherweise der nachfolgend dargestellte Rahmen. Sofern das Projekt in die Realisierungsphase gelangt, muss dieser Rahmen jedoch erheblich erweitert werden, damit die Investitionsrechnung auch im Rahmen der Baurealisierung weiterhin einen guten Überblick gewährleisten kann. Unter dem Begriff Außenanlagen werden die Kosten der Bauleistung und Lieferung für die Herstellung aller Gelände – und Verkehrsflächen, Baukonstruktionen und technischen Anlagen außerhalb des Bauwerkes – soweit sie nicht bereits in den vorgenannten Kostenblöcken erfasst wurden – dargestellt. Hierzu zählen z.B. die Bearbeitung der Geländeflächen, der befestigten Flächen (Wege, Straßen) und Baukonstruktionen in Außenanlagen (Einfriedungen, Rampen, etc.).

4.	**Baukosten (bezogen auf BGF)**	**Kostengruppen 300 + 400**			
4.1	Büroflächen	21.897 m² x €	1.500	32.845.500	
4.2	Einzelhandelsflächen	1.500 m² x €	1.000	1.500.000	Ohne Mieterausbau
4.3	Gastronomieflächen	700 m² x €	1.100	770.000	Ohne Mieterausbau
4.4	Lagerflächen + Archiv (UG)	3.300 m² x €	700	2.310.000	
4.5	Sonstige Flächen				
4.6	Außenstellplätze (in Kosten Außenanlage enthalten)				
4.8	Tiefgaragenstellplätze	500 Stck. x €	15.000	7.500.000	
4.9	Reserve				
4.10	Mieterspezifischer Ausbau				
4.11	Unvorhergesehenes				
4.12	**Summe**				**44.925.500**

5.	**Außenanlagen Kostengruppe 500**				
5.1	Befestigte Flächen	5.450 m² x €	80	436.000	
2.2	Sonstige Kosten (Ausstattung und Kunstwerke) (Kostengruppe 600)				
5.3	Sonstiges				
5.4	**Summe**				**436.000**

Im nächsten Kostenblock werden die **Baunebenkosten**, das heißt die Kosten, welche bei der Planung und Durchführung auf der Grundlage von Honorarordnungen, Gebührenordnungen oder nach weiteren vertraglichen Vereinbarungen entstehen, aufgelistet. Hierzu zählen zum Beispiel Kosten der Projektleitung, der Projektsteuerung, Architekten- und Ingenieurleistungen, Gutachten und Beratungen, Kosten für Kunstwettbewerbe. Üblicherweise fallen in den Bereich der Baunebenkosten auch die Finanzierungskosten, die jedoch aus Gründen der Übersichtlichkeit hiervon getrennt dargestellt werden sollten.

6.	**Baunebenkosten Kostengruppe 700**		
6.1	15 % der Baukosten für Architekten, Ingenieure, Fachplaner, Gutachter, Gebühren, Abnahmen, etc. (3.–5.)	6.846.405	
6.2	1,5 % der Baukosten für Projektsteuerung (3.–5.) und der vorgenannten Baunebenkosten (6.2)	787.337	
6.3	**Summe**		**7.633.742**

In einem weiteren Bereich werden weitere **Honorare** erfasst, wie z.B. das Management-Honorar, das der Projektentwickler für die laufende Betreuung des Projektes erhalten will.

7.	**Management-Fee und Sonstiges**		
7.1	Interne Projektentwicklungskosten 1,5 % von Kostengruppe 3.– 6.	799.147	
7.2	Externe diverse Beratungskosten	100.000	
7.3	Rechtsberatung	75.000	
7.4	Sonstiges		
7.5	**Summe**		**974.147**

In dem Kostenblock der **Vermarktung** werden Kosten, die im Rahmen des Verkaufs, der Vermietung, des allgemeinen Marketings sowie weitere Kosten, die im Bereich der Vermarktung anfallen, dargestellt. Darüber hinaus können sonstige Kosten, die mit der Art der Vermarktung zusammenhängen, dargestellt werden. So zum Beispiel der sogenannte Mehrwertsteuer-Schaden, der anfällt, falls an Nutzer vermietet wird, die keine umsatzsteuerpflichtigen Geschäfte innerhalb der Mieträume tätigen. Unter dem Punkt *Leerstandsrisiko* wird der entgangene Mietzins für Mietflächen kalkuliert, welche nach Bezugsfertigkeit noch unvermietet sind. Im Beispielfall sind 20 % des Jahresnettomietertrages über 12 Monate als Leerstand kalkuliert und folglich ist erst ab dem 13. Monat nach Fertigstellung eine Vollvermietung gegeben.

8.	**Marketing**			
8.1	Werbemaßnahmen	1 % des Verkaufspreises	820.294	
8.2	Erfolgshonorar Vermietung	3 Monatsmieten	1.096.650	
8.3	Erfolgshonorar Verkauf	2 % des Verkaufspreises	1.640.588	
8.4	Leerstandsrisiko von	20 % für 12 Monate	877.318	
8.5	Mietgarantie			
8.6	Incentives für Mieter		200.000	
8.7	Sonstiges			
8.8	Mehrwertsteuer-Schaden			
8.9	**Summe**			**4.634.850**

Zur Ermittlung der **Finanzierungskosten** werden die einzelnen Kostenpositionen – soweit sinnvoll – getrennt ausgewiesen und die Zinsbelastung für jede der Positionen getrennt errechnet. Dies erfolgt unter Berücksichtigung des Finanzierungszinssatzes, der Laufzeit und der Fälligkeit bzw. des Zahlungsplanes – vereinfacht dargestellt über einen Prozentsatz. So werden z.B. die Finanzierungskosten für den Generalunternehmer mit 50% angenommen, wenn man davon ausgehen kann, dass die Belastung durch die Baukosten über die Laufzeit der Zahlungsperiode im Durchschnitt bei 50% des hierfür kalkulierten Betrages liegt.

Der nachfolgenden Darstellung wird gelegentlich vorgeworfen, dass sie durch die Linearisierung der Baukosten Durchschnittswerte ansetzt, welche dem tatsächlichen Verlauf der Baukosten in der Praxis nicht entspricht. Dem ist entgegenzuhalten, dass mit dieser Investitionsrechnung ausschließlich die Kostenbelastung errechnet werden soll, diese jedoch keinen Liquiditätsplan ersetzen soll.

9.	**Finanzierungskosten**	Verzinsung mit 3,5 % p.a.		
9.1	Grunderwerbskosten	3,5 % auf 19 Monate zu 100 % der entspr. Kosten (bis Baufertigstellung)	573.215	
9.2	Grundstücksaufbereitung	3,5 % auf 19 Monate zu 100 % der entspr. Kosten (bis Baufertigstellung)	15.741	
9.3	Baukosten	3,5 % auf 18 Monate zu 50 % der entspr. Kosten (bis Baufertigstellung)	1.189.554	
9.4	Außenanlagen	3,5 % auf 18 Monate zu 25 % der entspr. Kosten (bis Baufertigstellung)	5.772	
9.5	Baunebenkosten	3,5 % auf 18 Monate zu 50 % der entspr. Kosten (bis Baufertigstellung)	202.129	
9.6	Management-Fee und Sonstiges	3,5 % auf 18 Monate zu 50 % der entspr. Kosten (bis Baufertigstellung)	25.794	
9.7	Vermarktung	3,5 % auf 18 Monate zu 50 % der entspr. Kosten (bis Baufertigstellung)	122.723	
9.8	Summe			**2.134.929**

Im Anschluss an die Kostenpositionen wird das **Gesamtinvestitionsvolumen** dargestellt.

10.	**Gesamtinvestitionsvolumen (Gesamtgebäude)**			
		€/m² BGF (oberirdisch)	**€**	%
10.1	Grunderwerbskosten	425	10.239.704	14,37
10.2	Grundstücksaufbereitung	12	281.200	0,39
10.3	Baukosten	1.864	44.925.500	63,04
10.4	Außenanlagen	18	436.000	0,62
10.5	Baunebenkosten	317	7.633.742	10,71
10.6	Management-Fee und Sonstiges	40	974.147	1,37
10.7	Vermarktung	192	4.634.850	6,50
10.8	Finanzierungskosten	89	2.134.929	3,00
10.9	**Summe**	**2.957**	**71.260.072**	100,00

Zur Ermittlung des erzielbaren Verkaufspreises wird im Folgenden der **Nettomietertrag** errechnet. Er entspricht dem Mietertrag ohne Abzug des Eigentümeranteils an den Bewirtschaftungskosten und exklusive der Mehrwertsteuer.

11.	**Netto-Mieterträge (ohne MwSt. und Bewirtschaftungskosten)**		
11.1	Büroflächen	21.897 m^2 BGF x 85 % 18.612 m^2 MFL x € 13,95	259.637
11.2	Einzelhandelsflächen	1.500 m^2 BGF x 85 % 1.275 m^3 MFL x € 19,50	24.863
11.3	Gastronomieflächen	700 m^2 BGF x 85 % 595 m^3 MFL x € 16,50	9.818
11.4	Lagerflächen +Archiv (UG)	3.300 m^2 BGF x 85 % 2.805 m^2 MFL x € 6,50	18.233
11.5	Sonstige Flächen		
11.6	Außenstellplätze	30 Stck. x € 110,00	3.300
11.7	Tiefgaragenstellplätze	500 Stck. x € 100,00	50.000
11.8	Netto-Mieterträge p.M.		365.550
11.9	abzüglich Erbpacht p.M.		
11.10	Netto-Mieterträge p.a.		**4.386.599**

Anschließend wird die **Objektrendite** vor Steuern und Abschreibungen errechnet, indem der Nettomietertrag in Bezug zur Gesamtinvestitionssumme gesetzt wird. Es handelt sich hierbei um eine statische Anfangsrendite. Der reziproke Wert der Objektrendite entspricht dem zusätzlich ausgewiesenen Faktor der in diesem Fall dem 16,25-fachen der Jahresnettomiete entspricht.

12.	**Rendite (vor Zinsen, Steuern, Abschreibungen)**	
12.1	Gesamtinvestition	71.260.072
12.2	Netto-Mieterträge p.a.	4.386.599
12.3	Anfangsrendite	6,15 %
12.4	Faktor	16,25-fache Jahresmiete

Im einem abschließenden Schritt wird der **Trading Profit** errechnet. Wesentlich für die Errechnung des Trading Profits ist die richtige Wahl des Multiplikators, von dem der Projektentwickler glaubt, ihn am Markt erzielen zu können. Der Trading Profit oder der Projektentwicklergewinn ergibt sich aus der Differenz zwischen dem Verkaufserlös und den Gesamtinvestitionskosten. Sinnvoll ist eine Darstellung in Form einer Alternativmatrix, um das Risiko abschätzen zu können, welches mit einer Abweichung von den prognostizierten Ansätzen einhergeht.

13.a	**Trading Profit**		
13.1	Netto-Mieterträge p.a. x Faktor	18,7	82.029.398
13.2	Gesamtinvestition		./. 71.260.072
13.3	Trading-Profit	15,1 %	10.769.326

13.b	**Trading Profit/Alternativ-Matrix**			
		Mieterlös-Varianten		
	Faktor-Varianten	–5 %	+/– 0	+5 %
Nettoverkaufspreis	18,20	75.844.293 €	79.836.098 €	83.827.903 €
Trading Profit		+4.584.221 €	+8.576.026 €	+12.567.831 €
in % von GIK		+6,4 %	+12,0 %	+17,6 %
Nettoverkaufspreis	18,70	77.927.928 €	**82.029.398 €**	86.130.867 €
Trading Profit		+6.667.856 €	**+10.769.326 €**	+14.870.796 €
in % von GIK		+9,4 %	**+15,1 %**	+20,9 %
Nettoverkaufspreis	19,20	80.011.562 €	84.222.697 €	88.433.832 €
Trading Profit		+8.751.490 €	+12.962.625 €	+17.173.760 €
In % von GIK		+12,3 %	+18,2 %	+24,1 %

9.2 Vergleich zu Wertermittlungsverfahren der Wertermittlungsverordnung

Das Ziel der Wertermittlungsverfahren der Wertermittlungsverordnung (Vergleichswert, Sachwert- und Ertragswertverfahren) ist es, den Verkehrswert von Grundstücken zu ermitteln. Dies geschieht im Rahmen der drei normierten Verfahren auf unterschiedliche Weise.

9.2.1 Vergleichswertverfahren

Das Vergleichswertverfahren ist darauf ausgerichtet, den Verkehrswert eines Grundstückes, basierend auf Kaufpreisen, die für Grundstücke bezahlt wurden, welche mit dem Wertermittlungsobjekt vergleichbar sind, zu ermitteln. Das Verfahren findet insbesondere bei unbebauten Grundstücken Anwendung. Bei bebauten Grundstücken kommt das Vergleichswertverfahren aufgrund der Notwendigkeit einer Vergleichbarkeit üblicherweise nur bei der Bewertung von Reihenhäusern bzw. Eigentumswohnungen in Betracht.

Das Vergleichswertverfahren kann für den Developer nur einen Anhaltspunkt dafür bieten, ob seine Kalkulation unter Umständen erhebliche Fehler aufweist. Letztlich kalkuliert der Projektentwickler aber nicht auf der Basis von Vergleichspreisen, das heißt, für ihn ist nicht entscheidend wie viel vor kurzem für das Nachbargrundstück bezahlt wurde, sondern ob er den angestrebten Gewinn auf dem Projektareal realisieren kann.

9.2.2 Ertragswertverfahren

Im Rahmen des Ertragswertverfahrens wird der Objektwert aus dem Wert des Bodens und dem kapitalisierten Reinertrag des Gebäudes, der um die Verzinsung des Bodenwertes zu vermindern ist, ermittelt. Aufgrund der Orientierung des Ertragswertverfahrens an der Rendite eines Grundstücks kommt es zur Ermittlung des Wertes von Grundstücken zur Anwendung, bei welchen im gewöhnlichen Geschäftsverkehr die Verzinsung des eingesetzten Kapitals preisbestimmend ist. Die sind z.B. Geschäftsgrundstücke, Mietwohngrundstücke, gemischt genutzte Grundstücke sowie gewerblich-industriell genutzte Grundstücke.

Das Ertragswertverfahren ist ebenso wie das Vergleichswertverfahren nicht darauf ausgerichtet, die Rendite einer umfassenden Projektentwicklung zu berechnen. Vielmehr erfolgt das Ertragswertverfahren in seinem Aufbau grundsätzlich den Überlegungen eines Investors, der sich fragt, welcher Barwert sich aus den laufenden Erträgen der baulichen Anlagen errechnet.

9.2.3 Sachwertverfahren

Das Sachwertverfahren kommt zur Anwendung, wenn die Reproduktionskosten des Wertermittlungsobjektes nach den Gepflogenheiten des gewöhnlichen Geschäftsverkehrs preisbestimmend sind. Dies ist insbesondere der Fall bei Ein- und Zweifamilienhäusern, Schulen, Gebäuden Öffentlicher Verwaltungen und Grundstücke mit Sportstätten etc. Bei diesen Objekten ergibt sich der Sachwert aus dem Wert des Bodens zzgl. des Wertes der baulichen Anlagen und sonstigen Anlagen, die bis zur Gegenwart auf dem Grundstück errichtet wurden und fest mit dem Grund und Boden verbunden sind.

Das Sachwertverfahren ist aufgrund seiner Ausrichtung an dem Wert des Bodens und dem Wert der baulichen Anlagen, die sich bereits auf einem Grundstück befinden, eine vergangenheitsbezogene Wertermittlung, die den Projektentwickler, der ein Grundstück entwickeln will, üblicherweise nicht interessiert.

9.3 Checkliste für den Grundstückserwerb

Im Rahmen der Akquisition eines Grundstückes ist es von essentieller Bedeutung, alle wesentlichen Informationen hinsichtlich des Projektareals so schnell und so lückenlos wie möglich zu erhalten. Hierdurch kann gegenüber der Konkurrenz nicht nur ein zeitlicher Vorsprung erarbeitet werden, es wirkt zudem auf den Verkäufer deutlich professioneller und zielgerichteter, wenn in kurzer Zeit die wesentlichen Eckdaten ermittelt werden. Eine fundierte Datenerhebung verringert nicht zuletzt das Risiko einer Fehlinvestition.

Vor diesem Hintergrund ist es häufig sinnvoll mit Checklisten zu arbeiten, da hierdurch das Vergessen von wichtigen Informationen vermieden und ein schnelleres Abfragen von wesentlichen Aspekten ermöglicht werden kann.

Im Folgenden werden eine Reihe wesentlicher Aspekte, die eine Prüfliste enthalten sollte, dargestellt.

9.3.1 Basisdaten und erforderliche Unterlagen

Im ersten Schritt sollten die allgemeinen das Grundstück betreffenden Daten ermittelt werden. Darüber hinaus sollte sichergestellt werden, dass die wesentlichen Unterlagen vorliegen beziehungsweise eingesehen wurden. Zu diesen Basisdaten und Unterlagen zählen:

- Projektbezeichnung
- Stadt
- Straße
- Flur-Nr./Flurstück-Nr.
- Grundstücksgröße
  - Bruttobauland (m^2)
  - Nettobauland (m^2)
- Eigentümer
- Unterlagen:
  - Stadtplanausschnitt
  - Flurkarte
  - Fotos
  - Grundbuchauszug (Abt. 1–3)
  - Grundstückswert laut Gutachterausschuss
  - Auszug aus dem Baulastenverzeichnis
  - B-Plan
  - Topographische Karte

9.3.2 Baurecht

Das Ziel, eine rentable Projektentwicklung durchzuführen, ist nur erreichbar, wenn die entsprechenden (baurechtlichen) Rahmenbedingungen für die geplante Baumaßnahme vorliegen. Diese Rahmenbedingungen gilt es tiefgreifend zu erkunden. Sofern die Rahmenbedingungen noch nicht vollumfänglich vorliegen sollten, ist dies zwar kein Grund, den Projektentwicklungsversuch sogleich abzubrechen, jedoch sollte dann zumindest geklärt werden, ob die passenden Rahmenbedingungen innerhalb eines zeitlich und kostenmäßig vertretbaren Umfangs erreichbar sind. Folgende Prüfungen sind insbesondere vorzunehmen:

- Mögliche Nutzungsarten
- Rechtsgrundlage
  - Bebauungs-Plan
  - Vorhaben- und Erschließungsplan
  - § 34er Bebauung (Baugesetzbuch)
  - Analyse der Umgebungsbebauung
    - GRZ/GFZ
    - Geschosse (Vollgeschosse + Dachgeschosse)
    - Bauweise
    - Nutzung
  - § 35er Bebauung (Baugesetzbuch)
- Ausnutzungskennziffern
  - Grundflächenzahl (GRZ)
  - Geschossflächenzahl (GFZ)
  - Baumassenzahl (BMF)
  - Bruttogrundfläche (BGF)
  - Anzahl Geschosse
  - Traufhöhe
- Weitere Rahmenbedingungen
  - Bauweise
  - Baulinien
  - Baugrenzen
  - Abstandsflächen
  - Artenschutz
  - Wasserschutzzonen
  - Pflanzgebote
  - Vorhandene Bebauung
  - Denkmalschutz (auch Bodendenkmäler)
  - Abrissmöglichkeit (Ersatzmaßnahmen)
  - Nutzungsänderung
  - Tanks, Bunker
  - Leitungen
    - Hochspannungsleitungen
    - Erdleitungen
  - Stellplatzsatzung
  - Veränderungssperre
  - Altlasten

9.3.3 Erschließung

Ein gerne nicht hinreichend berücksichtigter Prüfungspunkt sind die notwendigen Arbeiten, um das Grundstück für die geplante Bebauung zu erschließen. Vielfach sind auch bei bereits bebauten Grundstücken noch erhebliche Arbeiten zu erledigen. Dies gilt zum Beispiel dann, wenn die

vorhandenen Ver- oder Entsorgungsleitungen nicht hinreichend dimensioniert sind. Zu den mit der Erschließung zu überprüfenden Aspekten zählen insbesondere die nachfolgenden Punkte:
- Anschluss an öffentliches Straßennetz
- Wasserversorgung
- Abwasserentsorgung
- Energieversorgung des Grundstücks
  - Strom
  - Gas
  - Fernwärme
- Anschlüsse auf dem Grundstück
  - Zufahrtswege
  - Hausanschlüsse für Ver- und Entsorgungseinrichtungen
- Zuwegung
  - Zugang oder Zufahrt zu öffentlicher Straße
  - Feuerwehrzufahrt

9.3.4 Bodenbeschaffenheit und Altlasten

Für große Überraschungen sorgen auch immer wieder Altlastenfunde oder unerwartete Beschaffenheiten des Bodens. Beide Aspekte zählen nicht zuletzt wegen ihrer möglichen Kostenintensität zu den unbedingt frühzeitig zu klärenden Themengebieten. Vielfach hilft insofern nur das frühzeitige Beauftragen entsprechender (Baugrund-)Gutachten bezüglich
- Bodenbeschaffenheit
  - Tragfähigkeit
  - Material
  - Grundwasserhöhe
  - Grundwasserbeschaffenheit
  - Bodendenkmäler
- Altlasten
  - Abrisssubstanz (z.B. PCB)
  - Bodenbeschaffenheit
- Altlastenverdachtskataster

9.3.5 Rechte Dritter

Hinsichtlich der zu entwickelnden Grundstücke bestehen nicht selten Rechte Dritter. Diese können sich aus vertraglichen Abreden oder aus dem Gesetz ergeben. Auch diese Aspekte sind aufgrund ihres Gefährdungspotentials in die Prüfung einzubeziehen. Hierzu zählen:
- Vorkaufsrechte
  - Öffentlich-rechtliche Vorkaufsrechte
  - Privatrechtliche Vorkaufsrechte
- Miet- und Pachtverträge
  - Laufzeit
  - Kündigungsmöglichkeiten
  - Mietzins
- Überfahrts- und sonstige Nutzungsrechte
- Abstandsvereinbarungen
- Baulasten
- Grunddienstbarkeiten

9.3.6 Umfeldbetrachtungen und Besonderheiten

In die Checkliste sollten auch die Aspekte aufgenommen werden, die sich aus der Umgebung des Projektareals ergeben und von Relevanz für das Projekt sein können. Darüber hinaus sollte die Prüfliste immer einen Punkt „Spezielles“ oder „Besonderheit“ enthalten, da nahezu jedes Grundstück seine Besonderheit haben wird, die es in der weiteren Vorgehensweise zu berücksichtigen gilt. In die Umfeldbetrachtung sollten insbesondere folgende Aspekte einbezogen werden:

- Verkehrsanbindung
  - ÖPNV
  - Individualverkehr
  - Sonstiges
- Infrastruktur
  - Einkaufsmöglichkeiten
  - Schulen, Kindergärten
  - kulturelle Einrichtungen
  - Sonstiges
- Konkurrenzprojekte/-objekte
  - Lage
  - Ausbaustandart
  - Preise
  - Vor- und Nachteile
- Besonderheiten

10. Digitalisierung – Customized Smart Building

10.1 Einführung

Das Bundesministerium für Wirtschaft und Energie (BMWi) misst mittels des Branchenindex DIGITAL den Digitalisierungsgrad der wichtigsten deutschen Branchen. In der 2014 veröffentlichten Studie liegt dabei das Baugewerbe abgeschlagen auf dem letzten Platz.

Abbildung 1 – Branchenindex Digitalisierungsgrad

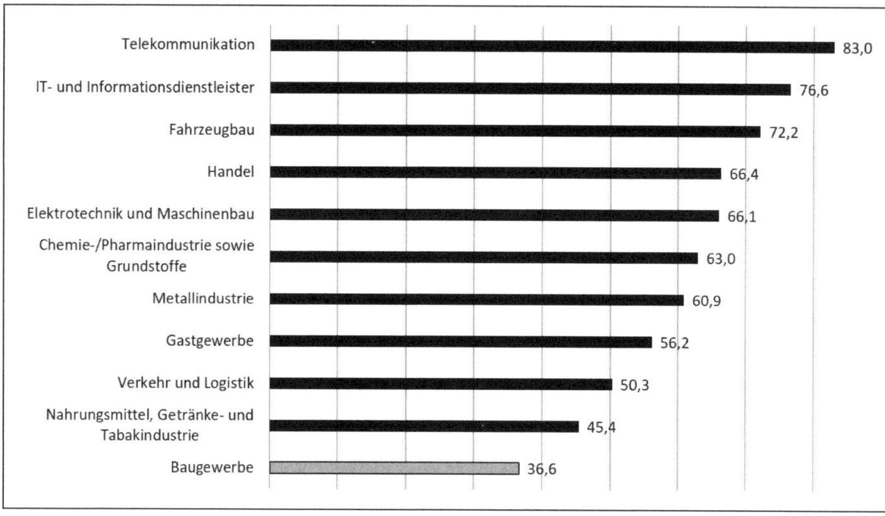

Aber auch die Betrachtung der anderen Branchen wie Industrie, Gastgewerbe oder der Chemie- und Pharmaindustrie zeigt, dass viele Unternehmen noch keine wirkungsvolle Digitalisierungsstrategie haben, beziehungsweise der Digitalisierungsgrad im Mittel liegt (s. Abbildung 1). Ein wichtiger Faktor ist dabei, dass der Begriff Digitalisierung für viele Unternehmen oft nicht greifbar ist. Sie können deshalb die Chancen für Business Innovation und Business Transformation in ihrem Geschäftsfeld nicht nutzen. Um Digitalisierungspotenziale richtig auszuschöpfen, ist es wichtig, mit den Stakeholdern in der Unternehmensführung ein gemeinsames Zielbild in Form einer Digitalisierungsstrategie zu erarbeiten. Dabei sollte der Nutzer in den Mittelpunkt der Digitalisierungsstrategie gestellt werden. Prozessinnovationen, Prozessoptimierungen und Effizienzsteigerungen sollen im Rahmen der Digitalisierungsstrategie im Fokus der Unternehmen stehen.

Die Geschäftsprozesse werden überwiegend in Gebäuden abgewickelt. Bei der Prozessoptimierung und der Entwicklung neuer Services sind intelligente Gebäude ein wichtiger Baustein zur Steigerung des Digitalisierungsgrades der Unternehmen. Hier setzt die Idee des Customized Smart Building an. Intelligente Gebäude bieten für Bauherren, Investoren, aber auch für die Nutzer eine Vielzahl von neuen Potenzialen.

Der „cube berlin by CA Immo“ wird künftig als „eines der schlausten Gebäude Europas“ neue Maßstäbe für die zukünftige Immobilienentwicklung setzen und den Nutzer in den Vordergrund stellen. Datenerhebung und Datenanalyse, Wertsteigerung der Immobilie, höhere Erträge durch Mieteinnahmen, Optimierung des Facility Management-Betriebs, Supply Chain

Management und Energieoptimierung können maßgeblich das Geschäftsmodell der Bauherren und Investoren transformieren.

10.1.1 Customized Smart Building

Im Fokus von intelligenten Gebäuden, den sogenannten Customized Smart Building, stehen neben den großen Potenzialen für Bauherr beziehungsweise Investoren die Mehrwerte für die Nutzer im Vordergrund bei der Entwicklung.

Ein Definitionsvorschlag für den Begriff Smart Commercial Building lautet:

„Customized Smart Building beschreibt **ein intelligentes,** mit revolutionären Technologien ausgestattetes Gebäude, welches den Nutzungsanforderungen entsprechend für alle Beteiligten sowohl einen ökonomischen als auch einen ökologischen Mehrwert generiert. Eine gewerkeübergreifende **Kommunikation der Gebäudetechnik wird durch eine selbstlernende und selbstoptimierende künstliche Intelligenz (KI)** und vernetzte Sensorik realisiert.

Durch eine zentrale Steuerungseinheit in Form einer **künstlichen Intelligenz**, nachfolgend als „Brain" bezeichnet, können alle Gebäudeautomationssysteme und eingesetzte Technologien miteinander vernetzt werden. Durch Erfassung, Analyse und Bewertung von allen Informationen und Daten wird eine Vernetzung und Interoperabilität aller Systeme ermöglicht, wodurch gezielte Prozesssteuerung und -optimierung erfolgen können (s. Abbildung 2).

Abbildung 2 – Vernetzung der Technologie mit Prozessen durch die künstliche Intelligenz

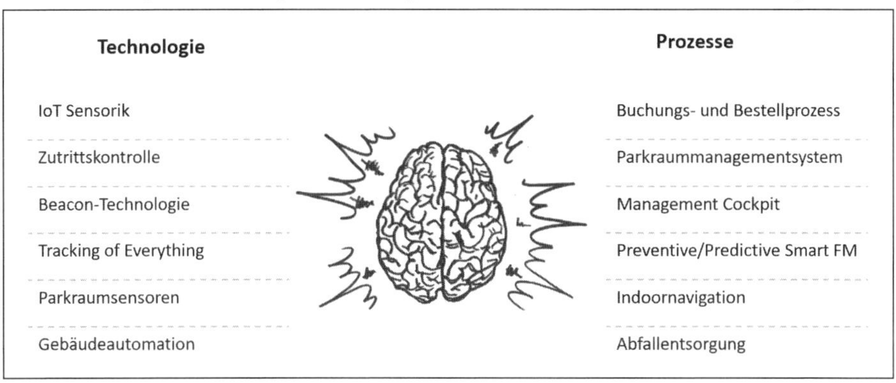

Im Vordergrund stehen bei einem Customized Smart Building nicht die verschiedenen Sensoren und die Anlagentechnik, sondern die Auswahl der Technik erfolgt nach den Kriterien und Mehrwerten für Nutzer und Betreiber."

Das Besondere an einem Customized Smart Building ist dabei, den Menschen als Vorbild und Bauplan für ein intelligentes Gebäude zu nehmen. Das ist ein völlig neuer Ansatz in der Immobilienentwicklung. Das Customized Smart Building wird mit einer Künstlichen Intelligenz, dem „Brain", und unterschiedlicher Sensorik, ähnlich den Sinnesorganen des Menschen, ausgestattet. Neben der direkten Vernetzung der technischen Anlagensysteme und der Integration von Internet of Things (IoT)-Produkten geht es vorrangig darum, die technischen Anlagensysteme mit vordefinierten Prozessen zu verknüpfen, die einen unmittelbaren Mehrwert für die Mieter, Nutzer, Dienstleister und das Facility Management, kurz FM, haben können. Die Bedienung des Gebäudes erfolgt dabei durch eine Gebäude-App, die übergeordnete Funktionen, wie zum Beispiel Parkraummanagement und Mobilitätskonzept, aber auch Community-Applikationen ermöglichen kann. Dazu wird heutzutage das Smartphone als Bedieneinheit verwendet.

Die folgenden beiden Beispiele zeigen neue Möglichkeiten, die durch ein Customized Smart Building exemplarisch für eine Büroimmobilie entstehen.

Desk-Sharing
Im Zeitalter der Sharing-Economy setzen viele Unternehmen Desk-Sharing bereits ein. Unter Sharing Economy sind Geschäftsmodelle, Plattformen oder Praktiken zu verstehen, die eine geteilte Nutzung von ganz oder teilweise ungenutzten Ressourcen ermöglichen. Beim Desk-Sharing wählen Mitarbeiter ihren Arbeitsplatz täglich frei aus. Für die Nutzer ergeben sich jedoch im Vergleich zu einem festen Arbeitsplatz aktuell mehr Nachteile als Vorteile. Wo finde ich heute einen Platz? Wo sind meine Kollegen? Wo ist mein Team? Ein intelligentes Gebäude bietet den Nutzern bereits vor oder bei dem Betreten des Gebäudes die Möglichkeit, über ein Buchungssystem einen Arbeitsplatz zu reservieren. Unterstützt wird das System dabei durch eine visuelle Anzeige der freien und belegten Arbeitsplätze (Occupancy).

Co-Working
Ein weiteres Beispiel ist Co-Working. Die Immobilienbranche geht davon aus, dass bis 2025 circa 30 Prozent unserer Arbeitsplätze zu Co-Working-Spaces entwickelt werden. Dabei ist es wichtig, den Buchungsprozess eines Co-Working-Arbeitsplatzes zu verstehen. Der Co-Worker meldet sich auf einer Gebäude-Applikation bei einem Co-Working-Anbieter an. Mit der Anmeldung erhält er für die Dauer des Mietvertrages einen Zugangscode für das Gebäude. Unsere heutigen Zutrittskontrollsysteme sind jedoch für die Nutzung eines Zugangscodes in der Regel nicht geeignet: Noch werden vor allem RFID-Karten und Transponder eingesetzt. Ein Bluetooth basiertes Zutrittskontrollsystem hingegen bietet dem Co-Worker die Möglichkeit die Räumlichkeiten im Rahmen seiner Mietdauer zu jeder Zeit zu betreten. Ein Inhouse-Navigationssystem weist ihm den Weg zu seinem Arbeitsplatz und stellt ihm gleichzeitig wichtige Informationen zur Verfügung. Durch den Betreiber muss somit nicht durchgehend Personal für die Begleitung von Co-Workern bereitgestellt werden.

10.1.2 Digitalisierungspotenziale

Werden digitale Technologien in Gebäuden richtig eingesetzt, führen sie zu einer Verbesserung der Funktionen und Prozesse. Durch dynamische Veränderungen im Bereich der Digitalisierung steigt der Druck, sich an wandelnde Marktbedingungen in der Immobilienwirtschaft anzupassen, und so im Wettbewerb erfolgreich zu bestehen.

Die Digitalisierung bietet aber auch die Möglichkeit, neue Geschäftsfelder zu erschließen, die vorher überhaupt nicht im Blickfeld der Immobilienwirtschaft gewesen sind. In erster Linie geht es hier um das Nutzerverhalten. Durch die Erhebung und Analyse von Nutzerdaten können erstmals nutzerbasierte Prozesse im Gebäude visualisiert werden. Dadurch kann die Belegung, Auslastung und Flächennutzung im Weiteren untersucht und optimiert werden. Aber auch der Verkauf von Daten, die nicht personalisiert sein dürfen, ermöglicht neue Geschäftsmodelle. Unternehmen wie Uber und Airbnb sind Beispiele, wie über Daten neue Geschäftsmodelle entwickelt werden. Die Digitalisierung der Immobilie stellt einen wichtigen Schritt hin zur digitalen Transformation der Immobilienbranche dar.

Mithilfe der Digitalisierung kann so auch der Wert der Immobilie steigen: Bei einem Customized Smart Building wird weniger auf Hardwarelösungen, sondern vermehrt auf Softwarelösungen gesetzt, welche die Gebäude mit ergänzenden Softwarebausteinen zur Gebäudetechnik auch im laufenden Betrieb wertvoller machen können. Damit sind höhere Erträge beziehungsweise Mieteinnahmen möglich. Auch in der Betriebsphase, durch das Energiemanagement sowie durch Supply Chain Management, können sich Verbesserungen ergeben. Durch die Datennutzung verändert sich auch drastisch das Facility Management. Gezielte Informationen an das Facility Management verschlanken Prozesse und ermöglichen Predictive und Preventive Smart FM. Datenerhebungen über die Belegung und Auslastung von Räumen verändern den Reinigungsprozess durch Reinigung on Demand.

Entscheidend ist dabei, dass die vorgesehenen Digitalisierungsbausteine gezielt auf das Nutzerverhalten und die Mehrwerte für den Nutzer individuell für die Gebäude abgestimmt werden.

10.2 Strategisches Vorgehen zur Entwicklung eines Customized Smart Building

Der Immobilienmarkt ist wie auch andere Branchen und Wirtschaftszweige von den Anforderungen der Kunden und Nutzer geprägt. Diese bestimmen durch ihre Nachfrage, welche Leistungen und Produkte am Markt bestehen können und inwiefern sich ein Produkt oder eine Dienstleistung im Markt entwickeln kann. Die Anforderungen der Kunden und Nutzer sind dementsprechend der maßgebende Aspekt für den Wandel durch die Digitalisierung, so auch für die restlichen Beteiligten innerhalb der Immobilienwirtschaft.

Die Akteure der Immobilienwirtschaft sollten bereits vor dem Projektstart definieren, welche Ziele sie mit neuen Technologien und der Digitalisierung erreichen möchten. Bereits zum Start des Projektes werden die baulichen und technischen Anforderungen an die Immobilie vordefiniert. Sowohl bei Neubauprojekten als auch bei Umbauten ist es ratsam, eine nur punktuelle Auseinandersetzung mit dem Thema Digitalisierung zu vermeiden. Besser wäre es, im Vorfeld eine Digitalisierungsstrategie zu erstellen, die im Einklang mit den Anforderungen der Nutzer und des Immobilienmarktes steht. Im Fokus steht die Frage, welche Ziele durch die Digitalisierung erreicht werden sollen: Warum sollte in eine digitale Immobilie investiert werden? Welche Vorteile kann ein Customized Smart Building generieren?

Jeder Investor und Bauherr hat dabei unterschiedliche Vorgaben und Bedürfnisse und benötigt eine individuelle Vorgehensweise. Eine Rolle spielen hier neben Renditen und Erträgen auch die veränderte Wettbewerbssituation, sowie das Ziel, eine Transformation durch neue Geschäftsmodelle zu ermöglichen. Oft sind solche Zielvorstellungen am Anfang nur teilweise oder gar nicht deutlich definiert. Sicherlich liegt das auch an dem Begriff Digitalisierung, der innerhalb wie auch außerhalb der Immobilienbranche sehr vielfältig Verwendung findet.

Investoren und Bauherren benötigen eine spezifische Beratung zu den Fragenstellungen:
- Was bedeutet Digitalisierung für die Immobilienwirtschaft?
- Welche Mehrwerte können durch die Digitalisierung erreicht werden?
- Was bedeutet Digitalisierung für uns und unser Unternehmen?
- Welcher Digitalisierungsgrad ist für uns sinnvoll?
- Welche neuen Geschäftsmodelle sind für uns als Investor und Bauherr möglich?
- Was kostet die Umsetzung der Digitalisierung der Immobilie?
- Welche Zusatzeinnahmen können wir generieren?
- Haben wir einen Wettbewerbsvorteil und/oder höhere Mieterträge?

Für jede Immobilie ist es deshalb schon zum Start des Projektes wichtig, eine Digitalisierungsstrategie in Form eines Anforderungsmanagements für die Digitalisierung zu entwickeln. Dabei erfolgt die Auseinandersetzung mit verschiedenen Use Cases, den baulichen und technischen Anforderungen sowie Wirtschaftlichkeitsbetrachtungen. Das Ergebnis wird in eine Entscheidervorlage zur Digitalisierung eingearbeitet, die eine zentrale Entscheidungsgrundlage bietet: Digitalisieren oder nicht? Wenn ja, dann in welchem Umfang? Wie ist die Amortisationszeit? Welchen Nutzen habe ich oder das Unternehmen langfristig von einem Customized Smart Building?

10.3 Beratungs- und Methodenkompetenz

Für die Entwicklung eines digitalisierten Gebäudes sind mehrere Schritte im Planungsprozess notwendig (s. Abbildung 3). Vier Phasen werden dabei unterschieden: Step 1 – das Anforderungsmanagement, Step 2 – die Planungsphase, Step 3 – die Umsetzungsphase und Step 4 – die Betriebsphase.

Abbildung 3 – Beratung und Methodenkompetenzen in vier Phasen des Projektes

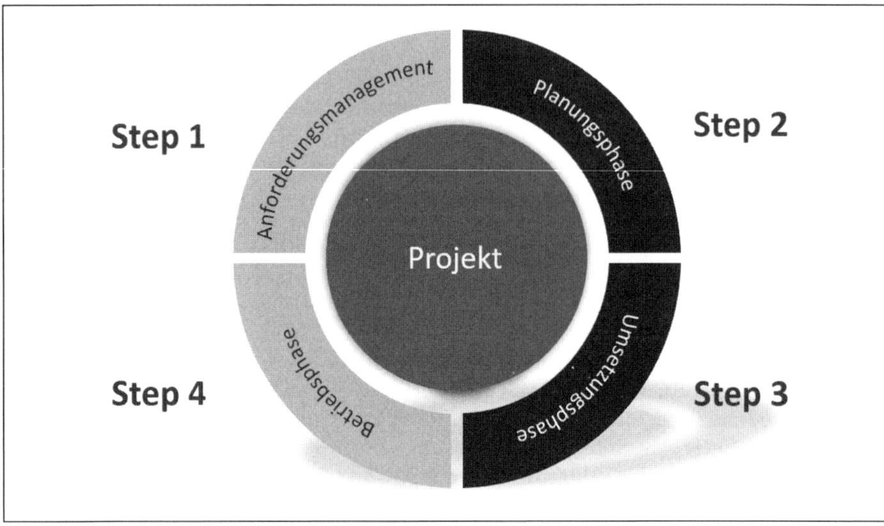

10.3.1 Step 1: Anforderungsmanagement

Die Schnelllebigkeit der digitalen Entwicklungsschritte, der Umgang mit Kundenanforderungen und der allgemeine Wandel beziehungsweise die Realisierung von Geschäftsmodellen – sowohl unternehmensintern als auch im Hinblick auf die Immobilie, sind Aspekte und Rahmenbedingungen, die neue Ansätze und Arbeitsmethoden erforderlich machen. Mit diesen Beratungs- und Methodenkompetenzen werden gegenwärtig diverse Ansätze verbunden, auf die branchenübergreifend im Zuge einer Transformation zurückgegriffen wird. Für Bauprojekte, bei denen eine Digitalisierungsstrategie entwickelt werden soll, ist es wichtig, dass bei allen Beteiligten ein Verständnis entsteht, was die Besonderheiten einer digitalisierten Immobilie ausmacht. Durch spezielle Beratungs- und Methodenkompetenzen sowie Tools wie die Systemische Beratung, Design Thinking oder das Business Model Canvas (BMC) zur Geschäftsmodellentwicklung, wird dabei in Zusammenarbeit mit den Auftraggebern ein gemeinsames Grundverständnis zum Themenfeld Digitalisierung entwickelt. Das bildet für den weiteren Verlauf des Projektes die Basis für strategische Entscheidungen. Die genannten Methoden und Tools werden in diesem Kapitel eingehend beschrieben.

Systemische Beratung

Eine Vielzahl unserer Entscheidungen wird ohne konkretes Hinterfragen gefällt. Im Mittelpunkt der systemischen Beratung steht die sogenannte systemische Haltung und die systemische Sicht auf Situationen. Es werden zunächst Hypothesen gebildet, reflektiert und dann erst agiert. Ziel bei der systemischen Beratung ist es, langfristige und nachhaltige Lern- und Erneuerungsprozesse zu initiieren und zu begleiten, um Organisationen wettbewerbsfähiger, erfolgreicher und effizienter zu machen.

Die systemische Schleife ist dabei ein wichtiger Baustein in Bezug auf die Digitalisierungsstrategie von Immobilien. Sie stellt ein anschauliches Prozessmodell dar, welches die systemische Haltung zum Ausdruck bringt. Die systemische Herangehensweise aus Informationen sammeln, Hypothesen bilden, Interventionen planen und intervenieren ist eine wichtige Grundlage der Konzeption von nachhaltigen Geschäftsmodellen (s. Abbildung 4).

Abbildung 4 – Systemische Schleife

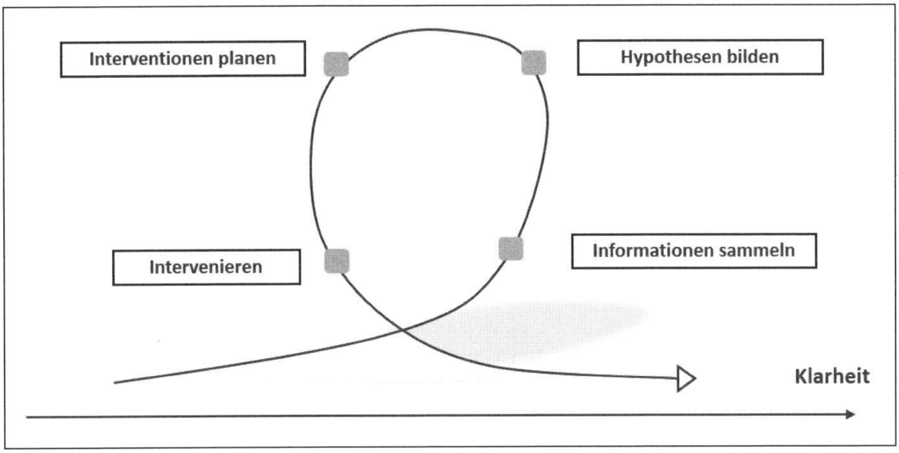

Design Thinking

Design Thinking beschreibt das kreative Vorgehen zur Lösung einer neuen Aufgabenstellung, wie beispielsweise die Identifikation und Entwicklung von neuen Geschäftsmodellen für Gebäude. Die grundlegende Idee ist die Fokussierung auf die Kunden- und Nutzersicht. In verschiedenen Phasen des Design-Thinking-Prozesses werden Kunden- und Nutzeranforderungen detailliert erfasst und darauf aufbauend Überlegungen zu Lösungsmöglichkeiten gefunden. Bei dieser Methode werden prinzipiell sechs Phasen durchlaufen: verstehen, beobachten, Sichtweise definieren, Ideen finden, Prototypen entwickeln, testen (s. Abbildung 5). Aus diversen Lösungsansätzen sollen dabei aus Sicht des Kunden die attraktivsten ermittelt und anschließend in Form eines Prototyps getestet werden. Dieser muss nicht zwangsläufig ein reales Produkt sein, auch theoretische Ideen und entwickelte Prozesse können als Prototyp angesehen werden. Anschließend wird dieser in einem kontinuierlichen Verbesserungsprozess bis zur idealen Lösung angepasst. Für die digitalen Herausforderungen der Immobilienwirtschaft kann die Methode des Design Thinking für die Geschäftsmodellentwicklung Anwendung finden. Im digitalen Design Thinking-Prozess werden vor allem drei Funktionsweisen näher betrachtet:

- Die Neu- oder Weiterentwicklung eines bestehenden Geschäftsmodells (Produkt, Dienstleistung oder Prozess) richtet sich stark auf die Nutzeranforderungen aus.
- Zeitliche und materielle Ressourcen werden in der frühen Entwicklungsphase der Transformation durch frühzeitiges Einbinden des Auftraggebers reduziert.
- Die Zusammenarbeit in Form von Feedback, Ideen und Anregungen wird gefördert. Der Investor/Bauherr ist Teil der Lösungsfindung.

Abbildung 5 – Design Thinking 6-Phasenmodell

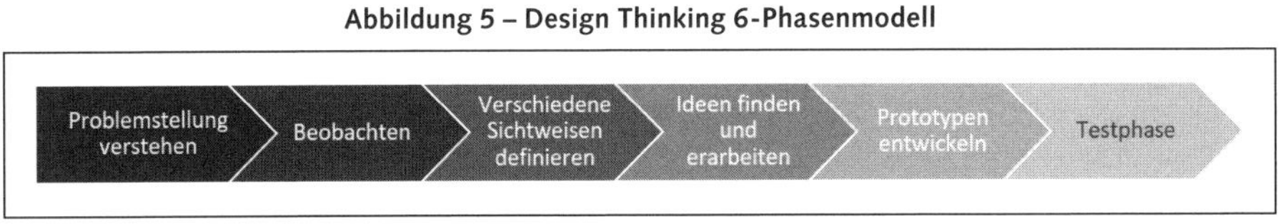

„Userbility“: Profiling und Personas (Design Thinking-Prozess)

Im Vordergrund des Design Thinking-Prozesses, bei dem eine Nutzerperspektive eingenommen wird, stehen die späteren Nutzer und Betreiber der Immobilie. Durch eine fundierte Kunden- beziehungsweise Nutzersegmentierung werden die spezifischen Bedürfnisse und Herausforderungen verschiedener Personengruppe (Personas) analysiert und können daraus resultierend zielgenauer angesprochen werden. Die Merkmale zur Unterscheidung sind projektspezifisch und können stark variieren, wobei sowohl verhaltensbasierte als auch demographische Aspekte zu berücksichtigen sind.

Mit den zu entwickelnden Personas sind wichtige Aspekte von Nutzerversprechen einfacher zu verstehen. Dabei werden gezielt reale Personen generiert, die für eine Nutzersegmentierung stehen. Die Bedürfnisse und Problemstellungen können somit präziser im Zusammenhang des Projektes betrachtet werden und mit der Design Thinking-Methode im Rahmen der Geschäftsmodellentwicklung eingesetzt werden. Die Digitalisierungsstrategie kann somit gezielt auf die Nutzer und Betreiber abgestimmt werden.

Die mit dem Bauherrn oder Investor zu entwickelnden Personas dienen dabei als Grundlage für die Entwicklung und weitere detaillierte Betrachtungen möglicher Geschäftsmodelle, sowie der Spezifikation von Use Cases möglicher digitaler Technologien.

Design Thinking ermöglicht eine gemeinsame Sicht des Projektteams auf das Thema der Digitalisierung und Customized Smart Building, sowie die Definition einer gemeinsamen strategischen Vorgehensweise des Projektes.

Use Cases, Customer Journey und das Business Model Canvas (BMC)
Bei der Geschäftsmodellentwicklung gibt es verschiedene Vorgehensweisen, wobei die momentan bewährteste Methode die Nutzung des Businessmodel Canvas nach Osterwalder/Pigneur darstellt (s. Abbildung 6) – ein Schema, welches alle relevanten Fragestellungen für ein neues Geschäftsmodell aufweist und betrachtet. Der Canvas bietet somit eine Struktur für die Entwicklung von Geschäftsmodellen.

Abbildung 6 – Business Model Canvas (BMC)

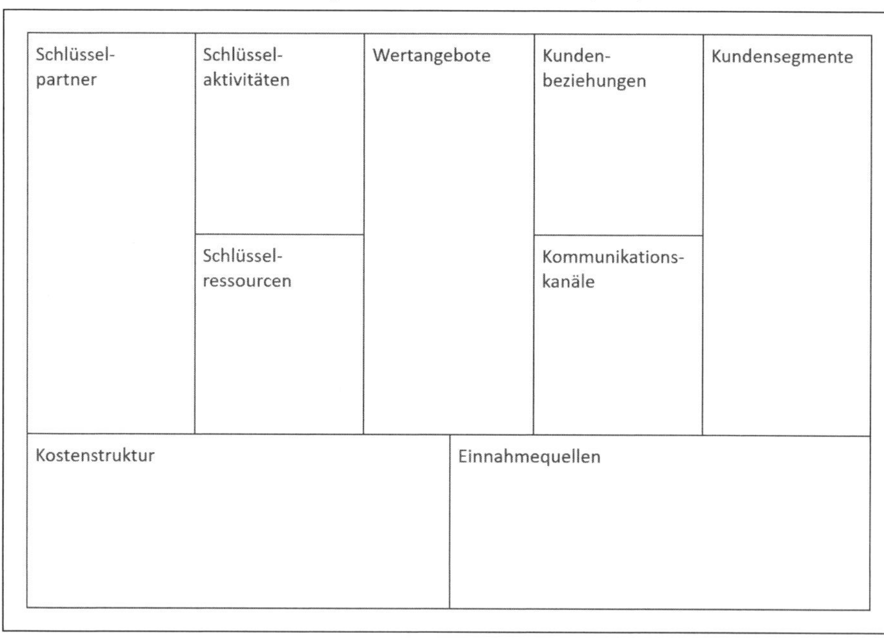

Für die Entwicklung von Geschäftsmodellen hat sich die Vorgehensweise Business Model Canvas (BMC) auch im Immobilienbereich etabliert. Mit den erhobenen Informationen aus einer Personenanalyse (Personas) werden konkrete Use Cases entwickelt, welche mögliche Lösungen für die Bedürfnisse der Personas darstellen. Aus einem Use Case wird anschließend eine Customer Journey erstellt, um damit die Lösungsidee zu konkretisieren und noch näher auf den Nutzerbedarf zuzuschneiden. Eine Customer Journey stellt den gesamten Interaktionsweg eines Nutzers bis zu einer bestimmten Lösung dar.

Die Customer Journey stellt dabei die Präferenzen und das Verhalten der Nutzer und Dienstleister in den Vordergrund, um Aktivitäten auf deren Bedürfnisse ausrichten zu können. Eine Customer Journey bezeichnet einzelne Zyklen, die ein Nutzer oder Dienstleister in einem Prozess durchläuft, bis hin zu einer definierten Handlung. Sie vernetzt alle Verbindungspunkte von der Bedürfnisweckung über die Informationsseite bis hin zur letztlichen Handlung.

Beispielsweise kann der Prozess der Parkplatzsuche eines Nutzers durch eine Customer Journey abgebildet werden. Bei diesem Beispiel ist der Zielzustand des Prozesses, dass der Nutzer auf einem freien Parkplatz steht. Durch die Umsetzung einer technischen Lösung zur „Parkplatznavigation" kann diese Journey des Nutzers nochmals abgebildet werden, nun jedoch interagiert der Nutzer mit seinem Smartphone und wird zum Parkplatz geleitet. Der Prozess hat sich somit verändert, auch wenn am Ende der gleiche Zielzustand eintritt.

Sobald die Customer Journey für einen Use Case steht, kann diese als Grundlage für die Befüllung des Business Model Canvas dienen. Dieses BMC stellt anschließend das Geschäftsmodell dar. In einem Projekt werden meist verschiedene Use Cases betrachtet, wodurch folglich auch mehr als eine Customer Journey und potenzielle Geschäftsmodelle entstehen. Ein wesentlicher Aspekt in der Betrachtung von Erträgen durch neue Geschäftsmodelle ist: In einer Immobilie müssen Geschäftsmodelle entstehen, die eine Investition in Hard- und Software rechtfertigen.

Digitalisierungsbausteine

Ob Buchung elektrischer Ladestationen per Smartphone, intelligentes Parkraummanagement, Desk- und Raumreservierung – viele digitale Technologien sind bereits heute verfügbar. Im Rahmen der Entscheidung für ein Customized Smart Building werden diese in Digitalisierungsbausteine unterschieden. Welche Digitalisierungsbausteine im Einzelfall vorteilhaft und sinnvoll sind, wird anhand der zu definierenden Anforderungen für die Immobilie und deren Ziele und auf Basis des Businessmodel Canvas festgelegt.

Der zentrale Digitalisierungsbaustein, das „Brain", beschreibt die Einrichtung eines intelligenten, selbstlernenden digitalen Managementsystems in Kombination mit einer künstlichen Intelligenz. Dieses übergeordnete „Brain" verknüpft alle technischen Anlagen miteinander und steuert gleichzeitig definierte Prozesse. In Kombination mit IoT-Sensorik wird ein intelligentes System für eine gezielte Datengenerierung und Datenanalyse aufgebaut.

Das „Brain" ermöglicht es auch, Regelungs- und Steuerungsfunktionen der Gebäudetechnik zielgerichtet auf das dynamische Verhalten der Nutzer und der damit verbundenen Prozesse einzustellen. So lernt das Gebäude jeden Tag Neues über das Nutzerverhalten und kann vorausschauend die Anforderungen anpassen.

Basis für das „Brain" ist eine Datengenerierung über verschiedene Digitalisierungsbausteine, wie ein vollflächiges Tracking oder ein Bluetooth fähiges Zutrittskontrollsystem. Für das Tracking werden Sensoren in Kombination mit Beacons über die Gesamtfläche der Immobilie in Kombination mit der Beleuchtung aufgebaut. Sie erstellen ein komplettes dynamisches Abbild der Personenanzahl und der Personenströme im Gebäude. Dadurch sind Analysen der Belegung sowie Bewegungspfade innerhalb der Nutzungsflächen in beliebigen Zeitintervallen einsehbar. Ein Bluetooth fähiges Zutrittskontrollsystem ermöglicht den Zugang per Smartphone und Zugangstoken ohne Ausgabe von RFID-Karten oder Transpondern. Die Beachtung der europäischen Datenschutzgrundverordnung DSGVO ist bei der Datengewinnung und Datenspeicherung und generell beim Tracking von Personen von großer Bedeutung.

Die Bedienung für ein Customized Smart Building erfolgt über eine Gebäude-App, die gleichzeitig auch Informationen von dem Gebäude erhält. Neben der Buchung von Arbeitsplätzen und Räumen oder der Steuerung der Funktionen wie Beleuchtung, Lüftung und Sonnenschutz per Smartphone kann auch Indoor-Navigation im Gebäude erfolgen. Die Vielfalt der Möglichkeiten (Softwarebausteine) ist sehr groß und hängt vom konkreten Mehrwert für die Nutzer und Betreiber des Gebäudes ab.

Entscheidervorlage – Anforderungsmanagement für die Digitalisierung
Eine Entscheidervorlage für den Digitalisierungsgrad eines Projektes beinhaltet auch eine erste Kostenermittlung des gesamten Digitalisierungsprozesses. Die Entscheidervorlage sollte idealerweise bereits vor Start der Planung des Bauprojektes vorliegen. Neben den Use Cases durch die Digitalisierung stellt sie auch die festgelegten Digitalisierungsbausteine des Projektes dar. Dabei werden im Rahmen des Digitalisierungsprozesses auch erste quantitative Abschätzungen von notwendigen Komponenten – sowohl Hardwarebausteine als auch Softwarebausteine – erarbeitet. Neben zusätzlichen anrechenbaren Kosten für die Architekten- und Ingenieurhonorare werden auch die Kosten für die Consultingleistungen im Bereich Digitalisierung betrachtet.

Mit Abschluss der Entscheidervorlage verfügt der Bauherr oder Investor über eine konkrete Grundlage, mit deren Hilfe der Umfang und der Digitalisierungsgrad der Immobilie festgelegt werden kann.

10.3.2 Step 2: Planungsphase – Consulting Digitalisierung

Auf Basis der bewilligten Entscheidervorlage werden die notwendigen Consultingleistungen im Bereich Digitalisierung durch die an der Digitalisierung des Projektes beteiligten Experten parallel zu den Planungsphasen des Bauprojektes durchgeführt (s. Abbildung 7). Das Planungsteam aus Architekten und der Technischen Gebäudeausrüstung muss dabei über den Umfang der Digitalisierungsbausteine und die Auswirkungen für deren Planung informiert werden.

Neben der Erstellung von wichtigen Planungsvorgaben in Bezug auf die Vernetzung der Gebäudetechnik sind auch bauliche Angaben für die Integration des „Brain“ in das Gebäude und in eine Cloudarchitektur zu berücksichtigen. Die Vorgaben für die Planung laufen parallel zu den Leistungsphasen der HOAI. Die Anforderungen an die Planung werden in Form eines Lastenheftes für die Digitalisierung für alle Planungsbeteiligten festgelegt und stellen auch die Grundlage für die Ausschreibung und Vergabe der Bauleistungen dar. Der Digitalisierungsexperte begleitet die Prüfung der Integration der Anforderungen für die Digitalisierung in die Planung und der Vergabeunterlagen.

Im Rahmen der Entwicklung der Gebäude-App sind aufgrund der Softwareentwicklung frühzeitig Inbetriebnahmen, sowie Präqualifikationen von Anlagensystemen und auch Penetrationstests durchzuführen. Der Aufbau eines Teststandes, der die Bausteine der Gebäudetechnik beinhaltet, dient dazu im Vorfeld des Bauprojektes die einzelnen Digitalisierungsbausteine (Hardware/Software) für die Ausschreibung zu präqualifizieren. Der Teststand unterstützt auch bei der frühzeitigen agilen Softwareentwicklung.

10.3.3 Step 3: Umsetzungsphase

In der Umsetzungsphase überprüft der Digitalisierungsexperte regelmäßig die verbauten Digitalisierungsbausteine, zum Beispiel Sensorik und Technikkomponenten. Des Weiteren stellt die Integration der präqualifizierten Digitalisierungsbausteine auf der Baustelle und die Vernetzung der Systeme mit dem „Brain“ in enger Zusammenarbeit mit dem IT-Experten sicher.

10.3.4 Step 4: Betriebsphase

Auch in der Betriebsphase begleitet das Expertenteam aus Digitalisierungsberatern und Cyber Security-Experten das Projekt. Aus den analysierten Daten und den Erkenntnissen der künstlichen Intelligenz kann die optimale Betriebseinstellung der Immobilie abgeleitet werden. Diese Erkenntnisse zur Verbesserung der Arbeitsprozesse werden aus der Analyse des Nutzerverhaltens gewonnen.

10.4 Projektorganisation

Die klassischen Aufgabenfelder wie Architektur, Projektmanagement, Projektentwicklung und Technische Gebäudeausrüstung decken die Anforderungen für die Konzeption eines Customized Smart Building nicht ab. Neue Projektbeteiligte wie der Digitalisierungsexperte, der IT-Experte sowie der Cyber Security-Experte sind notwendig, um die Anforderungen an intelligente und vernetzte Gebäude zu definieren. Sie erstellen Vorgaben zu den einzusetzenden Technologien und Systemen und stellen deren Integration sowie die optimale Vernetzung sicher.

Abbildung 7 – Die bisherigen und die neuen Projektbeteiligten

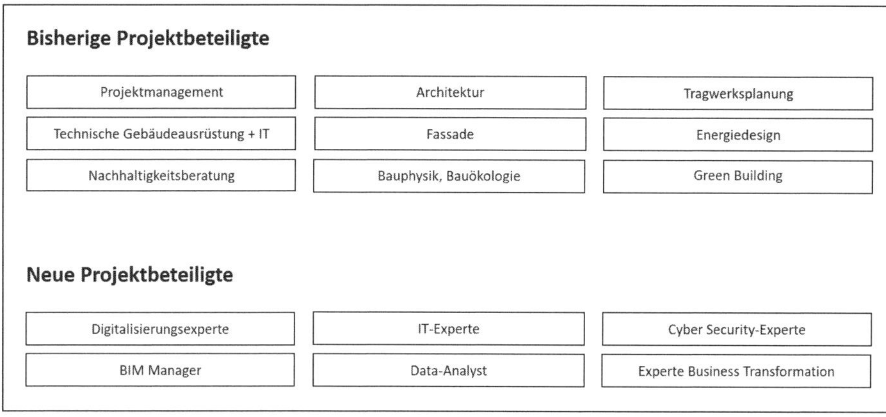

10.4.1.1 Digitalisierungsexperte

Die Aufgabenschwerpunkte des Digitalisierungsexperten liegen zum einen bei der Durchführung des Anforderungsmanagements Digitalisierung (Methodenkompetenz, Systemische Beratung, Design Thinking usw.) und zum anderen bei der Definition der konkreten Digitalisierungsanforderungen. Für das Projekt ist fachliches Know-how in Bezug auf IoT-Produkte, IT-Datennetze und die Vernetzung von unterschiedlichen Digitalisierungsbausteinen (Cloudtechnologien) gefragt. Aus den Nutzeranforderungen definiert der Digitalisierungsexperte in Abstimmung mit den anderen Projektbeteiligten konkrete Vorgaben an die Hardware- und Softwarelösungen und begleitet das Projekt bis zur Inbetriebnahme.

10.4.1.2 IT-Experte

Die wichtigsten Funktionen und Bausteine einer digitalisierten Immobilie basieren auf Informations- und Kommunikationstechnologien. Neben der klassischen Vernetzung durch kabelgebundene IT-Datennetzwerke ist insbesondere durch fortschreitende Funklösungen Know-how im Bereich WLAN, Mobilfunk wie auch fachliches Verständnis im Bereich ENOCEAN und ZigBee gefragt. Der IT-Experte sorgt für eine sichere Vernetzung der Systeme und die Anbindung des „Brain" in die Cloud.

10.4.1.3 Cyber Security-Experte

Bedingt durch den hohen Vernetzungsgrad und die komplexen Fragestellungen zur Cyber-Sicherheit der verwendeten digitalen Technologien, sind weitere Aspekte zur Datensicherheit zu beachten:

– Die Verwendung von Software, gekoppelt mit der Erhebung von personenbezogenen Daten, stellt hohe Anforderungen an virtuelle Sicherheiten und benötigt eine aus juristischer Sicht eindeutig geklärte Situation.

- Eine fachliche Beratung zu den benannten Themen ist während der gesamten Realisierung des Digitalisierungskonzepts, aber auch in der Findungsphase der eigentlichen Strategie, notwendig.
- Ein fortlaufender Prozess entsteht, der durch regelmäßige Kommunikation, die Einhaltung von Datenschutzgesetzen und das Aufsetzen eines Cyber Security Management Systems gewährleistet werden muss.

Cyber-Angriffe und terroristische Anschläge bedrohen aktuell auch unsere Immobilien. Bisher wurden diese Gefahren bei der Konzeption von Gebäuden nicht oder nicht vollumfänglich betrachtet.

Der Cyber Security-Experte sollte bereits zum Start des Projektes in Bezug auf die Vernetzung und die daraus folgende Gefahrenproblematik ein individuelles Cyber Security-Konzept erarbeiten. Neben der Begleitung des Projektes in allen Fragen zur Cyber Security organisiert er auch die notwendigen Penetrationstests im Projekt und begleitet die Inbetriebnahme. Cyber Security hört jedoch nicht mit der Erstellung eines Cyber Security-Konzeptes auf. Im Betrieb ist seitens der Bauherren oder Investoren ein Cyber Security Management-System aufzubauen, das auf die sich ständige wandelnde Bedrohungslage kontinuierlich reagieren kann.

10.4.1.4 Experte Business Transformation

Der Experte Business Transformation entwickelt mit dem Digitalisierungsteam die Use Cases, die Entwicklung der Personas, die Customer Journey und die Durchführung des Business Model Canvas (BMC). Er definiert die Mehrwerte der einzelnen Digitalisierungsbausteine bis hin zu Berechnung von zusätzlichen Einnahmen durch ein Customized Smart Building.

10.4.1.5 Data-Analyst

Um die gewünschten Prozessoptimierungen mithilfe der beschriebenen technischen Möglichkeiten zu erreichen, werden Data-Analysten benötigt. Sie analysieren definierte Datensätze strukturiert und generieren neue Mehrwerte für die Immobilie.

Darüber hinaus sollten Unternehmen in einer datengetriebenen Geschäftswelt, in der sich auch die Immobilien- und Baubranche bewegen wird, sicherstellen, dass die bestehende Belegschaft mit den erweiterten Möglichkeiten umgehen kann. Mitarbeiter sollten in der Lage sein, Ergebnisse aus einfachen Datenanalysen zu verstehen, um auf dieser Grundlage Entscheidungen treffen zu können.

10.5 Fazit

Die Digitalisierung der Immobilienbranche schreitet mit großen Schritten voran und greift in alle Bereiche ein. Bereits zum Start eines jeden Projektes sollte eine Digitalisierungsstrategie in Form eines Anforderungsmanagements durchgeführt werden.

Für die Entwicklung eines intelligenten und vernetzten Gebäudes, das Customized Smart Building, werden neue Experten benötigt, die das Planungsteam der bisherigen Projektbeteiligten ergänzen.

Nicht die Technik und die Anzahl der verbauten Sensoren stehen bei einem Customized Smart Building im Vordergrund, sondern der Nutzer, seine Bedürfnisse, die Kundenzufriedenheit und die Möglichkeit der Optimierung der Geschäftsprozesse. Die intelligente Vernetzung der Systeme ermöglicht einen energieeffizienten Betrieb der Gebäude und eine Optimierung und Kostenreduzierung im Bereich des Facility Managements (FM).

Mit der Integration des „Brain", gekoppelt mit ausgewählter Sensorik, also einem Systemaufbau nach dem Vorbild des Menschen, werden Immobilien intelligent. Die vernetzten Prozesse schaffen neue Potenziale der Geschäftsmodellentwicklung für Bauherren und Investoren, und ermöglichen durch die Erweiterbarkeit der softwarebasierten Funktionen eine Wertsteigerung der Immobilie.

11. Systemgesteuertes Projektcontrolling

Projektentwicklungen sind durch zunehmende Komplexität gekennzeichnet. In der Praxis wird zudem der Überblick über die Wirtschaftlichkeit des Vorhabens häufig erschwert: Informationen liegen nicht in genügender Anzahl vor oder sind veraltet. In vielen Fällen wird versucht, mit Standard-Finanzbuchhaltungs- und Kostenrechnungssystemen das Controlling abzubilden. Die klassischen Instrumente der Kostenträger- und Kostenstellenrechnung reichen aber für die speziellen Belange von Projektentwicklungen bei weitem nicht aus.

Um Chancen und Risiken des Projekts rechtzeitig erkennen zu können, bedarf es einer integrierten Projektcontrolling-Konzeption, die auf der Basis von immobilienspezifischen Instrumenten im Unternehmen organisatorisch fest verankert ist.

11.1 Aufgaben und Umfang des Projektcontrolling in der Projektentwicklung

Die Aufgaben und der Umfang des Projektcontrollings orientieren sich im Wesentlichen an den Kernprozessen und den für die wirtschaftliche Steuerung von Projektentwicklungen nötigen Zielgrößen.

Darüber hinaus wird die Leistungsfähigkeit des Projektcontrollings auch durch die Fähigkeit, operative Prozesse zu unterstützen, bestimmt. Damit wird gewährleistet, dass die für das Controlling nötigen Informationen als Ergebnis der operativen Tätigkeiten unmittelbar in der benötigten Form zur Verfügung stehen und nicht aus verschiedenen Systemen zu bestimmten Zeitpunkten erst gesammelt und ausgewertet werden müssen.

Ein Controlling-System für die Projektentwicklung muss daher die Geschäftsprozesse optimal unterstützen, dabei die immobilienspezifischen Instrumente zur Verfügung stellen und sämtliche Informationen der Projektakquisition, Projektabwicklung und Projektvermarktung in Verbindung mit einem leistungsfähigen Berichtswesen darstellen können.

Insbesondere die systemtechnische Integration der Daten und Prozesse ist eine wesentliche Voraussetzung, um diese Aufgabe erfüllen zu können.

Im Einzelnen muss ein systemgesteuertes Controlling folgende Aufgaben erfüllen bzw. unterstützen:

11.1.1 Zeitnahe Bereitstellung der Steuerungsinformation

Im Zeitalter der EDV ist das eine selbstverständlich klingende Forderung. Sie kann von einem Controlling-System jedoch nur erfüllt werden, wenn dieses ein integraler Bestandteil der operativen Prozesse ist.

11.1.2 Steuerung von Chancen und Risiken

Mit dem Controlling wird oft „nur" die Planung und Kontrolle der Kosten verbunden. Tatsächlich aber gilt es ja, den Unternehmens- bzw. Projekterfolg zu steuern. Dieser ist u.a. das Ergebnis aus der optimalen Planung und Kontrolle der Kosten und Erlöse. Darüber hinaus beeinflussen natürlich Entscheidungen über Kosten die Erlöse wie auch umgekehrt. Gerade diesen Zusammenhang transparent zu machen und die Auswirkungen von Entscheidungen auf die Erfolgskomponenten Kosten und Erlöse im Zusammenhang darzustellen, ist eine wichtige, wenn auch oft schwierige Aufgabe des Controllings.

11.1.3 Optimierung von Geschäftsprozessen

Wenn man von einem systemgesteuerten Controlling spricht, gehört hierzu auch die Optimierung der Geschäftsprozesse. Diese gewährleisten nicht nur die zeitnahe und wirtschaftliche Durchführung von operativen Prozessen, sondern tragen auch erheblich zur Transparenz des Projektfortschrittes bei.

11.1.4 Schaffung von Standards

Wesentliche Grundlage jeder Entscheidung sind zweifelsfrei interpretierbare Daten. Die Schaffung von unternehmensweiten Standards ist hierzu ein wichtiger Baustein. Dies umfasst die Definition von Begriffen, Kennzahlen und Abläufen sowie die Implementierung eines standardisierten Berichtswesens, das sich projektübergreifend anwenden lässt und somit die Vergleichbarkeit und die schnelle und richtige Interpretation der Informationen gewährleistet.

11.1.5 Aufbau von internen Kontrollsystemen

Um sicherzustellen, dass die ordnungsgemäße Abwicklung der Geschäftsprozesse gewährleistet ist, werden interne Kontrollsysteme benötigt. Hierzu gehört z.B. die Sicherstellung des Vier-Augen-Prinzips, die Überwachung der Vergabe von Aufträgen oder die ordnungsgemäße Prüfung und Freigabe von Rechnungen gemäß interner Organisationsanweisungen.

Insbesondere vor dem Hintergrund der Regelungen des Gesetzes über die Sicherung von Bauforderungen (GSB), die auch in bestimmten Fällen im Rahmen von Projektentwicklungen ihre Anwendung finden, werden zusätzliche Anforderungen im Zusammenhang mit dem Aufbau von internen Kontrollsystemen an das Projektcontrolling gestellt.

11.1.6 Bereitstellung von Informationen für strategische Entscheidungen

Von einem systemgesteuerten Controlling wird insbesondere erwartet, die Vielzahl der Informationen, sowohl projektbezogen als auch projektübergreifend, miteinander verknüpfen zu können. Darüber hinaus ist es auch wichtig, externe Daten, wie z.B. Mietpreisentwicklungen, Vermietungsvolumen, Flächenumsätze und Leerstandsraten in die Betrachtung mit einzubeziehen. Die Analyse von historischen Erlös- und Kosteninformationen in Verbindung mit der Einschätzung von zukünftigen Marktentwicklungen kann einen wesentlichen Beitrag zur Absicherung von strategischen Entscheidungen leisten.

11.2 Zielgrößen des Projektcontrolling

Wesentliche Grundlage des Controllings ist die Planung und Steuerung von messbaren Größen. Bei der Definition der Zielgrößen muss insbesondere den verschiedenen Phasen in der Projektentwicklung Rechnung getragen werden. Aufgrund des Projektcharakters liegt es in der Natur der Sache, dass die Entscheidungsspielräume mit zunehmendem Projektverlauf immer geringer werden.

Die wichtigsten Zielgrößen sind:

11.2.1 Flächen

Die schon in der Akquisitionsphase geplanten Flächen müssen über den gesamten Projektverlauf geplant und kontrolliert werden. Wie bei den Kosten und Erlösen, müssen die Flächen wie ein monetäres Budget behandelt werden. Hierzu gehört die differenzierte Planung nach Nutzungsarten, sowie die Überwachung und Verfolgung der Flächeneffizienz, basierend auf der jeweils angewendeten Mietflächendefinition.

11.2.2 Erlöse

Basierend auf der Flächenplanung leitet sich die Erlösplanung ab. In Abhängigkeit von der Art der Projektentwicklung wird der für das Budget relevante geplante Erlös entweder über die geplanten Mieteinnahmen multipliziert mit dem Rohertragsvervielfältiger ermittelt oder, wie im Wohnungsbau üblich, über den Verkaufpreis pro m^2, multipliziert mit der zu verkaufenden Fläche. Damit ergeben sich die für das Controlling relevanten Zielgrößen:

- m^2 Mietfläche und/oder m^2 zu verkaufende Fläche
- Mietpreis pro m^2 und/oder Verkaufspreis pro m^2
- geplanter Verkehrswert/Verkaufspreis

Aufgabe des Controlling ist es, die jeweilige Planungsänderung einer der Komponenten oder die Abweichung einer der Komponenten im Ist-Zustand gegenüber dem Soll-Zustand der Planung im Zusammenhang zu analysieren und das Erlösbudget entsprechend darzustellen (z.B. Minderflächen aufgrund des durchgeführten Aufmaßes oder Abschluß eines Mietvertrages zu einem niedrigeren Mietpreis).

11.2.3 Kosten

Die Budgetpositionen der Kostenplanung werden gemäß der DIN 276 nach Gewerken differenziert geplant. Dabei richtet sich die Differenzierung nach dem zu steuernden Risiko. Das heißt, wird z.B. der Rohbau an einen Generalunternehmer vergeben, wird im Sinne des Controlling nur eine Budgetposition für den Rohbau benötigt. Wird der Rohbau durch Einzelvergabe an eine Vielzahl von Auftragnehmern vergeben, wird für jedes zu beauftragende Gewerk eine Budgetposition benötigt.

Ein weiteres Kriterium für die Differenzierung des Kostenbudgets sind organisatorische Überlegungen hinsichtlich der Zuordnung von Kostengruppen zu Budgetverantwortlichen oder vertragliche Vereinbarungen im Rahmen von Projektpartnerschaften, die es erforderlich machen, die Kosten für bestimmte Gebäude, Gewerke oder Maßnahmen gesondert darzustellen, um vertraglich vereinbarte Kostenverrechnungen durchführen zu können.

11.2.4 Trading-Profit/Projektrendite

Das Ergebnis der Kosten- und Erlösplanung ist der geplante Trading-Profit und die Projektrendite bezogen auf die Investitionssumme und auf das Eigenkapital.

Aufgrund der o.g. detaillierten Planung und Kontrolle der Flächen, Erlöse und Kosten müssen diese Zielgrößen im Projektverlauf entsprechend dargestellt werden. Hierzu muss die Abweichung des Trading-Profits der Ankaufskalkulation gegenüber dem aktuell geplanten Trading-Profit kontinuierlich überwacht werden. Der aktuelle geplante Trading-Profit beschreibt hierbei das Ergebnis der bereits realisierten Kosten und Erlöse, sowie der angepaßten Planung der noch zu realisierenden Kosten und Erlöse.

11.2.5 Liquidität

Um eine umfassende Liquiditätsplanung durchführen zu können, muss das Controlling auf noch nicht abgeschlossene Geschäftsvorfälle und auf Plandaten zurückgreifen. Ziel der Liquiditätsplanung ist die Abstimmung der Finanzierung mit dem durch den Projektverlauf bestimmten Kapitalbedarf. Die Liquidität muss kontinuierlich überwacht werden, um frühzeitig Liquiditätsengpässe zu erkennen und damit die Finanzierungskosten nicht unnötig zu erhöhen.

11.2.6 Termine

Zu der Planung und Steuerung der o.g. wirtschaftlichen Zielgrößen gehört ebenso die Planung und Überwachung von Terminen wie die Koordinierung aller internen und externen Projektbeteiligten.

Hier ist es Aufgabe des Projektcontrollings, mit Hilfe entsprechender Meilensteinpläne die Aufgaben mit den dafür Verantwortlichen und den geplanten Terminen zur Verfügung zu stellen. Ziel muss es hierbei sein, für immer wiederkehrende Prozesse standardisierte Meilensteinpläne zu erarbeiten und anzuwenden.

11.3 Bedeutung der EDV

Projektcontrolling bedeutet Informationsverarbeitung. Um die Vielfalt der Informationen zu verarbeiten und für die zu treffenden Entscheidungen in der dafür notwendigen Form zeitnah zur Verfügung stellen zu können, werden entsprechende EDV-Systeme benötigt. Um die Vollständigkeit und Konsistenz der Daten gewährleisten zu können, reicht es nicht aus, das Controlling basierend auf Tabellenkalkulationsprogrammen abzubilden.

Vor dem Hintergrund der Kernprozesse der Projektentwicklung werden durchgängige Systeme benötigt, die alle Funktionen von der Projektakquisition bis zur Vermarktung unterstützen. Im Einzelnen werden hierbei folgende Anforderungen an die EDV gestellt:

11.3.1 Durchgängige Prozessunterstützung

Darunter wird verstanden, dass einmal erfasste Daten unternehmensweit für die Durchführung der Geschäftsprozesse in jeder Phase der Projektentwicklung zur Verfügung stehen. So müssen beispielsweise Daten, wie vereinbarte Abzüge, Bürgschaften und Einbehalte, die im Rahmen der Auftragsvergabe erfasst wurden, im Zusammenhang mit der Rechnungsprüfung zur Verfügung stehen, um die für die Ermittlung des Zahlungsbetrags notwendigen Auftragskonditionen (automatisch) berücksichtigen zu können. Die Auftragsvergabe wiederum muss auf das aktuell geplante Budget zurückgreifen können, um Budgetüberschreitungen schon zum Zeitpunkt der geplanten Auftragsvergabe erkennen zu können.

11.3.2 Einheitliche Datenbasis

Unter technischen Gesichtspunkten ist eine einheitliche Datenbasis anzustreben. Darunter ist eine unternehmensweite Datenbank zu verstehen, in der alle relevanten Daten funktionsübergreifend gehalten werden. Hierzu gehören nicht nur Budgets, Aufträge, Rechnungen, Miet- und Kaufverträge, sondern auch Daten wie Adressen und Dokumente im Zusammenhang mit der Korrespondenz zu Auftragnehmern und Kunden oder interne Protokolle zur Dokumentation von Entscheidungsprozessen.

Die einheitliche Datenbasis ist u.a. eine wichtige Voraussetzung, damit auch unter fachlichen Gesichtspunkten sichergestellt wird, dass die verschiedenen Informationen unternehmensweit einheitlich und hinsichtlich ihrer Gültigkeit und Aktualität zweifelsfrei interpretiert werden können.

11.3.3 Standardisiertes Berichtswesen

Im Rahmen von unternehmensweit eingesetzten EDV-Systemen werden standardisierte Berichte zur Verfügung gestellt, die das Management mit den wesentlichen Informationen versorgen. Im Gegensatz zu dem Ad-hoc-Berichtswesen steht hierbei die Kontinuität und Gleichartigkeit der Berichte über alle Projekte hinweg im Vordergrund. Dies ist notwendig, um Informationen, sowohl über den Zeitverlauf, als auch projektübergreifend vergleichen und eindeutig interpretieren zu können.

11.3.4 Ad-hoc-Berichtswesen

Ergänzend zu dem standardisierten Berichtswesen, müssen die EDV-Systeme in der Lage sein, die Daten für Ad-hoc-Berichte zur Verfügung zu stellen. In diesem Zusammenhang kommen dann typischerweise Tabellenkalkulationsprogramme und andere auf dem Markt verfügbare

Analysewerkzeuge zum Einsatz. Technisch gesehen, müssen von der oben bereits erwähnten unternehmensweiten Datenbank entsprechende Schnittstellen unterstützt werden. Beispielsweise sei hier die Open Database Connectivity (ODBC)-Schnittstelle erwähnt, die heute von sehr vielen Datenbanken auf der einen Seite und Analysewerkzeugen auf der anderen Seite unterstützt wird.

11.4 Systemgestützte Instrumente zur Unterstützung der Kernprozesse

11.4.1 Akquisition/Konzeption

Der Prozess der Akquisition umfasst im Wesentlichen alle Schritte vom Angebot des Grundstücksanbieters bzw. der Projektidee bis einschließlich der auf der Ankaufskalkulation basierenden Ankaufsentscheidung. Zur Unterstützung dieser Schritte sind folgende systemgestützte Instrumente notwendig:

11.4.1.1 Angebotsprüfung

Um die Vielzahl der Angebote prüfen und bearbeiten zu können, ist es nötig, die eingehenden Grundstücks- und Objektangebote mit den für die Prüfung nötigen Daten standardisiert zu erfassen. Dies ist einerseits die Voraussetzung, um Angebote hinsichtlich Doppelangeboten systemgestützt prüfen zu können, und andererseits wichtig, um die den Angeboten zugrundeliegenden Daten für die weitere systemgestützte wirtschaftliche Prüfung nutzen zu können. Weiterhin können die erfassten Daten historisch ausgewertet und Erkenntnisse bezüglich Marktentwicklungen und Trends gewonnen werden.

11.4.1.2 Terminplanung/Checklisten

Um eine Ankaufsentscheidung treffen zu können, sind im Vorfeld umfangreiche Analysen hinsichtlich kaufmännischer, juristischer und architektonischer Aspekte durchzuführen. Dazu gehören Marktanalysen, Nutzungskonzepte, Standortanalysen, Wettbewerbsanalysen, Architektenwettbewerbe, Finanzierungsplanungen, steuerliche Prüfungen und die Klärung des Baurechts, um nur eine Auswahl zu nennen.

Um diese Aktivitäten aufeinander abstimmen zu können, werden Instrumente benötigt, die diese Aktivitäten fachlich und zeitlich koordinieren und sicherstellen, dass tatsächlich alle für die Ankaufsentscheidung relevanten Informationen berücksichtigt werden.

Mit Checklisten, die systemgestützt zur Verfügung stehen und sukzessive weiterentwickelt werden, können die immer wiederkehrenden Prozesse standardisiert werden. Für die konkreten Projekte sind diese Checklisten in der Form von Meilensteinplanungen anzuwenden. Hierzu werden den einzelnen Aktivitäten, die zur Erreichung der Meilensteine notwendig sind, die Verantwortlichen zugeordnet und die Termine geplant. So ist es möglich, die einzelnen Aktivitäten inhaltlich zu koordinieren und unter Umständen auftretende Terminverschiebungen frühzeitig zu erkennen.

Diese Meilensteinplanungen sind darüber hinaus ein wichtiges Instrument zur Dokumentation von Entscheidungsprozessen, sowohl für interne Zwecke als auch gegenüber externen Beteiligten, wie Investoren oder Banken.

11.4.1.3 Ankaufskalkulation

Der Ankaufskalkulation ist im Rahmen der Projektentwicklung eine besondere Bedeutung beizumessen. Sie ist das maßgebliche Instrument für die Beurteilung der Wirtschaftlichkeit einer geplanten Projektentwicklung. Hierbei ist es besonders wichtig, dass das Projektcontrolling entsprechende systemgestützte Instrumente zentral zur Verfügung stellt. Damit wird gewährleistet, dass die Ankaufskalkulationen unternehmensweit nach einheitlichen Methoden und Regeln erstellt werden. Es ist zu bedenken, dass an der Erstellung einer Ankaufskalkulation in der Regel die Mitarbeiter aus den verschiedensten Unternehmensbereichen (Technik, Marketing,

Vertrieb, Controlling) beteiligt sind und die Ankaufskalkulation in einem oft iterativen Prozess bis zur Entscheidungsreife weiterentwickelt wird. Vor diesem Hintergrund muss sichergestellt werden, dass die verschiedenen Planungsstände verwaltet werden und alle Beteiligte auf den jeweils aktuellen und konsistenten Datenbestand zugreifen können.

Kommt es zu einer positiven Entscheidung, und die Projektentwicklung wird durchgeführt, bilden die Daten der Ankaufskalkulation die Grundlage für das zu erstellende detaillierte Projektbudget.

11.4.2 Planung/Realisierung

Die Prozesse der Planung/Realisierung umfassen alle Schritte von der Budgetplanung über die Auftragsvergabe bis zur Zahlungsfreigabe. Vom systemgesteuerten Projektcontrolling müssen hierzu die Planungsinstrumente zur Verfügung gestellt werden, die es ermöglichen, die Budgetplanungen kontinuierlich anzupassen und in Verbindung mit den operativen Systemen für die Auftragsvergabe und Rechnungsprüfung, die Kontrolle und Steuerung der Planung kontinuierlich durchführen zu können.

Im Zusammenhang mit den operativen Tätigkeiten werden Instrumente für die Überwachung von Gewährleistungsfristen, das Erkennen von Risiken aufgrund von Nachforderungen, die zeitnahe und vollständige Prüfung von Rechnungen und die Überwachung der Liquidität benötigt.

11.4.2.1 Budgetplanung

Um die Projektentwicklung in jeder Phase der Realisierung wirtschaftlich steuern zu können, sind vom systemgesteuerten Projektcontrolling Instrumente zur Verfügung zu stellen, die parallel zum Projektfortschritt die Kosten- und Erlösbudgets den tatsächlich angefallenen Kosten und erzielten Erlösen gegenüberstellen.

Die Budgets selbst wiederum unterliegen ebenfalls einer Dynamik, die transparent gemacht werden muss. Im wesentlichen sind folgende Budgetwerte im Rahmen des periodische Berichtswesen zu vergleichen:

- **Budget der Ankaufskalkulation**
  Dieses Budget beinhaltet die Basis der Ankaufsentscheidung und formuliert damit verbindlich die wirtschaftlichen Kennzahlen, die es zu erreichen gilt.
- **Ausgangsbudget**
  Das Ausgangsbudget ist ein aus der Ankaufskalkulation abgeleitetes operatives Budget. Hier werden die Budgetpositionen differenziert nach Gewerken geplant. Das Ausgangsbudget bildet die Grundlage für die Auftragsvergabe. Die Planzahlen des zu Beginn der Realisierung erstellten Ausgangsbudgets werden „eingefroren" und damit nicht mehr verändert.
  Liegen Ankaufsentscheidung und Projektbeginn zeitlich eng zusammen, sind die wirtschaftlichen Kennzahlen des Ausgangsbudgets in der Regel identisch mit denen der Ankaufskalkulation. Gibt es einen größeren Zeitabstand zwischen Ankaufsentscheidung und Projektbeginn, reflektiert das Ausgangsbudget sinnvollerweise die dann aktuelleren Erkenntnisse und damit u.U. von der Ankaufsentscheidung abweichende Kennzahlen.
- **Aktuell genehmigtes Budget**
  Das aktuell genehmigte Budget ist die Fortschreibung des Ausgangsbudgets. Mit Hilfe des aktuell genehmigten Budgets werden Planungsänderungen aufgrund von beispielsweise architektonischen Änderungen, unvorhergesehenen Kosten- oder Erlösänderungen oder Planungsfehlern abgebildet. Hierbei ist es wichtig, dass diese Änderungen im Rahmen eines Budgetgenehmigungsprozesses in das aktuell genehmigte Budget einfließen. Damit wird einerseits gewährleistet, dass das aktuell genehmigte Budget das Ergebnis eines aktiven Entscheidungsprozesses ist und andererseits, dass die Entwicklung vom Ausgangsbudget zum aktuell genehmigten Budget jederzeit nachvollziehbar ist. Diese Vorgehensweise ermöglicht es, negative Budgetänderungen bezogen auf das unveränderte Ausgangsbudget frühzeitig zu

erkennen und damit im Sinne der Zielerreichung kompensierende Maßnahmen frühzeitig einzuleiten.

- **Prognose**
  Die Prognose beinhaltet den aktuellen Planungsstand plus/minus der zu erwartenden Kosten- und Erlösänderungen. Dabei kann es sich zum Beispiel auf der Erlösseite um Einschätzungen bezogen auf die Mietpreisentwicklung aufgrund von Marktanalysen handeln. Auf der Kostenseite werden schwebende Risiken (Rechtsstreitigkeiten, Nachforderungen von Auftragnehmer) dargestellt.

In einem Projektbericht könnte die zusammenfassende Darstellung der Budgetwerte und wirtschaftlichen Kennzahlen z.B. wie folgt aussehen:

Projekt: xyz Stand: Quartal: II/20. Werte in EUR	Ausgangsbudget	Aktuell genehmigtes Budget	Prognose
Verkaufserlöse	155.304.000	164.250.000	164.250.000
Gesamtinvestition	132.840.526	133.489.000	132.589.526
Trading-Profit	22.464.000	30.760.474	31.660.474
Trading-Profit in %	16,91	23,04	23,88
Mieteinnahmen	10.353.600	10.950.000	10.950.000
Break-Even Verkaufsfaktor	12,83	12,19	12,11
Anfangsrendite in %	7,79	8,20	8,26

Erklärung der berechneten Kennzahlen:

Trading-Profit	= Verkaufserlöse minus Gesamtinvestition
Trading-Profit in %	= Trading-Profit bezogen auf die Gesamtinvestition
Break-Even Verkaufsfaktor	= Gesamtinvestition bezogen auf die Mieteinnahmen p.a.
Anfangsrendite in %	= 1/Break-Even Verkaufsfaktor (statische Anfangsrendite)

11.4.2.2 Auftragsvergabe

Die Auftragsvergabe muss im Sinne des Controllings dahingehend systemtechnisch unterstützt werden, dass folgende Anforderungen erfüllt werden:

- Mit jeder Auftragsvergabe müssen die betroffenen Budgetpositionen belastet werden, um schon zum Zeitpunkt der Auftragsvergabe Budgetüberschreitungen erkennen zu können.
- Mit einem Auftrag müssen alle für die spätere Rechnungsprüfung relevanten Auftragskonditionen erfasst werden. Dabei handelt es sich im Wesentlichen um Bürgschaften, vereinbarte Zuschläge, Abzüge und Einbehalte.
- Die im Zusammenhang mit Aufträgen vereinbarten Termine und Abschlagszahlungen müssen so erfasst und dokumentiert werden, dass diese Informationen für die Liquiditätsplanung verwendet werden können.
- Zu abgeschlossenen Aufträgen sind die technische Abnahmen zu dokumentieren und die Gewährleistungsfristen zu überwachen.

Darüber hinaus werden Instrumente benötigt, die es ermöglichen, Zusatzforderungen der Auftragnehmer und andere absehbare Risiken, wie z.B. Rechtsstreitigkeiten, die zu ungeplanten Aufträgen führen können, hinsichtlich der möglichen Auswirkungen auf das Projektbudget zu bewerten. Diese Informationen müssen in Form von bewerteten Risiken in das aktuelle Budget einfließen.

11.4.2.3 Rechnungsprüfung und Zahlungsfreigabe

Im Rahmen der Rechnungsprüfung und Zahlungsfreigabe sind eine Vielzahl von Informationen zu berücksichtigen, um auf der einen Seite die korrekte Kontierung der Belege bezogen auf die geplanten Budgetpositionen zu gewährleisten, und auf der anderen Seite die sachliche und rechnerische Prüfung systemgestützt durchführen zu können. Hierzu muss das systemgestützte Controlling den Prüfungslauf steuern, sowie in Verbindung mit der Budgetplanung und Auftragsvergabe für die Kostenfeststellung die betroffenen Budgetpositionen belasten. In Abhängigkeit von den vereinbarten Auftragskonditionen, wie z.B. Abzüge und/oder Zuschläge, ist die Verbindlichkeit gegenüber dem Auftragnehmer zu ermitteln. Zur Ermittlung der Höhe und Fälligkeit des Zahlungsbetrages sind die bereits geleisteten Abschlagszahlungen sowie die vereinbarten Einbehalte zu berücksichtigen.

Es muss angestrebt werden, diesen Prozess durch entsprechende systemtechnische Unterstützung weitgehend zu automatisieren. Ziel ist es hierbei, die korrekte Verbuchung (Kostenfeststellung) zu gewährleisten, Überzahlungen (aufgrund von nicht durchgeführten Einbehalten) zu vermeiden und die Durchlaufzeiten der Belege zu optimieren.

11.4.2.4 Liquiditätsplanung

Die systemtechnische Integration des Budgetplanungsprozesses (Kosten- und Erlösplanung) auf der einen Seite, sowie der operativen Systeme für Auftragsvergabe, Rechnungsprüfung/Zahlungsfreigabe, Miet- und Kaufvertragsverwaltung auf der anderen Seite, ist die Voraussetzung einer umfassenden und systemgestützten Liquiditätsplanung und -steuerung.

Im Einzelnen fließen folgende Größen in die Liquiditätsplanung ein:

Auszahlungen	
Offene Rechnungen	Fälligkeitsdatum der Rechnung/Zahlungsziel
Aufträge, die noch nicht berechnet wurden	geplantes Auftragsende bzw. Fälligkeit von vereinbarten Abschlagszahlungen
Verfügbares Budget (Kosten)	Projektplan
Sonstige Auszahlungen (z.B. Zinsen, Tilgungen)	gemäß vertraglichen Regelungen
Einzahlungen	
Abgeschlossene Kaufverträge	Fälligkeit der Kaufpreise
noch nicht abgeschlossene Kaufverträge	Vermarktungsplan
Mieteinnahmen*	Mietvertrag
noch nicht vermietete Flächen*	Vermarktungsplan
sonstige Einzahlungen (z.B. Kredite, Beteiligungen)	Finanzierungskredite, vertragliche Vereinbarungen

* Mieteinnahmen sind nur dann zu berücksichtigen, sofern diese dem Projektentwickler während der Projektentwicklungsphase bzw. vor dem Verkauf auch zufließen.

Die o.g. Tabelle macht deutlich, wie wichtig es ist, dass das systemgesteuerte Controlling integraler Bestandteil der operativen Prozesse sein muss.

11.4.3 Vermarktung

Für die Planung und Steuerung der Erlöse werden, wie auf der Kostenseite, den geplanten Erlösen die tatsächlich erzielten Mieten bzw. Verkaufserlöse gegenübergestellt. Hierzu muss das systemgesteuerte Controlling Instrumente für die Planung von Flächen und Erlösen, die Planung des optimalen Vermarktungszeitpunktes, sowie für die Verfolgung des Vermarktungserfolges zur Verfügung stellen.

11.4.3.1 Flächenplanung

Für eine fundierte Erlösplanung wird eine detaillierte Flächenplanung benötigt, welche die jeweils gültigen Architektenpläne auf der Basis von Mietfläche (MF) und Brutto-Grundfläche (BGF) reflektiert. Erfahrungsgemäß kommt es im Verlauf der Projektentwicklung immer wieder zu Flächenänderungen. Hierbei ist es wichtig, diese Änderungen mit geeigneten Instrumenten zu verfolgen und die Auswirkungen auf die Kosten- und Erlösbudgets zu bewerten. Wie bei den monetären Budgets muss das Controlling ablauforganisatorisch sicherstellen, dass Flächenänderungen im Rahmen eines wohl definierten Entscheidungsprozesses aktiv vom Management geprüft und genehmigt bzw. abgelehnt werden.

11.4.3.2 Erlösplanung

Die Erlösplanung und Kontrolle beginnt schon mit der Projektidee und ist von der Ankaufskalkulation bis zum Abschluss des letzten Miet- bzw. Kaufvertrages kontinuierlich mit den aktuellen Erkenntnissen zu aktualisieren. Hier muss das systemgesteuerte Controlling die Planungsinstrumente zur Verfügung stellen, welche die Erlösplanung mit der Flächenplanung koppeln, die Anpassungen der Erlösplanung im Zeitverlauf dokumentieren und somit nachvollziehbar machen und die Berechnung des Verkaufspreises nach der für die jeweils zu realisierende Projektentwicklung benötigten Methode ermöglichen. Die verschiedenen Methoden sind z.B.:

- für den Wohnungsbau die Berechnung des Verkaufspreises nach m^2 x Verkaufspreis pro m^2,
- für eine Büroimmobilie die geplanten Mieteinnahmen p.a. multipliziert mit dem Rohertragsvervielfältiger
- oder für eine Hotelimmobilie (Anzahl Zimmer x Auslastung (%) x Übernachtungspreis p.a.) multipliziert mit dem Rohertragsvervielfältiger.

Hierbei müssen die Planungsansätze, wie z.B. der geplante Mietpreis pro m^2 oder Verkaufspreis pro m^2, periodisch überprüft und z.B. aufgrund geänderter Markbedingungen angepasst werden. Diese Anpassungen wiederum müssen hinsichtlich der Auswirkung auf die geplante Projektrendite analysiert werden, um durch eine mögliche Anpassung der Kostenplanung die geplante Projektrendite unter veränderten Bedingungen noch erzielen zu können.

Die im Zuge der Vermarktung abgeschlossenen Miet- oder Kaufverträge müssen, wie die Aufträge und Rechnungen bei einem Kostenbudget, gegen die entsprechende Erlösbudgetplanungsposition erfasst werden, um so den Soll/Ist-Vergleich zu ermöglichen und den aktuellen Vermietungs- bzw. Vermarktungsstand darstellen zu können.

11.4.3.3 Vermarktungsplanung

Unter der Vermarktungsplanung wird die Planung des optimalen Vermarktungszeitpunktes sowohl hinsichtlich der Vermietung als auch des Verkaufs verstanden. Dies bedeutet, es wird geplant, wieviel Prozent der Fläche eines Projektes bis zu welchem Zeitpunkt vermarktet werden sollen. Die Vermarktungsplanung für eine Projektentwicklung könnte z.B. wie folgt aussehen:

Nutzungsart	geplanter Vermarktungszeitpunkt	Prozent
Büro	Quartal I/20.	40 %
	Quartal II/20.	80 %
	Quartal III/20.	**100 %**
Laden	Quartal IV/20.	**100 %**

Wohnen	Quartal II/20.	50 %
	Quartal IV/20.	**100 %**

Diese Planung fließt maßgeblich in die Finanzierungs- und damit auch in die Liquiditätsplanung ein.

11.4.4 Die immobilienspezifischen Instrumente im Überblick

Folgende Tabelle zeigt die immobilienspezifischen Controlling-Instrumente im Zusammenhang mit der wirtschaftlichen Steuerung von Projektentwicklungen:

Instrument	Ziel/Kennzahl	Kontext
Angebotsprüfung	Einheitliche Bewertungsgrundlage	Standardisierte Erfassung von Angeboten, Doppelangebotsprüfung
Checklisten	Sicherstellen standardisierter Vorgehensweisen	Festlegen unternehmensweiter Standards und Zuständigkeiten
Developmentrechnung	Trading-Profit, Rentabilität	Basis für die Ankaufsentscheidung und die kontinuierliche Verfolgung des Projekterfolges
Projektbudget	Operativer Trading-Profit, Plan/Ist-Vergleich	Planung und Steuerung von Kosten und Erlösen
Kostenbudget	Kostenplanung auf der Basis von Gewerken (i.d.R. DIN 276)	Steuerung der Projektleiter durch Delegation von Budgetverantwortung
Flächenbudget	Flächeneffizienz, Flächenplanung nach Nutzungsarten	Dokumentation und Verfolgung von Flächenänderungen
Erlösbudget	Vermietungserlöse, Verkaufserlöse	Detaillierte Planung der Erlöse auf der Basis von Flächennutzungsarten. Verfolgung von Markt- und Planungsänderungen
Budgetfortschreibung	Projekttransparenz, frühzeitig begründete und genehmigte Budgetanpassungen	Standardisiertes Instrument zur Dokumentation und Analyse von Kosten- und Erlösabweichungen
Liquiditätsplanung	Projekt- und unternehmensweiter Liquiditätsbedarf	Integrierte Abbildung der Zahlungsströme.
Vermarktungsplanung	Optimaler Vermarktungszeitpunkt	Planung und Verfolgung der vertrieblichen Maßnahmen
Kundenanfragen/ Investorenprofile	Unternehmensweite Erfassung der Flächen- und Objektnachfrage potenzieller Kunden	Sammeln von Marktinfomationen zur Unterstützung der Vermarktung
Miet- und Kaufvertragsverwaltung	Vermietungsstand, Verkaufsstand	Erfolgskontrolle der vertrieblichen Maßnahmen, aktuelle Erlösbudgetfortschreibung

11.5 Integration der systemgesteuerten Instrumente

11.5.1 Integration der Instrumente

Die kontinuierliche Steuerung der wirtschaftlichen Kennzahlen in allen Phasen der Projektentwicklung setzt die Integration der Instrumente für die Planungsprozesse auf der einen Seite und für die operativen Prozesse auf der anderen Seite voraus. Hierbei müssen die Instrumente zur Planung und Steuerung der Kosten und Erlöse fachlich und systemtechnisch integriert abgebildet werden. Diese Integration ermöglicht es, die Auswirkungen von Plan/Ist- Abweichungen bezogen auf die geplanten wirtschaftlichen Größen zu analysieren und die notwendigen Budgetanpassungen durchzuführen. Dabei wird das Ziel verfolgt, die mit der Ankaufskalkulation geplanten wirtschaftlichen Zielgrößen (Investitionsvolumen, Mieteinnahmen und Verkaufserlöse, Trading-Profit, Projektrendite) auch unter veränderten Bedingungen zu erreichen.

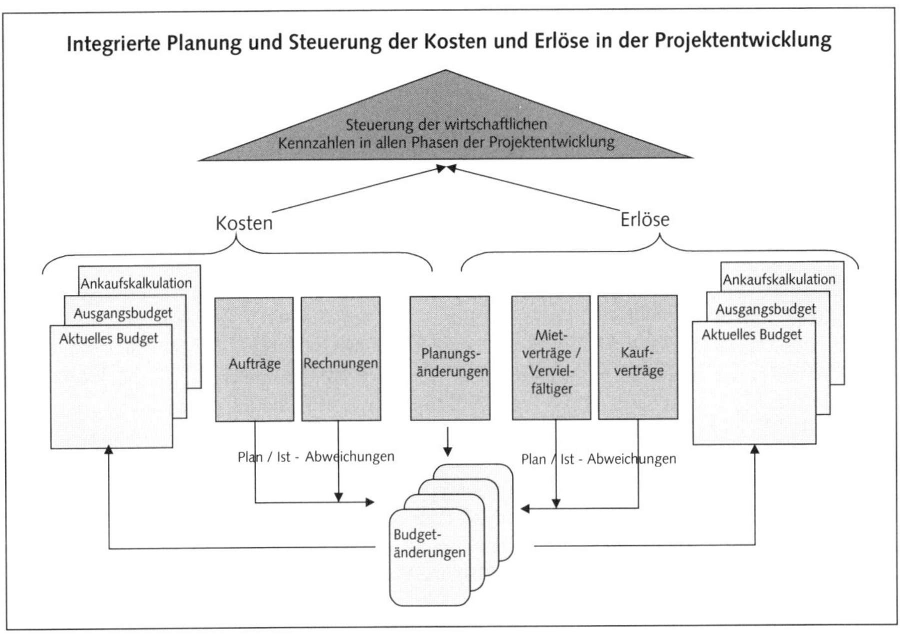

11.5.2 Integration der Systeme

Auf der einen Seite benötigt das Controlling Informationen von vorgelagerten Systemen, wie Systeme zur Durchführung und Auswertung von Ausschreibungen oder CAD – Systemen für die Flächenplanungen. Auf der anderen Seite werden die Ist-Daten des Projektcontrolling von nachgelagerten Systemen gebraucht. Hierzu zählt das externe Rechnungswesen zur Erstellung der Gewinn- und Verlustrechnung (GuV) und der Bilanz, sowie Facility Management Systeme, die u.a. Informationen zu Gewährleistungsfristen, Auftragnehmern, Flächen, Mietern und Mietverträgen benötigen. Die möglichen Schnittstellen der Systeme untereinander veranschaulicht folgendes Schaubild:

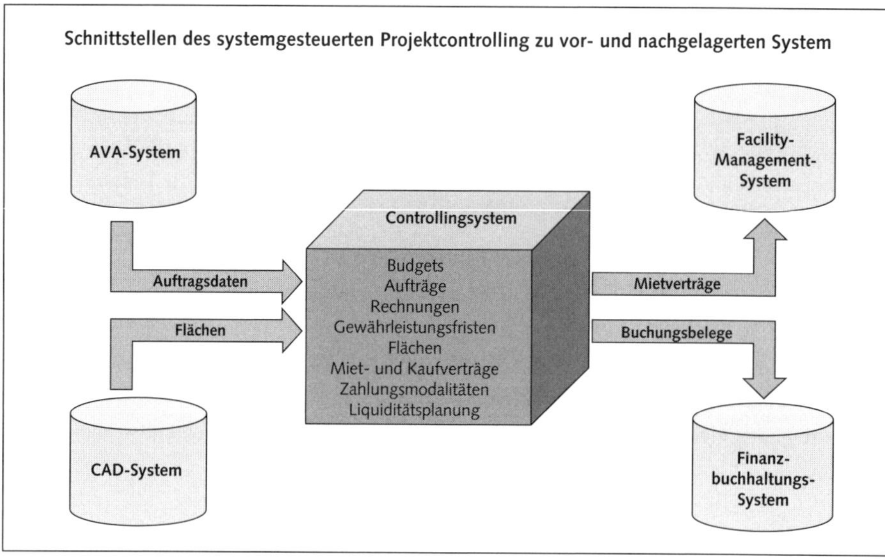

11.6 Standard-Software für die Immobilienbranche

Für die speziellen Anforderungen der Projektentwicklung – und insbesondere für das systemgesteuerte Controlling – gibt es nur sehr wenige Anbieter, die sich hierauf spezialisiert haben. Die folgende Tabelle gibt daher einen etwas weiter gefaßten Überblick über den Markt für Standard-Software in der Immobilienbranche, um auch Marktsegmente zu berücksichtigen, die nicht im engeren Sinne der Projektentwicklung zuzuordnen sind, deren Software jedoch teilweise Funktionen für die Projektentwicklung bzw. an die Projektentwicklung angrenzende Bereiche zur Verfügung stellen. Die gewählte Gliederung richtet sich im wesentlichen nach den von den Anbietern angesprochenen Zielgruppen (z.B. Projektentwickler, Bauunternehmer, Makler), berücksichtigt aber auch den Aspekt, dass eine Vielzahl von Software-Produkten angeboten wird, die nur ganz spezielle Funktionen (z.B. Immobilienbewertung, Finanzierung) abdecken. Somit können sich die hier gewählten „Marktsegmente" durchaus überschneiden.

Marktsegement	Funktionsumfang
Projektcontrolling	Planung und Steuerung von Kosten- und Erlösbudgets. Kontinuierliche Überwachung der Projektrendite, Auftragsverwaltung, Rechnungsprüfung, Flächenplanung, Miet- und Kaufvertragsverwaltung, Risikosteuerung
Projektmanagement	Terminplanung und -steuerung, Netzpläne, Gantt-Diagramme, Verwalten von Ressourcen
AVA Software	Ausschreibungen, Vergabe, Abrechnung, Angebotsbearbeitung, Produktkalkulation, Angebotserstellung
Bausoftware	Bauauftragsabrechnung, Einkauf, Abrechnung der Baulöhne, Betriebsbuchhaltung, Gerätebuchhaltung, Baustellencontrolling
CAD-Systeme	Konstruktionspläne, Schal- und Bewehrungspläne, Finite-Elementberechnungen, Ingenieurplanungen, Lagepläne und Geländeplanung, Arbeitsvorbereitung, Flächenplanung

Marktsegement	Funktionsumfang
Honorarabrechnung	Honorarabrechnung und Angebotsbearbeitung für Architekten und Ingenieure
Immobilienbewertung	Bewertung von Grundstücken und Objekten nach den verschiedenen Wertermittlungsverfahren, Erstellung von Gutachten, Berechnung von Verkehrswerten
Immobilienfinanzierung	Planung und Berechnung von Immobilienfinanzierungen, Berücksichtigung von steuerlichen Aspekten, Beleihungswertermittlung, Liquiditäts- und Rentabilitätsanalysen
Immobilienverwaltung	Verwaltung von Miet-, Gewerbe- und WEG-Objekten, Betriebskosten-, Nebenkosten- und Hausgeldabrechnungen, Mieterverwaltung, Einnahmen-/Ausgabenbuchhaltung, Wirtschaftsplanerstellung
Makler	Verwaltung von Miet- und Kaufobjekten, Immobilienpräsentation (Bilder, Animationen, Filme), Adressenmanagement, Vermittlung und Nachweisführung, Vertrags- und Dokumentverwaltung, Provisionsberechnung
Portfoliomanagement	Analyse von Immobilieninvestitionen, Cash-Flow-Analysen, Portfolio- und Sensitivitätsanalysen

11.7 Die Nutzung von Internet-basierenden Lösungen für das Projektcontrolling

Das Internet hat sich in den vergangenen 25 Jahren seit dem Erscheinen des ersten HTML-Browsers „Mosaic" mit grafischer Oberfläche im Jahr 1993 rasant entwickelt. Die heutigen Standardanwendungen des Internets sind der Web-Browser zur Recherche von Informationen, zum Kaufen von Waren und Dienstleistungen und der Kommunikation in sozialen Netzen sowie das E-Mail-Programm zum Versenden und Empfangen von Nachrichten und Dokumenten.

Die Möglichkeiten des Internets gehen aber wesentlich weiter, da das Internet als Technologie erstmalig eine weltweite standardisierte Kommunikationsplattform zur Verfügung stellt. Nachfolgend werden Ansätze von heutigen Nutzungsmöglichkeiten des Internets für das Projektcontrolling beschrieben sowie zukünftige Entwicklungen und Perspektiven aufgezeigt.

11.7.1 Cloud-Computing

Durch den Markterfolg der Smartphones bei mobilen Telefonen und die Einführung der Tablet-PCs werden zunehmend Programme auch auf diesen Devices genutzt. Hatte ein Business-Anwender vor nicht allzu langer Zeit als Computer typischerweise einen Desktop-PC im Büro und/oder einen Laptop zur Verfügung, so ist inzwischen die Anzahl der gleichzeitig genutzten Computer auf bis zu 4 Geräte angestiegen. Der klassische PC wird oft durch einen Laptop/Ultrabook ergänzt, hinzu kommt ein Smartphone und oft ein Tablet-PC. Alle Geräte sind typischer Weise mit dem Internet verbunden.

Der Trend zur parallelen Nutzung von mehreren Computern und der Trend zur Nutzung mobiler Geräte fördern die Notwendigkeit, die Daten an einer zentralen Stelle vorzuhalten, so dass von überall auf diese Daten zugegriffen werden kann. Ohne zentrale Datenhaltung wären die Daten nicht auf allen Geräten direkt verfügbar, so dass eine parallele Verwendung der Geräte je nach Bedarf und Verfügbarkeit nicht möglich wäre. Cloud-Computing stellt diese zentrale Datenhaltung über das Internet zur Verfügung und macht Daten und Anwendungen plattformübergreifend verfügbar.

Da bei Cloud-Computing Programme und Daten zentral auf einer Serverinfrastruktur vorgehalten werden, werden auch alle Tätigkeiten des Programmbetriebs wie Programminstallation, Programmupdates und Datensicherung von dem Provider des Cloud-Services übernommen. Als Nutzer benötigt man nur ein Gerät mit Internetverbindung und einen Internetbrowser, wenn die Applikation browserbasiert ist, bzw. die passende Applikation (App), die über das Internet auf dem Gerät installiert werden kann.

Wird ein Programm dem Nutzer über das Internet zur Verfügung gestellt, so bezeichnet man dies als Software as a Service (SaaS). SaaS-Programme werden typischerweise nicht gekauft, sondern über den Nutzungszeitraum gemietet. Der Nutzer zahlt hierbei eine monatliche Nutzungsgebühr, die im Vergleich zu klassischen Softwarelizenzen den Kaufpreis der Softwarelizenz und die Softwarepflegegebühr ersetzt.

Ein Projektcontrolling-System als SaaS-Programm bietet dem Nutzer den Vorteil, dass die komplette EDV-Infrastruktur von dem SaaS-Anbieter zur Verfügung gestellt wird. Die technische Einstiegshürde wird dadurch deutlich nach unten gesetzt, sodass besonders kleine Projektentwickler von einer SaaS-Lösung profitieren. Zur Nutzung der SaaS-Lösung ist nur eine Internetverbindung und ein Internetbrowser notwendig.

11.7.2 Zusammenarbeit von Projektbeteiligten in einem Extranet

Das Internet als Kommunikationsplattform eignet sich besonders dafür, die Zusammenarbeit von Personen aus verschiedenen Firmen in einem Projektteam zu vereinfachen. Firmen wie beispielsweise Conject AG (www.conject.de), conetics AG (www.conetics.com) und Projectplace GmbH (www.projectplace) bieten SaaS-Programme zur Projektplanung und -durchführung im Bauwesen an.

11.7.2.1 Projektraum

Zentraler Bestandteil dieser Programme ist der Projektraum, über welchen Dokumente und Mitteilungen ausgetauscht werden können. Gemeinsame Nutzer des Projektraumes sind hierbei Architekten, Fachingenieure, Bauunternehmer, Mieter und Investoren, die eine geschlossene Benutzergruppe bilden. Über das Internet ist für jeden Projektbeteiligten jederzeit ein Zugriff auf alle Informationen des Projektraumes möglich, für die er autorisiert ist. Werden Informationen in dem Projektraum geändert, so werden die Projektbeteiligten über Benachrichtigungen per E-Mail, Fax oder SMS informiert. Die Dokumente werden versioniert, sodass die komplette Dokumenthistorie jederzeit zur Verfügung steht. Über Viewer können die Office-Dokumente und CAD-Dateien über einen Internet-Browser angesehen und mit Anmerkungen versehen werden.

Ein integriertes Mail-System, über welches alle Mitteilungen zwischen den Projektbeteiligten versendet werden, macht die Projekt-Kommunikation jederzeit nachvollziehbar. Durch den Einsatz von Webkonferenz-Tools können Dokumente über das Internet von Projektbeteiligten, die sich an verschiedenen Orten befinden, gemeinsam betrachtet und bearbeitet werden.

Teilweise können auch Projektstatusberichte erstellt werden, die einen Überblick über Termine, Kosten und Entscheidungsbedarf geben.

Projekträume führen zu einer hohen Datenaktualität, einer transparente Dokumentation und eine höheren Geschwindigkeit des Informationsflusses. Die Vernetzung der Projektbeteiligten zu virtuellen Teams führt so zu einer Erhöhung der Qualität bei einer gleichzeitigen Senkung der Kosten im Bauprozess.

11.7.2.2 Ausschreibung und Vergabe

Über Ausschreibungs- und Vergabeprogramme wird der Ausschreibungs- und Vergabeprozess für Bauleistungen zwischen Auftraggeber und Bietern über das Internet abgebildet. Durch die Ablösung manueller Verfahren wird der Prozess effizienter und somit kostengünstiger gestaltet. Gleichzeit steigt die Prozessqualität bei einer durchgängigen integrierten Abbildung.

Die SaaS-Programme bilden dabei die Erstellung und Bereitstellung der Ausschreibungsunterlagen ab und können die Bekanntmachung über Veröffentlichungsorgane und Ausschreibungsblätter unterstützen. Im Weiteren wird die Angebotsabgabe durch den Bieter unterstützt und die fristgerechte Öffnung und Wertung der Angebote. Die Ermittlung des wirtschaftlichsten Angebots und die Zuschlagserteilung bzw. Versendung der Absageschreiben schließen den Ausschreibungs- und Vergabeprozess ab.

Die Abbildung über SaaS-Programme führen zu einer engen Vernetzung der am Ausschreibungs- und Vergabeprozess beteiligten Personen. Die sich daraus ergebenden Vorteile sind dieselben wie bei der beschriebenen virtuellen Zusammenarbeit in einem Projektraum: Erhöhung der Qualität bei gleichzeitiger Senkung der Kosten im Ausschreibungs- und Vergabeprozess.

11.7.3 Datenaustausch von Applikationen über das Internet

Eine mächtige Möglichkeit des Internets basiert darauf, dass über das Internet Computer permanent online miteinander verbunden sind. Somit können Programme über das Internet Daten miteinander austauschen. Projektcontrolling-Systeme könnten beispielsweise aktuelle Marktdaten (Preise für Gewerke, Standortinformationen, Mietpreise und Verkaufspreise) von einem Datenprovider nach Bedarf abrufen, um diese dann für eine Developmentrechnung als Planzahlen oder Vergleichswerte zu verwenden. Diese Datenversorgung per Knopfdruck in einem Projektcontrolling-System verfügbar zu haben, ist heute noch nicht Realität, Cloud-Computing schafft aber hierfür die technologische Basis. Basierend auf diesen technischen Möglichkeiten werden sich in der Zukunft Geschäftsmodelle entwickeln können, die das Bereitstellen solcher Datenquellen ermöglichen.

12. Immobilienerwerb, wesentliche vertragliche Aspekte

12.1 Flächenerwerb

Um eine Projektentwicklung zu realisieren benötigt der Entwickler eine Fläche, auf welcher er die Projektentwicklung durchführen kann.

Hierzu sind verschiedene rechtliche Möglichkeiten der Akquisition einer Fläche denkbar.

12.1.1 Kauf eines Grundstücks

Der Regelfall der Akquisition einer Fläche ist der Erwerb des Eigentums an einem Grundstück. Unter einem Grundstück versteht man rechtlich den Teil der Erdoberfläche, welcher unter einer laufenden Nummer im Bestandsverzeichnis des Grundbuchs geführt wird. Ein Grundstück kann hierbei aus einem oder mehreren Flurstücken bestehen.

Entspricht der Zuschnitt und die Größe des im Grundbuch eingetragenen Grundstücks, respektive der dort eingetragenen Grundstücke, nicht der Fläche, welche der Projektentwickler für die Durchführung seines Projektes benötigt, so ist der Erwerb von Teilflächen eines oder mehrerer Grundstücke möglich, welche im Vollzug des Kaufvertrages zunächst aus den bestehenden Grundstücken herausgeteilt und später zu einem neuen Grundstück zusammengeführt (vereinigt) werden. Ist das Grundstück mit Grundpfandrechten belastet, so kann sich aus Kostengründen anstelle der Vereinigung der Grundstücke eine Zuschreibung des einen Grundstücks zu dem anderen empfehlen (§§ 890 Abs. 2, 1131 BGB). Einem Genehmigungserfordernis kann die Teilung unterliegen, wenn das Grundstück im Bereich eines Bebauungsplanes liegt (§ 19 BauGB). Auch ansonsten dürfen aufgrund landesrechtlicher Vorschriften durch die Teilung keine baurechtswidrigen Zustände entstehen (vergl. z.B. § 7 Abs. 2 S. 1 HBO).

Die betroffene Fläche wird in der Regel in einer Plananlage zum Kaufvertrag möglichst exakt eingezeichnet. Der Verkäufer schuldet genau die eingezeichnete Fläche und wird entweder das zuständige Amt für Bodenmanagement oder einen amtlich bestellten Vermesser mit der Neuvermessung des verkauften Grundbesitzes beauftragen. Das Ergebnis der Vermessung wird durch eine amtliche Fortführungsmitteilung dokumentiert, welche Grundlage der Umsetzung der Neuordnung der Grundstücke im Grundbuch ist.

12.1.2 Erwerb oder Neubestellung eines Erbbaurechts

Neben dem Erwerb des Eigentums an einem Grundstück besteht die Möglichkeit, die Durchführung des Projekts auf der Grundlage eines an einem Grundstück durch dessen Eigentümer zu bestellenden Erbbaurechts zu verwirklichen.

Unter einem Erbbaurecht versteht man gemäß § 1 ErbbauRG das veräußerliche und vererbliche Recht auf oder unter der Oberfläche des Grundstücks ein Bauwerk haben zu dürfen. Das Erbbaurecht kann auf einen für das Bauwerk nicht erforderlichen Teil des Grundstücks erstreckt werden, sofern das Bauwerk wirtschaftlich die Hauptsache bleibt. Die Bestellung eines Erbbaurechts ist für einen Zeitraum von maximal 99 Jahren möglich.

Möglich ist sowohl, dass der Grundstückseigentümer das Erbbaurecht zugunsten des Erwerbers (neu) bestellt, als auch, dass der Projektentwickler ein bereits bestelltes Erbbaurecht von einem Dritten erwirbt. Für das Erbbaurecht ist vom Berechtigten an den Grundstückseigentümer ein Erbbauzins zu zahlen. Vereinbart wird in der Regel ein laufend zu zahlender Erbbauzins. In Ausnahmefällen findet sich jedoch auch die Vereinbarung über die Zahlung eines Einmalbetrages. Die Höhe des Erbbauzinses ist frei bestimmbar/verhandelbar, beträgt jedoch häufig ca. 6 % des Bodenwertes per anno.

Erwirbt der Projektentwickler ein bestehendes Erbbaurecht von einem Dritten, so hat er an diesen den Kaufpreis und an den Grundstückseigentümer den Erbbauzins zu entrichten.

Im Vergleich zum Erwerb eines Grundstücks ist der Erwerb eines Erbbaurechtes mit verschiedenen Einschränkungen verbunden. So wird regelmäßig im Rahmen des Erbbaurechtsvertrages ein bestimmter Nutzungszweck definiert. Weiterhin wird oft von der gesetzlichen Möglichkeit Gebrauch gemacht, dem Grundstückseigentümer ein Vorkaufsrecht einzuräumen, und/ oder die Weiterveräußerung, sowie die Belastung des Erbbaurechts mit Grundpfandrechten von der Zustimmung des Grundstückseigentümers abhängig zu machen, welcher diese jedoch nur aus bestimmten, gesetzlich vorgeschriebenen Gründen verweigern darf.

Weiterhin ist es üblich, so genannte Heimfallgründe zu vereinbaren. Kommt der Erwerber seinen Verpflichtungen aus dem Erbbaurechtsvertrag, insbesondere der Zahlung des Erbbauzinses, oder auch bestimmten Bebauungs- und Nutzungsverpflichtungen nicht nach, ist der Grundstückseigentümer zum Heimfall berechtigt. Dies bedeutet, dass der Berechtigte das Erbbaurecht an den Grundstückseigentümer oder einen von diesem benannten Dritten gegen Entschädigung zu übertragen hat. Da die Entschädigung auf die vom Grundstückseigentümer zu übernehmenden dinglichen Belastungen in Abt. III (Grundschulden und Hypotheken) des Erbbaugrundbuchs angerechnet wird, besteht eine Verpflichtung zur Zustimmung des Grundstückseigentümers zur Belastung des Erbbaurechts mit Grundpfandrechten in der Regel nur bis zur Höhe von ca. 70 % des Wertes des Erbbaurechtes. Bei Erwerb eines Erbbaurechts besteht demnach eine geringere Beleihbarkeit als beim Erwerb eines Grundstücks.

12.1.3 Erwerb anderer Rechte am Grundstück

Mögliche weitere Erwerbsgegenstände sind das Wohnungs- oder Teileigentum nach dem Wohnungseigentumsgesetz oder, in seltenen Ausnahmefällen, der Erwerb eines Dauernutzungsrechts nach § 33 ff. WEG.

12.1.4 Gegenstand des Erwerbs

Ist der Erwerbsgegenstand bebaut, ist Gegenstand des Erwerbs auch das auf dem Grundstück errichtete Gebäude nebst aller wesentlichen Bestandteile. Da Gebäude selbst wesentliche Bestandteile des Grundstücks sind, sind auch sämtliche Bestandteile des Gebäudes gleichzeitig Bestandteile des Grundstücks.

Zum Kaufgegenstand gehört nach § 97 BGB auch das gesetzliche Zubehör. Hierunter versteht das Gesetz bewegliche Sachen die, ohne Bestandteil des Grundstücks zu sein, dessen wirtschaftlichen Zweck zu dienen bestimmt sind und welche in einem bestimmten räumlichen Verhältnis zu dem Grundstück stehen. Beispiele für Zubehör sind eine Alarmanlage, eine Apothekeneinrichtung, Leitungen, Maschinen auf einem Fabrikgrundstück jedoch auch Fahrzeuge wie ein Hotelomnibus. Aus gewerbesteuerlichen Gründen kann es erforderlich sein, Zubehör, welches gleichzeitig unter den Begriff der Betriebsvorrichtung gemäß § 68 BewG fällt nicht mit zu verkaufen (vgl. Ziffern 13.5.6 ff.). Dies muss ggf. in einem gesonderten Kaufvertrag ausdrücklich geregelt werden.

Möglich, wenn auch selten ist es, dass Gebäude nicht zum Grundstück selbst gehören. Hiervon ist nach § 95 BGB in den Fällen auszugehen, in welchen diese nur zu einem vorübergehenden Zweck mit dem Grund und Boden verbunden werden. Dies kann beispielsweise auf Lagerhallen oder sonstige Bauwerke zutreffen, bei denen von vorneherein feststeht, dass diese nach Ablauf einer bestimmten Zeit wieder vom Grundstück entfernt werden. In diesen Fällen ist es möglich, dass das Eigentum an Grund und Boden einerseits und an den Gebäuden andererseits auseinander fällt.

Da der Erwerb des Eigentums an einem Grundstück noch immer den Regelfall der Flächenakquisition darstellt, orientieren sich die nachfolgenden Ausführungen alleine am Grundstückskauf, wobei wesentliche Aspekte in gleicher Weise für die Bestellung oder den Erwerb eines Erbbaurechtes oder den Erwerb eines Wohn- oder Teileigentums gelten.

11.2.1 Hauptpflichten und Form des Kaufvertrags

Die gegenseitigen Hauptpflichten eines Grundstückskaufvertrages bestehen gemäß § 433 BGB, wie bei jedem Kaufvertrag für den Verkäufer darin, dem Käufer das Eigentum an dem Kaufgegenstand zu verschaffen. Die Hauptpflicht des Käufers besteht darin, den Kaufpreis zu zahlen und die gekaufte Sache abzunehmen.

Abschluss und Vollzug des Kaufvertrages vollziehen sich in zwei rechtlich Schritten. Im ersten Schritt verpflichten sich die Parteien gegenseitig zur Erfüllung der kaufvertraglichen (Haupt-) Pflichten. Der zweite Schritt besteht in der Erfüllung dieser schuldrechtlichen Pflichten durch dinglichen Vollzug.

Während die Übertragung an beweglichen Sachen durch die Einigung der Parteien über den Eigentumsübergang sowie die Übergabe der verkauften Sache erfolgt, wird beim Grundstückskauf gemäß § 873 BGB der Eigentumsübergang durch die dingliche Einigung der Parteien über den Eigentumsübergang (die hier Auflassung genannt wird), sowie die Eintragung des Eigentumswechsels im Grundbuch vollzogen.

Gemäß § 311 b BGB bedarf der Kaufvertrag über ein Grundstück der Form der notariellen Beurkundung. Zu beachten ist hierbei, dass der notariellen Form sämtliche Abreden und Nebenabreden im Zusammenhang mit dem Verkauf unterfallen. Hängen der beurkundungsbedürftige Grundstückskaufvertrag sowie weitere Verträge, wie etwa Bau-, Entwicklungs- oder Erschließungsverträge in der Weise miteinander zusammen, dass der Grundstückskaufvertrag nicht ohne den anderen, an sich nicht beurkundungsbedürftigen Vertrag geschlossen würde, so umfasst die Beurkundungspflicht auch den weiteren Vertrag. Auch Änderungen und Nachträge zu dem Kaufvertrag bedürfen in der Regel notarieller Beurkundung. Ausnahmen von der Beurkundungspflicht sind in der Rechtsprechung und Lehre umstritten. Anerkannt ist beispielsweise die nicht notarielle Vereinbarung von Regelungen zur Behebung von Abwicklungsschwierigkeiten nach bereits im Kaufvertrag formgerecht erklärter Auflassung.

Wird die Form der Beurkundung ganz oder teilweise nicht beachtet, so ist in der Regel der gesamte Vertrag unwirksam. Wird hingegen ein hiernach formunwirksamer Kaufvertrag im Grundbuch vollzogen, erfolgt also die Umschreibung des Eigentums im Grundbuch auf den Käufer, so wird der Formmangel gemäß § 311 b Abs. 2 BGB geheilt.

12.2.2 Kaufpreis, Kaufpreiszahlung und Sicherung der Parteien

Die Vereinbarung eines Kaufpreises als Gegenleistung für die Verschaffung des Eigentums am Grundstück ist wesensbestimmend für den Kaufvertrag.

Es sind verschiedene Vereinbarungen für die Bestimmung des Kaufpreises möglich.

Die Parteien können sich auf einen Kaufpreis als Festpreis einigen. Gerade in den Fällen, in denen Teilflächen an bestehenden Grundstücken verkauft werden, deren genaue Größe sich erst im Rahmen der Vermessung des Kaufgegenstandes ergibt, kann auch ein Kaufpreis pro Quadratmeter festgelegt werden, wobei sich die Höhe des Kaufpreises erst nach Vorliegen der Fortführungsmitteilung errechnet. Auch Mischformen sind möglich. So kann grundsätzlich ein Festpreis vereinbart wird, wobei erst eine Abweichung der sich nach Vermessung ergebenden Grundstücksgröße über einen bestimmten Prozentsatz hinaus zu einer Anpassung des Kaufpreises führt.

Auch andere, im Zeitpunkt des Abschlusses des Kaufvertrages noch nicht konkret bekannte Parameter können zur Festlegung der Höhe des geschuldeten Kaufpreises herangezogen werden. Steht beispielsweise die baurechtliche Ausnutzbarkeit des Projektgrundstücks im Zeitpunkt des Kaufvertrages noch nicht fest, so kann die Höhe des Kaufpreises ganz oder teilweise an die Ausnutzbarkeit, beispielsweise die sich aus einem zukünftigen Bebauungsplan mögliche, oder die sich aus der erforderlichen Baugenehmigung ergebenden Geschossflächenzahl geknüpft werden.

Die Sicherung des Käufers gebietet es, die Fälligkeit des Kaufpreises an bestimmte, in der Regel durch den Notar zu überwachende Fälligkeitsvoraussetzungen, zu knüpfen.

Eine dieser Fälligkeitsvoraussetzungen ist regelmäßig die Eintragung einer Eigentumsverschaffungsvormerkung gemäß § 883 BGB im Grundbuch. Bei einer solchen Vormerkung, die im Kaufvertrag durch den Verkäufer zugunsten des Käufers bewilligt wird, handelt es sich um ein insolvenzfestes (§ 106 InsO) Sicherungsrecht, welches unmittelbar nach Abschluss des Kaufvertrages im Grundbuch des Kaufgegenstandes eingetragen wird.

Den Antrag auf Umschreibung des Eigentums auf den Käufer darf der Notar regelmäßig erst stellen, nachdem der Kaufpreis gezahlt wurde. Der Verkäufer wird hierdurch in der Weise geschützt, dass er vor Erhalt des Kaufpreises sein Eigentum nicht verliert.

Zum Schutze des Käufers bewirkt die eingetragene Auflassungsvormerkung, dass in dem Zeitraum bis zur Umschreibung des Eigentums keine vom Käufer nicht zu übernehmenden Belastungen eingetragen werden, die ihm gegenüber wirksam sind. Dies bedeutet, dass der Käufer ab dem Zeitpunkt, zu dem er Eigentum erwirbt, von Dritten zugunsten derer im Rang nach der Auflassungsvormerkung Rechte im Grundbuch eingetragen sind, deren Löschung verlangen kann.

In den Fällen, in denen bei Veräußerung des Grundstücks zugunsten der finanzierenden Kreditinstitute des Verkäufers Grundpfandrechte in Abt. III des Grundbuchs eingetragen sind, gehört zu den Voraussetzungen der Fälligkeit des Kaufpreises die Sicherstellung der Löschung dieser, nur die wirtschaftlichen Verhältnisse des Verkäufers betreffenden Rechte.

Voraussetzung der Fälligkeit ist demnach, dass dem Notar Löschungsbewilligungen der eingetragenen Grundpfandrechtsgläubiger vorliegen. Da solchen Grundpfandrechten in der Regel Kredite zugrunde liegen, welche aus dem Kaufpreis abgelöst werden müssen, sind hierbei nicht nur Löschungsbewilligungen anerkannt, welche auflagenfrei sind, sondern auch solche, welche Auflagen enthalten, die aus der Zahlung des Kaufpreises erfüllbar sind. Dies bedeutet, dass die Löschungsbewilligungen dem Notar mit einem Treuhandauftrag überlassen werden, hierüber erst zu verfügen, wenn ein bestimmter Geldbetrag an den Grundpfandrechtsgläubiger geflossen ist. Der Käufer zahlt den zur Ablösung der Grundpfandrechte erforderlichen Teil des Kaufpreises an die eingetragenen Grundpfandrechtsgläubiger und nur den Rest des Kaufpreises an den Verkäufer selbst. Reicht der Kaufpreis zur Ablösung bestehender Grundpfandrechte nicht aus, ist der Kaufvertrag nicht vollziehbar. Der Käufer kann dann vom Vertrag zurücktreten und ggf. Schadensersatz verlangen.

Weitere, vom Notar zu überwachende Fälligkeitsvoraussetzung ist, dass die zuständige Gebietskörperschaft (Gemeinde) auf ihr gesetzliches Vorkaufsrecht nach §§ 24 ff. BauGB verzichtet hat. Dies vermeidet die Rückabwicklung des Kaufvertrages in den Fällen, in denen dieses Vorkaufsrecht ausgeübt wird. Gesetzliche Vorkaufsrechte können zugunsten des Mieters bei nach WEG geteilten Wohnungseigentum, bei landwirtschaftlichen Grundstücken nach dem Grundstücksverkehrsgesetz oder aus sonstigen Spezialnormen in Sanierungs- oder Entwicklungsgebieten bestehen. Darüber hinaus sind privatrechtliche Vorkaufsrechte, etwa des Grundstückseigentümers bei der Veräußerung eines Erbbaurechts (s. oben Ziffer 11.1.2) zu beachten. Auch das Nichtbestehen oder die Nichtausübung solcher Vorkaufsrechte sollten als Voraussetzung der Fälligkeit des Kaufpreises vereinbart werden.

Neben diesen standardisierten, in der Regel grundsätzlich erforderlichen Fälligkeitsvoraussetzungen, ist die Vereinbarung weiterer Fälligkeitsvoraussetzungen möglich, die mit den spezifischen Gegebenheiten des verkauften Grundstücks zusammenhängen. Diese Voraussetzungen sind in der Regel durch den Notar nicht zu überwachenden. Solche weiteren Fälligkeitsvoraussetzungen können beispielsweise die Räumung des Grundstücks, der Abriss bestehender Bausubstanz, die altlastentechnische Sanierung, die Entmietung, oder die baurechtliche Sicherung der Erschließung sein.

12.2.3 Übergang von Nutzen und Lasten, Besitzübergang

Nach Fälligkeit des Kaufpreises hat dieser den Kaufpreis zu zahlen.

Da der Antrag auf Umschreibung des Eigentums auf den Käufer erst nach erfolgter Kaufpreiszahlung erfolgt und die Bearbeitung des Antrages beim Grundbuchamt einen für die Parteien des Kaufvertrages nicht steuerbaren Zeitaufwand in Anspruch nimmt, vereinbaren die Parteien in der Regel, dass im Verhältnis der Parteien zueinander Besitz, Nutzen und Lasten an dem Kaufgegenstand bereits vor Eigentumsumschreibung, nämlich mit Zahlung des vollständigen Kaufpreises vom Verkäufer auf den Käufer übergehen.

Dies bedeutet, dass einerseits ab dem Tage des Besitzübergangs dem Käufer die Nutzung, wie beispielsweise der Mietzins hinsichtlich des Kaufgegenstandes, zustehen, er den Kaufgegenstand in Besitz nehmen und etwa zur Durchführung seiner Projektentwicklung verändern darf. Andererseits hat der Käufer ab diesem Tag die Lasten des Grundbesitzes, wie beispielsweise die Grundsteuer zu tragen.

Für den Fall, dass Dritte, auf Grundlage der bis dahin unveränderten Eigentumssituation im Grundbuch den Übergang von Besitz, Nutzen und Lasten nicht beachten, etwa die Gemeinde die Grundsteuer weiterhin vom Verkäufer vereinnahmt, haben die Parteien des Kaufvertrages dies im Verhältnis zueinander auszugleichen.

Zu den auf den Käufer übergehende Lasten gehört daneben die Verkehrssicherungspflicht. Da das öffentliche Recht ebenfalls an die aus dem Grundbuch ersichtliche Eigentumsverhältnisse anknüpft, ist es sinnvoll, deren Übergang auf den Käufer ausdrücklich zu regeln.

Im Zeitpunkt des Besitzübergangs geht auch die Gefahr der zufälligen Beschädigung oder des zufälligen Untergangs des Kaufgegenstandes vom Verkäufer auf den Käufer über. Der Käufer sollte also dafür Sorge tragen, dass in den (Ausnahme-) Fällen, in denen die Gebäudeversicherung nicht von Gesetzes wegen vom Verkäufer auf den Käufer übergeht, der Kaufgegenstand ausreichend versichert ist.

12.2.4 bestehende Miet- und Pachtverhältnisse

Auch wenn Miet- und Pachtverträge als schuldrechtliche Verträge zunächst nur zwischen den Parteien des Mietvertrages, also Vermieter und Mieter gelten, bestimmt das Gesetz in § 566 BGB, dass diese Vertragsverhältnisse zum Zeitpunkt der Umschreibung des Eigentums auf Seiten des Vermieters vom Verkäufer auf den Käufer übergehen. Der Käufer wird also von Gesetzes wegen anstelle des Verkäufers im Zeitpunkt der Umschreibung des Eigentums am Kaufgegenstand Vermieter, respektive Verpächter, ohne dass Käufer und Verkäufer im Kaufvertrag wirksam hiervon abweichende Vereinbarungen treffen können.

Ist es gewollt, dass der Käufer bestehende Mietverhältnisse übernimmt, so ist es sinnvoll, den Übergang der Mietverhältnisse mit dem hiermit verbundenen Nutzen (Miet- resp. Pachtzins) und Lasten auf den Zeitpunkt des Besitzübergangs zu vereinbaren. Im Innenverhältnis stellen sich Verkäufer und Käufer demnach so, als wäre der vom Gesetz für den Zeitpunkt des Eigentumsübergangs vorgesehene Parteiwechsel des Mietvertrages bereits im Zeitpunkt des Besitzübergangs vollzogen worden.

12.2.5 Rechts- und Sachmängel

Soweit im Kaufvertrag nicht anderweitig vereinbart, schuldet der Verkäufer die Übertragung des Kaufgegenstandes frei von Rechts- und Sachmängeln.

Nach § 435 BGB ist der Kaufgegenstand frei von Rechtsmängeln, wenn Dritte in Bezug auf den Kaufgegenstand keine oder nur die im Kaufvertrag vom Käufer übernommenen Rechte gegen den Käufer geltend machen können. Die Rechte Dritter, deren Freiheit der Verkäufer schuldet, können privatrechtlicher oder öffentlich-rechtlichen Natur sein. An einer Rechtsmangelfreiheit fehlt es, wenn Rechte Dritter am Kaufgegenstand den Käufer in seinem Eigentum, seinem Besitz, oder den uneingeschränkten Gebrauch des Kaufgegenstandes beeinträchtigen. Beispiel für Rechtsmängel sind das Bestehen beschränkter persönlicher Dienstbarkeiten, Grunddienstbarkeiten, Nutzungsrechte Dritter, sowie öffentlich-rechtliche Baulasten.

Der Kaufgegenstand ist gemäß § 434 BGB frei von Sachmängeln, wenn er im Zeitpunkt des Besitzübergangs die vereinbarte Beschaffenheit aufweist. Wenn eine bestimmte Beschaffenheit nicht vereinbart ist, ist der Kaufgegenstand frei von Sachmängeln, wenn er sich für die nach dem

Vertrag vorausgesetzte Verwendung eignet und ansonsten, wenn er sich für eine gewöhnliche Verwendung eignet und eine Beschaffenheit aufweist, welche für einen Kaufgegenstand gleicher Art üblich ist und welche der Käufer nach der Art der Sache objektiv erwarten kann. Zur Vereinbarten Beschaffenheit können auch Eigenschaften zählen, welche der Käufer aufgrund öffentlicher Äußerungen des Verkäufers (Werbung) erwarten darf (§ 434 Abs. 1 S. 3 BGB). Will man dies vermeiden, empfiehlt sich die Aufnahme entsprechender „negativer Beschaffenheitsvereinbarungen“ im Kaufvertrag.

Ist der Kaufgegenstand mangelhaft, so richten sich die Ansprüche des Käufers gegen den Verkäufer nach dem Eigentumsübergang nach den §§ 437 ff. BGB. Er hat zunächst einmal die Wahl, entweder die Beseitigung des Mangels oder die Lieferung einer mangelfreien Sache verlangen zu können. Weitere Rechte des Käufers bestehen in dem Recht der Minderung des Kaufpreises, des Rücktritts oder des Schadensersatzes.

Schadensersatz statt der Leistung oder Rücktritt vom Vertrag wegen eines Mangels des Kaufgegenstandes kann der Käufer jedoch nur dann verlangen, wenn er dem Verkäufer zunächst eine angemessene Frist zur Nachbesserung gesetzt hat und diese erfolglos abgelaufen ist. Etwas anderes gilt nur, wenn der Verkäufer die Erfüllung des Nachbesserungsanspruchs des Käufers ernsthaft und endgültig verweigert.

In der Praxis wird der Verkäufer im Rahmen des Abschlusses des Kaufvertrages darauf drängen, seine Haftung für Sachmängel so weit wie möglich vertraglich auszuschließen. Dies ist sowohl beim Verkauf gebrauchter Immobilien als auch beim Verkauf unbebauter Grundstücke üblich.

In der Regel werden neben einem generellen Haftungsausschluss lediglich bestimmte und enumerativ aufgezählte Beschaffenheiten des Kaufgrundstücks vereinbart, für deren Bestehen der Verkäufer einzustehen bereit ist. In Frage kommen hier beispielsweise das Nichtbestehen von Nachbarstreitigkeiten, die bisherige Erfüllung aller öffentlich-rechtlichen Auflagen, oder das Fehlen beeinträchtigender, dem Grundstück anhaftender Nachbarrechte. Im Falle des Kaufs eines Grundstücks von einer Gemeinde ist zu beachten, dass diese sich nicht wirksam zur Aufstellung oder Änderung eines Bebauungsplans verpflichten kann.

Hinsichtlich weiterer Beschaffenheitsmerkmale werden vom Verkäufer auch lediglich Kenntniserklärungen abgegeben. Beispielsweise kann der Verkäufer erklären, dass ihm von Altlasten oder sonstigen schädlichen Bodenveränderungen nichts bekannt ist.

Der Verkäufer haftet, außer in Fällen der Arglist, für die eine Beschränkung der Haftung gesetzlich ausgeschlossen ist, dann nur dafür, dass die vereinbarten Beschaffenheiten vorliegen und seine Erklärungen über die Kenntnis anderer Umstände richtig sind. Zu beachten ist dabei, dass alleine das Verschweigen eines beim Verkäufer bestehenden Altlastenverdachts, die Arglisthaftung begründen kann.

Üblich sind darüber hinaus Vereinbarungen, wonach bei Vorliegen eines Mangels oder Fehlens einer vereinbarten Beschaffenheit, die sich aus dem Gesetz ergebenden Rechtsfolgen eingeschränkt werden. So wird oftmals der Rücktritt oder der Schadensersatz statt der Leistung ausgeschlossen. Der Käufer ist sodann auf seine Rechte auf Nacherfüllung, Minderung und Schadensersatz beschränkt.

Ausgeschlossen ist eine Beschränkung der Haftung für Schadensersatz wegen Verletzung des Lebens, des Körpers oder der Gesundheit, sowie für vorsätzliches und grob fahrlässiges Verhalten des Verkäufers oder seiner Erfüllungsgehilfen.

12.2.6 Absicherung der Kaufpreisfinanzierung

Auch wenn der Grundstückskaufpreis im Kontext einer Projektentwicklung nur einen Teil der insgesamt zu finanzierenden Projektkosten ausmacht, wird das Eigenkapital des Projektentwicklers nicht immer ausreichen, um den Kaufpreis für das Grundstück aus eigenen Mitteln zu bezahlen. Wird ein Teil des Grundstückskaufpreises durch ein Kreditinstitut fremdfinanziert, so wird als Auszahlungsvoraussetzung im Kreditvertrag verlangt, dass zugunsten des Kreditinstituts am Kaufgegenstand ein Grundpfandrecht, in der Regel eine Grundschuld, eingetragen ist.

Nach dem so genannten Voreintragungsprinzip kann nur der jeweils im Grundbuch eingetragene Eigentümer Grundpfandrechte zur Eintragung bewilligen. Da die Umschreibung des Eigentums auf den Käufer erst nach Zahlung des Kaufpreises erfolgt, ist es erforderlich, dass der Verkäufer bei der Absicherung der Finanzierung des Kaufpreises durch Grundpfandrechte in der Weise mitwirkt, dass er, oder der Käufer in Vollmacht des Verkäufers, Grundpfandrechte für das Kreditinstitut des Käufers zur Eintragung bewilligt.

Um sicherzustellen, dass die durch solche Grundpfandrechte abgesicherten Kredite vorrangig der Bezahlung des Grundstückskaufpreises dienen, wird die Mitwirkungspflicht des Verkäufers und eine entsprechende Vollmacht des Verkäufers an den Käufer in der Weise eingeschränkt, dass als zwingender Inhalt der Grundpfandrechte und der ihnen zugrundeliegenden Sicherungszweckvereinbarungen bis zur vollständigen Bezahlung des Kaufpreises dessen Begleichung vereinbart wird. Weiterhin weisen Käufer und Verkäufer gemeinschaftlich und allein nicht widerruflich den Grundpfandrechtsgläubiger an, bis zum Zeitpunkt der vollständigen Zahlung des Kaufpreises die durch die Grundschuld abgesicherten Kreditmittel ausschließlich zur Begleichung des Kaufpreises zu verwenden.

Nicht anzuraten ist die früher übliche Vertragspraxis, nach der im Kaufvertrag der Anspruch auf Auszahlung der Kreditmittel in Höhe des Kaufpreises vom Käufer an den Verkäufer abgetreten wird. Diese, vereinzelt noch immer festzustellende Vertragspraxis kann dazu führen, dass das Kreditinstitut bei Zahlung an den Verkäufer seine Verpflichtungen aus dem Kreditvertrages erfüllt. Tritt zu einem späteren Zeitpunkt eine Störung im Rechtsverhältnis zwischen dem Kreditinstitut und dem Käufer ein, wie z.B. eine Anfechtung des Kreditvertrages aufgrund vorangegangener Täuschung, so kann dem Kreditinstitut ein Rückforderungsanspruch gegenüber dem Verkäufer zustehen. Dieser hätte dann sein Eigentum an dem Grundstück verloren und müsste die von dem Kreditinstitut gezahlten Beträge zurück zahlen. Zwar stünden in diesen Fällen dem Verkäufer gegenüber dem Käufer entsprechende Ausgleichsansprüche zu. Ist der Käufer jedoch insolvent, können solche Ansprüche nicht durchgesetzt werden.

Bei richtiger vertraglicher Gestaltung ist es möglich, die Mitwirkungspflicht des Verkäufers bei der Bestellung von Grundpfandrechten so auszugestalten, dass Grundschulden der Höhe nach auch über den Kaufpreis hinaus, etwa in Höhe der gesamten Projektkosten, bestellt werden können, ohne dass hiermit einen Nachteil für den Verkäufer verbunden ist. Die einmalige Bestellung einer Grundschuld über die Gesamtprojektkosten ist für den Käufer kostengünstiger als zunächst die Bestellung einer Grundschuld in Höhe des Kaufpreises und zu einem späteren Zeitpunkt, nach Umschreibung des Eigentums, die erneute Bestellung einer Grundschuld über den weiteren zur Finanzierung des Gesamtprojekts erforderlichen Betrag.

Wird nur eine noch nicht vermessene Teilfläche eines Grundstücks verkauft, welche isoliert nicht belastet werden kann, so wird in der Regel vereinbart, dass das gesamte (ungeteilte) Grundstück belastet werden kann, soweit sich der Grundpfandrechtsgläubiger verpflichtet, die nicht mit verkaufte Teilfläche nach Vermessung ohne weitere Voraussetzungen aus der Pfandhaft zu entlassen.

12.3 Vorläufige Sicherung der Rechte am Grundstück

Oftmals besteht das Bedürfnis des Projektentwicklers, sich den möglichen Erwerb des Grundstücks zu einem Zeitpunkt zu sichern, in dem die Durchführung des Projekts noch nicht sicher feststeht. So hat ein Projektentwickler beispielsweise Interesse daran, das Grundstück nur dann verbindlich zu erwerben, wenn er zuvor Gelegenheit hatte, ein noch fehlendes Baurecht zu erwirken oder einen bestimmten Stand der Vorvermietung zu erreichen. Die mit der Erwirkung des Baurechts verbundenen Aufwendungen möchte er erst dann tätigen, wenn er sicher ist, das Grundstück auch erwerben zu können. Auch verbindliche Mietverträge kann er im Rahmen einer Vorvermietung erst abschließen, nachdem der Erwerb des Grundstücks gesichert ist.

In diesen Fällen bietet es sich an, den Grundstückskaufvertrag aufschiebend bedingt abzuschließen. Als aufschiebende Bedingungen kommen hierbei das Erreichen eines bestimmten, definierten Grads der Ausnutzung oder auch hier ein bestimmter Stand der Vorvermietung in Betracht. In der Regel werden bestimmte Vertragsbedingungen von der aufschiebenden Wirkung ausgenommen. So ist es sinnvoll, dass der Verkäufer dem Käufer eine sofort wirksame Behördenvollmacht erteilt, wonach dieser, obwohl noch nicht Eigentümer berechtigt ist, Verhandlungen mit den Behörden zu führen und sich Unterlagen aushändigen zu lassen. Auch die Kostenregelung, nach welcher der Käufer die Kosten des Vertrages auch dann trägt, wenn die aufschiebende Bedingung nicht eintritt, wird in der Regel unbedingt geschlossen. Letzteres gilt auch für die Auflassung, die gemäß § 925 Abs. 2 BGB bedingungsfeindlich ist. Dies ist jedoch unschädlich, da bei Nichtdurchführung des Vertrages auch die unbedingt erklärte Auflassung keine Wirkung hat.

Alternativ zu dem aufschiebend bedingten Kaufvertrag kann der Verkäufer dem Käufer auch ein zeitlich befristetes Angebot machen. Während der Annahmefrist hat der Käufer sodann die Möglichkeit, sich um die Voraussetzungen zu bemühen, die als Parameter für die Durchführbarkeit des Projekts für ihn maßgeblich sind. Erfolgt das Angebot in einer zweiseitigen Vereinbarung, werden oftmals Bindungsentgelte zugunsten des Verkäufers vereinbart, welche diesem im Falle der Nichtannahme des Angebotes verbleiben. Weiterhin wird häufig die Plicht des Käufers zur Tragung des Kosten des Angebots vereinbart werden.

13. Steuerrechtliche Aspekte des Immobilienerwerbs

Während der Akquisition kommt im Rahmen des Grundstückserwerbs den steuerrechtlichen Aspekten eine besondere Bedeutung zu. Dabei steht aber nicht nur der Kauf eines Grundstücks im Vordergrund, sondern auch bereits die Frage der späteren Nutzung bzw. Verwertung. Im Folgenden werden daher nicht nur steuerrechtlich relevante Themen in unmittelbarem Zusammenhang mit dem Grundstückserwerb angesprochen, sondern es wird auch ein Überblick über andere, steuerrechtlich relevante, Faktoren gegeben, die bereits beim Erwerb berücksichtigt werden sollten.

Es ist insgesamt festzustellen, dass der steuerliche Bereich der Projektentwicklung in seinen verschiedenen Auswirkungen komplex ist. Dabei sind aber nicht nur die Auswirkungen eines einzelnen Steuergesetzes zu berücksichtigen, sondern vielmehr das Ineinandergreifen verschiedener Steuerarten, wie z.B. im Rahmen von Strukturierungen der Grunderwerbsteuer einerseits und der Einkommen- bzw. Körperschaftsteuer andererseits.

Hinzu kommt, dass der Bereich des Steuerrechts zunehmend von Einzelfallrechtsprechung der Finanzgerichte dominiert wird, die bislang bestehende Grundsätze zusehends aufweicht. Diese Tendenz trägt nicht zur Rechtssicherheit bei.

13.1 Grunderwerbsteuer

Die in Zusammenhang mit Immobilienerwerben offensichtlichste Steuer ist die Grunderwerbsteuer.

Die Grunderwerbsteuer fällt zunächst bei einer veränderten Eigentumszuordnung hinsichtlich des Grundstücks an. Voraussetzung für die Anwendbarkeit des Grunderwerbsteuergesetzes (GrEStG) ist das Vorhandensein eines inländischen Grundstücks. Die Grundstücksbestimmung erfolgt dabei grundsätzlich nach den zivilrechtlichen Regelungen (vgl. Ziffer 10.1.4).

Als einem Grundstück gleichstehend behandelt werden Erbbaurechte, Gebäude auf fremdem Grund und Boden und dinglich gesicherte Nutzungsrechte (§ 15 WEG, § 1010 BGB), mit der Folge, dass diese bei Zuordnungsveränderungen ebenfalls der Grunderwerbsteuer unterliegen (§ 2 Abs. 2 GrEStG).

13.1.1 Erwerbsvorgänge

Die der Grunderwerbsteuer unterliegenden Erwerbsvorgänge werden abschließend in § 1 GrEStG aufgeführt.

Danach unterfallen der Grunderwerbsteuer zunächst sogenannte schuldrechtliche Verpflichtungsgeschäfte, die den Anspruch auf Übertragung eines Grundstücks begründen. Hierzu gehören insbesondere notarielle Grundstückskauf- oder Tauschverträge sowie Einbringungsverträge.

Neben dieser lediglich schuldrechtlichen Zuordnung wird selbstverständlich aber auch die dingliche, also die eigentumsrechtliche Zuordnung berücksichtigt, nämlich die Auflassung. Dies kommt gerade dann zum Tragen, wenn der Auflassung kein schuldrechtliches Verpflichtungsgeschäft vorangegangen ist. Hierunter fallen insbesondere Auflassungen, die zwar auf einem Anspruch beruhen, der allerdings nicht rechtsgeschäftlich im Sinne von § 1 Abs. 1 Nr. 1 GrEStG begründet wurde, z.B. Grundstücksübertragungen aufgrund von Vermächtnissen, Regelungen in Stiftungssatzungen oder aufgrund von gesetzlichen Ansprüchen.

Ein Erwerbsvorgang ist der Eigentumsübergang aber selbst dann, wenn weder ein den Anspruch auf Übereignung begründetes schuldrechtliches Rechtsgeschäft vorausgegangen ist, noch es einer Auflassung bedarf.

Hierunter fallen insbesondere Erwerbe aufgrund gesetzlicher Erbfolge und gesellschaftsrechtlicher Veränderungen nach dem Umwandlungsgesetz wie die Verschmelzung oder Spaltung, bei denen ein Übergang des Eigentums durch Gesamt- oder Sonderrechtsnachfolge stattfindet. In diesem Zusammenhang ist anzumerken, dass sowohl der homogene Formwechsel (Rechtsgrundform erhaltende Formwechsel, wie z.B. Personengesellschaft in Personengesellschaft, sog. Strukturwechsel) als auch der heterogene Formwechsel (Rechtsgrundform ändernd, wie z.B. Kapitalgesellschaft in Personengesellschaft) grundsätzlich nicht der Grunderwerbsteuer unterfallen, da der formwechselnde Rechtsträger in der im Umwandlungsbeschluss bestimmten Rechtsform weiter bestehen bleibt und es somit nicht zu einem Rechtsträgerwechsel kommt.

Weiter lösen bestimmte Veränderungen im Gesellschafterbestand von grundbesitzenden Gesellschaften Grunderwerbsteuer aus. Zum einen unterliegt nach § 1 Abs. 3 GrEStG die Übertragung sowie die Vereinigung von 95 % der Anteile an einer grundbesitzenden Gesellschaft der Grunderwerbsteuer. Erfasst werden hierbei sämtliche Arten von Gesellschaften, mithin Personen- und Kapitalgesellschaften. Sofern es danach zu einer Vereinigung von mindestens 95 % der Anteile einer grundbesitzhaltenden Gesellschaft in der Hand einer natürlichen oder juristischen Person kommt, wird eine geänderte Grundstückszuordnung und damit ein die Grunderwerbsteuer auslösender Erwerbsvorgang angenommen. Werden mindestens 95 % der Anteile hingegen so auf verschiedene Personen übertragen, dass kein Erwerber mindestens 95 % erhält, ist der Vereinigungstatbestand des § 1 Abs. 3 Nr. 1 GrEStG regelmäßig nicht erfüllt. Darüber hinaus erfasst § 1 Abs. 3 Nr. 3 GrEStG die Übertragung von mindestens 95 % bereits in einer Hand vereinigter Anteile auf einen Erwerber. Da die Quote des § 1 Abs. 3 GrEStG bei grundbesitzenden Personengesellschaften allerdings nicht auf die vermögensmäßige Beteiligung am Gesellschaftskapital zu beziehen ist, sondern auf die gesamthänderische Mitberechtigung, die jedem Gesellschafter gleichermaßen zu Teil wird,[1] ist der Anwendungsbereich der Vorschrift in der Praxis weitgehend auf Kapitalgesellschaften beschränkt.

Darüber hinaus wird bei grundbesitzenden Personengesellschaften ein grunderwerbsteuerlicher Erwerbsvorgang fingiert, wenn innerhalb von fünf Jahren mindestens 95 % der Anteile auf neue Gesellschafter übergehen (§ 1 Abs. 2a GrEStG). Hierbei ist es unerheblich, auf wie viele Personen ein Übergang erfolgt. Der Tatbestand ist bereits erfüllt, soweit mindestens 95 % der Anteile an der Personengesellschaft auf mindestens einen Neugesellschafter übergehen. Beteiligungsverschiebungen zwischen Altgesellschaftern sind in die Berechnung nicht einzubeziehen. Anteil an einer Personengesellschaft ist hier im Gegensatz zu § 1 Abs. 3 GrEStG die vermögensmäßige Beteiligung am Kapital der Gesellschaft, die regelmäßig durch das Verhältnis der unveränderlichen Kapitalkonten (Kapitalkonto I) der Gesellschafter festgelegt wird.

Zu berücksichtigen ist, dass sowohl § 1 Abs. 2a GrEStG als auch § 1 Abs. 3 GrEStG nicht nur die unmittelbare Anteilsvereinigung bzw. Gesellschafterveränderung von mindestens 95 % erfassen, sondern auch mittelbare Vereinigungen bzw. Veränderungen. Daher ist bei Umstrukturierungen und Anteilsübertragungen stets darauf zu achten, dass Grunderwerbsteuer auch nicht durch mittelbare Anteilsinhaberschaften ausgelöst wird. Eine mittelbare Beteiligung kann allerdings losgelöst vom Gesellschaftsrecht auch bei der Vereinbarung einer Treuhand bestehen. In diesem Fall vervielfältigen sich die zu überwachenden Verhältnisse leicht.

Mit dem Amtshilferichtlinie-Umsetzungsgesetz vom 26.06.2013 wurde zur Ergänzung der Absätze 2a und 3 § 1 Abs. 3a GrEStG eingefügt. Die Regelung soll die Vermeidung von Grunderwerbsteuer bei Transaktion mittels sog. RETT-Blocker-Strukturen verhindern. Diese Regelung führt zu einer rein wirtschaftlichen Betrachtung von gesellschaftsrechtlichen Beteiligungsstrukturen. So wird der nach § 1 Abs. 3 GrEStG maßgebliche Prozentsatz einer Anteilsvereinigung oder der Übertragung bereits vereinigter Anteile an einen Erwerber im Umfang von 95 % anhand der Beteiligungen am Kapital der Personen- oder Kapitalgesellschaften „durchgerechnet“. Nach mittlerweile ohnehin überholter Rechtsprechung des Bundesfinanzhofs wurde bei Personengesellschaften hingegen auf die gesamthänderische Mitberechtigung, die allen Gesellschaftern unabhängig von der kapitalmäßigen Beteiligung zu gleichen Teilen

[1] *Boruttau*, GrEStG, 18. Aufl., § 1 Rn. 976 ff..

zusteht, abgestellt. Tatbestandsmäßig ist das erstmalige Innehaben einer wirtschaftlichen Beteiligung von mindestens 95 %, wodurch eine Übertragung aller inländischen Grundstücke der Gesellschaft, an der die wirtschaftliche Beteiligung besteht, fingiert wird.

Der Koalitionsvertrag vom 07.02.2018 enthält einige Absichtsbekundungen bzgl. der Grunderwerbsteuer. Zunächst soll die Einführung eines Freibetrags für Familien beim erstmaligen Erwerb eines zu eigenen Wohnzwecken genutzten Grundstücks geprüft werden. Außerdem soll die missbräuchliche Steuervermeidung durch Share Deals gesetzlich bekämpft werden. Dies bezieht sich wohl auf die in § 1 Abs. 2a bis 3a GrEStG ausdrücklich geregelte und vom Gesetzgeber bewusst eingeführte feste Grenze von 95 % der Beteiligungen, an die bei Anteilsübertragungen bei Gesellschaften mit Grundbesitz angeknüpft wird. Vermutlich wird es zukünftig zu einer anteiligen Besteuerung bei Anteilsübertragungen und -vereinigungen auch unterhalb der Schwelle von 95 % kommen. Deren konkrete Ausgestaltung bleibt jedoch abzuwarten.

13.1.2 Ausnahmen von der Besteuerung

Das Grunderwerbsteuergesetz sieht verschiedene Ausnahmen von der Besteuerung bzw. Steuervergünstigungen vor. So werden zum einen Grundstücksschenkungen und Erwerbe von Todes wegen von der Grunderwerbsteuer ausgenommen, da diese Vorgänge bereits durch das Erbschafts- und Schenkungssteuergesetz erfasst werden. Ohne Bedeutung ist dabei, ob der Erwerb von Todes wegen oder die Grundstücksschenkung tatsächlich Erbschafts- bzw. Schenkungsteuer ausgelöst hat oder steuerbefreit ist (z.B. aufgrund einer Befreiung von der Erbschafts- und Schenkungsteuer). Weiter werden Grundstücksübertragungen unter Ehegatten und Verwandten in gerader Linie befreit.

§ 4 GrEStG begünstigt bestimmte Erwerbe von Grundstücken durch Körperschaften des öffentlichen Rechts oder ausländischer Staaten zum Zwecke von beispielsweise Konsulaten, Botschaften oder kulturellen Zwecken.

Weitere Begünstigungen sind bei dem Übergang eines Grundstücks auf eine Gesamthand oder von einer Gesamthand vorgesehen. Unter einer Gesamthand werden insbesondere die Personengesellschaften der GbR, KG, GmbH & Co. KG, OHG und Partnerschaftsgesellschaften sowie Partnerschaftsgesellschaften mit beschränkter Berufshaftung verstanden. Keine Gesamthandsgemeinschaften sind dagegen die Kapitalgesellschaften.

Nach der Vorschrift des § 5 GrEStG wird der Erwerb eines Grundstücks durch eine Gesamthand begünstigt. Die Befreiung von Grunderwerbsteuer greift ein, soweit der bisherige Grundstückseigentümer am Kapital der erwerbenden Gesamthand beteiligt ist. Allerdings darf sich der Anteil des bisherigen Grundstückseigentümers an der Gesamthand für einen Zeitraum von fünf Jahren nach Übertragung des Grundstücks auf die Gesamthand nicht verringern.

Korrespondierend zu der Vorschrift des § 5 GrEStG regelt § 6 GrEStG den grunderwerbsteuerbegünstigten Erwerb eines Grundstücks von einer Gesamthand. Nach § 6 Abs. 1 und 2 GrEStG fällt insoweit keine Grunderwerbsteuer an, soweit der Grundstückserwerber (natürliche oder juristische Person) an der bisherigen grundstücksbesitzenden Gesamthand beteiligt war. Voraussetzung für die Steuerbefreiung ist, dass der Erwerber seinen Anteil an der Gesamthand nicht innerhalb eines Zeitraumes von fünf Jahren vor dem Erwerbsvorgang durch Rechtsgeschäft erworben hat. Diese Begünstigung greift entsprechend auch bei einem Übergang des Grundstücks von einer Gesamthand auf eine andere Gesamthand, soweit eine Person an beiden Gesamthandsgemeinschaften gleichermaßen beteiligt ist. Allerdings darf sich insoweit der Anteil des Gesamthänders an der erwerbenden Gesamthand innerhalb von fünf Jahren nicht vermindern. Werden in den Fällen des § 5 und § 6 GrEStG die Fünf-Jahresfristen nicht gewahrt, kommt es zu einer (anteiligen) rückwirkenden Besteuerung.

Im Jahr 2009 wurde im Rahmen des Wachstumsbeschleunigungsgesetzes eine weitere Steuervergünstigungsnorm im Zusammenhang mit dem Grundstückserwerb durch Gesellschaften eingeführt. § 6a GrEStG führt zu einer weitgehenden steuerlichen Freistellung von Erwerbsvorgängen innerhalb eines Konzerns. Begünstigt werden die Einbringungen von Anteilen an grundbesitzenden Gesellschaften sowie Umwandlungen nach § 1 Abs. 1 Nr. 3 GrEStG, die innerhalb eines Konzerns erfolgen. Voraussetzung für eine Steuerbegünstigung ist, dass eine Konzerngesellschaft (herrschendes Unternehmen) fünf Jahre zu 95 % am Kapital der übertragenden Gesellschaft beteiligt war (Vorbehaltensfrist) und für fünf Jahre zu 95 % am Kapital der übernehmenden Gesellschaft beteiligt sein wird (Nachbehaltensfrist). Die Beteiligung der herrschenden Gesellschaft kann sich durch eine unmittelbare oder mittelbare Beteiligung ergeben.

13.1.3 Bemessungsgrundlage

Bemessungsgrundlage für die Grunderwerbsteuer ist gemäß § 8 Abs. 1 GrEStG grundsätzlich der Wert der Gegenleistung. Bei einem Kaufvertrag setzt sich die Gegenleistung aus dem Kaufpreis und weiteren, vom Erwerber erbrachten, sonstigen Leistungen zusammen. Hierzu gehört beispielsweise die Übernahme von Finanzierungsdarlehen oder Grundpfandrechten. Werden letztere isoliert – also ohne gleichzeitige Übernahme der besicherten Forderung – übernommen, liegt nur eine sonstige Leistung vor, wenn kein Ersatzanspruch des neuen Eigentümers besteht oder dieser nicht bzw. nicht voll werthaltig ist.[2] Ferner werden Leistungen erfasst, die Dritten Personen für den Verzicht auf Rechte gewährt werden (z.B. Zahlungen an Dritten, der auf Erwerb verzichtet, oder Ablösezahlungen an Mieter).

In Konstellationen von Grundstückserwerb und zeitgleicher Errichtung von Gebäuden auf diesem Grundstück kann es zu der Annahme kommen, das bebaute Grundstück sei Gegenstand des Grundstückgeschäfts gewesen und damit Bemessungsgrundlage die Gegenleistung für die Immobilie und die Herstellungskosten für das Gebäude zusammen.

Sofern es an einer Gegenleistung fehlt oder eine solche nicht zu ermitteln ist, bemisst sich die Steuer nach den Werten des Bewertungsgesetzes (§ 151 Abs. 1 Satz 1 Nr. 1 in Verbindung mit § 157 Abs. 1 bis 3 BewG). Dies gilt unter anderem, sofern ein Erbbaurecht der Grunderwerbsteuer zugrunde liegt. In diesem Fall wird der vereinbarte jährliche Erbbauzins mit einem von der Laufzeit des Erbbaurechts abhängigen Vervielfältiger multipliziert und zum Kaufpreis hinzugerechnet.

Ferner erfolgt eine Bemessung nach den Werten des Bewertungsgesetzes in den Fällen von Umwandlungen, Einbringungen, bei Erwerbsvorgängen aufgrund gesellschaftsvertraglicher Grundlage, sowie in den Fällen des §§ 1 Abs. 2a, Abs. 3 und Abs. 3a GrEStG (Gesellschafterveränderungen bei Personengesellschaften und Anteilsvereinigungen bei Gesellschaften).

13.1.4 Steuersatz

Das Gesetz sieht einen Grunderwerbsteuersatz von 3,5 % vor. Für die Bundesländer besteht jedoch die Möglichkeit einen davon abweichenden Grunderwerbsteuersatz zu bestimmen. Von dieser Möglichkeit haben in letzter Zeit nahezu sämtliche Länder Gebrauch gemacht. Danach beträgt der Grunderwerbsteuersatz lediglich noch in Bayern und Sachsen 3,5 %. In den übrigen Bundesländern beträgt der Grunderwerbsteuersatz derzeit entweder mindestens 4,5 % oder sogar bis zu 6,5 %.

13.1.5 Steuerschuldner

Die Steuerschuldnerschaft der Grunderwerbsteuer orientiert sich an den verschiedenen Erwerbsvorgängen (§ 13 GrEStG). Bei einem Kaufvertrag sind nach der gesetzlichen Regelung sowohl der Erwerber als auch der Veräußerer Steuerschuldner. In der Regel wird in Grundstückskaufverträgen jedoch eine abweichende Vereinbarung getroffen, wonach ausschließlich der Erwerber die Grunderwerbsteuer schuldet. Eine entsprechende Vereinbarung hat jedoch keine abgabenrechtliche Wirkung, so dass die Finanzbehörde trotz einer solchen zivilrechtlichen Regelung ebenfalls den Veräußerer auf Zahlung der Grunderwerbsteuer in Anspruch nehmen kann. Die primäre Geltendmachung des Steueranspruchs gegen die Partei, die diese im Innen-

---

[2] *Boruttau* GrEStG, 18. Aufl. 2016, § 9 Rn. 245 ff..

verhältnis zwischen Käufer und Verkäufer nicht zu tragen hat – regelmäßig der Verkäufer -, wird jedoch zumindest als begründungsbedürftig angesehen.[3]

Bei der Anteilsverringerung und Anteilsübertragung von mindestens 95 % im Sinne des § 1 Abs. 3 GrEStG, ist der Erwerber ebenfalls gemeinsam mit dem Veräußerer Steuerschuldner. Bei Erwerbsvorgängen im Sinne des § 1 Abs. 2a GrEStG (Änderung des Gesellschafterbestandes an einer Personengesellschaft) ist ausschließlich die Personengesellschaft Steuerschuldner.

Bei einem Erwerb kraft Gesetzes sind der bisherige Eigentümer und der Erwerber Steuerschuldner der Grunderwerbsteuer. Im Zwangsversteigerungsverfahren ist der Meistbietende der Steuerschuldner.

13.1.6 Steuerentstehung

Die Grunderwerbsteuer entsteht grundsätzlich gemäß § 38 AO in dem Zeitpunkt, in dem der Tatbestand des § 1 GrEStG verwirklicht ist. Dies ist bei einem Erwerb, dem ein Kaufvertrag vorangeht, bereits der Zeitpunkt des Abschlusses des schuldrechtlichen notariellen Kaufvertrages. Es kommt damit nicht auf den Zeitpunkt der Auflassung oder den Besitzübergang an.

Abweichend davon entsteht die Steuer, wenn die Wirksamkeit des Erwerbsvorgangs von dem Eintritt einer (aufschiebenden) Bedingung abhängig ist, mit dem Eintritt der Bedingung und, wenn der Erwerbsvorgang einer Genehmigung bedarf, mit Erteilung der Genehmigung. Da in diesen Fällen das Grundstücksgeschäft bis zum Eintritt der Bedingung bzw. der Genehmigungserteilung schwebend unwirksam ist, soll auch die Steuer nicht vor diesem Zeitpunkt entstehen. Dem entsprechend hindert die Vereinbarung einer auflösenden Bedingung die Entstehung der Steuer nicht, da das Rechtsgeschäft bis zu einem möglichen Eintritt der Bedingung (schwebend) wirksam ist.[4]

Für einen bedingten Erwerbsvorgang im Sinne des § 14 Nr. 1 GrEStG kommt grundsätzlich jede aufschiebende Bedingung im Sinne des § 158 Abs. 1 BGB in Betracht. Damit kann grundsätzlich jedes zukünftige ungewisse Ereignis als aufschiebende Bedingung vereinbart werden. Voraussetzung ist allerdings, dass die Bedingung von den Vertragsparteien ausdrücklich vereinbart wird. Als aufschiebende Bedingungen kommen beispielsweise ein bestimmter Stand der Vermietung zu einem Stichtag oder ein bestimmter Baufortschritt in Betracht. Bei einem nur aufschiebend befristeten Erwerbsvorgang ist aber keine Aufschiebung der Steuerentstehung im Sinne des § 14 Nr. 1 GrEStG gegeben, da der Eintritt des Erwerbs bei Abschluss des Rechtsgeschäfts bereits gewiss ist. Hier bedarf es also einer klaren Abgrenzung im Vertrag.

Ein genehmigungsbedürftiger Erwerbsvorgang im Sinne des § 14 Nr. 2 GrEStG ist bei Erfordernis einer behördlichen oder privatrechtlichen Genehmigung anzunehmen. Als solche kommen beispielsweise die Genehmigung bei Handlung eines Vertreters ohne Vertretungsmacht (§ 177 BGB), die Verfügung eines Nichtberechtigten (§ 185 Abs. 2 BGB), der Handlung eines Wohnungseigentümers ohne die Zustimmung der anderen Wohnungseigentümer (§ 12 WEG) oder bei Verfügungen über ein Grundstück im Sanierungsgebiet (§ 144 Abs. 2 BauGB) in Betracht. Die in der Praxis häufig aus zeitlichen oder organisatorischen Gründen vorkommende Beurkundung mit einem vollmachtlosen Vertreter, der bei der Beurkundung des Kaufvertrags für eine Vertragspartei auftritt, löst also erst im Zeitpunkt der Genehmigung des Vertreterhandelns durch den Berechtigten Grunderwerbsteuer aus.

13.1.7 Nichtfestsetzung der Steuer, Aufhebung oder Änderung der Steuerfestsetzung

Sofern ein Erwerbsvorgang im Sinne des § 1 GrEStG rückgängig gemacht wird, kann auf Antrag, bei Vorliegen weiterer Voraussetzungen, die Grunderwerbsteuer nicht festgesetzt bzw. eine bereits erfolgte Steuerfestsetzung aufgehoben werden.

[3] *Boruttau* GrEStG, 18. Aufl. 2016, § 13 Rn. 61.

[4] *Boruttau* GrEStG, 18. Aufl. 2016, § 14 Rn. 47.

Nach dem Gesetz kommt eine Aufhebung der Steuerfestsetzung in Betracht, wenn die Rückgängigmachung des Erwerbsvorgangs durch Vereinbarung, durch Ausübung eines vorbehaltenen Rücktrittrechts oder eines Wiederkaufsrechts innerhalb von zwei Jahren seit der Entstehung der Steuer stattfindet oder das dem Erwerbsvorgang zugrunde liegende Rechtsgeschäft nichtig ist oder die Vertragsbedingungen des Rechtsgeschäfts nicht erfüllt wurden.

Von der Rückgängigmachung, die nach dem Gesetzeswortlaut voraussetzt, dass das Eigentum am betreffenden Grundstück noch nicht übergegangen ist, ist der Rückerwerb eines Grundstücks nach bereits erfolgtem Eigentumsübergang zu unterscheiden. Dieser kann ebenfalls zum Entfallen der Steuerfestsetzung sowohl für den Erst- als auch den Rückerwerb führen, wenn die Auflassung in Bezug auf den Rückerwerb innerhalb von zwei Jahren erklärt und die erneute Eigentumsumschreibung beim Grundbuchamt beantragt wurde.

Eine Änderung der Steuerfestsetzung kann in Betracht kommen, wenn innerhalb von zwei Jahren seit Entstehung der Steuer die Gegenleistung für das Grundstück herabgesetzt wird oder wenn die Herabsetzung auf Grund von Mängeln (§ 437 BGB) erfolgt.

13.1.8 Anzeigepflichten

Zur Sicherung des Grunderwerbsteueraufkommens bestehen verschiedene Anzeigepflichten. Zum einen ergeben sich aus § 18 GrEStG Anzeigepflichten für Gerichte, Behörden und Notare. Ferner bestehen nach § 19 GrEStG Anzeigepflichten für die Beteiligten. Die Anzeigepflichten sind umfassend ausgestaltet und betreffen sämtliche von der Grunderwerbsteuer betroffenen Rechtsvorgänge, worunter neben Kaufverträgen auch Optionsverträge oder Kauf- und Verkaufsangebote fallen. Die Anzeigeverpflichtung gilt ferner für Anteilsübertragungen bei grundbesitzenden Gesellschaften, unabhängig davon, ob der Tatbestand des § 1 Abs. 2a oder Abs. 3 GrEStG tatsächlich verwirklicht wird.

Die Anzeige hat innerhalb von zwei Wochen nach der Beurkundung oder der Unterschriftsbeglaubigung zu erfolgen, unabhängig davon, ob der Erwerb von einer Genehmigung oder Bedingung abhängig ist.

13.1.9 Unbedenklichkeitsbescheinigung

Zur Sicherung des Steueraufkommens wird neben den Anzeigepflichten das Erfordernis einer Unbedenklichkeitsbescheinigung verlangt. Danach darf der Erwerber eines Grundstücks erst in das Grundbuch eingetragen werden, wenn eine Bescheinigung des für die Besteuerung zuständigen Finanzamts vorliegt, in der das Finanzamt die steuerliche Unbedenklichkeit der Eintragung ins Grundbuch bestätigt. Bei Vorliegen der in § 22 Abs. 2 GrEStG aufgezählten Bedingungen muss das Finanzamt die Unbedenklichkeitsbescheinigung erteilen. Die Bescheinigung ist danach zu erteilen, wenn die Grunderwerbsteuer entrichtet, sichergestellt oder gestundet worden ist oder wenn Steuerfreiheit gegeben ist.

13.2 Grundsteuer

Eine weitere, mit dem Grundbesitz unmittelbar in Zusammenhang stehende Steuer ist die Grundsteuer. Tatbestand der Besteuerung ist das Innehaben von Grundbesitz. Bei der Grundsteuer handelt es sich nicht um eine einmalige Steuer, vielmehr fällt die Grundsteuer jährlich erneut an. Die Grundsteuer ist grundsätzlich je zu einem Viertel des Jahresbetrages zum 15. Februar, 15. Mai, 15. August und 15. November fällig. Allerdings kann der Steuerschuldner beantragen, die Grundsteuer mit einem Jahresbetrag, fällig zum 1. Juli, zu entrichten.

Die Grundsteuer fällt sowohl für Grundstücke als auch für Erbbaurechte und ähnliche Rechte an. Schuldner der Grundsteuer ist derjenige, dem das Grundstück bzw. das entsprechende Recht zuzurechnen ist. Dies ist grundsätzlich der Grundstückseigentümer, dem das Grundstück bei der Feststellung des Einheitswerts zuzurechnen ist. Bei einem Erbbaurecht, Wohnungs- und Teilerbbaurecht ist der Erbbauberechtigte Schuldner der Grundsteuer.

Hinsichtlich der nachfolgenden Ausführungen ist zu berücksichtigen, dass das Bundesverfassungsgericht mit Urteilen vom 10. April 2018 entschieden, dass die aktuell geltenden Regelungen zur Grunderwerbsteuer verfassungswidrig sind, da sie jedenfalls für Westdeutschland auf gleichheitswidrigen Bewertungsregelungen beruhen. Dies sollte allerdings nach allgemeiner Auffassung auch für die Bewertung der Grundstücke in Ostdeutschland gelten. Die aktuellen Regelungen dürfen jedoch zunächst weiter angewendet werden. Dem Gesetzgeber wurde jedoch von den Verfassungsrichtern aufgegeben, bis zum Ende des Jahres 2019 eine verfassungsgemäße Neuregelung zu verabschieden. Diese muss dann spätesten ab 2025 auch angewendet werden. Diese doch sehr lange Übergangsfrist ist mit dem erheblichen Verwaltungsaufwand, der mit der Neubewertung sämtlicher Grundstücke einhergeht, begründet.

Zurzeit werden durch die Bundesländer neue Modelle diskutiert, so dass die weitere Entwicklung verfolgt werden muss. Auch im Koalitionsvertrag zwischen CDU, CSU und SPD vom 7. Februar 2018 wird das Thema der Grundsteuerreform aufgegriffen. Insbesondere soll eine Grundsteuer C eingeführt werden, die der Mobilisierung von Bauland dienen soll, mit der das Halten von baureifen Brachflächen durch eine höhere Steuerbelastung finanziell unattraktiv werden soll. Obwohl alle maßgeblichen Beteiligten betonen, die Gesamtbelastung solle nicht ansteigen, ist zu erwarten, dass es zu gewissen Belastungsverschiebungen zwischen Grundstückseigentümern kommen wird.

Die Grundsteuer wird in einem dreistufigen Verfahren ermittelt. Zunächst wird der Einheitswert des jeweiligen Grundstücks nach den Vorschriften des Bewertungsgesetzes ermittelt und durch einen Bescheid festgestellt. Der Steuermessbetrag ergibt sich durch Multiplikation des Einheitswertes eines Grundstücks mit der Steuermesszahl. Diese ersten beiden Schritte erfolgen durch die zuständigen Finanzämter. In einem dritten Schritt wird durch die zuständige Gemeinde die Grundsteuer durch Multiplikation des so ermittelten Steuermessbetrags mit dem jeweiligen Hebesatz der Gemeinde errechnet. Die Gemeinde erlässt sodann an den Steuerpflichtigen den Grundsteuerbescheid.

Dem Einheitswert eines Grundstücks liegen dabei die aufgrund der Hauptfeststellung zum 1. Januar 1964 festgestellten Einheitswerte dieser Veranlagung zugrunde, wenn nicht der Steuermessbetrag z.B. durch eine Einheitswertfestschreibung neu veranlagt wurde. Anhand der Grundstücksart ermittelt sich die Steuermesszahl. Die Steuermesszahl beträgt grundsätzlich 3,5 v.T. (von Tausend). Abweichend davon beträgt die Steuermesszahl bei Einfamilienhäuser für die ersten EUR 38.346,89 des Einheitswertes oder seines steuerpflichtigen Teils 2,6 v.T. für Zweifamilienhäuser 3,1 v.T. und für land- und forstwirtschaftliche Betriebe 6,0 v.T.

Der Besatz wird von den Gemeinden individuell festgesetzt. In der Regel ist der Hebesatz in Großstädten höher als in ländlichen Regionen. Der durchschnittliche Hebesatz für Grundvermögen (Grundsteuer B) betrug im Jahr 2016 464 %[5].

Bei der Grundsteuer gibt es verschiedene Steuerbefreiungstatbestände. So ist Grundbesitz von der Grundsteuer befreit, sofern der Grundbesitz für hoheitliche Zwecke, Zwecke des Allgemeingebrauchs oder für gemeinnützige, kirchliche oder mildtätige Zwecke verwendet wird. Für die Grundsteuerbefreiung sind gewisse – gesetzlich geregelte – Voraussetzungen zu erfüllen.

Bei Vorliegen bestimmter Voraussetzungen hat der Steuerschuldner – auf Antrag – einen Anspruch auf Erlass der Grundsteuer. Ein Erlass der Grundsteuer kommt unter anderem bei Kulturgütern oder Grünanlagen in Betracht. Ferner kann ein Erlass wegen wesentlicher Ertragsminderung des Grundbesitzes, so zum Beispiel bei Leerstand, in Betracht kommen. Wichtig ist, dass ein Antrag bis zum 31. März des Folgejahres zu stellen ist.

---

[5] https://www.destatis.de/DE/ZahlenFakten/GesellschaftStaat/OeffentlicheFinanzenSteuern/Steuern/Realsteuervergleich/Tabellen/ZeitreiheRealsteuern.html, abgerufen am 2. Februar 2018.

13.3 Einkommensteuer

Nachfolgend wird ein kurzer Überblick zu einkommensteuerrechtlichen Aspekten gegeben.

Zunächst erwirtschaftet die Immobilie Erträge. Diese können sich zum einen aus Substanzumschichtungen, insbesondere bei Veräußerung, ergeben. Zum anderen kann aber auch ein laufender Ertrag, z.B. durch eine Vermietung, entstehen. Darüber hinaus knüpft die Besteuerung aber an der Frage an, wer solche Erträge erzielt. Dies kann eine natürliche Person, eine Personenmehrheit (Gemeinschaft, Gesellschaft bürgerlichen Rechts, KG) oder aber auch eine Kapitalgesellschaft sein. Für den Projektentwickler ist wegen der zum Teil unterschiedlichen Auswirkungen daher auch die Frage der Rechtsform von wesentlicher Bedeutung.

13.3.1 Besteuerung nach dem Einkommensteuergesetz

Das Einkommensteuergesetz (EStG) regelt die Besteuerung von natürlichen Personen als Inhaber von Grundstücken, aber auch als Gesellschafter von Personengesellschaften. Der Besteuerung unterliegen die mit Einkünfte- bzw. Gewinnerzielungsabsicht erwirtschafteten Überschüsse bzw. Gewinne aus abschließend aufgezählten Tätigkeiten (§ 2 Abs. 1 EStG). Bei der Überschuss- bzw. Gewinnermittlung werden bestimmte Aufwendungen, insbesondere Werbungskosten (§§ 9, 9a EStG) bzw. Betriebsausgaben (§ 4 Abs. 5 EStG), berücksichtigt. Werbungskosten werden dabei den Einnahmen (z.B. bei der Vermietung) und Betriebsausgaben den Betriebseinnahmen (z.B. bei einem Gewerbebetrieb) gegenübergestellt.

Der Einkommensteuer unterliegen sieben Einkunftsarten: Einkünfte aus Land- und Forstwirtschaft, Gewerbebetrieb, selbstständiger Arbeit, nichtselbstständiger Arbeit, Kapitalvermögen, Vermietung und Verpachtung und sonstige Einkünfte.

Im Bereich der Projektentwicklung kommen insbesondere Einkünfte aus Gewerbebetrieb, Einkünfte aus Vermietung und Verpachtung und sonstige Einkünfte in Betracht. Dabei handelt es sich bei den Einkünften aus Gewerbebetrieb um sog. Gewinneinkünfte, die durch Bilanzierung oder eine vereinfachte Einnahmen-Überschuss-Rechnung gem. § 4 Abs. 3 EStG ermittelt werden. Einkünfte aus Vermietung und Verpachtung sowie sonstige Einkünfte, insbesondere die sog. Spekulationsgewinne, werden durch Gegenüberstellung der Einnahmen und Ausgaben ermittelt. Während Erträge, die aus einer steuerlich relevanten Quelle erzielt werden, etwa Mieteinahmen aus der Vermietung eines Grundstücks, von sämtlichen Einkunftsarten erfasst werden, sind Wertsteigerungen der Einkunftsquelle selbst nur bei den Gewinneinkunftsarten relevant. Erzielt ein Steuerpflichtiger Einkünfte aus Gewerbebetrieb, sind die damit verbundenen Wirtschaftsgüter steuerlich Betriebsvermögen, liegt lediglich eine Überschusseinkunftsart vor, gehören die Wirtschaftsgüter, mit deren Hilfe die Einkünfte erzielt werden, zum steuerlichen Privatvermögen.

13.3.2 laufende Erträge

Wie bereits ausgeführt muss bei der Einkommensteuer zwischen der Besteuerung von laufenden Erträgen und Substanzgewinnen unterschieden werden.

Liegt steuerliches Privatvermögen vor, unterfallen bei einem vermieteten Grundstück lediglich die im Rahmen der Vermietung erzielten Einkünfte der Einkommensteuer, während die Veräußerung des Grundstücks jedenfalls nicht zu Einkünften aus Vermietung und Verpachtung führen. Der Veräußerungsgewinn kann jedoch als sonstige Einkünfte qualifiziert werden, wenn die Veräußerung vor Ablauf von zehn Jahren nach dem Erwerb – also innerhalb der sog. Spekulationsfrist – erfolgt. Im steuerlichen Privatvermögen erzielte Veräußerungsgewinne nach Ablauf der Spekulationsfrist sind hingegen nicht steuerbar und können ohne Einkommenbesteuerung vereinnahmt werden. Neben der begünstigten Behandlung von Veräußerungsgewinnen außerhalb der Spekulationsfrist hat die Einkünfteerzielung im Privatvermögen auch den Vorteil, dass diese nicht mit Gewerbesteuer belastet werden.

Die Frage, ob Einkünfte aus Vermietung und Verpachtung oder aus Gewerbebetrieb vorliegen, wird nachfolgend anhand von für Immobilienunternehmen spezifischen Problemkreisen näher untersucht (s. unter Gewerbesteuer, 10.4.5 ff.). Jedenfalls erzielen beispielsweise Personengesellschaften in Rechtsform der OHG oder auch der GmbH & Co. KG grundsätzlich keine Einkünfte aus Gewerbebetrieb, wenn lediglich eine Vermietung stattfindet. Andererseits kann aber auch ohne Beteiligung an einer Personen- oder Kapitalgesellschaft ein Gewerbebetrieb des Steuerpflichtigen vorliegen, der dann einzelunternehmerisch betrieben wird, wenn die ausgeübte Tätigkeit über die reine Vermögensverwaltung hinausgeht.

13.3.3 Abschreibung für Abnutzung (AfA)

Im Rahmen der Ermittlung der Einkünfte werden dem Gesetz nach abzugsfähige Aufwendungen berücksichtigt. Der Einkommensteuer unterliegen lediglich die um die Werbungskosten bzw. Betriebsausgaben geminderten Einnahmen bzw. Betriebseinnahmen. Im Zusammenhang mit Immobilien kommen als Werbungskosten oder Betriebsausgaben insbesondere Abschreibungen für Abnutzungen (AfA) im Sinne der §§ 7 ff. EStG in Betracht. Die AfA dient dazu, den Wertverlust eines Objekts periodengerecht über seine Nutzungsdauer zu verteilen. Entgegen dem dargestellten Grundsatz, wonach Wertveränderungen im Privatvermögen unbeachtlich sind, stellt die AfA auch bei Grundstücken, die zur Erzielung von Einkünften aus Vermietung und Verpachtung dienen, abzugsfähige Werbungskosten dar.

Zunächst ist festzuhalten, dass es sich bei einem Gebäude und dem dazugehörenden Grund und Boden um zwei eigenständig zu behandelnde Wirtschaftsgüter handelt. In der Bilanz erfolgt ein getrennter Ausweis von Grund und Boden einerseits und aufstehenden Gebäuden andererseits.

Eine Abschreibung kommt nur für Gebäude in Betracht. Grund und Boden kann nicht abgeschrieben werden, da er nicht durch Abnutzung verbraucht wird. Hinsichtlich der Abschreibung des Gebäudes muss unterschieden werden, ob es sich um das Gebäude selbst, und unselbstständige Gebäudeteile, die einheitlich mit dem Gebäude abzuschreiben sind, oder um selbstständige Gebäudeteile handelt, die eigenständig zu aktivieren und abzuschreiben sind. Zu den selbstständigen Gebäudeteilen gehören unter anderem die Betriebsvorrichtungen im Sinne des § 68 Abs. 2 S. 1 Nr. 2 BewG. Bei Betriebsvorrichtungen handelt es sich um Wirtschaftsgüter, die nicht dem Grundstück, sondern der auf dem Grundstück betriebenen Nutzung zu dienen bestimmt sind. Betriebsvorrichtungen sind unter anderem bei Lastenaufzügen, Laderampen, Förderbänder, Traghallen oder Verkaufsautomaten anzunehmen.

Bei Gebäuden kommt nur eine lineare AfA (Abschreibung mit gleichen Jahresbeträgen) in Betracht. Eine degressive AfA (Abschreibung mit fallenden Jahresbeträgen) ist für Gebäude seit dem 1. Januar 2006 nicht mehr möglich. Zur Förderung bestimmter wirtschaftlicher oder sozialpolitischer Ziele kann bei bestimmten Gebäuden und beim Vorliegen weiterer Voraussetzungen auch eine erhöhte AfA beansprucht werden (u.a. erhöhte AfA für denkmalgeschützte Gebäude). Von der erhöhten AfA zu unterscheiden ist die Abschreibung für außergewöhnliche Abnutzung (AfaA). Bei der AfaA handelt es sich um eine Abschreibung in Fällen von außergewöhnlicher wirtschaftlicher oder technischer Abnutzung.

13.3.4 Anschaffungs-/Herstellungskosten und Erhaltungsaufwand

Bei den im Zusammenhang mit einer Immobilie anfallenden Aufwendungen kann es sich um Anschaffungskosten bzw. Herstellungskosten oder aber um Erhaltungsaufwand handeln. Eine Differenzierung ist erforderlich, da diese Aufwendungen steuerlich, im Rahmen der Einkunftsermittlung, unterschiedlich zu behandeln sind. Anschaffungs- und Herstellungskosten sind zu aktivieren und unterliegen der Abschreibung, Erhaltungsaufwand wirkt sich sofort ergebnismindernd aus.

Unter Anschaffungskosten werden die Kosten verstanden, die anfallen, um einen Gegenstand zu erwerben und ihn anschließend in einen betriebsbereiten Zustand zu versetzen. Herstellungskosten sind die Kosten, die für die Herstellung eines neuen, bisher nicht vorhandenen Wirtschaftsgutes anfallen. Anschaffungskosten und Herstellungskosten sind im Rahmen der Abschreibung über die Nutzungsdauer des angeschafften oder hergestellten Wirtschaftsguts steuerlich geltend zu machen. Bei Aufwendungen für Instandhaltungs- und Modernisierungsmaßnahmen, die in zeitlich engem Zusammenhang mit der Anschaffung oder Herstellung entstehen, spricht man von anschaffungsnahem Aufwand. Dieser ist den Herstellungskosten des Gebäudes zuzurechnen. Anschaffungsnaher Aufwand ist anzunehmen, wenn ein solcher Aufwand innerhalb von drei Jahren nach Anschaffung des Gebäudes entsteht und 15 % der Anschaffungskosten (ohne Umsatzsteuer), die für das Gebäude angefallen sind, übersteigt.

Davon zu unterscheiden ist der Erhaltungsaufwand. Bei Erhaltungsaufwand handelt es sich um Kosten, die für die Instandsetzung oder Instandhaltung von etwas Bestehendem aufgewendet werden und nicht als anschaffungsnaher Aufwand qualifiziert werden können. Hierunter fallen sämtliche Kosten, die üblicherweise für die Mängelbeseitigung an bestehenden Gebäuden anfallen, ohne dass es zu einer Funktionsänderung des Wirtschaftsgutes kommt. Erhaltungsaufwand muss nicht im Rahmen der Abschreibung abgesetzt werden, sondern kann als sofort abziehbare Betriebsausgaben oder Werbungskosten berücksichtigt werden und mindert in angefallener Höhe im Jahr der Ausgabe unmittelbar den Gewinn bzw. die Einkünfte.

13.3.5 Zuschüsse

Im Zusammenhang mit Immobilien werden häufig zur Erreichung eines Vertragsabschlusses mit einem bestimmten Mieter oder umgekehrt aus Mietersicht zur Erreichung der Anmietung eines bestimmten Gebäudes Zuschüsse geleistet. Auch diese sind im Rahmen der Ermittlung der Einkünfte zu berücksichtigen.

Gewährt der Vermieter an den Mieter Zuschüsse, die der Mieter für Baumaßnahmen verwendet, stellen diese Aufwendungen beim Vermieter Betriebsausgaben bzw. Werbungskosten dar.

Umgekehrt besteht auch die Möglichkeit, dass der Mieter an den Vermieter für durch den Vermieter vorzunehmende Baumaßnahmen einen Zuschuss gewährt. Solche Zuschüsse sind als Mieteinnahmen zu beurteilen und können auf die Vertragslaufzeit verteilt werden. Die Anschaffungs- und Herstellungskosten bleiben hiervon unberührt.

Im Gegensatz zu diesen privaten Zuschüssen besteht bei öffentlichen Investitionszuschüssen grundsätzlich ein Wahlrecht. Diese Zuschüsse können entweder als Einnahme angesetzt und die volle AfA in Anspruch genommen werden oder der Zuschuss wird erfolgsneutral von den Anschaffungs- und Herstellungskosten abgezogen und die Grundlage der AfA dadurch gemindert.

13.3.6 Substanzgewinne durch private Veräußerungsgeschäfte

Sofern Grundbesitz vermögensverwaltend gehalten wird und kein gewerblicher Grundstückshandel (s. unter 10.4.5.3) anzunehmen ist, unterliegt eine Veräußerung von diesem Grundbesitz grundsätzlich nicht der Einkommensteuer. Lediglich in gesetzlich abschließend bestimmten Fallgruppen sind auch private Veräußerungsgeschäfte steuerlich zu berücksichtigen. Ein solcher Fall ist bei Veräußerungen von Grundstücken und grundstücksgleichen Rechten innerhalb eines Zeitraumes von zehn Jahren seit der Anschaffung gegeben (§ 22 i.V.m. § 23 Abs. 1 S. 1 Nr. 1 EStG).

Als Veräußerung in diesem Sinne gilt auch die Einlage des Grundstückes in das Betriebsvermögen, bei einer anschließenden Veräußerung des Grundstücks innerhalb eines Zeitraumes von zehn Jahren.

Zu beachten ist, dass Grundstücke von Kapitalgesellschaften oder gewerblich geprägten Mitunternehmerschaften kraft Rechtsform der Kapitalgesellschaften bzw. aufgrund gesetzlicher Anordnung im Betriebsvermögen gehalten werden, so dass keine steuerfreie Veräußerung außerhalb der Spekulationsfrist möglich ist.

13.4 Körperschaftsteuer

Der Körperschaftsteuer unterliegen insbesondere Kapitalgesellschaften. Die Körperschaftsteuer ist die „Einkommensteuer der Körperschaften". Im Unterscheid zu den Personengesellschaften sind die Kapitalgesellschaften jedoch selbst Steuersubjekt und damit Steuerschuldner.

Die Bemessungsgrundlage für die Körperschaftsteuer ist das zu versteuernde Einkommen der Körperschaft. Dieses ermittelt sich nach den Vorschriften des Einkommensteuergesetzes unter Berücksichtigung der im Körperschaftsteuergesetz geregelten Besonderheiten. Eine unbeschränkt steuerpflichtige Körperschaft erzielt stets gewerbliche Einkünfte (§ 8 Abs. 2 KStG). Sofern eine Kapitalgesellschaft ausschließlich Vermietungsleistungen erbringt, mithin begrifflich nur vermögensverwaltend tätig ist, erzielt sie dennoch zwingend gewerbliche Einkünfte. Grundsätzlich fällt bei einer Kapitalgesellschaft daher auch Gewerbesteuer an. Allerdings kann eine rein vermögensverwaltende Kapitalgesellschaft – bei Vorliegen weiterer Voraussetzungen – von der Gewerbesteuer befreit sein (s. Ziffer 10.4.5.6). Der Körperschaftsteuersatz beträgt pauschal 15 % zuzüglich Solidaritätszuschlag.

Nach Abzug der Körperschaftsteuer hat die Kapitalgesellschaft die Möglichkeit ihre verbleibenden Gewinne zu thesaurieren oder an ihre Gesellschafter auszuschütten. Bei einer Ausschüttung hat der Gesellschafter die erhaltenen Gewinne zu versteuern. Um eine Doppelbesteuerung zu vermeiden, werden die ausgeschütteten Gewinne nur anteilig bzw. tariflich begünstigt besteuert.

Sofern die Anteile an der Kapitalgesellschaft im Privatvermögen des Gesellschafters gehalten werden, kommt die Kapitalertragsteuer in Form der Abgeltungsteuer zur Anwendung. Der Anteilseigner erzielt insoweit Kapitaleinkünfte im Sinne des § 20 EStG. Danach werden die ausgeschütteten Gewinne pauschal mit 25 % (zzgl. Solidaritätszuschlag) besteuert (§§ 32 d, 43 ff. EStG). Im Rahmen des Abgeltungsteuerverfahrens ist jedoch kein Werbungskostenabzug (beispielsweise für entstandene Finanzierungskosten oder Depotgebühren) möglich. Es kann lediglich der Sparer-Pauschbetrag in Höhe von EUR 801,00 beansprucht werden. Mit Einbehalt der Abgeltungsteuer ist die Einkommensteuerschuld insoweit abgegolten. Die Kapitaleinkünfte sind nicht mehr in der Einkommensteuererklärung des Steuerpflichtigen anzugeben.

Bei Vorliegen bestimmter Voraussetzungen kann der Gesellschafter anstelle des Abgeltungsverfahrens die Anwendung des Teileinkünfteverfahrens beanspruchen (§ 3 Nr. 40 lit. d) EStG). Bei Anwendung des Teileinkünfteverfahrens werden die ausgeschütteten Gewinne im Rahmen der Veranlagung zu 60 % mit dem persönlichen Einkommensteuersatz des Steuerpflichtigen besteuert. Ein Werbungskostenabzug ist in Höhe von 60 % der entstandenen Werbungskosten möglich (§ 3c Abs. 2 EStG). Voraussetzung für die Anwendung des Teileinkünfteverfahren ist, dass der Gesellschafter zu mindestens 25 % an der Kapitalgesellschaft beteiligt ist oder zu mindestens 1 % an der Kapitalgesellschaft beteiligt und beruflich mit maßgeblichem unternehmerischen Einfluss für diese tätig ist (§ 32d Abs. 2 Nr. 3 EStG). Für die Anwendung des Teileinkünfteverfahrens hat der Steuerpflichtige einen Antrag beim zuständigen Finanzamt zu stellen.

Hält der Gesellschafter die Anteile an der Kapitalgesellschaft im Betriebsvermögen, kommt nur die Anwendung des Teileinkünfteverfahrens in Betracht.

Ist Gesellschafter einer Kapitalgesellschaft eine andere Kapitalgesellschaft, sind die ausgeschütteten Gewinne grundsätzlich zu 95 % steuerfrei (§ 8b Abs. 5 KStG). Lediglich 5 % nicht abziehbare Betriebsausgaben unterliegen der Körperschaftsteuer (Körperschaftsteuersatz in Höhe von 15 % zzgl. Solidaritätszuschlag).

Veräußert ein Gesellschafter seine Beteiligung an einer Kapitalgesellschaft ist wiederum zu differenzieren, ob die Anteile im Privat- oder Betriebsvermögen gehalten werden. Werden die Anteile im (gewerblichen) Betriebsvermögen gehalten, handelt es sich beim Veräußerungsgewinn um gewerbliche Einkünfte. Gewerbliche Einkünfte werden ferner bei der Veräußerung von im Privatvermögen gehaltenen Anteilen an Kapitalgesellschaften angenommen, wenn der Veräußerer am Kapital der Kapitalgesellschaft innerhalb der letzten fünf Jahre unmittelbar oder mittelbar zu mindestens 1 % beteiligt war (§ 17 Abs. 1 EStG).

Sowohl im Bereich der Kapitalgesellschaften, als auch der Personengesellschaften ist die Zinsschranke zu beachten (§ 4h EStG und § 8a KStG). Die Zinsschranke begrenzt die steuerliche Abzugsfähigkeit von Aufwendungen für Fremdkapital, soweit sie die Zinseinnahmen des jeweiligen Zeitraums übersteigen (negativer Zinssaldo). Danach sind Zinsaufwendungen lediglich in Höhe von 30 % des Gewinns vor EBITDA (Gewinn vor Zinsaufwand und Abschreibungen) als Betriebsausgaben abzugsfähig, zumindest aber in Höhe des Freibetrags von EUR 3,0 Mio.

13.5 Gewerbesteuer

Auch wenn das Halten und Verwalten von Immobilien oder die Veräußerung von Immobilien aus dem steuerlichen Privatvermögen der Grundform nach den Einkünften aus Vermietung und Verpachtung (laufender Ertrag) bzw. den Einkünften aus privaten Veräußerungsgeschäften (Substanzgewinn) zuzuordnen ist, so können hier gewerbliche Einkünfte vorliegen, die neben der Einkommensteuer bzw. Körperschaftsteuer auch der Gewerbesteuer unterfallen.

Nachfolgend werden die Systematik der Gewerbesteuer und die für die Projektentwicklung wichtigsten Parameter der Abgrenzung vorgestellt.

13.5.1 Gewerbesteuerermittlung

Bei Vorliegen von gewerblichen Einkünften ist grundsätzlich zu der Einkommen- bzw. Körperschaftsteuer auch Gewerbesteuer geschuldet. Die Gewerbesteuer fällt für jeden stehenden inländischen Gewerbebetrieb an. Nach der Definition des Gewerbebetriebes gemäß § 15 Abs. 2 EStG ist ein Gewerbebetrieb bei einer selbstständigen, nachhaltigen Betätigung, die mit Gewinnerzielungsabsicht und unter Beteiligung am allgemeinen wirtschaftlichen Verkehr unternommen wird und weder Vermögensverwaltung oder selbstständige Arbeit noch Land- und Forstwirtschaft ist, anzunehmen.

Bemessungsgrundlage für die Gewerbesteuer ist der nach dem Körperschaftsteuergesetz bzw. Einkommensteuergesetz ermittelte Gewinn des Gewerbetreibenden, vermehrt um Hinzurechnungen nach § 8 GewStG und vermindert um Kürzungen nach § 9 GewStG.

Der ermittelte Gewerbeertrag ist bei natürlichen Personen und Personengesellschaften um einen Freibetrag von EUR 24.500,00 zu kürzen.

Die Berechnung der Gewerbesteuer erfolgt zweistufig. In einem ersten vom Finanzamt durchzuführenden Verfahren wird der Gewerbesteuermessbetrag ermittelt. Hierfür wird der Gewerbeertrag mit der Steuermesszahl von 3,5 % multipliziert. Im Anschluss daran wird die Gewerbesteuer durch die zuständige Gemeinde festgesetzt. Der Gewerbesteuermessbetrag ist mit dem Hebesatz der jeweiligen Gemeinde zu multiplizieren. Die gewerbesteuerlichen Hebesätze der Gemeinden sind unterschiedlich hoch, müssen jedoch mindestens 200 % betragen.

Soweit ein Gewerbebetrieb in mehreren Gemeinden betrieben wird, kommt es zu einer Zerlegung des Steuermessbetrages auf die einzelnen Gemeinden. Grundsätzlich ist das Verhältnis der Arbeitslöhne des Unternehmens in den verschiedenen Gemeinden Maßstab für die Zerlegung.

Bei einem Einzelunternehmer oder Mitunternehmern kommt es im Rahmen der Einkommensteuer zu einer der Höhe nach gedeckelten Anrechnung der geleisteten Gewerbesteuer auf die Einkommensteuer und damit zu einer Ermäßigung der tariflichen Einkommensteuer (§ 35 EStG). Die Steuerermäßigung beträgt das 3,8-fache des festgesetzten Gewerbesteuermessbetrags und führt – je nach Hebesatz – zu einer vollständigen oder weitreichenden Anrechnung der Gewerbesteuer auf die Einkommensteuer. Somit kommt es bei Hebesätzen von mehr als 380 % zu Anrechnungsüberhängen, die zu einer tatsächlichen Mehrbelastung mit Gewerbesteuer führen. Bei Körperschaften kommt es nicht zu einer Anrechnung von Gewerbesteuer.

13.5.2 Gewerbesteuer und Vermögensverwaltung

Aufgrund des ungeschriebenen Merkmals der nicht bloßen Vermögensverwaltung für die Annahme eines Gewerbebetriebs, stellt sich die Frage, ob die Tätigkeit des An- und Verkaufs von Grundstücken oder von Vermietungsunternehmen überhaupt der Gewerbesteuer unterfällt. Hierzu ist jeweils eine Abgrenzung der gewerblichen Tätigkeit zur Vermögensverwaltung erforderlich. Nachfolgend werden die Grenzbereiche skizziert.

13.5.3 Gewerblicher Grundstückshandel

§ 15 Abs. 2 EStG definiert die Voraussetzungen für das Vorliegen eines Gewerbebetriebes und damit von gewerblichen Einkünften. Danach ist ein Gewerbebetrieb gegeben bei einer selbstständigen, nachhaltigen Betätigung, die mit Gewinnerzielungsabsicht und unter Beteiligung am allgemeinen wirtschaftlichen Verkehr unternommen wird und weder selbstständige Arbeit noch Land- und Forstwirtschaft ist. Als weitere Voraussetzung ist erforderlich, dass es sich nicht lediglich um eine bloße Vermögensverwaltung handelt.

Aufgrund des Merkmals der nicht bloßen Vermögensverwaltung stellt sich häufig die Frage, ob der An- und Verkauf von Grundstücken überhaupt einen Gewerbebetrieb begründet. Dies ist zu bejahen, sofern die Grenzen einer rein privaten Vermögensverwaltung überschritten werden. Hierzu wurde von der Rechtsprechung die Drei-Objekte-Grenze entwickelt, nach der von einem gewerblichen Grundstückshandel auszugehen ist, wenn innerhalb eines engen zeitlichen Zusammenhangs mehr als drei Objekte angeschafft und wieder veräußert werden. Ein enger zeitlicher Zusammenhang wird für Zeiträume bis fünf Jahre angenommen. Sind die Voraussetzungen der Drei-Objekt-Regel erfüllt, besteht damit eine Vermutung, dass ein gewerblicher Grundstückshandel gegeben ist. Nach Auffassung der Finanzverwaltung ist jedenfalls ein Objekt, dass vor seiner Veräußerung mindestens zehn Jahre vermietet wurde, nicht mehr zu berücksichtigen. Durch Nachweis eines anderweitigen Sachverhaltes kann die Vermutungsregelung entkräftet werden.

Unter einem Objekt wird regelmäßig jedes selbstständig veräußerbare und nutzbare Immobilienobjekt verstanden. Danach werden einzelne Eigentumswohnungen als eigenständige Objekte behandelt. Demgegenüber stellt eine Garage grundsätzlich kein eigenständiges Objekt dar, soweit sich die Garage im räumlichen Zusammenhang mit einem Wohnhaus befindet. Von einem gewerblichen Grundstückshandel ist – losgelöst von der Drei-Objekt-Regel – auszugehen, wenn offenkundig ein Grundstückhandel betrieben wird, was häufig bei Unternehmen der Baubranche der Fall ist. Überhaupt gilt bei der Immobilienbranche nahen Steuerpflichtigen, d.h. bei Personen, die in der Bau- und/oder Immobilienbranche tätig sind, eine Vermutung, dass ein gewerblicher Immobilienhandel vorliegt. Schließlich ist von keiner privaten Vermögensverwaltung auszugehen, wenn auch nur ein einziges Grundstück bereits mit unbedingter Veräußerungsabsicht erworben wird.

Sofern eine Veräußerung von Anteilen an grundstücksbesitzenden Personengesellschaften erfolgt, sind auf Ebene der veräußernden Gesellschafter so viele Objektveräußerungen anzunehmen, wie sich Objekte im Gesamhandseigentum der Gesellschaft befinden. Ebenso sind Veräußerungen der Gesellschaft als Zählobjekt bei jedem Gesellschafter zu berücksichtigen. Beteiligungen an Immobilien-Kapitalgesellschaften sind hingegen aufgrund der abschottenden Wirkung von Körperschaften grundsätzlich nicht zu beachten.

Bei Bejahung eines gewerblichen Grundstückshandels werden Einkünfte aus Gewerbebetrieb erzielt, die grundsätzlich auch zum Anfall von Gewerbesteuer führen. In diesem Fall schuldet der Einzelunternehmer oder die Mitunternehmerschaft die Gewerbesteuer.

13.5.4 Vermietungsunternehmen

Ferner stellt sich die Frage, ob bei Vermietungsunternehmen eine gewerbliche Tätigkeit gegeben ist und es damit zum Anfall von Gewerbesteuer kommt. Ein Vermietungsunternehmen erzielt grundsätzlich keine gewerblichen Einkünfte, sondern Vermietungseinkünfte im Sinne des § 21 EStG, auch wenn die Vermietungstätigkeit einen sehr großen Umfang hat und mit erheblichem Verwaltungsaufwand verbunden ist. Allerdings kann dennoch eine gewerbliche Tätigkeit anzunehmen sein, wenn aufgrund besonderer Umstände die Vermietungstätigkeit als gewerbliche Tätigkeit einzuordnen ist. Die Rechtsprechung nimmt solche besonderen Umstände insbesondere bei der Erbringung von nicht üblichen Sonderleistungen des Vermieters im Rahmen der Vermietungstätigkeit oder bei besonders häufigen Wechseln der Mieter an. Ferner erzielt ein in der Rechtsform einer Kapitalgesellschaft betriebenes Vermietungsunternehmen stets gewerbliche Einkünfte.

13.5.5 Gewerbesteuer und gewerblich geprägte Personengesellschaft

Bei Bestehen einer gewerblich geprägten Personengesellschaft ist stets und in vollem Umfang ein Gewerbebetrieb anzunehmen. Eine gewerblich geprägte Personengesellschaft ist bei einer GmbH & Co. KG aufgrund der Beteiligung einer Kapitalgesellschaft als Komplementärin gegeben, wenn ausschließlich diese zur Geschäftsführung der KG berufen ist. Mit dem Bestehen einer gewerblich geprägten Personengesellschaft geht zwingend der Anfall von – ggf. anrechenbarer – Gewerbesteuer einher. Es besteht jedoch die Möglichkeit einer gewerblichen Entprägung. Hierfür ist es erforderlich, dass nach dem Gesellschaftsvertrag nicht ausschließlich die Komplementär-GmbH zur Geschäftsführung befugt ist, sondern daneben auch mindestens ein Kommanditist.

13.5.6 Kürzung bei Grundstücks-/Vermietungsunternehmen

Wie dargestellt, unterliegt der nach dem Körperschaftsteuergesetz oder Einkommensteuergesetz ermittelte Gewinn des Gewerbetreibenden gewissen Hinzurechnungen nach § 8 GewStG und Kürzungen nach § 9 GewStG.

Im Zusammenhang mit Grundstücken ist die Kürzungsregelung des § 9 Nr. 1 GewStG von Bedeutung. Diese Regelung will eine Doppelbesteuerung von Grundbesitz mit Grundsteuer und Gewerbesteuer verhindern. Gemäß § 9 Nr. 1 S. 1 GewStG ist daher der ermittelte Gewerbeertrag bezüglich des zum Betriebsvermögen gehörenden und nicht von der Grundsteuer befreiten Grundbesitzes um 1,2% des Einheitswertes zu kürzen (Regelkürzung).

Daneben besteht – bei Vorliegen bestimmter Voraussetzungen – für Vermietungsunternehmen die Möglichkeit, eine erweiterte gewerbesteuerliche Kürzung in Anspruch zu nehmen. In diesem Fall kommt es zu einer vollständigen Vermeidung von Gewerbesteuer. Voraussetzung ist, dass durch die Vermietungsunternehmen keine gewerbliche, sondern ausschließlich eine rein vermögensverwaltende Tätigkeit ausgeübt wird. Nur die Verwaltung und Nutzung des eigenen Grundbesitzes ist begünstigt. Werden daneben noch andere Tätigkeiten ausgeübt, führt dies zu einer vollumfänglichen Versagung der erweiterten gewerbesteuerlichen Kürzung. In diesem Fall kommt lediglich die Regelkürzung zur Anwendung.

Eine Versagung der erweiterten gewerbesteuerlichen Kürzung tritt grundsätzlich bereits dann ein, wenn die nicht vermögensverwaltende Tätigkeit nur in geringem Umfang oder für sehr kurze Zeit ausgeübt wird. Lediglich bei den gesetzlich abschließend aufgezählten weiteren Tätigkeiten handelt sich um begünstigungsunschädliche Tätigkeiten, die allerdings dann selbst nicht begünstigt sind. Hierbei handelt es sich um die Verwaltung und Nutzung eigenen Kapitalvermögens, die Betreuung von Wohnungsbauten und die Errichtung und Veräußerung eines Einfamilienhauses oder von Zweifamilienhäusern, Eigentumswohnungen oder von Teileigentum.

Eine begünstigungsschädliche Tätigkeit ist insbesondere bei der Mitvermietung von Betriebsvorrichtungen im Sinne des § 68 Abs. 2 S. 1 Nr. 2 BewG gegeben und führt zum vollumfänglichen Entfall der erweiterten gewerbesteuerlichen Kürzung. Danach steht bereits eine geringfügige Mitvermietung von Betriebsvorrichtungen, die keinen funktionalen Zusammenhang zum Grundstück aufweisen, einer ausschließlichen Grundstücksverwaltung entgegen. In der Regel fehlt es bei Betriebsvorrichtungen stets an einem funktionalen Zusammenhang zum Grundstück, da Betriebsvorrichtungen grundsätzlich dem Betrieb des Mieters (und nicht dem Grundstück) zu dienen bestimmt sind. Als Betriebsvorrichtungen kommen beispielsweise Lastenaufzüge, Laderampen, Förderbänder, Traghallen oder Verkaufsautomaten in Betracht. Um die Kürzung trotz des Vorliegens von Betriebsvorrichtungen im Gebäude geltend zu machen, werden diese in der Praxis häufig auf gesonderte Betriebsvorrichtungs-Gesellschaften ausgelagert, um von diesen mit gesonderten Mietverträgen an die Mieter überlassen zu werden. Daher ist bei der Gestaltung von Mietverträgen bereits darauf zu achten, dass entsprechende Öffnungsklauseln, die eine gesonderte Vermietung auch nachträglich erlauben, vereinbart werden. Alternativ kann die Gewerbesteuer trotz der Vermietung von Betriebsvorrichtungen vermieden werden, wenn das Grundstück über eine ausländische – häufig in Luxemburg ansässige – Kapitalgesellschaft überlassen wird. In diesem Fall entfällt die Gewerbesteuer grundsätzlich mangels inländischer Betriebsstätte.

Die erweiterte gewerbesteuerliche Kürzung kommt ferner bei einem gewerblichen Grundstückshändler oder einem als gewerblich anzusehenden Vermietungsunternehmen nicht zur Anwendung.

Da es sich bei der erweiterten gewerbesteuerlichen Kürzung um ein Wahlrecht handelt, setzt die Inanspruchnahme einen Antrag des Steuerpflichtigen voraus.

Für den Bereich der Vermietung sollte daher schon bei der Projektierung darauf geachtet werden, dass das Eigentum an Betriebsvorrichtungen von dem Eigentum an dem Grundstück getrennt und von unterschiedlichen Rechtsträgern gehalten wird.

13.6 Umsatzsteuer

Eine weitere Steuer, die in Zusammenhang mit Grundstücks- und Vermietungsgeschäften häufig problematisch ist, ist die Umsatzsteuer. Hier stellt sich nicht nur beim Erwerb die Frage, ob Umsatzsteuer anfällt und wenn ja, wer Schuldner der Umsatzsteuer ist.

13.6.1 Geschäftsveräußerung im Ganzen

Der Erwerb einer Immobilie kann erfolgen, ohne dass Umsatzsteuer anfällt. Sofern ein Grundstück im Rahmen einer Geschäftsveräußerung im Ganzen auf einen Erwerber übergeht, ist nämlich zwingend ein nicht umsatzsteuerbarer Vorgang im Sinne des § 1 Abs. 1a UStG gegeben.

Eine Geschäftsveräußerung im Ganzen ist anzunehmen, wenn ein Unternehmen im Ganzen oder ein Teilbetrieb (gesondert geführter Betrieb) an einen Erwerber verkauft oder in eine Gesellschaft eingebracht wird. Hiervon können auch Grundstücke erfasst sein, insbesondere wenn es sich um Betriebsgrundstücke handelt.

Bei einem Vermietungsunternehmen ist ein gesondert geführter Betrieb grundsätzlich bezogen auf jedes Mietgrundstück anzunehmen. Voraussetzung ist jedoch, dass Miet- oder Pachtverhältnisse bestehen, die vom Erwerber ohne nennenswerte finanzielle oder sonstige Aufwendungen fortgeführt werden können.

Keine Geschäftsveräußerung im Ganzen ist hingegen anzunehmen, wenn von einem Bauträger ein zu bebauendes, aber bereits vermietetes Grundstück übertragen wird, da der Erwerber den erworbenen Geschäftsbetrieb des Bauträgers nicht fortsetzt und der Bauträger selbst gerade keine nachhaltige Vermietungstätigkeit ausgeführt hat. Ebenfalls keine Geschäftsveräußerung im Ganzen kann angenommen werden, wenn der Erwerber die Geschäftstätigkeit, hier die Vermietungstätigkeit des erworbenen Unternehmens sofort beendet und das Unternehmen abwickelt.

13.6.2 Steuerbefreite Umsätze

Sofern ein Grundstück nicht Gegenstand einer nicht steuerbaren Geschäftsveräußerung im Ganzen ist, kann es weiterhin aus verschiedenen Gründen zu einer Umsatzsteuerbefreiung kommen.

Werden Anteile an einer grundbesitzenden Gesellschaft übertragen, so kann eine Umsatzsteuerbefreiung nach § 4 Nr. 8 lit. f) UStG in Betracht kommen. Danach sind Anteilsübertragungen umsatzsteuerfrei.

Hauptanwendungsnorm der Umsatzsteuerbefreiung bei Grundstücksgeschäften aber ist § 4 Nr. 9 lit. a) GrEStG. Danach sind Umsätze die unter das Grunderwerbsteuergesetz fallen von der Umsatzsteuer befreit. Im Falle einer Umsatzsteuerbefreiung schuldet der Erwerber lediglich den Kaufpreis als Nettobetrag, mithin ohne Umsatzsteuer. Nachteilig an einer Umsatzsteuerbefreiung für den Veräußerer ist aber, dass gemäß § 15 Abs. 2 Nr. 1 UStG, der Vorsteuerabzug für in der Vergangenheit im Zusammenhang mit dem Grundstück bezogene Leistungen ausgeschlossen sein kann, da diese für steuerfreie Leistungen verwendet werden. Hierbei ist insbesondere zu beachten, dass Vorsteuerbeträge, die bereits in voller Höhe geltend gemacht wurden, für einen Korrekturzeitraum von zehn Jahren zeitanteilig rückgängig gemacht werden (vgl. § 15a UStG). Aus diesem Grund kann sich eine Option zur Umsatzsteuer nach § 9 UStG anbieten. Unter bestimmten Voraussetzungen kann zur Umsatzsteuer optiert, das heißt auf die Steuerbefreiung verzichtet werden (s. hierzu 10.4.6.3).

Ebenfalls von der Umsatzsteuer befreit sind Umsätze aus der Vermietung und Verpachtung von Grundstücken (§ 4 Nr. 12 lit. a) UStG). Nicht Gegenstand der Umsatzsteuerbefreiung sind mitvermietete Betriebsvorrichtungen im Sinne des § 68 Abs. 2 S. 1 Nr. 2 BewG. Unter Betriebsvorrichtungen werden Maschinen und sonstige Betriebsanlagen verstanden, die nicht der Nutzung des Grundstücks, sondern der Nutzung des auf dem Grundstück ausgeübten Betriebs dienen. Es ist unerheblich, ob es sich bei den Betriebsvorrichtungen um wesentliche Bestandteile des Grundstücks handelt. Als Betriebsvorrichtungen sind beispielhaft Lastenaufzüge, Laderampen, Förderbänder, Traghallen oder Verkaufsautomaten zu nennen. Sofern eine Mitvermietung von Betriebsvorrichtungen erfolgt, muss insoweit die Vermietung zwingend zuzüglich Umsatzsteuer erfolgen. Ein Verzicht auf die Umsatzsteuerbefreiung für Vermietungs- und Verpachtungsumsätze kommt nach der Vorschrift des § 9 UStG in Betracht (s. hierzu 10.4.6.3).

Neben der Vermietung und Verpachtung von Grundstücken sind auch die Überlassung von Grundstücken und Grundstücksteilen zur Nutzung auf Grund eines auf Übertragung des Eigentums gerichteten Vertrags oder Vorvertrags (§ 4 Nr. 12 lit. b) UStG) und die Bestellung, die Übertragung und die Überlassung der Ausübung von dinglichen Nutzungsrechten an Grundstücken (§ 4 Nr. 12 lit. c) UStG) steuerfrei. Bei Erfüllen der Voraussetzungen des § 9 UStG kommt ein Verzicht auf die Steuerbefreiung in Betracht.

Nach § 4 Nr. 13 UStG sind die Umsätze, die die Gemeinschaften der Wohnungseigentümer im Sinne des WEG erbringen, umsatzsteuerfrei, soweit die Leistungen in der Überlassung des gemeinschaftlichen Eigentums zum Gebrauch, seiner Instandhaltung, Instandsetzung und sonstigen Verwaltung sowie der Lieferung von Wärme und ähnlichen Gegenständen bestehen. Hierunter fallen beispielsweise die Waschküchen- und Waschmaschinenmitbenutzung, die Flurbeleuchtung, die Straßenreinigung und die Instandhaltung und Instandsetzung des gemeinschaftlichen Eigentums. Soweit die Voraussetzungen des § 9 UStG erfüllt sind, kann ein Verzicht auf die Steuerbefreiung erfolgen.

Zu beachten ist, dass auch diese Umsatzsteuerbefreiungen regelmäßig mit der unerwünschten Versagung des Vorsteuerabzugs einhergehen.

13.6.3 Option zur Umsatzsteuer

Durch den Verzicht auf eine Steuerbefreiung (Option zur Umsatzsteuer) werden die eigentlich befreiten Umsätze steuerpflichtig und können die mit diesen Umsätzen im Zusammenhang stehenden Vorsteuerbeträge geltend gemacht werden.

Eine Option kommt nur bei Vorliegen bestimmter Voraussetzungen in Betracht. Den Verzicht auf die Steuerbefreiung kann ausschließlich der leistende Unternehmer erklären. Beim leistenden Unternehmer muss es sich um einen umsatzsteuerlichen Unternehmer im Sinne des § 2 UStG handelt. Ein Kleinunternehmer kann nicht auf die Steuerbefreiung verzichten, wenn er nicht für seine gesamten Umsätze die Umsatzsteuerpflicht wählt.

Als weitere Voraussetzung ist erforderlich, dass ein zum Verzicht berechtigender Umsatz vorliegt. Als solche kommen unter anderem Umsätze, die unter das Grunderwerbsteuergesetz fallen (§ 4 Nr. 9 lit. a) UStG) und Umsätze aus der Vermietung und Verpachtung von Grundstücken (§ 4 Nr. 12 UStG) in Betracht.

Ferner muss es sich um Umsätze eines Unternehmers an einen anderen Unternehmer handeln. Daher muss auch der Leistungsempfänger ein umsatzsteuerlicher Unternehmer im Sinne des § 2 UStG sein. Die Umsätze müssen für das Unternehmen des Leistungsempfängers erfolgen. Sofern die Umsätze sowohl für den unternehmerischen, als auch an den nichtunternehmerischen Bereich erbracht werden, muss eine Aufteilung erfolgen. Eine Option kommt lediglich hinsichtlich des unternehmerisch genutzten Teils in Betracht. Sofern eine Aufteilung nicht möglich ist, scheidet eine Option insgesamt aus.

Soweit eine Option hinsichtlich Umsätzen aus der Vermietung und Verpachtung von Grundstücken (§ 4 Nr. 12 lit. a) UStG) oder für Umsätze aus der Bestellung und Übertragung von Erbbaurechten (§ 4 Nr. 9 lit. a) UStG) erfolgt, ist für eine Option eine weitere Voraussetzung erforderlich. Es ist erforderlich, dass der Leistungsempfänger, also der Mieter, das Grundstück ausschließlich für Umsätze verwendet, die den Vorsteuerabzug nicht ausschließen. Es darf damit insoweit keine vorsteuerschädliche Nutzung des Grundstücks erfolgen. Wird ein Gebäude beispielsweise von Ärzten oder zum Betrieb eines Kindergartens genutzt, ist eine vorsteuerschädliche Nutzung gegeben und damit ist eine Option zur Umsatzsteuer durch den Vermieter ausgeschlossen. In diesem Zusammenhang ist darauf hinzuweisen, dass die Finanzverwaltung bezüglich der Ausschließlichkeit einer vorsteuerschädlichen Nutzung eine Bagatellgrenze von derzeit 5 % annimmt. Werden in einem Objekt daher weniger als 5 % vorsteuerschädlich genutzt, kann dennoch insgesamt eine Option zur Umsatzsteuer erfolgen. Erfolgt die Grundstücksnutzung teilweise für vorsteuerschädliche Tätigkeiten und teilweise für nicht vorsteuerschädliche Tätigkeiten, kommt eine Teiloption in Betracht. Dies allerdings nur, wenn eine klare, insbesondere räumliche Trennung möglich ist.

Die Ausübung der Option ist grundsätzlich an keine bestimmte Form gebunden, muss sich aber eindeutig nachvollziehbar ergeben. Sie erfolgt regelmäßig mit Abgabe der Umsatzsteuervoranmeldung.

Eine Besonderheit hierzu besteht bei Grundstücksgeschäften. Bei Grundstücksgeschäften ist der Verzicht auf die Steuerbefreiung zwingend in dem gemäß § 311b BGB notariell zu beurkundenden Kaufvertrag zu erklären (§ 9 Abs. 3 UStG). Eine Änderung mittels Nachtrag zur notariellen Urkunde ist nicht möglich.

13.6.4 Sonstiges zur Umsatzsteuer

Bemessungsgrundlage für die Berechnung der Umsatzsteuer ist das Entgelt. Unter Entgelt wird alles verstanden, was der Leistungsempfänger für den Erhalt der Leistung aufwendet, allerdings abzüglich der Umsatzsteuer. Damit ist das Nettoentgelt die Bemessungsgrundlage für die Umsatzsteuer. Die Umsatzsteuer beträgt derzeit 19 % im Regelsteuersatz und 7 % im ermäßigten Steuersatz. Der ermäßigte Steuersatz von 7 % ist im Zusammenhang mit Grundstücksgeschäften grundsätzlich ohne Bedeutung.

Steuerschuldner der Umsatzsteuer ist grundsätzlich der leistende Unternehmer. Dieser ist verpflichtet die Umsatzsteuer an das Finanzamt abzuführen. Allerdings kann es in gewissen Fällen zu einer Umkehr der Steuerschuldnerschaft kommen (reverse charge-Verfahren gemäß § 13b UStG). In diesen Fällen ist der Leistungsempfänger, soweit er Unternehmer oder eine juristische Person ist, selbst Steuerschuldner. Nach § 13b Abs. 5 UStG schuldet der Leistungsempfänger in den Fällen der § 13b Abs. 1, Abs. 2 Nr. 1 bis 3 UStG die Umsatzsteuer. Es handelt sich hierbei unter anderem um Umsätze, die unter das Grunderwerbsteuergesetz fallen (§ 13b Abs. 2 Nr. 3 UStG). Bei Grundstückserwerben ist damit trotz Ausübung der Option in der Rechnung lediglich der Nettobetrag auszuweisen, jedoch verbunden mit dem Hinweis auf die Steuerschuldnerschaft des Leistungsempfängers. Es ist jedoch zu beachten, dass das reverse charge-Verfahren nicht für Mobilien gilt. Soweit neben dem Grundstück oder Erbbaurecht bewegliche Wirtschaftsgüter oder Betriebsvorrichtungen übertragen werden, bleibt insoweit der leistende Unternehmer Schuldner der Umsatzsteuer. Eine gegebenenfalls gesonderte Rechnung muss daher insoweit Umsatzsteuer ausweisen.

Für einen Vorsteuerabzug ist sicherzustellen, dass die Rechnungen den umsatzsteuerlichen Anforderungen des § 14 Abs. 5 UStG entsprechen und die dort aufgezählten Angaben enthalten.

13.6.5 Regelungen in Grundstückskauf- und Mietverträgen

Aufgrund der vorgenannten verschiedenen Möglichkeiten der umsatzsteuerlichen Behandlung von Grundstücken, sind in Grundstückskaufverträgen und Mietverträgen mit Unternehmern entsprechende Regelungen zu treffen.

Sind sich die Parteien eines Grundstückskaufvertrages einig, dass es sich um keine Geschäftsveräußerung im Ganzen (§ 1 Abs. 1a UStG) handelt, sollten dennoch Regelungen für den Fall getroffen werden, dass die zuständige Finanzbehörde zu einer davon abweichenden Auffassung gelangt. Sofern keine Geschäftsveräußerung im Ganzen angenommen wird, sondern eine Option zur Umsatzsteuer erklärt wird (§ 9 UStG), ist insbesondere zu regeln, ob es sich bei einer späteren Annahme einer Geschäftsveräußerung im Ganzen, beim Kaufpreis um einen Netto- oder Bruttokaufpreis handelt.

Bei Immobilienmietverträgen, in denen eine Option zur Umsatzsteuer erklärt wird, sollte zum einen die Verpflichtung des Mieters geregelt werden, das Objekt nicht zu vorsteuerschädlichen Nutzungen zu verwenden. Ferner sind Schadensersatzregelungen zu vereinbaren, falls der Mieter oder ein Untermieter vertragswidrig eine vorsteuerschädliche Nutzung vornimmt und es hierdurch zu Vorsteuerschäden oder sonstigen Schäden beim Vermieter kommt.

Teil 3
Konzeption und Planung

Übersicht

1. Nutzungskonzepte und architektonische Ausgestaltung von Bürogebäuden

1.1.1 Rahmenbedingungen und Herausforderungen der „Büroarbeit 4.0“

Die vierte industrielle Revolution – nicht zuletzt getragen von einer zunehmenden Digitalisierung bis hin zum Einsatz künstlicher Intelligenz – geht einher mit fundamentalen Veränderungen der Arbeitswelt insgesamt. Alles ändert sich – und das immer schneller. Seit geraumer Zeit wird dafür gerne der Begriff der „Disruption“ gebraucht. Gleichzeitig entstehen neue Formen der Beschäftigung, neue Geschäftsmodelle und neue Kompetenzanforderungen.

Im Zuge dieser Entwicklungen haben sich in den letzten Jahren die Rahmenbedingungen für Büroarbeit ebenfalls massiv gewandelt. Der rasante Technologiewandel und die zunehmende Digitalisierung sind auch hier auffällige Treiber und Indikatoren einer sich grundlegend verändernden, flexibleren Arbeits- und Bürowelt. Wo früher oftmals eine formale „9-to-5-Mentalität“ herrschte, wird nun viel häufiger auf individuelle Bedürfnisse und Lebensumstände der Mitarbeiter eingegangen. Gleichzeitig werden auch die Orte der Leistungserbringung immer vielfältiger und flexibler genutzt. Sowohl im Unternehmen, zuhause, beim Kunden, in Coworking Spaces oder im Hotel – nahezu alles ist heute im Kontext der „Büroarbeit 4.0“ möglich und erwünscht.[1, 2, 3, 4, 5]

Wider Erwarten hat das Büro im Zuge dieser Entwicklungen jedoch nicht an Bedeutung verloren, sondern ist sogar noch stärker in den Fokus der modernen Wissensarbeit gerückt. Denn

---

[1] *Spath, D.* (Hrsg.), Bauer, W.; *Rief, S.; Kelter, J.; Haner, U.-E.*; Jurecic, M., Arbeitswelten 4.0 – Wie wir morgen arbeiten und leben. Stuttgart: Fraunhofer-Verlag, 2012.

[2] *Piele, C., Piele, A.*, Mobile Arbeit – Eine Analyse des verarbeitenden Gewerbes auf Basis der IG Metall-Beschäftigungsbefragung 2017. Stuttgart: Fraunhofer Verlag, 2017.

[3] *Kelter, J.*, Auf dem Weg in die Zukunft – Trends und Produktivitätspotenziale für exzellente Bürowelten. in: Die Zukunft der Arbeit. *Winterfeld, U.; Godehardt, B.; Reschner, C.* (Hrsg.), Frank & Timme Verlag, 2011.

[4] *Kelter, J.*, New Work – In die Zukunft denken. Auf dem Weg in eine multilokale und agile Bürowelt. In: Swiss Prime Site, Prime Times, Ausgabe August 2015; S. 4-9.

[5] Deutsches Netzwerk Büro e.V./Initiative Neue Qualität der Arbeit (Hrsg.), Büroarbeit weiter denken. Dr. Curt Haefner-Verlag GmbH, Leinfelden-Echterdingen, 2017.

als Schnittstelle zwischen realer und virtueller Welt ist es nicht nur eine wichtige, identitätsstiftende Plattform des Unternehmens und Raum für die Arbeit vor Ort, sondern kann vielmehr auch entscheidend dazu beitragen, dass Mitarbeiter sich wohlfühlen, Inspiration erfahren und in ihrer Leistungserbringung produktiv unterstützt werden.[6]

Innovationsfähigkeit gilt in diesem Zusammenhang immer mehr als ein entscheidender Schlüssel für Wachstum und Unternehmenserfolg. Aber Innovationen entstehen nicht automatisch – sie werden von Menschen gemacht. Der Rohstoff dazu ist Wissen. Nutzen daraus entsteht jedoch erst dann, wenn aus Wissen etwas Neues entsteht. Folgerichtig gelten insbesondere Büro- und Wissensarbeiter, ihre Erfahrungen und ihr Know-how als die wichtigste Ressource, über die viele Unternehmen verfügen. Und diesen Menschen gilt es eine geeignete und zukunftsfähige Plattform und Arbeitswelt zur Verfügung zu stellen.

Da die Arbeitsweisen der Wissensarbeiter zunehmend digitaler, flexibler, individueller sowie multilokaler werden – Stichwort „Büroarbeit 4.0" – und gleichzeitig Werte wie persönliche Entfaltungs- oder Entwicklungsmöglichkeiten an Priorität gewinnen, bedarf es eines neuen und umfassenderen Gestaltungsansatzes. Dabei gilt es sowohl auf die sich ändernden Anforderungen und Bedürfnisse aus Sicht von Unternehmen und Mitarbeitenden ein zu gehen, als auch die mittlerweile empirisch belegbaren Wechselwirkungen zwischen Tätigkeitsprofilen und Arbeitstypologien einerseits sowie den jeweils bevorzugt zuordenbaren Bürokonzepten und deren jeweils spezifischen räumlichen Settings andererseits nunmehr konsequent zu beherzigen.[7]

In einem sich ausdünnenden Fachkräftemarkt wird die Arbeitgeberattraktivität nicht zuletzt auch daran gemessen werden, welche überzeugenden und adäquaten Angebote die Arbeits- und Bürowelten den Beschäftigten bieten.

1.1.1.1 Auf dem Weg in eine multilokale und agile Arbeits- und Bürowelt

Bilder neuartiger, bunter Bürowelten finden seit geraumer Zeit verstärkt Aufmerksamkeit und Platz in unterschiedlichen medialen Kanälen (Abb. 1). Häufig kombiniert mit Schlagworten wie New Work, Digital Work, Office 4.0, Desk Sharing, Home Office, Work-Life-Balance, demografischer Wandel oder War for Talents als Hinweis auf die aktuellen Trends unserer Arbeitswelt. In diesem Zusammenhang erreicht die Diskussion, wie sich Büroarbeit zukünftig entwickeln wird, zunehmend mehr Unternehmen und Beschäftigte.

Denn in der Tat haben die aufgezählten Themen und Trends höchste Relevanz und sind alles andere als dem Zeitgeist geschuldete und vorübergehende Erscheinungen. Getrieben von Digitalisierung, Globalisierung und einem erkennbar knapper werdenden Markt an qualifizierten Fachkräften in einer alternden Gesellschaft, gehen Experten davon aus, dass wir in den nächsten 10 Jahren beim Thema „New Work" und seiner Interpretation und Umsetzung einen signifikanten Quantensprung mit hoher Breitenwirkung erleben werden.[8]

Die strategische Ausrichtung auf eine zunehmend digitalisierte und vernetzte Arbeitswelt sollte daher ganz oben auf der Agenda von Entscheidern stehen. Und damit auch die Frage, wie sich dieser Transformationsprozess aus IT-, HR- und FM-Sicht gestalten lässt. Was bedeutet dies für die Organisation von Büroarbeit bzw. die jeweilige Arbeitskultur? Inwieweit können diese Trends tatsächlich etwas Grundlegendes in Bezug auf Arbeitsweisen, Arbeitsmittel, Arbeitsorte, Raum- und Bürostrukturen verändern? Was ist zu tun, um bei einem sich immer stärker abzeichnenden Fachkräftemangel die eigene Arbeitgeberattraktivität zu erhöhen? Und wie kann zukünftig insbesondere die Leistungsfähigkeit und Motivation von Büro- und Wissensarbeitern bestmöglich unterstützt werden?

Diese zentralen Fragestellungen werden nachfolgend insbesondere auf Basis unterschiedlicher Studien, die im Rahmen des Verbundforschungsprojektes OFFICE 21® (www.office21.de) am

---

[6] *Bauer, W.* et al., Jahresbericht 2016 Fraunhofer IAO. Stuttgart: Fraunhofer Verlag, 2017.

[7] *Bauer, W.* (Hrsg.), Jurecic, M., Rief, S., Stolze, D., Studie Office Analytics. Stuttgart: Fraunhofer Verlag, 2018.

[8] *Kelter, J.*, New Work – In die Zukunft denken. Auf dem Weg in eine multilokale und agile Bürowelt. In: Swiss Prime Site, Prime Times, Ausgabe August 2015; S. 4-9.

Abb. 1: Außergewöhnliche Architektur und Testfeld für New Work Konzepte am Fraunhofer IAO (Zentrum für Virtuelles Engineering, ZVE Stuttgart)

Fraunhofer IAO durchgeführt wurden[9, 10, 11] diskutiert und zeigen hinsichtlich technischer und räumlicher Aspekte der Büroumgebung neue Perspektiven auf.

In der am Fraunhofer IAO durchgeführten Delphi-Studie „Forecast 2025“[12], in der ein breites Set an unterschiedlichen Thesen zur Zukunft der Büroarbeit zur Diskussion stand, erwarten z.B. über 75 Prozent der befragten Experten bereits für das Jahr 2025, dass bis dahin als Grund für die Etablierung flexibler Arbeitsformen, die Unterstützung, Versorgung und Pflege älterer Familienangehöriger massiv an Bedeutung gewinnen wird (Abb. 2).

Etwa zwei Drittel der befragten Experten gehen weiterhin davon aus, dass eine hohe Flexibilität bei der Wahl des Arbeitsortes – entweder zu Hause, im Büro oder in einem Coworking-Center – dann auch die Regel sein wird (Abb. 2). Zeitlich und örtlich flexibles, multilokales Arbeiten wird sich demnach spätestens in der nächsten Dekade flächendeckend durchsetzen und üblich sein. Das bedeutet, dass zukünftig – abhängig sowohl von der jeweils aktuellen Aufgabe aber auch dem jeweiligen, individuellen Lebenskontext (Projekte, Karriere, Familie, Kinder, Haustiere, Pflegesituation usw.) – deutlich mehr (Büro-)Beschäftigte auch unterschiedliche Orte, räumliche Arbeitsumgebungen und Settings zur Leistungserbringung nutzen werden, als dies heute gemeinhin üblich ist. Und diese Ortswechsel erfolgen dabei nicht nur stunden- bzw. phasenweise im Verlauf eines Arbeitstages oder einer Arbeitswoche, sondern umfassen immer häufiger auch längere Phasen, an denen der klassische Bürodrehstuhl vor Ort im Unternehmen nicht belegt ist und quasi „kalt“ bleibt.

---

[9] *Bauer, W.* (Hrsg.), *Jurecic, M., Rief, S., Stolze, D.:* Studie Office Analytics. Stuttgart: Fraunhofer Verlag, 2018.

[10] *Spath, D.* (Hrsg.), *Bauer, W.; Rief, S.; Kelter, J.; Haner, U.-E.; Jurecic, M.,* Arbeitswelten 4.0 – Wie wir morgen arbeiten und leben. Stuttgart: Fraunhofer-Verlag, 2012.

[11] *Spath, D.* (Hrsg.), *Kelter, J., Rief, S., Bauer, W., Haner, U.-E.,* Information Work 2009 – Über die Potenziale von Informations- und Kommunikationstechnologien bei Büro- und Wissensarbeit. Stuttgart: Fraunhofer Verlag, 2009.

[12] *Spath, D.* (Hrsg.), *Bauer, W.; Rief, S.; Kelter, J.; Haner, U.-E.; Jurecic, M.,* Arbeitswelten 4.0 – Wie wir morgen arbeiten und leben. Stuttgart: Fraunhofer-Verlag, 2012

Abb. 2: OFFICE 21® – Forecast 2025: Thesen zur Arbeitswelt der Zukunft (Auszug) und deren Eintrittswahrscheinlichkeit [16]

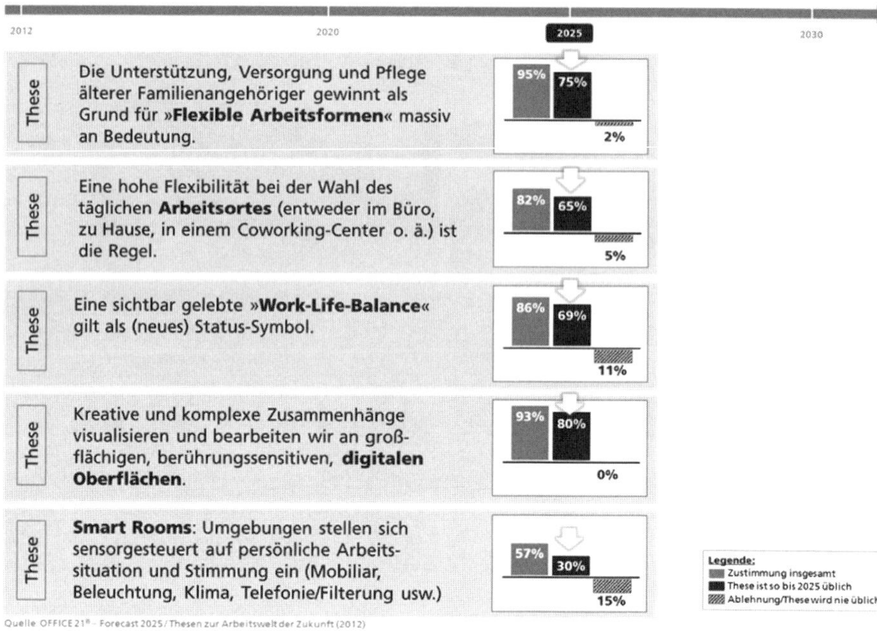

1.1.1.2 Digitalisierung und Technikeinsatz im Büro

Die sich abzeichnende, neue digitale Revolution bedeutet am Ende nichts anderes als eine noch weitreichendere und höchst vernetzte Kommunikation. Eine digitale Aura wird uns ständig begleiten und auf Wunsch verfügbar sein. Und es sind gerade diese neuen Möglichkeiten der Kommunikationsvernetzung, die breitenwirksam ein völlig neues Wirtschaften, Konsumieren und Agieren ermöglicht.

Auch hierzu liefert die Delphi-Studie des Fraunhofer IAO[13] interessante Ergebnisse. Demzufolge erwarten über 80 Prozent der befragten Experten, dass es spätestens 2025 selbstverständlich und üblich ist, kreative und komplexe Zusammenhänge an großflächigen, berührungssensitiven, digitalen Oberflächen zu visualisieren und zu bearbeiten (Abb. 2). Damit werden insbesondere auch Bürowände, die bislang innenarchitektonisch eher stiefmütterlich behandelt werden, zukünftig weit mehr Funktionen auf- und übernehmen müssen (Abb. 3).

Hingegen scheinen „Smart Rooms" und Arbeitsumgebungen, die sich vollumfänglich und automatisch bzw. sensorgesteuert auf persönliche Arbeitssituation und Stimmung einstellen und dabei z.B. Tischhöhe, Beleuchtung oder Raumklima automatisch und individuell auf den Nutzer anpassen, aus Sicht der befragten Delphi-Experten eher noch einen etwas längeren zeitlichen Vorlauf zu benötigen, um breitflächig üblich zu sein (Abb. 2).

Allerdings lassen sich bereits heute individuelle Daten – z.B. aus dem Terminplaner eines mobilen Device oder einer Smartwatch – mit Sensoren in Bürogebäuden verknüpfen. Dadurch könnte ein intelligentes, selbstlernendes System entstehen, das aus den Einträgen in unserem Kalender, aus unserem Aufenthaltsort und Bewegungsprofil und den genutzten Programmen Hinweise zu unserer aktuellen Aufgabe erhält. Handelt es sich dabei um eine individuelle Tätigkeit, die unsere volle Konzentration erfordert oder um eine gemeinschaftliche Kreativaufgabe? Was, wenn der von uns genutzte Algorithmus immer besser feststellen könnte, was

[13] *Spath, D.* (Hrsg.), *Bauer, W.; Rief, S.; Kelter, J.; Haner, U.-E.; Jurecic, M.*, Arbeitswelten 4.0 – Wie wir morgen arbeiten und leben. Stuttgart: Fraunhofer-Verlag, 2012.

Abb. 3: Digitalisierte Arbeitsumgebungen (Quelle: Haworth, Bluescape)

uns kreativer und besser macht? Wenn er beginnen würde, unsere Umgebung hinsichtlich der Luftqualität, Beleuchtung, Temperatur, Akustik und Gerüche für anstehende Aufgaben vorzubereiten? Dann würde das intelligente Büro zu einem „Cognitive Environment"[14], das uns bei der Arbeit stimulieren könnte und das zu unserer Motivation, Gesunderhaltung und zu unserem Wohlbefinden beitragen würde.

1.1.1.3 Die neue Rolle des Büros

Bei der Gestaltung von Arbeits- und Büroumgebungen drängt sich schnell die Frage auf, welche Rolle das Büro in einer hyperflexiblen und agilen Arbeitswelt überhaupt noch spielt? Lohnt es noch, sich mit der Konzeption und Gestaltung von Büroarbeitsumgebungen auseinanderzusetzen, wenn die Mitarbeiter tendenziell immer weniger Zeit im Büro verbringen werden und die tatsächliche Nutzung eines Büroplatzes immer öfter in Bereichen von nur noch 30-60% seiner eigentlichen Verfügbarkeit liegt?

Eine Konsequenz hieraus wird sicherlich sein, dass flexible Desk Sharing Konzepte zukünftig weiter zunehmen werden. Dies bedeutet nichts anderes, als dass ein Teil der ehemals dauerhaft und fest zugeordneten Schreibtische aufgelöst bzw. eingetauscht wird gegen ein Set aus mehreren, von allen flexibel nutzbaren Arbeitsplätzen. Diese sind dann individuell und temporär buchbar, bieten adäquate Wechselmöglichkeiten zwischen unterschiedliche Arbeitsumgebungen und sind in ein darauf abgestimmten IT- und Technologiekonzept eingebettet.

Ein entscheidender Erfolgsfaktor, der direkten Einfluss auf die Akzeptanz derartiger flexibler Bürokonzepte hat, liegt nicht zuletzt sowohl in einer funktionalen und qualitätsvollen aber auch einer passend aufgeladenen emotionalen Umsetzung. Mitarbeiter werden sich immer dann für ein spezielles Büro bzw. Arbeitsplatz-Setting entscheiden, wenn dieses sich als die jeweils geeignetere Umgebung für die aktuelle Tätigkeit erweist. Hierfür gilt es eine adäquate Palette unterschiedlicher Raummodule, Arbeitsmöglichkeiten und Mehrwertangebote, z.B. in Form von Rückzugsräumen, Think Tanks, MediaTalk-Elementen, Meeting-Points, Café-Bars, Lounge- oder Bibliothekszonen anzubieten. Die Erfahrung zeigt, dass der Wechsel zwischen unterschiedlichen Arbeitsplätzen primär aufgaben- und aktivitätsbasiert gesteuert wird und

[14] *Rief, S., Seifferlein, W.,* Cognitive Environments – Über die Wechselwirkungen von persönlichen Daten und Raumparametern. In: md Interior Design Architecture, 64. Jg., Heft Februar 2018, S. 20-23.

demzufolge auch nicht zwingend jeden Tag oder mehrfach täglich notwendig ist. In diesem Sinne ist Sharing immer zu verstehen als die Chance auf ein „Kann" und kein Zwang zum „Muss".[15, 16, 17]

Gleichermaßen macht es sehr viel Sinn, feste Ankerbereiche je Organisationseinheit zu definieren und Sharing nicht grenzenlos als „Free Seating über das ganze Haus" zu verstehen. Vielmehr gilt es, Begegnung, Nähe, Transparenz und interdisziplinären Wissensaustausch im Bereich von Teams oder Abteilungen bzw. übers ganze Unternehmen durch die passende Raumgestaltung zu fördern. Dem Büro kommt dabei als Plattform für wirklich wertvolle persönliche Begegnungszeit – nicht nur für geplante Treffen, sondern auch für viele informelle Kontakte und zufällige Begegnungen – eine weitere wichtige Aufgabe zu. Auch zukünftig wollen Menschen andere Menschen treffen, dazugehören und stolz sein, ein Teil der Firma zu sein. Demzufolge werden Büros zukünftig verstärkt in Form von Zonen und Quartieren gedacht und strukturiert werden müssen. Raumzonen, die sich deutlich voneinander unterscheiden und Zonen „dazwischen", die diese verbinden und zur gemeinsamen Nutzung verfügbar sind. Unternehmen werden für sich jeweils einen geeigneten Mix dieser Raumzonen erstellen, weil die Anforderungen so individuell sind, wie die Unternehmen selbst. Ein Konzept, das für alle und alles gilt, gibt es hierfür nicht.

Wie groß die Wirkung von Räumen auf Menschen ist, lässt sich z.B. auch bei der Suche nach einer neuen Wohnung erleben. Intuitiv spüren wir, ob wir uns in der besichtigten neuen Umgebung in den kommenden Jahren wohlfühlen könnten. Ob wir in den Räumen mit ihrer Aufteilung, ihren Proportionen, ihrem Lichteinfall und ihrem Ausblick sowie mit den verwendeten Materialen glücklich werden könnten. In diesem Fall messen wir der physischen Umgebung im privaten Umfeld also eine hohe Bedeutung bei. Hingegen scheinen wir bei der Arbeit häufig die Verantwortung dafür oder das Bewusstsein darüber abzugeben. Wie sonst ließe sich die Masse gleichförmiger, ungestalteter Büros erklären, die die Individualität des Menschen, die Unterschiedlichkeit der Tätigkeitsprofile und sich verändernde Rahmenbedingungen, Anforderungen und Bedarfe ignoriert?[18].

Zukünftig wird demzufolge weit stärker als bislang beachtet – und quasi als Messlatte und Merkmal für eine neue „Office Excellence" – neben der Erfüllung funktionaler und arbeitsstättenkonformer (Mindest-)Standards zu diskutieren sein, in wie weit das Büroumfeld und die Arbeitsumgebung als positiver Faktor im Sinne eines Wettbewerbsvorteils wahrnehmbar, authentisch und wirksam sind. Insbesondere folgende Fragen stehen dabei im Fokus:

– Von welchen Leitgedanken ist die Unternehmensvision geprägt und inwieweit lassen sich diese in dem Arbeits- und Bürokonzept wiederfinden?
– Welche Grundtypologien von Büroarbeit gilt es in welcher Bandbreite bzw. in welcher Häufigkeitsverteilung zu unterscheiden?
– Welches Arbeits- und Bürokonzept unterstützt die jeweiligen Arbeitstypologien am besten? Welche Settings sind wirksam und fördern Wohlbefinden und Produktivität? Was hilft bei der Entwicklung von Ideen, unterstützt Kreativität oder Konzentrationsfähigkeit? Was bietet sich zur Regeneration an oder hilft bei der Reduktion von Stress?

Viele der in letzter Zeit umgesetzten „New Work Konzepte" haben sich auch als ein innovatives Differenzierungsmerkmal zur Erhöhung der Arbeitergeber-Attraktivität erwiesen. Allen erfolgreichen Projekten gemeinsam ist, dass sie ganzheitliche Veränderungsprozesse aufgesetzt und

---

[15] *Kelter, J.*, New Work – In die Zukunft denken. Auf dem Weg in eine multilokale und agile Bürowelt. In: Swiss Prime Site, Prime Times, Ausgabe August 2015; S. 4-9.

[16] *Sturm, F., Kelter, J., Schimpf, S., Castor, J.; Wagner, F.; Rief, S.*, FuE Arbeitsumgebung 2015+. Fraunhofer IAO, Stuttgart, 2012.

[17] *Haner, U.-E.*, Organizational innovation – A matter of concurrency. In: The ISPIM Innovation Summit, Kuala Lumpur, Malaysia on 4-7 December 2016.

[18] *Rief, S., Seifferlein, W.*, Cognitive Environments – Über die Wechselwirkungen von persönlichen Daten und Raumparametern. In: md Interior Design Architecture, 64. Jg., Heft Februar 2018, S. 20-23.

im Zuge der Konzeption und Umsetzung Antworten und Lösungen in mehreren elementaren Aktionsfeldern erarbeitet und umgesetzt haben.

Nur auf Basis eines integrativen Ansatzes unter gleichzeitiger Einbindung von HR, IT und CREM kann eine erfolgreiche Realisierung zukunftsorientierter Arbeits- und Bürowelten gelingen (Abb. 4). Folgende Phasen und Arbeitsschritte gilt es dabei zu klären:
- Klare Vision, Kernbotschaften und Leitplanken für „Neuen Arbeitswelten",
- Reflektion der eigenen Unternehmenskultur,
- Changemanagement für Menschen, Teams und Organisationen,
- Adäquate Digitalisierung und Technologieeinsatz,
- Entwicklung eines adäquaten Büro-/Flächen-/AP-Konzeptes,
- Qualitätsvolle Gestaltung von Arbeitsorten, Räumen und Settings.

Abb. 4: Integrativer Ansatz als Erfolgsfaktor zur Realisierung zukunftsorientierter Arbeits- und Bürowelten [21]

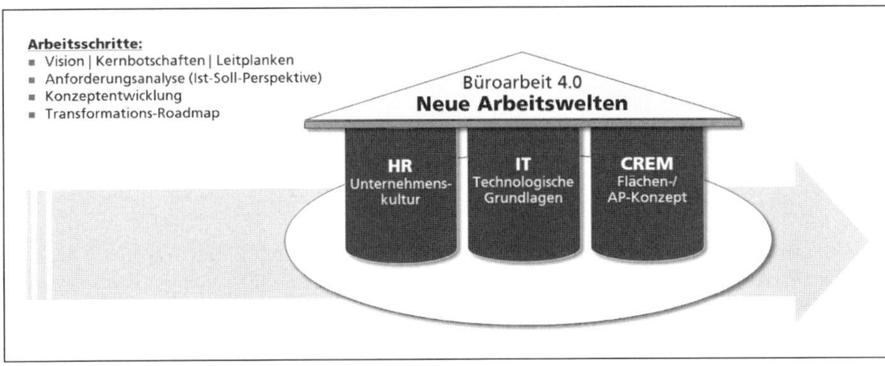

Nicht zuletzt gilt es in diesem Zusammenhang die eigene Unternehmens- und Arbeitskultur sehr sorgfältig zu reflektieren und insbesondere zu prüfen, wo genau der zukünftige Zielkorridor in Bezug auf den Grad der persönlichen Autonomie der Beschäftigten sowie den Grad an Vielfalt und Varianz der (Umsetzungs-)Konzeption idealerweise liegen soll. Die in Abb. 5 als Übersicht dargestellten Beispiele zeigen, dass grundsätzlich alle Felder dieses Portfolios denkbar sind, wenngleich die Sektoren II-IV üblicher und erfolgsversprechender sind.

Als Resümee einer unveröffentlichten Fraunhofer IAO-Studie zu erfolgreich realisierten New Work Projekten[19], steht rückblickend die Erkenntnis der verantwortlichen Projektleiter, dass man auf Basis einer konsequenten und nachhaltigen Ernsthaftigkeit eigentlich viel mutiger hätte sein können bzw. sollen. Vor allem, weil der Weg dorthin alles andere als einfach war und es anfangs zumeist ein reflexartig hohes Maß an interner Veränderungsresistenz zu überwinden galt. Viele der im Vorfeld geäußerten vermeintlichen Probleme und Bedenken ließen sich – mit Unterstützung eines wirkungsvollen Projekt Champions – im konstruktiven Dialog, auf Basis gemachter Erfahrungen, z.B. im Rahmen eines vorgeschalteten kleineren Pilotprojektes, und insbesondere durch qualitätsvolle Lösungen leichter als vermutet lösen und ausräumen.

1.1.2 Bürokonzepte im Vergleich

1.1.2.1 Typologische Entwicklung

Die Entwicklungsgeschichte des Büros war immer wieder geprägt durch unterschiedliche Arten der räumlichen Aufteilung und Besiedelung von Arbeitsräumen. Als primäres Unter-

[19] *Stolze, D., Kelter, J., Rief, S., Bauer, W.,* Neue Arbeitswelten: Erfahrungen aus der Einführung und Umsetzung von New Work Projekten. In: Bericht zum 60. Kongress der Gesellschaft für Arbeitswissenschaft vom 12.–14. März 2014, München, S. 478-480.

Abb. 5: Arbeitswelten für unterschiedliche Unternehmenskulturen – Umsetzungs-Portfolio „New Work“ – [21]

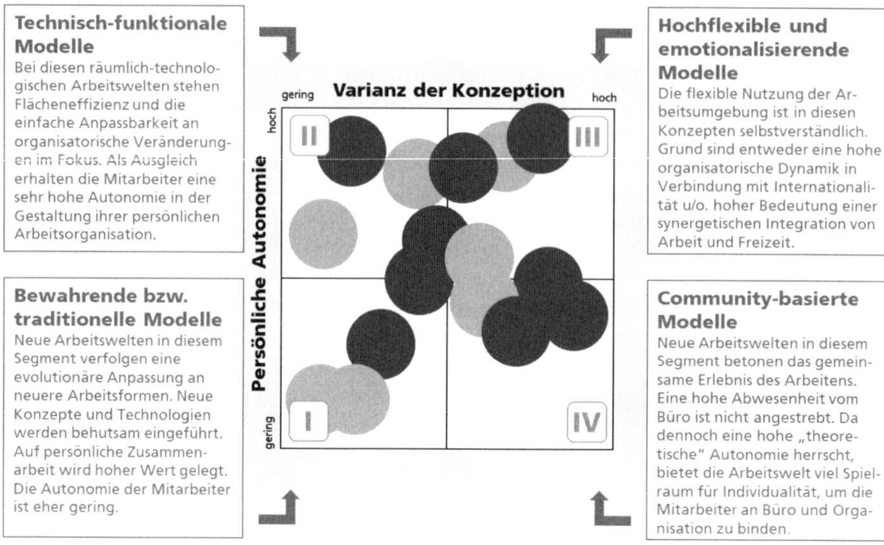

scheidungsmerkmal zur Typisierung unterschiedlicher Bürokonzepte – als synonyme Begriffe in diesem Zusammenhang werden auch Büroraumart, Büroform, Bürotyp oder Raumkonzept verwendet – kann die Größe eines Raumes und dessen Art der Nutzung herangezogen werden.[20]

Die einzelnen Bürokonzepte unterscheiden sich insbesondere durch die Art der Aufteilung und Besiedelung von Arbeitsräumen. Bürokonzepte sind daher als Strukturmodelle zur Gestaltung von Büroflächen zu verstehen. Sie bieten prinzipielle Lösungen für funktionale Erfordernisse, gliedern die Arbeitsabläufe und bilden den Rahmen für deren Anpassungsfähigkeit. Bürokonzepte beeinflussen aber auch in hohem Maße die Qualität und Produktivität von Arbeit und sind ein wesentlicher Teil der Lebensqualität der Büroarbeiter.

Typische Bürokonzepte entwickelten sich seit den 1950er Jahren aufgrund unterschiedlicher Bürophilosophien. Diese begründeten stets neue Entwicklungsphasen, ohne jedoch den Anspruch zu erheben, die vorherigen völlig abzulösen (Abb. 6).

Abb. 6: Typologische Entwicklung unterschiedlicher Bürokonzepte

Bürophilosophie	Zeitbezug	Bürokonzept
Repräsentative Ordnung	Anfang der 50er Jahre	Zellenbüro
Organisatorische Flexibilität	Mitte der 60er Jahre	Großraumbüro
Ergonomische Arbeitsumwelt	Mitte der 70er Jahre	Gruppenbüro
Kommunikative Flächenstruktur	Mitte der 80er Jahre	Kombi-Büro
New Work	Mitte der 90er Jahre	Non-Territoriales Büro

[20] *Bullinger, H.-J., Kelter, J.,* Quo vadis Büro? Die Entwicklung des Büro-Arbeitsplatzes. In: Votteler, Arno (Hrsg.): Lebensraum Büro: Ideen für eine neue Bürowelt; Oktagon-Verlag, München, Stuttgart, 1992.

Für europäische Verhältnisse lassen sich neben den klassischen Büroraumarten „Zellenbüro" (d.h. Ein-Personen- bzw. Mehr-Personen-Zellenbüro), „Gruppenbüro" und „Großraumbüro" weitere Formen, wie das „Reversible Büro" sowie – als Sonderform des Zellenbüros – das „Kombi-Büro" unterscheiden (Abb. 7). Das Reversible Büro steht dabei allerdings nicht für eine eigene Büroraumart. Es versucht vielmehr, unterschiedliche Büroraumarten in einer gemeinsamen Gebäudestruktur zu vereinigen, um ein hohes Maß an Flexibilität zu verwirklichen.

Abb. 7: Prinzipdarstellung unterschiedlicher Bürokonzepte [20]

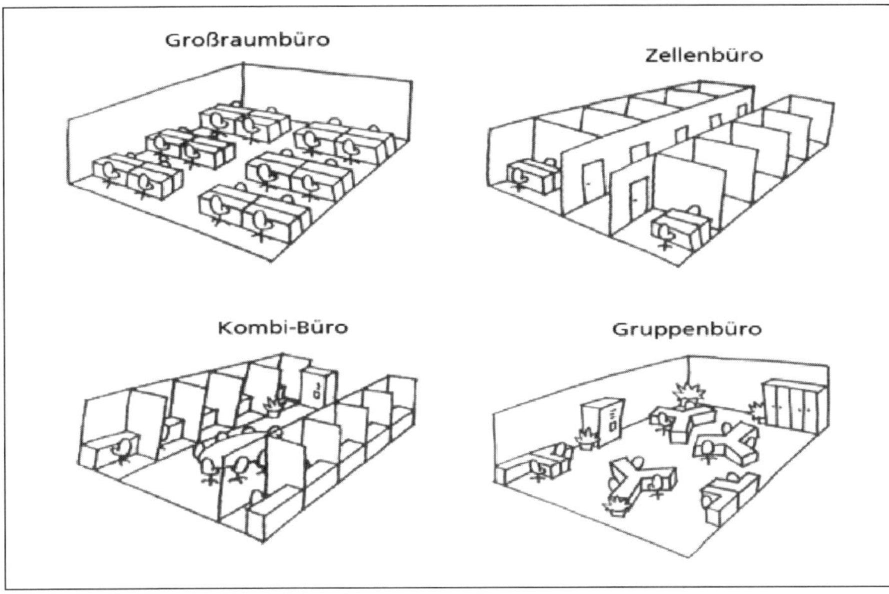

Aufgrund der zunehmenden gesamtwirtschaftlichen Bedeutung des Büros, getrieben von Entwicklungen der Informationstechnologie und gestützt auf neue Managementtheorien, haben Architekten, Unternehmensberater und Wissenschaftler immer wieder auch visionäre Ideen entwickelt, wie das „Büro der Zukunft" aussehen kann. Begriffe wie Action Office, Shared Office, Business Club, Multispace, Lean Office, Non-Territoriales Büro, Hotel Office, Nomadic Office, Free-Adress-Office, Fraktales Büro, Re-invented Workplace usw. stehen nicht für eigentlich neue Büroformen, sondern spiegeln vielmehr auf der Basis bestehender Bürokonzepte die fortschreitende Tendenz zur Flexibilisierung der Raumaufteilung oder zur alternativen Nutzung von Arbeitsplätzen und Arbeitsorten wider.

Geprägt wurden die einzelnen Bürokonzepte zwar einerseits von der jeweiligen Bürophilosophie, andererseits haben sie sich vor allem aber entwickelt aufgrund einer zunehmenden Differenzierung der Tätigkeitsinhalte und daraus resultierenden, unterschiedlichen Anforderungen von Seiten der Nutzer.

Bis Anfang der 90er Jahre basierten alle Arten der Unterscheidung von Büroraumarten primär auf der Annahme, dass jeder Mitarbeiter über einen eigenen, fest zugeordneten, meist monofunktionalen, individuellen Büroarbeitsplatz verfügt. Die derzeitigen Entwicklungen in Bezug auf die Nutzung von Arbeitsplätzen und Räumen sind jedoch gekennzeichnet von einer weit mobileren Arbeitsweise. Desk-sharing oder non-territoriales Arbeiten sind vor allem von organisatorischen Ansätzen geprägte Arbeitsformen. Da sich räumliche Attribute und organisatorische Nutzungskonzepte heutzutage zunehmend überlagern, ist es nicht mehr allein ausreichend nur Büroraumarten im klassischen Sinne zu unterschieden.

In Abb. 8 sind heutzutage übliche Erscheinungsformen unterschiedlicher Bürokonzepte im Sinne der räumlich organisatorischen Konzeption von Arbeitsplätzen in einer Übersichtsdarstellung aufgeführt und gegeneinander abgegrenzt.[21]

Abb. 8: Übersicht heutiger Bürokonzepte und ihre Kurzbeschreibung [10]

Bürokonzept	Kurzbeschreibung
Einzelbüro	geschlossener Büroraum mit einem Arbeitsplatz für eine Person
Kombibüro	Sonderform eines Einzelbüros mit türseitiger Glaswand und zusätzlicher Multifunktionszone (z.B. Meeting-Point, Druckerzone, Teamablage)
Zwei-Personenbüro	geschlossener Büroraum mit zwei Arbeitsplätzen für zwei Personen
Mehr-Personen-Büro	geschlossener Büroraum mit 3-6 Arbeitsplätzen
Gruppenbüro	7-20 Arbeitsplätze verteilt in einem Raum
Großraumbüro	> 21 Arbeitsplätze verteilt in einem Raum (> 400 qm)
Multispace	Bürostruktur, die sich nicht eindeutig nur über eine Büroform beschreiben lässt: flexibles Arbeitsplatzkonzept (z.B. Desk-sharing) sowie eine Angebotsvielfalt an Besprechungsmöglichkeiten, Rückzug für Konzentration, Erholungs- und Pausenmöglichkeiten

Nachfolgend werden die einzelnen Erscheinungsformen dieser Bürokonzepte vertiefend betrachtet.

1.1.2.2 Zellenbüro

Zellenbüros sind dadurch gekennzeichnet, dass die jeweiligen Büronutzer in einem vom übrigen Bürobetrieb abgeschlossenen Arbeitsraum ihrer Tätigkeit nachgehen. Je nach Anzahl der Arbeitsplätze im Raum lassen sich

- Ein-Personen-Zellenbüros (Einzelbüro) und
- Zwei- bzw. Mehr-Personen-Zellenbüros

unterscheiden (Abb. 9).

Das Ein-Personen-Zellenbüro besitzt ein Arbeitsumfeld mit hohen Qualitäten hinsichtlich akustischer und visueller Störungsfreiheit, Individualität und Abschirmung. Es ermöglicht dem Nutzer sich eine eigene Privatsphäre in diesem Raum zu schaffen. Das Ein-Personen-Zellenbüro ist auf selbständiges und konzentriertes oder kreatives Arbeiten ausgerichtet und primär für Nutzer geeignet, die nicht in einer Gruppe arbeiten und einen hohen Anteil konzentrierter Alleinarbeit bewältigen müssen. Ein-Personen-Zellenbüros werden auch dann eingesetzt, wenn vorrangig vertrauliche Gespräche zu führen sind. Das Ein-Personen-Zellenbüro ist idR flächenaufwendig, wobei die Raumgrößen oftmals noch statusabhängig gestaffelt sind. Der Raumzuschnitt selbst wird in Quer- und Längsrichtung durch die Gebäudeachsraster bestimmt.

Mehr-Personen-Zellenbüros werden häufig in Form von 2- bzw. 3-Personen-Büros ausgeführt. Bezogen auf die Anzahl der Arbeitsplätze je Raum sind die Grenzen zu Gruppenbüros fließend. Eine Obergrenze für Mehr-Personen-Zellenbüros wird meist bei sechs Arbeitsplätzen gezogen. Mehr-Personen-Zellenbüros sind dann geeignet, wenn die Arbeitsprozesse es erfordern und erlauben, Personen bzw. ganze Arbeitsgruppen räumlich zusammenzufassen, bei denen der Kontakt untereinander überwiegt und gegenseitige Vertretungen erforderlich sind.

[21] *Kelter, J.*, Der Office-Excellence-Check – Erstellung von Basismaterialien. Projektbericht für die Bundesanstalt für Arbeitsschutz und Arbeitsmedizin (BAuA), 2006.

Abb. 9: Beispielhafter Grundriss mit Zellenbüros [23]

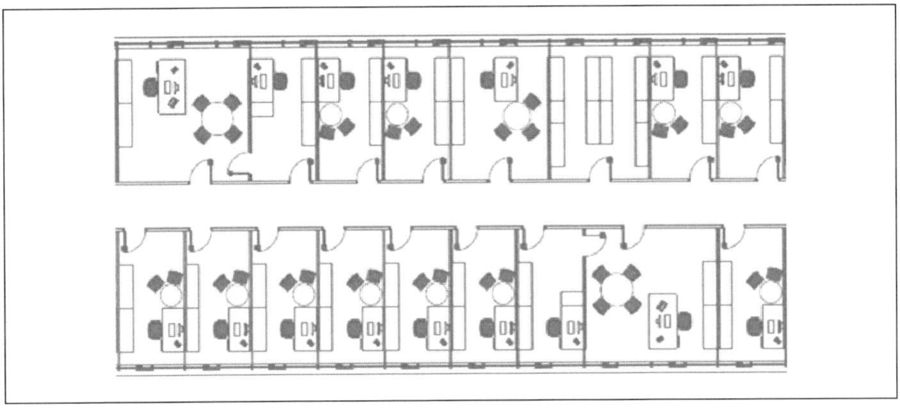

1.1.2.3 Kombi-Büro

Grundgedanke des Kombi-Büro-Konzeptes ist es, nicht einen Kompromiss zwischen Einzelbüro und Gemeinschaftsbüro zu suchen, sondern beide Formen bewusst nebeneinander zu stellen. Kennzeichnend für Kombi-Büros sind „Arbeitskojen", die entlang der äußeren Gebäudefassade angeordnet sind und eine innenliegende, 6–8 m tiefe Multifunktionszone umschließen (Abb. 10).

Abb. 10: Beispielhafter Grundriss eines Kombi-Büros [13]

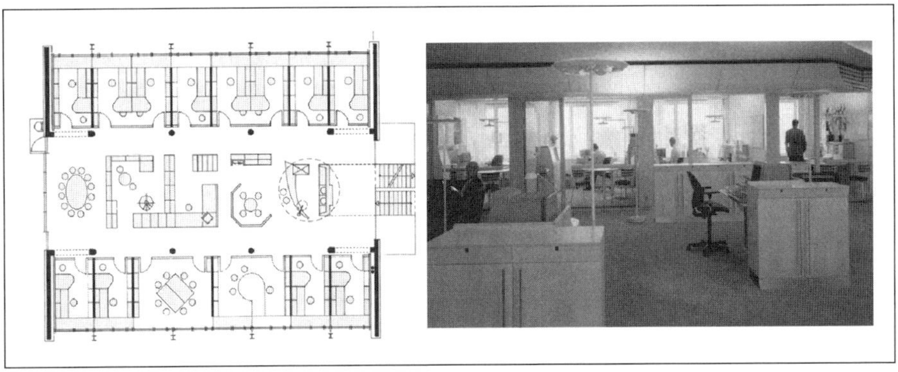

Die Arbeitskojen sind seitlich mit raumhohen Trennwänden voneinander abgeschirmt und – als ein typisches Merkmal für ein Kombi-Büro – zu einer innen liegenden Multifunktionszone hin mit einer Glaswand versehen. Da jedes Einzelzimmer eine Türe besitzt, ist ein lärmarmes, konzentriertes Arbeiten möglich, während die Glaswände eine nachbarschaftliche Transparenz fördern[22]. Die Einzelräume weisen eine relativ kleine Grundfläche auf (8-12 m^2), sind in hohem Maße standardisiert und ermöglichen dadurch eine hohe Nutzungsflexibilität. Durch einen Verzicht auf einzelne Zwischenwände können auch sogenannte Doppel-Kombi-Büros mit zwei Arbeitsplätzen entstehen.

1.1.2.4 Gruppenbüro

Die Besinnung auf die Arbeitsgruppe mit ihren funktionalen, sozialen und territorialen Ansprüchen führte in den 1970er Jahren zur Entstehung von Gruppenbüros. Gruppenbüros entstanden

[22] *Loitzl, M., Puffert, M.,* Der Büroplaner. Lebensmittel Büro. Eschborn: Management Circle Edition, 2008.

mit der Absicht, die Vorteile von Zellenbüro und Großraumbüro zu vereinen und hierbei die Nachteile der beiden Konzepte möglichst zu begrenzen.

Gruppenbüros umfassen üblicherweise zwischen 7-20 Arbeitsplätze (Abb. 11). Im Gegensatz zu Großraumbüros wird zumeist auf eine Klimatisierung aufgrund der geringeren Raumgröße verzichtet. Die Fenster sind zu öffnen.

Mit der Entscheidung für ein Gruppenbüro werden Zeichen für eine flache Hierarchie und eine erwünschte Kommunikation gesetzt.

Abb. 11: Grundrissdarstellung und Innenansicht eines Gruppenbüros [11]

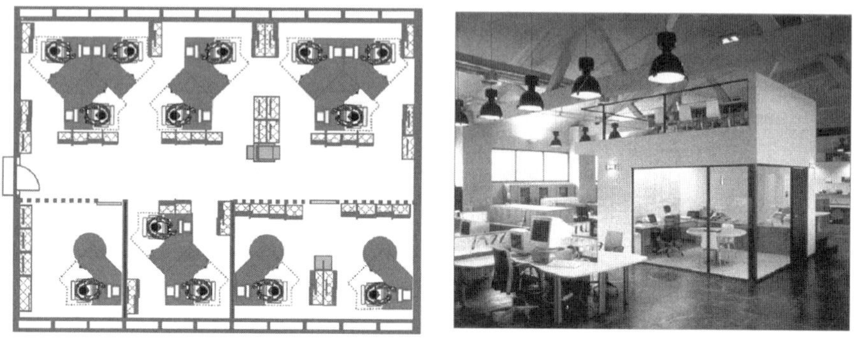

Da eng zusammenarbeitende Teams selten mehr als 20 Mitarbeiter umfassen, können in Gruppenbüros die notwendigen Kommunikations- und Abstimmungsprozesse positiv unterstützt und gefördert werden. Im Büroalltag ist mit akustischen und visuellen Störungen durch Gespräche, Bürotechnik oder sich im Raum bewegende Personen zu rechnen. Positiv wirkende „Masking-Effekte", die sich in Großraumbüros durch Überlagerung der diversen Geräuschquellen einstellen können und dann als angenehm empfundenen Verschleierung wirken, treten aufgrund der in Gruppenbüros geringeren Mitarbeiterzahl, eher noch nicht auf.

1.1.2.5 Großraumbüro/Open Space/Multispace

Großraumbüros weisen meist große Raumtiefen von ca. 20 – 30 m auf. Damit ergeben sich Grundflächen von ca. 400 – 1.000 m² mit oftmals mehreren hundert Mitarbeitern je Geschoss. Großraumbüros zeichnen sich demzufolge durch einen geringeren Fassadenanteil pro Arbeitsplatz aus. Auf der Großraumfläche lassen sich Arbeitsplätze entweder regelmäßig oder variabel in Form einer Bürolandschaft anordnen. Eine funktionale Strukturierung der Flächen, interessante Raumperspektiven und eine passende Ausstattung sind wichtige Beiträge für funktionale Großraumbüros. Je nach Bedarf kann die Raumstruktur mit Pflanzen, Stellwänden, Schränken oder Raumgliedersystemen unterteilt und damit veränderten Anforderungen angepasst werden.

Großraumbüros sind vor allem in den USA und in Großbritannien verbreitet und dort unter der Bezeichnung „Open Space" etabliert. Den Vorteilen von Großraumbüros bei der Zusammenarbeit, Flexibilität und Flächenwirtschaftlichkeit stehen als Nachteile eine geringe Individualisierbarkeit und häufig hohe akustische und klimatische Belastungen gegenüber. Großraumbüros eignen sich vor allem für Aufgaben, die eine intensive Zusammenarbeit mit geringen Anforderungen an Ruhe und Konzentrationsfähigkeit verbinden. Viele Büroarbeiter stören sich an der visuellen und akustischen Unruhe im Großraumbüro, sofern dieses keinen hinreichenden Rückzug ermöglicht. Dennoch werden akustische Störeffekte in Großraumbüros aufgrund des „Masking-Effekts" oftmals weniger störend wahrgenommen als etwa in Zwei- oder Mehrpersonenbüros. Hierbei treten die Gesprächsinhalte hinter einer allgemeinen Geräuschkulisse zurück.

Die Akzeptanz von Bürolandschaften steigt, wenn sie auf sozial sinnvolle Dimensionen begrenzt werden[23]. Heutzutage werden halboffene und strukturierte Büroflächen oftmals in kleineren Einheiten von wenigen hundert Quadratmetern als sogenanntes „Multispace Office" realisiert (Abb. 12). Dabei bilden oftmals übliche Brandabschnitte mit einer Grundfläche von ca. 400 m² die Grenzen.

Abb. 12: Grundrissdarstellung für ein „Multispace Office" [21]

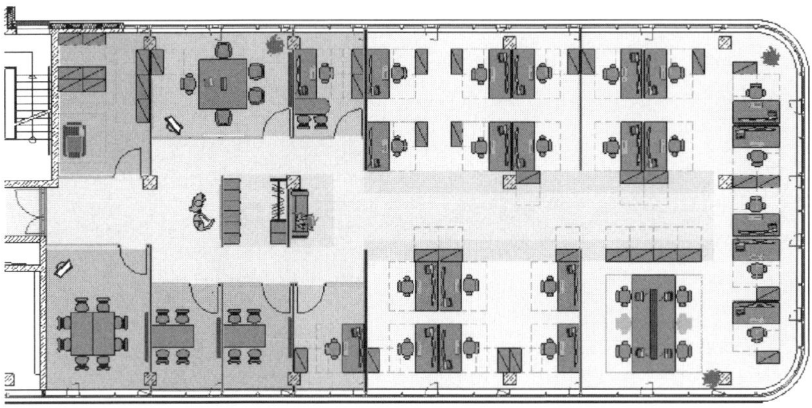

1.1.2.6 Non-territoriale Bürokonzepte

Im Gegensatz zu den bislang beschriebenen Bürokonzepten, die sich vor allem aufgrund von raumbezogenen Eigenschaften unterscheiden lassen, basieren non-territoriale Bürokonzepte primär auf organisatorischen Ansätzen.

Entstanden ist die Idee des non-territorialen Bürokonzeptes aus der Beobachtung heraus, dass Büroarbeitsplätze häufig nur zu geringen Zeitanteilen wirklich belegt sind und dass je nach momentaner Aufgabe ein spezifisches Arbeitsambiente wünschenswert wäre. Wesentliches Merkmal für non-territoriale Bürokonzepte ist die Aufhebung der direkten und festen Zuordnung von Arbeitsplatz zu Mitarbeiter. Büros, Arbeitsplätze, Schreibtische oder Büroausstattung werden gemeinsam genutzt und stehen allen Büronutzern gleichermaßen tageweise bzw. stundenweise zur Verfügung („Sharing-Konzept"). Persönliche Unterlagen sind idR in einem mobilen Container – häufig auch als „Caddy" bezeichnet – untergebracht, der jeweils dem momentan genutzten Platz beigestellt wird. Nach Beendigung des Arbeitstages wird der Arbeitsplatz komplett geräumt und der Caddy in einem „Caddy-Bahnhof" abgestellt. Um die Mobilität der Mitarbeiter zu unterstützen, werden häufig schnurlose Telefone eingesetzt.

Non-territoriale Bürokonzepte setzen eine gut ausgebaute und funktionierende informations- und kommunikationstechnische Infrastruktur (Fileserver, elektronisches Dokumentenmanagement usw.) voraus, die es erlaubt, von jedem beliebigen Arbeitsplatz aus rechnergestützt auf die für den jeweiligen Nutzer notwendigen Informationen und Daten zugreifen zu können. Üblicherweise stehen den Mitarbeitern meist Laptops zur Verfügung.

Da bei der Planung von non-territorialen Bürokonzepten die Abwesenheitszeiten der Mitarbeiter (Außer-Haus-Termine, Besprechungen, Urlaub, Krankheit usw.) berücksichtigt werden, ist die Anzahl der eingerichteten Arbeitsplätze geringer als die Zahl der Nutzer. Die sogenannte „Sharing-Ratio" gibt dabei an, wie viele Mitarbeiter sich rechnerisch einen Arbeitsplatz teilen. Die realisierten Arbeitsplatzquoten bezogen auf die Anzahl der Nutzer sind immer fallspezifisch festzulegen und liegen idR zwischen 50–80 %.

[23] *Loitzl, M., Puffert, M.,* Der Büroplaner. Lebensmittel Büro. Eschborn: Management Circle Edition, 2008.

Wenngleich ein non-territoriales Büro auf der Basis jeder Büroform betrieben werden kann, wird in vielen Fällen eine räumliche Differenzierung des Flächenangebotes vorgenommen. Typisch ist eine Mischung aus offenen Teamflächen, geschlossenen Klausur- und Rückzugsräumen sowie allgemeinen Servicezonen (Abb. 13).

Abb. 13: Beispiel zur Umsetzung eines non-territorialen Bürokonzeptes [11]

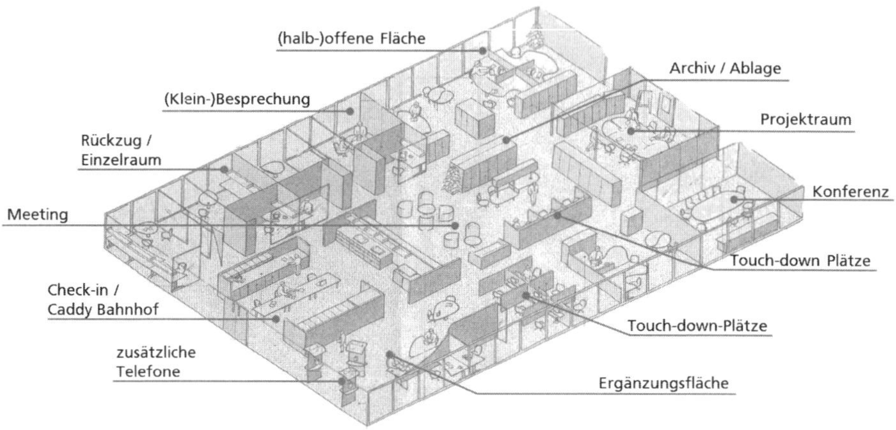

1.2 Office Analytics – Grundlagen einer tätigkeits- und nutzerbasierten Bürogestaltung

1.2.1 Büroarbeit zwischen Selbst- und Fremdbestimmung

In der heutigen Arbeitswelt muss auf neue Anforderungen und sich rasch ändernde Bedingungen möglichst flexibel reagiert werden können. Dies kann jedoch nur funktionieren, wenn die Arbeits- und Organisationsstrukturen diese Flexibilität auch widerspiegeln und Mitarbeiter die Möglichkeit haben, ihre Arbeit in einem gewissen Umfang selbst zu bestimmen bzw. zu beeinflussen. Diese Art der Selbstbestimmung kann sich dabei sowohl auf die grundsätzliche Arbeitsweise beziehen, als auch insbesondere auf zeitliche und räumliche Aspekte der Arbeitserbringung.

Einerseits sind heutzutage bereits starke Freiheitsgrade bei der Arbeitsweise zu beobachten, andererseits herrscht vielerorts noch Unsicherheit darüber, ob diese Flexibilität tatsächlich effektiv ist.

Wie wirkt sich selbstbestimmtes Arbeiten auf Wohlbefinden, Motivation und Leistungsfähigkeit der Mitarbeiter aus?

Die Ergebnisse einer großangelegten Fraunhofer IAO-/OFFICE 21®-Studie[24] mit über 13.000 befragten Bürobeschäftigten zeigen, dass selbstbestimmtes Arbeiten einen durchaus positiven Einfluss auf mehrere unternehmerische Erfolgsfaktoren hat. So weisen gerade diejenigen Personen, die bei ihrer Arbeit grundsätzlich eher selbstbestimmt entscheiden können, wann und wo sie arbeiten, höhere Werte in Bezug auf typische Erfolgsfaktoren, wie Wohlbefinden, Performance sowie Motivation im Vergleich zu den übrigen Befragten auf (Abb. 14). Auch die Work-Life-Balance profitiert mit einem positiven Zusammenhang und hoher Korrelation ($r = 0{,}34$) stark von der vorhandenen räumlichen und zeitlichen Autonomie.

[24] *Bauer, W.* (Hrsg.), *Jurecic, M., Rief, S., Stolze, D.,* Studie Office Analytics. – Stuttgart: Fraunhofer Verlag, 2018.

Abb. 14: Einfluss selbstbestimmtes Arbeitens auf unterschiedliche Erfolgsfaktoren [1]

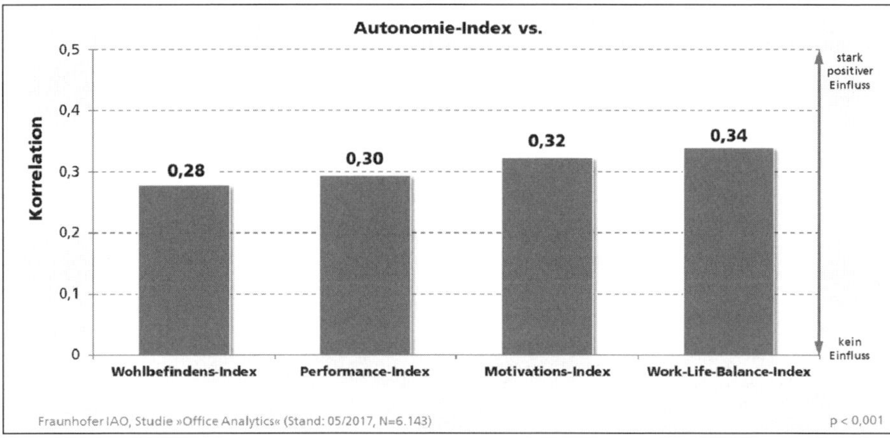

Doch trotz dieser positiven Wirkungszusammenhänge ist selbstbestimmtes Arbeiten bislang wohl erst für einen kleineren Teil der Bürobeschäftigten bzw. in einem überschaubaren Rahmen üblich. Es zeigt sich, dass von den befragten Personen im Durchschnitt nur etwa 33 Prozent weitgehend autonom in Bezug auf zeitliche bzw. örtlich/räumliche Aspekte ihrer Arbeitserbringung sind, d.h. über ein hohes bzw. sehr hohes Maß an zeitlicher und/oder räumlicher Flexibilität verfügen. Vergleicht man nun diese kleinere Gruppe mit dem Rest, also denjenigen, die nur eine geringe zeitliche und räumliche Flexibilität hinsichtlich ihrer Arbeitsweisen aufweisen, so zeigt sich, dass die Erstgenannten vermehrt bereit sind, sich stärker für das Unternehmen zu engagieren, mehr Spaß an ihrer Arbeit haben, sich insgesamt wohler fühlen und auftretende Belastungen besser bewältigen können (Abb. 15).

Abb. 15: Positive Wirkungen selbstbestimmten Arbeitens („zeitliche/räumliche Autonomie“) [1]

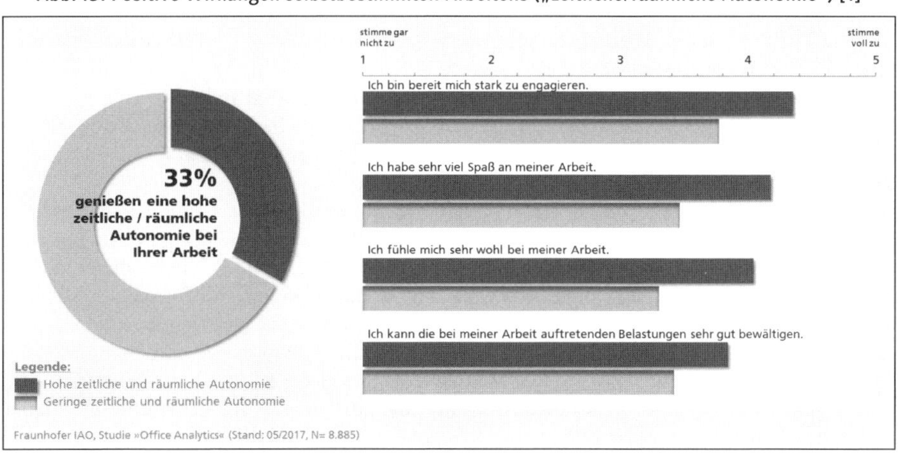

Welche Wirkung hat die Nutzung wechselnder Arbeitsorte?

Insgesamt betrachtet nutzt ungefähr jeder dritte Studienteilnehmer neben seinem üblichen (Büro-)Arbeitsplatz ab und an auch andere Arbeitsorte außerhalb zur Erledigung seiner Aufgaben. Dies spiegelt den steigenden Trend zum ortsunabhängigen Arbeiten wohl ganz gut wider.

Bei der weiteren Analyse der Ergebnisse wurden bezüglich der Arbeitsplatznutzung zwei Gruppen miteinander verglichen (Abb. 16). Dabei hat sich gezeigt, dass Studienteilnehmer, die mehr als 10 Prozent ihrer Arbeitszeit an wechselnden Orten auch Außerhalb des Büros verbringen (36 Prozent der Teilnehmer), häufiger zu neuen Ideen und Lösungen kommen, als Teilnehmer, die sehr stationär arbeiten und stark an ihren Platz im Büro gebunden sind.

Abb. 16: Nutzung stationärer bzw. wechselnder Arbeitsorte vs. Entwicklung neuer Ideen und Lösungen [1]

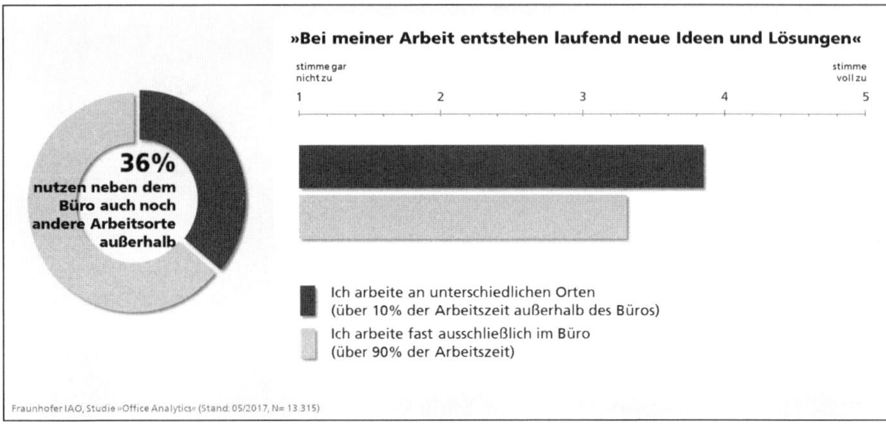

Verteiltes Arbeiten an wechselnden Arbeitsorten auch außerhalb des Büros wirkt also offensichtlich anregend und inspirierend und macht sich positiv bei der Ideen- und Lösungsgenerierung bemerkbar.

1.2.2 Das Büro als Ort der persönlichen Kommunikation

Welche Rolle spielt das Büro überhaupt noch, wenn wir mobiler und flexibler arbeiten? Nimmt seine Bedeutung ab?

Ganz im Gegenteil, die Auswertungen des Datensatzes mit ca. 13.000 Teilnehmern zeigen, dass das Büro angesichts einer zunehmend flexibleren Arbeitswelt ein wesentlicher Erfolgsfaktor ist. Denn es fördert nicht nur die soziale Interaktion und den persönlichen Wissensaustausch, sondern bildet auch einen Heimathafen für Vielreisende.

In Abb. 17 ist erkennbar, dass es einen signifikanten Zusammenhang zwischen der Anzahl persönlicher Gespräche und der Gewinnung von neuen Ideen und Lösungen gibt. Kurz gesagt: Je mehr face-to-face Gespräche Personen haben, desto leichter fällt ihnen die Lösungsfindung.

Diese Erkenntnis stärkt eine neue Sichtweise auf die Büroplanung. Das Büro darf also nicht mehr lediglich als Arbeitsstätte zur Erledigung von Unternehmensaufgaben betrachtet werden, sondern als Ort der Vernetzung, Inspirationen und Kollaboration, wo Mitarbeiter aufeinandertreffen und sich fachlich austauschen können. Das Bürogebäude ist somit essentiell für die persönliche Zusammenarbeit und Ideenstimulierung, auch gerade in einer immer mobileren und digitaleren Arbeitswelt.

1.2.3 Wissensaustausch und Konzentration

Auf der einen Seite sind offene Büroflächen immer häufiger vorzufinden. Auf der anderen Seite halten viele Unternehmen gerne aber auch noch an klassischen, kleinteiligen Bürostrukturen fest.

Abb. 17: Persönliche Kommunikation als essentieller Schlüssel zur Generierung neuer Ideen und Lösungen [1]

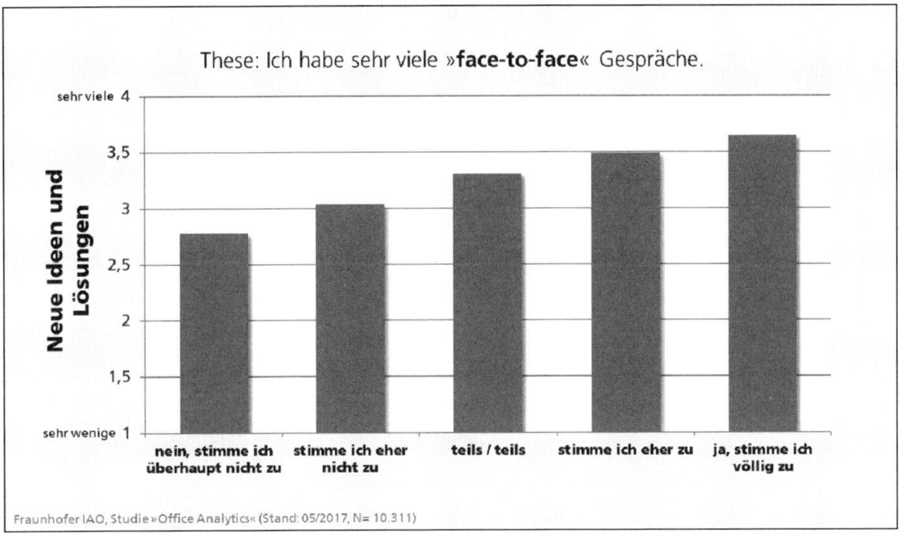

Welche Bürostrukturen sind für den Wissensaustausch und die Konzentrationsfähigkeit der Mitarbeiter tatsächlich besser?

Um diese Frage zu beantworten, wurden im Rahmen der Studie zunächst drei grundsätzlich unterschiedliche Arten von Bürostrukturen bzw. Raumsettings miteinander verglichen:

- „geschlossene Büros" – also klassischen Einzel-, Doppel-, oder Mehrpersonenbüros,
- „transparente Büros", welche sich gegenüber geschlossenen Büros dahingehend unterscheiden, dass Bürowände ganz oder teilweise aus Glas bestehen, und
- „offene Büroflächen", die landläufig auch unter den Namen *open space* oder *open plan office* bekannt sind.

Die in Abb. 18 dargestellten Ergebnisse zeigen, dass der Grad der Informiertheit bei den Studienteilnehmern, die in offenen Büros (57 %) und in transparenten Büros (50 %) arbeiten, etwas höher ausfällt als bei denjenigen, die ihren Arbeitsplatz in geschlossenen Büros haben (47 %).

In üblichen Einzelbüros oder Doppelbüros ist der Anteil der Informiertheit somit am geringsten. Offene Bürostrukturen hingegen fördern spontane und informelle Gespräche und bestätigen somit tendenziell zunächst den hier auch immer postulierten Effekt eines besseren Wissensaustauschs.

Da Kommunikation und Teamarbeit in der modernen Wissensarbeit eine immer größere Rolle spielen, ist es ratsam, bei der Gestaltung von Arbeitsumgebungen einen besonderen Fokus darauf zu legen, wie ein diesbezüglicher Wissensaustausch gut gelingen kann. Das heißt, es gilt ernsthaft zu prüfen, in welcher Form und Menge sowie an welchen Stellen in der näheren Büroumgebung welche Art von formellen und informellen Kommunikationsflächen bzw. Treffpunkten in das Bürokonzept integriert werden.

Bezüglich der Konzentrationsfähigkeit ist es genau umgekehrt. Für konzentrierte Tätigkeiten sind akustisch und visuell abgeschottete Arbeitsmöglichkeiten gefragt. Daher sollte durch eine systematische Zonierung der Büroflächen auch die Implementierung von abgeschotteten Rückzugszonen ermöglicht werden, um gleichermaßen auch konzentrierte und ungestörte Tätigkeiten adäquat zu unterstützen.

Abb. 18: Informiertheit in unterschiedlichen Raumsettings [1]

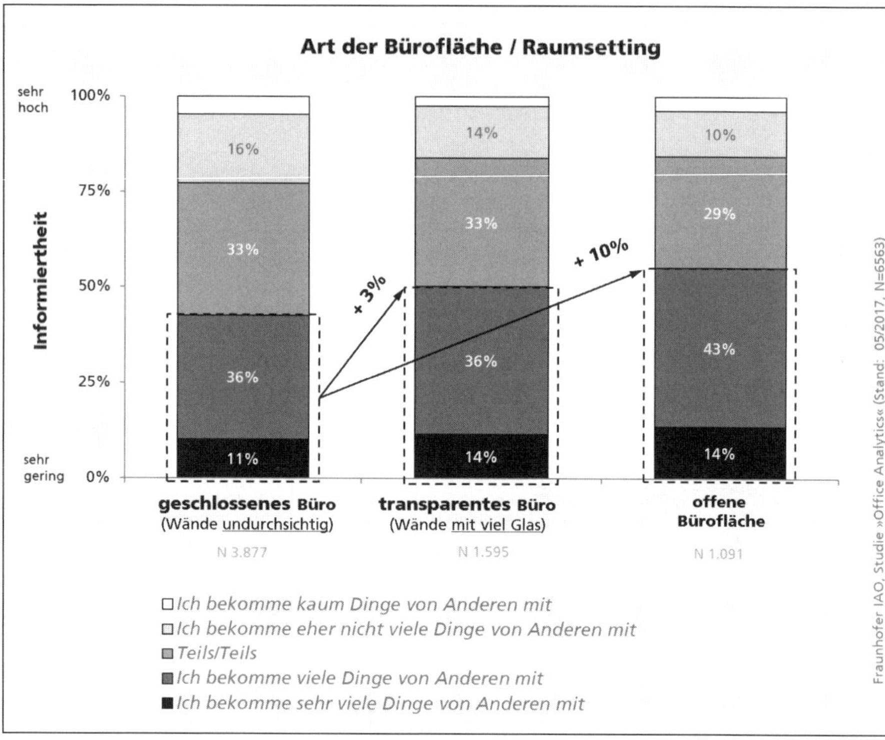

1.2.4 Wechselnde Nutzung unterschiedlicher Arbeitsplätze

Welche Vorteile bietet die Nutzung von unterschiedlichen Arbeitsplätzen innerhalb des Büros?

Die Analyse der Befragungsdaten zeigt, dass Personen, die im Laufe ihres (Büro-)Arbeitstages unterschiedliche Arbeitsplätze nutzen, zum einen deutlich informierter sind, zum anderen aber auch mehr Ideen und Lösungen generieren als Personen, die ihren Arbeitsplatz nicht wechseln. Dabei geht es nicht ausschließlich nur um den klassischen Schreibtisch – die vielfältige Nutzung von Arbeitsplätzen beinhaltet dabei auch informelle Arbeitssituationen, wie z.B. Sofas, Lounge-Ecken, Teeküche, Cafeteria oder Außenbereich. Eine vielfältige Arbeitsplatznutzung in der Büroumgebung wirkt sich somit nicht nur förderlich auf den Wissensaustausch aus, sondern kann gleichzeitig auch kreative Impulse liefern (Abb. 19).

Dieser Erfolgsfaktor wird in der Praxis jedoch noch nicht vollständig wahrgenommen bzw. gelebt. Lediglich 13 Prozent der befragten Personen geben an, bei Anwesenheit im Bürogebäude hier des Öfteren bewusst auch unterschiedliche Arbeitsplätze/-situationen auszusuchen und zu nutzen.

Die positiven Wirkungszusammenhänge deuten darauf hin, dass die Einführung und Nutzung einer vielfältigen, differenzierten und gemischten Arbeitsumgebung mit unterschiedlichen Arbeitsplatzangeboten durchaus dazu beitragen kann, die Mitarbeiter in ihren unterschiedlichen Arbeitsprozessen zu unterstützen. Wenn dieser Angebotsmix dann sowohl Rückzugsorte für konzentriertes Arbeiten und vertrauliche Gespräche, als auch Flächen und Strukturen für einen spontanen Austausch vorsieht, kann der eigene Arbeitsplatz gezielter und passend zur aktuellen Aufgabe und zu aktuellen Bedürfnissen ausgewählt werden. Dies kann nicht nur unternehmerische Erfolgsfaktoren wie Wohlbefinden, Motivation und Produktivität positiv beeinflussen, sondern langfristig auch erheblich die Zufriedenheit der Mitarbeiter steigern.

Abb. 19: Stationäre vs. temporär wechselnde Nutzung von Arbeitsplätzen im Büro [1]

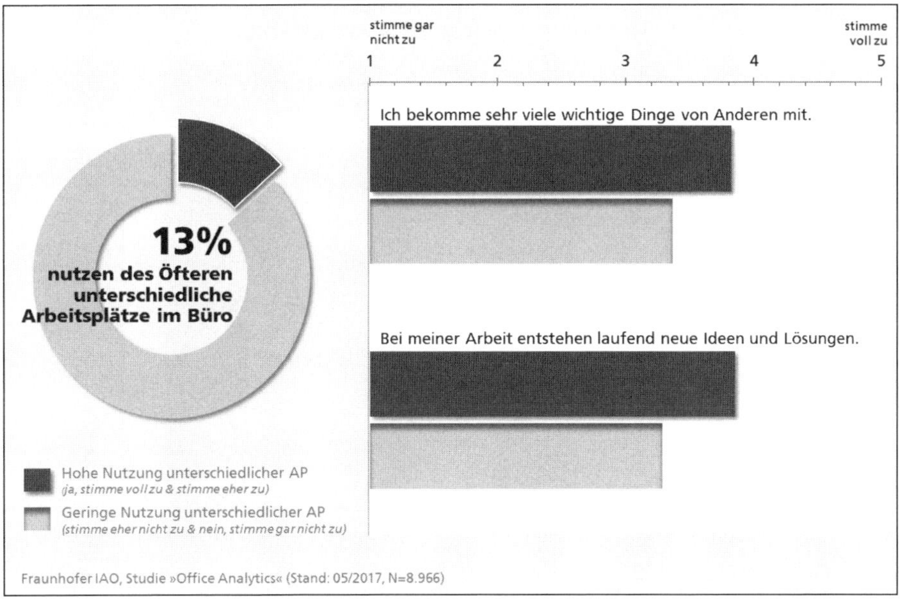

1.2.5 Zufriedenheit mit der Büroumgebung als wesentlicher Erfolgsfaktor

Welche Rolle spielt die Zufriedenheit mit der Büroumgebung in Bezug auf einzelne Erfolgsfaktoren?

Die Ergebnisse der Studie belegen stark positive Wirkungszusammenhänge zwischen der Zufriedenheit mit der Büroumgebung und verschiedenen Erfolgsfaktoren. Wie in Abb. 20 zu erkennen ist, lassen sich in Abhängigkeit von der Zufriedenheit mit der Büroumgebung klare Zusammenhänge zwischen Wohlbefinden ($r = 0.49$), Motivation ($r = 0.48$), Commitment ($r = 0,47$) sowie der erlebten Performance im Büro ($r = 0.41$) feststellen.

Interessant ist auch, dass die Zufriedenheit mit der Büroumgebung einen noch deutlich stärkeren Einfluss auf diese aufgeführten Erfolgs-Indizes ausübt, als die Möglichkeit des autonomen Arbeitens (vgl. Abb. 14).

Zum Vergleich: Bei Studienteilnehmern, die ihre Arbeit zu einem gewissen Grad autonom gestalten können (Autonomie-Index), wirkt sich diese Selbstbestimmung mit einem Zusammenhang von $r = 0.28$ (Abb. 14) deutlich schwächer auf das individuelle Wohlbefinden aus, als die Zufriedenheit mit der Büroumgebung dies vermag ($r = 0.49$). Gleichermaßen sieht dies auch bei dem Einfluss auf die Motivation aus (Autonomie-Index $r = 0.32$ vs. Zufriedenheit mit der Büroumgebung $r = 0.48$) sowie auf die Performance (Autonomie-Index $r = 0.30$ vs. Zufriedenheit mit der Büroumgebung $r = 0.41$).

Dies unterstreicht die aus Mitarbeitersicht nach wie vor essentiell hohe Bedeutung einer qualitätsvollen Bürogestaltung – auch bzw. trotz eines vermehrten Aufkommens flexibler Arbeitsweisen.

Des Weiteren zeigen die Auswertungen des Datensatzes, dass sich diejenigen Befragten, die zufriedener mit ihrer Büroumgebung sind, sich auch deutlich stärker an das Unternehmen gebunden fühlen (Abb. 21).

Die Zufriedenheit mit der Büroumgebung wirkt sich somit nicht nur positiv auf die Leistung aus, sondern stellt auch eine effektive Maßnahme dar, um Mitarbeiter an das Unternehmen zu binden. Dies kann gerade in Hinblick auf die Stärkung der Arbeitgeberattraktivität – und dies im Zuge des steigenden Fachkräftemangels – von entscheidender Bedeutung sein.

In diesem Zusammenhang stellt sich des Weiteren schnell auch folgende grundsätzliche Frage:

Abb. 20: Korrelation zwischen Zufriedenheit mit der Büroumgebung und einzelnen Erfolgs-Indizes [1]

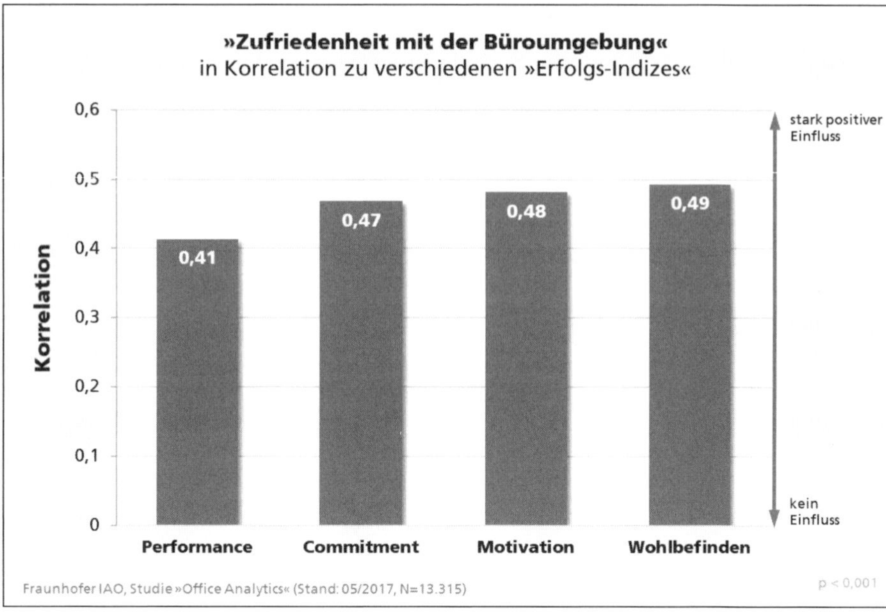

Abb. 21: Zufriedenheit mit der Büroumgebung steigert Commitment [1]

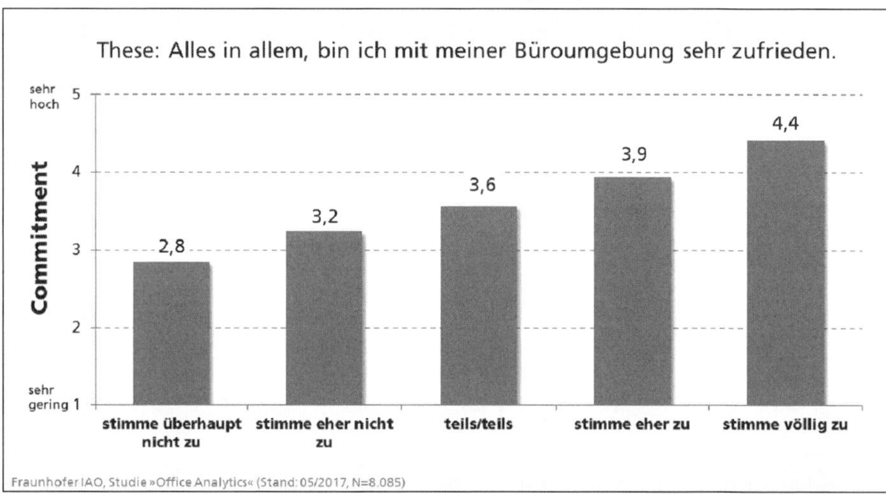

Wie zufrieden sind die Befragen generell mit ihrer Büroumgebung?
Die Untersuchungsergebnisse zeigen, dass lediglich 54 Prozent der befragten Personen sehr zufrieden bzw. zufrieden mit ihrer Büroumgebung sind (Abb. 22). Weitere 28 Prozent sind nur teilweise zufrieden, während 18 Prozent in hohem Maße unzufrieden sind.

Dies macht deutlich, dass bezüglich der in den Büros derzeit realisierten Qualitäten aus Nutzersicht offensichtlich noch immer ein erhebliches Verbesserungspotenzial besteht. Diese Sichtweisen und Bedürfnisse der Mitarbeiter gilt es ernst zu nehmen, da sich die individuelle Zufriedenheit mit der Büroumgebung zunehmend als entscheidender Erfolgs- und Wettbewerbsfaktor hinsichtlich der Arbeitgeber-Attraktivität darstellt.

Abb. 22: Zufriedenheit mit der Büroumgebung [1]

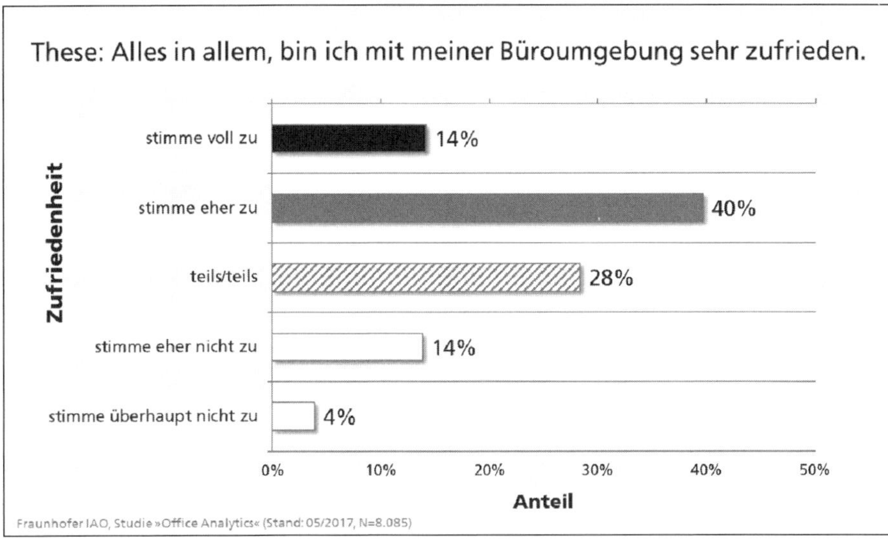

Welche räumlichen Gestaltungsfaktoren sind besonders ausschlaggebend für die Zufriedenheit mit der Büroumgebung?

Im Rahmen der Studie wurde auch dieser Zusammenhang untersucht, wobei anhand einer multiplen Regressionsanalyse sowohl zufriedenheitsfördernde als auch zufriedenheitssenkende Einflussfaktoren identifiziert werden konnten.

Auffällig dabei ist, dass sich unter der Rubrik der Zufriedenheitstreiber insbesondere funktionale Gestaltungsfaktoren finden. Hierzu gehören beispielsweise die Möblierung, eine gute akustische Situation, Rückzugsmöglichkeiten für konzentriertes Arbeiten, vielfältige und ausreichende Besprechungsmöglichkeiten sowie überzeugende Angebote zur Erholungs- und Pausengestaltung. Das Büroumfeld muss jedoch nicht nur „überzeugend funktional" ausgestaltet sein. Auch eine farbbewusste und zwanglose Gestaltung (*casual design*) wirkt ebenfalls positiv auf die Zufriedenheit mit der Bürogestaltung.

Negative Einflüsse auf die Zufriedenheit gehen hingegen insbesondere von Zuständen aus, die sich auf arbeitswissenschaftliche Mängel oder die Nichtbeachtung planerischer Basisstandards zurückführen lassen. Hierunter fallen beispielsweise Faktoren wie unzureichende Lichtverhältnisse oder schlechte Umgebungsbedingungen bezüglich Luft, Temperatur und Luftfeuchtigkeit, aber auch eine hohe Arbeitsplatzdichte, Störung durch Personenverkehr oder das Gefühl ständiger Beobachtung am Arbeitsplatz (Abb. 23).

1.3 Bürogestaltung unter Berücksichtigung von Arbeitstypologien

Ein einheitliches Erfolgsrezept für die Planung und Gestaltung von Büro- und Arbeitsumgebungen gibt es nicht. Umso weniger, wenn man das Büro nicht mehr nur als reinen Erfüllungsort für die Aufgabenbewältigung versteht, sondern als eine erweiterte Plattform mit zunehmend ambitionierteren Ansprüchen hinsichtlich Funktionalität, Flexibilität, Aufenthaltsqualität und Komfort für eine leistungsfähige, zufriedene und gesunde Belegschaft.

Unbestritten ist jedoch, dass es eines ganzheitlichen Ansatzes bedarf, der neben organisatorischen, technischen, räumlichen und kulturellen Gegebenheiten einer Organisation, vor allem die Bedürfnisse und unterschiedlichen Arbeitsweisen der Menschen in den Fokus stellt.

Im Rahmen einer Anforderungsanalyse ist es daher essentiell, die Bedarfe und Anforderungen der Mitarbeiter nicht nur zu kennen, sondern diese auch in einer strategischen Ist-Soll-

Abb. 23: Einfluss unterschiedlicher Gestaltungsfaktoren auf die Zufriedenheit mit der Büroumgebung [1]

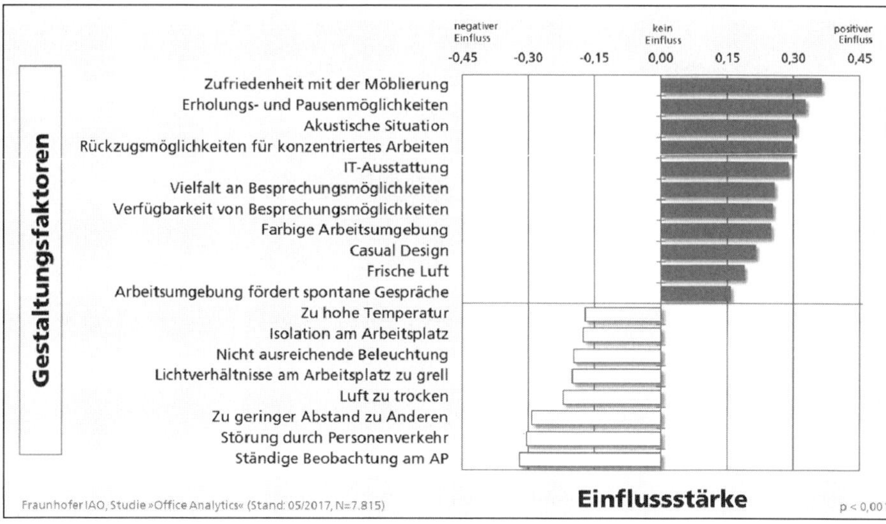

Perspektive zu reflektieren, dabei ausreichend zu differenzieren, richtig zu übersetzen sowie nachvollziehbar und adäquat in der Planung zu berücksichtigen.

1.3.1 Bedeutung der Klassifikation von Wissensarbeitern

Mitarbeiter haben auf Grund ihrer unterschiedlichen Aufgaben, Tätigkeiten und individuellen Vorlieben in der Aufgabenbewältigung verschiedene Arbeitsweisen. Es gibt nicht „den" typischen Wissensarbeiter, sondern vielmehr eine Bandbreite an unterschiedlichen Arbeitstypen. Eine systematische Klassifikation von Wissensarbeitern, eine stringente Differenzierung nach Arbeitstypologien sowie den daraus abgeleiteten und präferierten, typspezifischen Anforderungen und Settings, sollte daher die Grundlage jeder ambitionierten Planung und Gestaltung von Büroumgebungen bilden.

Da sich im unternehmensspezifischen Kontext die Anforderungen der verschiedenen Arbeitstypen nicht immer ergänzen, sondern mitunter sogar widersprechen – z.B. Kommunikation vs. Konzentration oder Gruppeninteraktion vs. Rückzug – sind bei der Planung und Gestaltung der Arbeitsumgebung systematische Analysen der Arbeitsweisen notwendig, die sowohl diese gemeinsamen, als auch divergierenden Bedürfnisse berücksichtigen. Wenn spezifische Anforderungen vernachlässigt werden, trägt dies meist zu erheblichen Problemen hinsichtlich der Motivation, Zufriedenheit und Performance bei.

Bisherige Klassifikationen orientieren sich vornehmlich an der Funktion, die Arbeitnehmer ausfüllen. So wird z.B. häufig zwischen Führungstätigkeiten, Fachtätigkeiten, Sachbearbeitungstätigkeiten und Unterstützungstätigkeiten unterschieden[25]. Diese Typisierung reicht allerdings nicht aus, da zu wenig Rücksicht darauf genommen wird, dass innerhalb dieser Klassifikationsgruppen jeweils Menschen arbeiten, die nicht nur individuelle Gewohnheiten und Arbeitsweisen haben, sondern oftmals auch ganz eigene und abweichende Tätigkeits-/Zeitprofile aufweisen. Dementsprechend können sich auch die Anforderungen innerhalb dieser einzelnen „Funktionstypen" deutlich unterscheiden. Neben dieser funktionsorientierten Sichtweise scheint es daher ratsam, weitere Parameter in die Klassifizierung von Wissensarbeitern einfließen zu lassen.

[25] *Bauer, W., Hofmann J.*, Klassifikationsschema Büro. Nutzertypen als Grundlage für eine tätigkeits- und nutzerorientierte Bürogestaltung, in: wt Werkstatttechnik online, Heft 1/2, 2004

Von dieser Erkenntnis geleitet, wird nachfolgend auf Basis der o.g. Fraunhofer IAO/OFFICE 21®-Studie [1] mit über 13.000 befragten Bürobeschäftigten, ein differenziertes Klassifikationsmodell auf Basis spezifischer Arbeitstypen vorgestellt.

1.3.2 Identifizierte Arbeitstypen im Überblick

Um unterschiedliche Arbeitstypen zu identifizieren, wurden zahlreiche Kriterien in die Klassifikation aufgenommen. Dazu gehören die Grunddimensionen von Wissensarbeit. Dies beinhaltet zum Beispiel Fragen nach dem Grad der Komplexität und Neuartigkeit der Arbeit und dem Maß der Autonomie für die Aufgabenbewältigung[26]. Zur weiteren Abgrenzung und Definition von Arbeitstypen wurden darüber hinaus auch der Grad an Mobilität (z.B. am Standort, unterwegs oder Arbeit von zu Hause) sowie die Dauer einzelner Tätigkeitsschwerpunkte (z.B. Stillarbeit, Telefonieren, Besprechungen) herangezogen.

Auf Basis von vertiefenden Faktoren- und Clusteranalysen lassen sich nunmehr folgende sieben in sich homogene Arbeitstypen bilden, die sich jedoch untereinander deutlich unterscheiden (Abb. 24):

- Silent Worker,
- Caller,
- Hands-on,
- Communicator,
- Thinker,
- Traveller,
- Hypercross.

Abb. 24: Identifizierte Arbeitstypen und deren Verteilung [1]

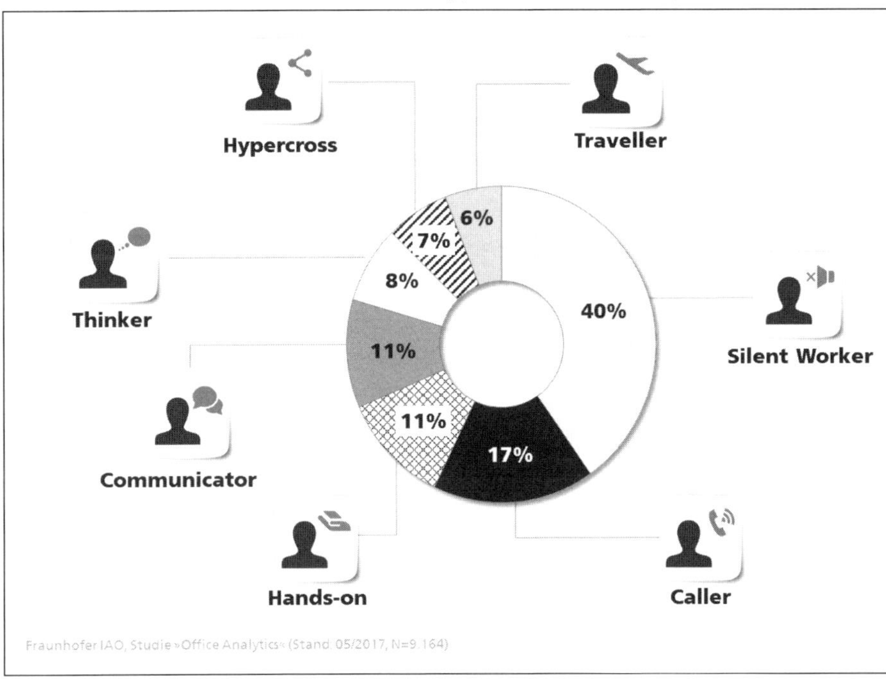

[26] *Spath, D.* (Hrsg.), *Kelter, J., Rief, S., Bauer, W., Haner, U.-E.,* Information Work 2009 – Über die Potenziale von Informations- und Kommunikationstechnologien bei Büro- und Wissensarbeit. Stuttgart: Fraunhofer Verlag, 2009.

Jeder Arbeitstyp wird nachfolgend zunächst hinsichtlich seiner jeweils charakteristischen Merkmale vergleichend betrachtet.

Darauf aufbauend lassen sich zudem weitere, typspezifische Anforderungen und Handlungsempfehlungen ableiten. Diese systematische, neue Art der Klassifikation von Wissensarbeitern bildet somit eine hervorragende Grundlage für eine nutzerorientierte Büroplanung.

Die Verteilung der Stichprobe auf die einzelnen Arbeitstypen sieht dabei wie folgt aus: 40 Prozent der Befragten entfallen auf den Typus *Silent Worker*, der damit auch die größte Gruppe bildet. Als zweitgrößte Gruppe erweist sich der Typ *Caller* mit 17 Prozent, gefolgt von den Typen *Communicator* und *Hands-on* mit jeweils 11 Prozent, dem Typ *Thinker* mit 8 Prozent, sowie dem Typ *Hypercross* mit 7 Prozent. Dem Typ *Traveller* entsprechen insgesamt 6 Prozent der Teilnehmer.

1.3.2.1 Merkmale der Arbeitstypen im Vergleich

Bei näherer Betrachtung lassen sich innerhalb dieses Sets an Arbeitstypen wiederum zwei Gruppen unterscheiden. Einerseits die „stationären Arbeitstypen" und andererseits die „mobilen Arbeitstypen".

Die „stationären Arbeitstypen" arbeiten weitgehend im Büro. Geschäftsreisen sind eher die Ausnahme. Zu ihnen gehören die Typen *Silent Worker, Caller* und *Communicator.*

Die Arbeitstypen *Hands-on, Thinker, Traveller und Hypercross* sind dagegen deutlich mobiler, also häufig auch außerhalb des Büros aktiv. Sie sind zum Beispiel auf Geschäftsreise, Arbeiten teilweise von zu Hause oder im Büro anderer Unternehmen.

Deren Mobilität kann an dieser Stelle nochmals unterschieden werden in „interne" und „externe" Mobilität. Eine hohe interne Mobilität beschreibt Mitarbeiter bzw. Arbeitstypen, die häufig innerhalb des eigenen Bürogebäudes unterwegs sind, z.B. in Besprechungsräumen oder bei Kollegen zur Abstimmung. Das können aber auch informelle Kommunikationsflächen oder Labore/Werkstätten sein. Eine hohe externe Mobilität sagt aus, dass sich dieser Arbeitstyp des Öfteren auch außerhalb und eben nicht am Unternehmensstandort befindet.

Die nachfolgende Grafik (Abb. 25) zeigt, dass der Arbeitstyp *Hypercross* sowohl eine hohe externe als auch eine hohe interne Mobilität aufweist. Der Arbeitstyp *Silent Worker* hingegen –

Abb. 25: Mobilitätsportfolio der einzelnen Arbeitstypen im Vergleich [1]

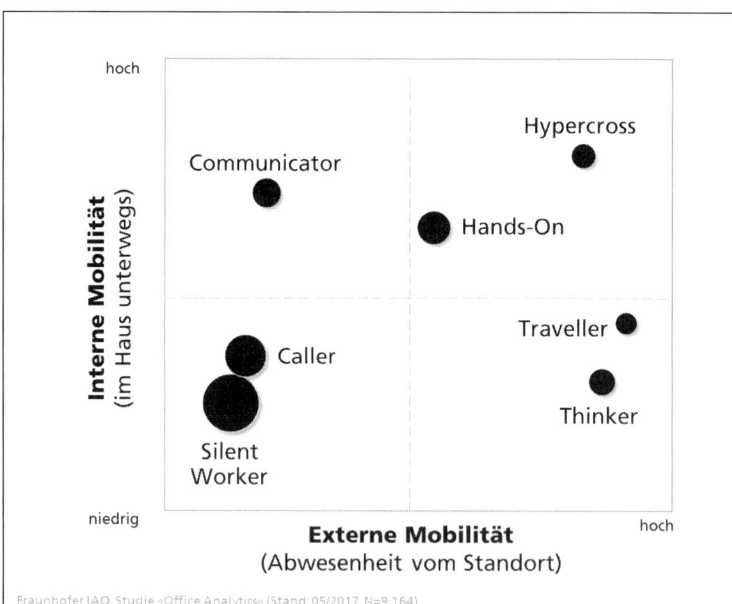

und ähnlich auch der *Caller* – bilden mit sehr stationären Arbeitsweisen hierzu den Gegenpart. Der *Communicator* hat in ähnlicher Form zwar eine eher geringe externe Mobilität, andererseits aber eine hohe interne Mobilität. Bei den Typen *Traveller* und *Thinker* ist es genau umgekehrt, also eine hohe externe Mobilität, aber eine eher geringe interne Mobilität.

Ein Vergleich der Arbeitstypen im Hinblick auf deren jeweils spezifischen Anteil an Kommunikation und Stillarbeit zeigt folgendes Resultat (Abb. 26).

Abb. 26: Tätigkeitsportfolio bezüglich Kommunikation und konzentrierter Stillarbeit der einzelnen Arbeitstypen im Vergleich [1]

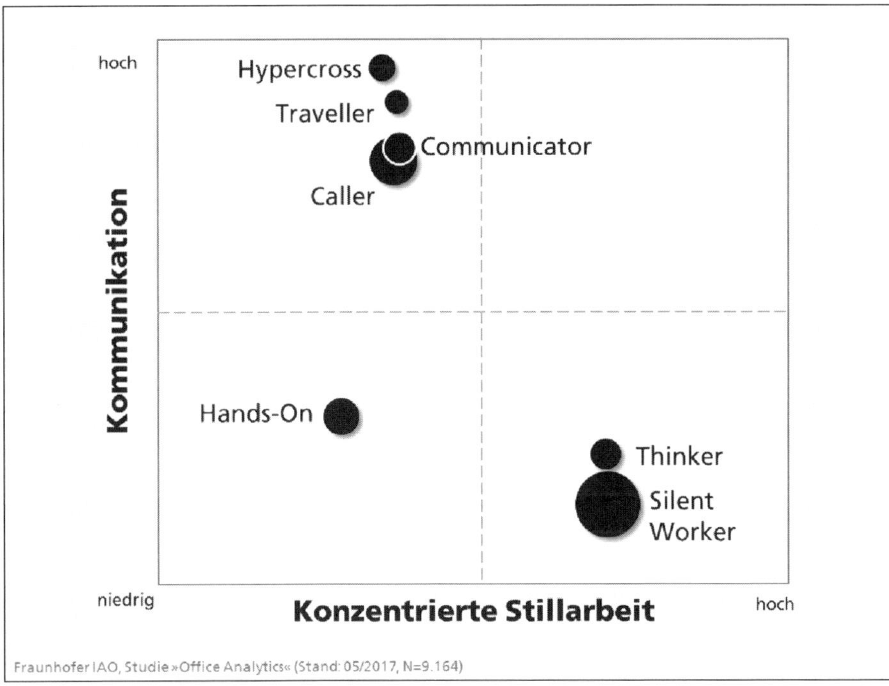

Der *Silent Worker* hat, wie der Name auch nahelegt, den höchsten Anteil an Stillarbeit und kommuniziert andererseits auch am wenigsten. Dicht gefolgt von seinem mobilen Pendant, dem *Thinker.* Zu den hochkommunikativen Typen zählen der *Hypercross*, mit dem höchsten Anteil an Kommunikation, dicht gefolgt vom *Traveller* sowie dem *Caller* und *Communicator.*

Die jeweiligen Orte der Kommunikation unterscheiden sich allerdings deutlich. Bei den Typen *Caller* und *Traveller* findet die Kommunikation vor allem am Arbeitsplatz statt, während beim *Hypercross* und *Communicator* Gespräche und Abstimmungen vor allem in Besprechungsräumen, an Kommunikationsinseln oder auch am Arbeitsplatz von anderen Kollegen stattfinden.

1.3.3 Arbeitstypspezifische Präferenzen bei der Zuordnung auf Bürokonzepte

Um herauszufinden, welche Büroform für welchen Arbeitstypus am geeignetsten ist, wurden die Erfolgsfaktoren Wohlbefinden, Motivation und Performance je Arbeitstyp in Abhängigkeit der unterschiedlichen (Basis-)Bürokonzepte betrachtet.

Exemplarisch werden hierfür nachfolgend die Arbeitstypen „Silent Worker" und „Communicator" miteinander verglichen. Eines vorab: Die Erfolgsfaktoren Wohlbefinden, Motivation und Leistungsfähigkeit variieren hierbei typspezifisch in den verschiedenen Bürokonzepten.

Der „Silent Worker" fühlt sich im Multispace und im Einzelbüro am wohlsten. Auch hinsichtlich Motivation und Performance weist er bei diesen beiden Bürokonzepten die höchsten Werte auf (Abb. 27). Das Großraumbüro ist im Gegensatz dazu sowohl bei Wohlbefinden, als auch Motivation und Performance am schlechtesten für den „Silent Worker" geeignet. Aber auch im Mehr-Personenbüro, im Zwei-Personenbüro und im Großraumbüro fühlt er sich nicht wohl bzw. weist unterdurchschnittlich geringe Motivations- und Performance-Werte auf.

Zusammenfassend ist für den „Silent Worker" ein Multispace-Konzept für sein Wohlbefinden, seine Motivation und seine Leistungsfähigkeit am förderlichsten. Hier kann er aufgrund des flexiblen Konzeptes seinen Arbeitsplatz frei wählen. Bedingt durch seinen großen Anteil an konzentrierter Stillarbeit, eignet sich jedoch auch das Einzelbüro für diesen Arbeitstypus. Das Großraumbüro hingegen eignet sich für den „Silent Worker" am wenigsten – dieses Bürokonzept unterstützt ihn am wenigsten bei seinen Tätigkeiten im Arbeitsalltag.

Abb. 27: Erfolgsfaktoren am Beispiel des Arbeitstypus „Silent Worker" in Abhängigkeit unterschiedlicher Bürokonzepte [1]

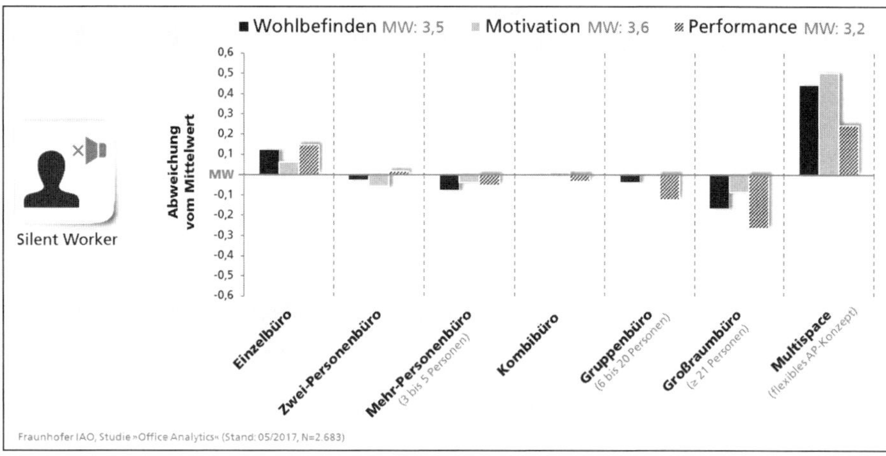

Der Arbeitstyp „Communicator" hat ähnliche Präferenzen wie der „Silent Worker" vorzuweisen. Auch bei ihm ist das Wohlbefinden, die Motivation und die Performance im Multispace am besten (Abb. 28). Allerdings steht beim „Communicator" das Kombibüro an zweiter Stelle. Am wenigsten wohl fühlt sich dieser Arbeitstyp im Großraumbüro. Aber auch im Mehr-Personenbüro, im Zwei-Personenbüro und im Gruppenbüro bewegen sich die Vergleichswerte für Motivation und Performance auf unterschiedlichem Niveau.

So ist das Multispace und das Kombibüro für den „Communicator" insgesamt am förderlichsten. Hier kann er selbst entscheiden, welchen Arbeitsplatz er für seine Tätigkeiten am geeignetsten empfindet. Starre Büroformen mit mehreren Personen hingegen sind für diesen Typus eher ungeeignet.

1.3.4 Zusammenfassung und Zwischenfazit

Die Konzeption und Gestaltung einer neuen Arbeits- und Bürowelt muss immer unternehmensbezogen und ganzheitlich betrachtet werden. Die Lösungen werden sich demzufolge von Organisation zu Organisation meist deutlich unterscheiden.

Auch wenn im Zuge aktueller Trends und Erkenntnisse zum Thema „New Work" vieles darauf hindeutet, dass zukunftssichere Bürolösungen insbesondere durch die Themen Digitalisierung, Vernetzung, Flexibilität, Mobilität und Vielfalt geprägt werden, gibt es weder „das Büro", noch die perfekte Immobilie und schon gar nicht die ideale Arbeits- und Bürowelt, die auch langfristig noch für alle passt.

Abb. 28: Erfolgsfaktoren am Beispiel des Arbeitstypus „Communicator" in Abhängigkeit unterschiedlicher Bürokonzepte [1]

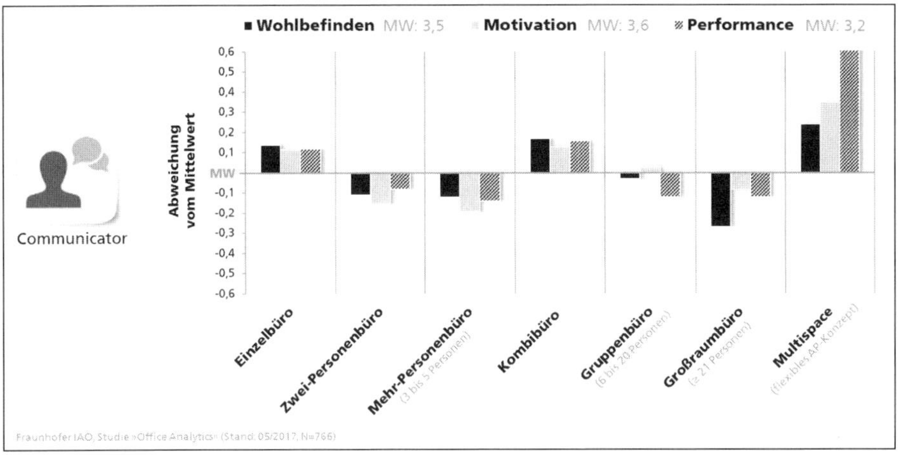

Die vorgestellten Studien und Ergebnisse liefern jedoch zahlreiche Hinweise dafür, welche Themenfelder und Gestaltungsfaktoren bei der Planung und Gestaltung von Büro- und Arbeitsumgebungen Relevanz haben bzw. in welchem Maße geeignet sind, um Performance, Wohlbefinden, Motivation und Zufriedenheit der Mitarbeiter gezielt zu befördern.

Auf Basis eines analytischen und nutzerorientierten Ansatzes ist es möglich, Bürobeschäftigte zunächst anhand ihrer spezifischen Arbeitsweisen (Tätigkeits-/Zeit-/Abeitsortprofile) systematisch zu unterscheiden, gezielt einem validen Set von 7 unterschiedlichen Arbeitstypologien zuzuordnen und darauf aufbauend, ein Ranking idealer Basis-Settings für die Auswahl des Bürokonzeptes zu definieren.

Damit ist eine erste wesentliche und belastbare Grundlage für die weitere Planung und Gestaltung des Bürolayouts und der direkten Büroumgebung geschaffen.

1.4 Vorgehensweisen und methodische Ansätze bei der Planung und Realisierung von Büros

Innovationsfähigkeit gilt gemeinhin als einer der essenziellen Schlüsselfaktoren, um als Unternehmen dauerhaft überlebensfähig und wirtschaftlich erfolgreich zu sein. Wenn es jedoch darum geht, eindeutige Rahmenbedingungen und Konzepte zu identifizieren, die Mitarbeiter dazu bringen, ihr Können, ihre Motivation und ihre Kreativität einzusetzen, um neue Produkte und Verfahren zu entwickeln, gibt es in der Praxis noch immer mehr offene Fragen als Antworten bzw. lassen sich hierzu höchst unterschiedliche Erklärungen, Ansätze und (Büro-) Konzepte finden.

Unkonventionelle Ansätze und Beispiele, wie die zu Besprechungsinseln umgebauten Ski-Gondeln im Google-Entwicklungszentrum Zürich, werden zwar häufig als innovative Beispiele herangezogen, ihr praktischer Nutzen ist jedoch nicht sofort ersichtlich.

Dennoch gilt: Jede gebaute Bürowelt, jede räumliche Arbeitsumgebung wirkt im Zusammenspiel mit der technologischen Ausstattung auf die hier arbeitenden Menschen und beeinflusst unmittelbar die Art und Weise wie hier gearbeitet wird. Im Idealfall sind diese Bürowelten Ergebnis einer bewusst geplanten Arbeitsplatz- und Büroqualität sowie sichtbarer und spürbarer Ausdruck der eigenen Unternehmenskultur. Und sie sollten funktionieren – nachhaltig und produktiv!

Unterschiedliche Forschungsarbeiten und empirische Studien auf diesem Gebiet belegen diese Wirkungszusammenhänge eindrucksvoll und zeigen auf, wie brisant und wirkungsvoll die Büroqualität für die Leistung und Produktivität der Mitarbeiter ist – und damit letztendlich für den Unternehmenserfolg. Sie machen aber auch Unterschiede zwischen Anspruch und Wirklichkeit sichtbar. Nur wenn Arbeitskonzept, Arbeitsumgebung sowie IT und Technik sowohl bestehende Vorschriften, arbeitswissenschaftliche Erkenntnisse und Standards erfüllen als auch nutzerorientierte Anforderungen berücksichtigen und damit Mitarbeiter in ihren Arbeitsprozessen wirklich unterstützen, diese zufrieden sind, sich wohl fühlen und auch Wertschätzung erfahren, wollen und können sie ihr Bestes geben.

Um den Ansprüchen einer ganzheitlichen und integrativen Büroplanung gerecht zu werden, fordern sowohl Arbeitswissenschaftler als auch praxisorientierte Planer eine von „Innen nach Außen" gerichtete Vorgehensweise bei der Planung und Realisierung von Büros.

Im Rahmen eines mehrstufigen Planungsprozesses, der beispielsweise im Rahmen eines Investorenprojektes, Nutzer, Architekten, Organisatoren und unterschiedlichste Fachexperten einbindet, plädieren sie für eine Vorgehensweise, die unter Abwägung aller Interessen und Zielsetzungen gezielt unternehmensspezifische Lösungen generiert.

Die bereits von Kern und Lorenz[27] vorgeschlagene Vorgehensweise in 12 Phasen ist in Abb. 29 dargestellt und ähnlich auch bei Gottschalk[28] beschrieben. Diese Vorgehensweise kann für nutzerbezogene Neubaumaßnahmen als allgemeingültig angesehen werden. Bei Umplanungen können einzelne Phasen weggelassen werden, wenn die notwendigen Informationen schon vorhanden sind oder die entsprechenden Freiheitsgrade fehlen.

Abb. 29: Vorgehensweise bei der Planung und Realisierung von Bürogebäuden [nach 12]

Phase 1:	Formulierung der Unternehmensstrategie
Phase 2:	Entwicklung von organisatorischen und technischen Bewältigungskonzepten
Phase 3:	Entwicklung von baulichen Bewältigungskonzepten
Phase 4:	Erstellen und Gewichten des Zielsystems
Phase 5:	Aufstellen des Funktionsprogrammes
Phase 6:	Aufstellen des Raumprogrammes
Phase 7:	Erstellen des Pflichtenheftes für Architekten
Phase 8:	Prüfen und Bewerten der Architekturkonzepte
Phase 9:	Durchführung der Detailplanung für Gebäude, Einrichtung und Organisation
Phase 10:	Begleitung bei der Realisierung
Phase 11:	Planung und Begleitung des Umzugs
Phase 12:	Kontinuierliche Weiterentwicklung und Betreuung

In der Praxis bedarf der durch diese Vorgehensweise beschriebene Ansatz zur ganzheitlichen Büroplanung jedoch immer einer differenzierten Umsetzung. Abhängig von der grundsätzlichen Zielsetzung der jeweiligen Planung und nach Abklärung der zu beachtenden Rahmenbedingungen (z.B. Kostenrahmen, unternehmensspezifische Vorgaben) sind die notwendigen Planungsstufen festzulegen. Jede Planungsstufe umfasst wiederum unterschiedliche Planungsmodule, die sich z.B. auf prozessbezogene, organisatorische, technische, bauliche, räumliche oder einrichtungsbezogene Fragestellungen beziehen. Zur Klärung und Lösung dieser Fragestellungen kann je nach Planungsmodul auf verschiedenste Methoden zurückgegriffen werden (z.B. Dokumentenstudium, Begehung, Checklisteneinsatz, Multi-Moment-Studie, Interview,

[27] *Kern, P., Lorenz, D.,* Planung und Realisierung von Bürogebäuden. In: IO Management Zeitschrift (1991), Nr. 9.

[28] *Gottschalk, O.,* Verwaltungsbauten – Flexibel, kommunikativ, nutzerorientiert. Bauverlag GmbH; Wiesbaden, Berlin, 1994.

schriftliche Befragung, Workshop, Nutzerurteil, Intuition, Erfahrung, Expertenurteil, Nutzwertanalyse, Berechnung, Visualisierung).

Die Schaffung qualitätsvoller Arbeits- und Bürowelten – insbesondere auch die Akzeptanz durch die Nutzer – kann dann erreicht werden, wenn Konzeptentwicklung und Planung sowohl auf einem strategisch-zukunftsorientierten Ansatz als auch auf einem nutzerorientierten Entwicklungsprozess basieren. Hierbei haben sich die in Abb. 30 dargestellten Bausteine erfolgreich bewährt.

Abb. 30: Bausteine zur Entwicklung neuer Arbeits- und Bürowelten [21]

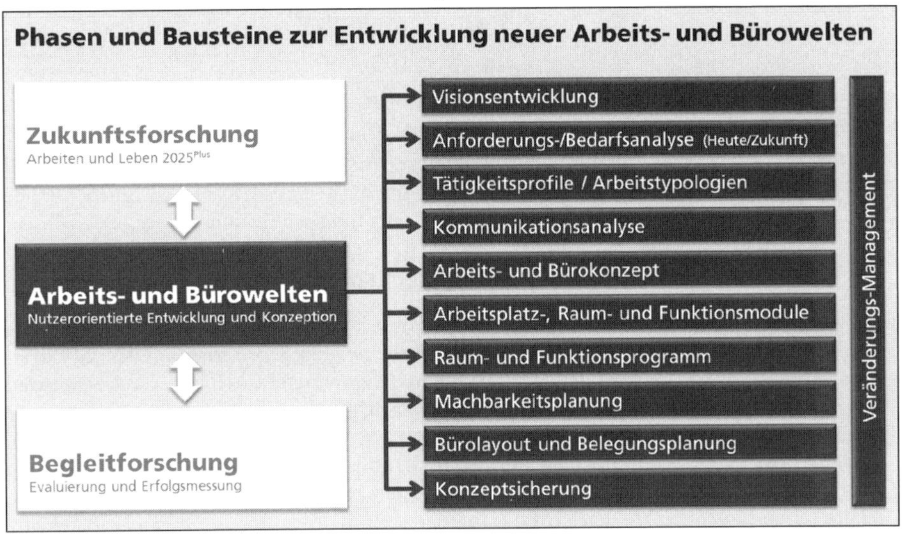

Zunächst sind sowohl Management/Entscheider als auch Nutzervertreter gefordert und jeweils im Rahmen moderierter Workshops in die Anforderungs- und Bedarfsanalyse einzubinden. Tätigkeiten, Prozesse, organisatorische, technische und räumliche Randbedingungen sollten dabei aus einer strategischen Ist-/Sollperspektive sowohl verstanden aber auch kritisch hinterfragt werden, da sie nicht nur den aktuellen, sondern auch zukünftigen Anforderungen gerecht werden müssen. Auf diese Weise gilt es Bewährtes und/oder Problematisches zu erkennen, Veränderungsbedarfe und Ideen zu sammeln, in Potenziale zu übersetzen und mit einer strategischen Perspektive zu verbinden.

Aus diesem ersten, häufig sehr breit gefächerten Katalog an Vorstellungen, Nutzerbedarfen, Anforderungen, Wünschen oder Befürchtungen kann und muss eine Differenzierung nach unterschiedlichen arbeitstypspezifischen Tätigkeits- und Bedarfsprofilen vorgenommen werden, damit die jeweiligen Arbeitsprozesse optimal unterstützt werden.

In Kombination mit entsprechendem Experten Know-how lässt sich anschließend eine Clusterung und Übersetzung der Anforderungen in ein spezifisches Raumkonzept mit einem darauf abgestimmten Katalog geeigneter Arbeitsplatz- und Raummodule vornehmen.[29, 30] In diesem Modulkatalog sind neben räumlichen und flächenbezogenen Vorgaben auch technische bzw. organisatorische Aspekte hinterlegt (Abb. 31).

Die anschließende Umsetzung bzw. Machbarkeitsplanung lässt sich durch einen iterativen Stufenprozess im Detail weiter anpassen und optimieren.

[29] *Sturm, F., Kelter, J., Schimpf, S., Castor, J.; Wagner, F.; Rief, S.*, FuE Arbeitsumgebung 2015+. Fraunhofer IAO, Stuttgart, 2012.

[30] Fraunhofer IAO, Unveröffentlichte Projektdokumentationen.

Abb. 31: Auszug eines Modulkataloges als Grundlage einer systematischen Layoutplanung [21]

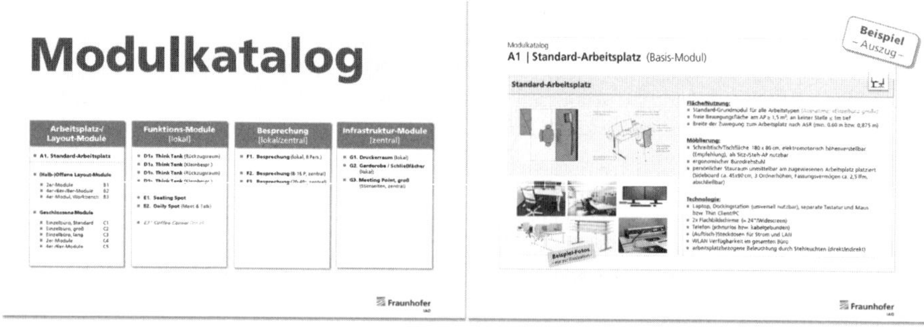

Häufig unterschätzt – jedoch nicht unerheblich für die Konzeptsicherung und den Erfolg derartiger Projekte – ist ein von Anfang an gut aufgesetztes und projektbegleitendes Veränderungs-/ Change-Management. Hierfür sind sehr sorgfältig sowohl geeignete Köpfe, geeignete Methoden und Bausteine als auch unterschiedliche Kanäle der internen Kommunikation zu wählen.

1.4.1 Kennwerte für den Flächenbedarf im Büro

Die ArbStättV fordert für Arbeitsräume – und damit auch für Büroräume – eine Mindestgrundfläche von 8 m². Kleinere Räume sind als Arbeitsräume nicht erlaubt. Diese Mindestgrundfläche ist jedoch in vielen Fällen aufgrund des Raumzuschnittes nicht ausreichend, weil zusätzlich weitere flächenrelevante Vorgaben, wie z.B. Abstandsmaße oder frei zu haltende Funktionsflächen zu berücksichtigen sind.

Bei der Abschätzung von Flächenkennwerten für Büroarbeitsplätze kann man sich an den Schriftenreihen und berufsgenossenschaftlichen Informationen der Verwaltungs-Berufsgenossenschaft orientieren [24, 25]. Demzufolge beträgt in Büros in der Regel die Fläche je Arbeitsplatz einschließlich allgemein üblicher Möblierung und anteiliger Verkehrsflächen im Mittel nicht weniger als 8-10 m². In Großraumbüros – damit sind hier Raumgrößen von mindestens 400 m² gemeint – liegt die Fläche pro Arbeitsplatz insbesondere auch aufgrund größerer Anteile für innenliegende Erschließungs- und Verkehrsflächen typischerweise bei 12-15 m².

Der tatsächliche Flächenbedarf je Mitarbeiter bzw. Arbeitsplatz muss jedoch einerseits immer fall- und raumspezifisch durch die Anwendung aller relevanten Vorgaben ermittelt werden (Form und Größe von Arbeitsflächen, Benutzerflächen, freie Bewegungsflächen, Funktionsflächen, Verkehrsflächen, Abstandsmaße, Durchgangsmaße, Verschnitt-/Verlustflächen usw.). Andererseits umfasst eine qualitäts- und tätigkeitsorientierte Bürowelt neben den reinen Arbeitsplatz-Modulen auch weitere Funktions- und Mehrwert-Module (Abb. 31). Dadurch können sich bei der Ermittlung von Durchschnittswerten deutliche Abweichungen von den o.g. Anhaltswerten ergeben.

Basierend auf einer bundesweiten, stichprobenartigen Befragung hat Jones Lang LaSalle einen durchschnittlichen Büroflächen-Bedarf von ca. 31,0 – 38,6 m² pro Mitarbeiter ermittelt.[31] Dieser Durchschnittswert bezieht sich dabei allerdings auf die insgesamt angemietete Bürofläche, die neben Haupt- und Nebennutzflächen auch Flure, Empfangsbereiche, Konferenzräume usw. enthalten kann.

[31] Jones Lang LaSalle, Property Management Benchmark: Büroflächenkennziffern. 2005; Büroflächenkennziffern 2009. Studie zur Belegung von Büroflächen, Frankfurt, 2009.

1.5 Evaluierung und Erfolgsmessung

Wie ausgeführt, hat die Arbeitsumgebung enormen Einfluss auf unsere Leistungsfähigkeit. Wer sich an seinem Arbeitsplatz wohl fühlt, durch eine aufgabenangepasste Technik unterstützt wird und in die Lage versetzt wird, seine Arbeit in Einklang mit seinen persönlichen Lebensumständen gut zu organisieren, kann mehr leisten. Zahlreiche Studien belegen zudem den zunehmenden Einfluss zwischen der Gestaltung und Organisation der Arbeits- und Büroumgebung und der Bindung und Gewinnung von Mitarbeitern.

Die Entwicklung und Einführung von neuen Arbeits- und Bürowelten hat also weitreichende Bedeutung für eine Organisation. Initiatoren und Projektleitung stehen damit in einer großen Verantwortung.

Wie lassen sich Führungskräfte und Mitarbeiter nachhaltig für veränderte Arbeitsweisen gewinnen? Welche Effekte haben sich im konkreten Fall tatsächlich ergeben? Sind die erwarteten Wirkungen eingetreten, lassen sich diese belegen und an welchen Stellen muss eventuell noch nachgebessert werden? Mit diesen Fragen sehen sich Projektbeteiligte, Führungskräfte und auch Mitarbeiter bei fast jeder Neukonzeption der räumlichen, technologischen oder organisatorischen Arbeits- und Büroumgebung konfrontiert.

Mittels standardisierter, webbasierter Evaluierungsmethoden [z.B. „Office Design & Performance Check"] lassen sich auf Basis eines Vorher-Nachher-Vergleiches derartige Effekte bei der Veränderung von Arbeitsformen und der räumlich-technologischen Büroumgebung von Organisationen tatsächlich belegen.[32] Die Ergebnisse einer derartigen arbeitswissenschaftlichen Begleitstudie zu den Wirkungen, die aus einer veränderten räumlichen und technologischen Arbeitsumgebung resultieren, ermöglichen den Verantwortlichen eine transparente Erfolgskontrolle ebenso wie die zielgerichtete Identifikation möglicherweise weiterer notwendiger Optimierungspotenziale. Darüber hinaus stellen die Ergebnisse ein wesentliches Element einer nachhaltigen, fundierten und glaubwürdigen Kommunikation mit Mitarbeitern, Führungskräften, Arbeitnehmervertreten, Investoren und der Öffentlichkeit dar.

Basierend auf dem Feedback anonymisierter Mitarbeiterbewertungen sind – gemessen auf einer Absolut-Skala von 0 % (sehr schlecht) bis 100 % (Idealzustand) bei erfolgreichen Projekten Verbesserungen im Bereich der „Gestaltungsqualitat" bzw. der „Office Performance" von 5-10 % durchaus üblich und realistisch.

Diesbezügliche Auswertungen lassen sich dann – z.B. auf der Ebene von Organisationseinheiten, Funktionsbereichen, Hierarchieebenen oder demografischen Merkmalen – sowohl für übergeordnete Kennwerte als auch für einzelne Items in Form von Mittelwerten, Zeitreihenanalysen (Pre-Post-Analysen, Längsschnittanalysen usw.) in detaillierterer Form darstellen (Abb. 32).

[32] Fraunhofer IAO, Unveröffentlichte Projektdokumentationen.

Abb. 32: Beispielhafte Darstellung von Evaluierungsergebnissen [21]

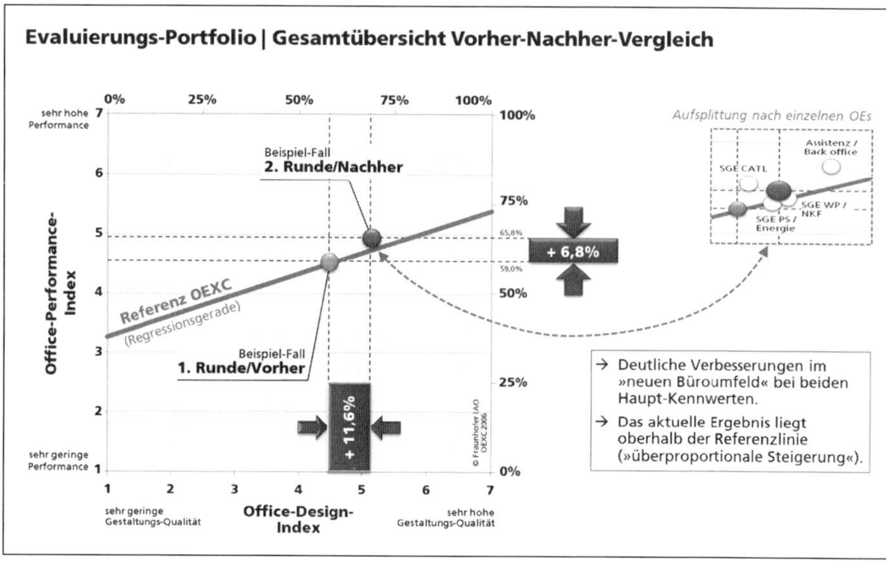

Gleichermaßen lassen sich in diesem Zusammenhang auch einzelne Teilaspekte der Bürogestaltung (z.B. Konzept-Qualität, Möblierung, Besprechung, Konzentration, Layout, Klima usw.) über entsprechende Teilindices im Rahmen eines Vorher-Nachher-Vergleiches beurteilen und mit jeweils hinterlegten spezifischen Benchmarks abgleichen (Abb. 33).

Abb. 33: Vorher-Nachher-Vergleich im Abgleich mit spezifischen Benchmarks zu einzelnen Teilaspekten [21]

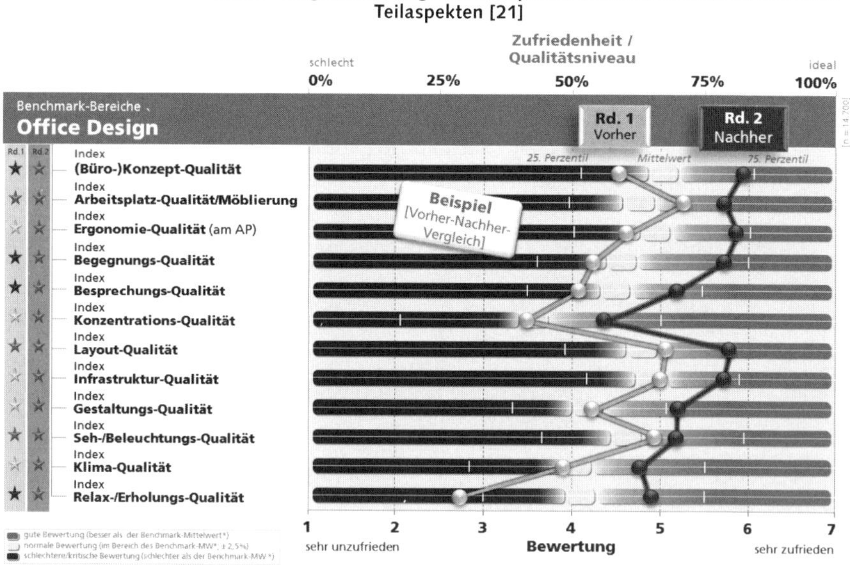

2. Nachhaltigkeit, Green Building und Zertifizierung

Zur Bedeutung von Nachhaltigkeit für die Immobilienwirtschaft

2.1 Einführung

Nachhaltigkeit, Green Building und Zertifizierung haben die Immobilienwirtschaft in den letzten zehn Jahren in Bewegung versetzt und der Branche neben ihren baukulturellen Aspekten und der städtebaulichen Dimension eine weitere gesellschaftlich relevante Entwicklungsrichtung gegeben.

Doch vielfach sind die Begriffe noch immer unscharf, und unter den Akteuren der Branche herrscht sprachliche Verwirrung:

Der umfassende Begriff der Nachhaltigkeit steht für eine seit der UN-Umweltkonferenz in Rio de Janeiro 1992 gültige entwicklungspolitische Bedingung, die darauf ausgerichtet ist, Wachstum in einem ökologischen, ökonomischen und sozialen Gleichgewicht zu ermöglichen. Nachhaltigkeit (Sustainability) bildet den Rahmen einer notwendigen Entwicklung zu mehr Verantwortung für die Schonung unserer natürlichen Ressourcen und in diesem Sinne geplante und betriebene Gebäude.

Als Green Building wird ein Gebäude bezeichnet, das unter dem Leitgedanken der Nachhaltigkeit entwickelt wurde. Grüne Gebäude zielen prinzipiell auf eine hohe Ressourceneffizienz in den Bereichen Energie, Wasser und Baustoffe ab, während gleichzeitig schädliche Auswirkungen auf die Gesundheit und die Umwelt reduziert werden. Der Begriff setzt eher einen Schwerpunkt auf ökologische Themen, wie sie beispielsweise im 2005 initiierten Green Building Programm der EU zur Verbesserung der Energieeffizienz von Nichtwohngebäuden formuliert sind. Nach positiver Prüfung im Rahmen des Audits zu einer Zertifizierung wird dem Gebäudeeigentümer dabei der Status „Green Building-Partner" verliehen.

Die Zertifizierung erfasst systematisch Qualitäten und Eigenschaften eines Gebäudes und bewertet sie anhand anerkannter Kriterien der Nachhaltigkeit von Immobilien. Dieser Prozess der Bewertung findet in der Regel mit nutzungsspezifischen Indikatoren gegen gültige Benchmarks entsprechender Gebäudetypen (Büro, Hotel, Einzelhandel etc.) statt. Am Ende steht die transparent nachgewiesene und unabhängig geprüfte Nachhaltigkeit der Immobilie in Form eines Gütesiegels.

Neben Gebäuden werden inzwischen auch Stadtquartiere (Urban Districts) bewertet. In einer guten städtebaulichen Planung liegt letztlich die Voraussetzung für nachhaltige Immobilienprojektentwicklung. Die Infrastruktur und die Erschließungsmaßnahme sind dabei ebenso Gegenstand der Betrachtung wie eine ausgewogene Nutzungsmischung und die Qualität der öffentlichen Flächen.

Die gegenwärtig in Deutschland verwendeten Zertifizierungssysteme, DGNB, LEED und BREEAM sind in Inhalten und Methodik stark ihren jeweiligen Entstehungszusammenhängen verhaftet und deshalb kaum vergleichbar. (Dazu mehr unter 3.3)

Die Deutsche Gesellschaft für Nachhaltiges Bauen (DGNB) hat in ihrem Leitbild die gesellschaftliche Relevanz des Themas präzise formuliert:

„Grundlage ist das sorgfältig ausbalancierte Zusammenspiel von Effizienz, Suffizienz und Konsistenz als Philosophie der starken Nachhaltigkeit (Konrad Ott). – Effizienz bedeutet eine bessere Nutzung der verfügbaren Mittel; sie ist mit technischen Erwägungen und darüber hinaus mit systemischen Lösungsansätzen verbunden. – Suffizienz stellt demgegenüber die Frage nach dem rechten Maß; sie will dem Überverbrauch von Ressourcen Grenzen setzen sowie Genügsamkeit und Angemessenheit im gesellschaftlichen Konsens umsetzen. – Konsistenz bezeichnet

Abb. 1: Abgrenzung der Begriffe im betrachteten Zusammenhang

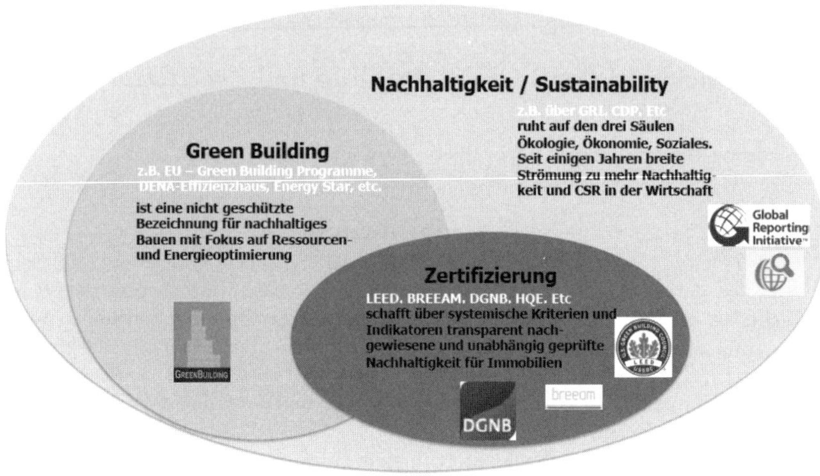

(Quelle: eigene Darstellung)

den Übergang zu naturverträglichen Technologien; Ökosysteme sollen genutzt werden, ohne hierbei zerstört zu werden; es geht also um das Denken und Handeln in Kreisläufen"[1].

2.2 Marktrelevanz

Diese Anforderungen haben mit Strategien zu Corporate Social Responsibility (CSR) und Environmental und Social Governance (ESG) längst auch Eingang in das Denken und Handeln auf der Führungsebene von global agierenden Konzernen wie auch mittelständischen Unternehmen gefunden. Eine Reihe unterschiedlicher Initiativen und Reportingformate (Carbon Disclosure Project – CDP, Global Reporting Initiative – GRI, etc.) dienen dazu, den Fortschritt der Unternehmen auf dem Weg der Nachhaltigkeit zu dokumentieren. Längst sind die Ergebnisse dieser Projekte nicht mehr nur für die Marketingabteilungen interessant, sondern sind integraler Bestandteil einer umfassenden Unternehmenskommunikation. Sie richtet sich an alle Stakeholder wie Anteilseigner, Finanzierer, Investoren, Kunden und die allgemeine Öffentlichkeit gleichermaßen.

2.2.1 Unternehmensebene

„Für die Unternehmen der Immobilienwirtschaft bedeutet Nachhaltigkeit die universelle Zielvorgabe, mit der natürlichen Umwelt und den ökonomischen, sozialen und kulturellen Werten, auch im Hinblick auf künftige Generationen, verantwortlich und langfristig orientiert umzugehen und das Unternehmen gemäß einer entsprechenden Corporate Governance zu führen. Bezogen auf die Immobilie wird Nachhaltigkeit als unverzichtbares Qualitätsmerkmal anerkannt, das den gesamten Lebenszyklus und die gesamte Wertschöpfungskette umfasst. Sie soll zur Verbesserung des städtebaulichen und soziokulturellen Umfelds für die Menschen beitragen." "[2].

---

[1] DGNB 2013: Leitbild
[2] ZIA 2015

Das Leitbild ist damit auch für die Immobilienwirtschaft formuliert. Nun steht die organisatorische und strukturelle Umsetzung in Unternehmensprozesse an.[3]

Nachhaltigkeit betrifft alle Ebenen und Bereiche eines Unternehmens, also Mitarbeiter, Management und Aufsichtsgremien; Geschäftsinhalte sind ebenso Gegenstand einer wirksamen Nachhaltigkeitsstrategie wie die darauf ausgerichteten Prozesse. CSR bildet das Leitbild moderner Unternehmenskultur und sie liefert die Antwort auf vielfältige Fragen zu Themen wie wachsende Armut, soziale Ungleichgewichte, Globalisierung, Bürgerbeteiligung, Klimawandel und Demographie. Gut geführte Unternehmen stellen sich den geänderten Rahmenbedingungen, und so wird der Dreiklang aus Ökologie, Ökonomie und Sozialem zum Maß verantwortungsvollen Wirtschaftens.

Verbraucher kaufen vermehrt nach sozialen, ethischen oder ökologischen Kriterien, Anleger lassen diese Kriterien verstärkt in ihre Investmententscheidungen einfließen. Sie sind wichtig für das Rating ebenso wie für die Eignung zu bestimmten Fonds. Qualifizierte Fachkräfte erwarten von ihren Arbeitgebern Nachhaltigkeit nicht nur als gesellschaftliches Engagement, sondern auch im Unternehmen selbst, etwa in Sachen Familienfreundlichkeit, Flexibilität der Arbeitszeit oder beim Weiterbildungsangebot.

Diese Anforderungen machen vor der Immobilienwirtschaft nicht halt und mit dem Branchenkodex „Nachhaltigkeit" des Zentralen Immobilien Ausschusses (ZIA) liegen nun die Selbstverpflichtungen der Immobilienwirtschaft als Empfehlung vor. Im Kern geht es um das Bekenntnis zu den Prinzipien der Nachhaltigkeit, ihre Umsetzung im geschäftlichen Alltag sowie um ein angemessenes Nachhaltigkeitsreporting. Die Chancen sind klar: nachhaltige Unternehmen gewinnen Glaubwürdigkeit, positionieren sich erfolgreich im Wettbewerb, haben gute Argumente zum Absatz ihrer Produkte und erhöhen ihre Attraktivität im Wettbewerb um qualifiziertes Personal. Dies ist ein wichtiger Punkt im Hinblick auf die schon spürbaren Folgen des demographischen Wandels. Befragte Hochschulabsolventen geben zunehmend an, dass ihnen neben der ordentlichen Bezahlung Nachhaltigkeitsaspekte ihres zukünftigen Arbeitgebers wichtig sind: Work–Life–Balance, Vereinbarkeit von Familie und Beruf, Klima- und Ressourcenschutz.

Abb. 2: Möglichkeiten der Positionierung für Unternehmen

(Quelle: eigene Darstellung)

[3] siehe dazu auch: „Oekom CR-Review 2012", Seite 26: der Sektor Real Estate bildet mit 19,2 von 100 Bewertungspunkten das gegenwärtig noch das Schlusslicht im Vergleich aller Branchen

Glaubwürdigkeit wird für Unternehmen in der Immobilienwirtschaft zum kostbaren Gut. Die Gefahren lauern bereits: „green-washing" als grüner Etikettenschwindel, wenn es eben nicht um den verantwortungsbewussten Umgang mit den Themen der Nachhaltigkeit geht, sondern man aus PR-Gründen versucht, sich ein „grünes Mäntelchen" umzulegen. Dies hieße: zu kurz gesprungen, gerade in Zeiten eines durch Social Media geprägten Internet. Blogs und Tweets bringen die Wahrheit schnell an den Tag. Das müssen sich auch die Verantwortlichen in der Immobilienbranche bewusstmachen: CSR, und Nachhaltigkeit sind ein langfristiger und auch individueller Lernprozess und erfordern die Einsicht, dass aus den ökologischen und sozialen Aspekten eine ökonomische Dimension erwächst.

Nachhaltigkeitszertifizierung als Regelkreis der Optimierung
Das Thema Nachhaltigkeit eignet sich nur für eine ernsthafte Bearbeitung im Rahmen langfristiger Prozesse. Schnelle Effekte sind damit nicht zu erzielen. In einer Marktstudie der Deutschen Hypo wird dieser Vorgang beschrieben:

„Das Management der Nachhaltigkeit sollte **systematisch**, **repetitiv** und **kooperativ** erfolgen.

Systematisch bedeutet, messbare und praxisbezogene Ziele zu formulieren, die operativen Maßnahmen auf die Erreichung dieser abzustellen und ein Erfolgscontrolling einzurichten, das zeitnah und effizient Fehlplanungen verhindern hilft.

Repetitiv: Diese Arbeitsschritte sollten regelmäßig in sinnvollen Abständen wiederholt werden, z.B. in einem dreijahres-Zyklus, um Daten über die Effektivität der Maßnahmen zu gewinnen und so stetig zu verbessern.

Kooperativ: Die Entscheidungen müssen möglichst breit im Unternehmen getragen und gemeinsam umgesetzt werden. Eine Einbindung externer Organisationen wie Verbände, Vereine und tangierte private Haushalte bietet sich bereits im Vorfeld an, um Probleme frühzeitig zu erkennen und zu behandeln. Dies hilft außerdem, Synergieeffekte zu erkennen und zu nutzen.

Für die Umsetzung von Nachhaltigkeit in Unternehmen gibt es mittlerweile viele kreative Wortschöpfungen wie „sustainable Entrepreneur", „Ecopreneur" oder aber auch „Bionier". Und weil sich einige Unternehmen bereits nach Erstellung eines Abfallkonzepts als nachhaltig bezeichnen, hat sich der Nachhaltigkeitskodex als Vergleichsmaßstab heraus gebildet"[4].

2.2.2 Objektebene

Nach anfänglicher Unsicherheit über die Dauerhaftigkeit dieser Entwicklung und die Messbarkeit ihrer Auswirkungen auf den Immobilienmarkt ist inzwischen klar: Nachhaltigkeitsstrategien auf Unternehmensebene und Zertifizierungsprozesse auf Objektebene haben einen festen Platz eingenommen und werden zukünftig noch an Bedeutung gewinnen.

Die Zahlen für den Business Case „Green Building" variieren stark. Die Rede ist von 2-6 % Mehrkosten für nach Green Building-Regeln geplante und zertifizierte Gebäude. Dem stehen höhere Mietansätze von 3-6 % und bis zu 16 %ige Aufschläge im Verkauf gegenüber[5]. All diese Zahlen sind nur im Detail aufschlussreich und sehr einzelfallabhängig. Eine aktuelle Studie des World Green Building Council, WGBC *(Business Case for Green Building Report, 2013)* weist allerdings optimierende Effekte bei Wertentwicklung, Betriebskosten sowie in Gesundheit und Produktivität der Nutzer (s. Abb. 4) und Risikominimierung der Investoren aus[6]. Dagegen stehen überschaubare Kosten, die umso geringer ausfallen, je früher die Nachhaltigkeitsanforderungen in das Projekt eingeführt werden. Zudem wird dort eine Wahrnehmungsverschiebung bei den Kosten beschrieben: Während zusätzliche Kosten zwischen 0,9 und 29 % in den Planungsteams geschätzt werden, liegen die tatsächlich festgestellten Mehrkosten zwischen -0,4 und 12,5 % (s. Abb. 3, und auch 3.3.2: Kosten/ Nutzen).

[4] Vornholz et al. 2012
[5] Eichholz et al. 2008
[6] WGBC 2013

Abb. 3: Mehrkosten sind geringer als erwartet

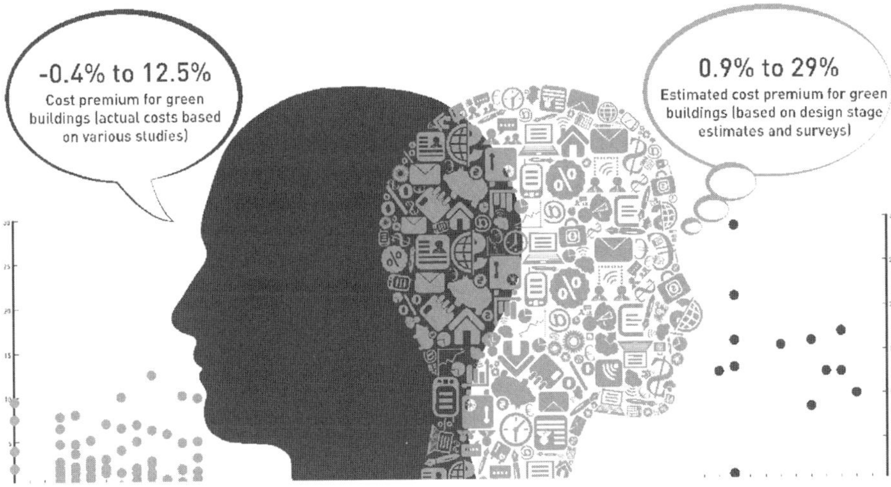

(Quelle: WGBC 2013)

Zur Frage der Wertbeeinflussung von Zertifizierung bei Gewerbeimmobilien stehen eine Reihe von Mehrwertstudien aus den USA und Europa zur Verfügung. *(s. „Grün kommt! Europäische Nachhaltigkeitsstatistik 2017", RICS, IREBS).*

In der Projektentwicklung wird dagegen der Nutzen von Green Building und entsprechender Zertifizierung allzu häufig auf den Vermarktungsvorteil reduziert. Alle Zertifizierungssysteme sind jedoch darauf ausgerichtet schon in der Projektphase genutzt zu werden, um so nicht nur das Ergebnis zu verbessern, sondern auch die Verlässlichkeit während der Planung zu erhöhen und damit auch in der Entwicklungsphase Risiken zu reduzieren. Der Kriterienkatalog der DGNB beispielsweise funktioniert so nicht nur als Checkliste für Bauherren und Planungsteams sondern bietet auch eine Fülle von Ziel- und Vergleichswerten aus Best Practice-Projekten, an denen sich eine zeitgemäße Immobilie messen lassen muss. Der Bauherr erhält damit Leitlinien der Nachhaltigkeit und gleichzeitig ein Diagnosetool für die Qualität der Arbeit seiner Fachleute, mit dem er sein Immobilienprojekt in den Zielkorridor steuern kann.

Nach Fertigstellung, also während der Nutzungsphase geht es hier besonders um den Nachweis von Qualitäten und die Transparenz von Gebäudeeigenschaften. Mit der Dokumentation zur Zertifizierung eines Gebäudes entlang einer Vielzahl von Kriterien und Indikatoren werden objektbezogene Qualitäten umfassend dargestellt. Durch den Vergleich mit anerkannten Benchmarks werden die Chancen und Risiken der Immobilie sichtbar. Beispielsweise beschreiben Flächeneffizienz und Lebenszykluskosten die ökonomische Seite, während Kriterien wie thermischer Komfort und Innenraumluftqualität unmittelbar den Nutzerkomfort bestimmen. Diese Qualitäten beeinflussen die Vermietbarkeit, damit die Werthaltigkeit und letztlich die Zukunftsfähigkeit der Gebäude.

Wichtiger noch als der schwer nachzuweisende Vorteil bei Vermietung und Verkauf, ist die Tatsache, dass ein Wandel im Markt stattfindet. Die Wissenschaft nennt das Innovationsdiffusion: Ein neues oder verändertes Produkt wird im Markt eingeführt und hat einen Vorteil solange die konventionellen Produkte noch den Markt dominieren. Abhängig von der Geschwindigkeit der Marktdurchdringung wird dann aus dem Bonus für das Neue sehr schnell ein Malus für das Alte. Darin besteht auch die eigentliche Gefahr für die Werthaltigkeit von Immobilien, die sich nicht am Maßstab der Nachhaltigkeit messen lassen.

Die Bedeutung von Nachhaltigkeit besteht für Investoren und Bestandshalter deshalb wohl im Risikomanagement. Für Mieter ist es neben den erwarteten geringeren Betriebskosten die bessere Gebäudeperformance. Für alle, die Gebäude bewirtschaften müssen, sind die detaillierte

Abb. 4: Zertifizierung als Anreizsystem schafft zukunftsfähige Gebäude

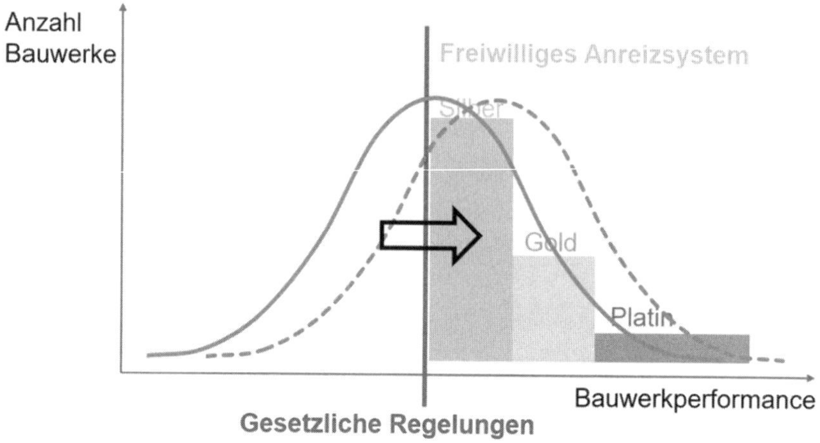

(Quelle: DGNB-Darstellung, ergänzt)

Dokumentation der Gebäudesubstanz und die vorgedachten Betriebskonzepte ein wichtiger Punkt. Aber für alle an der Immobilie Interessierten, von der finanzierenden Bank über den Mieter bis zum Immobilieneinkäufer, ist sicher die durch eine Zertifizierung entstehende Transparenz entscheidend. Die Qualitäten des Gebäudes sind in einer Art Zeugnis nachzulesen, und die Immobilie wird so vergleichbar.

2.2.3 Effekte auf Unternehmens- und Objektebene

Die Effekte in der Immobilienentwicklung, dem Investment, der Vermietung und im Verkauf sind vielfältig. So lassen sich eine Reihe von Effekten erwarten für,

den Entwickler/Investor:
- Investment wird transparent, Prinzipien und CSR werden öffentlich
- Innovative Differenzierung des Produkts durch Transparenz
- Geringere Leerstandsraten und bonitätsstarke Mieter
- Zukunftsfähige Gebäude erfüllen heute schon den Standard von morgen
- „Green Value" wird zunehmend bewertungsrelevant
- Bessere Finanzierungskonditionen
- Nachhaltigkeit als Beleg für Solidität
- Verbessertes Risikomanagement
- Erleichterte Marktkommunikation

den Nutzer:
- Nutzer können ihr Unternehmen mit Green Building positiv positionieren.
- Einbeziehung der Immobilie in Marketingstrategie des Unternehmens
- Demonstration unternehmerischer Verantwortung („License to operate")
- Geringere Betriebskosten (Occupancy Costs)
- Höhere Mitarbeiterproduktivität
- Erfüllung evtl. Selbstverpflichtung aus Corporate Governance oder CSR

Es wird deutlich, dass die Hebel in der Entwicklung zu mehr Nachhaltigkeit die ökonomischen Aspekte sind. Durch die großen Schnittmengen zwischen den Interessengruppen ist der Teufelskreis durchbrochen. Der vormals vielzitierte „Vicious Circle of Blame" gilt nicht länger. Alle Seiten partizipieren und haben so aus ihrer jeweiligen Perspektive großes Interesse an Green Building und Nachhaltigkeit für ihre Immobilien.

Abb. 5: Gute Gründe für Green Building aus Sicht der Zielgruppen

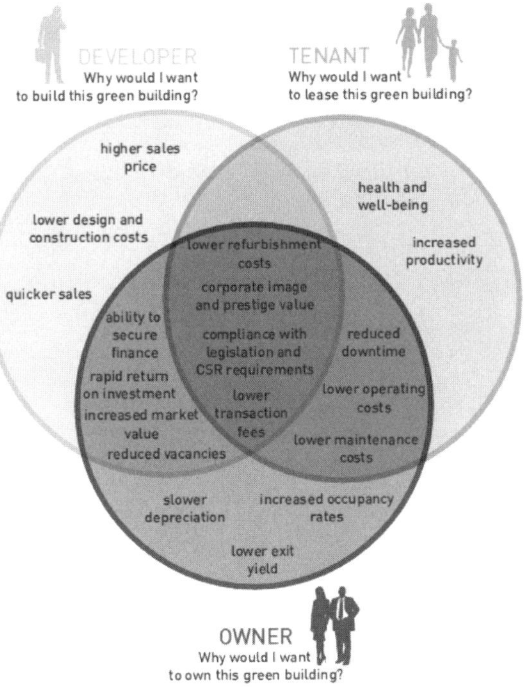

(Quelle: WGBC)

3.3 Zertifizierungssysteme

Durch Zertifikate (Green Building-Label) werden die oben beschriebenen Nachhaltigkeitsanforderungen auf Objektebene messbar. Sie werden genutzt, um den Erfüllungsgrad gegenüber den Benchmarks der jeweiligen Referenzsysteme nachzuweisen. Alle Zertifikate formulieren Anforderungen zu den verschiedenen Aspekten der Nachhaltigkeit und belohnen deren Erfüllung mit Punkten oder „Credits" in einem gewichteten Bewertungssystem. Diese Punkte werden in unterschiedlicher Weise aggregiert und ergeben am Ende einen Erfüllungsgrad, der das Ergebnis bestimmt. Die angelsächsischen Systeme gehen dabei eher direkt vor, sind maßnahmenorientiert und nutzen vielfach Checklisten um die Umsetzung bestimmter Schritte zu fördern. Das deutsche System dagegen ist zielorientiert, eher modellhaft angelegt und betont die Erreichung abgestufter Zielwerte. (s. auch 3.3.1) – Auf diese Weise werden weltweit eine große Anzahl verschiedener Zertifikate und Gütesiegel verwendet. (s. evtl. Abb. 6) Eine Einigung auf einen international anerkannten einheitlichen Standard wird immer wieder gefordert, vor allem von global agierenden institutionellen Anlegern. Die Wahrscheinlichkeit, dass diese Harmonisierung stattfindet, ist allerdings gering. Auch wenn die verschiedenen nationalen Organisationen im World Green Building Council (WGBC) zusammengeschlossen sind und kooperieren, weichen die gesetzlichen Voraussetzungen in den jeweiligen Ländern doch stark von einander ab und Prozessabläufe in Planung und Bau sind sehr unterschiedlich. Das führt dazu, dass die Kriterien und Anforderungen der einzelnen Bewertungssysteme letztlich in den Entstehungsländern am besten anwendbar sind.

Den Bewertungssystemen liegen deshalb völlig unterschiedliche Kriterien und Indikatoren zugrunde, wodurch sich Inhalte und Ergebnisse der Bewertung sehr stark unterscheiden können. Der Interessent für ein zertifiziertes Gebäude muss also jeweils genau hinsehen, um

Abb. 6: Zertifizierte Gebäude in Europa 2017 (Sanierung und Neubau, Quelle: „Grün kommt!", RICS/IREBS, 2017

zu verstehen, welche Qualitäten ihm mit „Gold", „Platin" oder „Outstanding" bescheinigt werden. Die erwartete Transparenz tritt also immer nur innerhalb desselben Referenzsystems ein. Darin allerdings werden Gebäude sehr gut vergleichbar.

Auf eine vollständige Aufzählung aller Systeme wird hier verzichtet. An dieser Stelle werden auch nicht die Zertifizierungssysteme im Detail verglichen oder deren Funktionsweise erläutert werden. (*Vertiefend s. dazu Dr.-Ing. Susan Draeger (2010) „Vergleich des Systems des Deutschen Gütesiegels Nachhaltiges Bauen mit internationalen Systemen, Endbericht" aus dem Forschungsprogramm Zukunft Bau im Auftrag des BMVBS.)* Der vorliegende Beitrag vermittelt die prinzipiellen Gemeinsamkeiten und Unterschiede der drei für Deutschland und Europa wesentlichen Bewertungsmöglichkeiten für Green Building.

Alle Zertifikate bieten ein Instrumentarium zur Überprüfung der Zielerreichung bei Immobilienprojekten, in Gebäuden wie auch in Stadtquartieren. Einen ambitionierten Bauherrn und ein qualifiziertes Planungsteam vorausgesetzt, lassen sich so die Qualitäten und Eigenschaften des Gebäudes schon in der Planung so detailliert steuern, dass die Ziele in der Realisierung problemlos erreicht werden. Als besonderer Anreiz wirkt hier regelmäßig der konkrete Sollwert, mit dem Silber, Gold oder sogar Platin erreichbar wäre, und entfaltet so eine motivierende Wirkung im Planungsteam. Zudem entsteht ein disziplinierender Effekt im Prozess, der in einer umfassenden und vollständigen Dokumentation mündet.

Die Zertifikate werden so auch zu einem Instrument des Risikomanagements und passen sehr gut in den typischen selbstregulierenden Regelkreis zur Kontrolle und Steuerung von Risiken. Die Zertifizierungsurkunden werden von unabhängigen Organisationen vergeben, die das Bewertungssystem administrieren, den Zertifizierungsprozess strukturieren und die Voraussetzungen für eine transparente Beurteilung schaffen. Damit ist gewährleistet, dass die Zertifizierung extern geprüft wird und einen Wert hat. Darüber hinaus müssen diese Organisationen die Experten, die die Qualität der Projekte attestieren sollen, ausbilden und akkreditieren. Diese Auditoren oder Assessoren müssen vor Allem die korrekte Durchführung des Zertifizierungsprozesses begleiten, eine fruchtbare Kommunikation im Planungsteam verankern und die inhaltlich richtige Dokumentation der Projekte und ihrer Bewertung sicherstellen.

Grundsätzlich ist zwischen der Bewertung im Rahmen eines Neubauprojekts und der Betrachtung einer Bestandsimmobilie methodisch und inhaltlich zu unterscheiden. Im ersten Fall sind noch alle Möglichkeiten offen und das bestmögliche Ergebnis kann Maßstab sein (Best Practice-Ansatz), im zweiten Fall müssen die tatsächlichen Verbrauchswerte des Gebäudes Gegenstand der Bewertung sein und vor allem muss der Betrieb des Gebäudes mit einbezogen werden. Interessant ist eine Bestandszertifizierung besonders, weil sie der Einstieg in einen Prozess der kontinuierlichen Verbesserung für alle Beteiligten sein kann. Erst wenn Eigentümer, Asset Manager, Property Manager, Facility Manager und Nutzer ein gemeinsames Bezugssystem nutzen und gemeinsame Ziele verfolgen, werden Immobilie wirklich nachhaltig betrieben.

Die Anzahl zertifizierter Gebäude in Deutschland wächst beständig. In 2016 betrug der Anteil von Green Buildings am Investmentmarkt über 20 % . (s. Abb. x)

Abb. x: Aufwärtstrend setzt sich seit Jahren fort: „Market Focus 2016 – Investment Markt Green Buildings", BNPP Research, 2017

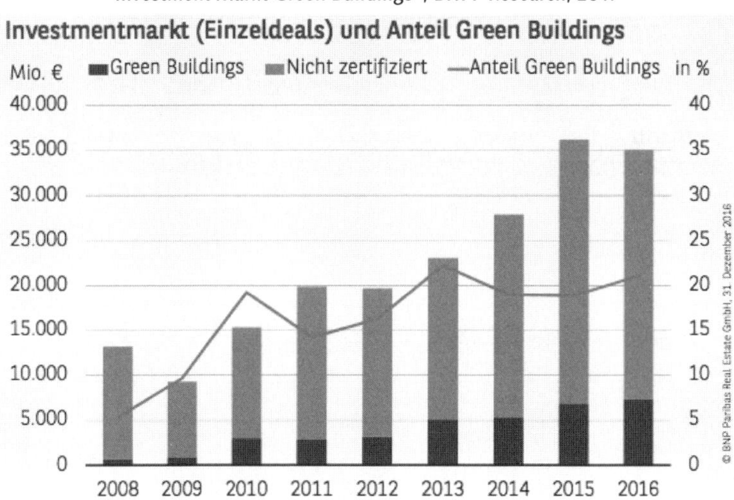

3.3.1 Zertifikate in Deutschland

Unter den Nachhaltigkeitslabeln kristallisiert sich das DGNB-Zertifikat mit einem Marktanteil von gut 80 Prozent im Neubau immer mehr als Marktführer in Deutschland heraus[7].

[7] DGNB; GBCI (2011); Greenbook live (o.J)

Die anderen Label spielen eine vergleichsweise untergeordnete Rolle. Allerdings hat BREEAM mit einer deutschen Version des Systems für Bestandsimmobilien seit 2012 eine schnelle Entwicklung genommen und liegt dort vorne. (s. Abb. y) International ist das LEED-System am weitesten verbreitet, aber auch die DGNB ist inzwischen in 21 Ländern aktiv.

Abb. y: DGNB bleibt Marktführer in Deutschland: „Market Focus 2016 – Investment Markt Green Buildings", BNPP Research, 2017

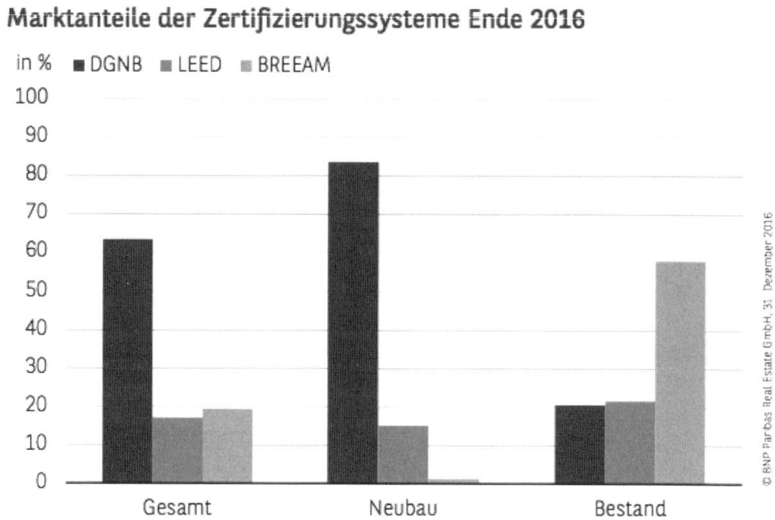

International angewendet sowie in Deutschland relevant sind das amerikanische LEED-, das britische BREEAM- und das deutsche DGNB-Zertifikat, das seit 2009 verliehen wird. Die Gemeinsamkeiten und Unterschiede können wie folgt umrissen werden.

Abb. 7: Übersicht der Zertifikate und Auszeichnungslevel (Quelle: eigene Darstellung)

DGNB		LEED		BREEAM	
Platin	> 80 %	Platin	> 80 %	herausragend	> 85 %
Gold	> 65 - 80 %	Gold	> 60 - 79 %	exzellent	> 70 %
Silber	> 50 - 65 %	Silber	> 50 - 59 %	sehr gut	> 55 %
Bronze	> 35 - 50 %	Zertifiziert	> 40 - 49 %	gut	> 40 %
				befriedigend	> 25 %
				ausreichend	> 1o %

- ***BREEAM (Building Research Establishment Environmental Assessment Method):*** Das britische BREEAM wird seit 1990 in Großbritannien und darüber hinaus angewendet. Es ist somit der älteste Zertifizierungsstandard für Immobilien, war Vorbild für andere System (z.B. HQE in Frankreich) und wurde inzwischen auch für andere Länder angepasst. So gibt es BREEAM-NL in den Niederlanden oder auch BREEAM.DE in Deutschland. Die einzelnen Kriterien sind, wie auch im DGNB-System anteilsmäßig gewichtet. Ausgezeichnet wird in sechs Stufen: ausreichend, befriedigend, gut, sehr gut, exzellent und herausragend. Dazu werden neun Bewertungskategorien (plus Innovation) mit insgesamt 74 Kriterien angewendet (Version BREEAM Europe Commercial)[8]. Anders als bei LEED und DGNB sind hier für den höchsten Auszeichnungsstandard die Erfüllung der Anforderungen zu 85 Prozent erforderlich.
- ***LEED (Leadership in Energy and Environmental Design):*** Der amerikanische Standard des USGBC (U.S. Green Building Council) wurde 1998 entwickelt und ist weltweit gegenwärtig am weitesten verbreitet. Bewertet wird in vier Stufen: Certified, Silber, Gold und Platin. Bewertet wird über Credits, die Gewichtung findet über die Anzahl der Punkte pro Credit statt und sorgt so auf der Oberfläche für gute Kommunizierbarkeit. Wobei für eine Platinzertifizierung 80 Prozent der Punkte erreicht werden müssen, für eine Goldzertifizierung reichen 60 Prozent der erreichbaren Punkte. Insgesamt werden 55 Kriterien in fünf Bewertungsbereichen (plus Innovation) angeboten (Version LEED NC, v 4)[9].
- ***DGNB (Deutsche Gesellschaft Nachhaltiges Bauen):*** Die Deutsche Gesellschaft für Nachhaltiges Bauen (DGNB) vergibt seit 2009 das Zertifikat. Entwickelt wurde das System gemeinsam von der DGNB und dem Bundesministerium für Verkehr, Bau und Stadtentwicklung (jetzt BMUB), wurde kontinuierlich weiterentwickelt und von der DGNB in internationaler Kooperation für über 20 Länder adaptiert. Das Gütesiegel bewertet einen umfassenden Katalog aus ökologischen, ökonomischen sowie soziokulturellen Aspekten und bezieht außerdem technische Qualitäten und Prozessqualitäten in die Note mit ein. Die Standortqualität wird separat bewertet. Das System nutzt dazu insgesamt 37 Kriterien in den in Abb. 9 gezeigten sechs Bewertungsbereichen (Hauptkriteriengruppen) und vergibt Auszeichnungen in Silber, Gold und Platin (Version 2018). Ab einem Gesamterfüllungsgrad von 80% wird ein Zertifikat in Platin verliehen.

Für alle drei Zertifikate gibt es ein „Überangebot" von möglichen Punkten, sodass nicht alle Anforderungen erfüllt werden müssen, um die höchste Auszeichnung zu erhalten.

Alle Systeme verfügen auch über bestimmte Eingangsvoraussetzungen (Prerequisites), die zwingend erfüllt werden müssen: Nichtraucherschutz (Environmental Tobacco Smoke Control) und die Verhinderung von Bodenerosion (Erosion Control Plan) zum Beispiel im amerikanischen System oder Barrierefreiheit und die Einhaltung bestimmter Grenzwerte bei der Innenraumluftqualität im deutschen System. Auch hier zeigen sich die oben erwähnten methodischen Unterschiede in der Anwendung: Während die angelsächsischen Zertifikate maßnahmenorientiert sind und eher auf die Umsetzung bestimmter Ausstattungsmerkmale setzen, wie beispielsweise die Einrichtung eines Raucherraums, müssen im deutschen Verfahren eher qualitative Zielwerte durch Simulation oder nachträgliche Messung nachgewiesen werden, wie im Fall der Innenraumluftqualität. Richtig angewendet, führt dieser zielorientierte Ansatz zu einem ganzheitlich integrierten Planungsprozess. Durch parallele Entwicklungen wie Building Information Modeling (BIM) wird diese Integration ohnehin zukünftig zum Standard werden.

Auch wenn die Themen und Inhalte sich langsam angleichen, die Unterschiede in Methodik, Benchmarks und Bezugssystemen (DIN-Normen, ASHRAE-Normen etc.) sind groß. Nicht umsonst sind Vergleiche der Zertifizierungssysteme in den letzten Jahren Gegenstand unzähliger Master-Thesen und Dissertationen gewesen. Die zertifizierenden Organisationen aus den jewei-

---

[8] BREEAM 2013
[9] LEED 2013

ligen nationalen Green Building Councils (GBC) kooperieren zwar im World Green Building Council (WGBC), gestalten ihre Systeme aber ansonsten proprietär. In diesem Zusammenhang sollte auch nicht vergessen werden, dass diese Organisationen als Urheber und Rechteinhaber der Systeme natürlich im Wettbewerb stehen. Die jeweiligen Anforderungen erfordern schließlich eine ganze Reihe von Dienstleistungen, die einen wachsenden Markt bilden.

Die aktuelle Entwicklung zu mehr betriebs- und nutzungsorientierten Zertifizierungen kann als eine Nebenwirkung der sehr technisch ausgerichteten Nachhaltigkeitssiegel betrachtet werden. Neben verschiedenen Bewertungssystemen für den Innenraum und Gebäude im Betrieb (DGNB) und das Facility Management (GEFMA) ist hier besonders das WELL-System des 2013 gegründeten International WELL Building Institute (IWBI) zu nennen. Darin werden erstmals ausschließlich die Wirkungen der Umgebung auf den Menschen in den Mittelpunkt der Bewertung gestellt.

2.3.2 Vergleich von DGNB, LEED und BREEAM

Ein schematischer Vergleich der Inhalte von DGNB, LEED und BREEAM ergibt folgendes Bild:

Abb. 9: Vergleichende Grafik der sechs üblichen Bewertungsbereiche

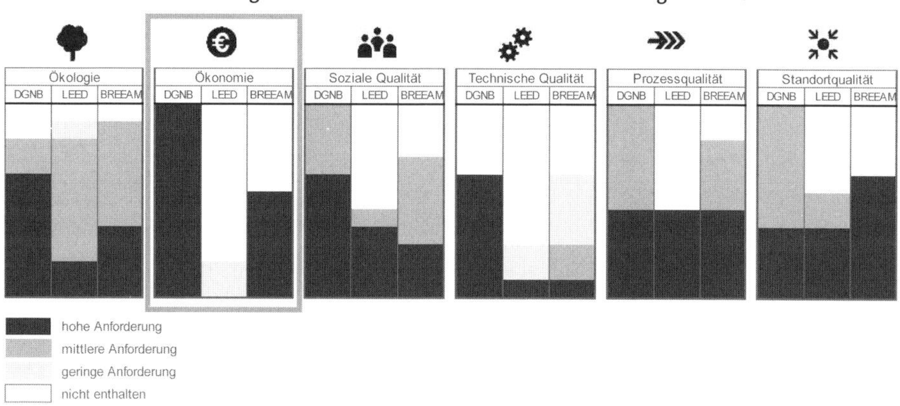

(Quelle: Mösle 2009)

Bei aller Vorsicht gegenüber derartigen Vergleichen ist es sicher richtig, dass mit dem DGNB-System erstmalig die ökonomische Dimension der Nachhaltigkeit systematisch abgebildet wurde. Die dort notwendige Lebenszykluskostenanalyse sensibilisiert Bauherrn und Planungsteam für die Gebäudeperformance in der langen Nutzungsphase mit ihren ungleich höheren Kosten. Der in diesem Zusammenhang entstandene Begriff des „Life-Cycle-Engineering" steht für diese wichtige Entwicklung.

Für den Bereich des öffentlichen Bauens in Deutschland muss hier ein weiteres Bewertungssystem erwähnt werden: das Bewertungssystem für Nachhaltiges Bauen des Bundes (BNB). Nach einem Begleiterlass des Ministeriums ist das BNB inzwischen für alle zivilen Neubaumaßnahmen des Bundes verbindlich anzuwenden. Dies ist ein weiterer Beleg für die Relevanz des Themas Nachhaltigkeit für das Planen und Bauen in der Zukunft.[10]

Ursprünglich glichen sich die Hauptkriteriengruppen beider Systeme. Inzwischen hat sich die Gewichtung der DGNB-Themenfelder weiterentwickelt. (s. Abb. 10) Auch die Auszeichnungssystematik weicht inzwischen ab: während das BNB streng olympisch nur Bronze, Silber und Gold kennt, bietet die DGNB seit 2016 auch Platin als höchste Auszeichnung an.

[10] Das BNB ist über die Seite www.nachhaltigesbauen.de vollständig frei zugänglich.

Abb. 10: Die Gewichtung der Hauptkriteriengruppen im DGNB-System ab 2018

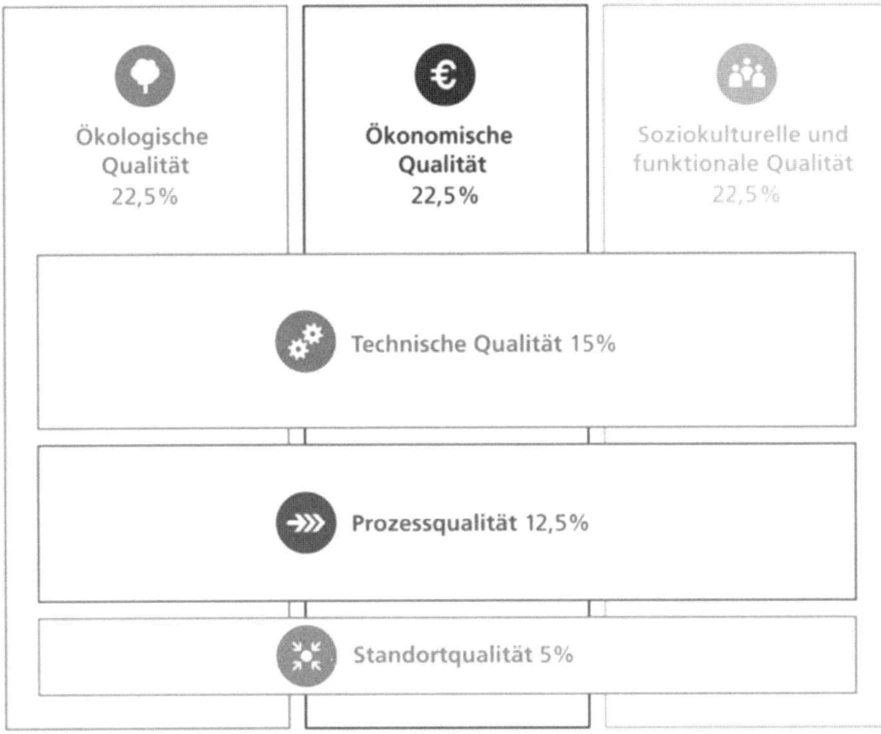

- **Kriterien zur Auswahl des geeigneten Systems**
  Letztlich wird man keine allgemeingültige Empfehlung für nur eines der Zertifizierungssysteme abgeben können. Dazu sind die Umstände jedes einzelnen Immobilienprojekts oder -objekts zu verschieden. Man kann allerdings sagen, dass es eine Reihe von prinzipiellen Vorteilen bietet, mit dem jeweils regional verankerten System zu arbeiten. Erfahrungen mit den Anforderungen, die Sprache der ohnehin entstehenden Planungsunterlagen, und Kenntnisse der relevanten Normen im Planungsteam beispielsweise, sind dabei nicht zu unterschätzen. Zumindest die sprachlichen Hürden wurden allerdings bereits erkannt: sodass die angelsächsischen Systeme jetzt auch in deutscher Sprache verfügbar sind.

Darüber hinaus sind für den Anwender folgende Fragen von Bedeutung:

- **Wer ist die Zielgruppe?**
  Vielfach werden Zertifikate zur Unterstützung im Marketing verwendet. Dann wird der Bauherr sein Zertifikat auf die zu erwartende Mieterklientel ausrichten. Auch die Herkunft des Investors beeinflusst oftmals die Entscheidung, vor allem wenn ein Portfolio international ist und die Inhalte Vergleichen dienen sollen.
- **In welchem Umfeld Umfeld entsteht das Projekt, oder wird das Objekt bewirtschaftet?**
  Gibt es ein (internationales) Planungs- oder Objektteam, das gewohnt ist mit den erforderlichen internationalen Normen zu arbeiten? Sind die Ersteller der Dokumente zweisprachig? Ist ohnehin ein Übersetzer im Team? Welche Zulieferer werden eingesetzt?
- **Wie soll die Dokumentation verwendet werden?**
  Welche Verwendung findet die entstehende Dokumentation nach Erhalt des Siegels? Ist die Übergabe an Facility- oder Property Management geplant? Soll daraus ein Nutzerhandbuch

entstehen? Sollen die Dokumente in einem Datenraum für eine Verkäufer-Due Diligence verwendet werden? Wird nach einigen Jahren eine Re-Zertifizierung des Bestands angestrebt? Vor allem steht zunächst eine Frage im Raum: Will sich das Planungsteam ernsthaft mit den Benchmarks der Zertifizierung befassen und sich am Ergebnis messen lassen? Oder will der Bauherr oder Eigentümer aus Marketing- und Kommunikationserwägungen einfach nur ein möglichst gutes Zertifikat mit dem geringstmöglichen Aufwand? Ist Letzteres der Fall, wird eine gute Chance zur Verbesserung des Prozesses und zur Optimierung des Ergebnisses vertan!

Vor der Implementierung eines Zertifizierungsprozesses sollte eine prinzipielle Bedarfsanalyse stehen, um die Frage zu beantworten, welche Ziele mit welchem Aufwand erreicht werden sollen. Oftmals wird diese unterstützt durch eine Potenzialanalyse (auch Pre-Check oder Quick Check genannt).

– **Der prinzipielle Ablauf einer Zertifizierung**
  Im Allgemeinen gleichen sich die Abläufe im Rahmen einer Zertifizierung unabhängig von der Nutzung eines bestimmten Systems. Die einzelnen Schritte zu einem Zertifikat lassen sich in vier Schritte gliedern:

A – Potenzialanalyse
In dieser ersten Phase findet ein Einführungsworkshop zu den Anforderungen des Zertifizierungssystems und zur Auswertung der Eigenschaften und Qualitäten des Projektes statt. Anschließend werden die Zertifizierungsmöglichkeiten ermittelt: Der Auftraggeber erfährt, welches Gütesiegel für seine Immobilie erreichbar ist und erhält somit die Grundlage für eine qualifizierte Entscheidung.

Ergebnis: Potenziale werden transparent und die Kriterien sowie Indikatoren des Zertifizierungssystems werden als Checkliste und Diagnosetool genutzt.

B – Audit Vorzertifikat (Neubau)
Mit dem Vorzertifikat (engl. Pre-Certificate oder Design Stage) kann die Kommunikation zum Projekt schon während der Bauphase effektiv unterstützt werden. Dazu werden die Zielwerte für die Gebäudequalität dokumentiert. Auf der Basis der im Planungsteam erarbeiteten Ergebnisse werden diese Werte anschließend zur Prüfung eingereicht. Gleichzeitig dient die Dokumentation im weiteren Planungsverlauf als Pflichtenheft.

Ergebnis: Mit der detaillierten Dokumentation zum Projekt können Bauherrn den weiteren Prozess steuern, wie auch potenzielle Partner (Mieter und Investoren) überzeugen.

C – Green Building Monitoring
Im Verlauf der weiteren Planung und Bauausführung sollte eine fortlaufende Dokumentation im Hinblick auf die Zertifizierung stattfinden. Daneben müssen die Nachhaltigkeitsmerkmale aus dem Zielwertkatalog in der baulichen Umsetzung überprüft werden, um das Ergebnis der angestrebten Zertifizierung zu sichern. Weitere Themen wie Ökobilanzierung und Lebenszykluskostenanalyse können bei Bedarf begleitend bearbeitet werden.

Ergebnis: Mit dem prozessbegleitenden Monitoring werden Optimierungsmöglichkeiten genutzt und Qualitäten gesichert.

D – Audit Zertifikat
Im letzten Schritt werden die Unterlagen für die Zertifizierung vorbereitet und die erreichten Werte für die Gebäudequalität auf der Basis der im Projektteam erarbeiteten Beschreibungen, Berechnungen und Nachweise dokumentiert. Der Auditor (engl. Assessor oder Accredited Professional) übernimmt dann die Vorprüfung der Unterlagen und die Einreichung der Gesamtdokumentation zur Erteilung eines Zertifikats durch die jeweilige Organisation.

Ergebnis: Auf die abschließende Dokumentation folgt nach einer Konformitätsprüfung durch die jeweilige Organisation das Zertifikat.

2.3.3 Kosten/Nutzen-Betrachtung

Auf eine kurze Formel gebracht kommt die Kosten/Nutzen-Analyse zu dem Ergebnis, dass der Nutzen schwer quantifizierbar ist und die Kosten projektabhängig sehr stark variieren. Genauso schlicht kann man feststellen, dass die Zertifizierung für Projekte ab einer gewissen Größenordnung und Qualität (Investment Grade Property) fast schon zu einem „Hygienefaktor" geworden ist. Konzerngebundene Nutzer und institutionelle Investoren werden zukünftig kaum noch darauf verzichten.

Doch welcher Aufwand fällt tatsächlich an? Die Kosten sind zunächst abhängig von der Qualität des Gebäudes, das der Bauherr ohne das Ziel einer Zertifizierung gebaut hätte. Naturgemäß sind die Mehrkosten für ein hochwertiges Gebäude mit einem Zertifikat in Gold hoch, wenn der ursprüngliche Plan ein Gebäude mit einfacher Ausstattung war. Demgegenüber halten sich Mehrkosten für eine ebensolche Immobilie in engen Grenzen, wenn der ursprüngliche Plan ohnehin schon ein hochwertiges Gebäude zum Ziel hatte (Sowiesokosten). Zuverlässig vorhersagen kann man also nur die Kostenarten, die mit einem Zertifizierungsprozess verbunden sind, und die Nebenkosten für das Verfahren.

Neben den oben genannten möglicherweise zusätzlichen Baukosten für die geforderte Qualität, sind das – abhängig vom Beauftragungsumfang – Mehraufwendungen im Planungsteam für evtl. zusätzliche Nachweise und Berechnungen. Dazu kommen in jedem Fall das Honorar des Nachhaltigkeitsexperten für die Begleitung entlang der oben beschriebenen Schritte und die Gebühren für die zertifizierende Organisation.

Den Nutzen eines Zertifikats zu quantifizieren ist ähnlich schwierig, weil der Vorteil stark abhängig ist von der Nutzungsart und dem Markt, auf dem das Gebäude vermietet oder gehandelt wird. Dazu kommt die oben geschilderte Entwicklungsrichtung des Marktes, die den Nutzen kontinuierlich verändert. Nach wie vor gehen alle Marktteilnehmer davon aus, dass Green Buildings geringere Betriebskosten verursachen, tendenziell höhere Mieten erzielen und vor allem leichter vermietbar bleiben sowie als Investment ein geringeres Risiko darstellen. In der Tat ist davon auszugehen, dass nachhaltige Gebäude mit Zertifikat gegenwärtig noch einen Bonus besitzen. Mittelfristig kann man im Rahmen der fortschreitenden Entwicklung annehmen, dass Gebäude ohne Zertifikat – zumindest auf dem Investmentmarkt – mit einem Malus versehen werden.

2.4 Entwicklung am Immobilienmarkt

Die Bedeutung von Nachhaltigkeit für die Immobilienbranche ist in den letzten Jahren kontinuierlich gestiegen, zunächst im Neubau und inzwischen zunehmend im Bestand. Langfristig werden die Marktteilnehmer sich auf eine dauerhafte veränderte Einordnung von Immobilien als Assetklasse und als ökologisch-gesellschaftlicher Faktor von erheblicher Bedeutung einstellen müssen. Die Immobilie beeinflusst das Verhalten von Nutzern wie Investoren und verändert so auch die Anforderungen an kapitalmarktgerechte Immobilien.

Neue Wege gehen: Zukunftsfähigkeit von Immobilien sichern
Zertifizierungen und Green Building Labels sind für hochwertige Neubauprojekte in den Immobilienzentren während der letzten Jahre seit dem Markteintritt der DGNB zum Standard geworden. Der Abgleich von Qualitäten und Gebäudeeigenschaften an anerkannten Benchmarks und die zusätzliche Sicherheit durch eine externe Prüfung ist ebenso ein Grund dafür, wie die ganz praktische Verwendbarkeit der Anforderungen über alle Projektphasen. Die Zertifizierung führt immer zu Transparenz und im Idealfall, bei rechtzeitiger Anwendung, zu besseren Prozessen und Gebäuden.

Teure Missverständnisse können mit konkreten Zielen vermieden und Fehlplanungen schon in der Initialphase der Projekte verhindert werden. Das Zertifizierungssystem funktioniert damit als effizientes Optimierungstool für Bauherren und produziert nebenbei eine umfassende Dokumentation, die zukünftig in keinem Datenraum mehr fehlen darf.

Ein Gütesiegel für Nachhaltigkeit führt zu Gebäuden, die ebenso einen Wettbewerbsvorteil für die Nutzer generieren: durch ihre nachgewiesenen Qualitäten, aber nicht zuletzt auch durch ihre überlegenen Kommunikationsmöglichkeiten. Das betrifft sowohl die Kommunikation nach innen wie nach außen. So wird die Immobilie auch zum Hebel für eine innovative Unternehmenskultur und liefert durch ihre Transparenz und Nachhaltigkeit ein wichtiges Argument im Wettbewerb um Kunden wie auch um hochqualifizierte Mitarbeiter.

Nachhaltige Immobilien finden schneller gute, bonitätsstarke Mieter aus der Riege internationaler Unternehmen, die nach entsprechenden Corporate Governance-Richtlinien handeln. Verstärkt setzen sich gerade die Nutzer an die Spitze der Green Building Bewegung und treiben die Entwicklung weiter voran. Die Rechnung ist einfach: Bleibt ein Mitarbeiter nur jeden Tag ein halbe Stunde länger im Büro oder erledigt seine Aufgaben eine halbe Stunde schneller, weil er in behaglich gesunden, natürlich belichteten und gut belüfteten Räumen arbeiten kann, ergibt sich bereits eine Produktivitätssteigerung von 6,25 Prozent. In personalintensiven Dienstleistungsunternehmen bedeutet das eine große Spanne. Kapitalisiert über 20 bis 30 Jahre lässt sich der enorme Kostenvorteil leicht ausrechnen. In Abb. 11 ist der Einfluss von Ausblick, natürlicher Belichtung und Gebäudeautomation auf Gesundheit, Wohlbefinden und Produktivität der Nutzer quantifiziert dargestellt.

Abb. 11: Zusammenhang zwischen Gebäudequalität und Leistungsfähigkeit der Nutzer

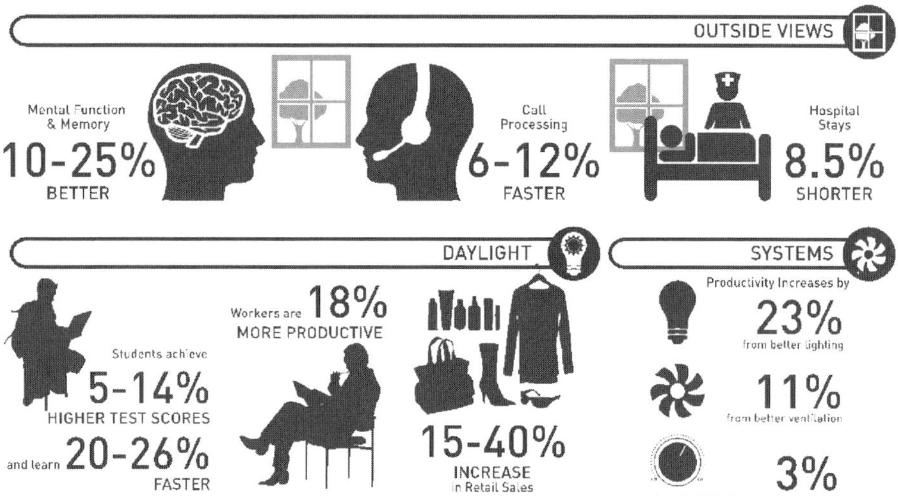

(WGBC 2013)

Die große Aufgabe: Bestandsimmobilien aktiv erfassen und entwickeln

Während die besonderen Anforderungen an die Qualität und Prozesse bei Neubauprojekten Standard werden, sind diese im Bestand schwieriger umzusetzen. Hier stellt sich die Frage, wie mit angemessenem Aufwand Ergebnisse erzielt werden können. Die Datengrundlage zu den Eigenschaften des Gebäudes und zu den Verbrauchswerten ist oftmals ungenügend und nur mit hohem Aufwand zu beschaffen.

Um auch im Gebäudebestand die notwendige Transparenz zu schaffen, bieten sich maßgeschneiderte Screeningtools und Ratingmodelle (Green Rating, Greenprint, GRESB etc.) als Lösung an. Diese Systeme arbeiten in der Regel mit Informationen, die ohnehin verfügbar oder leicht zu beschaffen sind. So lassen sich auch größere Bestände durchforsten und der Grad der Nachhaltigkeit darstellen. Damit werden systematisch Daten erhoben und es entsteht eine Grundlage für Portfolio- und Asset-Manager, ihre Nachhaltigkeitsziele effektiv zu verfolgen. Dazu heisst es in einer Studie des RICS Deutschland und IREBS Universität Regensburg: „Je mehr jedoch Nachhaltigkeitseigenschaften als Standard wahrgenommen werden bzw. je stärker mittelfristig auf die Einhaltung internationaler wie nationaler Klimaziele geachtet werden muss, desto stärker spielt das Thema „future proof Asset" eine entscheidende Rolle. Um mögliche „grey Discounts" und „stranded Assets" zu verhindern, d.h. Immobilien, die eben nicht mehr die zukünftigen Anforderungen in Bezug auf Nachhaltigkeit erfüllen und dann gegebenenfalls mit einem Abschlag gehandelt werden, bearbeiten einzelne Marktteilnehmer ihre Portfolios bereits proaktiv. Investitionen in die gezielte Dekarbonisierung des Bestandes kristallisieren sich zunehmend als wesentliches Handlungsfeld heraus." (*s. „Grün kommt! Europäische Nachhaltigkeitsstatistik 2017", RICS, IREBS)*

Der Markt für Energie- und Ressourceneffizienz wird sich im Bereich der Bau- und Immobiliendienstleistungen weiter überdurchschnittlich entwickeln und einen wesentlichen Beitrag zur Erreichung der Klimaschutzziele leisten. Vor dem Hintergrund der zu erwartenden Preissteigerungen von Rohstoffen und Energie ist der Bedarf nach effizienten Immobilien riesig. Die Bestandshalter haben einen umfassenden Beratungsbedarf und fordern Leistungsangebote zur ganzheitlichen Betreuung in Form von Beratung, Planung und Durchführung von Maßnahmen. Noch überwiegen im Markt die Angebote von Insellösungen, doch positionieren sich bereits die ersten integrierten Dienstleistungsanbieter im Bereich Energie- und Ressourceneffizienz. Die langfristigen Zukunftsaussichten sind geprägt vom Klimaschutzplan 2050 der Bundesregierung mit dem Ziel einer weitgehend klimaneutralen Gesellschaft. Das ist ein weiter Weg für den Gebäudebestand.

Green sells: Vom Objekt zum Investment

Grundsätzlich scheint der Green Building-Bestand in Deutschland noch auf die sieben großen Bürostandorte Frankfurt, München, Hamburg, Köln, Düsseldorf, Berlin und Stuttgart (s. Abb. z) verteilt und der größte Anteil wird von privaten Eigentümern gehalten. Die öffentliche Hand hat mit 15 Prozent Besitzanteil eine eher geringe Bedeutung. Dies ist aber auch nicht wirklich überraschend: sind Green Buildings doch überwiegend Neubauten, die meisten davon Büroimmobilien. Hier überwiegen ganz klar die privaten Bauherren und Investoren. Interessant ist aber, dass viele Green Buildings auch von den Eigentümern selbst genutzt werden. Ein weiterer Hinweis auf die enge Verbindung zwischen nachhaltiger Immobilie und den CSR-Anforderungen der Unternehmen.

Abb: z, Büroflächenbestand und Zertifizierung in den sieben großen Bürostandorten

Büroflächenbestand und Zertifizierungen

	Büroflächenbestand (Mio m^2)	Zertifizierungen* (Mio m^2)	Zertifizierungen in % des Bestandes
Berlin	20,27	1,13	5,6
Düsseldorf[1]	9,10	0,66	7,3
Frankfurt/M[2]	11,67	2,29	19,6
Hamburg	14,86	0,78	5,2
Köln	7,67	0,39	5,1
München[3]	20,12	1,24	6,2
Stuttgart[4]	8,58	0,34	4,0

[1] inkl. Ratingen, Neuss, Erkrath und Hilden
[2] inkl. Eschborn und Kaiserlei
[3] inkl. Umlandgemeinden
[4] inkl. Leinfelden-Echterdingen
* Zertifikat, Vorzertifikat oder zur Zertifizierung registriert

(Cesar, JLL, 2017)

Die Nachfrage der Investoren steigt und dies hat natürlich auch ethische Gründe. Die Konsumforschung hat den Trend zum ethischen Konsum schon seit geraumer Zeit ausgemacht, und diese Entwicklung macht auch vor Immobilieninvestoren nicht Halt. Mit Ökologie und Sozialem stimmt die Investmentstory – aber nur, wenn die Ökonomie dabei nicht zu kurz kommt. Richtig angewandt sind Investments in nachhaltige Gebäude immer risikominimierte

Anlagen. Die Zertifizierung ist im Vergleich zu konventionellen Gebäuden ein Gütesiegel für Qualität. Sie steht für reduzierte Kosten im Betrieb und für deutlich bessere Vermietbarkeit im verschärften Wettbewerb. So werden die Risiken eines zukünftigen Wertverlustes kleiner und die Chancen für gute Kaufpreise am Investmentmarkt größer.

Gespräche mit Immobilienfinanzierern bestätigen diese Einschätzung. Einige Kreditinstitute gewähren bereits geringere Zinssätze für diese risikoreduzierten Immobilienprojekte. Die weitere Differenzierung scheint unausweichlich: Sei es bei der „CapRate" im Zuge der Bewertung oder beim „LoanToValue-Ratio" im Rahmen der Kreditvergabe. Für ökonomisch nachhaltige Immobilienprojekte wird es in Zukunft mehr Spielraum geben. Schließlich sieht die Beleihungswertverordnung schon jetzt die Berücksichtigung nur jener Erträge vor, die nachhaltig erzielt werden können.

Am Investmentmarkt wird Nachhaltigkeit bereits honoriert. Die Entwicklung schreitet voran und bei den Ratingagenturen haben sich auf Nachhaltigkeit ausgerichtete Bewertungsmodule längst etabliert. Die Nachhaltigkeit von Immobilien ist bereits fester Bestandteil von Ankaufsprüfung (Green Due Diligence) und Anlegerinformation.

Allerdings sind viele Themen, die sich aus Nachhaltigkeitserwägungen ableiten, für Projektentwickler, für Investoren und Mieter noch neu und müssen zukünftig bearbeitet werden: Gebäudehandbücher, Mieterkommunikation sowie kooperative Modelle zwischen Vermieter und Mieter (Green Leases) um nur einige zu nennen. Schließlich lassen sich erst langfristig über den Lebenszyklus, in den Jahren der Nutzung und des Betriebs, alle Vorteile einer nachhaltigen Immobilie wirklich realisieren.

Der Markt für nachhaltige Immobilien in Deutschland ist noch immer vergleichsweise jung. Valide Zahlen zu Wettbewerb und Rendite liegen erst spärlich vor. Andere Märkte wie z.B. die USA können auf einen längeren Erfahrungshorizont verweisen. Die Zahlen sind beeindruckend. Laut U.S. Green Building Council liegen z.B. die operativen Kosteneinsparungen bei fast 9 Prozent, die Wertsteigerung bei rund 7,5 Prozent im Vergleich zu konventionellen Gebäuden. Die Vergleichbarkeit mit dem deutschen Markt bleibt vorerst eingeschränkt, aber der Trend wird bestätigt. Ob für Investoren oder Nutzer, die wirtschaftlichen Vorteile nachhaltiger Gebäude werden deutlich. Nachhaltigkeit ist ein ökologisches und soziales, aber gerade auch ein ökonomisches Thema.

2.5 Fazit und Ausblick

Die Dynamik am Markt wird sich weiter beschleunigen, und aus der jetzigen Nische wird für Neubau und Bestand in absehbarer Zeit ein gesetzter Standard. Innovative Ansätze in der Immobilienentwicklung und -bewirtschaftung sowie in der Unternehmensführung werden vom Markt belohnt und Nachhaltigkeit ist ein wichtiger Wettbewerbsfaktor.

Zertifizierungssysteme werden zunehmend zu einem festen Bestandteil von professionellen Planungsprozessen. Es ist jedoch für alle Beteiligten von entscheidender Bedeutung, die Anforderungen nicht ungeprüft in die Planung zu implementieren, sondern jeden Einzelfall zu betrachten und vor allem die Frage zu beantworten, was mit dem Zertifikat erreicht werden soll.

Alle Ratingsysteme, nichts anderes sind am Ende auch Zertifizierungssysteme, haben den Nachteil als Ganzes angewendet werden zu müssen, um zu einem vorzeigbaren Ergebnis zu gelangen. Das Prinzip heißt schneller, höher, weiter, und unter Gold machen wir es nicht! Das führt dazu, dass im Einzelfall unsinnige Anforderungen erfüllt werden und Abläufe aus dem Planungsprozess in mühevoller Fleißarbeit dokumentiert werden, die zwar ähnlich stattgefunden haben, deren nachträgliche Dokumentation allerdings völlig zweckfrei bleibt.

Solche Systeme neigen dazu, ein Ziel an sich zu werden, und genau das sollten sie nicht sein. Sie sind Hilfsmittel und bieten einen Referenzrahmen. Sie geben dem interessierten Mieter und Investor ein Zeugnis für die Immobilie. Aber wie in der Schule auch, muss ein Benotungssystem zwangsläufig schematisch bleiben, und wird den Besonderheiten des Einzelfalls oftmals nicht gerecht. Solange man das weiß und die Ergebnisse mit Augenmaß liest, können Entwickler und Bestandshalter Zertifizierungssysteme zu Ihrem Vorteil einsetzen und selektiv nutzen auch ohne in jedem Fall ein Zertifikat zu erwerben.

3. Management für Projektentwicklung und Planung

Bereits während der Projektentwicklung sind i.d.R. zahlreiche unterschiedliche Fachsparten für die verschiedenen Aufgabenstellungen im Projekt involviert. Hier sind beispielsweise Fragestellungen zu Markt und Standort, Nutzung und Bauwerk, Planungs- und Baurecht oder auch zur Vermarktung zu beantworten. Eine kompetente und ganzheitliche Bearbeitung dieser Fragestellungen kann nur in einem funktionierenden Entwicklungsteam erfolgen. Ist dann die Projektentscheidung nach einer umfassenden und gründlichen Entwicklungsphase getroffen, schließt sich die weitere Projektkonkretisierung in Form der Planungs- und Realisierungsphasen an. Auch hier lässt sich ein Projekterfolg nur wieder durch ein leistungsfähiges Projektteam erreichen.

Die zahlreichen unterschiedlichen Aufgabenstellungen in allen Phasen eines Bauprojektes und die verschiedenen beteiligten Fachdisziplinen sind zielorientiert zu definieren, zu bündeln, zu koordinieren und zu steuern. Es ist deswegen notwendig, dass ein übergeordnetes Management installiert ist, das idealerweise auch über die wichtigsten Projektleitungskompetenzen verfügt.

In den folgenden Kapiteln sollen die hierfür in den Entwicklungs-, Planungs- und Realisierungsphasen notwendigen Aufgaben beleuchtet und die Anforderungen an das Management definiert werden. Es wird dabei grundsätzlich unterschieden nach Aufgaben und Anforderungen während der Projektentwicklung und während der anschließenden Umsetzung des Projektes in Planung und Bau.

3.1 Bisherige und zukünftige Modelle

3.1.1 Aufgaben des Projektträgers

Das Projektmanagement ist eine originäre Aufgabe des Bauherrn bzw. Entwicklers/Investors. Er hat grundsätzlich die Einzelabläufe des Projektes in technischer und qualitativer sowie rechtlicher und wirtschaftlicher Hinsicht übergeordnet zu koordinieren, zu überwachen und aktiv zu steuern. Teile dieser übergeordneten Managementaufgaben sind an unabhängige Dritte delegierbar, andere Teile stellen eher nicht delegierbare Leistungspflichten des Bauherrn dar.

Delegierbare Bauherrenaufgaben:	**Nicht delegierbare Bauherrenaufgaben:**
Projektorganisation	Zieldefinition
Vertragsmanagement	Rechtsgeschäfte
Kostencontrolling	Betriebswirtschaftliches Controlling
Entscheidungsvorbereitung	Entscheidungsfindung
Qualitätsmanagement	Projektfinanzierung
Genehmigungsmanagement	Sicherstellung Genehmigung
Terminmanagement	
Marketing und Vermarktung	

Insbesondere bei großen oder komplexen Bauprojekten und wenn eigene Ressourcen nicht vorhanden sind, wird für die delegierbaren Bauherrenaufgaben oder Teile davon ein unabhängiges Projektmanagement beauftragt. Neben der Entlastung des Bauherrn besteht die Hauptaufgabe des Projektmanagements darin, das Projekt im Hinblick auf die definierten Ziele zu steuern. Dabei ist es von besonderer Bedeutung, vor allem in den frühen Phasen die wesentlichen Weichenstellungen aktiv beeinflussen zu können.

In der Abbildung 3.1 ist die Projektbeeinflussbarkeit in Abhängigkeit der Projektdauer qualitativ dargestellt. Es ist zu erkennen, dass ganz zu Anfang eines Projektes – in der Definitions- und Ideenphase – die höchste Effizienz von Steuerungsmaßnahmen gegeben ist und

Abb. 3.1: Projektbeeinflussbarkeit während der Projektphasen

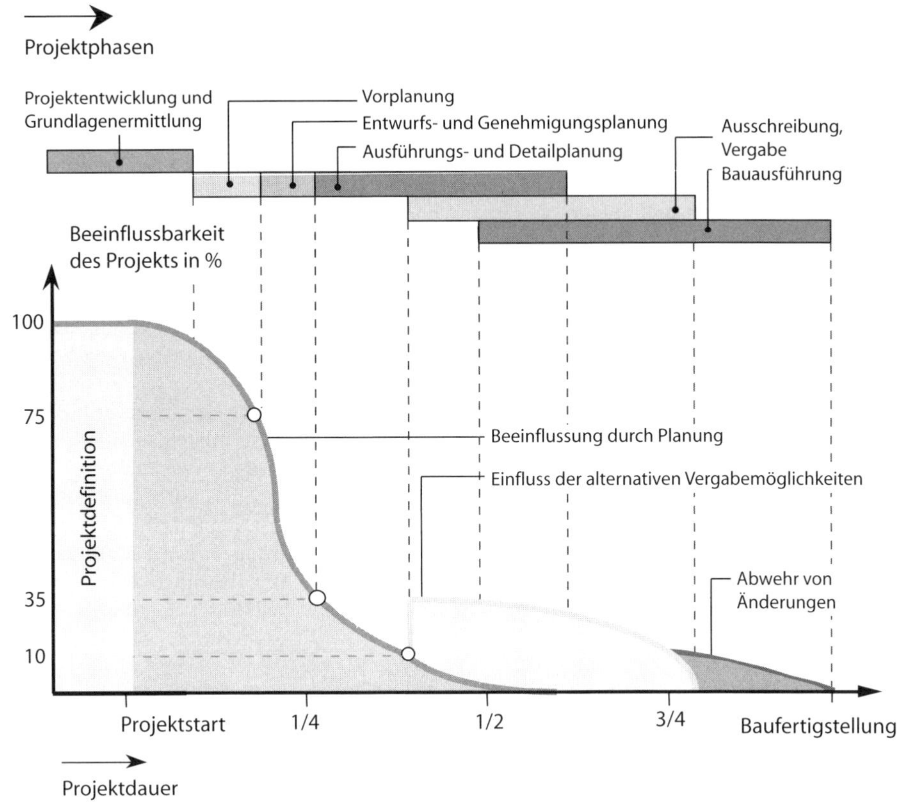

deswegen besonders hier bereits die entsprechenden Kompetenzen für das Management zwingend vorhanden sein müssen.

Bisher war/ist es leider noch allzu oft üblich, ein gezieltes Projektmanagement erst zusammen mit den Planungsbeteiligten zu installieren. Hat der Bauherr/Projektträger selbst nicht bereits in den allerersten Projektphasen kompetent sein Projekt vorbereitet, kann dies erfahrungsgemäß dann dazu führen, dass die Projektgrundlagen nicht ausreichend konkret definiert und abgesichert sind. Unklare Zielvorgaben für die verschiedenen Projektbeteiligten sind die Folge. Zeitverlust und Zusatzkosten entstehen daraus, um nachträglich Projektsicherheit zu erreichen.

Es ist aus diesem Grunde ratsam, das große Potenzial zu nutzen, das sich aus einer fundierten und intensiven Projektvorbereitung ergibt (Abb. 3.2). Das Management während der Projektentwicklung und während der Projektkonkretisierung im Rahmen der Grundlagenermittlung stellt sicher, dass die Grundlagen umfassend definiert sind und als klare Arbeitsvorgaben für die weiteren Projektbeteiligten zur reibungslosen Zusammenarbeit zur Verfügung stehen.

Gleichzeitig wird durch das Management erreicht, dass zu jedem Zeitpunkt des Projektverlaufes *sämtliche* Projektinformationen zur Verfügung stehen, um eine erfolgreiche und zielgerechte Projektabwicklung zu gewährleisten.

3.1.2 Projektsteuerung und Projektmanagement

Die Begriffe Projektsteuerung und Projektmanagement werden oft synonym zueinander verwendet und verstanden. In der Praxis sind jedoch deutlich Unterschiede vorhanden, die sich durch die Stellung des Projektsteuerers oder Projektmanagers in der Bauherrenorganisation ausdrücken.

Abb. 3.2: Projektsicherheit durch Management

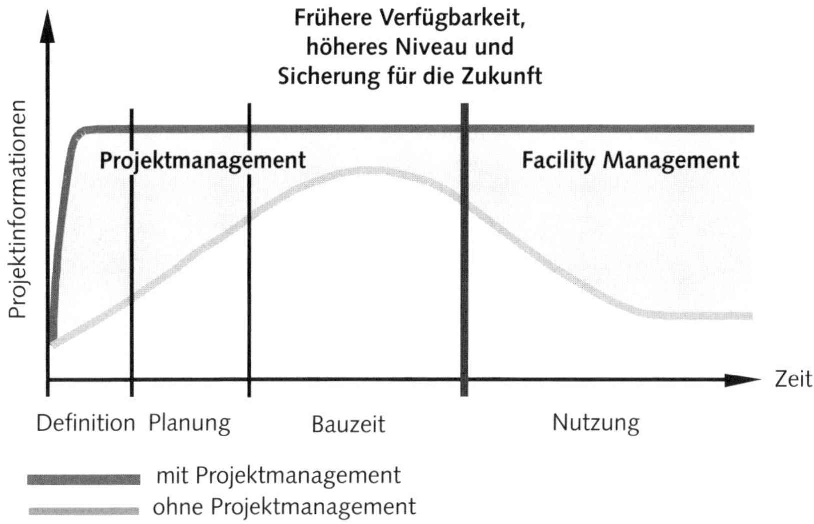

Die Projektsteuerung unterstützt den verantwortlichen Projektleiter des Bauherrn fach- und sachkundig bei der Wahrnehmung der ihm obliegenden Aufgaben in einer Stabsfunktion. Es werden hier organisatorische, wirtschaftliche, terminliche und ggf. auch rechtliche Beratungsleistungen (i.d.R. zusammen mit Juristen) erbracht. Der wesentliche Unterschied zum Projektmanagement liegt jedoch in der Trennung zwischen verantwortlicher Projektleitung und Projektsteuerung als Unterstützung der Projektleitung. Das Projektmanagement umfasst die Projektsteuerungs- und die Projektleitungsleistungen und fungiert in Linienfunktion.

Zusammenfassend kann gesagt werden, dass Leistungen des Projektmanagements gegenüber der Projektsteuerung vor allem dort zu empfehlen sind, wo bauherrenseitig keine oder keine ausreichenden eigenen Kapazitäten für die Projektleitung vorhanden sind. Bei der Projektsteuerung als Stabsfunktion verbleibt die gesamte Projektleitung beim Bauherrn, auch mit den Nachteilen, die Umsetzung der von der Projektsteuerung erarbeiteten Maßnahmenvorschläge selbst durchführen zu müssen. Beim Projektmanagement wird dagegen eine kompetente und entscheidungsbefugte „Bauabteilung auf Zeit" beim Bauherrn installiert, die eine weitestgehende Entlastung des Bauherrn von den Aufgaben bei der Projektabwicklung ermöglicht. Darüber hinaus bietet das Projektmanagement in Linienfunktion gegenüber der Projektsteuerung in Stabsfunktion durch die Übertragung von Kompetenzen und damit auch von direkter Erfolgsverantwortung dem Bauherren auch eine Erhöhung der Projektsicherheit.

Die AHO-Fachkommission Projektmanagement/Projektsteuerung hat ein Leistungsbild und Empfehlungen zur Honorierung erarbeitet und herausgegeben. Mit der Veröffentlichung unter dem Titel „Projektmanagementleistungen in der Bau- und Immobilienwirtschaft" Stand Mai 2014 sind die Leistungsinhalte des Projektmanagements mit Inhalten der Grundleistungen der Objekt- und Fachplanung nach HOAI 2013 koordiniert. Die Leistungen sind i.W. parallel zu den HOAI-Leistungsphasen beschrieben. Ein Übersicht und Zuordnung der Projektstufen nach AHO ist in der nachfolgenden Abbildung 3.3 dargestellt. Dabei erfolgt die Aufteilung der Leistungen in Grundleistungen (d.h. üblicherweise in Projekten erforderliche Leistungen) und besondere Leistungen. Die Honorarberechnung erfolgt wie bei HOAI-Leistungen auf Grundlage von anrechenbaren Kosten, allerdings ist die Honorierung nicht gesetzlich geregelt, sondern frei vereinbar.

Abb. 3.3: Einteilung des Projekts in Phasen nach HOAI § 34, 2013 und Stufen nach AHO gem. § 2, Stand Mai 2014 sowie der Vergleich der Gewichtung der Leistungsbedstandteile

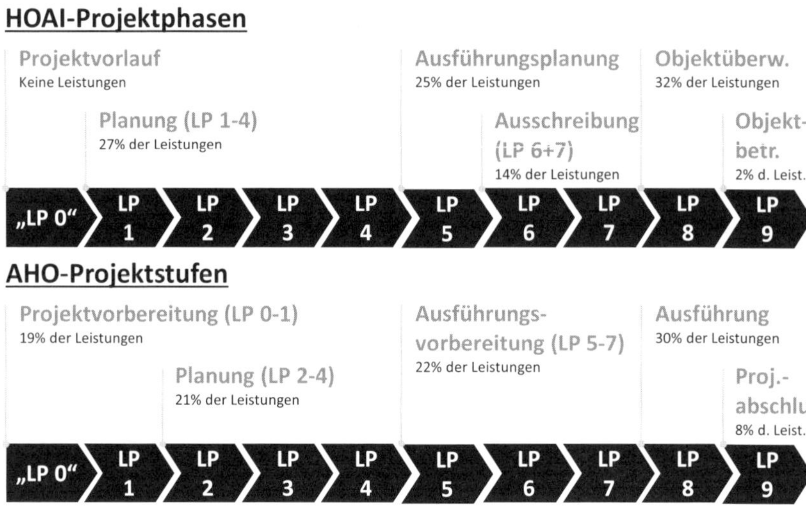

3.1.3 Entwicklungsmanagement

Die wichtigsten Weichen für ein Projekt werden während der Projektentwicklung gestellt, wo das eigentliche Projekt definiert wird. Eine fundierte Projektentwicklung setzt die Zusammenarbeit eines erfahrenen und interdisziplinären Entwicklungsteams (vgl. Kap. III.4) voraus.

Abb. 3.5: Entwicklungsmanagement zur Integration des Entwicklungsteams

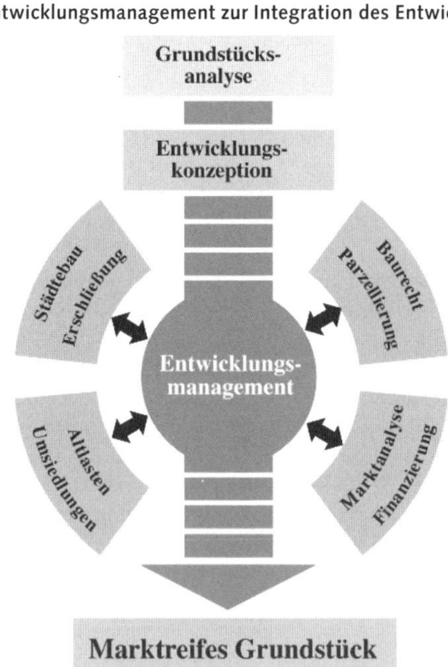

Hierbei sind vielfältige Einzelaufgaben aus unterschiedlichen Fachbereichen zu erledigen (vgl. Abb. 3.5). Wichtig ist es hierbei, dass eine ganzheitliche Entwicklung erfolgt, d.h., dass die verschiedenen Fachdisziplinen zielorientiert zusammenzuarbeiten haben.

Wichtige Aufgabe des Entwicklungsmanagements ist es deswegen, neben der unabhängigen fachlichen Mitwirkung und Beratung bei der Entwicklung vor allem auch die Beteiligten zu integrieren und zielgerichtet zu koordinieren. Darüber hinaus ist es eine weitere Aufgabe des Entwicklungsmanagements, die einzelnen Teilergebnisse der Fachbereiche zusammenzuführen und zu einem Gesamtergebnis als Entscheidungsgrundlage zu verdichten.

3.1.4 Übersicht der Projektmanagementvarianten

Die Ausprägung von Projektsteuerungs- und Projektmanagementleistungen variiert nach Bauherrnbedarf. Die Abbildung 3.6 verdeutlicht die mögliche Bandbreite auch in Kombination mit HOAI- und Bauleistungen. Wesentliches Merkmal ist eine zunehmende Verantwortungsübernahme des eingebundenen Externen vom Projektcontrolling hin zum Baupartnermodell. Damit einher geht auch eine entsprechende Risikoübernahme des Externen.

Abb. 3.6: Bandbreite des Umfangs von Projektsteuerungs- und Projektmanagementleistungen und Darstellung von

Projektcontrolling	Projektsteuerung	Projektmanagement	Construction Management (CM)	General Construction Management	Baupartner-Management (CM at risk)
					Bauausführung mit Festpreis oder GMP
				Logistikplanung	Baulogistik
			Supervision	Objektüberwachung	Objektüberwachung
			Technisch-wirtschaftl. Controlling	Technisch-wirtschaftl. Controlling	Technisch-wirtschaftl. Controlling
			Value Engineering, Optimierung	Value Engineering, Optimierung	Value Engineering, Optimierung
		Vertrags-Controlling	Vertrags-Management	Vertrags- und Risiko-Management	Vertrags- und Risiko-Management
		Vergabe-Controlling	Vergabe-Management	Ausschreibung, Vergabe-Management	Ausschreibung, Vergabe
		Plankoordination	Planungs-Management	Generalplanung (ggfs. inkl. Architekt)	Generalplanung inkl. Architekt
		PROJEKTLEITUNG AG	PROJEKTLEITUNG AG	PROJEKTLEITUNG AG	PROJEKTLEITUNG AG
		Projektkommunikation PKM	Projektkommunikation PKM	Projektkommunikation PKM	Projektkommunikation PKM
		Ablaufoptimierung und -simulation	Ablaufoptimierung und -simulation	Ablaufoptimierung und -simulation	Ablaufoptimierung und -simulation
	Projektorganisation	Projektorganisation	Projektorganisation	Projektorganisation	Projektorganisation
	Qualitätscontrolling	Qualitätsmanagement	Qualitätsmanagement	Qualitätsmanagement	Qualitätsmanagement
Kosten-Controlling	Kosten-Steuerung	Kosten-Management	Kosten-Management	Kosten-Management	Kosten-Management
Termin-Controlling	Termin-Steuerung	Termin-Management	Termin-Management	Termin-Management	Termin-Management

ohne HOAI-Leistungen | mit HOAI-Leistungen

Management-Grundleistungen · Management-Zusatzleistungen · Bauleistungen · HOAI-Leistungen

Quelle: Hans Sommer, Projektmanagement im Hochbau

3.2 Aufgaben des Entwicklungs- und Projektmanagements

3.2.1 Entwicklungsmanagement

Im Wesentlichen lassen sich die Aufgaben in zwei Teilbereiche untergliedern. Dabei unterscheidet man zwischen den Aufgaben, die sich im Rahmen der einzelnen Phasen des Projektablaufes ergeben und Aufgaben, die im Rahmen einer begleitenden Beratung erbracht werden.

Aufgaben Projektablauf

Die Aufgabenstellung kann je nach Anforderung sehr vielschichtig sein. Sie ist von den Schwerpunkten und der Verzahnung der Leistung an die individuellen Bedürfnisse mit seiner Abfolge anzupassen.

Bei der Abarbeitung sollte jedoch eine umfassende Entscheidungsvorbereitung für eine zielorientierte Weiterverfolgung des Projektes gewährleistet sein, um einen optimalen Einstieg in die Planung zu gewährleisten.

- Nutzungskonzeption
  - Entwicklungsstrategie
  - alternative Nutzungskonzepte
- Programming
  - Flächenmodell
  - Raumprogramm
  - Funktionsprogramm
- Bebauungsstudien
  - Baumassenmodelle
  - Grundriss-/Schnittmodelle
  - CAD-Visualisierung
- Kostenermittlung
  - Planungs- und Baukosten
  - Grundstückskosten
  - Folgekosten
- Ertragsermittlung
  - Mieten, Nebenkosten
  - Vermietbare Flächen
- Investitionsrechnung
  - Renditeberechnungen
  - Finanzierung, Steuereffekte
  - Risikoanalysen
- Baurecht
  - städtebauliche Verträge
  - Bauleitplanverfahren
  - Umweltrecht
  - Mediation
- Ablaufkonzepte
  - Meilensteine
  - Terminrahmen
  - Zusammensetzung Planungsteam
  - Vergabestrategie
- Entscheidungsvorbereitung
  - Alternativenvergleich
  - Entscheidungsempfehlung

Aufgaben Projektbegleitung
Darüber hinaus sollte das Team in der Lage sein, Aufgaben und Leistungen anzubieten, die nicht nur synergetisch den Projektablauf unterstützen, sondern in ihrer Ausprägung als eigene Bausteine gesehen werden können. Teilweise sind diese unabdingbar zu integrieren und abzuarbeiten:
- Allgemeine Investorenberatung und –betreuung
- Unterstützung bei Finanzierungsalternativen,
- Wettbewerbsdurchführungen,
- Due Diligence,
- Initiierungen von Expertenrunden und Workshops,
- Vertragsmanagement,
- Flächenmanagement,
- Mieterbetreuungen.

Obwohl die einzelnen Teilbereiche sehr stark miteinander verwoben sind, ist in der Praxis oft zu beobachten, dass Eigentümer und Bauherrn sich im Rahmen einer Entwicklung oftmals auf die Abarbeitung oder Berücksichtigung nur von Teilelementen des Ablaufprozesses beschränken. Dies hat natürlich zur Folge, dass die eigentlichen Ziele, die man mit einer Entwicklung verbindet, oftmals verfehlt oder nur zu einem unbefriedigenden Maß erreicht werden.

Häufig kann man bei Grundstücksentwicklungen, die einem gewissen Zeitdruck oder der Ungeduld des jeweiligen Bauträgers unterliegen, feststellen, dass ohne Klärung von Rahmenbedingungen, Planungen erstellt werden, um diese in Ad-hoc-Aktionen mit den Behörden zu besprechen. Die dann vorliegenden Ergebnisse lassen sich meistens nicht mehr vollumfänglich revidieren, wenn festgestellt wird, dass im Rahmen von nachgeschalteten Markt- und Standortanalysen andere Nutzungskonzepte notwendig werden, die bisher keine Berücksichtigung fanden. Gleiches gilt natürlich auch für die anderen Segmente im Rahmen der Ablaufplanung. Insofern ist gerade die Startphase einer Entwicklung oder der Projektanstoß eine der Schlüsselszenen, der man mit der notwendigen Sorgfalt begegnen sollte, um eine optimale Weichenstellung zu erreichen.

3.2.2 Projektmanagement

Im folgenden soll schwerpunktmäßig auf die Kernaufgaben des Projektmanagements eingegangen werden, wie es in Kapitel 3.1 als Teil der Bauherrenorganisation dargestellt wurde. Sonderformen, wie in Kapitel 3.1.4 dargestellt, werden nicht näher betrachtet, da sie eine Kombination verschiedener Zusatzleistungen zum Projektmanagement darstellen und sich vor

Abb. 3.7: Einflüsse auf die Projektziele und aktives Projektmanagement

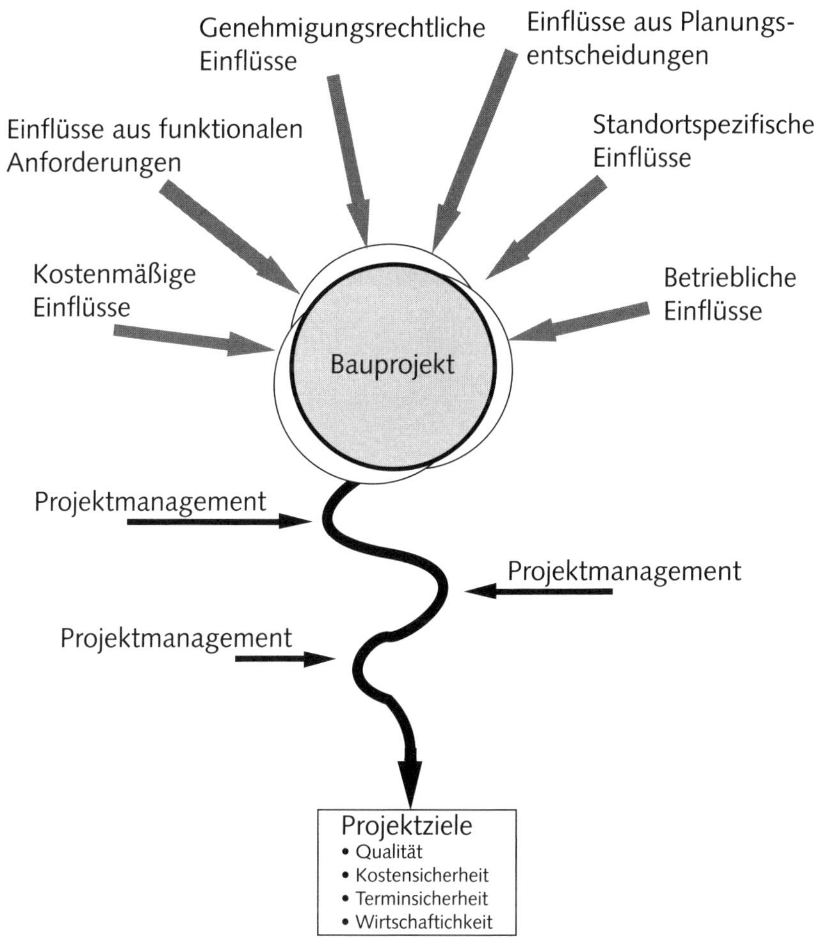

allem in der Effizienz und ihrem Nutzen für den Bauherrn und weniger in den Einzelaufgaben vom „klassischen" Projektmanagement unterscheiden.

Nach der Vereinbarung der Projektziele unterliegt ein Bauprojekt während der verschiedenen Projektphasen bis zur Fertigstellung zahlreichen externen und internen Einflüssen, die jeweils für sich Projektrisiken im Hinblick auf den zielorientierten Projekterfolg bergen (vgl. Abb. 3.7). Beispielsweise können sich aus dem Genehmigungsverfahren für das Bauprojekt direkte Auswirkungen auf die Kosten und Termine ergeben, wenn nicht bereits im Rahmen der vorausgehenden Planungen die jeweiligen Planungsinhalte mit den zuständigen Fachbehörden abgestimmt werden. Hier ist es Aufgabe des Projektmanagements, die möglichen Kosten- und Terminrisiken, die sich ggf. aus genehmigungskritischen Planungen ergeben, frühzeitig zu erkennen und durch eine intensive Koordination zwischen den Genehmigungsbehörden und den Planern bereits während der entsprechenden Planungsphasen (Vorplanung bis Genehmigungsplanung) die Genehmigungsfähigkeit sicherzustellen. Insgesamt ist es also Aufgabe des Projektmanagements, den Projektablauf so zu beeinflussen, dass die negativen Auswirkungen externer und interner Projekteinflüsse frühzeitig erkannt und minimiert werden, um so die gesteckten Projektziele sicher zu erreichen und den Projekterfolgt zu gewährleisten.

Sinn und Zweck des Projektmanagements ist es, vor allem diejenigen Bauherrenaufgaben zu übernehmen, die zur Vorausplanung, Kontrolle und Steuerung des Gesamtprojektes erforderlich sind. Der Bauherr hat umso mehr und umso verschiedenartigere Leistungspflichten zu erfüllen, je größer und technisch komplexer sein geplantes Projekt ist. Aus der Ergebnisverantwortung der auf der Bauherrenseite für die Projektabwicklung Verantwortlichen lassen sich die in Kapitel 3.1 definierten Bauherrenaufgaben ableiten. Aus den vorgenannten Primärzielen für ein Bauprojekt und den Bauherrenaufgaben definieren sich die Hauptaufgaben des Projektmanagements. Diese sind in sogenannte fünf Handlungsbereichen aufgeteilt (vgl. Abb. 3.8).

Abb. 3.8: Handlungsbereiche des Projektmanagements nach AHO Nr. 9 Projektmanagement in der Bau- und Immobilienwirtschaft, Stand Mai 2014

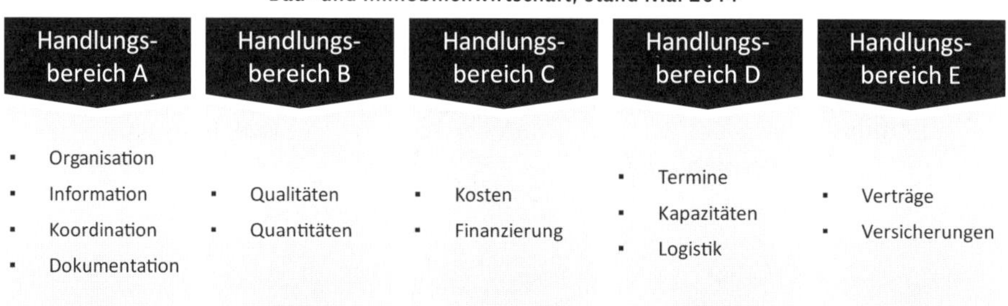

Die Handlungsbereiche unterteilen das Leistungsbild inhaltlich. Der Handlungsbereich A versteht sich als übergreifend für die vier Fach- bzw. Handlungsbereiche B, C, D, E. Die Handlungsbereiche B, C, D decken die Hauptunsicherheiten der Projekte ab.

Im Handlungsbereich A schafft die Projektorganisation als eine der ersten Leistungen des Projektmanagements die Grundlage für die gesamte Projektabwicklung. Sie enthält im wesentlichen die Erstellung einer für das Projekt verbindlichen Organisationsstruktur, die ständige Koordination sämtlicher Projektbeteiligten und eine laufende und lückenlose Information des Auftraggebers über sämtliche Projektaktivitäten. In einem Projekt- und Organisationshandbuch, das für jedes Projekt spezifisch erstellt wird, werden alle relevanten Regelungen zur reibungsarmen Zusammenarbeit sämtlicher Projektbeteiligter festgehalten.

Im Handlungsbereich B – Qualitäten und Quantitäten – ist es Aufgabe des Projektmanagements, dafür zu sorgen, dass frühzeitig die Qualitätsziele klar festgelegt werden. Im Anschluss daran müssen die Planungen dahingehend überprüft und beeinflusst werden, dass die Zielerreichung gewährleistet ist, wobei neben der Einhaltung der qualitativen Ziele auch die wirtschaftlichen Ziele berücksichtigt werden müssen. Das Qualitätsmanagement der Bauausführung wird durch das Projektmanagement schwerpunktmäßig selbst und im Detail über die verantwortliche Objektüberwachung (Bauleitung) durchgeführt.

Der Handlungsbereich C – Kosten und Finanzierung – ist von evidenter Bedeutung. Das umfassende Kostencontrolling – Kostenplanung, Kostenüberwachung, Kostensteuerung – und hier insbesondere die Kostenplanung und aktive Kostensteuerung erfordern über die reinen Managementerfahrungen hinaus oft den profunden Fachverstand und die einschlägigen Erfahrungen aus dem planerischen Bereich. Ohne umfassende Kostenerfahrung in Zusammenhang mit Kenntnissen in den unterschiedlichen gestalterischen, bautechnischen oder verfahrenstechnischen Fachdisziplinen kann eine unabhängige Kostenplanung und aktive Kostensteuerung nicht effizient durchgeführt werden. Die erste Tätigkeit ist die Definition einer Kostenrahmen-Struktur zu Beginn des Projektes. Diese Grundstruktur darf während des ganzen Projektes nicht mehr verlassen werden. Das Projektmanagement hat die Aufgabe, Kostenberechnungen und Kostenkontrollberechnungen aller Detaillierungsgrade stets auf die oberste Ebene zu aggregieren. Mittels entsprechender Kostenberichte wird die Projektleitung stets über den aktuellen Stand informiert und auf drohende Abweichungen hingewiesen. Während der gesamten Projektabwicklung muss damit gerechnet werden, dass sich die Kosten aufgrund von Einflüssen aller Art verändern. Zu diesem Zweck müssen alle Kostenveränderungen mittels einem geeigneten Meldeverfahren durch das Projektmanagement erfasst und überprüft werden. Die möglichen Folgeauswirkungen auf andere Bereiche sowie eintretende Terminauswirkungen sind ebenfalls darzustellen.

Der Normalfall der Terminplanung und -steuerung ohne Projektmanagement stellt sich so dar, dass von den zahlreichen Projektbeteiligten die unterschiedlichsten Terminpläne erstellt werden. Es gibt hierbei Listen, Balkenpläne oder Netzpläne. Diese Pläne sind untereinander oft nur mangelhaft oder gar nicht abgestimmt. Wenn sie doch abgestimmt sind, dann entfällt die Abstimmung spätestens dann, wenn einer der Terminpläne aus dem Tritt kommt, den anderen aber gar nicht beeinflussen kann, weil die Pläne nicht verknüpft sind. Durch das Projektmanagement wird deswegen ein Gesamtterminplan erstellt, in den alle für die Terminsteuerung relevanten Vorgänge eingebaut und nach Erfordernis miteinander verknüpft sind. Ändert sich bei einem der Projektbeteiligten etwas im terminlichen Ablauf, dann meldet er dies dem Projektmanagement und bespricht die möglichen Maßnahmen. Das Projektmanagement kann nun bei unterschiedlichen Lösungsansätzen die terminlichen Auswirkungen auf die anderen Beteiligten aufzeigen, so dass rasch die Lösung mit den geringsten Auswirkungen ermittelt wird. Die mit der Terminplanung und -steuerung umfassten Leistungen werden im Handlungsbereich D detailliert beschrieben.

Im Handlungsbereich E – das Vertragswesen – erfolgt durch das Projektmanagement die Definition der notwendigen Leistungsinhalte von zu beauftragenden Planern, Beratern, Gutachtern und ausführenden Firmen sowie die anschließende Festlegung derer Leistungsschnittstellen. In Zusammenarbeit mit juristischen Beratern werden die Vertragsbedingungen für die externen Projektbeteiligten erstellt, die dann Grundlage für die Auftragsvergabe sind. Eine laufende Kontrolle der vertraglichen Leistungserfüllung und die Prüfung und Freigabe von Abschlags- und Schlussrechnungen stellen die projektbegleitenden Managementleistungen im Bereich des Vertragswesens dar.

3.3 Anforderungen

3.3.1 Entwicklungsmanagement

Die vielfältigen Aufgabenfelder, die im Team abzuarbeiten sind, erfordern von den einzelnen Beteiligten einen breiten Ansatz in der Sichtweise und ein vielschichtiges Verständnis für die Zusammenhänge im Markt.

Neben allgemeinen Tugenden, wie sie auch in Abbildung 3.9 dargestellt sind, werden natürlich auch fachspezifische Komponenten abverlangt. Sicherlich lassen diese Segmente einen

Generalisten vermuten, der jedoch nur in den seltensten Fällen in der Lage ist, alle Bereiche gleichermaßen fachlich zu bedienen. Daher werden entweder fachspezifische Kompetenzen im Team ausgebildet oder der Bedarf wird durch externe Spezialisten gedeckt.

Zur Integrierung aller Leistungen im Gesamtbild und zu deren Beurteilung bedarf es jedoch Persönlichkeiten mit hoher sozialer Kompetenz und Fach-Know-how, um Ergebnisse abzuleiten und daraus Empfehlungen und Maßnahmenvorschläge unterbreiten zu können.

3.3.2 Projektmanagement

Große und komplexe Bauvorhaben erfordern ein professionelles und schlagkräftiges Team von Planern, Beratern und ausführenden Unternehmen, die von einem auftraggebereigenen oder externen Projektmanagement geführt werden müssen. Auf jeden Fall übernimmt das Projektmanagement – ob intern oder extern – originäre Bauherrenaufgaben. Diese Bauherrenaufgaben setzen bestimmte Anforderungen an das Projektmanagement voraus (vgl. Abb. 3.9).

Abb. 3.9: Anforderungen an das Projektmanagement

- Unabhängigkeit von Interessen Dritter
- Projektspezifische und technische Fachkompetenz
- Ausbildung in Managementmethoden
- Umfangreiche Projekterfahrung
- Integrationsfähigkeit
- Projektleitungsautorität

Die vollkommene Unabhängigkeit sowohl von Planerinteressen als auch von Interessen der ausführenden Unternehmen ist eine grundlegende Voraussetzung, um überhaupt zielgerichtet und im objektiven Projektinteresse das Bauprojekt zu leiten und zu steuern. Darüber hinaus muss der Projektmanager über eine umfassende Fachkompetenz und ausreichende Projekterfahrung verfügen, um die Einzelaufgaben der Projektbeteiligten vorgeben und deren Erfüllung qualifiziert überwachen und steuern zu können. Zur effizienten Führung eines Projektteams gehört aber auch noch die Kenntnis geeigneter Managementmethoden sowie die Fähigkeit zur Integration aller Projektbeteiligten und eine ausreichende Projektleitungsautorität.

Fasst man die genannten Anforderungsmerkmale an ein effizientes Projektmanagement zusammen, so ist zu erkennen, dass es sich bei einem Projektmanager weder um einen reinen Generalisten noch um einen reinen Spezialisten handeln kann. Einerseits muss er das Verständnis und den Überblick über das gesamte Projektgeschehen haben und andererseits sind vertiefte Spezialkenntnisse und -erfahrungen in allen relevanten Teilbereichen des Baugeschehens erforderlich, um Problemsituationen erkennen und kurzfristige Steuerungsmaßnahmen einleiten zu können. Es ist deswegen auch nicht einfach und eindeutig zu beantworten, welche beruflichen Qualifikationen ein geeigneter Projektmanager mitbringen soll.

Einem Projektmanager mit rein kaufmännisch orientierter Ausbildung fehlt es meist an der profunden Fachkenntnis im technischen Baugeschehen, ein Projektmanager mit rein technisch orientierter Ausbildung hat nicht selten Defizite in Managementmethoden und im ganzheitlichen Kosten- und Wirtschaftlichkeitsbewusstsein. In der Praxis hat es sich jedoch herausgestellt, dass den technischen Anforderungen an die Berufsqualifikation eine höhere Priorität zuzumessen ist als den kaufmännisch orientierten, da doch die wesentlichen Problemstellungen bei der Planung und Abwicklung von Bauprojekten aus dem fachlich-inhaltlichen Bereich stammen und die zusätzlich erforderlichen kaufmännischen und Managementaufgaben oft schneller in der Berufspraxis erlernbar sind.

Eine kommunikative, reibungsarme und effektive Projektabwicklung kann erfahrungsgemäß nur durch eine kooperative Führungsweise des Projektmanagement kombiniert mit hoher Sozialkompetenz erreicht werden (Abb. 3.10). Diese Führungsmethode ist sehr leistungsorientiert und zeichnet sich durch klare Zielvorgaben und möglichst wenig Hierarchiestufen aus.

Abb. 3.10: Kooperative Projektleitung

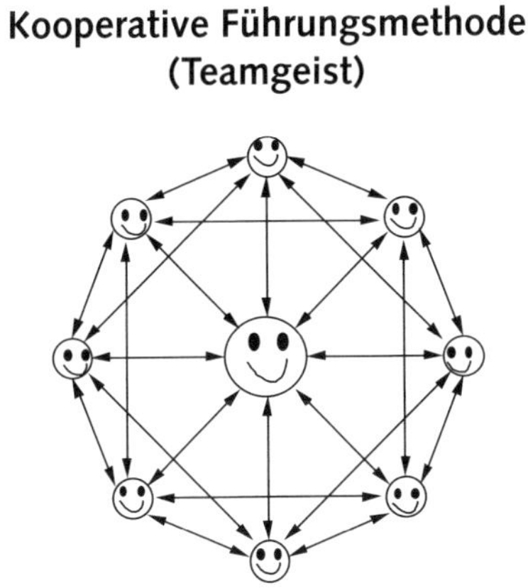

Darüber hinaus aber lässt sie der Kreativität der einzelnen Beteiligten einen möglichst großen Spielraum, der zur Verbesserung von Planungsinhalten und -abläufen genutzt werden kann. Der Projektleiter versucht, den Teamgeist anzusprechen und die vorhandene Bereitschaft der Beteiligten zur Eigensteuerung zu aktivieren.

Der Projektleiter tritt als Koordinator mit Integrationsvermögen auf, der die Beteiligten dazu motiviert, ihre Mitarbeit aus eigenem Interesse einzubringen. Ein besonderer Vorteil bei komplexen Projektabwicklungen ist die bei Anwendung dieser Führungsweise stets zu beobachtende Bereitschaft der Beteiligten, die Projektsteuerungsverfahren als nützlich, und nicht als lästig, zu empfinden. Sie werden optimal eingesetzt, da sie einvernehmlich erarbeitet und abgestimmt von allen akzeptiert werden.

3.4 Honorar- und Vergütungsmodelle

3.4.1 Entwicklungsmanagement

Die Untergliederung erfolgt im Allgemeinen in einem Tätigkeitshonorar, welches eine fixe Vergütung der Grundleistungen darstellt. Die Höhe richtet sich nach den individuellen Anforderungen an das Leistungsbild und wird beeinflusst von der Größe des Teams, dem Umfang der Einzelleistungen und den Wertschöpfungszielen des Auftraggebers.

Dabei ist es wichtig, durch eine Grundlagendefinition gemeinsame Ziele mit dem Auftraggeber oder dem jeweiligen Partner festzulegen. Entsprechend der Abbildung 3.11 steigt mit zunehmender Bearbeitungsdauer das Risikopotential und der Mitteleinsatz, aber die Ertragschancen erhöhen sich gleichermaßen mit zunehmender Entwicklungsdauer.

Zur fixen Honorierung wird in der Regel eine erfolgsabhängige Vergütung vereinbart, die sich immer häufiger in diesem Segment etabliert und teilweise sogar, je nach Aufgabenstellung und Projekt, den wesentlich höheren Anteil der Honorierung ausmacht. Die ausschlaggebenden Parameter hierfür können neben einer klassischen Kopplung an Erfolg im Rahmen der Vermarktung auch an Zielerfüllungen in der Abarbeitung einzelner Leistungsphasen festgemacht werden. Für den Fall dass eine eigene Initiierung von Projekten erfolgt, können die dafür aufgelaufenen Kosten entweder im Rahmen von späteren Beteiligungen durch Partner kompensiert werden oder im Zuge von Managementleistungen einer anschließenden Projektrealisierung.

Im Vordergrund steht jedoch immer eine klare Zielvereinbarung und Definition der honorarbeeinflussenden Bausteine. Nur dann lässt sich auch eine partnerschaftliche und faire Verbindung zwischen allen Beteiligten aufbauen.

Abb. 3.11: Risiken und Chancen bei der Projektentwicklung

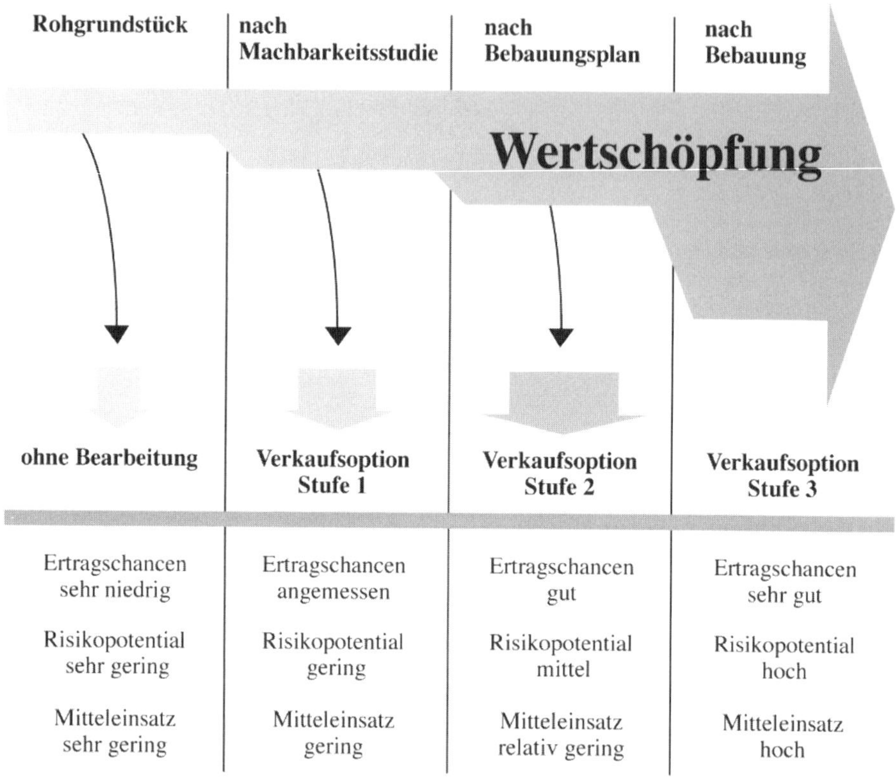

3.4.2 Projektmanagement

Die Leistungen für die Projektsteuerung und die Projektleitung sind in der AHO Nr. 9 „Projektmanagement in der Bau- und Immobilienwirtschaft“, Stand Mai 2014 detailliert beschrieben. Für die Vergütung werden darin Empfehlungen formuliert, allerdings gilt eine freie Vereinbarung. Die AHO-Fachkommission „Projektmanagement/Projektsteuerung“ bietet ein konkretes phasenbezogenes Leistungsbild für die Projektsteuerung und macht entsprechende Vergütungsvorschläge.

Wie auch bei den Planungs- und Beratungsdienstleistungen nach HOAI ist bei der Projektsteuerung bzw. dem Projektmanagement ein degressiv zunehmender Aufwand im Verhältnis zum Projektvolumen vorhanden. Setzt man den Aufwand – ausgedrückt im Honorar – ins Verhältnis zum Projektvolumen – ausgedrückt in den Investitionskosten – so ergeben sich je nach Projektgröße Vergütungen in der Größenordnung von ca. 1 % der Investitionskosten bei Großprojekten und bis zu ca. 4 % der Investitionskosten bei kleineren Projekten.

Selbstverständlich wird der für die Projektsteuerung oder das Projektmanagement erforderliche Aufwand nicht nur durch das Projektvolumen, sondern ebenso durch die Komplexität und die Zielstellungen des Projektes sowie durch die vorhandenen Randbedingungen beim Auftraggeber bestimmt.

Der Vergütungsvorschlag der AHO-Fachkommission „Projektmanagement/Projektsteuerung“ versucht nun, derartige Projektspezifika zu berücksichtigen. Ähnlich wie bei den Honorarermittlungen für Planer/Berater nach HOAI, erfolgt für das Projekt zuerst eine Zuordnung zu den Honorarzonen I bis V. Die Zuordnung bestimmt sich hierbei nach:

– Der Komplexität der Projektorganisation
– Der spezifischen Projektroutine des Auftraggebers

- Den Besonderheiten der Projektinhalte
- Dem Risiko der Projektrealisierung
- Den Kosten- und Terminvorgaben

Im weiteren werden Honorartafeln bzw. –funktionen vorgeschlagen, die in Abhängigkeit der anrechenbaren Kosten (entspricht ungefähr den Gesamtinvestitionskosten abzgl. Grundstückswert, Finanzierungskosten und dem eigenen Honoraranteil) Honorarprozentsätze ergeben.

Sollen zusätzlich zu der Projektsteuerung auch die delegierbaren Projektleitungsaufgaben verbunden mit weiterreichenden Befugnissen und Verantwortlichkeiten beauftragt werden, schlägt die AHO-Fachkommission „Projektmanagement/Projektsteuerung" vor, hierfür eine zusätzliche Vergütung von ca. 50 % der Vergütung für die Projektsteuerung zu vereinbaren. Das bedeutet, dass für das Projektmanagement (=Projektsteuerung + Projektleitung) Honorare von ca. 1,5 % der Investitionskosten bei Großprojekten und bis zu ca. 6 % der Investitionskosten bei kleineren Projekten entstehen.

Die Erfahrung zeigt, dass eine variable Vergütungsregelung in Abhängigkeit Investitionskosten, wie sie von der AHO-Fachkommission „Projektmanagement/Projektsteuerung" vorgeschlagen wird, nur selten durchsetzbar ist. Eine investitionsabhängige Vergütung widerspricht nicht nur bei Planern und Beratern, die nach HOAI vergütet werden, der meist vorhandenen Forderung nach kostengünstigen und wirtschaftlichen Gebäuden, sondern kann insbesondere auch bei der Projektsteuerung und beim Projektmanagement zu Interessenskonflikten bei der Leistungserfüllung führen.

In der heutigen Praxis hat es sich deswegen ergeben, dass vor allem bei privaten Bauherren und Investoren pauschale oder sogar erfolgsbezogene Vergütungsregelungen vereinbart werden. Bei der Ermittlung einer Vergütungspauschale oder eines Basishonorares bei Erfolgsregelungen kann jedoch der Vorschlag der AHO-Fachkommission „Projektmanagement/Projektsteuerung" durchaus als Kalkulationsbasis dienen. Meist wird es jedoch so sein, dass derartige Honoraransätze durch Erfahrungswerte in der Aufwandskalkulation und unter Berücksichtigung der sehr vielfältigen Projektspezifika nochmals hinterfragt und abgesichert oder entsprechend korrigiert werden.

Bei Honorarpauschalen und erst recht bei erfolgsabhängigen Vergütungsregelungen ist natürlich zu beachten, dass die Projektgrundlagen, die der Vergütungsregelung zugrunde liegen, eindeutig definiert, abgegrenzt und vertraglich vereinbart sind, um möglich Projektveränderungen bewerten zu können.

In den letzten Jahren war verstärkt zu beobachten, dass für Projektsteuerungs- und Projektmanagementleistungen erfolgsabhängige Vergütungsregelungen gefordert und vereinbart werden. Hier sind naturgemäß zahlreiche Gestaltungsmöglichkeiten vorhanden. Es werden Bonus-/Malus-Systeme genauso vereinbart, wie reine Bonussysteme zur zusätzlichen Anreizschaffung. Der Erfolg der Leistungen kann dabei an unterschiedlichen Kriterien gemessen werden. Diese können die Einhaltung oder Unterschreitung der Kosten- oder Terminziele genauso wie die Sicherung der Qualitätsziele sein. Auch gibt es Systeme, bei denen keine absoluten Messgrößen zugrunde liegen, sondern die Kundenzufriedenheit oder die Abwicklung des Projektes bewertet werden. Generell sollte jedoch bei erfolgsabhängigen Vergütungsregelungen eine sinnvolle Aufteilung zwischen Grundvergütung und erfolgsabhängigem Anteil gewählt werden. Als Anhaltsgröße könnte die Grundvergütung zur Kostendeckung dienen, der mögliche Bonus stellt dann den Gewinnanteil dar.

3.5 Auswahl und Beauftragung

3.5.1 Entwicklungsmanagement

Die Einschaltung von Teams, die sich um die Aufgaben des Entwicklungsmanagements kümmern und die Akzeptanz in der Notwendigkeit nehmen immer stärker zu. Diese Tendenz ist jedoch nicht nur in schwierigen Märkten zu beobachten, sondern lässt sich auch dadurch begründen, dass die Prüfung für eine Investition von der Anspruchshaltung komplexer geworden ist und auch das Bedürfnis nach einer hohen Erfolgswahrscheinlichkeit eine sorgfältige Vorplanung bedingt. Auch wenn das Bauchgefühl oft noch den Ausschlag für einen Projektanstoß oder die Initiative für Projektideen gibt, werden basierend darauf, zunehmend nachgeschaltet Leistungsphasen des Entwicklungsmanagements erbracht.

Dabei gilt es, Unternehmen für die Leistungserbringung zu finden, die in der Lage sind, alle Projektbeteiligten und die damit einhergehenden Interessensfelder und Leistungsschwerpunkte zu bündeln und zielgerichtet im Sinne des Projektes einzusetzen oder zu koordinieren.

Es lassen sich durchaus auch Partnerschaften initiieren, mit dem Ziel, Dienstleister stärker an das Projekt und die Philosophie des Auftraggebers zu binden, um dadurch eine schnelle und effektive Umsetzung der vereinbarten Parameter zu erreichen.

3.5.2 Projektmanagement

Die schwierigste Aufgabe des Bauherrn besteht erfahrungsgemäß oft darin, die für ihn erforderlichen Leistungen eines externen Projektmanagements klar und unmissverständlich zu definieren. Er muss sich im klaren sein, welche der in den vorangegangenen Kapiteln beschriebenen Bauherrenaufgaben er in der Lage ist, selbst zu erbringen und welche nicht. Darüber hinaus muss er festlegen, welche und wie viele Entscheidungsbefugnisse er delegieren kann bzw. will.

Ein erfahrener und qualifizierter Projektmanager, dem es in erster Linie um den Projekterfolg und weniger im Auftragsvorfeld um die Maximierung seines Leistungsumfanges geht, kann den Bauherrn hierzu einschlägig beraten, insbesondere dann, wenn er bereits im Rahmen des Entwicklungsmanagements die Randbedingungen des Projektes und der vorhandenen Bauherrenressourcen kennt. Über eine grobe Projektanalyse lassen sich mit entsprechender Erfahrung die erforderlichen konkreten Bauherren- und Managementaufgaben definieren und abgrenzen. Die Beratung durch den Projektmanager zu den erforderlichen Managementleistungen vor eigentlicher Auftragserteilung setzt entweder ein bereits aufgebautes Vertrauensverhältnis voraus oder kann Gegenstand eines qualifizierten Angebotsverfahrens sein.

Bei großen, langlaufenden und ggf. noch risikobehafteten Projekten kann es durchaus sinnvoll sein, die Leistungen in einzelne, aufeinander aufbauende Auftragsstufen aufzuteilen. Die Auftragsstufen sollten sich dabei nach den wesentlichen Projektphasen bzw. -stufen richten. Die AHO-Fachkommission „Projektmanagement/Projektsteuerung" gibt hierzu einen möglichen Vorschlag:

Stufe 1:	Projektvorbereitung
Stufe 2:	Planung
Stufe 3:	Ausführungsvorbereitung
Stufe 4:	Ausführung
Stufe 5:	Projektabschluss

Die Auswahl und Beauftragung eines geeigneten externen Projektmanagements sollte systematisch und gezielt nach konkreten Kriterien erfolgen. Zu diesen Kriterien zur Beurteilung eines Projektmanagement-Angebotes sollten zählen:

- Referenzen des Unternehmens bei vergleichbaren Projekten
- Persönliche Referenzen des vorgesehenen Projektleiters im Projektmanagement
- Vorgesehene interne Projektorganisation des Projektmanagers
- Zeitliche Verfügbarkeit – räumliche Nähe
- Qualität des spezifisch auf die Anforderungen des Projektes erstellten Leistungsangebotes (zielorientierte Leistungsbeschreibung)
- Qualität bzw. Vorhandensein erster grober Abwicklungskonzepte (zeitlich, organisatorisch – „hat sich der Anbieter im Vorfeld mit dem Projekt beschäftigt?")
- Einsatz innovativer Managementverfahren-/werkzeuge

– Vergütungsvorschlag (investitionsabhängig – pauschal – erfolgsabhängig?)

Zur Auswahl und Beauftragung des Projektmanagers ist es auf jeden Fall für den Bauherrn dringend empfehlenswert, dass er sich in einem – besser noch in mehreren – persönlichen Gesprächen einen fundierten Eindruck über die Qualifikation und Leistungsfähigkeit seines zukünftigen Partners (bzw. „Stellvertreters") verschaffen kann. Hierbei sollte er nicht nur aus einer Angebotspräsentation heraus entscheiden, sondern in konkreten Fachgesprächen zum Projekt – am besten mit den vorgesehenen Projektleitern auf beiden Seiten – überprüfen, mit welchem der Bewerber seine Zielvorstellungen wahrscheinlich am besten erreicht werden können. Dabei ist neben der Fachkompetenz und Erfahrung insbesondere auch der Sozialkompetenz des Projektmanagers besondere Aufmerksamkeit zu widmen. Hierbei geht es nicht nur um eine positive „Chemie" zwischen dem Bauherrn und seinem Projektmanager, sondern vor allem auch um die Führungsart und -qualitäten gegenüber dem späteren Projektteam.

4. Einbindung der Planungsbeteiligten

Die gesamten Projektbeteiligten können grundsätzlich in drei Bauherrn-interne Gruppen zusammengefasst werden:

- Bauherr bzw. Projektträger bzw. Investor
- Planer und Berater
- Ausführende Unternehmen

Zusätzlich bestehen für die internen Projektbeteiligten noch zahlreiche Schnittstellen zu:

- Genehmigungs- und Aufsichtsbehörden
- Trägern öffentlicher Belange

Abb. 4.1: Interne Projektbeteiligte und Schnittstellen

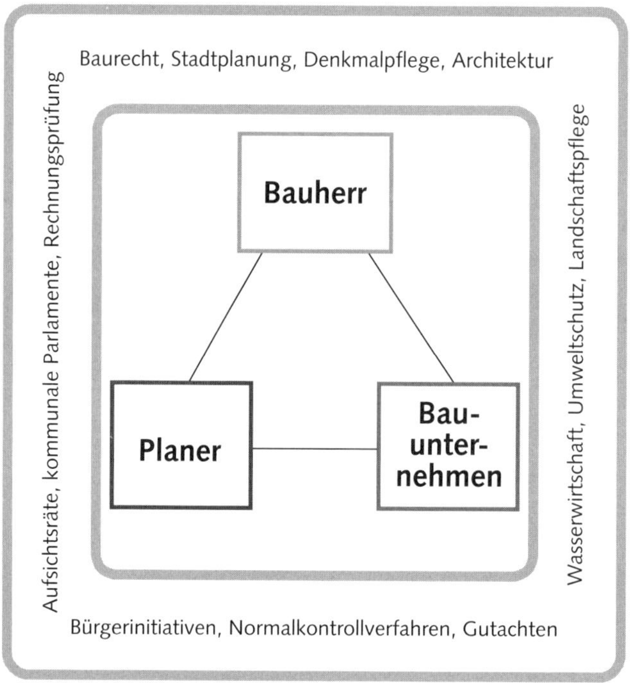

Die delegierbaren und nicht delegierbaren Aufgaben des Bauherrn wurden bereits in Kapitel III/3 ausführlich beschrieben. Die Zusammenarbeit mit den ausführenden Unternehmen ist in Kapitel IV enthalten, die mit den Genehmigungsbehörden und Trägern öffentlicher Belange in Kapitel III/5.

Im folgenden wird deswegen schwerpunktmäßig auf die unterschiedlichen Planungsbeteiligten näher eingegangen. Dabei wird wieder unterschieden zwischen der Projektentwicklungs- und der Planungsphase.

4.1 Definition der Beteiligten

4.1.1 Projektentwicklung

Die Herangehensweise differiert hier zwischen den Marktteilnehmern dergestalt stark, da aufgrund intern unterschiedlicher Personalstruktur einerseits wesentliche Aufgabenbereiche durch Spezialistenteams im Haus abgedeckt werden, andere wiederum sich für diese Segmente externer Dienstleister zur Unterstützung bedienen. Insofern lassen sich anhand einzelner Leistungsbausteine durchaus jeweils auch unterschiedliche Berater einschalten.

Die Praxis zeigt jedoch auch, dass teilweise trotz nicht vorhandener personeller Ressourcen oder Know-how-Träger im Unternehmen, das Bewusstsein zur Einschaltung externer Unterstützung nur bedingt vorhanden ist, auch wenn sich hier zwischenzeitlich eine gewisse Trendwende abzeichnet. Unabhängig davon kann eine sinnvolle Definition und Integration von Fachbeteiligten auch wesentlich zum Erfolg eines Projektes beitragen. Die Partner in den einzelnen Phasen sind u.a.:

- Unternehmen für Markt- und Standortanalysen,
- Architekten, Fachplaner
- Juristische Begleitung,
- Geologen,
- Sonderingenieure,
- Maklerunternehmen.

Ausschlaggebend ist eine fachlich und wirtschaftlich sinnvolle Ergänzung der eigenen Unternehmensressourcen, um in den abzuarbeitenden Leistungsspektren ein Optimum an Kompetenz zu bündeln.

4.1.2 Projektplanung

Je nach Art des Projektes kommen unterschiedliche Planer und Berater zum Einsatz. In Deutschland sind deren übliche Aufgaben und Leistungen in der „Honorarordnung für Architekten und Ingenieure (HOAI)" definiert. Sie setzen die Programm- und Standardvorgaben des Bauherrn/Projektmanagers stufenweise in Genehmigungs- und Ausführungspläne sowie in Leistungsbeschreibungen für ausführende Unternehmen um. Zusätzlich führen sie in der Realisierungsphase die Objektüberwachung (Bauleitung) durch. Bei einem üblichen Hochbau-/Investorenprojekt sind zumindest folgende wichtigen Planungsbeteiligte bzw. entsprechende Planungsdisziplinen einzubinden:

- Objektplaner/Architekt (Teil 3 HOAI 2013)
- Tragwerksplaner (Teil 4 HOAI 2013)
- Planer Technische Gebäudeausrüstung (TGA – Teil 4 HOAI 2013)
- Bauphysiker, -akustiker (Anlage 1 HOAI 2013)
- Bodengutachter (Anlage 1 HOAI 2013)
- Vermessungsingenieur (Anlage 1 HOAI 2013)
- Planer/-Koordinator Sicherheits-/Gesundheitsschutz (SiGe)

Je nach spezifischem Projektbedarf können noch weitere Beteiligte für Planung und/oder Beratung einzubinden sein:

- Freianlagenplaner (Teil 3 HOAI 2013)
- Fachplaner Förderanlagen (Teil 4 HOAI 2013)
- Verkehrsplaner (Teil 3 HOAI 2013)
- Fassadenfachplaner/-berater
- Küchenplaner (Teil 4 HOAI 2013)

Die einzelnen Aufgaben der beschriebenen Planer sind nach HOAI meist gleichartig nach Leistungsphasen beschrieben und können in folgende 3 Teilbereiche zusammengefasst werden:

- Grundlagenermittlung und Erarbeitung von Genehmigungs- und Ausführungsplänen

- Erstellung von Leistungsbeschreibungen und Vergabe der Aufträge
- örtliche Objektüberwachung

Die zunehmende Zahl von Planern und Beratern durch die fortschreitende Spezialisierung der einzelnen Fachgebiete hat vor allem im Industrie- und Anlagenbau zunehmend zum Einsatz von Generalplanern geführt. Auch im Hoch- und Ingenieurbau lässt sich seit einiger Zeit vermehrt ein Trend hin zu Generalplanern feststellen. Unter einem Generalplaner ist ein einziger vom Bauherrn beauftragter Planer zu verstehen, der sämtliche erforderlichen Planungsleistungen für das Projekt erbringt, entweder vollständig mit eigenen Mitarbeitern oder mit zusätzlich beauftragten Sub-Planern. Ein Vorteil für den Bauherrn liegt darin, dass dieser für alle Planungsbelange nur noch einen Ansprechpartner hat.

4.2 Zusammenarbeit des Entwicklungs- und Planerteams

4.2.1 Projektentwicklung

Der Entwicklungsmanager muss sich als Bindeglied zwischen dem Auftraggeber, allen Projektbeteiligten und den Interessensgemeinschaften sehen (vgl. Abb. 4.2). Dabei gilt es jedoch, eine klare Abgrenzung zwischen den einzelnen Kompetenzen und Entscheidungswegen herbeizuführen. Oberstes Gebot dabei ist es, bei den komplexen Maßnahmenkatalogen möglichst wenig Schnittstellenpotentiale aufzubauen. Dies bedeutet, dass die Entscheidungsebene zwischen Auftraggeber und Entwicklungsmanager nicht durch weitere Kompetenzebenen erweitert werden sollte, sondern alle Fäden koordinierend auf dieser einen Managementebene zusammenlaufen und auch dort die notwendigen Entscheidungen getroffen werden.

Abb. 4.2: Entwicklungsmanagement zur Bündelung des Entwicklungsteams

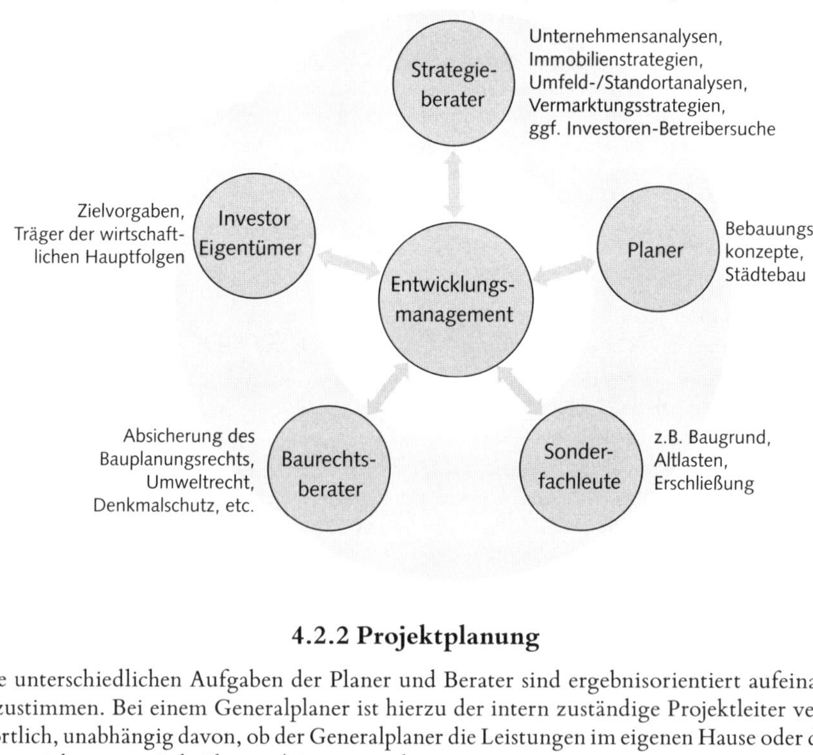

4.2.2 Projektplanung

Die unterschiedlichen Aufgaben der Planer und Berater sind ergebnisorientiert aufeinander abzustimmen. Bei einem Generalplaner ist hierzu der intern zuständige Projektleiter verantwortlich, unabhängig davon, ob der Generalplaner die Leistungen im eigenen Hause oder durch Hinzuziehung von Sub-Planern/-Beratern erbringt.

Im Falle eines unabhängig voneinander beauftragten Planer-/Beraterteams obliegt die fachliche Koordinationspflicht dem Objektplaner als federführendem Planer, bei Hochbauten dem Architekten. Die Koordinierungstätigkeit des Architekten setzt bereits während der Leistungsphase 2 „Vorplanung" ein.

Der Architekt hat dabei nicht nur während der Bauausführung das Zusammenwirken der am Bau Beteiligten und der Sonderfachleute zu überwachen, sondern das gesamte Bauvorhaben einschließlich des Planungsablaufes zu koordinieren. Darüber hinaus muss er bereits während der Vorplanung die wesentlichen städtebaulichen, gestalterischen, funktionalen, technischen und auch wirtschaftlichen Zusammenhänge und Randbedingungen klären und erläutern. Er ist insofern als „Sachwalter" des Bauherrn zu sehen und in dieser Funktion der direkte Ansprechpartner aus dem Planer-/Beraterteam für das Projektmanagement bzw. den Bauherrn. Eine vereinfachtes Aufbauorganigramm ist in Abbildung 4.3 und in Kapitel III/6.1 dargestellt.

Abb. 4.3: Beispiel Aufbauorganigramm Bauherr – Planer

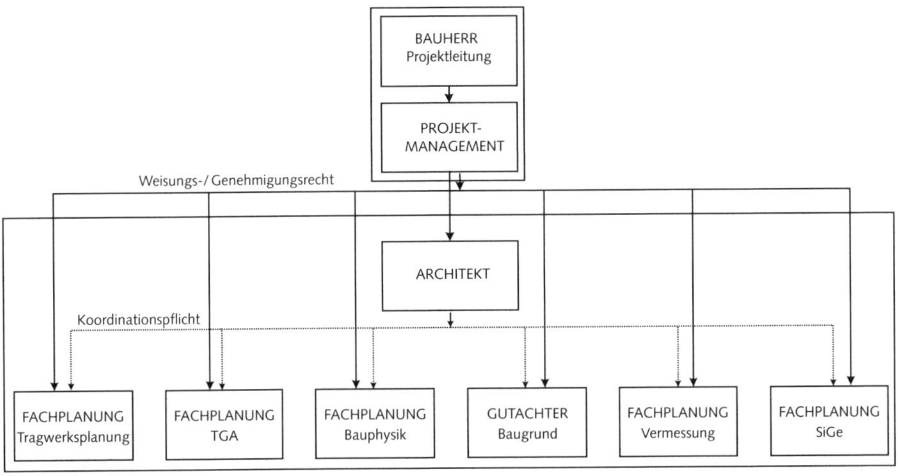

4.3 Auswahl des Architekten

Für die Architektenauswahl gibt es folgende Möglichkeiten und Vorschriften:
- Wettbewerbe nach RPW
- Gutachterverfahren (Mehrfachbeauftragung nach HOAI)
- Direktbeauftragung
- Verhandlungsverfahren mit Teilnahmewettbewerb nach §§ 74, 17 VgV (Vergabeverordnung (Fassung 2016) – keine Anwendungsverpflichtung für private Bauherren)
- Wettbewerblicher Dialog nach §§ 74, 18 VgV (Vergabeverordnung (Fassung 2016) – keine Anwendungsverpflichtung für private Bauherren)

Nachfolgend sind die maßgebenden Rechtsvorschriften aufgeführt, die für öffentliche Aufträge, die über einem bestimmten Schwellenwert liegen, zwingend anzuwenden sind:
- GWB: Gesetz gegen Wettbewerbsbeschränkungen (aktuelle Fassung 2016)
- VgV: Vergabeverordnung (aktuelle Fassung 2016)
- RPW: Richtlinie für Planungswettbewerbe (aktuelle Fassung 2013)

Die Pflicht zur Anwendung des GWB und der VgV ergibt sich, wenn nachfolgende Kriterien erfüllt sind:
- Es handelt sich um einen öffentlichen Auftraggeber i.S. § 99 GWB
- Es handelt sich um einen öffentlichen Auftrag i.S. § 103 GWB

Abb. 4.4: Beauftragungsweg – Planer

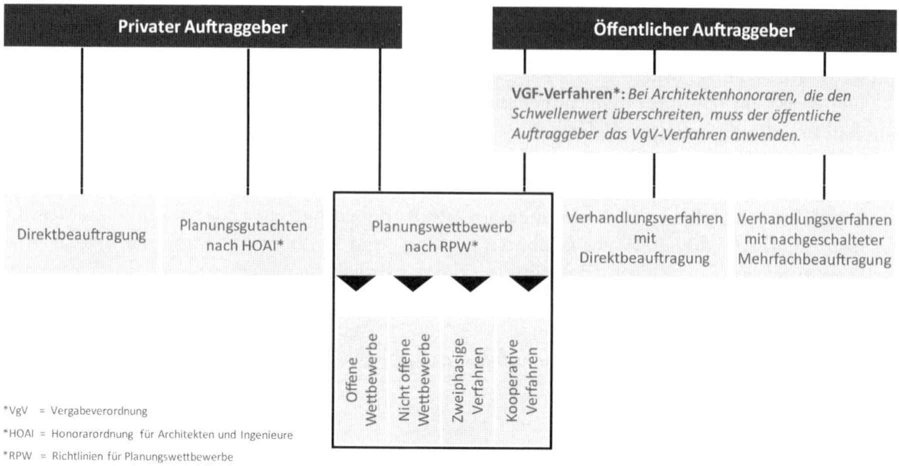

Abb. 4.5: Öffentlicher Auftraggeber – Übersicht der Verfahrensmöglichkeiten zur Planerbeauftragung

	VgV-Verfahren				
			RPW-Verfahren		
	Mit Direkt-beauftragung	Mit Mehrfach-beauftragung	offener Wettbewerb	nicht offener Wettbewerb	kooperatives Verfahren
Teilnehmeranzahl	unbegrenzt	5 bis 25	unbegrenzt	5 bis 25	3 bis 6
Verfahrensdauer	3 bis 4 Monate	5 bis 7 Monate	7 bis 10 Monate 2-stufig	6 bis 8 Monate	4 bis 5 Monate
Verfahrenskosten	gering	mittel	hoch	mittel	mittel
Planungstiefe	gering	mittel	mittel	mittel	hoch
Anonymität	nicht anonym	teilweise anonym	anonym	anonym	nicht anonym
weitere Beauftragung	geeignetster Bieter	zwingend	einer der Preisträger	einer der Preisträger	einer der Preisträger

– Es handelt sich um eine freiberufliche Leistung, die nicht vorab eindeutig und erschöpfend beschreibbar ist (eine geistig-schöpferische Tätigkeit)
– Der geschätzte Auftragswert überschreitet den Schwellenwerte nach § 106 GWB

Der private Bauherr kann eine freie Planerauswahl treffen, er ist an die Vergabeverordnung nicht gebunden. Entscheidet er sich für ein Gutachterverfahren ist er an die Honorarordnung für Architekten und Ingenieure (HOAI) insoweit gebunden, als er deren preisbildende Bestandteile nicht unterlaufen darf. Entscheidet er sich für einen Wettbewerb nach RPW, hat er die RPW zu beachten. Im Gegensatz zu öffentlichen Vorhabenträgern, die abhängig von Schwellwerten zur Durchführung von Verfahren nach der VgV verpflichtet sind (s.o.). Die VgV findet ihre Anwendung bei voraussichtlichem Honorarvolumen von oder mehr als 221.000 € netto – Stand 2018 – für freiberufliche Leistungen oder Leistungen, die im Wettbewerb angeboten werden. Detaillierter soll an dieser Stelle nicht auf die Planerauswahlverfahren nach VgV eingegangen werden. Der interessierte Leser sei auf die gültige Fassung der VgV von 2016 verwiesen.

4.3.1 Direktbeauftragung

Wie schon erwähnt, ist der private Bauherr dem Grunde nach frei in seiner Entscheidung der Planerauswahl. Dabei sind sowohl Aspekte der architektonischen Qualität (1) als auch der Leistungsfähigkeit zu beachten. Die Wahl des Architekten ist mitunter eine der wichtigsten Determinanten, von der der Projekterfolg in der Abwicklung und der Nachhaltigkeit abhängt.

(1) Der Architekt bestimmt i.d.R. folgende Produktinhalte:
- Akzeptanz in der Bevölkerung durch äußere Erscheinung und städtebauliche Komposition
- Individualität und Identifikation durch Adressenbildung
- Behaglichkeit der Nutzer durch Raumgeometrien und Funktionsgefüge
- Nachhaltigkeit durch flexible markt- und nutzungsgerechte Konzeptionen
- Realisierbarkeit durch Kenntnis der lokalen und regionalen Spezifika in der Genehmigungsfähigkeit und Akzeptanz bei den zuständigen Genehmigungsbehörden
- Referenzen
- Projektideen

(2) Daraus ergeben sich folgende Kriterien zur Beachtung bei der Architektenauswahl:
- Finanzielle und wirtschaftliche Leistungsfähigkeit
- Bürostruktur
- Kapazitäten
- Honorar

Je nach Aufgabenschwerpunkt definieren sich die Prioritäten der Auswahlkriterien. Daher sollte sich der Bauherr die oben genannte Freiheit in Abhängigkeit der Planungsaufgabe und der Projektstruktur durch Auswahlkriterien nicht einschränken, sofern nicht andere zwingende Gründe, auf die im weiteren Verlauf noch näher eingegangen wird, dagegen sprechen.

An dieser Stelle setzt die Aufgabe des Projektmanagement ein, den Bauherrn in der richtigen Auswahl durch Festlegung und Bewertung der projektrelevanten Auswahlkriterien zu unterstützen.

Die Architektenleistung ist in der HOAI § 34 definiert. Es bietet sich eine stufenweise Beauftragung der Architektenleistung an, die sich mittlerweile als Standard etabliert hat. Die abzurufenden Stufen können dabei sowohl aus einzelnen Leistungsphasen als auch aus Phasengruppen , z.B. Grundlagenermittlung bis Genehmigungsplanung, bestehen.

Ob die Architektenleistung im klassischen Sinne als Einzelbeauftragung oder im Rahmen eines Generalplaner- oder Generalübernehmerauftrages erfolgt, ist von der Projektstruktur und den Zielen des Bauherrn abhängig. Eine personen- bzw. bürobezogene Trennung der Stufen ist abhängig von der Größe und Komplexität der Projektaufgabe sinnvoll. Eine Trennung ab oder bis Leistungsphase 5 oder 7 sind praxisgerechte Schnittstellen, die einer kompetenten Projektabwicklung zutragen.

4.3.2 Durchführung von Wettbewerben

Abhängig vom vorhandenen Baurecht (Bebauungsplan, Flächennutzungsplan, § 34 BauGB) ist zur Baurechtschaffung und -erhöhung ein Wettbewerb sinnvoll bzw. notwendig. Bei städtebaulich prägnanten Bauplätzen wird in der Regel zur Baurechtsdefinition im Rahmen eines Bebauungsplanverfahrens oder eines vorhabenbezogenen Bebauungsplans (gem. § 12 BauGB) von Seiten der Stadtplanung zur öffentlichen Rechtfertigung der Genehmigungsfähigkeit die Auflage zur Durchführung eines Wettbewerbes ausgesprochen.

Nicht zuletzt werden im Rahmen eines Wettbewerbs vergleichbare Ideenfindungen und Konzeptansätze auf Basis der gleichen Aufgabenstellung vorgestellt, so dass dem Grunde nach das optimale Wettbewerbsergebnis für das Projekt bzw. den Bauplatz gefunden werden kann. In der Erarbeitung der Aufgabenstellung und Definition der Projektbedürfnisse beispielsweise anhand eines Raum- und Funktionsprogramms obliegt dem Bauherrn, wobei an dieser Stelle das Projektmanagement unterstützend ansetzt.

Zur Durchführung von Wettbewerben sind vom Bundesministerium für Umwelt, Naturschutz, Bau und Reaktorsicherheit (BMUB) Richtlinien zur Durchführung von Planungswettbewerben (RPW 2013) erarbeitet worden. Diese besitzen für den privaten Vorhabenträger in der Regel keine bindende Wirkung, die darin beschriebenen Varianten sollen jedoch zum besseren Verständnis im Folgenden kurz vorgestellt werden, wobei nach den Zielen, den Teilnehmerkreisen und den Stufigkeiten des Wettbewerbes unterschieden wird (vgl. RPW, § 3):

- Realisierungs- und Ideenwettbewerb
- Offener Wettbewerb
- Nichtoffener Wettbewerb
- Zweiphasiges Verfahren
- Kooperatives Verfahren

„Zur Findung konzeptioneller Lösungen, zum Beispiel zur Klärung der Grundlagen einer Planungsaufgabe, kann ein Wettbewerb ohne Realisierungsabsicht durchgeführt werden (Ideenwettbewerb)“ (vgl. RPW 2013, § 3, (1)). Besteht jedoch ansonsten die Eigenschaft eines Realisierungswettbewerbes, genügt der nicht in Aussicht gestellte Wille zur Realisierung nicht, das Verfahren als Ideenwettbewerb durchzuführen. Ein Ideenwettbewerb kann vielmehr der Vorbereitung eines Realisierungswettbewerbes dienen oder der Ermittlung von Teilnehmern für einen beschränkten Wettbewerb zutragen.

„Der Durchführung eines Planungswettbewerbs liegt in der Regel die Realisierungsabsicht der Wettbewerbsaufgabe zugrunde (Realisierungswettbewerb).“ (vgl. RPW 2013, § 3, (1)). Dabei ist Grundvoraussetzung ein genau definiertes Planungsprogramm sowie die Zusicherung nach RPW 2013, § 8, (2) einer weiteren Beauftragung eines oder mehrerer Preisträger.

Die Lösung einer Wettbewerbsaufgabe kann dabei in mehreren Stufen erfolgen. Diese können zum einen eine Konkretisierung der Aufgabenstellung bzw. Wettbewerbzieles haben (vgl. Kooperatives Verfahren RPW 2013, § 3, (5)) oder auch die vertiefende Bearbeitung eines sich verkleinernden konzentrierten Teilnehmerkreises zum Ziel haben.

Die RPW 2013 unterscheidet weiterhin folgende Wettbewerbsarten:

- Offener Wettbewerb (gem. § 3, (2) RPW 2013)
- Nichtoffener Wettbewerb (gem. § 3, (3) RPW 2013)
- Zweiphasiges Verfahren (gem. § 3, (4) RPW 2013)
- Kooperatives Verfahren (gem. § 3, (5) RPW 2013)

Offene Wettbewerbe unterliegen keiner Teilnehmerbeschränkung, sofern die Teilnehmer die fachlichen und persönlichen Anforderungen erfüllt.

Neben „Offenen Wettbewerben“ können Wettbewerbe auch als „Nichtoffene Wettbewerbe“ oder auch „kooperative Verfahren“ ausgelobt werden. Bei Nichtoffenen Wettbewerben fordert der Auslober im ersten Schritt interessierte Fachleute öffentlich zur Bewerbung auf. In der Wettbewerbsbekanntmachung werden die angestrebte Zahl an Teilnehmern, die vorzulegenden Nachweise, das zur Auswahl der Teilnehmer angewandte Verfahren sowie gegebenenfalls die Namen bereits vorausgewählter Teilnehmer angegeben. Nach RPW soll die Teilnehmerzahl der Größe und Bedeutung der Wettbewerbsaufgabe angemessen sein.

Im zweiten Schritt des Nichtoffenen Wettbewerbs wählt der Auslober die Teilnehmer anhand eindeutiger, nicht diskriminierender, angemessener und qualitativer Kriterien aus dem Kreis der Bewerber aus. Bereits vorausgewählte Teilnehmer müssen nach RPW 2013 die gestellten Anforderungen und Kriterien ebenfalls erfüllen. Ist die Bewerberanzahl nach einer objektiven Auswahl entsprechend dieser Kriterien zu hoch, kann die Auswahl unter den verbleibenden Bewerbern durch Los getroffen werden. Private Auslober können die Teilnehmer auch direkt bestimmen (Einladungswettbewerb) – vgl. RPW 2013, § 3, (3).

Das Kooperative Verfahren nach RPW 2013, § 3, (5) hat den offenen Meinungsaustausch zwischen den Teilnehmern und den Beteiligten im Rahmen von Kolloquien zur möglichen Weiterentwicklung des Wettbewerbsprogramms zum Ziel. Typischer Anwendungsfall eines Kooperativen Verfahren ist gegeben, wenn eine Aufgabe oder ihre Ziele vom Auslober nicht eindeutig definiert werden können, z.B. bei städtebaulichen Aufgaben. Die Anonymität nach

§ 1 RPW kann ausnahmsweise, zum Beispiel zur Präsentation von Zwischen- und Endergebnissen, aufgehoben werden.

Grundsätzlich gilt für ein Wettbewerbsverfahren nach RPW 2013 die Gleichbehandlung der Teilnehmer und die Aufrechterhaltung der Anonymität für die gesamte Verfahrensdauer. Nach RPW 2013, § 7, (2) ist die Höhe der Wettbewerbssumme der Bedeutung und Schwierigkeit der Aufgabe und der geforderten Leistungen angemessen festzulegen. Sie entspricht i.d.R. mindestens dem Honorar der Vorplanung nach der jeweils geltenden Honorarordnung – für alle in den Wettbewerb einbezogenen Fachdisziplinen.

Die Wettbewerbsbeteiligten setzen sich aus Auslober, Preisrichtern, Sachverständigen und Vorprüfern zusammen. Diese sowie der Aufwand für die Räumlichkeiten sind in der Aufwandskalkulation zur Durchführung eines Wettbewerbes nach RPW 2013 zu berücksichtigen. Dabei ist erkennbar, dass der Bauherr auf die Entscheidung der Jury aufgrund der Stimmenverhältnisse keinen mehrheitlichen Einfluss besitzt. Der Bauherr ist demnach bei der Auflage zur Durchführung eines Wettbewerbes auf die Entscheidung der Jury bindend angewiesen. Dabei besteht die Gefahr, dass einzelne Interessen des Bauherrn, sofern sie nicht als Bestandteil der Auslobung definiert waren, durch die Juryentscheidung nicht berücksichtigt werden. Dennoch ist der Bauherr dann in Verbindung mit dem Urheberrecht an den Architekten zur Durchführung zumindest in den Planungsphasen des Projektes gebunden.

Als Variante zwischen Direktbeauftragung und Wettbewerb besteht die Möglichkeit ein Gutachterverfahren durchzuführen. Dabei wird vergleichbar mit dem Einladungswettbewerb eine beschränkte Anzahl von Teilnehmer zur Begutachtung der Machbarkeit zur städtebaulichen Eingliederung eines Projektes eingebunden. Die Anforderungen bzw. Zusammensetzung der Jury ist dabei frei definierbar, obgleich die Bereitschaft zur Teilnahme von renommierten Büros auch abhängig ist von der Qualität der Jury-Zusammensetzung.

Die Honorierung hat hierbei für alle Teilnehmer nach der vergleichbaren Planungsleistung gemäß HOAI zu erfolgen. Die Möglichkeit diese Leistung als Akquisitionsaufwand nur anteilig zu entlohnen wird von der Rechtsprechung kontrovers diskutiert. Architekten können von der Architektenkammer für die Unterlaufung der HOAI oder der Regularien des Wettbewerbwesens gemaßregelt werden. Daher ist die Akzeptanz von renommierten Architekten in Bezug auf „wilde Verfahren“ (Verfahren, die Regularien nur in Anlehnung befolgen) eher gering.

Grundsätzlich gilt jedoch für alle Formen der Wettbewerbe oder Gutachterverfahren eine gründliche vorherige Abstimmung über die Inhalte und die Rahmenbedingungen des Verfahrens mit den entsprechenden Gremien wie die Architektenkammer oder auch dem Stadtplanungsamt zu führen. Eine Absicherung zu dieser Seite ist für den Bauherrn in Hinblick auf eventuelle Honorar- bzw. Preisgeldstreitigkeiten und der öffentlichen Akzeptanz zwingend notwendig.

4.4 Vorgaben und Aufgabenstellung an die Planer

Die Vorgaben und Aufgabenstellungen an die Planer ergeben sich aus den spezifischen Randbedingungen des Projektes. Diese sind im Zuge der Projektentwicklung und Projektdefinition zu ermitteln und zu quantifizieren.

Aus einem spezifischen Nutzungskonzept oder aus alternativen Nutzungskonzepten wird im Rahmen der Projektentwicklung ein Raum- und Funktionsprogramm entwickelt. Parallel hierzu erfolgt unter Berücksichtigung von Vermarktungsgesichtspunkten die Abstimmung und Festlegung der Qualitätsstandards für den baulichen und gebäudetechnischen Teil.

Die Umsetzung des Raum- und Funktionsprogramms in ein Flächenmodell – Aufschlüsselung nach Nutzflächen, Funktions- und Verkehrsflächen – ist die Grundlage für ein erstes dreidimensionales Gebäudemodell. Sämtliche dieser Modellbildungen werden unter wirtschaftlichen Aspekten durchgeführt, d.h., unter Berücksichtigung einer maximalen Flächenwirtschaftlichkeit und der festgelegten Qualitätsstandards.

Abb. 4.6.1: Von der Bauaufgabe zur Planungsidee

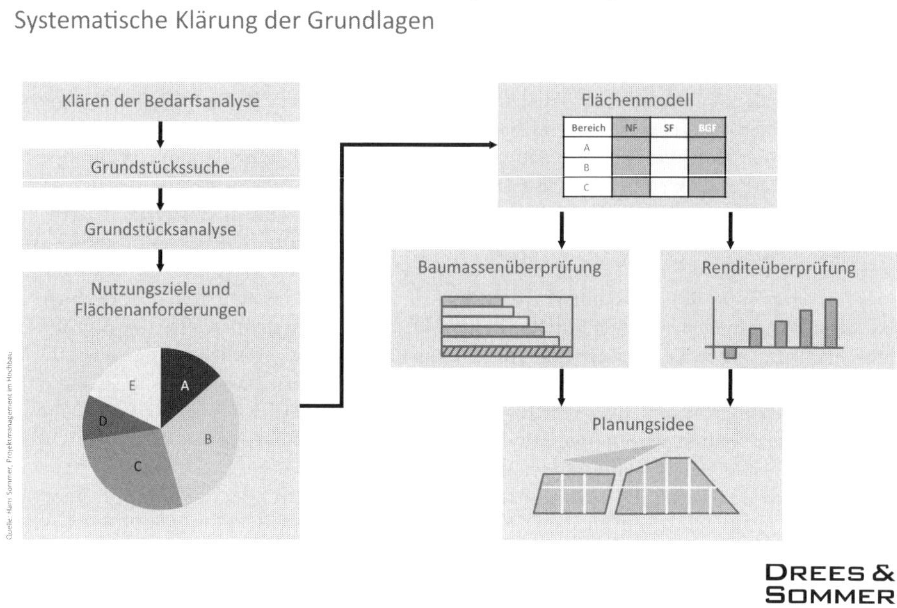

Abb. 4.6.2: Virtuelles Gebäudemodell

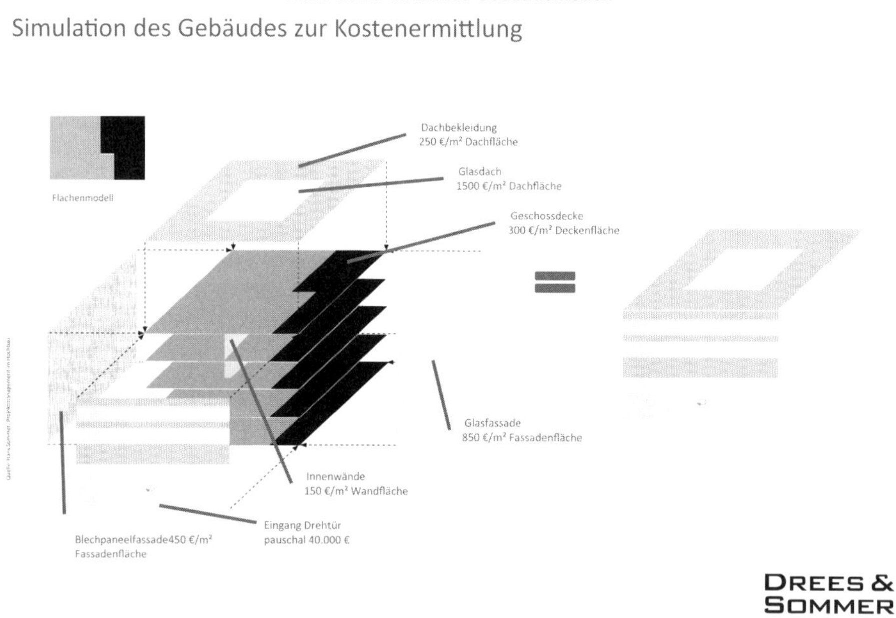

Idealerweise wird auf Grundlage des wirtschaftlich entwickelten Gebäudemodells eine interdisziplinäre Systemplanung für die gebäudetechnischen und bauphysikalischen Systeme unabhängig durchgeführt (vgl. Kap. III/6.3). Die Ergebnisse hieraus stellen zusammen mit den Qualitätsfestlegungen und dem Gebäudemodell – inkl. Raum- und Funktionsprogramm – die verbindlichen Vorgaben als „Wirtschaftliche Planungsvorgaben" für die Planungsbeteiligten dar. Wie aus dieser Vorgehensweise zu ersehen ist, setzt dies auf der Bauherrenseite ein kompetentes, erfahrenes und unabhängiges Fachteam unter Federführung des Entwicklungs- bzw. Projektmanagements voraus.

Die Planer werden üblicherweise mit den Grundleistungen der Leistungsbilder nach HOAI beauftragt. Sie setzen die Programm- und Standardvorgaben des Bauherrn bzw. Projektmanagements, wie sie in den umfassenden „Wirtschaftlichen Planungsvorgaben" definiert sind, entsprechend ihren beauftragten Leistungsbildern stufenweise in Planungen und Leistungsbeschreibungen für die Ausführung um.

Folgende wesentlichen Planungsergebnisse müssen in den ersten Planungsphasen für die maßgebenden Planer qualifiziert und abgestimmt erwartet werden und sind vom Projektmanagement bzw. vom Technisch-Wirtschaftlichen Controlling (vgl. Kap. III/6.3) zu prüfen:

Architekt
- Grundrisse, Schnitte, Ansichten mit Vermaßung
- Erläuterungsberichte zur Planung
- Flächen- und Kubaturberechnung nach DIN 277
- Kostenermittlungen nach DIN 276

Tragwerksplaner
- (Vor-)Statik mit Berücksichtigung der Bodenverhältnisse, Grundwasserstände, Erschütterungen, Erdbebenzone, Brandschutz, etc.
- Dimensionen der tragenden Teile (Verbau und Gründung, Wand und Stütze, Decke)
- Erläuterungsberichte mit Angaben zur Bewehrung
- Angaben zu Kostenermittlungen

TGA-Fachplaner
- (Überschlägige) Lastermittlungen, Bemessung und Dimensionierungen
- Strangschematas, Möblierung der Technikzentralen
- Schachtbelegungspläne, Horizontaltrassen
- Erläuterungsberichte zur Planung
- Angaben zu Kostenermittlungen

4.5 Stufen und Ablauf des Entwicklungs- und Planungsprozesses

4.5.1 Projektentwicklung

Entsprechend der Abbildung 4.7 sind die Phasen nacheinander geschaltet dargestellt, werden jedoch im praktischen Umgang teilweise in ihrem Ablauf überlappen.

Entwicklungen werden teilweise in einem unterschiedlichen Grad des Projektfortschrittes und der Planung vom jeweiligen Entwickler angestoßen oder das Engagement erfolgt durch Partnerschaft bzw. Beteiligung in einem bereits laufenden Projekt. In diesen Fällen wird man nicht zwangsläufig immer die Möglichkeit haben, alle Phasen mit gleicher Intensität zu durchlaufen. Es sollte jedoch, und zwar unabhängig vom Zeitpunkt der Beauftragung, eine saubere Grundlagen- und Zieldefinition erfolgen.
Darüber hinaus ist es ratsam, nach Ablauf bestimmter Leistungsbausteine Entscheidungsmeilensteine einzuziehen und diese mit entsprechenden Soll-Bruchstellen zu versehen. Diese sind notwendig, um auf veränderte Markttendenzen oder Rahmenbedingungen des Projektes, notfalls mit einem Abbruch des Engagements, reagieren zu können.

4.5.2 Projektplanung

Der Prozess der konkreten Projektplanung richtet sich heute überwiegend noch nach den definierten Planungsstufen bzw. „Leistungsphasen" (Lph.), wie sie in der HOAI für die wesentlichen Planungsdisziplinen beschreiben sind:
- Lph. 1 Grundlagenermittlung (Teilleistungen ggf. aus Projektentwicklung)
- Lph. 2 Vorplanung

Abb. 4.7: Ablauf Projektentwicklung

- Lph. 3 Entwurfsplanung
- Lph. 4 Genehmigungsplanung
- Lph. 5 Ausführungsplanung
- Lph. 6 Vorbereitung der Vergabe
- Lph. 7 Mitwirkung bei der Vergabe
- Lph. 8 Objektüberwachung
- Lph. 9 Objektbetreuung und Dokumentation

Neuere Ansätze einer integrierten Planung, bei der insbesondere die verschiedenen Planungsdisziplinen enger und vor allem auch Leistungsphasen-übergereifend (Vorziehung einzelner Teilleistungen späterer Leistungsphasen) zusammenarbeiten, werden heute teilweise bei nichtöffentlichen und Investorenprojekten erfolgreich praktiziert. Voraussetzung hierzu ist neben einem wirklich funktionierenden und harmonierenden Planerteam allerdings auch die Bereitschaft zu innovativen und von den Vorgaben der HOAI abweichenden Planungsabläufe.

Im Weiteren soll jedoch auf die üblichen Planungsabläufe eingegangen werden, wie sie durch die Leistungsphasen der HOAI definiert sind. Die nachfolgenden Ausführungen umfassen die eigentlichen Planungen, also die Leistungsphasen 2 bis 5 HOAI. Die Aufgaben der Planer in der Leistungsphasen 6 bis 9 werden in Kapitel IV beschrieben.

4.5.2.1 Vorplanung

Die Vorplanung hat die Überlegungen aus der Projektentwicklung und der Grundlagenermittlung in konkrete Planungskonzepte umzusetzen. Hierbei sind funktionale Zusammenhänge zu vertiefen, die eigentliche Gebäudeform, -geometrie und –gestaltung festzulegen sowie gebäudetechnischen und konstruktiven Systeme zu ermitteln.

Zusammen mit den projektspezifisch zu beauftragenden Fachplanern wird durch den federführenden Architekten die Planung üblicherweise im Maßstab 1:200 koordiniert und erstellt. In der Abbildung 4.8 ist ein Beispiel für einen möglichen Regelablauf der Vorplanung dargestellt.

Ganz wesentlich ist es, dass insbesondere während dieser ersten Planungsphase alternative Konzepte untersucht und bewertet werden. Bei Entscheidungen über Alternativ- oder Varian-

Abb. 4.8: Beispiel Regelablauf Vorplanung

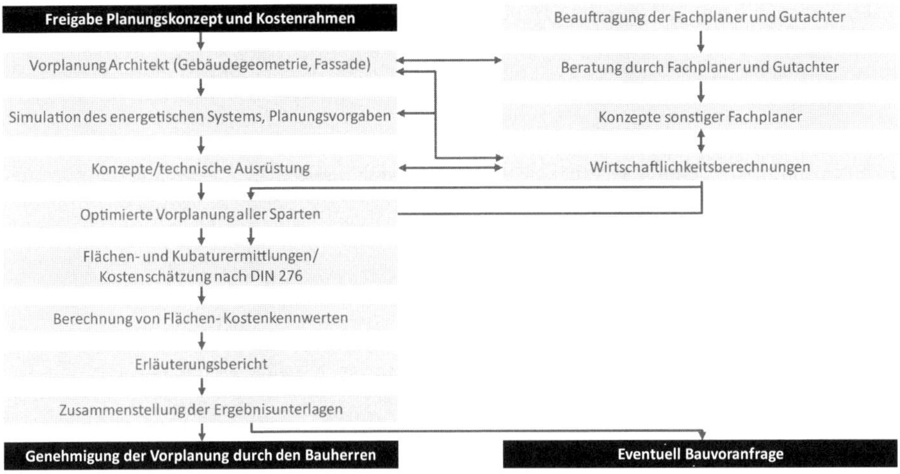

tenkonzepte sind Kosten- und Wirtschaftlichkeitsuntersuchungen ganz wesentliche Kriterien. Von den Planern sind hierzu Kostenschätzungen durchzuführen, die vom Projektmanagement geprüft werden und die auch Grundlage für die Freigabe der Vorplanung durch den Bauherrn sind.

Das Projektmanagement sorgt vor Abschluss der Vorplanung dafür, dass die Planungsunterlagen und Ergebnisse der Planungsbeteiligten transparent zusammengefasst werden und auf dieser Basis die Freigabe – ggf. mit Optimierungsvermerken für die nächste Phase – erfolgen kann. Zur Absicherung des Projektes und der Genehmigungsfähigkeit kann es zu diesem Zeitpunkt sinnvoll sein, mit den Vorplanungsergebnissen eine Bauvoranfrage den Genehmigungsbehörden vorzulegen.

4.5.2.2 Entwurfs- und Genehmigungsplanung

In der Entwurfsplanung ist die Vorplanung weiter zu konkretisieren und zu detaillieren. Der Regelmaßstab für die Entwurfsplanung beträgt 1:100. Zusätzlich werden die Konstruktionsdetails als Prinzipdetails entwickelt und von den Fachplanern die technischen Konzepte konkretisiert und in den Entwurf integriert.

Auf dieser Grundlage wird über eine Planungskontrolle die Umsetzung der in früheren Phasen vereinbarten Projektinhalte und durch Kosten- und Wirtschaftlichkeitsberechnungen die Einhaltung des Budgetrahmens überprüft.

Im Anschluss daran werden im Rahmen der Genehmigungsplanung aus den Ergebnissen der Entwurfsplanung die erforderlichen Vorlagen für öffentlich-rechtlichen Genehmigungsverfahren zusammengestellt bzw. erarbeitet. Mögliche Vervollständigungen oder Anpassungen der Genehmigungsvorlagen können reduziert oder vermieden werden, wenn frühzeitig Abstimmungen mit den zuständigen Behörden über mögliche kritische Punkte durchgeführt werden. Es empfiehlt sich hier, bereits während des laufenden Planungsprozesses (Vor- und Entwurfsplanung) die betreffenden Genehmigungsstellen zu informieren und mit ihnen zu diskutieren. Darüber hinaus lässt sich über ein gezieltes Genehmigungsmanagement, das durch das Projektmanagement zusammen mit den Planungsbeteiligten vor und während des Genehmigungsprozesses erfolgt, die Genehmigungsdauer positiv beeinflussen. Wichtig hierbei ist eine kontinuierliche Kommunikation mit den entsprechenden Beteiligten auf Planer- und Behördenseite.

Der Phasenablauf der HOAI sieht vor, dass erst nach Abschluss bzw. auf Basis der Ausführungsplanung die Ausschreibungsunterlagen erstellt werden. In der Praxis ist es jedoch heute oft üblich, aufgrund einer engen Terminsituation die Leistungsbeschreibungen bereits mit den

Ergebnissen der Entwurfsplanung zu erstellen. Da in der Entwurfsplanung i.d.R. aber noch Unsicherheiten bezüglich einzelner Detaildefinitionen vorhanden sind und somit diese Unsicherheiten sich auch in den Ausschreibungen und Vergaben wiederspiegeln würden, werden in diesen Fällen meist Teilleistungen aus der Ausführungsplanung – z.B. Erstellung von Regel- oder Leitdetails – zeitlich vorgezogen.

4.5.2.3 Ausführungsplanung

In der Ausführungsplanung erfolgt eine weitere und abschließende Detaillierung der vorangegangenen Planungsschritte. Sie dient als detaillierte Arbeitsgrundlage der Bauausführung und wird deswegen je nach Erfordernis im Maßstab 1:50 bis 1:1 erstellt. Aus terminlichen Gründen wird i.d.R. sofort nach Abschluss und Freigabe der Entwurfsplanung mit der Ausführungs-

Abb. 4.9: Beispiel Regelablauf Entwurfs-/Genehmigungsplanung

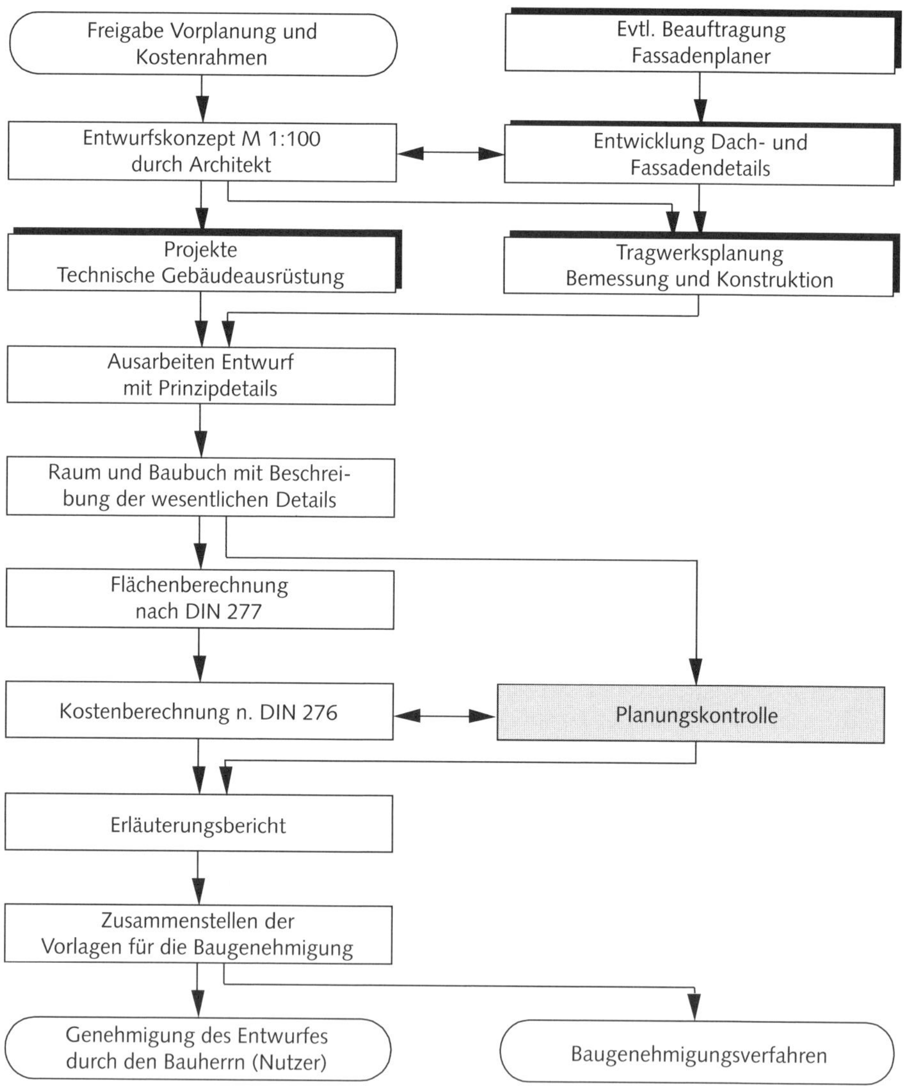

planung begonnen und nicht erst die Baugenehmigung abgewartet. Umso wichtiger ist auch deswegen eine frühzeitige Absicherung der Genehmigungsfähigkeit.

Die Ausführungsplanung ist für alle bauausführenden Gewerke durch die entsprechenden Fachplaner zu erbringen. Im Wesentlichen können Ausführungsplanungen für
- Rohbau
- Technische Gebäudeausrüstung
- Ausbau

unterschieden werden.

Bei der Ausführungsplanung Rohbau sind sowohl der Architekt als auch die meisten Fachplaner – und z.T. auch die ausführenden Unternehmen – beteiligt. Der Architekt erstellt einen ersten Werkplan als „Rohling", der Grundlage für die Ausführungsplanung der Fachplaner,

Abb. 4.10: Beispiel Regelablauf Ausführungsplanung Rohbau

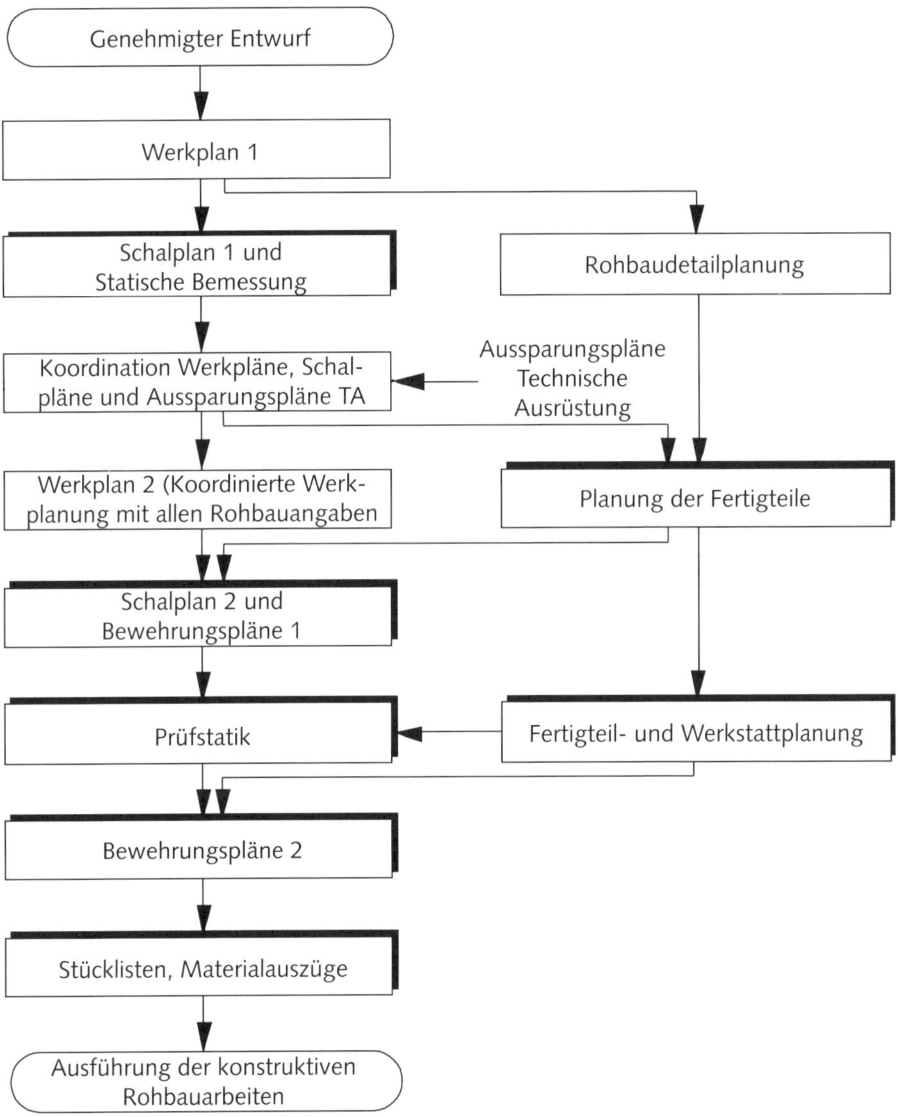

Abb. 4.11: Beispiel Regelablauf Ausführungsplanung TGA

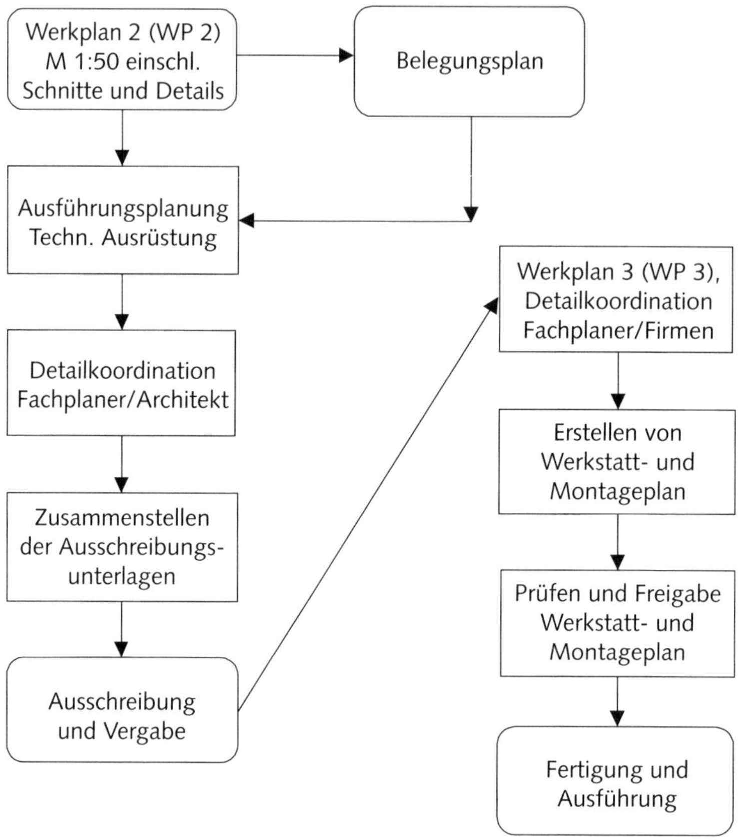

insbesondere Tragwerksplaner und TGA-Planer, ist. Die weitere Ausführungsplanung Rohbau wird dann stufenweise durch die koordinierte Einarbeitung der Fachplanerergebnisse vervollständigt.

Sie besteht letztlich aus den Werkplänen des Architekten und den Schal- und Bewehrungsplänen des Tragwerksplaners. Besondere Bedeutung besteht hierbei in der detaillierten inhaltlichen Koordination der Planungsbeteiligten, um zu vermeiden, dass widersprüchliche Ausführungspläne an die ausführenden Unternehmen übergeben werden. Diese Planungskoordination obliegt dem federführenden Objektplaner, dem Architekten. Das Projektmanagement sollte hierbei die Aufgabe übernahmen, stichprobenartig und schwerpunktmäßig die Übereinstimmung der verschiedenen Fachplanerleistungen zu prüfen.

Die Ausführungsplanung der Technischen Gebäudeausrüstung (TGA) wird entweder vom Fachplaner oder vom ausführenden Unternehmen erstellt. Zusätzlich zur Ausführungsplanung werden für die gebäudetechnischen Gewerke Werkstatt- und Montagepläne durch die ausführenden Unternehmen erstellt. Darin sind alle Angaben zur werkseitigen Herstellung und bauseitigen Montage enthalten. Obwohl die Umsetzung der Ausführungspläne in Werkstatt- und Montagepläne im Verantwortungsbereich der ausführenden Firmen liegt, ist es zur Qualitätssicherung und um Probleme zu vermeiden erforderlich, die Übereinstimmung dieser Pläne mit den Vorgaben aus der bauherrenseitigen Planung zu kontrollieren. Diese Leistungen stellen allerdings keine Grundleistungen des TGA-Fachplaners dar, sondern sind separat als Besondere Leistungen zu beauftragen.

Abb. 4.12: Beispiel Regelablauf Ausführungsplanung Ausbau

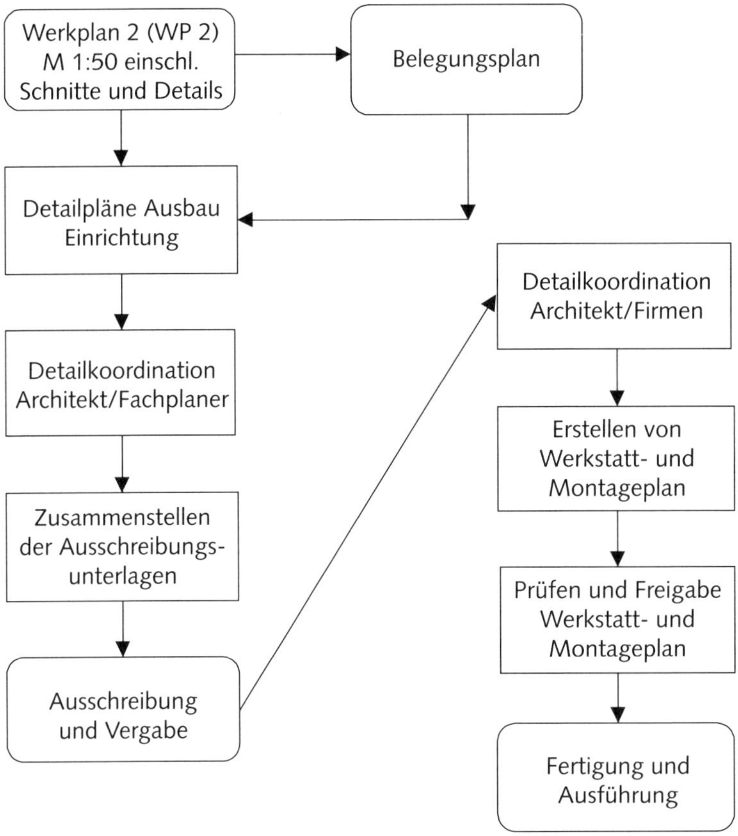

Auf Grundlage des freigegebenen Werkplanes für die Rohbauarbeiten werden für die Ausführungsplanung Ausbau alle Aussagen für die Ausbaugewerke ergänzt. Hierbei handelt es sich um Fußboden- und Wandaufbauten, Deckenbekleidungen, Tür- und Fensterbeschreibungen sowie Dach- und Fassadenaufbauten. Wie auch bei der Technischen Gebäudeausrüstung werden für einzelne Gewerke durch die ausführenden Unternehmen Werkstatt- und Montagezeichnungen angefertigt, die durch den Architekten geprüft und freigegeben werden.

Sofern die komplette Ausführungsplanung durch die beteiligten Architekten und Fachplaner erstellt wird, überschneidet sich der Zeitraum bis zur Fertigstellung der kompletten Ausführungsplanung teilweise sehr stark mit der Baudurchführungsphase. Die ausführungsreife Ausführungsplanung erfordert allerdings einen ausreichenden zeitlichen Vorlauf vor der eigentlichen Realisierung innerhalb der einzelnen Gewerke für deren Arbeitsvorbereitung sowie Werkstatt- und Montageplanungen. Die hierfür erforderliche Planungskoordination obliegt zwar wiederum dem federführenden Architekten, jedoch ist dazu eine entsprechend detaillierte Ablauf- und Terminplanung als Koordinationsbasis erforderlich. Die sogenannten Steuerungsterminpläne für die Planung und Planungskoordination werden durch den Architekten erstellt und durch das Projektmanagement geprüft, das auch im Rahmen des Terminmanagements (vgl. Kap. III/6) übergeordnet die Planungsabläufe überwacht und steuert.

5. Wege der Baurechtschaffung – Öffentliches Planungs- und Baurecht

5.1 Baugesetzbuch

5.1.1 Überblick über den Regelungsinhalt des BauGB

Das öffentlich-rechtliche Baurecht umfasst die Summe der Rechtsregeln, die sich auf die Zulässigkeit, Grenzen, Ordnung und Förderung der Errichtung baulicher Anlagen sowie auf deren bestimmungsgemäße Nutzung beziehen. Herkömmlicherweise werden im Baurecht drei Teilbereiche unterschieden: das Städtebaurecht, das Bauordnungsrecht und das Baunebenrecht (alle sonstigen baurechtsrechtsrelevanten Vorschriften).

Das Städtebaurecht ist eine bundesrechtliche Rechtsmaterie und im Baugesetzbuch (BauGB) geregelt; für sie wird vielfach auch der Begriff „Bauplanungsrecht" verwendet. Es teilt sich in das allgemeine und in das besondere Städtebaurecht.

Zum allgemeinen Städtebaurecht (§§ 1-135 c BauGB) gehören dabei Regelungen über die Bauleitplanung mit Flächennutzungsplan und Bebauungsplan sowie deren Sicherung durch Veränderungssperre, Zurückstellung von Baugesuchen, Teilungsgenehmigung und gemeindliche Vorkaufsrechte. Es umfasst zudem Vorschriften über die planungsrechtliche Zulässigkeit baulicher Vorhaben, die Entschädigung für Eingriffe durch Bebauungsplan, die städtebauliche Umlegung und Grenzregelung, die Enteignung zu städtebaulichen Zwecken, die Entschließung sowie Maßnahmen für den Naturschutz.

In seinem zweiten Kapitel, dem besonderen Städtebaurecht (§§ 136-191 BauGB), regelt das BauGB zunächst die städtebauliche Sanierung in §§ 136 ff.; insbesondere wird das Recht der vorbereitenden Untersuchung und förmlichen Festlegung des Sanierungsgebietes und sodann das Recht der Durchführung der Sanierung bestimmt. Das Gesetz enthält ferner das Recht der städtebaulichen Entwicklungsmaßnahmen in §§ 165 ff. BauGB.

5.1.2 Planungsrechtliche Zulässigkeit von Vorhaben

Von besonderer praktischer Bedeutung sind die Regelungen im allgemeinen Städtebaurecht über die Zulässigkeit von Vorhaben nach §§ 29 – 37 BauGB. Hierbei geht es um die Frage, ob die von einem Grundstückseigentümer angestrebte Nutzung im Rahmen eines Baugenehmigungsverfahrens zulässig und damit genehmigungsfähig ist.

5.1.2.1 Vorhaben gem. § 29 BauGB

Nach § 29 Abs. 1 BauGB gelten die §§ 30 bis 37 BauGB jedoch nur für Vorhaben, welche die Errichtung, Änderung oder Nutzungsänderung von baulichen Anlagen zum Inhalt haben.

Unter dem *Errichten* einer baulichen Anlage versteht man die Herstellung einer baulichen Anlage. Die *Änderung* einer baulichen Anlage ist die äußere oder innere Umgestaltung, ebenso ein Erneuern von Teilen der baulichen Anlage. Von einer *Nutzungsänderung* einer baulichen Anlage wird dann ausgegangen, wenn die Benutzung der baulichen Anlage geändert wird ohne Änderung der Bausubstanz. Eine reine Nutzungsänderung ohne einen Eingriff in die Bausubstanz liegt z.B. vor bei der Änderung einer Wohnung in ein Gewerbe, der Änderung eines Großhandels in einen Einzelhandel oder der Änderung einer Gaststätte in eine Diskothek.

Zudem muss es sich gem. § 29 BauGB um eine *bauliche Anlage* handeln. Das BauGB definiert diesen Begriff durch zwei Elemente; zum einen durch einen verhältnismäßig weiten Begriff des Bauens und zum anderen durch ein einschränkendes Merkmal der möglichen bodenrechtlichen Relevanz. Dies setzt voraus, dass das Vorhaben auch tatsächlich Gegenstand bauplanerischer

Festsetzung nach § 9 Abs. 1 BauGB sein kann. Im Folgenden einige untypische Fälle von baulichen Anlagen:
- Wohn- und Campingwagen;
- Toiletten, Brunnenanlagen;
- Hausboote;
- freistehende Warenautomaten und Werbeanlagen;
- Funkantennen.

5.1.2.2 planungsrechtliche Zulässigkeit

Für den bauwilligen Investor stellt sich die Frage, ob für das von ihm geplante Vorhaben i.S.d. § 29 BauGB bereits „Baurecht" besteht. Hierzu wird er sich zunächst bei der Kommune danach erkundigen, ob und wenn ja mit welchem Inhalt ein Bebauungsplan besteht oder ob sich ein solcher Bebauungsplan im Aufstellungsverfahren befindet.

Besteht ein qualifizierter, Vorhaben-bezogener oder einfacher Bebauungsplan oder hat ein im Aufstellungsverfahren befindlicher Bebauungsplan Planreife (§ 33 BauGB) erreicht, so bestimmt sich die Zulässigkeit des Vorhabens i.S.d. § 29 BauGB nach diesen Festsetzungen. Liegt kein Bebauungsplan vor, bestimmt sich die baurechtliche Zulässigkeit nach § 34 oder § 35 BauGB, je nachdem, ob das Grundstück innerhalb des im Zusammenhang bebauten Ortsteils (§ 34 BauGB) oder im Außenbereich (§ 35 BauGB) liegt. In diesem Zusammenhang sollten auch die Festsetzungen eines Flächennutzungsplans geprüft werden. Es ergibt sich somit folgende Prüfungsreihenfolge:

Vorhaben im Geltungsbereich eines *qualifizierten* Bebauungsplans (§ 30 Abs. 1 BauGB)
⇓
Vorhaben im Geltungsbereich eines *vorhabenbezogenen* Bebauungsplans (§ 30 Abs. 2 BauGB)
⇓
Vorhaben während der Planaufstellung § 33 BauGB)
⇓
Vorhaben im Geltungsbereich eines *einfachen* Bebauungsplans (§ 30 Abs. 3 BauGB)
⇓
Vorhaben im nichtbeplanten Innenbereich (§ 34 BauGB)
⇓
Vorhaben im Außenbereich (§ 35 BauGB)

Für die verschiedenen Bereiche gilt Folgendes:

5.1.2.3 § 30 Abs. 1 BauGB – Qualifizierter Bebauungsplan

Gem. § 30 Abs. 1 ist im Geltungsbereich eines *qualifizierten* Bebauungsplanes ein Vorhaben zulässig, wenn es den Festsetzungen des Bebauungsplanes nicht widerspricht und die Erschließung gesichert ist. Ein Bebauungsplan wird dann als qualifiziert bezeichnet, wenn er mindestens die Festsetzungen über die *Art* und das *Maß* der baulichen Nutzung, die überbaubaren Grundstücksflächen und die örtlichen Verkehrsflächen enthält.

Die Festsetzung der *Art* der baulichen Nutzung erfolgt dabei durch die Ausweisung eines der Baugebiete die in § 1 Abs. 2 BauNVO abschließend aufgezählt sind. Das *Maß* wird durch die zulässige Grundfläche und Geschossfläche, die Zahl der Vollgeschosse oder die Höhe der baulichen Anlage festgesetzt (§ 16 BauNVO). Die überbaubaren Grundstücksflächen werden mit Hilfe von Baulinien, Baugrenzen oder Bebauungstiefen (§ 23 BauNVO), die örtlichen Verkehrsflächen durch Festsetzung von Straßenverkehrsflächen oder Straßenbegrenzungslinien (§ 9 I BauNVO) festgelegt. Widerspricht ein Vorhaben diesen Festsetzungen nicht, ist es planungsrechtlich zulässig.

Beispiel: Der Eigentümer eines Hauses will im Erdgeschoss eine Spielhalle größeren Umfangs errichten. Im Haus war bereits zuvor ein Kino und danach eine Diskothek untergebracht. Das Grundstück liegt in einem allgemeinen Wohngebiet. Die Gemeinde hat den Antrag auf Nutzungsänderung negativ beschieden; dagegen wehrt sich der Eigentümer des Grundstücks (BVerwG, BauR 1990, 582) .

Lösung: Die Klage des Eigentümers ist unbegründet. Die planungsrechtliche Zulässigkeit richtet sich nach §§ 29 ff. BauGB. Die hier vorliegende Änderung der gewerblichen Nutzung stellt eine Nutzungsänderung i.S.d. § 29 BauGB dar. Da vorliegend ein Bebauungsplan existiert, ist im weiteren die Zulässigkeit an § 30 Abs. 1 BauGB zu messen. In Verbindung mit § 4 der BauNVO ist die Errichtung der Spielhalle im allgemeinen Wohngebiet weder als Regel- noch als Ausnahmebebauung möglich. Als Regelbebauung wäre sie nur dann möglich, wenn die Spielfunktion der Spielhalle dem vorrangigen Charakter eines Schank- und Speisebetriebs untergeordnet wäre. Die Zulassung als Ausnahmebebauung (als nicht störender Gewerbebetrieb) wäre dann zulässig, wenn die Spielhalle „kerngebietstypisch" wäre und das Wohnen nicht bemerkbar störte. Im vorliegenden Fall war die Größe der Spielhalle dafür ausschlaggebend, dass die Zulassung als Ausnahmebebauung nicht mehr in Frage kam. Die Spielhalle war von vornherein in der Größe angelegt, dass sie nicht nur den Ortsteil, sondern ein großes Einzugsgebiet bedienen konnte und somit eine Störung der Wohnruhe nicht ausgeschlossen war.

5.1.2.4 § 30 Abs. 2 BauGB – Vorhabenbezogener Bebauungsplan

Die Kommune wird keinen Vorhaben-bezogenen Bebauungsplan von sich aus aufstellen, vielmehr wird der Vorhaben-bezogene Bebauungsplan auf der Grundlage eines Vorhaben- und Erschließungsplanes eines Investors aufgestellt, wenn sich der Investor im Rahmen eines Durchführungsvertrages verpflichtet, fehlende Erschließungsmaßnahmen durchzuführen und das geplante Vorhaben innerhalb einer bestimmten Frist auch zu realisieren.

Im Geltungsbereich eines solchen Vorhaben-bezogenen Bebauungsplans ist ein Vorhaben nach § 30 Abs. 2 BauGB zulässig, wenn es dem Bebauungsplan nicht widerspricht und die Erschließung gesichert ist.

5.1.2.4 § 33 BauGB

§ 33 BauGB regelt die planungsrechtliche Zulässigkeit eines Vorhabens im Vorgriff auf einen künftigen Bebauungsplan. Grundsätzlich richtet sich bis zum Abschluss des Bebauungsplanverfahrens die Zulässigkeit eines Vorhabens unverändert nach §§ 30, 34 oder 35 BauGB. Erst mit Inkrafttreten des neuen Bebauungsplanes wird dieser maßgeblich. Sollen dessen Festsetzungen jedoch bereits vor Abschluss des Bebauungsplanverfahrens angewendet werden, kommt § 33 BauGB zur Anwendung. Danach ist bereits vor Inkrafttreten eines Bebauungsplanes unabhängig von den Voraussetzungen der §§ 34, 35 BauGB oder eines bestehenden Bebauungsplanes ein Vorhaben zulässig, wenn

- die öffentliche Auslegung durchgeführt und die Träger öffentlicher Belange beteiligt worden sind;
- anzunehmen ist, dass das Vorhaben den künftigen Festsetzungen des Bebauungsplanes nicht entgegensteht;
- der Antragsteller diese Festsetzungen für sich und seine Rechtsnachfolger schriftlich anerkennt und
- die Erschließung gesichert ist.

Nach § 33 Abs. 2 BauGB kann bereits unabhängig von einer öffentlichen Auslegung und Beteiligung der Träger öffentlicher Belange im Vorgriff auf den künftigen Bebauungsplan die Baugenehmigung erteilt werden, wenn im Rahmen des Baugenehmigungsverfahrens den betroffenen Bürgern und berührten Trägern öffentlicher Belange Gelegenheit zur Stellungnahme zum beabsichtigten Bauvorhaben gegeben wird bzw. gegeben wurde.

In der Praxis kommt es immer wieder vor, dass Kommunen eine Bebauungsplanverfahren nur bis zum Stadium des § 33 BauGB (Planreife) betreiben und dann auf dieser Grundlage Baugenehmigungen erteilen. Sie umgehen damit die Gefahr eines Normenkontrollverfahrens gegen einen Bebauungsplan. Für einen Investor ergeben sich dadurch aber Rechtsunsicherheiten, insbesondere bei zukünftigen Änderungen des Vorhabens.

5.1.2.6 § 30 Abs. 3 BauGB – Einfacher Bebauungsplan

Enthält ein Bebauungsplan nicht die unter lit. c) beschriebene Mindestfestsetzung des § 30 BauGB, und ist er auch nicht Vorhaben-bezogen (lit. d)), handelt es sich um einen *einfachen* Bebauungsplan i.S.d. § 30 Abs. 3 BauGB. Die Zulässigkeit eines Vorhabens innerhalb dieses Bereiches richtet sich zunächst nach den Festsetzungen des einfachen Bebauungsplanes, soweit diese reichen; im Übrigen wird sie nach § 34 oder § 35 BauGB bestimmt, je nachdem, ob das Plangebiet in einem im Zusammenhang bebauten Ortsteil oder im Außenbereich liegt.

5.1.2.7 § 31 BauGB – Ausnahmen und Befreiungen

Nach § 31 Abs. 1 BauGB können Ausnahmen von den Festsetzungen des Bebauungsplanes nach Art und Umfang bereits im Bebauungsplan zugelassen werden, wodurch der Bebauungsplan eine gewisse Flexibilität erreicht. Die Entscheidung über eine Ausnahme liegt im Ermessen der Baugenehmigungsbehörde, wobei sie ausschließlich städtebauliche Überlegungen zugrunde legen muss.

Daneben ermöglicht die in § 31 Abs. 2 BauGB geregelte Befreiung Abweichungen von den Festsetzungen des Bebauungsplanes, wobei die Voraussetzungen einer Befreiung im Gesetz genau umschrieben sind. Die Entscheidung liegt wiederum im Ermessen der Baugenehmigungsbehörde.

5.1.2.8 § 34 BauGB – unbeplanter Innenbereich

Besteht kein oder kein qualifizierter Bebauungsplan, liegt das Baugrundstück aber innerhalb eines im Zusammenhang bebauten Ortsteils, so richtet sich die Zulässigkeit des Vorhabens nach § 34 BauGB. Solch ein Fall ist dann gegeben, wenn das Grundstück, auf dem gebaut werden soll, einen Bebauungszusammenhang mit einem Ortsteil bildet. Die Abgrenzung zum Außenbereich kann dabei oft Schwierigkeiten bereiten.

Unter einem Ortsteil versteht das BVerwG in ständiger Rechtsprechung jeden „Bebauungskomplex im Gebiet einer Gemeinde, der nach der Zahl der vorhandenen Bauten ein gewisses Gewicht besitzt und Ausdruck einer organischen Siedlungsstruktur ist".

Beispiele:

- Nur vier Wohnhäuser besitzen regelmäßig nicht das Gewicht für einen Ortsteil (BVerwG, UPR 1994, 305);
- Bestand von nur sechs Häusern bilden Ortsteil, wenn dies für die jeweilige Gegend typisch ist.
- Ein Kleingartengebiet bildet keinen Ortsteil, jedenfalls wenn die Gebäude nicht für den dauernden Aufenthalt von Menschen bestimmt sind (BVerwG, NJW 1984, 1576).

Gem. § 34 Abs. 1 BauGB ist ein Vorhaben im Innenbereich dann zulässig, wenn es sich nach *Art* und *Maß* in die Eigenart der näheren Umgebung *einfügt*. Entspricht die Eigenart der näheren Umgebung eindeutig einem Gebietstyp der BauNVO, bestimmt sich die Zulässigkeit des Vorhabens in Bezug auf die *Art* der Nutzung gem. § 34 Abs. 2 BauGB nach den in der BauNVO für den das jeweilige Baugebiet geregelten Anforderungen. Nur soweit die nähere Umgebung nicht eindeutig einem Gebietstyp zuordenbar ist, ist sowohl hinsichtlich der Art als auch des Maßes der baulichen Nutzung auf das Kriterium des Einfügens gem. § 34 Abs. 1 BauGB abzustellen.

Beispiel: Der Eigentümer eines Grundstücks auf Sylt beantragt eine Baugenehmigung für ein Wohngebäude mit einer Grundfläche von 70 qm und einer Firsthöhe von 7,5 m. Das Grundstück liegt in einem Bereich, der einheitliche Wohngebäude mit einer Grundfläche von höchstens 50 qm und einer Firsthöhe von 6 m aufweist. In dem durch eine Straße und einen Bahndamm davon getrennten Bereich befindet sich auch größere, andersartig Bebauung. Die Erteilung einer Baugenehmigung wird abgelehnt, der Eigentümer erhebt Klage (BVerwG, BauR 1997, 804).

Lösung: Die Klage des Eigentümers ist unbegründet. Die planungsrechtliche Zulässigkeit des Vorhabens ist gem. § 34 Abs. 1 zu beurteilen. Problematisch ist hier, ob sich das Vorhaben hinsichtlich des Maßes in die nähere Umgebung einfügt. Das BVerwG hat dies hier abgelehnt. Die nähere Umgebung sei hier durch eine einheitliche Bebauung gekennzeichnet. Die hier beabsichtigte Überschreitung des Maßes kann nicht hingenommen werden, da dies zu bodenrechtlich beachtlichen Spannungen führen würde. Es sei zu unterscheiden zwischen der Bebauung diesseits und jenseits der Straße. Die hier vorliegende Andersartigkeit der Bebauung jenseits der Straße kann nicht zu einem Einfügen in die nähere Umgebung diesseits der Straße führen.

5.1.2.9 § 35 BauGB – Außenbereich

Greift weder §§ 30,33 oder 34 BauGB ein, ist die planungsrechtliche Zulässigkeit nach § 35 BauGB zu beurteilen. Hier besteht in der Regel nur eine Chance auf Realisierung des Vorhabens, wenn dieses nach § 35 Abs. 1 BauGB privilegiert ist. § 35 Abs. 1 BauGB zählt abschließend die Vorhaben auf, die nach Auffassung des Gesetzgebers im Außenbereich zulässig sind.

Außerdem dürfen ihnen öffentliche Belange nicht entgegenstehen und die Erschließung muss gesichert ist. Die Zulässigkeit sonstiger, nicht privilegierter Vorhaben richtet sich nach § 35 Abs. 2 BauGB. Sie können im Einzelfall nur dann genehmigt werden, wenn ihre Ausführung und Benutzung öffentliche Belange nicht beeinträchtigt und die Erschließung gesichert ist. Nichtprivilegierte Vorhaben sollen damit im Außenbereich nur ausnahmsweise genehmigt werden; eine Bebauung möglichst unterbleiben.

Die Praxisrelevanz von Baugenehmigungen im Außenbereich für Projektentwicklungen ist äußerst gering.

5.2 Baurechtschaffung durch Bauleitplanung

Muss nach Prüfung der bauplanungsrechtlichen Zulässigkeitsvoraussetzungen festgestellt werden, dass das Vorhaben nicht zulässig ist, sei es, dass es nicht den Festsetzungen eines Bebauungsplanes entspricht, die Voraussetzungen des § 34 BauGB nicht vorliegen oder das Grundstück im Außenbereich liegt, stellt sich die Frage der Baurechtschaffung. Da die Planungshoheit bei der Kommune liegt, ist dies nur gemeinsam, d.h. im Einvernehmen mit dieser möglich. Baurechtschaffung erfolgt im Rahmen der Bauleitplanung.

5.2.1 Aufgabe der Bauleitplanung

Aufgabe der Bauleitplanung ist es, die bauliche und sonstige Nutzung der Grundstücke in der Gemeinde mit dem Ziel einer geordneten städtebaulichen Entwicklung vorzubereiten und zu leiten (§ 1 BauGB). Sie hat für alle im Planungsgebiet hervortretenden Bodennutzungsbedürfnisse und -interessen aus umfassender Sicht ein funktionsfähiges Gesamtkonzept zu entwickeln und Konkurrenzen und Konflikte unterschiedlicher Nutzung abwägend zum Ausgleich zu bringen. Dabei soll die städtebauliche Entwicklung nicht von Fall zu Fall, sondern planmäßig durch die festgelegten Bauleitpläne vor sich gehen (Grundsatz der Planmäßigkeit).

5.2.2 Planungshoheit und Grenzen

Das Baugesetzbuch weist die Aufgabe der städtebaulichen Planung den Gemeinden als Selbstverwaltungsaufgabe zu (§ 2 Abs. 1 BauGB), denn die Gemeinde besitzt von Verfassung wegen die Planungshoheit für ihr Gemeindegebiet (Art 28 GG). Nach § 1 Abs. 3 BauGB hat die Gemeinde die Bauleitpläne aufzustellen, sobald und soweit es für städtebauliche Entwicklung und Ordnung erforderlich ist. Dies begründet eine Planungspflicht und zieht der städtebaulichen Planung zugleich Schranken.

5.2.3 Inhaltliche Gestaltung der Bauleitpläne (Ziele)

§ 1 Abs. 5 BauGB formuliert die übergeordneten, allgemeinen Ziele der Bauleitplanung. Danach sollen Bauleitpläne eine nachhaltige städtebauliche Entwicklung und eine dem Wohl der Allgemeinheit entsprechende sozialgerechte Bodennutzung gewährleisten und dazu beitragen, eine menschenwürdige Umwelt zu sichern und die natürlichen Lebensgrundlagen zu schützen und zu entwickeln. Diese allgemeinen Planungsziele werden sodann durch den in § 1 Abs. 5 Satz 2 BauGB enthaltenden Katalog von Leitlinien der Bauleitplanung spezifiziert. Sowohl die Oberziele des § 1 Abs. 5 Satz 1 BauGB als auch die Konkretisierung in § 1 Abs. 5 Satz 2 BauGB stellen inhaltliche Direktiven für die Planung dar, die in der Abwägung und damit auch von einem Investor, der gemeinsam mit der Kommune „Baurecht" erreichen will, zu berücksichtigen sind.

5.2.4 Arten von Bauleitplänen

Die Bauleitplanung steuert die bauliche und sonstige Nutzung der Grundstücke in zwei Stufen: einmal durch die Aufstellung eines Flächennutzungsplans und weiter durch daraus zu entwickelnde Bebauungspläne (§ 1 Abs. 2 BauGB). Der Flächennutzungsplan ist ein „vorbereitender Bauleitplan". In ihm wird in Grundzügen die städtebauliche Konzeption für das gesamte Gemeindegebiet entworfen (§ 5 Abs. 1 S. 1 BauGB). Auf diesen konzeptionellen Grundlagen werden sodann nach und nach Bebauungspläne für Teile des Gemeindegebietes erlassen, die im einzelnen die Bodennutzung in ihrem Geltungsbereich verbindlich festsetzen.

5.2.4.1 Flächennutzungsplan

Der Flächennutzungsplan ist die erste Stufe im prinzipiell zweistufigen System der Bauleitplanung. Er hat eine koordinierende und eine integrierende Funktion. Die aus dem Flächennutzungsplan entwickelten Bebauungspläne und Fachplanungen werden durch ihn in einen konzeptionellen Gesamtzusammenhang gebracht. Zudem transportiert er durch das Gebot, die Bauleitpläne den Zielen der Raumordnung anzupassen, deren Ziele in die Ebene der Bebauungsplanung. Ein Vorhaben sollte den Festlegungen eines Flächennutzungsplans entsprechen. Ansonsten ist auch der Flächennutzungsplan zu ändern.

Der Flächennutzungsplan ist grundsätzlich für das gesamte Gemeindegebiet aufzustellen (§ 5 Abs. 1 S. 1 BauGB). Als Planungshorizont wird allgemein ein Zeitraum von 10 bis 15 Jahren genannt.

Der Flächennutzungsplan besteht aus einer zeichnerischen Darstellung/Plan und einem Erläuterungsbericht.

Die zeichnerischen Darstellungen geben die sich aus der beabsichtigen städtebaulichen Entwicklung ergebende Art der Bodennutzung nach den voraussichtlichen Bedürfnissen der Gemeinde wieder. Die hauptsächlichen Arten der Bodennutzung, die als Inhalt des Flächennutzungsplans dargestellt werden, sind in § 5 Abs. 2 Nrn. 1 – 10 BauGB aufgelistet. Für den Projektentwickler ist insbesondere die Darstellung der Bauflächen und Baugebiete interessant. Sollte der Flächennutzungsplan das zu entwickelnde Grundstück nicht als Bauland ausweisen, ist die Erlangung von Baurecht in der Regel sehr schwierig. In jedem Fall wäre parallel dann zur Baurechtschaffung der Flächennutzungsplan zu ändern.

Zudem kann der Flächennutzungsplan das allgemeine Maß der baulichen Nutzung durch die Darstellung der Geschossflächenzahl, der Baumassenzahl oder der Höhe der baulichen Anlagen sowie die gemeindliche Infrastruktur bestimmen.

Neben den Darstellungen enthält der Flächennutzungsplan Kennzeichnungen, nachrichtliche Übernahmen und Vermerke. Sie sind lediglich Beschreibungen des städteplanerischen Befundes, der bei der Bauleitplanung berücksichtigt werden soll; eine unmittelbare rechtliche Wirkung kommt ihnen nicht zu.

Der Flächennutzungsplan wird durch einfachen Gemeinderatsbeschluss erlassen. Er ist daher keine Rechtsnorm, sondern nur das, was er seinem Namen nach sein will: ein schlichter Plan. Als solcher entfaltet er dem Bürger gegenüber keine unmittelbare Verbindlichkeit; er verleiht weder einen Anspruch auf Umsetzung seiner Darstellungen in einem Bebauungsplan, noch auf Erteilung einer seinem Inhalt entsprechenden Baugenehmigung.

Rechtliche Wirkungen entfaltet der Flächennutzungsplan nur gegenüber dem Bebauungsplan, denn für diesen ist er verbindlich (§ 8 Abs. 2 S. 1 BauGB) und öffentliche Planungsträger haben ihn nach Maßgabe des § 7 BauGB bei ihren Planungen zu beachten. Mangels Normcharakter kann der Flächennutzungsplan nicht unmittelbar gerichtlich überprüft werden.

Er unterliegt nicht der Normenkontrolle des § 47 VwGO. Der Flächennutzungsplan ist auch kein Verwaltungsakt und kann daher nicht mit einer Anfechtungsklage gem. § 42 VwGO angegriffen werden.

Die Gültigkeit des Flächennutzungsplans kann deshalb nur inzident in einer Normkontrolle gegen einen Bebauungsplan geprüft werden. Wird bereits der Bebauungsplan inzident geprüft (z.B. bei einem Streit um eine Baugenehmigung), so kann der Flächennutzungsplan auch in einer zweiten inzidenten Stufe mitgeprüft werden. Beides kommt in der Praxis extrem selten vor, da die Gültigkeit des Flächennutzungsplans zumeist gar nicht gerügt wird.

5.2.4.2 Bebauungsplan

Der Bebauungsplan ist der verbindliche Bauleitplan; er enthält die für die städtebauliche Ordnung erforderlichen parzellenscharfen und rechtsverbindlichen Festsetzungen der baulichen und sonstigen Nutzung für das Plangebiet (§ 8 Abs. 1 S. 1 BauGB). Er ist das planerische Instrument, mit dem die Gemeinde das Baugeschehen leitet.

Der äußeren Form nach besteht er in der Regel aus einer Karte mit Legende, die den Inhalt des Bebauungsplans eindeutig festlegt und einer beigefügten Begründung, in der die Ziele, Zwecke und wesentlichen Auswirkungen des Bebauungsplans darzulegen sind. Letztere wird nicht materiell-rechtlicher Inhalt des Bebauungsplans.

Der Bebauungsplan enthält Festsetzungen, Kennzeichnungen sowie nachrichtliche Übernahmen und bestimmt seinen räumlichen Geltungsbereich. Es gilt der Grundsatz der Problembewältigung, der Plankonzentration und das sich daraus ergebende Verbot kumulativer Bebauungspläne. Es gibt daher für ein Gebiet immer nur einen Bebauungsplan, jeder weitere ist nichtig.

Die Planungsunterlagen müssen zunächst aus Karten bestehen, die genau und vollständig sind. Der Maßstab ist so zu wählen, dass der Inhalt eindeutig dargestellt oder festgesetzt werden kann. Flurstücksgrenzen sollen katastermäßig im Plan vorhanden sein. Sind diese jedoch für die Festsetzung irrelevant, kann darauf verzichtet werden.

Es sollen die Zeichen verwendet werden, die in der Anlage zu Planzeichenverordnung enthalten sind. Die Gemeinde *soll* die verwendeten Zeichen im Bebauungsplan erklären. Zeichen, die nicht in der Planzeichenverordnung vorgegeben sind, *müssen* nach dem Bestimmtheitsgrundsatz stets erläutert werden.

Schließlich gibt es auch noch textliche Festsetzungen. Diese wiederholen, erläutern oder ergänzen die zeichnerischen Darstellungen im Plan. Insbesondere hat der Textteil die Festsetzung der Art der baulichen Nutzung, also des Typs des Baugebiets, aufzuzeigen und unter Verweis auf die einschlägigen Rechtsnormen zu erläutern.

Beispiele: WA: Zulässig sind die baulichen Anlagen nach § 4 Abs. 2 BauNVO
MI: Zulässig sind Wohngebäude und Gewerbebetriebe, soweit sie das Wohnen nicht wesentlich stören (§ 6 BauNVO)

Zudem werden im Bebauungsplan oftmals unterschiedliche Nutzungen nach Art und Maß festgesetzt.

Beispiel: Art: Mischgebiet und Gewerbegebiet.
Maß: Drei- und viergeschossig.

Von entscheidender Bedeutung für die Projektentwicklung sind die Festsetzungen der *Art* und des *Maßes* der baulichen Nutzung nach § 9 Abs. 1 Nr. 1 BauGB. Die diesbezüglichen Festsetzungen des Bebauungsplans werden durch die BauNVO weiter differenziert und dabei auch typisiert. Die Regelungen der BauNVO werden mit der entsprechenden Ausweisung im Bebauungsplan zu dessen Bestandteil (§ 1 Abs. 3 BauNVO), wobei die Fassung der jeweils zum Zeitpunkt des Erlasses des Bebauungsplanes geltenden BauNVO maßgeblich ist. Hinsichtlich der Konkretisierung finden deshalb wie beim Flächennutzungsplan § 1 Abs. 1 und 2 BauNVO Anwendung.

Neben den rechtsverbindlichen Festsetzungen enthält der Bebauungsplan die rechtlich unverbindlichen Kennzeichnungen und nachrichtliche Übernahmen. Erstere sind nicht Teil des planerischen Willens der Gemeinde, sondern Wiedergaben des vorgefundenen Zustandes, um auf besondere Anforderungen bei der Bebauung aufmerksam zu machen. Nachrichtliche Übernahmen nennt man Festsetzungen anderer gesetzlicher Vorschriften, die in den Bebauungsplan übernommen werden, soweit sie für die städtebauliche Beurteilung zweckmäßig und notwendig sind (z.B. Festsetzungen von Denkmälern u.a.).

Nach § 8 Abs. 2 BauGB ist der Bebauungsplan grundsätzlich aus dem Flächennutzungsplan zu entwickeln. Dies entspricht dem System der zweistufigen Bauleitplanung. „Entwickeln" bedeutet dabei sowohl Bindung an die Darstellungen des Flächennutzungsplans, als auch die planerische Freiheit der Gemeinde, die Grundkonzeption des Flächennutzungsplans planerisch fortzuentwickeln. Abweichungen sind immer dann zulässig, wenn sie sich als Ergebnis des Übergangs von der vorbereitenden in die stärker verdeutlichende Planungsstufe des Bebauungsplans rechtfertigen lassen und der Grundkonzeption des Flächennutzungsplans nicht widersprechen.

Zur Beschleunigung der Bebauungsplanung kann nach § 8 Abs. 3 BauGB mit der Aufstellung, Änderung, Ergänzung oder Aufhebung eines Bebauungsplanes begonnen werden, während gleichzeitig der Flächennutzungsplan aufgestellt, geändert oder ergänzt wird. Das Gesetz bezeichnet dies als Parallelverfahren.

In Abkehr vom Prinzip der Zweistufigkeit kann nach § 8 Abs. 4 BauGB ein Bebauungsplan vorzeitig, d.h. *vor* dem Flächennutzungsplan aufgestellt werden, wenn dringende Gründe es erfordern und der Bebauungsplan der beabsichtigten städtebaulichen Entwicklung des Gemeindegebietes nicht entgegenstehen wird.

Schließlich kann der Flächennutzungsplan ganz entbehrlich sein, wenn der Bebauungsplan für die Ordnung der städtebaulichen Entwicklung ausreicht (§ 8 Abs. 2 S. 2 BauGB). Dieser „selbständige" Bebauungsplan soll der Situation kleinerer dörflicher Gemeinden mit geringer Siedlungsentwicklung Rechnung tragen. Diese Vorschrift ist demzufolge nur anwendbar, wenn die Gemeinde keinen Flächennutzungsplan hat.

Der Bebauungsplan wird nach § 10 Abs. 1 BauGB von der Gemeinde als Satzung beschlossen und ist mithin Rechtsnorm. Demzufolge ist er aus sich heraus unmittelbar und für jedermann verbindlich. Er kann mit dem Normenkontrollverfahren gem. § 47 VwGO angegriffen werden und unterliegt der Inzidentkontrolle in allen gerichtlichen Verfahren, deren Entscheidung von seiner Gültigkeit abhängt.

5.2.4.3 Vorhaben-bezogener Bebauungsplan

Da der Vorhaben-bezogene Bebauungsplan auf der Grundlage eines Vorhaben- und Erschließungsplans und eines Durchführungsvertrages erlassen wird, liegt hier kooperatives Handeln mit der Kommune vor. Der Vorhaben-bezogene Bebauungsplan wird daher unter public private partnership erörtert (nachfolgend Kapitel 5.4.2.)

5.2.5 Bedeutung der Baunutzungsverordnung (BauNVO)

Die Baunutzungsverordnung ist die wichtigste Ergänzungsnorm zu § 9 BauGB. In ihr finden sich die Vorschriften über Art und Maß der baulichen Nutzung, über Bauweise und die überbaubaren Grundstücksflächen.

Der Bebauungsplan kann sich jeweils nur auf die zur Zeit seines Inkrafttretens geltende BauNVO stützen, so dass bei der Überprüfung alter Bebauungspläne stets zu klären ist, welche BauNVO zum Zeitpunkt des Satzungsbeschlusses und des Inkrafttretens galt.

5.2.5.1 Art der baulichen Nutzung

Die BauNVO kennt Bauflächen und Baugebiete. Die Bauflächen sind i.d.R. in dem Flächennutzungsplan darzustellen und die Gebiete im Bebauungsplan auszuweisen. Die BauNVO (Stand 21.11.2017) setzt insgesamt elf Baugebiete fest. Hierzu gehören:

Kleinsiedlungsgebiete (WS),
reine Wohngebiete (WR),
allgemeine Wohngebiete (WA),
besondere Wohngebiete (WB),

Dorfgebiete (MD),
Mischgebiete (MI),
urbane Gebiete (MU)
Kerngebiete (MK),
Gewerbegebiete (GE),
Industriegebiete (GI),
Sondergebiete (SO).

Der Katalog ist abschließend, so dass eine planende Gemeinde keine zusätzlichen Gebietstypen erfinden kann.

Die Vorschriften zur Ausweisung der Baugebietstypen folgen dabei einem einheitlichen Aufbau: Im Absatz 1 wird jeweils beschrieben, welchen Charakter das jeweilige Baugebiet hat sowie die allgemeine Zweckbestimmung des Gebietes. In Absatz 2 wird sodann aufgezählt, welche Nutzungen im Gebiet allgemein zulässig sind. Dies ist abschließend. Absatz 3 schließlich beinhaltet jene Nutzungen, die ausnahmsweise im jeweiligen Gebiet zulässig sind.

Beispiel: § 8 BauNVO-Gewerbegebiet:

In Abs. 1 wird bestimmt, dass Gewerbegebiete vorwiegend der Unterbringung von nicht erheblich belästigenden Gewerbebetrieben dienen. In Abs. 2 werden dann die zulässigen Nutzungen aufgezählt. Hierzu gehören Geschäfts-, Büro- und Verwaltungsgebäude, Tankstellen, etc. Abs. 3 bestimmt dann die ausnahmsweise zulässigen Nutzungen, wie z.B. die in Nr. 3 genannten Vergnügungsstätten.

5.2.5.2 Maß der baulichen Nutzung

Das Maß der baulichen Nutzung ist in den §§ 16 – 21a BauNVO geregelt. Es wird bestimmt durch

- Zahl der Vollgeschosse
- Grundflächenzahl, zulässige Grundfläche
- Geschossflächenzahl, zulässige Geschossfläche
- Baumassenzahl, Baumasse
- zulässige Höhe baulicher Anlagen.

Diese Begriffe werden in den §§ 18 – 21 BauNVO definiert. Aber auch andere Faktoren können das Maß der baulichen Nutzung beeinflussen, z.B. Festsetzungen von Baulinien und Baugrenzen. Im Rahmen einer Investitionsentscheidung sind daher neben den reinen Festsetzungen zum Maß der baulichen Nutzung auch die weiteren Festsetzungen des Bebauungsplanes daraufhin zu prüfen, ob sie indirekten Einfluss auf das Maß der baulichen Nutzung haben.

5.2.5.3 Bauweise

Hinsichtlich der Bauweise unterscheidet die BauNVO zwischen einer offenen und einer geschlossenen Bauweise (§§ 22, 23 BauNVO).

Schließlich können überbaubare Grundstücksflächen durch drei alternative Festsetzungen bestimmt werden:

- Baulinien
- Baugrenzen
- Bebauungstiefen.

Zur detaillierten Erläuterung der BauNVO sei auf *Birk*, „Bauplanungsrecht in der Praxis“, verwiesen.

5.2.5.4 Beispiele

Abschließend zur Verdeutlichung einige Beispiele aus der Rechtsprechung:

5.2.5.4.1 Reines Wohngebiet

Zulässig:

- Öffentlicher Kinderspielplatz für Kinder bis 14 Jahren mit herkömmlicher Ausstattung (BVerwG, NJW 92, 1179).

Unzulässig:
- Strauß- und Besenwirtschaften (VGH BW, VBlBW 1985, 390)
- Zigarettenautomaten (OVG Münster, BauR 1986, 544)
- Werbeanlagen (BVerwG, DVWL 93, 439).

5.2.5.4.2 Allgemeines Wohngebiet

Zulässig:
- Kleines Hotelrestaurant (VGH BW, BauR 1987, 50)
- Tierarztpraxis (VGH BW vom 14.05.1991)
- SB-Markt mit 700 qm Verkaufsfläche (OVG Lüneburg, BauR 1986, 187)

Unzulässig:
- Kfz-Handel (VGH BW, VBlBW 1987, 342)
- Schank- und Speisewirtschaft ohne nennenswerten Bezug zu der Wohnnutzung der Umgebung (BVerwG, BauR 1993, 435)

5.2.5.4.3 Mischgebiet

Zulässig:
- Lebensmittel-/Discountladen von ca. 437 qm Verkaufsfläche (VGH BW, VBlBW 1987, 106)
- Spielhalle mit 110 qm (VGH BW vom 21.01.1986).
- Tankstelle mit Kfz-Verkauf und Reparatur (BVerwG, BauR 1986, 414)

Unzulässig:
- Tanzbar mit Striptease (BVerwG, NJW 1984, 1522)
- Bordell (VGH BW, VWlBW 1991, 220).

5.2.6 Instrumente zur Sicherung der Bauleitplanung

Zur Sicherung der Bauleitplanung stellt das BauGB der planenden Kommune verschiedene Planungsinstrumente zur Verfügung. Hierzu gehören die Veränderungssperre (§§ 14, 17 BauGB), die Zurückstellung von Baugesuchen (§ 15 BauGB), die Teilungsgenehmigungssatzung (§§ 19 ff. BauGB) und die gesetzlichen Vorkaufsrechte (§§ 24 ff. BauGB).

5.2.6.1 Veränderungssperre (§§ 14, 17 BauGB)

Da die Aufstellung eines Bebauungsplanes nicht unerhebliche Zeit in Anspruch nimmt, könnte die Bauleitplanung der Kommune dadurch erschwert oder verhindert werden, dass durch Einreichung eines Bauantrags und Verwirklichung von Bauvorhaben vor Ort vollendete Tatsachen geschaffen werden. Durch das Sicherungsinstrumentarium der Veränderungssperre kann die Kommune während der Planaufstellung Baumaßnahmen, Nutzungsänderungen oder wertsteigernde Veränderungen des Grundstücks im Interesse der Planungssicherung unterbinden. Die Veränderungssperre begründet für den gesamten Bereich des Plangebietes eine Sperrwirkung in dem Sinne, dass konkrete Veränderungs- oder Bauabsichten im Hinblick auf die künftigen Ergebnisse der eingeleiteten Bauleitplanung verhindert werden können. Eine Veränderungssperre setzt jedoch einen wirksam gefassten und ordnungsgemäßen bekannt gemachten Beschluss zur Aufstellung, Änderung, Ergänzung oder Aufhebung eines Bebauungsplanes voraus. Die Veränderungssperre wird als Satzung beschlossen. Sie tritt gem. § 17 Abs. 1 S. 1 BauGB nach Ablauf von zwei Jahren außer Kraft. Die Kommune kann die Geltungsdauer der Veränderungssperre um ein weiteres Sperrjahre ohne besondere Voraussetzungen und bei Vorliegen besonderer Umstände mit Zustimmung der höheren Verwaltungsbehörde nochmals um ein Jahr zusätzlich verlängern. Dauert eine Veränderungssperre länger als vier Jahre über den Zeitpunkt ihres Beginns oder einer ersten Zurückstellung eines Baugesuchs nach § 15 Abs. 1 BauGB hinaus, ist dem Betroffenen nach § 18 Abs. 1 BauGB für die dadurch eingetretenen Vermögensnachteile eine angemessene Entschädigung in Geld zu zahlen.

5.2.6.2 Zurückstellung von Baugesuchen (§ 15 BauGB)
Als vorläufiges Sicherungsmittel kann die Gemeinde bei der Baugenehmigungsbehörde auch einen Antrag nach § 15 BauGB auf Zurückstellung des Baugesuchs bis zu einem Jahr stellen. Dies kommt insbesondere dann in Frage, wenn eine Veränderungssperre nach § 14 BauGB nicht beschlossen worden oder noch nicht in Kraft getreten ist. Die Zurückstellung des Baugesuchs nach § 15 Abs. 1 BauGB setzt die öffentliche Bekanntmachung eines wirksamen Beschlusses zur Aufstellung, Änderung, Ergänzung oder Aufhebung eines Bebauungsplans voraus. Sie ist zulässig, wenn zu befürchten ist, dass die Durchführung der Planung durch das Vorhaben unmöglich gemacht oder wesentlich erschwert werden würde. Insoweit gelten die gleichen Prüfungsgrundsätze wie bei der Veränderungssperre. Im Rahmen eines Zurückstellungsbescheides ist der Zeitraum der Zurückstellung genau anzugeben. Eine Zurückstellung des Baugesuchs nach § 15 BauGB kann mit Widerspruch und Klage angefochten werden.

5.2.6.3 Teilungsgenehmigung
Auch die Vorschriften über den Bodenverkehr nach §§ 19, 20 BauGB dienen der Sicherung der Bauleitplanung. Durch die Teilungsgenehmigung sollen die planerischen Vorstellungen der Gemeinde zur städtebaulichen Grundstücksnutzung bei Parzellierung der Grundstücke bereits zu einem möglichst frühen Zeitpunkt eingebracht und bei der Entscheidung wirksam werden.

5.2.6.4 Gemeindliche Vorkaufsrechte
Die gemeindlichen Vorkaufsrechte gehören zu den Plansicherungsinstrumenten, mit denen die gemeindliche Bauleitplanung flankierend gesichert werden soll. Sie dienen darüber hinaus auch der Umsetzung der gemeindlichen Zielvorstellungen. Das Gesetz unterscheidet zwischen dem allgemeinen Vorkaufsrecht nach § 24 BauGB und dem besonderen Vorkaufsrecht nach § 25 BauGB. Das allgemeine Vorkaufsrecht nach § 24 BauGB besteht beim Kauf von Grundstücken im Geltungsbereich eines Bebauungsplanes bei entsprechender öffentlicher Zwecksetzung, in einem Umlegungsgebiet, in einem förmlich festgelegten Sanierungsgebiet und in einem städtebaulichen Entwicklungsbereich sowie im Geltungsbereich einer Erhaltungssatzung nach § 172 BauGB. Es ist durch das BauROG auch auf unbebaute Flächen im Außenbereich, für die im Flächennutzungsplan eines Nutzung als Wohnbaufläche oder Wohngebiet dargestellt ist sowie Gebiete, die nach §§ 30, 33 oder 34 Abs. 2 BauGB vorwiegend mit Wohngebäude bebaut werden können, ausgedehnt worden.

Das besondere Vorkaufsrecht nach § 25 BauGB kann die Gemeinde durch Satzung im Geltungsbereich eines Bebauungsplans für unbebaute Grundstücke oder in Gebieten begründen, in denen sie städtebauliche Maßnahmen in Betracht zieht.

5.3 Weitere/ergänzende Planungsinstrumente

5.3.1 Überblick

Der Nachteil der Bauleitpläne liegt darin, dass sie mit ihren Festlegungen einen momentanen Zustand festhalten, während Planung sich in Wirklichkeit als ein fortlaufender Prozess erweist. Daher hat sich in der Entwicklung des Planungsrechts die Notwendigkeit ergeben, zahlreiche zusätzliche Planungsformen einzuführen. Sie sind z.T. in Gesetzesbestimmungen geregelt, z.T. wird auf sie lediglich in einer Vorschrift Bezug genommen und andere wiederum ergeben sich allein aus der Planungspraxis. Insofern bereitet eine systematische Erfassung Schwierigkeiten. An dieser Stelle soll deshalb nur exemplarisch auf einige Instrumente eingegangen werden.

Nach der oben erläuterten Planmäßigkeit der Bauleitplanung können all diese Maßnahmen jedoch nur ergänzend eingesetzt werden: Sie dürfen weder an die Stelle der Entwicklungs- und Ordnungsfunktion der Bauleitplanung treten, noch dürfen sie diese zur formalen Hülse verkommen lassen.

5.3.2 Innenbereichssatzungen

Wo der im Zusammenhang bebaute Ortsteil i.S.d. § 34 BauGB endet, beginnt der Außenbereich des § 35 BauGB. Ob ein Grundstück sich noch im Innenbereich oder schon im Außenbereich befindet, ist jedoch von weitreichender Bedeutung: Innenbereichsgrundstücke sind prinzipiell bebaubar, Außenbereichsgrundstücke hingegen nur ausnahmsweise. Wünschenswert ist deshalb eine möglichst eindeutige Grenzziehung. Zudem kann es auch im Einzelfall sachgerecht sein, Grenzen zwischen den Bereichen zu verschieben und bestimmte Flächen dem jeweils anderen Bereich zuzuordnen.

Der Gemeinde stehen zur Regelung dieser Frage die Instrumente der Klarstellungs- oder Abgrenzungssatzung, der Entwicklungssatzung und der Abrundungssatzung nach § 34 Abs. 4 Nr. 1-3 BauGB zur Verfügung.

Die Klarstellungssatzung (§ 34 Abs. 4 Nr. 1 BauGB) legt *deklaratorisch* die Grenzen für die im Zusammenhang bebauten Ortsteile oder Teile davon fest. Die Gemeinde zeichnet hier nur nach, was sich aus der gesetzlichen Bestimmung des § 34 Abs. 1 BauGB zum Begriff des Ortsteils und des Bebauungszusammenhangs für die einzelnen Grundstücke ergibt.

Mit Hilfe der Entwicklungssatzung (§ 34 Abs. 4 Nr. 2 BauGB), die nicht verwechselt werden darf mit der städtebaulichen Entwicklungsmaßnahme nach § 165 BauGB, werden bebaute Gebiete im Außenbereich, die, etwa als Splittersiedlung-, die Kriterien des „Ortsteils" nicht erfüllen, oder als Streubebauung die Voraussetzungen des Bebauungszusammenhangs nicht besitzen, *konstitutiv* als im Zusammenhang bebaute Ortsteile festgelegt. Sie werden damit Bauland.

Die Ergänzungssatzung (§ 34 Abs. 4 Nr. 3 BauGB) schließlich erlaubt, einzelne Außenbereichsgrundstücke in den Innenbereich einzubeziehen, wenn die einbezogenen Grundstücke durch die bauliche Nutzung des angrenzenden Bereichs entsprechend geprägt sind.

5.3.3 Die Außenbereichssatzungen

Gem. § 35 Abs. 6 BauGB kann eine Gemeinde für im Außenbereich bereits vorhandene Splittersiedlungen mit einer Wohnbebauung von einigem Gewicht vorsehen, dass dort generell Teilprivilegierungen für Wohnzwecke dienende Vorhaben sowie für kleine Handwerks- und Gewerbebetriebe gelten sollen. Die Außenbereichssatzung stellt damit das Gegenstück zur Innenbereichssatzung dar, hat aber eine andere rechtliche Bedeutung. Während letztere Außenbereichsgrundstücke den im Zusammenhang bebauten Ortsteilen zuordnet und damit Bauland schaffen, bleiben die von der Außenbereichssatzung erfassten Grundstücke auch weiterhin landwirtschaftliche oder forstwirtschaftliche Flächen, also kein Bauland. Auf ihnen sind jedoch Wohnbauvorhaben unter erleichterten Bedingungen als sonstige Vorhaben nach § 35 Abs. 2 BauGB zulässig. Vorhandene, aber noch nicht zu einem im Zusammenhang bebauten Ortsteil erstarkte Siedlungskerne (Wohnbebauung von einigem Gewicht) können so bis zur Entstehung eines im Zusammenhang bebauten Ortsteils fortentwickelt werden, wodurch schließlich das Gebiet vom Außenbereich zum Innenbereich werden kann, was aber selten praktische Relevanz hat.

5.3.4 Erhaltungssatzungen und städtebauliche Gebote

Zur Erhaltung der städtebaulichen Struktur eines Gebietes oder der Zusammensetzung seiner Wohnbevölkerung oder zur Sicherung der Bevölkerung vor den nachteiligen Folgen städtebaulicher Umstrukturierungen kann es notwendig sein, bauliche Maßnahmen, die diesen Zielen zuwiderlaufen, zu unterbinden. Die §§ 30 bis 35 BauGB bieten für diesen Erhaltungsschutz keine Rechtsgrundlage; hierfür bedarf es besonderer Instrumente, die das BauGB der Gemeinde durch die in §§ 172 bis 174 BauGB geregelte Erhaltungssatzung zur Verfügung stellt.

Die Gemeinde legt durch einen Satzungsbeschluss das Erhaltungsgebiet fest, mit der Folge, dass in diesem Gebiet praktisch alle baulichen Veränderungen, Umbau- und Nutzungsänderungen, wie auch die Errichtung von Gebäuden der besonderen Genehmigung bedürfen. Diese Genehmigung wird dann versagt, wenn die beantragte Maßnahme das der Satzung zugrunde liegende Erhaltungsziel beeinträchtigt. Das BauGB sieht dabei drei Erhaltungsziele vor: Die

Erhaltung der städtebaulichen Eigenart des Gebietes aufgrund seiner städtebaulichen Gestalt, ferner die Erhaltung der Zusammensetzung der Wohnbevölkerung und schließlich die städtebauliche Umstrukturierung.

Neben der Erhaltungssatzung stellt das BauGB mit dem Baugebot gem. § 176 BauGB, dem Modernisierungs- und Instandhaltungsgebot gem. § 177 BauGB, dem Pflanzgebot gem. § 178 BauGB und dem Rückbau- und Entsiegelungsgebot gem. § 179 BauGB vier städtebauliche Gebote bereit, die der Planverwirklichung dienen. In der Praxis haben diese „Planverwirklichungsgebote" allerdings kaum Bedeutung erlangt, so dass sie hier in diesem Rahmen nicht vertieft werden (vgl. hierzu Stüer in: Hoppenberg, Handbuch des öffentlichen Baurechts, Teil B Rn. 999 ff.).

5.3.5 Städtebauliche Sanierungsmaßnahmen

Einen wesentlichen Teil des „Besonderen Städtebaurechts" im Zweiten Kapitel des BauGB bilden die städtebaulichen Sanierungsmaßnahmen (§§ 136 ff.). Hierunter werden solche Maßnahmen verstanden, durch die ein Gebiet zur Behebung städtebaulicher Missstände wesentlich verbessert oder umgestaltet wird. Sie erfolgen nach dem speziellen Sanierungsrecht der §§ 136 ff. BauGB, wenn eine einheitliche Vorbereitung und zügige Durchführung im öffentlichen Interesse liegt.

5.3.6 Städtebauliche Entwicklungsmaßnahmen

Städtebauliche Entwicklungsmaßnahmen dienen nach § 165 Abs. 2 BauGB dazu, Ortsteile und andere Teile des Gemeindegebiets erstmalig zu entwickeln oder sie im Rahmen einer städtebaulichen Neuordnung einer neuen Entwicklung zuzuführen. D.h. durch sie sollen entsprechend den Zielen der Raumordnung und Landesplanung neue Orte geschaffen oder vorhandene Orte zu Siedlungseinheiten entwickelt oder um neue Ortsteile erweitert werden.

In der Planungspraxis wird die Vorbereitung und Durchführung städtebaulicher Entwicklungsmaßnahmen skeptisch betrachtet. Ihre Funktion wird lediglich als „Drohgebärde" gegenüber großen öffentlichen Grundstückseigentümern (Deutsche Bahn AG, Post AG, sonstiges Bundesvermögen) hervorgehoben. Gleichermaßen wird mehrheitlich ein Verzicht auf einen Verfahrenseinsatz angestrebt, in dem entweder ein „freihändiger" Erwerb der entwicklungsrelevanten Grundstücke versucht wird oder städtebauliche Verträge angeboten werden.

5.4 public-private-partnership

5.4.1 Allgemeines

Der Begriff „public-private-partnership" (ppp) wird etwa seit Mitte der 80er Jahre in der öffentlichen Diskussion verwandt, wenn es um „zukunftsorientierte" Handlungs- und Gestaltungsmöglichkeiten der öffentlichen Hand geht. Überwiegend wird jedoch hierunter folgendes verstanden:

Ein – zumeist befristetes in der Anfangsphase informelles, dann aber zunehmend formelles – Zusammenwirken von Privaten (Investoren, Projektträgern, Bauherren, Projektentwicklern sowie deren beauftragten Architekten und Planern) mit der Bauplanungsverwaltung sowie mit entscheidungslegitimierten Gremien der Städte und Gemeinden. Dieses Zusammenwirken erfolgt mit dem Ziel, „Projekte", die für die Stadtentwicklung eine erkennbare Bedeutung haben, vorzubereiten und zumeist auch durchzusetzen, zu sichern und umzusetzen.

Die Einsatzbereiche von public-private-partnership in Stadtentwicklung und Städtebau finden derzeit (allerdings mit unterschiedlichen Ausprägungen in den einzelnen Städten und Gemeinden) ihre Schwerpunkte in:

– der Entwicklung von gewerblich-industriellen Brachflächen, von militärischen Konversionsflächen, von entbehrlichen Flächen der Deutschen Bahn AG, der Deutschen Post AG oder der Telekom,

- der Vorbereitung von großflächigen Entwicklungen und Sanierungsvorhaben außerhalb der genannten Brach- und Konversionsflächen,
- der Vorbereitung größerer, für die Stadtentwicklung bedeutsamer und möglicherweise im engeren Umfeld nur bedingt verträglicher Projekte,
- im Rahmen der Baurechtschaffung zur Realisierung von Projektideen von Projektentwicklern, Investoren oder für die Ansiedlung von Unternehmen.

Aus der Sicht der Vertreter von Städten und Gemeinden ergeben sich die Vorteile von ppp vor allen Dingen aus:
- frühzeitiger und ergebnisorientierter partnerschaftlicher Erarbeitung von Zielen,
- Beschleunigung und Effizienzsteigerung von Vorbereitungs-, Durchsetzungs- und Umsetzungsprozessen,
- der Kostenreduzierung,
- der Ergänzung und Substitution öffentlicher Mittel durch den Einsatz privater Mittel,
- der Risikoübertragung bzw. Risikoteilung zugunsten der Gemeinden,
- der Vermarktung städtischer Flächen und Einrichtung.

Für die Investoren, Bauherren, Entwickler ergeben sich aus ppp folgende Vorteile:
- frühzeitige Planungs- und Investitionssicherheit,
- Beschleunigung der kommunalen Planungs- und Entscheidungsprozesse,
- Möglichkeiten zur Erschließung vorhandener, eventuell mit Hilfe öffentlicher Partner zugänglicher Informations- und Kooperationsnetzwerke,
- Nutzung von Chancen zur Durchsetzung eigener Ziele im Rahmen von Angeboten und dem Aushandeln möglicher „Kompensationsmaßnahmen".
  Die Erfahrungen mit public-private-partnership-Projekten variieren in Bezug auf die Stadtgröße und die Standortgunst für Investoren.

Zu den Voraussetzungen, den Strategien und Vorgehensweisen s. ausführlich: Rolf Kyrein „Baulandentwicklung in public-private-partnership".

Zu den gesetzlichen Möglichkeiten der Gestaltung von public-private-partnership im Rahmen von Städtebau, Stadtplanung und Stadtentwicklung gehören im Bereich des Städtebaues der Vorhaben- und Erschließungsplan bzw. der Vorhaben-bezogene Bebauungsplan sowie andere „konventionelle" Bebauungspläne. Zudem werden die städtebaulichen Entwicklungs- und Sanierungsmaßnahmen sowie die städtebaulichen Verträge umfasst. Im Folgenden soll kurz auf diese Möglichkeiten eingegangen werden.

5.4.2 Vorhaben-bezogener Bebauungsplan

Durch dieses ergänzende Planungsinstrument können für bestimmte Vorhaben und für konkrete Bauwillige oder Investoren (Vorhabenträger) die planungsrechtlichen Zulässigkeitsvoraussetzungen zur Bebauung eines Grundstücks geschaffen werden.

Grundlage ist ein Vorhaben- und Erschließungsplan des Investors sowie ein Vertrag, der sog. Durchführungsvertrag, mit dem sich der Vorhabenträger gegenüber der Gemeinde zur Planung, Erschließung und Durchführung des Vorhabens verpflichtet.

Der Vorhaben-bezogene Bebauungsplan dient sowohl der Gemeinde als auch dem Vorhabenträger. Wesentliche Vorteile sind, dass die Gemeinde von den Aufwendungen für die Planung befreit wird, ohne ihre Planungshoheit aufgeben zu müssen. Der Vorhabenträger dagegen kann weitestgehend eigene Vorstellungen in die seinem eigenen Vorhaben dienende Planung einbringen.

§ 12 BauGB enthält keine Vorschrift über die Form und den Inhalt des Vorhabens- und Erschließungsplans. Damit ist der Vorhabenträger bei der Wahl der Festsetzungsmittel und des Inhalts grundsätzlich frei. Zu berücksichtigen ist allerdings, dass aus kompetenzrechtlichen

Gründen nur bauplanungsrechtliche und durch § 9 Abs. 1 BauGB zugelassene Festsetzungen in den Vorhaben- und Erschließungsplan enthalten sein dürfen. Da auf der Grundlage des Vorhaben- und Erschließungsplans später der Vorhaben-bezogene Bebauungsplan erlassen werden soll, muss schon der Vorhaben- und Erschließungsplan hinsichtlich seiner formellen und inhaltlichen Anforderungen satzungsfähig sein.

Gem. § 12 Abs. 1 S. 1 BauGB verpflichtet sich der Vorhabenträger im Durchführungsvertrag gegenüber der Gemeinde, das Vorhaben auf Grundlage des Vorhaben- und Erschließungsplans innerhalb einer bestimmten Frist durchzuführen und die Planungs- und Erschließungskosten jedenfalls ganz oder teilweise zu tragen. Der Durchführungsvertrag hat im Wesentlichen zwei Ziele: Er soll in Verbindung mit dem Vorhaben- und Erschließungsplan Planungsrecht schaffen und zudem nach Erlass des Vorhaben-bezogenen Bebauungsplans die Durchführung des Vorhabens sichern.

Die praktischen Erfahrungen hinsichtlich des Einsatzes und der Umsetzung von Vorhaben- und Erschließungsplänen sind durchaus unterschiedlich. So konnten in vielen Fällen grundlegende zeitliche Verkürzungen der Planaufstellungsverfahren nicht festgestellt werden. Dies lag vor allem am gleichgebliebenen Aufwand innerhalb der Verwaltung. Bevorzugte Einsatzmöglichkeit wird für den Fall gesehen, der keine „eindeutige „§-34-BauGB-Situation“ darstellt. Für kleinere Projekte im Wohnungsbau hat sich der Vorhaben- und Erschließungsplan positiv bewährt. Hier wird durch die unmittelbare Umsetzungsorientierung eine schnelle Erschließung und Realisierung des Gesamtvorhabens ermöglicht. In der Gesamtzahl und vor allem in der Breite der Anwendung geht nach Einschätzung von Experten der Einsatz der Vorhaben-bezogenen Bebauungspläne zurück. Sie werden häufig ersetzt durch Bebauungspläne in Verbindung mit städtebaulichen Verträgen.

Ein Muster für einen Durchführungsvertrag sowie ausführliche Erläuterungen hierzu enthält *Meißner/Horstkotte*, „Vertragsgestaltung beim Vorhaben-bezogenen Bebauungsplan“.

5.4.3 Städtebauliche Verträge

In Deutschland besteht ein erheblicher Mangel an ausgewähltem oder verfügbarem Wohnbauland, der zu einem drastischen Anstieg der Preise insbesondere in den Ballungszentren geführt hat.

Fehlende personelle Kapazitäten hindert die Kommune häufig an der Ausweisung von Bauland. In der Regel hat die Gemeinde als Erschließungsträger die Erschließung durchzuführen. Unabhängig vom Verwaltungsaufwand und einer etwaigen Vorfinanzierung der Erschließungskosten hat die Gemeinde bei der öffentlichen Erschließung nach § 129 Abs. 1 S. 3 BauGB wenigstens 10 v. H. des beitragsfähigen Erschließungsaufwands selbst zu tragen. Als „Schlüsselfrage“ zur Behebung dieses Engpasses wird die Stärkung vertraglicher Elemente im Städtebaurecht angesehen.

Durch § 11 BauGB wird die bestehende Praxis der vertraglichen Zusammenarbeit von Bauherren und Investoren mit der Gemeinde aufgegriffen und dem Gedanken der „public-privat-partnership“ im Städtebaurecht durch eine gesetzliche Regelung der städtebaulichen Verträge Rechnung getragen.

Städtebauliche Verträge sind regelmäßig öffentlich-rechtliche Verträge. In der Praxis werden städtebauliche Verträge in vielen Variationen zwischen den Gemeinden und privaten Investoren oder Bauherren geschlossen (vgl. hierzu zahlreiche Beispiele in Schmidt-Eichstaedt, BauR 1996, 1 ff.). Die häufigste Form des städtebaulichen Vertrages dürfte der sog. Erschließungsvertrag sein, der bisher schon in § 124 BauGB geregelt war. Die Investoren versprechen sich von einem städtebaulichen Vertrag insbesondere eine schnelle Realisierung ihrer Bauvorhaben und die Gemeinden wollen infolge der von den Investoren übernommenen Leistungen ihre Haushalte entlasten.

5.4.3.1 Typen von städtebaulichen Verträgen

Durch die ausdrückliche Erwähnung des städtebaulichen Vertrages in § 11 BauGB soll sowohl die Gemeinde zu einem stärkeren Gebrauch städtebaulicher Verträge ermutigt als auch einzelne Streitfragen entschieden werden, damit Rechtssicherheit bei der Anwendung besteht. Zu diesem Zweck greift die Regelung verschiedene, aus der Praxis bereits bekannte Vertragstypen auf und erwähnt sie im Gesetz.

Folgende Vertragstypen sind in § 11 geregelt:
- „Maßnahmen"- Vertrag gemäß § 11 Abs. 1 S. 2 Nr. 1 BauGB
- „planbegleitende" Verträge gemäß § 11 Abs. 1 S. 2 Nr. 2 BauGB
- „Folgekostenvertrag" gemäß § 11 Abs. 1 S. 2 Nr. 3 BauGB.

Beim „Maßnahmen"-Vertrag kann der Vertragspartner mit Vorbereitung und Durchführung städtebaulicher Maßnahmen nach dem BauGB von der Gemeinde beauftragt werden. Mögliche Vertragsgegenstände können insbesondere sein:
- die Neuordnung der Grundstücksverhältnisse (anstelle einer öffentlichen Umlegung)
- die Bodensanierung
- sonstige Maßnahmen, die notwendig sind, damit Baumaßnahmen durchgeführt werden können (Freilegung von Grundstücken, Erschließung)
- sowie die Ausarbeitung der städtebaulichen Planung.

Bei den „planbegleitenden" Verträgen gemäß § 11 Abs. 1 S. 2 Nr. 2 BauGB können besondere Ziele und Zwecke, der Bauleitplanung gefördert oder gesichert werden, insbesondere hinsichtlich folgender Ziele:
- die Grundstücke einer Nutzung zuzuführen,
- Maßnahmen zum Ausgleich für Eingriffe in Natur und Landschaft durchzuführen,
- den Wohnbedarf von Bevölkerungsgruppen mit besonderem Wohnraumversorgungsproblem zu decken oder
- dem Wohnbedarf der ortsansässigen Bevölkerung zu dienen.

Beim „Folgekostenvertrag" wird die Tragung solcher Kosten und Aufwendungen der Gemeinde durch den Vertragspartner geregelt, die Voraussetzung oder Folge des von ihm geplanten Vorhabens sind. Ein Folgekostenvertrag kann sich demzufolge auf die Übernahme von Kosten, die der Gemeinde für:
- städtebauliche Planung,
- andere städtebauliche Maßnahmen
- sowie Anlagen und Einrichtungen, die der Allgemeinheit dienen, z.B. zusätzliche Kindergärten für das Wohngebiet

beziehen.

In der Praxis beinhaltet ein städtebaulicher Vertrag mehrere der vorbeschriebenen Elemente.

Beispiele und Muster für städtebauliche Verträge finden sich in: Hoppenberg „Handbuch des öffentlichen Baurechts", Anhang I 2 A.

5.4.3.2 Allgemeine Grundsätze

Alle Typen städtebaulicher Verträge weisen folgende Gemeinsamkeiten auf:

§ 11 Abs. 3 BauGB schreibt für den städtebaulichen Vertrag die Schriftform vor; bei Verknüpfung mit einer Grundstücksübertragung z.B. aufgrund Kauf oder Tausch oder eines Erschließungsvertrages mit der Verpflichtung zur Übereignung öffentlicher Verkehrsflächen ist zudem die notarielle Beurkundung nach § 313 BGB erforderlich. Die wichtigsten Schranken für die Zulässigkeit von städtebaulichen Verträgen bilden gemäß § 11 Abs. 2 BauGB das Gebot der Angemessenheit sowie das von der Rechtsprechung entwickelte Kopplungsverbot. Der Grundsatz der Angemessenheit verbietet es den Vertragspartnern, Leistung und Gegenleistung zu vereinbaren, die zueinander nicht in einem ausgewogenen Verhältnis stehen, so dass z.B. die Gemeinden – wegen ihrer hoheitlichen Aufgabenwahrnehmung im Bereich des Städtebaus – aus ihrer Monopolstellung als Trägerin der Planungshoheit nicht derart Kapital schlagen, dass die Schaffung von Planungsrechten unangemessen teuer vom Investor erkauft werden muss. Dieser

Grundsatz der Angemessenheit wird durch das sogenannte Kopplungsverbot ergänzt. Danach ist die Vereinbarung einer vom Investor zu erbringenden Leistung unzulässig, wenn er auch ohne sie einen Anspruch auf diese Gegenleistung hätte. Leistung und Gegenleistung müssten in einem sachlichen Zusammenhang stehen. Ein Verstoß hiergegen führt zur Nichtigkeit des Vertrages.

5.4.4 Einheimischenmodelle

Unter Einheimischenmodellen werden Vereinbarungen zwischen Gemeinden und privaten Grundstückseigentümern verstanden, die sicherstellen sollen, dass bei der Bebauung neuer Wohnbauflächen Ortsansässige bevorzugt zum Zuge kommen. Sie dienen der Erhaltung der gewachsenen Struktur in der Gemeinde und insbesondere der Existenzgründung junger Familien. Die Gemeinden gehen deshalb verstärkt dazu über, vor einer Baugebietsausweisung von Außenbereichsgrundstücken den Baulandbedarf für Einheimische zu sichern.

Hier gibt es zahlreiche unterschiedliche Vertragsgestaltungen, die die Zweckbindung durch zivilrechtliche Sicherungsmechanismen, wie z.B. durch Vormerkung gesicherte Rückkaufrechte, gewährleisten sollen.

Das Bundesverwaltungsgericht hat diese Verträge als zivilrechtlich qualifiziert.

5.4.5 Freiwillige Umlegung

Umlegungsverträge dienen der Vorbereitung der Bebaubarkeit überplanter oder zu überplanender Flächen. Hierzu gehören auch Verträge über freiwillige Bodenordnungen. Motive für die „freiwillige Umlegung" sind auf Seiten der Grundstückseigentümer eine Einflussnahme auf die gemeindliche Planung, die Beschleunigung des Verfahrens und nicht zuletzt der Versuch, den gesetzlichen Vorteilsausgleich auszuschließen. Auf Seiten der Gemeinde wird häufig versucht, eine freiwillige Umlegung dazu zu nutzen, mehr Flächen zu erhalten als in der amtlichen Umlegung.

Die freiwillige Umlegung wird im Regelfall vorrangig in vorhandenen oder beabsichtigten Bebauungsplangebieten durchgeführt.

Umlegungsverträge können in Vorbereitung und Erleichterung der amtlichen Umlegung vereinbart werden. Gemäß § 45 ff. BauGB gehen im amtlichen Umlegungsverfahren einvernehmliche Regelungen den hoheitlichen Maßnahmen vor. Es lässt sich so mit dem Einverständnis aller betroffenen Eigentümer die Aufteilung der Verteilungsmasse nach anderen als den gesetzlichen Maßstäben vereinbaren. So können z.B. auch einvernehmlich Abfindungen vorgesehen werden, z.B. wenn ein Landwirt nicht daran interessiert ist, Bauland sondern bewirtschaftbare Grundstücke zu erhalten. Zudem können die Umlegungsverträge auch an die Stelle der amtlichen Umlegung treten oder ihrer Vermeidung dienen.

6. Projektmanagement bis zum Realisierungsbeginn

In der Abbildung 6.1 ist die Phasendefinition für ein Bauvorhaben dargestellt, die sich aus Sicht des Bauherrn und Nutzers ergibt und die sich von der Sicht der Planungsbeteiligten bzw. von der Phasendefinition der HOAI unterscheidet. Das Projektmanagement versteht sich ausschließlich als Bauherrenaufgabe und seine Aufgabenfelder sind deswegen auch nicht mit einer festen Phasendefinition verbunden, wie sie beispielsweise die HOAI vorgibt. Insofern sind bereits zu einem frühestmöglichen Zeitpunkt, zu dem i.d.R. noch keine Planungsbeteiligten beauftragt sind, durch den Bauherrn bzw. seinen beauftragten Vertreter – dem Projektmanager – während der Definitions- und Ideenphasen die Grundlagen für eine erfolgreiche und effiziente Abwicklung des Projektes bis zum Betrieb zu erarbeiten und festzulegen.

Abb. 6.1: Projektphasen

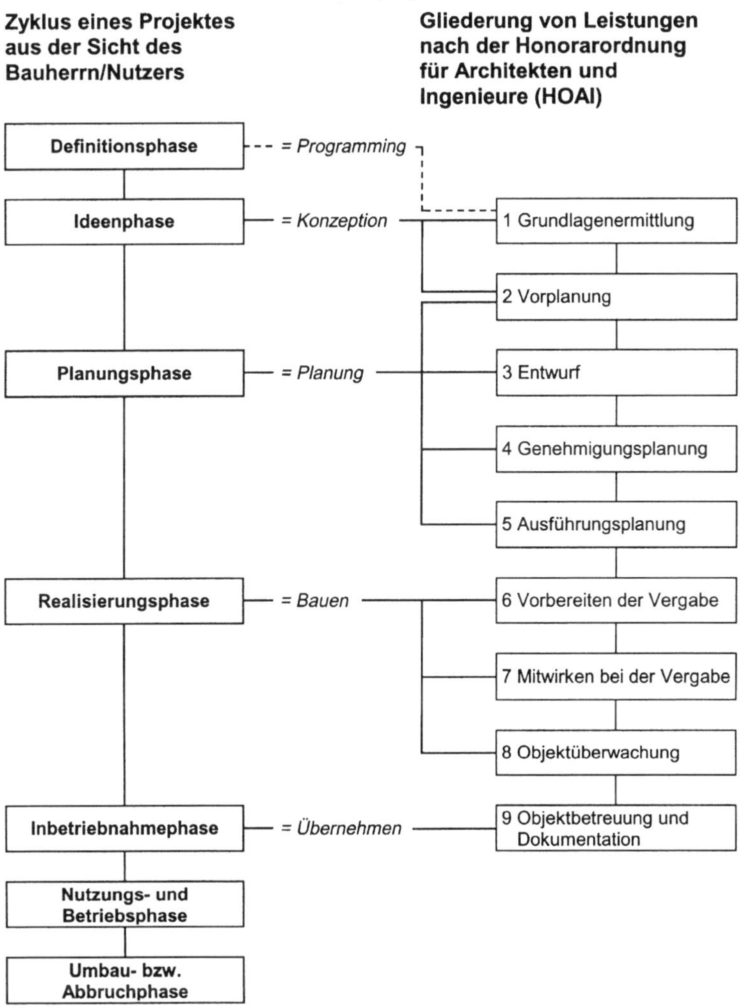

Die Grundlagen werden bestimmt durch die Ergebnisse aus der Definitions- oder Entwicklungsphase. Hierbei geht es im Wesentlichen um die Konkretisierung der Projektziele und die Strukturierung des Projektes. Aus der Definitionsphase können sich beispielsweise folgende übergeordnete Zielsetzungen ergeben haben, die natürlich auch stark davon bestimmt werden, ob es sich um ein Investorenprojekt oder um ein eigengenutztes Projekt handelt:
- Gute Wirtschaftlichkeit und hohe Rentabilität
- Kurze Realisierung und schneller Markteintritt
- Hohe Flexibilität
- Optimale Funktionalität
- Gute, ggf. vermarktbare, Qualität
- Ansprechende und vermarktungsfördernde Gestaltung
- Schaffung von Corporate Identity

Die übergeordneten Ziele müssen auf eine „Arbeitsebene" heruntergebrochen werden, die dann als klar ausgearbeitete Aufgabenstellungen für die verschiedenen Projektbeteiligten dienen. Bei Bauprojekten ist es leider nicht selbstverständlich, dass auf Bauherrenseite einheitliche Zielvorstellungen existieren. Insbesondere bei größeren Bauprojekten besteht die Bauherrenseite oft aus mehreren unterschiedlichen Institutionen, z.B. Unternehmensabteilungen, bei denen zu Projektbeginn durchaus unterschiedliche Zielvorstellungen vorhanden sein können. Es ist deswegen unabdingbar und eine der ersten Aufgaben des Projektleiters des Bauherrn bzw. des Projektmanagements, die konkreten Projektziele und ihre Prioritäten eindeutig zu definieren und festzuschreiben. Eine möglichst frühzeitige, genaue und für alle Projektbeteiligten verständliche Beschreibung der Projektziele ist erforderliche Grundlage, um das Projekt erfolgreich durchführen zu können. Dabei dürfen keine pauschalen Zielformulierungen verwandt werden, sondern es muss bereits ganz zu Projektbeginn eine weitestgehende Quantifizierung der Zielvorstellungen erfolgen. Hier kann es beispielsweise um die Definition und Vorgabe folgender Zielgebiete gehen:

Abb. 6.2: Ziele eines Hochbauprojektes

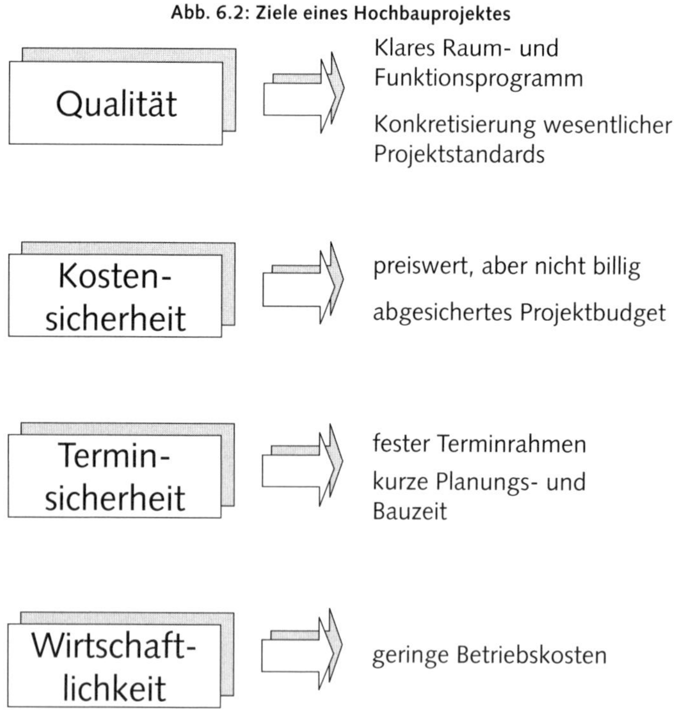

Neben der unmissverständlichen Zieldefinition ist es weiterhin Aufgabe des Bauherrn oder seines Vertreters, vor Einschaltung dritter Projektbeteiligter, das Projekt klar zu strukturieren. Hierzu zählen die
- Räumliche und funktionale Projektstruktur – Objektgliederung
- Organisationsstruktur
- Vergabestruktur
- Ablaufstruktur
- Kostenstruktur.

Im vorliegenden Buch erfolgt zur besseren praktischen Anwendbarkeit bewusst eine projektphasenweise Betrachtung der Aufgaben und Leistungen zur erfolgreichen Projektentwicklung und -realisierung. Das Projektmanagement wird deswegen phasenorientiert sowohl im vorliegenden Kapitel III Konzeption/Planung als auch im Kapitel IV Realisierung mit seinen jeweils spezifischen Aufgaben beschrieben. Selbstverständlich handelt es sich aber um einen kontinuierlichen und phasenübergreifenden Prozess. Die entsprechenden Ausführungen in den beiden Kapiteln III und IV sind deswegen im Zusammenhang zu betrachten. Insbesondere werden auch bereits in den frühen Projektphasen Strukturen definiert, die die späteren Realisierungsphasen bestimmen. Dies betrifft beispielsweise terminliche Ablaufstrukturen, Abwicklungs- und Vergabestrukturen oder Controllingabläufe.

Die wesentlichen Aufgabenschwerpunkte des Projektmanagements lassen sich folgendermaßen unterteilen:
- Projektorganisation und -koordination
- Vertragsmanagement
- Qualitätsmanagement
- Terminmanagement
- Kostenmanagement.

Einzelne Passagen der folgenden Abschnitte wurden in Anlehnung an Sommer „Projektmanagement im Hochbau" (4. Auflage 2016, Springer-Verlag) beschrieben.

6.1 Projektorganisation und -koordination

Die Projektorganisation bildet die Grundlage für die gesamte Projektabwicklung. Sie enthält die verbindliche Strukturierung des Projektes und der Aufbau- und Ablauforganisation, die laufende übergeordnete Koordination für sämtliche Projektbeteiligte und eine kontinuierliche und lückenlose Information des Bauherrn über alle Projektaktivitäten. Bei der Erstellung der Aufbauorganisation werden sämtliche erforderliche Projektbeteiligte nach ihrer Funktion bestimmt.

Anschließend wird eine Aufgaben- und Kompetenzbeschreibung dieser Projektbeteiligten erstellt, um eine klare Aufgabenabgrenzung und Schnittstellendefinition untereinander zu erreichen. Ziel ist es hierbei insbesondere auch, Überschneidungen im Leistungsumfang möglichst zu vermeiden und gleichzeitig sämtliche erforderlichen Leistungen eindeutig zuzuordnen. Doppelbeauftragungen und Leistungslücken werden so vermieden.

In einem Organisationsschema werden dann die wechselseitigen Beziehungen der Projektbeteiligten untereinander festgelegt. Neben der Aufbauorganisation ist es auch noch dringend erforderlich, die Planungs- und Entscheidungsabläufe zu systematisieren. Hierzu werden zu den verschiedenen Phasen der Projektabwicklung einzelne Ablauforganigramme erstellt, die eine Handlungsanweisung beispielsweise für die Planung, Abstimmung der Planung und Freigabe der Planung oder auch für die Bearbeitung von Zusatzleistungen und Nachträgen während der Bauphase darstellen. Insbesondere werden im Rahmen der Ablauforganisation auch die gesamten Entscheidungswege mit Angabe der zuständigen Entscheidungsinstanzen festgelegt. In einem Projekt- und Organisationshandbuch werden alle für die Projektabwicklung relevanten Festlegungen dokumentiert und den Projektbeteiligten als Handlungsanweisung für ihre Tätigkeiten und das Zusammenwirken untereinander vorgegeben.

Abb. 6.3: Teilbereiche der Projektorganisation

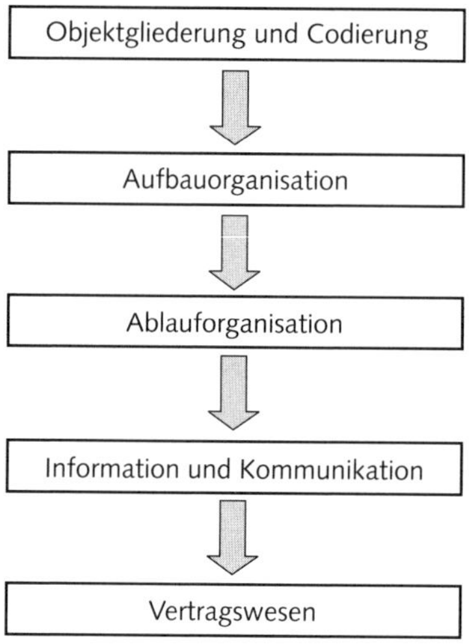

6.1.1 Objektgliederung

Die Festlegung verbindlicher Projektstrukturen ist die Voraussetzung zu einer gezielten und steuerbaren Projektabwicklung. Neben den organisatorischen Aufbau- und Ablaufstrukturen gehört hierzu ganz zu Anfang des Projektes auch die räumliche und funktionale Strukturierung des Projektes (vgl. Abb. 6.4), welche die vereinheitlichte Grundlage für die Verständigung unter den Projektbeteiligten schafft.

Abb. 6.4: Objektgliederung und -codierung (vgl. Sommer: Projektmanagement im Hochbau)

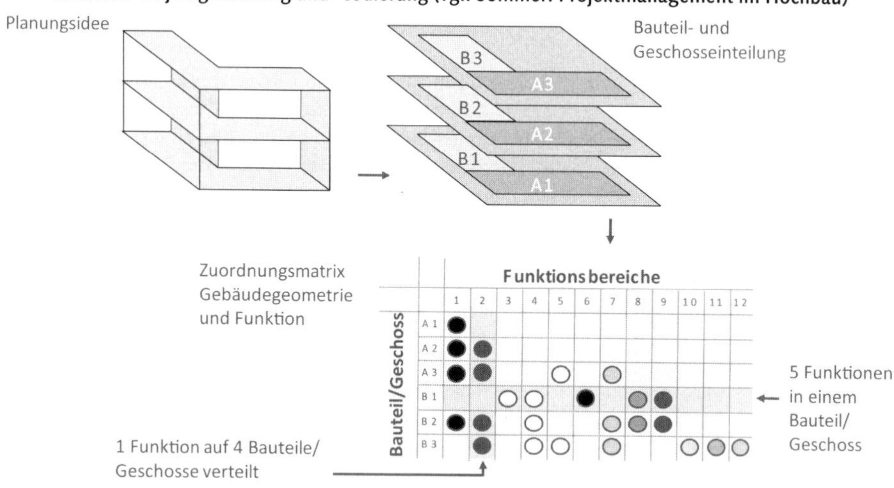

Hierzu wird das Projekt zunächst nach funktionalen und örtlichen Gesichtspunkten und ggf. auch noch nach nutzungsspezifischen Gesichtspunkten in Bauabschnitte, Bauteile, Geschosse sowie Nutzungs- und Funktionsbereiche aufgegliedert. Die Objektgliederung und –codierung als Teil der Projektstrukturierung dient dann als Basisgliederung zur Projektplanung, Terminplanung und Kostenplanung.

Sämtliche Bauabschnitte, Bauteile, Geschosse oder Nutzungsbereiche werden zur eindeutigen Kenntlichmachung und Verständigung mit einer Codierung versehen. Diese Codierung ist dann bei allen Projektbeteiligten durchgängig auf ihren Ergebnisunterlagen – also Zeichnungen, Berechungen, Terminplänen, Kostenermittlungen, Berichten, Schriftverkehr etc. – dargestellt, so dass der betreffende Projektbereich klar identifiziert werden kann.

6.1.2 Aufbauorganisation

Die Aufgabe der Aufbauorganisation ist es, nach der Festlegung der Projektbeteiligten deren Beziehungen untereinander zu regeln. Hierbei müssen Aufgaben, Verantwortungen, Kompetenzen und Pflichten sämtlicher Projektbeteiligter sowie deren Leistungsschnittstellen eindeutig und allgemeinverständlich geregelt werden. In der Aufbaustruktur sind neben den Bauherrenfunktionen alle Planer, Berater, Genehmigungsstellen und ausführende Unternehmen aufzunehmen. Welche Organisationsformen für die effiziente Projektdurchführung geeignet ist, hängt vor allem von der konkreten Aufgabenstellung des Projektes ab.

Abb.6.5: Formen der Aufbauorganisation

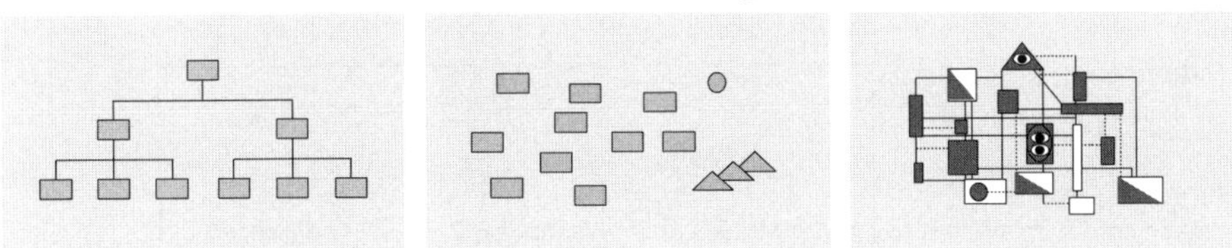

hierarchisch | gruppendynamisch | konzerngigantisch

Die gebräuchlichen Organisationsformen liegen in dem weiten Spektrum zwischen einem streng hierarchischen Aufbau und einer undurchschaubaren gegenseitigen Verflechtung. Die Erfahrung zeigt, dass eine geordnete Abwicklung des Projektes einer klaren und einfachen Struktur bedarf. Jeder Beteiligte sollte wissen, an wen er sich wenden muss, wenn er selbst nicht mehr weiterkommt. Er sollte auch wissen, für welche Bereiche und Mitarbeiter er Verantwortung trägt und Aufgaben zuordnen muss.

Diese Anforderungen werden am besten von der hierarchischen Struktur erfüllt. Dies gilt allerdings nur dann, wenn die Hierarchie auf einer aufgabenbezogenen Kompetenz aufgebaut ist und mit den Zielvorgaben auch die entsprechende Eigenverantwortung delegiert wird. Außerdem muss die Anzahl der Hierarchieebenen so gering wie möglich gehalten werden. Bei allen hierarchisch aufgebauten Strukturen sollte immer darauf geachtet werden, dass sie nicht durch immer neue Anforderungen ihren klaren und einfachen Aufbau einbüßen und in konzerngigantische Gebilde abdriften, bei denen kaum mehr klare Verantwortlichkeiten und Entscheidungswege erkennbar sind. Die als „gruppendynamisch" bezeichnete Struktur sagt aus, dass eine Gruppe qualifizierter Individualisten ohne geordnete Struktur zusammenarbeitet. Gemeinsame Operationen werden meist von Begeisterung getragen und führen häufig auch zu kreativen Ansätzen. Diese Organisation ist deswegen auch durchaus geeignet, Projektgrundlagen zu erarbeiten oder Projektkonzepte zu definieren, jedoch ist sie zur geordneten Projektabwicklung unbrauchbar.

In der Abbildung 6.6 ist ein typisches Organigramm als Beispiel für eine Aufbauorganisation zur koordinierten Projektdurchführung im Bauwesen dargestellt. In einem derartigen Organigramm werden die Projektbeteiligten nach ihrer Funktion dargestellt und die gegenseitigen Beziehungen festgeschrieben. Wichtig ist es insbesondere, dass klar geregelt ist, welche Kompetenzen und Pflichten bestehen, wer gegenüber wem weisungsbefugt ist, wer wen zu koordinieren hat und wo grundsätzlich eine Informationspflicht besteht. Das exemplarisch dargestellte Organigramm kann bei Großprojekten oder inhaltlich komplexen Projekten wesentlich umfangreicher und das Beziehungsnetz deutlich dichter sein. Um hier dann noch die Klarheit und Übersichtlichkeit zu bewahren, wird in solchen Fällen die Aufbauorganisation stufenweise dargestellt. In einem übergeordneten Organigramm werden dann nur noch die Beteiligtengruppen – also Bauherrenfunktion, Planer/Berater, ausführende Firmen und Genehmigungsbehörden – und die Beziehungen dieser untereinander dargestellt. Weitere Organigramme befassen sich dann mit den Beteiligten und deren gegenseitigen Beziehungen innerhalb der Beteiligtengruppen.

Abb. 6.6: Beispiel einer Aufbauorganisation

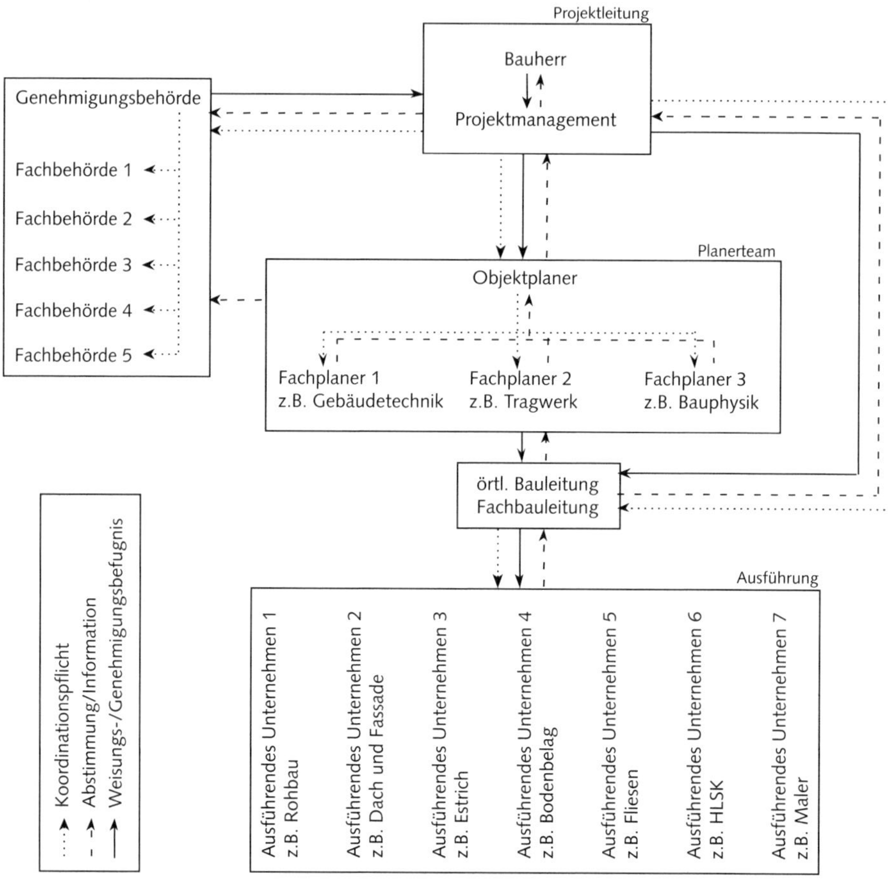

Neben der eigentlichen Darstellung der Projektbeteiligten – hierzu gehört auch eine vereinheitlichte Verschlüsselung der Beteiligten sowie ein immer aktuelles Adressverzeichnis – zählt zur Aufbauorganisation auch noch die umfassende und gegenseitig verständliche Beschreibung von Aufgaben und einzelnen Verantwortlichkeiten und Kompetenzen. Die jeweiligen Entscheidungsebenen müssen eindeutig geklärt sein.

6.1.3 Ablauforganisation

In der Ablauforganisation werden allgemeinverbindliche Regelungen zur Zusammenarbeit der Projektbeteiligten festgelegt. Es müssen insbesondere folgende Fragen beantwortet werden:
– Wie arbeiten die Projektbeteiligten zusammen?

- Wie und in welchen Stufen laufen die Entscheidungsprozesse ab?
- Wie sieht der Planungsablauf aus und wer ist dort wann einzubeziehen?
- Wie laufen die Ausschreibungs- und Vergabeverfahren und wer ist beteiligt?
- Wie und durch wen werden Planer- und Firmenrechnungen geprüft und freigegeben?
- Wie erfolgt die Prüfung und Beurteilung von Planungsänderungen und Nachträgen?
- Auf welche Weise erfolgt die Zusammenarbeit zwischen örtlicher Bauleitung und Projektmanagement?

Zur Beantwortung dieser und ggf. weiterer Fragen, die sich für die geregelte Zusammenarbeit der Projektbeteiligten ergeben, werden durch das Projektmanagement Regelabläufe definiert und mit den weiteren projektorganisatorischen Regelungen in einem Organisationshandbuch zusammengefasst. Im Folgenden sind exemplarisch Regelabläufe für Planungsentscheidungen, Rechnungsprüfung und -freigabe sowie für Planungsabläufe und Nachtragsbearbeitung dargestellt. Es ist wichtig, dass derartige Regelabläufe für jedes neue Projekt neu erstellt und die jeweiligen Spezifika eingearbeitet werden und dass diese Regelabläufe mit den betreffenden Projektbeteiligten als verbindlich vereinbart werden.

Abb. 6.7: Beispiel Regelablauf Planungsentscheidung

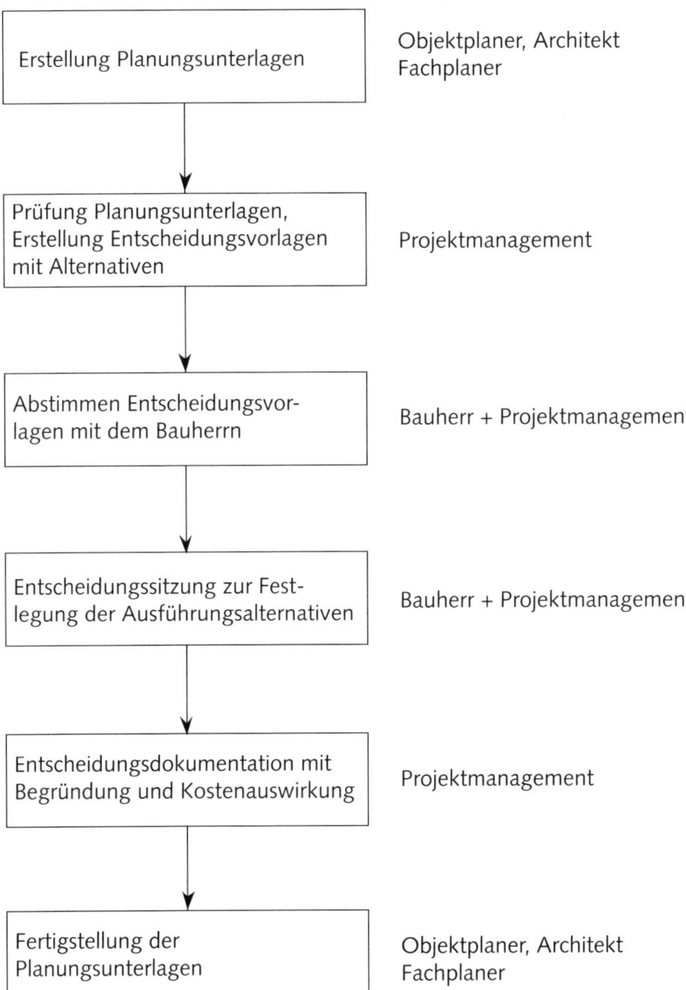

Abb. 6.8: Beispiel Regelablauf Rechnungsprüfung/-freigabe Frirmenrechnung

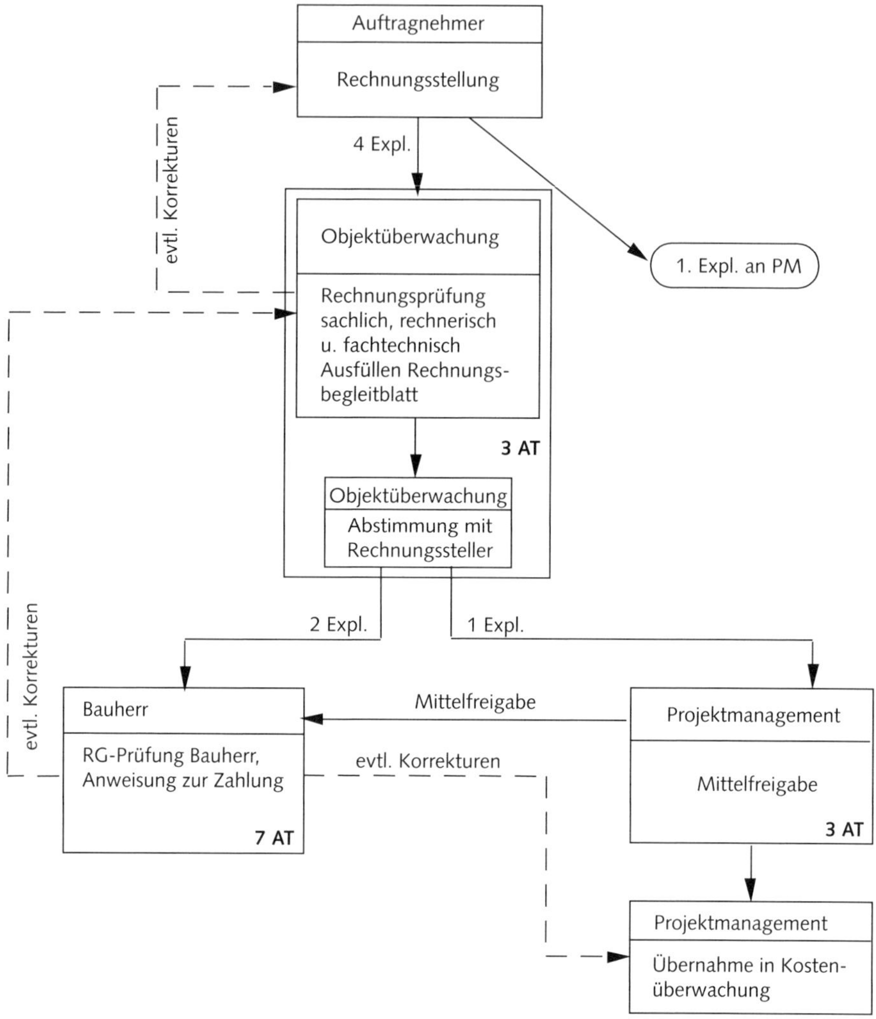

6.1.4 Information und Kommunikation

Ein ganz wesentlicher Teil der Projektorganisation ist die funktionierende Kommunikation und der lückenlose Informationsfluss. Hierzu müssen vor allem folgende Regelungen getroffen werden:
- Austausch von Ergebnisunterlagen
- Besprechungsregelungen
- Informationssystematik
- Formale Regelungen.

Der Austausch von Ergebnisunterlagen der Projektbeteiligten, das schriftliche Berichtswesen als auch die allgemeine Kommunikation – z.B. Schriftverkehr, Protokollverteilung, Einladungen, etc. – kann heute geeigneterweise über internet-basierte Kommunikationssysteme erfolgen. Diese stehen als Extranets genau definierten geschlossenen Benutzergruppen zur Verfügung und können die Zusammenarbeit der Projektbeteiligten ganz erheblich vereinfachen und effizienter

Abb. 6.9: Beispiel Regelablauf Vorplanung

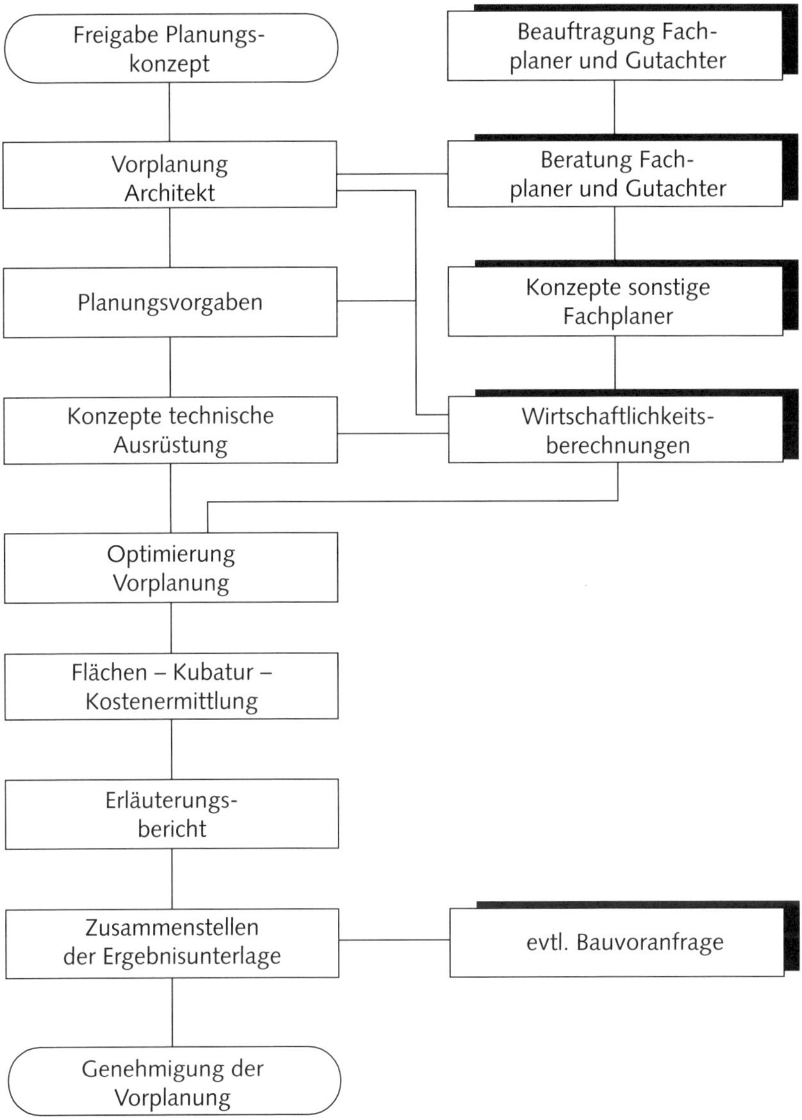

gestalten. Dabei fungiert ein zentraler Datenserver als Projektplattform und kann bei umfassender Anwendung gleichzeitig als einfaches Projektdokumentationssystem angewendet werden.

Die Projektleitung zusammen mit dem Projektmanagement hat dafür zu sorgen, dass die definierten Projektziele in die verschiedenen Arbeitsbereiche als Aufgabenstellungen transformiert werden. Dazu ist es erforderlich, die Zieldefinitionen und Vorgaben zu hierarchisieren und stufenweise zu konkretisieren bzw. zu verfeinern.

Diese hierarchische und mehrstufige Kommunikation birgt jedoch die große Gefahr, dass durch die Informationstransformation Informationsdefizite entstehen. Um dies zu vermeiden, ist es erforderlich, neben der hierarchischen auch noch eine direkte Kommunikation der Projektbeteiligten in Form von regelmäßigen und unregelmäßigen Besprechungen durchzuführen. Hierzu ist es notwendig, Vereinbarungen über Besprechungsregelungen zu treffen.

Abb. 6.10: Beispiel Regelablauf Nachtragsbearbeitung

Lfd.	Vorgang	Auftragnehmer	Bauherr	Bauleitung	Projektmgm.
1	Einholen Nachtragsangeb. Beschreibung Zusatzleistung			X	
2	Kalkulation u. Zusammenstellen des Nachtrages	X			
3	Sachliche, rechnerische und preisliche Prüfung			X	
4	Ermittlung der effektiven Mehrkosten unter Berücksichtigung von Minderungen			X	
5	Begründung und Erläuterung (Prüfbericht)			X	
6	Nachweis der Kostendeckung, Vorlage der Unterlagen beim AG				X
7	Entscheidung AG über Nachtrag		X		
8	Auftrags-/Ablehnungsschreiben verfassen		X		
9	Ggf. Übernahme in Kostenüberwachung		X		

In den **Besprechungsregelungen** werden die verschiedenen Besprechungsarten sowie die Teilnehmer, die Zuständigkeiten und die Besprechungsorte vereinbart. Es kann bei Bauprojekten im Allgemeinen von folgenden Besprechungsarten ausgegangen werden:

- Entscheidungssitzung Auftraggeber:
  Zweck: Entscheidungen grundsätzlicher Art (v.a. kosten- und terminrelevante Entscheidungen)
- Projektleiterbesprechung / Koordinierungsbesprechung:
  Zweck: Vorbereiten von Globalentscheidungen, Treffen von Einzelentscheidungen, Informationsaustausch, Steuerung des Ablaufs, Gesamtkoordination
- Projektbesprechung:
  Zweck: Abstimmung der Planung mit nicht direkt an der Planung Beteiligten (z.B. Auftraggeber, Projektmanagement, ausführende Firmen, Behörden)
- Planungsbesprechung Objektplaner / Fachplaner:
  Zweck: Planungsabstimmung zwischen Objektplaner, Architekt und sonst. Fachplanern (Details, Ausführungsvarianten, etc.)
- Abstimmung mit Behörden:
  Zweck: Abstimmung des Genehmigungsumfanges, Abstimmung der erforderlichen Genehmigungsunterlagen, Besprechung der Genehmigungsauflagen
- Baubesprechung:
  Zweck: Abstimmung der örtlichen Bauausführung und Detailterminkoordination

Schwerpunkte, Frequenz und Art der Besprechungen ändern sich üblicherweise mit dem Projektfortschritt. Während der Vor- und Entwurfsplanungsphasen sind von den Planern sehr enge und direkte Abstimmungen über die funktionalen Belange mit den einzelnen Organisa-

Abb. 6.11: Hierarchie von Steuerungsvorgaben

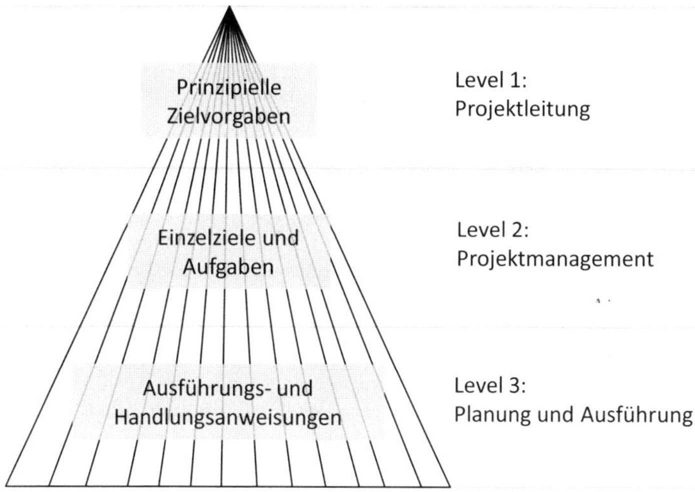

Abb. 6.12: Beispiel für Besprechungsorganisation

Besprechungsart	Vorbereitung (V)/ Protokoll (P)	Ort (O)/Zyklus (Z)	Teilnehmer
Entscheidungssitzung Auftraggeber	V: Auftraggeber P: Auftraggeber	O: Auftraggeber Z: nach Bedarf	Auftraggeber Projektmanagement (n.B.) Objektplaner/Archit. (n.B.)
Projektleiterbesprechung (Gesamtkoordination)	V: Projektmanagement P: Projektmanagement	O: Auftraggeber Z: alle 4 Wochen	Auftraggeber Projektmanagement Objektplaner/Architekt Fachplaner (n.B.)
Projektbesprechung (Planungskoordination)	V: Objektplaner/Architekt P: Objektplaner/Architekt	O: Auftraggeber Z: alle 1–2 Wochen	Objektplaner/Architekt Projektmanagement (n.B.) Fachplaner (n.B.)
Planungsbesprechung (Planungsabstimmung)	V: Objektplaner/Architekt P: Objektplaner/Architekt	O: Planer Z: nach Bedarf	Objektplaner/Architekt Fachplaner
Abstimmung mit Behörden	V: AG/PM/Planer P: AG/PM/Planer	O: Behörde Z: nach Bedarf	Objektplaner/Fachplaner Projektmanagement Auftraggeber
Baubesprechung	V: Bauleitung P: Bauleitung	O: Baustelle Z: wöchentlich	Objektplaner/Architekt Fachplaner (n.B.) ausführ. Unternehmen

tionseinheiten des Bauherrn oder auch mit einem technisch-wirtschaftlichen Controlling im Rahmen des Projektmanagements notwendig. Im weiteren Fortschritt der Ausführungsplanung verlagern sich die laufenden Abstimmungen auf die baukonstruktiven und technischen Aspekte, so dass das gesamte Projektteam – also einschließlich Bauherr und Projektmanagement – nur noch in größeren Abständen zur Entscheidungsvorbereitung mit den Planern und der Bauleitung zusammentrifft.

Innerhalb der **Informationssystematik** werden die Vereinbarungen zwischen den Projektbeteiligten zur Dokumentation von Besprechungen, zum Schriftverkehr und zur Verteilung von Ergebnisunterlagen getroffen.

Für alle Besprechungen sind Niederschriften (Protokolle) zu erstellen. Die Protokolle werden vom Protokollführer durchlaufend nummeriert. Zur Kennzeichnung des jeweiligen Protokollführers wird vor die fortlaufende Zählnummer die entsprechende Codierung der Projektbeteiligten gestellt. Protokolle sollten sehr zeitnah, jedoch bis spätestens 1 Woche nach dem Besprechungstermin an die Teilnehmer, grundsätzlich immer an den Bauherrn und an das Projektmanagement, übermittelt werden.

Das Einverständnis der Besprechungsteilnehmer sollte vereinbart werden, wenn nicht kurzfristig, z.B. innerhalb von 1 Woche nach Zugang des Protokolls schriftlich widersprochen wird. Die Verteilung der Protokolle obliegt dem Protokollführer. Auf diese Weise kann sichergestellt werden, dass sämtliche Besprechungsergebnisse unstrittig dokumentiert sind.

Die Verteilung des Schriftverkehrs soll so erfolgen, dass die Projektbeteiligten lückenlos informiert werden. Der Auftraggeber und das Projektmanagement erhalten grundsätzlich je 1 Kopie des gesamten externen Schriftverkehrs (z.B. Angebote, Bewerbungen, Behördenschriftverkehr, Schriftverkehr zwischen den Fachplanern, etc.). Auch die Verteilung wichtiger Ergebnisunterlagen muss so lückenlos funktionieren, dass jeder der Projektbeteiligten über die ihn betreffenden Informationen verfügt, um seine Leistungen inhaltlich abgestimmt und termingerecht erbringen kann. Dies betrifft vor allem die verschiedenen Fachplanerleistungen, die in die Gesamtplanung des Objektplaners oder Architekten zu integrieren sind. Der Bauherr und das Projektmanagement erhalten jeweils die wesentlichen Ergebnisunterlagen in Kopie zur Information und ggf. zur Prüfung und Freigabe.

In den **Formalen Regelungen** wird das Berichtswesen, die Darstellungsweise von Ergebnisunterlagen oder auch die Form der Überwachung von Tätigkeiten der Projektbeteiligten definiert.

Das Projektmanagement leitet im Rhythmus der Projektleiterbesprechungen an alle zuständigen Projektbeteiligten eine aktuelle Aktivitätenliste zur Bearbeitung der sich aus den Besprechungsergebnissen oder sonstigen Ereignissen resultierenden Tätigkeiten zu. Diese Aktivitätenliste enthält alle relevanten Aufgaben der Projektbeteiligten und ordnet sie den Erledigungsterminen zu, die sich aus der Terminplanung ergeben. Die Aktivitätenliste wird nach den betreffenden Erledigern sortiert, so dass jeder Projektbeteiligte eine umfassende und aktuelle Checkliste der von ihm zu erledigenden Aufgaben hat.

Das Projektmanagement erstellt in vereinbarten Zyklen – i.d.R. quartalsmäßig – Projektberichte zur Information des Bauherrn über den Projektstand. Diese Projektberichte enthalten im komprimierter Form alle wesentlichen Projektinformationen zum Kostenstand, zur Terminsituation, zu aktuellen Problemstellungen und zum notwendigen Entscheidungsbedarf.

6.2 Vertragsmanagement

Wesentliche Voraussetzung für einen funktionierenden Projektablauf ist ein klares und eindeutiges Vertragswesen für die Planung und Bauausführung. Die meisten Auseinandersetzungen können vermieden werden, wenn die jeweiligen Verträge eindeutige und klare Inhalte haben. Hierzu gehören sowohl überschneidungsfreie und lückenlose Leistungsinhalte der verschiedenen Projektbeteiligten als auch durchsetzbare und rechtswirksame Vertragsbedingungen.

Das Vertragsmanagement, das durch den Projektmanager erbracht wird, ist nicht zu verwechseln mit einer rechtlichen Beratung, wie sie durch (Bau-)Juristen erfolgt. Eine konkrete vertragliche Rechtsberatung durch Nicht-Juristen ist nicht nur aus standesrechtlichen Gründen unzulässig, sondern sollte vor allem auch durch erfahrene und entsprechend qualifizierte und spezialisierte Juristen erfolgen.

Dennoch kann es sicher dem Aufgabenspektrum des Projektmanagements zugeordnet werden, Planer-, Berater- und Bauverträge für den Bauherrn umfassend vorzubereiten, zumal neben den rein vertragsrechtlichen Themen im Wesentlichen die konkreten Vertragsinhalte zu definieren sind, die sich aus baupraktischen Erfahrungen ergeben.

Ein Vertrag – ob für Planer/Berater oder für ausführende Unternehmen – ist grundsätzlich in die beiden folgenden Teile untergliedert:
- Vertragsbedingungen
- Leistungsbeschreibung.

Die Vertragsbedingungen enthalten dabei die vertraglichen Regelungen zur Zusammenarbeit zwischen Auftraggeber und Auftragnehmer. Sie können aus Allgemeinen, Zusätzlichen und Besonderen Vertragsbedingungen bestehen. Die Allgemeinen Vertragsbedingungen enthalten die üblichen Regelbedingungen einer Vertragsseite – i.d.R. des Auftraggebers. Die Zusätzlichen Vertragsbedingungen ergänzen die Allgemeinen Vertragsbedingungen und gelten projektübergreifend. Die Besonderen Vertragsbedingungen werden für das jeweils konkrete Projekt aufgestellt und enthalten sehr projektspezifische Regelungen.

In die Ausarbeitung der Vertragsbedingungen werden die speziellen Erfahrungen des Projektmanagements aus der Abwicklung vergleichbarer Projekte eingebracht. Die endgültige Definition der Vertragsbedingungen sollte jedoch von einem erfahrenen Juristen des Bauherrn erfolgen, da die sehr spezifischen Rechtsverhältnisse und -auslegungen üblicherweise von einem technisch-kaufmännisch orientierten Projektmanager im Bauwesen nicht hinreichend genau bewertet und für den Bauherrn dann nicht ausreichend abgesichert werden können.

Für Planer- und Beraterverträge ist i.d.R. die HOAI, für Verträge der ausführenden Firmen die VOB oder das BGB zugrunde zu legen, wobei sich HOAI und VOB ganz grundlegend dadurch unterscheiden, dass die HOAI keine Vertragsbedingungen, sondern Leistungsbeschreibungen und die VOB keine Leistungsbeschreibungen, sondern nur Vertragsbedingungen enthält.

Eine der ersten Aufgaben des Vertragswesens ist es, neben der aus der praktischen Erfahrung resultierenden Beratung zu den Vertragsbedingungen vor allem die Leistungsinhalte der jeweiligen Planer-/Beraterverträge zu bestimmen. Hier geht es allgemein darum, sämtliche notwendigen Aufgaben der Planungsbeteiligten – also nicht Bauherrenaufgaben oder Leistungen ausführender Firmen – zur Projektdurchführung zu definieren und nach verschiedenen Leistungsmerkmalen zu unterteilen. Hieraus ergeben sich die einzelnen Leistungsbilder für die Planungsbeteiligten, die üblicherweise unter Zugrundelegung der HOAI Grundlage für Honoraranfragen sind.

Wichtig ist es insbesondere, dass die Leistungsinhalte und die Schnittstellen zwischen den einzelnen Beteiligten klar und eindeutig definiert sind. Ebenso sollte idealerweise die praktische Zusammenarbeit der Planungsbeteiligten mit ihren wesentlichen organisatorischen Regelungen vertraglich gesichert werden. Optimal ist es, wenn die im Projekt- und Organisationshandbuch zusammengefassten Regelungen zur Projektorganisation (vgl. Kap. III/6.1) als Vertragsgrundlage vereinbart werden können, da somit auch eine wirklich verbindliche Vereinbarung über die Zusammenarbeit existiert und dem Bauherrn bzw. dem Projektmanagement eine rechtliche Handhabe zur Durchsetzung der Projektorganisation als Basis einer effizienten Projektabwicklung gibt.

Aus der Terminplanung ergeben sich auch die notwendigen Soll-Termine für die Planungsleistungen. Es ist grundsätzlich anzustreben, dass die wichtigsten Ecktermine für Planungsleistungen vertraglich vereinbart werden und somit für die Planer/Berater als verbindlich gelten. Insbesondere in den Planungsphasen sind leider allzu oft Projektverzögerungen zu verzeichnen, weil sich manche Planer nicht oder nur ungern an Terminvorgaben halten.

In der Abbildung 6.13 sind die wichtigsten Leistungen des Projektmanagements im Vertragswesen zusammengefasst dargestellt. Neben der schon erwähnten Vorbereitung von Verträgen ist insbesondere die Überwachung der Vertragserfüllung eine sehr wichtige Aufgabe des Projektmanagements. Hierzu gehört die terminliche Kontrolle der Leistungserfüllung genauso wie die Kontrolle der inhaltlichen Leistungserfüllung und ein Nachtrags- und Änderungsmanagement. Im letztgenannten Punkt geht es vor allem darum, zu überprüfen, inwieweit mögliche Nachforderungen der Auftragnehmer inhaltlich der Sache und der Höhe nach gerechtfertigt sind.

Abb. 6.13: Inhalt des Vertragsmanagements

Vertragsanalyse/Vertragsdesign
Analyse der projektspezifischen Erfordernisse inkl. Ermittlung von Vergütungen
Ausarbeiten von Vertragsentwürfen und Mitwirken bei Verhandlungen

Datenbank der Vertragsinhalte
Organisation der vertraglichen Vereinbarungen
(Vertragsbedingungen, Leistungsbeschreibung, Vergütungsvereinbarungen)

Vertragsterminpläne
Zeitliche Definition der Reihenfolge der Vertragsleistungen und der erforderlichen End- und Zwischentermine

Dokumentation der Vertragsleistungen
Laufende Dokumentation der erbrachten Vertragsleistungen und Änderungsvereinbarungen in Bezug auf Leistungserbringung, Vergütung und Termine

Abwicklung von Nachforderungen
Bearbeitung und Abwehr von Nachforderungen der Auftragnehmer, insbesondere bei gezielten „Claim-Management"-Einsätzen

DREES & SOMMER

6.3 Qualitätsmanagement

6.3.1 Planungsgrundlagen und -vorgaben

Das Qualitätsmanagement spielt nicht alleine bei der Baudurchführung eine wesentliche Rolle, sondern ist insbesondere auch bereits in den frühen Projektphasen von erheblicher Bedeutung. Den wichtigsten Phasen eines Projektes, der Definitions- und Ideenphase, wird leider allzu oft zu wenig Beachtung geschenkt. Sie werden entweder von Bauherrenseite stark vernachlässigt oder im Schnelldurchgang abgehakt. Die Nutzeranforderungen werden oft unzureichend geklärt, obwohl sie die Basis für die Planung und somit auch für den Erfolg des Projektes darstellen. Die entscheidenden Weichenstellungen für Erfolg oder Misserfolg geschehen in diesen ersten Projektphasen.

Die Planungsprozesse werden oft auf unsicheren Annahmen begonnen und führen dann zwangsläufig zu falsch dimensionierten, unwirtschaftlichen und nicht ausreichend abgesicherten baulichen und technischen Konzepten. Die Planung muss in diesen Fällen revidiert und mit den richtigen Annahmen für die Nutzeranforderungen von neuem begonnen werden. Dies kostet alle Beteiligten Zeit und Geld und führt zu unnötigen Missstimmungen im Projekt.

Um dies zu vermeiden, ist es zu Beginn des Projektes eine der wichtigsten Aufgaben des Projektmanagements, zusammen mit dem Bauherrn und/oder dem Nutzer, die Nutzeranforderungen sorgfältig, eingehend und umfassend zu klären. Wichtig ist es dabei, dass alle wesentlichen betroffenen Fachbereiche des Nutzers in diese Überlegungen mit einbezogen werden. Nur so lässt sich dann ein von allen Beteiligten getragenes Nutzerbedarfsprogramm als verbindliche Randbedingung des Projektes definieren.

Hier werden insbesondere folgende wichtigen Anforderungen festgeschrieben:
- Festlegungen der Einzelnutzer
- Raum-/Flächen- und Funktionsprogramm
- Gestalterische Qualität
- Technische und Materialqualität

- Projektbudget – in Verbindung mit Qualitätsanforderungen
- Terminrahmen
- Projektorganisation – Abwicklungskonzept

Aus diesen Nutzeranforderungen sollten dann durch fachkompetente Auswertungen konkrete Planungsvorgaben für die anschließend zu beauftragenden Planer erarbeitet werden. Die dann auch als technisch-wirtschaftliche Planungsvorgaben bezeichneten erstellten Planungsrandbedingungen können bzw. sollten bereits – ggf. alternative – konzeptionelle Überlegungen enthalten. Dies betrifft einerseits die bauplanerischen Bereiche, für die über das Raum-/Flächen- und Funktionsprogramm sowie über die gestalterischen Anforderungen und die Materialqualitäten Rahmenbedingungen definiert sind, als anderseits vor allem auch die technischen Bereiche mit der Technischen Gebäudeausrüstung, der Bauphysik und der Fassade. Insbesondere lassen sich durch gegenseitige Optimierung und Abstimmung der technischen Bereiche und durch ganzheitliche Betrachtung des Gebäudes als energetisches System bereits in frühen Projektphasen sehr wirtschaftliche Lösungen bei optimalen Qualitäten erzielen. Sorgfältige Grundlagenermittlung und die integrativen Konzepte ergeben die technisch-wirtschaftlichen Planungsvorgaben, die nun die Basis für die eigentliche Planung darstellt. Der große Vorteil hiervon besteht in der sorgfältigen Vorbereitung der weiterführenden Planung auf der Basis von ganzheitlichen Konzepten. Außerdem erhält der Bauherr von Anfang an die größtmögliche Transparenz bezüglich Anlagentechnik, Investitionskosten und Wirtschaftlichkeit. Idealerweise sollten die bauplanerischen und gebäudetechnischen Grobkonzepte als technisch-wirtschaftliche Planungsvorgaben bauherrenseitig, d.h. unabhängig von den späteren Planern erarbeitet werden. Dies kann entweder durch separate und abgeschlossene Beauftragung entsprechender Fachplaner oder durch ein technisch orientiertes und kompetentes Projektmanagement erfolgen.

6.3.2 Technisch-Wirtschaftliches Controlling und Energiemanagement

Es reicht allerdings erfahrungsgemäß nicht immer aus, die Weichen für technisch-wirtschaftlich optimale Projekte frühzeitig durch wirtschaftliche Planungsvorgaben zu stellen. Auch die Umsetzung dieser Vorgaben in der Planung und Baurealisierung muss sichergestellt werden. Es empfiehlt sich deshalb auf Bauherrenseite ein unabhängiges Technisch-Wirtschaftliches Controlling zusätzlich bzw. im Rahmen des Projektmanagements zu installieren. Dieses Technisch-Wirtschaftliche Controlling umfasst im Wesentlichen die verschiedenen technischen und bauphysikalischen Leistungsbereiche des Bauprojektes.

Abb. 6.14: Technisch-Wirtschaftliches Controlling

Qualitätssicherung in der Planung

Know-how und Erfahrung einbringen. Die Selbstkontrolle der Planer genügt in der Regel nicht! „Vier-Augen-Prinzip"

Kontrolle auf Übereinstimmung mit den vereinbarten Zielen
- Kontinuierliche Kontrolle der Bemessung (Parameter, Methoden), am besten durch eigene Simulationsrechnungen
- Kontrolle der Planunterlagen (Schemata, Zeichnungen)
- Kontrolle der Ausschreibungsunterlagen auf Übereinstimmung mit der Planung (Qualität, Leistungsdaten)
- Kontinuierliche Kontrolle der Investitions- und Folgekosten

Es begleitet den Planungsprozess in seinen einzelnen Phasen. Durch kontinuierliche Kontrollen im Hinblick auf die Projektziele und die konkreten Planungsvorgaben werden zeitnah – und nicht erst nach Abschluss von Projektphasen – Schwachstellen erkannt. Das Technisch-Wirtschaftliche Controlling beschränkt sich aber nicht nur auf eine reine Kontrollfunktion, sondern erarbeitet getrennt oder zusammen mit den Planungsbeteiligten Problemlösungen und Planungs- bzw. Projektoptimierungen.

Die unabhängige fachliche Mitwirkung und Unterstützung im Planungsprozess beschleunigt nicht nur den Projektablauf – mögliche Optimierungsschleifen werden reduziert -, sondern sichert vor allem die Projektqualität frühzeitig. Darüber hinaus werden alle wesentlichen Planungsthemen auch noch unter kostenmäßigen und gesamtwirtschaftlichen Aspekten beleuchtet, um den Bauherrn eine umfassende Entscheidungsgrundlage für mögliche Alternativen zu gewährleisten und um Kostentransparenz und Kostensicherheit zu erreichen.

Das Technisch-Wirtschaftliche Controlling muss in den verschiedenen technischen und bauphysikalischen Leistungsbereichen über interdisziplinäres Know-how und Erfahrung verfügen, um eine gesamtheitliche Gebäudeoptimierung erreichen zu können. Besonders wichtig ist es hierbei, mit einem ganzheitlichen Energiemanagement eine technisch-wirtschaftliche Projektoptimierung zu erzielen, und zwar nicht alleine durch Betrachtung der Investitionskosten, sondern vor allem auch unter Berücksichtigung der laufenden Folgekosten. Vor allem auch bei Investorenprojekten spielen aus Vermarktungsgründen neben den Investitionskosten auch die Folgekosten, die sich als „zweite Miete" ergeben, eine wesentliche Rolle.

Abb. 6.15: Energiemanagement zu energetischen Gebäudeoptimierung

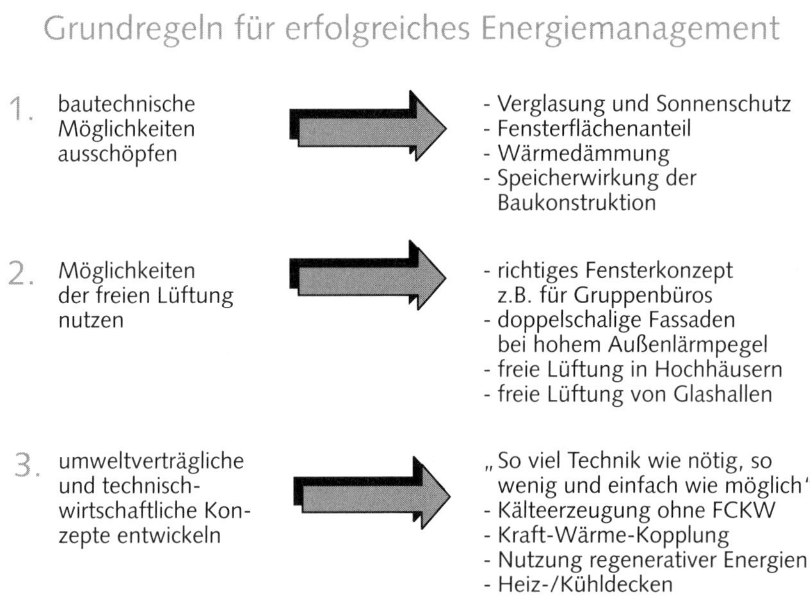

Beim Energiemanagement geht es darum, das Gebäude als ein zusammenhängendes energetisches System zu betrachten. Die direkten Abhängigkeiten zwischen thermischer Bauphysik – also z.B. Fassade oder Dach – und Raumlufttechnik – also z.B. mechanische bzw. freie Lüftung oder Kühlung – stellen nur Beispiele für die Komplexität bei der technisch-wirtschaftlichen Gebäudeoptimierung dar. Nur bei einem derartigen ganzheitlichen und interdisziplinären Ansatz lässt sich aber eine nachhaltig wirtschaftliche Gebäudekonzeption erreichen.

Das Energiemanagement ist, wie das Technisch-Wirtschaftliche Controlling insgesamt, als vollkommen unabhängige, das heißt auf Bauherrenseite zu erbringende Aufgabe zu verstehen. Es sollte das Projekt fachlich kompetent und als fairer „Sparringspartner" zu den Planern begleiten.

Es stellt einen kontinuierlichen ganzheitlichen Prozess von der Grobkonzeption als wirtschaftliche Planungsvorgaben über das begleitende Technisch-Wirtschaftliche Controlling bis hin zur Betriebsoptimierung dar und umfasst alle wesentlichen technischen und bauphysikalischen Gebäudesysteme bzw. Gebäudeteile. Insbesondere die gegenseitigen Wechselwirkungen und Einflüsse der bauphysikalischen und technischen Systeme sind hierbei zu beleuchten und unter technischen wie wirtschaftlichen Aspekten zu optimieren.

Fragestellungen wie die Notwendigkeit mechanischer Lüftungsanlagen oder die bauphysikalischen Anforderungen an Fassadenkonstruktionen lassen sich im Rahmen des Energiemanagements und des Technisch-Wirtschaftlichen Controllings beispielsweise mittels einer ganzheitlichen thermischen Gebäudesimulation beantworten.

Hierzu werden wesentliche innere und äußere thermische Belastungen (vgl. Abb. 6.17) dynamisch über einen Referenzzeitraum mittels eines Computermodells simuliert. Als Ergebnisse

Abb. 6.16: Anforderungen an das Energiemanagement

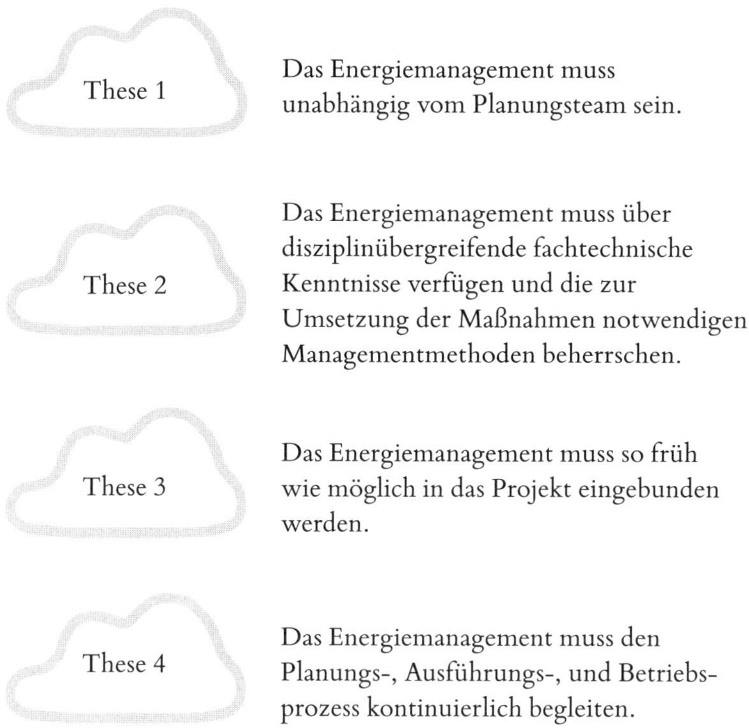

Abb. 6.17: Das Gebäude als energetisches System

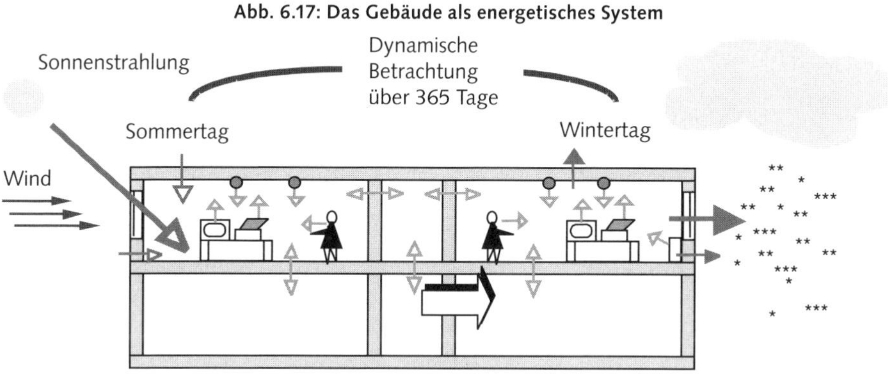

lassen sich die bauphysikalischen Anforderungen an die Gebäudehülle, die Anforderungen an die Raumlufttechnik sowie wirtschaftliche und auf das spezifische Gebäude exakt abgestimmte Bemessungsgrundlagen definieren. Diese Ergebnisse dienen wiederum als wirtschaftliche Grundlage für die weitere Projektplanung sowie als Basis für das sich anschließende Technisch-Wirtschaftliche Controlling der Planung und das Energiemanagement.

Selbstverständlich beschränkt sich das Technisch-Wirtschaftliche Controlling nicht nur auf die Planung, sondern sollte sich auch in einem kontinuierlichen Qualitätsmanagement während der Ausführung fortsetzen. Die hierbei entstehenden Aufgaben werden in Kapitel IV „Realisierung" beschrieben.

6.4 Terminmanagement

Unter Terminmanagement sind alle Aufgaben und Tätigkeiten des Projektmanagements zu verstehen, die zur Planung, Überwachung und Steuerung von Abläufen und Prozessen bei der Projektdurchführung erforderlich sind. Hierzu gehört nicht nur das eigentliche Baugeschehen, sondern auch die verschiedenen Vorphasen von der Projektentwicklung über die Planung und Genehmigung bis hin zur Ausschreibung und Vergabe.

Aus der für die jeweiligen Projekte durchzuführenden konkreten Planung von Abläufen ergeben sich konkrete Termine. Man spricht deswegen beim Projektmanagement seltener von Ablaufplanung als vielmehr von Terminplanung, da die sich aus der Ablaufplanung ergebenden Termine die Grundlage für die Überwachung und Steuerung des Bauprojektes darstellen. Projektabläufe können aber üblicherweise nicht vollkommen frei geplant werden, sondern meist sind verschiedenste Randbedingungen zu berücksichtigen. Beispielsweise können die

Abb. 6.18: Projektabsicherung und -optimierung durch Gebäudesimulation

Baufinanzierungskosten ein limitierender Faktor dahingehend sein, den Projektablauf so kurz wie möglich zu gestalten. Auch können gesetzliche oder steuerliche Gegebenheiten dazu verpflichten, das Projekt zu einem spätest möglichen Zeitpunkt fertig zustellen. Nicht zuletzt können auch bei Investorenprojekten durch feste vertragliche Verpflichtungen mit den späteren Nutzern unverrückbare Zwischentermine zur Fertigstellung von Bauabschnitten oder zur gesamten Bezugsfertigstellung vorgegeben sein. Unter Berücksichtigung der für den Projektablauf vorgegebenen Randbedingungen müssen dann die Abläufe und letztlich die sich ergebenden Termine mit dem für den Terminplaner erforderlichen Bausachverstand und der notwendigen Erfahrung konzipiert, geplant und mit den Projektbeteiligten abgestimmt werden.

6.4.1 Durchführung der Terminplanung

Bei komplexen Projekten, wie sie im Bauwesen meist anzutreffen sind, ist es unabdingbar notwendig, alle den Ablauf beeinflussenden Randbedingungen und gegenseitigen Abhängigkeiten von Vorgängen zu berücksichtigen. Als Instrument der Terminplanung sind Balkenpläne, Liniendiagramme, Terminlisten und die Netzplantechnik gebräuchlich. Die Netzplantechnik stellt hierbei jedoch alleine dasjenige Planungsinstrument dar, mit dem es möglich ist, die Ablauf- und Terminplanung unter Berücksichtigung der inneren und äußeren Abhängigkeiten durchzuführen und diese Abhängigkeiten nachvollziehbar darzustellen. Im Hinblick auf die Vielzahl von Vorgängen innerhalb einer Gesamtprojektabwicklung und – damit zusammenhängend – die Vielzahl von gegenseitigen Abhängigkeiten ist die Netzplantechnik unverzichtbares Instrument des Terminmanagements. Sie stellt durch ihre Möglichkeit der Berücksichtigung von Abhängigkeiten ein nützliches Instrument zur Projektablaufsimulation für das Terminmanagement dar. Insbesondere um den optimalen Terminablauf herauszufinden, aber auch um die möglichen Auswirkungen von Terminverschiebungen und möglichen Terminsteuerungsmaßnahmen zu erkunden, können mit Hilfe der Netzplantechnik verschiedenste Ablaufszenarien mit wenig Aufwand simuliert werden. Eine derartige Ablaufsimulation setzt jedoch die Anwendung der EDV voraus. Es existieren heute zahlreiche Software-Pakete, die im Hinblick auf die Terminplanung komfortable Leistungen enthalten.

In der Abbildung 6.20 ist die systematische Vorgehensweise beim Terminmanagement dargestellt. Der erste Schritt zur Durchführung der Terminplanung ist eine gründliche Analyse der Aufgaben und Vorstellungen der Projektbeteiligten sowie der projektspezifisch gegebenen Randbedingungen. Besonders eingehend müssen die Vorstellungen und Forderungen des Bauherrn analysiert werden (z.B. Bauzeitminimierung wegen Finanzierungskosten, vertragliche Bindung an spätere Nutzer, etc.). Neben der Art des Projektes sind auch die Anforderungen der Baustelle, die Konstruktionsart sowie Art und Umfang des Ausbaus und der technischen Ausrüstung besonders wichtig. Erst wenn die Projektanalyse in ausreichendem Umfang durchgeführt ist und die wichtigsten Randbedingungen dokumentiert sind, kann mit der Ablaufstrukturierung begonnen werden.

Voraussetzung für die richtige Strukturierung der Abläufe ist es, dass der Projektmanager die Interessen aller Beteiligten, die von der Terminplanung erfasst werden, angemessen berücksichtigt. Bei einer Missachtung dieser Grundregel ist meist die Bereitschaft zur konstruktiven Mitarbeit bei den Beteiligten gering. Beim Aufbau der Ablaufstruktur müssen deswegen realistische Vorstellungen im Vordergrund stehen. Die Strukturierung der Abläufe erfordert vom Projektmanager die größte Erfahrung, da er Zusammenhänge der einzelnen Vorgänge und Leistungen genau kennen muss, um ein entsprechendes Ablaufgerüst aufzubauen und die Abfolge der Vorgänge richtig einzuplanen.

Während für die Strukturüberlegungen zur Ablaufplanung für die Zeit- und Kapazitätsüberlegungen noch grobe Richtwerte ausreichen, muss für die eigentliche Terminplanung auf kurz- und mittelfristiger Ebene eine genaue Berechnung der Vorgangsdauern erfolgen, um verwertbar detaillierte Terminpläne zu erhalten, die dann auch zur Terminsteuerung herangezogen werden können. Hier sind insbesondere in der Projektvorbereitungsphase – also von der Projektentwicklung bis zum Baubeginn – umfangreiche Erfahrungen notwendig, um

Abb. 6.19: Durchführung des Terminmanagements

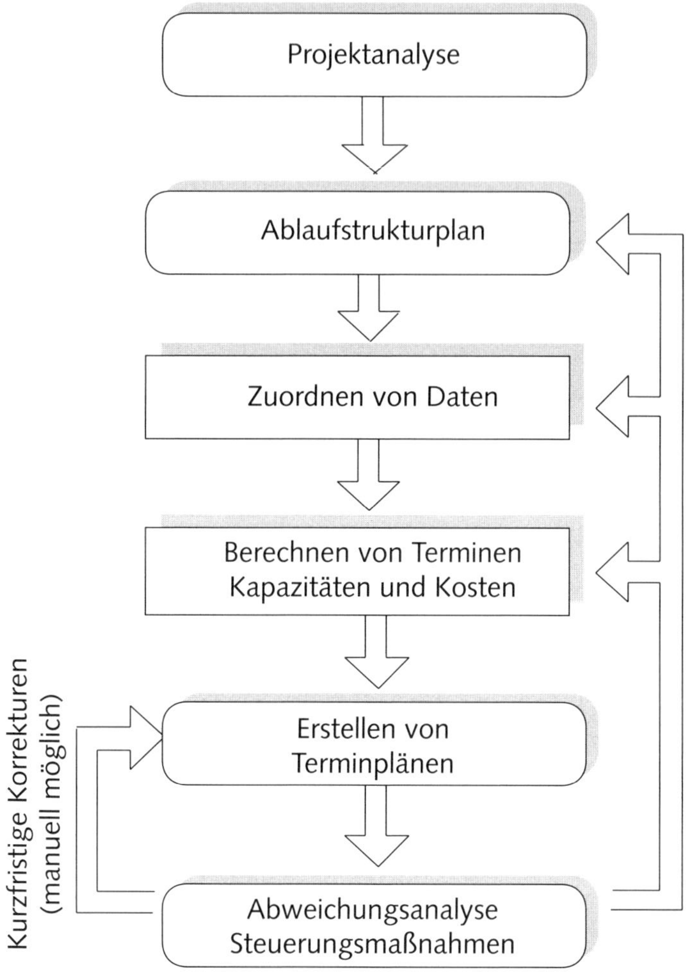

beispielsweise die einzelnen Planungszeiträume realistisch einzuplanen. Insbesondere wichtig ist es hierbei, dass die angenommenen Planungs- und auch Genehmigungszeiten mit den jeweils Betreffenden intensiv besprochen und abgestimmt werden, um eine hohe Akzeptanz für spätere Steuerungsmaßnahmen zu erhalten. Die Kalkulation der Vorgangsdauern für einzelne Gewerke der Baudurchführung erfolgt auf der Grundlage differenzierter Zeitwerte, Aufwands- und Leistungswerte. Bei diesen Zeitwerten handelt es sich um Erfahrungswerte, die noch den jeweiligen Bedingungen des konkreten Projektes anzupassen sind.

Die Berechnung von Terminen und Kapazitäten erfolgt mit den bereits erwähnten Terminplanungs-Programmen. Diese Programme lassen auch oft eine Zuordnung von Kostenwerten zu den einzelnen Vorgängen zu, so dass auch ein angenäherter Mittelabflussplan generiert werden kann (vgl. Abb. 6.20). Die einzelnen Kostenwerte der Vorgänge müssen jedoch innerhalb des Kostenmanagements ermittelt werden, Kostenermittlungen lassen die genannten Programme bisher nicht zu.

Der Ablauf von Bauprojekten zeigt immer wieder, dass die Bereitstellung ausreichender Kapazitäten für die Planung und Bauausführung entscheidend für die Einhaltung der Terminpläne ist.

Abb. 6.20: Verbindung Termine, Kapazitäten und Kosten

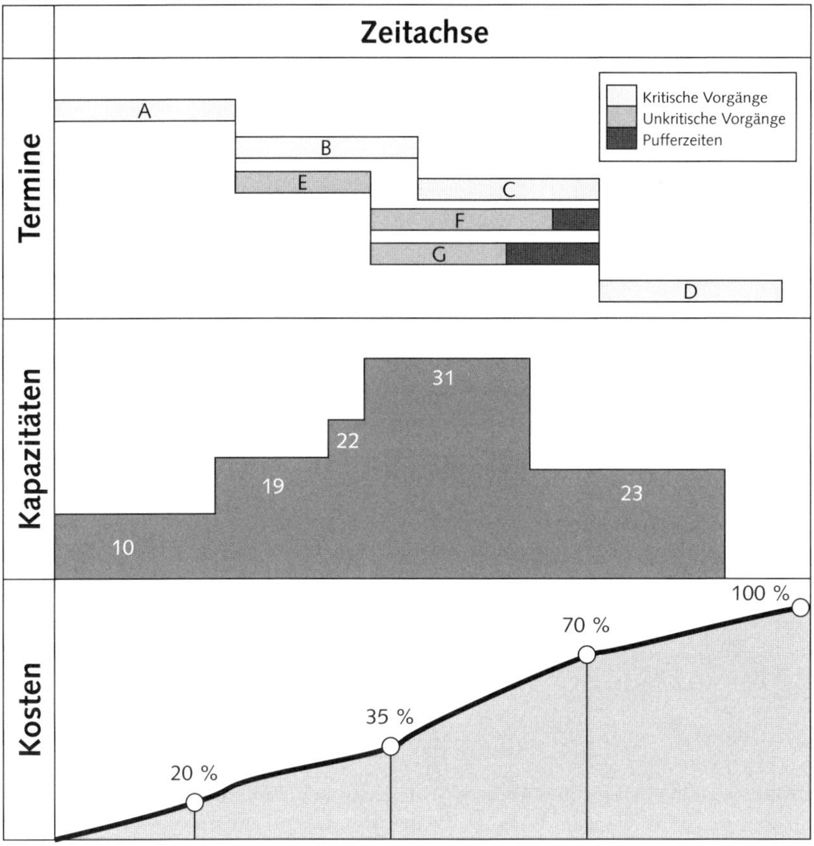

In vielen Fällen und besonders bei Bauten mit sehr kurzen Terminen wird der Baufortschritt von der Bereitstellung der Kapazitäten – also Personal und Maschinen – bestimmt (vgl. Abb. 6.22).

In dem in Abbildung 6.21 dargestellten Beispiel wird deutlich, dass sich mit der maximal vorhandenen Personalkapazität der angestrebte Termin 1 nicht erreichen lässt. Es gibt hier nur zwei Lösungsmöglichkeiten: Entweder es kann die Personalkapazität erhöht werden – beispielsweise durch Beauftragung eines zusätzlichen (Sub-)Unternehmens – oder der Terminverlängerung muss zugestimmt und anschließend bei anderen Vorgängen Kompensationsmöglichkeiten untersucht werden.

Erst wenn die Kapazitätsuntersuchungen abgeschlossen sind – und möglicherweise auch die Mittelabflusskurve optimiert wurde – kann die endgültige Terminplanung fertiggestellt werden. Die so erstellten Terminpläne stellen jedoch kein statisches Instrument dar, denn aus der Praxis des Projektablaufes ergeben sich immer wieder unvorhersehbare Ereignisse und Zustände, die dann oft eine entsprechende Anpassung der Terminpläne erfordern. Wenn in solchen Fällen transparent gemacht werden kann, ob und wie sich diese Ereignisse auswirken und wenn auch neue bzw., überarbeitete Terminkonzepte kurzfristig simuliert werden können, ist die Grundlage für eine schnelle und effiziente Terminsteuerung geschaffen.

Abb. 6.21: Abhängigkeiten der Termine von der eingesetzten Kapazität

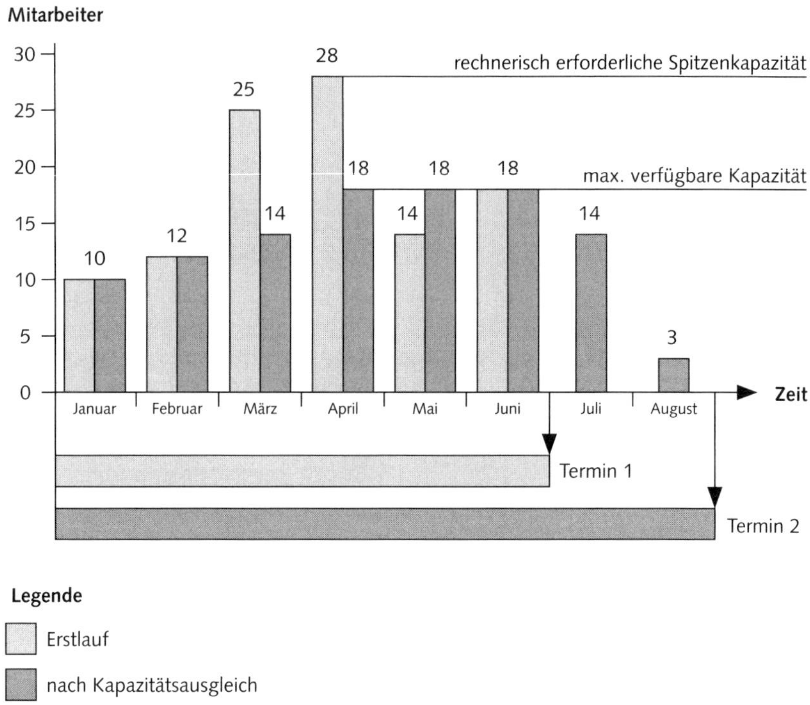

6.4.2 Stufen der Terminplanung

Die Terminplanung erfolgt in einzelnen Stufen, die sich durch den Detaillierungsgrad der Terminaussagen unterscheiden. Wie auch aus der Abb. 6.22 zu erkennen ist, nimmt die Genauigkeit und damit die Zuverlässigkeit von Terminaussagen mit zunehmendem zeitlichen Abstand des betrachteten Vorgangs oder Ereignisses vom Ist-Zeitpunkt deutlich ab.

Darüber hinaus muss natürlich beachtet werden, dass zu Beginn eines Projektes bei weitem noch nicht alle Projektinhalte detailliert bekannt sind. Wie auch die Kostenplanung muss die Terminplanung sich dem wachsenden Projektinformationsgehalt anpassen. Beispielsweise kann zu Anfang eines Projektes sicher noch nicht der detaillierte Rohbau- oder Ausbauablauf geplant werden, weswegen für diese Zeitpunkte nur Grobterminpläne erstellt werden. Dennoch können die kurzfristigen und zeitnahen Aktivitäten zur Projektvorbereitung – Grundlagenermittlung, Planung, etc. - differenziert erfasst und hinreichend genau terminlich eingeplant werden. Die gesamte Terminplanung für ein Projekt besteht somit immer aus einem langfristigen Rahmenterminplan, aus einem mittelfristigen Generalterminplan und aus kurzfristigen Steuerungsterminplänen (vgl. Abb. 6.23).

Die für den Projektmanager wichtigsten, aber auch schwierigsten Pläne sind der Rahmenterminplan und der Generalterminplan, die er aus eigener Kenntnis und Erfahrung zu einem Zeitpunkt erstellen muss, zu dem die eingeplanten Projektbeteiligten meist noch gar nicht oder nur zum Teil vorhanden sind. Die Steuerungsterminpläne können dagegen i.d.R. gemeinsam mit den Betroffenen aufgestellt oder zumindest abgestimmt werden.

Für die langfristige Projektbetrachtung wird ein Rahmenterminplan erarbeitet, auf dem nur die wichtigsten Eckdaten des Gesamtprojektes dargestellt und verknüpft sind. Zu diesem Rahmenterminplan gehört ein ausführlicher Bericht, in dem die Grundlagen und Zielvorstellungen des Plans, die erforderlichen Randbedingungen sowie die abzuschätzenden Risiken und kritischen Bereiche dargestellt sind. Mit Hilfe des Rahmenterminplanes wird der gesamte

Abb. 6.22: Genauigkeit von Terminaussagen

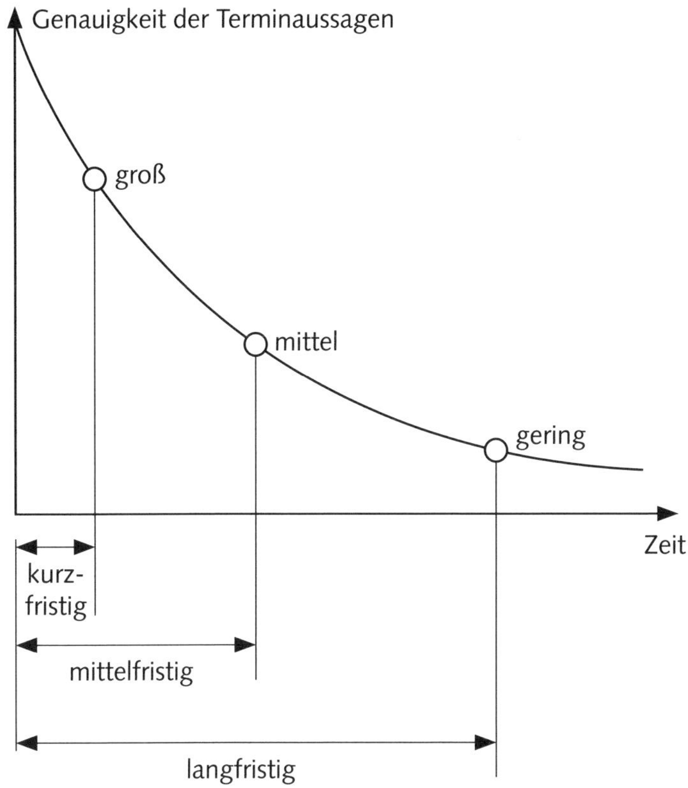

terminliche Ablauf eines Projektes in seinen Umrissen festgelegt. Besonders schwierig ist bei der Entwicklung der Netzpläne die Phase zu erfassen, in der behördliche Stellen zur Erteilung der Genehmigung in den zeitlichen Ablauf eingeplant werden müssen. Behörden lassen sich ungern auf bestimmte Termine festlegen, jedoch zeigt die Erfahrung, dass bei einer vorherigen Abklärung mit den betroffenen Stellen sich auch diese Phase in den Griff bekommen lässt. Wichtig ist auch weiterhin, die Aufnahme von ablaufbestimmenden Lieferzeiten in den Rahmenterminplan. Besonders bei sehr technischen Projekten, sollte die Vergabe der technischen Ausrüstungsgegenstände im Hinblick auf die Einreichung verbindlicher Genehmigungsunterlagen bereits zu diesem Zeitpunkt endgültig disponiert werden, da hier oft lieferantenspezifische Planungsinhalte zu berücksichtigen sind.

Die Stufe der mittelfristigen Ablaufplanung wird in der Regel mit Generalterminplan oder Generalnetz bezeichnet. Eine wesentliche Aufgabe des Generalterminplanes ist die Definition von Vertragsterminen. Um diese Vertragstermine sicher definieren zu können, müssen im Generalterminplan die wesentlichen Einzelvorgänge des betroffenen Unternehmens, ihrer Vorgänger und ihrer Nachfolger berechnet werden (vgl. Abb. 6.25). Hierzu gehören auch Planungsvorläufe und Lieferzeiten für wichtige Leistungsbestandteile. Um die wichtigen Abhängigkeiten von den Vorgängern und die Auswirkungen einer Verschiebung der Vertragstermine auf die nachfolgenden Unternehmen sofort erkennen zu können, ist die Darstellung als Netzplan, besser jedoch noch als vernetzter Balkenplan erforderlich. Auf diese Art werden die Zusammenhänge deutlich und können auf sachlicher Basis diskutiert werden. Vor allem wenn Vertragsstrafen vereinbart sind oder der Auftragnehmer für Folgekosten aufzukommen hat, die aus seinen Terminverzögerungen resultieren, ist ein solcher Generalterminplan unverzichtbar.

Abb. 6.23: Stufenweiser Aufbau der Terminplanung

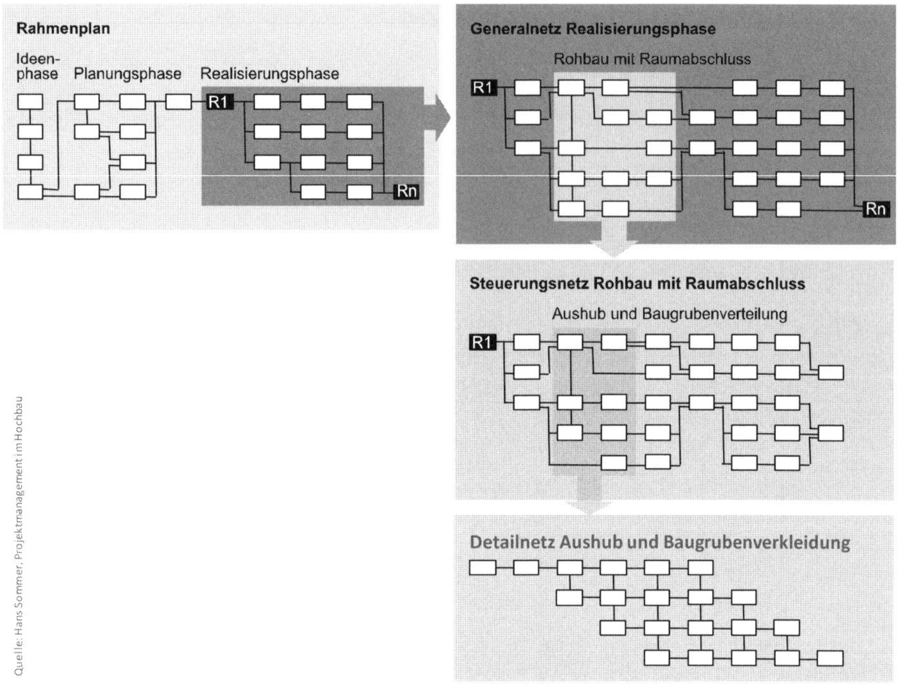

Quelle: Hans Sommer, Projektmanagement im Hochbau

Abb. 6.24: Bestimmung von Vertragsterminen

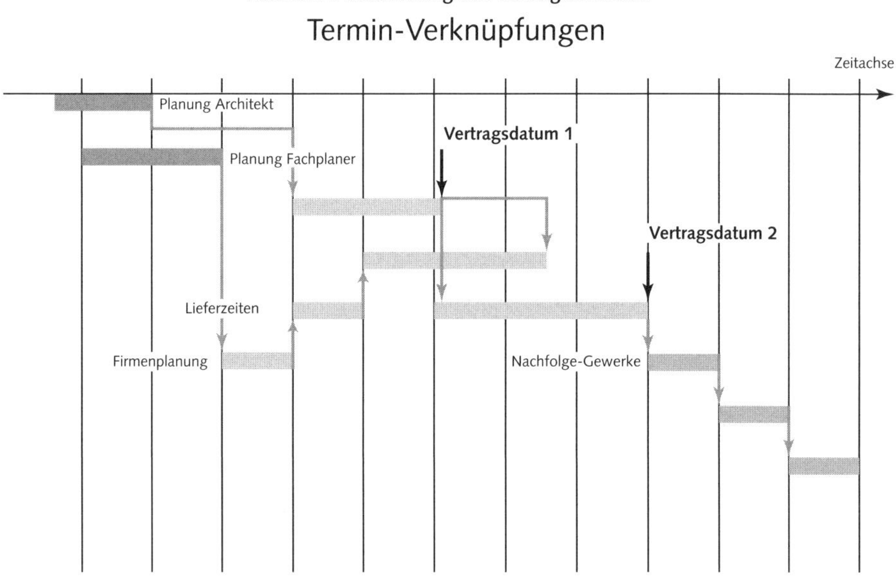

Auf der Grundlage des Generalterminplanes und der fortgeschriebenen Ablaufstrukturpläne werden für die Terminpläne auf der Ebene der kurzfristigen Terminsteuerung und -kontrolle die Steuerungsterminpläne erstellt. Bei diesen Terminplänen soll die Detaillierung soweit gehen, dass alle Vorgänge, die verschiedenen Verantwortungsbereichen angehören oder unterschiedliche Produktionsfaktoren beanspruchen, einzeln dargestellt sind. Eine Feinplanung für einen weit vom Planungspunkt entfernten Bereich ist jedoch nicht sinnvoll. Das bedeutet, dass auch die Terminplanung erst mit dem Projektfortschritt verfeinert wird. Hierbei werden bestimmte Teilnetze, wie beispielsweise der Rohbauablauf, im Rahmen der Vergabe der Arbeiten in Zusammenarbeit mit den Rohbauunternehmen verfeinert und einvernehmlich verabschiedet. Auf diese Weise bauen die Steuerungsterminpläne späterer Phasen jeweils auf den Festlegungen den Generalterminplanes und den abgestimmten Vorleistungen auf.

Für sehr kritische Einzelbereiche wird es sich häufig als notwendig erweisen, eine weitere Detaillierungsstufe einzuführen. Eine solche Detaillierungsstufe wird mit dem Begriff Detailterminplan bezeichnet. Mit zunehmenden Feinheitsgrad der Planung steigt aber nicht nur der Planungsaufwand überproportional, sondern das Interesse der Verantwortlichen in der Bauausführung nimmt spürbar ab, wenn das Projektmanagement ihnen durch eine zu detaillierte Planung den eigenen Verantwortungsspielraum zu stark einengt. Deshalb sind diese Detailterminpläne nicht Aufgabe des Projektmanagements, sondern der Planer und der ausführenden Unternehmen. Sie werden vom Projektmanagement auch nicht kontrolliert, sondern von den Planungs- und Bauleitern in eigener Verantwortung überwacht. Die Ecktermine aus den übergeordneten Terminplänen des Projektmanagements und die Schnittstellen zu abhängigen Leistungen anderer Leistungsbereiche dürfen jedoch nicht berührt werden.

6.4.3 Darstellung von Terminplänen

Die verschiedenen vom Projektmanagement aufgestellten Terminpläne müssen folgende Aufgaben erfüllen:
- sie müssen für die betreffenden Projektbeteiligten (Planung, Bauleitung, ausführende Unternehmen) eine einfache und verständliche Arbeitsgrundlage zur eigenen Arbeitsdisposition darstellen,
- sie müssen für das Projektmanagement alle notwendigen Informationen (Dauern, Abhängigkeiten, Verantwortlichkeiten, Pufferzeiten, kritischer Weg) enthalten und transparent machen, um eine Terminüberwachung und -steuerung zu ermöglichen.

Es sind deswegen in der Praxis bei der Abwicklung von Bauprojekten folgende vier Darstellungsarten von Terminplänen üblich:
- Balkenplan
- Netzplan
- Terminliste
- LCM (Lean Contention Management)-Plan

Unabhängig von der Darstellungsart ist zu berücksichtigen, dass die Grundlage zur Erstellung der Terminpläne immer die Netzplantechnik ist. In den Abbildungen 6.26 bis 6.31 sind die vier vorgenannten Darstellungsarten von Terminplänen exemplarisch für einen – relativ einfachen – Rahmenterminplan bei einem Bürogebäude als Investorenprojekt dargestellt.

Der Netzplan ist das interne Informationsmedium für das Projektmanagement. Er wird meist als Vorgangsknotennetz erstellt und enthält die wichtigsten Vorgangsinformationen (Vorgangsname, Vorgangsdauer, Anfangs- und Endzeitpunkte) im jeweiligen Knoten sowie die gegenseitigen Abhängigkeiten (Anordnungsbeziehungen) zwischen den Vorgängen. Die Darstellung als Netzplan hat jedoch den Nachteil, dass diese bereits bei einfacheren Projekten und einer Generalterminplan- oder Steuerungsterminplanebene sehr komplex sein kann und deswegen meist von den Projektbeteiligten nicht gut verstanden wird. Die Netzplandarstellung wird aus diesem Grunde von den Projektbeteiligten oft abgelehnt und erfüllt deswegen nicht die notwendigen Voraussetzungen als Arbeitsinstrument für die Planer und ausführenden Unternehmen.

Über einen längeren Betrachtungszeitraum sind nach wie vor der Balkenplan und der LCM-Plan die verständlichsten und übersichtlichsten Formen der Darstellung. Gegenüber dem Netzplan als Vorgangsknotennetz ist der Vorteil des Balkenplans die zeitproportionale Darstellung der Vorgänge und damit die unmittelbare Anschaulichkeit. Deshalb sollten alle Netzpläne nach deren Berechnung als Balkenpläne dargestellt werden, was bei Einsatz der EDV ohne zusätzlichen Aufwand automatisch machbar ist.

Abb. 6.25 Darstellung eines Rahmenterminplanes als Balkenplan

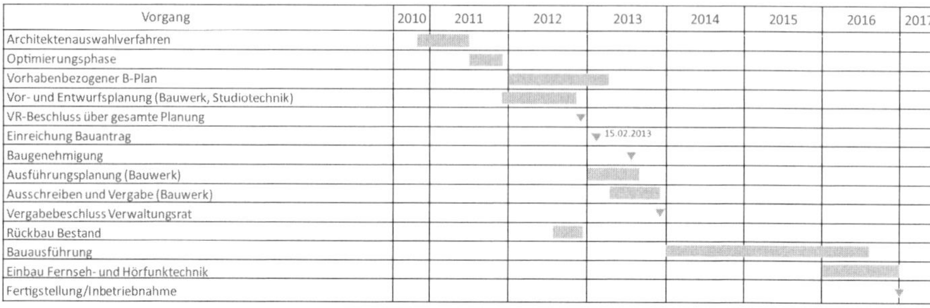

Terminlisten haben sich wegen ihrer guten Lesbarkeit vor allem bei Begrenzung des zeitlichen Betrachtungshorizonts bewährt. Diese werden meist bei der Festlegung von Zwischen- und Endterminen in den Verdingungsunterlagen und bei zeitlich begrenzten Regelabläufen (z.B. Ausschreibungs- und Vergabeverfahren – Abb. 6.28 – oder Planlieferungen) angewandt.

Generell ist es für die Darstellung von Terminplänen wichtig, dass diese nach unterschiedlichen Kriterien, mindestens Gewerken und Bauteilen – sortierbar sind, da die einzelnen Beteiligten sonst mit einer zu großen Fülle an Informationen konfrontiert wären, die größtenteils nicht in direktem Zusammenhang mit ihren eigenen Aufgaben stehen. Es können deswegen auch getrennte Terminpläne für die jeweiligen Projektbeteiligten oder für die Bauteile erstellt werden, die jedoch aus einem gemeinsamen Gesamtterminplan stammen.

Bei großen und komplexen Bauvorhaben hat es sich als sinnvoll und nützlich erwiesen, wenn den Bauablauf nicht nur über ein vernetztes Terminmodell, sondern auch noch visuell simuliert wird. Zum einen gibt dies allen Beteiligten – und hier insbesondere auch dem Bauherrn oder Investor – eine konkrete Vorstellung über den zukünftigen Bauprozess, zum anderen können so auch baulogistische Fragestellungen einfachen gelöst werden.

Abb. 6.26: Darstellung eines Terminplanes als Netzplan

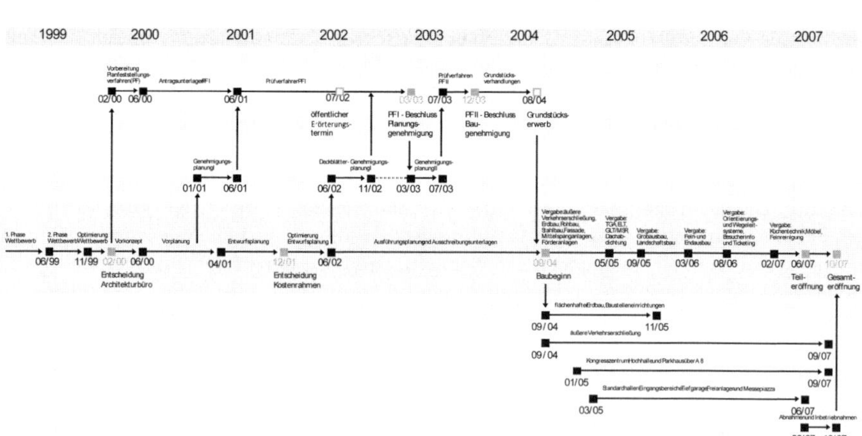

Abb. 6.27: Darstellung eines Terminplanes als Terminliste (A+V)

Gewerk	Prüf-LV bei PM bis	LV-Freigabe AG bis	LV-Versand ab	Submission am	Vergabe-vorschlag PM bis	Bieter-verhandlung bis	Auftrag bis	Planübergabe Firma bis	Baubeginn
Erdarbeiten + Verbau	12.03.01	15.03.01	16.03.01	12.04.01	20.04.01	27.04.01	30.04.01	30.04.01	02.05.01
Baumeisterarbeiten	12.04.01	23.04.01	27.04.01	01.06.01	05.06.01	13.06.01	15.06.01	15.06.01	02.07.01
Aufzüge	12.04.01	23.04.01	27.04.01	01.06.01	05.06.01	13.06.01	15.06.01	15.06.01	02.07.01
Dachdichtungsarbeiten + Spenglerarbeiten	02.05.01	16.05.01	20.05.01	29.06.01	11.07.01	23.07.01	02.08.01	13.08.01	13.09.01
Fenster/Fassade	25.05.01	06.06.01	11.06.01	20.07.01	31.07.01	13.08.01	20.08.01	20.08.01	14.11.01
Metalltüren	08.08.01	20.08.01	24.08.01	28.09.01	12.10.01	26.10.01	29.10.01	29.10.01	07.01.02
Sanitär	24.09.01	10.10.01	15.10.01	19.11.01	28.11.01	12.12.01	17.12.01	17.12.01	28.01.02
Heizung	24.09.01	10.10.01	15.10.01	19.11.01	28.11.01	12.12.01	17.12.01	17.12.01	28.01.02
Raumlufttechnik	24.09.01	10.10.01	15.10.01	19.11.01	28.11.01	12.12.01	17.12.01	17.12.01	28.01.02
Elektrotechnik	24.09.01	10.10.01	15.10.01	19.11.01	28.11.01	12.12.01	17.12.01	17.12.01	28.01.02
Sprinkleranlagen	24.09.01	10.10.01	15.10.01	19.11.01	28.11.01	12.12.01	17.12.01	17.12.01	28.01.02
Malerarbeiten	24.10.01	05.11.01	12.11.01	14.12.01	21.12.01	09.01.02	11.01.02	11.01.02	11.02.02
Außenputzarbeiten und Anstrich	26.10.01	09.11.01	16.11.01	20.12.01	07.01.02	23.01.02	28.01.02	04.02.02	05.03.02
Außenanlagen	26.10.01	09.11.01	16.11.01	14.12.01	07.01.02	21.01.02	25.01.02	25.01.02	18.03.02
Schlosserarbeiten + Metallbau	26.10.01	09.11.01	16.11.01	14.12.01	07.01.02	21.01.02	25.01.02	25.01.02	25.03.02
MSR-Technik	30.11.01	14.12.01	20.12.01	25.01.02	04.02.02	15.02.02	22.02.02	22.02.02	16.04.02
Hohlraumböden mit Anhydritestrich	20.12.01	11.01.02	18.01.02	19.02.02	01.03.02	15.03.02	22.03.02	22.03.02	15.05.02
Beton- und Naturwerksteinarbeiten	20.12.01	11.01.02	18.01.02	19.02.02	01.03.02	15.03.02	22.03.02	22.03.02	15.05.02
Fliesenarbeiten (incl. Estrich WC-Kerne)	20.12.01	11.01.02	18.01.02	19.02.02	01.03.02	15.03.02	22.03.02	22.03.02	15.05.02
Trockenbauarbeiten	30.11.01	14.12.01	20.12.01	25.01.02	04.02.02	15.02.02	22.02.02	22.02.02	23.05.02
Bodenbeläge	01.02.02	15.02.02	21.02.02	26.02.02	03.04.02	17.04.02	22.04.02	22.04.02	03.06.02
Baubewachung	13.03.02	21.03.02	26.03.02	23.04.02	26.04.02	03.05.02	10.05.02	–	03.06.02
Schreiner	20.02.02	01.03.02	08.03.02	10.04.02	19.04.02	30.04.02	06.05.02	06.05.02	17.06.02
Ausstattung	12.04.02	26.04.02	03.05.02	03.06.02	12.06.02	25.06.02	01.07.02	01.07.02	16.08.02
Baufeinreinigung	25.06.02	05.07.02	12.07.02	12.08.02	23.08.02	04.09.02	09.09.02	–	10.09.02

Eine neue Form der Terminplanungserarbeitung und -darstellung erfolgt sehr erfolgreich im Rahmen des Lean Construction Management (LCM).

Die Methodik des LCM verknüpft die Vorteile der bereits vorgestellten Methoden der Terminplanung (u.a. Netzplantechnik, Visualisierung, Aktivitätenliste). Die Erfolgsfaktoren des LCM bestehen in:

- der Einbindung aller relevanten Beteiligten (Planer, Nutzer, Ausführende),
- einem gemeinsamen Prozessverständnis (gemeinsame Erarbeitung der Terminplanung),
- der frühen Problemerkennung durch Definition und Überprüfung von Stabilitätskriterien als Voraussetzungen für Vorgänge,
- der deutlich höheren Stabilität der Planungs- und Ausführungsprozesse,
- der rechtzeitigen Lieferung der Planunterlagen,
- der Reduktion von Nachträgen und Behinderungsanzeigen,
- der Reduktion von administrativer Doppelarbeit.

Das Vorgehen im LCM basiert auf die in der folgenden Abbildung (vgl. Abb. 6.30) dargestellten Bausteine.

Unter Berücksichtigung dieser wesentlichen Bausteine werden im Projektverlauf kritische Schnittstelle des „konventionellen Projektverlaufs“ optimal gelöst.

Wie in Abb. 6.31 erkennbar, löst die Methodik des LCM z.B. i.d.R. auftretende Konflikte zwischen Objekt- und Fachplaner frühzeitig auf, da sie sich frühzeitig über die Aufgabenterminierung und deren erforderlichen Vorleistungen gemeinsam in wiederkehrenden Terminen im persönlichen Kontakt austauschen. Gleiches gilt für die Terminplanung und -steuerung auf der Baustelle, welche durch LSM eine deutlich höhere Effizienz erfährt.

Abb. 6.28: Beispiel einer Bauablaufsimulation Potsdamer Platz (© Drees & Sommer)

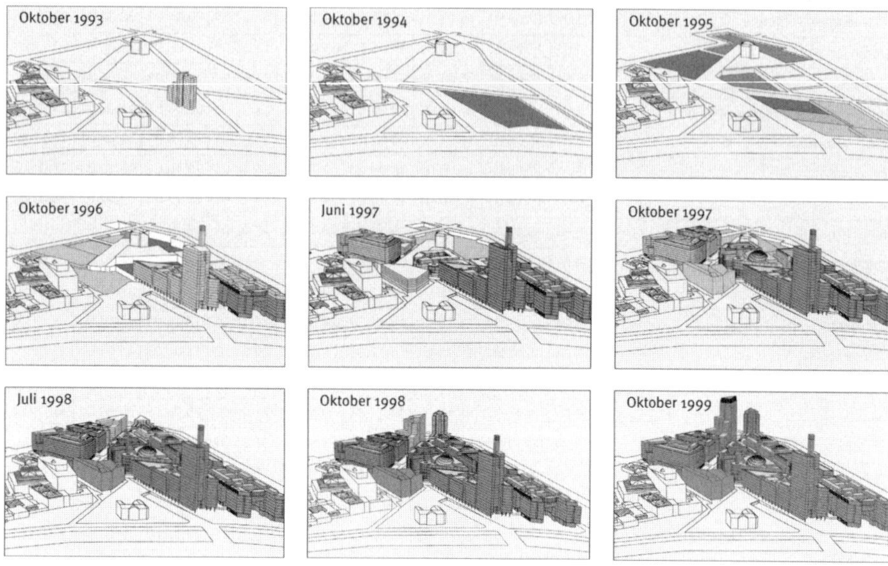

Abb. 6.29: Bestandteile des Lean Construction Management (LCM) während des Projektverlaufs

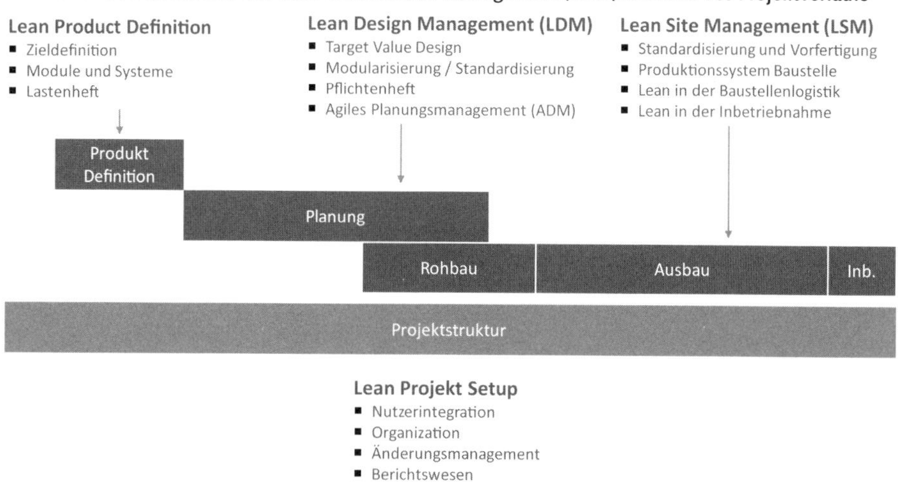

6.4.4 Terminüberwachung und -steuerung

Das Terminmanagement enthält nicht nur eine realitätsnahe Terminplanung, sondern auch die Kontrolle der Aufgabenerledigungen und das Einleiten von geeigneten Maßnahmen zur Terminsteuerung bei erkannten Termin-Soll-Ist-Abweichungen. Zur Terminüberwachung sollten vom Projektmanagement sogenannte Terminrückmeldelisten erstellt werden, die von den betreffenden Projektbeteiligten in bestimmten Zeitabständen auszufüllen und dem Projektmanagement zu übergeben sind.

Abb. 6.30: wesentliche Bausteine des LCM

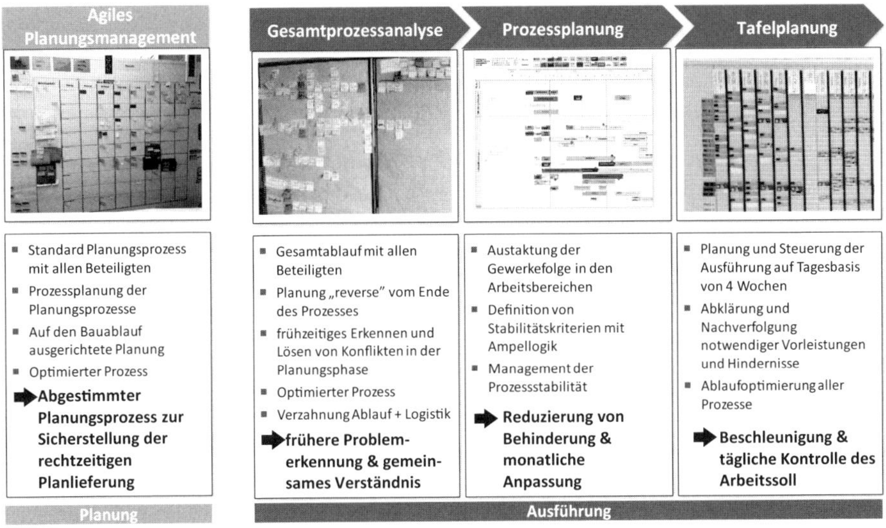

Abb. 6.31: Vergleich Terminplanung PM und Terminplanung PM mit LCM

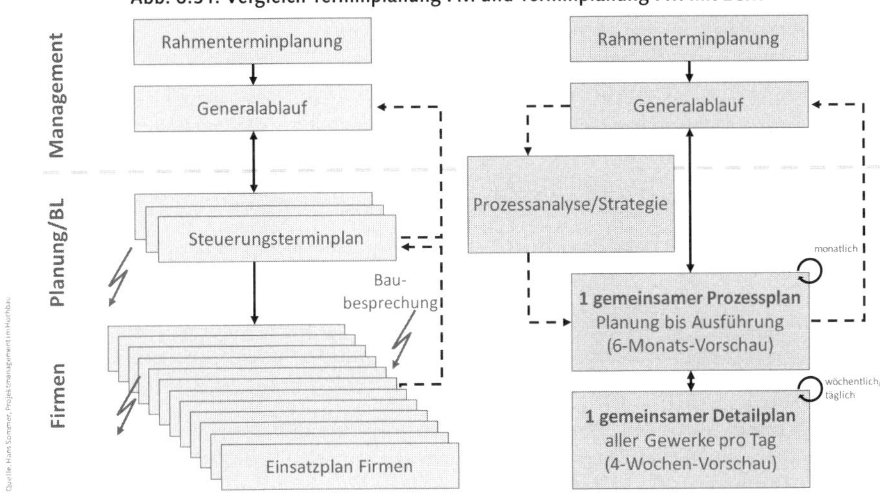

Die Terminrückmeldelisten können geeigneterweise ein zeitnahes Terminfenster der Steuerungsterminpläne für die in diesem Terminfenster zu erledigenden Aufgaben sein (vgl. Abb. 6.32). Als Rückmeldezeitraum hat sich durchschnittlich eine ein- bis zweiwöchentliche Abgabe der ausgefüllten Listen als zweckmäßig ergeben. Sowohl zur terminlichen Überwachung der Planung als auch der Bauausführung werden derartige Rückmeldelisten den betreffenden Planern und Firmen mit der Bitte zugeleitet, für den jeweiligen Rückmeldezeitraum und die jeweiligen Vorgänge einen ungefähren Erledigungsgrad in Prozent anzugeben.

Die Abschätzung der Erledigungsgrade ist nicht immer einfach, jedoch kommt es hierbei nicht darauf an, eine übertriebene Genauigkeit bei der Angabe der Prozentsätze zu erreichen, sondern eine ungefähre Kenntnis darüber zu erhalten, inwieweit sich die zu erledigenden Aufgaben noch im vorgegebenen Terminrahmen bewegen oder ob Gefahr besteht, den Terminrahmen zu überschreiten. Eine Abschätzung der Erledigungsgrade von ca. ± 5 – 10 % ist

Abb. 6.32: Beispiel Terminrückmeldeliste

Neubau Bürogebäude

DREES & SOMMER

Nr.	Vorgangsname	Rückmeldung	Aug '01 30	31	32	33	34	35	Sep '01 36	37	38	39	40
1	**Rohbauarbeiten**												
2	Baustelleneinrichtung	erl. in %											
3	Erd-/Aushubarbeiten	erl. in %											
4	Aufzugsunterfahrten incl. Spundwände	erl. in %											
5	Sauberkeitsschicht	erl. in %											
6	Grundleitungen	erl. in %											
7	Fundamenterder / Blitzschutz	erl. in %											
8	Bodenplatte	erl. in %											
9	Wände/Stützen 2.UG	erl. in %											
10	Decke über 2.UG	erl. in %											
11	Gründung 1. UG - überstehende Bauteile	erl. in %											
12	Wände/Stützen 1.UG	erl. in %											
13	Hinterfüllung Arbeitsräume	erl. in %											
14	Rückbau Verbau	erl. in %											
15	Decke über 1.UG	erl. in %											
16	Abdichtung Wände 1. UG / TG-Decke	erl. in %											

Stand: 31.08.2001 Seite 1 / x

erfahrungsgemäß ausreichend. Ein dem jeweiligen Vorgang angepasster, aber möglichst kurzer Rückmeldezeitraum ermöglicht es dem Projektmanagement, bereits sehr frühzeitig zu erkennen, wenn sich Terminüberschreitungen andeuten.

Selbstverständlich stellt ein derartiges Terminberichtswesen nur ein zusätzliches Instrument zur Terminüberwachung und Erledigungsdokumentation dar. Es ist für ein effizientes Terminmanagement nach wie vor wichtig, die Terminüberwachung und -steuerung „vor Ort" in Besprechungen bei Planungs- und Baustellenterminen und durch eigene Steuerungsbesprechungen durchzuführen. Wesentlich ist es, Terminrisiken sehr zeitnah zu erkennen, um schnell und wirkungsvoll gegensteuernde Maßnahmen einzuleiten. Entsprechende Steuerungsmaßnahmen können sein:

- Kapazitätserhöhungen
- Änderungen in der Ablaufstruktur
- Verkürzung von Folgevorgängen
- Ausnutzung von Terminpuffern
- besondere Maßnahmen, wie z.B. Winterbaumaßnahmen, Provisorien.

6.5 Kostencontrolling

Die Kosten und damit die Wirtschaftlichkeit von Bauprojekten werden bereits in den frühesten Projektphasen vordefiniert. Das bedeutet, dass in diesen ersten Projektstufen durch gezielte Controllingmaßnahmen die höchste Effizienz der Kostenbeeinflussung vorhanden ist (vgl. Abb. 3.1). Mit zunehmender Projektdauer und zunehmender Planungstiefe steigt zwar auf der einen Seite die Aussagesicherheit der Kostenermittlungen, jedoch nimmt die Beeinflussbarkeit der Kosten rapide ab, da wesentliche Projektentscheidungen bereits getroffen sind.

Um eine wirtschaftlich optimale Lösung für die Investitionsmaßnahme zu erreichen, ist es dringend erforderlich, dass bereits während der frühen Projektphasen von der Definitions- und Ideenphase bis spätestens zur Entwurfs- und Genehmigungsplanung die wesentlichsten projektbeeinflussenden Entscheidungen stufenweise getroffen werden. Hierzu dient im Rahmen eines umfassenden Projektmanagements vor allem auch das Technisch-Wirtschaftliche Controlling (vgl. Kapitel 6.3), das den Bauherrn oder Investor fachkompetent unterstützt.

Ein wichtiger Teil sowohl des Projektmanagements als auch des Technisch-Wirtschaftlichen Controllings ist das Kostencontrolling. Dabei ist das Kostencontrolling genauso wie das technisch-wirtschaftliche Controlling nicht als reine Kontrollfunktion zu verstehen, sondern im Sinn des Begriffes „Controlling" als Planung, Überwachung und Steuerung von Kosten.

6.5.1 Anforderungen an Kostenermittlungen

Ein geeignetes Kostencontrolling muss außer den eigentlichen Kostenermittlung auch eine kontinuierliche Kostenüberwachung und damit auch die Voraussetzung für eine aktive Kostensteuerung während der Planungs- und Ausführungsphasen ermöglichen. Bedingung dafür ist eine vom Projektbeginn bis zur Projektabrechnung durchgängige Kostenstrukturierung. Auch hier ist es wieder wichtig, einheitliche Kostengliederungen zu verwenden bzw. zu definieren, die über sämtliche Projektphasen und für sämtliche Projektbeteiligten als verbindlich gelten. Kostenermittlungen haben den Zweck, die zu erwartenden Kosten als Grundlage für Planungs- und Ausführungsentscheidungen möglichst zutreffend und abgesichert vorauszuberechnen und entstandene Kosten der tatsächlichen Höhe nach festzustellen. Art, Umfang und Genauigkeit der Kostenermittlungen sind abhängig vom jeweiligen Stand der Planung, von verfügbaren Angaben und Erfahrungswerten sowie – im Falle der Kostenfeststellung – von den Abrechnungsunterlagen. Im Bereich des Hochbaus wird durch die HOAI in Verbindung mit der DIN 276 eine explizite Kostengliederungsstruktur vorgegeben. Die DIN 276 legt Begriffe und Unterscheidungsmerkmale allgemeingültig fest und schafft damit die Voraussetzungen für die Vergleichbarkeit der Ergebnisse von Kostenermittlungen. Die so ermittelten Kosten können bei Verwendung für andere Zwecke, z.B. zur Honorierung von Planungsleistungen oder für steuerliche Förderungen, den dabei erforderlichen Kostenermittlungen zugrundegelegt werden. Kostenermittlungen sind dabei die Vorausberechnung der entstehenden Kosten bzw. die Feststellung der tatsächlich entstandenen Kosten. Entsprechend dem Planungsfortschritt werden folgende Arten von Kostenermittlungen unterschieden:

- Kostenschätzung zur Vorplanung
- Kostenberechnung zur Entwurfsplanung
- Kostenanschlag zur Vergabevorbereitung bzw. zur Ausführungsplanung
- Kostenfeststellung nach Schlussabrechnung des Gesamtprojektes

Wichtigste Anforderung und damit wichtigstes Ziel eines systematischen Kostencontrollings ist die Möglichkeit, den Projektplanungsprozess dahingehend aktiv zu beeinflussen und zu steuern, dass unter Einhaltung der notwendigen technischen, funktionalen und gestalterischen Randbedingung die wirtschaftlichsten Lösungen für das Projekt zur Ausführung gelangen. Eine wichtige Aufgabe des durchgängigen Kostencontrollings liegt darin, eine interaktive, die Projektplanung begleitende und beeinflussende kontinuierliche Kostenermittlung durchzuführen. Hierbei ist es insbesondere wichtig, dass sämtliche im jeweiligen Planungs- und Projektstadium enthaltenen Projektinformationen in Kostenaussagen umgesetzt werden. Dies bedeutet, dass das Kostencontrolling kein statischer Prozess ist, sondern die einzelnen Projektphasen laufend begleitet und die einzelnen Kostenermittlungen ständig aktualisiert und den neuen Projektinformationen angepasst werden. Um auch mögliche Soll-Kosten-Abweichungen rechtzeitig erkennen zu können, ist es erforderlich, dass die jeweils aktualisierten Kostenermittlungen mit den Kostenermittlungen der vorausgehenden Projektphasen verglichen und die Gründe für mögliche Abweichungen erkannt werden, um gezielte Kostensteuerungsmaßnahmen einleiten zu können. Das Kostencontrolling befasst sich deswegen inhaltlich sehr systematisch mit den Ursachen und Auswirkungen der Kosten.

Um ein über die einzelnen Projektstufen hinweg durchgängiges Kostencontrolling durchführen zu können, ist die Einordnung der einzelnen entstehenden Kosten in eine dem zunehmenden Detaillierungs- und Informationsgrad der Projektinhalte entsprechende hierarchische Kostengliederung erforderlich. Für qualifizierte Kostenermittlungen in frühen Projektplanungsphasen (z.B. Vorplanung, Entwurfs- und Genehmigungsplanung), muss die Kostengliederung nach funktionalen und konstruktiven Bauelementen aufgebaut sein, während ab der Phase der Ausführungsplanung die Kostenermittlung nach bis dahin bekannten einzelnen Teilleistungen zu erfolgen hat.

An ein Kostengliederungssystem müssen deswegen zur transparenten Kostenplanung und durchgängigen Kostensteuerung folgende Anforderungen gestellt werden:

- alle maßgebenden, dem Stand der Projektplanung entsprechenden Informationen müssen integrierbar sein
- die Gliederungssystematik muss entsprechend einer möglichen technischen Fortentwicklung erweiterbar sein
- es müssen die Kosten aller im Bauwesen vorkommenden Objekte, wie Einzelbauwerke sowie sämtliche nicht durch einzelne Objekte verursachte Projektgemeinkosten, wie z.B. Erschließungskosten oder Nebenkosten, erfassbar sein
- die Kostengliederung muss einen durchgängigen hierarchischen Aufbau nach Kostenelementen aufweisen
- es muss ein Übergang von der Kostenplanung und -steuerung mit Elementen zur Kostenplanung und -steuerung nach Vergabeeinheiten vorhanden sein
- die Einheitspreise abgewickelter Projekte müssen nach Objektarten getrennt katalogisiert und zu Elementkosten verdichtet werden können

Zusätzlich zu den dargestellten Anforderungen an eine durchgängige Kostengliederung, ist es eine der wesentlichsten Anforderungen des Kostencontrollings, dass in allen Projektphasen eine höchstmögliche Kostensicherheit gegeben ist. Insbesondere in den frühesten Projektphasen, also während der Grundlagenermittlung und Vorplanung, ist es von besonderer Bedeutung, die voraussichtlichen Projektkosten mit einer hinreichenden Genauigkeit zu ermitteln. Die in dieser frühen Projektphase ermittelten Investitionskosten stellen nämlich dann für den Bauherrn die Entscheidungsgrundlage für mögliche Varianten dar und bilden anschließend die Kostenobergrenze für die weitere Projektabwicklung.

Ein oft anzutreffendes Problem besteht nun darin, dass gerade in der Projektentwicklungsphase die notwendigen Kosteninformationen noch nicht mit der erforderlichen Zuverlässigkeit vorhanden sind. Es ist allgemein bekannt, dass in den ersten Projektphasen die mit Abstand höchste Effizienz bei der Kostenbeeinflussbarkeit gegeben ist (vgl. Abbildung 3.1), da hier noch sämtliche wesentlichen, auch kostenrelevanten, Projektentscheidungen offen sind. Gleichzeitig werden die vorhandenen Kostenpotentiale durch fehlende Variantenvergleiche und eine unzureichende Differenzierung der Kostenermittlungen in diesen Phasen meist nicht erschlossen.

6.5.2 Kostenplanungsverfahren

Das objekt- und ausführungsorientierte Kostencontrolling (Kostenplanung, Kostenüberwachung und Kostensteuerung) kann geeigneterweise nach der Elementmethode erfolgen, bei der sämtliche Planungs- bzw. Projektinformationen durch die in der Kostengliederung vorhandenen Kostenelemente erfasst werden. Kostenelemente sind hierbei dadurch charakterisiert, dass ihnen signifikante, aus der jeweiligen Projektplanungsphase stammende Bezugsgrößen, wie geometrische Größen oder Dimensionierungsergebnisse, zugrunde liegen. Ein maßgebendes Kriterium an die beschriebene durchgängige Kostengliederung stellt die Möglichkeit dar, die jeweiligen Elementkosten zum Zeitpunkt der Vergabevorbereitung den einzelnen Vergabeeinheiten oder Gewerken eindeutig zuordnen zu können.

Zuvor ist bereits dargestellt worden, dass es eine der wesentlichen Voraussetzungen für ein geeignetes Kostencontrolling ist, eine über die gesamten Projektphasen hinweg durchgängige Kostengliederungssystematik anzuwenden. Die Kostenermittlung in frühen Projektphasen erfolgt mittels sogenannter Grob- und Funktionselemente (für die Grundlagenermittlung bzw. Voruntersuchungen und für die Vorplanung). Ein maßgebendes Kriterium an das durchgängige Kostengliederungssystem stellt dabei die Möglichkeit dar, die Elementkosten kalkulatorisch ermitteln zu können. Wie auch aus der Abbildung 6.33 zu erkennen ist, muss es bei Unsicherheit über einzelne Elementkosten möglich sein, sich unter Annahme der Zusammensetzung des Kostenelementes aus Unterelementen durch Verdichtung der Kostendaten einen Elementpreis zu bestimmen. Dieses differenzierte Vorgehen bei der Investitionskostenplanung lässt sich mit wirtschaftlich vertretbarem Aufwand allerdings nur mittels Einsatzes der EDV durchführen. Da ein entsprechendes EDV-Programm weniger komplexe Rechenaufgaben erfüllen, sondern vielmehr organisatorischen Charakter zur durchgängigen Datenverwaltung besitzen muss, stellt eine relationale Datenbank eine geeignete Basis für ein Kostenplanungsprogramm dar.

Neben der Kostenelementgliederung muss zusätzlich die Möglichkeit der Zuordnung der Elementkosten zu Bauabschnitten, Bauteilen und zu einzelnen Nutzungs- und Funktionsbereichen gewährleistet sein. Dies ist insbesondere bei großen Investorenprojekten von Bedeutung, wenn eine nutzerspezifische Kostenaufteilung erforderlich ist.

Abb. 6.33: Stufen und Durchgängigkeit der Kostenplanung

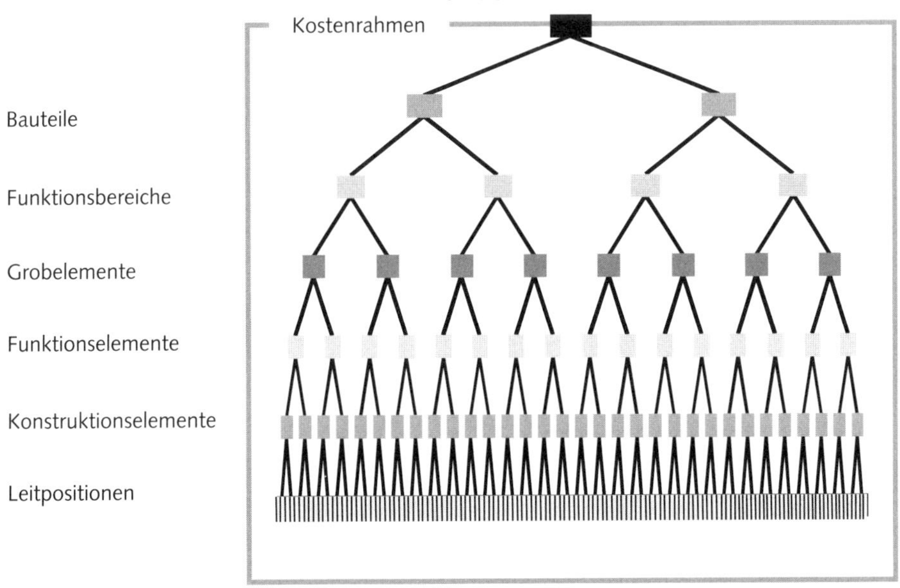

Darüber hinaus ist die Durchgängigkeit zu einer ausführungsorientierten Kostenstruktur nach Vergabeeinheiten bzw. Einzelgewerken oder Losen zu gewährleisten, um einerseits Sollkosten bzw. Vergabebudgets nachvollziehbar zu definieren und um andererseits auch Kostenkontrollen auf höheren Aggregationsstufen zu ermöglichen und Kostenauswertungen für Folgeprojekte für die unterschiedlichen Kostenplanungsstufen zu gewinnen.

Eine methodische mehrstufige Kostenplanung erfordert eine EDV-gerechte Codierung der einzelnen Kostenarten und -stellen. Das gesamte Verschlüsselungssystem hat dabei vor allem eine Sortierung der Investitionskosten nach den beiden folgenden Kriterien zu ermöglichen:

– Sortierung nach Kostengruppen für das Gesamtprojekt sowie für einzelnen Bauabschnitte, Bauteile oder Nutzungs- und Funktionsbereiche
– Sortierung nach Vergabeeinheiten, Gewerken und Losen innerhalb einzelner Bauabschnitte, Bauteile oder Nutzungs- und Funktionsbereiche und für das Gesamtprojekt

6.5.3 Stufen und Ablauf der Kostenplanung

Die Kostenplanung als Teil des Kostencontrollings erfolgt projektbegleitend über die einzelnen Projektphasen und üblicherweise in mehreren hierarchischen Stufen, die meist den Leistungsphasen der Planung nach HOAI entsprechen und sich entsprechend verfeinern (Abb. 6.35). Wie bereits dargestellt, ist es von besonderer Wichtigkeit, vor allem in den ersten Projektphasen möglichst genaue Kostenaussagen zu erhalten, um einerseits das zukünftige Projektbudget

Abb. 6.34: Kostenermittlung nach Nutzungs- und Funktionsbereichen

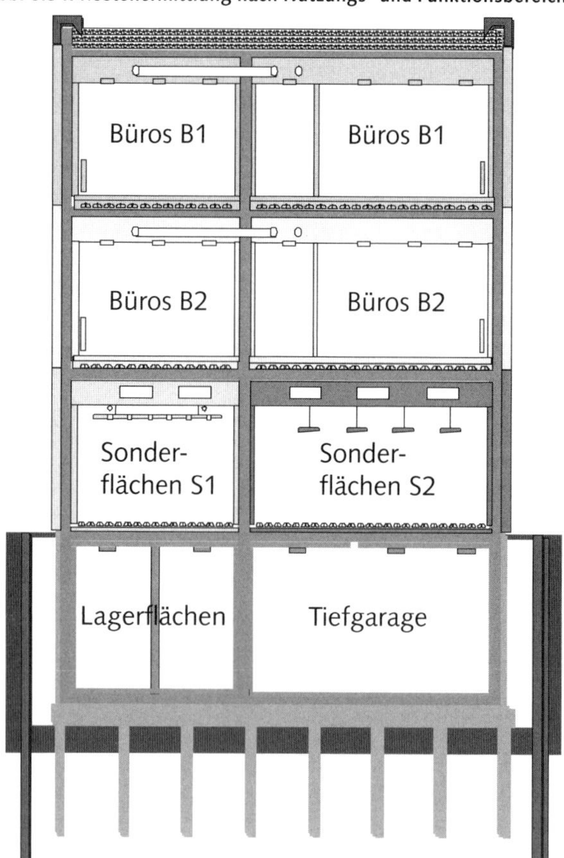

Abb. 6.35: Hierarchische Kostenstrukturierung

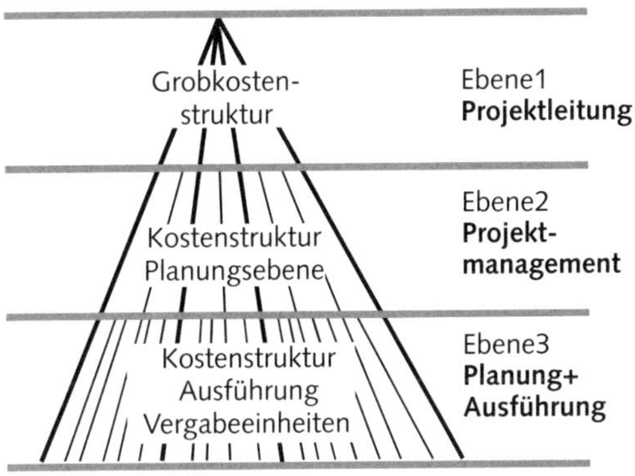

festlegen zu können und um andererseits mögliche Alternativen oder Varianten auch unter Kosten- und Wirtschaftlichkeitsgesichtspunkten gegenüberstellen zu können.

Um in den genannten ersten und frühesten Projektphasen bereits zuverlässige Kostenermittlungen durchführen zu können, müssen bereits zu diesen Zeitpunkten sämtliche bekannten Projektinformationen berücksichtigt werden. Es genügt nicht, hier mit groben Kostenkennwerten zu operieren, da diese üblicherweise nicht sämtliche im Projekt vorhandenen Kosteneinflüsse berücksichtigen. Beispielsweise können pauschale Kostenkennwerte EUR / m^2 BGF einen derart hohen Streubereich aufweisen, da unterschiedlichste Projektarten und unterschiedlichste Projektstandards nur schwer zu berücksichtigen sind, so dass hiermit sinnvolle Variantenvergleiche unter Kostengesichtspunkten ebenso wenig möglich sind wie eine frühzeitig abgesicherte Projektbudgetierung. Wie auch bereits dargestellt, ist es deswegen notwendig, bereits frühestmöglich eine weitgehende Kostenaufschlüsselung nach Kostenelementen vorzunehmen. Die Aussagesicherheit der Kostenermittlungen wird dadurch erreicht, dass zum einen den Kostenelementen mess- oder berechenbare Elementmengen zugeordnet sind und zum anderen der Detaillierungsgrad der Kostenermittlungen eine aus statistischer Sicht höhere Genauigkeit erwarten lässt. Die Gesamtinvestitionskosten setzen sich aus den Kosten einzelner Elemente und letztendlich einzelner Teilleistungen zusammen. Untersucht man für die Kostenelemente die kostenrelevanten Einflüsse, so ist nach Mengen- und Kostenansätzen zu unterscheiden.

Die Gesamtkosten der Investition oder von Teilen der Investition unterliegen bis zur Abrechnung des Projektes gewissen Unsicherheiten, die zu Abweichungen zwischen den Gesamtkosten aus den jeweiligen Kostenermittlungen und den tatsächlich anfallenden Kosten führen. Diese Unsicherheiten resultieren vor allem aus den einzelnen Kostenansätzen für die Elementkosten. Die möglichen Fehler bei den Mengenansätzen spielen im Bauwesen durch die erforderlichen, den Mengenermittlungen vorausgehenden technischen Berechnungen, Bemessungen und Mengenermittlungen im Verhältnis zu den Unsicherheiten bei den Kostenansätzen eine wesentlich geringe Rolle. Die Streubreite der voraussichtlichen Gesamtkosten werden demnach vor allem durch die den Kostenermittlungen zugrundeliegenden Kostenansätze bestimmt.

Differenzierte Investitionskostenermittlungen mit der Elementmethode setzen einerseits eine kontinuierlich zu aktualisierende Elementkostendokumentation und andererseits die Möglichkeit, Kostenansätze für die Elemente aus Unterelementen kalkulatorisch zu bestimmen, voraus. Die aus den einzelnen Kostengliederungsstufen kalkulatorisch ermittelbaren spezifischen Ansätze für die Elementkosten in Verbindung mit einer ständigen Kostendatenpflege lassen eine wesentlich höhere Aussagesicherheit für die Gesamtkosten erwarten, als rein statistisch gewonnene Kostenkennwerte, wie beispielsweise EUR / m^2 BGF.

Es ist deswegen festzuhalten, dass sich die Forderung nach höherer Aussagesicherheit der Investitionskostenermittlungen in frühen Projektphasen zusätzlich zu einer erforderlichen rechnerischen Berücksichtigung der technischen und baulichen Randbedingungen, vor allem durch zwei Faktoren erreichen lässt:

- Erhöhung des Detaillierungsgrades der Kostenermittlung durch Einführung von Kostenelementen
- Mehrstufigkeit und Durchgängigkeit der Kostenplanung und Möglichkeit der kalkulatorischen Ermittlung der Elementkosten über Elemente der nachgeordneten Gliederungsstufen

6.5.4 Kostenüberwachung und -steuerung

Die Kostensteuerung mit der Ermittlung der Soll-Kosten und der Vorgehensweise zur Gewährleistung ihrer Einhaltung verläuft im Wesentlichen nach einem Regelkreis. Aus rechtlichen, technischen, betrieblichen und örtlichen Anforderungen bestimmen sich die grundsätzlichen Planungsinhalte, die dann Grundlage für die Projektbudgetierung (Soll-Kosten) sind. Bereits zur Projektbudgetierung werden die Kostenermittlungen nach der ersten Hierarchiestufe der einheitlichen und durchgängigen Kostengliederungssystematik durchgeführt. Während der Projektplanung und der Projektausführung sind die Soll-Kosten üblicherweise zahlreichen Störfaktoren unterworfen. Diese können sowohl durch den Planungs- und Genehmigungsprozess als auch durch Auftragsvergaben und die Projektausführung entstehen.

Erste Teilaufgabe der Kostensteuerung ist es deswegen, sämtliche neuen Projektinformationen – ob aus fortschreitender Planungstiefe, geänderten Planungsinhalten oder aus der Ausführung – zu erfassen und kostenmäßig zu bewerten. Ein anschließender Kosten-Soll-Ist-Vergleich mit eingehender Abweichungsanalyse bildet die Grundlage für die Entscheidung zur Einleitung von Kostensteuerungsmaßnahmen. Diese können beispielsweise sowohl Vorschläge zur Planungs- bzw. Projektoptimierung als auch zur Änderung der Ausführung oder des Ausführungsablaufes unter Kostengesichtspunkten sein. Eine effektive Kostensteuerung setzt deswegen sowohl Kenntnisse und Erfahrungen in den baufachlichen Disziplinen als auch in der Organisation und Planung der Ausführung voraus.

Projektänderungen mit Auswirkungen auf die Soll-Kosten müssen ausführlich dokumentiert auf der zuständigen Bauherrenebene zur Entscheidung gebracht werden. Im Falle von Kostenunterschreitungen können die eingesparten Kosten projektspezifischen Rückstellungen zugewiesen werden oder – bei ausreichender Kostensicherheit – zur anderweitigen Verwendung freigegeben werden. Bei Erhöhungen gegenüber den Soll-Kosten und keinen ausreichend wirksamen Kostensteuerungsmaßnahmen ist im ungünstigsten Fall das Projektbudget nach Entscheidung durch den Bauherrn anzupassen. Diese notwendige Anpassung des Projektbudgets

Abb. 6.36: Regelkreis der Kostensteuerung

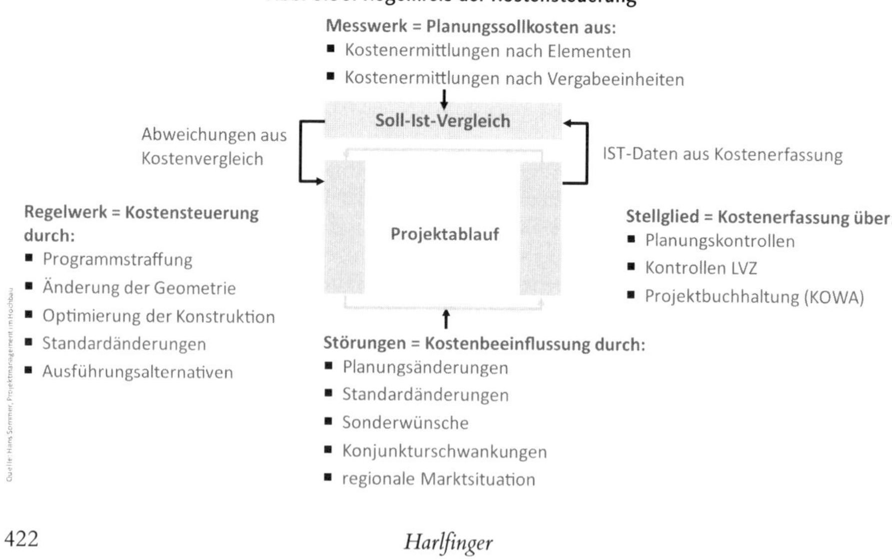

kann jedoch bei aktiver Kostensteuerung nur aufgrund unvorhergesehener Projekteinflüsse erforderlich werden.

Neben den vorbeschriebenen Kostensteuerungsmaßnahmen stellt auch das zur Kostentransparenz notwendige Projektkosteninformationssystem einen wichtigen Bestandteil der Kostensteuerung dar. In diesem System werden die kosten- und zahlungsrelevanten Daten sämtlicher Aufträge – Planer, Berater, ausführende Unternehmen, etc. – erfasst, um einen ständigen Vergleich zwischen den Einzelbudgets der Vergabeeinheiten und der tatsächlichen Kostenentwicklung innerhalb der Vergabeeinheiten zu ermöglichen. Insbesondere dient dieses System auch zur Nachtragsüberwachung und -steuerung sowie zur Kontrolle des Zahlungs- und Leistungsstandes.

7. Redevelopment

Das aktuelle Baugeschehen wird oftmals beherrscht vom Präfix Re-: Reurbanisierung, Rekonstruktion, Renovierung, Revitalisierung sowie Redevelopment. Diese Begriffe beschreiben das Baugeschehen im Gebäudebestand.

Beim Redevelopment geht es um ein erneutes Aufgreifen bereits vorhandener Entwicklungen im immobilientechnischen und stadtwirtschaftlichen Verständnis. Sowohl die Revitalisierung als auch die Nutzungsänderung sind Elemente des Oberbegriffs Redevelopment und stellen eine Neupositionierung der Immobilie dar – vgl. folgende Abbildung.

Abb. 7.1: Ausgangssituation und Bestandteile des Begriffs Redevelopment[1]

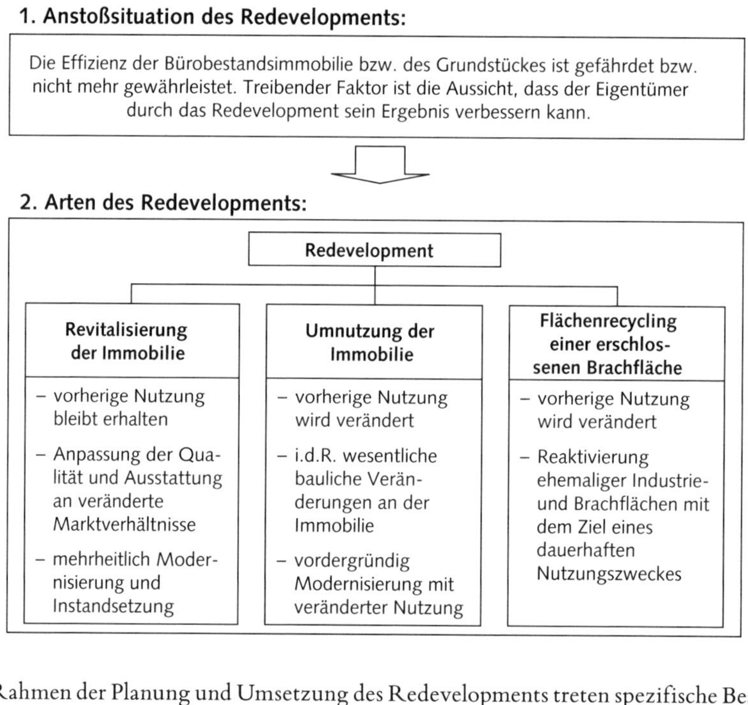

Im Rahmen der Planung und Umsetzung des Redevelopments treten spezifische Besonderheiten für die Projektentwicklung und das Projektmanagement auf, die im Folgenden näher erläutert werden.

7.1 Redevelopment – Projektentwicklung von Bestandsimmobilien

Das Redevelopment fokussiert auf immobilienwirtschaftliche Entwicklungsmaßnahmen an bestehenden, von Leerstand bedrohten oder bereits durch Leerstand gekennzeichneten Bestandsimmobilien, die der Erzielung von Wertschöpfung dienen.

[1] Vgl. Harlfinger: Referenzvorgehensmodell zu Redevelopment von Bürobestandsimmobilien, 2006, S. 19.

In diesem Kontext ist festzustellen, dass städtische Zentren oft signifikant durch „Problemimmobilien" negativ geprägt werden. Widersprüchlich zur oft exzellenten Lage können diese Immobilien dem Markt in ihrem Erbauungszustand insbesondere aus nutzungsspezifischer Sicht nur mittels Redevelopments wieder zugänglich gemacht werden. Im besonderen Maße sind einerseits Bürogebäude durch den rasanten Wandel der Arbeitswelt und andererseits Einzelhandelsimmobilien durch die veränderten Einkaufsgewohnheiten der Bevölkerung von der angesprochenen Problematik betroffen.

7.1.1 Chancen des Redevelopments von Bestandsgebäuden

Das Bauen im Bestand bietet entgegen allgemeinen Behauptungen eine ganze Reihe potenzieller Chancen, die durch ein geschicktes Redevelopment erschlossen werden können – s. die folgende Abbildung.

Abb. 7.2: Chancenpotenziale des Redevelopments

Primärchancen-Investor

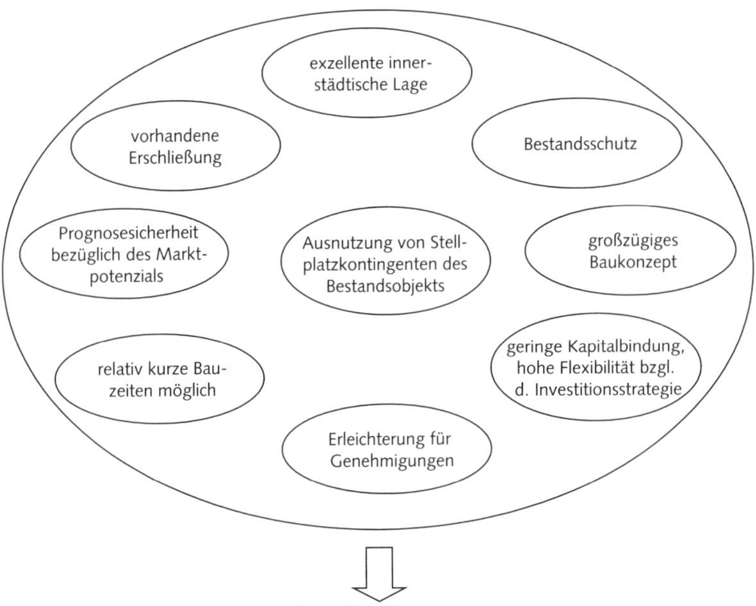

Sekundärchancen

- Für den Projektentwickler durch Kompetenzbildung im komplexen Bereich des Redevelopments
- Für die Stadtentwicklung durch Verbesserung der innerstädtischen Bestandsqualität

Im Folgenden wird beispielhaft auf einige Chancen des Redevelopments eingegangen.

7.1.1.1 Standort und Markt

Bei Bestandsobjekten können mehrere Standortvorteile genutzt werden. Zum einen ist das Grundstück i.d.R. erschlossen, wodurch die bei Neubauten sehr kostenintensiven infrastrukturellen Erschließungsmaßnahmen wesentlich gemindert werden bzw. u.U. entfallen.

Zum anderen besitzen der vorhandene Standort und das Bestandsobjekt ein Image, das vom Redevelopment aufgegriffen und weiterentwickelt werden sollte. In diesem Zusammenhang ist darauf zu achten, dass das Objektimage nach dem Redevelopment positiv mit dem Standortimage korrelieren sollte, um nachhaltigen wirtschaftlichen Erfolg zu gewährleisten.

Innerstädtische Bestandsimmobilien zeichnen sich durch eine exponierte städtebauliche Lage aus und bieten damit ein enormes Wertschöpfungspotenzial.

Ein Marktvorteil des Bestandsobjektes gegenüber dem Neubau auf unbebauten Freiflächen in der Peripherie liegt in der erhöhten Prognosegenauigkeit über Passanten- und Kundenströme. Dies ist ein wesentlicher Vorteil, da somit die Akzeptanz des Standortes – welche bei Unternehmen mit wirtschaftsbezogenem Publikumsverkehr wie z.B. Banken, Handelsketten sehr bedeutend für die Ertragskraft ist – wesentlich sicherer vorausgesagt werden kann.

7.1.1.2 Bestandsschutz

Der Erhalt des Bestandsschutzes einer Immobilie ist für das Redevelopment ein wesentlicher Vorteil. Der Bestandsschutz manifestiert die Randbedingungen des Objektes und bietet dadurch Sicherheit in der Planung.

Ein weiterer Vorteil aus dem Erhalt des Bestandsschutzes ergibt sich vor allem für die Stellplatzthematik in Städten wie Frankfurt, Düsseldorf und Hamburg. Dort werden hohe Ablösesummen für Stellplätze bei Neubauten bzw. Bauvorhaben mit verfallendem Bestandsschutz verlangt. Unter wirtschaftlichen Gesichtspunkten stellt somit der Bestandsschutz eine wesentliche finanzielle Minderung des Aufwandes dar. Um den Bestandschutz während des Redevelopments nicht zu gefährden, sollten nachstehende Erläuterungen zwingend beachtet werden.

Die Bedeutung des Bestandsschutzes im Baurecht zielt auf die Frage ab, ob ein einmal rechtmäßig errichtetes Gebäude entgegen der aktuellen Rechtslage erhalten, verändert oder angepasst werden kann und unter welchen Bedingungen dies geschieht.

Generell hat das Errichten, Instandsetzen, Instandhalten und Umnutzen von baulichen Anlagen so zu erfolgen, dass die aktuellen rechtlichen Vorschriften eingehalten werden (§ 3 MusterBO). Dabei spielt es keine Rolle, ob es sich um eine genehmigungsbedürftige oder genehmigungsfreie Maßnahme handelt.

In wieweit die von der Änderung nicht betroffenen Bauwerksteile ebenfalls an das geltende Recht anzugleichen sind, hängt vom Umfang der Änderungsmaßnahme ab. Werden wesentliche Änderungen vorgenommen, verliert das Gebäude seinen Bestandsschutz und es muss eine Anpassung an die geltenden Vorschriften erfolgen. Als wesentliche Änderungen werden folgende Maßnahmen verstanden:

- Veränderung der äußeren Form (Anbau, Erweiterung),
- Veränderung der inneren Raumaufteilung (Fluchtwege, Nutzungseinheiten),
- Umnutzung,
- Änderungen, die statische Nachrechnungen erforderlich machen.

Unabhängig von der Wirksamkeit des Bestandsschutzes können die zuständigen Behörden verlangen, dass eine Anpassung der baulichen Situation an die gültige Rechtslage zu erfolgen hat, wenn eine Gefahr für Sicherheit und Gesundheit besteht. Da die bauordnungsrechtlich geregelten Belange des Brandschutzes eben genau darauf abzielen, das Leben und die Gesundheit aller mit einem Gebäude im Zusammenhang stehenden Menschen zu schützen, ist damit zu rechnen, dass für die Redevelopmentmaßnahmen in jedem Fall die aktuell gültigen brandschutztechnischen Anforderungen zu beachten sind. Dies kann wiederum dazu führen, dass auch in Bereichen, die nicht vom Redevelopment betroffen sind, Änderungsmaßnahmen erforderlich werden, um die Wirkungsweise des Gesamtbrandschutzkonzeptes sicher zu stellen.

7.1.1.3 Kapitalbindung

Das Redevelopment von Bestandsobjekten bietet im Mietermarkt, der durch einen sehr aggressiven Verdrängungswettbewerb gekennzeichnet ist, eine hervorragende Ausgangsposition. Insbesondere die i.d.R. günstigen Einkaufswerte für Bestandsobjekte erlauben niedrigere, dem

Marktumfeld angepasste bzw. unterbietende aber dennoch kostendeckende Mietpreise. Die aktuellen Einkaufswerte entsprechen üblicherweise nur einem Teil der üblichen Herstellkosten für Neubauten. Daraus resultiert eine deutlich geringere Eigenkapitalbindung des Projektentwicklers, die dem Entwickler von Bestandsobjekten eine flexible, dem Markt angepasste Investitionsstrategie ermöglicht.

Abb. 7.3: Beispiel – Finanzielle Handlungsflexibilität des Projektentwicklers

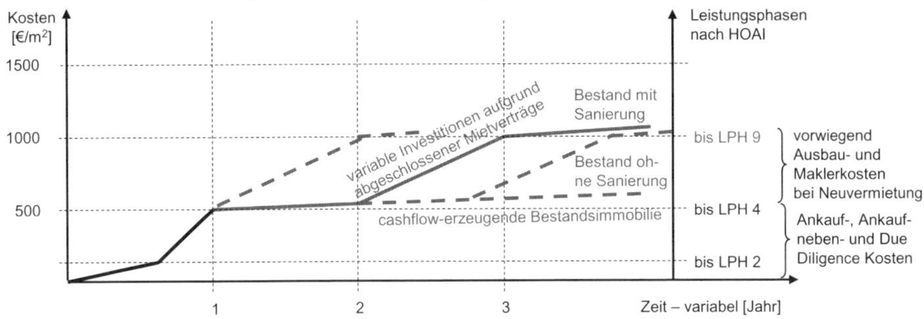

In Abhängigkeit von der Marktlage ist der Projektentwickler aufgrund der geringeren Einkaufwerte für Bestandsobjekte in der Lage, die Modernisierungsinvestitionen so zu steuern, dass er unter oder im Bereich des durchschnittlichen Mietpreisniveaus bleibt. Diese finanzielle Flexibilität infolge der geringen Kapitalbindung bei Einkauf der Bestandsimmobilie ist in volatilen bzw. sich wechselnden Marktlagen ein entscheidender Vorteil.

7.1.2 Risiken der Objektentwicklung von Bestandsgebäuden

Das Redevelopment von Bestandsimmobilien ist durch eine hohe Komplexität und wirtschaftliche Intransparenz in der Planungs- und Ausführungsphase gekennzeichnet und stellt somit ungleich höhere Anforderungen an den Entwickler als ein Neubau.

Das Bauen im Bestand beinhaltet neben dem großen Chancenpotenzial eine Vielzahl gewichtiger Risiken, die im Vorfeld des Redevelopments zwingend überprüft werden müssen – s. die folgende Abbildung.

Abb. 7.4: Risiken beim Redevelopment von Bestandsimmobilien

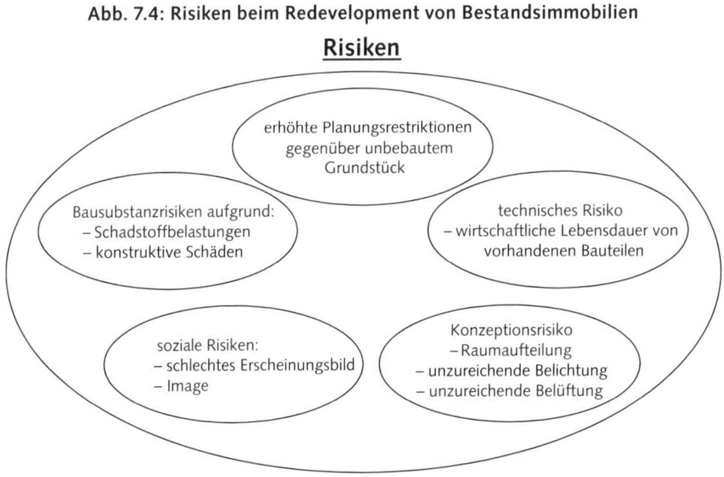

Im Folgenden wird beispielhaft auf einige Risiken des Bauens im Bestand eingegangen.

7.1.2.1 Konzeptionsrisiko

Die Gebäudekonzeption wird bedingt durch den Wandel der Arbeits- und Wirtschaftswelt im Projektentwicklungsmarkt immer einflussreicher. Aufgrund der im Vordergrund stehenden Cashflow – Orientierung einer Projektentwicklung muss im Zuge der finanzstrategischen Akquisition von Fremdkapital den Fremdkapitalgebern die Nachhaltigkeit der intendierten Rendite bzw. die Drittverwendungsfähigkeit der Immobilie nachgewiesen werden. Die Drittverwendungsfähigkeit der Immobilie wird aus der integrierten Nutzungsflexibilität bestimmt. Gebäudeparameter im Zusammenhang mit dem Rohbau wie z.B. die Gebäudetiefe, die Geschosshöhe und die Fassadenkonstruktion bilden die Bewertungsbasis der Nutzungsflexibilität. Die Komplexität der Thematik lässt es an dieser Stelle nicht zu, umfassender auf die Problematik der Nutzungsflexibilität einzugehen.

Es gilt im Sinne eines frühzeitig implementierten Risikomanagements das Bestandsobjekt im Vorfeld des Redevelopments bzw. der Akquisition auf die Gewährleistung eines Maximums an Nutzungsflexibilität bzw. Drittverwendungsfähigkeit eingehend zu prüfen.

7.1.2.2 Bausubstanzrisiko

Charakteristisch für das Redevelopment ist das Bausubstanzrisiko. Zwei entscheidende Faktoren führen bei Investoren des Öfteren zu erheblichen Vorbehalten.

Zum einen ist die mögliche Schadstoffbelastung der verbauten Materialien ein Grund zur Zurückhaltung. Rechtliche Vorgaben wie z.B. das Bundesimmissionsschutzgesetz (BImSchG), die Gefahrstoffverordnung (GefStoffV) und die Technischen Regeln Gefahrstoffe (TRGS) beinhalten Auflagen bzgl. der Sanierung, die eine Kostenkalkulation ohne Schadstoffsanierung um ein Vielfaches erhöhen können.

Zum anderen führen verdeckte konstruktive Bauschäden zur Änderung des Bauablaufs und des Sanierungsumfanges. Dies impliziert einen wesentlichen monetären Mehraufwand im Zuge von Sanierungs- oder Modernisierungsmaßnahmen.

Um in diesem Zusammenhang eine Risikominimierung bzw. -begrenzung zu gewährleisten, ist eine umfangreiche Bestandsaufnahme (eine sogenannte Technische Due Diligence, u.U. mit zerstörerischen Untersuchungen) im Vorfeld der Akquisition des Bestandsobjektes zwingend erforderlich.

7.1.3 Instrumente des Redevelopments

Grundlegende Zielstellung der Bestandsentwicklung einer Gewerbeimmobilie ist die Wertsteigerung und damit Ertragssteigerung für den Investor. Dies wird auch in der folgenden Abbildung 7.5 deutlich.

Durch die Modernisierungsmaßnahmen erhöht sich der Sachwert der Immobilie, was zur Folge hat, dass deren Wettbewerbsposition steigt, der seit deren Erstellung eingetretene Werteverzehr gemindert und die Lebensdauer des Objekts erhöht wird.

Neben dem Sachwert steht vor allem der Ertragswert im Fokus des Projektentwicklers. Die Ertragswertsteigerung und damit Wertschöpfung im Redevelopment basiert in der postakquisitorischen Bestandsentwicklung auf fünf Schwerpunktbereiche. Diese bestehen zum einen aus den Instrumenten des Mietvertragsmanagements, der Vermarktung sowie der Umlagereduktion bzw. des Facility Managements. Zum anderen zählen hierzu die Maßnahmen, die zur Gebäude- oder Grundstücksaufwertung führen.

Mietvertragsmanagement

Im Zuge des Mietvertragsmanagements bedarf es zum einen Verhandlungen über die Miethöhe sowie die Mietvertragslaufzeit auf Basis von Anreizsystemen. Als Betrachtungsschwerpunkte gelten dabei die Laufzeit, die Umlageregelungen und die Mietflächenquantität und -qualität für das Unternehmen.

Zum anderen stehen beim Mietvertragsmanagement Überlegungen bezüglich der Flächenoptimierung und einer Mieterstruktur mit weit reichenden Synergieeffekten im Vordergrund.

Abb. 7.5: Einfluss von Modernisierungsmaßnahmen auf den Sachwert der Bestandsimmobilie

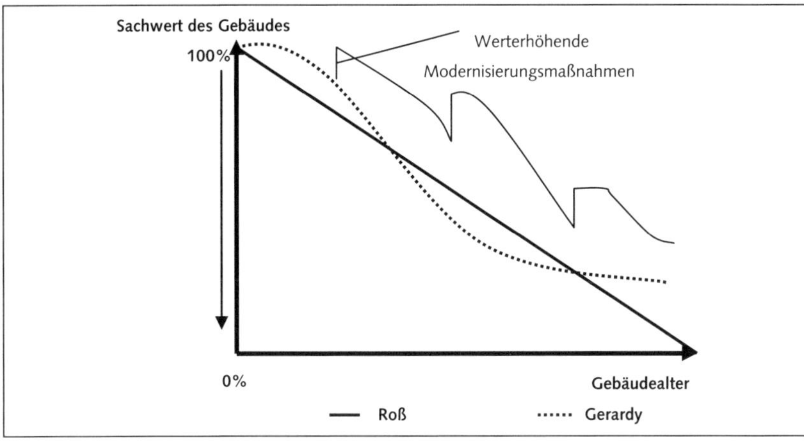

Senkung der Bewirtschaftungskosten
Das Ziel der Steigerung der Wettbewerbsattraktivität des Redevelopmentobjektes lässt sich im entscheidenden Maße durch den zweiten Schwerpunktbereich der Wertschöpfung im Redevelopment – die Senkung der Bewirtschaftungskosten – realisieren. Hierzu zählen Maßnahmen zur Reduktion der Betriebs-, der Verwaltungs- und der Instandhaltungskosten.

Zusammenfassend lässt sich festhalten, dass zur signifikanten Umlagereduktion insbesondere die Neuausschreibung der Dienstleistungsverträge, das Flächenmanagement sowie das Energiemanagement eingesetzt werden sollten. Zur Reduzierung der nichtumlagefähigen Kosten bietet sich die Optimierung der Wartungs- und Serviceintervalle an.

Vermarktung
Der dritte Schwerpunktbereich der Wertschöpfung im Redevelopment ist die Vermarktung. Zentrale Ansatzpunkte stellen die bereits bestehenden Mietvertragsverhältnisse im Bestandsgebäude dar. Zielintention des Vermietungsmarketings ist die Objektbindung der Bestandsmieter über den laufenden Mietvertrag hinaus. Um dies zu erreichen, nutzen einige Gesellschaften immer mehr das Instrument der Mieterbetreuung.

Ziel der Maßnahmen zur Mieterbetreuung ist die persönliche Bindung des Mieters an das Objekt, so dass dessen Bereitschaft zum Abschluss von langfristigen Mietverträgen und höheren Mietzinsen steigt sowie ein gewisses Maß an Mietpreisresistenz ausgebildet wird. Durch diese präventiven Maßnahmen soll ein Vertrauensverhältnis aufgebaut werden, damit der Mieter seine Probleme rechtzeitig offenbart, Lösungen gefunden und möglicher Leerstand vermieden werden kann. Beispielhaft sind in diesem Kontext Mieterevents zum Kennenlernen sowie Mietersprechstunden als zentrale Vermarktungsinstrumente bei bestehenden Mietern eines Redevelopmentobjekts zu nennen. Zur Akquisition neuer Mietparteien eignen sich beim Redevelopment insbesondere Vor-Ort-Besichtigungen.

Gebäudeaufwertung
Der vierter Schwerpunktbereich der Wertschöpfung im Redevelopment umfasst die Gebäudeaufwertung durch Maßnahmen, wie die Aufstockung, die Optimierung der Gebäudeerschließung, Wärmeschutzmaßnahmen und die Anpassung der Ausstattung an moderne Anforderungen.

Auch Untersuchungen der Gebäudesubstanz auf Nachrüstungsmöglichkeiten für moderne Gebäudetechnik oder die Erstellung einer Gebäudepotenzialanalyse in Zusammenarbeit mit Fachleuten verschiedener Disziplinen und deren Umsetzung zählen zu Gebäudeaufwertungsmaßnahmen. Die Gebäudeaufwertung ist immer abhängig vom individuellen Objektzustand.

Grundstücksaufwertung
Der fünfte Schwerpunktbereich der Wertschöpfung im Redevelopment ist die Grundstücksaufwertung. Betrachtungsfelder sind in diesem Zusammenhang die Aufwertung der Verkehrsanbindung des Grundstückes sowie die Verbesserung der Umfeldqualität durch die Aufwertung der Außenanlagen. Exemplarisch seien hier die Schaffung von Parkflächen und die Anlage von Grünflächen genannt.

7.1.4 Ausblick

Die Entwicklung der vergangenen Jahre verdeutlicht die große Bedeutung des Bauens im Bestand. Auch die Projektentwicklungsunternehmen erkennen die Chancen des Themas „Redevelopment".

Bereits erfolgreich durchgeführte Revitalisierungsmaßnahmen als auch in der Planungsphase befindliche Großprojekte zeigen, dass mit der Bestandsimmobilie ein stabiler und zukünftig zunehmender Markt für die Bau- und Immobilienbranche kontinuierlich erschlossen wird.

7.2 Besonderheiten des Projektmanagements beim Bauen im Bestand

Die wesentlichen Unterschiede zwischen dem Projektmanagement bei Baumaßnahmen im Gebäudebestand und Neubauten ergeben sich aus dem erhöhten Planungs- und Koordinierungsaufwand für Bestandsmaßnahmen. Folgende Charakteristika prägen die Vorbereitung, die Planung und die Durchführung von Baumaßnahmen im Bestand:

- Man greift in ein „bestehendes System" ein, dessen Parameter aufgrund fehlender Planungsdaten, einer oft nicht ausreichenden Bestandsaufnahme und nicht planungskonformer baulicher Ausführung mehrheitlich „Unbekannte" darstellen.
- Es müssen notwendige Schutzmaßnahmen (Boden-, Baum-, Gebäude- und Lärmschutzmaßnahmen) bei Baumaßnahmen im Bestand berücksichtigt werden.
- Die erforderliche Entsorgung und das Recycling der ausgebauten Materialien müssen entsprechend dem Kreislaufwirtschafts- und Abfallrecht (KrWG/AbfG) durchgeführt werden.
- Bei der Planung des Bauablaufes ist die Logistik in einem bestehenden Gebäude zu beachten. Sie ist umfangreicheren Restriktionen (z.B. Gebäudeöffnungen) unterworfen als bei einem Neubau.
- Beim Bauen unter laufenden Betrieb sind zusätzlich die Auflagen der im Gebäude befindlichen Nutzer zu beachten.

7.2.1 Projektorganisation

Die Individualität von Redevelopmentprojekten impliziert im Vergleich zu Neubauvorhaben oftmals eine höhere Komplexität in der Projektorganisation, was vor allem mit der großen Anzahl von Projektbeteiligten einhergeht. Diese lassen häufig unterschiedliche Aufbau- sowie phasenbedingte Ablaufstrukturen entstehen.

7.2.1.1 Aufbaustruktur

Aufbaustrukturen von Redevelopments erweisen sich aufgrund einer Vielzahl zusätzlich einzubindender Projektbeteiligter, vor allem Behörden und Sachverständige, oftmals wesentlich umfangreicher. So ergibt sich im Zusammenhang mit der Baugenehmigung u.U. die Notwendigkeit, zusätzliche Behörden (z.B. Denkmalschutz) einzubeziehen sowie die vorhandene Bausubstanz durch die Beauftragung von zahlreichen Sachverständigen begutachten zu lassen. Auf der Ausführungsebene sind Abbruchfirmen einzubinden.

7.2.1.2 Projektbeteiligte

Im Gegensatz zu Neubauvorhaben sollten die Beteiligten Erfahrungen und Kenntnisse im Umgang mit der vorhandenen Bausubstanz aufweisen, so dass Bauherren maximale Planungs- und Ausführungsqualitäten erwarten können. Im Vergleich zum Neubau gewinnt bei Redevelopmentvorhaben der Beauftragungszeitpunkt von Projektbeteiligten erheblich an Bedeutung. Dies resultiert vorrangig aus frühzeitig notwendigen Substanzuntersuchungen und -bewertungen. So werden Redevelopments oftmals durch eine zu späte Einbindung der Sachverständigen zur Bausubstanz zu Problemprojekten.

7.2.2 Vertragsmanagement

7.2.2.1 Entwickeln einer projektbezogenen Vergabestrategie

Für die Auswahl der geeigneten Vergabestrategie sind bei Baumaßnahmen im Bestand folgende entscheidungsrelevante Aspekte zu prüfen:

- Bewertung der Risiken aus der Bausubstanz sowie aus neuen Raum- und Funktionskonzepten, die es in bestehende Primärstrukturen planerisch zu integrieren gilt.
- Erfassen von gutachterlichen Sonderleistungen im Hinblick auf den Umfang mit der Gebäudesubstanz (Brandschutz, Schadstoffe, Bestandsaufnahme).
- Erfassen der notwendigen redevelopmentspezifischen planerischen Sonderleistungen (Demontage- bzw. Abbruch-, Montage- und/oder Gerüststellungskonzepte, Wiederverwertungskonzept) für die Leistungsbilder der Planerverträge.
- Frühzeitige Berücksichtigung von speziellen Bauverfahren und Baugeräten im Ausschreibungsprozess, um ein emissions- und vibrationsarmes Redevelopment unter laufender Nutzung zu ermöglichen.

7.2.2.2 Vorbereitung und Überwachung der Planer- und Beraterverträge

Redevelopmentspezifische Tätigkeitsfelder dieses Aufgabengebietes sind:

Mitwirkung bei der Auswahl der Planungsbeteiligten für revitalisierungsspezifische Leistungen anhand von Referenzen im Umgang mit bestehender Bausubstanz,

Vorbereiten und Abstimmen von Leistungsbildern und sonstigen technischen Vertragsinhalten unter Berücksichtigung der Besonderheiten einer Revitalisierung, so z.B. regelungstechnische Festlegung zur anrechenbaren Bausubstanz[2]; Festlegung des Anteils der Umbaumaßnahmen[3]; Erstellung notwendiger Demontage- respektive Abbruch-, Montage-, Gerüststellungs- und Wiederverwertungskonzepte; Erstellung notwendiger Unterlagen im Rahmen der Zumutbarkeitsprüfung der Behörden zur Festlegung denkmalschutzrechtlicher Anforderungen; Ermittlung der Mehrkosten für Denkmalschutz durch Erfassung der denkmalpflegerischen Mehrkosten und „Sowieso"-Kosten,

Ermitteln der anrechenbaren Kosten unter Berücksichtigung von Zusatzaufwendungen für Umbau und Umgang mit der vorhandenen Bausubstanz,

Prüfen der Honorarrechnungen der Planer unter Berücksichtigung der Besonderheiten eines Redevelopments, wie z.B. besondere Leistungen.

7.2.2.3 Besonderheiten der Planerverträge und -vergütungen

Hinsichtlich eines geplanten Redevelopments sind im Rahmen des Vertragsmanagements seitens des Projektmanagements folgende aufgeführte Besonderheiten der Planerverträge und -vergütungen zu berücksichtigen.

Grundleistungen und besondere Leistungen

Grundsätzlich lassen sich die zu erbringenden Leistungen aller Projektbeteiligten bei Redevelopments analog derer bei Neubauvorhaben in Grundleistungen und besondere Leistungen

---

[2] Gemäß § 4 HOAI 2013.

[3] Gemäß § 12 Abs. 2 HOAI 2013.

einteilen, die gesondert zu vereinbaren und zu vergüten sind. Während Grundleistungen für eine ordnungsgemäße Auftragserfüllung vertraglich vorausgesetzt werden, umfassen besondere Leistungen projektspezifische Aufgaben und Tätigkeiten.

Umbauzuschlag
Beim Umbauzuschlag für Planungsleistungen ist insbesondere der Schwierigkeitsgrad der Leistungen zu berücksichtigen. Bei durchschnittlichem Schwierigkeitsgrad der Leistungen kann ein Zuschlag von 50 % vereinbart werden.

Umbauzuschläge gemäß § 12Abs. 2 HOAI 2013 sind getrennt von § 4Abs. 3 HOAI 2013 zu vergüten. Umbauzuschläge beinhalten die erschwerten Aufwandsleistungen von Planern bei Redevelopments. Dieser Planungsaufwand ist durch das Entfernen alter und dem Einbau neuer Bauteile und Baustoffe deutlich höher als bei Neubauvorhaben. Er verursacht deshalb höhere Vergütungen. Dadurch entstehen im Rahmen von Redevelopments oftmals Baunebenkosten von 25 – 30 % der Bauwerkskosten.

Anrechenbare Bausubstanz
Die Mitverwendung der Bausubstanz verringert Bauwerkskosten für Primär-, Sekundär- und Tertiärkonstruktionen sowie damit auch Planungshonorare. Deshalb wird ein Erhaltungszuschlag für Planer angerechnet, um deren Bestrebungen, nutzbare Bausubstanz zu erneuern, bewusst einzuschränken. Die Verwendung und Integration bestehender Bausubstanz wird bei Redevelopments daher mit einem Honorarzuschlag gemäß § 4 Abs. 3 HOAI 2013 abgegolten, der bspw. über die Berechnung der zu erhaltenden Kubatur ermittelt wird. Er dient vorrangig zur Deckung erhöhter Haftungs- und Gewährleistungsansprüche von Planern.

Versäumen Bauherren die rechtzeitige Vereinbarung der Erhaltungsklausel, muss mit der Gefahr der Erhöhung der Bauwerkskosten gerechnet werden, da Planer in diesen Fällen u.U. versuchen, möglichst viel Substanz abzubrechen und anschließend durch neue zu ersetzen.

7.2.3 Qualitätsmanagement

Spezielle Tätigkeitsfelder des Qualitätsmanagements im Rahmen von Redevelopments umfassen:
– das Genehmigungsmanagement,
– Mieterinformations- und Integrationskonzepte als Sonderleistung für Redevelopmentvorhaben,
– die Erarbeitung eines Baulogistikkonzeptes als Sonderleistung für Redevelopmentvorhaben sowie
– die Kontrollen von Planung, Ausschreibung, Vergabe sowie Bauausführung.

Von zentraler Bedeutung beim Redevelopment von Bestandsgebäuden sind das Genehmigungsmanagement, die Berücksichtigung der Bedürfnisse der parallel zur Baumaßnahme im Gebäude lebenden oder arbeitenden Nutzer, die Erarbeitung eines Baulogistikkonzepts sowie die Prüfung der bautechnischen und -physikalischen Verträglichkeit mit der bestehenden Bausubstanz.

7.2.3.1 Genehmigungsmanagement
Beim Genehmigungsmanagement als Teilbereich des Qualitätsmanagements stehen zwei redevelopmentspezifische Aspekte im Vordergrund.

Ein maßgeblicher Prüfungsaspekt des Genehmigungsmanagements ist die Analyse der möglichen Eingriffsgrundlagen des Öffentlichen Baurechts in den Bestandsschutz des Redevelopmentobjektes.

Trotz des Bestandsschutzes in Form der Baugenehmigung ist die bauliche Anlage grundsätzlich nicht gegen nachträgliche Anordnungen in jeder Hinsicht geschützt. Durch landesrechtliche Vorschriften kann der Bestandsschutz eingeschränkt bzw. sogar aufgehoben werden.

Gesetzliche Eingriffsgrundlage bildet in bauplanerischer Hinsicht das Baugesetzbuch beispielsweise mit den städtebaulichen Geboten. Die Landesbauordnungen regeln die bauordnungsrechtlichen Eingriffsbefugnisse zur Gewährleistung der öffentlichen Sicherheit und Ordnung. Und nicht zuletzt sind die weiterführenden Verordnungen und Gesetze (Baunebenrecht) einzuhalten, die ihrerseits unter bestimmten Voraussetzungen zu Anpassungen verpflichten. Alle Eingriffsgrundlagen in den Bestandsschutz haben gemeinsam, dass sie begründete Interessen der Öffentlichkeit gesetzlich verankern.

Es ist die Aufgabe des Projektmanagements, den Bauherrn auf Genehmigungserfordernisse, Maßnahme- und Kostenänderungen durch die Eingriffsgrundlagen des Öffentlichen Baurechts frühzeitig hinzuweisen.

7.2.3.2 Mieterinformations- und Integrationskonzepte

Die Berücksichtigung der Bedürfnisse der parallel zur Baumaßnahme im Gebäude lebenden oder arbeitenden Nutzer ist von zentraler Bedeutung für die erfolgreiche Umsetzung des Redevelopments.

Das Projektmanagement übernimmt in diesem Kontext die Beratung des Bauherrn zur Akzeptanzschaffung für Baumaßnahmen am bestehenden Mietobjekt. Zielstellungen sind:

- Erstellung eines Informationskonzepts zur frühzeitigen Information der betroffenen Mieter über Baumaßnahmen,
- Erarbeitung eines Zeitplans der Informationsbereitstellung,
- Entwicklung eines Integrationskonzepts zwischen den an der baulichen Ausführung beteiligten Firmen und von den Baumaßnahmen betroffenen (Haupt-)Mietern durch Initiierung und Führung von gemeinsamen Treffen, in denen die notwendigen Maßnahmen zur Schaffung von Akzeptanz und Toleranz erläutert werden,
- regelmäßige Abstimmung in dieser Sache mit dem Vermarktungsbereich.

7.2.3.3 Erarbeitung eines Baulogistikkonzeptes

Das Bauen im Bestand ist i.d.R. durch begrenzte Lagerflächen im Gebäude – vor allem beim Bauen unter laufender Nutzung – und eingeschränkten Transportmöglichkeiten aufgrund der bestehenden Bausubstanz gekennzeichnet. Dazu sollte eine möglichst reibungslose und effektive Materialdisposition durch ein Baulogistikkonzept gewährleistet werden. Das Baulogistikkonzept regelt u.a. die Lagerflächenbereitstellung sowie Festlegungen zur Entsorgungslogistik hinsichtlich des Horizontal- und Vertikaltransports.

7.2.3.4 Kontrolle von Planung, Ausschreibung, Vergabe sowie Bauausführung

Wesentliche Teilbereiche des Qualitätsmanagements umfassen die Kontrolle der Planungen, Ausschreibungen und Vergaben sowie die Kontrolle der Bauausführung.

Bei Baumaßnahmen unter laufendem Betrieb stehen die Überprüfungen der Planungen, Ausschreibungen, Vergaben und Bauausführungen auf die Berücksichtigung der Bedürfnisse der parallel zur Baumaßnahme im Gebäude vorhandenen Nutzer im Fokus. Prüfungsparameter sind in diesem Kontext:

- die zeitliche Minimierung der Beeinträchtigung des Mieters,
- das Vorsehen von Staub- und Lärmschutzwänden,
- die Planung notwendiger Teilräumungen,
- die Beachtung des Umzugsmanagements der Nutzer,
- die Prüfung der Bauverfahren hinsichtlich ihrer Lärm-, Staub- und Vibrationsemissionen – in diesem Kontext evtl. schalltechnische Trennungen von Nutzungs- und Baumaßnahmebereichen sowie
- die Prüfung der Aufrechterhaltung der Medienversorgung für die Nutzer während der Baumaßnahme zur Gewährleistung der Grundbedürfnisse, wie z.B. Kochen, Waschen, Toilettenbenutzung oder anderer Nutzungserfordernisse, wie Operationsbetrieb und -sicherheit.

7.2.4 Kostencontrolling

Im Folgenden wird vordergründig auf die Schwierigkeiten der Kostenplanung bei Redevelopmentvorhaben eingegangen und daraus Konsequenzen abgeleitet.

7.2.4.1 Problempunkte der Kostenermittlung bei Baumaßnahmen im Bestand

Die Beeinflussbarkeit der Kosten bei Neubauvorhaben liegt nach abgeschlossener Entwurfsplanung noch bei ca. 35 %. Bei Redevelopment-Vorhaben ist der Grad der Kostenbeeinflussung aufgrund unvorhergesehener Unabwägbarkeiten im Bauverlauf jedoch wesentlich höher.

Bei Projektbeteiligten von Bestandsvorhaben existieren zudem oftmals nur unzureichende Kenntnisse über projektbeeinflussende Kostenfaktoren sowie deren Auswirkungen auf die Kostenermittlung. Folgende Fragestellungen können sich bei der Planung von Redevelopment-Vorhaben zur Eruierung von Kostenfaktoren sowie deren Auswirkungen als äußerst hilfreich erweisen:
- Welchen Kosteneinfluss und Umfang besitzt die Bestandsaufnahme?
- Welchen Kosteneinfluss besitzen Gebäudesubstanz und Gebäuderestriktionen?
- Welchen Kosteneinfluss und Umfang nehmen Sicherungs- und Abbruchmaßnahmen ein?
- Welchen Kosteneinfluss haben Anforderungen der Baustellenlogistik auf die Kostenplanung?
- Welche Maßnahmen zur Aufrechterhaltung des Nutzungsbetriebs sind erforderlich?

Die Kostenermittlungen bei Redevelopmentvorhaben erweisen sich somit komplizierter als jene bei Neubaumaßnahmen. Während bei Neubauvorhaben die Grundlagenermittlung auf die Klärung der Aufgabenstellung zielt sowie die Erörterung der Randbedingungen umfasst, erweitert sich diese bei Redevelopments um die Schadenserfassung der Bausubstanz. Neben der Beeinflussung der Kosten durch den Zustand der Bausubstanz, existieren noch weitere Faktoren, die selbst bei sorgfältigen und gewissenhaften Aufnahmen nicht gänzlich auszuschließen sind.

Die folgenden Faktoren haben signifikante Auswirkungen auf die Ergebnisse der Kostenermittlung bei Redevelopmentvorhaben:
- Projektbeteiligte und Honorar (Aspekte: mitzuverarbeitende Bausubstanz nach § 4 Abs. 3 HOAI 2013, Umbauzuschlag nach § 12 Abs. 2 HOAI 2013),
- Bestandsaufnahme (Aspekte: Aufwand- und Nutzenabwägung),
- Gebäudesubstanz (Aspekte: Instandsetzungskosten, Erneuerungs- bzw. Anpassungskosten),
- Gebäudeschadstoffe (Aspekte: Grad der Kontamination, Auswahl des Dekontaminationsverfahrens),
- behördliche Auflagen (Aspekte: Eingriffgrundlagen und Anpassungsverlangen, Denkmalschutz, Brandschutz),
- Kosten der Gebäudeentkernung (Aspekte: Entsorgungslogistik, Rückbautechnik, Materialwieder- und -weiterverwendung),
- Baustellenlogistik (Aspekte: Materialdisposition, Lagerungsmöglichkeiten),
- Aufrechterhaltung der Nutzung unter laufendem Baubetrieb (Aspekte: Sicherungsmaßnahmen, Gewährleistung der Medienversorgung, Minderung der Emissionen),

Sowohl zur Phase der Kostenschätzung als auch im Rahmen der Kostenberechnung ist aufgrund der beschriebenen Unsicherheiten die Elementmethode als geeignetes Kostenermittlungsverfahren zu empfehlen.

7.2.5 Terminmanagement

Es sollten bei Redevelopments gegenüber Neubauvorhaben bspw. folgende zusätzliche terminliche Betrachtungen angestellt werden:

- Welchen zeitlichen Umfang nimmt die Due Diligence im Vorfeld ein?
- Welche Dauer ist für die Erstellung von Bestandsplänen durch die Planer im Terminplan zu veranschlagen? Wird ein BIM-Bestandsmodell erforderlich?
- Wie ist der zeitliche Umfang von Sicherungs- und Abbruchmaßnahmen terminlich einzuplanen?
- Welchen Einfluss haben vorhandene Mieter auf die Terminplanung?
- Welchen Einfluss haben die besonderen Anforderungen der Baustellenlogistik auf Terminplanungen?

Nach Beantwortung dieser Fragen sind nähere Aufschlüsse über den zeitlichen Verlauf des Bestandsvorhabens und somit erste Terminaussagen möglich.

7.2.5.1 Problempunkte des Terminmanagements bei Baumaßnahmen im Bestand

Nachfolgend sind die maßgebenden Einflussfaktoren auf das Terminmanagement bei Redevelopments aufgeführt:

- Projektbeteiligte (Aspekte: Qualitäten, Arbeitsweisen und Kapazitäten),
- Bestandsaufnahme (Aspekte: Zeit-/Nutzenverhältnis bei maßlicher und technischer Gebäudeaufnahme, bei behördlichen Recherchen nach Bestandsunterlagen sowie zeitintensiven architektonischen Aufarbeitungen und Rekonstruktionen von Bestandsplänen),
- Gebäudesubstanz (Aspekte: Substanzerhaltung vs. Abbruchmaßnahmen, Sicherungsmaßnahmen bei Substanzerhalt, inhomogene Gebäudestrukturen führen zu veränderten Terminansätzen),
- Gebäudeschadstoffe (Aspekte: quantitativer Anteil der notwendigen Dekontaminationsmaßnahmen, u.U. Notwendigkeit einer zeitintensiven Entfrachtung),
- behördliche Auflagen (Aspekte: zeitintensive Abstimmungsprozesse mit Behörden vordergründig hinsichtlich des Bestands-, Denkmal- sowie Brandschutzes),
- Umfeldrestriktionen des Redevelopments (Aspekte: beengte Umfeldsituationen, die bspw. die Anfertigung eines Verkehrskonzeptes, Abbruchkonzeptes, Wiederverwertungskonzeptes sowie Logistikkonzeptes erfordert, terminliche Emissionsbeschränkungen),
- Vergabezeitpunkt und Vergabeart (Aspekte: Abwägung zwischen Vergabe nach der Entwurfsplanung, Vergabe nach Genehmigungsplanung sowie Vergabe nach Ausführungsplanung entsprechend des Gesamtzeitbudgets und der bevorzugten Risikostruktur in Form der avisierten Projektorganisation),
- Gebäudeentkernung (Aspekte: konventionelles oder zeitaufwendiges selektives Verfahren mit Demontageplänen etc. zur Selektion der abzubrechenden Materialien),
- Baustellenlogistik (Aspekte: Transport und Lagerung von Materialien sowie Kapazitäten von Gewerken),
- Unabwägbarkeiten im Bauverlauf (Aspekte: Unvorhergesehenes im Verlauf der Ausführung des Redevelopmentprojektes, z.B. plötzlich entdeckte Bauschäden oder Kontaminationen),
- Umzugsmanagement bei Baumaßnahmen unter laufendem Betrieb (Aspekte: Entmietung, terminliche Restriktionen aufgrund vorhandener Mieter hinsichtlich der Abtragung von Primärstrukturen, der Umlegung von Grundrissen mit Eingriffen in Primärstrukturen, dem Abriss von Treppenhäusern (Fluchtweg), der Erneuerung von Fußbodenaufbauten in Mietbereichen, der Verlegung von Unterputzinstallationen mit aufwendigen Eingriffen in Primärstrukturen sowie der Verlegung von Versorgungssträngen unter Berücksichtigung der Erfordernis der Aufrechterhaltung des Ver- und Entsorgungsbetriebes).

7.2.5.2 Konsequenzen für das Terminmanagement bei Baumaßnahmen im Bestand

Um bspw. im Rahmen des Genehmigungsmanagements umfangreiche und zeitintensive behördliche Nachforderungen zu vermeiden, empfiehlt es sich, eine rechtzeitige Bauvoranfrage bei der örtlichen Behörde zur Klärung der benötigten Unterlagen zu stellen. Weitere Handlungsoptionen zur Sicherung der Zeitschiene des Genehmigungsmanagements stellen Bauvorbescheide oder Genehmigungen einzelner Bauabschnitte dar. So werden Risiken der Genehmigungsfähigkeit durch ein frühzeitiges und proaktives Vorgehen bereits in einer sehr frühen Projektphase reduziert.

Es ist für innerstädtische Baustellen aufgrund beengter Platzverhältnisse zu empfehlen, in Ausschreibungen konkret auf vorhandene, erschwerende Baustellenbedingungen hinzuweisen, um Bietern klare Vorstellungen der vorherrschenden Baustellensituation zu ermöglichen und somit das Terminrisiko in der Ausführungsphase aufgrund von Unzulänglichkeiten bereits in der Planungsphase zu reduzieren. Iealerweise wird das frühzeitig erstellte Baulogistikkonzept als vertragsgegenständlich vereinbart.

Zur weiteren Absicherung des terminlichen Gesamtkonzeptes empfiehlt es sich, bei der Vergabe von Planungs- und Bauleistungen einen Schwerpunkt der Präqualifikationskriterien auf Referenzen hinsichtlich geplanter respektive ausgeführter Baumaßnahmen im Bestand zu legen.

Die Bauausführung unter laufendem Immobilienbetrieb wird durch die umfangreiche Beachtung von Mieterinteressen sehr viel schwieriger und somit zeitintensiver als Baumaßnahmen in leerstehenden Immobilien. Bei Verbleib der Mieter müssen diese in einer frühen Projektphase in den Umbauprozess einbezogen werden, um terminliche Risiken durch Mieterklagen rechtzeitig zu unterbinden.

Zudem erweisen sich bei Baumaßnahmen unter laufendem Betrieb Rotationsverfahren als sehr wirkungsvolles Instrument der Terminplanung. Die Anwendung von Rotationsverfahren beinhaltet die Versetzung vorhandener Mieter in leere, bereits sanierte Mieteinheiten.

Aus den oben beschriebenen Konsequenzen hinsichtlich der Terminplanung von Baumaßnahmen in bestehenden Immobilien ergeben sich folgende Handlungsprämissen für das Projektmanagement hinsichtlich der Einhaltung des Gesamtterminkonzeptes:

- Fixierung von Terminzielen (Aspekte: Durchführung von Risiko- und Szenarioanalysen in frühen Projektphasen; Ablaufplanung entsprechend den Methoden der Systemtechnik von Teilvorgängen, deren logistische Abfolge unter Berücksichtigung technischer, produktions- und kapazitätsbedingter Abhängigkeiten festzulegen bzw. deren Dauer zu bestimmen ist),
- Bestimmung von Terminkennwerten (Aspekte: Verifizierung von Terminkennwerten für Bestandsvorhaben durch externe Quellen, z.B. sirAdos, BKI, Schmitz etc.),
- Bestimmung spezifischer Pufferzeiten (Aspekte: Vorhaltung von Handlungsspielräumen zum Steuern unvorhergesehener Störgrößen),
- rotationsspezifische Terminplanung beim Bauen unter laufendem Betrieb (Aspekte: Einteilung der Gesamtmaßnahme in sequentielle, mit dem Nutzer abgestimmte Bauabschnitte, Bestimmung der Schnittstellenbereiche),
- Umzugsmanagement (Aspekte: Regelung der Verantwortlichkeiten für alle Leistungen, die im Zusammenhang mit dem Umzug stehen, so z.B. die Durchführung von Abstimmungsgesprächen mit Mietern, die Erstellung von Logistikkonzepten für Umzugsphasen, die Erstellung von Umzugshandbüchern zur Dokumentation, die Durchführung der Speditionsausschreibung sowie die Ermittlung der Umzugskosten für Bauherren).

7.3 Zertifizierung

Durch die immer größere Bedeutung des Klimaschutzes im Alltag entwickelte sich auch die Nachfrage nach grünen Gebäuden, den sogenannten „Green Buildings". Dabei stehen sie für die effiziente Nutzung von Energie, Wasser und anderen Ressourcen, dem Schutz der Gesundheit der Gebäudenutzer, der Verbesserung der Produktivität der Angestellten sowie der Reduzierung von Abfall, Umweltverschmutzung und Umweltzerstörung.

7.3.1 Green Building Label vs. Energieausweis

Durch den Energieausweis wurde erstmals die energetische Qualität von Gebäuden vergleichbar. Dieser umfasst sowohl die verbrauchte Energie eines Gebäudes als auch den daraus abzuleitenden Komfort (thermischer und visueller Komfort, Luftqualität) den das Gebäude anbietet. Weitere daraus abzuleitende Ziele sind die Reduzierung des Energiebedarfes durch einen guten Wärmeschutz, angepasste Betriebstemperaturen, intelligente Kontrollsysteme, effiziente Beleuchtungssysteme, usw. Des Weiteren schafft der Energieausweis Anreize zum Klimaschutz durch die Reduzierung des Verbrauchs fossiler Brennstoffe.

Green Building umfasst sowohl all die zuvor genannten Ziele des Energieausweises, als auch die hier folgenden:

- menschengerechtes Umfeld durch die Außenraumgestaltung, Mikroklima und eine behindertengerechte Bauweise
- optimierter Materialien- und Ressourcenverbrauch durch einen niedrigeren Primärenergiebedarf, reduzierten Materialverbrauch, Nachhaltigkeit, Langlebigkeit und Recyclingfähigkeit der eingesetzten Materialien als auch einer geringeren Inanspruchnahme des Naturraums
- Reduzierung des Wasserverbrauchs durch ein effizientes Regen- und Schmutzwassermanagement als auch wassersparende Techniken
- optimierte Standortauswahl und effiziente Beförderung durch kurze Distanzen
- effizientes Facility Management durch Vorbeugung vom Abfall, Abfalltrennung, optimierte Erhaltungszeiten als auch Wert- und Schadstoffentsorgung
- Optimierung der ökonomischen Faktoren durch die Betrachtung von Life-Cycle-Costs und der Marktfähigkeit der Immobilie.

In der folgenden Abbildung werden die bekanntesten drei Zertifizierungslabel dargestellt.

Abb. 7.6: Zertifizierungslabel

LEED	DGNB	BREEAM
Leadership in Energy and Environmental Design	Deutsche Gesellschaft für nachhaltiges Bauen	BRE Environmental Assessment Method

7.3.2 Mehrwert zertifizierter Gebäude

Der Mehrwert einer zertifizierten Immobilie besteht nicht nur für Neubauten, sondern auch für Bestandsgebäude durch folgende Aspekte:

- Identifikation der Marke des Mieters mit Nachhaltigkeit und Zukunftsfähigkeit
- Vermarktungsvorteile am Immobilienmarkt
- Höhere Kundenzufriedenheit, höhere Attraktivität für neue Kunden

- Höhere Mitarbeiterzufriedenheit, steigende Produktivität, niedriegerer Krankenstand, höhere Attraktivität im Recruitment
- Niedrigere Betriebskosten
- Reduzierung des „CO_2-Footprint“
- Vorbereitung auf zukünftig schärfere Gesetzgebung im Umweltbereich

Der Investor oder Entwickler gewinnt durch einen Green-Building-Label vor allem Vermarktungsvorteile durch ein steigendes Kundeninteresse. Der Eigennutzer kann durch das verbesserte Corporate Image sowie durch die Reduzierung der Betriebskosten profitieren. Weitere allgemeinen Vorteile bestehen in der Reduzierung des CO_2- Ausstosses, der effizienten Flächennutzung, der verbesserten Lufthygiene, der Ressourcenschonung und der erhöhten Lebensqualität.

7.3.3 Konkrete Maßnahmen

Um den vorher dargestellten Mehrwert einer zertifizierten (Bestands-)Immobilie zu ermöglichen, können folgende Maßnahmen im Rahmen eines Redevelopments zum Einsatz kommen:

Umfeld und Grundstück:
- Schaffung von Verdunstungsflächen
- Parkflächen bevorzugt für Carports und Fuhrparks mit verbrauchsarmen oder elektrischen Autos
- Bereitstellung von Fahrradstellplätzen inkl. Mitarbeiter-Duschen
- Anbindung an öffentlichen Verkehr
- Sammeln und verwenden von Regenwasser
- Reduzierte Außenbeleuchtung und Lichtemission nach außen
- Vermeidung von großen dunkeln Flächen im Außenbereich („Heat Island Effect“)
- Begrünung der Außenflächen

Architektur und TGA
- Energieoptimierte Fasade
- Energieoptimierte Raumkonditionierung
- Energiespartechnik in Wärme-/Kälteerzeugung und -verteilung
- Reduzierung Primärenergiebedarf, Fernwärme
- Photovoltaik und solare Warmwassergewinnung
- Brauchwasser für Toiletten, hocheffiziente WC-Spülungen

Innenraumkonzepte
- Emissionsarme Farben und Lacke
- Begrenzung interner Emissionsquellen
- Kontrollierte Qualität der Zuluft
- Verwendung regionaler, schnell nachwachsender Materialien

Die aufgeführte Aufzählung erhebt keinen Anspruch auf Vollständigkeit, soll aber Gestaltungsmöglichkeiten bezüglich des nachhaltigen Redevelopments einer Bestandsimmobilie vermitteln. Die einzelnen tatsächlich sinnvollen Maßnahmen sind stets für jeden Einzelfall zu betrachten, abhängig von den örtlichen Gegebenheiten, den geplanten Maßnahmen und dem angestrebten Label.

7.3.4 Mehraufwendungen für Green-Building-Auszeichnungen

Für die Zertifizierung einer Immobilie fallen in der Regel folgende Kosten an:
- Zertifizierungsgebühren
- Green-Building-Beratung
- Green-Building-Nachweisführung durch Auditor, Planer und Baufirma (Berechnungen und Dokumentation)
- Mehrkosten der Investition (Planungs- und Ausführungsleistungen)

Diese Kosten sind je nach Projekt abhängig von der Projektgröße (m^2 BGF), Art der Nutzung (Büro, Retail, Wohnen, Labor, etc.), Projektstand (Vorplanung, Ausführungsplanung, Bauausführung), Projektstandort (national, international), Art des Labels (DGNB, LEED, BREEAM), Auszeichnungslevel sowie dem beauftragten Planer (Know-How-Träger).

7.3.5 Fazit

Um eine grüne Architektur und nachhaltige Planung zu verwirklichen muss das Design eines Gebäudes in Einklang zu den natürlichen Gegebenheiten und Ressourcen der Umgebung gebracht werden. Dabei sollte man die Belastungen der Umwelt reduzieren, Materialien aus lokalen Quellen verwenden, technische Systeme optimieren als auch die Bereitstellung von vor Ort erzeugten, erneuerbaren Energien fördern.

Für die Zertifizierung eines Redevelopments sind die allgemeinen Grundsätze von Green Buildings zu beachten. Bei einem Neubau stehen zu einem frühen Zeitpunkt noch alle Möglichkeiten und Maßnahmen für eine Zertifizierung offen. Der große Unterschied bei der Zertifizierung eines Redevelopments ergibt sich aus der Einschränkung durch den bereits vorhandenen Bestand. Dabei können für das Erreichen eines höheren Auszeichnungslevels unverhältnismäßig hohe Kosten im Rahmen des Redevelopments entstehen, die stets im Einzelfall abzuwägen sind.

8. Wesentliche vertragliche Aspekte

8.1 Rechtliche Beratung in der Planungs- und Realisierungsphase

Der kluge Bauherr sucht internen oder externen Rechtsrat möglichst frühzeitig nach, um seine Gestaltungs- und damit auch Erwerbschancen nicht nur im Hinblick auf die baulich und kaufmännisch erfolgreiche Realisierung eines Projektes, sondern auch in Bezug auf seine vertraglichen Beziehungen zu den mit der Projektentwicklung beauftragten Dritten wahrzunehmen. Er muss wissen, ab welchen Stadien die Schwelle rechtlicher Unverbindlichkeit von Gesprächen mit den potentiell am Bau Beteiligten überschritten ist, welche Möglichkeiten intelligenter Vertragsgestaltung ihm offen stehen, wie den gesetzlichen Bestimmungen über die „Gestaltung rechtsgeschäftlicher Schuldverhältnisse durch Allgemeine Geschäftsbedingungen" unterfallende Formularverträge möglichst vermieden und da, wo dies nur eingeschränkt möglich ist, ihre Risiken erkannt werden und Waffengleichheit mit dem möglicherweise rechtlich beratenen Vertragspartner hergestellt wird. Dies ist mehr denn je von Bedeutung, zumal mit dem Inkrafttreten des **neuen Bauvertragsrechts** zum **01.01.2018** mit den **§§ 650 a ff. BGB** erstmals im Bürgerlichen Gesetzbuch nunmehr der „**Bauvertrag**" **eigenständige gesetzliche Regelungen** erfährt, die ein gesetzliches Leitbild für den Bauvertrag enthalten. Entsprechendes gilt für den **Architekten- und Ingenieurvertrag**, für den ebenfalls mit den **§§ 650 p ff. BGB** erstmals eigenständige Regelungen für diese Verträge im Bürgerlichen Gesetzbuch eingeführt werden. Auch seine rechtliche Begleitung bei der Dokumentation und Beweissicherung rechtlich relevanter Vorgänge bei der Bauausführung gehört dazu.

8.2 Verträge mit Architekten und Sonderfachleuten – ein Überblick

In der Planungsphase der Errichtung eines Bauwerkes steht die Beauftragung von **Architekten** mit der Konzeption, Planung, Wirtschaftlichkeitsberechnung und -prüfung sowie ggf. auch Leitung des Bauvorhabens im Vordergrund. Daneben tritt für spezielle Themen wie die der Statik eines Gebäudes oder der Klimatechnik, des Brand- oder Schallschutzes, der Mess-, Steuer- und Regeltechnik die Leistung weiterer, am Bau beteiligter **Sonderfachleute**. Mit den immer stärker von Bedeutung werdenden Kosten der Bewirtschaftung im späteren Betrieb bzw. bei der Nutzung einer Immobilie kann es sinnvoll sein, schon während der Planungsphase auch die Erfahrungen aus dem Facility Management frühzeitig einzubeziehen, um die späteren Unterhaltskosten der Immobilie zu minimieren. Bei größeren oder komplexeren Bauvorhaben wird das Zusammenspiel von Architekten, Sonderfachleuten, Bauunternehmen usw. vielfach durch einen **Projektsteuerer** dirigiert. Teilweise sind diese, die am Bau Beteiligten in ihren Aktionen koordinierenden und steuernden Aufgaben auch dem **Generalunternehmer/Generalübernehmer** mitübertragen. Ebenso wie Bauunternehmer häufig mit der Erbringung sämtlicher Bauleistungen, die für die Herstellung eines Bauwerkes erforderlich sind, beauftragt werden (Generalunternehmer/Generalübernehmer), kann dem Architekten als **Generalplaner** die umfassende Erbringung aller Planungsleistungen für ein Bauvorhaben, ggf. auch unter Einschluss der Planungsleistungen von Sonderfachleuten (z.B. Tragwerksplanung) obliegen. Auf der Planungs- wie auf der Ausführungsseite hilft eine solche **Generalbeauftragung** Schnittstellen und damit auch Zuständigkeits- und Verantwortlichkeitsabgrenzungen auszuschließen, die bei einer Einzelvergabe von Planungsleistungen an Architekten und Sonderfachleute bzw. von Bauleistungen an verschiedene Bauunternehmer sonst unvermeidlich sind. Umgekehrt wird aber auch gerade im Zusammenhang mit der umfassenden Beauftragung von Bauunternehmern mit der Herstellung eines Bauwerkes der Umfang der Beauftragung des Architekten häufig nicht erweitert, sondern begrenzt. So endet die Beauftragung von Architekten nicht selten bei der Leistungsphase 4 (Genehmigungsplanung), und die Erstellung der darauf aufbauenden Ausführungsplanung (Leistungsphase 5) obliegt dem Generalunternehmer/Generalübernehmer. Die Gründe hierfür können die gleichen wie die einer Generalbeauftragung sein!

8.3 Architektenvertrag

8.3.1 Werksvertragscharakter, Haftungsgemeinschaft mit Bauunternehmer

Zunächst ist festzuhalten, dass es bisher den Architektenvertrag als gesetzlichen Vertragstypus nicht gab. Seit dem Inkrafttreten des **neuen Bauvertragsrechts** zum 01.01.2018 gibt es auch für den **Architekten- und Ingenieurvertrag** mit den **§§ 650 p ff. BGB** nunmehr **eigenständige gesetzliche Regelungen** zum Planerrecht. Der Architektenvertrag ist, was die neuen Regelungen mit ihrer Einordnung in das BGB klarstellen, ein Unterfall des Werkvertrages gemäß §§ 631 ff. BGB. Der Architekt schuldet seinem Auftraggeber nicht die Erbringung einer bestimmten Tätigkeit, sondern einen durch Einzelleistungen zu erreichenden bestimmten **Erfolg**. Dieser Erfolg besteht vor allem in einem mangelfreien Bauwerk; daneben schuldet der Architekt oft noch andere Arbeitsergebnisse wie die Bauleitung (Objektüberwachung/-betreuung). Bleiben diese Erfolge aus, erhält der Architekt keine Vergütung, ungeachtet seines etwaigen Arbeitseinsatzes.

Im Gegensatz zum Bauunternehmer ist Gegenstand der vertraglichen Verpflichtung des Architekten stets die Erbringung eines **geistigen Werkes.** „Die erforderlichen Verhandlungen mit Behörden, die Massen- und Kostenberechnung, das Einholen von Angeboten, das Vergeben der Aufträge im Namen des Bauherrn, insbesondere der planmäßige und reibungslose Einsatz der an dem Bauwerk beteiligten Unternehmer und Handwerker, die Überwachung ihrer Tätigkeit auf Einhaltung der technischen Regeln, behördliche Vorschriften und vertragliche Vereinbarungen, die Abnahme der Arbeiten, die Feststellung der Aufmaße, die Prüfung der Rechnungen“[1], alle diese Tätigkeiten dienen der Verwirklichung des vom Architekten geschuldeten geistigen Werkes und haben den Zweck, den von ihm dem Bauherrn geschuldeten Erfolg, nämlich die mängelfreie Errichtung des geplanten Bauwerkes zu bewirken.

Der Architekt schuldet das Bauwerk aber nicht als körperliche Sache. Deshalb haftet der Architekt auch nicht für jeden Mangel des Bauwerkes, sondern nur für Mängel seines Architektenwerkes. Baumängel sind damit aber zugleich Mängel des Architektenwerkes, wenn sie durch eine – objektiv – mangelhafte Erfüllung der Architektenaufgaben beispielsweise Planungsfehler des Architekten verursacht sind[2].

Auch wenn der Erfolg des Architekten ebenso wie der des Bauunternehmers auf das gleiche Ziel – die plangerechte und fehlerfreie Errichtung des Bauwerkes – gerichtet ist, sind beide grundsätzlich keine **Gesamtschuldner** des Bauherrn. Regelmäßig schließt der Bauherr zwar mit beiden Verträge ab, so dass sie auch beide Schuldner des Bauherrn sind. Sie haben dem Bauherrn gegenüber aber **verschiedene** Leistungen zu erbringen, die lediglich im Ergebnis die gleiche Zielvorgabe haben. Die mangelfreie Herstellung des vom Bauunternehmer versprochenen Einzelwerkes, z.B. der Bodenplatte oder des Rohbaus kann der Bauherr nur vom Bauunternehmer, nicht vom Architekten verlangen. Umgekehrt schuldet der Bauunternehmer nicht die dem Architekten übertragene Planung des Bauwerkes.

Diese „keineswegs nur zufällige und absichtslose, sondern planmäßige rechtliche Zweckgemeinschaft“[3] schlägt aber regelmäßig in eine **Haftungsgemeinschaft** um, wenn sie beide wegen eines Mangels am Bauwerk haften[4]. Dies kann beispielsweise dann der Fall sein, wenn die vom Architekten gelieferten Pläne für den Bauunternehmer erkennbar fehlerhaft

[1] BGHZ 31, 224, 227 f.; BGHZ 45, 372.
[2] BGHZ 42, 16.
[3] BGHZ 43, 227, 229.
[4] BGHZ 43, 227, 230.

waren, in den vom Bauunternehmer geschuldeten Ausführungsplänen ihre Fortsetzung und im erstellten Bauwerk ihre Verkörperung fanden[5]. Hinsichtlich des dem Bauherrn hierdurch entstandenen Schadens kann sich dieser nach seinem Belieben an den Architekten oder den Bauunternehmer halten. Er kann aber die Leistung nur einmal fordern. Die Leistung des einen befreit auch den anderen. Derjenige, der Schadenersatz an den Bauherrn geleistet hat, kann dann von dem anderen Ausgleichung verlangen. In welchem Umfang beispielsweise der allein vom Bauherrn in Anspruch genommene Architekt dem Bauunternehmer an dem Schadensbetrag, den er an den Bauherrn geleistet hat, partizipieren lassen kann, hängt von den jeweiligen Verschuldensanteilen ab. In Einzelfällen kann sogar der eine verpflichtet sein, intern den anderen in vollem Umfang freizustellen. Auch insoweit bringt das neue Bauvertragsrecht aber ebenfalls teilweise neue Regelungen zur gesamtschuldnerischen Haftung von Architekt und bauausführendem Unternehmen durch § 650 t BGB, deren formale Voraussetzungen nun zur Durchsetzung von Mängelansprüchen zu beachten sind.

8.3.2 Formfreier Abschluss – Vergütung in der Akquisephase

Ein Architektenvertrag kann mündlich oder schriftlich, ausdrücklich oder stillschweigend abgeschlossen werden. Fehlen schriftliche Absprachen zwischen Architekten und Bauherrn, stellt sich häufig die Frage, ob ein – honorierungspflichtiger – Architektenvertrag überhaupt zustande gekommen ist. Der bloße Umstand, dass ein Architekt gegenüber dem Bauherrn Leistungen erbracht hat, die üblicherweise auf der Grundlage eines wirksam abgeschlossenen Architektenvertrages vergütet werden, lässt grundsätzlich nicht den zwingenden Schluss zu, dass die Tätigkeit des Architekten den **honorarfreien Akquisitionsbereich** bereits überschritten und den Bereich des vergütungspflichtigen Auftrages für den Bauherrn oder sonstigen Auftraggeber erreicht hätte[6]. Da das Gesetz unentgeltliche Verträge nicht verbietet, kann schlechthin jede, nach der Honorarordnung für Architekten und Ingenieure (HOAI) zu vergütende Architektenleistung auch als Akquisitionsbeitrag erbracht werden[7].
Mit der Einführung eines eigenständigen Planerrechtes zum 01.01.2018 ist aber unter anderem das Ziel des Gesetzgebers verbunden, die weitverbreitete Praxis einzudämmen, dass Architekten und Ingenieure vor Abschluss eines Planervertrages Leistungen erbringen, ohne hierfür eine angemessene Vergütung zu erhalten. Die **gesetzlichen Regelungen** sehen nunmehr (§ 650 p Abs. 2 BGB) eine Art „Zielfindungsphase" vor, in der der Planer zunächst Leistungen im Zusammenhang mit der **Erstellung einer „Planungsgrundlage"** für weitere Planungen **gegen Honorar** zu erbringen hat. Was dabei unter „Planungsgrundlage" zu verstehen ist, wird allerdings gesetzlich nicht geregelt. Der Gesetzgeber verwendet insoweit bewusst von der HOAI abweichende Begrifflichkeiten („Kosteneinschätzung", „Planungsgrundlage"). Mit dem Begriff „Planungsgrundlage" sind nach der Begründung des Gesetzgebers erste handschriftliche Skizzen gemeint. Wenn ein Architekt bzw. Ingenieur durch Übermittlung dieser „Planungsgrundlage" an den Auftraggeber seine „Akquiseleistung" fertiggestellt hat, hat der Auftragnehmer die Möglichkeit, den bereits zustande gekommenen Planervertrag im Wege eines **Sonderkündigungsrechtes (§ 650 r Abs. 1 BGB)** innerhalb einer **Frist** von **2 Wochen** zu beenden. Erfolgt die Kündigung fristwahrend, steht dem Architekten keine weitere Vergütung zu.
Mit diesen gesetzlichen Neuregelungen werden Planer künftig für bislang häufig nicht vergütete, bestimmte „Akquiseleistungen" einerseits eine Vergütung erhalten, andererseits läuft der Auftraggeber Gefahr, dass ein **weitergehender Architektenvertrag** (dann möglicherweise auch über sämtliche Leistungsphasen 1 bis 9 nach den Vorschriften der HOAI) zustande kommt, **wenn** das gesetzliche **Sonderkündigungsrecht nicht fristwahrend ausgeübt wird**. Weiterhin besteht dann das Risiko, dass der Planer gegenüber dem Auftraggeber berechtigterweise Schadensersatzansprüche wegen entgangenen Gewinn geltend machen kann, wenn ein

[5] BGH NZBau 2001, 450.
[6] OLG Hamm NZBau 2001, 508; OLG Koblenz NZBau 2001, 510; OLG Dresden NZBau 2001, 505.
[7] Siehe dazu auch Abschnitt 8.3.5.

so zustande gekommener Architektenvertrag durch den Auftraggeber nicht fortgeführt wird. Zur Minimierung dieser Risiken kommt schon zu einem frühzeitigen Zeitpunkt der Abschluss einer „**Akquisitionsvereinbarung**" in Frage, die idealerweise die Honorarsituation für die „Planungsgrundlage" bzw. „Leistungsphase 0" und ferner auch die automatische Beendigung der „Akquisitionsvereinbarung" regelt, damit es der Überwachung und Ausübung des Sonderkündigungsrechts nach § 650 r Abs. 1 BGB nicht bedarf. Kommt eine solche Vereinbarung nicht zustande oder regelt diese keine automatische Beendigung, sollte der Auftraggeber, die Frist von 14 Tagen nach Zugang der Akquiseergebnisse überwachen und rechtzeitig sein Sonderkündigungsrecht ausüben. Der Architekt, der die Vergütung seiner Leistung vom Auftraggeber begehrt, hat den Abschluss eines Architektenvertrages und damit – juristisch gesprochen – einen eindeutigen vertraglichen Bindungswillen seines Auftraggebers darzulegen und zu beweisen. Dieser Nachweis kann dem Architekten gerade in den Fällen, in denen die Realisierungsphase eines Projektes nicht erreicht und deshalb mit dem Widerstand des Auftraggebers zu rechnen sein wird, schwer fallen. Sobald der Architekt demnach eine Vergütung seiner Leistungen erwartet, sollte dies mit dem Auftraggeber schriftlich fixiert werden. Häufig werden im Vorfeld des Abschlusses eines (möglichen) Architektenvertrages ein oder mehrere Architekten mit der Erstellung eines groben Vorentwurfs gegen ein Pauschalhonorar beauftragt, auf dessen Grundlage der Bauherr dann entscheidet, wie konkret das Bauwerk überhaupt entstehen soll und welchen Architekten er letztlich mit dessen Planung beauftragt.

8.3.3 Kopplungsverbot

Der Architekt soll kein Grundstücksmakler sein. Der Architekt soll den Abschluss eines Grundstückskaufvertrages auch nicht von seiner Beauftragung als Architekt abhängig machen dürfen – was auch ungekehrt gilt. Der Gesetzgeber verbietet daher grundsätzlich die Kopplung eines Architektenvertrages an einen Grundstückserwerb (Art. 10 § 3 Mietrechtsverbesserungsgesetz[8]). Zweck des Gesetzes ist es den Wettbewerb zwischen Architekten nicht durch Grundstücksgeschäfte zu verfälschen. Andernfalls könnte sich ein Architekt durch Aufkauf begehrter Grundstücke in eine Monopolstellung bringen. Wird beispielsweise an den Verkauf eines Grundstücks der Abschluss eines Architektenvertrages für die Bebauung des Grundstücks geknüpft, liegt ein Verstoß gegen dieses Kopplungsverbot vor. Der Grundstückskaufvertrag bleibt wirksam, der Architektenvertrag ist aber nichtig. Ob der Architekt, der auf der Grundlage eines solchermaßen unwirksamen Architektenvertrages Leistungen gegenüber dem Käufer des Grundstücks erbracht hat, überhaupt eine Vergütung beanspruchen kann, hängt davon ab, ob der Käufer die Leistung des Architekten verwertet. Ist dies der Fall, steht dem Architekten immerhin ein Honorar auf bereicherungsrechtlicher Grundlage – in Höhe der Mindestsätze der HOAI – zu. Nach höchstrichterlicher Rechtsprechung liegt aber kein Verstoß gegen das Kopplungsverbot vor, wenn ein Bauinteressent einen Architekten bittet für ein konkretes Vorhaben ein geeignetes Grundstück zu vermitteln, auch wenn der Interessent dabei die Beauftragung des Architekten mit Planungsleistungen in Aussicht stellt.[9]

8.3.4 Gegenstand der Beauftragung des Architekten

Es ist klar: der Architekt schuldet nicht die Ausführung eines Bauvorhabens, die körperliche Erstellung des Bauwerkes. Es ist aber auch klar, dass der Architekt „in gewissem Umfang" für die fehlerfreie termin- und kostengerechte Erstellung des Bauwerkes mitverantwortlich ist. Das konkrete Maß seiner Verantwortlichkeit richtet sich dabei nach den ihm konkret vom Bauherrn übertragenen Aufgaben. Auf deren präzise Beschreibung im Vertrag oder in einer Anlage dazu mit einem klaren und umfassenden Leistungsbild der jeweiligen Planungs- bzw. Leitungsphasen sollte höchste Sorgfalt gelegt werden.

[8] Das Bundesverfassungsgericht hat mit Beschluss vom 16.6.2011 die Verfassungsmäßigkeit dieser Bestimmung bestätigt.
[9] BGHZ 64, 173.

8.3.4.1 Keine höchstpersönliche Leistungspflicht

Die Architektenleistung ist keine höchstpersönliche Leistung. Der Architekt darf sich zur Erbringung seiner Leistungen der Hilfe Dritter bedienen. Der Bauherr, der bei der Beauftragung eines sich aus mehreren Personen zusammensetzenden Architekturbüros auf die persönliche Betreuung durch einen oder mehrere bestimmte Architekten Wert legt, muss dies klar machen und entsprechend vertraglich vereinbaren.

8.3.4.2 Leistungsumfang des Architekten

Wie gesagt ist dem Architekten und seinem Bauherrn oder sonstigem Auftraggeber die klare schriftliche Niederlegung des präzisen Umfangs der vom Architekten zu erbringenden Leistungen anzuraten. Die Vergütung der Architektenleistungen mag sich in Ermangelung abweichender vertraglicher Vereinbarungen zwar nach den Regelungen der **HOAI** ermitteln lassen, nicht aber der Inhalt dessen, was vom Architekten konkret zur Verwirklichung des Bauvorhabens geschuldet wird. Bei der HOAI handelt es sich letztlich nur um **(zwingendes) öffentliches Preisrecht** für die in der HOAI beschriebenen Grundleistungen, das zur Beantwortung der Frage, was der Architekt gegenüber seinem Auftraggeber konkret schuldet, keine Auskunft geben kann[10]. Die HOAI enthält entgegen einem verbreiteten Irrglauben keine normativen Leitbilder für den Inhalt von Architekten- und Ingenieurverträgen. Die in ihr genannten Leistungsbilder (beispielsweise in § 33 HOAI) sind lediglich Gebührentatbestände für die Berechnung der Höhe des Honorars. Dem Architekt, der eine Tätigkeit, die diesen Leistungsbildern entspricht, gegenüber seinem Auftraggeber schuldet und vertragsgemäß erbringt, steht eine Vergütung nach den für die einzelnen Leistungsbilder der HOAI beschriebenen Mindest- und Höchstsätzen zu. Die Grundfrage aber, ob der Architekt im Einzelfall die von ihm erbrachten Leistungen gegenüber seinem Auftraggeber schuldete, sie ihm also zu vergüten sind, kann und darf die HOAI nicht beantworten. Der Umfang der Architektenleistungen, ob – honorarrechtlich – Grundleistungen und/oder Besondere Leistungen von der Grundlagenermittlung, der Vorplanung, der Entwurfsplanung, der Genehmigungsplanung, der Ausführungsplanung, der Vorbereitung der Vergabe, der Mitwirkung bei der Vergabe über die Objektüberwachung (Bauüberwachung oder Bauoberleitung) bis hin zur Objektbetreuung und Dokumentation obliegt allein der vertraglichen Absprache zwischen Architekten und Bauherrn. Häufig ist in Architektenverträgen dem Bauherrn dabei das Recht eingeräumt Architektenleistungen **stufenweise abzurufen.**

8.3.4.3 Building Information Modeling (BIM)

Mittlerweile kommt bei der Planung auch verstärkt das „Building Information Modeling (BIM)“ zur Anwendung. Bei der Neufassung der HOAI 2013 hat der Verordnungsgeber BIM bereits berücksichtigt. In Anlage 10 zur HOAI 2013 wird in der Leistungsphase 2 als Besondere Leistung die 3- oder 4-D-Gebäudemodellbearbeitung genannt. Für diese Besondere Leistung kann das Honorar frei vereinbart werden[11]. BIM stellt eine Planungsmethode dar, bei der durch dreidimensionale Darstellung im Rahmen eines Computermodells das geplante Bauwerk als virtuelles Modell visualisiert wird. Mit dem Einsatz von BIM ist es möglich, eine Vielzahl von Informationen zum Bauvorhaben, aber auch sonstige Informationen wie Kosten, Termine, Qualitäten zu bündeln, damit so die verschiedenen Planungsbeteiligten frühzeitig in den Planungsprozess eingebunden werden können.

8.3.5 Vergütung des Architekten

Die Vergütung der vom Architekten geschuldeten und vertragsgemäß erbrachten Leistungen richtet sich – wie dargelegt – grundsätzlich nach den Bestimmungen der HOAI. Honorarvereinbarungen unter Verstoß gegen die hierin aufgestellten Regelungen sind unwirksam.

---

[10] BGH NJW 1997, 586.

[11] Ob allerdings jegliche Planungsleistungen beim Einsatz von BIM als Besondere Leistungen oder doch teilweise auch als Grundleistungen, die in den Anwendungsbereich der HOAI fallen, anzusehen sind, wird teilweise bezweifelt, vgl. *Locher/Koeble/Frik* Kommentar zur HOAI, 13. Auflage, Einl. Rdnr. 531.

Ist eine **schriftliche Honorarvereinbarung** unterblieben, kann schon aus diesem Grunde der Architekt eine Honorierung seiner Leistung nur in Höhe der Mindestsätze beanspruchen. Höhere Honoraransprüche kann der Architekt in solchen Fällen nur geltend machen, wenn er mit seinem Auftraggeber eine sog. Abrechnungsvereinbarung trifft, auf deren Grundlage das Honorar vom Auftraggeber geleistet wird[12].

Die Bestimmungen der HOAI lassen auch die schriftliche Vereinbarung eines **Pauschalhonorares** für Architekten- und Ingenieurleistungen zu. Die Vertragsparteien sind dabei aber an den Mindest- und Höchstpreischarakter der HOAI gebunden. Mit dem zwingenden Preisrecht der HOAI soll ein (ruinöser) Preiswettbewerb unter den Architekten vermieden werden. Ein zwischen ihnen vereinbartes Pauschalhonorar, das die nach den Vorschriften der HOAI gültigen Mindestsätze unterschreitet, bindet den Architekten nicht; dem Architekten steht gleichwohl ein Honorar in Höhe der Mindestsätze zu[13]. Nur in Ausnahmefällen kann dem Architekten diese „Mehrforderung" abgeschnitten sein, wenn sein Auftraggeber sich auf die getroffene Vereinbarung eines, die Mindestsätze unterschreitenden Pauschalhonorars, schützenswert in einer Weise eingerichtet hat, dass ihm die Zahlung des Differenzbetrages zwischen dem vereinbarten Honorar und dem Mindestsatz nach Treu und Glauben nicht zugemutet werden kann[14]. In der Praxis ist die **Unterschreitung der Mindestsätze der HOAI** durch Vereinbarung eines Pauschalhonorars allerdings der Regelfall und es kommt deshalb auch immer wieder zu Streit über die Honorarhöhe mit dem Architekten vor allem dann, wenn es zu Mängeln oder Verzögerungen beim Bau und wechselseitig dann in der Folge zur Geltendmachung von Ansprüchen kommt. Der Bauherr sollte jedenfalls bedenken, dass er sich trotz Vereinbarung eines Pauschalhonrars deshalb häufig nicht sicher sein kann, nicht doch noch mit rechtlich begründeten Mehrforderungen konfrontiert zu werden.

Keinen Unzumutbarkeitseinwand begegnet aber die Vereinbarung zwischen einem Architekten und seinem Auftraggeber, dass Honoraransprüche erst mit der Realisierung des Projektes durch den Auftraggeber zur Entstehung kommen. Eine solche Teilhabe des Architekten am **Projektentwicklungsrisiko** des Auftraggebers lässt sich nach der Rechtsprechung zulässigerweise vereinbaren[15]. Eine derartige Absprache, bei denen der Architekt bewusst das Realisierungsrisiko seines Auftraggebers mitträgt, dürfte auch nach neuem Recht bei entsprechend klarer vertraglicher Vereinbarung auch weiterhin honorarfreie Tätigkeit im Rahmen der Akquisition des Architekten möglich sein[16]. Tritt die Bedingung „Realisierung des Projektes" nicht ein, entsteht der Honoraranspruch des Architekten auch nicht. Diese Risikoteilhabe des Architekten stellt bei entsprechender vertraglicher Gestaltung auch keine gegen die Preisvorschriften der HOAI verstoßende Mindestsatzunterschreitung dar. Dem Architekt steht deshalb für seine Leistungen auch kein Honorar in Höhe der Mindestsätze zu, sollte das Projekt scheitern. Die Abhängigmachung der Vergütung des Architekten von dem Eintritt einer wie auch immer gearteten Bedingung[17] kann – wie der Architektenvertrag überhaupt – formfrei, also auch mündlich, wirksam vereinbart werden. Der Architekt arbeitet umsonst, wenn die Bedingung nicht eintritt.

Die Teilhabe des Architekten am Projektentwicklungsrisiko seines Auftraggebers sollte jedoch in der äquivalenten Teilhabe des Architekten an der Projektentwicklungschance ihre Entsprechung finden. Auch hier müssen sich die Vertragsparteien bei der Bestimmung der Honorarhöhe des Architekten aber innerhalb der Vorgaben der HOAI bewegen. Denn die HOAI setzt nicht nur Mindest-, sondern auch **Höchstgrenzen für Architektenhonorare**. Wird ein Honorar – notwendigerweise schriftlich – vereinbart, das über den HOAI-Höchstsätzen

[12] OLG Düsseldorf BauR 1997, 880.
[13] OLG Hamm NJW-RR 1990, 522; BGHZ 136, 1.
[14] BGHZ 136, 1.
[15] BGH NJW-RR 1998, 952.
[16] *Kniffka* ibr Bauvertragsrecht, 19. Edition 2018, Stand 12.12.2017, § 650 p BGB
[17] Denkbar wäre auch die Erteilung einer bestandskräftigen Baugenehmigung oder der tatsächliche Baubeginn oder ein näher zu definierender Vermietungs-/Vermarktungserfolg des zu entwickelnden Projektes.

liegt, ohne aber durch „außergewöhnliche oder ungewöhnlich lange dauernde Leistungen" des Architekten seine Rechtfertigung zu erfahren (§ 7 Abs. 4 HOAI), muss das Honorar „lediglich" in Höhe der Höchstsätze geleistet werden. Das Honorar für Grundleistungen bei Gebäuden und raumbildenden Ausbauten, deren anrechenbare Kosten über € 25.000.000,00 liegen, kann hingegen frei – auch mündlich – vereinbart werden (§ 7 Abs. 2, 3 HOAI)[18]. Es besteht dann weder eine Bindung an die Höchst- und Mindestsätze noch an die Einordnung in die einzelnen Honorarzonen. Insbesondere in einem solchen Falle kann auch ein so genanntes Zeithonorar[19] vereinbart werden.

Fällig wird das Honorar des Architekten, wenn er seine Leistung vertragsgemäß erbracht und hierüber eine prüffähige Honorarschlussrechnung erstellt und dem Bauherrn überreicht hat (§ 15 HOAI). Eine Abnahme seiner Leistung ist nicht erforderlich; es genügt, dass sie fertig gestellt und abnahmefähig ist. An die Prüffähigkeit der Honorarrechnung selbst sind keine übertriebenen Anforderungen zu stellen. Da die Prüffähigkeit der Schlussrechnung kein Selbstzweck ist, muss diese auch nicht auf dem Formularmuster der DIN 276 erstellt werden. Der Architekt hat seine Rechnung lediglich so zu gliedern und aufzustellen, dass der Auftraggeber sie sachlich prüfen und die Richtigkeit der einzelnen Ansätze beurteilen kann[20].

Abschlagszahlungen kann der Architekt in angemessenen zeitlichen Abständen für nachgewiesene Leistungen von seinem Auftraggeber fordern (§ 15 Abs. 2 HOAI).

8.3.6 Geänderte und zusätzliche Leistungen

Für Architekten- und Ingenieurverträge enthält das neue Bauvertragsrecht seit dem 01.01.2018 in § 650 q BGB ebenfalls erstmals gesetzliche Vorschriften zur Anpassung der Vergütung bei geänderten und/oder zusätzlichen Leistungen. Aufgrund des Verweises auf die Vorschriften in §§ 650 b , 650 e und 650 h BGB mit der Maßgabe, dass gemäß § 650 q Abs. 2 BGB bei der Vergütungsanpassung nach § 650 b Abs. 2 BGB die Entgeltberechnungsregelungen der HOAI – soweit diese die zu erbringenden Leistungen erfassen – anzuwenden sind. Soweit die HOAI nicht anwendbar ist, ist das Honorar frei vereinbar. Die Honorierung von geänderten oder zusätzlichen Architektenleistungen ist grundsätzlich durch Vereinbarung zu treffen, andernfalls gilt auch insoweit § 650 c BGB (vgl. § 650 q Abs. 2 S. 3 BGB).

8.3.7 Pflichten des Architekten

Berufsaufgabe des Architekten ist die Planung, Gestaltung und Objektüberwachung von Gebäuden und anderen Bauwerken[21]. Das vom Architekten geschuldete Werk besteht im Allgemeinen denn auch in der Bauplanung, der Oberleitung und örtlichen Aufsicht. Herr des Baugeschehens ist und bleibt hierbei aber stets der Bauherr, der Architekt ist lediglich sein **„Sachwalter"** oder – juristisch gesprochen – im Verhältnis zu Dritten sein „Erfüllungsgehilfe". Inwieweit sich der Bauherr bei den von ihm originär zu treffenden Entscheidungen gegenüber den anderen am Bau Beteiligten, Behörden und öffentlichen Stellen von seinem Architekten vertreten lässt, liegt in seinem freien Ermessen. Eine solche Entscheidungsfreiheit steht dem Architekten dagegen nicht zu. Er hat bei der Wahrnehmung seiner Aufgaben stets und ausschließlich die Interessen des Bauherrn zu wahren. Im Einzelnen seien hier folgende Pflichten und Haftungsverantwortlichkeiten des Architekten genannt:

---

[18] Entsprechendes gilt für Grundleistungen bei der Tragwerksplanung (> € 15.000.000,00), Freianlagen (> € 1.500.000,00), Ingenieurbauwerke und Verkehrsanlagen (> € 25.000.000,00), technische Ausrüstung (> € 4.000.000,00), Bauakustik (> € 25.000.000,00), raumakustische Planung und Überwachung (> € 7.500.000,00).

[19] *Locher/Koeble/Frik*, Kommentar zur HOAI, 13. Auflage, § 7 Rdnr. 46

[20] BGH NJW-RR 1999, 1541.

[21] Präambel des Einheitsarchitektenvertrages für Gebäude in der empfohlenen und zwischenzeitlich zurückgezogenen Fassung der Bundesarchitektenkammer, veröffentlicht in BAnz Nr. 152 vom 13.8.1994.

- Der mit der Genehmigungsplanung beauftragte Architekt haftet für die **dauerhafte Genehmigungsfähigkeit** seiner Planung – nicht aber für die Genehmigung derselben – als werkvertraglichen Erfolg[22], sofern im Einzelfall nichts anderes vereinbart wurde. Ob und in welcher Weise sich der Architekt um den Eintritt dieses Erfolges bemüht hat, ist, sofern er ausbleibt, irrelevant.
- Der Architekt schuldet überhaupt eine **mangelfreie, funktionstaugliche Planung**. Besondere Umstände wie spezielle Bodenverhältnisse sind von ihm zu berücksichtigen[23]. Fehlen ihm hierzu, wie bei Spezialgewerken nicht selten, die erforderlichen Fachkenntnisse, muss er den Auftraggeber informieren und auf die Hinzuziehung der notwendigen Sonderfachleute hinwirken. Von seiner eigenen Verantwortlichkeit entbindet ihn das hingegen nicht. Er haftet auch bei Hinzuziehung eines Sonderfachmanns für dessen Auswahl und Überprüfung nach dem Maß der von ihm als Architekten zu erwartenden Kenntnisse. Lässt sich der Sonderfachmann von Fehlvorgaben des Architekten leiten, hat der Architekt einen Sonderfachmann mit mangelnder Spezialfachkunde ausgewählt oder erkennt der Architekt einzelne Mängel, die er hätte erkennen müssen, nicht, liegt seine Haftung ohnehin auf der Hand.
- Auch wenn der Architekt nach der Rechtsprechung „allgemein" nicht verpflichtet ist, in jeder Hinsicht die Vermögensinteressen seines Auftraggebers wahrzunehmen und unter Berücksichtigung aller Möglichkeiten „so kostengünstig wie möglich" zu bauen[24], muss er von Beginn an seine Planung und die Ausführung des Bauvorhabens doch auf die **wirtschaftlichen Interessen des Bauherrn** ausrichten[25]; er bewegt sich wirtschaftlich nicht im freien Raum[26]. Zu dieser Wirtschaftlichkeitspflicht gehört es selbstverständlich auch, Planungsänderungen, die **Mehrkosten** für seinen Auftraggeber bewirken, nicht vorzunehmen, ohne die Auswirkungen mit dem Auftraggeber zu erörtern. Überhaupt ist der Architekt verpflichtet, seinen Auftraggeber rechtzeitig darauf hinzuweisen, dass Änderungen und/oder Erweiterungen des Bauvorhabens zu einer wesentlichen Kostensteigerung führen können. Gerade wenn für den Architekten erkennbar ist, dass Mehrkosten anfallen und damit die bisher geschätzten Kosten überschritten werden, muss dem Bauherrn durch seine richtige Beratung im Rahmen der Kostenermittlung die Möglichkeit gegeben werden, eine einfachere Bauausführung durchzuführen oder das Bauvorhaben sogar fallenzulassen.
  Der Architekt ist letztendlich aber auch verpflichtet, das Bauwerk **kostengünstig** zu erstellen: Er hat eine Methode der Werkerstellung zu wählen, die neben der Vermeidung von Mängeln und neben einer zügigen Förderung des Werkes maßgeblich auch eine kostengünstige Abwicklung berücksichtigt[27]. Selbst wenn sich der Architekt im Rahmen der von ihm genannten Kosten oder des vom Auftraggeber vorgegebenen Kostenrahmens hält und die Planung auch technisch funktionstauglich ist, kann eine **unwirtschaftliche Planung** deshalb zur wirtschaftlichen Mangelhaftigkeit des Werkes des Architekten führen[28]. Dies ist beispielsweise dann gegeben, wenn gemessen an der vertraglichen Leistungsverpflichtung z.B. durch überdimensionierte Fundamente übermäßiger Aufwand getrieben oder wenn die geschuldete Optimierung der Nutzbarkeit eines Gebäudes (beispielsweise: Verhältnis Nutzflächen/Verkehrsflächen) nicht erreicht wird[29].
  Schuldhafte Verstöße gegen diese Verpflichtungen gewähren dem Auftraggeber einen Schadenersatzanspruch.
- Eine völlig andere Frage ist, ob die „bloße" **Überschreitung der tatsächlichen Bausumme** und damit die fehlerhafte Schätzung der Baukosten durch den Architekten, die weder auf unmittelbaren Planungs- und/oder Vergabefehlern noch auf mangelhafter Bauleitung oder

[22] BGH BauR 1998, 579.
[23] BGH NZBau 2001, 270.
[24] BGH BauR 1988, 734.
[25] BGH BauR 1988, 734, 735.
[26] BGH WM 1996, 1819, 1821, WM 1996, 1098.
[27] Zum Ganzen Werner/Frechen in Werner/Pastor, Der Bauprozess, 2018, Rdnr. 1997 ff.
[28] BGH DB 1998, 151.
[29] BGH BauR 1998, 354.

sonstigen Pflichtverletzungen des Architekten beruht[30] bereits Haftungsansprüche gegen den Architekten begründet. Es handelt sich hierbei um ein altes Thema, wie man schon bei *Vitruvius Pollio*[31] nachlesen kann:
„In der berühmten ... Stadt Ephesus war ... von den Vorfahren in alter Zeit ein Gesetz mit einer zwar harten, aber nicht ungerechten Bestimmung beschlossen worden. Wenn nämlich ein Baumeister den Auftrag für einen öffentlichen Bau übernimmt, gibt er eine Erklärung darüber ab, wieviel der Bau kosten wird. Nachdem der Baukostenanschlag der Behörde übergeben ist, wird sein Vermögen verpfändet, bis das Bauwerk fertig ist. Haben die Baukosten dem Voranschlag entsprochen, dann wird der Baumeister durch einen ehrenvollen Erlass geehrt. Wenn nicht mehr als ein Viertel zum Baukostenanschlag hinzugelegt werden muss, wird dieses Viertel aus Staatsmitteln gedeckt und der Architekt erhält keine Geldstrafe. Wird aber bei der Ausführung über ein Viertel mehr verbraucht (als veranschlagt war), dann wird zur Vollendung des Baues der erforderliche Betrag aus dem Vermögen des Baumeisters beigetrieben. Hätten doch die unsterblichen Götter es so gefügt, dass auch vom römischen Volk solch ein Gesetz nicht nur für öffentliche, sondern auch für private Bauten beschlossen wäre! Dann würden Leute, die vom Baufach nichts verstehen, nicht straflos herumlaufen. Vielmehr würden nur Fachleute ein Angebot vorlegen, die eine sehr gründliche Ausbildung genossen haben."
Auch unsere Rechtsordnung billigt dem Architekten bei der Ermittlung der voraussichtlichen Baukosten einen gewissen Spielraum zu, bevor er wegen einer Bausummenüberschreitung in die Haftung kommt. Denn – wie sich der Bundesgerichtshof vornehm ausdrückt – für die ein Bauvorhaben begleitenden Kostenermittlungen des Architekten kann dieser gewisse Toleranzen insoweit in Anspruch nehmen, „als die in den Ermittlungen enthaltenen Prognosen von unvermeidbaren Unsicherheiten und Unwägbarkeiten abhängen"[32]. Wenngleich hier vieles im Fluss ist und sich genaue Größen nicht verbindlich ausmachen lassen, steht doch fest, dass der Genauigkeitsgrad der Kostenschätzung entsprechend dem Baufortschritt zuzunehmen hat. In Anlehnung an die von der HOAI genannten Kostenermittlungsarten der DIN 276 wird man von folgenden Toleranzgrenzen[33] ausgehen können:

- Kostenschätzung im Rahmen der Vorplanung
  (Leistungsphase 2): 30 %
- Kostenberechnung im Rahmen der Entwurfsplanung
  (Leistungsphase 3): 20–25 %
- Kostenanschlag im Rahmen der Mitwirkung
  bei der Vergabe (Leistungsphase 7): 10–15 %.

Die Kostenermittlung des Architekten muss demnach umso genauer und sorgfältiger sein, je weiter das Bauvorhaben fortgeschritten ist. Während nach der DIN 276 die Kostenschätzung nur zur überschlägigen Ermittlung der Gesamtkosten dient, sind im Rahmen der Kostenberechnung bereits die angenäherten Gesamtkosten zu ermitteln; der Kostenanschlag dient dann zur genauen Ermittlung der tatsächlich zu erwartenden Kosten. Die Kostenfeststellung selbst ist das Ergebnis der tatsächlich entstandenen Kosten.
Die eigentliche Problematik liegt nun nicht in der Feststellung der relevanten Bausummenüberschreitung, sondern in der Ermittlung des dem Bauherrn konkret entstandenen Schadens. Zunächst besteht dieser Schaden in Höhe der über der Toleranzgrenze liegenden Baukosten. Es gilt aber – wie bei der Schadensermittlung überhaupt – ein strenges Kausalitätsprinzip. Zu vergleichen ist immer der tatsächliche, durch die Pflichtverletzung

[30] z.B. zu aufwendige Bauweise; Gründungsfehler; fehlerhafte Ausschreibung/Vergessen von Einzelpositionen im Leistungsverzeichnis; mangelhafte Bodenuntersuchung und dadurch verursachte spätere Mehrkosten für Tiefergründungen usw.
[31] De architectura libri decem, 25 v.Chr.
[32] BGH NJW-RR 1997, 850.
[33] OLG-Köln BauR 2002, 978; OLG-Stuttgart OLGR 2000, 422; BGH BauR 1987, 225. In Rechtsprechung und Literatur werden unterschiedliche Toleranzgrenzen angewendet.

eingetretene Sachverhalt mit einem hypothetischen Geschehensablauf, der sich ereignet hätte, wenn die Pflichtverletzung nicht geschehen wäre (Differenzmethode). Ein Schaden kann deshalb nicht angenommen werden, wenn der Bauherr bei rechtzeitiger Kenntnis der späteren Bausummenüberschreitung keine gegensteuernden Maßnahmen getroffen und das Bauvorhaben unverändert fortgeführt hätte. Einen erstattungsfähigen Schaden verneint die Rechtsprechung darüber hinaus auch dann, wenn der zu Lasten des Bauherrn gehende Mehraufwand zu einer Wertsteigerung des Objektes (Steigerung des Verkehrswertes; bei Gebäuden, die im engeren Sinne zur Ertragserzielung bestimmt sind mithin des Ertragswertes) geführt hat[34], der seinen Herstellungskosten entspricht. Eine solche Anrechnung wird der Bauherr nur dann mit Erfolg abwehren können, wenn es ihm gelingt darzulegen und zu beweisen, dass er bei Kenntnis der verteuernden Maßnahmen oder Umstände – und dies heißt zunächst auch bei entsprechender Information durch den Architekten – eine einfachere Bauausführung gewählt, einsparende Maßnahmen eingeleitet oder sogar das Bauvorhaben insgesamt fallengelassen hätte. Es geht dann letztendlich maßgeblich um die Vermeidbarkeit bzw. die Nichterforderlichkeit der tatsächlich durchgeführten Maßnahmen[35]. Um wieviel kostengünstiger hätte das Bauvorhaben verwirklicht werden können, wenn der Architekt den Bauherrn von Anfang an richtig über die zu erwartenden Kosten informiert hätte?

Will der Bauherr diesen Komplikationen der Schadensberechnung einer Bausummenüberschreitung aus dem Weg gehen, muss er von seinem Architekten die Abgabe eine Baukostengarantie[36] verlangen. In der Praxis lässt sich diese aber nur sehr schwer durchsetzen. Der Architekt haftet dann bei jeder Überschreitung der Kosten ohne Rücksicht auf ein Verschulden auf den Differenzbetrag. Gerade die Rigorosität dieser Haftung des Architekten hat aber zur Folge, dass Baukostengarantien in der Praxis nicht häufig anzutreffen sind.

8.3.8 Abnahme und Gewährleistung der Architektenleistung

Der Architekt schuldet die vertragsgemäße Leistungserbringung, seinen Beitrag zur termingerechten und mangelfreien Entstehung des Bauwerks. Die **Abnahme** des Architektenwerkes durch den Bauherrn ist entsprechend der Unterschiedlichkeit des Architektenwerkes zum Bauwerk von der Abnahme des auf der Grundlage der Architektenplanung und ggf. auch Oberleitung und örtlicher Aufsicht errichteten Bauwerkes selbst zu unterscheiden. Abnahme bedeutet die Billigung des Architektenwerkes durch den Bauherrn als im wesentlichen vertragsgemäße Leistung. Wie bei diesen ist aber auch für die Abnahme des Architektenwerkes die vollständige Erbringung sämtlicher – vertraglich geschuldeter – Leistungen des Architekten Voraussetzung. Je nach Leistungsumfang kann diese vor, zugleich oder erst nach der Abnahme des Bauwerkes stattfinden – mit der Folge des unterschiedlichen Laufes der regelmäßigen fünfjährigen Gewährleistungsfrist für Mängel des Architektenwerkes einerseits und des Bauwerkes andererseits. Wichtig ist, dass im Falle einer frühzeitigen Kündigung des Architektenvertrages die Gewährleistungsfrist bereits mit der Wirksamkeit der Kündigung des Architektenvertrages durch den Bauherrn zu laufen beginnt, auch wenn – und gerade weil, wie regelmäßig in solchen Fällen – eine spätere Abnahme nicht stattfindet.

Der oben geschilderte Grundsatz, dass die Abnahme des Architektenwerkes erst dann erfolgen kann, wenn die vollständige Erbringung sämtlicher vertraglich geschuldeter Leistungen des Architekten erfolgt ist, führte nach bisheriger Rechtslage bei Beauftragung auch der Leistungsphase 9 (Objektbetreuung) dazu, dass der Auftragnehmer die Abnahme erst verlangen konnte, wenn auch die letzte geschuldete Leistung nach der Leistungsphase 9 erbracht war. Dazu gehört unter anderem die Objektbegehung zur Mängelfeststellung vor Ablauf der Verjährungsfristen

[34] BGH NJW 1994, 856, 857, WM 1977, 1055, 1058.

[35] OLG Düsseldorf BauR 1980, 376; es gilt der Grundsatz, dass entbehrliche Leistungen nicht zu bezahlen sind.

[36] BGH NJW 1960, 1567, BauR 1974, 347; nach der Rechtsprechung führt auch die Vereinbarung einer Kostenobergrenze zu einem Entfallen jeglicher Toleranzen, wenn im Vertrag nichts anderes geregelt ist, vgl. BGH BauR 1997, 494; BGH BauR 2003, 1061; OLG Frankfurt NJW 2012, 1739.

für Mängelansprüche gegenüber den ausführenden Unternehmen längstens bis zum Ablauf von 5 Jahren seit Abnahme der Bauleistungen. Vor Erbringung dieser letzten geschuldeten Leistung und der Abnahme des Architektenwerkes konnte dementsprechend auch die Verjährungsfrist für die Leistungen des Architekten (5 Jahre gemäß § 634 a Abs. 1 Nr. 2 BGB) nicht zu laufen beginnen. Das hatte nach bisheriger Rechtslage für den Architekten die unangenehme Konsequenz, dass er, ausgehend von der Abnahme der Bauleistungen, selbst rund 10 Jahre in der Haftung war. Zwar konnte der Architekt dem schon bisher dadurch begegnen, indem er eine entsprechende Teilabnahme nach Abschluss der Leistungsphase 8 [Objektüberwachung (Bauüberwachung) und Dokumentation] vertraglich vereinbart hatte. Ohne eine solche Vereinbarung aber war er auch für Planungs- und Objektüberwachungsfehler aus der Bauphase einer 10-jährigen Verjährungsfrist für Mängelansprüche ausgesetzt.

Seit 01.01.2018 räumt das **neue Bauvertragsrecht** dem Architekten nach **§ 650 s BGB** nun allerdings das gesetzliche **Recht zur Teilabnahme** nach der Abnahme der letzten Werkleistung des letzten bauausführenden Unternehmen ein. Dies hat zur Folge, dass damit auch ohne ausdrückliche vertragliche Vereinbarung der Planer den **Beginn** der **Verjährungsfrist für Mängelansprüche** seiner Planungs- und Bauüberwachungsleistungen zeitlich **deutlich früher** als bislang herbeiführen kann, wenn er die Leistungsphase 9 im Auftrag hat. Allerdings bringt die neue Regelung auch dahingehend Unsicherheit mit sich, als zum Zeitpunkt der letzten Werkleistung des letzten bauausführenden Unternehmens nicht zwingend auch sämtliche nach der Leistungsphase 8 vom Architekten geschuldeten Leistungen bereits erbracht sind, z.B. das Überwachen der Beseitigung der bei Abnahme festgestellten Mängel oder die Prüfung der Schlussrechnung. Insofern sollte daher vertraglich geregelt werden, auf welche Planerleistungen konkret sich dann eine etwa zu erklärende Teilabnahme nach neuer Rechtslage bezieht.

Die **Gewährleistung** des Architekten für Fehler seines Werkes ist zunächst auf Nacherfüllung (Mängelbeseitigung oder Neuherstellung) gerichtet, solange und soweit eine solche Nacherfüllung noch in Betracht kommt. Hat sich aber ein Planungsfehler des Architekten bereits in einem Mangel des Bauwerkes niedergeschlagen, führt die Nacherfüllung der fehlerhaften Architektenleistung nicht notwendigerweise zur Mangelfreiheit des Bauwerks. Auch das Recht des Bauherrn zur Minderung des Architektenhonorars hilft in einem solchen Fall nicht erheblich weiter. Regelmäßig wird der Architekt aber die Mangelhaftigkeit der von ihm geschuldeten Leistungen zu vertreten haben. Der Bauherr kann dann von dem Architekten die Erstattung des gesamten, ihm durch die fehlerhafte Architektenleistung entstandenen Schadens am Bauwerk einschließlich etwaig entgangenen Gewinns (z.B. Mietausfall) erstattet verlangen. Der Bauherr kann vom Architekten beanspruchen, so gestellt zu werden, wie wenn der Architekt korrekt geleistet hätte. Ein solcher Schadenersatzanspruch unterliegt ebenso wie die anderen auf Minderung, Selbstvornahme oder Nacherfüllung gerichteten Gewährleistungsrechte des Bauherrn grundsätzlich einer **Gewährleistungsfrist**, die fünf Jahre beträgt, beginnend prinzipiell ab dem Zeitpunkt der Abnahme des Architektenwerkes – nicht des Bauwerkes als solches –. Zu beachten ist, dass nach **§ 650 t BGB** seit 01.01.2018 nunmehr auch eine gesetzliche Regelung zur **gesamtschuldnerischen Haftung** des Architekten mit dem bauausführenden Unternehmer eingeführt wurde. Die Regelung betrifft den Fall, dass den Architekten ein Überwachungsfehler trifft, der neben einer mangelhaften Werkleistung des Bauunternehmers zu einem Mangel am Bauwerk geführt hat. Bevor der Auftraggeber insoweit den Architekten wegen eines Mangels in Anspruch nehmen kann, muss er nun zuvor dem ebenfalls für den Mangel haftenden Bauunternehmer erfolglos eine angemessene Frist zur Nacherfüllung gesetzt haben. Solange dies nicht der Fall ist, kann der Architekt die Leistung verweigern, § 650 t BGB.

Der Architekt schuldet nicht nur die vertragsgemäße, er schuldet auch die rechtzeitige Leistungserbringung. Führt die Nichteinhaltung vertraglich vereinbarter Leistungstermine beispielsweise für eine baurechtlich genehmigungsfähige Baueingabeplanung zu einer **Bauzeitverzögerung**, haftet der Architekt für sämtliche Verzögerungsschäden des Bauherrn. Ob diese Schadenersatzpflicht des Architekten das Verstreichen einer zuvor gesetzten Nachfrist des Bauherren voraussetzt, bestimmt sich nach den Umständen des Einzelfalles (§ 636 BGB).

8.3.9 Vorzeitige Auflösung des Architektenvertrages

Von Gesetzes wegen sind Architektenverträge durch den Bauherrn jederzeit **frei kündbar** (§ 648 BGB[37]). Auf das Vorliegen eines Grundes kommt es nicht an. Macht der Auftraggeber von diesem Kündigungsrecht Gebrauch, kann der Architekt sein Honorar grundsätzlich in voller Höhe verlangen. Er muss sich auf dieses Honorar aber anrechnen lassen, was er „infolge der Aufhebung des Vertrages an Aufwendungen erspart oder durch anderweitige Verwendung seiner Arbeitskraft erwirbt oder zu erwerben böswillig unterlässt". Nach der gesetzlichen Regelung wird dabei – widerlegbar – „vermutet", dass danach dem Architekten 5 vom Hundert der auf den noch nicht erbrachten Teil der Werkleistung entfallenden vereinbarten Vergütung zustehen. Der Nachweis eines höheren bzw. eines niedrigeren Vergütungsanspruches für die noch nicht erbrachten Leistungen, bleibt dem Architekten bzw. Bauherrn unbenommen. Als erspart sind dabei die Aufwendungen anzurechnen, die der Architekt bei Ausführung des Vertrages hätte machen müssen und die er wegen der Kündigung nun nicht mehr machen muss[38]. Zur Bestimmung dieser Größe können die Parteien auch individualvertraglich eine Pauschalierung vereinbaren. Als Allgemeine Geschäftsbedingung kann eine Pauschalierung jedoch unwirksam sein.[39]

Um die Folgen des § 648 BGB zu vermeiden bzw. zu minimieren, falls das Projekt sich aus Gründen, die in der Risikospäre des Bauherrn liegen (z.B. wird die Baugenehmigung nicht erteilt, der Erwerb des benötigten Grundstücks scheitert bzw. es wird rückabgewickelt), wird deshalb häufig eine **stufenweise Beauftragung** vereinbart. Meist wird nur unmittelbar der Vertrag für die Leistungsphasen 1 – 4 als Stufe I beauftragt, während die anschließenden Leistungsphasen (z.B. Leistungsphase 5 – 7 als Stufe II, Leistungsphase 8 als Stufe III und Leistungsphase 9 als Stufe IV) dann nur bedingt unter dem Vorbehalt des jeweiligen Abrufs durch den Bauherrn ohne Anspruch des Architekten auf Beauftragung im Vertrag geregelt werden. Das hat bespielsweise für den Fall, dass die Baugenehmigung aus Gründen, die der Risikosphäre des Bauherrn zuzurechnen sind, nicht erteilt wird, den Vorteil, dass der Vertrag mit dem Architekten, der ohne Stufen sonst regelmäßig alle Leistungsphasen 1 – 9, jedenfalls aber Leistungsphase 1 – 8 umfasst, nicht vorzeitig durch freie Kündigung beendet werden muss und dadurch die Vergütungsfolgen des § 648 BGB vermieden werden.

Nicht selten wird das freie Kündigungsrecht des Bauherrn auch vertraglich ausgeschlossen. Dem Auftraggeber bleibt dann – wie dem Architekten – nur noch die nicht ausschließbare Möglichkeit, den Architektenvertrag bei Vorliegen eines wichtigen Grundes zu kündigen.

Arbeitet der Architekt so nachlässig, dass sein Auftraggeber kein Vertrauen mehr zu ihm haben kann, so kann dieser den Architektenvertrag kündigen, ohne den Anspruch des Architekten auf das volle Honorar erfüllen zu müssen. Im Gegenteil, der Architekt hat seinem Auftraggeber den durch die Kündigung entstandenen Schaden, z.B. nicht zu vermeidende Mehraufwendungen für die Hinzuziehung eines anderen Architekten, zu ersetzen[40]. Ein Honorar kann der Architekt nur für die von ihm erbrachten Leistungen und nur soweit diese mangelfrei und für seinen Auftraggeber brauchbar sind, beanspruchen[41]. Des weiteren gilt, dass der Architekt auch nach einer Kündigung grundsätzlich berechtigt und verpflichtet bleibt, Mängel seiner bis zur Kündigung erbrachten Leistung (beispielsweise Planung) zu beseitigen[42]. Die Gewährleistungsverpflichtung des Architekten wird also durch die – lediglich in der Zukunft wirkende – vorzeitige Auflösung des Architektenvertrages grundsätzlich nicht berührt.

[37] bisher § 649 BGB a.F.
[38] OLG Düsseldorf BauR 2001, 117.
[39] BGH NJW 1999, 418; BGH BauR 2004, 316; BGH BauR 2011, 1328.
[40] BGHZ 45, 372, 375.
[41] BGHZ 136, 33.
[42] BGH NZBau 2001, 211.

8.3.10 Urheberrecht des Architekten

Nicht selten wird der Architekt ein Urheberrecht an dem von ihm geplanten Bauwerk haben. Bereits Änderungen während der Bauphase sowie spätere Umbauvorhaben des Bauherrn können an diesem Urheberrecht bzw. den auf seiner Grundlage gestellten Forderungen des Architekten scheitern. So wurde auch in dem prominenten Fall des Berliner Hauptbahnhofs über die Rechtmäßigkeit einer Änderung der (vom Bauherrn zuvor genehmigten) Bauplanung ohne Zustimmung des Urhebers gestritten.[43] Indessen genießt nicht jedes Werk eines Architekten Urheberrechtsschutz. Nur solche Werke und Entwürfe der Baukunst sowie Darstellungen wissenschaftlicher und technischer Art wie Zeichnung und Pläne etc. fallen unter das Urheberrecht des Architekten bei denen sich eine eigenständige schöpferische Leistung des Architekten offenbart, die dann im Bauwerk ihre Verkörperung findet. Im Streitfall wird die Bejahung dieser Voraussetzung indessen von der subjektiven Einschätzung des Entscheidenden abhängen.

Fällt ein Bauwerk in das Urheberrecht des Architekten sind Veränderungen am Bauwerk durch den Bauherrn grundsätzlich nur zulässig, soweit die Bausubstanz nicht angegriffen wird. Die Vernichtung eines Bauwerks ist dagegen ohne Zustimmung des Architekten zulässig.[44]

Auch in einem Vertrag mit einem Generalunternehmer bzw. -übernehmer empfiehlt sich eine Regelung zum Urheberrecht, da diese regelmäßig auch Planungsleistungen übernehmen.

Meistens wird das Urheberrecht des Architekten, das gemäß § 64 UrhG erst 70 Jahre nach seinem Tod erlischt, die Lebensdauer eines Bauwerkes überdauern. Es liegt deshalb auf der Hand, dass Regelungen über das Urheberrecht zum zwingenden Bestandteil eines jeden Architektenvertrages gehören. Als höchstpersönliches Recht kann das Urheberrecht zwar nicht übertragen werden, wohl aber kann der Architekt auf einzelne Nutzungsbefugnisse wirksam verzichten. Auch späteren Umbauvorhaben kann der Architekt wirksam bereits mit Abschluss des Architektenvertrages seine Zustimmung erteilen.

8.4 Ingenieurvertrag

Die Komplexität eines Bauvorhabens bedingt neben der Beauftragung eines Architekten mit der Bauplanung, ggf. auch der Bauleitung, oft die Einschaltung von **Sonderfachleuten** wie Statikern/Tragwerksplanern, Vermessungs-, Heizungs-, Elektroingenieuren etc. Regelmäßig wird deren Beauftragung unmittelbar, wenn auch vielleicht auf Vorschlag des Architekten durch den Bauherrn erfolgen. Nur soweit die vom Architekten selbst geschuldeten Leistungen auch Einzelaspekte umfassen, die der Architekt mangels eigener Spezialsachkunde nicht zu erbringen vermag, wird eine Beauftragung von Sonderfachleuten durch den Architekten selbst in Frage kommen. Nur im letzteren Fall ist der Sonderfachmann Erfüllungsgehilfe des Architekten, dessen schuldhaftes Handeln sich der Architekt als eigene Pflichtverletzung zurechnen lassen muss.

Bei der Beauftragung von Sonderfachleuten durch den Bauherrn, auch soweit dieser hierbei vom Architekten in Vollmacht vertreten wird, muss sich der Architekt Fehler des Sonderfachmanns nicht als eigenes Verschulden zurechnen lassen. Indessen können auch hier Überschneidungen der Verantwortungsbereiche oder gar eine **gesamtschuldnerische Haftung** des Sonderfachmanns und des Architekten gegenüber dem Bauherrn in Betracht kommen. Trifft im Übrigen neben dem bauausführenden Unternehmer auch den Sonderfachmann eine Verantwortlichkeit für einen Mangel des Bauwerks in Form eines Überwachungsfehlers, gilt auch insoweit wiederrum die Regelung in § 650 t BGB für nach dem 01.01.2018 abgeschlossene Verträge.

Überwacht oder koordiniert der Architekt den Sonderfachmann beispielsweise nicht sorgfältig oder empfiehlt der Architekt dem Bauherrn einen erkennbar nicht mit der erforderlichen Spezialsachkunde ausgestatteten Ingenieur, verletzt er eigene Vertragspflichten gegenüber seinem Auftraggeber[45] und haftet diesem ebenfalls.

---

[43] LG Berlin NZBau 2007, 324.

[44] Erfordert möglicherweise aber eine denkmalschutzrechtliche Genehmigung.

[45] BGH NZBau 2001, 270.

Wie der Architektenvertrag ist auch der Vertrag mit einem Sonderfachmann regelmäßig als **Werkvertrag** anzusehen. Auch für den **Sonderfachmann** gelten seit dem 01.01.2018 die **neuen Regelungen** der **§§650p ff. BGB** zum Architekten- und **Ingenieurvertrag**. Der Sonderfachmann schuldet den Erfolg der bei ihm in Auftrag gegebenen Leistung, nicht aber eine bloße, auf diesen Erfolg hinwirkende Tätigkeit. Bleibt der Erfolg aus, steht dem Sonderfachmann keine Vergütung zu und er haftet seinem Auftraggeber für den dadurch bewirkten Schaden. Tritt der Werkerfolg ein, kann sich der Sonderfachmann frühestens nach Ablauf von fünf Jahren ab Abnahme seiner Leistungen durch den Auftraggeber auf die Verjährung etwaiger Gewährleistungsansprüche berufen.

Die Höhe der Vergütung von Sonderfachleuten richtet sich grundsätzlich nach den Bestimmungen der HOAI.

8.5 Joint-Venture-Verträge in der Immobilien-Projektentwicklung

Großvolumige Immobilien-Projektentwicklungen lassen sich oftmals nur durch Joint-Ventures realisieren.[46] Durch den Zusammenschluss mehrerer Partner kann Kapital und Know-how gebündelt und Risiko geteilt werden. Verfügen die Partner zudem über unterschiedliche Stärken und Schwächen kann ein gemeinsames Agieren in einem Markt besonders interessant sein. Da bei gemeinsamen Immobilien-Projektentwicklungen oftmals große Investitionen getätigt werden und sich daraus langfristige Vertragsbeziehungen ergeben, ist dem Joint-Venture-Vertrag große Beachtung beizumessen. Dabei sind die wirtschaftlichen und rechtlichen Rahmenbedingungen zu beachten und die Rechte und Pflichten der einzelnen Partner sollten sich in einem ausgewogenen Gesellschaftsvertrag widerspiegeln.[47] Deutsche Joint-Ventures bedienen sich oftmals der Rechtsform der GbR, KG, GmbH & Co. KG oder der GmbH. Bei der Auswahl zwischen Personen- und Kapitalgesellschaften sind rechtliche und wirtschaftliche Gesichtspunkte, wie Haftung, Finanzierungsmöglichkeiten, Steuerlast[48], Publizitätspflichten sowie administrativer Aufwand ausschlaggebend. Ungeachtet der Rechtsform ist der Joint-Venture-Vertrag beurkundungsbedürftig, wenn sich alle oder einzelne Partner darin zum Erwerb bzw. zur Einbringung einer Immobilie verpflichten (§ 311b Abs. 1 BGB). Falls ein Gesellschaftsvertrag der notariellen Form bedarf ist zu beachten, dass auch sämtliche Nebenabreden ebenfalls beurkundet werden müssen. Andernfalls ist das Rechtsgeschäft im Ganzen nichtig. Der Joint- Venture-Vertrag sollte auch Regelungen zu den Voraussetzungen, welche die einzelnen Projekte erfüllen müssen, enthalten. Es mag auch sinnvoll sein zu vereinbaren, dass für die Realisierung eines neuen Objektes immer ein vorheriger, mit einer bestimmten Mehrheit oder gar einstimmig zu fassender Gesellschafterbeschluss notwendig ist.

Bereits vor Projektbeginn sollte auch an Streitbeilegungs- und Beendigungsmöglichkeiten des Joint-Ventures gedacht werden. Andernfalls kann es bei paritätisch besetzten Joint-Ventures oder bei Einräumung von Vetorechten an Minderheitsgesellschafter zu Pattsituationen (Deadlocks) und somit zu unerwünschten Schwebezuständen kommen. Die Parteien sollten auf jeden Fall ein Schlichtungsverfahren vorsehen. Zudem bietet sich die gegenseitige Einräumung von Kauf- und Verkaufsoptionen an. Die Partner haben in der Regel die Möglichkeit das Angebot des anderen zu überbieten.[49] Derartige Mechanismen ähneln einer internen Versteigerung der Gesellschaftsanteile und erzielen dadurch regelmäßig einen fairen Preis. Dies stellt eine gute Alternative zur Vereinbarung einer Schiedsgutachterklausel dar, welche oftmals zu teuren und langwierigen Verfahren mit ungewissem Ausgang führt.[50] Dabei darf aber nicht übersehen

---

[46] Im Einzelnen siehe dazu: *Wittneben* ZfIR 2009, 846.

[47] *Baumanns* in Münchener Handbuch des Gesellschaftsrechts, Bd. 1 4. Auflage 2018, § 28 Rn. 1 ff.

[48] Wichtig ist hierbei u.a. die steuerrechtliche Transparenz von Personengesellschaften. Gewinne oder Verluste einer Personengesellschaft werden dann steuerrechtlich an die Gesellschafter durchgereicht.

[49] Vgl. Russisches Roulette und Texas Shoot Out, Buy-Sell-Mechanismen.

[50] *Wittneben*, ZfIR 2009, 846.

werden, dass in der praktischen Anwendung auch diese Klauseln mit Risiko behaftet sind. Fehlen beispielsweise dem einen Partner die finanziellen Mittel um die Anteile des anderen zu erwerben, kann dieser womöglich zu einem Preis – weit unter dem Marktwert – aus dem Joint-Venture herausgedrängt werden. Schließen sich wiederum zwei Partner zusammen um ein Projekt zu realisieren, zu dem sie finanziell nur gemeinsam in der Lage sind, wird es einem der beiden regelmäßig schwer fallen die kompletten Anteile alleine zu übernehmen.

Teil 4
Realisierung

Übersicht

1. Vergabe von Bauleistungen

Für die öffentliche Hand gelten für die Vergabe von Bauleistungen die „Allgemeinen Bestimmungen für die Vergabe von Bauleistungen DIN 1960", bekannt unter „Verdingungsordnung für Bauleistungen (VOB Teil A)".

Die VOB Teil A ist dabei in drei Abschnitte gegliedert. Der Abschnitt 1 VOB/A regelt die sogenannten nationalen Bauvergaben und hat den größten Anwendungsbereich. Die Regelungen des Abschnitts 2 (VOB/A-EU) gelten für europaweite Vergaben öffentlicher Auftraggeber oberhalb des im § 106 Absatz 2 Nummer 1 des Gesetztes gegen Wettbewerbsbeschränkungen aufgeführten Schwellenwertes. Im Abschnitt 3 (VOB/A-VS) sind Vergaben von verteidigungs- oder sicherheitsspezifischen öffentlichen Bauaufträgen geregelt.
Die VOB/A Abschnitt 2 wurde zum Jahr 2016 primär aufgrund der Umsetzung der Richtlinie 2014/24/EU des europäischen Parlaments und des Rates vom 26. Februar 2014 über öffentliche Auftragsvergabe überarbeitet. Inhaltliche Neuerungen sind beispielsweise die verstärkte Möglichkeit einer Verhandlungsführung, die sogenannte Innovationspartnerschaft als neue Vergabeart, die Selbstreinigung auf Bieterseite und eine gesteigerte Rechtssicherheit durch eine klare Regelung, innerhalb welcher Frist eine Rüge erfolgen muss bzw. kann. Das umfangreich reformierte Vergaberecht erweist sich flexibler, als es im Allgemeinen wahrgenommen wird. Im ersten Abschnitt der VOB/A wurden punktuelle Änderungen vorgenommen, um möglichst gleichlaufende Regelungen für die Vergabe von Bauleistungen im Ober- und Unterschwellenbereich zu erzielen.

Obwohl die VOB/A nur für die **öffentliche Hand** verpflichtend ist, gelten doch eine Reihe von Grundsätzen, die dort niedergelegt sind, auch für die Vergabe privater oder institutioneller Auftraggeber. So schreibt die VOB/A zum Beispiel im Paragraphen 2 Absatz 1 Nr. 1, dass Bauleistungen an fachkundige, leistungsfähige und zuverlässige Unternehmen zu angemessenen Preisen zu vergeben sind. Dieser Grundsatz sollte auch von jedem privaten Bauherrn berücksichtigt werden. Die Neigung, die Bauleistungen an den „billigsten" Bieter zu vergeben, ohne dabei zu überprüfen, ob dieser Bieter wirklich fachkundig und leistungsfähig ist, hat schon häufig dazu geführt, dass entweder die Leistungen wegen fehlender Leistungsfähigkeit nicht termingerecht fertig gestellt werden konnten, und oder die Leistungen wegen fehlender Fachkunde der beauftragten Betriebe nicht die gewünschte Qualität erreichten. Gerade in depressiven Märkten neigen Bieter, deren Firmen in finanziellen Schwierigkeiten sind, dazu, besonders preisgünstige Angebote abzugeben, um drohende Konkursverfahren abzuwenden. Beauftragt man solche Bieter mit der Ausführung der Leistungen, und tritt der Konkurs tatsächlich im Zuge der Leistungsausführung auf, so hat dies im Regelfall erhebliche terminliche Auswirkungen auf den weiteren Bauablauf und führt dazu, dass man sich die Leistung – nunmehr zu sehr viel höheren Preisen – neu am Markt einkaufen muss.

Auch der **private Auftraggeber** sieht sich gerade in Zeiten depressiver Märkte wettbewerbsbeschränkender Verhaltensweisen der Anbieter ausgesetzt. Absprachen oder Kartelle kann man dadurch umgehen, dass man bei der Aufforderung von Firmen eine breitgestreute und vor allen Dingen nicht orts- oder gebietsbezogene Palette von Bietern zur Angebotsabgabe auffordert.

Auch der Hinweis in § 2 Absatz 2 VOB/A, dass bei der Vergabe von Bauleistungen kein Unternehmer diskriminiert werden darf, gilt für den privaten Auftragnehmer, vor allen Dingen für professionell tätige Projektentwickler und institutionelle Auftraggeber. Bauen ist trotz der zu beobachtenden Verschärfung der Positionen zwischen Auftragnehmer und Auftraggeber Vertrauenssache zwischen den Parteien. Dieses Vertrauen muss aktiv aufgebaut und von beiden Parteien gepflegt werden.

Private Auftraggeber, die trotz Durchführung eines Ausschreibungsverfahrens schlussendlich ihre Aufträge immer nur an ein und denselben Auftragnehmer vergeben, werden von den konkurrierenden Auftragnehmern schon bald keine Angebote mehr erhalten und somit keinen Wettbewerb mehr erzeugen können. Trotz intensiver Preisverhandlungen mit den einzelnen Parteien ist es also wichtig, die Bauleistung letztendlich an den Bauunternehmer zu vergeben, der das wirtschaftlichste Angebot unterbreitet hat.

Die überwiegende Anzahl von privaten und institutionellen Bauherrn vergeben ihre Leistungen im Zuge der **beschränkten Ausschreibung**. Dabei werden, unabhängig von der Vergabeart, sechs bis zehn Firmen zur Abgabe von Angeboten aufgefordert. Mit den drei günstigsten Bietern tritt man in intensive Verhandlungen über Leistungsinhalte und Preise und erteilt dem wirtschaftlich günstigsten Bieter den Auftrag. Preisverhandlungen sind also anders, als dies in der VOB für die öffentliche Hand geregelt ist, eine wichtige Komponente bei der Verhandlung von Angeboten. Durch diese Preisverhandlungen können die ursprünglichen Angebotssummen im Regelfall zwischen 10 % und 30 % gesenkt werden abhänging vom jeweiligen Marktumfeld.

Der in § 2 Absatz 5 VOB/A genannte Grundsatz, nach dem der Auftraggeber erst dann ausschreiben soll, wenn alle Vergabeunterlagen fertig gestellt sind und wenn innerhalb angemessener Frist mit der Ausführung begonnen werden kann, gilt in gleicher Form auch für den private und institutionelle Auftraggeber. Unfertige und unvollständige Vergabeunterlagen geben dem späteren Auftragnehmer Gelegenheit zu Nachträgen, die den Auftraggeber meist mehr kosten, als wenn die gleichen Leistungen bereits im Ursprungsvertrag verhandelt worden wären. Außerdem liefern unfertige und unvollständige Verdingungsunterlagen dem Auftragnehmer den Grund, vereinbarte Termine nicht einhalten zu müssen, da Leistungsveränderungen meist auch mit Fristverlängerungen einhergehen.

§ 4 Absatz 1 VOB/A beschreibt, dass die Bauleistungen so vergeben werden sollen, dass die Vergütung nach Leistung bemessen wird. Dabei wird unterschieden zwischen:

- der **Einheitspreisvergabe**, das heißt einer Vergabe zu Einheitspreisen für technisch und wirtschaftlich einheitliche Teilleistungen, deren Mengen nach Maß, Gewicht oder Stückzahl vom Auftraggeber in den Verdingungsunterlagen anzugeben sind (Einheitspreisvertrag)
- einer Pauschalsumme, wenn die Leistungen nach Ausführung, Art und Umfang genau bestimmt sind und mit einer Änderung bei der Ausführung nicht zu rechnen ist **(Pauschalvertrag)**.

Die Fachliteratur unterscheidet beim Pauschalvertrag noch einmal zwischen

- dem **Detail-Pauschalvertrag**, bei dem die Leistung im Wesentlichen über Einheitspreise für technisch und wirtschaftlich einheitliche Teilleistungen, deren Mengen nach Maß, Gewicht oder Stückzahl vom Auftraggeber vorgegeben sind, ermittelt werden und die bei Abschluss der Vergabeverhandlungen in einer Summe pauschaliert werden, wobei lediglich die Leistungsbeschreibungen erhalten bleiben, wohingegen die Mengen in das Risiko des Auftragnehmers übergehen. Häufig werden beim Detail-Pauschalvertrag die Einheitspreise vertraglich festgeschrieben und finden immer dort Anwendung, wo während der Bauausführung vom Auftraggeber veranlasste Veränderungen gewünscht werden, die dann auf der Basis dieser Einheitspreise bewertet werden. Ein solches Verfahren muss ausdrücklich vertraglich vereinbart sein.

– dem **Global-Pauschalvertrag**, der von vornherein keine bis ins Letzte detaillierte Beschreibung der Leistungen kennt, sondern lediglich ein Gesamtwerk beschreibt, meist über seine funktionalen Anforderungen und Planunterlagen und dem Auftragnehmer innerhalb der funktionalen Grenzen Freiheit hinsichtlich der Ausführung der einzelnen Leistungen gibt. Private und institutionelle Auftraggeber neigen in der Mehrzahl dazu, Bauaufträge in Form von Global-Pauschalverträgen zu erteilen. Sie ersparen sich so zum einen den erheblichen Aufwand für die spätere Feststellung der tatsächlich ausgeführten Leistungsmengen und können mit sicheren Kosten kalkulieren, da der Auftragnehmer das Mengenrisiko übernimmt. Für den Auftraggeber ist damit zu einem sehr frühen Zeitpunkt Kostensicherheit für das Projekt gegeben.

Wie beim Öffentlichen Auftraggeber erfolgt auch beim privaten und institutionellen Auftraggeber die Erstellung der Angebote kostenlos (§ 8b Absatz 2 Nr. 1 Satz 1 VOB/A), d.h. die potenziellen Auftragnehmer haben keinen Anspruch auf Entschädigung. Wird jedoch vom Auftraggeber verlangt, dass der Bieter Entwürfe, Pläne, Zeichnungen, statische Berechnungen oder andere Anlagen ausarbeitet, so ist für alle Bieter eine angemessene Entschädigung festzulegen (§ 8b Absatz 2 Nr. 1 Satz 2 VOB/A).

Der in § 9 Absatz 1 VOB/A gemachte Hinweis, dass **Ausführungsfristen** ausreichend zu bemessen sind, gewinnt gerade in unserer immer schnelllebigeren Zeit zunehmend Bedeutung. Es ist am Markt allgemein feststellbar, dass sich die Auftraggeber zwar immer mehr Zeit für die grundsätzliche Entscheidung zur Umsetzung einer Baumaßnahme nehmen, nach getroffener Grundsatzentscheidung jedoch erwarten, dass Planer und bauausführende Firmen diese Entscheidung dann in immer kürzeren Zeiträumen umsetzen. Umgekehrt ist festzustellen, dass Auftragnehmer trotz der bereits frühzeitig erkannten Aussichtslosigkeit der Einhaltung von Terminen Aufträge annehmen und dann versuchen, im Zuge der Projektrealisierung bei den kleinsten Änderungswünschen des Auftraggebers die Ausführungsfristen auszudehnen. In einem solchen Falle helfen dem Auftraggeber dann auch vereinbarte Vertragsstrafen nicht, den ursprünglichen Termin einzuhalten, denn an diese fühlt sich der Auftragnehmer nicht mehr gebunden, sobald der Auftraggeber Änderungswünsche vorträgt.

Entgegen den in § 9a VOB/A gemachten Ausführungen, dass **Vertragsstrafen** für die Überschreitung von Vertragsfristen nur zu vereinbaren sind, wenn die Überschreitung erhebliche Nachteile verursachen kann, gibt es wohl kaum einen Vertrag privater und institutioneller Auftraggeber, in denen Vertragsstrafen nicht vereinbart sind. In vielen Fällen sind diese Vertragsstrafen nicht nur auf den Endtermin, sondern auch auf zwischen den Parteien vereinbarten Zwischenterminen vereinbart. Nur so ist nach Auffassung der Autoren sicherzustellen, dass ein insgesamt harmonischer Bauablauf mit einer hohen Wahrscheinlichkeit der Einhaltung des Endzieltermines gewährleistet ist.

Die in § 9a Satz 3 VOB/A angesprochenen **Beschleunigungsvergütungen** (Prämien) sind wohl deshalb bei privaten oder institutionellen Auftraggebern eher nicht üblich, weil die vertraglichen Ausführungsfristen ohnehin so eng bemessen sind, dass eine Verkürzung kaum noch in Frage kommt.

Der in § 9d VOB/A gemachte Hinweis: „Sind wesentliche Änderungen der Preisermittlungsgrundlage zu erwarten, deren Eintritt oder Ausmaß ungewiss ist, so kann eine angemessene Änderung der Vergütung in den Vertragsunterlagen vorgesehen werden. Die Einzelheiten der Preisänderungen sind festzulegen" ist gerade für den privaten und institutionellen Auftraggeber von wesentlicher Bedeutung und einer der Schlüsselinhalte der entsprechenden Bauverträge.

Die in § 10 VOB/A angesprochene Angebotsfrist wird am Markt häufig kontrovers diskutiert. Ist die **Angebotsfrist** zu kurz bemessen, kann der Auftragnehmer nicht die notwendigen Informationen einholen, die notwendig sind, um ein seriöses Angebot abgeben zu können. Der Auftragnehmer wird in einem solchen Fall sein Angebot auf der Basis von Annahmen erstellen müssen. Diese können sich einerseits vorteilhaft für den Auftraggeber auswirken (wenn der

Auftragnehmer mit seiner Annahme unter dem tatsächlichen Preis liegt), sie können sich aber auch negativ für den Auftraggeber auswirken (wenn der Auftragnehmer mit seiner Annahme über dem tatsächlichen Preis liegt). Unterschätzt der Auftragnehmer den tatsächlichen Preis, so wird er nach Beauftragung versuchen, die Fehlkalkulation durch Nachträge wieder wettzumachen. Überschätzt der Auftragnehmer den tatsächlichen Preis, wird er die für ihn entstandenen Vorteile nicht dem Auftraggeber erstatten.

Ist die Angebotsfrist zu lange bemessen, birgt dies die **Gefahr von Absprachen** zwischen potentiellen Auftragnehmern oder potentiellen Subunternehmern, die von den Auftragnehmern hinsichtlich einer Preisanfrage kontaktiert werden.

Die Frage nach der Angemessenheit der Angebotsfrist hängt maßgeblich von dem Leistungsumfang ab, den die potenziellen Auftragnehmer in der Angebotsphase bewältigen müssen:

- Beim **Einheitspreisvertrag** beschränkt sich die Leistung potenzieller Auftragnehmer auf die Ermittlung von Einheitspreisen für die jeweils ausgewiesenen Leistungen. Der Auftragswert ergibt sich aus der Multiplikation von vorgegebenen Mengen und ermitteltem Einheitspreis.
- Beim **Detail-Pauschalvertrag** umfasst die Leistung des potentiellen Auftragnehmers während der Angebotsphase die Ermittlung der Einheitspreise. Gleichzeitig müssen jedoch die vorgegebenen Mengen der einzelnen Leistungen überprüft werden, da bei Vertragsabschluss das Mengenrisiko auf den Auftragnehmer übergehen soll. Er muss also im Vorfeld der Auftragsvergabe die ihm vorgegebenen Mengen auf Richtigkeit überprüfen.
- Beim **Global-Pauschalvertrag** sind meist keine Mengen, sondern nur funktionale Baubeschreibungen vorgegeben. Der potentielle Auftragnehmer muss also im Zuge der Angebotskalkulation auf der Basis der funktionalen Leistungsbeschreibung die Mengen der einzelnen Leistungen selbst ermitteln und sie mit entsprechenden Einheitspreisen belegen.

Aus dem Erfahrungsbereich der Autoren können angemessene Angebotsfristen für die unterschiedlichen Vertragsformen wie folgt definiert werden:

Auftragsvolumen	Einheitspreisvertrag	Detail-Pauschalvertrag	Global-Pauschalvertrag
20 Mio. EUR	4–6 Wochen	5–7 Wochen	7–9 Wochen
50 Mio. EUR	5–7 Wochen	6–8 Wochen	8–10 Wochen
100 Mio. EUR	6–8 Wochen	7–9 Wochen	12 Wochen
200 Mio. EUR	7–9 Wochen	8–10 Wochen	12–15 Wochen

Die in der VOB/A angesprochenen **Zuschlags-** (§ 18 VOB/A) **und Bindungsfristen** (§ 10 Absatz 4 VOB/A) werden bei privaten und institutionellen Auftraggebern nicht in den von der VOB/A geforderten engen Grenzen gesetzt. Bedingt durch die Tatsache, dass private und institutionelle Auftraggeber nicht nur die Inhalte, sondern auch die Preise der Angebote intensiv verhandeln, entstehen zwischen der Abgabe des Angebotes und der tatsächlichen Beauftragung oft Zeiträume von mehreren Monaten. Als Faustregel kann man sagen, dass die Verhandlungen umso länger dauern, je weiter die eingereichten Angebote von den ursprünglich vom Auftraggeber kalkulierten Budgetsummen entfernt sind.

Es empfiehlt sich, bei privaten und institutionellen Auftraggebern **Bindefristen** zu vereinbaren, die jedoch sehr weit und auskömmlich bemessen sein sollten (3–6 Monate).

Wie in § 13 VOB/A für die öffentliche Hand definiert, sollten auch bei privaten und institutionellen Auftraggebern gewisse Grundsätze an den Inhalt der Angebote mit den Bietern vereinbart werden.

- Die Angebote sollen nur die Preise und die geforderten Erklärungen und Nachweise enthalten. Schriftlich eingereichte Angebote müssen mit **rechtsverbindlicher Unterschrift** versehen sein. Elektronische Angebote sind nach Wahl des Auftraggebers in Textform, mit einer fortgeschrittenen elektronischen Signatur nach dem SigG und den Anforderungen des Auftraggebers oder mit einer qualifizierten elektronischen Signatur nach dem SigG zu übermitteln.

- Änderungen des Bieters an den Vorgaben müssen zweifelsfrei sein.
- Änderungen an den Vergabeunterlagen sind unzulässig.
- Bieter können für die Angebotsabgabe eine selbstgefertigte Abschrift oder Kurzfassung des Leistungsverzeichnisses benutzen, wenn sie den vom Auftraggeber verfassten Wortlaut des Leistungsverzeichnisses im Angebot als allein verbindlich anerkennen; Kurzfassungen müssen jedoch die Ordnungszahlen (Positionen) vollzählig, in der gleichen Reihenfolge und mit den gleichen Nummern wie in dem vom Auftraggeber verfassten Leistungsverzeichnis wiedergeben.
- Der Nachweis der Gleichwertigkeit von vom Bieter angebotenen Alternativen ist mit Abgabe des Angebotes vorzulegen.
- Etwaige Nebenangebote müssen auf besonderer Anlage erstellt und als solche deutlich gekennzeichnet werden.

Anders als in § 15 VOB/A für die öffentliche Hand vorgegeben, verhandelt der private oder institutionelle Auftraggeber nicht nur über die technische und wirtschaftliche Leistungsfähigkeit potentieller Auftragnehmer, Änderungsvorschläge oder Nebenangebote, Ursprungsorte oder Bezugsquellen von Stoffen und Bauteilen, sondern eben auch über die vom Bieter genannten Preise.

Der in § 18 Absatz 1 VOB/A gemachte Hinweis, dass dem Bieter der Zuschlag möglichst bald aber so rechtzeitig zu erteilen ist, dass die Erklärung noch vor Ablauf der **Bindefrist** zugeht, hat auch für private und institutionelle Auftraggeber Bedeutung. Bei Nichtbeachtung dieses Grundsatzes kann es vorkommen, dass ein Bieter im letzten Moment von seinem Angebot Abstand nimmt – etwa weil er zeitgleich einen anderen Auftrag erhalten hat oder feststellt, dass die während der Preisverhandlung gemachten Reduzierungen in der Praxis nicht umsetzbar sein werden.

Der in § 19 Absatz 1 Satz 1 VOB/A gegebene Hinweis, dass Bieter, deren Angebote ausgeschlossen worden sind und solche, deren Angebot nicht in die engere Wahl kommen, unverzüglich verständigt werden sollen, gehört zum fairen Umgang zwischen den Parteien. Der Auftraggeber muss berücksichtigen, dass der Auftragnehmer für die Ausarbeitung von Angeboten teilweise erhebliche Aufwendungen erbracht und nicht selten große Geldbeträge investiert hat.

Die bei den Verhandlungen mit dem Bieter gemachten Festlegungen müssen schriftlich zusammengefasst werden und werden neben den übrigen Vertragsunterlagen Gegenstand des Vertrages. Der Vertrag wird durch Unterschrift beider Vertragsparteien besiegelt. Das Datum des Vertragsabschlusses ist bei Verträgen mit Vertragsstrafen, deren Fristen ab Vertragsbeginn zu laufen beginnen, von großer Wichtigkeit.

1.1 Vergabeart

1.1.1 Einzelvergabe

Unter **Einzelvergabe** versteht man die nach Sachgebieten oder Gewerbezweigen getrennte Vergabe von Bauleistungen. Eine veraltete, heute aber noch häufig verwendete Bezeichnung für diese Vergabeform ist **„gewerkeweise Vergabe"**. Gewerk ist dabei die Bezeichnung für die Leistungen einzelner Gewerbezweige.

Die Einzelvergabe ist vorwiegend bei der öffentlichen Hand üblich. Diese ist nach § 5 Absatz 2 VOB/A gehalten, Bauleistungen in der Menge aufgeteilt (Teillose) und getrennt nach Art der Fachgebiete (Fachlose) zu vergeben. Dabei kann aus wirtschaftlichen oder technischen Gründen auf eine Aufteilung oder Trennung verzichtet werden. Die Einzelvergabe hat ihren Ursprung im Auftrag der öffentlichen Hand zur Förderung der Handwerksbetriebe sowie kleinerer und mittlerer Wirtschaftsunternehmen. Die Einzelvergabe ist mit einer Reihe von Vorteilen, aber auch mit erheblichen Risiken verbunden.

Die **Vorteile der Einzelvergabe** sind:

– Die Leistungen müssen nicht alle zu einem einheitlichen Zeitpunkt vergeben werden, sondern können entsprechend der Abwicklung der Bauausführung jeweils rechtzeitig vor Ausführung der jeweiligen Leistung beauftragt werden. Der Bauherr hat somit eine sehr flexible Möglichkeit, auf das Baugeschehen zu reagieren und muss Einzelentscheidungen nicht vor Beginn der Realisierungsphase alle auf einmal treffen, sondern kann sie sukzessive im Zuge der Bauausführung treffen.

– Bei der Einzelvergabe kann der Bauherr jeweils den Handwerks- oder Gewerbezweig beauftragen, der für die Ausführung der jeweiligen Leistung die entsprechenden Spezialkenntnisse hat und aus diesem Grunde erwarten lässt, dass die qualitativ höchstwertigen Ergebnisse erreicht werden.

– Die Leistung kann jeweils an den im bestimmten Handwerks- oder Gewerbezweig wirtschaftlich günstigsten Bieter vergeben werden. Es ist getragene Auffassung, dass die Vergabeart zu den insgesamt wirtschaftlichsten Ergebnissen für die Baurealisierung führt. Der Preisunterschied von der Einzelvergabe zur Generalunternehmer- bzw. Generalübernehmervergabe (im Folgenden GU-/GÜ-Vergabe) wird im Allgemeinen mit ca. 10 % beziffert. Die Autoren sind der Auffassung, dass es sich hierbei um eine Spekulation handelt und kommen aus ihrer Erfahrung vielmehr zu dem Schluss, dass in Zeiten haussierender Märkte ein Kostenunterschied zwischen Einzelvergabe und GU-/GÜ-Vergabe in der Größenordnung von 10 % auftreten kann, wohingegen in depressiven Märkten häufig die GU-/GÜ-Angebote in den Kosten sogar unter den Ergebnissen einer Einzelvergabe liegen. Dies ist wohl darauf zurückzuführen, dass die einzelnen Handwerks- oder Gewerbezweige in schwierigen Märkten eher einem GU-/GÜ, mit dem sie eine langfristige Geschäftsverbindung unterhalten oder aufbauen wollen, günstigere Angebote geben, als einzelnen Bauherrn, die nicht als Dauerkunden in Frage kommen.

Die **Nachteile der Einzelvergabe** sind:

– In der Vielzahl der Fälle liegt zu Beginn der Realisierung eine abgeschlossene Planung nicht vor. Es werden also erste Bauleistungen vergeben und ausgeführt, ohne dass die Planung bis zum Ende durchgedacht ist. Bei der Fortentwicklung der Planung parallel zur Realisierung der Baumaßnahme ergeben sich häufig Rückkoppelungen von später geplanten Ausbaugewerken zu bereits in der Ausführung befindlichen Rohbaugewerken. Typische Beispiele hierfür sind die Aufbauhöhen von Bodenbelägen, die direkte Rückwirkung auf die Oberkanten der Rohdecken haben. Andere Beispiele sind Anschläge von Türen (Umfassungszarge, Blockzarge) und vieles andere mehr. Es kommt bei der Einzelvergabe durch die sequenzielle Erstellung der Planunterlagen häufig zu Änderungs- und Rückbaumaßnahmen in bereits erstellten Leistungsbereichen, um die Leistungen nachfolgender Leistungsbereiche überhaupt umsetzen zu können. Es ist aus diesem Grund dringend zu empfehlen, dass auch bei der Einzelvergabe die Planung bereits vor Vergabe der ersten Gewerke für die Gesamtmaßnahme fertig gestellt ist.

– Durch die Aufteilung der Leistungen in einzelne Leistungspakete ergeben sich in der Praxis häufig Schnittstellenprobleme zwischen diesen Paketen. Die Leistung des einen Paketes ist nicht auf die Leistung der weiteren Pakete abgestimmt, es fehlen entweder Leistungen, die notwendig sind für das reibungslose Ineinandergreifen der einzelnen Leistungen, oder es werden Leistungen in den einzelnen Leistungspaketen doppelt beschrieben. Ersteres führt zu Nachträgen, zweites führt zu Diskussionen, wer nun tatsächlich die Leistungen am Bau ausführt.

– Da die einzelnen Leistungsbereiche nicht alle vor Beginn der Realisierung vergeben sind, sondern während der Realisierung vergeben werden, sind die Gesamtkosten der Baumaßnahme in Form des Kostenanschlages (also sehr detailliert) nicht bereits vor Beginn der Realisierung, sondern erst zu einem viel späteren Zeitpunkt, häufig erst kurz vor Abschluss der Baumaßnahme bekannt. Zwar schränkt sich die mögliche Kostenvarianz mit zunehmender Beauftragung immer mehr ein, so dass die Kostensituation für den Auftraggeber immer übersichtlicher wird, andererseits sind die Gesamtkosten nicht absolut sicher, bevor nicht der letzte Leistungsbereich vergeben ist.

– Der Auftraggeber hält mit jedem einzelnen Leistungspaket einen gesonderten Vertrag. Das Risiko, dass die einzelnen Leistungspakete tatsächlich ihre Leistung gemäß den in den Verträgen beschriebenen Terminen termingerecht erbringen und die Leistung auch die Qualität hat, die Voraussetzung ist für die Leistungserbringung der folgenden Leistungsbereiche, liegt in der Außenbeziehung zu den übrigen Leistungsbereichen in vollem Umfang beim Auftraggeber. Wenn also eines der Gewerke schlecht leistet oder gar durch Konkurs leistungsunfähig wird, ist es Sache des Auftraggebers, den Auftragnehmer zu ersetzen. Die daraus folgenden terminlichen und kostenmäßigen Konsequenzen trägt in vollem Umfang der Auftraggeber.

Die Einzelvergabe wird vorwiegend von der **öffentlichen Hand** und **privaten Bauherrn** bei kleineren Baumaßnahmen (etwa bei Einfamilienhäusern) angewandt. **Institutionelle Auftraggeber** wenden diese Form der Vergabe wegen der darin enthaltenen Risiken nur ungern und selten an, sind allerdings in dem derzeitigen konjunkturellen Marktumfeld immer häufiger dazu gezwungen.

1.1.2 Paketvergabe

Unter **Paketvergabe** versteht man die Weiterentwicklung der Einzelvergabe. Bei der Paketvergabe werden nicht mehr eine Vielzahl einzelner Leistungsbereiche gesondert vergeben, sondern die Leistungsbereiche werden nach Leistungsarten zusammengefasst zu drei bis vier großen Vergabepaketen. Übliche Zusammenfassungen sind:

– Rohbauleistungen
– Fassade
– Ausbauleistungen
– Haustechnikleistungen

Durch diese Art der Vergabe können eine Reihe von Nachteilen der Einzelvergabe dezimiert werden. So wird zum Beispiel die Vielzahl der Schnittstellen zwischen den einzelnen Leistungsbereichen bei der Einzelvergabe auf drei bis vier Schnittstellen verringert und so das Risiko des Auftraggebers hinsichtlich unsauber definierter Schnittstellen minimiert. Die verbleibende Schnittstellenproblematik wird weitgehend auf den Auftragnehmer des jeweiligen Vergabepaketes übertragen.

Vorteile der Paketvergabe sind:

– Reduzierung des Schnittstellenrisikos im Vergleich zu der Einzelvergabe

– Vermeidung von GU-Zuschlägen auf bestimmte Vergabeleistungen. So kann man etwa die Rohbauarbeiten an einen Rohbauunternehmer vergeben, die Ausbauleistungen an einen Ausbauunternehmer und die haustechnischen Leistungen an einen auf Haustechnik spezialisierten Auftragnehmer. Natürlich werden auch diese Auftragnehmer Zuschläge für Koordinationsleistungen und die Übernahme des Risikos ihrer Subunternehmer machen. Diese Zuschläge fallen aber in der Praxis erfahrungsgemäß niedriger aus, als übliche GU-Zuschläge.

– Mit der Paketvergabe kann flexibler auf enge Bauzeiten reagiert werden. Man vergibt den Rohbau, ohne die Leistungsinhalte von Fassade oder Ausbau schon vollständig geplant und ausgeschrieben zu haben.

– Mit der Paketvergabe übt der Auftraggeber einen größeren Einfluss auf die Auswahl der Leistungsträger bei der Bauausführung aus.

Nachteile der Paketvergabe sind:

- Das Risiko der Schnittstellendefinition zwischen den einzelnen Paketen verbleibt beim Auftraggeber.
- Abschließende Kostensicherheit ist erst nach Vergabe des letzten Paketes gegeben.
- Wenn bei Vergabe des ersten Leistungspaketes die Planung der übrigen Leistungen noch nicht vollständig abgeschlossen ist, kann dies zu Unstimmigkeiten in der späteren Ausführung führen (s. Nachteile der Einzelvergabe).

Die Paketvergabe ist dann angebracht, wenn der Auftraggeber einerseits das Risiko von Schnittstellen zwischen einzelnen Leistungsteilen minimieren will, andererseits aber eine gewisse Flexibilität und Kontrolle bei der Vergabe von Leistungen beibehalten will.
Aufgrund der momentan niedrigen Zinspolitik in Europa und Deutschland ergibt sich auf dem Immobilienmarkt ein erhöhtes Nachfragepotential an Bauleistungen, welches von den am Bau beteiligten ausführenden Parteien nur schwierig zu bedienen ist. Steigende Gesamtbaukosten und eine niedrige Zahl an Angebotseingängen speziell bei der Ausschreibung von TGA- und Ausbau-Gewerken sind für den Bauherrn oft die Folge.
Die Rohbauarbeiten in Deutschland werden im Wesentlichen von den traditionellen großen Baufirmen ausgeführt. Die großen Haustechnikfirmen sind bereit, sämtliche Leistungsbereiche Haustechnik in einem Paket zu übernehmen. Schwieriger ist die Vergabe von **Ausbauleistungen** in einem Paket. Es gibt nur wenige Firmen, die darauf spezialisiert sind, Ausbaugewerke unter einer Gesamtverantwortung zu übernehmen. Häufig wird bei Paketvergabe auch der Leistungsbereich Fassade getrennt vergeben, da weder Rohbau- noch Ausbaufirmen vertiefte Kenntnisse hinsichtlich der Ausführung von Fassaden aufweisen. Da der Kostenanteil der Fassade an den Gesamtkosten bei großen Bauvorhaben in der Regel bei 10 %–15 % der Gesamtkosten liegt, lässt sich eine gesonderte Vergabe der Fassade in einem eigenen Paket durchaus rechtfertigen.

1.1.3 Generalunternehmer-Vergabe (GU-Vergabe)

Als **Generalunternehmer** wird derjenige Hauptunternehmer bezeichnet, der sämtliche für die Herstellung eines Bauwerkes erforderliche Bauleistungen in einem Paket anbietet und wesentliche Teile hiervon selbst erbringt. Gegebenenfalls erbringt der Generalunternehmer auch die Ausführungsplanung oder Teile der Ausführungsplanung („planender oder qualifizierter Generalunternehmer"). Leistungen, die der Generalunternehmer nicht selbst ausführt, vergibt er im eigenen Risiko an Subunternehmer, die unter seiner Koordination diese Leistungen erbringen. Nach Abschluss der Leistungen übernimmt der Generalunternehmer die Gewährleistung für die Baumaßnahme über die Dauer der Gewährleistungsfrist. Der Auftraggeber schließt also nur einen einzigen Vertrag für die Ausführung der Bauleistungen mit dem Generalunternehmer und entledigt sich so der gesamten Schnittstellenproblematik zwischen den einzelnen Leistungsbereichen und der Risikoübernahme aus Subunternehmervergabe. Bei der **Generalunternehmervergabe** verbleibt die Erstellung der Planung im Risikobereich des Auftraggebers.

Die **Vorteile der Generalunternehmer-Vergabe** sind:

- Die Planung der Baumaßnahme muss vor Vergabe der Leistungen an einen Generalunternehmer, also vor Beginn der Ausführung der Bauleistungen weitgehend abgeschlossen sein.
- Der Auftraggeber kennt zum Zeitpunkt der Vergabe vor Beginn der Realisierung der Bauleistungen die exakten Kosten der Bauleistung. Dies trifft natürlich nur insofern zu, als dass das zum Zeitpunkt der Vergabe beschriebene Werk ohne Änderungen auch tatsächlich ausgeführt wird. Später durch den Auftraggeber eingeführte Änderungen führen – entgegen der irrigen Ansicht verschiedener Auftraggeber – natürlich zu Kostenänderungen.
- Das Schnittstellenrisiko zwischen einzelnen Auftragnehmern aus Einzelvergabe entfällt für den Auftraggeber und wird auf den Auftragnehmer verlagert.

- Der Auftraggeber hat nur einen Ansprechpartner auf der ausführenden Seite. Der Verwaltungsaufwand beim Auftraggeber verringert sich dadurch erheblich.
- Auch während der Gewährleistungszeit hat der Auftraggeber nur einen Ansprechpartner bei auftretenden Mängeln. Unabhängig davon, ob einzelne Subunternehmer des Generalunternehmers bereit sind, Mängel anzuerkennen oder zu beseitigen, und unabhängig davon, ob bestimmte Subunternehmer überhaupt noch am Markt vorhanden sind, trägt der Generalunternehmer die Gewährleistungsverpflichtung.
- Der Generalunternehmer trägt das Risiko der termingerechten Fertigstellung der Gesamtleistung. Die Schlechtleistung einzelner Subunternehmer, die nicht termingerechte Leistungserbringung einzelner Subunternehmer oder gar der Ausfall einzelner Subunternehmer verbleiben in der Risikosphäre des Generalunternehmers und dürfen sich auf den Gesamttermin nicht auswirken.

Nachteile der Generalunternehmer-Vergabe sind:

- Der Auftraggeber muss sich vor Beginn der Realisierung weitgehend im Klaren sein, welche Bauleistungen er ausführen lassen will. Spätere Änderungen der Bauleistungen führen zu einem weitgehenden Verlust der Vorteile der Generalunternehmer-Vergabe. Bei wesentlichen Leistungsänderungen wird der Generalunternehmer nicht mehr gewillt sein, den ursprünglich vereinbarten Fertigstellungstermin einzuhalten, sondern entsprechende Terminverlängerungen fordern. Bei Nachträgen aufgrund von Leistungsänderungen wird der Generalunternehmer versuchen, die neu geforderten Leistungen mit hohen Preisen zu belegen. Die Vergabe von Generalunternehmer-Verträgen ist also nur dann sinnvoll, wenn tatsächlich zum Vergabezeitpunkt der Leistungsumfang weitgehend feststeht und später auch nicht mehr geändert werden soll.
- Bei der Generalunternehmervergabe hat der Auftraggeber keinen Einfluss auf die Auswahl der Subunternehmer. Der Generalunternehmer wird diejenigen Subunternehmer auswählen, die ihm das günstigste Angebot unterbreiten. Damit ist nicht in jedem Fall gewährleistet, dass diese Subunternehmer immer die Qualitätsansprüche einlösen. Es ist also in jedem Fall falsch, wenn Bauherren glauben, dass die Generalunternehmer-Vergabe eine Art Sorglos-Paket darstellt und man sich durch die Vergabe an den Generalunternehmer auf Bauherrnseite Projektsteuerung oder Bauleitung sparen könnte. Genau das Gegenteil ist der Fall: Da der Generalunternehmer versuchen wird, wenn er erst einmal im Besitz des Auftrages ist, alles daran zu setzen, ein Maximum an Gewinn zu erzielen und die Qualität dabei gerade so weit aufrecht zu erhalten, dass sie vom Auftraggeber toleriert wird, benötigt der Auftraggeber eine Qualitätsüberwachung, die sicherstellt, dass die bestellte Qualität vom Generalunternehmer und seinen Subunternehmern auch tatsächlich eingehalten wird.
- Der Generalunternehmer beaufschlagt die Angebote der Subunternehmer im Regelfall mit einem Zuschlag für Koordination und Risikoabdeckung. Dieser so genannte GU-Zuschlag liegt im Regelfall zwischen 13% und 17% der Angebotssumme. Andererseits sind die Autoren der Auffassung, dass Generalunternehmer im Grundsatz günstigere Angebote durch Subunternehmer erhalten als Bauherrn und somit der Generalunternehmerzuschlag zwar beaufschlagt, aber nicht in allen Bereichen an den Auftraggeber weitergegeben wird. Dies trifft vor allen Dingen zu Zeiten depressiver Baumärkte zu, wo zu beobachten ist, dass Generalunternehmer-Angebote teilweise unter der Summe der Teilleistungen aus Einzelvergaben oder Paketvergaben abgeschlossen werden können.
- Der Auftraggeber hat beim GU-Vertrag die Pflicht, die Ausführungspläne fristgerecht vor Ausführung beizustellen. Kommt er dieser Pflicht nicht nach, wird der GU Behinderung anmelden. Die ursprüngliche im GU-Vertrag vereinbarte Terminsicherheit ist damit aufgelöst.
- Wird die Ausführungsplanung durch den Auftraggeber und seinen Architekten sowie den Fachingenieuren parallel zur Bauausführung gefertigt, liegt der Versuch nahe, Fehler in der Entwurfsplanung auszumerzen oder gar den Qualitätsstandard gegenüber dem Bestellwerk anzuheben. Der Auftragnehmer wird dagegen Einspruch erheben und wiederum

Behinderung anmelden. Die ursprünglich im Generalunternehmer-Vertrag vereinbarte Kostensicherheit ist damit aufgelöst.

Die Generalunternehmer-Vergabe ist die mit Abstand am weitesten verbreitete Vergabeart privater und vor allem institutioneller Bauherrn, die damit ihr eigenes Kosten- und Terminrisiko weitgehend ausschalten.

1.1.4 Generalübernehmer-Vergabe (GÜ-Vergabe)

Die **Generalübernehmer-Vergabe** stellt eine Abwandlung der Generalunternehmer-Vergabe dergestalt dar, dass der Generalübernehmer selbst keine eigenen Bauleistungen erbringt, sondern lediglich das Management und die Gesamtverantwortung für die Durchführung der Bauwerksrealisierung übernimmt, im Gegensatz zum Generalunternehmer, der in Deutschland meist die Rohbauleistungen selbst erbringt, und die übrigen Gewerke vergibt. Vor- und Nachteile des Generalübernehmers sind, ausgenommen der Tatsache, dass ein Generalübernehmer in der Regel ein niedrigeres Betriebsvermögen aufweist als ein Generalunternehmen, identisch mit denen des Generalunternehmers.

Zu prüfen ist, ob der Generalübernehmer in der Lage ist, die teilweise erheblichen Risiken der Bauausführung auch tatsächlich übernehmen zu können. Der Generalübernehmer muss also mit einer erheblichen Kapitaldecke ausgestattet sein, die es ermöglicht, Fehlschläge in den einzelnen Leistungsbereichen finanziell ausgleichen zu können. Dies gerade ist der Vorteil der am deutschen Markt operierenden Generalübernehmer, bei denen es sich in der Regel um große deutsche Bauunternehmungen handelt, die auch durch ihre Verbindungen zu Banken über eine ausreichende Größe und Finanzdecke verfügen, um Fehlschläge verkraften zu können.

1.1.5 Totalunternehmer-Vergabe (TU-Vergabe)

Bei der **Totalunternehmer-Vergabe** werden neben der Ausführung der Bauleistungen auch die gesamten Planungs- und Ingenieurleistungen durch den Totalunternehmer ausgeführt. Sowohl die Bau- als auch die Planungsleistungen werden vom Totalunternehmer entweder selbst erbracht oder von ihm partiell an Dritte weitervergeben. Die reine Form der Totalunternehmer-Vergabe kommt relativ selten vor, da es schwierig ist, ohne Planung das Leistungssoll einer Baumaßnahme so zu definieren, dass das Vorhaben für den Auftragnehmer eindeutig ist und der Auftraggeber auch tatsächlich das gewünschte Endprodukt erhält. Die Totalunternehmer-Vergabe tritt häufig bei geschlossenen Immobilien-Fonds auf, für die der Totalunternehmer die Gesamtabwicklung der Bauwerksplanung und -erstellung auf der Basis finanzieller Eckdaten (Investitionskosten, Mieteinnahmen und daraus resultierender Verzinsung) übernimmt. Häufig werden bei der Totalunternehmer-Vergabe auch Vergleichsbauten als Beschreibung für das Leistungssoll herangezogen.

Vorteile der Totalunternehmer-Vergabe sind:

- Der Auftraggeber erhält auf der Basis vorgegebener Eckwerte eine fix und fertig realisierte Baumaßnahme einschl. der zugehörigen Planungsleistungen und muss sich um die Abwicklung von Planung und Baurealisierung nicht aktiv kümmern, sondern diese nur kontrollieren.

Nachteile der Totalunternehmer-Vergabe sind:

- Das Leistungssoll für den Totalunternehmer ist – soweit keine Vergleichsbauten vorliegen – relativ schwierig zu definieren.
- Der Auftraggeber hat wenig Einfluss auf gestalterische oder qualitative Aspekte.

Die Totalunternehmer-Vergabe bietet sich immer dort an, wo der Bauherr eine Baumaßnahme weniger als Umsetzung spezifischer Gestaltungs- und Qualitätsaspekte sieht, sondern vielmehr als Investition, die über eine gewisse Laufzeit eine geforderte Rendite erbringen muss.

1.1.6 Totalübernehmer-Vergabe (TÜ-Vergabe)

Die **Totalübernehmer-Vergabe** unterscheidet sich von der Totalunternehmer-Vergabe dahingehend, dass der Totalübernehmer keine eigenen Planungs- und Bauleistungen erbringt. Diese Leistungen werden in Analogie zur Generalübernehmervergabe an Dritte vergeben. Die Verantwortung gegenüber dem Auftraggeber trägt wie bei der GU-, GÜ- und TU-Vergabe gänzlich der Totalübernehmer. Die Vorteile dieser Vergabeart sind ähnlich die der Totalunternehmervergabe, wobei die gleichen Nachteile bzgl. des niedrigen Betriebsvermögens gelten wie bei der Generalübernehmervergabe.

1.1.7 Construction Management

Construction Management ist eine vor allen Dingen in angelsächsischen Ländern und der USA weit verbreitete Vergabeart für die Abwicklung von Bauvorhaben mit dem Ziel einer umfänglichen Beratung, einer frühzeitigen Einbindung baurealisierenden Fachwissens zur Gewährleistung eines effizienten Ablaufs von Planungs- und Bauleistungen sowie einer einvernehmlichen Verpflichtung aller Projektbeteiligten zu einem partnerschaftlichen Umgang im Sinne des Projektzieles. Der Construction Manager nimmt hierbei, ähnlich einem Projektmanager, die zentrale Position in der Projektorganisation ein und ist somit als Vertragspartner des Auftraggebers verantwortlich für Qualität, Kosten und Termine. Es wird beim Construction Management zwischen zwei Abwicklungsformen unterschieden, dem Construction Management „at agency" und dem Construction Management „at risk".

Der **Construction Manager „at agency"** erbringt Leistungen als Stabsstelle des Auftraggebers über alle Phasen des Projektes. In der Regel werden die Leistungen bei dieser Einsatzform in einzelnen Ausführungspaketen für die Planung und Ausführung vom Construction Manager im Namen des Auftraggebers beauftragt. Der Auftraggeber trägt auch das alleinige Kostenrisiko, die Projektkosten sind dabei transparent und Vergabegewinne verbleiben beim Auftraggeber.

Der **Construction Manager „at risk"** beauftragt Nachunternehmen im eigenen Namen und hat zuvor mit dem Auftraggeber i.d.R. einen Garantierten Maximalpreis (GMP) vereinbart. Dieser Maximalpreis wird definiert, wenn für den Großteil des Bauumfangs Angebote eingeholt sind. Das Projektgeschehen und die Entwicklung der Kosten sind für den Auftraggeber jederzeit transparent.

1.1.8 Garantierter Maximalpreis (GMP) Vertrag

Auf der Suche nach neuen Wegen der Zusammenarbeit zwischen Auftraggeber und Auftragnehmer wird in Deutschland in letzter Zeit häufig die **Guaranteed-Maximum-Price-Vergabe** oder auch **Garantierter Maximalpreis (GMP)** genannt.

Im Grundsatz handelt es sich beim GMP-Vertrag um einen Generalunternehmervertrag mit zusätzlichen Vereinbarungen hinsichtlich der Optimierung der Planung und Ausführung und spezifischen Vergütungsbestimmungen. Auf der Basis einer Beschreibung der Funktionalität und der Qualität des zu errichtenden Bauwerks wird durch frühes Einschalten eines GMP-Partners (Construction Management, GU/GÜ, TU/TÜ) versucht, durch eine kooperative Optimierung von Planung und Ausführung den vom Vertragspartner genannten garantierten Maximalpreis zu unterschreiten. Die eingesparten Kosten werden nach vorher verhandelten Prozentsätzen auf den Auftraggeber und seinen GMP-Partner (Auftragnehmer) verteilt.

Außerdem werden diejenigen Gewerke, die nicht vom Auftragnehmer selbst, sondern von Nachunternehmern ausgeführt werden, auf **Marktpreisbasis** vom Auftragnehmer an den Auftraggeber berechnet. Diejenigen Gewerke und Leistungen, die der Auftragnehmer selbst erbringt, werden in der Regel pauschal vergütet.

Wer als Auftraggeber einen GMP-Vertrag abschließen will, muss sich im Vorfeld fragen, ob er bereit ist, entgegen dem normalerweise zwischen Auftragnehmer und Auftraggeber bestehenden „Feindbild" eine **Partnerschaft** mit seinem Auftragnehmer einzugehen, eine aktive Rolle in einem vereinbarten Problemlösungsprozess zu übernehmen und einen angemessenen Gewinn für seinen Partner zu akzeptieren und die gemeinsamen Risiken zu teilen.

Der GMP-Vertrag wird also in jedem Fall nur für denjenigen Auftraggeber anwendbar sein, der selbst das Know-how und die Ressourcen hat, sich aktiv am Planungs- und Ausführungsprozess zu beteiligen und intensiv in die Vergabe der Nachunternehmerleistungen einzuschalten. Insofern werden GMP-Verträge heutzutage häufig von der Großindustrie, wie etwa der Automobilindustrie oder professionellen Entwicklern, abgeschlossen.

Beim GMP-Vertrag wird zwischen einem **einstufigen** und einem **zweistufigen** Modell unterschieden. Im einstufigen Modell wird der Auftragnehmer erst nach einer grundsätzlichen Definition des Leistungsumfangs durch den Auftraggeber – etwa Entwurfsplanung und Baubeschreibung – eingeschaltet – etwa zum gleichen Zeitpunkt wie der planende Generalunternehmer beim Generalunternehmer-Vertrag. Beim zweistufigen Modell berät der potentielle Auftragnehmer den Auftraggeber bereits bei der Grundlagenermittlung bis hin zur Genehmigungsphase. Auf der Basis der gemeinsam gefundenen Planungsergebnisse erfolgt – nach Ausschreibung – die Vergabe an den endgültigen GMP-Vertragspartner, der nicht identisch sein muss mit dem in der Vorphase tätigen GMP-Berater.

Der GMP-Vertrag verbindet die Vorteile der Einzelgewerkevergabe mit den Vorteilen des Generalunternehmervertrages, birgt jedoch für den Auftraggeber auch eine Vielzahl von Risiken.

Die **Vorteile des GMP-Vertrages** sind:

– Der Auftraggeber hat nur einen Vertragspartner, mit dem er die Baumaßnahme abwickelt. Insofern entspricht der Koordinationsaufwand für den Auftraggeber in etwa dem beim Generalunternehmer-Vertrag.
– Durch die Abgabe des garantierten Maximal-Preises durch den Auftragnehmer hat der Auftraggeber frühe Kostensicherheit für sein Projekt. Diese Kostensicherheit stellt jedoch nicht wie beim Generalunternehmervertrag einen Festpreis dar, sondern die Parteien verpflichten sich, durch Optimierung und gezielte Subunternehmervergabe diesen garantierten Maximalpreis zu unterschreiten. Natürlich gilt der abgegebene garantierte Maximalpreis nur dann bis zur Fertigstellung des Bauwerkes, wenn der Leistungsumfang des Auftrages sich nicht verändert. Leistungsveränderungen werden wie beim GU-Vertrag kostenerhöhend oder kostenmindernd in Ansatz gebracht.
– Gegenüber der Einzelgewerkevergabe hat der Auftraggeber beim GMP-Vertrag die durch den Auftragnehmer garantierte Terminsicherheit.
– Der Auftragnehmer übernimmt die Gewährleistung für die Gesamtleistung aus einer Hand.
– Durch die gemeinsame Vergabe der Subunternehmerleistungen herrscht absolute Kostentransparenz. Die Subunternehmeraufträge werden zu den aktuellen Marktpreisen vergeben, der Auftraggeber kann sich aktiv am Vergabeverfahren beteiligen und gemeinsam mit dem Auftragnehmer versuchen, die wirtschaftlichsten Bieter als Subunternehmer für die Baumaßnahme auszuwählen.
– Der Auftraggeber kann seine Mitwirkung bei der Subunternehmervergabe dergestalt nutzen, dass er jeweils die für die Ausführung der einzelnen Leistungen am besten geeigneten Subunternehmer mit in das Verfahren einbringt.
– Das gesamte Handling der Subunternehmer und das aus Subunternehmervergabe entstehende Risiko (z.B. Insolvenz eines Subunternehmers) liegen im Risikobereich des Auftragnehmers.

Die **Nachteile des GMP-Vertrages** sind:

– Die Kooperationspflicht des Auftragnehmers auf der einen Seite und seine Stellung im Auftraggeber-/Auftragnehmerverhältnis auf der anderen Seite führen zu einer Vielzahl von Interessenskonflikten beim Auftragnehmer. Auf der einen Seite soll er seine Kooperationsverpflichtung gegenüber dem Auftraggeber einlösen, auf der anderen Seite hat er klare vertragliche Verpflichtungen gegenüber den Nachunternehmern und gegenüber seinem Auftraggeber zu erfüllen.

– Die Fragestellung, ob es sich bei der Weiterentwicklung im Planungs- und Bauausführungsprozess um eine „Optimierung" oder um eine „Leistungsänderung" handelt (etwa Qualitätsminderung durch den Auftragnehmer oder Auftragserweiterung durch den Auftraggeber) wird immer dann zu erheblichen Streitigkeiten führen, wenn es den Partnern nicht gelingt, auf einer fairen und professionellen Basis zusammenzuarbeiten.
– Die rechtlichen Probleme der gemeinsamen Nachunternehmerauswahl bedürfen einer detaillierten vertraglichen Regelung. Obwohl der Auftraggeber ein erhebliches Mitspracherecht bei der Auswahl der Nachunternehmer hat, ist nach rechtlicher Betrachtung der Nachunternehmer Erfüllungsgehilfe des Auftragnehmers. Wenn also zum Beispiel durch einen vom Auftraggeber ausgewählten Nachunternehmer Terminprobleme wegen Schlechtleistung des Subunternehmers entstehen, so trägt das Risiko hieraus der Auftragnehmer. Das Gleiche gilt für Insolvenzen von Subunternehmern. Es ist also dringlich erforderlich, dass ein detailliert beschriebenes Regelschema vereinbart wird, nach dem Subunternehmer ausgesucht werden und in dem festgelegt ist, wer zum Beispiel das Letztbestimmungsrecht für die Auswahl des Subunternehmers hat.
– Der Auftraggeber muss sich aktiv am vereinbarten Kooperationsmodell beteiligen. Er muss in der Lage sein, bei Planungsfortentwicklungen zwischen Optimierung oder Leistungsänderung zu unterscheiden, er muss die Kapazitäten haben, sich an den Subunternehmervergaben zu beteiligen. Der damit verbundene Aufwand liegt etwa zwischen der Vergabe nach Einzelgewerken und der Beauftragung eines Generalunternehmers bzw. -übernehmers für die Abwicklung von Bauleistungen.

Es empfiehlt sich dringend, bei Abschluss eines GMP-Vertrages bereits im Vertrag eine **baubegleitende Schlichtung** zu vereinbaren. Eine das Vertrauen beider Parteien genießende Schlichterpersönlichkeit ist dabei ständig abrufbar, um immer dann, wenn sich die Parteien innerhalb kurzer Zeit nicht verständigen können, gegebenenfalls unter Hinzuziehung von Bausachverständigen Entscheidungsvorschläge zu unterbreiten.

1.1.9 Mischformen

Am Markt haben sich eine Reihe von **Mischformen der Vergabe** eingebürgert, die aus den oben genannten Vergabeverfahren entwickelt worden sind:
– Gerade bei institutionellen Auftraggebern wird heute sehr häufig eine Mischform aus Generalunternehmer- und Totalunternehmer-Vergabe angewandt. Architekten und Fachingenieure werden dabei mit den Leistungsbildern 1–4 der HOAI beauftragt und zusätzlich mit der Erstellung einer Baubeschreibung sowie von Leitdetails. Damit behält der Auftraggeber im Gegensatz zum Totalunternehmer-Verfahren die volle Planungshoheit bis zur Erreichung der Baugenehmigung. Das auszuführende Werk wird neben der Baugenehmigungsplanung über die Baubeschreibung und die Leitdetails weiter spezifiziert, so dass für den späteren Auftragnehmer das Leistungssoll eindeutig spezifiziert ist und für den Auftragnehmer nur noch wenig Spielraum für die Interpretation des Leistungssolls verbleibt. Die eigentliche Ausführungsplanung wird jedoch auf den Auftragnehmer übertragen. Durch dieses Verfahren umgeht der Auftraggeber das Risiko nicht rechtzeitig gelieferter Ausführungsplanung durch den Architekten oder die Fachingenieure bei einer baubegleitenden Planung sowie das Risiko, dass Architekten und Fachingenieure in ihrer Ausführungsplanung neue Erkenntnisse haben und die Ausführungsplanung in Gestaltungsaspekten, Detailausführung oder Materialqualitäten von der Bestellwerksplanung abweicht und damit zu Nachtragsdiskussionen Anlass gibt.
– Ein in Deutschland zwar nicht weit verbreitetes aber durchaus sinnvolles Verfahren ist die Zustellung von **„Nominated Subcontractors"** (vom Auftraggeber ausgewählten Subunternehmern) im Generalunternehmer-Vertrag. Meist sind diese vom Auftraggeber ausgewählten Subunternehmer Leistungserbringer in stark von Auftraggebern beeinflussten Leistungsbereichen wie etwa IT-Verkabelung, sicherheitstechnische Ausrüstung, Medientechnik,

Einbauteile etc. Mit dem GU/GÜ bzw. TU/TÜ wird vereinbart, dass der Auftraggeber diese Leistungsbereiche selbst plant, am Markt ausschreibt und einen entsprechenden Subunternehmer sucht, der zu einem gewissen Termin im Bauablauf dem GU/GÜ bzw. TU/TÜ unterstellt wird. Unter der Koordination des GU/GÜ bzw. TU/TÜ werden dann die entsprechenden Leistungen ausgeführt. Der Auftraggeber behält durch dieses Verfahren den vollen Einfluss auf die Auswahl von Leistungserbringern von für ihn relevanten Leistungsbereichen, überträgt aber die Verantwortung für die Koordination dieser Leistungsbereiche und deren Integration in den Bauablauf für eine termingerechte Leistungserbringung dem Auftragnehmer.

1.1.10 Auswahl der geeigneten Vergabeart

Die Planungsphase und die Realisierungsphase sind bei vielen Projekten in Deutschland nicht klar abgegrenzt. Anders als etwa in den USA, wo die Planung weitgehend abgeschlossen ist, bevor mit der Realisierung begonnen wird, überlappen sich in Deutschland die Planungs- und die Realisierungsphase teilweise so weit, dass die letzten Pläne erst kurz vor Ende der Realisierung gefertigt und dann in der Schlussphase des Projektes umgesetzt werden. Durch diese unklare Trennung von Planung und Realisierung ergeben sich für den Projektablauf zahlreiche Probleme:

– Wenn die Planung bei **Beginn der Realisierung** noch nicht abgeschlossen ist, ist es schwierig, die Kosten für die Realisierung abschließend festzustellen. Im weiteren, die Realisierung begleitenden Planungsverlauf, werden sich Sachverhalte einstellen, die Auswirkungen auf die Kosten haben, und damit das Budget für die Realisierung verändern. Wenn es nicht gelingt, die Planung während der Realisierungsphase so zu steuern, dass lediglich die Entwurfsplanung in eine Ausführungsplanung überführt wird, ohne dass dabei wesentliche Qualitäten oder Quantitäten verändert werden, wird es zu ungewollten Kostensteigerungen des Projektes kommen.
– Wenn die Planung zu Beginn der Realisierungsphase **nicht abgeschlossen** ist, scheiden bestimmte Vergabeverfahren für die Vergabe von Bauleistungen aus. Streng genommen bedeutet eine nicht abgeschlossene Planung zu Beginn der Realisierung, dass eine Generalunternehmer- oder Generalübernehmervergabe nicht möglich ist, da die Basis für die Vergabe wegen nicht abgeschlossener Planung überhaupt nicht vorhanden ist. Unabgeschlossene Planungen zu Realisierungsbeginn kommen also eigentlich nur für die Einzelvergabe oder Paketvergabe in Frage, es sei denn, man vergibt an einen planenden GU/GÜ und überlässt diesem den weiteren Planungsprozess.
– Beginnt man die Realisierung **ohne abgeschlossene** Planung, so läuft man Gefahr, dass die bereits realisierten Leistungen (etwa der Rohbau) nicht mit den später geplanten Ausbauleistungen übereinstimmen. Einfache Beispiele wie nicht harmonisierte Höhen von Bodenbelägen, nicht vorhandene Aussparungen für Haustechnikgewerke etc. kommen auf den Baustellen immer wieder vor. Dadurch, dass Ausbauleistungen oder Haustechnikleistungen getrennt und erst zu einem späteren Zeitpunkt als die Rohbauleistungen geplant werden, entstehen Unstimmigkeiten, die entweder zu einem Rückbau bereits errichteter Bausubstanz oder zu einem Umplanen von Ausbauleistungen und Haustechnikleistungen führen.

Die Art, wie Bauleistungen vergeben werden, steht also in **engem Zusammenhang** mit der Art, wie Planungsleistungen vergeben werden. Es muss bereits zu Beginn der gesamten Maßnahme, noch vor der Vergabe von Planungsleistungen, festgelegt werden, wie die Planungsleistungen vergeben werden und wie in Abhängigkeit davon die Ausführungsleistungen vergeben werden. Um die Frage nach der geeigneten Vergabeart für Planungsleistungen und Realisierungsleistungen entscheiden zu können, müssen im Vorfeld eine Vielzahl von unterschiedlichen Aspekten untersucht werden:

- **Terminliche Aspekte:**
  In Abhängigkeit der Frage „Wie schnell soll das Projekt erstellt werden?" werden sich bestimmte Vergabestrukturen als geeignet und andere als ungeeignet herausstellen. So wird man etwa bei Projekten, die unter höchstem Zeitdruck zu erstellen sind, Architekten und Fachplaner nur bis zu Leistungsphase 4 (Genehmigungsplanung) mit den Leistungsbildern der HOAI beauftragen und sie im weiteren Projektverlauf entweder mit der Planprüfung der von einem planenden Generalunternehmer bzw. -übernehmer gefertigten Ausführungsplanung beschäftigen, oder sie dem GU/GÜ als dessen Ausführungsplaner beistellen. Auf der Basis der Entwurfsplanung wird der GU/GÜ die Ausführungsplanung parallel und in enger Abhängigkeit des Bauablaufes erstellen. Dadurch, dass die Leistung zum Zeitpunkt der Vergabe an den planenden GU/GÜ, nur bis zur Leistungsphase 4 definiert und durch eine Baubeschreibung – meist funktionale Baubeschreibung – beschrieben ist, die nur die Informationen ausweist, die zum Vergabezeitpunkt vorliegen, wird sich die Qualität des Objektes, die Ausdruck findet in der Qualität der weiteren Planung und in der Qualität der eigentlichen Bauausführung nach Vergabe an den planenden GU/GÜ nicht mehr verbessern lassen, vielmehr wird man ab dem Zeitpunkt der Vergabe an den GU/GÜ damit zu kämpfen haben, die Qualität auf dem der Vergabe zugrunde liegenden Standard zu halten. Diese Vergabeform bedarf also der intensiven Kontrolle der Planungs- und Ausführungsleistungen des planenden GU/GÜ durch einen vom Bauherrn beauftragten Projektsteuerer, Architekten, Qualitätsmanager oder anderen. Weitere Vergabearten, bei denen eine schnelle Bauplanung und -realisierung im Vordergrund stehen und der Bauherr den Planungsprozess nicht selbst steuern möchte, sind die Totalunternehmer- und Totalübernehmervergabe.
- Stellt der Bauherr hingegen höchste **Ansprüche an die Qualität**, wobei terminliche Aspekte eher in den Hintergrund treten, empfehlen sich Abläufe wie sie in der Honorarordnung für Architekten und Ingenieure (HOAI) abgebildet sind: Architekten und Fachplaner planen in enger Abstimmung mit dem Bauherrn das Bauvorhaben einschließlich der abgeschlossenen Ausführungsplanung durch. Die einzelnen Leistungen werden im Zuge der Einzel- oder Paketvergabe nach Gewerken getrennt detailliert beschrieben und am Markt bei denjenigen ausführenden Unternehmen platziert, denen man die höchste Sachkenntnis für die jeweils auszuführende Leistung zutraut. Auf der Basis einer völlig eindeutig beschriebenen Leistung und in voller Kenntnis der jeweiligen Ausführungsdetails bieten die Unternehmen an und werden nach Auswahl des wirtschaftlich Günstigsten gewerkeweise beauftragt. Der Architekt wird als Sachwalter für die ordnungsgemäße Durchführung der Bauleistung mit der Objektüberwachung beauftragt.
- Will der Bauherr neben anderen Aspekten vor allen Dingen sein **Risiko** hinsichtlich einer kosten- und termingerechten Bauausführung unter Einhaltung üblicher Qualitätsstandards **minimieren**, so wird er darauf achten, dass zum Vergabezeitpunkt eine vollständige Planung und eine detaillierte Qualitätsbeschreibung der zu erbringenden Leistung vorliegen und dann die Leistungen zu einem Pauschalfestpreis an einen Generalunternehmer oder Generalübernehmer übergeben, der ihm sämtliche weiteren Risiken hinsichtlich der Kosten und des terminlichen Ablaufes des Projektes abnimmt.
- Ein Bauherr, der besonders **kostengünstig/kostensicher bauen** möchte, trotzdem aber auch unter Termindruck steht, könnte das GMP (Garantierter Maximum Preis) – Verfahren anwenden, bei dem Unternehmer schon in sehr früher Planungsphase in die Projektplanung mit einbezogen werden und im Dialog mit Architekten und Fachplanern kostengünstige Umsetzungsmöglichkeiten der geplanten Bauleistungen diskutieren.
- Auch die Ausrichtung und Qualifikation des Planungsteams kann die Art der Vergabe der Bauleistungen bestimmen. Arbeitet der Bauherr mit einem jungen, eher **entwurfsorientierten** Team zusammen, das wenig Erfahrung in Ausführungsplanung hat, so wird er das Planungsteam bis zur Leistungsphase IV (Genehmigungsplanung) beauftragen und die Ausführungsplanung auf den planenden Generalunternehmer verlagern, um Streitigkeiten

über Inhalte und Lieferzeiten der Ausführungsplanung zu vermeiden. Das Architektenteam kann in diesem Falle mit der Planprüfung der durch den planenden Generalunternehmer gefertigten Ausführungsplanung beauftragt werden.

– Arbeitet der Bauherr mit einem in der Ausführungsplanung erfahrenen Architekturbüro zusammen, kann eine Einzelvergabe oder Paketvergabe durchgeführt werden.

Die Wahl der Vergabeart von Planungsleistungen und Bauleistungen ist also eng verbunden mit den **jeweiligen Zielen**, die bei der Projektrealisierung erreicht werden sollen.

Die Auswirkungen unterschiedlicher Aspekte auf die Art der Vergabe sind in nachfolgender Tabelle dargestellt.

Aspekt	Art der Vergabe der Bauleistungen
Hohe Qualität der Bauleistungen	Einzelvergabe/Paketvergabe
Frühe Kostensicherheit	Generalunternehmer/-übernehmer-Vergabe, Totalunternehmer/-übernehmer-Vergabe, GMP-Vergabe
Sicherheit der Termineinhaltung bei insgesamt kurzer Bauzeit	Generalunternehmer/-übernehmer-Vergabe, Totalunternehmer/-übernehmer-Vergabe
Einbeziehen der Kenntnisse des bauausführenden Unternehmens in der Planung der Maßnahme – dadurch Kostenreduzierung und Bauzeitverkürzung	Totalunternehmer/-übernehmer-Vergabe, GMP-Vergabe
Risikominimierung für den Bauherr	Generalunternehmer-Vergabe, Totalunternehmer-Vergabe
Unerfahrenes, junges Planungsteam	Totalunternehmer-Vergabe
Bausoll nicht eindeutig festgelegt/Vielzahl von Änderungen während der Ausführung erwartet	Einzelvergabe
Baubegleitende Planung	Einzelvergabe, Paketvergabe
Baubegleitende Planung bei gleichzeitiger Deckelung der Kosten & Termine	GMP-Vergabe
Einfluss des Bauherrn auf Auftragnehmer der einzelnen Bauleistungen	Einzelvergabe, Generalunternehmer-Vergabe mit „Nominated Subcontractor“, GMP-Vergabe
Unerfahrener Bauherr	Generalunternehmer-Vergabe, Totalunternehmer-Vergabe
Gewährleistungsrisiko in einer Hand	Generalunter/-übernehmer-Vergabe, Totalunternehmer/-übernehmer-Vergabe, GMP-Vergabe
Kostentransparenz für den Bauherrn	Einzelvergabe, GMP-Vergabe
Leistungsbeschreibung mit Leistungsprogramm	Generalunternehmer/-übernehmer-Vergabe, Totalunternehmer/-übernehmer-Vergabe, GMP-Vergabe

1.2 Ausschreibung von Bauleistungen

Nach § 7 Absatz 1 Nr. 1 VOB/A ist die Leistung eindeutig und so erschöpfend zu beschreiben, dass alle Bewerber die Beschreibung im gleichen Sinne verstehen müssen und ihre Preise sicher und ohne umfangreiche Vorarbeiten berechnen können. Hierbei handelt es sich um eine Ausprägung des Grundsatzes von Treu und Glauben. Eine weitere Konkretisierung erfährt der Grundsatz von Treu und Glauben in § 7 Absatz 1 Nr. 3 VOB/A dadurch, dass dem Bieter kein ungewöhnliches Wagnis aufgebürdet werden soll für Umstände und Ereignisse, auf die er keinen Einfluss hat und deren Einwirkung auf die Preise und Fristen er nicht im Voraus abschätzen kann. Welche Hinweise für das Aufstellen der Leistungsbeschreibung jeweils von Bedeutung sind, ist im jeweiligen Abschnitt 0 der Allgemeinen Technischen Vertragsbedingungen für Bauleistungen DIN 18299 ff. im Einzelnen aufgeführt.

Für Ausschreibungen **Öffentlicher Auftraggeber** dürfen bestimmte Erzeugnisse oder Verfahren sowie bestimmte Ursprungsorte und Bezugsquellen nur dann ausdrücklich im Leistungsverzeichnis vorgeschrieben werden, wenn dies durch die Art der geforderten Leistungen gerechtfertigt ist, wenn also zum Beispiel die Ausführung eines bestimmten Fabrikates deswegen notwendig ist, weil der Auftraggeber in seinem Einflussbereich aus Gründen des Betriebes, der Wartung und Instandhaltung nur ein einziges Produkt eingesetzt sehen will.

Wiederum bei Öffentlichen Auftraggebern dürfen Bezeichnungen für bestimmte Erzeugnisse oder Verfahren (z.B. Markennamen, Warenzeichen, Patente) ausnahmsweise jedoch nur mit dem Zusatz „oder gleichwertige Art" verwendet werden, wenn eine Beschreibung durch hinreichend genaue, allgemein verständliche Bezeichnungen nicht möglich ist.

Im Bereich **privater Auftraggeber** wird diese Regel weniger berücksichtigt. Es empfiehlt sich jedoch auch hier, um möglichst wirtschaftliche Angebote zu erhalten, sich nicht auf einzelne Markennamen festzulegen, sondern Alternativen zuzulassen. Immer dann, wenn im Zuge eines Angebotsverfahrens der Markt feststellt, dass nur ein bestimmtes Produkt zugelassen ist, treten Preismonopole auf, die zu keinen wirtschaftlichen Ergebnissen im Angebotsverfahren führen.

Grundsätzlich unterscheidet man zwei Arten von Leistungsbeschreibungen:

1. Leistungsbeschreibung mit Leistungsverzeichnissen
2. Leistungsbeschreibung mit Leistungsprogramm

1.2.1 Leistungsbeschreibung mit Leistungsverzeichnissen

Die VOB/A schreibt im § 7b Absatz 1 hierzu: Die Leistung soll in der Regel durch eine allgemeine Darstellung der Bauaufgabe (Baubeschreibung) und ein in **Teilleistungen gegliedertes Leistungsverzeichnis** beschrieben werden.

Erforderlichenfalls ist die Leistung auch zeichnerisch oder durch Probestücke darzustellen oder anders zu erklären, zum Beispiel durch Hinweis auf ähnliche Leistungen, durch Mengen- oder statische Berechnungen. Zeichnungen oder Proben, die für die Ausführung maßgebend sein sollen, sind eindeutig zu bezeichnen (§ 7b Absatz 2 VOB/A).

Leistungen, die nach den Vertragsbedingungen, den technischen Vertragsbedingungen oder der gewerblichen Verkehrssitte zu der geforderten Leistung gehören (§ 2 Absatz 1 VOB/B) brauchen nicht besonders aufgeführt werden.

Insofern erübrigen sich Hinweise in Leistungsverzeichnissen wie

- „sach- und fachgerecht herstellen"
- „in fix und fertiger Arbeit"
- „einschl. Vorhalten der erforderlichen Geräte und Nebenstoffe"
- „einschl. Lieferung sämtlicher Materialien"

Alle diese Zusätze sind **überflüssig**, weil

- die Ausführung ohnehin nach den anerkannten Regeln der Technik zu erfolgen hat
- die Leistung nach dem Vertrag und damit nach dem zum Vertrag gehörenden Leistungsverzeichnis zu erfolgen hat
- die Gerätevorhaltung, wenn nicht gesondert vereinbart, zu den Nebenleistungen zählt

Leistungsverzeichnisse sind nach einer **einheitlichen Struktur aufzubauen**. Diese Struktur muss vor Erstellung des ersten Leistungsverzeichnisses für alle Leistungsverzeichnisse festgelegt werden. Übliche Gliederungsstrukturen sind hierarchisch aufgebaut und in den meisten AVA-Programmen neunstellig vorgegeben. Mit der **Ordnungszahl** werden gekennzeichnet

- Z1-Abschnitt – mit ein- bis zweistelliger Nummer
- Z2-Abschnitt – mit ein- bis zweistelliger Nummer
- Position – mit ein- bis vierstelliger Positionsnummer
- Positionsindex – mit einstelliger Indexkennzeichnung

Mit dieser Ordnungszahl wird die Position innerhalb der Leistungsverzeichnisse für die Baumaßnahme eindeutig eingeordnet. Z1 und Z2-Abschnitt ermöglichen die hierarchische Gliederung der Leistungsverzeichnisse, wobei die Inhalte dieser Gliederung dem Ersteller des Leistungsverzeichnisses freigestellt sind. So könnten etwa im Z1-Abschnitt Vergabeeinheiten definiert sein (z.B. Rohbauarbeiten, Ausbauarbeiten, haustechnische Arbeiten) unter diesen Vergabeeinheiten könnten im Z2-Abschnitt jeweils Gewerke zugeordnet werden (z.B. zu Rohbauarbeiten: Erdarbeiten, Beton- und Stahlbetonarbeiten, Mauerarbeiten etc.). Diesen Gewerken sind auf der Positionsebene einzelne Positionen zugeordnet. Durch den hierarchischen Aufbau des Systems ist es möglich, Positionen zu Gewerken zusammenzufassen, Gewerke zu Vergabeeinheiten zusammenzufassen und Vergabeeinheiten zum Gesamtbauwerk zusammenzufassen.

Grundbaustein des objektspezifischen Leistungsverzeichnisses ist die **Position**. Die Position setzt sich zusammen aus:

- Ordnungszahl
- Beschreibung der Teilleistung
- Mengenangabe
- Einheit
- Einheitspreis
- Gesamtpreis (Menge x Einheitspreis)

Im Leistungsverzeichnis unterscheidet man nach folgenden **Positionsarten**:

- **Normalposition**
  Die Ausführungsposition ist eine Leistung, die in jedem Falle zur Ausführung kommt
- **Grundposition**
  Die Grundposition ist eine Position zu der ein Preis abgefragt wird, zu der es jedoch eine oder mehrere Alternativen in der Ausführung gibt.
- **Alternativposition** (Wahlposition)
  Die Alternativposition bzw. die Alternativpositionen stellen die Alternativen der Ausführung zur Grundposition dar. Der Bieter muss davon ausgehen, dass entweder die Grundposition oder eine der aufgeführten Alternativpositionen zur Ausführung kommen. Die Festlegung, ob die Grundposition oder eine der Alternativpositionen ausgeführt wird, muss vor Vergabe der Bauleistungen erfolgen.
- **Eventualposition** (Bedarfsposition)
  Die Eventualposition ist eine Position, von der man zum Zeitpunkt der Vergabe noch nicht weiß, ob sie zur Ausführung kommen wird. Häufige Eventualpositionen sind Positionen aus dem Bereich der Erdarbeiten (z.B.: Felsaushub). Erst beim Ausschachten der Baugrube wird sich später herausstellen, ob Felsaushub erforderlich ist, und wenn dies der Fall ist, kommt die Eventualposition zum Tragen, wenn dies nicht der Fall ist, hat der Auftragnehmer keinen Anspruch auf Ausführung der Leistungen der Eventualposition.
- **Nachtragsposition**
  Die Nachtragsposition ist eine Position, die im ursprünglichen Leistungsverzeichnis nicht enthalten ist und deren Notwendigkeit sich erst während der Baudurchführung herausstellt. Die Nachtragsposition ist in einem Nachtrags-Leistungsverzeichnis aufzuführen, welches dann dem Auftraggeber in Form eines Nachtragsangebots vorgelegt werden kann.
- **„Jumbo"-Position**
  Die „Jumbo"-Position ist eine im Leistungsverzeichnis aufgeführte Position, die mehrere zu bildende Unterpositionen bzw. Teilleistungen umfasst. Diese Teilleistungen müssen vom potentiellen Auftragnehmer monetär erfasst und in einer Position mit einem Einheitspreis versehen aufgeführt werden.

Positionstexte werden auf unterschiedliche Art und Weise erzeugt:
- **Freitext**
  Die Leistungen werden mittels Text genau beschrieben. Dieses Verfahren erwartet vom Aufsteller hohe Professionalität und systematisches Vorgehen.
- **Textbausteine** aus **Mutterleistungsverzeichnissen**
  Hierbei werden fertige Textbausteine aus Mutterleistungsverzeichnissen für die Beschreibung der Leistung übernommen. Viele Produkthersteller liefern fertige Leistungstexte für Ihre Produkte, die ins Leistungsverzeichnis aufgenommen werden können. Auch die meisten Anbieter von AVA-Programmen liefern Positionstexte.
- **Standardleistungsverzeichnis**
  Standardleistungsverzeichnisse liefern Textsequenzen, aus denen Positionstexte zusammengesetzt werden könne. Die Anwendung von Standardleistungsverzeichnissen ist in der Branche umstritten. Selbst wenn man Standardleistungsverzeichnisse nicht zur Erstellung von Leistungsverzeichnissen heranzieht, empfehlen die Autoren die Standardleistungsverzeichnisse als Checklisten für die Vollständigkeit der jeweiligen Leistungsverzeichnisse.

Nach der Erstellung der Leistungsverzeichnisse empfiehlt es sich, diese durch Dritte nochmals auf Vollständigkeit und Schnittstellenproblematik überprüfen zu lassen.

1.2.2 Leistungsbeschreibung mit Leistungsprogramm

Die **Leistungsbeschreibung mit Leistungsprogramm** wird immer dann Grundlage einer Ausschreibung sein, wenn auch der Entwurf für die Leistung dem Wettbewerb unterstellt wird, um die technische, wirtschaftlich und gestalterisch beste sowie funktionsgerechte Lösung der Bauaufgabe zu ermitteln. Das Leistungsprogramm umfasst eine Beschreibung der Bauaufgabe, aus der die Bewerber alle für die Entwurfsbearbeitung und die Angebote maßgebenden Bedingungen und Umstände erkennen können und in der sowohl der Zweck der fertigen Leistung als auch die an sie gestellten technischen, wirtschaftlichen, gestalterischen und funktionsbedingten Anforderungen angegeben sind. Vom Bieter wird bei diesem Verfahren verlangt, dass er außer der Ausführung der Leistung den Entwurf mit eingehender Erläuterung und Darstellung der Bauausführung sowie einer eingehend zweckmäßig gegliederten Beschreibung der Leistungen – ggf. mit Mengen- und Preisangaben für Teile der Leistungen – liefert.

Vorgaben für den Bieter können dabei **Raumbücher** und **Funktionsdiagramme** sein, die Grundlage der Ausschreibung sind und auf Basis derer der Bieter sein Angebot erstellen muss.

In der Praxis, besonders bei institutionellen Auftraggebern, wird eine leicht abgeänderte Form der Leistungsbeschreibung mit Leistungsprogramm praktiziert. Durch Architekten und Fachingenieure werden **Entwurfszeichnungen** gefertigt, die ergänzt werden durch **Leitdetails** für die wesentlichen Elemente des Gebäudes. Diese Unterlagen werden ergänzt durch eine detaillierte Baubeschreibung, die weniger auf den Herstellungsprozess einzelner Leistungen eingeht, sondern das gewünschte Endergebnis in Form von Qualitäten, Oberflächen, Farben, Raumkonditionen etc. beschreibt. Diese **Baubeschreibungen** sind wie folgt aufgebaut:
- Grundlagen
- Angaben zum Grundstück
- Angaben zum Bauvorhaben, ggf. nach Gebäudeteilen unterteilt
- Angaben zum Herrichten des Grundstückes (Abbruch, Entsorgung, Leitungsverlegung etc.)
- Angaben zur Baustelleneinrichtung
- Angaben zur Erdarbeiten
- Angaben zur Ver- und Entsorgung
- Angaben zur Konstruktion (Rohbau)
- Angaben zur Bauphysik
- Angaben zur Fassade (einschließlich Fenster, Sonnenschutz etc.)
- Angaben zu Dächern
- Angaben zum allgemeinen Ausbau

- Beim **allgemeinen Ausbau** wird zuerst eine Produktdefinition vorangestellt, die wiederkehrende Produkte für einzelne Raumarten definiert. In der Produktdefinition können z.B. Angaben enthalten sein zu:
  - Nutzung
  - Sichtbeton
  - Sichtmauerwerk
  - Doppelboden
  - Natursteinqualitäten
  - Bodenbelagsqualitäten
  - Wandbelagsqualitäten
  - Türen und Türzargen
  - Trockenbauwände
  - Systemtrennwände
  - Abgehängte Decken
  - Beleuchtung
- Im Anschluss daran werden die einzelnen **Raumarten** nach einem einheitlichen Schema beschrieben:
  - Bodenbelag
  - Wandbelag
  - Deckenoberflächen
  - Türen
  - Einrichtungen
  - Beleuchtung
  - Anschlüsse
  - Raumkonditionen
  - Sonstiges

  Für ein **Bürogebäude** wird nach Raumarten unterschieden in:
  - Tiefgarage
  - Hausflur- und Treppenvorräume der Tiefgarage
  - Treppenhäuser der Tiefgarage
  - Anlieferungsbereich und angeschlossene Lagerräume
  - Archive, inklusive angrenzenden Flurbereichen
  - Lager ohne besondere Anforderung, inklusive angrenzende Flurbereiche
  - Umkleide- und Sanitäreinrichtungen für Servicepersonal
  - Haupteingangsbereich, Nebeneingänge
  - Bürobereich (ggf. getrennt nach Einzelbüro, Gruppenbüro, Großraumbüro)
  - Flure- und sonstige Verkehrsflächen in den Bürobereichen
  - Treppenanlagen
  - Aufzugsvorräume und Mietbereichszugänge
  - WC-Bereiche
  - Küchen
  - Putzräume
  - Kopierräume/Postverteilungsstelle
  - EDV-Etagenräume
  - Pausenbereiche/Raucherräume
  - Konferenz- und Schulungsbereiche
  - Bibliotheksbereich
  - Erste-Hilfe-Raum
  - Ruheraum
  - Sicherheitszentrale
  - Druckerei
  - Postraum
  - Mitarbeiterrestaurants

- Hauptküche/Zu- und Aufbereitungsküche
- Cafeteria
- Maschinenräume/Versorgungsschächte
- Rechenzentrum

Bei der Beschreibung der **Haustechnik** wird unterteilt in:

- Sanitärtechnik
- Brandschutztechnik
- Heiztechnik
- Raumlufttechnik
- Kältetechnik
- Elektrotechnik
- Aufzüge
- Müllentsorgung
- Gebäudeleittechnik
- Facility Management

In weiteren Kapiteln werden sonstige Leistungen beschrieben, wie etwa
– Personenleitsystem

Abschließend werden die **Außenanlagen** beschrieben. Ziel dieser Art der Ausschreibung ist es, das fertige Werk in seinen Funktionsanforderungen sowie in seiner Qualität von Oberflächen und sichtbaren Teilen zu beschreiben, den Herstellvorgang zur Erreichung der Funktion und der geforderten Qualität jedoch dem Auftragnehmer zu überlassen. Der entsprechende Bauvertrag wird also ein Global-Pauschalvertrag sein, in dem weder einzelne Leistungen in Form von Leistungspositionen noch in Form von Mengen ausgewiesen sind. Der Vertrag muss an einen GU/GÜ bzw. TU/TÜ oder in Form eines GMP-Vertrages vergeben werden.

1.2.3 Pläne

Die der Ausschreibung beigefügten Pläne haben nach Art der Leistungsbeschreibung für die Anbieter unterschiedliche Bedeutung. In der Leistungsbeschreibung mit Leistungsverzeichnis sind die Leistungen in den Positionen eindeutig definiert und mit Mengenansätzen versehen. Der Bieter muss hier lediglich die Einheitspreise einsetzen. Die **Planunterlagen** sind **Orientierungshilfe**, mit der er erkennt, wo die einzelnen Leistungen durchgeführt werden sollen.

Bei Leistungsbeschreibungen mit Leistungsprogramm sind die Planunterlagen wesentliche Arbeitsgrundlage für die Erstellung der Angebote. Der Bieter muss in den Planunterlagen die einzelnen Räume oder Bauteile zuordnen und aufgrund der Planunterlagen die entsprechenden Mengen ermitteln.

Die den Angebotsunterlagen beigefügten Pläne müssen in beiden Fällen fehlerfrei, unmissverständlich und eindeutig in der Aussage sein. Aus den Plänen müssen die für die Angebotskalkulation notwendigen Informationen ablesbar sein. Leistungsbeschreibungen und Planinhalte müssen auf einander abgestimmt sein.

Es empfiehlt sich dringend, Pläne vor dem Angebotsverfahren nochmals durch einen **unabhängig Dritten** auf Vollständigkeit und Übereinstimmung mit der Leistungsbeschreibung überprüfen zu lassen.

In vielen Fällen arbeiten Architekten und Fachingenieure während der Angebotsphase weiter an den Planunterlagen. Hier empfiehlt es sich kurz vor der Vergabe der Bauleistungen, demjenigen Bieter, der den Auftrag erhalten soll, die Planunterlagen des letzten Planstandes nochmals zur Prüfung zu übergeben, um sicherzustellen, dass das Angebot des Bieters mit den Inhalten des neuesten Planstandes harmonisiert ist.

1.2.4 Leitdetails

Besonders bei Bauverträgen, bei denen durch den Architekten des Auftraggebers lediglich die Entwurfsplanung erstellt wird und die spätere Ausführungsplanung den ausführenden Firmen überlassen wird, empfiehlt es sich, zur Definition des Baustandards durch den Architekten des Auftraggebers Leitdetails entwickeln zu lassen. **Leitdetails sind Detailzeichnungen** im Maßstab 1:1, 1:10, 1:20, aus denen wesentliche, die Gestaltung des späteren Gebäudes bestimmende, Angaben zur Detailgestaltung hervorgehen. Die Leitdetails geben dem späteren Auftragnehmer eine klare Vorstellung darüber, welche Gestaltungsvorstellungen bei der Ausführungsplanung umzusetzen sind. **Wesentliche Leitdetails** für Bürogebäude sind:

- Wesentliche Details der Eingangssituationen (Haupteingang/Nebeneingänge) mit Treppen und Vordächern
- Wesentliche Details der Tiefgarageneinfahrt mit Tor- und Schrankenanlagen
- Briefkastenanlage und Klingelanlage/Gegensprechanlage
- Details zum Leitsystem (Beschilderung) außerhalb und innerhalb des Gebäudes
- Systemdetails der Fassade mit Schnitt und Ansicht mit Darstellung von Fenstern, Sonnenschutzanlage, Blendschutz, Fensterbank, Heizungsanordnung, ggf. Brüstungskanal sowie konstruktivem Aufbau der Fassade für die wesentlichen unterschiedlichen Fassadentypen
- Detailzeichnungen zur Fassadenausbildung
- Anschlüsse der Fassade an untere Anschlusspunkte/am Dach/an Anschlusspunkte der Vordächer, Detail Schaufenster von Läden außen und innen einschließlich eventuellem Sonnenschutz
- Fassadenansicht von innen auf ein Stützfeld bezogen für den Bürobereich, jeweils für die wesentlichen unterschiedlichen Fassadentypen
- Systemzeichnung Toiletten (Wandabwicklung) mit Anordnung der wesentlichen Sanitärobjekte und Einrichtungsgegenstände sowie Trennwanddetails
- Ausbildung Lastenaufzug/Personenaufzug
- Eingangsportal, Türansicht
- Innenausstattung der Kabine Lastenaufzug/Personenaufzüge (Wandabwicklung/Decke/Fußboden)
- Schnitte und Ansichten von wesentlichen Brüstungen und Geländern
- Detailausbildungen zu Treppen
  - Beläge
  - Stufenausbildung
  - Geländerausbildung
  - Handlaufausbildung
  - Ausbildung der konstruktiven Anschlusspunkte
- Detaildarstellungen zu Rolltreppen (Rolltreppe/Brüstung/Handlauf)
- Anschluss der Dachhaut an die Attika und aufgehende Bauteile
- Regeldetails Außen- und Innenbeleuchtung besonders in „öffentlichen Bereichen" wie Treppenhäuser, Flure, Ladenerschließung etc. und im Bürobereich
- Details wesentlicher Türen einschließlich Zargen (Flurtüren, Bürotüren, Eingangstüren, Drehtüren etc.)
- Detail rauchdichte Glastüren in Fluren
- Detail Ausführung Treppenhausabschlusstüren der Fluchttreppenhäuser
- Details wesentlicher Bodenbeläge mit Fußbodenleisten und Angaben zum Übergang zu anderen Belägen sowie Trennfugen
- Deckenausbildung in Eingangsbereichen, Fluren, Treppenhäusern, Bürobereichen und öffentlichen Bereichen einschließlich wichtiger Anschlusspunkte an begrenzende Bauteile wie Wände, Stützen, Fassade
- Möblierungsvorschläge für den typischen Bürobereich

Für die **Außenanlagen sind folgende Leitdetails** vorzulegen:

- Ausbildung wesentlicher Bodenbeläge
- Regenrinnen o.ä.
- Ausbildung Absperrungen/Poller
- Randdetails bei Belagsänderungen

- Prinzipdetails Außenbeleuchtung
- Details zu Bänken, Abfallkörben, Spielgerät

Abhängig von der Baumaßnahme oder den besonderen Anforderungen von Bauherr oder Architekt muss diese Liste entsprechen erweitert werden.

1.2.5 Auswahl der geeigneten Ausschreibungsart

Je nach Art der beabsichtigten Vergabe und dem Anspruch an die Qualität der Baumaßnahme wird die geeignete Ausschreibungsart gewählt.

Qualitätsanspruch/Art der Vergabe	Art der Ausschreibung
Hoher Qualitätsanspruch	Leistungsverzeichnis
Kostentransparenz	Leistungsverzeichnis
Einzelvergabe/Paketvergabe	Leistungsverzeichnis
Generalunternehmer-/Generalübernehmervergabe	Leistungsverzeichnis/Leistungsprogramm
Totalunternehmer-/Totalübernehmervergabe	Leistungsprogramm
GMP Vergabe	Leistungsprogramm/Leistungsverzeichnis

1.3 Grundlagen der Vergabe

Eine möglichst eindeutige Beschreibung der beauftragten Leistungen und des rechtlichen und technischen Umfeldes, in dem diese Leistungen zu erbringen sind, ist Grundvoraussetzung für eine erfolgreiche Abwicklung jeder Baumaßnahme. Streitigkeiten zwischen den Parteien bei der Bauabwicklung kommen häufig deswegen zustande, weil wegen **mangelnder Beschreibung** der Leistungen unterschiedliche Auffassungen über Umfang und Qualität der zu erbringenden Leistungen zwischen den Parteien bestehen, oder weil das rechtliche, organisatorische oder technische Umfeld, in dem diese Leistungen zu erbringen sind, nicht eindeutig oder gar widersprüchlich formuliert sind.

Wichtig für die Zusammenstellung der Vertragsunterlagen ist, dass die einzelnen Parteien nicht isoliert nebeneinander arbeiten, sondern Bauherr, Rechtsanwälte, Architekten und Fachingenieure eng und **koordiniert zusammenarbeiten**, ihren jeweiligen Input zu den Vertragsunterlagen liefern und sicherstellen, dass weder Überschneidungen noch Fehlstellen in den Vertragsunterlagen auftauchen und die Vertragsunterlagen eindeutig und ohne Widersprüche ein klares Bild über die zu erbringende Leistung und das rechtliche, organisatorische und technische Umfeld dieser Leistungen geben. Die Beschreibungen müssen **so eindeutig** sein, dass spätere Interpretationen nicht mehr möglich sind.

Der Bauherr und Auftraggeber muss verstehen, dass für die Erstellung einwandfreier Vertragsunterlagen alle Fachdisziplinen erforderlich sind. In der Praxis werden häufig **folgende Fehler** beobachtet:

- Der Bauherr erspart sich eine ordnungsgemäße Rechtsberatung und lässt die vertraglichen Teile der Vertragsunterlagen durch den Architekten oder den Projektsteuerer zusammenstellen. Dies ist erstens aus Gründen des Rechtsberatungsverbotes für Nicht-Rechtsanwälte nicht zulässig und führt zweitens häufig dazu, dass möglichst viele vorhandene Vertragstexte einfach zusammenkopiert werden, man später jedoch feststellen muss, dass diese Vertragstexte nicht auf den eigentlichen Tatbestand hin formuliert sind, Widersprüche aufweisen oder gar vor dem Hintergrund von Werkvertrag und AGB unhaltbar sind.

Die einzelnen Parteien stellen die Vertragsteile, für die sie zuständig sind, ohne Rücksprache mit den anderen Vertragsparteien zusammen. Die Vertragstexte gehen nicht auf die organisatorischen Belange von Projektsteuerung und Architekten ein, die Vorbemerkungen der Leistungsverzeichnisse widersprechen den vertraglichen Festlegungen, die Leistungsverzeichnisse untereinander weisen Fehlstellen oder Überschneidungen auf.

– Der Bauherr „erspart" sich die Beauftragung der Fachingenieure, die eigentlich notwendig sind, die Inhalte der Planung und Leistungsbeschreibung der jeweiligen Leistungsbereiche zu erarbeiten, Schnittstellen zwischen den Gewerken sauber zu definieren und damit sicher zu stellen, dass der Bieter eine umfänglich Unterlage für die Erstellung seines Angebotes erhält.

Grundlagen einer **geordneten** Vergabe sind:
– Der Vertrag
– Die Leistungsbeschreibung bzw. das Leistungsverzeichnis
– Planunterlagen und Leitdetails

Fallweise und in Abhängigkeit davon, wie die Unterlagen aufgebaut sind, können noch folgende **weitere Unterlagen** hinzukommen:
– Die Baugenehmigung
– Besondere Vertragsbedingungen
– Zusätzliche Vertragsbedingungen
– Zusätzliche technische Vertragsbedingungen
– Die allgemeinen technischen Vertragsbedingungen für Bauleistungen nach VOB
– Die allgemeinen Vertragsbedingungen für die Ausführung von Bauleistungen nach VOB
– Anlagen in Form von Ablaufbeschreibungen oder Formblättern, die für die Durchführung des Vertrages erforderlich sind.

In der Vielzahl der Fälle sind besondere Vertragsbedingungen und zusätzliche Vertragsbedingungen bei Aufträgen privater oder institutioneller Bauherrn in den Vertrag integriert und bilden mit diesem eine rechtliche Einheit.

1.3.1 Vertrag

Die Gestaltung von **Bauverträgen** wird an anderer Stelle dieses Handbuches detailliert beschrieben. Hier soll lediglich auf diejenigen Punkte eingegangen werden, die aus organisatorischer und technischer Sicht in den Vertrag aufgenommen werden müssen.

Bauzeitenplan
Im Bauvertrag muss ein detaillierter Bauzeitenplan vereinbart sein. Bei der gewerkeweisen Vergabe oder der Paketvergabe wird ein solcher Bauzeitenplan vom Auftraggeber vorgegeben. Die jeweiligen Auftragnehmer erhalten mit dem Bauzeitenplan einen Überblick über die terminliche Gestaltung der Gesamtmaßnahme und haben im Bauzeitenplan ein Zeitfenster für ihre Leistungen ausgewiesen.

Bei Generalunternehmer- oder Generalübernehmervergaben liegt zum Zeitpunkt der Vergabe häufig ein detaillierter Bauzeitenplan nicht vor, sondern wird erst nach Vergabe durch den Auftragnehmer erstellt. In allen diesen Fällen müssen vom Auftraggeber wesentliche **Eckdaten im Bauvertrag** vorgegeben werden, innerhalb derer sich dann der detaillierte Ausführungsplan vom Generalunternehmer oder Generalübernehmer bewegen muss. Im Vertrag ist der Termin zu benennen, bis zu dem der Auftragnehmer spätestens seinen detaillierten Zeitplan vorzulegen hat und Maßnahmen bzw. Restriktionen, die eintreten, wenn der Auftragnehmer seinen vertraglichen Verpflichtungen nicht nachkommt. Solche Maßnahmen können sein:
– Zurückhaltung der Zahlungen
– Ersatzmaßnahmen durch den Auftraggeber zu Lasten des Auftragnehmers

Für die Erstellung des **detaillierten Bauzeitenplanes** sind genaue Anforderungen im Vertrag vorzugeben:

- Anzahl der im Bauzeitenplan aufzuführenden Einzeltätigkeiten (bei Maßnahmen zwischen 50 und 100 Mio. EUR Investitionssumme mindestens 200 bis 300 Tätigkeiten und deren Abhängigkeiten)

Weiterhin muss der **Bauzeitenplan** so aufgestellt sein, dass
- ein Soll-/Ist-Vergleich möglich ist
- eine Fertigstellungskurve geführt werden kann
- einzelne Zeitbalken eine Zeitspanne von drei Monaten nicht überschreiten, so dass also Leistungen mit längeren Zeitdauern in Teilleistungen zu untergliedern sind
- in den einzelnen Zeitbalken jeweils in Monatstranchen die EUR-Gegenwerte, die bei vollständiger Erfüllung des jeweiligen Balkenabschnittes zur Zahlung anfallen, enthalten sind
- alle wesentlichen Entscheidungspunkte aufgeführt sind, an denen der Auftraggeber und seine Erfüllungsgehilfen oder Dritte grundsätzliche Entscheidungen und Aussagen zu treffen haben
- die Termine für Planlieferungen durch den Auftraggeber ausgewiesen sind
- die Termine für notwendige Planfreigaben ausgewiesen sind
- die Termine für die späteste Beistellung der „Nominated Subcontractors" ausgewiesen sind
- die Termine für die technischen Vorbegehungen als Voraussetzung für die Abnahme ausgewiesen sind
- die Termine für behördliche und werksvertragliche Abnahmen ausgewiesen sind.

Außerdem sind im Bauzeitenplan durch den Auftragnehmer die im Vertrag enthaltenen **Zwischentermine** und der geschuldete **Fertigstellungstermin** aufzuführen.

Bei Paketvergaben, Generalunternehmer- und Generalübernehmervergaben empfiehlt es sich, die im Bauzeitenplan enthaltenen Zwischentermine mit **Vertragsstrafen** zu belegen. Nur so kann erreicht werden, dass diese Zwischentermine vom Auftragnehmer auch tatsächlich ernst genommen und eingehalten werden. Dabei hat es sich bewährt, dass für nicht eingehaltene Zwischentermine einbehaltene Vertragsstrafen bei einer insgesamt termingerechten Fertigstellung des Gesamtwerkes wieder an den Auftragnehmer zurückgezahlt werden, bei Nichteinhaltung des Endtermines jedoch die Vertragsstrafen auf Zwischentermine für den Auftragnehmer verloren sind.

Zwischentermine in dem Bauzeitenplan sind so zu benennen, dass ohne lange Diskussion festgestellt werden kann, ob der entsprechende Leistungsstand erreicht oder nicht erreicht ist. **Sinnvolle Zwischentermine** in diesem Sinne sind zum Beispiel:
- Fertigstellung der Abbrucharbeiten
- Fertigstellung von Bohrpfahlwänden, Schlitzwänden oder sonstigen Baugrubenumschließungen
- Fertigstellung des Erdaushubes
- Fertigstellung Bauwerk Sohle (Betonbauarbeiten der Bodenplatte)
- Fertigstellung der Rohbauarbeiten der Decke über den jeweiligen Geschossen
- Wetterdichter Abschluss der Gebäudehülle (Fassade und Dachdichtung)
- Fertigstellung der Estricharbeiten
  Fertigstellung Putzarbeiten

Schwieriger zu beurteilen sind Zwischentermine wie:
- Fertigstellung der Rohmontage der haustechnischen Anlagen (gegebenenfalls nach einzelnen Haustechnikgewerken getrennt)

Abhängig von der Art der Baumaßnahme lassen sich gegebenenfalls für den **Innenausbau** weitere Zwischentermine definieren. Wichtig ist, dass jeweils nicht der Beginn einer Leistung, sondern die Fertigstellung einer Leistung als vertraglicher Zwischentermin definiert wird.

Zahlungsplan

Im Bauvertrag ist ein detaillierter Zahlungsplan zu vereinbaren. Bei der überwiegenden Mehrzahl von Bauverträgen erfolgt die Zahlung nach Leistungsstand. Um sich aufwendige Mengenermittlungen auf der Baustelle zu ersparen, empfiehlt es sich, den Zahlungsplan mit dem Terminplan zu verbinden und in den Terminbalken jeweils in Monatstranchen die EUR-Gegenwerte auszuweisen, die bei vollständiger Erfüllung der Leistungen des jeweiligen Balkenabschnittes zur **Zahlung** anfallen. Dies wiederum bedeutet, dass die Terminbalken so zu wählen sind, dass durch einfache Inaugenscheinnahme am Monatsende festgestellt werden kann, ob die in der **Monatstranche** enthaltenen Leistungen vollständig erfüllt sind oder nicht (z.B. Betonarbeiten nach Geschossen, Estricharbeiten nach Räumen etc.). Aus dem Vertragstext muss dem Auftragnehmer klar sein, dass er nur bei hundertprozentiger Erfüllung der jeweiligen Leistung einen Zahlungsanspruch hat. Teilleistungen werden nicht bewertet und nicht vergütet. Diese Vertragsgestaltung zwingt den Auftragnehmer dazu, einzelne Leistungen tatsächlich fertig zu stellen und nicht, wie es auf vielen Baustellen passiert, Leistungen nur zu beginnen und dann in Leistungsverzug zu geraten.

Abschlagszahlungen
Grundsätzlich haben Auftragnehmer Anspruch auf Abschlagszahlungen. Im Vertrag sind Form und Inhalt der Abschlagsrechnung dem Auftragnehmer vorzugeben. In jedem Fall sind folgende Angaben in der Abschlagsrechnung anzugeben:
- Rechnungsstellung/Lieferant
- Rechnungsnummer
- Datum der Rechnungslegung
- Auftragsdatum des Hauptauftrages
- Auftragssumme des Hauptauftrages
- Rechnungsart
- Rechnungsinhalt
- Rechnungsbetrag

Der Rechnungsbetrag ist in **detaillierter Form** entsprechend den Vereinbarungen des Vertrages nachzuweisen.

Auftraggeber haben in vielen Fällen eigene Kosten- und Kontenstrukturen. In diesem Falle ist vertraglich zu vereinbaren, dass die Abschlagsrechnungen gemäß dieser Kosten- bzw. Kontenstrukturen auszustellen sind. Ggf. sind mehrere Abschlagsrechnungen zum gleichen Datum in Bezug auf unterschiedliche Bauteile, Bauleistungen oder Konten einzureichen.

Einheitspreisliste
Soweit Verträge nicht auf der Basis einzelner Positionen und deren Einheitspreise abgeschlossen werden, sondern als Pauschalpreis vereinbart werden, muss für die Bewertung späterer **Leistungsänderungen** in einem Bauvertrag eine Einheitspreisliste vereinbart werden, die die Kalkulationsgrundlage des Hauptvertrages nachvollziehen lässt und Basis für die Bewertung späterer Leistungsänderungen oder Leistungsergänzungen ist. Es empfiehlt sich, diese Einheitspreisliste nicht nur für Leistungsänderungen, sondern auch für Leistungsergänzungen und neue Leistungen zur vertraglichen Grundlage zu machen. Die Struktur der Einheitspreisliste kann nicht dem Auftragnehmer vorbehalten werden, sondern muss durch den Auftraggeber vorgegeben werden. In der Einheitspreisliste sind möglichst sorgfältig all diejenigen Leistungen aufzulisten, die Gegenstand späterer **Veränderungen** oder **Ergänzungen** werden könnten. Aus den Texten der Einheitspreisliste muss eindeutig hervorgehen, was der jeweilige Leistungsumfang der einzelnen ausgewiesenen Leistungen ist. Es empfiehlt sich, die Einheitspreislisten vor Abschluss eines Vertrages durch denjenigen Auftragnehmer ausfüllen zu lassen, mit dem beabsichtigt ist, den Vertrag abzuschließen. Die Erstellung von Einheitspreislisten nach Abschluss des Vertrages führt im Regelfall zu Streitigkeiten zwischen Auftraggeber und Auftragnehmer über die Angemessenheit einzelner Einheitspreise.

Der Nachweis, dass mit den angegebenen Einheitspreisen tatsächlich das **Kalkulationsniveau des Hauptvertrages** dargestellt ist, muss nach den vertraglichen Vereinbarungen dem Auftragnehmer obliegen. Wenn also ein insgesamt günstiger Pauschalpreis auf niedrigem Kalkulationsniveau angeboten und vertraglich vereinbart wird, dann müssen auch die in der Einheitspreisliste ausgewiesenen Einheitspreise im unteren Bereich ortsüblicher und marktgerechter Preise für diese Leistungen liegen.

Änderungsmanagement
Jeder Bauvertrag muss eine genaue Anweisung enthalten, nach welchem Verfahren Vertragsänderungen – gleich welcher Art – zu handhaben sind. In der Praxis der Autoren hat sich das **Verfahren der Entscheidungsvorlage** bewährt. Dieses Verfahren der Entscheidungsvorlage ist, damit es vertraglich bindend wird, sowohl in die Verträge der Consultants als auch in die Verträge der bauausführenden Firmen aufzunehmen und dort detailliert zu beschreiben.

Die Entscheidungsvorlage ist ein Instrument zur Freigabe aller Veränderungen im Projekt. Das Projekt ist definiert durch die Beschreibungen, Planunterlagen und Anlagen der von allen Parteien ratifizierten Vertragsunterlagen.

Veränderungen zu diesen Vertragsunterlagen, gleich welcher Art, – ob entwurflich, technisch, kostenmäßig oder terminlich – dürfen nur durchgeführt werden, wenn dazu eine vom Auftraggeber **freigegebene Entscheidungsvorlage** vorliegt.

Veränderungen, die ohne freigegebene Entscheidungsvorlage durchgeführt werden, gehen zu Lasten der verursachenden Partei. Sie hat alle eventuellen Kosten und Terminkonsequenzen aus nicht autorisierten Veränderungen selbst zu tragen. Der Veranlasser einer Veränderung muss die Entscheidungsvorlage erstellen, mit allen übrigen Parteien abstimmen und dann über die Projektsteuerung dem Auftraggeber zur Freigabe einzureichen.

Hinsichtlich der **Entscheidungsvorlage** besteht Bring- und Holschuld. Wenn eine Partei feststellt, dass von einer anderen Partei Änderungen vorgenommen werden, ohne dass eine freigegebene Entscheidungsvorlage existiert, dann ist dies sofort der Projektsteuerung mitzuteilen und Sorge dafür zu tragen, dass die ändernde Partei eine Entscheidungsvorlage erstellt.

Änderungen, die von anderen Parteien vorgegeben werden, ohne dass dafür eine freigegebene Entscheidungsvorlage vorliegt, dürfen nicht umgesetzt werden. Wird trotzdem umgesetzt, so liegt das volle Kosten- und Terminrisiko aus der Umsetzung bei der umsetzenden Partei. Der **Laufweg** einer Entscheidungsvorlage ist wie folgt vorgegeben:
- Aufstellen: Veranlasser
- Abstimmen: Veranlasser mit allen betroffenen Parteien unter verantwortlicher Leitung des Veranlassers
- Unterschrift: Veranlasser und Betroffene
- Die Unterschrift bedeutet, dass keine Bedenken bestehen und die ausgewiesenen Kosten- und Terminimplikationen korrekt angegeben sind.
- Das Ausweisen der Kosten- und Termineinflüsse obliegt der Projektsteuerung unter Mitwirkung der einzelnen Parteien
- Unterschrift Mieter (soweit vorhanden)
- Unterschrift Projektsteuerung
- Unterschrift Auftraggeber

Erst **nach erfolgter Unterschrift** durch den Auftraggeber darf die entsprechende Maßnahme umgesetzt werden.

Alle Parteien müssen in den Verträgen aufgefordert werden, auch ihre Consultants bzw. ihre Subunternehmer auf das Verfahren der Entscheidungsvorlage ausdrücklich hinzuweisen und dafür Sorge zu tragen, dass von keinem Consultant/Subunternehmer eigenmächtige Änderungen vorgenommen werden, die zu einer Qualitäts-, Kosten- oder Terminveränderung des Projektes führen können.

Das Verfahren der Entscheidungsvorlage gilt selbstverständlich auch für den **Auftraggeber**. Auch wenn er Änderungen durchsetzen will, muss das Verfahren eingehalten werden, und erst wenn eine von ihm unterschriebene Entscheidungsvorlage vorliegt, wird die Änderung tatsächlich umgesetzt. Das Verfahren der Entscheidungsvorlage hat mehrere Vorteile:
- Der Auftragnehmer und alle übrigen Parteien haben zu jedem Zeitpunkt eine klare Übersicht über den Stand des Projektes und über die hinsichtlich der ursprünglichen Vertragsgrundlage durchgeführten Veränderungen von Qualitäten, Kosten und Terminen.
- Der Auftraggeber sieht für jede Änderung vor Ausführung der Änderung die daraus resultierenden Kosten- und Terminauswirkungen.

- Der häufig ungebrochene Änderungswille einzelner Parteien wird durch das stark formalisierte Verfahren eingedämmt. Man überlegt sich im Vorfeld, ob eine Änderung tatsächlich sinnvoll und notwendig ist, oder ob man nicht besser beim ursprünglich beauftragten Leistungsumfang verbleibt.
- Die im Verfahren vereinbarte Bring- und Holschuld macht jede einzelne Partei sensibel gegenüber Änderungen, die von anderen Parteien vorgenommen werden.
- Das in der Entscheidungsvorlage enthaltene Abstimmungsverfahren stellt sicher, dass Entscheidungen zu Änderungen nicht einsam getroffen werden, sondern in Abstimmung mit allen übrigen Parteien.

Das **Verfahren** der Entscheidungsvorlage muss eingebettet sein in eine vertragliche Regelung zu Leistungsänderungen/zusätzliche Leistungen. Der Auftragnehmer muss verpflichtet werden, auf schriftliches Verlangen des Auftraggebers (Stellung einer Entscheidungsvorlage) Änderungen seiner vertraglichen Leistungen vorzunehmen und/oder zusätzliche Leistungen zu erbringen.

In **angemessener Frist** nach Eingang des Verlangens des Auftraggebers nach Leistungsänderungen und zusätzlichen Leistungen hat der Auftragnehmer dem Auftraggeber unter Berücksichtigung des Mehr- und/oder Minderaufwandes unter Verwendung des Formblattes Entscheidungsvorlage des Auftraggebers ein schriftliches Angebot zum Abschluss einer entsprechenden Nachtragsvereinbarung zu unterbreiten. Dies muss eine spezifizierte Aufschlüsselung des Preises dieser Leistungen entweder nach Maßgabe der Einheitspreisliste oder – falls der Auftraggeber Stundenlohnleistungen verlangt – unter spezifischer Schätzung des damit verbundenen Zeitaufwandes und der damit verbundenen Kosten enthalten.

Falls eine **Einheitspreisliste** bei Änderungen, Einschränkungen und/oder Erweiterungen vertraglich vereinbarter Leistungen und/oder hinsichtlich zusätzlicher und/oder entfallender Leistungen keine entsprechenden Einheitspreise enthält, hat der Auftragnehmer dem Auftraggeber Einheitspreise anzubieten und dabei nachzuweisen, dass der neue Preis auf der Grundlage der Preisermittlung des Hauptauftrages gebildet worden ist.

Über die vom Auftragnehmer vorgelegte Entscheidungsvorlage hat der Auftraggeber binnen angemessener Frist schriftlich zu entscheiden.

Weiterhin muss der Vertrag regeln, dass **Vergütungsansprüche** für zusätzliche Leistungen nur bestehen, wenn hierfür vor Beginn der Ausführung der zusätzlichen Leistungen zwischen den Vertragsparteien eine schriftliche Nachtragsvereinbarung in Form einer Entscheidungsvorlage geschlossen worden ist, oder wenn der Auftraggeber nach Vorlage des Nachtragsangebotes die Ausführung der Leistungen schon vor Abschluss der Nachtragsvereinbarung oder unter Ablehnung einer solchen schriftlich verlangt. Dieses Anweisungsrecht ist von wesentlicher Bedeutung, da der Auftragnehmer sonst gegebenenfalls durch überhöhte Preisforderungen oder unangemessene Terminforderungen und langwierige Diskussionen hierüber die Ausführung von für den Auftraggeber notwendige Leistungen verhindern könnte.

Auf die vereinbarten Vertragsfristen sowie die Zwischentermine des Bauzeitenplanes haben Änderungen des Bauentwurfes, nachträgliche Anordnung des Auftraggebers und das Verlangen zusätzlicher Leistungen nur Einfluss, wenn und soweit die Parteien dies schriftlich vereinbart haben oder der Auftragnehmer schriftlich Fristverlängerung geltend gemacht hat und der Auftraggeber gleichwohl ohne deren Vereinbarung die Ausführung verlangt.

Die Entscheidungsvorlage kann auch im Fall von **Streitigkeiten** angewandt werden: Ergibt sich nach Abschluss des Vertrages, dass die Parteien zu einzelnen Punkten der Bauausführung unterschiedliche Auffassung darüber haben, was nach dem Vertrag geschuldet wird, dass also der Auftraggeber eine bestimmte Leistung als Vertragsleistung bezeichnet, während der Auftragnehmer sie für eine zusätzliche oder vergütungspflichtig geänderte Leistung hält, so gilt: Auch in diesem Fall hat der Auftragnehmer auf dem Formblatt Entscheidungsvorlage eine Entscheidung des Auftraggebers einzuholen. Es ist Sache des Auftraggebers zu entscheiden, ob er die nach seiner Auslegung geschuldete Leistung auf jeden Fall haben will und dazu anweist. Dann wird gegebenenfalls nachträglich durch gerichtliche Entscheidung festgestellt, ob die Leistung zum Bestellwerk gehörte. Wenn nicht, hat der Auftragnehmer den **Mehrvergütungsanspruch** gemäß den vorstehenden Bestimmungen. Der Auftraggeber kann sich aber auch dahingehend entscheiden, dass er seine Meinung aufrecht erhält und es dem Auftragnehmer überlässt, ob er dieser Meinung folgt oder auf seine alleinige Gefahr das Risiko übernimmt, dass nachträglich festgestellt wird, dass er eine darüberhinausgehende oder andere Leistung gemäß Bestellwerk geschuldet hat und deswegen nachträglich bei entsprechender Rüge des Auftraggebers bei der Abnahme den vertraglich geschuldeten Zustand herstellen muss.

Aufschlüsselungen von Pauschalpreisen nach steuerlichen Anforderungen
Bei Generalunternehmer- und Generalübernehmerverträgen tritt in der Praxis häufig das Problem auf, dass die in den Verträgen ausgewiesene Kostenstruktur nicht mit den Anforderungen steuerrechtlicher Kostenstrukturen übereinstimmt. Aus diesem Fall empfiehlt es sich, bereits im Generalunternehmer- bzw. Generalübernehmervertrag eine Klausel aufzunehmen, die regelt, dass der Auftragnehmer den Pauschalfestpreis entsprechend den tatsächlichen Gegebenheiten in seiner Kalkulation nach folgenden Wirtschaftsgütern aufzuteilen hat:
1. Herstellkosten des Gebäudes, gegebenenfalls aufgeteilt in Herstellkosten für gewerblich genutzte Flächen und Wohnflächen
2. Außenanlagen
3. Betriebsvorrichtungen
4. Einbauten für vorübergehende Zwecke (Scheinbestandteile)
5. Ladeneinbauten, Schaufensteranlagen, Gaststätteneinbauten, Schalterhallen von Kreditinstituten sowie ähnliche Einbauten und die wirtschaftlich mit den Einbauten zusammenhängenden Heizungs- und Klimaanlagen, Sprinkler-, Beleuchtungs-, Be- und Entlüftungsanlagen und ähnliche Anlagen
6. Sonstige selbständige Wirtschaftsgüter, zum Beispiel Inventar, Einbaumöbel und sonstige Einrichtungsgegenstände sowie EDV-Leitungsnetze, Beleuchtungsanlagen und Beleuchtungskörper etc.

Dabei ist der Auftragnehmer verpflichtet, die unter Nr. 3–6 fallenden Wirtschaftsgüter **einzeln aufzuführen** und die Herstellungs- bzw. Anschaffungskosten entsprechend zuzuordnen.

Ebenfalls aus **steuertechnischen** Gründen kann es erforderlich sein, dass zu jedem in die Bauzeit fallenden Jahresende der dann erreichte Leistungsstand unter Angabe des EUR-Teilwertes des Pauschalfestpreises unter Berücksichtigung der Aufteilung der Maßnahme in Bauteile etc. schriftlich mitgeteilt werden muss.

Planfreigabeverfahren
Soweit durch den Auftragnehmer Pläne erstellt werden (Ausführungsplanung, Werkstattzeichnung etc.) muss das Planprüfverfahren durch den Auftraggeber im Vertrag geregelt sein. Alle vom Auftragnehmer nach Maßgabe des Vertrages zu erstellenden Planungen, Berechnungen, Zeichnungen und sonstige Unterlagen sind dem Auftraggeber zur Freigabe vorzulegen.

Über die eingereichten Unterlagen sind **Listen zu führen**. Dies gilt auch für sonstige Nachträge zum Vertrag wie z.B. ergänzende Planungen, Berechnungen, Zeichnungen und sonstige Unterlagen. Diese Liste wird vom Auftraggeber (meist der Projektsteuerung) fortgeschrieben, der dem Auftragnehmer jeweils eine Kopie der Ergänzungs- und Fortschreibungseintragungen zur Verfügung stellt.

Zu regeln ist, dass die **Überprüfungen** von Planungen, Berechnungen, Zeichnungen und sonstigen Unterlagen des Auftraggebers sowie die Freigabe dieser Planungen, Berechnungen, Zeichnungen und sonstiger Unterlagen durch den Auftraggeber oder seinen Beauftragten die alleinige Haftung des Auftragnehmers für die Richtigkeit, Vollständigkeit und Durchführbarkeit dieser Planungen, Berechnungen, Zeichnungen und sonstiger Unterlagen unberührt lässt. Im Vertrag ist sicherzustellen, dass durch die Planprüfung keine Zeitverzögerung und damit Behinderung des Auftragnehmers eintritt. Die Planprüfzeiten müssen angemessen und auskömmlich im Vertrag vereinbart werden. Auskömmliche Prüfzeiten sind etwa 21 Kalendertage zwischen Eingang der Planung bei der Prüfstelle und Rücklauf der geprüften Pläne bei dem Auftragnehmer. Werden durch den Auftragnehmer fehlerhafte oder unvollständige Pläne eingereicht, so muss die Prüfstelle das Recht haben, die Pläne an den Auftragnehmer zurückzuweisen, ohne das daraus ein Anspruch des Auftragnehmers für Behinderung oder gar Bauzeitenverlängerung entsteht. Vielmehr muss das Risiko aus fehlerhaften oder unvollständigen Plänen beim Auftragnehmer verbleiben. Nach der Rückweisung der Pläne, hat der Auftragnehmer die Pläne zu verbessern oder zu vervollständigen und dann in dem im Vertrag beschriebenen Verfahren wieder an den Auftraggeber einzureichen. Die dadurch verlorene Zeit liegt im Risikobereich des Auftragnehmers und bietet keinen Anspruch auf Terminverlängerung.

Bei sehr **eng bemessenen Gesamtbauzeiten** kann es erforderlich sein, dass die Planprüfungsfristen des Auftraggebers für die erste durch den Auftragnehmer gelieferte Plantranche verkürzt werden müssen, um die Gesamtbauzeit einhalten zu können. In einem solchen Falle sollte ein differenziertes Planprüfen im Vertrag vereinbart werden, etwa für die Planprüfung der rohbaurelevanten Ausführungspläne der Untergeschosse nur 10 Kalendertage, für die restlichen Pläne die o.g. 21 Kalendertage.

Bemusterungsliste

Häufig entstehen zwischen Auftraggeber und Auftragnehmer Streitigkeiten darüber, für welche Leistungen des Bauvertrages Muster vorzulegen sind und in welcher Form diese vorzulegen sind. Aus diesem Grunde muss Anlage eines ordnungsgemäß abgeschlossenen Bauvertrages eine Bemusterungsliste sein, aus der eindeutig hervorgeht, welche Leistungen in welcher Form vorgelegt werden müssen.

Unterschieden wird dabei in:
- Bemusterung 1:1 im eingebauten Zustand (zum Beispiel Musterbüro)
- Bemusterung in großflächiger Ausführung (zum Beispiel Farbanstriche 2 x 2 m, Fassadenelement, für 1 Gebäudeachse)
- Handmuster
- Bemusterung anhand von Katalogen
- Werkstattbemusterung
- Bemusterung an Referenzobjekten

Vertraglich vereinbart werden muss die **rechtzeitige Bemusterung** aller Ausführungsarten, Ausstattung und Materialien, für die in der Baubeschreibung bzw. im Leistungsverzeichnis oder nach Maßgabe des Vertrages Wahlmöglichkeiten für den Auftraggeber bestehen und für die eine Bemusterung vorgesehen ist. Muster müssen in zwei bis drei kostenneutralen Alternativen vorgelegt werden. Bei den jeweiligen Bemusterungsterminen sollten jeweils die Muster eines Bemusterungskomplexes gesammelt vorgelegt werden, um nicht nur einzelne Muster, sondern auch das Zusammenwirken der Muster hinsichtlich Material, Oberflächen, Farben etc. beurteilen zu können.

Für die Bemusterung selbst sind dann die ebenfalls im Vertrag vorgegebenen **Formblätter** zu verwenden, mit denen die schriftliche Freigabe des jeweiligen Musters durch den Auftraggeber erfolgt. Die Muster werden im Regelfall dem Auftraggeber kostenlos zur Verfügung gestellt und bleiben in seinem Eigentum, soweit der Auftraggeber nicht die Rückgabe oder die Beseitigung der Muster schriftlich verlangt. Die freigegebenen Muster werden zu Beweiszwecken während der Bauzeit in einem Musterraum gelagert, zu dem nur der Auftraggeber Zugang hat.

Aufgliederung des Angebotspreises

So weit nicht eine Leistungsbeschreibung mit Leistungsverzeichnis, in dem einzelne Positionen mit Preisen zu ersehen sind, Grundlage der Vergabe ist, sondern eine Leistungsbeschreibung nach Leistungsprogramm oder Bau- und Ausstattungsbeschreibung, muss in dem Bauvertrag die genaue Aufgliederung des Angebotspreises vorgegeben werden, um die Angebote unterschiedlicher Bieter überhaupt vergleichen zu können und um sinnvolle Vergabeverhandlungen mit den Bietern führen zu können. Es wird empfohlen, hier eine Gliederung nach Gewerken oder Bauteilen vorzugeben. Je detaillierter die Gliederungsstruktur ist, desto einfacher ist es später, unterschiedliche Angebote zu vergleichen und festzustellen, wo Preisdifferenzen zwischen den Bietern vorkommen. Solche Preisdifferenzen können einerseits ein Indiz auf die unterschiedliche Preisgestaltung von Subunternehmern für die Gewerke/Bauteile sein, sie können aber andererseits auch ein Indiz dafür sein, dass ein Bieter eine Leistung nicht richtig verstanden und zu teuer oder zu billig kalkuliert hat.

1.3.2 Anlagen

Gemäß den obigen Ausführungen wird der Vertrag mit einer Vielzahl von Anlagen versehen sein, diese sind im **Regelfall**:
- Lageplan
- Lageplan mit Darstellung von unterschiedlichen Bauabschnitten bzw. Gebäudeteilen
- Lageplan mit Darstellung von Außenanlagen und Stellplätzen
- Lageplan mit Darstellung der durch das Grundstück verlaufenden Leitungen und Kanäle und/oder Schächte
- Lageplan mit Darstellung der Verkehrserschließung
- Abbruchgenehmigungen
- Baugenehmigungen (solange diese nicht vorhanden sind, Bauanträge)
- Teilbaugenehmigungen (solange diese nicht vorhanden sind, Anträge zu Teilbaugenehmigungen)
- Bauvorbescheide
- Bauzeitenplan
- Zahlungsplan
- Einheitspreisliste
- Formblatt Entscheidungsvorlage
- Vorgaben für die Aufstellung von Abschlagsrechnungen
- Beispiele für Vertragserfüllungsbürgschaft
- Vorlage für Gewährleistungsbürgschaft
- Bemusterungsliste
- Leistungsbeschreibung
- Pläne
- Leitdetails

1.3.3 Leistungsbeschreibung

Die Leistungsbeschreibung ist neben dem Vertrag die wichtigste Grundlage zur Ausführung der Bauleistung. In der Leistungsbeschreibung wird das Bestellwerk detailliert beschrieben.

Zum Zeitpunkt der Vergabe muss entschieden werden, welche in der Leistungsbeschreibung eventuell enthaltenen **Alternativen** zur Ausführung kommen sollen und welche entfallen. Außerdem muss die Leistungsbeschreibung auf Basis der Verhandlungen während der Vergabe ggf. überarbeitet und auf den neuesten Sachstand gebracht werden. Mit dem Bieter abgesprochene Veränderungen der Leistungsbeschreibung müssen sauber dokumentiert werden. Soweit der Bieter Nebenangebote mit seinem Hauptangebot eingereicht hat, muss entschieden werden, ob die entsprechenden Leistungen des Hauptangebotes oder die Leistungen des Nebenangebotes des Bieters zur Ausführung kommen sollen.

1.3.4 Pläne

Die zum Zeitpunkt der Vergabe gültigen Pläne werden Anlage des Bauvertrages. Dabei ist sicherzustellen, dass sich während der Vergabezeit diese Unterlagen im Vergleich zu den mit den Ausschreibungen verschickten Planunterlagen nicht verändert haben. Es ist von demjenigen Bieter, der den Auftrag erhalten soll, nochmals ausdrücklich zu bestätigen, dass die nunmehr dem Vertrag anhängenden Pläne Grundlage des Bauvertrages sind. Gegebenenfalls muss der Bieter sein Angebot nochmals leicht modifizieren, damit alle Planinhalte in seinem Angebot berücksichtigt werden.

1.4 Vergabe

Im Zuge der Vergabe werden auf der Basis der Vergabeunterlagen von Bietern Angebote eingeholt und mit den Bietern verhandelt, bis der wirtschaftlichste Bieter feststeht, mit dem der Bauvertrag abgeschlossen werden soll.

Grundsätzlich sollten Baumaßnahmen nur an **leistungsstarke Bieter** vergeben werden. Dies trifft sowohl für die gewerkeweise Vergabe als auch für die GU/GÜ bzw. TU/TÜ -Vergabe zu. Folgende Kriterien sollten bei den Firmen überprüft werden:

– Fachkunde
  - Qualifikation und Erfahrung des Personales
  - Technisches und organisatorisches Know-how
– Leistungsfähigkeit
  - Vorhandene Personal- und Geräteausstattung
  - Betriebliche Auslastung mit Aufträgen, Ausführungszeit
  - Verfügbare Finanzkraft und Liquidität
  - Übernahme von Garantien und Haftungen für die Leistungen
  - Qualitätsniveau bereits erbrachter Leistungen
  - Vorhandenes Leistungsspektrum
– Zuverlässigkeit
  - Terminzuverlässigkeit
  - Qualitätszuverlässigkeit
  - Mengen- und Lieferzuverlässigkeit

Die o.g. Kriterien können entweder durch Abfrage bei genannten **Referenzadressen** überprüft werden, bei Planern, Auskunfteien oder Banken abgefragt werden oder durch Besuch der Unternehmen und Interviews in den Unternehmen ermittelt werden.

1.4.1 Vergabeverfahren

Grundsätzlich werden folgende **Vergabeverfahren** unterschieden:

– Die **Öffentliche Ausschreibung**, bei der Angebote für Bauleistungen nach öffentlicher Aufforderung (zum Beispiel in Form von Ausschreibungen auf den Vergabeplattformen der Länder, der e-Vergabe des Bundes oder in Zeitungsinseraten) von einer unbeschränkten Anzahl von Unternehmern angefordert werden. Diese Art der Ausschreibung ist vor allen Dingen bei der öffentlichen Hand weit verbreitet, findet aber bei privaten Bauherrn oder institutionellen Auftraggebern kaum Anwendung.

– Die **beschränkte Ausschreibung**, bei der Angebote von einer beschränkten Anzahl von Unternehmern eingeholt werden, die durch gezielte Anfrage zur Abgabe eines Angebotes aufgefordert werden. Es empfiehlt sich, vor Versand der Ausschreibungsunterlagen bei den Unternehmen anzufragen, ob sie überhaupt bereit sind, für die entsprechende Bauleistung ein Angebot abzugeben oder aus Kapazitäts- oder anderen Gründen derzeit nicht in der Lage sind anzubieten. Bei der beschränkten Ausschreibung werden im Regelfall fünf bis zehn Bieter zur Abgabe eines Angebotes aufgefordert.
  Die beschränkte Ausschreibung ist die bei Weitem häufigste Art der Einholung von Angeboten bei privaten und institutionellen Auftraggebern.

– Beim **gestuften Verfahren** werden zuerst in Form einer öffentlichen Ausschreibungen Bewerbungen von potentiellen Bietern eingeholt. Diese Bewerbungen werden gesichtet und ausgewertet, und aus der Gesamtzahl werden fünf bis zehn Bieter ermittelt, die zur Abgabe eines Angebotes aufgefordert werden. Das Verfahren bietet sich immer dann an, wenn man den Markt in voller Breite ausschöpfen will, jedoch trotzdem die Zahl der Bieter für das eigentliche Angebotsverfahren in überschaubaren Grenzen halten will.

– Bei der **freihändigen Vergabe** werden Bauleistungen ohne Konkurrenzverfahren direkt beauftragt. Da bei diesem Verfahren der Markt ausgeschaltet ist und der Auftraggeber ausschließlich auf seine Kompetenz bei der Beurteilung des Angebotes angewiesen ist, da keine Vergleichsangebote vorliegen, findet dieses Verfahren sowohl bei der öffentlichen Hand als auch bei privaten und institutionellen Auftraggebern nur in ganz besonderen Fällen – etwa dann, wenn bestimmte Leistungen nur durch einen Marktteilnehmer ausgeführt werden können – Anwendung.

1.4.2 Auswertung der Angebote

Die eingehenden Angebote werden vor der Vergabeverhandlung ausgewertet, die Ergebnisse werden in Preisspiegeln zusammengefasst. Die Angebote werden nach folgenden Grundsätzen vorgeprüft:
– Prüfung des termingerechten Eingangs des Angebotes
– Prüfung der Vollständigkeit der Angebotsunterlagen
– Rechnerische Prüfung
– Technische Prüfung
– Wirtschaftliche Prüfung
– Wertung etwaiger Änderungsvorschläge und Nebenangebote

Die monetären Ergebnisse der Angebote werden in der vorgegebenen Kostenstruktur in **Preisspiegeln** dargestellt. Da die Preisspiegel sehr sensible Informationen enthalten, ist es angeraten, sie nur einem eng begrenzten Personenkreis zugänglich zu machen.

Für Verhandlungszwecke sollten die Preisspiegel möglichst in kleiner Schrift ausgedruckt werden, um eine Einsichtnahme durch Unbefugte zu vermeiden.

Die Preisspiegel geben eine Übersicht über die unterschiedliche Kostengestaltung bei den einzelnen Bietern.

1.4.3 Vergabeverhandlung

Bei der öffentlichen Ausschreibung werden im Regelfall nur die fünf bis zehn günstigsten Bieter in das weitere Verhandlungsverfahren einbezogen, bei der beschränkten Ausschreibung werden die Vergabeverhandlungen im Regelfall in der ersten Runde mit allen Bietern geführt.

Während die öffentliche Hand nicht über die **Kostenhöhe** des Angebotes oder einzelner Komponenten mit den Bietern verhandeln darf, wird bei privaten Bauherrn und institutionellen Investoren in den Vergabeverhandlungen gerade dieser Punkt **intensiv behandelt**. Aus dem Vergleich der Kostengestaltung einzelner Positionen des Angebotes gibt man dem jeweiligen Bieter eine Indikation, wo sein Angebot zu hoch liegt und er gegebenenfalls durch Nachverhandlungen mit Subunternehmern oder Wechsel des Subunternehmers einen günstigeren Preis erzielen muss, um in die engere Wahl der Bieter zu kommen. Es empfiehlt sich, die Bieter nicht in der Reihenfolge ihrer Angebotshöhe oder in umgekehrter Reihenfolge zu bestellen, sondern in ungeordneter Reihenfolge.

Neben der **Preisverhandlung** werden mit jedem Bieter die dem Angebot beigefügten Stellungnahmen zu technischen Aspekten, Materialien, Bauausführung etc. besprochen und einer einvernehmlichen Klärung zugeführt. Außerdem werden **Nebenangebote** besprochen und auf Durchführbarkeit geprüft.

Nach der ersten Verhandlungsrunde gibt man den Bietern die Gelegenheit zur Überarbeitung ihres Angebotes auf Basis der mit den Bietern besprochenen Abweichungen ihres Angebotes von der Norm.

Die **überarbeiteten Angebote** der Bieter laufen vor Beginn der zweiten Verhandlungsrunde beim Bauherrn ein und werden in die Preisspiegel eingearbeitet. Dabei ist es wichtig, die jeweiligen Bieterrunden im Preisspiegel abzubilden, um die Kostenentwicklung einzelner Bieter aufgrund der Vergabeverhandlungen nachvollziehen zu können.

Über die Vergabeverhandlungen werden jeweils **Protokolle** nach Bietern getrennt verfasst. Zur zweiten Bieterrunde werden meist nicht mehr alle Bieter, sondern nur noch die Bieter der engeren Wahl, das heißt die Bieter mit den bisher wirtschaftlichsten Ergebnissen geladen (im Regelfall 3–4 Bieter). Es wird nicht empfohlen, sich lediglich auf den preisgünstigsten Bieter in der Verhandlung zu beziehen, da bis zur Auftragserteilung nicht sichergestellt ist, dass der Bieter tatsächlich den Auftrag unterschreibt und man in jedem Fall ein bis zwei Alternativen offen halten sollte. Es ist auch davon auszugehen, dass bei großen Bauvorhaben am Markt bekannt ist, wer die Bieter sind, und es kann nicht ausgeschlossen werden, dass Informationen zwischen einzelnen Bietern ausgetauscht werden.

Das Verfahren wird in der oben beschriebenen Form über drei bis fünf **Bieterrunden** durchgeführt, bis festgestellt werden kann, dass sich in der Angebotshöhe durch die Gespräche mit den Bietern keine Veränderungen mehr ergeben.

Da es sich bei den meisten Verträgen großer Bauvorhaben um Individualverträge handelt, müssen die einzelnen Vertragsklauseln mit dem potenziellen Auftragnehmer durchgesprochen werden. Erfahrungsgemäß geben die Bieter mit Abgabe ihres Angebotes auch Kommentare zu den Vertragstexten ab. Es empfiehlt sich, diese Anmerkungen in einer der ersten Bieterrunden mit den Bietern kurz anzusprechen, um Aufschluss darüber zu erhalten, wie ernsthaft diese Einwendungen sind und aufgrund der unterschiedlichen Auffassungen zur Vertragsgestaltung die Gefahr bestehen könnte, dass ein Vertrag durch einen Bieter nicht abgeschlossen wird.

Die weiteren Vertragsverhandlungen sollten sich dann auf die technischen und wirtschaftlichen Aspekte und die Preisgestaltung der Angebote konzentrieren. Erst in der Schlussphase der Verhandlungen kurz vor Auftragserteilung sollten **abschließende Gespräche** über die Vertragsgestaltung mit dem potenziellen Auftragnehmer geführt werden und Einigkeit über den Bauvertrag erzielt werden.

1.4.4 Vertragsabschluss

Vor Vertragsabschluss werden mit dem potentiellen Bieter sämtliche Vertragsunterlagen nochmals durchgesprochen und durch die Parteien paraphiert. Auch bei großen Verträgen sollte man sich die Mühe machen, jedes einzelne Blatt der Vertragsunterlagen und jeden einzelnen Plan der Vertragsunterlagen durch alle Parteien **paraphieren** zu lassen. Damit wird eindeutig gekennzeichnet, was Vertragsgegenstand ist und was nicht Vertragsgegenstand ist.

Anschreiben zu Angeboten zu den unterschiedlichen Verhandlungsrunden mit den Bietern, schriftliche Erläuterungen zum technischen und wirtschaftlichen Gegenstand des Angebotes, allgemeine Geschäftsbedingungen von Bietern, Verhandlungsprotokolle etc. sollten nicht zum Vertragsgegenstand werden. Punkte aus diesen Unterlagen, die vertragsrelevant sind, sollten in einem gesondert für den Vertrag erstellten Schriftstück **zusammengefasst**, durch die Parteien paraphiert und so zur Vertragsanlage und damit zum Gegenstand des Vertrages werden. Nach Vorbereitung aller Vertragsanlagen – auf die im Regelfall im Vertragstext mit Anlagenreferenz einzeln hingewiesen wird – kann der Vertrag durch die Parteien unterschrieben werden. Dabei ist sicherzustellen, dass die Unterzeichner auch tatsächlich Unterschriftsvollmacht haben. Diese ist gegebenenfalls über Auszug aus dem Handelsregister oder ausdrückliche schriftliche Bestätigung der rechtsverbindlichen Vertreter der Parteien nachzuweisen.

1.5 Zusammenfassung

Mit der Vergabe von Bauleistungen wird die Grundlage für die folgende Realisierung der Baumaßnahme gelegt. Oberflächlich verfasste Bauverträge, die nicht auf die Belange der späteren Baudurchführung eingehen, fehlerhafte oder lückenhafte Leistungsverzeichnisse, fehlerhafte oder unfertige Planunterlagen, ungenügende Leitdetails etc. sind der Grund für spätere Streitigkeiten mit den ausführenden Unternehmen und der Grund für Nachträge und Behinderungen.

Es empfiehlt sich also, die Vergabe mit außerordentlicher Sorgfalt durchzuführen, alle offenen Punkte mit der ausführenden Firma vor Unterzeichnung der Verträge zu besprechen, den Bauvertrag und seine Anlagen mit der ausführenden Firma vor Abschluss des Vertrages nochmals in allen Punkten durchzugehen, um sicherzustellen, dass beide Parteien ein einvernehmliches Verständnis von der geschuldeten Leistung haben.

2. Vorbereitende Baumaßnahmen

2.1 Erschließung

Große Baumaßnahme haben in der Regel erhebliche Auswirkungen auf die das Grundstück umgebende Erschließung. Bereits in der Planungsphase muss geprüft werden, welche Auswirkungen die zusätzlichen Volumina an Verkehr, die durch die Baumaßnahme erzeugt werden, auf das umliegende Straßenland haben. In vielen Fällen sind Erweiterungen der umliegenden Straßen oder Kreuzungspunkte, nicht nur im unmittelbaren Bereich der Grundstücke, sondern auch im weiteren Umfeld erforderlich.

Da Erschließungsmaßnahmen im Regelfalle in die Belange der Öffentlichen Hand fallen, ist mit erheblichen **Planungs- und Durchführungszeiten** solcher Maßnahmen zu rechnen. Diese Bearbeitungs- und Durchführungszeiten können in vielen Fällen dadurch verkürzt werden, dass, in Absprache mit den jeweiligen Behörden, die entsprechenden Planungsleistungen vom Auftraggeber direkt an externe Consultants beauftragt werden und durch den Auftraggeber auch direkt bezahlt werden. Auch die ausführende Maßnahme kann dadurch beschleunigt werden, dass die entsprechenden Aufträge direkt vom Auftraggeber an die ausführenden Firmen vergeben werden.

2.2 Abbruch

Bei vielen Baumaßnahmen müssen vor Beginn der Neubauarbeiten Abbrucharbeiten auf dem Grundstück durchgeführt werden. Die Durchführung von Abbrucharbeiten können in eigenen Verträgen den Neubauleistungen vorangestellt werden. Dies ist immer dann empfehlenswert, wenn Zeit gespart werden soll und die Vergabe der Neubauleistungen wegen unvollständiger Leistungsverzeichnisse, nicht fertiger Planung oder ausstehender Baugenehmigung noch nicht erfolgen kann.

Bei der separaten Vergabe von Abbruchleistungen sind die unter dem Abschnitt „Vergabe von Bauleistungen" aufgeführten Hinweise gleichermaßen gültig:

- Für die Abbruchleistungen muss ein Bauvertrag erstellt werden.
- Für die Abbruchleistungen müssen Leistungsverzeichnisse erstellt werden.
- Für die Abbruchleistungen sind Planunterlagen zu liefern, aus denen die Bausubstanz und das Volumen der Abbruchleistungen eindeutig hervorgehen.
- Für Abbruchleistungen sind Angebote – von dafür spezialisierten Abbruchunternehmen – einzuholen.
- Die eingegangenen Angebote sind auszuwerten.
- Mit den Bietern sind Vergabeverhandlungen zu führen.
- Die Vertragsunterlagen des Auftrages sind zusammenzustellen und von den Parteien zu paraphieren.
- Der Abbruchauftrag ist formell zu erteilen.

Eine Abgrenzung von **Abbruchleistungen zu Neubauleistungen** ist nicht in allen Fällen eindeutig durchführbar. Besonders bei Grundstücken in der Innenstadt und Grenzbebauung können sich bei Durchführung der Abbrucharbeiten erhebliche Problematiken hinsichtlich der Abstützung der Nachbargebäude bzw. der Aussteifung auf dem eigenen Grundstück ergeben.

Hier sind statische Berechnungen entweder an einen Tragwerksplaner im Auftrag des Auftraggebers oder an den Abbruchunternehmer zu beauftragen, die sicherstellen, dass die Abbrucharbeiten ohne Schäden an verbleibenden Gebäuden durchgeführt werden.

Vor Beginn der Abbrucharbeiten ist in jedem Fall eine **Beweissicherung** durchzuführen. Diese kann an einen unabhängigen Gutachter beauftragt werden. In diesem Falle empfiehlt es sich, die Beweissicherung dem Abbruchunternehmer vor Vertragsabschluss zur Verfügung zu stellen und sich vom Abbruchunternehmer die Richtigkeit der Beweissicherung nochmals ausdrücklich bestätigen zu lassen. Mit der Beweissicherung kann aber auch das Abbruchunternehmen beauftragt werden. Leistungen der Beweissicherung je Gebäude oder Bauwerk sind:

- Feststellung der jeweiligen Eigentümer/Bevollmächtigten der einzelnen Gebäude
- Terminvereinbarung für die Beweissicherung mit den einzelnen Parteien
- Gemeinsame Ortsbesichtigung mit den Parteien (bei Gebäuden: vom Keller bis zum Dachboden)
- Befahrung der Fassaden mit einem Hubwagen zur Feststellung von äußeren Fassadenschäden. Genaue Kartierung eventuell vorhandener Schäden.
- Fotodokumentation eventuell vorhandener Schäden
- Erstellung eines Gutachtens über den festgestellten Bauzustand, nach Gebäuden getrennt. Die Feststellungen müssen so getroffen sein, dass eventuelle Neuschäden an den Baulichkeiten durch die Abbruchtätigkeiten von vorhandenen Altschäden abgegrenzt werden können.
- Setzen von Gipsmarken an vorhandenen Rissen zur Absicherung der Trennung zwischen Altschäden und nach Abriss entstandenen Neuschäden
- Erstellung eines Pflasterprotokolles von den angrenzenden Gehwegen, Straßen und sonstigen befestigten Flächen. Auch hier werden die festgestellten Schäden fotografisch dokumentiert. Bereits bestehende Absenkungen sind in Lage und Ausmaß zu vermessen und genau zu kartieren.

Für die Durchführung von Abbrucharbeiten ist eine **Abbruchgenehmigung** erforderlich, die dafür notwendigen technischen Bearbeitungen von Nachweisen und Berechnungen und die Erstellung einer detaillierten Beschreibung der Abbruchmaßnahmen, die Art des Vorgehens, einschließlich eines Terminplanes sowie die unterschriftsreife Vorbereitung der Antragsformulare in der erforderlichen Anzahl und in den von den Behörden gewünschten erforderlichen Auflagen müssen entweder an Consultants oder das Abbruchunternehmen selbst beauftragt werden.

Nach Vorliegen der Abbruchgenehmigung kann mit den Abbrucharbeiten begonnen werden. Im Vorfeld müssen in der Regel umfangreiche **Sicherungsmaßnahmen** vorgenommen werden. Hierzu zählen:

- Schutz der vorhanden Bauwerke der Nachbarbebauung vor Beschädigung und Verschmutzung
- Schutz der vorhandenen Bauteile auf dem Baugrundstück vor Beschädigung und Verschmutzung
- Schutz von vorhandenen Ver- und Entsorgungsleitungen, ggf. Umverlegung von Ver- und Entsorgungsleistungen
- Sicherung von Bäumen und Sträuchern entsprechend der jeweiligen Baumschutzverordnung
- Sichern von Verkehrsanlagen (angrenzende Wege, Straßen etc.), ggf. Umverlegung von Wegen und Straßen in der Zeit des Abbruches
- Sicherung von vorhandenen Brunnenanlagen
- Sicherung von Grundwassermessstellen

Vor Beginn der Abbrucharbeiten sind bestehende **Versorgungsanschlüsse**, z.B. für Elektro, Gas, Wasser, Abwasser, Telefon, Kabelanschlüsse, fachgerecht und vorschriftsmäßig zu trennen.

Die erforderlichen Anträge sind vor Beginn der Arbeiten ordnungsgemäß zu stellen. Erforderliche Abstimmungen mit den Versorgungsunternehmen sind durchzuführen.

Bei der Durchführung der Abbrucharbeiten sind die **gesetzlichen Bestimmungen** (Gewerbeabfallverordnung, Kreislaufwirtschaftsgesetz, Nachweisverordnung etc.) genau zu beachten und einzuhalten. Die Behandlung und Verwertung des anfallenden Abbruch- und Aushubmaterials hat gemäß den einschlägigen gesetzlichen Vorschriften zu erfolgen. Die beauftragten Unternehmer müssen die notwendigen rechtlichen Befugnisse und Qualifikationen nachweisen können.

Bei der Beseitigung von Materialien, für die eine **Sondererlaubnis** notwendig ist, sind die entsprechenden Gesetze, Verordnungen und Auflagen genauestens zu beachten und einzuhalten. Der notwendige Beseitigungsnachweis ist lückenlos zu führen und bei Aufforderung vorzulegen.

Bei Bauvorhaben, bei denen komplizierte Ausführungen der Baugrube etwa durch Verbau, Pfahlwände, Schlitzwände etc. erforderlich werden, empfiehlt es sich, die Abbrucharbeiten im Baugrubenbereich dem Unternehmer zu überlassen, der die **Baugrubensicherung** im Auftrag hat. Ein etwa vorgeschalteter Abbruchunternehmer würde dann lediglich die Gebäudesubstanz über Erdreich abbrechen, die restlichen Abbrucharbeiten in Verbindung mit der Baugrubenherstellung und eventuell damit verbundene Abstütz- und Unterfangungsarbeiten von Nachbargebäuden würden in das Leistungsbild des Unternehmers fallen, der die Baugrube ausführt. Um spätere Streitigkeiten zwischen dem Abbruchunternehmer und dem Unternehmer für die Baugrube zu vermeiden, muss nach Abschluss der oberirdischen Abbrucharbeiten die **Beweissicherung** überprüft und festgestellt werden, ob durch die Abbrucharbeiten des Erstunternehmers Schäden aufgetreten sind. Erst danach darf mit den Ausführungen der Baugrube und weiteren Abbrucharbeiten im Baugrubenbereich begonnen werden. Die Beweissicherungsgrundlage für den Baugrubenaushub ist das überarbeitete Beweissicherungsgutachten. Es wird empfohlen, dass sowohl Vertreter des Abbruchunternehmers, als auch Vertreter des Unternehmers für den Baugrubenaushub die Begehungen der Beweissicherung gemeinsam – ggf. unter Beisein eines unabhängigen Sachverständigen – und zusammen mit Vertretern des Auftraggebers durchführen.

2.3 Altlastensanierung/Kampfmittelbeseitigung

Altlastensanierung und **Kampfmittelbeseitigung** sind Maßnahmen, die heute in vielen Fällen der eigentlichen Baumaßnahme vorausgehen müssen. Die Altlastensanierung ist immer dann erforderlich, wenn Kontamination auf dem Baugrundstück vorhanden ist und durch die vorgesehene Baumaßnahme berührt wird. Die Kampfmittelbeseitigung ist erforderlich in Gebieten, in den Munitionsreste aus Kriegszeiten vermutet werden.

Werden Altlasten auf dem Grundstück vermutet, so sollte die Altlastensanierung getrennt von der Neubaumaßnahme im Vorfeld der Neubaumaßnahme durchgeführt werden. Erfahrungsgemäß sind **Altlastensanierungen** meist komplizierte und teilweise langwierige Vorgänge, die durch Spezialunternehmen ausgeführt werden müssen. Wenn die Altlastensanierung im Zusammenhang der Erstellung der Baugrube durchgeführt werden soll, ist es empfehlenswert, die Leistungen des Verbaugrubenaushubs und eventuelle damit in Verbindung stehende Bau- oder Aussteifungsarbeiten an einen dafür spezialisierten Unternehmer zu vergeben, bevor dann die Baugrube von demjenigen Unternehmer übernommen wird, der für die Neubaumaßnahme zuständig ist. Um Schnittstellen bei dieser Abwicklung zu vermeiden, kann man Unternehmen, die für die spätere Ausführung der Neubaumaßnahme in Frage kommen, in einem Vorabverfahren mit der Erstellung der Baugrube und der zugehörigen Altlastensanierungen beauftragen mit der Maßgabe, dass nach erfolgreichem Abschluss der Arbeiten, die nachfolgenden Neubauarbeiten an die gleiche Firma vergeben werden. Der Altlastensanierung gehen meist aufwendige Untersuchungen voraus, bei denen über Bohrungen das Ausmaß der Kontaminierung festgestellt wird. Diese Voruntersuchung müssen an dafür spezialisierte Consultants vergeben werden, die mit dem umfangreichen Regelwerk, Verordnungen, Vorschriften und Gesetzen für die

Altlastensanierung vertraut sind und über das entsprechenden Know-how und Equipment zur Durchführung der Voruntersuchungen verfügen.

Die Altlastensanierung selbst ist engen **Qualitätsanforderungen** unterworfen. Sowohl bei der Erkundung als auch der Beseitigung von Materialien, für die eine Sondererlaubnis notwendig ist, sind die entsprechenden Gesetze, Verordnungen und Auflagen genauestens zu beachten und einzuhalten. Die beauftragten Unternehmer müssen die notwendige Rechtsbefugnis und Qualifikation zur Beseitigung besitzen und nachweisen. Der notwendige Beseitigungsnachweis ist lückenlos zu führen und vorzulegen.

Einen Sonderfall bei der Durchführung von Baumaßnahmen stellen unerwartete **Kontaminationen** im Bereich der Baugrube dar, die erst **im Verlauf** der Aushubarbeiten entdeckt werden. Dieser Sonderfall muss in jedem Bauvertrag geregelt sein. Zu den **vertraglichen Regelungen** zählen:

- Verpflichtungen des Auftragnehmers, vorgefundene Kontamination sofort dem Auftraggeber zu melden
- Regelung über die Einschaltung von Consultants zur Erkundung der vorgefundenen Kontamination
- Regelung zur Vergütung der Entsorgung der vorgefundenen Kontamination
- Regelungen zur terminlichen Auswirkung aus der Bauunterbrechung durch vorgefundene Kontamination und deren Entsorgung
- Regelung zur Risikoübernahme aus unerwarteter Kontamination

Die Basis zur Durchführung von Altlastenbeseitigung sind entsprechende **vertragliche Vereinbarungen** zwischen Auftraggeber und Auftragnehmer. Diese bestehen aus:

- den vertraglichen Regelungen, die entsprechend den Ausführungen zu den vertraglichen Regelungen für Baumaßnahmen alle dort aufgeführten Vertragsinhalten aufweisen müssen
- einem Entsorgungskonzept oder einem Leistungsnachweis für die Entsorgungsmaßnahme, jeweils aufgestellt und entworfen von einem entsprechend spezialisierten Consultant
- Planunterlagen aus denen Lage, Art und Umfang der kontaminierten Stoffe hervorgehen
- Ergebnisse der Bodenuntersuchungen, mit genauer Aufschlüsselung der Bohrkerne

Bei der Durchführung der Altlastensanierung muss eine **Bauleitung** eingesetzt werden, die auf Auftraggeberseite die ordnungsgemäße und fachgerechte Altlastenbeseitigung kontrolliert.

Maßnahmen zur **Kampfmittelentsorgung** werden im Regelfall über die Bezirksregierung beantragt. Der Auftraggeber stellt einen entsprechenden Antrag auf Kampfmitteluntersuchung bei der Bezirksregierung. Diese wiederum beauftragt dafür lizensierte Unternehmer mit der Durchführung der Arbeiten. Diese Unternehmer gehen nach einem fest vorgegebenen Schema vor, tragen schichtenweise das Erdreich ab und führen jeweils nach Abtrag der einzelnen Schichten die entsprechenden Untersuchungen zur Auffindung von Kampfmitteln durch.

Die **Vergütung** der durch die Bezirksregierung beauftragten Firma erfolgt im direkten Verhältnis von Auftraggeber zur Firma. Darüber hinaus hat der Auftraggeber eine Gebühr an die Bezirksregierung für die administrative Abwicklung des Vorganges zu entrichten.

2.4 Medienverlegung

Die zu bebauenden Grundstücke werden häufig durch vorhandene Ver- und Entsorgungsleitungen der unterschiedlichen Medien Wasser/Abwasser, Gas, Strom, Telekommunikation etc. gekreuzt. Soweit diese Medienleitungen für die Versorgung benachbarter Grundstücke erforderlich sind, ist es notwendig, diese Leitungstrassen zu schützen. Soweit die Leitungstrassen von der Baumaßnahme betroffen sind und umverlegt werden müssen, ist die ununterbrochene Versorgung der Abnehmer sicherzustellen.

Die Planer der Baumaßnahme (hier vor allem Fachingenieure für Technische Gebäudeausrüstung) müssen die vorhandenen Leitungen in den Planunterlagen eindeutig und vollständig ausweisen und in den entsprechenden Leistungsverzeichnissen die notwendigen Arbeiten zum Schutz, der Stilllegung oder zur Umverlegung der Leitungen ausweisen.

Da die **Abtrennung** bzw. **Umverlegung** von Medienleitungen häufig nur durch den Medienversorger selbst bzw. von ihm lizensierte Unternehmen durchgeführt werden dürfen, ist sorgfältig zu prüfen, ob die Umverlegung bzw. Abtrennung der Medienleitung im Vorfeld der eigentlichen Baumaßnahme durchgeführt werden kann. Sollte dies nicht der Fall sein, sind im Bauvertrag entsprechende Regelungen aufzunehmen zu:

- Verantwortung des Auftragnehmers hinsichtlich Schutz, Abtrennung oder Umverlegung der Medienleitungen
- Auswirkung der Trennung bzw. Umverlegung von Leitungen auf den terminlichen Ablauf der Baumaßnahme
- Risikotragung aus dem Schutz, der Trennung oder Umverlegung von Leitungen
- Handlungsanweisungen an den Auftragnehmer beim Auffinden unvermuteter Leitungstrassen
- Terminliche Auswirkungen aus dem Auffinden unvermuteter Leitungstrassen
- Verantwortlichkeit des Auftragnehmers bei der Beschädigung von Leitungstrassen während der Bauausführung

3. Managementleistungen im Rahmen der Baurealisierung

Mit Abschluss des oder der Bauverträge sind die Eckpfeiler für die terminliche Ausführung der Leistungen und die Höhe der damit verbundenen Kosten sowie die Qualität des Bestellwerkes festgelegt. Es gibt in Deutschland kaum ein Bauvorhaben, bei dem das ursprünglich verabschiedete Bestellwerk ohne Veränderungen während der Bauausführung durchgeführt und nach Ende der Bauzeit im vorgegebenen Termin- und Kostenrahmen sowie mit der bestellten Qualität ohne Mängel dem Auftraggeber übergeben wurde. Auch die Beauftragung eines GU/GÜ bzw. TU/TÜ bedeutet nicht, dass sich der Auftraggeber vom Zeitpunkt der Beauftragung bis zur Übernahme des Bauwerkes nicht mehr um das Vorhaben kümmern müsste. Vielmehr ist ein **enges Controlling** einer Baumaßnahme durch den Auftraggeber aus zwei wesentlichen Gründen erforderlich:

- Auch bei noch so penibler Beschreibung des Bestellwerks verbleibt in der Regel ein weiter Interpretationsspielraum für die ausführenden Firmen im Hinblick auf die bestellten Leistungen.
- Erfahrungsgemäß erkennt auch der Auftraggeber erst während der Baudurchführung im Detail, was er bestellt hat und nimmt im Regelfall aus den unterschiedlichsten Gründen Veränderungen am Bestellwerk vor.

Hinzu kommt, dass der Auftraggeber während der Bauausführung in einer Reihe von Punkten **aktiv werden** muss.

- Er muss sich aktiv an Bemusterungen beteiligen und entscheiden, welches der vorgelegten Muster zur Ausführung kommen soll.
- Er muss Abschlagsrechnungen prüfen und zur Zahlung freigeben.
- Er muss den ausführenden Firmen Planunterlagen zur Verfügung stellen, soweit diese nicht durch die Firmen selbst gefertigt werden.
- Er muss durch die Firmen gefertigte Planunterlagen (Ausführungspläne) prüfen und freigeben.
- Bei gewerkeweiser Vergabe muss er für die Aufrechterhaltung der allgemeinen Ordnung auf der Baustelle sorgen und das Zusammenwirken der verschiedenen Unternehmer regeln.
- Er hat die erforderlichen öffentlich-rechtlichen Genehmigungen und Erlaubnisse – zum Beispiel nach dem Baurecht, dem Straßenverkehrsrecht, dem Wasserrecht, dem Gewerberecht, etc. – herbeizuführen.
- Er muss die erbrachte Leistung abnehmen.

Der Auftraggeber hat also in der Phase der Baurealisierung sowohl aktive Mitwirkungspflicht als auch Controlling-Funktionen zu übernehmen. Während die Pflichten der aktiven Mitwirkung durch den Bauherrn selbst oder einen von ihm benannten Vertreter wahrgenommen werden müssen, werden die operationalen Vorbereitungen hierzu und die Controlling-Funktionen im Regelfall durch eine Projektsteuerung erbracht. Der **Projektsteuerer** hat:

- die Interessen des Auftraggebers zu wahren und ihn über etwaige Fehlentwicklungen unter Hinweis auf geeignete Gegenmaßnahmen zu unterrichten
- die vom Auftraggeber zu treffenden Entscheidungen in dem Maße vorzubereiten, dass mit der Entscheidung das angestrebte Ziel am sichersten erreicht werden kann
- die Ausführung der Bauleistung aus der Sicht des Auftraggebers zu steuern.

Als Steuerung im engeren Sinne bezeichnet man einen zukunftsgerichteten, vor Eintritt einer als wahrscheinlich gedachten Störung des Projektablaufes erfolgenden Eingriff einer Kontroll-

instanz mit dem Ziel der Störabwehrung. Diese Steuerung konzentriert sich in der Phase der Baurealisierung auf **vier wesentliche Aspekte**:
- Qualität
- Termine
- Kosten
- Organisation

3.1 Qualitätsmanagement

Die Realisierung eines Bauwerkes ist ein zeitlich aufwendiger Prozess mit starken Tendenzen zu Fehlentwicklungen. Auf der einen Seite stellt man fest, dass Bauaufgaben an die intellektuelle Leistungsfähigkeit der einzelnen Beteiligten immer höhere Anforderungen stellen. Auf der anderen Seite stellt man fest, dass Fachkräfte auf den Baustellen rapide abnehmen und eine Vielzahl von Leistungen durch mehr oder minder gut geschulte Hilfskräfte ausgeführt werden, die großenteils nicht einmal die deutsche Sprache in all ihren Facetten verstehen. Obwohl rein rechtlich der Auftragnehmer die Verantwortung für die Erreichung der bestellten Qualität trägt, empfiehlt es sich dringend seitens des Auftraggebers ein Qualitätsmanagement zu installieren, dass sicherstellt, dass die vom Auftraggeber gewünschte Qualität auch tatsächlich bei der Baudurchführung erreicht wird.

3.1.1 Vertragliche Voraussetzungen

Der Auftraggeber muss das vertraglich gesicherte Recht haben, eine **Qualitätsüberwachung der Bauarbeiten** durchzuführen.

Die VOB/B schreibt hierzu in § 4 Absatz 1 Nr. 2: „Der Auftraggeber hat das Recht, die vertragsgemäße Ausführung der Leistungen zu überwachen. Hierzu hat er Zutritt zu den Arbeitsplätzen, Werkstätten und Lagerräumen, wo die vertraglichen Leistungen und Teile hergestellt oder die hierfür bestimmten Stoffe und Bauteile gelagert werden. Auf Verlangen sind ihm die Werkzeichnungen oder andere Ausführungsunterlagen sowie die Ergebnisse von Güteprüfungen zur Einsicht vorzulegen und die erforderlichen Auskünfte zu erteilen."

Insoweit VOB im Bauvertrag nicht vereinbart ist, sind entsprechende **Formulierungen in die Vertragstexte** aufzunehmen, um dem Auftraggeber die grundsätzliche Handlungsfähigkeit für die Qualitätssicherung zu verschaffen.

Um ein ordentliches Qualitätsmanagement durchführen zu können, ist zumindest bei großen Bauvorhaben eine permanente Präsenz der vom Auftraggeber mit der Qualitätskontrolle beauftragten Personen auf der Baustelle erforderlich. Bei der Vergabe der Bauleistungen empfiehlt es sich also sicherzustellen, dass für die Vertreter des Auftraggebers Büros mit entsprechender Ausstattung, arbeitsschutzgemäße Arbeitskleidung, Telefon-, Telefax- und Internetanschluss, Teeküche, etc. auf der Baustelle vorhanden sind. Diese Einrichtungen müssen über die gesamte Bauzeit unterhalten und regelmäßig gereinigt werden. Erfahrungsgemäß sind die Büros bis mindestens drei Monate nach Fertigstellung der Baumaßnahme erforderlich, da auch die Mängelbeseitigung nach Abnahme zu den Aufgaben des Qualitätsmanagement gehört. Es sind vertragliche Regelungen zu treffen, dass im Falle einer Bauzeitverlängerung auch die Baustellenbüros des Auftraggebers über den verlängerten Zeitraum hin zur Verfügung zu stellen sind.

Über den **Baufortschritt** und die einzelnen Bauaktivitäten sind vom Auftragnehmer monatliche **Fotodokumentationen** zu fordern, aus denen hervorgeht, wie sich der Baufortschritt entwickelt hat und einzelne Leistungen, die später gegebenenfalls nicht mehr ersichtlich sind, dokumentiert werden. Der Auftragnehmer sollte vertraglich dazu verpflichtet sein, jeden Monat von immer den gleichen Stellen aus (zum Beispiel vier Eckpunkte des Bauvorhabens und/oder Kranführerhaus mit festgelegten Blickrichtungen) den Baufortschritt zu dokumentieren. Außerdem sollte er verpflichtet werden, begleitend zum Bauablauf die jeweiligen im Berichtszeitraum erbrachten Leistungen einzeln zu fotografieren und zu dokumentieren.

Weiterhin muss der Auftragnehmer vertraglich dazu verpflichtet sein, ein **Bautagebuch** zu führen und dieses in regelmäßigen Abständen den Vertretern des Auftraggebers vorzulegen. Das Bautagebuch ist für jeden Arbeitstag zu erstellen. Aus dem Bautagebuch müssen mindestens **folgende Sachverhalte** hervorgehen:

- Bezeichnung des Bauvorhabens
- Datum des Arbeitstages
- Fortlaufende Seitennummerierung
- Beschreibung des Wetters, getrennt nach Vormittag und Nachmittag, mit Angabe der Temperatur
- Schichtbezeichnung
- Anzahl der auf der Baustelle vorhandenen Arbeitskräfte, getrennt nach:
  - Facharbeiter
  - Hilfsarbeiter
  - Praktikanten
  - Kranführer
  - Maschinisten
  - Nachunternehmerpersonal
  - Gerätebenutzung (Wesentliche auf der Baustelle vorhandene Großgeräte)
  - Baustoffe (Wesentliche auf der Baustelle verarbeitete Baustoffe)
  - Ausgeführte Arbeiten (Detaillierte Beschreibung der am Berichtstage ausgeführten Arbeiten auf der Baustelle)
  - Ausweis der für die Bauüberwachung zuständigen Personen
  - Besondere Vorkommnisse
  - Bemerkungen

Das Bautagebuch muss durch **den Bauleiter** der ausführenden Firma **unterzeichnet** werden und vom Vertreter des Auftraggebers **gegengezeichnet** werden.

Soweit **unterschiedliche Firmen** auf der Baustelle vorhanden sind, muss jede einzelne Firma ein Bautagebuch nach den oben gemachten Vorgaben führen.

Bei größeren Bauvorhaben ist die Beschreibung der am Berichtstage ausgeführten Leistungen nach Bauteilen, Geschossen etc. zu unterscheiden.

Der Auftragnehmer muss vertraglich dazu verpflichtet sein, die einzelnen Bauleistungen **zu bemustern**. Hierzu sollte bereits im Bauvertrag festgelegt sein, in welcher Form einzelne Leistungen zu bemustern sind (1:1 Muster auf der Baustelle, Handmuster, Vorlage von Katalogen, etc.).

3.1.2 Tools

Grundlage für das Qualitätsmanagement auf der Baustelle sind die vertraglichen Vereinbarungen mit dem oder den Auftragnehmern und die in Leistungsverzeichnissen/Leistungsbeschreibungen und Plänen festgehaltenen Bestellwerksinhalte.

Es hat sich bewährt, sämtliche vertraglichen Vereinbarungen in verkleinerter Form im Format A 5 in Ordnern oder in digitaler Form (Tablet, Laptop etc.) zusammenzufassen und bei allen Verhandlungen und Besprechungen **griffbereit** zu haben. Ein gemeinsamer Blick in den Vertrag und die Vertragsanlagen erspart bereits im Vorfeld viele Streitigkeiten.

Auf der Baustelle werden durch die vom Auftraggeber für die Qualitätssicherung benannten Personen regelmäßige **Rundgänge** gemacht. Es empfiehlt sich, bei diesen Rundgängen ausführliche Fotodokumentationen zu machen, vor allen Dingen von Bereichen, die nicht entsprechend dem Bestellwerk ausgeführt werden oder Mängel aufweisen. Nach dem Baustellenrundgang werden die erkannten Mängel und Abweichungen vom Bestellwerk sofort nach jedem einzelnen Mangel getrennt in **Mängelrügen** überführt.

Die Behebung von gerügten Mängeln muss regelmäßig **überprüft** werden und – wird ein Mangel nicht fristgerecht durch den Auftragnehmer behoben – muss eine Nachfrist gesetzt werden. Nach fruchtlosem Ablauf der Nachfrist kann dem Auftragnehmer der Auftrag ganz oder teilweise entzogen werden. Bei **schwierig beseitigbaren** Mängeln (etwa bei Betonsanierung) kann vom Auftragnehmer verlangt werden, dass er Muster für die beabsichtigte Sanierung anlegt, die vor Sanierung der Gesamtflächen vom Auftraggeber freizugeben sind.

Entsprechend den vertraglichen Vereinbarungen werden Bemusterungen durchgeführt. Anhand der Muster wird die letztendliche Ausführungsqualität festgelegt. Die Ergebnisse der Bemusterung und die entsprechenden Freigaben durch den Auftraggeber müssen in einem Formblatt festgehalten werden, das von den Vertragsparteien und den für die Qualitätssicherung verantwortlichen Parteien unterzeichnet wird. **Inhalt** des Formblattes ist:

- Bezeichnung des Bauvorhabens
- Datum der Anmeldung der Bemusterung
- Datum der Bemusterung
- Teilnehmer bei der Bemusterung
- Gegenstand der Bemusterung
- Erläuterung
- Fabrikat
- Modell
- Farbe
- Einbauort/Bauteil
- Planunterlagen
- Vertragsunterlagen
- Ergebnis der Bemusterung
  - Freigabe
  - Wiedervorlage
  - Alternativen
  - Abgelehnt
- Anmerkungen
- Datum für erneute Bemusterung
- Unterschriften von:
  - Projektsteuerung
  - Auftragnehmer
  - Auftraggeber

Erst wenn das Bemusterungsformblatt rechtskräftig vom Auftraggeber unterzeichnet ist, darf der Auftragnehmer das Produkt einbauen.

3.1.3 Arten des Qualitätsmanagements

Je nach Gestaltung des Bauvertrages muss die Qualitätssicherung durch den Auftraggeber in unterschiedlicher Intensität durchgeführt werden.

3.1.3.1 Bauleitung

Bei der Beauftragung der Bauleistungen in einzelnen Gewerken wird dringlich angeraten, das gesamte Leistungsbild der HOAI für die Objektüberwachung § 34 Leistungsphase 8 (Leistungsbild Gebäude und Innenräume) und § 55 Leistungsphase 8 (Leistungsbild Technische Ausrüstung) auszuführen; ggf. ergänzt durch qualitätssichernde Leistungen von Sonderfachleuten, wie Fassadenplaner, Bauphysiker etc.

Kernstück der **Objektüberwachung (Bauüberwachung)** nach HOAI ist die Überwachung der Ausführung des Objektes auf Übereinstimmung mit der Baugenehmigung, den Ausführungsplänen und den Leistungsbeschreibungen sowie mit den anerkannten Regeln der Technik und den einschlägigen Vorschriften. Weiteres Kernstück der Objektüberwachung ist die Abnahme der Bauleistungen unter Mitwirkung anderer an der Planung und Objektüberwachung fachlich Beteiligter unter Feststellung von Mängeln und die Überwachung der Beseitigung der bei der Abnahme der Bauleistungen festgestellten Mängel.

Neben der **Qualitätsüberwachung** gibt es eine Reihe von organisatorischen Aufgaben, wie etwa das Koordinieren der an der Objektüberwachung fachlich Beteiligten, das Aufstellen und Überwachen von Zeitplänen, das Führen eines Bautagebuches.

Als weiterer Aufgabenkomplex obliegt der Objektüberwachung die **Abrechnung** der ausgeführten Leistungen, angefangen vom gemeinsamen Aufmaß mit den bauausführenden Unternehmen über die Rechnungsprüfung der Abschlagsrechnungen und der Schlussrechnung bis hin zur Kostenfeststellung nach DIN 276. Der letzte Aufgabenkomplex der Objektüberwachung umfasst die Vorbereitung und Durchführung der **Abnahmen der Baumaßnahme** mit Behörden und dem Auftraggeber und die Übergabe des Objektes an den Auftraggeber.

An die Qualifikation des Bauleiters werden hohe Anforderungen gestellt. Der Bauleiter muss eine **praxiserfahrene** Person sein, der die Vorgänge auf den Baustelle nicht nur beobachtet, sondern erkennt, ob durch die Art der Bauausführung die gewünschte Bestellwerksqualität tatsächlich erreicht und die Regeln der Technik eingehalten werden, oder ob Fehlleistungen und Mängel durch die Vorgehensweise der Handwerker nicht vorprogrammiert sind. Der Bauleiter muss entsprechendes Durchsetzungsvermögen haben und den ausführenden Firmen die Weiterführung fehlerhafter Leistungserstellung untersagen. Dabei sollen im direkten Gespräch mit den verantwortlichen Personen der ausführenden Firmen konstruktive Möglichkeiten zur Vermeidung von Mängeln erarbeitet werden. Gleichzeitig muss sich der Bauleiter jedoch formell absichern und frühzeitig schriftliche Mängelrügen mit Fristsetzung zur Mängelbeseitigung an die bauausführenden Firmen überstellen. Es ist wichtig, dass Bauleiter verstehen, dass nur eine solche Verhaltensweise professionell ist und dass eine Verbrüderung mit den bauausführenden Firmen in den wenigsten Fällen den gewünschten Erfolg für die Erreichung der bestellten Qualität gebracht hat.

Über die grundsätzliche Anforderung an die **Intensität der Objektüberwachung** besteht Einigkeit in der Rechtsprechung und der Literatur. Die erforderliche Intensität der Objektüberwachung hängt ab von der Bedeutung, Größe und Schwierigkeit des Bauvorhabens sowie vom Baufortschritt und der Art der konkret anfallenden Arbeiten. So ist etwa immer dann, wenn Auftragnehmer schlecht leisten und in vielen Bereichen die Qualität der Bestellwerksleistung nicht erreichen, eine erhöhte Aufmerksamkeit und Anwesenheit der Bauleitung erforderlich, um sicherzustellen, dass auch diese Firmen bestellwerksgemäß liefern, während in Fällen, in denen Firmen weitgehend mängelfrei ihre Arbeit erbringen, ein geringerer Arbeitsaufwand erforderlich ist. Es ist getragene Rechtsmeinung, dass auch bei besonders intensiver Überwachungstätigkeit keine über das mit dem für die Grundleistung vereinbarte Honorar hinausgehenden Ansprüche der Bauleitung auf Vergütung bestehen.

Überwacht werden muss nicht nur die Erstellung der Leistungen, sondern auch die **Behebung der Mängel**, die gerügt worden sind. Auch erfahrene und an sich zuverlässige Unternehmen müssen immer dann intensiv überwacht werden, wenn sie schwierige oder mängelgeneigte Aufgaben ausführen. Neben der Ausführung der Leistungen muss die Bauleitung auch **die Baustoffe und Bauteile** stichprobenartig überprüfen und auf Bestellwerkskonformität und Brauchbarkeit hin beurteilen.

3.1.3.2 Oberbauleitung

Unter dem Begriff Oberbauleitung wird eine reduzierte Form der Bauleitung verstanden, die vor allen Dingen bei GU/GÜ bzw. TU/TÜ-Vergaben beauftragt wird. Koordinationsaufgaben, die bei der gewerkeweisen Vergabe der Bauleitung obliegen, fallen hier in das Leistungsbild des GU/GÜ bzw. TU/TÜ. Ein entsprechendes **Leistungsbild** könnte hier wie folgt lauten:

- Leitung der wöchentlichen Baubesprechung auf der Baustelle mit den Planungs- und Ausführungsbeteiligten
- Überprüfung der Qualität des Objektes auf Übereinstimmung mit dem Bestellwerk und – soweit hierfür begründeter Anlass besteht – mit den Regeln der Technik
- Überprüfung der Qualität des Objektes auf Übereinstimmung mit den Ausführungsplänen und der Leistungsbeschreibung

- Berichterstattung an den Auftraggeber bei Abweichung der Bauausführung von vereinbarten Zielen
- Prüfen der täglichen Berichte (Bautagebuch) des GU/GÜ bzw. TU/TÜ
- Sachliche und rechnerische Überprüfung der Abschlagsrechnungen sowie Überprüfung auf Übereinstimmung mit den vereinbarten Leistungszielen, Weiterleitung an die Projektsteuerung zur Anweisung
- Inhaltliche und rechnerische Prüfung und Bewertung von Nachträgen, Weiterleitung der geprüften Nachträge an die Projektsteuerung zur Freigabe
- Teilnahme an behördlichen Abnahmen
- Durchführung der technischen Vorabnahmen der GU/GÜ bzw. TU/TÜ-Leistungen, gegebenenfalls unter Mitwirkung anderer an der Planung fachlich Beteiligter unter Feststellung von Mängeln und Restarbeiten, Erstellung des Abnahmeprotokolles hierzu und dessen Erfassung auf Datenträger und Beratung und Unterstützung des Auftraggebers bei der rechtsgeschäftlichen Abnahme der GU/GÜ bzw. TU/TÜ-Leistungen
- Überwachung der Beseitigung der bei der Abnahme festgestellten Mängel mit einem Nachlauf von maximal drei Monaten nach Abnahme

Der Oberbauleiter übernimmt also keine koordinierenden Aufgaben mehr, sondern beschränkt sich auf die Überprüfung der Qualität der durch den GU/GÜ bzw. TU/TÜ erstellten Leistung, die Freigabe von Rechnungen und die Teilnahme an der Abnahme.

3.1.3.3 Künstlerische Oberbauleitung

Die künstlerische Oberbauleitung ist ein Begriff aus der früheren Gebührenordnung für Architekten GOA und beschränkt sich darauf, die Bauarbeiten in gestalterisch-künstlerischer Hinsicht zu beobachten. Die Qualitätskontrolle richtet sich dabei insbesondere darauf, dass die Verwirklichung der Entwurfsabsicht entsprechend den in der Ausführungsplanung oder den Leitdetails vorgegebenen Art und Weise **umgesetzt** wird. Hier ist vor allen Dingen darauf zu achten, dass die gestalterischen Vorgaben in einer Art und Weise mit der entsprechenden handwerklichen Präzision umgesetzt werden, die den Gestaltungsprinzipien im Hinblick auf die spätere optische Erscheinung des Gesamtgebäudes und seiner Details entspricht.

Die künstlerische Oberbauleitung geht also nicht mehr auf die Regeln der Technik ein, sondern konzentriert sich auf die optisch wahrnehmbaren Teile des Gebäudes.

Eine künstlerische Oberbauleitung alleine ist bei GU/GÜ bzw. TU/TÜ -Beauftragung nicht ausreichend für ein ordnungsgemäßes Qualitätscontrolling. Vielmehr wird häufig bei großen Bauvorhaben die technische Oberbauleitung an hierfür spezialisierte **Consultants** beauftragt und in Ergänzung hierzu ein Auftrag an den Architekten erteilt über die künstlerische Oberbauleitung.

3.1.4 Prüfung auf Übereinstimmung mit dem Bestellwerk

Wichtigste Aufgabe der Qualitätssicherung während der Bauausführung ist die Prüfung der Ausführung auf Übereinstimmung mit dem Bestellwerk. Es muss sich hier um eine **vorausschauende** Prüfung und nicht um ein Nachprüfen nach Fertigstellung der Leistungen handeln. So ist zum Beispiel bereits durch die Anbringung der Schalung und die Qualität der Schalttafeln zu erkennen, ob die spätere Oberflächenqualität des Betons erreicht werden kann, wie sie im Bestellwerk gefordert ist. Ein **späteres** Nachprüfen der fertigen Betonoberflächen kann meist nur noch den Mangel feststellen, eine Mangelbehebung ist dann außerordentlich schwierig und fällt außerdem häufig dem Tatbestand der Verhältnismäßigkeit zum Opfer. Wenn also zu erwarten ist, dass durch die für die Schalung verwandten Materialien und durch den beim Betoniervorgang gewählten Ablauf die spätere Oberflächenqualität nicht erreicht werden kann, muss die ausführende Firma sofort durch Mängelrüge darauf hingewiesen werden, dass die Arbeiten in der ausgeführten Form nicht akzeptiert werden, dass wegen des frühzeitigen

Hinweises der Tatbestand der Verhältnismäßigkeit nicht zutrifft und der Auftragnehmer aufgefordert ist, andere Schalmaterialien oder einen anderen Herstellungsprozess zu wählen, um die Bestellwerksqualität der Betonoberfläche zu erreichen.

An die Sachkompetenz des Bauleiters ist hier eine hohe Anforderung gestellt, da gegebenenfalls bei Nichtbeachtung der Hinweise durch den Auftragnehmer ein **Baustopp** für die entsprechenden Leistungen verhängt werden muss, bis geklärt ist, mit welchem Schalmaterial und mit welchem Herstellungsprozess die gewünschte Oberflächenqualität erreicht werden kann. Es empfiehlt sich dringend, in solch gravierenden Fällen externe Gutachter herbeizuziehen, die kurzfristig die jeweiligen Sachverhalte bewerten. Nur so können in vielen Fällen Auftragnehmer dazu gezwungen werden, die Bestellwerksqualität auch tatsächlich einzulösen.

Voraussetzung der Prüfung der Leistungen auf Übereinstimmung mit dem Bestellwerk ist, dass der zuständige Qualitätscontroller das Bestellwerk in all seinen Facetten genauestens kennt. **Arbeitsgrundlag**e des Qualitätscontrollers sind die Vertragsunterlagen nebst ihren Anlagen, die der Qualitätscontroller bei jedem Rundgang auf der Baustelle bei sich haben muss, um vor Ort prüfen zu können, was bestellt ist und ob die bestellte Leistung auch tatsächlich ausgeführt wird. Die Prüfung auf **Übereinstimmung** mit dem Bestellwerk schließt folgende Aufgaben mit ein:

- Werden die im Bestellwerk geforderten Materialien eingebaut (Qualität, Fabrikat, etc.)?
- Werden die im Bestellwerk geforderten Herstellungsprozesse eingehalten (Art der Herstellung, Ablauf der Herstellung, etc.)?
- Werden die bei Bemusterungen getroffenen Absprachen eingehalten?
- Werden die Materialien in der richtigen Farbgebung eingebracht?
- Werden die geforderten Oberflächenqualitäten erreicht?
- Werden die Vorgaben der Leitdetails berücksichtigt?
- Werden die Leistungen entsprechend der Ausführungsplanung umgesetzt (Übereinstimmung mit den Ausführungsplänen)?
- Werden die Leistungen gemäß der Baugenehmigung und den in der Baugenehmigung enthaltenen Auflagen ausgeführt?
- Werden die geforderten Maßtoleranzen eingehalten?
- Werden die dem Bestellwerk beigefügten Gutachten bei der Ausführung der Leistung beachtet?

3.1.5 Prüfung auf Übereinstimmung mit den Regeln der Technik

Bei der Bauausführung muss vom Grundsatz davon ausgegangen werden können, dass die Vertragsunterlagen nebst Anlagen in ihrer Gesamtheit die Regeln der Technik berücksichtigen und keine Inhalte enthalten, die gegen die Regeln der Technik **verstoßen**. Die Verantwortung hierfür liegt bei dem Architekten und den Fachingenieuren.

Der Auftragnehmer muss bei der Herstellung der Leistungen die Be- und Verarbeitungsregeln einhalten, die durch DIN-Normen und sonstige Regelwerke **definiert** sind. Trotzdem ist es hilfreich und wichtig, dass in einer Kontrollfunktion durch die Bauleitung die Abläufe auf der Baustelle nochmals begutachtet werden und in einer weiteren Überprüfung der Übereinstimmung mit den Regeln der Technik unterzogen werden. Die Intensität der Überprüfung auf Übereinstimmung mit den Regeln der Technik hängt von der Art der Vergabe ab. Im Falle einer Einzelvergabe wird die Bauleitung vor allen Dingen ihr Augenmerk auf die Schnittstellen zwischen den einzelnen Gewerken richten müssen, um Fehler aus Missachtung der Regeln der Technik zu vermeiden. Bei einer GU/GÜ bzw. TU/TÜ -Vergabe obliegt die Koordination der einzelnen Gewerke dem GU/GÜ bzw. TU/TÜ selbst. Erst in zweiter Linie wird die Bauleitung auch hier stichprobenartig die Einhaltung der Regeln der Technik prüfen.

3.1.6 Planprüfung/Planfreigabe

Grundsätzlich liegt die Verantwortung für die Planerstellung und für die Planinhalte bei den Planerstellern, also Architekten und Fachingenieure, bzw. dem GU/GÜ bzw. TU/TÜ, soweit er mit der Planfertigung beauftragt ist.

In allen Fällen, in denen Architekten und Fachingenieure mit dem vollen Leistungsbild der HOAI beauftragt sind, muss man davon ausgehen können, dass die Planung durchgängig und den Regeln der Technik entsprechend bis in die Ausführungsplanung und die Details durchgeführt ist.

Hier beschränkt sich eine Prüfung der Planung auf die **Übereinstimmung mit dem Bestellwerk**. Die Planprüfung stellt also fest, ob Architekten und Fachingenieure bei der Weiterentwicklung der Planung von den Intentionen des Auftraggebers abgerückt sind, oder ob sie die Wünsche des Auftraggebers konsequent umgesetzt haben. Leider muss in vielen Fällen festgestellt werden, dass diese Überprüfung auf Einhaltung des Bestellwerkes bzw. der Auftraggeberwünsche erforderlich ist, da sowohl bei Architekten als auch Fachplanern eine Tendenz besteht, im Fortgang der Planung eigene Vorstellungen und Wünsche vor die Auftraggeberwünsche zu stellen und Planungen vorzulegen, die in vielen Teilen von dem Auftrag des Auftraggebers abweichen. Dies betrifft sowohl funktionale Inhalte der Planung als auch gestalterische Aspekte. Es ist für viele Architekten und Fachingenieure schwierig zu verstehen, dass ein Auftraggeber in vielen Punkten ganz konkrete Vorstellungen hat, die er umgesetzt haben will.

In allen Fällen, bei denen eine Entwurfsplanung – vielleicht spezifiziert durch zusätzliche Leitdetails – an einen **Generalübernehmer/Generalunternehmer** zur Überführung in eine Ausführungsplanung übergeben wird, muss in jedem Fall eine Planprüfung installiert werden, da Auftragnehmer immer versuchen werden, unzulässige Vereinfachungen einzuführen, die zu einer Kostenentlastung der Auftragnehmerkalkulation führen.

Ablauf, Inhalt und rechtliche Konsequenz der **Planprüfung** sind im **Bauvertrag** genau zu definieren. Es muss geregelt sein, dass alle vom Auftragnehmer nach Maßgabe des Vertrages zu erstellenden Planungen, Berechnungen, Zeichnungen und sonstige Unterlagen dem Auftraggeber zur Freigabe nach einem im Vertrag beschriebenen detaillierten Freigabeverfahren vorzulegen sind. Erst nach **Freigabe** sind die Unterlagen verbindlich für die hiervon betroffenen Leistungen des Auftragnehmers.

Die **Planungsprüfung** kann entweder vom Architekten und den Fachingenieuren, die die Planung bis Beauftragung an einen Generalübernehmer/Generalunternehmer erstellt haben, beauftragt werden oder an einen unabhängigen Dritten. Zu vermeiden ist, dass Planprüfung mit Planfortschreibung verwechselt wird, was häufig eintritt, wenn der mit der ursprünglichen Planung beauftragte Architekt im weiteren Projektverlauf mit der Planprüfung der vom Generalübernehmer/Generalunternehmer gefertigten Pläne beauftragt wird. Hier besteht eine ausgeprägte Neigung, die Planung im eigenen Interesse weiter zu entwickeln und durch Plankorrekturen Tatbestände zu schaffen, die zu Mehrkostenforderungen und Behinderungen durch den Auftragnehmer führen können. Beauftragt man die Planprüfung an einen unabhängigen Dritten, der lediglich die Richtigkeit der vom Auftragnehmer gefertigten Pläne prüft und keine eigenen Intensionen hat, die Planung weiter zu entwickeln, grenzt man die Gefahr von Nachträgen und Behinderungen erheblich ein. Allerdings wird man in diesem Fall nicht immer das gewünschte Optimum an Planungsinhalt erreichen, das scharf an der Grenze zwischen zulässiger Interpretation des Bestellwerkes und nachtragsrelevanter Zusatzleistung liegt.
Inhalt der Planprüfung sind folgende Leistungen:

– Prüfung der Übereinstimmung der Ausführungsplanung mit dem Bestellwerk und der Baugenehmigung
– Überprüfung der Ausführungsplanung auf Einhaltung der vereinbarten Projektziele und auf Übereinstimmung mit der dem Bestellwerk beigefügten Planung und etwa nachträglich mit dem Auftraggeber vereinbarten Änderungen und Ergänzungen
– Überprüfung der Ausführungsplanung mit dem sonstigen Bestellwerk (Leistungsverzeichnisse/Leistungsbeschreibung, Berechnungen, Gutachten, etc.)

- Einleiten der notwendigen Plankorrekturen und Überprüfung dieser Korrekturen
- Regelmäßiger Bericht an den Bauherrn über den Fortgang der Planung

Die geprüften Pläne gehen an den Auftragnehmer mit einem der folgenden **Prüfvermerke** zurück:

- Freigegeben zur Ausführung
  Damit können die geprüften und freigegebenen Pläne baulich umgesetzt werden.
- Freigegeben mit Korrektureintragung
  Der Auftragnehmer muss vor Umsetzung der Planinhalte in bauliche Substanz die Korrekturen der Planprüfung übernehmen und die Pläne entsprechend korrigieren und kann dann ohne weitere Vorlage der Pläne beim Auftraggeber auf der Baustelle umsetzen. Der Auftraggeber erhält eine Kopie des korrigierten Planes.
- Nicht zur Ausführung freigegeben
  Der Auftragnehmer muss in diesem Fall die von der Planprüfung bemängelten Fehler oder Unvollständigkeiten in den Plänen beseitigen und die Pläne nochmals zur Freigabe bei der Planprüfung des Auftraggebers einreichen.

3.1.7 Mängelrüge

In § 4 Absatz 6 sieht die VOB/B vor, dass Stoffe oder Bauteile, die dem Vertrag oder den Proben nicht entsprechen, auf Anordnung des Auftraggebers innerhalb einer von ihm bestimmten Frist von der Baustelle zu entfernen sind. Geschieht dies nicht, so können sie auf Kosten des Auftragnehmers entfernt oder für seine Rechnung veräußert werden.

Der Auftraggeber äußert sein Missfallen zu Stoffen oder Bauteilen in Form von Mängelrügen. Diese sind schriftlich zu erteilen und müssen gewissen Formvorschriften genügen. Die **Mängelrüge** muss folgende **Inhalte** aufweisen:

- Bezeichnung des Bauvorhabens
- Datum
- Laufende Nummer der Mängelrüge
- Name der Person, die den Mangel rügt
- Genaue Lokation des Mangels (Bauteil/Geschoss/Raum/Koordinaten)
- Genaue Inhaltsbeschreibung des Mangels
- Aufforderung zur Mängelbeseitigung
- Fristsetzung für die Mängelbeseitigung

Die immer wieder **getroffene Verbrüderung** der Bauleitung des Auftraggebers mit der Bauleitung des Auftragnehmers, bei der durch den Bauleiter des Auftraggebers zwar durchaus auf Mängel hingewiesen wird, diese jedoch nicht schriftlich in Form von Mängelrügen vorgetragen werden, stellt kein professionelles Verhalten der Parteien dar. Natürlich müssen die Vertreter der beiden Parteien darüber beratschlagen, wie Mängel vermieden und – wenn Mängel bereits vorhanden sind – behoben werden sollen. Dies schließt jedoch nicht aus, dass die Mängel in der geforderten Form schriftlich angemahnt werden, die fristgerechte Mängelbehebung überwacht wird und behobene Mängel durch die Parteien freigezeichnet werden.

3.1.8 Dokumentation

Die Vorgänge des Qualitätsmanagement sind detailliert zu dokumentieren. Hierzu zählen folgende Vorgänge:

- Dokumentation der Entscheidungsvorlagen zu Änderungen und Nachträgen (vgl. hierzu auch Kapitel 3.4) nach den Kategorien
  - durch den Auftraggeber freigegeben
  - vom Auftraggeber zurückgewiesen
  - in Bearbeitung
  - vom Auftraggeber angewiesen

- Dokumentation der vom Auftraggeber freigezeichneten Bemusterungsvorlagen zu den Bemusterungsentscheidungen
- Dokumentation der zur Freigabe eingereichten Planunterlagen nach den Kategorien
  - zur Ausführung freigegeben
  - mit Korrektur zur Ausführung freigegeben
  - nicht zur Ausführung freigegeben
- Dokumentation der Mängelrügen nach den Kategorien
  - noch nicht behobene Mängel
  - behobene Mängel
- Dokumentation der Bautagebücher des Auftragnehmers
- Dokumentation der Bautagebücher der Bauleitung des Auftraggebers, soweit diese angefertigt werden
- Fotodokumentation der Bauabläufe durch den Auftragnehmer
- Fotodokumentation der Bauabläufe durch die Bauleitung des Auftraggebers

3.2 Terminmanagement

Beim Terminmanagement für die Baurealisierung muss zwischen zwei grundsätzlich **unterschiedlichen Ausgangspositionen** unterschieden werden:
- Bei der Vergabe von Bauleistungen in Einzelvergabe (Gewerke) oder Paketvergabe obliegt das Terminmanagement der Baurealisierung in weiten Teilen **dem Auftraggeber**. Der Auftraggeber muss einen Rahmenterminplan erstellen, in dem die Zeitfenster für die einzelnen Auftragspakete abgebildet sind. Der Auftraggeber muss sich außerdem Gedanken darüber machen, wie die Schnittstellen zwischen den einzelnen Aufträgen geregelt sind und in welcher Zeitabhängigkeit die Aufträge zueinander arbeiten. Entsprechende Vorgaben sind aufgrund dieser Rahmenterminplanung in den einzelnen Bauaufträgen mit den unterschiedlichen Auftragnehmern zu vereinbaren.
- Bei der Einschaltung von GU/GÜ bzw. TU/TÜ obliegt die Erstellung der Rahmenterminpläne und die spätere Erstellung der Feinterminpläne **dem Auftragnehmer**. Der Auftraggeber gibt in der Regel lediglich einen Fertigstellungstermin der Gesamtmaßnahme im Vertrag vor. Auch bei der Vergabe an GU/GÜ bzw. TU/TÜ wird jedoch dringend empfohlen, auftraggeberseits ein Termincontrolling einzusetzen, das die Einhaltung des Terminplanes des GU/GÜ bzw. TU/TÜ überprüft und bei Abweichungen Vorschläge des GU/GÜ bzw. TU/TÜ abfordert, wie dieser plant, wieder in den ursprünglichen Zeitrahmen zurückzukehren.

3.2.1 Vertragliche Voraussetzungen

Die Grundlagen für ein geordnetes Terminmanagement während der Realisierungsphase müssen im Bauvertrag bzw. den Bauverträgen vereinbart werden. Folgende Punkte sind zu regeln:
- Beginndatum der Leistung
- Fertigstellungsdatum der Leistung
- Schnittstellen und Interdependenzen mit anderen an der Baustelle tätigen Firmen
- Regelungen darüber, was passiert, wenn durch andere ausführende Firmen deren Termine nicht eingehalten werden und sich dadurch Auswirkungen auf die Termingestaltung der Leistungserbringung des Auftragnehmers ergeben
- Verpflichtung des Auftragnehmers, einen detaillierten Terminplan über die von ihm zu erbringenden Leistungen zu erstellen
- Verpflichtung des Auftragnehmers, den von ihm erstellten Terminplan zu überarbeiten, wenn es zu internen Störungen und damit Abweichungen vom Terminplan kommt

- Verpflichtung des Auftraggebers, den Terminplan zu überarbeiten, wenn es durch Verschulden Dritter zu Terminabweichungen und damit einer Umstellung des Terminplanes kommt
- Vereinbarung von mit Vertragsstrafe belegten Zwischenterminen für die Leistung des Auftragnehmers. Diese Zwischentermine werden auf der Basis des vom Auftragnehmer selbst erstellten Detailterminplanes ausgewählt und vertraglich vereinbart
- Verpflichtung des Auftragnehmers, sich mit den anderen auf der Baustelle tätigen Auftragnehmern zu koordinieren, seine Leistung so zu gestalten, dass ein Minimum gegenseitiger Behinderungen entsteht
- Regelungen zu Baustelleneinrichtung, Lagerplätzen, Zulieferung und Zuwegung, Baustrom- und Wasserversorgung, etc.

3.2.2 Tools

Sofort nach Abschluss der jeweiligen Verträge (Grundstückskaufvertrag, Verträge mit Architekt und Fachplanern, Bauverträge, Mietverträge etc.) sollte auf Auftraggeberseite jeweils eine Auswertung der Verträge hinsichtlich der in den Verträgen enthaltenen Termine durchgeführt werden. Alle für den Auftraggeber relevanten Termine werden dabei in eine fortlaufende Terminliste übertragen und nach Zeitfolge sortiert sowie mit Vorwarnzeiten versehen. Die **Terminverfolgungsliste** kann hierbei beliebig ergänzt und fortgeschrieben werden und stellt sicher, dass keine wichtigen Vertragstermine durch den Auftraggeber übersehen werden.

Alle in Besprechungen, bei Telefonaten oder im Schriftverkehr vereinbarten Aktivitäten sollten in einer einheitlichen Aktivitätenliste geführt werden. Die **Aktivitätenliste** enthält folgende Inhalte:
- laufende Nummern der Aktivitäten
- Aktivität in Stichworten
- Erledigung der Aktivität durch
- Quelle aus der die Aktivität entnommen wurde (z.B.: Baugenehmigung, Protokoll, Telefonat etc.)
- Vorgesehener Start der Aktivität
- Vorgesehenes Ende der Aktivität
- Tatsächlicher Start der Aktivität
- Tatsächliches Ende der Aktivität
- Verzug Start in Tagen
- Verzug Ende in Tagen
- Bemerkungen

Bei Verwendung intelligenter Tools bei der Protokollerstellung können die Aktivitäten direkt aus dem **Protokoll in Aktivitätenlisten** übernommen werden.

Die **Erstellung** und Überwachung der Aktivitätenliste obliegt im Regelfall der **Projektsteuerung**. Zur Unterstützung der einzelnen Parteien können die Aktivitäten nach Parteien sortiert und die Listen in regelmäßigen Zeitabständen an die Parteien verteilt werden.

Die Tools für das Terminmanagement während der Baurealisierung sind identisch mit den Tools der Terminplanung während der Planungsphase. **Einfache Terminabläufe** können mit den herkömmlichen im Handel erhältlichen Terminplanungsinstrumenten bewältigt werden. Bei schwierigeren Zusammenhängen, vor allen Dingen bei Multiprojekt-Controlling oder großen Baumaßnahmen, die sich in unterschiedliche Bauabschnitte unterteilen, reicht häufig die Leistungsfähigkeit und die Differenzierung der herkömmlichen Terminsteuerungs-Tools nicht mehr aus. Hier müssen dann Spezial-Tools eingesetzt werden, die in der Lage sind, die komplexen Vorgänge abzubilden.

3.2.3 Aufstellen von Terminplänen

Bei der Aufstellung von Terminplänen für die Bauausführung geht es nicht nur um die Planung und Kontrolle von Terminen, sondern es geht um die Planung und Steuerung der Abfolge von Tätigkeiten und Vorgängen im Projekt und deren Beziehungen untereinander. Der Bauprozess wird logisch durchdacht, und der Projektablauf wird systematisch geplant. Der **Regelkreis der Ablaufplanung und -steuerung** folgt folgenden Schritten:

- Zielsetzung:
  Festlegung, was erreicht werden soll
- Planung:
  Festlegung der Vorgehensweise und der verfügbaren Mittel, um die gegebenen Ziele zu erreichen
- Ausführung:
  Durchführung der in der Planung geplanten Maßnahmen unter Berücksichtigung der in der Planung vorgesehenen Verfahren und Mittel
- Kontrolle:
  Feststellung, ob die in der Planung vorgelegten Vorgehensweisen und der Einsatz der verfügbaren Mittel wie geplant in der Ausführung eingehalten werden
- Steuerung:
  Aktiver Eingriff in das Verfahren, wenn bei der Kontrolle festgestellt wird, dass die tatsächlichen Abläufe von den geplanten Abläufen abweichen und Ergreifen von Maßnahmen, die die Leistungserbringung wieder in den ursprünglichen Terminplan zurückbringen

Grundlage eines Terminmangements ist die **Projektaufbaustruktur**. In ihr wird das Projekt in unterschiedliche Ebenen untergliedert. Eine mögliche Untergliederung ist:

- Projekt
- Projektabschnitt
- Leistungsphase
- Abschnitt
- Gewerk

Abhängig von der Art der Baumaßnahme können andere Untergliederungen gewählt werden. Über die Projektaufbaustruktur ist es möglich, eine **Datenverdichtung** über die einzelnen Ebenen bis hin zur obersten Projektebene vorzunehmen. Dies gilt gleichermaßen für Termine, Kosten und Ressourcen (Einsatzmittel). Der Projektablauf wird mittels Projektablaufplänen geplant und dargestellt. Dabei werden im Regelfall **drei Detaillierungsebenen** unterschieden:

- Rahmenablaufplan mit Darstellung der Leistungsphasen
- Generalablaufplan mit Darstellung von Hauptvorgängen je Phase
- Detailablaufplan mit Darstellung von Bauabschnitten und Vorgängen für jede beteiligte Stelle

Wichtig ist, dass auch hier die einzelnen Ebenen **miteinander verknüpft sind** und über die Codierung der Vorgänge eine Verdichtung des Ablaufes vom Detailterminplan bis zum Rahmenablaufplan möglich ist. Der **Vorgangscodierung** kommt also eine wesentliche Bedeutung zu. Über sie wird eine hierarchische Projektstruktur abgebildet. Um sechs Strukturebenen abbilden zu können, ist ein 15stelliges Codierungssysteme erforderlich. Für die Darstellung der Terminpläne sind **unterschiedliche Darstellungsformen** möglich:

- **Balkenplan**, in dem einzelne Vorgänge als Zeitbalken abgebildet werden. Die Reihenfolge der Abläufe ist bei der Aufstellung des Balkenplanes berücksichtigt, nicht jedoch im Balkenplan dargestellt.
- Balkenplan mit Darstellung der Reihenfolge (Abhängigkeit). Hier sind die einzelnen Leistungen als Balken dargestellt. Gleichzeitig ist die Verknüpfung der Balken dargestellt.
- **Liniendiagramm** (Geschwindigkeitsdiagramm oder Zeit-/Wegediagramm)

– Die Darstellung von Arbeitsvorgängen in einem Diagramm mit Zeitachse und Wegeachse. Aus der Neigung der Tätigkeitslinien kann man die Arbeitsgeschwindigkeit der Vorgänge ablesen. Je kleiner der Winkel zwischen der Tätigkeitslinie und der Zeitachse ist, desto geringer ist die zugehörige Arbeitsgeschwindigkeit. Das Geschwindigkeitsdiagramm eignet sich besser als ein Balkendiagramm zur anschaulichen Darstellung kritischer Tätigkeitsabstände und Abhängigkeiten, aber auch zur überschaubaren Kontrolle zu Soll-/Ist-Terminen, weil die Abweichung vom geplanten Vorgehen durch entsprechende Neigungsunterschieden der Tätigkeitslinien sofort erkennbar werden.
– **Netzplan**
  Mit genauer Festlegung der gegenseitigen Abhängigkeiten aller relevanten Vorgänge und den daraus resultierenden Zeitpuffern bzw. kritischen Wegen der Bauabwicklung.
  Fortschritts- und Anpassungsberechnungen sind nur dann möglich, wenn die Vorgänge des Terminplans miteinander verknüpft sind.
  Im Hintergrund eines jeden komplexen Terminplanes muss die Netzplantechnik stehen. Bei der Netzplantechnik werden Vorgänge und deren Verknüpfungen in das System eingegeben, wobei unterschiedliche Möglichkeiten von Verknüpfungen auftreten können:
  - Normalfolge (Vorgangsende/Vorgangsanfang)
  - Anfangsfolge (Vorgangsanfang zu Vorgangsanfang)
  - Endfolge (Vorgangsende zu Vorgangsende)
  - Sprungfolge (Vorgangsanfang zu Vorgangsende)

  Aus der Eingabe von Vorgängen und Verknüpfungen berechnet das System den so genannten „kritischen Weg" und die Pufferzeiten von Vorgängen.

3.2.4 Überwachung von Terminplänen

Ein einmal aufgestellter Ablaufplan ist schon nach kurzer Zeit wertlos, wenn er nicht permanent überwacht und als Grundlage für die Gestaltung des weiteren Ablaufes des Projektes herangezogen wird. Das angewandte Terminmanagement-Tool muss also insbesondere für die Steuerung des Projektes **geeignet sein**. Auch hier ist die Netzplantechnik unabdingbar. Die Terminsteuerung stellt in regelmäßigen Abschnitten folgende Fragen:
– Wo steht das Projekt im Terminablauf?
  - Klärung der Situation bis Stichtag
  - Vergleich mit der Planung bis Stichtag
  - Prognose für die laufenden Vorgänge
– Welche Auswirkungen hat die Situation auf das Projekt?
  - Fortschrittsberechnung der Termine der restlichen Vorgänge
  - Vergleich mit der Planung
– Wie kann negativen Auswirkungen durch Gegensteuerung begegnet werden?
  - Anpassung der restlichen Planung an die neuen Randbedingungen
  - Gegebenenfalls Änderung der Zielsetzung

Die **Terminvorschauliste** über einen Zeitraum von 2–3 Monaten ist das zentrale Informationsmedium für die Ablaufkontrolle/-steuerung. Sie wird alle zwei Wochen erstellt und enthält die Soll- und aktuellen Termine der zurzeit relevanten Vorgänge. Zugleich dient sie ebenfalls nach zwei Wochen der Rückmeldung der Ist-Termine aller laufenden und abgeschlossenen Vorgänge. Sie enthält folgende Informationen:
– Codierung des Vorganges
– Beschreibung des Vorganges
– Zuständigkeit für den Vorgang (Auftragnehmer)
– Solldauer des Vorganges in Arbeitstagen
– Aktuelle Dauer des Vorganges in Arbeitstagen

- Anfangssoll
- Aktueller Anfang
- % Zeit (Zeitanteil vom gemeldeten Anfang bis zum Stichtag der letzten Rückmeldung)
- % Leistungsmeldung zum Stichtag
- Soll-Ende
- Aktuelles Ende
- Bemerkungen

Aus den jeweiligen Soll- und Ist-Daten errechnet das Terminplanungssystem den aktuellen Stand des Projektes zum Stichtag und ermöglicht eine Prognose über den weiteren Projektablauf bis hin zur Fertigstellung.

Das Terminmanagement ist gekoppelt an ein **umfangreiches Berichtswesen**, das wie folgt gegliedert wird:

- Ausführliche Terminberichte im Abstand von drei Monaten
- Monatsmeldungen
- Fortschrittsberechnungen alle vierzehn Tage
- Daraus resultierend eine Terminvorschau
- Eintragung der Rückmeldungen in die Terminvorschau und daraus erneute Fortschrittsberechnung
- Die Auswirkungen der Fortschrittsberechnung werden in den jeweiligen Jour-Fixen im vierzehntägigen Rhythmus diskutiert.

3.2.5 Anpassen von Terminplänen

Werden bei der regelmäßigen Kontrolle der Terminpläne Abweichungen zum Soll-Stand erkannt, so müssen für die verbleibende Restlaufzeit Korrekturmaßnahmen eingeführt werden, um die gesetzten Ziele zu erreichen.

Dabei wird natürlich zuerst versucht werden, den Terminplan unter Einhaltung der Ecktermine, der Einhaltung der Einsatzmittelobergrenzen und bei gleichmäßiger Auslastung umzustellen. Erst wenn dies erfolglos ist, muss untersucht werden, ob gegebenenfalls Terminverlängerungen für wichtige Ecktermine notwendig werden, oder durch erhöhte Einsatzmittel (mehr Arbeitskraft) oder Ausdehnung der Arbeitszeit (Nachtarbeit, Wochenendarbeit) das gewünschte Terminziel erreicht werden kann.

3.3 Kostenmanagement

Beim Kostenmanagement für die Baurealisierung muss zwischen **zwei grundsätzlich unterschiedlichen** Ausgangspositionen unterschieden werden:

- bei der Vergabe von Bauleistungen in Einzelvergabe (Gewerk- oder Paketvergabe) obliegt das Kostenmanagement der Baurealisierung in weiten Teilen dem Auftraggeber. Nach HOAI ist durch den Architekten bzw. durch die Fachingenieure ein Kostenanschlag nach DIN 276 aus Einheits- oder Pauschalpreisen der Angebote aufzustellen. Da diese Angebote für einzelne Gewerke erst sehr spät im Bauablauf eingeholt werden, muss sich das Kostenmanagement auf die Informationen der Kostenberechnung nach DIN 276 aus der Entwurfsphase (Leistungsphase III) stützen. Leider ist die Struktur der Kostenberechnung nach DIN 276 jedoch nicht geeignet ein ordnungsgemäßes Kostenmanagement der Baurealisierung vor Vergabe einzelner Bauleistungen durchzuführen. In der Praxis ist es also erforderlich, bei Einzelvergaben vor Durchführung der ersten Vergabe eine Kostenstruktur aufzubauen, die sich an den einzelnen Vergabepaketen orientiert und diesen Vergabepaketen Budgets zuweist. Auf Basis dieser Budgetvorgaben wird die Vergabe jedes einzelnen Gewerkes beurteilt und festgestellt, ob durch die Gewerkevergabe Unter- oder Überschreitungen auftreten. Bei Budgetüberschreitungen muss geprüft werden, ob ggf. bei anderen Gewerken Einsparungen erzielt werden können, die die Budgetüberschreitungen ausgleichen. Sollte dies nicht der Fall sein, muss der Auftraggeber über anstehende Budgeterhöhungen informiert werden.

– Bei der Einschaltung von GU/GÜ bzw. TU/TÜ, ist die gesamte Auftragssumme bereits bei Vergabe bekannt. Mit dem Auftraggeber muss geklärt werden, ob und in welchem Umfang Kosten für unvorhergesehene Leistungen oder Vertragsänderungen in das Budget eingestellt werden sollen.

3.3.1 Vertragliche Voraussetzungen

Die Grundlagen für ein ordnungsgemäßes Kostenmanagement während der Realisierungsphase müssen im Bauvertrag bzw. den Bauverträgen vereinbart werden. **Folgende Punkte** sind zu regeln:

– Art des Vertrages (Einheitspreisvertrag/Pauschalvertrag)
– Regelung über die Vergütung von Leistungsmehrungen, Leistungsminderungen, Leistungsänderungen und Zusatzleistungen
– Bei Pauschalverträgen Vereinbarung einer Einheitspreisliste zur Vergütung von Leistungsmehrungen, Leistungsminderungen, Leistungsänderungen und Zusatzleistungen
– Regelungen über die Preisanpassung während der Laufzeit (Indexklausel)
– Regelungen über die Erstellung und Inhalt von Zahlungsplänen
– Regelungen über Struktur und Inhalt von Abschlagsrechnungen
– Regelungen über die Fälligkeit von Vergütungen (100% Regel bei Bezahlung nach Zahlungsplan bei Pauschalverträgen)
– Zahlungsfristen
– Verpflichtung des Auftragnehmers detaillierte Kalkulationen für Nachtragsleistungen innerhalb vorgegebener Fristen vorzulegen
– Regelungen zu Struktur und Inhalt der Schlussrechnung
– Vereinbarung der Entscheidungsvorlage als Instrument zur Bearbeitung sämtlicher Änderungen und Nachträge

3.3.2 Tools

Zentrales Instrument eines geordneten Kostenmanagements ist eine Softwarelösung, mit der das Kostencontrolling bzw. die Kostensteuerung durchgeführt wird. An dieses Programm sind folgende Anforderungen zu stellen:

– Es muss mehrere Projekte gleichzeitig kontrollieren können
– Es muss separate Ausgabemöglichkeiten je Projekt haben
– Es muss Multi-User-fähig sein

Das Softwaretool bearbeitet dabei mehrere Betrachtungsaspekte in der Projektstufe der Baurealisierung (als isolierte Softwarelösung für die Baurealisierung oder als projektstufenübergreifende Lösung):

– **Kostenplanung**
  • Zugriff auf interne Kostendatenbanken abgeschlossener Projekte (Erfahrungswerte)
  • Zugriff auf Fremddaten
  • Gliederung nach DIN 276 oder freie Gliederung
– **Budgetübersicht**
  • Darstellung des Urbudgets
  • Budgetfortschreibung

  - Budgetumbuchung
  - Budgetanalyse und Darstellung des noch freien Budgets
- **Kostendeckungsnachweis**
  - Zuordnung eines Auftrages zum Budgetwert
  - Nachweis der Kostendeckung innerhalb des Budgets
  - Hochrechnungen und Kostenprognosen
  - Möglichkeiten für die Bildung von Rückstellungen
- **Aufträge**
  - Darstellung der Stammdaten pro Firma
  - Darstellung des Auftrages
  - Dokumentation der Vertragskonditionen
  - Risikoanalyse
  - Darstellung Best/Worst Case-Szenarien
  - Verwaltung von Bürgschaften und Gewährleistungen
  - Darstellung von Nachträgen
  - Darstellung von Änderungen
  - Definition von allgemeinen Rechnungsabzügen wie Skonti, Nachlässe etc.
  - Rechnungsfreigabe
  - Eingabe des Leistungsstandes
  - Mängelmanagement
  - Darstellung von Rechnungskürzungen
  - Darstellung von sonstigen Abzügen
  - Darstellung der freigegebenen Rechnungssumme
  - Rückführung der Informationen der Rechnungsfreigabe in das Kostenverfolgungssystem

Zu allen o.g. Aspekten muss das System **Ausdrucke** nach unterschiedlichen Betrachtungskriterien liefern. Es muss in der Lage sein, bestimmte Informationen im Berichtswesen herauszufiltern und andere zu unterdrücken (Filterfunktion). Weiterhin muss das System an die **Erfordernisse** einzelner Auftraggeber **angepasst** werden können, da die meisten Bauherrn ganz spezielle Vorstellungen zum Kostenberichtswesen, zur Gestaltung von Abschlags- und Schlussrechnungen sowie zur Kostenstruktur eines Kostenüberwachungssystems haben. Letztendlich sollte das System in der Lage sein, die erzeugten Informationen per E-Mail direkt an den Bauherrn bzw. die beteiligten Parteien zu versenden oder die Informationen in einer Daten-Cloud für die entsprechenden Parteien zur Verfügung zu stellen. In vielen Projekten wird neben Kostenverfolgungssystemen eine eigene Überwachung für die erstellten Entscheidungsvorlagen geführt. (S. hierzu: Nachtragsmanagement)

3.3.3 Budgetplanung

Die Budgetplanung erfolgt im Regelfall bereits während der Planungsphase und versteht sich als Eingangsgröße für das **Kostenmanagement** in der Realisierungsphase. In der Praxis besteht zwischen der Planungsphase und der Realisierungsphase häufig das Problem, dass die Kostenbezugsgrößen der Planungsphase (z.B.: Kostenangaben auf Elementebene) nicht mit den Kostenstrukturen der Ausführungsphase (z.B.: Kostengliederung nach Gewerken) übereinstimmen. Eine **Umschichtung** der Kosten von der einen Gliederungsform in die andere Gliederungsform ist mit einem erheblichen Aufwand verbunden, wenn die Systeme nicht von Grund auf so angelegt sind, dass die Umschichtung von der einen Budgetstruktur in die andere Budgetstruktur maschinell per Knopfdruck erfolgt. Gängige AVA-Systeme sehen z.B. eine Umschlüsselung von Elementgliederung in Gewerkegliederung vor. Allerdings müssen die Daten auf Elementebene so eingegeben und kodiert werden, dass die Umschlüsselung auch tatsächlich automatisch vorgenommen werden kann (Doppelkodierung).

Im **Kostenmanagementsystem** wird also vor Beginn der Realisierung der Baumaßnahme ein Budget eingegeben und fixiert. Die Gliederungsstruktur des Budgets richtet sich nach der

Vergabestruktur des Projektes. Hier ist darauf zu achten, dass die einzelnen Vergabeinheiten im Budget abgebildet sind, damit später bei Auftragserteilung Aufträge zugeordnet werden können. Ein einmal eingegebenes Budget darf nicht starr bis zur Fertigstellung der Bauleistung vorgegeben sein. Vielmehr müssen Umbuchungen, Budgeterhöhungen oder Budgetreduzierungen möglich sein. Umbuchungen werden immer dann erforderlich' wenn sich im Zuge von Vergaben herausstellt, dass eingestellte Budgets im Hinblick auf die tatsächlich erzielten Vergabesummen zu hoch oder zu niedrig sind und aus diesem Grunde Überschüsse auf andere Budgets umgebucht werden können oder Fehlbeträge aus anderen Budgets auf das zu niedrig angesetzte Budget übertragen werden müssen. Budgetumbuchungen im Kostenverfolgungssystem sollten nur besonders hierzu autorisierten Personen vorbehalten sein und niemals ohne vorherige Absprache mit dem Bauherrn durchgeführt werden. In vielen Fällen behält sich der Bauherr vor, Budgetveränderungen ausschließlich selbst vorzunehmen.

Getrennte Budgets innerhalb einer Baumaßnahme müssen auch im Kostenverfolgungssystem als getrennte Budgets behandelt werden. So sind etwa die Leistungen des Auftraggebers streng von den Leistungen des Mieters zu trennen. Aus abrechnungstechnischen Gründen muss jedoch das System in der Lage sein, im Verhältnis zum Auftragnehmer die beiden Budgets zusammenzuführen und als einen Betrag zu behandeln.

3.3.4 Überwachen der Kosten/Kostenkontrolle

Die Kostenkontrolle konzentriert sich auf drei wesentliche Aspekte:

- **Kostendeckungsnachweis**
  Zuordnung von Aufträgen zu Budgets und Sicherstellung, dass die Auftragssummen die Budgetsummen nicht überschreiten. In der Praxis tritt es häufiger auf, dass Aufträge lediglich einen Teil der Budgetsumme abdecken (z.B.: Beauftragung der Leistung eines Gewerkes an mehrere unterschiedliche Auftragnehmer). Hier ist darauf zu achten, dass die verbleibende Restsumme des Budgets ausreichend ist, um die ausstehenden Arbeiten der noch zu vergebenden Aufträge abzudecken.
  Der Vorgang der Auftragszuordnung des Budgets wird Kostendeckungsnachweis genannt. Es empfiehlt sich dringend, beim Kostendeckungsnachweis Reserven zu bilden, da erfahrungsgemäß – vor allen Dingen bei der gewerkeweisen und Paketvergabe – Nachträge entstehen, die aus den gebildeten Reserven zu bedienen sind. Abhängig von der Professionalität mit der Bauvertrag und Anlagen (Leistungsbeschreibung, Pläne etc.) zusammengestellt sind und abhängig von der Professionalität mit der die Baumaßnahme gemanagt wird, ergeben sich stark unterschiedliche Prozentsätze eines Auftragsvolumens, welche für Nachträge anzusetzen ist. Dabei zeichnen Werte unter 5 % sehr professionelles Vorgehen aus, Werte bis zu 10 % sind durchaus üblich und bei Aufträgen der öffentlichen Hand sind Nachträge in der Größenordnung von 20–30 % nicht ungewöhnlich.
- **Änderungsmanagement:**
  Die vom Bauherrn autorisierten Änderungen der Baumaßnahme während der Baurealisierung stellen einem zentralen Aspekt der Kostenkontrolle dar. Die Änderungen müssen vom Auftragnehmer kalkuliert und die zugehörigen Kosten detailliert nachgewiesen werden. Auf Auftraggeberseite sind die Kalkulationen zu prüfen, mit dem Auftragnehmer zu verhandeln und in Nachtragsaufträge zu überführen. Hier muss festgelegt werden, aus welchen Mitteln Aufträge bezahlt werden sollen. Soweit innerhalb des Budgets keine frei verfügbaren Mittel vorhanden sind, muss eine Budgeterhöhung ins Auge gefasst werden.
  Der für das Kostenmanagement zuständige Manager darf Leistungen erst dann an die ausführenden Firmen freigeben, wenn eindeutig geklärt ist, aus welchen Budgetmitteln diese Leistungen bezahlt werden. Dabei ist darauf zu achten, dass Budgetrückstellungen, die für ganz bestimmte Leistungen getätigt wurden, nicht für Zusatzleistungen aufgebraucht werden. Das Gleiche gilt für Budgeteinstellungen für unvorhergesehene Leistungen. Unvorhergesehene Leistungen sind üblicherweise keine Leistungen, die nachträglich vom Bauherrn zugestellt werden, sondern Leistungen, die aus der Durchführung des Ursprungsbestellwerkes erfor-

derlich sind, aus unterschiedlichen Gründen jedoch nicht in den Aufträgen enthalten waren (z.B.: Sowieso-Leistungen).

– **Nachträge von Auftragnehmerseite**
  Soweit auf Auftraggeberseite keine Änderungswünsche geäußert worden sind, stellen Nachträge des Auftragnehmers Forderungen dar, die innerhalb des Budgets verarbeitet werden müssten, da sie ja mit zum ursprünglichen Bestellwerk gehören. Eine Verarbeitung von Nachträgen im Ursprungsbudget ist jedoch nur möglich, wenn das Ursprungsbudget entsprechend professionell aufgestellt ist und Kostenpositionen für solche Nachträge, etwa in Form von unvorhergesehenen Leistungen beinhaltet. Im Hinblick auf solche freien Budgetmittel, gibt es grundsätzlich unterschiedliche Verhaltensarten auf Auftraggeberseite. Es gibt Auftraggeber, die keine Ansätze für unvorhergesehenes in die Budgets einstellen, da sie erstens davon ausgehen, dass solche unvorhergesehenen Leistungen nicht auftreten dürfen und sollten sie wider Erwarten doch auftreten, diese zusätzlichen Kosten durch Kostenreduzierung in anderen Bereichen auffangen. Eine Kostenüberschreitung der vorgegebenen Budgets ist für diese Auftraggeber nicht vorstellbar.
  Andere Auftraggeber planen unvorhergesehene Leistungen in bestimmtem Umfang (5–10 % der Auftragssumme) in ihre internen Budgets ein, weisen diese jedoch in der offiziellen Budgetverfolgung nicht aus.
  Wieder andere Auftraggeber weisen Einstellungen für Unvorhergesehenes offen in Budgetansätzen aus und bedienen daraus eventuell auftretende Nachträge von Auftragnehmern. Die Autoren sind der Auffassung, dass die offene Anweisung von Budgetansätzen für Unvorhergesehenes bei den Consultants und den Auftragnehmern häufig die Tendenz bewirkt, diese aufzubrauchen.

Das Kostenmanagement ist gekoppelt an ein **umfangreiches Berichtswesen**, das wie folgt gegliedert wird:
– Ausführliche Kostenberichte im Abstand von 3 Monaten
– Monatsmeldungen
  Monatsmeldungen dienen sowohl einem Bericht zum aktuellen Kostenstand, als auch einer Kostenvorschau, die die Kostenentwicklung bis zum Ende der Realisierungsphase einschließt.
– Die Ergebnisse der Kostenkontrolle werden in den jeweiligen Jour-Fixen diskutiert.

3.3.5 Anpassen des Budgets

Werden bei der regelmäßigen Kontrolle des Budgets Abweichungen zum Sollstand erkannt, so müssen für die noch offenen Positionen Korrekturmaßnahmen eingeführt werden, um die gesetzten Ziele zu erreichen.

Dabei wird natürlich zuerst versucht werden, das Budget insgesamt einzuhalten und Umschichtungen zwischen den einzelnen Budgetansätzen vorzunehmen. Im Bereich der noch nicht vergebenen Leistungen können ggf. durch Rationalisierung Kosteneinsparungen erzielt werden, die auf diejenigen Budgetansätze **umgebucht** werden, für die die Budgetansätze nicht ausreichen. Andernfalls muss eine Budgeterhöhung ins Auge gefasst werden. Hierbei ist zu prüfen, ob ggf. Schadenersatzansprüche gegen eine beteiligte Partei erhoben werden können.

3.4 Änderungs- und Nachtragsmanagement

Nachträge können entstehen durch:
– nicht angeordnete Leistungsmehrungen
– angeordnete Leistungsmehrungen
– nicht angeordnete Leistungsminderungen
– angeordnete Leistungsminderungen

- nicht angeordnete Leistungsänderungen
- angeordnete Leistungsänderungen
- nicht geforderte Zusatzleistungen
- geforderte Zusatzleistungen

Lediglich für die nicht angeordneten **Leistungsänderungen** und die nicht geforderten Zusatzleistungen erhält der Auftragnehmer **keine Vergütung**. Vielmehr muss er solche Leistungen auf Verlangen des AG innerhalb einer angemessenen Frist beseitigen und haftet außerdem für andere Schäden, die dem Auftraggeber hieraus entstehen. Alle anderen Tatbestände sind Gegenstand einer **Veränderung der Vergütung** des Auftragnehmers. Dies gilt auch für Pauschalverträge.

Von **Leistungsmehrung** spricht man, wenn sich eine nach Art und Umfang mit dem Hauptauftrag gleich bleibende Leistung der Mengenansatz gegenüber dem Bestellwerk (Vertrag) erhöht.

Von einer **Leistungsminderung** spricht man, wenn sich für eine nach Art und Umfang gleich bleibende Leistung der Mengenansatz gegenüber dem Bestellwerk (Vertrag) verringert.

Von einer **Leistungsänderung** spricht man, wenn sich die Ausführung einer Leistung gegenüber der im Vertrag beschriebenen Leistung verändert, unabhängig davon, ob die Abweichung auf Änderungen in der Art der Ausführung oder der Umstände der Ausführung zurückzuführen ist.

Von **Zusatzleistungen** spricht man bei Leistungen, die im Vertrag nicht vorgesehen waren, jedoch zur Ausführung der vertraglichen Leistung erforderlich sind.

3.4.1 Vertragliche Voraussetzungen

Da nicht zu erwarten ist, dass ein Bauauftrag ohne ändernden Einfluss des Auftraggebers von Anfang bis Ende durchgeführt wird, muss bereits in den Bauverträgen detailliert festgelegt werden, wie mit ändernden Eingriffen des Bauherrn umgegangen wird. Hierzu sollte man folgende **Vereinbarungen** treffen:

- Änderungen durch den Bauherrn müssen grundsätzlich möglich sein.
- Zusätzliche Leistungen, die der Bauherr bestellt, müssen vom Auftragnehmer umgesetzt werden.
- Leistungsänderungen und Ergänzungen sollten auf der Basis der Einheitspreise bzw. der Kalkulationsbasis des Hauptvertrages ermittelt werden.
- Der Auftragnehmer muss vertraglich verpflichtet sein, kurzfristig Kostenangebote zu Leistungsänderungen und Ergänzungen dem Bauherrn einzureichen.
- Einigt man sich nicht über die vom Auftragnehmer angebotenen Kosten oder Terminauswirkungen, muss der Auftraggeber das Recht der Anweisung haben.
- Zuschläge für Planungsleistungen, GU/GÜ bzw. TU/TÜ -Zuschläge oder sonstige Koordinationszuschläge sollten bereits im Ursprungsvertrag fest vereinbart sein.
- Die Anwendung von Skonto oder Nachlässen auf Nachträge sollte bereit im Ursprungsvertrag geregelt sein.
- Das Prozedere für das Änderungs-/Nachtragsmanagement ist im Vertrag festzulegen.

Vor dem Hintergrund eindeutig vorgegebener **Verfahrensweisen** für das **Änderung-/Nachtragsverfahren** lassen sich Änderungen und Nachträge zeitnah ohne Streitigkeiten abarbeiten.

Die Autoren verweisen hier auf das an anderer Stelle beschriebene Verfahren der **Entscheidungsvorlagen**, das sowohl für Änderungen und Ergänzungen durch den Auftraggeber als auch für Änderungen und Ergänzungen durch den Auftragnehmer, aber auch für Änderungen und Ergänzungen aus dem Kreis der Architekten und Ingenieure und sonstiger Consultants gleichermaßen angewandt werden kann.

Die in dem § 2 Absatz 5 VOB/B vorgesehene Regelung, dass im Falle von Änderungen des Bauentwurfes oder anderer Anordnungen des Auftraggebers eine Preisvereinbarung unter

Berücksichtigung der Mehr- und Minderkosten vor Ausführung der Leistungen getroffen werden soll, führt häufig zu der Situation, dass Nachträge von ausführenden Unternehmen zwar dem Grunde nach, nicht aber der Höhe nach gestellt werden und man sich am Ende der Baumaßnahme über erhebliche **Nachforderungen** des Auftragnehmers **streitet**. Die Autoren empfehlen dringend, diese Vereinbarungen über die Mehr- und Minderkosten zwingend vor der Ausführung der Leistungen zu vereinbaren, damit der Auftraggeber zu jedem Zeitpunkt der Bauausführung eine vollständige Übersicht über die Kostensituation des Projektes hat. Diese Verfahrensweise zwingt die Parteien zudem dazu, sich kurzfristig über die Preisgestaltung zu einigen, da ja die Baustelle weiterlaufen muss und deswegen schnelle Entscheidungen getroffen werden müssen. Für den Fall, dass der Auftragnehmer durch Verschleppung der Informationszulieferung zu Kosten- und Terminauswirkungen von Änderungen das vereinbarte Verfahren unterläuft, muss der Auftraggeber das Recht zur Anweisung haben, wobei er sich darüber im Klaren sein muss, dass dann das volle Kosten- und Terminrisiko aber auch des inhaltliche Risiko auf seiner Seite liegt.

Gleiches gilt auch für die Regelungen in § 2 Absatz 6 VOB/B für die Vergütung von zusätzlichen Leistungen. Auch hier sollte die Vereinbarung zur Kosten- und Terminauswirkung von Änderungen im Vertrag vor Ausführung der Leistungen verpflichtend sein.

3.4.2 Tools

Die Autoren empfehlen die vertragliche Vereinbarung eines Formblattes „Entscheidungsvorlage“ zur Abwicklung von Änderungswünschen aller am Bauprozess Beteiligten. Das **Formblatt** enthält folgende Angaben:

- Bezeichnung des Bauvorhabens
- Vorlage Nr.
- Name des Erstellers
- Datum der Erstellung
- Inhalt der Änderung (gegebenenfalls ergänzt durch detaillierte Beschreibung in der Anlage)
- Gründe der Änderung (gegebenenfalls ergänzt durch detaillierte Beschreibung in der Anlage)
- Kostenrelevanz der Entscheidung (gegebenenfalls mit detaillierter Kostenberechnung in der Anlage)
- Budgetzuweisung der Kosten
- Terminrelevanz der Änderung (gegebenenfalls mit detaillierter Terminplanung in der Anlage)
- Planungsrelevanz (Auswirkung der Veränderung auf den Planungsprozess und die Planungsinhalte)
- Auswirkung der Änderung auf die Nutzung
- Anmerkungen, Kommentare der freizeichnenden Parteien
- Datum bis wann die Änderung freigegeben werden muss
- Verteiler
- Unterschriftenblock der freigebenden Parteien jeweils mit Datum der Freigabe und Unterschrift
- Freigabezeile für den Bauherrn mit Datum und Unterschrift

Die Entscheidungsvorlage wird üblicherweise ergänzt durch **detaillierte Anlagen** (Plananlagen, aus denen die Veränderungen ersichtlich sind, Kostenkalkulationen für die Kostenveränderungen, Ausführungen über die Terminänderung).

Bei der Erstellung der **Entscheidungsvorlage** ist darauf zu achten, dass Grundlage und Ausgangsbasis jeder Änderung immer das Bestellwerk ist. Für die Nachvollziehbarkeit der Entscheidungsvorlage ist also eine genaue **Sachverhaltsdarstellung** beizufügen:

1. Darstellung der Vertragsleistung
   - nach dem Bauvertrag
   - nach Leistungsverzeichnissen bzw. Leistungsbeschreibung
   - nach den Vertragsplänen
   - nach der Baugenehmigung/Abrissgenehmigung
   - nach sonstigen dem Vertrag zugrunde liegenden Unterlagen wie etwa statischen Berechnungen, Brandschutzkonzept, Schallschutzberechnungen, bauphysikalischen Vorgaben, etc.
2. Darstellung der neu auszuführenden Leistungen mit
   - Leistungsbeschreibung
   - Planunterlagen
   - Aufmaßen
   - Berechnungen
3. Darstellung der Abweichungen zwischen beauftragter Leistung und neu auszuführender Leistung und den daraus resultierenden Kosten- bzw. Terminveränderungen

Über die Entscheidungsvorlagen werden **Sammellisten** geführt, in denen die Entscheidungsvorlagen mit

- laufender Nummer
- Inhaltsbezeichnung
- Kostenauswirkung

nach **unterschiedlichen Kategorien** zusammengefasst sind:

- verabschiedete Entscheidungsvorlagen, die vom Bauherrn unterzeichnet und zur Ausführung freigegeben sind
- zurückgewiesene Entscheidungsvorlagen, die vom Auftraggeber nicht freigegeben sind und entweder nicht zur Ausführung kommen sollen, oder aus Sicht des Auftraggebers unberechtigte Forderungen darstellen, die zumindest nach Ansicht des Auftraggebers bereits durch das Bestellwerk abgedeckt sind
- Entscheidungsvorlagen in Prüfung, das sind Entscheidungsvorlagen, die von einer der beteiligten Parteien eingereicht worden sind und derzeit dem Grunde und der Höhe nach geprüft werden, die jedoch vom Bauherrn noch nicht freigegeben sind. Die darin enthaltenen Leistungen dürfen bis zur Freigabe der Entscheidungsvorlage nicht ausgeführt werden.
- Angewiesene Entscheidungsvorlagen für die keine Einigung hinsichtlich der Kosten- und Terminauswirkungen erzielt werden konnten, die jedoch vom Bauherrn dem Grunde nach beauftragt sind. Für solche Entscheidungsvorlagen ist von der Projektsteuerung eine Kostenschätzung zu erstellen, die alle ersichtlichen Kostenrisiken mit einschließen sollte und als „Worst Case"-Situation in die Auflistung der Entscheidungsvorlagen eingestellt wird bis zur Abklärung der endgültigen Kostenauswirkung.

Sollten in einem Projekt **unterschiedliche Budgetträgerschaften** vorliegen, so müssen die Entscheidungsvorlagen dem jeweiligen Budget zugewiesen werden. Dies ist zum Beispiel der Fall, wenn bestimmte Leistungsteile durch den Auftraggeber selbst, andere Leistungsteile durch den Mieter des Auftraggebers getragen werden.

3.4.3 Nachtragsverfahren

Bereits im Vertrag sollte der Laufweg von Änderungs- bzw. Nachtragsforderungen klar beschrieben werden:

- Aufstellen der Unterlagen in der oben beschriebenen Form durch diejenige Partei, die eine Änderung herbeiführen will bzw. einen Nachtrag stellen will

- Absprache des Änderungsbegehrens mit den an der Baumaßnahme beteiligten Parteien, um zu verhindern, dass unterschiedliche Auffassungen zur Änderung bzw. zum Nachtragsbegehren bei den Parteien bestehen
- Unterschrift der einzelnen Parteien zum Zeichen des Einverständnisses mit der Änderung/dem Nachtrag und den daraus resultierenden Kosten- und Terminimplikationen
- Unterschrift durch den Auftraggeber
- Umsetzung

3.4.4 Prüfung von Nachträgen

Entscheidungsvorlagen/Nachträge, die von der Auftragnehmerseite gestellt werden, müssen nach folgenden Kriterien geprüft werden:

1. Ist der Nachtrag formal korrekt gestellt?
   - Auf welchen Auftrag bezieht sich der Nachtrag?
   - Wer ist der Nachtragssteller und ist dieser Vertragspartner?
   - Ist der Nachtragsgrund angegeben?
   - Ist der Nachtrag prüffähig gestellt?
2. Ist der Nachtrag auf der Basis der vereinbarten vertraglichen Bedingungen berechtigt?
3. Ist der Nachtrag auf der Basis der Leistungsverzeichnisse/Leistungsbeschreibung berechtigt?
4. Ist der Nachtrag auf der Basis der dem Vertrag beigefügten Planunterlagen berechtigt?
5. Sind Aufbau und Inhalt des Nachtrages nachvollziehbar?
6. Sind die angegebenen Mengen korrekt?
7. Sind die eingesetzten Einheitspreise in Übereinstimmung mit dem Vertrag (zum Beispiel Einheitspreislisten)?
8. Ist der Nachtrag rechnerisch richtig?

Wenn alle **obigen Kriterien positiv** beantwortet werden können, kann der Nachtrag freigegeben werden. **Nach** Freigabe des Nachtrages ist zu prüfen:

- Wer hat den Nachtrag verursacht und zu verantworten?
- Besteht ein Schadensersatzanspruch des Auftraggebers gegen den Verursacher, oder müssen die Kosten des Nachtrages vom Auftraggeber selbst getragen werden?

3.4.5 Beauftragung von Nachträgen

Eine durch den Auftraggeber verabschiedete und unterschriebene Entscheidungsvorlage stellt bei entsprechenden vertraglichen Vereinbarungen einen rechtsgültigen Nachtrag dar. Häufig unterliegen Nachträge einer mehrfachen Bearbeitung durch die einzelnen Parteien, bis sie endgültig abschlussreif sind. Dabei werden sowohl Leistungsinhalte als auch Kostenpositionen verändert. Vor endgültiger Unterschrift des Nachtrages durch den Auftraggeber ist sicherzustellen, dass der Nachtrag ein eindeutiges Leistungsbild mit Leistungsbeschreibung, Mengenansätzen und gegebenenfalls Planunterlagen ausweist.

Nach **Unterschrift** einer Entscheidungsvorlage/eines Nachtrages durch den Auftraggeber ist dieser ordnungsgemäß dem Auftragnehmer zu überstellen. Erst nach Überstellung darf mit der Ausführung begonnen werden.

3.4.6 Anweisungsrecht des AG

Die Regel für die Durchführung von Entscheidungsvorlagen und Nachträgen muss lauten, dass Entscheidungsvorlagen und Nachträge erst dann durchgeführt werden dürfen, wenn die entsprechenden Kosten- und Terminimplikationen verhandelt und die **Entscheidungsvorlagen** oder der **Nachtrag** vom Bauherrn **unterschrieben** sind.

Viele Auftragnehmer unterlaufen diese Regel dadurch, dass sie unvernünftig hohe Kostenforderungen für Nachträge stellen oder unvernünftig hohe Terminverlängerungen für die Durchführung von Änderungen oder Nachträgen beanspruchen. In meist schwierigen Verhandlungen zwischen dem Auftraggeber und dem Auftragnehmer wird dann versucht, die Forderungen des Auftragnehmers auf ein angemessenes Maß zu begrenzen. Da diese Verhandlungen oft sehr viel Zeit in Anspruch nehmen, gleichzeitig aber die Baustelle weiterläuft, kann ein uneinsichtiges Verhalten des Auftragnehmers den Bauherrn in eine **Kosten- und/ oder Zeitfalle** bringen. Aus dieser Falle muss er sich durch ein Anweisungsrecht für Leistungen befreien können. Die Anweisung bedeutet, dass der Bauherr die Leistung dem Grunde nach beauftragt, die Einigung über die Höhe der Kostenvergütung und die zeitlichen Auswirkungen der Leistungen jedoch offen lässt und einer späteren Verhandlung vorbehält, gegebenenfalls einer gerichtlichen Klärung zuführt.

Grundsätzlich sollte die Anzahl der Anweisungen in einem Bauvorhaben auf ein **Minimum reduziert** werden. Anweisungen sollten nur dann ausgesprochen werden, wenn der Auftragnehmer sich zur Höhe der Kosten und zur Terminauswirkung der zusätzlich beauftragten Leistung in einem ersten Angebot geäußert hat. Dieses Angebot kann dann als Maximalposition in die Kostenverfolgung und die Terminverfolgung eingestellt werden (Worst-Case). Nur wenn der Bauherr bereit ist, das Risiko aus „Worst-Case“ zu tragen, sollte er eine Anweisung aussprechen.

Das Recht zur Anweisung muss im Bauvertrag ausdrücklich festgelegt werden.

3.4.7 Budgetanpassung

Nach Unterschrift einer Entscheidungsvorlage durch den Auftraggeber und damit der Erteilung des Auftrages für Änderungen oder Nachträge müssen die entsprechenden Kosten in das Budget eingepflegt werden. Im Falle von Anweisungen werden die Worst-Case-Angebote des Auftragnehmers in die Budgetplanung eingestellt. Sollten solche Worst-Case-Angebote nicht vorliegen, wird eine Kostenschätzung der Projektsteuerung in das Budget eingestellt, bis die endgültigen Auftragssummen für den Nachtrag abschließend mit dem Auftragnehmer verhandelt sind.

3.4.8 Vermeidung von Nachträgen

Gründe für Nachträge von bauausführenden Firmen sind:

- **die Wahl der falschen Vergabestrategie**
  Auf die unterschiedlichen Auswirkungen der Vergabestrategie auf die spätere Bauausführung wurde bereits an anderer Stelle hingewiesen. Bei einer noch nicht abgeschlossenen Planung kann nicht an einen Generalunternehmer bzw. -übernehmer vergeben werden, wenn nicht gleichzeitig die weitere Planungsleistungen Sache des GU bzw. GÜ werden, weil die weitere Planung der im Auftragsverhältnis des Auftraggebers stehenden Architekten und Fachingenieure regelmäßig an den mit dem GU bzw. GÜ vereinbarten Bestellwerksinhalten vorbeigehen oder nicht fristgerecht geliefert werden und daraus eine Vielzahl von Nachträgen und Behinderungen auf Seiten des GU bzw. GÜ entstehen können.
  Bei Global-Pauschalverträgen hat der GU/GÜ bzw. TU/TÜ ein weites Interpretationsspektrum der Bestellwerksinhalte. Interveniert der Auftraggeber während der Baudurchführung durch einseitige Konkretisierung des Bestellwerkes, so ist dies Grund für Nachträge und Behinderungen.
  Der Auftraggeber muss verstehen, dass eine Vergabe an einen GU/GÜ bzw. TU/TÜ kein Sorglospaket darstellt, vielmehr muss man davon ausgehen, dass gerade in Zeiten depressiver Baumärkte die Auftragnehmer versuchen, über günstige Angebotspreise ins Geschäft zu kommen und anschließend durch Nachträge ihr Budget aufzubessern. Alle großen GU/ GÜ bzw. TU/TÜ haben mittlerweile Abteilung, die ausschließlich darauf spezialisiert sind, Nachträge zu generieren.
- **Widersprüchlichkeiten im Vertragstext**
  Unklare Vertragsformulierungen oder Mehrfachnennungen gleicher Sachverhalte in den Verdingungsunterlagen mit unterschiedlichem Wortlaut an unterschiedlicher Stelle lösen Nachträge aus.

- **AGB-Widrigkeit des Vertrages**
  Die Vereinbarung unhaltbarer Klauseln in AGB-Verträgen ist Grundlage für Nachträge. Der Auftragnehmer wird diese Klauseln bei der Vertragsunterzeichnung unterzeichnen und im weiteren Ablauf der Baumaßnahme anzweifeln, für unrechtmäßig erklären lassen und daraus Nachträge generieren.
- **VOB-Widrigkeit des Vertrages**
  Bei Verträgen, bei denen die VOB vereinbart ist, sind strenge Ansprüche an die einzelnen Vertragsklauseln gestellt. Weichen Änderungen dieser Vertragsklauseln zu weit von der Grundlage der VOB ab, so fällt nicht nur die Einzelklausel, sondern der gesamte Vertrag in den Bereich allgemeiner Geschäftsbedingungen zurück. Die VOB findet dann insgesamt keine Anwendung mehr, und dem Auftragnehmer eröffnet sich eine weite Spielwiese für Nachträge.
- **Fehlerhafte und unvollständige Leistungsverzeichnisse/Leistungsbeschreibungen**
  Fehlerhafte und unvollständige Leistungsverzeichnisse und Leistungsbeschreibungen sind der am meisten verbreitete Grund für Nachträge. Leistungen, die zur Bauausführung dringend erforderlich sind, in dem Bestellwerk aber nicht enthalten sind, führen zwangsläufig zu Nachträgen. Hier hat der Auftraggeber im Hinblick auf die fehlenden Leistungsteile auch keinen Vergütungsanspruch gegen Architekten oder Fachingenieure, die diese Leistungsteile bei Erstellung der Leistungsverzeichnisse/Leistungsbeschreibungen vergessen haben. Es handelt sich um so genannte Sowieso-Leistungen, für die der Auftraggeber ohnehin hätte bezahlen müssen, wenn die Leistung von vornherein in dem Leistungsverzeichnis/der Leistungsbeschreibung enthalten gewesen wäre. Lediglich wenn durch die fehlerhafte oder unvollständige Beschreibung der Leistung Schaden entsteht, besteht ein Schadensersatzanspruch des Auftraggebers gegen Architekten oder Fachingenieure.
- **Fehlerhafte und unvollständige Planunterlagen**
  Fehlerhafte oder unvollständige Planunterlagen, aber auch zu späte Lieferung von Planunterlagen durch den Auftraggeber führen in der Regel zu Nachträgen und Behinderungen. Behinderungen können Bauzeitenverlängerungen auslösen, die zu Mehraufwendungen auf Auftragnehmerseite wegen verlängerter Vorhaltung der Baustelleneinrichtung, etc. führen. Diese Aufwendungen werden in Form von Nachträgen gegen den Auftraggeber geltend gemacht.
- **Baubegleitende Planung**
  Die baubegleitende Planung ist im Regelfall Grund für Nachträge. Mit fortschreibender Planung wird man erkennen, was alles bei der bisherigen Beauftragung von Leistungen vergessen worden ist und nachbeauftragt werden muss.

Ein vom **Auftraggeber zu verantwortender** Grund für Nachträge sind Änderungswünsche des Bauherrn während der Bauausführung. Hierzu gibt es eine Vielzahl unterschiedlicher Gründe:
- Der Bauherr stellt erst mit Baufortschritt fest, was er bestellt hat und will nun ändern.
- Die Bauherrnanforderungen (Flächenbedarf, Qualitätsansprüche, etc.) haben sich geändert.
- Äußere Bedingungen haben sich geändert und führen zu Änderungen des Bauwerkes.
- Der Bauherr findet während der Bauzeit einen Mieter für das Gebäude, und der Mieter will seine eigenen Wünsche bis zur Fertigstellung des Bauwerkes noch umsetzen.

Nachträge von bauausführenden Firmen können am besten im Vorfeld der Vergabe des Auftrages **vermieden** werden durch:
- Richtige Wahl der Vergabestrategie
- Kurze und prägnante Vertragstexte, die die Vertragsgrundlagen eindeutig beschreiben. Hier gilt der Leitspruch: Nicht Volumen, sondern Güte bestimmen die Qualität.
- Fehlerfreie und vollständige Leistungsverzeichnisse/Leistungsbeschreibungen, die vor der Vergabe nochmals durch einen unabhängigen Dritten auf Vollständigkeit und Schnittstellenproblematik untersucht werden.

- Vollständige und fehlerfreie Planung vor Vergabe der Bauleistungen. Es empfiehlt sich auch hier, die Planung vor Vergabe nochmals durch einen unabhängigen Dritten auf Fehler, offene Punkte und Schnittstellen überprüfen zu lassen.

Während der Bauausführung sollte ein **Claim-Management** eingesetzt werden, das die Interessen des Auftraggebers vertritt, Nachträge der bauausführenden Firmen darauf prüft, ob sie dem Grunde und der Höhe nach berechtigt sind, unangemessene Forderungen der Auftragnehmerseite professionell zurückweist und Änderungswünsche auf Auftraggeberseite so ins Verfahren einstellt, dass sie zu einer möglichst geringen Störung der laufenden Bauarbeiten führen und zu angemessenen Kosten umgesetzt werden.

Änderungswünsche des Bauherrn sollten während der Ausführung auf ein **Minimum** beschränkt werden, sämtliche Implikationen der gewünschten Veränderung müssen dem Auftraggeber vor Auftragserteilung bekannt sein, die Leistungen von Änderungswünschen müssen eindeutig in Form von Änderungsleistungsverzeichnissen beschrieben werden, und die Auswirkungen der Änderungen auf Kosten und Termine des Bauvorhabens müssen dem Auftraggeber vor Beauftragung bekannt sein.

3.5 Vertragsanpassung

Trotz der oben angesprochenen Instrumentarien der Entscheidungsvorlage, die alle Änderungen und Nachträge im Baugeschehen dokumentiert und nach Unterschrift durch den Auftraggeber zum Vertragsbestandteil wird, empfiehlt es sich gerade bei Bauvorhaben, die während der Bauausführung größeren Veränderungen unterworfen sind, von Zeit zu Zeit formale Nachträge zum Bauvertrag zwischen den Parteien zu verhandeln und abzuschließen. In den **Nachträgen** müssen alle bis zum Nachtragszeitpunkt aufgetretenen offenen und streitigen Sachverhalte aufgeführt und einer vertraglichen Regelung zugeführt werden. Die daraus resultierenden Auswirkungen auf die Höhe des vereinbarten Vertragspreises und die Auswirkungen auf die vereinbarte Bauzeit sind im Nachtrag eindeutig zu regeln. Erfahrungsgemäß haben solche Nachträge beruhigende Wirkung auf den weiteren Bauablauf. Streitigkeiten zwischen den Parteien werden damit beendet und einer Regelung zugeführt, so dass nach Abschluss des Nachtrages wieder eine neutrale Situation zwischen den Parteien hergestellt ist.

3.6 Krisenmanagement

Krisen gehören fast bei jedem größeren Bauvorhaben zur Normalität. Sei es, dass für das eingestellte Budget keine Angebote am Markt erhältlich sind und aus diesem Grund die Baumaßnahme nochmals überplant werden muss, sei es durch Ausfall von Auftragnehmern während der Bauausführung, sei es durch Schlechtleistung von ausführenden Firmen, durch Ausfall oder Wechsel von Mietern oder durch Veränderung der Projektziele durch den Auftraggeber und dadurch notwendige Umplanungen. Bei der Bewältigung der Krisen bedarf es nicht nur hoher professioneller Qualität der einzelnen Beteiligten, sondern auch hoher **Sozialkompetenz des Krisenmanagers**.

Ein Bauvorhaben durchläuft im Regelfall während der Baurealisierungsphase folgende Stadien:

- **Vor Auftragserteilung** ist der Auftragnehmer konziliant und entgegenkommend, da er ja den Auftrag abschließen will. Dies ist der Zeitpunkt, um alle wesentlichen späteren Streitmöglichkeiten für die konkrete Baumaßnahme zu antizipieren und Regelungsmechanismen für die antizipierten Probleme in den Vertragstext aufzunehmen. Dabei ist zu bedenken, dass ein Vertrag nicht für den Fall gemacht ist, dass sich die Parteien gut verstehen und keine Probleme auf der Baustelle bestehen. Der Vertrag ist vielmehr für den Fall konzipiert, dass die Parteien unterschiedlicher Auffassung zur Behebung der aufgetretenen Probleme sind. Für diesen Fall muss der Vertrag die Spielregeln festlegen.

- **Nach Abschluss** des Vertrages wird sich der Auftragnehmer berechtigterweise auf die Inhalte seines Vertrages beziehen. In der Anfangsphase des Projektes wird er dabei auf Vorschläge und Anregungen des Auftraggebers eingehen und versuchen, diese so weit wie möglich bei der weiteren Projektrealisierung zu integrieren. Von Auftraggeberseite muss darauf geachtet werden, dass bereits in der Anfangsphase des Projektes der vereinbarte Terminrahmen eingehalten wird, die Planung zügig und fehlerfrei übergeben wird und die Qualität der ersten Bauleistungen der Bestellwerksqualität entspricht. Der Auftragnehmer muss merken, dass der Auftraggeber die notwendigen Entscheidungen professionell abarbeitet und Schlechtleistungen auf Auftragnehmerseite erkennt und rügt.
- Mit **fortschreitender Bauzeit** stellen viele Auftragnehmer fest, dass sie zu optimistisch an die Bauaufgabe herangegangen sind, eine Vielzahl von Problemen während der Auftragsverhandlung nicht erkannt haben, Probleme mit Subunternehmern haben etc. und damit in eine Kosten- und Terminschere geraten. Ihr Verhalten bezüglich der Einflussnahme des Auftraggebers auf die Baumaßnahme besonders hinsichtlich zusätzlicher Wünsche etc. wird angespannter.
- Spätestens nach **zwei Drittel der Vertragslaufzeit** sind die eingegangenen Kosten- und Terminrisiken dem Auftragnehmer in vollem Umfang bewusst. Er wird jetzt versuchen, seine Position hinsichtlich der Terminenge durch Behinderungsanzeigen aufzuweichen und sein Budget durch Nachträge aufzubessern. Auf Auftraggeberseite ist hier als Gegenposition ein professionelles Claimmanagement aufzubauen, das die eingegangenen Behinderungen und Nachträge als unbegründet zurückweist oder, soweit Grund für Behinderung oder Nachträge besteht, diese Behinderungen und Nachträge auf angemessene Größenordnungen reduziert.
- Spätestens jetzt stellt sich auf Auftraggeberseite heraus, ob die vertraglichen Vereinbarungen und die Anlagen des Vertrages die Angriffe des Auftragnehmers aushalten.

Auf Auftragnehmerseite besteht in Krisensituationen erfahrungsgemäß die **Tendenz der Verschleppung**. Über lange Zeit wird behauptet, dass einmal aufgetretene Terminverzüge aufgeholt werden könnten und der Endtermin eingehalten werden kann. Viel zu spät stellt man fest, dass dies nicht der Fall ist und die Arbeit nicht termingerecht geliefert werden kann. Zu diesem Zeitpunkt kommt auch meist eine Gegensteuerung zu spät. Auf Auftraggeberseite ist darauf zu achten, dass Abweichungen von den Terminen oder Kosten möglichst frühzeitig bekannt und auf einem möglichst hohen Verantwortungslevel eskaliert werden. In Krisenfällen hat es sich immer als erfolgreich bewiesen, nicht etwa das örtliche Baustellenmanagement des Auftragnehmers mit dem Oberbauleiter als höchster Verantwortungsposition zur Rede zu stellen, sondern die Geschäftsleitung oder den Vorstand des Auftragnehmers mit einzuschalten. Von der obersten Führungsebene auf Auftraggeberseite müssen Direktiven an die für die Baustelle Verantwortlichen ergehen, die Krise zu bewältigen und in geordnete Abläufe zurückzukehren. Da man nicht erwarten kann, dass Geschäftsleitung und Vorstand eines Auftragnehmers sich permanent um die Baustelle kümmern werden, kann das o.g. Verfahren nur bei wirklich wichtigen Sachverhalten Anwendung finden. Den hochrangigen Verantwortlichen auf Auftragnehmerseite müssen **hochrangige Verantwortliche auf Auftraggeberseite** gegengestellt werden. Wenn also Geschäftsführung oder Vorstand des Auftragnehmers zu Gesprächen geladen werden, so muss auch auf Auftraggeberseite ein Mitglied der Geschäftsführung oder ein Vorstand an den Besprechungen teilnehmen, um diesen das notwendige Gewicht zu geben. Bei den Krisengesprächen müssen die Probleme offen angesprochen werden und klare Vereinbarungen zu der Behebung der Probleme getroffen werden. Dabei wird es in vielen Fällen notwendigen sein, von beiden Seiten aufeinander zuzugehen, um eine geeignete Lösung zu finden.

3.7 Berichtswesen

Die Erkenntnisse aus Terminmanagement, Kostenmanagement und Qualitätsmanagement sowie alle sonstigen wesentlichen Aspekte bezüglich der Realisierung der Baumaßnahme werden in regelmäßigen Abständen zusammengefasst und dem Auftraggeber als Bericht vorgelegt. Es gehört im Regelfall zu den Aufgaben der Projektsteuerung, die entsprechende Informationen bei den Planungs- und Ausführungsbeteiligten abzufragen und den Bericht zu erstellen.

Die Stellungnahmen der Planungs- und Ausführungsbeteiligten sollten kurz gehalten und nach **folgender Struktur** gegliedert sein:

- Stand der Arbeiten zum Berichtszeitpunkt
- Prozentangabe zur Fertigstellung der Arbeiten
- Beschreibung der Arbeitsschwerpunkte des vergangenen Berichtsraumes
- Probleme, die im vergangenen Berichtszeitraum aufgetreten sind
- Berichte zum Kostenstand
- Berichte zum Terminstand
- Änderungen mit Kostenrelevanz
- Änderungen mit Terminrelevanz
  (die Berichterstattung über Planänderungen mit Kostenrelevanz und Planänderungen mit Terminrelevanz berühren das Verfahren der Erstellung von Entscheidungsvorlagen für Änderungen nicht. Das Berichtswesen hat keinen Genehmigungscharakter)
- Kurze Beschreibung der Arbeitsschwerpunkte des kommenden Berichtszeitraumes
- Probleme die für den kommenden Berichtszeitraum vorausgesehen werden
- Notwendige Entscheidungen durch
  - Auftraggeber
  - Benutzer
  - Planer

Der **Bericht des Projektsteuerers** aggregiert die eingegangenen Berichte der einzelnen Beteiligten und stellt sie in übersichtlicher Form für den Auftraggeber dar.

Projektberichte werden üblicherweise in monatlicher Zeitabfolge erstellt, bei größeren Bauvorhaben in zweimonatigen Abständen.

3.8 Projektbesprechungen

Projektbesprechungen finden turnusmäßig statt und dienen dem projektübergreifenden und projektinternen Informationsaustausch. Auf den Projektbesprechungen werden Arbeitsschritte eingeleitet und Arbeitsanweisungen in das Protokoll aufgenommen und solange verfolgt, bis die Aufgaben erledigt sind. Durch die Verteilung von Protokollen werden alle zu informierenden Projektbeteiligten über den Stand des Projektes bzw. seiner Teilprojekte unterrichtet und in Kenntnis gesetzt, welche Arbeitsleistungen durch welche Projektbeteiligten zu erbringen sind.

Zu den Projektbesprechungen wird durch Einladung mit Tagesordnung termingerecht **eingeladen**. Es werden unterschiedliche Hierarchien von Projektbesprechungen **unterschieden**:

- **Entscheidungsausschusssitzung** (auch: Policy-Meeting)
  An der Entscheidungsausschusssitzung nehmen die ranghöchsten Verantwortlichen des Auftraggebers und die ranghöchsten Vertreter der Projektsteuerung teil. Nach Bedarf werden weitere Auftragnehmer zugeladen.
  Auf der Entscheidungsausschusssitzung wird im engen Führungskreise die Politik des Projektes festgelegt. Die Projektsteuerung informiert den Auftraggeber über den Stand des Projektes und über die aufgetretenen Probleme. Der Auftraggeber teilt seine Anforderungen und Entscheidungen zu offenen Fragen mit. Gemeinsam wird das strategische Vorgehen zur Problemlösung der aufgetretenen Probleme diskutiert. Der Entscheidungsausschuss genehmigt Änderungen des Budgets und des vorgegebenen Terminrahmens sowie wesentliche Änderungen am Projekt.
  Der Entscheidungsausschuss tagt regelmäßig alle 4–6 Wochen.

- **Jour-Fixe-Besprechungen**
  Teilnehmer an den Jour-Fixe-Besprechungen sind die Vertreter der einzelnen an Planung- und Bauausführung beteiligten Parteien, mit den jeweils handlungsfähigen Vertretern.
  Bei den Jour-Fixe-Besprechungen wird über die Projektsituation informiert, der Ablauf des Projektes koordiniert und organisiert, die einzelnen Beteiligten berichten über den Projektstand und eventuell aufgetretene Probleme. Problemlösungen werden gemeinsam entwickelt und vorangetrieben, die im Entscheidungsausschuss gefallenen Entscheidungen werden an die Teammitglieder weitergeleitet, bei Termin- und Kostenabweichungen werden Vorschläge zu Gegensteuerungsmaßnahmen erarbeitet.
  Bau-Jour-Fixe finden in der Regel 14-tägig statt.
- **Baubesprechungen**
  An den Baubesprechungen nehmen die für die Objektüberwachungen zuständigen Vertreter des Auftraggebers und die für die Projektdurchführung zuständigen Mitarbeiter des Auftragnehmers teil.
  Aufgabe der Baubesprechung ist die Information über den Stand und Fortgang der Baustelle. Hier werden Qualitätsprobleme und deren Behebung besprochen, Terminabweichungen erkannt und Gegenmaßnahmen untersucht, die monatlichen Abschlagsrechnungen vorbereitet, Entscheidungsvorlagen bearbeitet etc.
  Baubesprechungen finden in der Regel wöchentlich statt.

Weitere Besprechungen können bei Bedarf anberaumt werden. Wenn z.B. der Auftragnehmer mit der Ausführungsplanung beauftragt ist, kann es erforderlich sein, so genannte **Planungs- und Koordinierungsbesprechungen** durchzuführen. In der Planungs- und Koordinierungsbesprechung erhalten die Planer des Auftragnehmers eine Plattform, die bei der Erstellung der Ausführungsplanung aufgetretenen Detailfragen mit den Planern auf Auftraggeberseite, die die Entwurfsplanung bzw. die Leitdetails verfasst haben, zu besprechen. Hier werden Lösungen erarbeitet, wenn sich herausstellt, dass die von Auftraggeberseite vorgegebenen Planungsinhalte technisch nicht umsetzbar sind.

Planungs- und Koordinierungsbesprechungen finden in der Regel wöchentlich während des Zeitraumes der Ausführungsplanungserstellung durch den Auftragnehmer statt.

4. Mietermanagement während der Realisierungsphase

Bei Immobilien, die für die spätere Vermietung vorgesehen sind, kann zwischen zwei grundsätzlichen Fällen unterschieden werden:

– Immobilien, bei denen der Mieter bereits in der **Planungsphase** der Immobilie feststeht und somit die Wünsche und Anforderungen des Mieters von vornherein bei der Planung berücksichtigt werden können und damit integraler Bestandteil des Auftrages an die bauausführenden Firmen sind.
– Immobilien, bei denen der Mieter erst zu einem Zeitpunkt feststeht, zu dem die Bauausführung **bereits beauftragt** ist und die Bauleistungen ganz oder teilweise ausgeführt sind.

In beiden Fällen ist dringend zu empfehlen, dass zwischen den Anlagen des Mietvertrages und den Anlagen des Bauvertrages absolute Übereinstimmung besteht.

Nur bei **absoluter Kongruenz** der Bestellwerksinhalte des Mieters und des Auftragnehmers für die Bauausführung kann der Auftraggeber vermeiden, dass Forderungen des Mieters zu Nachforderungen des Auftragnehmers für die Bauausführung führen, die der Auftraggeber selbst zu bezahlen hätte. Ist die Kongruenz der Vertragsinhalte hergestellt, wird sich der Auftraggeber im Falle von Forderungen des Mieters auf die Seite des Mieters stellen und diese Forderungen gegenüber dem Auftragnehmer der Bauausführung vortragen. Ist die Forderung berechtigt, wird der Auftragnehmer der Bauausführung diese Forderung auszuführen haben, ohne hierfür Mehrforderungen beanspruchen zu können, ist die Forderung unberechtigt, wird der Auftragnehmer für die Bauausführung dies nachweisen und die Anspruchsgrundlagen des Mieters entfallen.

In beiden oben genannten Fällen ist es unbedingt erforderlich, ein **Kostenmanagement für Mieterwünschen** völlig getrennt zum Kostenmanagement der Auftraggeberleistungen einzurichten. Es muss zu jedem Zeitpunkt der Baumaßnahme klar ersichtlich sein, ob durch Mieterwünsche generierte Mehr- oder Minderkosten vorliegen und damit dem Mieter zugerechnet werden müssen, oder ob Kostenveränderungen dem Auftraggeber auf Basis des ursprünglichen Bestellwerkes zuzurechnen sind. Die den Mieter betreffenden Entscheidungsvorlagen sind vom Mieter zu unterzeichnen.

4.1 Vertragliche Voraussetzungen

Ein geordnetes Management von Mieterwünschen ist nur möglich, wenn dafür die vertraglichen Grundlagen auch im Bauvertrag geregelt sind. Gesteht der Vermieter dem Mieter das Recht zu, ändernd in den Bauablauf einzugreifen, so muss der Vermieter sich im Bauauftrag mit der bauausführenden Firma dieses Recht sichern. **Folgende Fragen** sind vor Abschluss der Verträge zu klären und in den Verträgen zu behandeln:

– Hat der Mieter ein **grundsätzliches Eingriffsrecht** in die Bauausführung der Maßnahme, und wenn ja, mit welchen Auswirkungen. Wird ein Eingriffsrecht vereinbart, so kann dies nur unter folgenden Gesichtspunkten ausgeübt werden:
  - Die Änderungswünsche des Mieters müssen rechtlich zulässig sein und insbesondere von der beantragten bzw. erteilten Baugenehmigung gedeckt sein.
  - Die zur Vermietung zur Verfügung stehende Fläche darf durch die Eingriffe des Mieters nicht oder nur in genau definiertem Maße verändert werden.
  - Änderungen des Mieters dürfen nicht zu einer gravierenden Verschlechterung des Ausbaustandards oder zu einer Einschränkung der Vermietbarkeit führen.

- Der Mieter muss bereit sein, die durch Änderungen entstehenden zusätzlichen Kosten zu übernehmen.
- Der Mieter muss bereit sein, etwaige terminliche Auswirkungen der Änderungswünsche zu akzeptieren und die daraus resultierenden Konsequenzen tragen.
- Die Mitwirkung des Mieters bei der Bemusterung ist festzulegen.
- Die Mitwirkung des Mieters bei der Planfreigabe ist festzulegen.
- Es ist festzulegen, ob es dem Mieter gestattet ist, parallel zur Bauausführung der Auftragnehmer des Vermieters auf der Baustelle Leistungen durch vom Mieter direkt beauftragte Unternehmen ausführen zu lassen. Regelmäßig wiederkehrende Themen mieterspezifischer Ausbauten sind:
  - IT-Verkabelung
  - Sicherheitsausstattung
  - Medientechnische Ausstattung
  - Ausstattung von Küchen und Restaurant-Bereichen
  - Ausstattung von Teeküchen
  - Ausstattung von Empfangsbereichen (Empfangstheken, etc.)
  - Einbaumöbel (Schranksysteme etc.)

– Im Vertrag ist festzulegen, ob **Änderungs- oder Sonderwünsche**, die zu **Kostenmehrungen** oder -minderungen führen, über den Mietzins oder über direkte Zahlungen abgerechnet werden. Bei der Abrechnung über Mietzins ist die Verrechnungsformel von Investitionskosten zu Mietzins im Mietvertrag festzulegen.

– Im Vertrag festzulegen ist die **Methode** zur Ermittlung der Kostenmehrungen und -minderungen aus Mietersonderwünschen (zum Beispiel die Herstellkosten auf der Basis der Einheitspreislisten und der Kalkulation des Auftragnehmers des Vermieters).

– Im Vertrag festzulegen sind die einzelnen **Zuschläge** auf die Kostenmehrungen und -minderungen durch Sonderwünsche.
  - GU/GÜ bzw. TU/TÜ -Zuschlag
  - Koordinationszuschlag (Vermieter, Projektsteuerung, GU/GÜ bzw. TU/TÜ)
  - Zuschlag für Planungskosten
  - Zuschlag für Zwischenfinanzierungskosten
  - Zuschlag für „Nominated Subcontractors"

– Im Vertrag festzulegen ist der **Modus**, nach dem diese Zuschläge auf die Herstellkosten **ermittelt** werden. Hierbei ist darauf zu achten, dass bei Kostenmehrungen gegebenenfalls andere Zuschläge gelten müssen als bei Kostenminderungen.

– Im Vertrag festzulegen ist, in welchem **Zeitraum auf Mieteränderungs- und -sonderwünsche** durch Nennung der daraus resultierenden Mehr- und Minderkosten zu reagieren ist, und was passiert, wenn die entsprechenden Fristen durch den Vermieter bzw. dessen Auftragnehmer für die Bauausführung nicht eingehalten werden.

– Im Vertrag festzulegen ist, in welchem **Zeitrahmen** der Mieter die **Entscheidung treffen** muss, ob er auf der Basis der genannten Mehr- und Minderkosten und der zeitlichen Implikationen der Mietersonderwünsche diese Mietersonderwünsche tatsächlich beauftragt oder auf eine Beauftragung verzichtet.

– Im Vertrag festzulegen ist, ob ein Mieter ein **Anweisungsrecht** für Änderungs- und Sonderwünsche im Falle von Streitigkeiten über Kosten- und Terminauswirkungen solcher Wünsche hat.

– Aus bauablauftechnischen Gründen kann es sinnvoll sein, dass Mietersonderwünsche nicht unabhängig durch den Mieter selbst beauftragte Drittunternehmer auf der Baustelle ausgeführt werden, sondern die **Unternehmer des Mieters** dem Auftragnehmer für die Bauausführung der Vermieterleistungen beigestellt werden. In diesem Fall ist in den Verträgen eine

Regelung zu „Nominated Subcontractors“ aufzunehmen. Beim „Nominated Subcontractor“ handelt es sich um einen Subunternehmer, der durch den Mieter auf der Basis unabhängiger Ausschreibungen und eines anschließenden Vergabeverfahrens ausgewählt wird und der dem Auftragnehmer des Vermieters anschließend unterstellt wird. Mit Unterstellung wird der Subunternehmer zu einem normalen Subunternehmer des Auftragnehmers des Vermieters, den der Auftragnehmer zu koordinieren hat und für den der Auftragnehmer alle Risiken übernimmt. Für Koordination und Risikoübernahme zahlt der Mieter einen fest vereinbarten Prozentsatz am Volumen der Subunternehmerleistung an den Auftragnehmer des Vermieters. Dieser Zuschlag ist im Bauvertrag zu verankern.
– Im Vertrag festzulegen ist die Durchführung von **technischen Vorbegehungen** mit dem Mieter zur Vorbereitung der Abnahme und die formale Abnahme der Mietfläche durch den Mieter.

4.2 Mieterhandbuch

Wird eine Immobilie nicht an einen Gesamtmieter vermietet, sondern kleinteilig an unterschiedliche Mietparteien (etwa kleinteilige Vermietung von Büroflächen, Vermietung von Einkaufszentren an eine Vielzahl von Ladenmietern, Vermietung von Wohnanlagen an einzelne Wohnungsmieter) so ist das Mietermanagement eine vom Management des Bauablaufes völlig getrennte Managementaufgabe, die am besten in einem so genannten **Mieterhandbuch** beschrieben wird. Das Mieterhandbuch legt die Zusammenarbeit zwischen den einzelnen Parteien – Vermieter, Auftragnehmer des Vermieters für die Bauausführung, Mietermanagement und Mieter – beim Ausbau der einzelnen Mietbereiche und der Abnahme dieser Mietbereiche durch den Mieter fest.

Das Mieterhandbuch muss **verbindlicher Vertragsbestandteil** eines jeden Mietvertrages werden und wird mittels Änderungs- und Ergänzungslieferungen bei Bedarf aktualisiert.

Das Mieterhandbuch macht **Aussagen zu**:
– Klare Aufgabenverteilung zwischen den Parteien
– Information über den Mietgegenstand
– Information über einzuhaltende Regularien
– Information über einzuhaltende Abläufe
– Rechte und Pflichten der Parteien
– Information über Übernahme und Abnahme der jeweiligen Mieteinheit

Inhalt des Mieterhandbuches sind **folgende Punkte**:
– Name, Anschrift, Telefon- und Telefax-Nummern der für die Mieterkoordination zuständigen Vertreter des Auftraggebers/Vermieters
– Aufforderung an den Mieter, seinerseits einen verantwortlichen Ansprechpartner mit Name, Anschrift, Telefon- und Telefax-Nummern zu benennen.
– Eine Mieterbaubeschreibung aus der der vom Vermieter geschuldete und zur Verfügung gestellte Ausbaustandard für die Mietfläche hervorgeht
– Planunterlagen mit Darstellung des vom Vermieter geschuldeten Mietgegenstandes einschließlich der Planung der haustechnischen Ausrüstung
– Vereinbarung eines Einführungstermines, bei dem dem Mieter die oben genannten Unterlagen übergeben und erläutert werden
– Regelungen, nach denen der Mieter innerhalb seiner Mieteinheit in eigener Verantwortung den weiteren Mieterausbau planen und realisieren kann
– Einen Rahmenterminplan, aus dem wesentliche Ecktermine der Bauausführung des Vermieters ersichtlich sind, die für den Mieterausbau von Relevanz sein könnten

- Die Verpflichtung an den Mieter seinerseits einen detaillierten Terminplan für den Mieterausbau bei der Mieterkoordination vorzulegen
- Regelungen zur Freigabe/Genehmigung der vom Mieter vorgelegten Mieterausbaupläne
- Regelungen, nach denen Bau- und Betriebsgenehmigungen für den mieterseitigen Ausbau durch den Mieter selbst bei den entsprechenden Ämtern und Behörden herbeizuführen sind
- Regelungen zum Freigabeverfahren der Planung der Mietereinbauten durch den Vermieter
- Regelungen zu den vom Vermieter abzuschließenden Versicherungen (Haftpflichtversicherung, Feuerversicherung, Bauleistungsversicherung, etc.)
- Regelungen zur Verpflichtung der Mieter zur Bauüberwachung der von ihnen beauftragten Leistungen
- Regelungen zur Baustellenorganisation (Zuwegung zur Mietsache, Arbeitszeiten, Sicherheitsmaßnahmen, etc.)
- Regelungen zu den Öffnungszeiten der Baustelle
- Regelungen zur Zufahrt zur Baustelle und möglichen Entladestellen für den Mieter und dessen ausführende Firmen
- Regelungen zu Lagermöglichkeiten für den Mieter auf der Baustelle
- Regelungen zur Baustelleneinrichtung für Mieterausbauten (Baustrom, Bauwasser, Heizung, Telefon, Toiletten/Sanitärräumen, Aufenthaltsräume)
- Regelungen zur Bewachung der Baustelle
- Regelungen zur Abfallentsorgung auf der Baustelle
- Regelungen zu Werbung und Firmenschildern
- Regelungen zu allgemeinen Auflagen gesetzlicher und behördlicher Art, insbesondere Schall- und Staubschutz sowie Verkehrslärm
- Regelungen zur Reinigung
- Regelungen zu Sicherheitsbestimmungen
- Regelungen zu Schutz von Personen und Eigentum
- Verhaltensweisen bei Unfällen
- Regelung zur Abnahme/Übernahme der Vermieterleistung durch den Mieter

4.3 Mieterbetreuung

Die Mieterbetreuung ist ein von dem Management der Bauausführung unabhängiges Leistungsbild. In Abhängigkeit von der Anzahl der Mieter und des Umfangs des notwendigen oder gewünschten Mieterausbaus werden für die Mieterkoordination erhebliche Personalkapazitäten erforderlich. Zum **Leistungsbild** der Mieterbetreuung und Mieterkoordination gehören:
- Bindeglied zwischen Auftraggeber (Vermieter), Auftragnehmer (bauausführende Firma) und Mietern
- Erstellung eines Handbuches für den Mieterausbau
- Einführung der von den Mietern mit der Ausführungsplanung für die Mietflächen beauftragten Architekten und Ingenieure in das gestalterische Gesamtkonzept, die statisch/konstruktiven Randbedingungen, die technische Gebäudeausrüstung etc. unter fachbezogener Teilnahme der übrigen Planungsbeteiligten des Auftraggebers
- Baufachliche Koordination bei der Mieterdetailplanung, soweit dies für die Anpassung an die vorhandene Gebäudesituation erforderlich ist – unter fachbezogener Teilnahme der übrigen Planungsbeteiligten

- Durchführung regelmäßiger Koordinationsgespräche mit den Consultants des Auftraggebers und den Consultants des Auftragnehmers der Mieter
- Vorlage aller Pläne über Mietereinbauten, Abstimmung und Freigabe durch die Consultants des Auftraggebers oder durch den Auftraggeber selbst
- Veranlassung der rechtzeitigen Einreichung notwendiger Baugenehmigungen durch den Mieter; soweit notwendig: Hilfestellung bei Verhandlungen mit Genehmigungsbehörden
- Vorgabe von Zeitfenstern für die Durchführung des mieterspezifischen Ausbaus durch die Mieter
- Einarbeitung der von den Mietern bzw. ihren Auftragnehmern vorgelegten Ausführungsterminplänen in den Ausführungsterminplan des Auftraggebers
- Teilnahme an der formellen Übergabe der Mieteinheit an den Mieter, Erstellung des Übergabeprotokolles
- Sicherstellung, dass Mieterausbauarbeiten erst nach Übergabe der Mieteinheit an den Mieter durchgeführt werden
- Sicherstellung, dass die Mieterausbauarbeiten gemäß den freigegebenen Plänen vorgenommen werden
- Sicherstellung, dass die notwendigen Nutzungsänderungsanträge bei der Baugenehmigungsbehörde durch die Mieter gestellt werden und dass entsprechend den erfolgten Freigaben gebaut wird
- Überwachung der mit dem Mieter festgelegten Zwischen- und Endterminen für den Ausbau der Mietsache. In-Verzug-Setzung des Mieters bei Fristüberschreitung
- Regelmäßige Berichterstattung an den Auftraggeber über Stand und Fortschritt der Mietereinbauten
- Anforderung eines kompletten Satzes Zeichnungen über Mietereinbauten nach Fertigstellung der Mietfläche und Weiterleitung an den Auftraggeber
- Koordination von Ausbauarbeiten, die den Firmen des Auftraggebers obliegen, mit solchen, die dem einzelnen Mieter obliegen
- Anlaufstelle für Mieterbeschwerden im Zusammenhang mit der Bautätigkeit
- Regelmäßige Überprüfung der Benutzbarkeit von zugehörigen Zufahrten für die Mieter auf deren uneingeschränkte Nutzbarkeit

4.4 Leistungsänderung durch den Mieter

Leistungsänderungen durch den Mieter haben im Regelfall kostenmäßige und terminliche Auswirkungen. Wie oben bereits aufgeführt, muss durch vertragliche Regelungen gesichert sein, dass

- Leistungsänderungen durch den Mieter während der Baurealisierung überhaupt möglich sind
- die Auswirkungen dieser Leistungsänderung in kostenmäßiger und terminlicher Hinsicht durch den Mieter zu tragen sind.

Entsprechende Verfahren müssen in den Verträgen vereinbart werden. Die Beauftragung der **Leistungsänderungen** durch den Mieter erfolgt über die an anderer Stelle beschriebenen Entscheidungsvorlagen.

4.5 Übergabe an den Mieter

Die Übergabe von Mietflächen an den Mieter muss vertraglich als formale Übergabe geregelt sein. Der formalen Abnahme der Fläche durch den Mieter muss die technische Vorbegehung der Fläche und die Aufnahme von Mängeln in Mängelprotokolle vorausgehen. Es wird dringend empfohlen, sowohl die technischen Vorbegehungen als auch die formale Abnahme immer zeitgleich im Vertragsverhältnis Vermieter/Mieter und im Vertragsverhältnis Vermieter (als Auftraggeber)/bauausführende Firma (als Auftragnehmer) durchzuführen. Jede Partei darf bei den Abnahmen Mängel benennen, die in die Begehungsprotokolle bzw. das Abnahmeprotokoll aufgenommen werden. Jede Partei hat das Recht, die Mängelbenennung der anderen Partei zu bestreiten. Auch dieses Bestreiten wird in die Begehungsprotokolle bzw. das Abnahmeprotokoll aufgenommen. Der Vermieter stellt sich mit diesem Verfahren immer frei. Wird vom Mieter ein Mangel behauptet, so wird dieser vom Vermieter gegenüber seiner bauausführenden Firma weitergegeben. Wird von der bauausführenden Firma ein Mangel bestritten, so wird dieses Bestreiten vom Vermieter an den Mieter weitergegeben. Wenn sich später, gegebenenfalls durch Sachverständigenvotum oder durch gerichtliche Klärung, herausstellen sollte, dass der Mieter Recht hatte, muss der Auftragnehmer des Vermieters den Mangel beheben. Sollte sich herausstellen, dass der Auftragnehmer des Vermieters Recht hatte, so hat der Mieter gegenüber dem Vermieter keinen Anspruch auf Mängelbehebung. Verweigert ein Mieter die Übernahme der Mietfläche vom Vermieter, so wird auch der Vermieter gegenüber seinem Auftragnehmer, der bauausführenden Firma, die Abnahme verweigern. Sollte sich später herausstellen, dass die Abnahmeverweigerung zu Unrecht erfolgt ist, wird der Vermieter die daraus resultierenden Konsequenzen und Schadensersatzansprüche an den Mieter weitergeben. Sollte sich herausstellen, dass die Abnahmeverweigerung zu Recht erfolgt ist, wird der Vermieter die Schadensersatzansprüche des Mieters an seinen Auftragnehmer, die bauausführende Firma, weiterleiten.

Auch die Übergabe der Mietfläche durch die ausführende Firma an den Vermieter sollte **zeitgleich** zur Übernahme der Fläche vom Vermieter durch den Mieter erfolgen. Die Gefahrentragung für die Fläche und die Beweislast gehen somit faktisch direkt von der auszuführenden Firma auf den Mieter über.

Abnahmevorbereitung, Abnahmeverfahren sowie formelle Abnahme von Mietflächen folgen den unter dem **Kapitel „Abnahme der Bauleistungen und Gewährleistungsverfolgung“** genannten Festlegungen.

5. Abnahme der Bauleistungen und Gewährleistungsverfolgung

Nach Fertigstellung von Bauleistungen sind diese vom Auftraggeber abzunehmen. Die Pflicht zur Abnahme von Bauleistungen gehört zu den Hauptpflichten des Auftraggebers. Grundsätzlich sind drei Formen der Abnahme möglich:

- **Förmliche Abnahme § 12 Absatz 4 VOB/B**, die stattzufinden hat, wenn eine Partei es verlangt. Der Befund der förmlichen Abnahme ist in gemeinsamer Verhandlung schriftlich niederzulegen. In der Niederschrift sind etwaige Vorbehalte wegen bekannter Mängel und wegen Vertragsstrafen aufzunehmen, ebenso etwaige Einwendungen des Auftragnehmers. Jede Partei erhält eine Ausfertigung des Abnahmeprotokolles, nachdem die Parteien dieses Abnahmeprotokoll unterschrieben haben.
- Die **stillschweigende Abnahme § 12 Absatz 5 Nr. 1 VOB/B**, die immer dann stattfindet, wenn keine Abnahme verlangt wird. Die Leistung gilt dann als abgenommen mit Ablauf von 12 Werktagen nach schriftlicher Mitteilung über die Fertigstellung der Leistung durch den Auftragnehmer.
- **Abnahme durch Inbenutzungsnahme § 12 Absatz 5 Nr. 2 VOB/B**, die dann eintritt, wenn der Auftraggeber die Leistung oder einen Teil der Leistung in Benutzung genommen hat. Die Abnahme gilt dann nach Ablauf von 6 Werktagen nach Beginn des Benutzens als erfolgt, wenn nichts anderes vereinbart ist.

Die Autoren empfehlen **dringlich**, die förmliche Abnahme ausdrücklich im Bauvertrag und Mietvertrag **zu vereinbaren.**

5.1 Rechtliche Voraussetzungen

Die förmliche Abnahme und das Abnahmeprozedere muss im Bauvertrag festgelegt werden. Voraussetzung für die Abnahme ist die Fertigstellung des Bauvorhabens. Fertig gestellt ist das Bauvorhaben, wenn die Leistungen des Auftragnehmers bis auf geringfügige Restarbeiten erbracht und frei von wesentlichen Mängeln sind, wenn die für die endgültige Inbenutzungsnahme erforderlichen behördlichen Abnahmen sowie die Voraussetzungen für eine Inbenutzungsnahme vorliegen. Die Abnahme muss vom Auftragnehmer mit einer im Vertrag vereinbarten Frist (üblich sind vier bis sechs Wochen) schriftlich beantragt werden.

Bei einem Generalunternehmer- bzw. Generalübernehmervertrag ist zu regeln, ob die Baumaßnahme nur insgesamt oder auch in einzelnen Teilabschnitten abgenommen wird.

Weiterhin ist im Vertrag das Prozedere der Abnahme zu regeln. Empfohlen wird, dass der Vertrag regelt, dass vor der eigentlichen Abnahmeverhandlung so genannte technische Vorbegehungen mit Vertretern des Auftraggebers und seinen Consultants, etwa dem Projektsteuerer, dem Architekten und den Fachingenieuren stattfinden. Bei diesen technischen Vorbegehungen werden die einzelnen Bereiche des Bauwerks begangen und die festgestellten Mängel in Mängelprotokollen protokolliert. Zum Zeichen des Einverständnisses werden diese Mängelprotokolle dann von allen Parteien, die der Vorbegehung beigewohnt haben, unterzeichnet. Die Mängelprotokolle werden Gegenstand der nachfolgenden eigentlichen Abnahmeverhandlung zur formellen Abnahme.

Weiterhin sollte vereinbart werden, dass über die eigentliche Abnahmeverhandlung vom Auftraggeber ein mit Datum versehenes Abnahmeprotokoll zu fertigen ist, in das die Feststellungen und Erklärungen der Vertragspartner aufzunehmen sind. Wenn es sich um einseitige und/ oder strittige Feststellungen oder Erklärungen handelt, ist dies entsprechend zu kennzeichnen. Das Protokoll muss die Erklärung enthalten, ob abgenommen wird oder nicht. Der Auftraggeber darf die Aufnahme von Erklärungen des Auftragnehmers in das Abnahmeprotokoll nicht verweigern. Der Auftragnehmer kann verlangen, dass während des Abnahmetermines zugleich die Abnahmeverhandlungen zwischen ihm und etwa beauftragten Nachunternehmern stattfindet. Der Auftraggeber kann verlangen, dass während des Abnahmetermines zugleich die Abnahmeverhandlungen zwischen ihm und seinem Mieter stattfindet.

Der Vorbehalt von Vortragsstrafen ist im Abnahmeprotokoll ausdrücklich aufzunehmen, da ansonsten der Vertragsstrafenanspruch verwirkt.

Die Abnahmewirkung tritt erst ein, wenn das Protokoll, das die Erklärung der Abnahme ausdrücklich enthalten muss, beiderseitig unterzeichnet worden ist. Soweit der Auftragnehmer mit dem Inhalt des Protokolles nicht einverstanden ist, hat er dies durch entsprechende schriftliche Erklärung auf dem Protokoll unter Angabe der Gründe zum Ausdruck zu bringen. Die Abnahmewirkung wird hiervon nicht berührt. Jeder Vertragspartner erhält eine Ausfertigung des Protokolles.

5.2 Abnahmehandbuch

Bei großen Bauvorhaben empfiehlt es sich zur Vorbereitung der rechtsgeschäftlichen Abnahme ein **Abnahmehandbuch** an die Parteien, die bei der Abnahme mitwirken, auszuhändigen, in dem folgende Punkte geregelt werden.

- Festlegung der Parteien, die an den jeweiligen technischen Vorbegehungen teilnehmen. In jedem Fall müssen an diesen Vorbegehungen teilnehmen ein Vertreter des Auftraggebers oder ein vom Auftraggeber autorisierter Dritter sowie ein Vertreter des Auftragnehmers. Beide Vertreter müssen Handlungsbefugnis haben und müssen für die jeweilige Partei unterschriftsberechtigt sein. An den technischen Vorbegehungen können weiterhin teilnehmen:

  Auf der Auftraggeberseite
  - Vertreter des Architekten, der Fachingenieure oder sonstiger Consultants
  - Vertreter der Projektsteuerung
  - Vertreter der Mieter
  - Sachverständige
  - Vertreter des späteren Verwalters

  Auf der Seite des Auftragnehmers
  - Vertreter von Subunternehmern des Auftragnehmers
  - Sachverständige
- Gliederung der Baumaßnahme in einzelne Zonen für die technischen Vorbegehungen, zum Beispiel nach:
  - Bauteilen
  - Geschossen
  - Bauabschnitten
  - Leistungsbereiche (wie etwa Rohbau, Ausbau, haustechnische Ausrüstung, gegebenenfalls nach Gewerken gegliedert, Fassaden, Außenanlagen, etc.)
- **Zeitplan** für die technischen Vorbegehungen
  - Bei der Aufstellung des Zeitplanes müssen gängige Richtwerte berücksichtigt werden. Ein Team schafft bei der technischen Vorbegehung von Rohbau/Ausbau eines Bürogebäudes ca. 2.500 qm am Tag, bei der Begehung von Wohnungen ca. 8–12 Wohnungen am Tag.
- Uhrzeit des Beginns der jeweiligen technischen Vorbegehungen und Angabe des Treffpunktes für die Teams
- Festlegungen zur **Protokollführung** der technischen Vorbegehung
  So hat es sich zum Beispiel bewährt, dass den einzelnen Mängeln ein Status in Form einer Zahl zugeordnet wird. Dabei kann bedeuten:
  - Status Null = Mangel behoben

- Status Eins = unstrittiger Mangel
- Status Zwei = strittiger Mangel
- Status Drei = technische Klärung erforderlich
- Status Vier = Merkhilfe
- Status Fünf = Überprüfung mit Bestellwerk erforderlich

Durch die Statuszuweisung werden zeitaufwendige Diskussionen auf der Baustelle bei den technischen Vorbegehungen vermieden. Können sich zwei Parteien nicht darüber einig werden, ob ein Mangel vorliegt oder nicht, wird der Status Zwei vergeben. Es handelt sich damit um einen strittigen Mangel.
Hinsichtlich strittiger Mängel sollte im Bauvertrag festgelegt sein, dass der Auftragnehmer innerhalb von vier Wochen schriftlich begründen muss, warum ein von ihm als strittig gestellter Mangel nach seiner Auffassung keinen Mangel darstellt. Wird diese schriftliche Stellungnahme nicht termingerecht erbracht, fällt der Mangel automatisch in den Status Eins: unstrittige Mängel zurück.

– Struktur des **Mängelprotokolles**
Die Mängel sollten mit folgenden Angaben im Mängelprotokoll erfasst werden:

- laufende Nummer des Mangels
- Bauteil
- Geschoss
- Raum-Nr.
- Raum-Bezeichnung
- Gewerk
- Ortsangabe im Raum
- Koordinaten
- Beschreibung des Mangels
- Status
- Datum zu dem der Mangel festgestellt wurde
- Datum zu dem der Mangel als behoben freigegeben wurde
- Unterschrift der freigebenden Person

Es empfiehlt sich, die Mängelerhebung per EDV-Programm durchzuführen, um nach den einzelnen Kriterien der Liste sortieren zu können. Damit wird es zum Beispiel möglich, dass nach der Mängelbegehung der Auftragnehmer eine Sortierung nach seinen Subunternehmern vornehmen lässt (über den Begriff Gewerk) und jedem Subunternehmer die ihm betreffende Mängelliste sofort übergeben kann. In einer weiteren Sortierung kann man nach Status sortieren und feststellen, welche der Mängel zwischen den Parteien unstrittig und welche strittig sind bzw. für welche noch Klärungen vorgenommen werden müssen.
Jeweils nach einer Begehung werden die Mängellisten von allen Parteien, die an der Begehung teilgenommen haben, rechtskräftig unterzeichnet. Jede Partei erhält eine Kopie der unterzeichneten Mängellisten.

5.3 Technische Vorbegehungen

Zu den technischen Vorbegehungen wird vom Auftraggeber oder dessen Projektsteuerer jeweils formal eingeladen.

Bei der technischen Vorbegehung werden die einzelnen Räume durch das Abnahmeteam **begangen**. Die im Raum festgestellten Mängel werden nach dem oben aufgeführten Muster in die Mängellisten eingetragen. Die Parteienvertreter haben die Möglichkeit, Mängel strittig zu stellen, oder technische Klärungen oder Bestellwerksüberprüfung zu den einzelnen Mängeln zu fordern. Diese Forderung wird mit dem jeweiligen Status im Mängelprotokoll vermerkt.

Am Ende der Begehung werden die Mängellisten durch die Vertreter der einzelnen Parteien unterzeichnet.

5.4 Formelle Abnahme

Die formelle Abnahme kann stattfinden, wenn folgende Anforderungen erfüllt sind:

- Die technischen Vorbegehungen zu allen Bereichen des Gebäudes und zu allen Gewerken müssen stattgefunden haben. Über die technischen Vorbegehungen müssen Mängelprotokolle vorliegen, die von allen Parteien unterzeichnet sind.
- Die vom Auftragnehmer nach den vertraglichen Regelungen beizubringenden Unterlagen müssen vorliegen. Hierzu zählen:
  - Die örtlich geforderten Abnahmebescheinigungen wie etwa
    - Baugenehmigung
    - Rohbauabnahmeschein
    - Schlussbericht des Prüfstatikers
    - Bescheinigung des Bezirksschornsteinfegers
    - Unbedenklichkeitsbescheinigung der Kampfmittelräumung
  - TÜV-Abnahmebescheinigungen
  - Abnahmebescheinigungen des Verbands der Sachversicherer
  - Abnahmebescheinigungen der Feuerwehr
  - Genehmigung der Deutschen Bundespost zur Errichtung und Betreibung von Funkanlagen
  - Messprotokolle für die haustechnischen Anlagen
  - Einweisungsprotokolle des Bedienpersonals
  - Gebrauchsabnahme
  - Ausführungsunterlagen wie etwa
    - freigegebene Ausführungspläne
    - Raumbuch
    - Türlisten
    - Berechnung des umbauten Raumes
    - Berechnung der Nutzfläche
  - Bescheinigung der Nachbarn über die Erfüllung der nachbarrechtlichen Verpflichtungen
  - Firmenliste der Subunternehmer
  - Liste über die Verfallzeiten der Gewährleistung
  - An das Objekt gebundene Lieferverträge für Ver- und Entsorgung
  - Wartungsverträge mit Lieferfirmen oder entsprechende Wartungsangebote
  - Sondernutzungserlaubnisse

5.5 Bestandsunterlagen

Bestandsunterlagen sind vor allen Dingen die Revisionspläne, d.h. sämtliche Baupläne und Pläne der haustechnischen Gewerke im Maßstab 1:50, mit genauer Darstellung der **tatsächlich ausgeführten Leistungen**. Bei den Plänen der haustechnischen Gewerke ist sicherzustellen, dass Trassenführungen, Rohrleitungen, Kanäle und Schächte, Revisionsöffnungen etc. mit der baulichen Wirklichkeit übereinstimmen.

Zu den Bestandsunterlagen gehören jedoch auch Betriebsanweisungen, Wartungsempfehlungen, TÜV-Bescheinigungen, Baugenehmigungen, Gütenachweise, Pflegeanweisungen etc.

Hinsichtlich der Bestandsunterlagen hat sich für große Bauvorhaben herausgestellt, dass es unvernünftig ist, die Bestandsunterlagen bereits zum Abnahmezeitpunkt zu verlangen. Alternativ kann im Bauvertrag vereinbart werden, dass die Bestandsunterlagen spätestens **drei Monate nach Abnahme** vom Auftragnehmer zu liefern sind. Es empfiehlt sich, für die Lieferung der Bestandsunterlagen einen erheblichen Betrag (zum Beispiel 1 % der Netto-Schlussrechnungssumme) zurückzuhalten. Dieser Rückbehalt muss im Bauvertrag vereinbart werden.

Wenn man sich auf eine Lieferung der Bestandsunterlagen nach Abnahme einigt, muss sichergestellt werden, dass die zum Betrieb der Anlage notwendigen Unterlagen, also zum Beispiel Betriebsanweisungen, Wartungsverträge, etc. zum Zeitpunkt der Abnahme durch den

Auftragnehmer übergeben werden. Alternativ kann vereinbart werden, dass bis zur Vorlage der Bestandsunterlagen der Betrieb des Gebäudes Sache des Auftragnehmers bleibt. Die vom Auftraggeber eingereichten Unterlagen sind vom Auftraggeber auf **Vollständigkeit** zu prüfen. Nach Prüfung kann die formelle Abnahme vorgenommen werden.

Über die formelle Abnahme ist vom Auftraggeber ein Protokoll zu führen. **Inhalte dieses Protokolles** sind im Regelfall:
- Benennung des Bauvorhabens
- Auftraggeber
- Auftragnehmer
- An der Abnahme beteiligte Vertreter von Auftraggeber und Auftragnehmer (zum Beispiel Projektsteuerer)
- Bezug auf den Bauauftrag
- Tag der Abnahme/Datum
- Zum Abnahmetermin erschienene Personen, getrennt nach den Parteien
- Einvernehmenserklärung, dass zur Abnahme form- und fristgerecht geladen wurde
- Feststellungen zu Mängeln mit Verweis auf die Mängelprotokolle der technischen Vorbegehungen
- Benennung weiterer Mängel und Restarbeiten, die der Auftraggeber geltend machen will
- Hinweise auf Einbehalte durch den Auftraggeber
- Mängelrügen bezüglich der übergebenen behördlich geforderten Abnahmebescheinigungen
- Mängelrügen bezüglich der übergebenen Bestandsunterlagen
- Mängelrügen bezüglich der übergebenen zusätzlichen Unterlagen
- Erklärungen des Auftragnehmers zu den festgestellten Mängeln, bzw. zu den Inhalten des Abnahmeprotokolles
- Erklärung des Auftraggebers zum Vorbehalt der Vertragsstrafe, soweit Termine überschritten sind. Es wird ausdrücklich darauf verwiesen, dass der Vertragsstrafenanspruch nach Abnahme verwirkt, wenn diese Erklärung nicht ausdrücklich im Abnahmeprotokoll enthalten ist
- Abnahmeerklärung des Auftraggebers
- Datum
- Unterschrift der unterschriftsberechtigten Personen der einzelnen Parteien

5.6 Mängelbeseitigung

Üblicherweise wird bereits im Bauvertrag geregelt, dass die bei der Abnahme festgestellten Abnahmemängel durch den Auftragnehmer in einer angemessenen Frist nach formeller Abnahme zu beseitigen sind. Bei größeren Bauvorhaben wird eine angemessene Frist mit drei Monaten angesetzt. Es empfiehlt sich, die Mängelbehebung durch den Auftraggeber oder seine Vertreter eng zu kontrollieren. In regelmäßigen Abständen sind Nachbegehungen anzusetzen, bei denen die durch den Auftragnehmer behoben gemeldeten Mängel begangen werden und festgestellt wird, ob die Mängel tatsächlich vom Auftragnehmer behoben worden sind. Behobene Mängel werden aus der Mängelliste ausgetragen durch Unterschrift des Auftraggebervertreters in der Mängelliste und Eintragung des Datums, an dem der Mangel freigegeben wurde.

Es empfiehlt sich, dass **bereits im Bauvertrag** geregelt ist, was passiert, wenn die Mängel nicht innerhalb der vorgegebenen Frist nach formeller Abnahme behoben werden. Gegebenenfalls können dann zum Beispiel Aufwendungen des Auftraggebers und seiner Consultants dem Auftragnehmer in Rechnung gestellt werden.

Nach Beseitigung aller Mängel sollte nochmals eine formelle Nachabnahme durchgeführt werden, über die wiederum Protokoll geführt wird und bei der formell festgestellt wird, dass nunmehr alle Mängel behoben sind.

In der Praxis kommt es immer wieder vor, dass Mängel nur mit einem **erheblichen Aufwand**, der teilweise nicht in Relation zu dem erwarteten Erfolg steht, behoben werden könnten. In diesen Fällen bietet es sich an, mit dem Auftragnehmer Vereinbarungen zu treffen, nach denen diese Mängel nicht behoben werden müssen, sondern durch Geld (Minderung) abgeglichen werden. Entsprechende Festlegungen sollten vor der formellen Nachabnahme zwischen den Parteien ausgehandelt und in das Protokoll der formellen Nachabnahme aufgenommen werden. Grundlage für die Bewertung der Minderung sollte ein Betrag sein, der den Aufwendungen entspricht, die mit der Mängelbeseitigung auf Auftragnehmerseite verbunden wäre. Außerdem wird auf Ausführungen zu Minderungen in der Literatur verwiesen.

5.7 Gewährleistungsverfolgung

Die Verfolgung von Gewährleistungsmängeln ist strikt von der Abarbeitung der Abnahmemängel zu trennen.

Gewährleistungsmängel sind Mängel, die **nach formaler** Abnahme aufgetreten sind und durch den Auftraggeber gerügt werden. Im Unterschied zu den Abnahmemängeln liegt die Beweislast für die Gewährleistungsmängel beim Auftraggeber. Er muss also nachweisen, dass es sich bei den gemahnten Sachverhalten tatsächlich um Mängel handelt, die der Auftragnehmer zu vertreten hat.

Für die **Handhabung** von Gewährleistungsmängeln empfiehlt es sich, ein gesondertes Verfahren einzurichten. Jeder Gewährleistungsmangel sollte auf einem dafür entwickelten Formblatt gesondert aufgeführt werden. Das Formblatt sollte mindestens folgende Angaben enthalten:

- laufende Nummer des Gewährleistungsmangels
- Datum der Mängelanzeige
- Bauteil
- Raum
- Ortsbezeichnung im Raum
- Gewerk
- Genaue Beschreibung des beanstandeten Mangels
- Aufforderung zur Mängelbehebung
- Fristsetzung für die Mängelbehebung
- Hinweis, dass bei Nichteinhaltung der Frist die Mängel auf Kosten des Auftragnehmers durch Dritte beseitigt werden
- Hinweis, dass die Beseitigung des Gewährleistungsmangels schriftlich anzuzeigen ist

Nach Abarbeitung des Mangels wird auf dem **Formblatt** vermerkt:

- Wann die Mängelbeseitigung durch den Auftragnehmer freigemeldet worden ist
- Ob nach Nachbegehung der Mangel als beseitigt gelten kann
- Ob eine Nachfrist zur Mängelbeseitigung gestellt werden muss, da der Mangel bei der Nachbegehung als nicht beseitigt festgestellt wurde

Über den Ablauf der einzelnen im Bauvertrag enthaltenen Gewährleistungsfristen ist eine Fristenliste zu erstellen.

Bereits im Bauvertrag sollte vereinbart werden, dass vor Ablauf der Frist der Auftragnehmer den Fristablauf schriftlich ankündigen muss und zu einer abschließenden Begehung des vom Fristablauf betroffenen Leistungsbereiches auffordern muss.

Rechtzeitig vor **Fristablauf** der Gewährleistungsfristen müssen dann nochmalige Begehungen unter Beisein des Auftraggebers und des Auftragnehmers durchgeführt werden, um sicherzustellen, dass keine Gewährleistungsmängel vorhanden sind, deren Behebung durch den Ablauf der Gewährleistungsfriste

6. Wesentliche vertragliche und steuerrechtliche Aspekte

6.1 Verträge mit bauausführenden Unternehmen – ein Überblick

6.1.1 Generalunternehmervertrag, Generalübernehmervertrag, Nachunternehmervertrag

So vielfältig und unterschiedlich die einzelnen Bauleistungen sind, die nur in ihrer Gesamtheit[1] das Bauwerk entstehen lassen, können die Vereinbarungen zwischen dem Bauherrn (Auftraggeber) und dem Bauausführenden (Auftragnehmer) sein. Dem Bauherrn steht es frei, jedes einzelne Gewerk eines Bauvorhabens gesondert zu vergeben. Dem Bauherrn stehen dann verschiedene Vertragspartner gegenüber, die naturgemäß nur die jeweils von ihnen zu erbringende Leistung schulden, nicht aber als Gesamtschuldner für den Leistungserfolg bzw. -misserfolg des anderen einzustehen haben.[2]

Aus gutem Grunde (Vermeidung von Schnittstellenproblematiken/Bündelung von Verantwortlichkeiten) suchen Bauherrn regelmäßig nur wenige Ansprech- und Vertragspartner für ihr Bauvorhaben. Soweit einzelne Gewerke nicht nur qualitativ aufeinander aufbauen (sich Fehler eines Gewerkes im nächsten verkörpern können), sondern auch untrennbar zeitlich voneinander abhängen (z.B. der Beginn der Ausbauarbeiten von der vorherigen Erstellung des Rohbaus, der Beginn der Rohbauarbeiten von der vorherigen Herstellung der Baugrube und des Verbaus), werden Bauherrn die gebündelte Vergabe aller oder vieler Gewerke an einen Auftragnehmer einer Vielzahl von Einzelauftragsvergaben an verschiedene Unternehmer vorziehen. Selbstverständlich wird sich die Vergabe von Planungs-, Koordinierungs- und Ausführungsarbeiten an nur einen oder wenige Unternehmer, der bzw. die zwangsläufig viele der beauftragten Leistungen an Subunternehmer weitergeben, in einem (deutlich) höheren Endpreis für den Bauherren niederschlagen. Der Bauherr bezahlt im Ergebnis sämtliche Kosten der zwischengeschalteten Unternehmer plus deren Gewinnspanne sowie die des von ihm beauftragten Unternehmers. Den Vorteil der Vermeidung von Schnittstellenproblematiken hat der Bauherr daneben auch durch eine Risikoprämie zu bezahlen.

Als **Generalunternehmer** bezeichnet man dabei denjenigen Auftragnehmer, der mit der Erbringung der Bauleistungen **aller** Gewerke für ein Bauwerk beauftragt wird. Der Generalunternehmer erbringt wesentliche Teile der ihm übertragenen Bauleistungen selbst und lässt nur den Rest von Nachunternehmern (Subunternehmer) ausführen. Das unterscheidet ihn von dem **Generalübernehmer**, der keinerlei Bauleistungen im eigenen Betrieb ausführt, sondern diese in vollem Umfang vergibt[3]. Sofern der Bauherr damit einen Generalübernehmer beauftragt, entsteht ein mehrstufiges Vertragsverhältnis zwischen Bauherrn – Generalübernehmer – Generalunternehmer – Nachunternehmern, die ihrerseits möglicherweise weitere Nachunternehmer beauftragen werden. Bei Licht betrachtet rückt der Generalübernehmer damit mehr in die Rolle des Koordinators des Baugeschehens, der gegenüber seinem Auftraggeber das gesamte Baumanagement abdeckt[4].

---

[1] Vgl. *Conradi* in Schulte/Bone-Winkel, Handbuch Immobilien-Projektentwicklung, 2008, 387 zur Vielfältigkeit der Vertragsbeziehungen mit Projektbeteiligten: die „Projektspinne".

[2] Eine gesamtschuldnerische Haftung zweier (oder mehrerer) mit unterschiedlichen Gewerken beauftragter Unternehmer kommt aber dann in Betracht, wenn beide für einen Mangel einzustehen haben, für den nur eine Sanierungsmöglichkeit besteht. In diesem Fall ist ein einheitlicher Erfolg geschuldet (BGH NJW 2003, 2980).

[3] BGH NJW 1978, 1054.

[4] *Zerhusen* Mandatspraxis Privates Baurecht 2008, Rdnr. 898 f.

Sind dem Generalunternehmer bzw. dem Generalübernehmer über die Bauleistungen hinaus auch die Planungsleistungen übertragen, mit deren Erbringung der Bauherr sonst einen Architekten und ggf. in Ergänzung hierzu auch Fachplaner zu beauftragen hätte, wird vielfach von **Totalunternehmerschaft** bzw. **Totalübernehmerschaft** gesprochen.

Soll der Auftraggeber darüber hinaus von allen Bauherrenrisiken und jeglicher, mit der Durchführung des Bauvorhabens verbundener Verantwortung von seinem Auftragnehmer – auch in preislicher Hinsicht – entlastet werden, rechtfertigt es sich gar von einem sogenannten **„Rundum-Sorglos-Vertrag"** zu sprechen.

In der Praxis werden die vorgenannten Bezeichnungen von Bauverträgen mit verschiedenen Leistungen aber nicht durchgehend und zum Teil auch unterschiedlich verwandt, weshalb immer erst der Blick in den konkreten Vertrag Aufschluss darüber gibt, welche darin beschriebenen Leistungen tatsächlich geschuldet sind.

Unabhängig davon, ob der Bauherr einen Generalunternehmer, einen Generalübernehmer, einen Totalunternehmer oder einen Totalübernehmer maßgeblich mit der Herstellung des Bauwerkes beauftragt, werden sämtliche Unternehmer in geringerem oder stärkerem Umfang zur Erbringung der ihnen übertragenen Bauleistungen Nachunternehmer einschalten. Die erforderlichen Verträge mit den **Nachunternehmern** werden hierbei von ihnen in eigenem Namen und für eigene Rechnung abgeschlossen und nicht etwa im Namen des Bauherrn. Der Nachunternehmer schuldet die Erbringung seiner Bauleistungen damit nicht dem Bauherrn unmittelbar, sondern seinem Vertragspartner, dem Generalübernehmer/-unternehmer („Auftragnehmer"). Umgekehrt kann der Nachunternehmer mangels unmittelbarer vertraglicher Beziehung vom Bauherrn auch nicht die Leistung der mit dem Auftragnehmer vereinbarten Vergütung verlangen. Eine gesamtschuldnerische Haftung besteht in der Regel weder in der einen, noch in der anderen Richtung. Der Bauherr hat sich daher stets an seinen Ausnahmsweise wird aber auch in der Rechtsprechung und Literatur eine gesamtschuldnerische Haftung von Vor- und Nachunternehmer angenommen, wenn Mängel ihre Ursache zumindest teilweise in beiden Gewerken haben und diese wirtschaftlich sinnvoll nur auf eine einzige Weise beseitigt werden können[5]. Auftragnehmer sowie dieser an seinen Nachunternehmer zu halten und jeweils umgekehrt. Auch Mängelrügen und Gewährleistungsansprüche sind innerhalb dieser Rechtsbeziehungen geltend zu machen. Die Nachunternehmer sind im Verhältnis zum Bauherrn zwar Erfüllungsgehilfen des Auftragnehmers i.S.v. § 278 BGB, mit der Folge, dass sich der Auftragnehmer das Verschulden des Nachunternehmers wie eigenes Verschulden zurechnen lassen muss. Die Vertragsverhältnisse sind aber gleichwohl rechtlich verschieden[6].

Diesem, insbesondere aus der Sicht des Bauherrn nicht immer glücklichen Auseinanderfallen der Vertragsbeziehungen versucht die Vertragspraxis mit vielfältigen Regelungen zu begegnen. So wird in Generalunternehmer-/-übernehmerverträgen die Berechtigung des Auftragnehmers zur Weitervergabe von Leistungen an Nachunternehmer von der „Durchstellung" der wesentlichen vertraglichen Verpflichtungen, die der Auftragnehmer gegenüber seinem Bauherrn eingegangen ist, an den Nachunternehmer abhängig gemacht. Es geht hier meist um die Regelungen über Zahlungsfristen/-plan, die Abnahmeart (Ausschluss fiktiver Abnahme) und die Gleichschaltung des Abnahmezeitpunktes, den Gleichlauf der Gewährleistungsfristen und der Haftung der Nachunternehmer, über die Vereinbarung von Vertragsstrafen oder über den Versicherungsschutz und über die Einschaltung von Schiedsgutachtern. Vielfach lässt sich der Bauherr auch ein Eintrittsrecht in den Bauleistungsvertrag mit dem Nachunternehmer für den Fall einräumen, dass der Generalübernehmervertrag/-unternehmervertrag aus Gründen, die der Auftragnehmer zu vertreten hat, vom Bauherrn gekündigt wird. Mindestens sollte für einen solchen Fall die Abtretung etwaiger Gewährleistungsansprüche des Auftragnehmers gegen seine nachbeauftragten Unternehmer an den Auftraggeber vorgesehen werden. Die Gleichschaltung von Zahlungsfristen vermeidet, dass der Auftragnehmer gegenüber seinem Nachunternehmer Zahlungen zu erbringen hat, bevor er entsprechende Leistungen von seinem

[5] BGH, NZBau 2003, 557

[6] BGH DB 1981, 1924.

Auftraggeber beanspruchen kann. Eine gemeinsame Abnahme der Leistungen des Auftragnehmers und der des Nachunternehmers bewirkt, dass die Gewährleistungsfristen gleichzeitig zu laufen beginnen und verhindert mithin, dass sich der Nachunternehmer bei vom Auftraggeber des Auftragnehmers gerügten Mängeln letzterem gegenüber wirksam auf einen bereits erfolgten Eintritt der Verjährung berufen kann.

Bei der **Gestaltung der Bauverträge** muss man aber immer das **Recht der Allgemeinen Geschäftsbedingungen** nach den §§ 305 ff. BGB **beachten**, so z.B. wenn man ungeachtet eines praktischen Bedürfnisses aus der Sicht des Generalunternehmers den Abnahmezeitpunkt bestimmter Nachunternehmer, die ihr Gewerk (z.B. Erdaushub, Baugrube, ggf. aber auch Rohbau) schon zu einem sehr frühen Zeitpunkt beenden, gerade bei größeren Baumaßnahmen teilweise über Monate bis zum Gesamtfertigstellungstermin bzw. die Abnahme der gesamten Leistungen des Generalunternehmers nach hinten schiebt und damit faktisch eine unwirksame Verlängerung der Verjährungsfrist für Mängelansprüche bewirken kann,

6.1.2 Werkvertrag und Bauvertrag nach BGB, Bauvertrag nach VOB

Jeder auf die Herstellung oder Veränderung von Bauwerken bzw. Bauwerksteilen gerichtete entgeltliche Vertrag ist ein Werkvertrag i.S. der §§ 631 ff. BGB. Geschuldet wird stets ein **Erfolg** – die Herstellung eines bestimmten Werkes –, nicht ein bloßes Tätigsein. Bleibt der Erfolg aus, ohne dass dies vom Bauherrn zu vertreten wäre, steht dem Auftragnehmer keine Vergütung zu. Auf ein Verschulden des Auftragnehmers selbst kommt es nicht an.Ein Bauvertrag unterliegt ausschließlich den werkvertraglichen Bestimmungen des **Bürgerlichen Gesetzbuches (BGB)**, wenn zwischen dem Auftraggeber und dem Auftragnehmer nichts anderes vereinbart ist. Bisher gab es im BGB über die Regelungen des Werkvertragsrechts und dem damit geschuldeten Erfolg hinaus keine eigenständigen Regelungen zum Bauvertrag. Das hat sich mit dem Inkrafttreten des **neuen Bauvertragsrechts** zum **01.01.2018** mit den **§§ 650 a ff. BGB** grundlegend geändert. Nunmehr erfährt erstmals auch im Bürgerlichen Gesetzbuch der **„Bauvertrag" eigenständige gesetzliche Regelungen**, die damit jetzt auch ein **eigenes gesetzliches Leitbild** für den Bauvertrag enthalten. Das wird künftig auch Auswirkungen auf die bisher häufig in Bauverträgen vereinbarte und zugrunde gelegte VOB/B (s. im Anschluss) haben. Das neue gesetzliche Leitbild kann u.a. auf die Wirksamkeit einzelner Regelungen, insbesondere die in der Praxis sehr bedeutsamen Bestimmungen der §§ 1 Abs. 3, 4 VOB/B bzw. der §§ 2 Abs. 5, 6 VOB/B, die einerseits das Anordnungsrecht des Auftraggebers und andererseits die daraus resultierenden Ansprüche des Auftragnehmers auf (Mehr-) Vergütung der angeordneten geänderten und / oder zusätzlichen Leistungen betreffen, Einfluss haben. Denn das neue Bauvertragsrecht weicht gerade bei der Systematik der Ermittlung der (Mehr-) Vergütung von den Bestimmungen der VOB/B ab (vgl. dazu unten Ziffer 7.2.2.3).

Die **Vergabe- und Vertragsordnung für Bauleistungen (VOB)** enthält ungeachtet der Regelungen im neuen Bauvertragsrecht aber auch weiterhin in ihrem Teil B **(VOB/B)** vielfältige Regelungen speziell für Bauverträge, die von den abstrakten werkvertraglichen Bestimmungen des Bürgerlichen Gesetzbuches, die nicht nur für Bauverträge, sondern auch für andere, auf die Herstellung oder Veränderung einer Sache oder auf andere Leistungsergebnisse abstellende Verträge wie solchen über Gebäudereinigung, Kfz-Reparatur, Erstellung einer Steuererklärung oder Software oder Wartung einer Datenverarbeitungsanlage gelten, aber auch von den nunmehr seit 01.01.2018 eingeführten Bestimmungen der §§ 650 a ff. BGB abweichen bzw. diese nach wie vor auch sinnvoll ergänzen. Ihrem Rechtscharakter als Verwaltungsvorschrift entsprechend bindet die VOB bei der Vergabe von Aufträgen aber nur die öffentliche Hand. In der öffentlichen wie in der privaten Bauwirtschaft bedarf es stets der Vereinbarung der VOB als Vertragsgrundlage, um sie zur Geltung zu bringen. Ohne konkrete Einbeziehung in den Bauvertrag gilt die VOB weder in Teilen noch als Ganzes, auch nicht kraft Handelsbrauch oder Gewerbeüblichkeit.[7]

---

[7] BGH BB 1999, 2103.

Auch da, wo die VOB, vor allem deren Teil B durch Vereinbarung zur Vertragsgrundlage gemacht wird, gelten die Regelungen der VOB/B – zumindest im Bereich der privaten Bauwirtschaft – selten uneingeschränkt.

Bestimmungen:

– wie die Verkürzung der Gewährleistungsansprüche wegen Arbeiten an einem Bauwerk von 5 Jahren (§ 634a Abs. 1 Nr. 2) auf vier Jahre (§ 13 Abs. 4 VOB/B),
– über den Vergütungsanspruch des Auftragnehmers trotz Beschädigung oder Zerstörung des von ihm geschaffenen Werkes vor der Abnahme durch höhere Gewalt oder andere, unabwendbare, vom Auftragnehmer nicht zu vertretende Umstände (§ 7 Abs. 1 VOB/B),
– über die – Einschränkung der – Verpflichtung des Auftragnehmers zur Erstattung auch des entgangenen Gewinns (z.B. Mietausfälle) als Schadensbestandteil nur bei vorsätzlichem oder grob fahrlässigem Handeln (§ 6 Abs. 6 VOB/B),
– über die Ersetzung der tatsächlichen Abnahme des Bauwerkes durch eine fiktive (§ 12 Abs. 5 VOB/B)[8] oder
– über die Möglichkeit der Teilabnahme (§ 12 Abs. 2 VOB/B)

werden häufig ausgeschlossen bzw. durch die auftraggeberfreundlicheren Bestimmungen des Werkvertragsrechtes des BGB ersetzt. Im Interesse des Auftraggebers liegen hingegen die Bestimmungen

– über die Ausschlusswirkung einer vorbehaltslosen Annahme der Schlussrechnung (§ 16 Abs. 3 Nr. 2 VOB/B),
– über die Möglichkeit der Verlängerung der Verjährung durch schriftliche Mängelanzeige bzw. Abnahme der Mängelbeseitigungsleistung (§ 13 Abs. 5 Nr. 1 VOB/B),
– über der Fälligkeit der Vergütung erst nach Vorlage einer prüfbaren Rechnung trotz Abnahme (§ 16 Abs. 3 Nr. 1 VOB/B) oder
– vor allem über das Recht des Auftraggebers, Leistungsänderungen und Zusatzleistungen der Bauausführung verlangen zu können (§ 1 Abs. 3 und 4 VOB/B), was unter der „bloßen" Geltung des Bürgerlichen Gesetzbuches ohne Einverständnis des Auftragnehmers nicht möglich wäre.

Bei einer Einziehung nur einzelner Bestimmungen der VOB/B in den Bauvertrag gilt es aber der Anwendbarkeit der Vorschriften über die „Gestaltung rechtsgeschäftlicher Schuldverhältnisse durch Allgemeine Geschäftsbedingungen" auf die einzelnen, in den Bauvertrag einbezogenen Bestimmungen der VOB/B – die bei einer uneingeschränkten[9] Geltung der VOB/B ausscheidet[10] – und damit dem zum Schweben gebrachten Schwert der Unwirksamkeit einzelner VOB/B-Regelungen besonderer Aufmerksamkeit zu schenken. In der Praxis findet sich fast in jedem Bau- und / oder Generalunternehmervertrag eine Regelung, die von dem Inhalt der **VOB/B** abweicht, so dass diese nicht mehr **„als Ganzes"** bzw. **„insgesamt"** vereinbart ist. Nach der Rechtsprechung des BGH [11]reicht insoweit bereits jede Abweichung – ohne Rücksicht darauf, ob diese „wesentlich" oder „unwesentlich" ist – vom Inhalt der VOB/B aus, um eine Überprüfung jeder einzelnen Regelung der VOB/B im Hinblick auf ihre Wirksamkeit nach dem Recht der Allgemeinen Geschäftsbedingungen nach den §§ 305 ff. BGB auszulösen. Da häufig abweichend von der VOB/B z.B. die gesetzliche Verjährungsfrist für Mängelansprüche von 5 Jahren, bei Neubauten sogar für bestimmte Gewerke (Dach sowie Abdichtung von bestimmten weiteren Bauteilen) eine Verjährungsfrist für Mängelansprüche von 10 Jahren vereinbart wird, führt schon dies nach überwiegender Ansicht[12] (und trotz sogenannter „Öffnungsklausel" in

[8] Vgl. aber auch die fingierte Abnahme nach § 640 Abs. 2 BGB.

[9] So im unternehmerischen Geschäftsverkehr bei vollinhaltlicher Einbeziehung der VOB/B in ihrer jeweils bei Vertragsschluss geltenden Fassung (vgl. § 310 I Absatz 1 Satz 3 BGB).

[10] BGH NJW-RR 1991, 534.

[11] BGH NJW 2004, 1597 und BGH NJW-RR 2004, 957

[12] OLG Hamm BeckRS 209, 21050 und OLG Dresden BeckRS 2008, 0203

§ 13 Abs. 4 Nr. 1 VOB/B, wonach im Vertrag auch etwas anderes vereinbart sein kann, also grundsätzlich auch eine längere Verjährungsfrist für Mängelansprüche als 4 Jahre nach VOB/B) dazu, dass die VOB/B nicht mehr „als Ganzes" bzw. „insgesamt" vereinbart ist.

6.1.3 Baubetreuungsvertrag

Als Baubetreuer bezeichnet das Gesetz[13] denjenigen Unternehmer, der gewerbsmäßig Bauvorhaben im fremden, d.h. im Namen und in Vollmacht des Bauherrn für dessen Rechnung wirtschaftlich vorbereitet oder durchführt. Ein wesentlicher Unterschied zu den sonstigen Bauverträgen liegt beim Baubetreuungsvertrag mithin darin, dass der Baubetreuer – anders als beispielsweise der Generalübernehmer – eigene Verbindlichkeiten gegenüber den am Bau Beteiligten nicht eingeht, sondern alle Bauverträge nur mit Wirkung für und gegen den Bauherrn abschließt. Die konkreten Rechte und Pflichten des Baubetreuers und damit der konkrete Umfang seiner Befugnisse, für den Bauherrn Verbindlichkeiten begründen zu können, richtet sich nach den im Einzelfall getroffenen vertraglichen Absprachen. Üblicherweise wird zwischen der wirtschaftlichen und der technischen Baubetreuung unterschieden. So kann die **wirtschaftliche Baubetreuung** beispielsweise umfassen:

- die Erstellung eines Geldbedarfs-, Mittelverwendungs- und Zahlungsplanes,
- die Fertigung von Bautenstandsberichten und Wirtschaftlichkeitsberechnungen,
- die Beschaffung und Überprüfung sämtlicher für die Gewährung einer Finanzierung benötigter Beleihungsunterlagen,
- die Überprüfung von Rechnungen und Zahlungsanforderungen auf ihre sachliche und rechnerische Richtigkeit,
- überhaupt die Abwicklung des Zahlungsverkehrs,
- die Aufstellung einer Schlussabrechnung mit Mittelverwendungsnachweis,
- die Vertretung des Bauherren gegenüber Behörden, Kreditinstituten und allen sonstigen am Bau Beteiligten und
- den Abschluss von Versicherungsverträgen bis hin zur
- Vorbereitung, Durchführung und Überwachung einer Grundstücksrealteilung oder Bildung von Wohnungs- und Teileigentum.

Zur **technischen Baubetreuung** rechnen demgegenüber:

- die Grundstücksbeschaffung,
- die Mitwirkung bei der Erwirkung der Baugenehmigung,
- die Ausschreibung der Bauaufträge und ihre Vergabe an Bauunternehmen,
- die Überwachung des Bauvorhabens,
- der Abschluss von Bauverträgen,
- die Kontrolle des Baufortschritts sowie
- die Geltendmachung und Durchsetzung von Gewährleistungsansprüchen,
- die Beratung des Bauherrn beim Abschluss von Versorgungsverträgen (Strom, Gas, Wasser, Medien etc.[14].

Der Baubetreuer nimmt mithin Bauherrenfunktion wahr. Regelmäßig dürfte er die Erfüllung dieser Aufgaben als werkvertragliche Pflicht schulden, mit den Folgen, die diese Einordnung für die Fälligkeit seiner Vergütung, die Gewährleistung für ihre ordnungsgemäße Erbringung, die Verjährung gleichwohl begründeter Gewährleistungs- und Schadenersatzansprüche und

---

[13] § 34 c Abs. 1 Satz 1 Nr. 3 lit. b GewO.

[14] *Schneiderhahn* in Wurm/Wagner/Zartmann, Das Rechtsformularbuch, 2011, Kap. 21 Rz. 1 ff.; BGH WM 2000, 2443.

die Beendigungsmöglichkeiten des Vertrages etc. hat, sofern und soweit zwischen den Parteien nichts anderweitiges vereinbart ist.

6.1.4 Projektsteuerungsvertrag

Wie der Baubetreuer erbringt auch der Projektsteuerer keine eigenen Bauleistungen. Nach dem Leistungsbild des § 31 HOAI aF werden Leistungen der Projektsteuerung „von Auftragnehmern erbracht, wenn sie Funktionen des Auftraggebers bei der Steuerung von Projekten mit mehreren Fachbereichen übernehmen. Hierzu gehören insbesondere:

1. Klärung der Aufgabenstellung, Erstellung und Koordinierung des Programms für das Gesamtprojekt,
2. Klärung der Voraussetzungen für den Einsatz von Planern und anderen an der Planung fachlich Beteiligten (Projektbeteiligte),
3. Aufstellung und Überwachung von Organisations-, Termin- und Zahlungsplänen, bezogen auf Projekt und Projektbeteiligte,
4. Koordinierung und Kontrolle der Projektbeteiligten, mit Ausnahme der ausführenden Firmen,
5. Vorbereitung und Betreuung der Beteiligung von Planungsbetroffenen,
6. Fortschreibung der Planungsziele und Erklärung von Zielkonflikten,
7. laufende Information des Auftraggebers über die Projektabwicklung und rechtzeitiges Herbeiführen von Entscheidungen des Auftraggebers,
8. Koordinierung und Kontrolle der Bearbeitung von Finanzierungs-, Förderungs- und Genehmigungsverfahren".

Wie diese Aufzählung einzelner Tätigkeiten des Projektsteuerers schon nahe legt, wird Projektsteuerung vor allem bei **komplexen Bauvorhaben**, bei denen die Überwachung und Koordination einer Vielzahl von Planern und bauausführenden Unternehmen und die Übertragung von Projektsteuerungsleistungen – auch im Zusammenhang mit Architektenleistungen sowie Leistungen von Sonderfachleuten – nicht einem Generalübernehmer übertragen ist, praktisch.

Ob die dem Projektsteuerer im Einzelfall vom Bauherrn übertragenen Projektsteuerungsleistungen als Erfolg oder lediglich als Tätigkeit geschuldet werden, hängt nicht von jeder einzelnen Aufgabe, sondern davon ab, ob die erfolgsorientierten, insbesondere die auf die plangerechte und mängelfreie Entstehung des Bauvorhabens gerichteten Tätigkeiten (z.B. Prüfung der Bauausführung und des Bautenstandes, Baustellenkontrolle vor Ort, Teilnahme an der Abnahme, Kostenkontrolle, Ablaufsteuerung, Rechnungsprüfung, Gewährleistungsverfolgung) den Vertrag ausmachen[15]. Der Projektsteuerer hat dann für diesen Erfolg einzustehen und gefährdet insbesondere seinen Vergütungsanspruch, wenn der Erfolg nicht eintritt. Die Vergütung selbst ist im Übrigen nicht – wie die sonstigen Architekten- oder Ingenieurleistungen – reglementiert, sondern kann frei vereinbart werden . Die Vereinbarung einer Pauschalvergütung und/oder eines Erfolgshonorars für die Bewirkung zeitlicher und/oder kostenmäßiger Einsparungen bei der Bauausführung[16] bietet sich an. Die Kopplung eines Erfolgshonorars ausschließlich an Kosteneinsparungen kann dabei aber auch zu Fehlanreizen führen, wodurch womöglich (oftmals unwesentlich) teurere – aber dafür nachhaltige und insgesamt betrachtet bessere – Lösungen nicht gewählt werden.[17]

[15] BGH NJW 1999, 3118; instruktiv hierzu der „Leitfaden zum Projektsteuerungsvertrag", Kapitel 5 der DVP-Informationen 1999 des Deutschen Verbandes der Projektsteuerer e.V., Berlin.

[16] *Zerhusen* aaO, Rdnr. 917 f., 926 f.

[17] Gerade aufgrund des langen Lebenszykluses einer Immobilie sollte eben nicht am „falschen Fleck" gespart werden. Einer kurzfristigen Einsparung stehen sonst schwerwiegende Nachteile über Jahrzehnte hinweg gegenüber.

6.1.5 Projektentwicklungsvertrag / Forward-Deal

So facettenreich wie die Projektentwicklung selbst, vom Grundstückserwerb herkommend, über dessen Baureifmachung, Planung und Entwicklung eines Bauvorhabens bis hin zur Vermarktung der entwickelten Immobilie durch Vermietung und/oder Verkauf, kann die Beauftragung eines Projektentwicklers sein. Wie der Baubetreuer und der Projektsteuerer erbringt auch der Projektentwickler keine eigenen Bauleistungen. Er vergibt diese vielmehr im **eigenen Namen** – und dies unterscheidet ihn wesentlich vom Baubetreuer, der im Namen des Bauherrn handelt – an Bauunternehmen und Handwerker.

Häufig spricht man im Rahmen von Projektentwicklungsverträgen auch von einem sogenannten „**Forward-Deal**“. Dabei erwirbt der Verkäufer im Gegensatz zum Verkauf unbebauter entwickelter Grundstücke und Flächen nicht nur das Grundstück selbst. Vielmehr verpflichtet sich der Verkäufer im Grundstückskaufvertrag gegenüber dem Käufer auch, die darauf zu errichtende Immobilie schlüsselfertig und auf seine Kosten herzustellen. Für den Verkäufer hat dies zur Folge, dass er selbstverständlich auch einen höheren Kaufpreis verlangen kann und wird. Dabei kommen die gesamten Kosten für Planung, Bauausführung, Projektsteuerung einschließlich diverser Zuschläge wie Wagnis, Gewinn, GU-Zuschlag etc. zum Tragen. Auf der anderen Seite erhöht der Verkäufer damit allerdings auch sein Risiko bei der Vermarktung der Immobilie im Hinblick auf seine Haftung für möglichen Verzug, Mängel und etwaige Vertragsstrafen. Allerdings kann es für den Verkäufer auch wirtschaftlich attraktiv sein, bereits frühzeitig schon vor Fertigstellung, gegebenenfalls schon vor Beginn der Bauarbeiten, über seine Immobilie zu verfügen. Der Käufer wiederrum kann sich so frühzeitig eine fertige Immobilie sichern. „Forward-Deals“ werden häufig als sogenannter „Share-Deal“ abgewickelt, das heißt durch Verkauf der Gesellschaftsanteile an der Gesellschaft, die auch Eigentümer des zu bebauenden Grundstücks ist. Im Gegensatz dazu steht der „Asset-Deal“, bei dem das Grundstück selbst (mit dem darauf zu errichtenden Objekt) verkauft wird.

Mischformen dieser Vertragstypen sind aber denkbar, beispielsweise dergestalt, dass der Projektentwickler eine mehr beratende und die Projektentwicklung begleitende Funktion wahrnimmt, Verträge über Bauplanungs- und Bauleistungen aber nicht selbst, sondern „durch“ den Bauherrn vergibt und – einem Projektsteuerer gleich – hinsichtlich des Bauvorhabens lediglich steuernde und kontrollierende Bauherrenfunktionen übernimmt. Der Vertragsfreiheit sind hier keine Grenzen gesetzt. Da alle Phasen der Projektentwicklung jedoch deutlich erfolgsbezogen sind, wird der Projektentwicklungsvertrag regelmäßig Werkvertragscharakter aufweisen. Insbesondere eine umfassende mindestens fünfjährige Gewährleistung für die Mängelfreiheit der Projektentwicklungsleistungen ab dem Zeitpunkt ihrer vollständigen Erbringung (Abnahme) sind die Folge.

6.2 Einzelthemen

6.2.1 Formvorschriften

Wie die Beauftragung von Architekten und Fachplanern unterliegt auch der Abschluss von Verträgen für Bauleistungen grundsätzlich **keiner** besonderen **Form**. Schriftliche Verträge sind, zumal bei gewichtigeren Gewerken und Aufträgen größeren Umfanges aber die Regel; mündliche, auch konkludente (stillschweigende) Vertragsabschlüsse sind zwar möglich, lassen differenzierte Regelungen, insbesondere über den tatsächlichen Geltungsbereich der VOB/B naturgemäß jedoch nicht zu und sind deshalb in der Praxis selten. Soweit ein Bauvertrag hingegen mit einer Verpflichtung, Grundbesitz zu veräußern oder zu erwerben, in einem rechtlichen Zusammenhang steht, wie dies beispielsweise bei einem Grundstückskaufvertrag mit Bauverpflichtung des Veräußerers der Fall ist, nimmt der Bauvertrag auch am **Beurkundungserfordernis** des Grundstückskaufvertrages teil (§ 311 b Abs. 1 BGB). Dies gilt im Übrigen für alle vertraglichen Vereinbarungen, die ohne den Grundstückskaufvertrag nicht abgeschlossen worden wären und umgekehrt. Eine Nichtbeachtung dieses Formerfordernisses hat nicht nur die Nichtigkeit des Bauvertrages, sondern auch die des Grundstückskaufvertrages zur Folge; die Parteien können dann nur auf die (baldige) Heilung dieses Verstoßes durch Eintragung des Erwerbers als neuen Eigentümer im Grundbuch hoffen (§ 311 b Abs. 1 Satz 2 BGB).

Nicht selten nehmen Vertragsverhandlungen bei größeren, komplexen Bauvorhaben eine geraume Zeit ein. Auch wenn an deren Ende ein umfassend verhandelter, aber noch nicht abgeschlossener Bauvertrag steht, kann sich jeder Vertragspartner grundsätzlich ohne rechtliche Nachteile von den Verhandlungen und dem Vertragsabschluss zurückziehen. Eine faktische Bindung an Vertragsverhandlungen gibt es also generell nicht. Ein Schadenersatzanspruch aus Verschulden bei Vertragsschluss, der im Hinblick auf den **Abbruch der Vertragsverhandlungen** geltend gemacht wird, kommt erst dann in Betracht, wenn ein Verhandlungspartner bei der Gegenseite zurechenbar das aus deren Sicht berechtigte Vertrauen erweckt hat, der Bauvertrag werde mit Sicherheit zustande kommen, dann aber die Vertragsverhandlungen ohne besonderen, triftigen Grund abbricht[18]. Jede Partei sollte demnach zur Vermeidung etwaiger Nachteile darauf achten, bei ihren Verhandlungspartnern nicht das berechtigte Vertrauen zu erwecken, ein Bauvertrag werde mit Sicherheit zustande kommen.

6.2.2 Vergütungsformen – geänderte und zusätzliche Leistungen

Der Bauvertrag ist ein entgeltlicher Vertrag. Stellt der Auftragnehmer das geschuldete Bauvorhaben termingerecht und mängelfrei her, schuldet der Auftraggeber die vereinbarte Vergütung. Haben die Parteien keine Abrede über die Vergütung getroffen, gilt sie gemäß § 632 Abs. 1 BGB als stillschweigend vereinbart, wenn die Herstellung des Werkes den Umständen nach nur gegen eine Vergütung zu erwarten ist. Geschuldet wird dann die übliche Vergütung, d.h. die Vergütung, die zur Zeit des Vertragsabschlusses nach allgemeiner Auffassung am Ort der Bauausführung gewährt zu werden pflegt[19]. Eine solche gesetzliche Vergütungsbestimmung dürfte nur bei der mündlichen oder konkludenten Vergabe einzelner kleinerer Gewerke überhaupt in Betracht kommen. In schriftlichen Bauverträgen – wie sie gerade bei großvolumigen Bauvorhaben Standard sind – wird die Vergütung des Auftragnehmers konkret festgelegt. Eine pauschale Leistungsvergütung (**Pauschalvertrag**) und eine Vergütung des Auftragnehmers auf der Basis der für die einzelnen Leistungspositionen genannten Einheitspreise (**Einheitspreisvertrag**) ist dabei die Regel (§ 4 Abs. 1 VOB/A). Die Bemessung der Vergütung nicht nach dem tatsächlichen Leistungsergebnis, sondern nach dem Zeitaufwand (**Stundenlohnvertrag**, § 4 Abs. 2 VOB/A, § 2 Abs. 10, § 15 VOB/B) ist eher selten, weil sie auch für den Auftraggeber nur schwer kalkulierbar ist. Das neue Bauvertragsrecht regelt – anders als die VOB/B wie schon bisher – im Übrigen auch weiterhin keine bestimmte Form der Vergütung.

6.2.2.1 Einheitspreisvertrag

Nach der VOB in ihrem Teil A sollen Bauleistungen „in der Regel" zu Einheitspreisen für technisch und wirtschaftlich einheitliche Teilleistungen, deren Menge nach Maß, Gewicht oder Stückzahl vom Auftraggeber in den Ausschreibungsunterlagen anzugeben ist (Leistungsverzeichnisse) vergeben werden (§ 4 Abs. 1 VOB/A). Technisch und wirtschaftlich einheitliche Teilleistungen in diesem Sinne sind beispielsweise m^3-Aushub oder Mauerwerk, m^2-Schalung oder Putz oder laufende Meter Leitungen[20]. Die vom Auftraggeber zu leistende Vergütung wird auf der Grundlage der tatsächlich ausgeführten Leistungen, die durch ein Aufmaß ermittelt werden, nach den für die einzelnen Positionen des Leistungsverzeichnisses festgelegten Einheitspreisen errechnet. Damit steht die Höhe des Vergütungsanspruches erst nach Fertigstellung des Bauwerkes fest.

Für die in der Praxis häufigen, bei größeren und komplexen Bauvorhaben nahezu unvermeidlichen **Mengenänderungen** hält die VOB in ihrem Teil B folgendes Preisanpassungsmodell bereit:

[18] BGH NZBau 2001, 198, bestätigt in BGH NJW 2004, 3781.
[19] *Zerhusen* aaO, Rdnr. 460 f.; BGH NZBau 2001, 17.
[20] *Zerhusen* aaO, Rdnr. 476.

- **Mengenänderungen** von bis zu 10% gegenüber den im Leistungsverzeichnis enthaltenen Mengenansätzen lassen den vertraglichen Einheitspreis unberührt (§ 2 Abs. 3 Nr. 1 VOB/B).
- Für die über 10% hinausgehende **Überschreitung des Mengenansatzes** (einzelner Positionen) ist auf Verlangen des Auftraggebers oder Auftragnehmers ein neuer Preis unter Berücksichtigung der Mehr- oder Minderkosten zu vereinbaren (§ 2 Abs. 3 Nr. 2 VOB/B). Die Preisermittlungsgrundlagen des bisherigen Einheitspreises, der für die vertraglich festgelegte Menge sowie die hinzuzurechnende Vergütung bis zu 10% weiterhin gilt, sind dabei auch für die Ermittlung des neuen Preises maßgeblich. Kalkulationsirrtümer, die dem vereinbarten Einheitspreis zugrunde liegen, setzen sich demzufolge im neuen Preis für die Mehrmenge grundsätzlich fort. Nur in Einzelfällen, wenn Fehler einer für eine Partei besonders günstigen Kalkulation von der anderen Partei „mit zu vertreten" sind, kann hiervon nach den Grundsätzen von Treu und Glauben abgewichen werden.
- Bei einer über 10% hinausgehenden **Unterschreitung den Mengenansatzes** (einzelner Positionen) ist ebenfalls auf Verlangen des Auftraggebers oder Auftragnehmers der Einheitspreis für die tatsächlich ausgeführte Menge der Leistung oder Teilleistung zu erhöhen, soweit der Auftragnehmer nicht durch eine Erhöhung der Mengen der anderen Positionen oder in sonstiger Weise einen Ausgleich erhält (§ 2 Abs. 3 Nr. 3 VOB/B). Anders als bei Überschreitungen des Mengenansatzes ist bei einer Unterschreitung des Mengenansatzes einzelner Positionen über 10% insgesamt ein neuer Einheitspreis für die tatsächlich ausgeführte Menge zu vereinbaren. Die daraus resultierende Erhöhung des Einheitspreises soll im Wesentlichen dem Mehrbetrag entsprechen, der sich durch Verteilung der Baustelleneinrichtungs- und Baustellengemeinkosten und der allgemeinen Geschäftskosten auf die verringerte Menge ergibt.

Festzuhalten ist, dass dieses Preisanpassungsmodell der VOB keine Anwendung findet auf Mengenänderungen, die ihre Ursache in vom Auftraggeber veranlassten **Leistungsänderungen** oder **Zusatzleistungen** haben. Die VOB gewährt in solchen Fällen dem Auftragnehmer einen zusätzlichen Vergütungsanspruch (§ 2 Abs. 5 und 6 VOB/B).

6.2.2.2 Pauschalpreisvertrag

Auch zur pauschalen Festlegung der Vergütung trifft die VOB in ihrem Teil A (der grundsätzlich nur die Vergabe von Bauleistungen durch öffentliche Auftraggeber betrifft, nicht aber private Auftraggeber) eine Regelung. Danach sollen „in geeigneten Fällen" Bauleistungen für eine Pauschalsumme vergeben werden, wenn die Leistung nach Ausführungsart und -umfang genau bestimmt und mit einer Änderung bei der Ausführung nicht zu rechnen ist (§ 4 Abs. 1 Nr. 2 VOB/A). Der Vorteil eines solchen Pauschalvertrages besteht vornehmlich für den Auftraggeber darin, dass er bereits von Vertragsabschluss an weiß, in welcher Höhe er den Auftragnehmer vergüten muss, unabhängig davon, welche tatsächlichen Leistungen vom Auftragnehmer zur Herstellung des Werkes erbracht werden mussten. Es liegt auf der Hand, dass diesem Vorteil das beiderseitige Risiko korrespondiert, dass bei Mehr- oder Minderleistungen des Auftragnehmers keine wirklich leistungsgerechte Vergütung erfolgt[21]. Auch Kalkulationsirrtümer bei der Ermittlung des Pauschalpreises sind unbeachtlich.

Letztendlich empfiehlt sich der Abschluss eines Pauschalvertrages deshalb nur in den – auch von der Empfehlung in § 4 Abs. 1 Nr. 2 VOB/A angesprochenen – Fällen, in denen die Vertragsparteien hinreichend präzise wissen, wie das Bauvorhaben im Einzelnen auszuführen ist und dem Pauschalvertrag ein korrektes und umfassendes Leistungsverzeichnis zugrunde gelegt werden kann. Dies wird in der privatwirtschaftlichen Praxis nicht immer beachtet. Dennoch ist der Pauschalpreisvertrag im Rahmen von Generalunternehmer- bzw. Generalübernehmerverträgen der Regelfall.

Werden dann während der Bauausführung keine Planungsänderungen mehr vorgenommen, können sich Auftraggeber wie Auftragnehmer zu Recht darauf verlassen, dass eine Erhöhung wie eine Verringerung des Pauschalpreises unabhängig von dem tatsächlichen Leistungsumfang

[21] *Zerhusen,* aaO, Rdnr. 480.

nicht eintritt. Eine Anpassung des Pauschalfestpreises bleibt auf die Fälle beschränkt, in denen **Leistungsänderungen** (Mehr- oder Minderleistungen) vom Auftraggeber während der Bauausführung veranlasst werden. Der Festlegung des Verfahrens der Leistungsänderung durch den Auftraggeber und der Bezugsgrößen für die Ermittlung der Mehr- oder Mindervergütung des Auftragnehmers (z.B. Urkalkulation des Auftragnehmers, Einheitspreise des Leistungsverzeichnisses, Marktpreis mit oder ohne GU-Zuschlag etc.) sind bei der Vertragsgestaltung besondere Aufmerksamkeit zu widmen. Hieraus folgt aber auch: je pauschaler und damit möglicherweise auch unvollständiger die Leistungsbeschreibung ist, umso sicherer ist der Auftraggeber vor Nachträgen[22]. Der Auftraggeber muss dann aber, will er die Leistungsbestimmung nicht vollständig dem Auftragnehmer überlassen, auf die Art und Weise der Ausführung stärkeren Einfluss nehmen. Wo aber das herzustellende Werk und die zu seiner Erreichung erforderlichen Bauleistungen in der Leistungsbeschreibung präzise niedergelegt sind, überschreitet der Auftraggeber schneller die Linie, die zwischen Präzisierung der vertraglich geschuldeten Leistung einerseits und deren Änderung/Ergänzung andererseits gezogen ist. Der hieraus zu ziehende Schluss – möglichst präzise Beschreibung des herzustellenden Werkes unter gleichzeitiger möglichst unpräziser Leistungsbeschreibung – führt jedoch in die Irre, da sich gerade bei größeren komplexen Bauvorhaben das Werk maßgeblich über die Leistungsbeschreibung definiert.

Ungeachtet der Möglichkeit des Auftragnehmers, bei vom Auftraggeber veranlassten **Leistungsänderungen** oder **Zusatzleistungen** eine zusätzliche Vergütung beanspruchen zu können (§ 2 Abs. 5 und 6 VOB/B) gibt die VOB Auftraggeber wie Auftragnehmer auf deren Verlangen hin das Recht zur **Pauschalpreisanpassung**, wenn die ausgeführte Leistung von der vertraglich vorgesehenen Leistung so erheblich abweicht, dass ein Festhalten am Pauschalpreis nach den Grundsätzen von Treu und Glauben nicht zumutbar ist (§ 2 Abs. 7 Nr. 1 VOB/B, § 313 BGB). Eine Anwendung dieser Regelung mit leichter Hand verbietet sich, will man das Grundprinzip der Pauschalpreisabrede, die Bindung beider Parteien an einen zu Beginn an festgelegten Preis, nicht leichtfertig über Bord werfen. Nur ein unerträgliches Missverhältnis von tatsächlicher Bauleistung einerseits und dafür vereinbartem Pauschalpreis andererseits, an das die Parteien bei Vertragsabschluss auch nicht ansatzweise gedacht haben, rechtfertigt eine Anpassung des Pauschalfestpreises wie in § 2 Abs. 7 Nr. 1 VOB/B statuiert.

6.2.2.3 Geänderte und zusätzliche Leistungen

Praxisrelevante Probleme beim Bauen wurden mangels einschlägiger gesetzlicher Vorschriften in der Regel durch Vereinbarung der VOB/B im Bauvertrag, insbesondere im Hinblick auf geänderte und/oder zusätzliche Leistungen gelöst, um einen für den Auftraggeber und den Auftragnehmer vernünftigen Umgang mit angeordneten **Leistungsänderungen und/oder geforderten zusätzlichen Leistungen** durch den Auftraggeber (§ 1 Abs. 3 und 4 VOB/B) einerseits und damit korrespondierend Ansprüchen des Auftragnehmers auf Anpassung der Vergütung andererseits (§ 2 Abs. 5 und 6 VOB/B) zu ermöglichen, und zwar sowohl beim Einheitspreisvertrag als auch beim Pauschalpreisvertrag. Seit **01.01.2018** stellt das **neue Bauvertragsrecht eigenständige Regelungen** zur Verfügung. Während nach der VOB/B im Grundsatz gilt, dass die dem ursprünglichen Vertrag zugrundeliegende Kalkulation fortzuschreiben ist mit der Folge, dass nicht nur eine für den Auftragnehmer günstige, sondern auch eine für ihn ungünstige Kalkulation weiterhin anzuwenden ist (Schlagwort: „Guter Preis bleibt guter Preis und schlechter Preis bleibt schlechter Preis.") weichen die gesetzlichen Neuregelungen in § 650 b und § 650 c BGB hiervon ab. Sie sind tendenziell eher auftragnehmerfreundlich ausgestaltet.

Im Fall eines Änderungsbegehrens des Auftraggebers (der nach der Neuregelung dann auch die Planung bzw. gegebenenfalls auch ein Leistungsverzeichnis für geänderte und/oder zusätzliche Leistungen zu übermitteln hatte, sofern auftraggeberseits auch im Hauptvertrag die Planung erstellt wurde) muss der Auftragnehmer nach neuem Recht einen Nachtrag über die Höhe der Vergütung für die vom Auftraggeber begehrten geänderten und/oder zusätzlichen Leistungen erstellen. Für die **Höhe der Vergütung** sind dabei nunmehr grundsätzlich nach

[22] *Werner/Pastor* aaO, 739 ff.

neuem Recht die **tatsächlich erforderlichen Kosten** zuzüglich angemessener Zuschläge für allgemeine Geschäftskosten und Wagnis und Gewinn maßgeblich. Damit geht auch ein **Paradigmenwechsel** gegenüber der **VOB/B**[23] weg von der Urkalkulation und hin zu den tatsächlichen Kosten einher. Für den Fall, dass der Auftragnehmer eine Urkalkulation hinterlegt hat, wird nach § 650 c Abs. 2 BGB allerdings (widerlegbar) vermutet, dass der aus der Urkalkulation abgeleitete Nachtragspreis den tatsächlich erforderlichen Kosten entspricht.

Ferner sieht das neue Recht nunmehr vor, dass sich die Parteien innerhalb von **30 Kalendertagen** zu geänderten und/oder zusätzlichen Leistungen einschließlich der Vergütung hierfür **einigen** sollen. Der Gesetzgeber hat diese Frist bedauerlicherweise als **starre Frist** ausgestaltet, was in der Praxis gerade bei größeren Vorhaben und umfangreicheren geänderten und/oder zusätzlichen Leistungen zu Problemen führen wird. Wird innerhalb der 30 Tage **keine Einigung** erzielt, darf der Auftraggeber **geänderte/zusätzliche Leistungen** gegenüber dem Auftragnehmer **einseitig anordnen**. Bei Streit über die Höhe der **Nachtragsvergütung** ist der Auftragnehmer sodann berechtigt, 80 % seines Angebotes im Wege der weiteren Abschlagsrechnungen abzurechnen. Der Restbetrag wird dann erst bei der Schlussrechnung zur Zahlung fällig. Sollte sich später herausstellen, dass das Nachtragsangebot überhöht war, erhält der Auftraggeber dann einen „Strafzins", indem die bei einer überhöhten Mehrvergütung auf Basis dieser **80 %-Regelung** zurückzugewährenden Zahlungen ab ihrem Eingang beim Auftragnehmer zu verzinsen sind, § 650 c Abs. 3 S. 3, 4 BGB.

Die starre Frist für Verhandlungen bei Nachträgen innerhalb von 30 Tagen kann in der Praxis einerseits zu Verzögerungen führen, andererseits besteht hier auch das Risiko, dass diese als „Druckmittel" gerade bei Generalunternehmern von einem Auftragnehmer ausgenutzt werden kann. Die tatsächlich erforderlichen Kosten sind häufig diejenigen des Nachunternehmers und beinhalten das weitere Risiko, dass keine vernünftige Handhabe für den Auftraggeber besteht, den Nachtragspreis zu prüfen. Die 80 %-Regelung kann zudem dazu führen, dass Auftragnehmer bewusst überhöhte Nachtragsangebote abgeben, um auf der „sicheren Seite" zu liegen, während das Insolvenzrisiko des Auftraggebers, dass gegen den Auftragnehmer im Insolvenzfall etwaige Rückzahlungen und Zinsansprüche vom Auftraggeber nicht realisiert werden können, nicht geregelt ist.

Bei Streitigkeiten über die Höhe der Vergütung von geänderten/zusätzlichen Leistungen sieht das Gesetz in **§ 650 d BGB** nunmehr zudem die **Möglichkeit** eines **Eilrechtsschutzes** im Wege einer einstweiligen Verfügung vor. Dabei sollen künftig spezielle Baukammern bei den Gerichten eingerichtet werden, die vorläufig in Streitigkeiten über die Höhe der Vergütung entscheiden. Da gerade bei Vergütungsfragen in der Regel Kenntnisse in Baubetriebswirtschaft und in Baupreiskalkulation erforderlich sind, wird erst die künftige Praxis zeigen, wie dies durch die Gerichte im Rahmen des Eilrechtsschutzes beurteilt und gehandhabt werden kann, da hier regelmäßig auch sachverständige Expertise erforderlich sein wird.

Es liegt daher auf der Hand, dass gerade auftraggeberseits künftig durch entsprechende zulässige vertragliche Gestaltungen versucht wird, tendenziell wieder eine etwas auftraggeberfreundlichere vertragliche Gestaltung sowie ein handhabbares Procedere für den Umgang mit geänderten und/oder zusätzlichen Leistungen zu vereinbaren und auch die starre 30-Tage-Frist durch individuell vereinbarte kürzere Fristen abzubedingen.

6.2.2.4 Festpreisvertrag

Der Vereinbarung eines Einheitspreises oder Pauschalpreises wohnt die Absprache inne, dass es sich bei dieser Vergütung um einen Festpreis handelt, der – von Leistungsänderungen einmal abgesehen – unbeeinflussbar ist. Klarstellend hervorgehoben wird dies in Bauverträgen häufig durch Formulierungen, wonach die vereinbarte Vergütung ein Festpreis sei und insbesondere auch für den Fall gelte, dass künftig im Bauhaupt- oder Baunebengewerbe Lohn- und/oder Materialpreiserhöhungen einträten, sowie sich auch bei Erhöhungen öffentlicher Abgaben

[23] Es ist damit zu rechnen, dass die VOB/B in absehbarer Zeit ebenfalls aktualisiert und an das neue Bauvertragsrecht angepasst wird.

oder von Versicherungsbeiträgen oder bei etwaigen witterungsbedingten Erschwernissen (z.B. Winterbaumaßnahmen) oder Baustoffmangel nichts ändere. Nachforderungen, insbesondere wegen Irrtums bei Mengen- und Einheitspreissätzen oder sonstiger Kalkulationsgrundlagen werden ebenso ausgeschlossen wie die nachträgliche Einrede, dass die dem Auftragnehmer zur Verfügung stehenden Unterlagen unvollständig oder unrichtig gewesen seien oder einzelne Arbeiten, die zum geschuldeten Leistungsumfang gehören, in den Unterlagen nicht oder nicht gesondert aufgeführt worden wären. Unerwartete/künftige Änderungen der Preisermittlungsgrundlagen, gleich ob voraussehbar oder nicht, wirken sich damit auf die Vergütung des Auftragnehmers grundsätzlich[24] nicht aus.

6.2.2.5 „GMP"-Vertrag

Der **„Guaranteed-Maximum-Price"-Vertrag** hat – wie sein Name unschwer erkennen lässt – seinen Ursprung in den Vereinigten Staaten. Ihm liegt – aus Bauherrensicht – die Idee zugrunde, durch eine möglichst frühzeitige Einschaltung eines Generalunternehmers im noch jungen Planungsstadium eines komplexen Bauprojektes trotz unvollständigen Planungsstandes Kostensicherheit zu gewinnen, mindestens aber die im Einzelnen vielfach noch nicht abschätzbaren Kostenrisiken durch gemeinsames „Schultern" zu minimieren. Das **Grundprinzip** des „GMP"-Vertrages ist die strikte Trennung der Leistungen, die der Generalunternehmer selbst ausführt und der Gewerke, die vom Generalunternehmer an Nachunternehmer vergeben werden sollen. Für die vom Generalunternehmer selbst auszuführenden Leistungen wird zum Zeitpunkt des Vertragsabschlusses ein fester Pauschalpreis vereinbart. Für die Leistungen der Nachunternehmer ist dies im frühen Planungsstadium noch nicht möglich; hier müssen die Planungen weiter fortgeschrieben und auf der Grundlage einer präzisen Leistungsbeschreibung später vom Generalunternehmer unter Mitwirkung des Bauherrn an den Nachunternehmer vergeben werden. Die Vergütungsansprüche der Nachunternehmer sind bei Fälligkeit – je nach vertraglicher Gestaltung – ggf. mit Zuschlägen des Generalunternehmers für Baustelleneinrichtung, Bauleitung, Planung, Geschäftskosten, Risiko und Gewinn bis zur Höhe eines, den Pauschalfestpreis des Generalunternehmers für seine eigenen Leistungen einschließenden „Guaranteed-Maximum-Price" zu begleichen. Bleibt die Summe aus Pauschalfestpreis und Nachunternehmervergütung hinter dem garantierten Maximalpreis zurück, wird der Unterschiedsbetrag nach einem zuvor vereinbarten Schlüssel zwischen dem Bauherrn und dem Generalunternehmer geteilt[25].

Auf den Punkt gebracht lebt der „GMP"-Vertrag mithin davon, dass die Kosten der Nachunternehmerbeauftragung hinter den dafür bei der Festlegung des garantierten Maximalpreises angesetzten Kostenpositionen zurückbleiben. Da dieses Kostenrisiko bei Pauschalpreisverträgen – im Grundsatz aber auch bei Einheitspreisverträgen – vom Generalunternehmer, nicht aber von dem in die Beauftragung von Nachunternehmen nicht involvierten Bauherrn zu tragen ist, findet der „GMP"-Vertrag letztendlich nur über die Teilhabe des Bauherrn an „unerwarteten" Kosteneinsparungen auf der Nachunternehmerebene seine wirtschaftliche Rechtfertigung. Er bedingt eine exakte Definition der Schnittstellen zwischen den Leistungen des Generalunternehmers und den Leistungen der Nachunternehmer. Kostenrisiken der Leistungen des Generalunternehmers dürfen nicht als Kosten der Nachunternehmer dem Bauherrn in Rechnung gestellt werden. Eine präzise Leistungsbeschreibung und damit Risikoverteilung, die realitätsnahe Festlegung des garantierten Maximalpreises und eine dem Planungs- und damit Gewinn-/ Verlustabschätzungsstand zum Zeitpunkt ihrer Festlegung angemessene Bonusregelung ist für das Gelingen des „GMP"-Vertragsmodells essentiell.

Am Ende sollte auch der verlockende Begriff des „Guaranteed-Maximum-Price" nicht darüber hinweg täuschen, dass – wie bei Einheitspreis- oder Pauschalpreisverträgen auch –

[24] OLG Düsseldorf BauR 1974, 348; BGH BauR 1974, 416 zur Frage, wann solche außergewöhnlichen Änderungen vorliegen, dass dem Auftragnehmer ein Festhalten an dem vereinbarten Festpreis nach den Grundsätzen des Wegfalls der Geschäftsgrundlage (§ 313 BGB) nicht mehr zugemutet werden kann.

[25] *Lögters* Magazin „Bauwirtschaft", 1999, 42.

Leistungsänderungen und Zusatzleistungen den Gesamtpreis für ein Bauvorhaben **verändern werden**, wie sie gerade in der Frühphase einer Projektentwicklung, in der die Ingangsetzung des „GMP"-Modells seine größte Wirkung entfalten kann, umso wahrscheinlicher als in späteren Planungsstadien sind.

6.2.3 Abnahme und Fälligkeit der Vergütung

In Ermangelung abweichender vertraglicher Regelungen ist der Vergütungsanspruch des Auftragnehmers vom Bauherrn bei **Abnahme** seines Werkes zu entrichten (§ 641 Abs. 1 BGB). Erfolgt eine Abnahme des Werkes in Teilen, ist die Vergütung für jeden Teil der Abnahme fällig (§ 641 Abs. 1 Satz 2 BGB). Der Abnahme steht es gleich, wenn der Auftraggeber das Werk nicht innerhalb einer ihm vom Auftragnehmer bestimmten angemessenen Frist abnimmt, obwohl er dazu verpflichtet ist (§ 640 Abs. 1 BGB) oder die Abnahme ernsthaft und endgültig grundlos verweigert. Zu beachten ist, dass nach dem Bürgerlichen Gesetzbuch (§ 641 Abs. 2 BGB) – bei Vorliegen einer Leistungskette – ungeachtet einer vorherigen Abnahme die Vergütung eines Auftragnehmers (Subunternehmer) fällig werden kann. Ein derartiges gestuftes Vertragsverhältnis innerhalb einer Leistungskette liegt beispielsweise im Verhältnis Bauträger/Generalunternehmer/Subunternehmer vor.[26] Die Vergütung des Auftragnehmers (Subunternehmer) für ein Werk, dessen Herstellung sein Auftraggeber (z.B. Generalunternehmer) wiederum einem Dritten (z.B. Bauträger) versprochen hat, wird danach spätestens fällig, wenn sein Auftraggeber von dem Dritten seine Vergütung oder Teile davon erhalten hat oder wenn das Werk innerhalb der Leistungskette auf nächsthöherer Stufe (z.B. Bauträger/Generalunternehmer) abgenommen worden ist oder als abgenommen gilt oder wenn der Auftragnehmer (Subunternehmer) seinem Auftraggeber (z.B. Generalunternehmer) erfolglos eine angemessene Frist zur Auskunft über die vorstehend bezeichneten Umstände gesetzt hat. Hat der Auftraggeber des Subunternehmers dem Dritten (z.B. Bauträger) wegen möglicher Mängel des Werks Sicherheit geleistet, gilt vorstehendes nur, wenn der Auftragnehmer (Subunternehmer) seinem Auftraggeber (z.B. Generalunternehmer) entsprechende Sicherheit leistet.

Wegen unwesentlicher Mängel darf die Abnahme – was der Gesetzgeber in § 640 Abs. 1 BGB ausdrücklich klargestellt hat – nicht verweigert werden. Durch das **neue Bauvertragsrecht** zum **01.01.2018** sind die Regelungen zur **Abnahme weitestgehend unverändert** geblieben. **Neu** eingefügt wurde allerdings, dass die Wirkungen der Abnahme dann eintreten, wenn der Auftragnehmer dem Auftraggeber eine Frist zur Erklärung über die Abnahme der Leistungen des Auftragnehmers setzt und der Auftraggeber nicht innerhalb einer angemessenen Frist die Abnahme „unter Angabe von mindestens einem Mangel" verweigert, § 640 Abs. 2 BGB. Im Hinblick auf die Abnahme sollte darauf geachtet werden, dass eine förmliche Abnahme zwischen den Parteien vereinbart wird. Um einerseits die **Fiktionswirkung** nach **§ 640 Abs. 2 BGB** nicht eintreten zu lassen, andererseits aber praktisch kaum ein Bauvorhaben mängelfrei errichtet wird, muss darauf geachtet werden, dass mindestens ein Mangel vom Auftraggeber angegeben wird.

Im Übrigen ist bei der Abnahme wie bisher auch zu prüfen, ob wesentliche Mängel und/oder Restleistungen vorhanden sind, die einer **Abnahme** entgegenstehen. Das **Ergebnis** ist im **Abnahmeprotokoll** zu **dokumentieren** und dann entweder die Erklärung der Abnahme (gegebenenfalls unter Vorbehalt unwesentlicher Mängel und/oder Restleistungen) zu vollziehen oder aber zu verweigern. In letzterem Fall kann der Auftragnehmer nunmehr nach **§ 650 g BGB** eine **Zustandsfeststellung** verlangen. Idealerweise wird hierzu mit dem Auftragnehmer entweder bereits im Vertrag oder aber im Abnahmeprotokoll vereinbart, dass in diesem Fall die protokollierten Feststellungen aus der förmlichen (verweigerten) Abnahme das Ergebnis der Zustandsfeststellung enthalten.

Wurde in dem Bauvertrag die VOB/B zur Vertragsgrundlage gemacht, ist für die abschließende Bezahlung des Auftragnehmers neben der Abnahme die Vorlage einer **prüffähigen Schlussrechnung** des Auftragnehmers Voraussetzung (§ 16 Abs. 3 VOB/B). Die Schlusszah-

[26] *Messerschmidt* in Messerschmidt/Voit Privates Baurecht, 2018, § 641 Rn. 226.

lung ist dann alsbald nach Prüfung und Feststellung der Schlussrechnung zu leisten, spätestens innerhalb von zwei Monaten nach deren Zugang.

Auch wenn sich ein Bauvertrag nur nach den Werkvertragsregeln des Bürgerlichen Gesetzbuches richtet[27], kann ein Auftragnehmer für eine vertragsgemäß erbrachte Leistung eine **Abschlagszahlung** in der Höhe verlangen, in der der Auftraggeber durch die Leistung einen Wertzuwachs erlangt hat. Wegen unwesentlichen Mängeln kann die Abschlagszahlung nicht verweigert werden (§ 632 a BGB). Auch der Bauhandwerker, der Baustoffe oder eigens von ihm angefertigte Bauteile auf die Baustelle liefert, kann hierfür Abschlagszahlungen beanspruchen, muss aber, wenn sein Eigentum an diesen Stoffen oder Bauteilen etwa kraft eines Eigentumsvorbehaltes bis zu seiner vollständigen Bezahlung fortbesteht, dem Auftraggeber hierfür Sicherheit leisten. Üblicherweise sehen Bauverträge, zumal wenn sie wie Generalunternehmerverträge/-übernehmerverträge für größere Bauvorhaben die Erbringung von Bauleistungen über einen längeren Zeitraum zum Gegenstand haben, detaillierte Zahlungspläne vor, auf deren Grundlage der Auftragnehmer Abschlagszahlungen in festgelegter Höhe nach Baufortschritt erhält.

6.2.4 Zahlungseinbehalte, Sicherheitsleistungen

Der Auftraggeber ist trotz Abnahme des vom Auftragnehmer geschuldeten Werkes nicht verpflichtet, die volle Vergütung zu leisten, wenn das vom Auftragnehmer geschuldete Werk mit Mängeln behaftet ist. Um den Auftragnehmer in gehöriger Weise zur Mängelbeseitigung zu veranlassen, kann der Auftraggeber vielmehr die Zahlung „eines angemessenen Teils der Vergütung verweigern." Gemäß § 641 Abs. 3 BGB ist in der Regel das Doppelte der für die Beseitigung des Mangels erforderlichen Kosten angemessen.[28]

Unbeschadet dieser Regelung gilt aber: Das gesetzliche Werkvertragsrecht gewährt keinen vertraglichen Anspruch auf Leistung einer Sicherheit für noch zu erbringende Leistungen – seien es solche des Auftragnehmers (Bauleistungen) oder solche seines Auftraggebers (Vergütung). Eine Sicherheitsleistung muss vielmehr, auch bei einem VOB-Vertrag (§ 17 Abs. 1 Nr. 1 VOB/B), ausdrücklich vereinbart werden. Dass hierfür ein Sicherungsinteresse des Auftraggebers – wie auch des Auftragnehmers – besteht, hat die Rechtsprechung allgemein anerkannt.

Vertraglich vereinbarte **Sicherheitseinbehalte und -leistungen** spielen in der Baupraxis denn auch eine große Rolle. Häufig findet sich in Generalunternehmer-/Generalübernehmerverträgen das Recht des Auftraggebers, von den Abschlagszahlungen an den Auftragnehmer einen Einbehalt in Höhe von 5 % oder 10 % zur Absicherung aller Ansprüche des Auftraggebers auf vertragsgemäße Erfüllung sowie aller Ansprüche aus der nicht rechtzeitigen, der mangelhaften oder der Nichterfüllung des Vertrages sowie der Erstattung von Überzahlungen vorzunehmen. Regelmäßig ist diese Sicherheitsleistung bereits mit Vertragsabschluss durch Übergabe einer Bürgschaft (**Vertragserfüllungsbürgschaft**) in Höhe von 10 % der Bruttoauftragssumme[29] eines in der Bundesrepublik Deutschland zugelassenen Kreditinstitutes oder Kreditversicherers (seltener durch Hinterlegung von Geld) zu erbringen. Nach Abnahme und nach Beseitigung der bei Abnahme gerügten Mängel des Bauvorhabens wird zur Absicherung der Erfüllung späterer Gewährleistungsansprüche des Auftraggebers der Einbehalt von der Schlussrechnungssumme bzw. die Vertragserfüllungsbürgschaft gewöhnlicher Weise durch einen Gewährleistungseinbehalt bzw. eine an seine Stelle tretende Bankbürgschaft (**Gewährleistungsbürgschaft**) in Höhe von 5 % der Bruttoschlussrechnungssumme abgelöst. Die Auszahlung des Einbehaltes bzw. Rückgabe der Bürgschaft erfolgt dann nach Ablauf der Gewährleistungsfristen, Nichtinanspruchnahme der Bürgschaft und Mängelfreiheit des Bauwerks vorausgesetzt.[30] Eine

[27] Siehe auch die Regelung des § 16 Abs. 1 VOB/B zu Abschlagszahlungen.

[28] Vgl. aber § 641 Abs. 3 BGB a.F. „mindestens in Höhe des Dreifachen".

[29] Es kann auch auf die Nettoauftragssumme abgestellt werden. Wichtig ist, dass die sogenannten Bezugsgrößen im Vertrag einheitlich gewählt werden im Sinne der Klarheit und Transparenz der jeweiligen Regelung.

[30] BGH BauR 2005, 539; BGH BauR 2004, 841.

vorformulierte als zeitlich unbeschränkt vereinbarte Sicherungsabrede ist dabei unwirksam.[31] Eine formularmäßige Sicherungsabrede des Auftraggebers kann bei Kumulation von Vertragserfüllungs- und Gewährleistungssicherheit unwirksam sein.[32]

Während Zahlungseinbehalte und Bürgschaften zur Sicherung der Ansprüche des Auftraggebers auf Vertragserfüllung und Gewährleistung zum Regelungsstandard in Bauverträgen zählen, ist die vertragliche Verpflichtung des Auftraggebers zur Übergabe einer Sicherheit an den Auftragnehmer (regelmäßig Bankbürgschaft), die den Anspruch des Auftragnehmers auf vertragsgemäße Vergütung gegen den Auftraggeber, zumindest in einer zu vereinbarenden Höhe von 5 % bis 10 % derBruttoauftragssumme sichert, maßgeblich von der Bonität des Auftraggebers abhängig.

Noch immer werden teilweise entsprechende Bürgschaften, mit denen – soweit sie vom Auftragnehmer übergeben werden – ein Zahlungseinbehalt abgelöst wird, **„auf erstes schriftliches Anfordern"** des Auftraggebers ausgestellt. Diese Formulierung begründet die Verpflichtung des Bürgen, von den Fällen des Rechtsmissbrauchs einmal abgesehen, zunächst keine Einwände gegen die Anforderung der Bürgschaft zu erheben, also zu zahlen und Einwände erst später in einem Rückforderungsprozess geltend zu machen. Das rechtliche Können des Auftraggebers (das Ziehen der Bürgschaft und die Leistung der Bank an ihn auf bloßes erstes Anfordern) kann demnach über das rechtliche Dürfen (Fälligkeit des durch die Bürgschaft gesicherten Zahlungs- oder Gewährleistungsanspruches) hinausgehen. Der Bundesgerichtshof hat diese abstrakte Gefährdungslage – die aber im Übrigen bei einem Sicherheitseinbehalt in gleicher Weise besteht – schon vor einigen Jahren zum Anlass genommen, die Wirksamkeit entsprechender Sicherungsabreden in Bauverträgen generell in Frage zu stellen. So verstößt nach Auffassung des Bundesgerichtshofes eine vorformulierte, nicht im Einzelnen ausgehandelte Vertragsbedingung über eine **auf erstes Anfordern zu zahlende Gewährleistungsbürgschaft** gegen die gesetzlichen Bestimmungen über die Gültigkeit Allgemeiner Geschäftsbedingungen und ist damit **unwirksam**[33]. Nicht nur der Auftragnehmer kann danach nicht nur eine nach einer derartigen unwirksamen Sicherungsabrede gestellte Bürgschaft vom Auftraggeber zurückverlangen, ohne zur Stellung einer weiteren Sicherheit – also auch keines Barzahlungseinbehaltes – verpflichtet zu sein. Auch der Bürge kann gegenüber der Bürgschaft auf erstes Anfordern die Einrede der Unwirksamkeit der Sicherungsabrede erheben. Die Unwirksamkeit der Sicherungsabrede hat mithin zur Folge, dass weder ein Sicherheitseinbehalt gültig vereinbart wurde, noch der Auftragnehmer eine sonstige Sicherheit schuldet. Dies ist bereits im Erstprozess des Auftraggebers gegen den Bürgen zu beachten. Gegenüber dem Anspruch des Auftragnehmers, die Bürgschaftsurkunde herauszugeben, kann darüber hinaus kein auf Gegenansprüche aus dem Bauvertrag begründetes Zurückbehaltungsrecht durch den Auftraggeber geltend gemacht werden[34].

Der Bundesgerichtshof hat sich seit langem zu der Thematik geäußert, ob vertragliche Vereinbarungen über einen Sicherheitseinbehalt und dessen Ablösung durch eine Bürgschaft auf erstes Anfordern mit dem gleichen Unwirksamkeitsurteil zu belegen sind, wenn diese nicht der Sicherung von Gewährleistungsansprüchen des Auftraggebers, sondern von Erfüllungsansprüchen des Auftraggebers oder Auftragnehmers dienen[35]. Im Hinblick auf diese Rechtsprechung kann

[31] BGH NJW 2003, 2605; OLG Köln, NJW-Spezial 2012, 429.

[32] OLG Celle NJW-Spezial 2012, 430; LG Wiesbaden NZBau 2012, 367. Ein Parallellauf der Vertragserfüllungsbürgschaft mit der Gewährleistungsbürgschaft sollte zur Vermeidung einer Übersicherung vermieden werden, die die höchstrichterliche Rechtsprechung bei der Verwendung formularmäßiger Sicherheitsabreden dann gegeben sieht, wenn beide Bürgschaften Mängelansprüche sichern und dem Auftraggeber in Summe Sicherheit von mehr als 5 oder 6 % der Auftrags- bzw. Abrechnungssumme geben (BGH NJW 2011, 2195).

[33] BGH NJW 1997, 2598; BGH NJW 2000, 1863; BGH ZfIR 2001, 129; BGH NZBau 2001, 311; BGH NJW-RR 2005, 458.

[34] OLG Jena BauR 2001, 654 zur Zulässigkeit einer vorformulierten Allgemeinen Geschäftsbedingung über eine Vertragerfüllungsbürgschaft auf erstes Anfordern; OLG Stuttgart NZBau 2000, 134, NZBau 2001, 704; a.A. OLG Dresden BauR 2001, 1448.

[35] BGH NJW-RR 2004, 880 m.w.N.

aus heutiger Sicht im Sinne einer Risikovermeidung für den Auftraggeber nur die Konsequenz gezogen werden, in formularmäßigen Bauverträgen künftig lediglich „einfache" Bürgschaften zu fordern, die keine Zahlung auf erstes Anfordern vorsehen. Hat doch der Bundesgerichtshof auch dem Versuch, eine – unwirksame – Vertragsklausel über eine Bürgschaft auf erstes Anfordern in eine „einfache" Bürgschaft umzudeuten, eine Absage erteilt.

Keiner vertraglichen Grundlage bedarf die Berechtigung des Auftragnehmers, die Erbringung seiner Bauleistungen von der Bestellung einer **Sicherheit** bis zur Höhe seines gesamten voraussichtlichen Vergütungsanspruchs, wie er sich aus dem Bauvertrag und etwaigen nachträglichen Zusatzaufträgen ergibt, zu verlangen; er kann sich hierbei auf § 650 BGB[36] stützen. Der Auftragnehmer ist sogar berechtigt, diese Sicherheit ungeschmälert zu fordern, wenn er mit seinem Auftraggeber Raten- oder Abschlagszahlungen vereinbart hat[37]. Sein Sicherungsbedürfnis entfällt erst dann und insoweit, als der Auftragnehmer Abschlagszahlungen vom Auftraggeber tatsächlich erhalten hat. In diesem Fall kann die Sicherheit nur noch in Höhe des nach Abzugs der erhaltenen Zahlungen noch zu sichernden Vergütungsanspruches verlangt werden.

Als Sicherungsmittel kommen neben der Hinterlegung von Geld oder Wertpapieren insbesondere Auszahlungsgarantien, Bürgschafts- oder sonstige Zahlungsversprechen eines Kreditinstitutes oder Kreditversicherers in Betracht. Eine Garantie oder Bürgschaft „auf erstes Anfordern" kann hingegen nicht gefordert werden. Überhaupt gibt die gesetzliche Regelung dem Auftragnehmer keinen einklagbaren Anspruch auf Stellung der Sicherheit. Kommt der Auftraggeber dem Sicherungsverlangen des Auftragnehmers innerhalb einer angemessenen Frist nicht nach, so steht dem Auftragnehmer „lediglich" das Recht zu, die Fortsetzung seiner Bauleistung zu verweigern oder den Vertrag zu kündigen, wenn die Sicherheit nicht geleistet wird. Kündigt der Auftragnehmer den Vertrag, ist er berechtigt, die vereinbarte Vergütung zu verlangen; er muss sich jedoch dasjenige anrechnen lassen, was er infolge der Aufhebung des Vertrages an Aufwendungen erspart oder durch anderweitige Verwendung seiner Arbeitskraft erwirbt oder böswillig zu erwerben unterlässt. Kommt der Auftraggeber einem Verlangen seines Auftragnehmers nach Sicherheitsleistung nach, kann er von seinem Auftragnehmer grundsätzlich nur die üblichen Kosten der Sicherheitsleistung bis zu einem Betrag von 2% der Garantiesumme erstattet verlangen.

Diese Grundsätze sind – anders als die in Bauverträgen abdingbare Regelung über die Bauhandwerkersicherungshypothek (§ 650 e BGB[38]) – zwingendes Recht; eine abweichende Vereinbarung wird vom Gesetz ausdrücklich nicht zugelassen. Die sich mit einer Inanspruchnahme der Sicherheit in voller Höhe des voraussichtlichen Vergütungsanspruches des Auftragnehmers ergebenden Probleme des Auftraggebers durch die weitere Belastung seiner Kreditlinie, hat der Gesetzgeber bewusst in Kauf genommen.

In diesem Zusammenhang zu erwähnen ist schließlich noch der gesetzliche – aber abdingbare – Anspruch des Bauunternehmers gegen den Bauherrn auf Einräumung einer **Sicherungshypothek** an dem Baugrundstück (§ 650 e BGB). Der Wert einer solchen Sicherungshypothek ist umso geringer, als im Grundbuch bereits eingetragene bzw. zur Eintragung beantragte Grundpfandrechte, insbesondere der das Bauprojekt finanzierenden Banken – wie es gewöhnlicher Weise der Fall ist – vorhanden sind. Immerhin zählen zum sicherungsberechtigten Personenkreis auch Architekten und die an der Bauwerkerrichtung beteiligten Sonderfachleute.

6.2.5 Vertragsstrafen

In Bauverträgen finden sich häufig Vertragsstrafenvereinbarungen für den Fall der nicht fristgerechten Erbringung der vertraglich geschuldeten Leistungen durch den Auftragnehmer. Solche Vertragsstrafen erfüllen einen doppelten Zweck. Zum einen sollen sie als Druckmittel den Auftragnehmer anhalten, seine Leistung ordnungsgemäß und fristgerecht zu erbringen. Zum

[36] bisher: § 648 a BGB a.F.
[37] BGH NZBau 2001, 129.
[38] bisher § 648 BGB a.F.

anderen sollen sie den Auftraggeber in den Stand setzen, sich bei Verletzung der sanktionierten Vertragspflichten jedenfalls bis zur Höhe der Vertragsstrafe ohne Einzelnachweis schadlos zu halten[39]. Bei einem die gesamten Bauleistungen umfassenden Generalunternehmer-/Generalübernehmervertrag werden neben dem Gesamtfertigstellungstermin des Bauvorhabens oft auch Zwischentermine vertragsstrafenbewehrt sein. Wird der Termin vom Auftragnehmer nicht eingehalten, und kann er nicht den Nachweis führen, dass er die Terminüberschreitung nicht zu vertreten hat, schuldet er dem Auftraggeber die hierfür gesetzte Pönnale. Der Auftraggeber sieht sich nicht in der Not, seinen Schaden insoweit nachzuweisen. Üblicherweise bleibt ihm die Geltendmachung eines darüber hinausgehenden Schadens vorbehalten. Diesen Schaden hat der Auftraggeber dann selbstverständlich im Einzelnen darzulegen und nachzuweisen.

Vorformulierte, nicht im einzelnen verhandelte Vertragsstrafenvereinbarungen müssen unter dem Gesichtspunkt der nur eingeschränkten Geltung von Allgemeinen Geschäftsbedingungen Obergrenzen bzgl. des Tagessatzes und der Gesamthöhe einhalten. „Gerade bei Bauverträgen mit hoher Auftragssumme ist darauf zu achten, dass sich die Vertragsstrafe in wirtschaftlich vernünftigen Grenzen hält"[40] – als ob der Schaden, der dem Auftraggeber aus einer nicht vertragsgemäßen, mit einer Vertragsstrafe sanktionierten Fehlleistung seines Auftragnehmers droht, mit höherem Bauvolumen proportional geringer ausfiele! Trotzdem sollte beachtet werden, dass die zulässige Spannweite einer Vertragsstrafenvereinbarung nach derzeitiger Rechtsprechung von 0,3 %[41] der Auftragssumme[42] je Arbeitstag (Werktage einschließlich Samstage)[43] bis höchstens 5 % der Auftragssumme insgesamt[44] reichen dürfte. Das richtige zulässige Maß zu finden, ist für den Auftraggeber nicht unbedeutend. Hat nämlich eine formularmäßige Vertragsstrafenvereinbarung nach den Bestimmungen über die „Gestaltung rechtsgeschäftlicher Schuldverhältnisse durch Allgemeine Geschäftsbedingungen" keinen Bestand, steht dem Auftraggeber nach der Klausel auch keine Vertragsstrafe in Höhe eines Betrages zu, den er ohne Verstoß gegen diese Regelungen hätte vereinbaren können[45]. Dem Auftraggeber bleibt in diesem Falle nichts anderes übrig, als im Einzelnen nachzuweisen und darzulegen, welcher Schaden ihm durch die schuldhafte Fristüberschreitung des Auftragnehmers konkret entstanden ist.

Eine verwirkte Vertragsstrafe kann vom Auftraggeber grundsätzlich nur verlangt werden, wenn er sich deren Geltendmachung bei der Abnahme der Leistung ausdrücklich und unmissverständlich vorbehalten hat (§ 341 Abs. 3 BGB, § 11 Abs. 4 VOB/B). Da dies – auch bei größeren Bauprojekten – nicht selten übersehen wird, sollte im Bauvertrag geregelt werden, dass der Vorbehalt der Vertragsstrafe vom Auftraggeber nicht bereits bei der Abnahme geltend gemacht werden muss, sondern noch bis zur Schlusszahlung erklärt werden kann[46].

6.2.6 Abnahme und Gewährleistung der Bauleistung

Die Herstellungspflicht des Auftragnehmers endet grundsätzlich nicht mit der Erbringung seiner Leistung, sondern erst mit der **Abnahme** des von ihm geschaffenen (Bau-)Werkes durch den Auftraggeber. Durch die Abnahme erkennt der Auftraggeber das vom Auftragnehmer geschuldete Werk als (im Wesentlichen) vertragsgemäß an[47]. Bauverträge sehen regelmäßig vor, dass diese Abnahme förmlich i.S.v. § 12 Abs. 4 VOB/B zu erklären ist. Eine Abnahme

---

[39] BGHZ 85, 305, 312.

[40] BGH BauR 1988, 86, bestätigt in BGH NJW 2000, 2106.

[41] Sicherheitshalber sollten besser nur 0,2 % je Arbeitstag angesetzt werden.

[42] Es ist darauf zu achten, dass entweder als Bezugsgröße die Netto-Auftragssumme genannt wird oder aber die Brutto-Auftragssumme; der Begriff der Auftragssumme ist nicht präzise genug. Ferner ist die Bezugsgröße einheitlich im Vertrag zu verwenden.

[43] § 11 Abs. 3 VOB/B.

[44] BGH BauR 1976, 279; NJW 1987, 380 damals jeweils 10 %. Jetzt BGH NJW 2003, 1805 mit einer Höchstgrenze von 5 %.

[45] LG Berlin BB 1996, 2062.

[46] OLG Dresden BauR 2001, 1461.

[47] Siehe hierzu auch Abschnitt 6.2.3.

durch konkludentes Verhalten, wie es z.B. in einer vorbehaltlosen Vergütungszahlung, in der Freigabe einer Sicherheitsleistung oder in der Benutzung oder Übergabe eines Bauwerkes an den Endabnehmer/Mieter gesehen werden könnte, wird ebenso wie die durch die schriftliche Mitteilung über die Fertigstellung der Bauleistung (z.B. durch Zusendung der Schlussrechnung) oder die bestimmungsgemäße Ingebrauchnahme eines Bauwerkes in Gang gesetzte fiktive Abnahme gemäß § 12 Abs. 5 VOB/B regelmäßig ausgeschlossen. Dies gilt auch für die gesetzliche Regelung, die die unterlassene Abnahme trotz Fristsetzung der rechtsgeschäftlich erklärten gleichstellt (sog. fingierte Abnahme, § 640 Abs. 2 BGB[48]).

Um eine reibungslose und termingerechte förmliche Abnahme zu erreichen, findet mindestens bei komplexeren Bauvorhaben, fast immer eine Vorbegehung statt. **Teilabnahmen** in sich abgeschlossener Teile des Gesamtwerkes, sind nach dem Willen der Parteien möglich. In Fällen der vorzeitigen Ingebrauchnahme einzelner Teile des Bauwerkes (z.B. in Folge vorzeitigen Mietereinzuges) sind sie schlechterdings notwendig, um die Beweislast für das Vorhandensein von Mängeln hinsichtlich derer ein Vorbehalt bei der Teilabnahme nicht erklärt wurde, vom Auftragnehmer auf den nunmehr allein in unmittelbaren oder mittelbaren Besitz des teilabgenommenen Werkes befindlichen Auftraggeber zu verlagern. Eine solche Umkehr der Beweislast tritt auch dann ein, wenn die Teilabnahme nicht als rechtsgeschäftliche Abnahme i.S.v. § 640 BGB, sondern als „bloße" technische Teilabnahme i.S.v. § 4 Abs. 10 VOB/B erfolgt[49].

Die Abnahme eines Werkes hat vielfältige **Wirkungen**. Zu den wichtigsten zählen neben der soeben erwähnten Umkehr der Beweislast für das Vorhandensein von Mängeln:

- Mit der Abnahme endet die Verpflichtung des Auftragnehmers zur (Neu-) Herstellung des von ihm geschaffenen Werkes im Falle von dessen zufälligem Untergang oder dessen zufälliger Beschädigung (§§ 631 Abs. 1, 644 BGB; § 12 Abs. 6 VOB/B). Dies ist von Bedeutung, wenn das von ihm bereits geschaffene Werk, z.B. durch Sturm oder Erdbeben vor Abnahme zerstört wird. Er verliert dann auch seinen Vergütungsanspruch. Umgekehrt hat der Auftraggeber bei zufälliger Zerstörung oder Beschädigung der Bauleistung nach Abnahme diese gleichwohl zu vergüten, ohne dass der Auftragnehmer verpflichtet wäre, die Bauleistung neu herzustellen oder instand zu setzen[50].
- Neben den Herstellungsanspruch des Auftraggebers treten Mängelansprüche, die zwar grundsätzlich schon vor der Abnahme geltend gemacht werden können, deren Verjährungsfrist aber erst mit der Abnahme zu laufen beginnt (§§ 634 ff. BGB, § 13 Abs. 4 Nr. 3 VOB/B).
- Gewährleistungsansprüche wegen Mängeln, die der Auftragnehmer bei Abnahme kennt und Vertragsstrafenansprüche, werden – in Ermangelung einer anderweitigen vertraglichen Regelung[51] – verwirkt[52], wenn sich der Auftraggeber deren Geltendmachung bei der Abnahme (idealerweise durch Aufnahme in dem Abnahmeprotokoll) nicht vorbehält (§ 640 Abs. 3 BGB, § 12 Abs. 5 Nr. 3 VOB/B; § 341 Abs. 3 BGB, § 11 Abs. 4 VOB/B).
- Die Vergütung des Auftragnehmers wird, soweit nicht bereits durch Abschlagszahlung geleistet, vorbehaltlich vereinbarter Einbehalte, zur Zahlung fällig (§ 641 BGB), sofern – beim VOB-Bauvertrag – auch eine prüffähige Schlussrechnung vorgelegt wird (§ 16 Abs. 3 VOB/B).

Den Auftragnehmer trifft – wie gesagt – in jedem Falle bis zur Abnahme diePflicht zur vertragsgemäßen, d.h. mangelfreien Herstellung des von ihm geschuldeten Werks (§ 633 Abs. 1 BGB). Genügt das vom Auftraggeber abgenommene Werk diesen Anforderungen nicht, hat der Auftraggeber die **Mängelrechte** der Nacherfüllung (u.U. sogar Neuherstellung[53], Mängelbeseitigung), nach vergeblicher Fristsetzung auch der Selbstvornahme sowie der Minderung

---

[48] bisher § 640 Abs. 1 S. 3 BGB; zu § 640 Abs. 2 BGB n.F. siehe im Übrigen Ziffer 6.2.3
[49] *Kapellmann/Langen* Einführung in die VOB/B, 2012, Rdnr. 191.
[50] *Zerhusen* aaO, Rdnr. 192f., 200.
[51] Kritisch zur Vertragsstrafe OLG Düsseldorf BauR 2001, 1461.
[52] Schadenersatzansprüche bleiben erhalten.
[53] § 635 Abs. 1 BGB; bisher BGHZ 96, 111, bestätigt in BGH NZ Bau 2005, 390.

(Herabsetzung der Vergütung) und des Rücktritts (Rückgängigmachung des Bauvertrages), soweit einzelvertraglich nichts abweichendes vereinbart ist (§§ 633, 634 ff. BGB, § 13 VOB/B). Hat der Auftragnehmer den Mangel zu vertreten, steht dem Auftraggeber auch ein Schadenersatzanspruch oder Anspruch auf Ersatz vergeblicher Aufwendungen zu (§ 634 Nr. 4, 284 BGB); in gleichem Umfang wie für eigenes Verschulden haftet der Auftragnehmer hierbei für alle von ihm eingesetzten bzw. beauftragten Hilfspersonen und Nachunternehmer.

In **Bauverträgen** werden diese Mängelrechte des Auftraggebers in ihren Voraussetzungen und Folgen mehr oder weniger detailliert geregelt. Für den Fall, dass der Auftragnehmer mit der Erfüllung seiner Gewährleistungspflichten in Verzug gerät oder sich die von ihm ausgeführte Nacherfüllung als mangelhaft erweist, kann dem Auftraggeber das Wahlrecht eingeräumt werden, entweder die Mängel auf Kosten des Auftragnehmers beseitigen zu lassen und hierfür auch einen Kostenvorschuss zu verlangen oder von der Schlussrechnung einen dem Minderwert des Werkes entsprechenden Abzug vorzunehmen oder aber auf Nachbesserung zu beharren. Regelmäßig wird sich der Auftraggeber in jedem der vorgenannten Fälle seinen Anspruch auf Ersatz aller entstehenden Schäden vorbehalten.

Mängelansprüche wegen Arbeiten an einem Bauwerk mit Ausnahme der Minderung und des Rücktritts **verjähren** grundsätzlich nach § 634 a Abs. 1 Nr. 2 BGB in fünf Jahren, nach der vielfach als Vertragsgrundlage für Bauverträge verwendeten VOB/B (§ 13 Abs. 4) bereits in vier Jahren[54]. Üblicherweise wird für Bauleistungen eine Gewährleistungsfrist von grundsätzlich fünf Jahren vereinbart, wobei für einzelne Leistungen, vor allem für Abdichtungsarbeiten gegen Wasser (Dach und weiße Wanne) nicht selten eine zehnjährige, für Verschleißteile hingegen eine zweijährige und für gärtnerische Anlagen eine einjährige Verjährungsfrist vereinbart wird.

6.2.7 Beendigung des Bauvertrages

Idealerweise findet der Bauvertrag durch die Erfüllung der beiderseits versprochenen Leistungen – die mängelfreie Herstellung des Bauwerkes durch den Auftragnehmer und die Erfüllung des daran geknüpften Vergütungsanspruches durch den Auftraggeber – seinen Abschluss. Ohne dieses natürliche Ende des Bauvertrages abwarten zu müssen, hat der Gesetzgeber dem Bauherrn die Möglichkeit zur jederzeitigen Beendigung des Bauvertrages eingeräumt: Bis zur Vollendung des Bauwerkes kann ein Auftraggeber den Bauvertrag jederzeit kündigen (§§ 648 BGB[55], 8 Abs. 1 VOB/B). Von diesem sogenannten freien, weil ohne Einhaltung einer Frist und ohne an einen Grund geknüpften, Kündigungsrecht kann nur der Auftraggeber, nicht dessen Auftragnehmer Gebrauch machen. Indessen steht dem Auftragnehmer nach Ausspruch einer solchen Kündigung zwar kein Anspruch auf Herstellung des Werkes, aber gleichwohl ein Vergütungsanspruch für die von ihm erbrachten und noch nicht erbrachten Leistungen zu. Er muss sich jedoch dasjenige anrechnen lassen, was er infolge der Beendigung des Vertrages an Aufwendungen erspart oder durch anderweitige Verwendung seiner Arbeitskraft erwirbt oder zu erwerben böswillig unterlässt. Gemäß § 648 S. 3 BGB wird widerlegbar vermutet, dass danach dem Auftragnehmer 5 vom Hundert der auf den noch nicht erbrachten Teil der Werkleistung entfallenden vereinbarten Vergütung zustehen.[56] Will der Auftragnehmer aber einen – nach § 648 S. 2 BGB berechneten – höheren Vergütungsanspruch geltend machen. muss er konkret vortragen und beziffern, was er sich in diesem Sinne als ersparte Aufwendungen und anderweitigen Erwerb anrechnen lässt[57]. Es ist dann Sache des Auftraggebers darzulegen

[54] Nach § 218 Abs. 1 BGB ist der Rücktritt wegen nicht oder nicht vertragsgemäß erbrachter Leistung u.a. unwirksam, wenn der Anspruch auf die Leistung oder der Nacherfüllungsanspruch verjährt ist und der Schuldner (Auftragnehmer) sich hierauf beruft. Diese Regelung gilt für das werkvertragliche Minderungsrecht entsprechend (§§ 634 a Abs. 4 und 5, 218 BGB).

[55] § 649 BGB a.F.

[56] Siehe auch Kapitel 8.3.9 in Teil 3.

[57] OLG Düsseldorf BauR 2001, 117.; OLG Schleswig IBR 2011, 9.

und zu beweisen, dass höhere Ersparnisse oder mehr anderweitiger Erwerb erzielt wurde, als der Auftragnehmer sich anrechnen lassen will. [58]

Dieses in seinen Voraussetzungen sehr klare, in seinen Folgen aber nur schwer einschätzbare freie Kündigungsrecht des Auftraggebers stößt vielfach nicht auf die Akzeptanz des Auftragnehmers. Vertragliche Kündigungsregelungen oder die Einbeziehung der an Kündigungsgründe anknüpfenden Kündigungsbestimmungen der VOB/B (§§ 4 Abs. 7, 6 Abs. 7, 8 Abs. 2 bis 4, 9) in veränderter oder unveränderter Fassung treten an seine Stelle. So kann gemäß § 6 Abs. 7 VOB/B jede Partei den Bauvertrag kündigen, wenn eine Unterbrechung der Bauausführung länger als drei Monate dauert. Gemäß § 8 Abs. 2 Nr. 1 VOB/B kann der Auftraggeber den Vertrag kündigen, wenn der Auftragnehmer seine Zahlungen einstellt oder das Insolvenzverfahren bzw. ein vergleichbares gesetzliches Verfahren beantragt oder ein solches Verfahren eröffnet wird oder dessen Eröffnung mangels Masse abgelehnt wird. Bei Nichteinhaltung einer vom Auftraggeber gesetzten Frist zur rechtzeitigen bzw. ordnungsgemäßen Bewirkung der Bauleistung durch den Auftragnehmer, eröffnen sich weitere Kündigungsrechte des Auftraggebers (§ 8 Abs. 3 i.V.m. § 4 Abs. 7, § 5 Abs. 4 VOB/B). Wenn hingegen der Auftraggeber eine ihm obliegende Mitwirkungshandlung nicht vornimmt und der Auftragnehmer deshalb die von ihm geschuldete Leistung nicht ausführen kann oder der Auftraggeber eine fällige Zahlung nicht leistet oder sonst in Schuldnerverzug gerät, kann der Auftragnehmer kündigen (§ 9 Abs. 1 VOB/B).

Nahezu jeder dieser Kündigungstatbestände regelt die Frage, was der Auftraggeber und der Auftragnehmer im Kündigungsfalle von der anderen Partei jeweils an Vergütung bzw. Entschädigung für die bis zum Kündigungszeitpunkt erbrachten und nicht erbrachten Bauleistungen verlangen kann, in unterschiedlicher Weise. Gerade Bauverträge für komplexere Bauvorhaben, bei denen die Folgen, die eine vorzeitige Beendigung des Bauvertrages für die Fertigstellung des geplanten Bauwerkes zeitigen, von erheblichem Gewicht sein können, sollten durch klar strukturierte Kündigungsregelungen die Voraussetzungen einer vorzeitiger Vertragsbeendigung und die damit verbundenen Folgen auf schnelle Weise begreifbar machen.

Da jede Kündigung den Bauvertrag nur für die Zukunft – nicht aber für die Vergangenheit – beendet, bleibt der Auftragnehmer auch nach Beendigung des Bauvertrages zur Mängelbeseitigung der von ihm bis dahin erbrachten Bauleistungen verpflichtet. Ein Zahlungseinbehalt bzw. eine ihn ersetzende Bürgschaft braucht vom Auftraggeber vor deren Erledigung nicht ausgekehrt bzw. herausgegeben werden.

6.2.8 Streitvermeidung/Streitentscheidung

Streitigkeiten zwischen den Bauvertragsparteien sind am Ende des Tages vor den ordentlichen Gerichten auszutragen und von diesen zu entscheiden – wenn sich die Bauvertragsparteien nicht auf andere Möglichkeiten der alternativen Konfliktlösung im Baurecht (Schiedsgerichtsbarkeit, Schiedsgutachten, Schlichtung, Dispute Adjudication, Mediation)[59] verständigen bzw., vor Ausbruch des Streits, bereits verständigt haben. Angesichts der hinreichend bekannten Unzufriedenheit mit den Unzulänglichkeiten gerichtlicher Entscheidungsprozesse, die mit Schlagworten wie überlange Verfahrensdauer, mangelnde Sachkompetenz des Gerichts, Unprognostizierbarkeit der gerichtlichen Entscheidung nur unvollständig beschrieben ist, suchen am Bau beteiligte Unternehmen wie Bauherren zusehends ihr Heil in einer, dem staatlichen Zivilgerichtsverfahren abgewandten **alternativen Streitschlichtung**. Diese kann in der Statuierung eines nicht-staatlichen Schiedsgerichts geschehen, über dessen Besetzung die Bauvertragsparteien selbst entscheiden. Hier kann dem Verfahren auch eine eigene, von den Vorschriften der Zivilprozessordnung abweichende Ordnung gegeben werden, wie beispielsweise durch die Vereinbarung der von der Arbeitsgemeinschaft für privates Bau- und Architektenrecht im Deutschen Anwaltsverein verfassten Schlichtungs- und Schiedsordnung für Baustreitig-

[58] BGH BauR 2001, 666.
[59] *Wagner* NZBau 2001, 169.

keiten (SOBau)[60]. Zur schnellen verbindlichen Entscheidung streitiger Einzelfragen, wie der Feststellung der Abnahmefähigkeit von Bauleistungen, der Ursache von Mängeln und dem besten Weg ihrer Beseitigung, bietet sich in jedem Falle die Beauftragung eines unabhängigen **Sachverständigen** an. Idealerweise sollte bereits im Bauvertrag das Verfahren der raschen Bestimmung des Sachverständigen und die Tragung seiner Kosten geregelt werden. Eine vorherige personelle Festlegung des Sachverständigen und seiner „Ersatzmänner" bietet sich an. Eine solche schiedsgutachterliche Tatsachenfeststellung erspart den Parteien die Einleitung eines selbständigen gerichtlichen Beweisverfahrens (§§ 485 ff. ZPO) und damit die Beauftragung eines Sachverständigen durch das Gericht.

6.3 Mietverträge im Rahmen einer Immobilien-Projektentwicklung

Nicht selten muss ein Projektentwickler Mietverträge bereits vor Baubeginn mit einem oder mehreren sogenannten Ankermietern abschließen um das konkrete Projekt finanzieren zu können. Gerade Großprojekte sind oftmals nur über langfristige Mietverträge realisierbar, da sie dem Investor Planungssicherheit einräumen und den finanzierenden Banken einen gewissen cash-flow in Aussicht stellen. [61]

Dabei kann sich gerade das gesetzliche Schriftformerfordernis gem. § 550 S. 1 BGB als Stolperstein herausstellen.[62] Denn bei Verfehlung der Schriftform (§ 126 BGB) gilt das Mietverhältnis gemäß § 550 BGB als auf unbestimmte Zeit geschlossen und ist damit ordentlich kündbar. Die Schriftform kann beispielsweise verfehlt sein, wenn eine Vertragspartei ihre Vertragsurkunde erst geraume Zeit (vgl. § 147 Abs. 2 BGB) nach der Unterzeichnung durch die andere unterschreibt und die Urkunde sodann der anderen Partei zurückschickt.[63] Denn die verspätete Annahme gilt gemäß § 150 Abs. 1 BGB als neuer Antrag und dieser wird regelmäßig nicht in schriftlicher Form angenommen. In der praktischen Umsetzung unterzeichnet der Mieter den schriftlichen Vertragstext als Vertragsangebot, welches er zuvor als Formular vom Projektentwickler (Vermieter) erhalten hat. Diese Formulare sehen eine mehrwöchige Bindung des Mieters an seinen Antrag vor. Da diese Annahmefristklauseln regelmäßig Allgemeine Geschäftsbedingungen darstellen und daher bei unangemessen langer Annahmefrist gemäß § 307 Abs. 1 und 2 BGB unwirksam sein können, stellt sich erneut obiges Problem der Schriftformverfehlung.[64]

Die Schriftform ist ebenfalls nicht eingehalten, wenn Nebenabreden, welche wesentliche Bestandteile des Mietvertrages darstellen, die Schriftform nicht wahren. Problematisch kann hier insbesondere sein, wenn das Mietobjekt in der Vertragsurkunde nicht hinreichend bestimmt ist.[65] Dabei ist zudem stets zu beachten, dass ein nicht formgerechter Nachtrag zu einem langfristigen Mietvertrag die Schriftform des gesamten Vertragswerkes zerstören kann, wenn der Nachtrag[66] wesentliche Vertragsbestimmungen enthält.[67] Bei Nachträgen ist eine lückenlose Inbezugnahme aller Schriftstücke, aus denen sich die wesentlichen vertraglichen Vereinbarungen der Parteien ergeben, erforderlich.[68] Die Beachtung des Schriftformerfordernisses bei langfristigen Mietverträgen ist aktueller denn je, da nach der Rechtsprechung des BGH mittlerweile auch die in der Praxis üblichen sogenannten „Schriftformheilungsklauseln" unwirksam sind[69].

[60] SOBau unter www.arge-baurecht.com.
[61] Vgl. *Conradi* aaO, 400.
[62] *Eckert* ZfIR 2005, 790; *Carlos/Datis* ZfIR 2012, 169.
[63] BGH NZM 2009, 515; *Bieber* in MüKoBGB, 2012, § 550 Rn. 10 ff.
[64] *Carlos/Datis*, ZfIR 2012, 169; siehe auch BGH NJW 2010, 1518.
[65] OLG Hamm, ZMR 2010, 441.
[66] BGH NJW 2008, 2181. Zur Heilung siehe BGH MDR 1988, 270; OLG Köln GuT 2005, 153; BGH NZM 2009, 515.
[67] BGHZ 125, 175; *Jacoby* NZM 2011, 1.
[68] BGH NZM 2008, 484.
[69] NJW 2017, 3772

6.4 Steuerfolgen bei Bauverträgen

6.4.1 Vergütungen für Bauleistungen als Gegenstand der Grunderwerbsteuer

Sämtliche Rechtsvorgänge, die es einem anderen rechtlich oder wirtschaftlich ermöglichen, ein inländisches Grundstück auf eigene Rechnung zu verwerten, insbesondere der Kauf oder sonstige Erwerb eines Grundstücks, unterliegen der Grunderwerbsteuer (§ 1 GrEStG). Diese Belastung bemisst sich grundsätzlich nach dem Wert der Gegenleistung (§§ 8, 9 Abs. 1 Nr. 1, Abs. 2 Nr. 1 GrEStG). Regelmäßig ist dies der Kaufpreis, der vom Bauherrn für das Grundstück oder Erbbaurecht, welches eine Projektentwicklung ermöglicht, an den Veräußerer gezahlt wird. Der Steuersatz beträgt derzeit – je nach Bundesland[70] – zwischen 3,5 und 6,5 v.H.

Steht jedoch der eigentliche Grundbesitzerwerb derart in einem objektiv sachlichen Zusammenhang mit weiteren, die zukünftige Bebauung oder Entwicklung des Grundstücks betreffenden Vereinbarungen, wodurch insgesamt der wirtschaftliche Erfolg erreicht werden soll, dass der Erwerber das betreffende Grundstück in bebautem (d.h. noch zu bebauenden) Zustand erwirbt, kann dies im Einzelfall dazu führen, als Gegenstand des Erwerbsvorgangs und damit der Grunderwerbsteuer das **Grundstück in bebautem Zustand** anzusehen. Sämtliche Vergütungen, die der Bauherr dem Veräußerer oder Generalunternehmer/-übernehmer für die Bebauung des Grundstücks zu zahlen hat[71], rechnen dann zur Bemessungsgrundlage der Grunderwerbsteuer[72]. Ein derartiger objektiv sachlicher Zusammenhang des eigentlichen Grunderwerbes mit Vereinbarungen über die zukünftige Bebauung oder Entwicklung des Grundstücks kann insbesondere dann vorliegen, wenn in der notariellen Urkunde über den Grundstückserwerb zugleich eine Bebauungsverpflichtung des Veräußerers begründet oder mit einem Dritten ein Generalunternehmer-/Generalübernehmervertrag abgeschlossen wird. Ein solcher Zusammenhang kann sich allerdings auch aus Umständen ergeben, die außerhalb der notariellen Urkunde über den Grundstückskauf liegen, insbesondere in der zeitlichen, sachlichen und/oder persönlichen Verbindung verschiedener Verträge bzw. Vertragsparteien, die sich auf den Erwerb und die zukünftige Entwicklung oder Bebauung des Grundstücks beziehen.

6.4.2 Umsatzsteuerpflicht von Bauleistungen

Planungs- und Bauleistungen der Architekten, Sonderfachleute, Bauunternehmer und der sonstigen am Bau Beteiligten sind grundsätzlich umsatzsteuerbar, d.h. der Bauherr hat neben der Vergütung Umsatzsteuer an den Architekten etc. zu leisten. Architekten- und Bauverträge sehen regelmäßig vor, dass die darin festgelegte Vergütung einen Nettopreis darstellt, auf den die Umsatzsteuer hinzukommt. Die gezahlte Umsatzsteuer kann der Bauherr allerdings in der Regel als Vorsteuer gegenüber dem Finanzamt geltend machen, wenn und soweit er durch das später fertig gestellte Bauwerk Leistungen an Dritte erbringt, die ihrerseits umsatzsteuerpflichtig sind. Hierbei ist zu beachten, dass die Vermietung und die Verpachtung von Grundstücken und damit auch von Gebäuden und Gebäudeteilen in der Regel von der Umsatzsteuer befreit ist, wenn nicht der Vermieter sich ausdrücklich für die Umsatzsteuerpflicht entscheidet. Diese sog. Option zur Umsatzsteuer ist regelmäßig jedoch nur gegenüber zukünftigen gewerblichen Mietern möglich (§ 4 Nr. 12a, § 9 UStG) und nur, sofern diese ihrerseits keine (wesentlichen) umsatzsteuerfreien Leistungen erbringen (wie dies beispielsweise bei Heilberufen oder Banken der Fall ist). Bei gewerblicher Vermietung wird in der Praxis zur Umsatzsteuer optiert werden, weshalb die vom Bauherrn zu zahlende Umsatzsteuer für ihn als Vorsteuer abzugsfähig sein wird.

[70] Mit der Föderalismusreform wurde den Bundesländern die Befugnis zur Bestimmung des Steuersatzes bei der Grunderwerbsteuer übertragen (Art. 105 Abs. 2a GG).

[71] Einschließlich der hierauf berechneten Umsatzsteuer.

[72] BFH BStBl. 1993 II, 163; BStBl 1995 II, 331; BStBl 2000 II, 34 – st. Rspr.

Auch wenn und soweit die Umsatzsteuer für den Bauherrn danach grundsätzlich einen durchlaufenden Posten darstellt, der ihn im Ergebnis nicht dauerhaft belastet, sollte zur Vermeidung von Streitigkeiten darüber, ob die vertraglich festgelegte Vergütung nicht doch einen Bruttopreis darstelle, auf eine entsprechende Klarstellung nicht verzichtet werden. Für die Höhe der Umsatzsteuer ist im Übrigen der zum Zeitpunkt der Abnahme der Bauleistung geltende Steuersatz maßgebend[73]. Dieser beträgt zur Zeit 19 v.H.

Der Umsatzsteuer unterliegt das vereinbarte Entgelt, d.h. ein Bauunternehmer muss die Umsatzsteuer auch für vorgenommene (Sicherheits-)Einbehalte abführen, und der zum Vorsteuerabzug berechtigte Bauherr kann bei Vorliegen der Rechnung die entsprechende Vorsteuer ziehen. Kann der Bauunternehmer den einbehaltenen Teil des Entgelts jedoch für einen Zeitraum von mindestens zwei Jahren nicht vereinnahmen und ist ihm nachweislich die Absicherung der Gewährleistungsansprüche durch Gestellung von Bankbürgschaften nicht möglich, so kann der Bauunternehmer ausnahmsweise den einbehaltenen Teil des Entgeltanspruchs als uneinbringlich behandeln, und somit (vorerst) keine Umsatzsteuer hierauf abführen. Dies muss er dem Bauherrn mitteilen, der daraufhin seinen Vorsteuerabzug entsprechend zu berichtigen hat.[74] Bei der Ermittlung des Architektenhonorars auf der Grundlage der anrechenbaren Kosten des Bauvorhabens spielt die auf die Bauleistungen entfallende Umsatzsteuer hingegen keine Rolle; sie darf nicht mitgerechnet werden (§ 16 HOAI)[75].

Werden Bauleistungen an einen Unternehmer erbracht, der selber Bauleistungen erbringt (z.B. die von Subunternehmern an einen Generalunternehmer erbrachten Leistungen), gilt das sogenannte reverse charge Verfahren und die Umsatzsteuer ist vom Leistungsempfänger an das Finanzamt abzuführen.

6.4.3 Bauwerk als Wirtschaftsgut/Bauleistungen für Wirtschaftsgüter

Bauleistungen sind häufig auf die Herstellung eines neuen Gebäudes oder Bauwerks gerichtet. Die vom Auftraggeber für das Bauwerk insgesamt getätigten Aufwendungen bilden den Aktivierungswert des **Wirtschaftsgutes Gebäude** und damit auch die Bemessungsgrundlage für die periodisch vorzunehmenden Absetzungen für Abnutzungen. Wurden danach Herstellungskosten für ein Gebäude vom Bauherrn aufgewandt, kommt nur deren Aktivierung in der Bilanz des Bauherrn und die Vornahme von Absetzungen für Abnutzung und Substanzverringerung, die den Wertverlust (Wertverzehr) dieses Wirtschaftsgutes periodengerecht zum Ausgleich bringen, in Betracht, vorausgesetzt das Wirtschaftsgut wird zur Erzielung steuerbarer Einnahmen verwendet. Dies gilt nicht nur für die Herstellungskosten im Zusammenhang mit der Errichtung des Bauwerkes, sondern auch für Aufwendungen, die für die Erweiterung oder für die über den ursprünglichen Zustand hinaus gehende wesentliche Verbesserung eines Bauwerkes entstehen. Demgegenüber sind Aufwendungen für ein bereits vorhandenes Wirtschaftsgut (Gebäude), die lediglich seiner Erhaltung dienen (**Erhaltungsaufwand**), nicht zu aktivieren, sondern im Wirtschaftsjahr ihrer Tätigung in vollem Umfange abzugsfähig. Eine Ausnahme gilt für Erhaltungsaufwendungen, die innerhalb von 3 Jahren nach der Anschaffung eines Gebäudes anfallen und ohne Umsatzsteuer 15 % der Anschaffungskosten des Gebäudes übersteigen (§ 6 Abs. 1 Nr. 1a EStG). Diese sogenannten „anschaffungsnahen Herstellungskosten“ sind aus steuerlicher Sicht als Herstellungskosten des Gebäudes zu behandeln und somit zu aktivieren.

Für den **Grund und Boden** eines Bauwerkes können Absetzungen für Abnutzung nicht vorgenommen werden, da dieser keinem abnutzungsbedingten Wertverzehr unterliegt.

---

[73] OLG Düsseldorf NJW-RR 1996, 1485.

[74] BFH vom 24.10.2013, V R 31/12, BStBl. 2015 II S. 674; Abschnitt 17.1 Abs. 5 UStAE

[75] Sofern der Auftragnehmer bei der Erbringung seiner Bauleistung keine selbstbeschafften Stoffe verwendet, ist lediglich das Entgelt für die Arbeitsleistung des Auftragnehmers umsatzsteuerbar.

6.4.4 Steuerabzug für inländische und ausländische Bauunternehmen

„Zur Eindämmung illegaler Betätigung im Baugewerbe“ hat der Gesetzgeber durch ein gleichlautendes Gesetz vom 22.6.2001 alle Auftraggeber, die Bauleistungen in Auftrag geben, verpflichtet, 15% der von ihnen hierfür zu zahlenden Vergütung einschließlich Umsatzsteuer einzubehalten und für Rechnung des Auftragnehmers an das Finanzamt abzuführen (§§ 48, 48a–48b EStG). Kommt der Auftraggeber seiner Verpflichtung zum Steuerabzug nicht nach, haftet er nach dem Wortlaut des Gesetzes für einen nicht oder zu niedrig abgeführten Abzugsbetrag. Dieser Steuereinbehalt, der gleichermaßen zu Lasten von in- wie ausländischen Auftragnehmern und auch bei Leistung von Abschlagszahlungen vorzunehmen ist, entfällt nur dann, wenn der Auftragnehmer dem Auftraggeber eine vom Finanzamt ausgestellte Freistellungsbescheinigung vorlegt oder die Bruttovergütung für diesen und ggf. weitere Bauaufträge die Bagatellgrenze von grundsätzlich Euro 5.000,00 im Kalenderjahr nicht überschreitet[76]. Die Freistellungsbescheinigung wird von dem für den Auftragnehmer zuständigen Finanzamt erteilt, wenn der zu sichernde Steueranspruch nicht gefährdet erscheint. Klarstellend sollte in Bauverträgen auf diese abgabenrechtliche Verpflichtung des Auftraggebers hingewiesen werden. Das Bundesministerium der Finanzen hat dazu ein „Merkblatt zum Steuerabzug bei Bauleistungen“[77] herausgegeben.

Der vom Steuerabzug betroffene Auftragnehmer kann die für seine Rechnung vom Auftraggeber einbehaltene und abgeführte Steuer auf seine persönliche Steuerschuld anrechnen, bzw. Erstattung vom Finanzamt verlangen. Das Verfahren ähnelt dem Lohnsteuerabzugsverfahren.

---

[76] Bei ausschließlich umsatzsteuerfreier Vermietung erhöht sich diese Freigrenze auf Euro 15.000,00 im Kalenderjahr.

[77] Abrufbar unter www.bundesfinanzministerium.de.

Teil 5
Vermarktung

Übersicht

1. Immobilienmarketing

1.1 Produkt und Vermarkter

1.1.1 Projekt-Marketing

Um eine Immobilie zu kaufen oder zu mieten, muss der Kunde sie kennen und gegenüber anderen bevorzugen. Mit Hilfe des Marketings erreichen Image und Informationen über die Immobilie den Kopf und das Herz des Kunden. **Marketing** ist ein Paket strategischer Maßnahmen. Es beginnt bei der ersten Projektidee und umfasst alle Aktivitäten, die zum Vertragsabschluß führen.

Auf einem Markt mit konkurrierenden Projekten und relativ wenigen Nutzern ist das Sichtbarmachen eines Vorhabens im Marktgeschehen eine Voraussetzung für eine erfolgreiche Entwicklung. Aus einem Immobilienprojekt kann dann auch ein **Produkt** mit Markencharakter werden. Der wesentliche Kern des Produkts besteht aus der Lage, der Art der Immobilie, den vielfältigen Image-Faktoren und der Architektur, die sowohl die innere Funktionalität als auch die äußere Erscheinung umfasst. Gut gestaltete Bauten sind einprägsam und geben der neuen Adresse etwas Besonderes. Das Produkt wird schließlich definiert über harte Faktoren wie Bau- und Ausstattungsqualität, intelligente Lösungen für Heizung, Kühlung und Belichtung sowie Kommunikation und Sicherheit. Die Grenzen zwischen harten Technik- und weichen Imagefaktoren werden fließend. SmartHome-Ausstattungen, LEED-, Greebuilding-Standards, die deutschen Enegieeinsparungsverordnungen beinhalten neben technischen und kalkulatorischen Aspekten für viele Zielgruppen starke Imagetransferfaktoren, mit denen sich Lifestyles wie früher mit Automobilen darstellen lassen. Die Preisgestaltung ist ein entscheidender Regulator. Zu erwartende Services runden das Angebot ab.

Auf einem Markt mit wenig Angebot und vielen Nachfragern gelten die voranstehend genannten Produkt-Kriterien genauso und bleiben auschlaggebend für die Preisgestaltung, hinzukommen die Reputation von Architekt, Bauunternehmen und Verkäufer. Beim Verkauf noch vor der Realisierungsphase ist deren Ruf ein Qualitätsversprechen. Hierbei sind Maßnahmen des **Reputationsmarketings** hilfreich.

Marketing ist ein **kommunikativer Prozess**. Er umfasst Öffentlichkeitsarbeit, Werbung, bestimmte Arten des Vertriebs bis hin zum Verkaufsgespräch. Für ein erfolgreiches Marketing müssen verschiedene Disziplinen optimal zusammenarbeiten. Die zugespitzten Botschaften und Bilder sollen Neugierde erzeugen und Begehrlichkeiten wecken. Der anschließende Dialog mit interessierten Kunden soll kritisches Nachfragen befriedigen und der gelungene Abschluss sollte schließlich volle Kundenzufriedenheit schaffen.

Der **Prozess des Marketings**. Der Erfolg hängt entscheidend vom Produkt, dem erkannten Bedürfnis der Kunden und der richtigen Strategie der Vermittlung ab. Die basiert auf folgenden Fragen:

Welche **Zielgruppen** kommen als Käufer oder Mieter für das angebotene Projekt in Betracht?

Wie nehmen diese Zielgruppen ihre Entscheidungen vor?

Welche weiteren Angebote konkurrieren jetzt und/oder später?

Die Gestaltung und kreative Präsentation des Angebots hat sich an den Antworten auf diese Fragen zu orientieren. Dabei gilt es, entsprechend den **Werteklimata** der Zielgruppen zu kommunizieren.

In der **Planungsphase** werden weitere Zielgruppen relevant, etwa für die notwendigen Genehmigungen: Vertreter der Regierung, der Opposition, der Wirtschaft und der Medien, leitende Beamte, Meinungsmacher der Zielgruppen und der jeweiligen Produktwelt, Interessengruppen, ggf. Universitäten/Schulen (Führungskräfte von Morgen!). Schließlich gilt es, gegenüber finanzierenden Institutionen das Projekt eindeutig, werthaltig und sicher präsentieren zu können.

1.1.2 Standortmarketing

Der Ruf einer Gegend hat einen entscheidenden Einfluss auf den Wert einer Immobilie. Nur sehr große Projekte können für sich einen eigenen Standort schaffen. Früher glaubte man, dass die drei wichtigsten Grundsätze der Immobilienentwicklung „Lage, Lage, Lage" seien. Das betrifft u.a. die Citynähe, die Qualität des Umfelds, die Art der Verkehrsanbindung, die infrastrukturelle Ausstattung. Die Reputation einer neuen Adresse kann heute auch kommunikativ geschaffen werden. Der Standort wird mit einem Image und einer Bedeutung „aufgeladen". Die drei Grundsätze lauten dann: „Lage, Image, Emotion". Bei der Positionierung eines neuen Standorts ist die Zusammenarbeit mit Akteuren vor Ort unabdingbar, die, ähnlich wie die Händler eines Viertels oder einer Einkaufsstraße, als Standortgemeinschaft auftreten.

Standortmarketing kann sich auf eine Nachbarschaft, eine Stadt, Region oder Nation beziehen. Üblicherweise wird dies von den Institutionen der Wirtschafts- und Tourismusförderung betrieben. Es richtet sich an unterschiedliche Zielgruppen wie Touristen, Investoren, Einzelhändler, Dienstleister, Verbraucher oder Bewohner. Die Ansätze reichen vom regionalen Tourismusmarketing über das Citymarketing der Innenstädte bis zur Neupositionierung von problematischen Quartieren.

Städte und Regionen stehen regional, national und international miteinander in Konkurrenz. Um etwa Ferienorte oder Wirtschaftsstandorte attraktiv zu machen und von der Konkurrenz abzusetzen, bemüht man sich, Städte als Marken zu profilieren. Dabei können herausragende Bauten wie der Eiffelturm für Paris, der Dom für Köln oder das Brandenburger Tor für Berlin Wahrzeichen und Imageträger werden. Moderne Architektur in Verbindung mit exzellenter kultureller Nutzung kann auch kleinere Großstädte in die internationale Liga befördern, wie es Bilbao mit dem Guggenheim-Museum von Frank O. Gehry, Graz mit dem futuristischen Kunsthaus von Peter Cook, Sevilla mit dem Metropol Parasol von Jürgen Mayer H. und Hamburg mit der Elbphilharmonie von Herzog und de Meuron gelungen ist.

1.1.3 Marktauftritt des Projektentwicklers

Viele Berufsgruppen und Entscheidungsträger wirken an der Entwicklung eines Projekts mit, bis das Gebäude schließlich in Betrieb genommen werden kann. Diese Zusammenarbeit ist vor allem ein kommunikativer Prozess. Der Projektentwickler ist dabei der Moderator, der sich aktiv um die relevanten Personengruppen bemüht. Kommunikation ist ein wesentlicher Faktor für seinen Erfolg und sie lässt sich von Anfang an steuern.

Meinungen prägen unsere Auffassung von Wirklichkeit und unser Verhalten. Sie erzeugen Akzeptanz oder Ablehnung. Meinungen lassen sich durch Information und Image beeinflussen.

Mit dem ersten Auftritt des Projektentwicklers oder des Immobilienunternehmens beginnt die öffentliche Meinungsbildung. Wer sein eigenes Image nicht bewusst gestaltet und kontrolliert, der wird auch das Image seines Projekts nicht optimal nutzen können. Marketingprinzipien können sowohl für die eigene Karriere, für die Firma oder für ein Projekt wirksam werden. Ein Projektentwickler muss zwar keine Wahlen gewinnen, aber wenn er es schafft, eine Person des öffentlichen Lebens zu werden, öffnen sich ihm viele Türen. Weil Aussenstehende eine Firma vor allem in der persönlichen Begegnung erleben, stärkt ein bekannter Projektentwickler auch das Image seiner Firma. – „Man kann nicht nicht-kommunizieren", diese Schulweisheit der Kommunikationsbranche betrifft alle Bereiche des Immobiliengeschäfts.

Mit der Einführung von Produkten wie z.B. der Immobilien-Aktie, hat sich die Kommunikation auch in der Immobilienwirtschaft geändert. Medienarbeit spielt eine zentrale Rolle. Zu den üblichen **Public Relations (PR = Öffentlichkeitsarbeit)**, kommen die **Investor Relations (IR)**, welche die Anleger auf dem aktuellen Informationsstand halten sollen.

Ziele einer erfolgreichen PR-Arbeit des Projektentwicklers sind:
- ein Image für die Firmen zu schaffen oder anzureichern, das bei den Zielgruppen ankommt;
- die Firma, die Immobilie und ihren Standort im Gespräch zu halten;
- die Investor Relations als Marketing- und Vertriebsfunktion auszubauen.

Die Zielgruppe der Aktionäre ist in der Regel heterogen. Institutionelle Investoren, Analysten und Kleinanleger stellen höchst unterschiedliche Anforderungen. Um das Interesse an einer Aktie wach zu halten, sind ein steter Fluss positiver Nachrichten sowie regelmäßige Analysen der betreuenden Banken notwendig. Es gibt dazu eine Vielzahl von Fachmedien-Diensten im Netz, die gern kurze Faktenmeldungen wiedergeben (Rohmert Medien, Thomas Daily, konii etc.). Nachrichten gehören natürlich auch auf die eigene Webseite sowie auf die Social-Media-Präsenzen. Ein eigener Blog ist für vertiefende Betrachtungen empfehlenswert.

Erfolge sollten gezielt als Nachricht bekannt gemacht werden. Gut vorbereitete und regelmäßige PR/IR-Arbeit verschaffen Aufmerksamkeit in der Öffentlichkeit und Fachöffentlichkeit, bei Aktionären und Analysten. Die Berichterstattung in den **Medien** kann durch gezielte Werbung pointiert werden. Mit einem Aktionsplan lassen sich Anzeigen, Messebeteiligungen, Promotions, Direkt-Marketing oder PR-Maßnahmen wie Quartalsberichte, Events, Roadshows, Seminare etc. strukturiert konzipieren, um durch Wiederholungseffekte in der Wahrnehmung bei den Zielgruppen ein Mehr an Bedeutung zu gewinnen.

1.1.4 Alle wirken mit beim Marketing

Auch wenn Kommunikation und Marketing entscheidend Chefsachen sind und alle Aktivitäten in der Marketing-Abteilung konzentriert sind, sollten alle Beteiligten zu und mit den Kunden sowie Institutionen und Öffentlichkeit kommunizieren können. Die vielen Ebenen mit ihren unterschiedlichen Zielgruppen werden dann am besten erreicht, wenn jeder Mitarbeiter eine klare Botschaft zum Projekt und seine Rolle dabei authentisch kommunizieren kann.

Die Mitarbeiter des Projektentwicklers sind somit Botschafter der einzelnen Vorhaben. Sie sollten die Grundregeln der Öffentlichkeitsarbeit kennen und wissen, wie man mit Kunden und **Medien** umgeht. Nach der Regel „all business is local" sollte jede Niederlassung eine eigene Kommunikationsstrategie haben, die mit der Zentrale abgestimmt ist, die aber vor Ort aktiv umgesetzt und ausgewertet wird. Zu den Aufgaben der Niederlassungen sollte es gehören, Kontakte zu Medienvertretern zu pflegen und kleine Events zu organisieren. Beim Internetauftritt des Projektentwicklers können Unterseiten der Niederlassungen die Kommunikation vor Ort durch Wiedergabe oder Verlinkungen auf aktuelle Medienberichterstattung widerspiegeln.

Der Einsatz von **Social Media** ist gerade im Lokalen selbstverständlich geworden: Die Schule, die Kirche, der Bioladen, der Makler, alle kommunizieren schnell und unaufwändig auf facebook, XING & Co. Auch von einem großen Projekt im Entstehen wird erwartet, dass es laufend informiert. Das können am besten die Mitarbeiter vor Ort. Oft gelten in hierarchisch geführten Unternehmen noch Restriktionen für die Kommunikation nach Außen. Wie auch in solchen Strukturen ein erfolgreicher Einsatz von Social Media gewährleistet werden kann, erläutern zum Beispiel die „Social Media Guidelines" von BITCOM, des Bundesverbands Informationswirtschaft, Telekommunikation und Neue Medien e.V.

Ob Unternehmens-, Projekt- oder Fanseiten in Social Media, auf jeden Fall sollte die Unternehmensleitung über **Administratorenrechte** auf den lokalen Seiten verfügen. Diese sollten weniger für stilistische Korrekturen der Beiträge von Mitarbeitern genutzt werden als für eine laufende **Erfolgskontrolle** anhand der teilweise detailliert zur Verfügung gestellten Statistiken über **Seitenaufrufe**, Interaktionen und die **Viralität** der Kommunikate.

Einige Unternehmen befürchten, in den Social Media nicht mehr Herr der eigenen Kommunikation zu bleiben, zur Unzeit in Debatten verwickelt, oder im schlimmsten Fall auf der eigenen Seite Opfer eines „**Shitstorm**s" zu werden. Allerdings muss man auf der eigenen Seite keine Kommentare zulassen. Im Notfall kann man Kommentare löschen oder unsichtbar stellen. Doch das sollte nur das letzte Mittel sein. Eine offene, respektvolle Diskussion wirkt souveräner. Schließlich gibt es auch die Möglichkeit, mit einer Anhäufung oder Wiederholung von eigenen Beiträgen, unerwünschte Inhalte nach unten zu verdrängen. – Einen guten **Social Media Leitfaden** in 10 Punkten hat die Daimler AG zum Bestandteil der Anstellungsverträge für ihre Mitarbeiter gemacht, wobei es hier auch um die Kommuniaktion von Mitarbeitern auf Social Media-Seiten Dritter geht, wo über das Produkt oder Projekt diskutiert wird.

1.1.5 Vertrieb mit Maklern

Dem Projektentwickler ist es meist nicht so wichtig, wer seine Immobilie verkauft, wenn der Preis und die benötigte Zeitspanne seinen Vorstellungen entsprechen. Projektentwickler können ihre Immobilie auch selber vermarkten. Sie können Anzeigen schalten, Dateien aufbauen, Interessenten besuchen, eine Website ins Internet stellen und Besichtigungen durchführen. Wenn der Vertrieb nicht zu den Kernkompetenzen eines Projektentwicklers zählt, ist die Zusammenarbeit mit Maklern empfehlenswert.

Makler sind Anlaufstellen, sowohl für Anbieter als auch für Nachfrager. In den 80er Jahren des 20. Jh. begannen Makler in den USA ihre Verkaufsbüros in Einkaufszentren einzurichten, um den direkten Kontakt zum Kunden aufzubauen. Seit den 90er Jahren werden auch in Deutschland Maklerbüros für Häuser und Wohnungen als Läden in den Lauflagen der Zielgruppen betrieben. Die Läden nehmen die Schwellenangst. Die Auslage der Exposés, atmosphärische Displays und Monitore mit Videosequenzen sprechen den Fußgänger an.

Makler werden daran gemessen, wie viel Arbeit und Kosten sie ihren Kunden ersparen. Besonders das Internet mit seinen großen Immobilienbörsen hat in den letzten Jahren das Kundenverhalten und die Erwartungen gegenüber Maklern verändert. Noch immer vermittelt ein Makler, aber seine Arbeit setzt sich aus einer Reihe von Einzelleistungen zusammen: Ermittlung eines marktgerechten Preises, Erarbeitung eines Exposés, immer häufiger die Produktion eines Immobilien- und Standortvideos und die Zusammenstellung der für den Verkauf benötigten Unterlagen. Ein Makler informiert gezielt Interessenten aus seiner Kundendatei über sein Angebot, er schaltet Zeitungsanzeigen und Webbanner und präsentiert das Vorhaben in Immobilienbörsen. Wenn er Kollegen im Gemeinschaftsgeschäft anspricht, kann er potentiell Kontakt zu tausenden von Interessenten im In- und Ausland herstellen. So wird der Makler zum Kommunikator für Projekt, Standort und Entwickler. Allerdings wollen viele Makler sowenig wie möglich für die Kommunikation ausgeben: Da soll dann ein Foto vom Handy völlig ausreichend sein, die Exposés sind meist schlicht gestaltet und von der Corporate Identity der Immobilie ist wenig zu erkennen. Der Projektentwickler muss also darauf achten, wie der Makler kommuniziert und ihn gegebenenfalls mit geeignetem Material ausstatten und ihn verpflichten, dieses zu nutzen.

Für potenzielle Käufer ist es von Vorteil, wenn Makler mehrere Objekte anbieten. Für den Projektentwickler kann dies nachteilig sein. Weil Makler von der Provision leben, behandeln sie nicht alle Objekte gleichrangig. Damit sein Vorhaben nicht ins Hintertreffen gerät, sollte sich der Projektentwickler über die Maßnahmen und Kontakte des Maklers regelmäßig berichten lassen.

1.2 Kommunikationskonzept

1.2.1 Immobilienkommunikation im Wandel

Allein mit Bauschild, **Broschüre**, und gezielten Mailings kann heute nur derjenige Kunden begeistern, der ein Top-Produkt in der 1 A-Lage einer Metropole zu flexiblen Konditionen hinsichtlich Ausstattung, Stellplätze und Services anbieten kann.

Das Gros der Kunden ist informierter und anspruchsvoller geworden. Sie suchen auf vielen Kanälen intensiver nach dem optimalen Angebot. Ihre Bedürfnisse sind vielfältiger, das Ausleben von Kreativität und von individuellen Lebensstilen, aber auch die Möglichkeit im Homeoffice zu arbeiten, sind wichtiger geworden. Erfolgreiche Projektentwicklung muss diese Kundenbedürfnisse kennen und sich danach ausrichten. Zusätzlich muss die Immobilie Prestige, Komfort und Sicherheit versprechen. Anspruchsvolle Kunden achten auf natürliche Baustoffe, fragen die Energieeffizienz, Barrierefreiheit oder eine Planung nach Feng-Shui-Regeln nach.

Parallel verändert sich der Kommunikationsmarkt. Zwischen 2014 und 2017 lagen die Ausgaben für Anzeigen, Plakate, Internet, TV- und Funkspots bei etwa 32 Milliarden Euro im Jahr, wobei die reinen Schaltungskosten zuletzt bei 20,5 Milliarden Euro lagen. Über zehn Milliarden Euro kosten Konzeption und Produktion. Seit Anfang des Jahrhunderts eindeutiger Gewinner mit jährlichen Zuwachsraten von über 30 Prozent: die Online-Werbung, die in ihrem Umfang nach zunimmt, aber nicht proportional mehr Kosten verursacht. Auch Fernsehen und Hörfunk gewinnen noch immer etwas hinzu. Währenddessen verlieren vor allem die Tageszeitungen, Publikums-und Fachzeitschriften kontinuierlich an Auflage und Werbeeinnahmen. Das Internet ist mittlerweile das dominante Instrument bei der Immobiliensuche. Fast 90 Prozent suchen bei Bedarf eine Wohnung im Netz. Immerhin 60 Prozent blicken noch in eine Tageszeitung. 40 Prozent orientieren sich an Schildern, Plakaten und Aushängen. Die Mehrfachnennungen entsprechen dem Verhalten in der realen Lebensumwelt, schließlich ist der mehrfache Kontakt ein gewünschtes Ergebnis.

Entsprechend verändert sich die für Medien genutzte Zeit. Das Internet als Verbreitungs- und Contentplattform macht eine Unterscheidung nach Mediengattungen wie Radio, Fernsehen, Print und Internet zunehmend unmöglich. Aus diesem Grund wurde 2017 in der ARD/ZDF-Onlinestudie die Nutzungsdauer auf Basis des Tagesablaufs erstmals nach der konkreten Mediennutzung in den Feldern Sehen, Hören und Lesen von Inhalten differenziert. Von insgesamt 149 Minuten täglicher Internetnutzung wird eine dreiviertel Stunde für Mediennutzung aufgewendet. Rund eine Stunde Zeit wird mit Individualkommunikation, die meiste Zeit jedoch mit sonstiger Internetnutzung verbracht. Bei den jüngeren Zielgruppen steigert sich die Audionutzung im Internet aufgrund des Angebots der Musik-Streamingdienste, bei Spielfilmen und Serien gewinnen die Videostreamingdienste. Das heißt, dass die klassischen Medien als Informationsträger, sei es zur Vermittlung redaktioneller wie werblicher Inhalte, weiter an Bedeutung verlieren werden.

In der Werbewirtschaft wird ein „Monstertrend" ausgemacht: vom Sofa zum Schreibtisch, vom Push zum Pull, von der Sendung zum Abruf. Vor allem die Hersteller hochwertiger Produkte haben diesem Trend entsprochen. BMW und Ford veränderten ihre Werbebudgets drastisch zu Gunsten von Direktmaßnahmen: Für Internet, Apps, Mailings, Callcenter und Händleraktionen werden 70 Prozent der Budgets aufgewendet, für TV, Print und Plakat nur noch 30.

Im Marketing gilt die Regel: Je höher der Anschaffungswert einer Ware, desto niedriger ist der „Propaganda-Anteil" im Kommunikations-Mix. Vom „betreuten Kaufen" ist die Rede. Erfolgreiches Marketing für hochwertige Produkte spielt sich heute zwischen Websites, Apps, Onlinebannern, Videos, Verkaufsbroschüren, Social Media, Events, Public Relations mit Pressearbeit und dem guten alten Beratungsgespräch ab. Im erfolgreichen Immobilienmarketing galt hingegen schon immer die Regel: Je größer die Anzeige, desto größer das Problem.

1.2.1.1 Kommunikationsstrategie

Erfolgreiches Marketing basiert auf der genauen Kenntnis der Zielgruppen. Der Projektentwickler muss sie identifizieren, sein Angebot auf sie abstimmen und eine intensive Beziehung zu ihnen aufbauen. Seine Kommunikationsstrategie verbindet die Bedürfnisse seiner Kunden mit der Entwicklung seines Produktangebots. Das Schlüsselwort heißt „Werteklima". Dabei geht es um mehr als Image und Lifestyle. Es geht darum, dass eine Partnerschaft, eine win-win-Situation möglich erscheint. Oft hilfreich bei der Positionierung von Projekt und Gestaltung der Kommunikation sind die sogenannten Sinus-Milieus des Sinus-Instituts, welche Lebenswelten abbilden und in Beziehung setzen zu aktueller Alltagsästhetik, Wertewandel und soziokulturellen Trends. Letztendlich aber sind Sinus-Milieus immer nur eine mögliche Form, die sich lokal und auch durch das Immobilienangebot selbst neu definieren können.

1.2.1.2 Konkurrenz- und Zielgruppenanalyse

Ein **Kommunikationskonzept** sollte sowohl von einer fundierten Marktbeobachtung als auch von der Intuition von Projektentwickler und Kreativen bestimmt werden. Allein langjährige Berufserfahrung und ein sicheres Gespür für Stimmungen und Trends ersetzen noch keine Studie. Die **Marktanalyse** untersucht die Nachfrage nach der konzipierten Immobilie und definiert mögliche Zielgruppen. Bei der Analyse werden auch die Zielgruppen der Konkurrenz erfasst sowie deren Konzepte, sie über Positionierung, Image und Vorhaben anzusprechen. Wie sehen deren Baustellen und Objekte aus? In welcher Phase befinden sie sich? Was kann man von ihnen lernen? Welcher innovative Ansatz bzw. zusätzliche Nutzen unterscheidet das eigene Angebot von dem der Mitbewerber?

Wenn die Zielgruppen bestimmt sind, wird das Angebot daraufhin überprüft, wie weit es deren Bedürfnissen entspricht. Möglicherweise muss das Projekt diesen Erkenntnissen angepasst werden. Die Definition der zu erwartenden, speziellen Nutzung, die Kenntnis von Gewohnheiten, Wünschen und Erwartungen an das Projekt spezifiziert auch die Auswahl der Werbe- und Marketingideen und modelliert den Einsatz von Medien.

Die Erfahrung sagt, dass 50 bis 70 Prozent von Wohnungsnutzern bevorzugt in einem Radius von fünf Kilometern umziehen. Die meisten potenziellen Kunden sind also vor Ort ansässig. Sie haben den Wunsch sich zu verbessern, ohne die Kontakte im gewohnten Umfeld aufzugeben.

Andererseits lohnt es sich, bei einem typologisch eindeutigen und qualitativ herausragendem Wohnungsprodukt die potenzielle, kleine Zielgruppe sogar international anzusprechen. Deutschlands erste „Gated Community" Arcadia in Potsdam wurde, nach Jahren ohne Verkaufserfolge, mit Kleinanzeigen im „New Yorker", im „Economist" und mit Pressearbeit, die zu ausführlicher Berichterstattung in der Neuen Zürcher Zeitung und Die Zeit führte, binnen zwei Jahren vollständig verkauft. Die Zielgruppen wurden per Definition kreiert: Personen, die im Ausland das geschützte und umdiente Wohnen kennen und schätzen gelernt haben: transatlantische Eliten, die in Deutschland einen Lebensmittelpunkt suchen, von dem aus sie auch wieder aufbrechen können.

All business is local – Also wird auch von dem Projektentwickler eines Gewerbeobjekts erwartet, dass er die Kunden, die von auswärts kommen, in die lokalen Gegebenheiten einführen kann. Deshalb sollte er die lokalen Netzwerke kennen und in ihnen mit seinem Projekt bekannt sein.

Lage und Architektur bilden den Kern eines Immobilienprodukts. Neben dem Projektentwickler bestimmen Stadtplaner sowie Architekt, gegebenenfalls Interior-Designer und Grünplaner das Erscheinungsbild, die räumliche Disposition und Ausstattung. Die Identität und das Image entstehen mit den Botschaften und Bildern, die konsistent und strategisch kommuniziert werden. Der Preis spielt dabei immer eine regulierende Funktion.

Die **kommunikative Bestandsaufnahme** erfasst die Stärken und Schwächen von Projekt, Standort und Umfeld. Dabei ist eine intensive und wiederholte Begehung der Nachbarschaft hilfreich. Kommunikativ lässt sich die Marktsituation durch eine Reihe von Interviews und vertraulichen Gesprächen mit Schlüsselpersonen erfassen, zum Beispiel mit Vertretern der Parteien, der IHK, dem Stadtplanungsamt, mit Kritikern, Ladeninhabern, Nachbarn und potenziellen

Nutzern. Dabei entsteht ein klares Bild der lokalen Verhältnisse, der Wünsche und Sorgen aller Beteiligter. Auch die Bedeutung von weichen Faktoren wird deutlich, wie zum Beispiel ein erhöhtes Sicherheitsbedürfnis, Sorge vor hohen Nebenkosten, Wunsch nach gepflegten Außenanlagen, einer Tiefgarage oder speziellen Finanzierungsarten. Diese Erkenntnisse sollten im Marketing genutzt werden. Sie erzeugen Sympathie und beweisen Kompetenz. An diese Gesprächskontakte kann auch bei der späteren Vermarktung angeknüpft werden.

1.2.1.3 Definition der Zielgruppen und Szenen

Der Projektentwickler ermittelt die Interessen einer Zielgruppe und richtet seine Vorgehensweise daran aus. Eine Zielgruppe kann durch statistische Merkmale eingegrenzt werden:

- bei Gewerbe: Branchen, Art, Größe, Image der Betriebe, Synergiepotential
- bei Wohnungen: Milieugruppe, Familienstand, Alter, Einkommen, Typ der derzeitigen Wohnung, spezielle Interessen.

Die Demografie liefert darüber hinaus Daten zur Bevölkerungsentwicklung, zur Dynamik oder Rezession der Familienentwicklung, etc. Im Direktmarketing werden solche Daten genutzt, um Konsumenten-Zielgruppen besser selektieren zu können. Mit dem „Targeting“ sollen die Werbeempfänger möglichst genau auf die gewünschte Zielgruppe reduziert werden, um Werbung optimal zu nutzen.

Benötigte Adressen können gekauft werden. Sie können die Basis für eine eigene Adressdatei bilden, die dann laufend aktualisiert wird. Für detaillierte Informationen ist die Nachrecherche unverzichtbar: Welche Kriterien sind vorrangig? Wer entscheidet über Anmietung oder Kauf einer Immobilie?

Bei der Ansprache der Zielgruppe sollte die Information sachlich und rational sein. Die Hauptbotschaft sowie die Gestaltung und Ausstattung der Informationsmittel (z.B. Recycling- oder Hochglanzpapier) muss ihren Interessen und Vorlieben – ihrem Werteklima – Rechnung tragen.

1.2.1.4 Szenen

Nicht alle Zielgruppen lassen sich durch Statistiken ermitteln. „Szenen“ sind unscharfe Querschnitts-Gruppierungen mit gleichen Interessen. Das Herangehen an diese Szenen ist von Emotionen geleitet. Ausgangspunkt kann ein bereits gebundener Mieter sein, denn er ist ein potenzieller Multiplikator für seine jeweilige Szene. Gegenüber Freunden, Geschäftspartnern, Zulieferern und Kunden wird er seine Umzugsentscheidung immer positiv begründen. Die Argumente des „Leitmieters“ sind aufzugreifen und zu überhöhen. Szenen reagieren auf „Szene-Stars“. Events mit solchen Meinungsführern holen die Szenen ins Haus.

Eine einmalige Ansprache von Zielgruppen und Szenen ist sinnlos. Erfolg braucht eine Vielzahl von „Kontakten“. Jede Wahrnehmung des Projektnamens/ Logos, der Social-Mediaauftritt, jeder Zeitungsartikel, Brief, Newsletter, Event, Hörfunkspot ist ein solcher Kontakt. Er sollte sich über einen längeren Zeitraum, mindestens aber über ein halbes Jahr erstrecken. Erst danach kann eine spürbare Nachfrage entstehen. Oft wird der Fehler gemacht, eine Anzeige zu schalten und bei ausbleibender Resonanz in der nächsten Anzeige das Thema oder die Gestaltung oder Beides zu verändern. So werden letztendlich in der Wahrnehmung der Zielgruppen unterschiedliche Produkte kommuniziert. Da es aber keine Wiederholung der vermeintlich erfolglosen Anzeigen gibt, wird ein potenzieller Interessent den Anknüpfungspunkt nicht mehr finden und sich für ein anderes Angebot entscheiden, das seinen Szene-Kriterien entspricht.

1.2.2 Vom Projekt zum Produkt

Als Gleicher unter Gleichen fällt man kaum auf. Um einer Immobilie einen Markencharakter zu geben, haben sich eine Reihe von Techniken bewährt, über die man Aussagen hinsichtlich des Projekts machen können sollte. Zusammenwirkend ergeben sie ein stimmiges Bild.

1.2.2.1 USP

Ein echtes „**unique selling proposition**" (**USP**), das Alleinstellungsmerkmal, ist ein Leitbild, das positiv wahrgenommen wird. Ein USP definiert die Einzigartigkeit des Produkts und verdeutlicht die Vorteile für den Kunden. Der USP lässt sich in drei Teile gliedern:

– Die **Leitidee** enthält den Nutzen für Kunden (**mission statement**) und die **Vision**.
– Die **Leitsätze** legen die Werte, Ziele und Erfolgskriterien fest. Sie zeigen die Kompetenz des Unternehmens, seine Leistungsfähigkeit und Wettbewerbsvorteile und sie erläutern, wie die Leitidee umgesetzt wird.
– Der **Claim** (Motto) bringt das Leitbild auf den Punkt: Er ist kurz, prägnant und leicht zu merken. Ein plakativer Claim gibt wieder, was die Bezugsgruppen vom Unternehmen wissen und was sich bei den Empfängern aus Sicht des Unternehmens einprägen soll. Allerdings sind Claims etwas aus der Mode gekommen, die prägnante Wort-Bildmarke in einem durchkomponierten Erscheinungsbild ist heute die Regel.

Ein USP kommuniziert den „Knüller" für eine bestimmte Gruppe. Damit kann immer nur ein bestimmtes Marktsegment angesprochen werden. Senioren wollen z.B. eher ruhig am Park wohnen, Studenten ziehen Hinterhauswohnungen im lebendigen Szene-Viertel vor. Wer eine Luxuswohnung sucht, interessiert sich vielleicht für das komplette Dachgeschoss mit eigenem Fahrstuhl über Studentenwohnungen. Gezielte Botschaften zum Standort und zur Immobilie sind der Schlüssel zum Kunden. Sie werden in allen Teilen des Marketing und bei Verkaufsgesprächen eingesetzt.

Ein USP muss offenbar, also in der Realität wiederzufinden sein. Andernfalls spricht man von einem UAP, der „unique advertising proposition". Hier handelt es sich um einen psychologischen Produktvorteil, der aus einem Werbeversprechen herrührt („Hier wohnen nur glückliche Menschen!")

1.2.2.2 Corporate Identity – CI

Die „**corporate identity" (CI)** macht die Leitidee sichtbar. Sie macht die Immobilie, die Dienstleistung oder den Projektentwickler kenntlich. Prägnanz und Wiedererkennbarkeit werden im Erscheinungsbild durch das **CD (corporate design)** sicher gestellt. Dazu kommen die Kommunikation (corporate communication) und das Verhalten (corporate behaviour) aller Unternehmensbeteiligten untereinander, im Verhältnis zu anderen Unternehmen und gegenüber Kunden.

1.2.2.3 Name von Objekt und Standort

Namen können zum Träger von Eigenschaften und Qualitäten werden. Der **Produktname** ist für den Verkauf von zentraler Bedeutung. Wenn die Adresse bzw. der Standort für das Image der Immobilie wichtig sind, werden sie häufig zum Bestandteil des Namens. Namen können auch auf die Geschichte eines Ortes anspielen oder an vergessene Ereignisse oder geschichtliche Höhepunkte erinnern. Dadurch kann der Standort eine historische Dimension bekommen, die seiner neuen Zukunft größere Bedeutung verleiht.

Der Name kann

– die Anschrift sein (Potsdamer Platz 1),
– sich beziehen auf den Standort (Messe-Turm),
– auf eine ehemalige Nutzung (Pelikan-Viertel),
– auf die Historie (Calenberger Esplanade)
– auf einen Hauptnutzer (WDR-Arkaden)
– auf eine Nutzergruppe (Haus der Verbände, Mediport)
– auf ein Nutzungskonzept (Medienstadt Babelsberg)
– ein frei gewählter Name (CityPoint, EuropaQuartier) sein, der die Identifikation erleichtert.

Es ist empfehlenswert, vor der Entscheidung über einen Namen sich die entsprechenden Webadressen zu sichern. (maintower.de, kranzlereck.de).

1.2.2.4 Architektur und Architekt/in

Oft sind Projektentwickler und Bauherren sehr zurückhaltend, den Architekten oder die Architektin in das Marketing einzubinden. Es besteht immer die Gefahr, dass sich aus dem Dienstleistungsverhältnis heraus während einer mehrjährigen Projekt- und Realisierungsphase Spannungen ergeben, die für das Marketing nicht förderlich sein könnten. Andererseits kann gerade die besondere Architektur oder die Prominenz von Architekt oder Architektin Bestandteil des USP des Projekts sein. Beim Projekt „Sapphire", 70 Wohnungen im nördlichen Berlin-Mitte, gegenüber dem Neubau des Bundesnachrichtendienstes, setzte man auf die „Signature" des Architekten Daniel Libeskind. Die Unterschrift Libeskinds unter einer Skizze der wie ein geschliffener Edelstein herausragenden Gebäudeecke diente als Logo für das erste Wohnhaus in Deutschland des „international gefeierten Poeten unter den Architekten". Ein Weg, eine solche Marketingpartnerschaft erfolgreich zu gestalten, kann darin bestehen, den prominenten Architekten nicht mit allen Leistungsphasen, insbesondere mit der Bauleitung zu beauftragen, ihm aber Mitsprachemöglichkeiten einzuräumen und für wichtige Ereignisse im Marketing vor Ort zu verpflichten.

1.2.2.5 Corporate Design – CD

Um Aufmerksamkeit zu erreichen, braucht eine Immobilie auch eine grafische Identität. Grafikdesigner schaffen Prägnanz und Wiedererkennbarkeit durch die Entwicklung eines Logo, durch die Wahl von Schrifttypen und eines Farbkanons, die nach einem Regelbuch (Manual) bei allen Auftritten systematisch eingesetzt werden. Dieses kann mit dem CD des Projektentwicklers übereinstimmen, muss es aber nicht. Hauptsache, es entspricht dem Werteklima der Zielgruppen.

Das **Logo** soll Aufmerksamkeit wecken und einprägsam sein. Es kann als Bildmarke (Mercedesstern, Apple-Apfel), Wortmarke (Coca-Cola, Strabag) und kombinierte Wortbildmarke (Hochtief) eingesetzt werden. Die **Hausfarbe** ist ein weiteres einprägsames Erkennungs- und Unterscheidungsmerkmal: Die Deutsche Post hat gelb, Telekom magenta, die Deutsche Bank blau, E.ON rot, etc. **Schriften** drücken ebenfalls Selbstverständnis aus: Innovative Projekte können auch bei der Schrift Fortschritt zeigen. Die erfolgreichsten deutschen Unternehmen, Volkswagen und Daimler, nutzen allerdings nur noch die Wortmarke in klassischen Versalien, der niedersächsische Konzern serifenlos und der schwäbische mit Serifenschnörkel. Auch hier gilt die Zielgruppenpräferenz: Welche Schriften werden von den führenden Publikationen der Gruppen genutzt, welche in der Werbung? Im **Regelbuch** (Manual) werden auch Gestaltungsraster als Ordnungssystem definiert, um Entwürfe zu vereinfachen und die Wiedererkennbarkeit zu unterstützen.

Bei Immobilien wichtig und wünschenswerter Teil des CD ist die Darstellungsart von **Karten** und **Grundrissen** und ein **Orientierungssystem** mit eigenen **Piktogrammen**.

Zum CD gehört auch ein **Bild-Konzept**, das in einer bestimmten **Bildästhetik** Impressionen von Materialien und Natur, Fotos der Standortumgebung sowie Fotos von idealtypischen Nutzern enthalten kann. Oft sind Agenturen geneigt, diese Bilder von Bildagenturen zu kaufen. (Zur Präsentation erhalten die Agenturen die Bilder kostenfrei). Bei einem mehrjährigen Einsatz der Motive ist es aber meist günstiger, sie von einem Fotografen mit professionellen Models und entsprechender Ausstattung produzieren zu lassen. Dazu gehören heute auch HDR-Sphären der Umgebung, welche für realistische Reflektionen auf Fenstern und tatsächliche Schattenwürfe existierender Gebäude und Bäume sorgen.

Für das Marketing von großer Bedeutung sind die **Renderings** des Projekts. Es kann sich dabei um fotorealistische Darstellungen des Baus handeln, aber auch um Darstellungen mit künstlerischer Anmutung von Aquarell- oder Buntstiftschraffuren. Entsprechende Filter sind Bestandteil von Photoshop und anderen Bildbearbeitungsprogrammen. Es gibt auch noch einige Rendering-Künstler, wie Peter Wels in Hamburg, der viel für Gerkan,Marg und Partner zeichnete. Grundlage der Renderings heute sind die Dateien der Architektenpläne in AutoCad und anderen Programmen. In Zusammenarbeit von Architekt, Renderingdesigner und Fotograf können hyperrealistische dreidimensionale Renderings entstehen, welche die reale Umgebung mit abbilden. Vorteil ist, dass Perspektiven, Sonnenstände, Wetter, Tages- oder Nachtsituationen einstellbar und später auch korrigierbar sind. Möglich ist die Erstellung von bewegten Sequenzen um und durch einen Standort und ein Bauwerk. Die Kosten für gute Renderings mittlerer Komplexität liegen im unteren fünfstelligen Bereich. Soviel wurde auch für Renderingkünstler ausgegeben. Es sind Zeit und Rechenkapazitäten notwendig, wenn für eine Sekunde Animation 25 hochauflösende Bilder gerechnet werden müssen.

Heute versprechen viele Architekten, dass sie Renderings ihrer Entwürfe rechnen können. Die Architekturprogramme leisten das. Allerdings entstehen oft Bilder, die wie gerechnete Renderings aussehen: Die Oberflächen ähneln sich, Reflektionen sind überbetont, Farben wirken unnatürlich. In diesem Fall sollte man bewusst auf Realismus verzichten und zum Beispiel abstrakte Darstellungen von Personen oder Einrichtungsgegenständen verwenden oder die Umgebung zurücksetzen. Für die Wahl des Abstraktionsgrades und die „Ausstattung" der Bilder sollte man dann den Gestalter des Corporate Designs hinzuziehen, damit die Renderings sich in den Kanon der Kommunikation einpassen.

Das Erscheinungsbild wird mit dem sich entwickelnden ästhetischen Zeitgefühl fortgeschrieben. Nach etwa fünf Jahren sollte eine **Modernisierung des Auftritts** in Angriff genommen werden. Das gilt in erster Linie für den Auftritt des Projektentwicklers. Aber auch Immobilien können dann eine Renovierung ihrer Kommunikation vertragen. Als erfolgreiche Überarbeitung des CDs gilt übrigens jene, welche von Aussenstehenden auf den ersten Blick nicht bemerkt wird.

Brüche in der Kommunikation sollten immer vermieden werden, damit nicht Dritte die Frage stellen, ob die vorherige Kommunikation falsch oder erfolglos war? Kontinuität in der Kommunikation erzeugt beim Gegenüber Sicherheit. Das heißt nicht, dass die Kommunikation konservativ oder langweilig auszusehen hat. Es kommt auf den Rahmen an, in dem sich die Kommunikation präsentiert. Kontinuität kann auch bedeuten, dass sich im Rahmen jeden Tag die Grundfarbe ändert.

1.2.2.6 Kommunikation

Um die **kommunikative Beziehung** zwischen Produkt und Zielgruppe aufzubauen, sollten A) Form und B) Inhalt zusammenkommen:

A) Das CD wird bei Gestaltung von Internetauftritt und von Apps, bei Printmedien, Fotos, Messeauftritten, Bekleidung sowie von audiovisuellen Medien eingesetzt. Die Geschäftsausstattung wie Visitenkarte, Rechnungsbögen und Briefpapier gehören zur „Grundausstattung" in der Kommunikation. Die Visitenkarte vermittelt den ersten, häufig bleibenden Eindruck. Um das Projekt zu personalisieren, kann deshalb alternativ zum Firmen- auch das Projektlogo und dessen CD verwendet werden.

B) Eine Grundregel der Kundenansprache gibt der frühere FAZ-Immobilien-Redakteur Jens Friedemann: was „nur aus Worthülsen wie „ganzheitlich", „kundenorientiert" oder „maßgeschneidert" besteht, landet unweigerlich im Papierkorb. Nur wer das Interesse seiner Zielgruppen trifft, wird auch von den Medien wahrgenommen" Die Wirkung der einzelnen Maßnahmen wird gesteigert, wenn sie die Wünsche der Zielgruppen mit Botschaften, die aus dem Leitbild des Vorhabens abgeleitet sind, gezielt ansprechen.

1.2.2.7 Positionieren und Branding

Seit den 20er Jahren werden Konsumgüter als Marken positioniert. Mit gleichartiger Aufmachung und geschütztem Warenzeichen und Namen verspricht die Marke eine konstante Qualität. Die Markenidentität wurde durch Vorstellungsbilder ergänzt, um ein Image bzw. eine emotionale Bindung der Verbraucher zu erzeugen. Branding setzt diesen Ansatz fort. Hier geht es sowohl um eine einheitliche Identität für das Produkt, die Dienstleistung und das Unternehmen als auch um deren Wahrnehmung durch den Kunden.

Eine Marke wird von der Positionierung in Werbung, PR und im Stadtbild getragen. Auch das Erscheinungsbild einer Immobilie muss sorgfältig positioniert werden, frühe Beispiele sind das Chile-Haus in Hamburg oder das Shell-Haus in Berlin. Der Messeturm in Frankfurt ist ein jüngeres Beispiel. Ihre Identität wird auf einen Blick deutlich. Ihr sind individuelle

Eigenschaften oder Nutzungsarten zugeordnet, die kontinuierlich, in einfachen Botschaften kommuniziert werden.

Der MediaHafen Düsseldorf wurde beispielsweise von einer Reihe international renommierter Architekten als entscheidender Blickfang gestaltet, um die Stadt europaweit als **Medienstandort** zu positionieren. Die Profilierung des Gebiets hat ein unverwechselbares Image für die Medienunternehmen geschaffen und wurde zu einer bevorzugten Adresse. Entscheidend waren dabei die gezielte Berichterstattung in den Medien und Testimonials, die Aussagen von Meinungsführern.

1.2.2.8 Corporate Behaviour

Die klassischen Grundsätze des **Corporate Behaviour**s sind:

- Die Immobilie richtet sich an den Kundenbedürfnissen aus.
- Die Qualitätsgrundsätze werden eingehalten.
- Die Preise werden angemessen und übersichtlich gestaltet.
- Die Verkaufspraktiken sollten ehrlich, solide und transparent sein und übliche Garantie- und Serviceleistungen umfassen.
- Reklamationen und Beschwerden sollten schnell und kulant reguliert werden.
- Die Immobilie sollte zuverlässig und termingerecht übergeben werden.

1.3 Maßnahmenplan

Eine erfolgreiche Kommunikationsstrategie basiert auf einer gründlichen, kundenneutralen Situationsanalyse und deren gemeinsamer Bewertung durch Agentur und Projektentwickler. Die Erarbeitung eines Konzepts mit Strategie und Maßnahmenplan kann in drei Phasen gegliedert werden. Die Ergebnisse werden jeweils in **internen Workshops** mit dem Auftraggeber diskutiert. Dabei werden auch die Grundlagen für die jeweils nächste Stufe bestimmt.

1.3.1 Strategie

Ziele und Strategie werden festgelegt. Zielgruppen werden definiert, USP, Name und CD und die Art der Ansprache verabschiedet. Danach wird die Umsetzung als Marketingplan mit einem Zeitablauf, Maßnahmenkatalog einschließlich der Medienarbeit, Events und andere Präsentationen sowie eines Budgets konzipiert.

Um Ruf und Image von Standort, Projekt und dem bauenden Unternehmen frühzeitig, verständlich und emotional zu etablieren, sollte von Anfang an kontinuierlich mit ausgewählten Zielgruppen und den Medien kommuniziert werden. So schafft man Akzeptanz, beugt potenziellem Widerstand vor und reduziert die Abstimmungs- bzw. Genehmigungszeiten. Diese Kommunikation ist kreativ. Sie gründet auf Wissen und Recherche. Sie berücksichtigt die Wünsche und Hoffnungen potenzieller Nutzer und respektiert unterschiedliche Interessen, ohne kritischen Fragen aus dem Weg zu gehen.

1.3.2 Maßnahmen

Eine Auswahl der folgenden Maßnahmen werden zur Kommunikation eines Vorhabens festgelegt:

- CI/CD Marken-Darstellung
  - Logo
  - Name
  - USP / Claim
- Projekt-Darstellungen
  - Textbausteine und Eckdaten

  - Renderings, Animationen
  - Fotos, Montagen
  - Modelle
- „Mr / Mrs Vorhaben“: wer personifiziert das Vorhaben und wer ist sein Sprecher?
- Vermittler, z.B. Makler
- PR/Investor Relations, Medienarbeit
- Berichterstattung in den Medien durch
  - Pressemitteilungen
  - Pressekonferenzen
  - Traditionelle Baufeste, Events
  - persönliche Gespräche mit Journalisten und Multiplikatoren (Bewirtungen)
  - Lobbyarbeit gegenüber Partnern, Entscheidungsträgern
  - Veranstaltungen (Ausstellungen, Roadshows, Tagungen)
  - Social Media
- Werbung
  - Anzeigen, wo möglich Koppelung von Anzeigen mit redaktionellen Beiträgen gerade in speziellen Medien bzw. Verlagssonderseiten
  - Bannerwerbung auf Webseiten lokaler und regionaler Medien
  - Anzeigen, Plakate, Flyer zur Ankündigung von Events
  - Verkehrsmittelwerbung, z.B. Gestaltung eines Linienbuses, auf Taxis
  - Teilnahme an Veranstaltungen Dritter, z.B. Stadtteilfeste, Messen
- Grundausstattung
  - Büroausstattung
  - Website
  - Broschüre, Exposé, Flyer
  - Präsentations- und Pressemappen
  - Renderings, Animation, Pläne auf Speichermedien und zum Download
- Special-Communications
  - Newsletter
  - Video-Footage (Projekthintergrund in Gesprächen mit Projektentwickler, Architekt, Kommune, Nachbarn etc.) auf Speichermedium und zum Download
  - Messeausstattung (Großbildarstellungen, Tresen, Fassadendetail.)
  - Give-aways
  - Wanderausstellung
  - Projekt-Video auf Speichermedium, auf der eigenen Webseite und auf Videoportalen
- Direktmarketing (Mailings)
  - Einladungen
  - Weihnachts-, Neujahrsgrüße
- Objekt-Markierung, Baustellenmarketing:
  - Bauzaun, Aussichtsplattform
  - Image- und Bauschilder
  - Megaposter, Verhüllungen
  - Infocenter, Marketingsuite
- Abschlusspräsentation von Strategie und Maßnahmenplan
  - Diskussion mit allen Kooperanden
  - Verabschiedung der Maßnahmen und der Netzpläne

1.3.3 Zeitplan und Budget

Die Inhalte und Ergebnisse werden in einem Bericht mit **Budget- und Netzplan** dokumentiert. Projektentwickler und Agentur diskutieren gemeinsam den Etat, der üblicherweise zwischen eineinhalb und vier Prozent der Baukosten liegt. Ersteres bezieht sich auf einfache Vorhaben und letzteres auf ausgefeilte Kampagnen von großen, ggf. international zu vermarktenden Projekten.

Effektives Arbeiten im Workshop ist gewährleistet, wenn die beteiligten Werbe-, PR- und Onlineagenturen es kontinuierlich mit einem tatsächlichen Entscheider des Projektentwicklers zu tun haben. Gerade in der Konzeptionsphase ist auch die Versuchung groß, bereits abgestimmte Entwicklungsschritte Aussenstehenden zu präsentieren (z.B. der Ehefrau des Vorstandsvorsitzenden, die dann in Unkenntnis der Gesamtstrategie ein unerwartet negatives Geschmacksurteil fällt.) Dann darf der Entscheider nicht umfallen.

Nach dem 2. Workshop kann mit der Realisierung der Maßnahmen begonnen werden. Zusätzliche, detaillierte Maßnahmenpläne werden als eine Serie aufeinander aufbauender, kommunikativer Ereignisse (Kampagnen) für mindestens drei Monate ausgearbeitet. Begleitend erfolgt das Controlling der Unternehmens- und Marketingziele. Es wird eruiert, was erreicht wurde, was funktioniert hat und was nicht. So kann flexibel auf Veränderungen reagiert werden. Erfasst werden auch die Kontakte zu den Zielgruppen und zu den Medien.

1.3.4 Beispiel für eine erste Phase des Standort- und Projektmarketings

Schritt 1: Entwicklung der Martektingstrategie

Das Vermarktungsteam
- legt den Marketingnamen, die Hauptbotschaften und das CD fest
- definiert die Zielgruppen,
- identifiziert Netzwerke, spricht Interessenten und Multiplikatoren an
- recherchiert das Social-Media-Umfeld
- legt eine umfangreiche Adressdatei an – das ist das Schwierigste, zumal die Regelungen der **EU-Datenschutzgrundverordnung (DSGVO)** unbedingt zu berücksichtigen sind. Zwar gibt es das berechtigte Interesse des Kommunikators, sein Projekt bekannt zu machen. Es ist gleichzeitig sicherzustellen, dass der Empfänger eine realistische Abmeldemöglichkeit hat. Bevor ein Dialog eröffnet wird, ist vom Empfänger die Zustimmung zur Speicherung seiner genau zu bezeichnenden Daten einzuholen.

Schritt 2: Vorbereitung des Projektmarketing

Der Projektentwickler
- stimmt das Bauvorhaben mit entscheidenden Politikern und zuständigen Gremien ab

Das Vermarktungsteam
- lässt eine Imagebroschüre und erste Flyer/Exposés herstellen
- lässt Website gestalten, startet Social-Media-Auftritte
- richtet ein Vermarktungsbüro (ev. vor Ort) mit Info-Telefon, Präsentationsmodell, Ausstellung ein
- stellt Imageschilder auf dem Baugrundstück und Hinweisschilder im Gebiet
- lädt Journalisten zur Projektpräsentation am Vormittag ein
- lädt Interessenten zu einer Projektvorstellung am Nachmittag nach dem Pressetermin ein
- schaltet Anzeige in Tageszeitungen bzw. Banner in den Webseiten der Medien für den Tag nach Projektpräsentation

Interessenten und Journalisten sollten nicht auf einer gemeinsamen Veranstaltung informiert werden. Fragen von Journalisten betreffen in der Regel das Allgemeine (öffentlicher Nutzen, Beeinträchtigungen während Bauzeit). Interessenten fragen eher nach Ausstattung, Nutzwert und Kosten. Dennoch sollten beide Präsentationen zeitlich dicht beieinanderliegen, so dass die Interessenten nicht aus den Medien vorinformiert, sondern ebenfalls bevorzugt informiert werden.

Schritt 3: Sichtbar werden

Pressetermin

- Das Konzept des Projekts wird vor dem Imageschild durch eine öffentliche Persönlichkeit präsentiert, z.B. Baudezernent (Pressefoto 1)

Dazu findet eine Aktion statt, z.B. Übergabe des Straßenschildes mit einem Wunschnamen durch den Bauträger (Pressefoto 2)

- Projektpräsentation
- Website, ggf App sind online, alle wichtigen Materialien können von dort runtergeladen werden

1.4 Kommunikation in der Planungsphase

1.4.1 Win-Win-Situationen schaffen

Gutes Marketing weckt Interesse und Akzeptanz, wenn möglich sogar Begierde.

St. Exupéry schrieb in „Der kleine Prinz", dass man Menschen nicht dazu motiviert ein Schiff zu bauen, indem man ihnen Werkzeug und Holz zur Verfügung stellt, sondern indem man sie begeistert und in ihnen den Wunsch weckt, ans andere Ufer zu gelangen, dorthin, wo Milch und Honig fließen.

Wer den Markt kennt, kann die Vermarktungsstrategie, die Qualität des Angebots und den Preis optimal gestalten. Große Vorhaben sollten schrittweise eingeführt werden. Die Dauer der Einführung hängt von der Größe des Marktgebiets und der Stärke der Konkurrenz ab. Damit kein Handlungsdruck entsteht und der günstigste Zeitpunkt abgewartet werden kann, ist eine hinreichende Finanzierung wichtig.

Große Vorhaben sollten nur begonnen werden, wenn auch die Kommune eine positive Einstellung dazu gewonnen hat. Eine desinteressierte Gemeinde kann leicht den Erfolg beeinflussen, etwa durch eine restriktive Verkehrspolitik, überzogene umwelttechnische Anforderungen usw. Ferner muss sichergestellt werden, dass eine Veränderung politischer Mehrheiten nicht auch die positive Einstellung zum Projekt verändert. Also ist auch die Opposition von Anfang an ein wichtiger Gesprächspartner.

Manchmal hilft schon ein Name

Durch die deutsche Teilung waren große Gebiete in Berlin blockiert. In Spandau war eine wunderschöne Landschaft direkt am Wasser durch Tank- und andere Lager, sowie durch Kasernen von der Stadt abgeschnitten. Um diese Flächen in die wiedervereinte Stadt zurückzuholen, wurde ein 206 Hektar großes Entwicklungsgebiet ausgewiesen. Wasser und Landschaft sollten dekontaminiert und wieder zugänglich gemacht, neue Entwicklungen ermöglicht werden. Der Entwicklungsträger verzichtete anfangs auf Öffentlichkeitsarbeit. In den Medien wurde negativ über den Maßstab und die Architektur der Neubauten berichtet. Es zeigte sich, dass Meinungen einprägsamer waren als Fakten. Die tatsächlich erbrachten Leistungen traten in den Hintergrund.

1997 beauftragte der städtische Entwicklungsträger Wasserstadt GmbH eine Marketingstudie für das Entwicklungsgebiet „Wasserstadt Berlin Oberhavel". Gespräche ergaben, dass sowohl die Wasserstadt GmbH als auch der Bezirk sich für die Gestaltung des Projekts zuständig fühlten. Keiner wollte zurückstecken. Mit dem Bezirk als aktivem Kritiker war es schwierig, eine positive Berichterstattung in den lokalen Medien sicherzustellen. Der Bezirk Spandau musste also aktiv miteinbezogen werden und sich genauso wie die Wasserstadt GmbH als Gewinner fühlen können. Eine Möglichkeit dafür bot die Namensfindung. 90 Hektar des Entwicklungsgebietes waren eine Aufweitung der Havel, die als Bundeswasserstraße das Gebiet durchfließt. Die Wasserstadt GmbH schlug dem Bezirk dafür den Namen „Spandauer See" vor und stieß auf Zustimmung. Mit der Verabschiedung dieses Namens auf kommunaler, Landes- und schließlich Bundesebene wurde der neue, gemeinsame Imageanker für das Entwicklungsgebiet und den Bezirk geschaffen. Mit der Wasserstadt wuchs der Bezirk nun Quartier für Quartier an

„seinen“ See heran. Der Name hatte die Sichtweise verändert und gemeinsame Perspektiven eröffnet. Zwei neue Brücken über den Spandauer See sichern als „Spandauer See-Brücke“ und „Wasserstadt-Brücke“ die Namen auch in den Stadtplänen.

Ängste nehmen durch Kommunikation
Kritik schafft negative Anlässe für die Medienberichterstattung. Der kommunikative Aufwand zur Korrektur dieser Veröffentlichungen ist besonders groß, wenn das Projekt mit Emotionen und Gerüchten überlagert wird. Deshalb ist es wichtig, dass der Entwickler und/oder die Stadt eine flexible Kommunikationsstrategie haben, welche auch die aktuelle Meinungsbildung einbezieht.

Jede Kommunikation ist einfacher, wenn sie von Dritten unterstützt wird. Es ist daher zu prüfen, wie das Vorhaben zu einem Leitprojekt der Nachbarschaft oder gar der Stadt werden kann. Durch aktive, lokale Kommunikation kann eine hohe Akzeptanz geschaffen werden. So könnte das Vorhaben in die aktuelle Stadtdiskussion eingebunden und als „News“ für die Fachöffentlichkeit kommuniziert werden.

Für die Vorklärung von Sachverhalten sind vertrauliche Gespräche mit den Schlüsselpersonen wichtig. Doch dabei sollte man es nicht bewenden lassen, auch wenn viele Bauherren Nachteile aus einer zu frühen Bekanntmachung ihres Vorhabens fürchten: Die Konkurrenz könnte die Ideen kopieren, Planungsbeteiligte könnten Kompromisse fordern. Aber: jedes Handeln, das nicht auch kommunikativ gesteuert wird, schafft einen Spielraum für Spekulationen. Hartnäckig vertretene, kritische Meinungen, zumal wenn sie in den Medien dargestellt werden, wirken häufig nachhaltiger als die besten Fakten.

1.4.2 Die Kritik an Großvorhaben ist vorprogrammiert

Neue, große Bauprojekte sind naturgemäß der Kritik ausgesetzt. Anlass für Auseinandersetzungen kann etwa die spezifische städtische Lage sein, eine außergewöhnliche Gestaltung oder ein langer nichtöffentlicher Prozess der Planung und Projektentwicklung, der vollendete Tatsachen präsentiert (Stuttgart 21). **Kritik** setzt ein, wenn sich Menschen übergangen fühlen. Sie kann eskalieren, wenn sie kein Gehör findet. Dann kann es passieren, dass sich Kritiker zu Initiativen zusammen schließen mit dem Ziel, das Bauvorhaben zu verändern oder gar zu verhindern. Oft handeln sie sehr entschlossen und es gelingt ihnen, auch mit Hilfe medienwirksamer Aktionen, Sympathien zu wecken. Social Media bieten Kommunikationspotenziale, deren Äquivalent die für die Kommunikation vorgesehenen Etats leicht überflügeln können. Bei Planungsverfahren können derartige Initiativen als Träger öffentlicher Belange anerkannt und so zu einer eigenständigen, politischen Kraft werden.

Nur wenige Projektentwickler tun etwas, um solche Entwicklungen von Anfang an zu vermeiden. Die meisten sind auf derartige Probleme nicht vorbereitet. In der Regel ist auch kein Budget für die notwendige Kommunikation vorgesehen. Gerade in der Planungsphase aber kann der Verzicht auf Öffentlichkeitsarbeit und Dialog die Gefahren für das Vorhaben begründen.

Große Projekte haben typische Kritiker:

- Planer bemängeln die zu große Baumasse (Angst vor Zerstörung des gewohnten Maßstabs)
- Bewohner beklagen die Zunahme an Umweltbelastungen durch wachsenden Verkehr und den Verlust an Freiräumen (Angst vor sinkender Lebensqualität)
- ansässige Einzelhändler befürchten die Konkurrenz von neuen Läden (Angst vor Umsatzverlusten)
- Denkmalschützer lehnen die Veränderung des Bestandes ab (Zerstörung von Spuren der Geschichte)
- Die politische Opposition will den Dissens für sich nutzen und ggf. dem Bauherrn unterstellen, dass er nur auf Kosten der Allgemeinheit einen hohen Profit erwirtschaften will. (Angst, dass der politische Gegner gestärkt wird.)

Sobald Kritik laut wird, sollte der Projektentwickler genaue Informationen darüber einholen. Viele Kontroversen beruhen auf mangelnder Information. Die meisten Menschen kennen das Projekt nicht im Detail. Mehr als schön gestaltete Anzeigen brauchen sie anschauliches und wirklich informatives Material. Dieses sollte auf jeden Fall bei den öffentlichen Anhörungen und Debatten vorliegen, um Spekulationen einzugrenzen. Zur vorgeschriebenen Auslegung des Bebauungsplans kann auch eine kleine Ausstellung hilfreich sein, welche Antworten auf die schon geäußerte Kritik gibt. Damit kann auch die Verwaltung bei der Bürgerinformation unterstützt werden. Nützlich ist es auch, den aktuellen Projektstand mit Hinweis auf die nächsten Schritte in einem Newsletter oder **Flyer** festzuhalten.

Anstrebenswert ist es, den intensiven Kontrakt mit der Politik, Verwaltung und Multiplikatoren zu nutzen, um die Immobilie zum „Aushängeschild" der Nachbarschaft oder gar zum **Leitprojekt** der Stadt zu machen. Hier muss der potenzielle Beitrag des Projekts zur Entwicklung des Gemeinwesens in den Vordergrund gestellt werden, sei es in wirtschaftlicher, sozialer oder kultureller Hinsicht. So wird erreicht, dass sich auch Dritte für die „Bewerbung" des Vorhabens engagieren.

1.4.3 In Szenarien denken

Bei der Entwicklung geeigneter Vermarktungsstrategien sollte nicht nur der künftige Markt- sondern auch ein möglicher Meinungswandel berücksichtigt werden. Im Gegensatz zur strategischen Planung, die auf eine konkrete Zukunft ausgerichtet ist, können Szenarien jene Alternativen aufzeigen, welche auch eintreten könnten. Die **Szenario-Technik** ist ein kreativer Weg, um die Entscheidungsfindung zu unterstützen. Die zentrale Frage lautet: „Was wäre, wenn ...?" So werden Sicherheiten infrage gestellt, erstarrte Denkmuster aufgebrochen und die wesentlichen Probleme transparent gemacht. Durch die kritische Analyse der gegenwärtigen Situation entsteht ein Gefühl für die im Feld wirkenden Kräfte und für mögliche Zukunftsvarianten. Quantitative Daten werden mit qualitativen Informationen, Einschätzungen und Meinungen verknüpft. Das Ergebnis sind detaillierte Beschreibungen von möglichen Zukunftssituationen. Szenarien berühren die großen Unsicherheiten, welche die Vermarktung beeinflussen könnten. Sie bereiten die Beteiligten auf anstehende Veränderungsprozesse vor. Die involvierten Mitarbeiter gewinnen Selbstvertrauen in ihre Problemlösungskompetenz, indem sie

- ihr Verständnis für die möglichen Konstellationen trainieren,
- über ihre Ängste und Wünsche sprechen
- mögliche Krisensituationen vorwegnehmen und sich damit auf den worst case vorbereiten
- eine für sie ideale Vermarktungsstrategie entwerfen, ohne auf Tabus und Sachzwänge Rücksicht zu nehmen.

Ausgangspunkt bildet eine konkrete Problemstellung und der Entwurf eines Markt-Szenarios. Es werden die Felder bestimmt, die nach Zukunftstrends analysiert werden sollen. Mit einem Brainstorming werden zu jedem Feld drei Szenarien entwickelt:

- ein optimistisches, das die günstigste Zukunftsentwicklung (best case scenario) darstellt,
- ein pessimistisches, das den schlechtesten Entwicklungsverlauf (**worst case scenario**) annimmt
- ein Szenario, das die gegenwärtige Entwicklung „normal" fortschreibt (Trend-Extrapolation).

Die Szenarien werden auf ihre Eintrittswahrscheinlichkeit diskutiert.

Folgende Fragestellungen dienen dabei als roter Faden:

- Wo liegen die größten Herausforderungen bzw. Diskrepanzen zwischen dem angestrebten und dem gegenwärtigen Zustand? Benennung der drei wichtigsten und der drei unsichersten Aspekte.
- Welche Probleme könnten die größte Wirkung haben?

– Welche Auswirkungen könnten diese Szenarien haben auf die Bekanntheit der Immobilie, Image der Firma etc.?

In Form von Kurzgeschichten werden drei Zukunfts-Szenarien geschrieben, welche jeweils die Wirkung eines dieser Einflussfaktoren extrapolieren. Jedes Szenario erhält einen Namen. Erst dann wird eine kritische Bestandsanalyse der Immobilie erstellt. Die Analyse der künftigen Chancen/Risiken sowie die gegenwärtigen Stärken/Schwächen der Immobilie werden zur Grundlage für die Strategie in Krisensituationen:

– Welche Entscheidungen sind zu treffen, um die möglichen Herausforderungen zu bewältigen?
– Welche Ressourcen und Maßnahmen wären frühzeitig einzusetzen, falls eine bestimmte Zukunft sichtbar wird?

1.4.4 Mediation

Die **Mediation** ist ein häufig beschrittener Weg, um bei einem Konflikt einen Kompromiss zu erreichen. Stadtplaner und Juristen bieten ihre Dienste als **Mediatoren** an. Dabei setzen die Grundschritte für die Mediation ebenso wie die Szenarien bei der genauen Kenntnis des Projektes an:

– Welches sind die eigenen Ziele?
– Welche Fakten könnten von wem akzeptiert bzw. kritisiert werden?
– Welche der kritisierten Fakten sind wichtig und welche nur Hintergrund?
– Welche Schäden könnte das Projekt bzw. der Entwickler durch die Kritik erleiden?
– Wer sind die möglichen Gegner? Was könnten ihre Motive bzw. Forderungen sein?
– Welche Ziele können wie erreicht werden? Mit welchen Argumenten (Fakten)?
– Gibt es vergleichbare Fälle mit negativem Ausgang?
– Wie könnte man zu einer Einigung zu kommen?
– Was passiert, wenn man sich nicht einigen kann?
– Was würde ein Gericht dazu sagen? Wie lange würde die juristische Klärung dauern?
– Welche Alternativen gibt es? (z.B. Aufgabe des Vorhabens, alternativer Standort, neue Projektpartner)

In jedem Fall ist es nützlich, möglichst weitere Fürsprecher aus Parteien und Verbänden (**Lobbying**) für das Projekt zu gewinnen. Vielleicht ist auch die Gründung einer „positiven Initiative“ zur Unterstützung des Vorhabens möglich. Dazu sollte das Projekt frühzeitig kommuniziert werden. Die Aufmerksamkeit sollte von Anfang an auf die Potentiale des Vorhabens gelenkt werden, wie etwa die Verbesserung des Standorts oder die Bereicherung der Stadt. Die zu erwartenden Vorteile sollten anschaulich und in unterschiedlichen Zusammenhängen (funktional, sozial, ökonomisch, ökologisch, etc.) dargestellt werden.

Gutes Marketing beugt Konfrontationen durch Information und Gesprächsbereitschaft vor. Das erfordert eine sorgfältige Vorbereitung sowie eine populäre und kontinuierliche Darstellung des Vorhabens. So wird mit Mitteln der Öffentlichkeitsarbeit sowohl Akzeptanz geschaffen als auch die Genehmigung des Projekts beschleunigt.

Auch für die Bauphase sollte das Publikum im Auge behalten und Argumente der kritischen Bürger aufgenommen werden, um durch Kommunikation und offensive Information den Erfolg des Vorhabens zu sichern.

1.5 Baustellenmarketing

Baustellen sind laut, dreckig und unzugänglich. Sie behindern den Verkehr und bestimmen den Eindruck des Standortes. Um die zukünftigen Qualitäten der Immobile und des Standorts zu vermitteln, bietet sich eine Inszenierung der Baustelle an. **Baustellenmarketing** informiert, weckt Neugier und schafft ein klares Bild vom Projekt. Damit wird Spekulationen vorgebeugt und Akzeptanz geschaffen für künftige Nutzungen.

Ende der 1990er Jahre vermarktete das „Neue Berlin" seine Baustellen im Sommer als „Schaustelle". Großplakate an Häuserfassaden, ganzseitige Anzeigen in Magazinen, Werbespots im Fernsehen kündigten an, wo Berliner und Touristen über Fundamente, durch Betonwüsten, zu zukünftigen Bahngleisen geführt werden. Der Wandel der Stadt konnte hautnah miterlebt werden.

1.5.1 Bauzaun

Der **Bauzaun** sichert die Baustelle. Die meist etwa zwei Meter hohen Draht- oder geschlossenen Bretterzäune sind Bestandteil der Baustelleneinrichtung. Sie werden zum Teil häufig umgesetzt und manchmal von Baufahrzeugen beschädigt. Das muss berücksichtigt werden, wenn sie als Imageträger eingesetzt werden sollen. Ein beschädigter Bauzaun mit Projekt-Logo kann zu einem beschädigten Image führen.

Der geschlossene Bauzaun wird häufig kreativ genutzt, etwa für Kunst oder eine Freiluft-Ausstellung. Er wird von Schulklassen bemalt, von Jugendlichen mit Graffiti besprüht, professionell von Grafikern, Fotografen und bildenden Künstlern gestaltet oder von Gärtnern begrünt. Bauzäune können Botschaften des Projekts, der Stadt oder von der Geschichte des Standorts tragen, den Namen und die Planung vorstellen, thematisch auf die künftigen Nutzer eingehen, typische Elemente des Baus aufnehmen oder, bei einer fertigen Konstruktion, sogar in eine großmaßstäbliche Inszenierung der Fassade einbezogen werden. Passanten sind neugierig und freuen sich über Löcher im Zaun, die einen Blick auf das Baugeschehen gestatten. Bei vielen Großbaustellen sind Webcams Standard, die auf die Webseite des Projekts geschaltet werden, die wiederum mittels eines QR-Codes auf dem Bauzaun von Passanten mit dem Handy vor Ort angesehen werden können.

Mit der Abgrenzung vom öffentlichen Raum zeigt der Bauzaun die Ausdehnung des Projekts. Auch diese „neue Grenze" kann inszeniert werden. Auf Info- und Bauschildern kann das Vorhaben dargestellt und in seiner Größe vorstellbar werden, das Image kann sich etablieren.

Seit einigen Jahren werden auch in Deutschland Baustellen in 1 A-Lagen gänzlich hinter Gerüsten versteckt, auf denen Planen gespannt sind, welche die künftige Fassade im 1:1 Maßstab zeigen. Die Baustelle stört weniger und das perfekte Fassadenbild hilft dem Marketing mit der Vision der baldigen Fertigstellung, auch wenn der Rohbau noch im Gange ist. In Berlin wurden am Leipziger Platz mit dieser Methode Lücken in der oktogonalen Randbebauung optisch geschlossen, so dass der künftige Stadtraum vorstellbar wurde. Teile der „Fassade" können als Megaposter vermietet werden und verdienen gutes Geld.

1.5.2 Bau- und Imageschilder

Zu jeder Baustelle gehört ein **Bauschild** das mitteilt, was von wem errichtet wird. Die Namen der am Bau beteiligten Firmen sind für das Marketing von untergeordneter Bedeutung. Sie sollten kleiner auf einem separaten Bauschild untergebracht werden. Werbung im Stadtraum ist großformatig. Neben der technischen Information ist deshalb ein auffälliges **Imageschild** vorzusehen. Das Wichtigste ist dabei ein Bild, das Rendering der Immobilie oder des Siedlungsprojekts, welches auch in der Werbung verwendet wird. Dazu kommen die Hauptbotschaften in großer, klarer Typografie, damit das Schild auch von weitem lesbar ist. Wichtig sind auch der Name des Projektentwicklers, eine Infotelefonnummer, die Internetadresse und ein QR-Code. Ein QR-Code, der groß auf dem Bauzaun abgebildet wird, erlaubt es sogar vorbeifahrenden Smartphonebenutzern die Informationen über Webseite und Weiteres schnell zu speichern, um auf die Informationen später zutückzugreifen.

Gerade bei Wohnimmobilien sprechen Imageschilder einen hohen Prozentsatz der zukünftigen Kunden an. Es ist die Visitenkarte des Unternehmens am Standort. Deshalb sollte es ein sorgfältig gestaltetes, interessantes Anschauungsobjekt sein, das die Aufmerksamkeit auf sich lenkt. Jede Größe und Form ist möglich. Die Schilder sollten am „Kommunikationskanal", zu der am meisten befahrenen Straße orientiert werden und sowohl für den vorbeifahrenden

Autofahrer, als auch für die Nutzer öffentlicher Verkehrsmittel gut sichtbar und bei Dunkelheit beleuchtet sein. Möglich sind lichtstarke LED-Displays, auf denen auch am Tage eine Projektanimation gezeigt werden kann.

Projekte, die groß angekündigt werden, dann aber wider Erwarten nicht begonnen werden, wecken Misstrauen und Distanz. Um Interessenten nicht zu enttäuschen, zu demotivieren und schließlich anderen Anbietern zuzutreiben, sollte ein gestalteter Bauzaun oder ein Imageschild erst dann gestellt werden, wenn der Baubeginn festliegt. Bei langen Bauzeiten sollten Bauschilder regelmäßig gewartet und im Bedarfsfall aktualisiert werden.

1.5.3 Aussichtsplattform, Kräne, Webcam

Das Baustellenmarketing kann auch die Arbeiten in der Baugrube als Attraktion präsentieren. Menschen sind neugierig und schauen gern dem Geschehen von einem Podest aus zu. Diese temporäre Maßnahme kann zwischen dem Aushub und dem Betonieren der Kellerdecke angeboten werden. Die Besucher beginnen sich mit dem Projekt zu beschäftigen. Das schafft Akzeptanz, dient aber nur insofern der Kundenansprache, dass es das Projekt ins Gespräch bringt.

In Abstimmung mit den Baufirmen kann geprüft werden, ob auch Baufahrzeuge das Logo des Vorhabens tragen können. Sie können als gemeinsamer Event eingesetzt werden, etwa in einem „Ballet der Bagger“. Auch hier ist auf die Sauberkeit der Maschinen zu achten. Das sichtbarste Element einer Baustelle sind die Kräne. An ihnen ist meist das Logo der Baufirma angebracht. Aus statischen Gründen sind Transparente an Kränen nicht möglich. Kräne können aber mit unterschiedlichen Arten der Beleuchtung an Schaft und Ausleger in der Dunkelheit einen faszinierenden Beitrag zum Image des Standorts leisten.

Standard sind heute Webcams, die das Baugeschehen auf der Projektwebseite jederzeit sichtbar machen, auch nachts, wenn vielleicht nichts geschieht. Die Webcam nachts abzuschalten, wäre deswegen allerdings unklug. Erstens vermuten die Meisten, dass nachts nicht gearbeitet wird und zweitens geht dann der dokumentarische und objektive Charakter der Webcam verloren. Allerdings ist bei Webcams am Bau darauf zu achten, dass kein Stream übertragen wird, sondern zum Beispiel nur ein Bild pro Stunde. Neben datenschutz- und arbeitsrechtlichen Gründen, sollte diese Form der eingeschränkten Dokumentation und Kommunikation durch Aushang allen Baubeteiligten zur Kenntnis gebracht werden. Dieses Verständnis verlängert die Lebensdauer einer Webcam ungemein

1.5.4 Ausstellung, Marketingsuite, Infocenter, App, Virtual Reality

Am Standort oder im Büro des Projektentwicklers kann der Interessent eine kleine Ausstellung, ein Video oder ein interaktives Medium zum Projekt anschauen. Wenn dieser Auftritt aufwändiger gestaltet wird und den Kunden ganz in die Welt des Vorhabens einbezieht (branding), spricht man von einem **Showroom** oder einer **Marketingsuite**. Diese Präsentationsräume sind nicht öffentlich zugänglich und teilweise mit erheblichem finanziellen und technischen Aufwand ausgestattet.

Ein bekanntes Beispiel für Baustellen- und Standortmarketing war die rote Info Box am Potsdamer Platz. Von 1995 bis 2000 gehörte sie zu einer der meist besuchten Attraktionen Berlins. Mit ihrem vielfältig aufbereiteten Informationsangebot zielte die Infobox darauf ab, Akzeptanz im Grenzbereich von Ost und West zu schaffen. Millionen von Besuchern zeigten, wie groß ihr Interesse und ihr Informationsbedarf über das gigantische Vorhaben war. Als Initiator war der Berliner Senat daran interessiert, Kritik an der „größten Baustelle Europas“ vorzubeugen und das Vorhaben als Konsens-Projekt und nicht als Sammelsurium von wirtschaftlichen Einzelinteressen darzustellen. Durch die gut gestaltete Informationsausstellung und die großartige Aussicht vom Dach der Infobox entstand das Gefühl, direkt am Puls der Zeit zu sein und das Wachsen der neuen Hauptstadt hautnah mitzuerleben. Das Baustellenmarketing inszenierte eine Zukunftserwartung, welche die Legende vom Potsdamer Platz aufnahm und in eine neue Dimension führte. Darüber hinaus fanden auf den Baustellen regelmäßig Events statt, die dieses neue Zentrum von Anfang an in das kulturelle Leben der Stadt einbezogen haben.

Mittlerweile gibt es natürlich auch eine App für den Potsdamer Platz-Bereich, welche über die gastronomischen-, Einzelhandels- und Entertainmentangebote informiert, über eine Audiotour verfügt und vieles mehr anbietet. Apps während der Bauphase haben sich selbst bei kleineren Projekten etabliert: Zum Beispiel die „Waterhouses“ von Hochtief in Hamburg-Wilhelmsburg. Lagepläne und Fotos der Umgebung erklärten den Standort. Ein bis zwei Mal im Monat gab es neue Fotos vom Baufortschritt. Das Energiekonzept der Hauser wurde erklärt. Gute Renderings von den Häusern und den Wohnungstypen trugen dazu bei, dass alle 34 Einheiten vor Fertigstellung verkauft waren.

Mit kalkulierbarem Aufwand lassen sich auch Virtual-Reality-Präsentationen vom Standort und den räumlichen Situationen in den Gebäuden erstellen. Das kann ein Highlight in der Marketing-Suite sein. Allerdings ist die Scheu der potenziellen Kunden vor den klobigen VR-Brillen und dem möglichen Kontrollverlust zu berücksichtigen. Man sollte daher VR eher in einer abgeschiedenen Ecke der Marketingsuite anbieten, wo die Reaktionen des Nutzers des Mediums nicht für andere Besucher zu beobachten sind.

1.5.5 Musterbüro und -wohnung

Moderne Bürobauten sind darauf ausgelegt, verschiedene Raumkonzepte flexibel zu verwirklichen. Ob Zellen-, Gruppen- oder Kombibüros mit multifunktionalem Zentrum oder Coworking-Spaces für hochvariable Arbeitsszenarien: Die unterschiedlichen Aufteilungen lassen sich auch interaktiv gut darstellen.

Dennoch besteht bei vielen Menschen das Bedürfnis, sich die Möglichkeiten und Qualitäten der Immobilie vor Ort anzuschauen. **Musterbüro** oder **Musterwohnung** zeigen, wie die Räume optimal zu nutzen sind. Es gibt dem Kunden vor allem die Gelegenheit, Ambiente oder Möblierung zu testen und die Qualität des Ausbaus zu erleben. Hier sind atmosphärische Details wichtig: gute Beleuchtung, Pläne und Musterbücher, die dem Besucher seine Chancen zum Mitgestalten zeigen und – Kaffeeduft, der Gerüche von feuchtem Beton oder Lösungsmitteln überdeckt und eine angenehme Atmosphäre vermittelt. Um einen Eindruck der Fassade zu bekommen, werden frühzeitig Musterelemente an der Baustelle gezeigt. Auch diese verschaffen dem Kunden einen Eindruck von der zukünftigen Qualität und Wirkung des Hauses.

1.6 Events prägen das Projekterlebnis

In der ersten Stufe wird das Bauvorhaben entworfen, Planungs- und Baureife geschaffen und die Finanzierung gesichert. Mit dem Bauen beginnt die Transformation, aus dem Standort wächst eine dreidimensionale Baustelle. Die wichtigsten Phasen des Baufortschritts werden kommuniziert, indem sie gefeiert werden.

Traditionell markieren **Baurituale** die Stationen des Baufortschritts. Diese feierlichen Akte sind: der erste **Spatenstich**, die **Grundsteinlegung**, das **Richtfest** und die Übergabe zur Fertigstellung. Derartige **Events** und Veranstaltungen sind ein fester Bestandteil des Marketing. Die Baufeste bilden das zeitliche Rückgrat jeder Kommunikationsstrategie. Das Baustellenmarketing nutzt sie aktiv, um den Standort und das im Bau befindliche Projekt immer wieder ins Gespräch zu bringen. Damit werden Aufmerksamkeit erzeugt und Anlässe für einen Besuch geschaffen. Das Besondere ist gefragt, um Bekanntheit, Image und Akzeptanz des Projektes und des Entwicklers bei den Zielgruppen und Medien zu stärken und sich von der Konkurrenz abzusetzen.

Da Events die Bautätigkeit stören und womöglich die Baustelle lahmlegen können, sind sie schon bei der Ausschreibung im Bauzeitenplan zu sichern. Für eine Grundsteinlegung sind Wege auf der Baustelle festzulegen und abzusichern, manchmal ist es notwendig, Treppen in die Baugrube hinab zu zimmern. Die Sauberkeit der Baustelle ist zu gewährleisten, zuweilen werden ganze Bereiche mit Planen abgedeckt. Ein Grundstein muss vorgemauert werden, schließlich müssen Maurer und Polier in sauberer Kleidung mit neuer Kelle und Hammer bereitstehen. Auch diese Positionen gehören in die Ausschreibung.

Es lohnt sich, diese Veranstaltungen auf den Punkt vorzubereiten, denn es dauert Monate, bis die Gäste erneut auf die Baustelle eingeladen werden können.

Die gedruckte Einladung selbst ist eine wichtige Imagemaßnahme. Sie wird von mehr Menschen wahrgenommen, als tatsächlich die Veranstaltung besuchen. Auf der Einladung kommen Name, Adresse und Hauptbotschaften im CD des Projekts zusammen.

Jeder Gast ist ein potenzieller Botschafter des Projekts. Ein wichtiges Ziel der Veranstaltung ist es, mit den Besuchern persönlich ins Gespräch zu kommen und ihnen das Gefühl des Besonderen zu geben. Das dient auch als Anreiz für prominente Redner oder wichtige Gäste. Die Atmosphäre der Veranstaltung beeinflusst die Art, wie später über das Projekt geredet wird. Die Veranstaltung orientiert sich deshalb vor allem an den Gästen. Statt zuviel „über sich" zu reden, sollte das „Erlebnis" im Vordergrund stehen. Das wirkt sich auch positiv auf die Berichterstattung aus.

1.6.1 Spatenstich

Der Baubeginn wird mit dem **Spatenstich** markiert. Das Aufbrechen der Erdkrume ist ein symbolischer Akt, mit dem der Bauherr seiner Intention Ausdruck gibt und sich bei denen bedankt, die das Projekt zur Baureife geführt haben. Häufig ist dies auch der erste, öffentliche Auftritt eines Projekts. Vor Ort wird die neue Adresse und das Logo etabliert. Der Standort wird mit Info- und Bauschildern markiert, auf denen die Hauptbotschaft sichtbar wird. Bauzäune werden gestellt und gegebenenfalls als Imageträger aktiv genutzt.

1.6.1.1 Die Inszenierung

Der Höhepunkt der ersten Veranstaltung ist die symbolische Handlung, der Spatenstich. Dazu muss der Standort hergerichtet und der Ablauf vorbereitet und inszeniert werden.

- Wer soll wann stechen?
- Sollen ein oder mehrere Spaten eingesetzt werden?
- Ist ein Bagger oder eine Ramme geeigneter?
- Wie sieht das Pressefoto bzw. der TV- Bericht aus?
- Wo ist der optimale Platz für das Pressepodium? Zu prüfen sind z.B.die Ausrichtung des Events: alle Kameras brauchen das Licht im Rücken, mögliche Bildhintergründe, Kamerawinkel, zusätzliche Beleuchtung verschatteter Ecken.
- Braucht der Standort einen Hintergrund, z.B. ein großes Transparent mit dem Namen oder einem Bild des Vorhabens, damit der Ort identifizierbar wird?
- Wo stehen/hängen die Botschaften, die jeder lesen soll?

Die Vorbereitung umfasst auch Logistik, Medien- und VIP-Zugang, Technik, Dekoration, Teilnehmer-Unterbringung, Catering und Sicherheit sowie eine Schlecht-Wetter-Variante.

1.6.1.2 Reden

Auf der Baustelle steht man. Alle Reden zusammen sollten deshalb nicht länger als eine halbe Stunde dauern. Danksagungen und Details sind wichtig, aber noch wichtiger sind eingängige Geschichten, die der Besucher begeistert weitererzählen kann. So kann etwa eine Anekdote aus der Geschichte des Standorts nützlich sein. Ein Gastredner kann gegebenenfalls sicherstellen, dass die Gäste unterhaltend informiert werden und, falls er prominent ist, auch für eine bessere Berichterstattung sorgen.

Besonders bei Großprojekten besteht die Gefahr, dass die Events zu langweiligen Redeveranstaltung verblassen. Typische Fehler sind:

- Projektbeteiligte werden mehrfach oder gar nicht vorgestellt
- sie reden zu ausführlich, ohne etwas Besonderes zu sagen.

Der Einsatz eines Moderators hat sich bewährt. Er kann darauf achten, dass die Reden aufeinander aufbauen und dass die Zeiten eingehalten werden. Solche Abstimmungen erfordern schon vorab Fingerspitzengefühl und Überzeugungskraft.

1.6.2 Grundsteinlegung

Weil Spatenstich und **Grundsteinlegung** zeitlich dicht beieinanderliegen, wird meist nur eines der Rituale gefeiert. Nur bei sehr großen oder bedeutsamen Vorhaben feiert man beide. Die Grundsteinlegung findet statt, wenn der Aushub beendet ist und die Grundrisse des Baus sichtbar sind. Um dem Vorhaben eine Seele zu geben, kommen gute Wünsche in die **Grundsteinkapsel**. Beigelegt werden Münzen, Tageszeitungen, Baupläne und eine Urkunde über die Grundsteinlegung. Auf ihr wird das Projekt kurz beschrieben und die Beteiligten werden genannt. Die Urkunde und eine Kopie können noch auf dem Grundstein vom prominentesten Beteiligten unterschrieben werden. Die Kopie kann dann im fertigen Bau ausgehängt werden. Anschließend wird die Kapsel symbolisch vermauert. Zuweilen wird die Kapsel in einer nicht tragenden Betonwand eingegossen. Manchmal erinnert eine Plakette daran, wann und von wem der Grundstein gelegt wurde.

Schon immer waren Grundsteinlegungen Anlass für Persönlichkeiten des öffentlichen Lebens, den Vorhaben Glück zu wünschen und öffentlich ihre Unterstützung zu bekunden.

1.6.3 Richtfest

Das Richtfest ist das klassische Fest der Baugewerke. Sie feiern mit den Bauherren die Fertigstellung von Rohbau und Dach und werden dafür bezahlt. Ein Richtfest ist nicht unbedingt ein Marketingevent. Wenn die Begegnung von „Krawattenträgern“ mit Handwerkern stattfinden soll, muss sie bewusst gestaltet werden.

Auch **Richtfeste** können Botschaften verkünden. Ein Schweizer Projektentwickler nahm diese feierliche Stunde zum Anlass, um sich mit dem ersten Wohnungsbauprojekt in Deutschland auf spektakuläre Weise vorzustellen. Den Höhepunkt des Richtfestes bildeten Schweizer Bergsteiger, die sich vom Baukran abseilten. Ein eindrucksvolles Bild, das gleichzeitig die Botschaft „die Schweizer sind da“ vermittelte.

1.6.4 Fertigstellung und Eröffnung

Der Zeitpunkt der Fertigstellung sollte als zentrales Vertiebsinstrument genutzt werden. Ihre erfolgreiche **Platzierung in den Medien** basiert auf einer vorangegangenen, kontinuierlichen Medienarbeit, die das Projekt während der gesamten Bauphase im Gespräch gehalten hat und den Kontakt zu den Medienvertretern stabilisiert hat. Die Fertigstellung bzw. Eröffnung eines Projekts ist die Generalprobe für die künftige Nutzung.

1.6.5 Vertriebsevents

Der **Vertriebsevent** richtet sich in erster Linie an potenzielle Nutzer oder Käufer. Darin unterscheidet er sich von den Baufesten, die stark auf Multiplikatoren (Medien, Akteure aus Politik, Wirtschaft, Kultur und Nachbarschaft) setzen. Auch dieser Event sollte zum Image des Projekts und zu den Zielgruppen passen. Oft findet die Bereitstellung von Musterwohnungen und Verkaufsaktionen zusammen mit Bewohnerfesten statt. Oft erlebt man standardisierte Programme mit Hüpfburgen und Kinderschminkaktionen. Das Uniforme kann jedoch in Zeiten starker Konkurrenz durchaus nachteilig wirken.

Für einen Vertriebsevent sollte im vorhinein genau definiert werden:
- Wer soll mit der Veranstaltung erreicht werden?
- Welche Vorlieben hat diese Zielgruppe?
- Wie kann die Zielgruppe gezielt auf den Event aufmerksam gemacht werden?

- Wie bekommt man eine angenehme, lebendige Stimmung in eine unbewohnte Musterwohnung?
- Wie können technischer Komfort und die Nutzungsvielfalt eines Gewerbegebäudes vermittelt werden?

Vertriebsevents sollen ein emotionales Verhältnis zur Wohnung und zum Gebäude aufbauen: Hier ist der Ort, an dem Träume verwirklicht werden können. Der Veranstaltungsraum sollte so inszeniert werden, dass die Besucher positiv überrascht werden. Livemusik, Foto- oder Kunstausstellungen geben den leeren Flächen schnell einen besonderen Charakter. Die Inszenierung bietet wiederum Anknüpfungspunkte für das Verkaufsgespräch, auch noch im Nachhinein.

1.6.6 Beteiligung Dritter

Standorte können auch als temporäre Veranstaltungsorte für Kunst- oder Benefizveranstaltungen genutzt werden. Spannende Inszenierungen und gutes Catering locken Medienvertreter auch an schon häufig besuchte Orte. Um die Immobilie etwa in einer bestimmten Szene zu lancieren, sollten lokale Akteure und Szene-Stars als Veranstalter ins Spiel gebracht werden. Persönlichkeiten sind wertvolle Zugpferde, die der Immobilie einen Erlebniswert geben. – Die Choreografin Constanza Macras wünschte sich 2004 die Halbruine des Kaufhauses Jandorf im Berliner Szenebezirk Prenzlauer Berg als Location für ihre legendäre Inszenierung „Back to the Present“. Die Premiere und fünf Vorstellungen waren ausverkauft. Dann stand das Kaufhaus nicht mehr zur Verfügung. Der 50erJahre-Innenraum wurde zunächst in der Berliner Schaubühne, schließlich beim Festival in Avignon im Hof der Päpste nachgebaut. (Die Projektbeteiligten wurden sich übrigens mit dem Eigentümer des Jandorf nicht über den Mietpreis einig. Sie zogen nach Kreuzberg und entwickelten in der ehemaligen „Bechsteinfabrik" das sehr erfolgreiche „Modulor-Haus".)

1.6.7 Kunst am Bau

Nicht nur große Unternehmen können ihre Immobilien und Standorte mit großer, teurer Kunst aufwerten, wie Jonathan Borofsky's „Hammering Man“ vor TishmanSpeyer's Frankfurter Messeturm oder sein „Molecule Man“ in der Berliner Spree vor dem Treptower der Allianz. In Wartenberg, im Berliner Norden, bekam der Platz einer Reihenhaussiedlung Charakter und Thema durch die Holzskulptur „Der Gucker“ von Detlef Schulz. In sechsMetern Höhe sitzt er auf einem Pfahl und blickt bis zur Ostsee. Alle Häuser beim Gucker wurden verkauft. Einschließlich Aufstellung und Einweihung mit Bürgermeisterin hat die Kunst keine 10.000 Euro gekostet. Mit 4.000 Euro kam ein Hauseigentümer in Berlin-Köpenick aus, der sein Mietshaus nach Totalsanierung in Höhe des 3. Stockwerks mit einer vergoldeten Bronzeskulptur schmückte, die bei Dunkelheit angeleuchtet wird. Alle Wohnungen wurden zügig vermietet. Kunst am Bau ist Gesprächsstoff und bietet Projektentwickler oder Bauherren eine positive Möglichkeit zur Selbstdarstellung. – Wichtig ist, mit ersthaften Künstlern zusammen zu arbeiten, die auf den Standort eingehen. Nur dann ergeben sich die positiven Wirkungen. Dabei muss die Kunst nicht gefällig sein. Im Gegenteil, wenn man sich „an ihr reibt“, wird sie andauernd wirken und irgendwann zum Klassiker werden.

1.6.8 Publikumswirksame Attraktionen

Marketing braucht Attraktionen. Um die „News-Schwelle“ zu überwinden und für die Medien interessant zu sein, braucht man Events. Damit können Bauten oder Standorte zu Flaggschiffen oder zu Ankern der Kommunikation werden.

1994 beschloss die Stadt Berlin, das 131 Hektar große Gewerbegebiet am Rummelsburger See als neue Wasserstadt zu entwickeln. Anfangs war diese Lage unzugänglich, belastet von den Hinterlassenschaften intensiver industrieller Nutzung. Aufräumen bedeutet Abriss und

Entgiftung, das ist optisch nicht gerade attraktiv. Die Zukunft war beim Anblick dieser Realität kaum vorstellbar.

Ein alter Frachtkahn wurde als Ausstellungsfläche umgenutzt. Die Anlegestelle war von der benachbarten Brücke und der S-Bahn aus gut sichtbar. Die EXPO 2000-Fahne zeigte, dass es sich hier um etwas Neues und Zukunftsweisendes handelte, bis weit über die Grenzen Berlins hinaus. Das half sowohl beim Marketing als auch bei der Schaffung von Akzeptanz in Politik und Verwaltung.

Zu dem Projekt gab es einen Newsletter, der drei- bis viermal jährlich als Hauswurfsendung im Gebiet verteilt wurde und an strategisch wichtigen, öffentlichen Stellen auslag. Auch einfache Events, wie ein gemeinsamer Osterspaziergang, wurden hier angekündigt. Der Osterspaziergang wurde schließlich zur Tradition im Gebiet: 2018 fand er zum 20. Mal statt, mittlerweile von der Interessengemeinschaft der Eigentümer in der Rummelsburger Bucht veranstaltet. Viele Nachbarn nehmen dies zum Anlass, diesen neuen Teil der Stadt und die zugänglich gewordenen Ufer kennen zu lernen und sich über die qweitere Entwicklung zu informieren.

1972 wurde an der Rummelsburger Bucht eine wichtige Szene des DEFA-Films „Die Legende von Paul und Paula“ gedreht. Am 1. Mai 1998 kamen die Schauspieler, das Filmteam, die Bezirksbürgermeister und hunderte von Berlinern, um das Paul-und-Paula-Ufer zu taufen. Der Veranstalter stiftete eine Bank für Berliner Liebespaare. Es wurde ein voller Medienerfolg. Für die Bauherren führte dieser Tag zu einigen Wohnungsverkäufen.

Die Presseauswertung belegt, dass durch Events und inszenierte Pressekonferenzen die **News-Schwelle** überwunden werden kann. Ob es sich um eine internationale Tagung mit Bundesministern oder um kleine Anlässe handelt, in jedem Fall sollten die Medien dabei sein. Wenn sie nicht kommen, müssen ihnen Pressemitteilungen und Fotos umgehend gemailt werden. Auf der Website sollen die Materialien zum Download angeboten werden.

Dieses bereits in der ersten Auflage des Handbuchs beschriebene Beispiel wird bis heute von derselben Agentur für die IG der Eigentümer in der Rummelsburger Bucht weitergeführt. Während auf der Stralauer Halbinsel die letzten Wohnungen für 8.000 €/Quadratmeter verkauft werden, wird zwischen Bahnhof Ostkreuz und Paul-undPaula-Ufer ein gemischtes Wohn- und Geschäftszentrum mit einem „Wasserhaus" der israelischen Coral World Marine Parks realisiert. Ebenfalls realisiert wird ein 300 Meter langer, bis zu elf Geschosse hoher Geweerbe- und Bürokomplex entlang einer Bahntrasse, der den See und die Wohngebiete vom Verkehrslärm entlasten soll. – Unter verschiedenen Auftraggebern wurde an diesem Standort seit 1994 eine Kommunikationsstrategie erfolgreich realisiert und permanent weiter entwickelt. Gerade das Standortmarketing erfordert oft einen langen Atem, um das Ziel einer Entwicklung „von der Brache zur Adresse" zu erreichen.

1.6.9 Give-aways

Bei der Verabschiedung der Gäste kann man als Erinnerung an das Projekt ein Souvenir mitgeben:

- Informationsmaterial wie Broschüre, Flyer
- Der Schirm oder das Sitzkissen, die bei der Veranstaltung genutzt wurden, genauso wie Krug oder Becher, die Flasche, der Anstecker (pin).

Die Blume zum Abschied ist ein Klassiker, aber welche Botschaft vermittelt sie? Thematisch bespielte Memory-Sticks oder ein Cocktailbuch mit den Rezepten der Mixgetränke, die es auf der Veranstaltung gab und die den Namen der Projekte tragen, können da einprägsamer sein. Zum Beispiel Steinbaukästen für das Kind im Geschäftspartner gibt es im High-End-Bereich. Je aufwändiger das Give-away desto länger muss es vorab geplant werden. Zehn Wochen sollte man Vorlauf haben, wenn man über Produkte mit Namen und Logo des Projekts verfügen will und normale Preise bezahlen will.

1.6.10 Dokumentation

Wichtig sind gute Fotos und professionelle Videoaufnahmen der Veranstaltung, die in den Vermarktungsunterlagen oder im Rahmen von Präsentationen und Vorträgen weiterverwendet werden. Fast alle Interessenten sind an einem **Pressespiegel** interessiert. Dieser stärkt das Gefühl für das Besondere des Projekts. Von allen Gästen sollten die Adressen ermittelt und festgehalten werden. Teilnehmerkarten für ein Gewinnspiel oder eine Verlosung, z.B. eines Kunstwerks am Veranstaltungstag, sind dabei ein effektives Mittel. Auch eine gläserne Box am Empfang, und die Bitte an die Gäste, ihre Visitenkarte hineinzustecken, hat sich bewährt, erhält man so die präzisesten Daten.

1.6.11 Budgets für Events

Für einen kleinen aber gut inszenierten Event sollte mit Veranstaltungskosten von 5.000 bis 15.000 Euro gerechnet werden. Bei aufwändigeren Veranstaltungen kann man allein für Getränke, Speisen und gehobenen Service mit 50 bis 100 Euro pro Person rechnen. Hinzu kommt die Dekoration der Räumlichkeiten, Honorare für Künstler, Technik und Organisation sowie die Kosten für die Bewerbung der Veranstaltung, die Medienarbeit, die Einladungen sowie die **Give-aways**. Eine Top-Veranstaltung kann dann schon leicht 80.000 oder 150.000 Euro kosten. Häufig sind die beteiligten Baufirmen bereit, einen Beitrag zum Fest in Form von Eigenleistung und/oder Sponsoring beizutragen.

Doch weder ein üppiges Buffet noch eine aufregende Show können wichtige Botschaften ersetzen. Bei der Festlegung des Budgets hat die Zieldefinition oberste Priorität. Was soll vermittelt werden und wie wird das am besten erreicht? Eine Veranstaltung ist am effektivsten, wenn sie als Teil eines Kommunikationskonzepts konzipiert ist. Dann lassen sich Elemente des Events in weitere Marketing- und PR-Maßnahmen einbinden und effizient weiternutzen. Der Erfolg der Veranstaltung wird an der Dichte der Kontakte und durch die Auswertung der Berichterstattung messbar.

1.7 Umgang mit den Medien

1.7.1 Öffentlichkeitsarbeit / PR

Bereits in der Entwicklungsphase sollte das Vorhaben durch PR (public relations = Öffentlichkeitsarbeit) bekannt gemacht werden. Neben der Medienarbeit zählt dazu auch der direkte Kontakt zu Nachbarn, Aktionären, Behörden, Verbänden oder kritischen Gruppen. PR-Arbeit vermittelt die Ziele und Interessen des Vorhabens nach innen und außen. Ziel ist es, Vertrauen und Verständnis aufzubauen und damit langfristig Akzeptanz für das Vorhaben zu sichern. Investor Relations zielen speziell auf die Information der Aktionäre und Geldgeber.

Mehr als die Werbung fördert die redaktionelle Berichterstattung die Glaubwürdigkeit von Marketingaussagen. Ein redaktioneller Artikel ist um ein Vielfaches wirkungsvoller als eine Anzeige in der gleichen Größe. Und er ist glaubwürdiger und weitaus preiswerter als Werbung. Vor allem aber gilt: Wer nicht publiziert, überlässt das Feld der Konkurrenz!

Viele Projektentwickler konzentrieren sich gern auf ihr Kerngeschäft und lassen die Pressearbeit nebenbei von einem Mitarbeiter erledigen. Die Folge ist, dass die Berichterstattung oft der Bedeutung der Projekte nicht Rechnung trägt. Dann sehen sich die Projektentwickler als Opfer der Medien, die zu einseitig und wenig sachgerecht berichten. Gute Berichterstattung erfordert einen professionellen Umgang mit den Medien. Der frühere Immobilien-Redakteur der FAZ, Jens Friedemann: „Ein Unternehmen, das die Bedeutung einer professionellen und vor allem langfristigen Öffentlichkeitsarbeit nicht erkennt, hat entsprechend geringe Chancen, von den Medien wahrgenommen zu werden."

1.7.2 Umgang mit Journalisten

Berichterstattung kann das Image eines Vorhabens positiv prägen. Voraussetzung ist sowohl die gute Präsentation des Projekts als auch der persönliche Umgang mit Redakteuren, Reportern und Autoren. Am wichtigsten sind jene Medien, die von den Zielgruppen am meisten genutzt werden.

Journalisten ist nur selten wichtig, ob sich ein Projekt gut oder schlecht verkauft, ihnen geht es um die News-Aspekte, darum, was wirklich neuartig und anders am Projekt ist. Beim gegenseitigen Kennenlernen können gemeinsame Interessen ausgelotet werden. Dabei kann ein Kaffee oder ein Essen hilfreich sein. Aber Vorsicht: Journalisten reagieren empfindlich, wenn sie den Eindruck bekommen, dass jemand sie in der Freiheit ihrer Berichterstattung einschränken will.

Redakteure von Tageszeitungen und täglichen Nachrichtensendungen stehen unter Zeitdruck, denn der Redaktionsschluss liegt fest. Ihre Nachfragen nach dem Vorhaben oder etwaigen Neuigkeiten sollten umgehend beantwortet werden. Nur wer schnell ist und alle Antworten parat hat, wird nach Statements und Markteinschätzungen gefragt.

1.7.3 News: Kurz und auf den Punkt

Kurze, prägnante Texte mit deutlichen Botschaften sparen Zeit und Papier. Wenn der Journalist Zusatzinformationen braucht, wird er danach fragen. Eine gut aufbereitete Geschichte, die einem Journalisten exklusiv angeboten wird, erhöht die Chance, dass dem Projekt mehr Platz eingeräumt wird. Allerdings können die Konkurrenzmedien auch negativ darauf reagieren. Anlässe zur Berichterstattung sind „news" vom Projekt, aber auch die kontroversen Meinungen dazu. Wichtig ist eine flexible Kommunikationsstrategie, die aktuelle Entwicklungen einbezieht.

1.7.4 Medien

Bei den Medien bestimmen die Redaktionen die Inhalte der Beiträge. **Anzeigen** hingegen werden vom Entwickler bestimmt und in Absprache mit dem Verleger oder Betreiber des Mediums vereinbart. In jedem Fall sollte ein Medienverteiler angelegt werden, der folgendes beinhaltet:

Redaktionen, die für die Zielgruppen und Multiplikatoren wichtig sind:
- lokale Medien
- überregionale Medien
- Fachmedien der Zielgruppe
- Nachrichtenagenturen

Die **Medienarten** sind:
- Printmedien
  - Tageszeitungen lokal, regional, national: Berichterstattung, Anzeigen, Kleinanzeigen. In Qualitätsmedien sind Redaktion und Anzeigenabteilung strikt getrennt. So genannte Verlagssonderthemen bieten einen Übergang zwischen Anzeigen und einem redaktionellen Teil.
  - Anzeigenblätter lokal, regional: Berichterstattung, Anzeigen, Kleinanzeigen; besonders wirtschaftlich schwache Medien koppeln die Berichterstattung an Werbeschaltung oder Sponsoring.
  - Publikumszeitschriften: Berichterstattung, Anzeigen, auch **„product placement"** z.B. „locations" für Fotografie
  - Fachzeitschriften: Berichterstattung, Zulieferung von Beiträgen, Sponsoring
  - Spezialpublikationen, Bücher: Zulieferung von Beiträgen, Sponsoring
- Hörfunk lokal, regional, national: Berichterstattung, Werbung, Sponsoring einzelner Sendungen oder temporäre Überlassung von Gewerbeflächen für ein City-Studio, das z.B. 12 mal täglich mit dem Namen der Immobilie genannt wird.

- Fernsehen lokal, regional, national: Berichterstattung, Werbung, Sponsoring einzelner Sendungen oder als Senderformate (Wetter, Uhrzeit), „product placement" (z.B. als Location für Talkshows).
- Generell sollte versucht werden, bei Werbeschaltungen oder Kooperationen einen Banner oder Link zur Projektwebsite auf den Webseiten der Medien zu vereinbaren. Die digitalen Ableger im Netz berichten oft aktueller und umfangreicher als die analogen Mütter. Teilweise sind die Redaktionen identisch. Bei großen Medien gibt es eigene Onlineredaktionen.

1.7.5 Mediendatei

Namen, Adressen, Telefon, E-Mail der zuständigen Journalisten/Redakteure sind in einer **Mediendatei** zu erfassen. Neue Journalisten, die im Projektverlauf hinzukommen, sind in der Datei zu ergänzen und vollständig mit den Projektinformationen auszustatten. Der Journalismus ist eine Profession mit hoher Fluktuationsrate. Die Datei ist daher permanent zu aktualisieren. Auch hier ist die Datenschutz-Grundverordnung zu beachten. Man bewegt sich auf sicherem Terrain, wenn man zunächst ausschließlich die Redaktionsanschriften speichert und die Namen der zuständigen Redakteure nach einem ersten persönlichen Kontakt. Bei jeder weiteren Aussendung an den Redakteur ist auf die Speicherung der persönlichen Daten hinzuweisen und die Möglichkeit der Streichung aus der Mediendatei, z.B. durch einen entsprechenden Link, vorzusehen.

1.7.6 Der Weg der Information

Jeweils unterschiedlich beantworten Journalisten die wichtige Frage, auf welchem Wege sie informiert werden möchten. Die meisten bevorzugen E-Mail, die sie auch unterwegs abrufen können. Andere nehmen Dienste wie Twitter wahr und greifen dann selbständig auf ein Online-Angebot zu. Im Grunde geht es darum, das Pressematerial gleich auf dem Schirm zu haben und bearbeiten zu können. Deshalb ist Fax heute out, auch PDF-Dateien, aus denen sich Texte nicht kopieren lassen, sind ungeeignet. Die Präferenz für die Informationübermittlung ist bei einem ersten Kontakt zu erfragen.

Auch der Zeitpunkt der Informationsgebung kann wichtig sein: liegt er nach dem Redaktionsschluss, bleibt die Nachricht liegen und verliert an Aktualität. Liegt er zu weit vor dem Redaktionsschluss, verliert sie auch an Aktualität, oder sie könnte von einer prioritären Meldung verdrängt werden. Liegt sie kurz vor dem Redaktionsschluss, herrscht möglicherweise Gedränge und allein druck- oder sendetechnische Aspekte entscheiden, wie das Vorliegen geeigneter Bilder mit Portraits oder O-Töne.

1.7.6.1 Informationen im Netz, Suchmaschinenoptimierung

Praktisch alle Journalisten recherchieren im Netz: Standorte, Architekten, Projektentwickler, Bauherren, Bauunternehmen werden „gegoogelt", um Zusatzinformationen zur vorliegenden Pressemitteilung zu erhalten. Eine „saubere Weste" ist da von Vorteil. Die Hauptsache ist aber, dass es überhaupt Treffer gibt und diese weit vorn und aktuell sind.

Es gibt verschiedene Methoden der Suchmaschinenoptimierung (SEO) und des Reputationsmanagements im Netz, für die es eigene Dienstleister gibt.

Zur besseren Positionierung tragen auch Presseportale bei, die Immobiliennews verbreiten. Man kann sich bei jedem Portal einzeln anmelden, die Informationen, Links und Bilder hochladen. Das braucht Zeit. Es führt aber zu einem guten Ranking innerhalb kurzer Zeit.

1.7.6.2 Wikipedia

Auf den ersten Blick hat die Internet-Enzyklopädie wenig mit Immobilienmarketing zu tun. (Es gibt dort natürlich einen Artikel zum Immobilienmarketing, der sich wie das Abstract dieses Beitrages liest.) Doch die meisten Journalisten greifen gern auf Wikipedia zurück, wenn es darum geht, Fakten zu recherchieren oder Sachverhalte einzuschätzen. Es ist daher vorteilhaft, wenn es über einen Standort einen Wikipedia-Artikel gibt. Wenn der Artikel mit historischen

Einordnungen, geografischen und demografischen Fakten gespickt ist, hat er gute Chancen, die Kontrolle der Wikipediamacher zu überstehen. Gelegentlich muss man sich der Diskussion stellen und Fakten belegen.

Über Immobilien gibt es Beiträge in der Regel erst, wenn es sich um Denkmale handelt, wenn sie von international bedeutenden Architekten entworfen wurden oder wenn ihre Funktion von öffentlichem Interesse ist. Der Frankfurter Messeturm hat eine Wikipedia-Seite. Hochtief als Aktiengesellschaft hat eine, die EuroHypo hatte eine, und schon einen Tag nach der Umbenennung in Hypothekenbank Frankfurt AG zum 1. September 2012, war dies bei Wikipedia dokumentiert. Das heißt, man hat keine Chancen, bei Wikipedia geschönte Informationen unterzubringen. Aber man hat gute Chancen Informationen unterzubringen, die im Sinne einer Enzyklopädie zum Wissen über die Welt beitragen. Man sollte es bei jedem aussergewöhnlichen Projekt zumindest versuchen.

1.7.7 Adressmanagement, Dienstleister

Spezialisierte Dienstleister bieten sowohl das **Adressmanagement** als auch den Versand der Pressematerialien an. Sie helfen sicherzustellen, dass eine Nachricht ihren Empfänger auch tatsächlich erreicht, was in einer sich laufend ändernden Medienlandschaft immer schwieriger wird. „newsaktuell“, ein Unternehmen der Deutschen Presseagentur (dpa) bietet den Versand an diverse Portale an, bedient vor allem sein eigenes „Presseportal“, auf dem es auch eine Rubrik „Bau / Immobilien“ gibt. Auch für die direkte Ansprache von Redaktionen, Redakteuren und Journalisten bietet die dpa-Gruppe mit „Zimpel“ eine Lösung, bei der die Problematik der Datenschutz-Grundverordnung professionell gemanagt wird.

PR-Agenturen nutzen neben ihren eigenen Dateien auch die Daten des Stamm-Verlages von mehr als 40.000 Redaktionen und Ressorts, die als Download angeboten werden. Man kann Adressen für bestimmte Themenbereiche nach Postleitzahlengebiet selektieren, etwa: „alle Wirtschaftsredakteure von Tageszeitungen in Berlin und Bayern mit einer Auflage von 100.000 Exemplaren.“

1.7.8 Presseeinladung, -mitteilung

Wichtig ist der Zeitpunkt der Absendung der Einladung. Bei tagesaktuellen Medien sollte er dicht am Termin liegen, etwa drei Arbeitstage vorher. Bei anderen Medien ist der Reaktionsschluss in Erfahrung zu bringen und die Einladung kann bis zu zwei Wochen davor geschickt werden.

Pressemitteilungen sollten immer zum tatsächlichen Veröffentlichungsdatum verschickt werden. Vorabversand mit Sperrfristen ist bei Immobilienthemen ungewöhnlich. Der erste Absatz von Einladung oder Mitteilung sollte alle wichtigen Aussagen enthalten: Was, Wer, Wann, Wo, Wie, Warum? Eine Seite Gesamtlänge sollte nicht überschritten werden.

Bilder sind wichtige Informationen! Ihr Einsatz muss gut vorbereitet sein:

- Welche Motive sind von Bedeutung? (Fotos, Zeichnungen)
- Gibt es einen Foto/Kameratermin?
- Das Bild sollte wirkungsvoll inszeniert werden. Vorder- und Hintergrund sowie optimale Beleuchtung sind zu planen.
- Wie wird der Name des Projektes, Bauherrn sichtbar?
- Sollen Bilder mit der Pressemitteilung oder im Anschluss daran verschickt werden?

Wichtig ist die Bereitstellung der unterschiedlichen Aufkösungen in 72 dpi für Bildschirmdarstellung und in 300 dpi für Print als Anhang zur Mail, als Download von der Webseite oder für größere Formate auf Filesharingseiten wie dropbox.com. Dropbox ist einfach einzurichten und wird von den meisten Redaktionen gern genutzt. Mit wetransfer.com kann man einen Link zum Download auch größerer Dateien zur Verfügung stellen.

Video
Welche Bilder sind für das Fernsehen attraktiv? (Es muss sich etwas bewegen!) Kann man Footage anbieten, sollte man sich vorher mit der Redaktion über das Format einigen. HD in 1920 x 1080 Pixel im MPEG-4-Codec sollten mindestens angeboten werden können. Auch hier kann das Material über Dropbox oder wetransfer bereitgestellt werden, wobei sich nicht mehr als fünf Minuten Material kostenfrei hochladen lassen und auch ausreichend Zeit für das Hochladen einkalkuliert werden sollte.

1.7.9 Pressekonferenz

Ein Bericht braucht einen Aufhänger. Das können besondere und interessante Nachrichten sein, die von öffentlichem Interesse sind. Ein Aufhänger kann auch die Größe des Vorhabens sein, die besondere Gestaltung, der Einsatz neuer Technik oder der positive Beitrag für die Nachbarschaft.

Berichterstattung verlangt auch nach einem aktuellen Anlass: Eine Grundsteinlegung, das Aufstellen einer Musterfassade, die Eröffnung der Musterwohnung. Journalisten sind stets an Neuigkeiten interessiert, aber einen Werbe-Unterton lehnen sie ab.

Als bloßes „Verkündigungsritual" kann eine **Pressekonferenz** nicht erfolgreich sein. Wichtig ist der „altruistische" Effekt.

Nach dem Versand der Einladung zur Pressekonferenz sollte telefonisch nachgefasst werden. Ist die Zahl der Teilnehmer voraussichtlich zu gering, könnte es nützlich sein, 24 Stunden vorher eine wichtige Persönlichkeit als Teilnehmer nachzumelden. Falls der Vorstandsvorsitzende als Sprecher nicht ausreicht, könnte ein interessanter Verbandsvorsitzender, ein wichtiger Leitmieter oder ein Politiker zu Wort kommen, der das Projekt in einen positiven Zusammenhang mit einer aktuellen Diskussion stellt.

1.7.10 Pressematerial, -mappe

Grundlage aller Artikel sind die Unterlagen, die gewöhnlich als Pressemappe übergeben werden. Zum Anschauen und für Notizen ist die konventionelle **Pressemappe** geeignet, für die sofortige Bearbeitung und das Weiterleiten an Bildredaktionen eher die digitale Version.
- Die Texte sollten in verschiedenen Formaten und Längen auf Papier, auf einem Stick, zum Download aus dem Netz oder als Zusendung per E-Mail angeboten werden.
- Fotos und Zeichnungen sollten ebenfalls auf Papier und digital zur Verfügung stehen. Die Publikationsreife der Abbildungen ist nicht für alle Medien gleich; der Zeitungsrotationsdruck hat eine niedrigere Auflösung als ein Magazin, das im Offsetdruck hergestellt wird.

Wichtig für die Pressemappe:
- Was ist die Botschaft? … die news? … der Knüller? Ein neues Gebäude ist in 99 Prozent der Fälle keine „news", genauso wenig wie die Information, dass „4.000 Quadratmeter hochwertige Bürofläche in 1a Lage" entstehen.
- Wer nur Daten und Zahlen liefert darf eine Meldung, aber keinen Artikel erwarten!
- Erst wenn man das Größte, Kleinste, Höchste, Tiefste, Teuerste, Preisgünstigste etc. definieren und interessant darstellen kann, besteht die Chance, die „news-Schwelle" zu überschreiten. Ein Beispiel: „160 LKW rollen nachts durch die Stadt, um den Beton für die dickste Bodenplatte zu liefern."

Welche Materialien gehören in die Pressemappe?
- Die Presseerklärung: eine Seite.
- Weiteres Material als Anlage. Journalisten kürzen von hinten nach vorn.
- Bilder auf Papier und auf Datenträger (In Auflösungen für Print und Internet)
- Redebeiträge
- Fact Sheets
- Ablauf der Veranstaltung

Kleine Geschenke wie Regenschirme, Bücher, Broschüren, Schreibblöcke, Kugelschreiber, Reisewecker etc. gibt es auf Nachfrage am Presseempfangstisch, wo die Teilnehmerlisten neben den Pressemappen ausliegen. Fast alle Teilnehmer werden nachfragen. Das ist keine „Bestechung".

Journalisten sind wie verwöhnte Gäste zu behandeln, die gerne essen und trinken. Aber: Auch ein hervorragendes Buffet kann weder die „news" ersetzen noch zu einer knackigen Headline verhelfen!

Alternativen zur Pressekonferenz sind informellere Treffen, wie Pressegespräche oder Pressestammtische in Form von Cocktailrunden mit einem prominenten Gast, der „off the record" über Hintergründe erzählt. Das sind wichtige Elemente der Beziehungspflege.

1.7.11 Krisen-PR: Schlechte Nachrichten gut verkaufen

Häufig entsteht der erste Kontakt vom Projektentwickler zu den Medien erst dann, wenn es Probleme gibt. Maßnahmen zur Krisenvermeidung kosten Geld, das lieber gespart wird. Doch eine **Krise** kann einen erheblichen wirtschaftlichen Schaden für die Vermarktung auslösen, vom Imageverlust für das Unternehmen ganz zu schweigen. Krisen erfordern vom Projektentwickler ein schnelles und sicheres Handeln. Das will geübt sein.

Krisen haben ganz unterschiedliche Auslöser – etwa der verseuchte Baugrund für ein ökologisches Wohnprojekt, ein tödlich verunglückter Bauarbeiter, ein Insolvenzantrag, ein Fenster, das auf den Bürgersteig fällt, Politiker oder Bürgerinitiativen, die medienwirksam gegen das Projekt opponieren. In der Praxis wird oft versucht, die Krise zu verschleiern, um Kunden und Investoren nicht zu verunsichern. Wird auf die ersten Anfragen oder Anschuldigungen mit einem Dementi, einer Gegendarstellung oder gar mit „kein Kommentar" reagiert, bohren die Medien erst recht nach. Abblocken weckt den Jagdinstinkt, und der „Fangschuss" von Seiten der Presse lässt dann nicht lange auf sich warten. So werden zusätzliche Falschmeldungen, Spekulationen und Gerüchte generiert. Besonders in der Krise gilt die Kommunikationsweisheit „Man kann nicht nicht kommunizieren!"

Krisen kommen fast immer unerwartet. Sie werden durch das Interesse der Öffentlichkeit definiert und sind von Außen gesteuert. Wenn Krisen sichtbar werden, suggerieren die Medien zumeist einen akuten Entscheidungs- und Handlungsdruck. Auf Fragen der Öffentlichkeit muss in jedem Fall aktiv und einheitlich reagiert werden. Insbesondere PR-Verantwortliche und Entscheider müssen in ständigem Kontakt stehen, um unterschiedliche Aussagen zu vermeiden und die Öffentlichkeit nicht zu verwirren.

Die wichtigsten Grundsätze der Krisenkommunikation sind Transparenz und Offenheit. Nur wer den Anforderungen der Medien entspricht und die geforderten Antworten schnell liefert, wird die Krise meistern. Der angemessene Umgang mit den Medien muss ebenso bewältigt werden wie der Abbau von Stresssituationen. Gezielte Übungen wie Stegreif-, Rollenspiele, **Coaching** können dabei hilfreich sein.

1.7.12 Checkliste für Krisen-PR

- Bereits am Beginn eines Vorhabens sollten Kontakte zu den Medien aufgebaut und gepflegt werden. Medienvertreter, die das Vorhaben über eine längere Zeit kennen, werden auch im Krisenfall verschiedene Aspekte in ihre Berichterstattung einbeziehen.
- Zur Krisenvorsorge sollten die Mitarbeiter durch Worst-Case-Szenarien sensibilisiert werden. Aktives Üben von Krisenmanagement hilft, um bei Überraschungen situationsgerecht zu reagieren.
- Beim Auftreten der Krise: Keine Panik. Sich erst ein Bild von der Situation machen. Bei einem Unfall sofort nötige Maßnahmen einleiten. Die notwendigen Stellen alarmieren und nur über gesicherte Fakten informieren. Keine Vermutungen anstellen.
- Sind Menschen verletzt oder Tote zu beklagen, Bedauern ausdrücken (keine Tränen): das Menschliche steht über dem Materiellen.

- Um Widersprüche zu vermeiden, informiert nur eine Person, zumeist der Chef oder sein Sprecher. Sicherstellen, dass diese Informationen kontinuierlich an die Öffentlichkeit gelangen.
- Den Medien gegenüber nie in die Defensive gehen. Es gilt Gutes zu tun und darüber zu sprechen, den Dialog zu suchen, Fragen zu beantworten, aber nicht auszuweichen.
- Wenn die Krise noch nicht bekannt ist, sollten die Medien auf Grundlage der vorhandenen Tatsachen informiert werden. Journalisten sind misstrauisch, zeigen aber Verständnis für Probleme, die offen angesprochen werden.
- Durch die Einheit von Worten und Taten überzeugen.
- Nächste Schritte sorgfältig planen. Kommunikationsprofis in Entscheidungsprozesse einbeziehen.

Alle Medienvertreter sind gleich zu behandeln. Wer heute als Reporter erscheint, kann einem übermorgen als Ressortverantwortlicher gegenüberstehen.

1.8 Werbung

1.8.1 Werben für Produkt und Projektentwickler

Im Gegensatz zur redaktionellen Berichterstattung werden die Inhalte der Werbung umfassend selbst bestimmt. Die **Werbekampagne** spitzt die Public-Relations-Kampagne zum Bauvorhaben zu. Sie informiert, schafft Aufmerksamkeit und trägt zum Aufbau eines Images bei. Sie spricht potentielle Kunden an und weckt Bedürfnisse. Erfolgreich ist die Werbung dann, wenn sie eine Handlung auslöst.

Immobilien profitieren von der Bekanntheit und Kompetenz des entwickelnden Unternehmens. In der Werbung kann der Projektentwickler deshalb sichtbar werden. Die Profilierung über ein kompetentes Firmenimage bietet die Chance, Produktneuheiten mit einem Vorschuss an Bekanntheit und Vertrauen und mit weniger Aufwand einzuführen. Corporate Identity erhöht den Wert einer Marke. Das Firmenimage bietet Orientierung im Überangebot und verspricht Qualität. Der Firmennamen strahlt auf die Produkte aus: Firmenimage und Produktimage haben Markencharakter. Das schafft Vertrauen und Loyalität. Der Käufer oder Mieter entscheidet sich eher für ein Unternehmen, das er kennt und sympathisch findet.

1.8.2 Schritte zur kreativen Ansprache

Die Zielgruppen und die auf sie bezogene Definition von USP wurden in der Strategie festgelegt. Die Werbung macht die USP sichtbar. Sie thematisiert das Einzigartige, vermittelt die Stärken und pointiert die Botschaften. Die Zielgruppen werden aufmerksam, ihr Interesse und ihre Wünsche werden geweckt.

Um eine **Marktnische** zu finden, wird die Werbung der Konkurrenz analysiert. Es gilt, sich deutlich von der Konkurrenz abzuheben und sich in geeigneter Weise in den Medien zu positionieren. Die Vorzüge werden in klaren, kurzen, eingängigen Werbebotschaft präsentiert. Schlagzeile, Bild und Kampagne sollen außergewöhnlich sein. Unerwartete Headlines, ungewöhnliche Bilder sowie Einsatz von Farben oder großen Formaten prägen sich ein. Potenzielle Kunden werden animiert, in einen Dialog einzutreten und in klar definierter Weise Kontakt aufzunehmen: anrufen, eine E-Mail schicken, im Internet nachschauen, das Objekt aufsuchen, zu einem Fest kommen, einen Kupon einsenden, nach einem bestimmten Angebot oder Termin Ausschau halten.

1.8.3 Wo und wie werben?

Zu den Werbemitteln gehören:
- Eigenmedien wie Website, Exposé, Broschüre, etc.
- Anzeigen in den Printmedien und ihren Onlinederivaten
- Banner auf frequentierten Websites
- Spots in Funk, TV und Kino
- Werbeträger im öffentlichen Raum wie Plakatwände, City-Light-Poster, Litfaßsäulen, Verkehrsmittelwerbung

Zur Einschätzung der Wirksamkeit von Werbemitteln sollte folgendes beachtet werden
- Alle Maßnahmen, vom Exposé über direct mailing bis zum TV-Spot, sind auf die unterschiedlichen Zielgruppen hin zu prüfen.
- Welche Medien erreichen die Zielgruppen mit den geringsten Streuverlusten?
- Die Sprache, die Eigenheiten und die Interessen der Zielgruppe sind zu nutzen.
- Das Objekt kann in unterschiedlicher Weise in Szene gesetzt werden: als illustrierende Zeichnung, als digitales Rendering, Foto vom Objekt
- Die Grundrisse sollten optimal aufbereitet werden.

1.8.4 Webseite

Mitte 2017 lag die Internetnutzung in Deutschland bei 89,8 Prozent der Bevölkerung, das sind 62,4 Millionen Nutzer über 14 Jahre. 72 Prozent nutzten das Internet täglich. Die Nutzungsdauer des Internets beträgt durchschnittlich 149 Minuten täglich, also knapp zweieinhalb Stunden. Männer liegen bei knapp drei Stunden, Frauen bei gut zwei Stunden. Das Durchschnittsalter der Nutzer steigt kontinuierlich. 50-69-Jährige nutzen das Netz gut eineinhalb Stunden täglich. Das bedeutet, dass der wirtschaftlich aktive Teil der Bevölkerung das Internet als Standardmedium nutzt. Bei den großen Presseunternehmen wurde mittlerweile der Wechsel der Priorität von analog zu digital vollzogen. Daher sollte auch in der Immobilienwirtschaft die Webseite eindeutig das wichtigste Medium darstellen.
- Die Website des Projektentwicklers stellt die Unternehmensphilosophie dar,
  - zeigt Referenzprojekte,
  - stellt Mitarbeiter und ihre Spezialisierungen vor,
  - mit einem Content-Management-System (CMS) ausgestattet, kann sie täglich aktualisiert werden und ist erstes Kommunikationsmittel im Beziehungsgeflecht von Standort, Nutzern und Käufern.
- Die Webseite bietet Links zu weiteren Social-Media-Präsenzen des Unternehmens bzw. des Projekts.
- Die Website des Projekts ist entsprechend dem Corporate Design des Vorhabens gestaltet. USP, Claim und Rendering, ggf. Fotos aus dem Bildkonzept-Teil des CD geben die Projektimpression.
  - Darstellung der regionalen Einbindung mit Hinweisen auf Verkehrsanbindungen an Autobahnen, Bahn und Flughäfen
  - Lageplan in der Stadt mit ÖPNV-Anbindung
  - Grundstücksplan mit Zufahrten, Stellplätzen
  - Grundrisse der Gewerbe- oder Wohnflächen mit angedeuteter Ausstattung
  - Digitale Renderings, Animationen
  - Projektvideo
- Bei fertiggestellten Immobilien sind Fotos selbstverständlich. Oft auch in Kombination weiteren Darstellungen, wie
  - Panoramafotografie

- Webcams
- Video mit Testimonials von Käufern, Mietern, Nutzern

1.8.5 Social Media

Social Media haben sich längst aus den Kinderzimmern in die Chefetagen verbreitet.

76 Prozent der Internetnutzer in Deutschland sind 2018 bei Facebook registriert. An der Spitze stehen mit knapp 90 Prozent die 20- bis 29jährigen. Sogar die über 60jährigen sind mit 70 Prozent dabei, während die Teenager auf 61 Prozent abgerutsch sind, wie faktenkontor.de ermittelte. Die Jungen tummeln sich bei Snapchat und dem Messengerdienst WhatsApp, der allerdings auch zu Facebook gehört. Es wäre daher fahrlässig, Facebook nicht zu nutzen, zumal hier Marketingkommunikation ohne Beschränkungen durch die Datenschutz-Grundverordnung betrieben werden kann: Durch ihren Log-In haben die User der Social-Media-Systeme dem Empfang von Nachrichten zugestimmt.

Idealtypisch ist eine Social-Media-Strategie, die ab der Bauphase eines Projekts laufend mit kurzen Beiträgen sowohl über den Stand der Arbeiten als auch über den Stand von Vermietung oder Verkauf informiert. Angereichert wird diese Berichterstattung durch Darstellungen von Architektur und Qualitäten und durch Einladungen zu Vertriebsevents. Es ist nicht ratsam, mit der Social-Media-Kommunikation schon im Planungsstadium zu beginnen, da sich Projektgegner dann auf der Seite zu einem „Shitstorm" verabreden könnten. Hat die Realisierung begonnen, erscheint Kritik nur noch als Bösartigkeit, die auf den Absender zurückfällt. Trotzdem sollten die Kommentare unter den Beiträgen beobachtet und ggf. bearbeitet, bzw. beantwortet werden. Die Kommentierung lässt sich auch abstellen, was allerdings nicht souverän wirkt.

Schon mit 50 Euro in der Woche lassen sich via Facebook viele Nutzer in einer Region erreichen, die sich als Zielgruppe vorab definieren lassen. Die Beiträge auf Facebook sollten zu Twitter verlinkt werden. Sind gute Bilder vorhanden, bietet es sich an, diese auf Instagram einzustellen. So wird die Kommunikation über das Projekt auf mehrere Beine gestellt. Mit einem Hashtag versehen, können sich das Projekt und das jeweilige Thema viral im Netz verbreiten.

1.8.6 Immobilienportale

Portal bedeutet „Tür" oder in diesem Fall eine Website, die so hohe Besucherzahlen vorweisen kann, dass andere Anbieter dort ihre Werbung kostenpflichtig platzieren. Solche Datenbanken können für die jeweilige Zielgruppe als Einstiegsseite ins Internet genutzt werden. Die meisten Immobilienportale bieten Suchdienste sowohl für Makler als auch für Privatpersonen an. Die wichtigsten Plattformen sind die zusammengeschlossenen Immowelt und Immonet, wo 76 Prozent der Makler Objekte inserieren. Es folgen dichtauf ImmobilienScout24 mit 74 Prozent und Ivd24immobilien mit 69 Prozent Eine gewisse Bedeutung hat auch Ebay Kleinanzeigen, wo 25 Prozent der Makler aktiv sind.

1.8.7 Anzeigen

Nach Immobilien wird parallel, mit stark abnehmender Intensität, unter den Kleinanzeigen in den regionalen und überregionalen Tageszeitungen gesucht. Nur noch wenige **Anzeigen** werden von privaten Inserenten aufgegeben, ein größerer Teil von Maklern und von Immobilienunternehmen mit eigenem Vertrieb. Der größte Teil der Makleranzeigen sind ungestaltete Kleinanzeigen (**Fließtext**). Oft wird nur noch ein kleines Foto mit dem Hinweis auf die Website gezeigt beziehungsweise wird neben dem Foto der QR-Code abgebildet.

Die Werbung mit größeren, gestalteten Anzeigen zielt auf **Emotionen**. Man kann sie auch im Anzeigenteil der Tageszeitungen schalten, jedoch eignen sie sich auch zur Schaltung in regionalen oder zielgruppenorientierten Zeitschriften, in Theaterprogrammen. Jede Entscheidung für eine Immobilie hat auch einen emotionalen Anteil. Ein Objekt wird nicht durch eine schlichte Beschreibung der Zielgruppe aufgeladen wie: „junge Familie" oder „gut situierte Senioren".

Das Besondere des Angebots wie etwa die Lage, Ausstattung, Architektur oder der Preis sollte in auffälliger Form als Vorteil präsentiert werden. Dazu ist eine originelle Überschrift wichtig, z.B. „Autos bleiben draußen“ für Familien mit Kindern oder „Ihr Park liegt vor der Haustür“ für Ruhe suchende Senioren. Dieser besonderen Botschaft werden die übrigen Verkaufsargumente nachgeordnet, z.B. „endlich Ihr eigenes Haus“, „alle Wohnungen sind barrierefrei“.

Dazu gehört ein zum Thema passendes **Bildmotiv**. Bilder werden schneller wahrgenommen und bleiben länger im Gedächtnis als Texte, auch weil sie leichter emotionale Welten um die Produkte schaffen. Außerdem ein Text mit Details der Immobilie sowie die Möglichkeit, Kontakt aufzunehmen (response) – also Telefonnummer, E-Mail und Internetadresse.

1.8.8 Eigene Drucksachen

Im Gegensatz zur Anzeige muss die Verteilung der eigenen Drucksachen wie Flyer/**Exposé**, von Broschüren oder Newsletter konzipiert werden. Das kann geschehen durch Zusendung oder Auslage an den von Zielgruppen frequentierten Orten, durch Beilegung in einer Zeitung oder Zeitschrift, durch Verteilung auf Veranstaltungen oder durch Hauswurfsendungen. Broschüren sollten wegen ihrer höherwertigen und damit teureren Ausführung gezielt verteilt werden.

1.8.9 Verkaufsförderung

Verkaufsförderung unterstützt die Vermarktung sachlich, personell und organisatorisch. Es gilt, die Werbebotschaft bis an den Standort heranzutragen. Dazu muss das Angebot auch am Standort sichtbar sein, z.B. auf großformatigen Info- und Bauschildern sowie ggf. am Bauzaun. Es gilt, mit Mitteln des Baustellenmarketing immer wieder aktuelle Anlässe zu schaffen, die durch die Inszenierung von Projekt und Standort Aufmerksamkeit erzeugen. So kann es auch gelingen, anders orientierte Kaufabsichten der Besucher im Sinne des Vorhabens zu ändern.

1.8.10 Auswahl der Kommunikations-Agentur

Die Professionalität eines Unternehmens wird auch an der Professionalität seiner Kommunikation gemessen. Deshalb ist die Zusammenarbeit mit einer **Kommunikationsagentur** sinnvoll, welche die Kommunikation professionell umsetzt. Klare Zielsetzungen schaffen gute Voraussetzungen für die Zusammenarbeit. Agenturbeziehungen sind meist langfristig, weil die Agentur entscheidend ist beim Aufbau und der Pflege eines Markenbildes oder des Unternehmensimages.

Wie eine Agentur gewählt wird, hängt von den Bedürfnissen und den Bereichen des Auftraggebers ab, in denen er Unterstützung benötigt. Bei der Auswahl sind zu beachten: Größe des Unternehmens, Art und Umfang des Auftrags sowie das voraussichtliche Budget. Besondere Bedeutung hat die Erfahrung mit dem Immobiliensektor, denn Immobilien sind schwer erklärbare Produkte an eben nur einem Ort. Ein internationales Agenturnetzwerk ist weniger gefragt als Spezialisten mit Ortskenntnis. Man braucht Zeit und ein bestimmtes Grundwissen, um ein Bauvorhaben optimal zu präsentieren. Das verlangt nach einer spezialisierten Agentur, oder nach einer, die in der Lage ist, sich auf neue Situationen einzustellen.

Die klassische Kompetenztrennung zwischen **Werbeagentur** und **PR-Agentur** gilt heute nicht mehr unbedingt. Im Agenturfeld hat die Spezialisierung zugenommen. Oft sind es nur noch zwei, drei Kreative, welche die großen Agenturen verlassen und sich zu einer Agentur zusammenschließen, die erfolgreiche Kommunikation intensiv am Produkt und mit dem Kunden gemeinsam entwickeln kann.

Wichtig sind die kreative Kompetenz in Konzeption, Wort, Bild und Gestaltung, die organisatorische und die kaufmännische Kompetenz. Dann sind praktisch alle Voraussetzungen für ein **„Full-Service”-Angebot** gegeben.

In der Kommunikationsbranche ist heute jeder mehr oder minder mit Fotografen, Textern, Grafikern, Druckern, Programmierern, Mediaspezialisten und Videoteams vernetzt, so dass auch ein einzelner **Kommunikationsberater** durchaus Full Service leisten kann. Es kommt in jedem Fall auf die Erfahrung und die Referenzen an.

Da die Werbung aber nur ein Teil der Kommunikationsaufgaben des Projektentwicklers darstellt und andererseits eben das öffentliche Beziehungsgeflecht von Anfang an zu knüpfen und zu pflegen ist, sollte Agenturen mit einem PR-Schwerpunkt der Vorzug gegeben werden. Sie kennen die langfristige Strategie, die Zielgruppen und die Besonderheiten des Marktes. Als **Leitagentur** können sie in ihrem Netzwerk die fähigsten Gestalter, Fotografen usw. identifizieren oder eine klassische Werbeagentur für den werblichen Auftritt „briefen".

Die Namen großer Agenturen, die natürlich auch über PR- und Onlineabteilungen verfügen, verheißen Sicherheit, Erfahrung und Erfolg. Die Präsentationen von Kampagnen sind überzeugende Inszenierungen, bei denen sich die Agenturchefs persönlich um Details bemühen. Auch die Umsetzung der Kampagne verläuft in der Regel reibungslos. Für das Feedback wird ein **Kontakter** eingesetzt. Änderungen, Ergänzungen, Terminverschiebungen sind schwierig, wenn eine Kampagne einmal läuft. Auch die Agenturchefs sind dann nicht jederzeit erreichbar, arbeiten sie doch längst auf einer anderen Kampagnen-„Baustelle".

Man kann eine Agentur intuitiv auswählen, z.B. aufgrund früherer Kontakte, Empfehlungen, bekannter Kampagnen oder Einzelarbeiten. Ein Agenturbesuch ist zu empfehlen. Man sieht Arbeitsbeispiele, lernt die Denkweisen, das Team sowie die Einstellung des Managements zum Immobilienmarkt kennen. Man kann drei oder vier Kandidaten nach Bekanntheit, auf Empfehlung von Kollegen, Fachleuten oder nach Presseberichten zu einem honorierten Wettbewerb („pitch") einladen, um die Herangehensweise zur Veranschaulichung des Projektes zu sehen. Allerdings werden Agenturen unter Umständen dazu verleitet, einen Aufwand zu betreiben, den sie in der täglichen Umsetzung nicht mehr aufrechthalten können. Als Variante bietet sich die Vergabe eines Einzelauftrages an, um die Leistungsfähigkeit der Agentur zu überprüfen. Wichtige Fragen wie Vertrag, Vergütung, Copyright und Nutzungsrechte sowie alle Details der Zusammenarbeit sind vorab gemeinsam zu entscheiden.

Einige Agenturen und Berater bieten auch eine anteilig erfolgsabhängige Honorierung an, insbesondere dann, wenn in der Vertriebsphase eine enge Zusammenarbeit mit Maklern konzipiert ist. Das **Erfolgshonorar** kann dann ein bis zwei Prozent des beurkundeten Kaufpreises betragen.

1.9 Dialog mit dem Kunden

1.9.1 Von AIDA zur Interaktion

AIDA ist eine klassische Technik, um mit dem Kunden ins Gespräch zu kommen. Sie wurde 1898 vom amerikanischen Marketingspezialisten Elmo Lewis entwickelt.

- A = Attention: Der Kunde wird auf die Immobilie aufmerksam.
- I = Interest: Sein Interesse wird aufrechterhalten und ausgebaut
- D = Desire: Er verspürt den Wunsch mehr über die Immobilie zu erfahren
- A = Action: Er handelt und nimmt Kontakt auf.
- Dialog: Hier beginnt die Interaktion des Kunden mit dem Verkäufer.

Es handelt sich um eine idealtypische Kausalkette, die an den Pawlowschen Reflex erinnert. Heute wird die Wirkung der strengen Abfolge angezweifelt. Eine dialogorientierte Marketingkommunikation wird bevorzugt.

Jeder Kontakt ist wertvoll, besonders dann, wenn daraus ein Dialog entsteht. Anfangskontakte können wichtige Hinweise für die Verbesserung des Vorhabens geben. Der Verkäufer sollte einen ständigen Kontakt zu den möglichen Käufern anstreben, von der Präsentation über die Besichtigung des Objekts und den Verhandlungen bis zur Beurkundung durch den Notar. Bei den Verkaufsgesprächen sind nicht nur materielle Elemente wie Preis, Produkt, Nutzung oder Qualität relevant, sondern auch Faktoren wie Anerkennung, Statusdenken, Kompetenz, Kontaktfähigkeit, Erfahrungen. Um den optimalen Abschluss zu erzielen, sind gute Menschenkenntnis und ein enger Kundenkontakt notwendig.

Das Modell einer mehrstufigen Aktion könnte so aussehen:

- Anruf zur Adressqualifikation und Vorselektion – Suchen Sie noch eine Wohnung? Ja, möglichst mit Parkplatz vor dem Haus.
- Mailing zur Produktinformation – Prospekt über neues Wohnviertel
- Anruf zur Bedarfserfassung – Ja, es gibt auch Maisonettewohnungen
- Mailing mit Vorteilsangebot – Prospekt Maisonetten mit zusätzlichem überdachten Stellplatz
- Anruf zur Terminvereinbarung für Besichtigung

Schlechte Nachrichten verbreiten sich schneller als gute. Sie können den Ruf bzw. das Image einer Firma nachhaltig schädigen. Deshalb gehört der höfliche und unkomplizierte Kundenservice ebenso zu einem guten Marketing wie der zuvorkommende Umgang mit unzufriedenen Kunden. Negativgeschichten bleiben lange im Bewusstsein und können Neuvermietungen erschweren.

Jeder Kunde gehört zu einem Netzwerk gleichgesinnter Menschen. Mit jedem Schreiben, Telefonat oder Treffen sollte der Käufer oder Mieter sich persönlich gemeint und anerkannt fühlen. Gleichzeitig sollte seine Aufmerksamkeit auf die USP des Projekts gelenkt werden. Hilfreich ist, wenn das Projekt schon eine gewisse öffentliche Anerkennung besitzt. Dann sollte dem Kunden der Pressespiegel und die Dokumentation der Werbekampagne zugänglich gemacht werden. Das stärkt das Gefühl an etwas Besonderem teilzuhaben.

Kleine Geschenke erhalten die Freundschaft. Die Werbewirkung kann mit Hilfe der Kundschaft ausgeweitet werden, indem sie give-aways, Karten für eine Verlosung usw. weitergibt.

1.9.2 Aufbau und Pflege einer Stammdatei

Das Herzstück für den Aufbau und die Pflege einer Kundenbeziehung ist die **Adress-** oder **Stammdatei**. Hier werden alle relevanten Daten über die bestehenden Kundenbeziehungen festgehalten. Sie schließt mögliche Interessenten und Multiplikatoren mit ein. Marketingaktivitäten und Interessentenmanagement können so individuell koordiniert und gesteuert werden.

Für jeden potenziellen Interessenten wird ein Datensatz angelegt, der Namen, Anschrift, Arten der Ansprache sowie den verantwortlichen Verkäufer enthält. Über den Kunden können auch weitere Informationen erfasst werden, etwa zu seinem Status, seinen Prioritäten, dem Arbeitsfeld. Bei einem Betrieb ist die Anzahl der Beschäftigten, die Kenntnis über das Wachsen und Schrumpfen der Mitarbeiterzahlen, sowie der Zeitpunkt des Auslaufens von Mietverträgen nützlich.

Eine Zielgruppe setzt sich aus Interessenten und/oder Kontaktpersonen zusammen. Für jeden potenziellen Kunden sollten die Kontaktpersonen erfasst werden, ebenfalls mit einem Persönlichkeitsprofil, Telefonnummern, Adressen. Auch Kontaktpersonen werden nach unterschiedlichen Kriterien wie Verantwortungsebene und Aufgabenbereiche erfasst. Nützlich ist auch die Aufnahme von persönlichen Daten wie Namen und Alter der Kinder, bestimmte Vorlieben.

Für Einladungen oder Informationen zu besonderen Anlässen muss die Stammdatei laufend aktualisiert werden. **Adressverlage** bieten **Adressgruppen** an, die eine Marktabdeckung von ca. 95 % versprechen. Die Praxis zeigt, dass gekaufte Adressen zunächst nachrecherchiert werden sollten. Das ist aufwendig, aber es bietet die Gelegenheit über die Adresse hinaus auch den richtigen Ansprechpartner und dessen Funktion zu bestimmen. Um festzustellen, welche Zielgruppe am besten auf welches Angebot reagiert, sollten die Ergebnisse des Direktmarketings ausgewertet werden. Durch Telefonaktionen, z.B. aus dem **Call-Center**, oder indem der Rücklauf von Antwortkarten oder Coupons codiert wird, kann jede Reaktion der entsprechenden Zielgruppe zugeordnet werden.

1.9.3 Telefonmarketing

Viele Kontakte kommen noch über das Telefon zustande. Die Telefonnummer auf dem Bauschild oder in der Anzeige ist ein wichtiger „Response“-Auslöser. Die erste verbale Begegnung mit der Immobilie geschieht über das Infotelefon. Die Stimme und die Art des Gesprächs ist also die erste persönliche Visitenkarte.

Am Telefon können echte Interessenten von „Guckern" gefiltert werden. Das Ziel des Projektentwicklers sollte es sein, einen persönlichen Termin mit den Interessenten zu vereinbaren. Dadurch werden die für den möglichen Kauf entscheidenden Motive nachvollziehbar. Durch die Auswertung der Gespräche kann die Immobilie so präsentiert werden, wie die Interessenten sie sehen wollen. Es gibt nur wenige Sekretärinnen oder Projektassistenten, die mit den Interessenten konstruktive „Interviews" führen können. Sie können aber von Anrufern die Adresse aufnehmen, ergänzende Informationen vermitteln und Exposés zusenden.

Verkaufen heißt auch, die eigene Persönlichkeit einzubringen – dazu ist der direkte, persönliche Kontakt mit dem Kunden notwendig. Die Beziehung beginnt am Telefon. Im Dialog werden beim Interessenten Hoffnungen geweckt. Die Besichtigung ist der konsequente nächste Schritt und ein geeigneter Anlass, um Materialien zu übergeben. Nicht zu empfehlen ist es, vorab Materialien zuzusenden. Dadurch sinkt die Spannung und das Projekt wird mit der Konkurrenz verglichen bevor das Material optimal präsentiert wurde.

2. Vermietung und Vermarktung im Rahmen der Projektentwicklung

2.1 Einführung

Gemäß dem Aphorismus „Keine Zukunft ohne Vergangenheit" soll nachfolgende Einleitung aus der 3. Auflage von 2013 – etwas abgeändert – als Einführung dienen:

Ab 2002 klagten viele Marktteilnehmer über Einbrüche in der Immobilienwirtschaft aufgrund leer gezogener Flächen und der geringen noch realisierbaren Mieten, insbesondere im Bereich der Büro- und Gewerbeimmobilien.

Vor dieser Zeit fingen die Projektentwickler an, einer Verknappung der vermietbaren Flächen entgegenzuwirken, indem sie insbesondere für institutionelle Investoren Bürokomplexe und Gewerbeparks errichteten. Sofern diese mit einer – auch teilweisen – Vorvermietung realisiert wurden, war den Investoren eine rasche Belegung der Restflächen sicher. Die spekulative Projektentwicklung wurde in einer Zeit, in der der Begriff „Fluktuationsvermietung" seine Gültigkeit fand, zur sicher geglaubten Geldanlage.

Aber gemäß dem immer wiederkehrenden „Immobilienzyklus" fand auch dieser Trend ein jähes Ende. Die so genannte „New Economy", die als neuer Wirtschaftsmotor gepriesen wurde, platze nach nur wenigen Jahren des Aufschwungs wie eine Seifenblase und die Anschläge vom 11. September 2001 in den USA versetzte die konjunkturelle Entwicklung der Weltwirtschaft auf einen bis dahin ungeahnten Tiefpunkt.

Die Projektierungen, die sich trotz damaligen Abwärtstrends noch im spekulativen Bau befanden, mussten alle noch überwiegend fertig gestellt werden und fanden über Jahre keine Mieter.

Nach einer kurzfristigen Erholung vornehmlich im Investmentmarkt, als überwiegend ausländische Investoren im deutschen Markt zu teilweise überhöhten Preisen einkauften, erreichte die US-Immobilienkrise 2007 (Subprimekrise) die Weltwirtschaft, die immense Verluste und Unternehmensinsolvenzen in der Finanzbranche zur Folge hatte. Im Oktober 2008 kam die Branche bis nahezu Ende 2009 zum Stillstand, als die Pleite von Lehman Brothers vermeldet wurde.

Noch heute finden in der Regel Realisierungen im Bereich der gewerblichen Projektentwicklung für beispielsweise Büroimmobilien ab einer Vorvermietung von ca. 60 bis 80% mit mindestens zehn Jahre Mietlaufzeit statt. Spekulative Bebauungen werden zwar vereinzelt in Toplagen noch betrieben, finden aber ansonsten aufgrund der gesamtwirtschaftlichen Situation und den erschwerenden Basel II Richtlinien keine finanzierenden Banken, die sich bereits mit Basel III und den damit verbundenen höheren Anforderungen an das Bankenwesen ab 2013 auseinandersetzen müssen.

Zur 4. Auflage dieses Fachbuches im Jahre 2018 befindet sich die Immobilienbranche in Deutschland wieder in einer Hochphase. Die Immobilien-Investmentmärkte fahren seit 2015 nach langer Zeit wieder Jahr für Jahr Rekordumsätze ein. Die Investoren rufen kontinuierlich nach neuen Produkten und aufgerufene Vervielfältiger überschlagen sich. Selbst die konservativsten unter den Investoren, die bisher ihre Daseinsberechtigung in Core-Immobilien gefunden hatten, schauen sich mittlerweile in B- und C-Standorten um oder suchen renditeorientiert nach für sich neue Anlagestrategien wie bspw. Logistik- und Hotelimmobilien.

Parallel wird in den Top-7-Standorten nahezu Vollvermietung bei Büroimmobilien vermeldet; die Leerstandsquoten in den Vermietungsmärkten sinken weiter auf Rekordtiefe. Projektentwickler versuchen in den innerstädtischen Top-Lagen mit spekulativer Bürobebauung zu Spitzenmietpreisen auf teuer eingekauften Gewerbegrundstücken Nutzer und Investoren gleichermaßen zu bedienen und konkurieren gleichzeitig mit den Wohnungsbauentwicklern, die – wie derzeit in Frankfurt – Wohntürme für nie da gewesene Kaufpreise auf den Quadratmeterpreis gerechnet, realisieren.

Auch in Randlagen vieler Städte werden alte und unvermietbare Büroimmobilien mit sog. strukturellem Leerstand in erheblichem Maße und teilweise auch mit städtischen Förderprogrammen sinnvoll in Wohnraum umgenutzt, da Wohnungen von je her rar und hart umkämpft sind. Ehemals genutzte und teilweise sogar in bester zentrumsnaher Stadtlage liegende Gewerbegrundstücke, auf denen jahrzehntelang bspw. Tankstellen und Autohäuser betrieben wurden, entwickeln sich zu Wohnbaugrundstücken und werden somit nicht nur städtebaulich besser ausgenutzt, sondern auch durch Ergänzungen mit bspw. Kindertagesstätten und Grünflächen dem Allgemeinwohl zugeführt. Auch Privatanleger entdecken mit der Niedrigzinsphase die Wohnimmobilie selbst bei geringen Renditen als alternativlos sichere Kapitalanlage und lassen durch hohe Nachfrage und steigenden Kaufpreise den Wohnungsmarkt boomen.

Im nachfolgenden Kapitel „Vermietung und Vermarktung im Rahmen der Projektentwicklung" werden folgende Punkte erörtert:
- Erfolgsfaktoren der Projektentwicklung
- Rahmenbedingungen des Immobilienmarktes
- Vermietung und Vermarktung der Projektentwicklung

2.2 Erfolgsfaktoren der Projektentwicklung

2.2.1 Fachkompetenz

Als Leitsatz des Begriffs und der Funktion der Projektentwicklung gilt in Deutschland die nachfolgende Definition von Claus Jürgen Diederichs als richtungsweisend:

„Durch Projektentwicklungen sind die Faktoren Standort, Projektidee und Kapital so miteinander zu kombinieren, dass einzelwirtschaftlich wettbewerbsfähige, arbeitsplatzschaffende und -sichernde sowie gesamtwirtschaftlich sozial- und umweltverträgliche Immobilienobjekte geschaffen und dauerhaft rentabel genutzt werden können" (Diederichs, Claus Jürgen: Immobilienmanagement im Lebenszyklus. Projektentwicklung, Projektmanagement, Facilitymanagement, Immobilienbewertung. 2. Aufl., 2006, S. 5.).

Bei der Konzeption, Planung und Durchführung übernimmt der Projektentwickler als Hauptakteur naturgemäß das Ruder und bindet projektbezogen u.a. Architekturbüros, Immobilienberatungsunternehmen sowie spezialisierte Marketingagenturen mit ihren jeweiligen Fachkompetenzen ein.

2.2.1.1 Projektentwickler

Aufgrund des stetig professioneller werdenden Marktes decken professionelle bzw. institutionelle Projektentwickler bereits die wesentlichsten Instrumente wie Konzeption und Planung, Vermarktung und Vermietung sowie Finanzierung und Verkauf selbst ab.

Dennoch bindet der Entwickler i.d.R. bereits in der Planungsphase der Projektentwicklung das Know-how u.a. eines Immobilienberatungsunternehmens mit ein. Um für die projektierte Immobilie eine Marke zu kreieren und somit ein Produkt zu schaffen, schaltet das Immobilienberatungsunternehmen im Namen des Entwicklers eine Marketingagentur ein, sofern dies nicht bereits durch den Entwickler geschehen ist. Mit den entsprechenden Marketinginstrumenten sollen eine alleinstellende Positionierung, ein entsprechend hoher Wiedererkennungswert und ein positives Image erreicht werden. Hiermit wird die Suche nach potentiellen Nutzern durch das Immobilienberatungsunternehmen optimierend unterstützt, damit die Projektentwicklung bereits im Vorfeld der Umsetzung erste Vorvermietungen verzeichnen kann (vgl. Kap. 2.4.1).

2.2.1.2 Architekturbüros

Für die moderne Architektur entstehen immer wieder neue Herausforderungen. Ökologische und soziokulturelle Aspekte beeinflussen die heutige Stadtplanung und -entwicklung. Diesen

Faktoren müssen auch Projektentwickler als maßgebliche Impulsgeber Rechnung tragen. Die Einbindung von Architekturbüros ermöglicht dem Entwickler, die vorgenannten Punkte vorhabenbezogen zu berücksichtigen. Je nach Art, Größe und Image eines Projektes kann hierfür im Rahmen eines Architekturwettbewerbes der optimale Planungsentwurf gefunden werden.

Hierbei spielt neben einer nachhaltigen Gebäudestruktur sicher auch das Erscheinungsbild einer Immobilie im Rahmen der Gestaltung der Fassaden und der Außenanlagen eine große Rolle, die sich neben Aspekten einer zukunftsicheren Plazierung auch städtebaulich in die Umgebung integriert. Mitunter bildet dies eine wesentliche Grundlage für die erfolgreiche Realisierung eines Projektes.

2.2.1.3 Immobilienberatungsunternehmen

Moderne Beratungsunternehmen im Bereich der Gewerbeimmobilien unterscheiden sich in ihrer Tätigkeit hinsichtlich der auf Vermietung spezialisierten Unternehmen durch weitere Dienstleistungsangebote wie u.a. Investmentberatung, Immobilienbewertung, architektonische und bautechnische Beratung, technische und kaufmännische Hausverwaltung sowie Research. Als vorteilhaft erweist sich für den Immobilienkunden, dass er die gesamte Dienstleitungspalette aus einer Hand erhält und dadurch

– Zeitgewinn
– einen finanziellen Mehrwert
– eine ganzheitliche Beratung
– eine eindeutige Interessensvertretung

durch den Immobilienberater verbuchen kann. Dadurch bekommt der Kunde Planungs-, Termin- und Kostensicherheit.

Die international agierenden bzw. die im internationalen Verbund tätigen Immobiliendienstleister können zudem aufgrund ihres Netzwerkes dem besonderen Beratungsbedarf weltweit arbeitender Unternehmen gerecht werden, ohne den lokalen Bezug zum jeweiligen Immobilienmarkt zu verlieren.

2.2.1.4 Marketingagentur

Eine langjährige Erfahrung in der Immobilienwirtschaft, ein konzentriertes Fachwissen und ein breites Netzwerk vorausgesetzt, ist die spezialisierte Marketingagentur der adäquate Ansprechpartner bei der Markteinführung eines (Immobilien)-Produktes. In Zusammenarbeit mit dem Projektentwickler und/oder dem Immobilienberatungsunternehmen wird für die Immobilie, gleich ob Neubau oder Bestand, ein objekt- und standortbezogenes Markenkonzept entwickelt, das die Vermarktungsaktivitäten medial unterstützen soll (vgl. Kap. 2.4.1.1).

2.2.2 Baukompetenz

Seit vielen Jahren sind Kooperationen zwischen zwei oder mehreren Projektentwicklern nicht mehr unüblich. Gründe hierfür können ein tieferes lokales Marktwissen, die Spezialisierung auf Gebäudetypen oder die Abdeckung von zusätzlichen Leistungsdisziplinen eines oder mehrerer Projektbeteiligter sein. Aber auch Art und Umfang eines Projektes (vgl. Kap. 2.2.2.2) können ausschlaggebend dafür sein, dass sich mehrere Entwickler zu einem Joint Venture zusammenschließen, wenn es sich beispielsweise um politisch wichtige städtebauliche Großentwicklungen handelt.

2.2.2.1 Developer

Trader Developer

Der **Trader Developer** trägt als „Bauherr auf Zeit" das Risiko eines Zwischeninvestors auf eigenen Namen und Rechnung während der gesamten Projektphase bis hin zur Vermarktung. Daher ist eine gute Eigenkapitalausstattung von Vorteil. Er kauft Grundstücke bzw. Bestandsimmobilien, entwickelt diese im Rahmen von Neubauten und Revitalisierungen und veräußert diese entweder während des Entwicklungsprozesses oder nach Fertigstellung an institutionelle Anleger, offene und geschlossene Immobilienfonds, Versicherungen oder Pensionskassen.

Häufig spezialisieren sich Projektentwickler auf jeweils folgende Bereiche:
- Fachmarkt- und Einkaufszentren
- Logistikimmobilien
- Büroimmobilien
- Hotelimmobilien
- Wohnimmobilien

Professionelle Trader Developer sind gefragte Geschäftspartner für anlagesuchende Käufer (Endinvestoren) (vgl. Kap. 2.2.3.3).

Service Developer
Der **Service Developer** arbeitet mit geringerem finanziellen Risiko auf Dienstleistungsbasis im Auftrag von bspw. Konzernen wie u.a. der Deutschen Post, der Deutschen Bahn sowie von anderen Wirtschafts- und Dienstleistungsunternehmen, die als Eigennutzer die bedarfsgerecht errichtete Immobilie verwenden.

Investor Developer
Der **Investor Developer** entwickelt wie der Trader Developer Immobilienprojekte auf eigenes Risiko, führt diese jedoch nach Fertigstellung langfristig seinem eigenen Immobilienbestand zu.

2.2.2.2 Standortprofile

Die Standortprofile geben Auskunft über die Qualitäten eines Immobilienstandortes. Diese können je nach Nutzung einer unterschiedlichen Betrachtungsweise unterzogen werden. Die „harten" Faktoren wie Infrastruktur, Branchenmix und Preisniveau im gesamtwirtschaftlichen sowie die weniger wichtigen „weichen" Faktoren wie Image und regionale Bekanntheit der Lage sind Bestandteile der Analyse, die über die derzeitige und künftige Qualität des Standortes aussagen und darüber entscheiden, ob sich das Projekt konzeptionell und wirtschaftlich darstellen lässt (vgl. Kap. 2.3.2).

2.2.2.3 Baurecht

Aufgabe des öffentlichen Baurechts ist es, die bauliche Nutzung der Grundstücke zu ordnen, indem Vorgaben über die Zulässigkeit bestimmter Nutzungen sowie Anforderungen an die Beschaffenheit des Grundstückes und des Bauwerks getroffen werden. Es wird in die Bereiche Bauplanrecht, Bauordnungsrecht und Baunebenrecht (u.a. Denkmal- und Naturschutz) unterschieden.

Aus einem qualifizierten Bebauungsplan (B-Plan), den die Gemeinde aus dem Flächennutzungsplan entwickelt und als Satzung beschließt und somit Rechtsverbindlichkeit erlangt, kann entnommen werden, wie das Grundstück bebaut werden kann. Wenn kein B-Plan vorhanden ist, ist im „unbeplanten Innenbereich" § 34 BauGB anzuwenden, der die Art und Nutzung des Projektes nach umliegender Bebauung regelt.

2.2.3 Kapitalkompetenz

Die für die Immobilienbranche wohl wichtigste Veränderung, die Einführung von Basel II bzw. III, ist die Implementierung von Ratingsystemen und den darin enthaltenen Bewertungskriterien zur Vergabe von Krediten. Eine intensive Auseinandersetzung mit den Folgen von Basel II (ab 2007) und Basel III (ab 2013) ist daher gerade für die Projektentwickler im Bereich „Trading Development" dringend notwendig. Im Nachfolgenden wird kurz auf die besondere Beziehung zwischen Entwickler und Nutzer eingegangen sowie alternative Finanzierungsmethoden dargestellt.

2.2.3.1 Der Nutzer als entscheidender Faktor

Die zukünftigen Nutzer sind für den wirtschaftlichen Vermarktungserfolg einer Projektentwicklung von entscheidender Bedeutung. Auf den einzelnen Nutzer anzuwendende Themen wie Wirtschaftszweig, Branchenrisiko und Bonität gehen mit den allgemeinen Themen der Projektentwicklung wie Stand der Vorvermietung, Mieteinnahmen (Ist/Soll), Laufzeit der Mietverträge (ggf. WAULT), die Diversifikation der Mieterstruktur und dem hieraus möglichen Verkaufspreis einher. Bei der Finanzierung dienen die vorgenannten Punkte als Kennziffern für das Ratingverfahren der kreditgebenden Institute. Im Hinblick auf die derzeitige Marktsituation ist eine Vorvermietung sowohl bei Büroimmobilien als auch bei gemischt genutzten Gebäuden oder auch Quartieren (Büro, Wohnen, Hotel) in der Regel obligatorisch; die spekulative Projektentwicklung ist für die Entwickler nur mit hohen Eigenkapitalquoten erschwert möglich.

2.2.3.2 Finanzierung

Projektentwicklung und Basel II/III
Die Bedingungen für Projektentwickler und andere Akteure der Immobilienwirtschaft (u.a. Fonds, Wohnungsbaugesellschaften etc.) haben sich durch die erhöhten Eigenkapitalanforderungen und des durch die Banken angewandte Ratingverfahrens erschwert, da die Fremdmittel-Finanzierung bei gleichzeitig hohem Investitionsvolumen mit langfristigem Charakter im Bereich der Immobilien-Projektentwicklung durchschnittlich zwischen 65 und 80% beträgt.

Insofern werden mehr denn je die gesamtwirtschaftlichen Entwicklungen sowie die daraus resultierenden Zyklen der Immobilienwirtschaft betrachtet. Je nach volkswirtschaftlicher Situation werden die Risiken entsprechend eingestuft: Höheres Risiko bei einem Angebotsmarkt; niedriges Risiko bei einem Nachfragemarkt.

Einen direkten Einfluss auf die zukünftige Kreditvergabe sowie Konditionen zieht Basel III nach sich, das bereits 2010 mit wesentlich höheren Anforderungen an das Bankensystem veröffentlich wurde und 2013 in Kraft getreten ist.

Eigenkapitalmethode
Damit der Trader und der Investor Developer die Eigenkapitalanforderungen der finanzierenden Banken erfüllen kann, werden bei Projektentwicklungen zur Realisierung eines Vorhabens häufiger Objektgesellschaften gegründet, die als Kommanditist Eigenkapital in Form von Bürgschaften bzw. Gesellschafterdarlehen bereitstellen. Mit dieser Methode wird ermöglicht, dass weitere Finanzierungen mit Fremdkapital erreicht werden. Der Grund dafür ist, dass Eigenkapital höher verzinst wird als gewöhnliche Bankdarlehen, da es einem höheren Ausfallrisiko unterliegt.

Joint Venture
Unter dem Begriff Joint Venture versteht man die Kooperationen von Gesellschaften mit einer neuen, rechtlich selbständigen Geschäftseinheit, an denen beide Gründungsgesellschaften mit ihrem Kapital, ihren Ressourcen und ihrem Know-how beteiligt sind.

Die Gründung von Joint Ventures erfolgt maßgeblich aus
- internen (Streuung der Kosten und Risiken)
- wettbewerbsbezogenen (Steuerung von Branchenentwicklungen)
- strategischen Zielsetzungen (Schaffung und Nutzung von Synergien).

Als Beispiel einer solchen Kooperation gründen ein Grundstückseigentümer und ein Projektentwickler ein Unternehmen, bei dem beide Gründungspartner u.a. Kapital und Know-how einbringen, sodass nutzbare Synergien entstehen. Der Grundstückseigentümer steuert in diesem Fall sein Grundstück bei, der Projektentwickler bebaut dieses Grundstück und veräußert es an einen Endinvestor. Die wirtschaftliche Stellung der beiden Geschäftspartner wird zu Beginn vertraglich geregelt.

Als weiteres mögliches Konstrukt kann auch ein Joint Venture zwischen einer Bank und einem Entwickler genannt werden. Diese sogenannte „Joint Venture Finanzierung“ bietet der Bank beispielsweise eine größere Einflussnahme und somit bessere Kontrolle des Projektes.

Mezzanine Finanzierungen
Als Ergänzung zu den angesprochenen traditionellen Formen der Projektfinanzierung rücken alternative Finanzierungsarten wie Mezzanine-Finance ins Zentrum der Aufmerksamkeit. Mezzanin-Kapital ist eine Finanzierungsvariante, bei der Elemente der Fremd- und Eigenkapital-Finanzierung kombiniert werden und die daher mehr und mehr an Bedeutung gewinnen, da den Kapitalgebern keine Stimm- oder Einflussnahmerechte wie echten Gesellschaftern gewährt werden müssen.

2.2.3.3 Investor/Exit Partner

Sowohl Privatanleger, Family Offices als auch die institutionellen Investoren, offene Fonds sowie Versicherungen und Pensionskassen fungieren als Zielgruppe für Projektentwickler und Immobilienberatungsunternehmen, wenn es um Verkäufe von sich noch im Bau befindlichen oder bereits fertig gestellten Immobilien im Rahmen von Projektentwicklungen und Revitalisierungen geht. Bei erfolgreicher Vorvermietung und werthaltiger Renditeberechnung kann der Investor bereits auch als „Exit Partner“ im Rahmen einer „Forward Deals“ vor bzw. während der Planungsphase einer Projektentwicklung auftreten.

2.3 Rahmenbedingungen des Immobilienmarktes

2.3.1 Angebot und Nachfrage

Die Rahmenbedingungen des Immobilienmarktes haben sich in letzten Jahren grundlegend verändert: Der Bürovermietungsmarkt entwickelte sich zu einem Mietermarkt; Schlagwörter wie „Basel II/III“ und „innovative Finanzierungsformen“ erhielten verstärkt Beachtung und Marktanalysen wurden mehr denn je betrieben, um den Ursachen auf den Grund zu gehen und sich im zukünftigen Geschäft positionieren zu können. Die nachfolgenden Erläuterungen geben zu diesen Themen einen Einblick in die Bereiche der Marktanalysen, Trends und der neuen Aufgaben der Immobilien-Projektentwickler, -Berater und -Nutzer.

2.3.1.1 Eine Idee sucht Kapital und Standort

Die Faktoren **Idee, Kapital und Standort** lassen sich innerhalb der Projektentwicklung in den unterschiedlichsten Varianten zusammensetzen. Die Vorgehensweisen „Idee sucht Kapital und Standort“, „Kapital sucht Idee und Standort“ und „Standort sucht Idee und Kapital“ sind die drei wesentlichen Aufgabenstellungen, die mit der Immobilien-Projektentwicklung in Zusammenhang gebracht werden. Allerdings kommen häufiger auch „Idee und Kapital suchen Standort“ oder auch „Standort und Kapital suchen Idee“ in Betracht. Alle Möglichkeiten, die die Geburtsstunde einer jeder Projektentwicklung bedeuten, können von allen Marktteilnehmern initiiert werden.

So kann bspw. ein Immobilienberater für ein bebautes oder unbebautes Grundstück in einem Gewerbegebiet mit einer hervorragenden Infrastruktur oder in einer innerstädtisch prominenten Lage je nach baunutzungsrechtlicher Ausweisung nach Art und Maß der baulichen Nutzung eines bonitätsstarkes Unternehmen als möglichen Nutzer haben. Allerdings ist der Eigentümer des Grundstückes aus finanziellen oder fachlichen Gründen nicht in der Lage, Immobilien-Projektentwicklung umzusetzen. In dieser Situation ist der Immobilienberater mit seinem Netzwerk und Marktkenntnissen gefordert, einen Projektentwickler zu finden, der aufgrund der Konzeptionsphasen

- Marktanalyse
- Standortanalyse
- Nutzungsanalyse
- Wettbewerbsanalyse
- Risikoanalyse
- Kostenanalyse

und einer abschließenden **Development-Rechnung** in Form einer Wirtschaftlichkeits- und Renditeberechnung das Projekt für umsetzbar hält. Die ersten Punkte einer Projektentwicklung (Projektinitiierung und -konzeption) sind somit abgeschlossen.

2.3.1.2 Projektentwickler und Immobilienberater

Wie stehen die wichtigsten Akteure der Immobilienbranche, die Projektentwickler und die Immobilienberatungsunternehmen, in dieser Königsdisziplin zueinander? In den wenigsten Fällen kann im Rahmen einer Projektentwicklung oder einer Revitalisierung der eine nicht ohne den anderen agieren. Beide Marktteilnehmer können bei einer Zusammenarbeit aus ihrem jeweiligen Know-how entsprechend positive Synergien entwickeln und so voneinander profitieren. Während das Immobilienberatungsunternehmen neben der klassischen Vermittlungstätigkeit auch Dienstleistungen wie u.a. Bewertung und Investment anbietet und somit eine große Bandbreite an Immobilienkunden bedient, steht der Projektentwickler im guten Kontakt mit Städten, Gemeinden und Eigentümern und kann sich zukunftsträchtige Standorte sichern. Insofern werden die Faktoren Idee, Kapital und Standort von beiden Marktteilnehmern aufgegriffen und einander zugeführt. Der Immobilienberater kann bereits während der Planungsphase einer Projektentwicklung für den Investor tätig werden und sich mit der Vermartung und Vermietung der Immobilie/Mietflächen befassen.

2.3.1.3 Trends in der Immobilienwirtschaft

Trend: Handelsimmobilien

Die Nachfrage der in- und ausländischen Investoren nach Handelsimmobilien vornehmlich in Innenstadtlagen der Metropolen findet vorerst (Wachsende Verdrängung des stationären Einzelhandels durch E-Commerce) kein Ende, da generell deutsche Immobilien im Vergleich zu internationalen günstiger und mit höherer Renditeerwartung zu erwerben sind. Die diesem Trend folgenden Projektentwickler suchen aufgrund der derzeitigen Marktsituation potenzielle Standorte nicht mehr nur in A-Städten. Auch die Revitalisierung von in die Jahre gekommener Shoppingcenter ist selbstverständlich ebenfalls stets im Hauptaugenmerk der Entwickler. Durch die Flächenmodernisierung und -Opti-mierung ist ein höherwertigerer Mietermix, verbunden mit höheren Mieteinnahmen und einer entsprechenden Renditeerhöhung gegeben.

Bei der Schaffung neuer Fachmarktzentren und Discountern ist seit Jahren weiterhin vermehrt festzustellen, dass mehr und mehr Städte und Gemeinden mit ihren einschränkenden Bebauungsplänen eine große Hürde bei der Realisierung solcher Immobilien darstellen. Der Grund hierfür ist der von den jeweiligen Wirtschaftsförderungen und Stadtplanungsämter initiierter Versuch, die innenstädtischen Einzelhändler vor dem Aussterben zu bewahren.

Dennoch: Aufgrund der weiter stark vorhandenen Investoren- und Nutzernachfrage in diesem Segment erarbeiten zunehmend regionale Projektentwicklungsgesellchaften entsprechende Grundlagen für mögliche Entwicklungen von Handelsimmobilien.

Trend: Büroimmobilien

Aufgrund der vergleichsweise einfachen Bewirtschaftung in Verbindung mit einem gesunden Mietermix sowie langfristig laufenden Mietverträgen ist die Büroimmobilie bei privaten und institutionellen Kapitalanlegern weiterhin sehr beliebt. Allerdings sind gerade in den letzten Jahren die Qualitätsansprüche der Mieter an solchen Objekten sehr stark gestiegen, was in älteren Gebäuden zu extrem ansteigenden Leerstandsraten geführt hat. Hierbei spielen Merkmale wie zeitgemäße Bauweise und Haustechnik mit einer einhergehenden Zertifizierung der Immobilie eine bedeutende Rolle.

Die Marktgängigkeit von Büroobjekten ist des Weiteren nicht mehr nur von der verkehrsmäßigen Infrastruktur (Autobahnanbindung und ÖPNV) und den Abstellmöglichkeiten für Pkws abhängig, sondern auch von weichen Lagefaktoren wie u.a. das Standortimage und der großräumigen Lagestruktur. Die Streubreite der erzielbaren Mieten ist außerordentlich hoch. Hierbei ist ein Immobilienberatungsunternehmen mit seiner lokalen Marktkenntnis gefragt.

Trend: Wohnimmobilien
Auch das **Wohnungsmarktsegment** erfreut sich nun mehr seit Jahren einer immensen Nachfrage – nicht mehr nur aus dem Ausland. Gründe hierfür sind weiterhin die hohen Wertsteigerungspotenziale z.B. auch durch Wohnungsknappheit und der stabile Cashflow aus den Mietverträgen. Durch die Wohnungsknappheit in den Ballungszentren entstehen vermehrt Wohnbauprojekte, die sich übrigens auch in Form von Umnutzungen von ehemaligen Büroimmobilien zeigt, die strukturell bedingt einen jahrelangen Leerstanden aufwiesen. Auch hat sich ein enormer Rückgang ehemals genutzter Gewerbegrundstücken in Innenstädten und Randlagen ergeben. An der Stelle von jahrzehnterlanger Nutzung von Gewerbenutzung entstehen heute Wohntürme oder sogenannte Hybridtürme, die neben Büroflächen auch Wohnungen und ein Hotel unterbringen.

Trend: Hotel
Jährliche Wachstumsraten bei Übernachtung nationaler und internationaler Gäste lassen die Hotelbranche in Deutschland boomen. Nicht nur der Tourismus floriert in Deutschland. Jährlich besuchen etwa 10 Millionen Besucher rund 150 internationale Messen und Ausstellungen (Quelle: Ausstellungs- und Messe-Ausschuss der Deutschen Wirtschaft e.V., Januar 2016). Das macht sich dann auch in den Top-7-Städten bemerkbar. Die Zahl der Hotelprojektierungen steigt jährlich und lässt die Investoren Bestpreise zahlen. Weiterhin sehr gefragt sind 3-Sterne und 4-Sterne Hotels, aber auch urbane Designhotels mit hippen Lifestylecharakter erfreuen sich größerer Beliebtheit bei den Hotelgästen. Bemerkenswert ist, dass Redevelopments älterer aufgrund ihrer Lage in Frage kommenden Büroimmobilien immer weniger stattfinden, da diese Gebäude aufgrund ihrer (folglich der seinerzeit angedachten Nutzung) Bauweise nicht den Anforderungen der Hotelketten genügt, sofern sie nicht bereits für einen Büroneubau weichen mussten oder in Wohnen umgenutzt worden sind.

2.3.2 Machbarkeitsstudien

Schienen in vergangenen boomenden Immobilienzeiten differenzierte Marktanalysen aufgrund des Nachfrageüberhangs entbehrlich, so werden heute mehr denn je verlässliche Informationen über Quantität und Qualität der Nachfrage zum entscheidenden Erfolgsfaktor für eine erfolgreiche Projektentwicklung sowie eines effizienten Bestands und Portfoliomanagement. Die einzelnen Marktanalysen sind miteinander stark verbunden und ergeben somit ein Gesamtbild.

2.3.2.1 Standortanalyse

Die Standortanalyse wird unterteilt in harte und weiche Faktoren und kann bei einer unterschiedlichen Betrachtungsweise personen- und unternehmensbezogene Werte aufweisen.

Die klassischen harten Faktoren einer Standortanalyse sind:
- Verkehrsanbindung (ÖPNV, Autobahn, Flughafen, Hauptbahnhof
- Nahversorgungsmöglichkeiten
- Wirtschafts- und Branchenstruktur
- Arbeitsmarktsituation

Die klassischen weichen Faktoren einer Standortanalyse sind:
1. Bekanntheit und Image
2. Wohn- und Freizeitqualität
3. Umweltqualität
4. Angebot an Freizeit- und Kulturangebot

Sie stellen entscheidende Bewertungskriterien für den Projektentwickler dar, mit denen er sein Investitionsvorhaben modellieren kann, und gelten bezogen auf die örtlichen oder großräumigen Betrachtungen (Mikro- und Makrolage) als vergleichbare Größen zu anderen Standorten.

2.3.2.2 Zielgruppenanalyse

Zielgruppen werden in der Regel durch Studien und Umfragen statistisch definiert und haben unterschiedlich eingrenzende Merkmale im Hinblick auf die Lage und Nutzung einer Immobilie. Zum einen können die Marktakteure eine eigene Research-Abteilung unterhalten, Untersuchungen von Marktforschungsunternehmen kaufen und sich beim Bundesamt für Statistik in Wiesbaden bedienen. Bei den Definitionen sind Beobachtungen und Kenntnisse des Marktes sowie ein funktionierendes System notwendig, um die Daten und Fakten auf den aktuellen Stand zu bringen und zu halten, und stellen eine Hauptaufgabe des Immobilienberaters dar. Veraltete Analysen sind nicht zeitgerecht, da sich die Informationen im Laufe der Zeit ständig entwickeln (vgl. Kap. 2.4.1.1).

2.3.2.3 Wettbewerbsanalyse

Im Rahmen einer Projektentwicklung sind Wettbewerbsanalysen in Summe die Grundlage einer erfolgreichen Entwicklung. So sollte festgestellt werden, ob sich ein Vorhaben in die dafür vorgesehene Umgebung baurechtlich respektive nutzungs- und wettbewerbsspezifisch einfügen lässt sowie eine vorhandene Marktnachfrage decken kann.

2.3.3 Lebenszyklus einer Büroimmobilie

Man kann eine lange Liste von weltweiten Immobilienprojekten mit unterschiedlichsten Nutzungen aufstellen, die nach der Fertigstellung zumindest teilweise lange unvermietet waren oder eine nur kurze wirtschaftliche Nutzungsdauer hatten. Grund waren häufig unzureichende infrastrukturelle Merkmale der Immobilie, die Nichtberücksichtigung von Nutzerwünschen und marktkonformen Begebenheiten sowie die nicht fachgerechte Vermietung und Vermarktung bereits während der Umsetzung des Projektes. Im Nachhinein unternommene Korrekturen scheiterten oft; das Projekt scheiterte.

Markt- und nutzerorientiert entwickelte Gewerbeimmobilien werfen hinsichtlich Erstvermietung und Drittverwendung weniger nennenswerte Schwierigkeiten im Lebenszyklus auf. Bei gut durchdachten flexiblen Gebäudestrukturen betrifft das perspektivisch auch die Revitalisierung bzw. Umnutzung bestehender Immobilien.

2.3.3.1 Projektentwicklung

Noch vor wenigen Jahren hatten nach der letzten globalen Banken- und Finanzkrise in 2007 spekulativ erstellte Projekte, für die ein Nutzer erst gefunden werden musste, kaum noch eine Marktfähigkeit und sind eher ein Relikt von vergangenen Boomphasen gewesen. Zum Stand der aktuellen Überarbeitung dieses Beitrages befindet sich der Büroimmobilienmarkt in Deutschland wieder in einer Hochphase, in der eine Flächenknappheit zu verzeichnen ist und Investoren mangelnde Produkte beklagen. Beispielsweise in Frankfurt entstehen im Bankenviertel spekulative Büroimmobilien, die ohne eine Vorvermietung realisiert werden. Aufgrund der hohen Nachfragesituation wurden bereits lange vor Fertigstellung bereits großflächige Anmietungen in diesen Projekten gemeldet.

In Frankfurt bleibend wird ein Projekt in den – nicht weniger nachgefragten – innenstadtnahen Randlagen weiterhin mit einer zumindenst teilweisen Vorvermietung obligatorisch angestrebt. Grund hierfür ist u.a. auch die Vergabepolitik der kreditgebenden Institute, die entsprechend einer Vorvermietungsquote bestimmter Produkte in bestimmten Lagen eine darauf resultierende EK-Quote fordern. Aufgrund der derzeitig hohen Nachfrage auch nach Wohnungen und Hotels können die geforderten Vorvermietungsquoten bei entsprechenden Gebäuden aber auch durch eine Flächenkombination aus Büro, Wohnen und/oder Hotel in Form von Hybridgebäude oder Quartiersentwicklung dargestellt werden.

Somit ist die jeweilig vorhandene Markt- und Nachfragesituation sowie der gewünschte Nutzer als definierte Zielgruppe weiterhin insgesamt das Zünglein an der Waage, denn nicht nur die Bereitschaft eines potentiellen Mietinteressenten, in eine neu erstellte, seinem Anforderungsprofil entsprechende Mietfläche oder Gebäude einzuziehen, hängt eine Realisierung ab. Das Gesamtkonzept, aber auch Kennziffern wie Mietgrößen, Mietlaufzeiten und zu guter Letzt die Bonität der Mieterstruktur sind maßgeblich, ob ein Projekt erfolgreich umgesetzt werden kann. Diese Kennziffern sind ebenfalls entscheidend hinsichtlich der Aussicht, ob der Projektentwickler eine Finanzierung erhält oder nicht, da, sofern die Renditeberechnungen nicht zutreffen, die Bank keine Mittel zur Verfügung stellt. Dem Ganzen geht die Projektkonzeption voraus, in der die verschiedenen Analysen durchgeführt werden.

2.3.3.2 Drittverwendung

Was nach der vereinbarten Nutzungsdauer beispielsweise eines Generalmieters mit der (Single Tenant-) Immobilie passiert, hängt häufig davon ab, ob während der Nutzung regelmäßig Instandhaltungs- und Instandsetzungsmaßnahmen und darüber hinaus auch Modernisierungen durchgeführt worden sind. Je nach dem, wie die vorangegangen Punkte beantwortet werden können bzw. auch der zukünftige Bedarf des Mieters aussieht, kann eine Vertragsverlängerung angestrebt werden. Eine Identifikation mit der Immobilie bzw. auch mit dem Standort kann nach einer langen Mietzeit sicherlich ebenfalls ein Grund sein, ein Gebäude weiterhin zu nutzen.

Ein wesentlicher Punkt ist auch die mögliche Nachvermietung an mehrere Nutzer, sofern die Immobilie entsprechende Gebäudestrukturen und am Markt nachgefragte Größenordnungen an Mietflächen flexibel aufweisen kann. Grundvoraussetzung ist bereits die Konzeption während der Planungsphase und kann je nach Größenordnung der Immobilie durch die Schaffung von eigenen (Haupt-)Eingängen bei zusammenhängenden Bauteilen sowie eine entsprechende Teilbarkeit innerhalb einer Etage realisiert werden. Hinzu kommen Lagequaltitäten und die Außenwahrnehmung eines Gebäudes im Rahmen architektonischer Gesichtspunkte wie Modernität und Attraktivität sowie Zustand der Liegenschaft im Allgemeinen.

2.3.3.3 Revitalisierung

Eine weitere Möglichkeit der Projektentwicklung ist die Revitalisierung von Bestandsgebäuden, wenn beispielsweise eine Drittverwendung bzw. Nachvermietung nicht realisiert werden konnte.

Der Lebenszyklus einer Gewerbeimmobilie hat sich aufgrund von technischen und ökonomischen Veränderungen stark verkürzt – in der angelsächsischen Welt wird in diesem Zusammenhang von der „functional obsolescence" gesprochen. Viele Büroflächen, die vor 15 Jahren noch zeitgemäß waren, entsprechen mit ihrer Struktur sowie Ausstattungsmerkmalen nicht mehr den heutigen Anforderungen der Nutzer und erzielen für den Eigentümer häufig nur noch Mieteinnahmen unter Durchschnitt. Auch für die Immobilienberater erweist sich die Vermietung solcher Immobilien im vom Eigentümer gewünschten Mietersegment als anspruchsvoll oder gar aussichtslos, erst recht, wenn das Gebäude in einer weniger nachgefragten Teilmarktlage steht.

Hier kann der Eigentümer eine Vermarktungsanalyse (Marktbericht, Konkurrenzübersicht etc.) bei einem Immobilienberater anfragen, der aufgrund seiner Marktkenntnisse auch eine adäquate Vermietbarkeit an eine geeignete Zielgruppe eruiert und ggf. Modernisierungsmaßnahmen im bzw. am Gebäude empfehlen kann. Falls eine Vermietung selbst an eine Mieterschaft nicht gelingt, die funktionale und günstige Flächen präferiert oder ein Eigentümer eine notwendige Revitalisierung der Immobilie nicht finanzieren kann oder will, kann die Veräußerung der Liegenschaft an einem nachgefragten Standort an einen Projektentwickler in Frage kommen. Entsprechend der Nachfragesituation an einem Standort kann nun auch eine Projektentwicklung entstehen.

Hierzu geben Standortprofile Auskunft über die Qualitäten eines Immobilienstandortes. Diese können je nach Nutzung einer unterschiedlichen Betrachtungsweise unterzogen werden. Die „harten" Faktoren wie Infrastruktur, Branchenmix und Preisniveau im Gesamtwirtschaftlichem sowie die „weichen" Faktoren wie Image und regionale Bekanntheit der Lage sind Bestandteile der Analyse, die etwas über die derzeitige und künftige Qualität über den Standort aussagen und entscheidend mitbestimmen, ob sich das Projekt konzeptionell und wirtschaftlich verwirklichen lässt.

Auch die Prüfung der Umsetzbarkeit einer Zertifizierung bei einer Revitalisierung kann als Bestandteil der Beratungsleistungen erfolgen, um auch über dieses Mittel eine frühzeitige Kommunikationsstrategie für die Platzierung des Objekts im Markt zu sichern. Ein Mittel hierfür ist die Umsetzung einer sogenannten „Vorzertifizierung", welche bereits vor Projektstart abgeschlossen werden kann und dem Vermieter somit eine höhere Sichtbarkeit im Markt ermöglicht. Weiterhin können auch spezifische Zielgruppenanfragen von Großmietern beantwortet werden, welche nach wie vor die Umsetzung eines nachhaltigen Standortkonzepts fordern.

Wenn die „ausrangierte", aber von der Bausubstanz noch gut erhaltene Bestandsimmobilie nicht mehr marktfähig ist, wird also eine Objektveränderung in Rahmen einer Revitalisierung notwendig. Hierzu kann der Projektentwickler wie bei einem Neubau zunächst auf eine Vorvermietung hinarbeiten oder spekulativ revitalisieren. Auch hier sind die Marktkenntnisse eines Immobilienberaters für den Entwickler von Vorteil; eine Zusammenarbeit kann mit einem Alleinvermietungsauftrag auch zu Beginn der Planungen vereinbart werden.

Auch Handels-, Lager- und Logistikimmobilien unterliegen diesen Veränderungen, wobei bei der einfachen Bauweise ein Abriss mit Neubebauung häufig einfacher und kostengünstiger ist als bei Bürogebäuden. Es stellt sich nun die Frage, ob der Eigentümer finanziell und auch in Bezug auf sein Fachwissen in der Lage ist, die Drittverwendung seiner Immobilie zu realisieren. Er kann zunächst Vermietungsaktivitäten in Angriff nehmen oder direkt mit dem Verkauf beginnen. Eine weitere, je nach Standort und Nutzungsmöglichkeiten der Immobilie entsprechende Möglichkeit kann auch die Zusammenarbeit mit einem Projektentwickler sein. In diesem Falle entwickelt der Projektentwickler ein Konzept und sucht nach möglichen Mietern. Hierbei wird er sich auch an die örtlichen Immobilienberater wenden. Sobald Nutzer für dieses Konzept gefunden worden sind, erwirbt der Entwickler die Immobilie oder geht ein Joint Venture mit dem Eigentümer ein.

Revitalisierungsbedarf an Immobilien, die älter als 20 Jahre sind, besteht häufig an folgenden Gewerken:

Bürogebäude, ehemals nutzerspezifisch erbaut und generalvermietet:
Fassadenneugestaltung, Schallschutzverglasung, Grundriss- und Flächenoptimierungen, Versorgungswege (Strom- und Wasserleitungen, Hohlraum-/Doppelboden), Haustechnik (Aufzüge, Kühldecken, Technikräume, EDV unterstütze Verkabelung, Brandschutz- und Sicherheitstechnik), Garten- und Landschaftsbau, Außenanlagen. Ziel: Anschlussvermietung an Büromieter.

Einkaufs- und Fachmarktcenter, 1b-Lage:
Fassadenneugestaltung, Grundriss- und Flächenoptimierung, Schaufenster- und Mallgestaltung, Haustechnik, Brandschutz- und Sicherheitstechnik, Garten- und Landschaftsbau, Außenanlagen. Ziel: Neuvermietung an Filialisten.

Industrie- und Bürogebäude, spätes 19. Jahrhundert/frühes 20. Jahrhundert:
Fassadenerhaltung- bzw. Neugestaltung, Grundriss- und Flächenoptimierung, Haustechnik, Brandschutz- und Sicherheitstechnik, Garten- und Landschaftsbau, Außenanlagen. Bei diesen Maßnahmen sind evtl. Denkmalschutzauflagen zu beachten! Ziel: Umnutzung in Bürolofts, Showrooms und Eventflächen.

2.3.3.4 Redevelopment

Die Begriffsabgrenzung zwischen Redevelopment und Revitalisierung ist in der Praxis oft unscharf. Eine durchgreifende Modernisierung wird häufig als Revitalisierung bezeichnet und bei der Frage, ob ein Redevelopment erforderlich ist, hängt dann vom Zeitpunkt und dem Umfang der vorgenommenen Maßnahmen ab und davon, ob die Arbeiten während einer Nutzung erfolgen oder erst, wenn die Immobilie bereits unvermietbar geworden ist.

Für den erfolgreichen Betrieb von Immobilien muss in regelmäßigen Abständen der Gebäudezustand an die Anforderungen des Marktes angepasst werden, so dass der technische und wirtschaftliche Lebenszyklus der Immobilie positiv beeinflusst wird. Dies kann während eines Leerstandes, aber auch während der Nutzung passieren. Auf die Belange der Nutzer ist jedoch

Rücksicht zu nehmen und es ist genauestens zu planen, wann der geeignete Zeitpunkt ist und welchen Umfang die Bauarbeiten haben werden. Davon ist auch abhängig, in welcher Form die Nutzung während dieser Zeit aufrechterhalten werden kann. Mit steigendem Interesse der Nutzer an der Höhe der Nebenkosten aufgrund der prognostizierten steigenden Energiepreise werden Investitions- und Modernisierungsmaßnahmen in den Vergleich einer Revitalisierung zu setzen sein.

2.4 Vermietung und Vermarktung der Projektentwicklung

2.4.1 Projektbegleitende Vermarktung

Gute, plausible und verständliche Kommunikation ist ein essentieller Bestandteil der projektbegleitenden Aktivitäten zur erfolgreichen Vermarktung eines Projektes. Da ein Projekt komplex und in vielerlei Hinsicht erklärungsbedürftig ist und viele Nutzer weder das technische Fach-Know-how noch die notwendige Geduld mitbringen, sich intensiv mit technischen Details des Projektes auseinanderzusetzen, bedarf es einer Kommunikations- und Marketingkampagne, die auch die Verantwortung tragenden Laien, die unter Umständen nur sehr selten Anmietungsentscheidungen fällen muss, zur Auseinandersetzung mit dem Projekt anregen.

Abhängig davon, ob das Projekt spekulativ oder ausschließlich mit einer noch festzulegenden Quote einer Vorvermietung erstellt werden soll, muss sich der Projektentwickler mit seiner Werbe- und PR-Agentur auf eine entsprechende Kampagne einigen. Grundsätzlich können bei der Entwicklung der Kampagne auch Immobilienberatungsunternehmen befragt werden, die ihre Erfahrung und ihr Know-how einsetzen und bündeln.

Im Falle einer Exklusivbeauftragung oder auch eines Leads durch den Projektentwickler stellt sich die Frage, welche Aufgaben der Immobilienberater übernimmt. Der Immobilienberater kann sowohl reinen Nachweis- und Vermittlungstätigkeiten nachkommen als auch eine vollumfängliche Beratungsfunktion je nach Bedarf des Entwicklers einnehmen. Vielerorts vergeben Auftraggeber gerne auch Alleinaufträge an zwei Immobilienberater, um so eine Spezialisierung beider Immobiliendienstleister, die sich lokal oder international in der Marktpositionierung bzw. hinsichtlich der Nutzung der angebotenen Flächen bei beispielsweise gemischt genutzten Immobilien mit Laden- und Büroflächen spezialisiert haben, zu bündeln.

2.4.1.1 Grundlagen der Vermietung und Vermarktung

Damit eine erfolgreiche Vermarktung des Neubaus gelingt, muss der Entwickler erste Schritte zur Positionierung der Immobilie festlegen. Hat er sich für eine Exklusivbeauftragung eines Immobilienberaters entschieden, kann dies je nach Umfang der Beratungsdienstleistung auch in einer Zusammenarbeit konzipiert werden:
- Welche Zielgruppe passt zum Standort?
  - Branche, Flächenbedarf, Lagefaktoren
- Welche Zielgruppe passt zur Immobilie?
  - Bauweise, Ausstattung, Flächenstruktur
- Welche Bedürfnisse hat die Zielgruppe?
  - Individualität, Image, Design
- Welche Vorteile hat die Immobilie im Vergleich zu Konkurrenzobjekten?
  - Flächeneffizienz, Flexibilität, Infratruktur
- Welche Kommunikation und welches Marketing soll durchgeführt werden?
  - Markenpositionierung, umfassende Kampagnenbildung, strukturierte Nutzeransprache

Nachdem die Analyse abgeschlossen ist, kann die Planung und Strategie der Durchführung festgelegt werden, um die langfristigen Zielsetzungen umzusetzen. Die wesentlichen Fragen hierbei sind:
- Wie hoch ist das Werbebudget?
- Welche Marketinginstrumente werden eingesetzt?

– Wie und wann erfolgt der Einsatz der Maßnahmen?
– Werden spezialisierten Werbe- und PR-Agenturen eingesetzt?
– Wer kontrolliert die Steuerung der Marketingaktivitäten?

Werbebudget:
Die Frage der Höhe des Werbebudgets richtet nach der Größe, Art und Umfang der Immobilie. Insgesamt hängt dies stark von der finanziellen Gesamtplanung des Projektes, der Strategie und der Zielsetzung der Maßnahmen abhängt. Erfahrungswerte aus der Praxis bewegen sich in einer Größenordnung um ca. 1 % der Baukosten.

Marketinginstrumente und Einsatz der Maßnahmen:
Im Zeitalter des Internets erreicht die Einrichtung einer **Homepage** häufig einen größeren Interessentenkreis und hat somit eine höhere Werbewirksamkeit als beispielsweise Prospektmaterialen und Datenträger, zumal ein Internetlink innerhalb eines Unternehmens leichter und schneller einem erweiterten und internationalen Personenkreis zur Verfügung gestellt werden kann. Im Rahmen der ersten Kontaktaufnahme eignet sich das alt bewährte Mietexposé, um dem Mietinteressenten erste Informationen zum Objekt zu vermitteln. Bewährt hat sich auch die Versendung von regelmäßig erscheinenden Newslettern per E-Mail, um die Interessenten im Nachgang der ersten Kontaktaufnahme über den aktuellen Stand des Projektes zu informieren.

Bei den beliebten **Give-away's** und **Präsenten** mit dem Logo oder Schriftzug der Immobilie, die gerne als Werbeträger beim Mietinteressenten eingesetzt werden, um so eine persönliche Bindung des Kunden bzw. einen Erinnerungseffekt zu erreichen, greift man heute eher zu modernen und auch personalisierten Werbemittel. Je nach Volumen und Standing des Projektes kommen iPad's/iPod's, eigens kreierte Parfums oder edle Pralinen, hochwertige Regenschirme, Bauhelme und Gummistiefel zum Einsatz. Die Anwendung der Give-away's sollte selektiv sowie zeitlich abgestimmt geschehen und kann je nach Funktion und Stellung des Ansprechpartners im Unternehmen unterschiedlich sein.

Ein weiteres Instrument eines Maßnahmenkataloges sind Durchführungen von Kunden- bzw. Zielgruppen-**Events** zu Anlässen wie Spatenstich, Grundsteinlegung, Richtfest, sonstigen Veranstaltungen und Fertigstellung bzw. Eröffnung der Immobilie. Ob hierbei die Öffentlichkeit eingeladen werden soll, ist vom Projektentwickler abhängig. In der Regel handelt es bei den Veranstaltungen um geschlossene Gesellschaften, bei denen Projektbeteiligte, Branchenzugehörige, Persönlichkeiten aus Politik, Wirtschaft und Kultur sowie die Presse eingeladen werden. Für die interessierte Öffentlichkeit eignen sich Veranstaltungen wie „Tag der offenen Tür" oder spezielle Baustellenführungen. Der Einsatz einer professionellen Eventagentur, die sich um die Moderation und Gestaltung der Rahmenprogramme sowie um das Catering kümmert, rundet das Programm ab.

Werbe- und PR-Agentur:
Je nach Art und Größe der Projektentwicklung kann eine Werbe- und PR-Agentur, die sich auf projektbegleitende Medien- und Öffentlichkeitsarbeit in der Immobilienwirtschaft spezialisiert hat, die Marketing-Maßnahmen unterstützen. Das kann bei Großprojekten und innerstädtischen Lagen ein unverzichtbarer Bestandteil der Aktivitäten werden, man nehme als Beispiel die zu Baubeginn (2004, Fertigstellung 2009/2010) Deutschlands seinerzeit größte innerstädtische Projektentwicklung „Frankfurt Hoch Vier" (heute: „Palaisquartier") in der Frankfurter City auf insgesamt 1,7 Hektar. Nach monatelangen Verzögerungen (ein Grundstücksnachbar legte eine einstweilige Verfügung gegen die Realisierung ein zur Folge, dass die bereits begonnenen Abrissarbeiten eingestellt werden mussten), hatten nicht wenige das 950-Millionen-Euro-Projekt bereits abgeschrieben. Die Presse- und Öffentlichkeitsarbeit wurde ein unverzichtbarer Bestandteil der Kommunikation und somit zur weiteren Positionierung des Projektes.

Weitere Einsatzbereiche einer Werbe- und PR-Agentur im Rahmen einer Immobilien-Projektentwicklung sind:
– Markenentwicklung
– Corporate Identity & Design

- B2B Kommunikation
- Public Affairs & Lobbying
- Eventmanagement
- Publikationen

Steuerung der Marketingaktivitäten
Die Steuerung der Marketingaktvitäten sollte entweder durch den Projektentwickler oder durch das Immobilienberatungsunternehmen erfolgen und ist abhängig von der Aufgabenstellung des Immobilienberaters hinsichtlich des Projektumfangs. Selbstverständlich ist auch eine gemeinsame Führung möglich, wenn beide über entsprechende Erfahrungen in den jeweiligen Bereichen verfügen. Dies erfordert allerdings eine perfekte Abstimmung beider Unternehmen im Rahmen einer engen Zusammenarbeit.

So sollte in beiden vorgenannten Varianten die Kommunikations- und Entscheidungsrichtlinien festgelegt und ein Projektleiter eingesetzt werden, der den zuvor festgelegten Maßnahmenkatalog hinsichtlich der personellen, zeitlichen, aufgaben- und zielbezogenen Umsetzung koordiniert, steuert und kontrolliert. Der Projektleiter hat auch dafür Sorge zu tragen, dass Informationen und Projektergebnisse im Rahmen eines Berichtswesens zugetragen und dem Auftraggeber zur Verfügung gestellt werden. Das Berichtswesen ist Grundlage weiterer Vorgehensweisen.

Diese umfangreiche Tätigkeit ist, wenn sie vom Immobilienberatungsunternehmen erbracht werden soll, im Rahmen einer Exklusiv-Beauftragung definiert und erfordert neben fachlicher Kompetenz auch einen hohen personellen Einsatz. Eine Honorierung kann in diesem Fall durch eine monatliche Vergütung (Retainer) erfolgen. Eine erfolgsorientierte Vergütung wäre zudem ebenfalls eine mögliche Variante.

2.4.1.2 Vermietungs- und Vermarktungsphasen

Wir hatten bereits die Themen *Spekulative Projektentwicklung* und *Errichtung der Projektentwicklung nach Vorvermietung* erörtert. Hierbei haben wir festgestellt, dass die Entscheidung, die der Projektentwickler trifft, von mehreren Faktoren abhängt, wie z.B.:

- Wie stellt die derzeitige und wie die zukünftige Marktsituation, in der die Projektentwicklung platziert werden soll, dar?
- Wie definieren sich Art um Umfang der Projektentwicklung?
- Mit welchen Kosten wird die Projektentwicklung geplant?
- Wie sieht die Beschaffung von notwendigem Fremdkapital für die Projektentwicklung aus?
- Was ergibt die Projektkalkulation („Development-Rechnung") der Projektierung?

In der Vermietungsphase einer spekulativen Projektierung, die eine zeitlich festgelegte Frist beinhaltet und vom Projektentwickler und ggf. mit dem Immobilienberatungsunternehmen gemeinsam definiert wird, zeigt sich, ob die in der Development-Rechnung getroffenen Mietansätze und -Kalkulationen Bestand haben oder ob vom Projektentwickler regulierend eingegriffen bzw. das Marketing verstärkt werden müssen. Hierbei wird in Zusammenhang mit anderen risikobehafteten Merkmalen wie beispielsweise Genehmigungen, Finanzierungen und Fertigstellungen der spekulativen Projektentwicklung ein unsicherer Projektausgang erkennbar. Es sich stellt sich zudem die Frage, wann und wie das Immobilienberatungsunternehmen in die Vermietungsaktivitäten eingreifen soll. Die Gefahr bei einer unqualifizierten Vermarktung des Projektentwicklers besteht darin, dass er:

1. keine weitreichenden Kenntnisse über den Markt mit seinen unterschiedlichen Nutzern besitzen kann;
2. dass er sich nicht an einen Immobilienberater binden möchte, um so flexibel auf alle Anfragen reagieren zu können. Problem: Niemand fühlt sich verantwortlich.

Die Vermietungsphase einer Projektentwicklung, die bereits in einem frühen Planungsstadium beginnt, kann im Prozessablauf klar definiert und strukturiert umgesetzt werden.

2.4.1.3 Funktion eines Immobilienberaterungsunternehmen

Im Rahmen einer reinen Nachweis- und Vermittlungstätigkeit auf Basis eines Maklervertrages, in der sich der Immobilienberater im Wesentlichen um die Akquise potentieller Mieter kümmert, hat er folgende Aufgaben zu erledigen:

- Ansprache der möglichen Mietinteressenten
  - Telefonmarketing von geschulten Beratern
  - Mailings (postalisch, unterstützt von Prospektmaterial, elektronische Präsentationen, Mietexposés, Einladung zu einer Objektbesichtigung, Gutschein für eine unverbindliche Raumplanung)
  - Werbung in Presse und/oder Funk, Presseberichte, Vorträge/Panel/Präsentationen sowie Stände bei Immobilienmessen (Expo Real, MIPIM), Positionierung eines Vermietungsschildes vor dem Objekt
- Durchführung von Objekt/Baustellenbesichtigungen
  - Errichtung eines Musterbüros
  - Plantafel mit verschiedenen Grundrissvarianten
  - Übergabe Grundrisse, Präsentationen und sonstigen Informationen
- Koordination der Planungsphase
  - Abfrage des Anforderungsprofils beim Mietinteressenten (ggf. Unterstützung bei der Erarbeitung)
  - Abstimmung mit Projektentwickler auf Umsetzung des Profils
  - Weiterreichung erster Planungskonzepte an den Mietinteressenten
  - Konkretisierung der Planungsphase und Finalisierung der Planungsunterlagen als Vertragsbestandteil bzw. Grundlage der weiteren Verhandlung
- Durchführung von Mietvertragsverhandlungen
  - Einholung von Bonitätsauskünfte der Mietinteressenten
  - Aufbereitung von Informationen und Entscheidungshilfen für den Auftraggeber
  - Verhandlung der Mietverträge
  - Vorbereitung der endverhandelten Verträge zur Unterzeichnung beider Vertragsparteien

Im Rahmen einer Exklusiv-Beauftragung verpflichtet sich das Immobilienberatungsunternehmen zur Wahrnehmung zusätzlicher Aufgaben:

- Beratung bei der Festlegung einer Kommunikations- und Marketingkampagne (vergl. Kap. 2.4.1.1)
- Reportings über die Vermarktungsaktivitäten
  - Aufstellung und Hintergrundinformationen der angerufen und angeschriebenen Mietinteressenten
  - Aufstellung und Hintergrundinformationen der durchgeführten Besichtigungen mit Mietinteressenten
  - Aufstellung der Vertragsgespräche mit Mietinteressenten mit Stand der Verhandlungen
- Weiterführende Betreuung und Bindung der Mietinteressenten
  - Regelmäßige Kontaktaufnahme per E-Mail mit Newslettern und sonstigen Informationen
  - Übersendung objektbezogener Werbepräsente
  - Bearbeitung der nutzerspezifischen Ausstattungsmerkmale und Raumplanung Mietvertragsentwurf
  - Terminierung von weiteren Besichtigungen
  - Aufbereitung von Informationen und Entscheidungshilfen
  - Austausch von Mietvertragsentwürfen
- Einbindung von Drittmakler
  - Zusendung von vermietungsrelevanten Informationsmaterialen
  - Besichtigung vor Ort, Informationsgespräche zu wesentliche Objektmerkmalen sowie zu Vertragskonditionen

  - Koordinierung der Besichtigungen von Mietinteressenten der Drittmakler
  - Führen der Vertragsverhandlungen in Zusammenarbeit mit den Drittmaklern
- regelmäßige Marktberichte zu
  - Leerständen
  - stattgefunden Vermietungen
  - erzielbaren Mietpreise
  - Tendenzen im Immobilienmarkt
- regelmäßige Meetings mit dem Auftraggeber
  - Erörterung der Reportings unter Bezugnahme der Marktberichte
  - Besprechungen zu laufenden Mietvertragsverhandlungen
  - Abstimmung weiterer und zusätzlicher Maßnahmen

2.4.2 Flächeneffektivität und -effizienz als USP

Die Immobilie kann sich durch die effiziente Ausnutzung der Flächen vor dem Hintergrund eines speziellen Nutzerprofiles Wettbewerbsvorteile gegenüber Konkurrenzobjekten sichern. Hierbei spielt u.a. die Flächenberechnung nach BGF (s. DIN 277) oder nach GIF (Gesellschaft für Immobilienwirtschaftliche Forschung e.V.) eine wesentliche Rolle. Die Flächeneffizienz ist die Grundlage einer erfolgreichen Vermietung, da jeder Nutzer sein Büroflächenprofil kostenminimiert mit geringstem Einsatz bei größtmöglicher Ausnutzung umsetzen möchte.

Achsmaß und Gebäudetiefe sowie die Tageslichtdurchflutung des Gebäuderaumes spielen eine weitere wichtige Rolle, wenn es um die Aufteilung der einzelnen Büroformen und somit die Umsetzbarkeit eines Nutzerprofiles geht. Um die Konfiguration einer Vielzahl von Büroformen zu ermöglichen, benötigt man einen Achsmaß von 1,35 bis 1,50, eine Gebäudetiefe zwischen 13,5 und 18 Meter, eine Geschosshöhe von 3,50 bis 4,00 Meter sowie ein Hohlraum-/Doppelboden, um die Elektro- und Datenleitungen flexibel und für die Büronutzung nicht störend zu legen.

Folgende Büroformen können im Rahmen dessen konfiguriert werden:

- Zellenbüro:
  - Weitverbreitete Büroform
  - Fördert sowohl konzentrierte Einzelarbeit als auch Teamarbeit; Die einzelnen Büros können über eine Zwischentür miteinander verbunden werden
  - Individuelle Einstellung der Beleuchtung, Klima und Heizung
- Großraumbüro:
  - Weitverbreitete Büroform
  - Fördert schnelle Kommunikation zwischen den Mitarbeitern
  - Durch moderne Raumgliederungssysteme lassen sich akustische und visuelle Belastungen minimieren
- Kombibüro:
  - Die jeweiligen Vorteile eines Großraum- und Zellenbüros werden ausgenutzt
  - Förderung konzentrierter Einzelarbeit und Arbeit in Projektgruppen
  - Einzelarbeitsplätze (sog. Cockpits) liegen an den Fensterfronten; die Abtrennung zum Großraum (Kommunikationszone) kann mittels Glastrennwänden erfolgen, um eine ausreichende Tageslichtversorgung zu ermöglichen
- Teambüro, Hot Desking Office, Nonterritoriales Büro:
  - Modernste Büroform für zeitgemäße Unternehmen
  - Einsatz von Einzelarbeitsplätze, Kommunikationszonen und Besprechungs-/Konferenzzimmer in halboffener Bauweise; variable Anschlüsse für Notebooks (Netzwerk), Schnurlos-Telefone
  - Für Mitarbeiterstrukturen ohne fest gesetzte Arbeitszeiten und -orte sowie hohem Anteil an Telearbeit; insgesamt weniger Arbeitsplätze als Mitarbeiter

Die Ermittlung des Flächenbedarfs von Bildschirmarbeitsplätzen sollte nicht pauschal, sondern unter Beachtung ergonomischer und organisatorischer Notwendigkeiten erfolgen, um kontraproduktive Büroformen zu vermeiden. Der Bedarf der Unternehmen geht daher zu kommunikativen Büros, die sich je nach Anforderung flexibel gestalten lassen.

Wie viel Quadratmeter ein Mitarbeiter im Büro einnehmen soll, liegt im Ermessen der Unternehmensführung. Der von den Berufsgenossenschaften in den Sicherheitsregeln geforderte Flächenbedarf von 8 bis 10 m^2 pro Person kann hierbei lediglich ein Richt- oder Mindestwert bei der Planung von Büroräumen darstellen.

Studien ergaben, dass in europäischen Büros deutsche Arbeitnehmer mit 30 m^2 den meisten Platz in ihren Büros in Deutschland zur Verfügung stehen haben, wogegen in Bulgarien, Estland und Schottland der kleinste Flächenanteil mit 10 m^2 zu finden ist. Im Mittelfeld befinden sich die Niederlande, Schweiz und die skandinavischen Länder mit 20 m^2.

Bei der Planung von Büroräumen sollten neben den verwendeten Arbeitsmitteln und die für ihre optimale Benutzung notwendigen Flächenbedarfe immer auch Stell- und Funktionsflächen von Möbeln, Flächen für Besprechungen und andere Anforderungen, die sich aus den Arbeitsinhalten ergeben, berücksichtigt werden.

Als neuer Trend spielen vermehrt die Meetingpoints in den Unternehmen eine große Rolle, die den Mitarbeiter zur kommunikativen Nutzung untereinander zur Verfügung stehen sollen. Die bislang teilweise unpersönlich eingerichteten Ruheräume werden in den Firmen sukzessiv umgebaut und finden in den Planungen von Neubau-Erstbezügen mit ihrer einladenden Ausstattung mehr und mehr Akzeptanz.

Ebenso lässt sich feststellen, dass einhergehend mit hohen Anforderungen an die technische Ausstattung des Objektes vermehrt auch die qualitativen Belange an Flächen steigen. In Ergänzung zum gängigen Standardausbau einer Bürofläche erfolgen vermehrt auch Einbauten, die sich am Wohnungsbau orientieren.

Auch die Anzahl der lang-, kurz- und mittelfristig Beschäftigten kann über die Raumplanung entscheiden. Dabei ist das Teambüro bzw. das „Hot Desking Office" ein zukunftsweisendes Raumkonzept, wenn das Unternehmen viele Außendienstmitarbeiter und Teleworker beschäftigt. Durch die gemeinsame Nutzung eines Büroarbeitsplatzes durch mehrere Mitarbeiter, die zu verschiedenen Zeiten daran arbeiten, steigt die Auslastung des einzelnen Schreibtischarbeitsplatzes und somit die Flächeneffizienz. Beim ähnlich gestalteten „Nonterritorialen Büro" arbeiten die Mitarbeiter projektbezogen von Tag zu Tag an unterschiedlichen Arbeitsplätzen, die alle mit den gleichen technischen, kompatiblen Ausstattungen versehen sind.

2.4.2.1 Heads of Terms

Die Mietvertragsverhandlungen, die der Immobilienberater als Interessensvertreter des auftraggebenden Projektentwicklers mit den Mietinteressenten führt, sind die ersten Schritte zur Einkunftssicherung einer Anlageimmobilie. Wie bereits festgestellt wurde, sind die zukünftigen Nutzer mit Ihrer Bonität und Branchenzugehörigkeit für den Vermarktungserfolg einer Projektentwicklung von entscheidender Bedeutung.

Hierbei spielt die Gestaltung des Mietvertrages mit dem zukünftigen Nutzer eine große Rolle (im Beispiel einer Büroimmobilie):

- Mietlaufzeit
  - Bei Erstbezug eines Neubaus beträgt die Grundmietlaufzeit in der Regel mindestens 10 Jahre.
  - Verlängerungsoptionen von 3, 5 oder 10 Jahren sind im Anschluss der Grundmietlaufzeit möglich.
  - Sonderkündigungsrecht nach einer Grundmietlaufzeit von 5 oder 8 Jahren sind mit einer vereinbarten Vertragsstrafe (Pönale) geregelt, damit die bis dahin nicht amortisierten Investitionen des Vermieters gesichert sind.

Die Mietlaufzeit beeinflusst die Investitionsbereitschaft des Vermieters in die Immobilie und sichert zudem die Amortisation der getätigten Investitionen.

- Mietpreis
  - Anreize (sog. „Incentives") für den Mieter
    - in Form von mietfreier Mietzeit

    - in Form eines Kostenzuschusses
    - in Form einer Übernahme der Maklercourtage
  - Wertsicherungsklausel
    - Staffelmiete (prozentuale oder betragsmäßige Erhöhungen)
    - Indexierung (i.d.R. nach Lebenshaltungsindex des Bundesamtes für Statistik)
  - Nebenkosten
    - häufig als 2. Miete deklariert
  - Kaution
    - i.d.R. zwischen drei und sechs Netto- oder Bruttomonatsmieten je nach Bonität des Mieters in Form einer selbstschuldnerischen Bankbürgschaft

– Incentives, die der Projektentwickler dem Nutzer gewährt, sind bereits in der Nominalmiete eingerechnet und erhöhen somit durch den Verkaufs-Multiplikator die Kaufpreissumme der Immobilie. Für den Nutzer ergeben die ihm gewährten Incentives eine Reduzierung der Nominalmiete auf die effektiv zu zahlende Miete.

– Die Wertsicherungsklausel sichert die langfristige Ertragsentwicklung der Immobilie und führt somit zur Erhöhung des Cash-Flows bei.

– Die Kaution sichert dem Eigentümer seine Ansprüche bei Mietzahlungsausfällen und sonstigen Ansprüchen aus dem Mietvertrag.

2.4.3 Marketingplan

Ziel:
Einführung und Positionierung der Immobilie! Erreichen der Vollvermietung!

Methode:
Eine zielorientierte Marketingmaßnahme, um den potentiellen Nutzer die Immobilie ins Bewusstsein zu rufen und Bedürfnisse zu wecken.

2.4.3.1 Phase I – Informationsbeschaffung

Zur Schaffung eines Produktes müssen folgende Informationen beantwortet und zusammengefasst werden:

– Standort
  - Anbindung an das Verkehrsnetz durch öffentliche und private Verkehrsmittel
  - Nachbarschaft im Umkreis von 500 m, 1.000 m, 1.500 m anhand einer Karte
  - Nahversorgung, Hotels, Restaurants, Tankstellen etc. anhand einer Karte

– Architektur
  - Philosophie der Architektur
  - Fassadengestaltung
  - Eingangshalle – Lobby

– Ausstattung
  - Bodenbelag
  - Decke
  - Beleuchtung
  - Sozialflächen und Teeküchen
  - Farbprogramme und -Zusammenstellung
  - Lichte Deckenhöhe in Büros und Flure
  - Hohlraum/-Doppelboden
  - Gebäudetiefe, Rastermaß
  - Empfangsbereich
  - Kühlung, Be- und Entlüftung mit Leistungsangabe
  - Tiefgarage, Anzahl Stellplätze
  - DV-Verkabelung, CAT 5, 6 o. 7

  - Serverraum
  - Stromleitung, sep. Leitungen, eigener Stromkreis
  - Traglast der Aufzüge mit Angabe Personenzahl
  - Notstromversorgung
  - Gebäudemanagement
- Sicherheit
  - Eingangskontrolle
  - Gebäudehaupt- und Nebeneingänge
  - Tiefgaragengeschosse
  - Gebäudeobergeschosse
  - Feuertreppen
  - Rauchmelder/Sprinkleranlagen
  - Überwachungskameras
  - Gegensprechanlage
  - Sicherheitspersonal

2.4.3.2 Phase II – Produktpositionierung

Phase II beinhaltet die Positionierung der Immobilie!

Die Informationen, die während der ersten Phase gesammelt wurden, sollten nun verwendet werden, um folgende Punkte zu unterstützen:

- Brand/Image
  - Schaffung eines Namens
  - Schaffung eines Logos
  - Schaffung eines Claims
- Darstellung
  - Visualisierung des Projektes
    - 360° Grad Präsentation
    - 3-D Präsentation
    - Web Cam – On Location
    - Panoramabilder
    - Fassade
    - Bauabschnitt
    - Innenansichten
    - Geschosse
    - Mietflächen
    - Eingangsbereiche
- Tools
  - Maßstabsgetreues Modell
  - Broschüren, Mietexposé, Datenträger
  - Corporate Identity Träger
- Internet
  - Homepage
  - Werbebanner
  - Externe Links
- Vor Ort/Am Objekt („On Location")
  - Bau und Vermietungsschild
  - Baustellenkamera/Webcam
  - Musterbüro

2.4.3.3 Phase III – Produktmarketing

- Maßnahmen-Katalog („To Do's")
  - Nutzungsanalysen

  - Positionierung im Wettbewerb
  - Nachfrageanalysen und Definition von Zielgruppen
  - Erstellung von Vermarktungsstrategien
  - Gezielter Einsatz von Marketinginstrumenten
  - Objektpräsentationen und Besichtigungen
  - Vertragsverhandlungen
  - Vermarktungsgespräche und Beratung unter kaufmännischen Aspekten
  - Regelmäßige Berichterstattung über die Vermarktungssituation
- Events
  - Spatenstich
  - Grundsteinlegung
  - Richtfest
  - Fertigstellung
  - Eröffnung
  - Pressekonferenzen

2.5 Fazit und Ausblick

Zur 4. Auflage dieses Fachbuches im Jahre 2018 befindet sich der Immobilienzyklus bereits in einem sehr fortgeschrittenen Stadium. Der Wirtschaft geht es so gut wie lange nicht mehr. Die Zinsen sind niedrig und der Immobilienmarkt brummt. Baugrund wird knapper und teurer, die Baupreise explodieren und Mieten verteuern sich. Und es mangelt bereits auch an attraktiven Investitionsgelegenheiten. Die unvermindert hohe Nachfragesitution der Investoren versuchen die Projektentwickler mit einer hohen Schlagzahl an Neubauvorhaben in den entsprechenden Immobilienmärkten zu bedienen und somit auch gleichzeitig der hohen Nutzernachfrage gerecht zu werden.

Immobilienprofis, Bänker und Journalisten spekulieren jedoch schon seit Ende 2016 über eine Immobilienblase bzw. warnen eindringlich vor einer. Im Mai 2017 warnte sogar die Deutsche Bundesbank wegen der langanhaltenden Niedrigzinsen und der Preisentwicklung in den Immobilienmärkten vor einer Blase.

Andere wiederum sehen selbst -sofern momentan überhaupt absehbar- steigende Leit- bzw. Kapitalmarktzinsen als kontrollierbar, solange sie nicht zu schnell steigen. Wo sich mehr oder weniger alle Experten einig sind ist, dass die Werte nicht unvermindert steigen werden und die Renditen eine Schwelle erreichen, bei dem sich der ein oder andere Investor vielleicht auch in anderen Assetklassen umschauen wird. Wird sich der Immobilienmarkt konsolidieren müssen, bevor wirtschaftliche oder politische Rahmenbedingungen dies unausweichlich machen?

An dieser Stelle sei erlaubt, zur Reflexion den nachfolgenden Text auszugsweise aus der 3. Auflage von 2013 als Abschluss des Beitrags anzuführen:

Wie sehen erfahrene Marktteilnehmer die Entwicklung im gewerblichen Immobilienmarkt?

Ein knapper werdendes Angebot an neuen bzw. hochwertigen Büroflächen ist derzeit in vielen zentralen Lagen der europäischen Immobilienhochburgen zu beobachten. Die Verfügbarkeit von Büroflächen in Europas Hauptstädten bzw. Topmärkten sank im Vergleich zu 2007 um etwa 30 %. Es ist zu erwarten, dass das Flächenangebot in der kommenden Zeit weiter sinken wird.

Die Revitalisierung von älteren Bestandgebäuden, in denen Flächen wegen der Bestandsumschichtungen aufgrund der schlechten Ausstattung unvermietbar zur Verfügung stehen, wird in den nächsten Jahren zunehmen (müssen) und wird zu einer der Hauptaufgaben der Projektentwickler. Von Interesse für Umnutzungen und Revitalisierungen werden aufgrund des Nachfrageverhaltens demnach die innerstädtischen Lagen sowie die Cityränder der nationalen und internationalen Metropolen. Für Projektentwicklungen und Revitalisierungen in Top-Lagen ist spätestens jetzt der Startzeitpunkt gekommen, da die Nachfrage an neuen und hochwertigen Büroflächen weiter steigen wird.

Dennoch: Die flächenspezifische Angebotsentwicklung war bereits in der Vergangenheit in Abhängigkeit zur Marktentwicklung geschehen, während die Büroflächennachfrage von der konjunkturellen Entwicklung der Gesamtwirtschaft und der strukturellen Entwicklung einzelner Branchen entscheidend mitbestimmt wird.

Vor dem Hintergrund von sich wandelnden Märkten und Nutzeranforderungen wird die kompetente Vermarktung von Mietflächen in Zukunft weiterhin ein wesentlicher Baustein im Rahmen einer erfolgreichen Immobilien-Projektentwicklung bleiben. Die wesentlichen Risikoträger sind hierbei zumeist der Entwickler und seine Kapitalgeber, entsprechend verteilen sich Wagnis und Gewinn – das Immobilienberatungsunternehmen erbringt seine Leistungen in der bescheidenen Kenntnis des Mehrwertes, den das Out-Sourcing einer spezialisierten Dienstleistung in der Projektentwicklung regelmäßig schafft.

3. Immobilienverkauf im Rahmen der Projektentwicklung

3.1 Abgrenzung des Themas und Gang der Untersuchung

Wie bereits in diesem Kapitel behandelt, umfasst Projektentwicklung üblicherweise auch die Vermarktung der Immobilie, die sich idealtypisch unterscheiden kann zwischen der Projektentwicklung, die nach Fertigstellung in den Bestand des Entwicklers (sog. Investor-Developer) übrgehen soll oder von diesem an Dritte vermietet wird sowie der Projektentwicklung, die vor, während oder nach Fertigstellung des Objektes durch den Projektentwickler (sog. Trader Developer) an einen Investor oder im unvermieteten bzw. (vor-)vermieteten Zustand als Kapitalanlage veräußert wird.

Letzteres ist Gegenstand des folgenden Beitrags, der darauf zielt, einen ganzheitlichen Überblick über den Verkaufsprozess zu geben, beginnend mit der Aufführung der Rahmenbedingungen des Investmentmarktes, über die Skizzierung von Investoren, deren Anlageformen und Investitionskriterien, potentielle Werttreiber der Projektentwicklung, deren Implementierung zur Erzielung des bestmöglichen Verkaufspreises dient, bis hin zur eigentlichen Strukturierung des Verkaufsprozesses. Der thematische Schwerpunkt liegt hier auf dem Einzelverkauf von Gewerbeimmobilien an institutionelle Investoren im beschränkten Bieterverfahren.

3.2 Grundlagen der Immobilieninvestition

3.2.1 Generelle Aspekte der Immobilieninvestition

3.2.1.1 Anlageklasse Immobilie

Die Investition in Immobilien erfolgt aus unterschiedlichen Zielsetzungen und Motiven heraus. Eigengenutzte Immobilien dienen privaten Haushalten, Unternehmen und Staat zur Bedarfsdeckung. Bei Immobilienunternehmen steht die Immobilie als Geschäftszweck im Mittelpunkt. Auf dem Kapitalanlagemarkt schließlich werden Immobilien neben Aktien und Bonds als eigenständige Anlagekategorie (Asset-Klasse) betrachtet. Die folgende Abbildung zeigt die Profile der Anlageklassen hinsichtlich der Erfüllung der Investitionsziele.

Abb. 1: Anlageklassen im Vergleich

	Erfüllungsgrad			
Ziele	**Immobilien**	**Aktien**	**Renten**	**Cash**
Rendite	*gut*	*gut*	*mittel*	*schlecht*
Liquidität	*schlecht*	*mittel*	*mittel*	*gut*
Sicherheit	*gut*	*mittel*	*mittel*	*sehr gut*

Immobilien eignen sich zum langfristigen Aufbau und zur Erhaltung von Vermögen. Es werden laufende, stabile Erträge (Mieten) erzielt bei im Vergleich zu Aktien geringeren Renditen. Immobilien bieten langfristig Sicherheit, Inflationsschutz und Wertstabilität, zusätzlich können sich Steuervorteile ergeben. Jedoch sind Immobilien höchst illiquide. Ihre Fungibilität wird durch die mit Immobilieninvestments verbundene hohe Kapitalintensität, durch ihre Komplexität hinsichtlich rechtlicher und technischer Gegebenheiten, durch ihre Heterogenität, aber auch durch ihre Immobilität stark eingeschränkt. Durch letztere kommt es zu Teilmarktbedingungen, wie sie für andere Anlageklassen nicht üblich sind. Während eine branchen- bzw. sektorenspezifische Teilmarktbildung auch bei Aktien existiert, so hat vor allem die geografische Teilmarktbildung eine enorme Bedeutung für die Preisbildung am Immobilienmarkt.

Weil Immobilien anders als Aktien oder Renten nicht kontinuierlich bewertet werden, können stille Reserven gebildet werden. Eine Diversifikation in Immobilien verbessert grundsätzlich das Rendite-Risiko-Profil. Die negativen Erfahrungen seit der Finanzmarktkrise mit ihrem Höhepunkt am 15. Septemebr 2008 an den Aktien- und Anleihemärkten und das hieraus erwachsene Diversifikationsbedürfnis durch eine breitere Risikostreuung ließen private wie auch institutionelle Investoren vermehrt nach alternativen Anlageformen suchen und in Immobilien investieren.

Der Erfolg einer Immobilieninvestition ist stark von der jeweiligen Nutzungsart abhängig, jedoch sind folgende Faktoren generell erfolgsentscheidend: Standort (Mikro-, Makrostandort), Mieter (Qualität, Bonität, Struktur), Marktentwicklung (Mieten, Verkaufspreis), Nutzungsflexibilität, Timing, Einkaufspreis und letztendlich die Finanzierung.

3.2.1.2 Rahmendaten des Immobilieninvestmentmarktes

Über die vergangenen drei Jahrzehnte waren die Zyklen der Immobilienmärkte relativ einfach vorher zu sehen. Eng gekoppelt an die Entwicklung der Weltwirtschaft und ihrer ökonomischer Rahmendaten waren die Auf- und Abschwünge der Märkte sehr transparent. Mit dem Beginn des neuen Jahrtausends hat sich das Muster der Zyklen stark verändert. Verschiedene Faktoren haben darauf nachhaltig Einfluss genommen.

Das momentane Marktgeschehen wird in hohem Maße von einer breiten Objektverknappung, der Fremdkapitalvergabe der Hypothekenbanken bei historisch sehr niedrigen Zinsen, der neuen staatlichen Regulierung der Märkte dominiert. Daneben spielen die Globalisierung der Märkte, die Volatilität und Dynamik der Transaktionen sowie die Liquidität eine wichtige Rolle.

Die Entwicklung auf dem deutschen Investmentmarkt ist seit Ende 2008 mit der Insolvenz des Amerikanischen Investmentbank Lehman Brothers in eine steile abwärts Bewegung übergegangen. Mit dem Platzen der Immobilienblase und der dadurch ausgelösten Subprime-Krise gingen alle Investitionen in direkte und indirekte Immobilienanlagen zeitweise dramatisch zurück, auch mit schweren Folgen für alle Finanzmärkte und die gesamte Konjunktursituation der Industrieländer. Diese Marktbereinigung ist weitestgehend seit ca. 2010 abgeschlossen, jedoch nicht ohne fundamentale Auswirkungen für die Kapitalmärkte der Zukunft.

Mit besonders großem Interesse wird auch die weitere Entwicklung bei den offenen Immobilienpublikumsfonds (OIF) beobachtet. Die allgemeine Performance der Fonds sowie die im Rahmen der Immobilienbewertungen zu erbringende Sorgfalt rückten in das Interesse der Öffentlichkeit. Die potentielle Überbewertung von Objekten in diversen offenen Fonds und die zeitgleiche Umschichtung großer Vermögenswerte haben nicht nur zu signifikanten Mittelabflüssen bei zahlreichen Fonds geführt, sondern teilweise auch zu deren Schließung und Abwicklung. Die Kapitalzuflüsse haben sich seit 2010 wieder weitestgehend stabilisiert. Laut BVI Bundesverband Investment und Asset Management führten die offenen Immobilienfonds die Rangliste der Spezialfonds im Jahr 2011 an. Für sie wurden Kapitalzuflüsse von 1,2 Mrd. € registriert, während im Vorjahreszeitraum (2010) ein Mittelaufkommen von netto 1,6 Mrd. € verzeichnet wurde. Noch ist es zu früh, Auswirkungen auf Markt- und Renditeentwicklung identifizieren zu können. Sollten jedoch offene Fonds auch weiterhin gezwungen sein, massiv Objekte veräußern zu müssen um Liquidität sicher zu stellen, ist nicht unbededingt mit steigenden Renditen insbesondere im Büroimmobilienbereich zu rechnen.

Die Risiko-Rendite-Profile der OIFs nähern sich immer stärker einander an. Noch vor wenigen Jahren erzeugten unterschiedliche Investitionsschwerpunkte und -strategien erkennbare Unterschiede in Bezug auf Rendite und Volatilität der einzelnen Fonds. Derzeit zeigten jedoch vor allem Publikumsfonds für Privatanleger mit europäischem Fokus kaum Performance-Unterschiede. Wünschenswert wäre hier ein stärker ausdifferenziertes Produktangebot.

Ungemach droht jedoch auch den geschlossenen Immobilienfonds die unter den Vorzeichen staatlicher Regulierung (AIFM) künftig deutlich erschwerte Investitionsmöglichkeiten einkalkulieren müssen. Im Zuge der Finanzmarktkrise wurde den Fondsinitiatoren deutlich strengeren Regularien auferlegt als bislang.

Insgesamt zeichnet den deutschen Investmentmarkt ein merkliches Ungleichgewicht aus. Das aktuelle Investoreninteresse – mit dem Druck, nun eine positive Wertentwicklung vorweisen zu müssen – trifft auf ein insgesamt nur geringes Volumen an geeigneten Investmentprodukten. Der weiterhin aktuelle Mangel an Immobilien aller Assetklassen, bei zeitgleichem Anstieg der Immobilienpreise ist die Ursache für sinkende Renditen. Auch ein wichtiger Grund, warum sich die Renditen der Immobilienfonds trotz boomender Immobilienmärkte kaum bewegt hat, ist die Bewertung der Immobilien. Hier könnten noch Chancen liegen. Eine globale Verteuerung der Immobilien findet nunmehr seit einigen Jahren statt.

Für die nächsten Jahre wird auch vor dem Hintergrund der Eurokrise und einer sich abkühlenden Konjunktur eher eine Seitwärtsbewegung der Zinsen vorausgesagt, was weiterhin niedrige Hypothekenzinsen und damit attraktive Finanzierungsmöglichkeiten zur Folge hätte. Eine Erhöhung der Hypothekenzinsen hingegen würde sich negativ auf Geschwindigkeit und Größe des Anlagenmarktes und damit auf die erzielbaren Verkaufswerte auswirken. Ähnlich negative Auswirkungen hätte eine weiterhin schrumpfende Kreditvergabe der bereits ohnehin stark dezimierten Hypothekenbanken.

3.2.2 Grundlagen der Investorenentscheidung

3.2.2.1 Nutzungsarten im Überblick

Wohnimmobilien

Der Markt für Wohnimmobilien zeichnet sich durch komplizierte Angebotsbedingungen und mieterfreundliche Gesetze aus. Für einen Investor ergibt sich eine angemessene Rendite, wenn er steuerliche Aspekte oder Fördermöglichkeiten in seine Kalkulation einbezieht. Der Mietwohnungsbau ist stark von direkten und indirekten staatlichen Transfers abhängig.

In den letzten Jahren sind deutsche Wohnungsportfolios in den Fokus internationaler Finanzinvestoren, insbesondere angelsächsischer Opportunity und Private Equity Funds geraten. Bezogen auf die Transaktionssumme war der Verkauf der Buwog AG im Dezember 2017 an die Vonovia Spitzenreiter. Mit diesem Verkauf erwarb die Vonoviainsgesamt 49.000 Wohneinheiten zu einem Gesamtpreis von ca. 5 Mrd. €.

Die Motive für die Investition in Wohnimmobilien in Deutschland werden im Folgenden festgehalten:

- Seit Jahren herrscht ein stabiles bis nachgebendes Miet- und Preisniveau auf niedrigem Niveau im europäischen Vergleich – mit einem weiteren Anstieg der Preise wird gerechnet.
- Niedrige Leerstandsraten in Westdeutschland
- Niedrige Wohneigentumsquote (52,4 % in 2014) im europäischen Vergleich (70,2 % in 2014)
- Zahl der Neubauten nahe dem Nachkriegstief – niedrige Zahl der Neubauten könnte zu Verknappungen in Ballungsräumen führen
- Historisch niedriges Zinsniveau.

Gewerbeimmobilien

Als Gewerbeimmobilien werden nicht oder nicht überwiegend zu Wohnzwecken genutzte Immobilien bezeichnet. Investitionen und Finanzierung gelten als gewerblich, wenn sie nicht dem Wohnungsmarkt zugeordnet sind.

Gewerbeimmobilien unterscheiden sich vom Wirtschaftsgut Wohnimmobilie durch eine höhere Komplexität. Branchenentwicklungen beeinflussen die Mietpreise und Werthaltigkeit von einzelnen Gewerbeimmobilien erheblich, was sich im Vergleich zu Wohnimmobilien in einem höheren Rendite-Risiko-Niveau ausdrückt.

Im Gegensatz zum mieterfreundlichen, gesetzlich verankerten Wohnungsmietrecht unterliegen die gewerblichen Mietverträge weitgehender Vertragsfreiheit. Umgekehrt erhöht die stärkere Konjunkturabhängigkeit der gewerblichen Mieter das Mietausfallrisiko. Die mit der Veräußerung von Gewerbeimmobilien einhergehenden Verwertungsrisiken haben einen erheblichen Einfluss auf die Rentabilität. Flexible Gebäudekonzepte und alternative Nutzung helfen die Wertentwicklung zu stabilisieren.

Unterschieden werden Büro-, Handels-, Industrie- und Sonderimmobilien, wobei institutionelle Immobilieninvestitionen hauptsächlich in Büro- und Handelsimmobilien erfolgen.

Die **Büroimmobilie** ist das klassische Anlageobjekt institutioneller Investoren und von Immobilien-Family-Offices. Die Nachfrage nach Büroflächen ist abhängig von der Bürobeschäftigtenzahl, deren Entwicklung wiederum von vielen Faktoren beeinflusst wird.

So sind die Bevölkerungsentwicklung und die ungewisse Zahl der Erwerbstätigen die zentralen Unsicherheitsmomente für langfristige Büromarktprognosen. Prognostiziert wird, dass sich einige Wachstumsregionen (wie z.B. München, Berlin oder Hamburg) in Zukunft behaupten werden, wohingegen periphere Büroregionen einem unaufhaltsamen Verfallsprozess mit dauerhaft hohen Leerständen zum Opfer fallen werden.

Der deutsche Büroimmobilienmarkt ist durch Standortvielfalt geprägt. Insgesamt sind in den „Big- Seven" Bürostandorten ca. 91,5 Mio. m² Büroflächen gelistet, wovon insgesamt ca. 3,7 Mio. m² bzw. 4,2 % leer stehen.

Tab. 1: Spitzenmieten und Renditen von Büroimmobilien, Stand Dezember 2017

Standort	Spitzenmieten			Spitzenrenditen		
	€/m² * Monat	5-Jahres Wachstum in %	Kurzfristiger Trend	Aktuell in %	5-Jahres-Betrachtung (max – min)	Kurzfristiger Trend
Berlin	31,00	9,5	steigend	3,20	5.00–2,9	fallend
Frankfurt	38,00	3,3	steigend	3,30	4,75–3,6	fallend
Hamburg	26,50	1,5	steigend	3,30	4,75–3,6	fallend
München	37,00	2,4	steigend	3,20	4,50–3,5	fallend
Düsseldorf	27,00	3,2	steigend	3,80	5,2–3,8	fallend
Stuttgart	23,00	3,0	steigend	3,80	5,25–3,75	fallend
Köln	23,00	1,5	steigend	4,00	5,50–4,4	fallend
Essen	14,00	0,5	stabil	5,00	6,00–4,8	stabil
Leipzig	13,20	1,6	steigend	5,00	6,00–4,2	fallend
Dresden	12,80	2,8	steigend	5,00	6,50–4,3	fallend

Quelle: Research Cushman & Wakefield, Dezember 2017

Einzelhandelsimmobilien sind Objekte, die zum Verkauf von Waren genutzt werden. Die Typenvielfalt reicht von kleinflächigen Fach- und Spezialgeschäften über Super- und Verbrauchermärkte, Kaufhäuser bis zu großflächigen Einkaufszentren und Shopping-Centern. In Abhängigkeit vom Kaufverhalten und der angesprochenen Zielgruppe kommen Handelsimmobilien in der City, in Stadtteil- und Nebenzentren, an der Stadtperipherie oder auf der grünen Wiese vor. Generelle Erfolgsfaktoren dieser Nutzungsart sind ausreichende Parkmöglichkeiten, attraktive Sortimentsgestaltung und gute Erreichbarkeit.

Die Rendite- und Wertentwicklungen bei Einzelhandelsimmobilien korrelieren mit der Entwicklung der Ladenmiete, die durch die erzielbaren Umsätze beeinflusst wird. Zentrale Einflussfaktoren auf das Umsatzpotential sind wiederum die einzelhandelsrelevante Kaufkraft der Bevölkerung und das Einzugsgebiet des jeweiligen Standortes. Trotz der in den vergangenen

Jahren zu beobachtenden rückläufigen oder stagnierenden Einzelhandelsumsatzentwicklung steigt die Einzelhandelsfläche seit Jahren an.

Die Mieten werden von der Shopgröße, dem Flächenzuschnitt und der Lage maßgeblich bestimmt.

Unter **Industrieimmobilien** werden Produktions-, Lager- und vor allem Logistikimmobilien zusammengefasst. Auf letztere wird im Folgenden kurz eingegangen.

Investoren sehen gut vermietete Logistikimmobilien mit stabilen Cashflows und überdurchschnittlichen Renditen zunehmend als Investmentchance. Die Unternehmen sind durch fortschreitende Vernetzung der Produktionsprozesse gezwungen, ihre Immobilien entsprechend zu konzeptionieren und Lagerbestände zu reduzieren. Moderne Zentrallager gewährleisten hohe Umschlaggeschwindigkeiten und substituieren sukzessive Regionallager. Erfolgsentscheidende Faktoren bei der Investition in Logistikimmobilien sind eine optimale Verkehrsanbindung, kostengünstige Flächenbereitstellung und flexible Nutzungskonzepte.

Tab. 2: Spitzenmieten und Renditen von 1 A-Handelsimmobilien, Stand Dezember 2017

Standort	Spitzenmieten			Spitzenrenditen		
	€/m² * Monat	5-Jahres Wachstum in %	Kurzfristiger Trend	Aktuell in %	5-Jahres-Betrachtung (max – min)	Kurzfristiger Trend
Berlin	310	47	steigend	3,20	4,60–3,20	fallend
Frankfurt	300	41	steigend	2,80	4,45–2,80	fallend
Hamburg	295	42	steigend	3,20	4,40–3,20	fallend
München	365	35	stabil	2,80	3,85–2,80	stabil
Düsseldorf	275	48	steigend	3,30	4,45–3,30	fallend
Stuttgart	280	32	steigend	3,10	4,60–3,10	fallend
Köln		28	stabil	3,30	4,40–3,30	stabil
Essen	108	–2	fallend	3,80	5,00–3,80	steigend
Leipzig	135	21	stabil	3,50	5.25–3,50	stabil
Dresden	120	22	stabil	4,0	5,50–4,0	stabil

Quelle: Research Cushman & Wakefield, Dezember2017

Tab. 3: Spitzenmieten und Renditen von Industrieimmobilien, Stand Juni 2012

Standort	Spitzenmieten			Spitzenrenditen		
	€/m² * Monat	5-Jahres Wachstum in %	Kurzfristiger Trend	Aktuell in %	-5 Jahres-Betrachtung (max – min)	Kurzfristiger Trend
Berlin	5,30	1,5	steigend	5,50	7,25–5,50	fallend
Frankfurt	6,50	1,7	steigend	5,40	7,75–5,40	fallend
Hamburg	5,80	1,5	steigend	5,50	7,75–5,50	fallend
München	6,80	2,9	stabil	5,40	7,50–5,40	fallend
Düsseldorf	5,60	1,4	steigend	5,50	7,75–5,50	fallend

Tab. 3: Spitzenmieten und Renditen von Industrieimmobilien, Stand Juni 2012

Standort	Spitzenmieten			Spitzenrenditen		
	€/m² * Monat	5-Jahres Wachstum in %	Kurzfristiger Trend	Aktuell in %	-5 Jahres-Betrachtung (max – min)	Kurzfristiger Trend
Stuttgart	6,20	1,7	steigend	5,60	8,25–5,60	fallend
Köln	5,40	1,3	stabil	5,50	8,25–5,50	fallend
Essen	5,0	1,3	stabil	6,00	8,25–6,00	fallend
Leipzig	4,60	1,3	stabil	6,30	9,25–6,30	fallend
Quelle: Research Cushman & Wakefield, Dezember 2017						

Sonderimmobilien sind für eine bestimmte Nutzung konzipiert und folglich in ihrer Drittverwendungsfähigkeit und Fungibilität sehr eingeschränkt. Eine Umnutzung ist daher nur unter dem Einsatz von hohen Kosten realisierbar. Sowohl die Rendite als auch die Risiken sind höher als bei klassischen Gewerbeimmobilien. Sonderimmobilien sind immer Betreiber- und/oder Managementimmobilien.

Betreiberimmobilien zeichnen sich durch die Übernahme des Objektmanagements vom Nutzer (Mieter, Pächter) aus. Typisch sind Hotels, Freizeit- oder Sozialimmobilien. Managementimmobilien bringen mehrere Betreiber unter, die von einem Objektmanagement koordiniert werden. Beispiel: Shopping-Center.

Hotelimmobilien zählen zu den Betreiberimmobilien. Sie sind durch schwankende Auslastung und hohe Fixkosten aufgrund der personalintensiven Bereitstellung charakterisiert. Erfolgreiche Hotels erreichen eine Zimmerbelegung von über 60 %. Die Pachtquoten sollten je nach Kategorie zwischen 22 bis 27 Prozent des nachhaltigen Umsatzes liegen. Investitionen in Hotelimmobilien sind verwaltungsarm und erfordern langfristige (meist 20-jährige), indexierte Pachtverträge mit bonitätsstarken, renommierten Betreibern.

Zu den **Freizeitimmobilien** zählen Fitness-Studios, Freizeit- und Erlebnisparks, Multiplex-Kinos, Opern, Musicaltheater, Urban Entertainment Center, Science Center, Stadien, Arenen, Spaßbäder und Sportanlagen. All diese Anlagen sind stark abhängig von konjunkturellen Entwicklungen und Modetrends. Freizeitimmobilien unterliegen einem kurzen Lebenszyklus und ständiger Veränderung sowie Modernisierung. Ihr Einzugsgebiet ist oft überregional. Investoren bevorzugen multifunktionelle, nutzungsflexible Objekte.

Sozialimmobilien umfassen z.B. Wohn- und Pflegeheime, Reha-Kliniken, Serviced Apartments, Microflats oder Senioren-Residenzen. Ihr Erfolg ist unmittelbar von der Leistung des Betreibers abhängig. Sie unterliegen einer eingeschränkten Drittverwendungsfähigkeit. Bei der Betreuung älterer Menschen sind umfangreiche gesetzliche Rahmenbedingungen (Heimgesetz und Pflegeversicherung) zu berücksichtigen.

3.2.2.2 Anlageformen im Überblick

Direkte und indirekte Anlage

Das Anlagespektrum von Investoren erstreckt sich zunächst einmal auf zwei Anlageformen: die direkte und indirekte Immobilienanlage.

Mit der Direktinvestition in Immobilien wird das rechtliche und wirtschaftliche Eigentum mit allen Rechten und Pflichten erworben. Der Direkterwerb erfordert in der Regel einen hohen Kapitaleinsatz, insbesondere bei Gewerbeimmobilien, und ist mit hohen Erwerbsnebenkosten wie Grunderwerbsteuer, Notargebühren, Maklerprovision verbunden. Von Vorteil ist die uneingeschränkte Kontrolle über die Immobilie sowie die Einnahmen, die die Immobilie generiert, und über potentielle Wertsteigerungen, die dem Kapitalanleger direkt zuteil werden.

Bei der indirekten Immobilienanlage stellt der Investor sein Kapital einem professionellen Marktteilnehmer zur Verfügung, der dieses indirekt über unterschiedliche Investmentvehikel wie Fonds, Beteiligungen oder Immobilienaktiengesellschaften in Immobilien anlegt. Die indirekte Investition ist schon mit geringen Beiträgen möglich, so dass dem breiten Publikum der Zugang zur Immobilienanlage eröffnet wird. Weitere Vorteile sind neben hoher Fungibilität und Diversifikation auch die Arbeitserleichterung durch Abgabe der Managementfunktion.

Der Markt ist weiterhin durch eine wachsende Nachfrage nach indirekten Immobilienanlageformen gekennzeichnet. In den vergangenen Jahren investierten die privaten Anleger bevorzugt in offene Immobilienfonds, die institutionellen in den Immobilien-Spezialfonds.[1]

Geschlossene Immobilienfonds

Der geschlossene Immobilienfonds oder auch „Closed End-Fund" ist eine durch einen Fondsinitiator errichtete Personengesellschaft, die meist in der Rechtsform der Kommanditgesellschaft firmiert. Wesensmerkmal aller Gesellschaften ist die unmittelbare Beteiligung eines jeden Gesellschafters am Immobilienvermögen. Eine Investition in einen geschlossenen Immobilienfonds kommt insoweit dem direkten Kauf einer Immobilie sehr nahe.

Investitionsgegenstand können entweder ein oder mehrere Gebäude nahezu aller Marktsegmente (z.B. Büro- und Handelsimmobilien, aber auch Hotels und Spezialimmobilien) sein. Im Regelfall stehen zum Zeitpunkt der Kapitalbeteiligung die beabsichtigten Investitionsvorhaben und damit auch das Fondsvolumen fest. Es existieren keine direkten gesetzlichen Anlegerschutzbestimmungen. Die Investorenzahl beschränkt sich im Normalfall auf nur wenige hundert Anleger.

Nach vollständiger Platzierung des benötigten Beteiligungskapitals wird der Fonds geschlossen. Das Investitionsvolumen liegt üblicherweise zwischen 50 und 250 Mio. €, die Mindestbeteiligung für Privatanleger in der Regel bei 10.000 bis 50.000 €. Das Performanceziel ist auf die Nutzung von Steuervorteilen sowie hohe, langfristig steigende Ausschüttungen ausgerichtet, weshalb die geplante Laufzeit des Fonds bei mindestens 8 bis 10 Jahren liegt, üblich sind rund 20 Jahre.

Die Fungibilität ist eingeschränkt, da kein initiatorenunabhängiger Zweitmarkt existiert. Geschlossene Fonds sind sowohl bei Privatanlegern als auch institutionellen Investoren akzeptiert. Bedingt durch Einsparungen beim Vertrieb und der laufenden Anlegerverwaltung werden zumeist höhere Renditen als bei Publikumsfonds erzielt.[2]

Offene Immobilienfonds

Offene Immobilienfonds sind Grundstückssondervermögen, die von einer Kapitalanlagegesellschaft verwaltet werden, welche durch das Gesetz über Kapitalanlagegesellschaften bzw. das seit Januar 2004 in Kraft getretene Investmentgesetz (InvG) streng reglementiert wird. Die Fonds sind offen, d.h. es liegt keine Beschränkung des Zeichnungsvolumens vor, weil jederzeit eine Beteiligung neuer Fondsteilhaber möglich ist. Gesetzlich bestimmt müssen die offenen Fonds mindestens 5 % des Fondsvermögens in liquiden Mitteln anlegen.[3]

Die Höhe der Mindestbeteiligung liegt bei ca. 50 €. In den Sondervermögen befinden sich meist mehr als 50 Immobilien. Ein Erfolgsfaktor ist die hohe Fungibilität des offenen Immobilienfonds. Durch die (in der Regel) jederzeitige Rücknahmeverpflichtung der Anteilsscheine (nach KAGG), die börsentägliche Anteilspreisermittlung und die halbjährliche Publizitätspflicht wird eine hohe Marktakzeptanz erreicht.

Bevorzugte Investitionsobjekte der offenen Immobilienfonds sind gewerbliche Immobilien, allen voran Büroobjekte, aber auch Hotels und Einzelhandelsimmobilien, die sich typischerweise in Deutschland auf ausgewählte Standorte, wie die sogenannten Big Five, konzentrieren.

[1] Vgl. *Rebitzer* in: Schäfer/Conzen (Hrsg.) Praxishandbuch der Immobilien-Investitionen, München, C.H. Beck Verlag, 2005, S. 20 ff..

[2] Vgl. Schulte (Hrsg.) Handbuch Immobilien-Investition, Köln, Verlagsgesellschaft Rudolf Müller, 2005, S. 516 ff.

[3] Vgl. Bankhaus Ellwanger & Geiger KG (Hrsg.) Europäische Immobilienaktien, Stuttgart, 2000, S. 46.

Aufgrund veränderter gesetzlicher Rahmenbedingungen sind die offenen Immobilienfonds zunehmend im Ausland aktiv. Offene Immobilienfonds setzten in der Regel ein bestimmtes Mindestvolumen voraus, bevor ein Objektankauf interessant ist. Orientierungswert ist etwa 15 Mio. €.[4]

Gegenwärtig liegt das kumulierte Mittelaufkommen der offenen Immobilienfonds bei 84,6 Mrd. € (Stand 30.4.2012): nachdem einige deutschlandfokussierte Fonds seit Ende 2003 mit hohen Mittelabflüssen konfrontiert sind. Die Fondsanzahl beläuft sich auf 34 offene Immobilienfonds.[5] Depotbanken halten im Juni 2012 rund 219 offene Immobilienfonds.

Spezialfonds

Spezialfonds sind von ihrer formalen Konstruktion und Funktionsweise her weitgehend identisch mit den offenen Fonds. Der wesentliche Unterschied ergibt sich aus dem Anlegerkreis, der bei offenen Fonds unbeschränkt, bei Spezialfonds aber den nicht natürlichen Personen vorbehalten ist. Ein Spezialfonds kann z.B. für nur einen institutionellen Großanleger maßgeschneidert werden.

Immobilien-Spezialfonds bieten vor allem Versicherungen, Pensionskassen und Versorgungswerken die Möglichkeit, eine indirekte Immobilienkapitalanlage auf Basis von Investmentanteilen einzugehen. Die Zuordnung der indirekten Immobilieninvestition zum so genannten Sicherungsvermögen – durch den Immobilien-Spezialfonds gewährleistet – ist für die Anlageentscheidung einer Versicherung von hoher Bedeutung und hat die Attraktivität dieses Anlageinstrumentes gefördert. Auf Anbieterseite kristallisiert sich eine Marktstärke der fünf größten Fondsanbieter heraus. Zusammen haben sie einen Anteil von 65,9 %, wobei die Oppenheim Immobilien Kapitalanlagegesellschaft mbH als Marktführer mit 26,7 % Marktanteil stärkster Anbieter ist.[6]

Der Anteil der Immobilienspezialfonds an dem Gesamtmarkt der Immobiliensondervermögen beläuft sich auf ca. 15 %. Die Fondsanzahl und das Fondsvolumen stiegen seit den 1990er Jahren kontinuierlich an: Waren es 1993 gerade 9 Fonds, wurden 2004 schon 86 Fonds gezählt und aktuell sind es rund 176 offene Immobilienspezialfonds mit rund 34,1 Mrd. € Fondsvermögen. Die nach Fondsvolumen bedeutendste Investorengruppe sind die Versicherungswirtschaft (60,8 %) sowie Pensionskassen und Versorgungswerke (17,7 %). Ausländische Investoren haben einen Anteil von 4,7 %. Die bevorzugten Investitionssektoren der Spezialfonds waren Büroimmobilien mit 62 %, gefolgt von „Wohnen“ (8 %) sowie Handelsobjekte (30 %).[7]

Immobilienaktiengesellschaften

Immobilienaktien sind Anteilsscheine an börsennotierten Unternehmen, deren Geschäftszweck darin besteht, Immobilien zu entwickeln bzw. im Eigentum der Gesellschaft oder für Dritte zu verwalten. Die Immobilienaktien kombinieren die Vorteile der Immobilie (Sicherheit) mit denen der Aktie (Liquidität) und schaffen so einen fungiblen, börsenbewerteten Immobilienbesitz. Erfolgsfaktor dieser Anlageklasse sind geringe Transaktionskosten, kleine Stückelungen, hohe Transparenz und internationale Akzeptanz. Ein weiterer Vorteil ist die verkürzte Spekulationsfrist bei Aktien im Vergleich zur Direktanlage in Immobilien. Die Mindestbeteiligung beginnt ab einem Wert von einem Euro, ist also auch für Kleinanleger interessant.

Nachteilig sind der geringe Streubesitz („Free Float“) und die, anders als in den USA, Großbritannien oder Frankreich, geringe Marktkapitalisierung.

---

[4] Vgl. *Schulte* (Hrsg.) Handbuch Immobilien-Investition, Köln, Verlagsgesellschaft Rudolf Müller, 2005, S. 522.

[5] Vgl. BVI Bundesverband Investment und Asset Management e.B. (Hrsg.) BVI-Absatzstatistik Investmentmarkt Deutschland (Stand 30.6.2006).

[6] Vgl. *Thürmer* Immobilien-Spezialfonds gewinnen an Bedeutung in Frankfurter Allgemeine Zeitung, Nr. 185, 11.8.2006, S. 43.

[7] Vgl. DID Deutsche Immobilien Datenbank GmbH (Hrsg.) Studie „Immobilien Spezialfonds – Darstellung und Analyse“, 2005.

Vom Bankhaus Ellwanger & Geiger wurde 1995 der DIMAX als Index für deutsche Immobilienaktiengesellschaften aufgelegt (31.12.1988 = 100).[8] Er setzt sich derzeit aus 59 Titeln zusammen. Die Gewichtung der einzelnen Titel erfolgt nach der Marktkapitalisierung der Gesellschaften. Der Indexstand wird börsentäglich auf der Basis der Kassakurse ermittelt. Die Marktkapitalisierung (Börsenwert) der im DIMAX gelisteten Papiere beträgt 11,1 Mrd. € per 30.6.2006. Dabei zeigt sich eine starke Konzentration auf wenige große Marktteilnehmer. Das größte Unternehmen (IVG) erreicht einen Anteil von fast 25%, auf die Top Five entfällt die Hälfte des Marktwertes.[9]

Real Estate Investment Trusts
Real Estate Investment Trusts (REITs) sind börsennotierte Aktiengesellschaften, die 1960 in den USA initiiert wurden und seit einigen Jahren vermehrt im europäischen Ausland wie auch in Deutschland vorkommen. Man unterscheidet Equity-REITs (Management/Entwickung), Mortgage-REITs (Immobilienkredite) und Hybrid-REITs (Mischform). Ferner gibt es REIT-Fonds.

REITs sind zu mindestens 75% in Immobilien investiert und generieren mindestens 75% der Bruttogewinne aus Immobiliengeschäften. Die Mindestanzahl der Aktionäre liegt bei 100, nicht mehr als 50% der Aktien dürfen von fünf oder weniger Investoren gehalten werden.

Im Allgemeinen erwirtschaften REITs eine Durchschnittsrendite von über 10% und haben geringe Kursschwankungen.[10]

Real Estate Private Equity Fonds
Initiatoren von Real Estate Private Equity Fonds sind zumeist namhafte Investmentbanken wie Goldman Sachs, Deutsche Bank oder JP Morgan, die Immobilieninvestitionen mit Eigenkapitalzusagen einer hervorragenden Investorenbasis tätigen.

Die Investoren der Real Estate Private Equity Fonds sind vorwiegend große Institutionelle, Versicherungen, Pensionskassen, aber auch vermögende Privatkunden, die über Eigenkapital in der Höhe von mehreren Milliarden Euro verfügen.

Deutschland ist seit einigen Jahren einer der europäischen Zielmärkte der Real Estate Private Equity Fonds, die global in fast allen Immobilienmärkten der Welt vertreten sind.[11]

Im Immobilienbereich existieren verschiedene Marktteilnehmer, die der Obergruppe Private Equity zugeordnet werden können. Dies sind unter anderem Opportunity-Fonds/Value-Added-Fonds, Principal Finance Groups and Real Estate Venture Capital.[12]

Die Besonderheiten des Opportunity Fonds werden im Folgenden kurz skizziert, da diese seit einigen Jahren einen zunehmend wichtigen Anteil an Immobilieninvestitionen in Deutschland halten, sowie des Venture Capital, das vor allem im Bereich der Projektentwicklung eine Rolle spielt.

Real Estate Opportunity Fonds etablieren sich zunehmend am internationalen Immobilienmarkt. Die Opportunity-Fonds sind vor allem an Produkten interessiert, die einen Gelegenheitskauf darstellen. Die Investition erfolgt sowohl in klassische Sektoren wie Büro, Einzelhandel und Lagerhäuser als auch in andere Bereiche, wie z.B. Serviced Apartments, Self Storage oder aber auch in nicht mehr bediente Immobilienkredite („distressed loans").

Zu ihrer Geschäftstätigkeit zählen vorwiegend großvolumige und spekulative Projektentwicklungsvorhaben und der Erwerb von Immobilenportfolios mit anschließender Revitalisie-

[8] Vgl. *Rebitzer* in Praxishandbuch der Immobilieninvestition, München, C.H. Beck Verlag, 2005, S. 26.
[9] Vgl. Bankhaus Ellwanger & Geiger KG (Hrsg.) Indexaufbau, undatiert URL:http://www.privatbank.de/web/CMSEuG.nsf/0/527DEA480C58FCE5C1256FE3005279EE/$file/Dimaxde.pdf?OpenElement.
[10] Vgl. *Rebitzer* in Praxishandbuch der Immobilieninvestition, München, C.H. Beck Verlag, 2005, S. 27.
[11] Vgl. *Kiesl* in Gondring/Zoller/Dinauer (Hrsg.) Real Estate Investment Banking, 1. Auflage, Wiesbaden, Gabler Verlag, 2003, S. 333.
[12] Vgl. *Ramm* in Gondring/Zoller/Dinauer (Hrsg.) Real Estate Investment Banking, 1. Auflage, Wiesbaden, Gabler Verlag, 2003, S. 453 ff.

rung und Neuvermietung der Objekte. Der Verkauf (Exit) erfolgt häufig an bestandshaltende Immobilien-AGs, offene Immobilienfonds oder andere institutionelle Investoren.

Opportunity Fonds streben eine Eigenkapitalrendite von über 20% bei einer kurzen Haltedauer von etwa fünf Jahren an. Diese Renditeanforderung setzt in der Regel eine hohe Fremdkapitalaufnahme (Leverage) voraus (bis zu 90 Prozent).[13] Der Ertrag wird aus der Optimierung des Bestandes durch aktives Miet- und Verwaltungsmanagement, Nutzung von Baureserven und Durchführung von Privatisierungsaktivitäten generiert.[14]

Der Begriff **Venture Capital** taucht oft im Zusammenhang mit Projektentwicklern und Immobilienunternehmern auf, die eine Projektentwicklung mit eigenem Kapital oder Kapital von Partnern selbst finanzieren, bis diese sich nach einiger Zeit zur Fremdfinanzierung eignet.

Oft werden hier ein bis zwei Jahre harte Arbeit und eigenes Kapital investiert, bis die Idee reif ist für die Einbindung eines Private-Equity-Investors. Reine Venture-Capital-Fonds, die für einen „Start-up" z.B. Kapital für die Planungskosten, Geschäftskosten sowie Kapital zur Sicherung von Grundstücken zur Verfügung stellen, kommen im Immobiliengeschäft nur selten vor, da zunehmend größere Beträge pro Einzelobjekt investiert werden müssen.[15]

3.2.2.3 Immobilieninvestoren im Überblick

Investorengruppen
Die Marktfunktion von **Investoren in der Projektentwicklung** besteht in einer Nachfragefunktion von Projekten vor, während oder nach ihrer Fertigstellung. Je nach Anforderung lassen sich die auf dem Markt agierenden Investoren in drei Gruppen einteilen: Endinvestor, aktiver Trader-Investor und Wagniskapitalgeber.

In Abhängigkeit von der Funktion des Investors wird mit verschiedenen Intentionen Kapital im Rahmen dieses Erwerbs investiert. Grundsätzliche Motive für die Investition in Immobilien differieren in Abhängigkeit von der Investorenfunktion und können die Eigennutzung, das Gewinnstreben und die Vermögensmehrung, die Ausnutzung von Steuervorteilen und Subventionen des Staates, die Bildung von Rücklagen und Reserven, der Immobilienerwerb zur privaten Altersvorsorge und Zukunftssicherung, die Diversifikation sowie die Befriedigung individueller oder kollektiver Bedürfnisse und Schutz vor Inflation umfassen.[16]

Der Endinvestor erwirbt ein Objekt oder eine Objektgesellschaft vom Projektentwickler. Im Falle einer Investition vor oder während der Entwicklung, wird die Bauqualität anhand einer Baubeschreibung definiert und vom Projektentwickler garantiert.

Abhängig von der Marktsituation, Standortqualität, Objektgröße, Nutzung und Eigenkompetenz verlangt der Endinvestor eine Mietgarantie vom Projektentwickler oder er übernimmt in Ausnahmefällen einige Tätigkeiten selbst. Das erworbene Objekt geht in den Bestand des Endinvestors mit dem Ziel ein, aus dem Objekt eine nachhaltig gesicherte Rentabilität durch dauerhafte Cashflow Überschüsse und einen langfristigen Wertzuwachs, und damit einhergehend, einen möglichst hohen Kapitalwert aus der Investition zu erzielen.[17] Je nach Kapitalstruktur des Investors wird neben Eigenkapital auch eine Fremdfinanzierung in Anspruch genommen.

Endinvestoren können sowohl institutionelle Immobilienanleger, wie Versicherungen, Spezialfonds, Pensionsfonds und -kassen, offene und geschlossene Immobilienfonds sein, aber auch Privatinvestoren direkt. Auch strategische Investoren, die sich den Zugriff auf bestimmte

[13] Vgl. *Ramm* in Gondring/Zoller/Dinauer (Hrsg.) Real Estate Investment Banking, 1. Auflage, Wiesbaden, Gabler Verlag, 2003, S. 454.

[14] Vgl. *Rebitzer* in: Schäfer/Conzen (Hrsg.) Praxishandbuch der Immobilieninvestition, München: C.H. Beck Verlag, 2005, S. 27.

[15] Vgl. *Ramm* in Gondring/Zoller/Dinauer (Hrsg.) Real Estate Investment Banking, 1. Auflage, Wiesbaden, Gabler Verlag, 2003, S. 455.

[16] Vgl. *Fischer* Projektentwicklung: Leistungsbild und Honorarstruktur, Köln, Müller, 2004, S. 40f.

[17] Vgl. *Marth/Conzen* in Schäfer/Conzen (Hrsg.) Praxishandbuch der Immobilieninvestition, München: C.H. Beck Verlag, 2005, S. 284.

Immobilien sichern wollen, um den Produktabsatz zu fördern (z.B. Gastronomie, Einzelhandel), gehören zur Gruppe der Endinvestoren.

Der Trader-Investor erwirbt entweder ein Grundstück, ein Objekt oder eine Objektgesellschaft vor oder während der Projektentwicklung. Die Projektentwicklungsleistung wird entweder vom Trader-Investor selbst übernommen (Eigenentwicklung) oder durch Fremdvergabe realisiert. Die Marktfunktion des Trader-Investors besteht in einer Eigenkapitalfunktion bzw. Investitionsfunktion mit der Absicht, einen möglichst hohen Trading-Profit bzw. eine tragfähige Umsatzrendite auf das investierte Eigenkapital durch eine frühzeitige Veräußerung der Immobilie zu erzielen. Der Trader-Investor kann im Rahmen seiner Marktfunktion Entscheidungen aktiv beeinflussen bzw. (mit-)bestimmen, was aus Investorensicht zu einer Risikoreduzierung führt.[18]

Die Marktfunktion des Wagniskapitalgebers kann von unterschiedlicher Natur sein. Entweder tritt dieser als Eigenkapitalgeber in Form einer aktiven Gesellschaftsbeteiligung oder -übernahme auf, wobei er i.d.R. das aktive Management in der Wertschöpfungsfunktion sowie durch den Eigenkapitaleinsatz das volle Projektentwicklungsrisiko übernimmt.

Oder der Wagniskapitalgeber tritt in einer Zwischenfunktion aus passivem Eigenkapitalgeber und Fremdkapitalgeber auf und übernimmt im Rahmen der Finanzierung der Projektentwicklung eine Mezzanine-Tranche („Mezzanine Debt“ bzw. „Junior Loan“), die eine Mischform aus Eigenkapital und Fremdkapital darstellt. Die Mezzanine-Tranche zeichnet sich u.a. durch eine Nachrangigkeit zum erstrangig gesicherten Fremdkapital („Senior Loan“) aus.

Mit der Übernahme der Differenz aus maximal verfügbarem Fremdkapital und dem Finanzierungsbedarf des Projektentwicklers übernimmt der Wagniskapitalgeber somit zeitlich begrenzt aus Sicht des Fremdkapitalgebers einen Teil der Haftungs- und Risikofinanzierungsfunktion, die normalerweise dem Eigenkapital zukommt.

Die Rendite des Wagniskapitalgebers umfasst eine feste und erfolgsunabhängige Komponente („Current Yield“) zu einem geforderten Zinssatz („Preferate Return“) und eine Erfolgskomponente („Capital Gain“ bzw. „Equity Kicker“).[19]

Private und institutionelle Investoren

Privatinvestoren

Die Privatinvestoren sind die heterogenste Investorengruppe am Markt. Der klassische Privatanleger, für den ein Immobilienerwerb eine sichere Form der Kapitalanlage darstellt, legt in der Regel von 1 bis ca. 20 Mio. € an. Bevorzugt werden Wohn- und Geschäftshäuser, kleinere Nahversorgungszentren oder Eigentumswohnungen. Es gibt aber auch Privatinvestoren, die bis zu 20 Mio. € und mehr anlegen.

Die heterogene Schar der privaten Investoren unterscheidet sich speziell hinsichtlich Investitionsvolumina und Professionalität, die mit zunehmendem Investitionsvolumen ansteigt.[20] Im Allgemeinen lassen sich Privatinvestoren durch einen eher längerfristigen Investmenthorizont, geringere Investitionsvolumina, geringere Professionalität und Steuerorientierung von institutionellen Investoren unterscheiden.

Als Institutionelle Investoren können Kapitalsammelstellen mit Multi-Asset-Portfolios oder Unternehmen, die Immobilien zum Zwecke der Kapitalanlage für sich oder Dritte kaufen und vermieten, bezeichnet werden. Institutionelle Investoren sind Versicherungen, Pensionskassen und Pensionsfonds, Unterstützungskassen und Versorgungswerke, aber auch Stiftungen, Kirchen, Leasinggesellschaften, Kapital anlegende Unternehmen und ausländische Investoren. Weitere Institutionelle sind die schon behandelten Immobilienprodukte (Immobilienfonds,

[18] Vgl. *Fischer* Projektentwicklung: Leistungsbild und Honorarstruktur, Köln, Müller, 2004, S. 43 f.

[19] Vgl. *Fischer:* Projektentwicklung: Leistungsbild und Honorarstruktur, Köln, Müller, 2004, S. 45 f.

[20] Vgl. *Nehls/Schneider/Tschammler* (Hrsg.) Real Estate Investment Banking, 1. Auflage, Wiesbaden, Gabler Verlag, 2003, S. 535.

Immobilien-AGs etc.) und die dahinter stehenden Initiatoren und Projektentwicklungsgesellschaften.[21]

Ausgewählte Institutionelle Investoren

Für Versicherungen und Pensionskassen stellen Immobilieninvestitionen nur einen relativ kleinen Teil im Rahmen ihres gesamten Anlageportfolios dar. Vorrangiges Ziel ist die Risikodiversifizierung, wobei langfristig sichere Investments in innerstädtischen Toplagen nachgefragt werden. Aus diesem Grund akzeptieren Versicherungen und Pensionskassen häufig geringere Anfangsrenditen als andere Anlegergruppen.[22]

Ihre Anlagestrategie, direkter und indirekter Natur, gilt als konservativ und erfordert folgende wesentliche Anlagekriterien: Sicherheit, Rentabilität, Liquidität, Mischung und Streuung.

Das Immobilienleasing hat sich als Finanzierungsalternative behauptet. Der Leasingnehmer erwirbt ein zeitlich beschränktes, wirtschaftliches Nutzungsrecht gegen Zahlung einer Leasingrate. Die Vertragskonstruktion ist aufwendig und kompliziert. Die Objektgesellschaften refinanzieren sich zu 100 %.[23]

Ausländische Investoren konnten auf dem deutschen Investmentmarkt zunehmend an Bedeutung gewinnen. Insbesondere angelsächsische Real Estate Private Equity Fonds sind zunehmend aktiv. Signifikante Anlageunterschiede zwischen deutschen und ausländischen Investoren prägen das Marktgeschehen, da Immobilien von letzteren in deutlich stärkerem Maße als handelbares Gut betrachtet werden. Kürzere Haltedauern und erheblich höhere Renditen werden angestrebt.

Als Konsequenz aus der globalen Finanz- und Wirtschaftskrise zogen sich internationale Investoren ab 2009 aus dem deutschen Marktgeschehen zurück. Hatten sie 2007 noch einen dominierenden Marktanteil von 68,1 %, waren es 2009 schließlich knappe 20,5 %. Seit dem steigt der Anteil ausländischer Investoren wieder und steht zum Halbjahr 2012 bei 34,5 %. Waren anfänglich überwiegend US-amerikanische Fonds, die vor allem an NPL- und Wohnungsportfolios interessiert waren, im Markt aktiv, so agieren mittlerweile Investoren aus vielen Ländern auf dem deutschen Immobilieninvestmentmarkt. Neben den amerikanischen sind es in erster Linie britische, skandinavische, niederländische, israelische, französische, australische, schweizerische und österreichische Anleger. Aber auch Investoren aus anderen Ländern, die in der Vergangenheit kaum oder gar nicht in Deutschland agierten z.B. Spanien, Italien, Kanada oder Norwegen, sind mittlerweile präsent und haben erste Immobilieninvestitionen getätigt.

3.2.2.4 Einflussparameter der Anlageentscheidung

Die Anlageentscheidung von Investoren basiert grundsätzlich auf einer Rendite- und Risikoabwägung, die sich letztendlich aus der Analyse von vier Kriteriengruppen ergibt: der Markt, der Standort, das Objekt sowie die Qualität des Objekt-Cashflows. Bei Projekten treten noch die im Projekt selbst begründeten Chancen und Risiken als fünfte Kriteriengruppe in den Fokus der Investoren.[24]

Das genaue Anforderungsprofil eines jeden Investors, das Aufschluss darüber gibt, in welchem Markt der jeweilige Investor investiert, welchen Objekttypus (Büro, Einzelhandel, Hotel etc.) und Standort (Büro, Einzelhandel, Hotel etc.) er bevorzugt, welches sein Mindest- und Maximalanlagevolumen in € ist, welches Rendite-/Risikoprofil (ausgedrückt durch den Rohertrags-Vervielfältiger (Kaufpreise/Jahresnettokaltmiete), Nettoanfangsrendite (Jahresreinertrag/Gesamtinvestitionskosten) er anstrebt sowie welche objektspezifischen Merkmale (Laufzeit

[21] Vgl. *Rebitzer* in: *SchäferConzen* (Hrsg.) Praxishandbuch der Immobilieninvestition, München, C.H. Beck Verlag, 2005, S. 32 f.

[22] Vgl. *Nehls/Schneider/Tschammler* in: *Gondring/ZollerDinauer* (Hrsg.) Real Estate Investment Banking, 1. Auflage, Wiesbaden, Gabler Verlag, 2003, S. 540.

[23] Vgl. *Rebitzer* in: *Schäfer/Conzen* (Hrsg.) Praxishandbuch der Immobilieninvestition, München, C.H. Beck Verlag, 2005, S. 36.

[24] Vgl. Trotz (Hrsg.) Immobilien – Markt- und Objektrating, Köln, Müller, 2004, S. 45.

Mietverträge, Mieterbonität, Managementintensität, Leerstandsquote, baulicher Zustand etc.) er präferiert, sollte dem Verkäufer bzw. dem vom Verkäufer beauftragten Berater bekannt sein.[25]

Vor dem Hintergrund steigender Anforderungen an die Kreditgewährung einerseits und an die Eigenkapitalverzinsung andererseits sowie des zunehmenden Einsatzes von modernen Instrumenten der Refinanzierung (z.B. Securitisation, Syndizierung etc.) sind die Anforderungen der Investoren zunehmend umfangreicher geworden.

Die Bemessung von eindeutigen Chancen- und Risikoprofilen der Investitionsobjekte und der für sie relevanten Märkte ist zentraler Bestandteil der Immobilienanalyse geworden. Allgemeine Kommentare über Märkte, Lagen und Konkurrenzsituation reichen nicht mehr aus, um den vielfältigen Forderungen nach Transparenz in der Finanz- und Immobilienwirtschaft gerecht zu werden.[26]

Markt

Die Marktanalyse gibt Auskunft über die Struktur des Marktes und die Beschaffenheit lokaler, regionaler und überregionaler Teilmärkte. Mit ihrer Hilfe sollen Informationen über die für das Objekt/Projekt relevante Nachfrage, das konkurrierende Flächenangebot sowie das einschlägige Miet- oder Kaufpreisniveau geliefert werden.[27]

Zur Einschätzung des Marktes werden verschiedene Merkmalskomplexe untersucht, wie z.B. höhere Gewalt, soziodemographische Entwicklungen, wirtschaftliche Entwicklungen sowie der Immobilienmarkt. Es sind aber auch politische, juristische, steuer- und währungspolitische Rahmenbedingungen von ausschlaggebender Bedeutung.

Angesichts der hohen Internationalität eines Teils des Immobiliengeschäftes, spielt bei vielen Anlageentscheidungen nicht nur der regionale Markt im nationalen Vergleich eine Rolle, sondern hat sich vielmehr auch die Betrachtung des nationalen Marktes im internationalen Kontext als sinnvoll erwiesen. Am Beispiel des Zusammenhangs von Risiko, Rendite und Marktliquidität soll dies im Folgenden kurz erläutert werden:

Immobilien in liquideren Märkten, deren Märkte im internationalen Vergleich statisch sind (dies gilt auch gerade für die Immobilie in Deutschland) sind aus Sicht der Investoren weniger risikobehaftet, da der Investor kurzfristig auf Wertschwankungen des Investments durch Verkäufe in liquide Märkte reagieren kann. Mit sinkendem Risiko des Investors, steigt seine Rendite nach Risikokosten der Immobilie (RAROC – „risk adjusted return on capital“). Vor diesem Hintergrund lässt sich vereinfacht die Aussage treffen, dass der verstärkte Kauf und Verkauf, also der Handel mit Immobilien, der „Handelsware“ selbst wertmäßig zugute kommt.[28]

Standortqualität

Der Standort spielt bei sämtlichen Objektkategorien in Bezug auf ihre Verkäuflichkeit eine wichtige Rolle. Standorte werden zunächst in Makro- und Mikrostandorte untergliedert, insbesondere, um Standortkriterien abzuleiten, die individuelle Beurteilungen ermöglichen.

Als Standortfaktoren bezeichnet man alle für eine Immobilie bedeutsamen räumlichen Rahmenbedingungen, die den Standort prägen und somit die nutzungsspezifische Lagequalität mitbestimmen. Sie lassen sich einteilen in „harte“ oder physische Faktoren und „weiche“ oder sozioökonomische und psychologische Faktoren.

Der Standort einer Immobilie, an den diese zwangsläufig gebunden ist, ist zunächst nicht mehr als ein geographischer festgelegter Punkt, der bestimmten Rahmenbedingungen, wie etwa Topographie, Verkehrsanbindung, Baurecht und Umfeldstruktur, unterliegt. Eine Bewertung der erhobenen Standortfunktionen sollte jedoch immer vor dem Hintergrund der geplanten oder vorhandenen Nutzungsstrukturen der Immobilie erfolgen. Beispielsweise kann ein ver-

[25] Vgl. *Marth/Conzen* in Schäfer/Conzen (Hrsg.) Praxishandbuch der Immobilieninvestition, München, C.H. Beck Verlag, 2005, S. 298f.

[26] Vgl. Trotz (Hrsg.) Immobilien – Markt- und Objektrating, Köln, Müller, 2004, S. 16.

[27] Vgl. *Muncke/Rybak* in: *Wernecke/Rottke* (Hrsg.) Praxishandbuch Immobilienzyklen, Köln, Müller, 2006, S. 165.

[28] Vgl. Trotz (Hrsg.) Immobilien – Markt- und Objektrating, Köln, Müller, 2004, S. 30ff.

kehrsarmer und dennoch innenstadtnaher Standort zwar eine gute Wohnlage, aber noch längst keine geeignete Einzelhandelslage sein.

Insbesondere in der Projektentwicklung spielt die Standortanalyse in der Vorbereitungsphase eine wichtige Rolle. So können ungeeignete Nutzungen identifiziert und ausgeschlossen werden.

Objektqualität
Ähnlich der Beurteilung des Marktes und des Standorts sind für Immobilientransakteure die Vor- und Nachteile von Objekteigenschaften von zentraler Entscheidungsgrundlage für die beabsichtigte Investition.

Die Rendite und Risiko beeinflussenden Größen lassen sich für die Analyse des konkreten Objektes in vier maßgebliche Betrachtungsbereiche unterteilen:
- die Grundstücks- und Gebäudeanalyse,
- die Mietvertragsanalyse und Mieterbeurteilung,
- die Analyse der rechtlichen Rahmenbedingungen,
- die finanzwirtschaftliche Analyse der Zahlungsströme.

Wie bereits zuvor im Rahmen der Markt- und Standortanalyse erwähnt, ist auch bei der Objektanalyse zu beachten, dass die Erfolgsfaktoren je nach Objektart auf den einzelnen Betrachtungsebenen variieren können.

Gleichwohl impliziert allein ihr Vorhandensein nicht bereits eine erfolgreiche Immobilieninvestition, da das Investitionsobjekt immer ganzheitlich, d.h. vor dem Hintergrund der Ergebnisse aus der Markt- und Standortanalyse, des Objekt-Cashflows und der Entwicklungsrisiken und -chancen, gesehen werden muss.[29]

Die **„Grundstücks- und Gebäudeanalyse“** befasst sich mit der Untersuchung der psychischen Kennzeichen bzw. Beschaffenheit der Immobilie. Die Grundstücksanalyse umfasst dabei die Betrachtung der
- Lage (s. Standortanalyse),
- Qualität der Umfeldbebauung,
- Grundstücksgröße und des Zuschnitts,
- Erschließung,
- Topographie,
- Bodenbeschaffenheit (Grundwasser, Statik, Altlasten),
- Grundstücksbelastungen durch Emission (Lärm, Geruch und dergleichen),
- planungsrechtlichen Nutzungs- und Bebauungsmöglichkeiten mit Parkplatz- und Erweiterungs- bzw. Verdichtungsmöglichkeiten.

Die Gebäudeanalyse umfasst insbesondere:
- allgemeine (architektonische und qualitative) Erscheinung des Gebäudes,
- Bauweise/konstruktives System,
- Gebäudestruktur (Geschoss- und Nutzflächen, Raumhöhen und -tiefen, Flexibilität hinsichtlich Umnutzung, Teilung und Erweiterbarkeit),
- Art und Zustand der verwendeten Materialien,
- Art und Zustand der haustechnischen Anlagen,
- klimatische, akustische und Belichtungsverhältnisse,
- Zuwegungssituation,
- Ausstattungsstandard der Miet- und Allgemeinflächen (Beleuchtung, Verkabelung usw.),
- etwaige Denkmalschutzauflagen, da diese besondere Aufwendungen der Erhaltung bedingen können.

[29] Vgl. *Muncke/Rybak* in *Wernecke/Rottke* (Hrsg.) Praxishandbuch Immobilienzyklen, Köln, Müller, 2006, S. 169f.

Zu berücksichtigen ist die regelmäßige Korrelation der Anforderungen (potentieller) Mieter an das Erscheinungsbild und die Funktionalität der Immobilie mit der jeweiligen Situation auf dem relevanten Immobilienmarkt. Herrscht z.B. ein Überangebot an (Miet-)Flächen, gefolgt von einem sinkenden Preisniveau, finden oft Flächensubstitutionen zulasten von Angeboten niedriger Qualität statt. Ein wichtiges Ziel der Gebäudeanalyse ist es insoweit, einzuschätzen, inwieweit der Objektstandard von entsprechenden Marktentwicklungen tangiert werden könnte.

Die Immobilie wird zum Investitionsgegenstand mit den aus ihr generierten (Miet-)Erträgen. **Die Mietvertragsanalyse und Mieterbeurteilung** soll Aufschluss über ihre Qualität geben. Betrachtungsrelevant sind hier insbesondere

- der Vermietungsgrad als solcher,
- die Art, Höhe und damit Angemessenheit der Mietpreise (bzw. aus diesen resultierende Mietsteigerungspotentiale oder -minderungsrisiken),
- die (bei Gewerbemietverträgen üblicherweise fixierten) Laufzeiten bzw. Kündigungsmodalitäten/Verlängerungsoptionen der Verträge,
- die Vereinbarungen von Mietanpassungen und
- die Verteilung (Umlage) der Bewirtschaftungskosten.

Des Weiteren ist die Zuverlässigkeit der Mieter hinsichtlich der Einhaltung der vertraglich fixierten Mietkonditionen (bzw. der Bonität) zu eruieren (Mietausfallwagnis). Hierzu werden Gegenstand, Größe und Historie der Unternehmen, deren Zahlungsverhalten (feststellbar z.B. im Rahmen von Kredit-Ratings) und Prognosen über den zukünftigen Geschäftsverlauf analysiert. Im Hinblick auf (konjunktur-)zyklische Entwicklungen sollte auch die Entwicklung der Branche untersucht werden, in denen der Mieter operiert, um Risiken der Zahlungsfähigkeit der Mieter im weiteren Sinne aufzudecken.

Bei der **Analyse der rechtlichen Rahmenbedingungen** des (potenziellen) Investitionsgegenstandes sind bau-, planungs- und grundbuchrechtliche sowie steuerliche Aspekte zu berücksichtigen.

Vorhandene horizontale oder vertikale Verdichtungspotentiale des Grundstücks werden durch die Analyse des gültigen Bau- und Planungsrechtes, umweltrechtlicher Regelungen sowie etwaiger Denkmalschutzbestimmungen aufgedeckt.

Ebenso haben die grundbuchrechtlichen Gegebenheiten wie Grunddienstbarkeiten, Erbbaurechte und Grundpfandrechte in der Analyse Berücksichtigung zu erfahren.

Neben rechtlichen Aspekten sind die finanziell wirksamen Implikationen (wie sie sich beispielsweise bei Erbbaurechten ergeben) und solche die Bebau- und Nutzbarkeit des Grundstücks betreffend zu beurteilen. Aus steuerlicher Sicht sind Steuerarten bezüglich

- des unmittelbaren Immobilienerwerbs (Grunderwerbsteuer, ggf. Umsatzsteuer)
- der laufenden Betriebsphase (Einkommen- und Substanzbesteuerung) und
- der (entgeltlichen) Übertragung von Immobilienvermögen (ggf. Besteuerung von Veräußerungsgewinnen)
- zu berücksichtigen, des Weiteren die Abschreibungsmöglichkeiten.

In weiterem Sinne zählt hierzu auch die Untersuchung der mit der Bewirtschaftung des Objektes verbundenen Verträge.

Der kapitalanlageorientierten Perspektive folgend münden die Ergebnisse aus den zuvor beschriebenen Betrachtungen des Marktes, des Standortes und der Objektqualität letztlich in eine **finanzwirtschaftliche Analyse** bzw. Bewertung des jeweiligen Objektes. Die zu berücksichtigenden Positionen lassen sich in

- direkte Zahlungen (Investitions- bzw. Anschaffungsausgaben, laufende Ausgaben und Einnahmen in den Perioden und der Veräußerungserlös am Ende der vorgesehenen Haltedauer) sowie
- indirekte Zahlungen (Verwendung von Einnahmeüberschüssen, Ausgleich von Ausgabeüberschüssen, Ertrag- und Substanzsteuern)

unterteilen. Ergänzend sind die aus etwaigen Finanzierungen resultierenden Aufwendungen in die Berechnung einzubeziehen.

Auf die Zahlungsströme und deren Qualität soll im folgenden Abschnitt explizit eingegangen werden.

Qualität des Cash-Flows

Vor dem Hintergrund der Renditeorientierung von Immobilieninvestoren spielt der derzeitige respektive erwartete Cashflow aus der Anlage in Immobilien eine zentrale Rolle. Immobilieninvestments konkurrieren mit anderen Anlageformen und müssen sich hinsichtlich ihrer Rendite-Risiko-Relation an diesen messen lassen. Des Weiteren spielt der nachhaltige Cashflow aus der Immobilie in Bezug auf ihre Verkäuflichkeit eine entscheidende Rolle, da sie nicht (börsen-) täglich“ veräußert werden kann.

Die Differenz aus Objekteinzahlungen und -auszahlungen wird als Objekt-Cashflow bezeichnet. Seine Ermittlung erfordert eine Prognose des zeitlichen Anfallens und der Höhe der einzelnen monetären Größen.

Auf die einzelne Immobilie übertragen bedeutet das, dass man zunächst die relevanten Ein- und Auszahlungen für das Objekt herausarbeiten muss (Ist-Situation). Bei vermieteten Immobilien stellen Mieterlöse die relevante Einzahlungsgröße dar. Sämtliche mit der Immobilie zusammenhängende Bewirtschaftungskosten sind Auszahlungsgrößen für die Cashflow-Beurteilung. Hierunter fallen im Wesentlichen alle nicht umlegbaren Betriebskosten, Bewirtschaftungskosten wie z.B. Verwaltungskosten, Instandhaltungskosten an Dach und Fach, Modernisierungs-/ Revitalisierungskosten sowie leerstandsbedingte Kosten (wie z.B. durch Mieterausfall nicht umlegbare Betriebskosten oder die Vermarktung der leerstehenden Flächen etc.).

Zur Beurteilung der Nachhaltigkeit von Mieterlösen und Bewirtschaftungskosten sowie deren positive oder negative Entwicklungsmöglichkeiten werden Untersuchungen hinsichtlich der Qualität der Mieter, der Vertragsgestaltung (Mietverträge, Objekt-Management-Verträge usw.), der Mietsteigerungspotentiale/Wertsteigerungspotentiale, der Wiedervermietungschancen und -risiken nach möglichem Auszug von Mietern, ggf. des Leerstandes sowie der Drittverwendungsfähigkeit, d.h. der Anpassungsfähigkeit des Objektes an ein geändertes Nutzerverhalten (Teilungsmöglichkeiten im Objekt, Möglichkeit der Umsetzung verschiedener Nutzungskonzeptionen), vorgenommen.

An einem einfachen Beispiel aus der Praxis soll verdeutlicht werden, welche signifikanten Auswirkungen unterschiedliche Prognosen hinsichtlich der Anschlussvermietung nach Mietvertragsauslauf auf die Nachhaltigkeit des Cashflows haben können.

Entwicklungsrisiken und -chancen von Projekten

Bei der Verkäuflichkeit von Projekten sind auch die durch die Projektentwicklungstätigkeit selbst begründeten Risiken bzw. Chancen von Bedeutung.

Es sind drei Kriterien, mit denen die Entwicklungsrisiken und -chancen eines Projektes beurteilt werden, wobei jedes der Kriterien über eine zeitliche und eine sachliche Ebene verfügt:

– der Status der (Vor-)Vermietung und/oder des Verkaufs der zu realisierenden Immobilie
– der Planungsprozess und die Genehmigungssituation
– der Herstellungsprozess und die Kostensicherheit.

So kann z.B. das Vorhandensein von Altlasten im Baugrund auf der zeitlichen Ebene zu einer möglichen Verschiebung des Bauzeitenplanes und auf der sachlichen Ebene zur Kostenunsicherheit hinsichtlich ihrer Beseitigung führen.[30]

Rendite-/Risikoprofil

Wie bereits erläutert, treffen Investoren ihre Anlageentscheidungen vor dem Hintergrund einer Rendite- und Risikoabwägung. Rendite und Risiko sind zwei Komponenten, die bei der Betrachtung des Renditeziels eines Anlegers im Zusammenhang gesehen werden müssen und

[30] Vgl. Trotz (Hrsg.) Immobilien – Markt- und Objektrating, Köln: Müller, 2004, S. 55

nicht isoliert voneinander. Die folgende Abbildung stellt die Risiko-/Rendite-Profile einzelner Investmentklassen und ihrer Immobilienanlageprodukte dar.

Core bezeichnet Immobilieninvestitionen in Objekte mit langfristiger Wertstabilität. Ein Core-Investor ist daran interessiert immobilienspezifische Risiken soweit als möglich komplett zu reduzieren. Klassische Investoren sind offene Immobilienfonds, Lebensversicherungen, Pensionskassen und Privatinvestoren. Typischerweise stehen gute Lage und langfristige Mietverträge für ein Core Produkt, idealerweise in den sieben Top-Standorten in Deutschland.

Core Plus ist im Vergleich zu Core durch ein etwas höheres Immobilienrisiko gekennzeichnet, das sich durch eine etwas höhere Rendite rechtfertigt. Ebenso wie der Core Investor bevorzugt der Core Plus Investor gute Standorte und schließt Flächenerweiterungen, Restrukturierungen oder gar vollständige Leerstände infolge auslaufender Mietverträge aus. Typisch für Core Plus-Produkte sind Mietanhebungspotentiale aus indexierten Mieten und aus einer Neuvermietung von potentiellen Leerstandsflächen.

Beide Gruppen wollen zeitlich unbefristete Investitionen tätigen, die unabhängig von Marktzyklen einen stabilen Cashflow erwirtschaften. Renditen werden in beiden Fällen nicht aus dem Wiederverkauf der Immobilie errechnet. Fremdkapital wird kaum oder nur in geringem Umfang eingesetzt.

Value Add steht für Wertsteigerung, die aus einer Kombination von laufendem Ertrag und Veräußerungsgewinn am Ende der Haltedauer realisiert wird. Der laufende Ertrag wird aus der bestehenden Vermietung generiert. Hinzukommen regelmäßig Mietanhebungen aus Neuvermietungen ähnlich einem Core Plus Investment. Nach erfolgter Neuvermietung bzw. Mietanhebung wird das Investment wieder veräußert und so ein Mehrwert erwirtschaftet. Folglich errechnet sich die Verzinsung des eingesetzten Eigenkapitals immer aus einer Kombination der laufenden Verzinsung für die Haltedauer, die durch den Einsatz von Fremdfinanzierung erhöht wird (positiver Leverage-Effekt), und dem Veräußerungsgewinn zum Ende der Haltedauer. Je nach Umfang der Neuvermietungsrisiken definiert sich das Risikoprofil. Je nachdem, wie liquide der Markt für das neu vermietete Objekt ist, fällt das Renditepotential des Fonds aus. Sowohl zum Bereich des Core Plus Investments als auch zu den Anlageprofilen von Opportunity Fonds gibt es Überschneidungen.

Opportunity Fonds haben gemeinsam mit **Projektentwicklungsfonds (Development)** ein hohes Risikoprofil. Sie investieren ausschließlich in Objekte, die wieder veräußert werden sollen. Opportunity Fonds setzen Risikokapital mit dem Ziel ein, die jeweilige Immobilie als weitgehend risikobereinigtes Anlageobjekt neu zu positionieren und an Core bzw. Core Plus Investoren zu veräußern. Die Risikominimierung erfolgt durch eigenkapitalintensive Restrukturierung, Modernisierung, Sanierung und, vor allem, durch eine Neuvermietung sowie durch aktives Management. Um eine ansprechende Verzinsung des eingesetzten Eigenkapitals innerhalb der Haltedauer zu erreichen, ist der Opportunist bestrebt, möglichst viel Fremdkapital aufzunehmen. Solange das Zinsniveau unterhalb der Immobilienrenditen liegt, wird er aus dem positiven Leverage eine überproportionale Verzinsung des Eigenkapitals erreichen wollen. Erfolgreich können Risikoinvestoren aber nur sein, wenn der Markt für risikobereinigte Produkte liquide ist. Ohne eine Nachfrage durch institutionelle Investoren für stabilisierte, risikobereinigte Anlageobjekte wird der Opportunity Fonds sein Anlageziel nicht realisieren können.[31]

3.3 Werttreiber der Projektentwicklung

3.3.1 Verkaufstiming

3.3.1.1 Optimaler Markteintritt

Für die erfolgreiche Umsetzung der Projektentwicklungsstrategie ist auch das richtige Timing mit Blick auf die zyklische Entwicklung der Immobilienmärkte von entscheidender Bedeutung.

[31] Vgl. *Meinel* in *Schäfer/Conzen*, Praxishandbuch Immobilien-Investitionen (2005), S. 197 ff.

Wenn der Projektentwickler/Zwischeninvestor zum falschen Zeitpunkt mit seinem Produkt auf den Markt kommt, kann er beim Endinvestor nicht die erwarteten Preise erzielen.

Die Ausnutzung von unterschiedlichen Marktzyklen ist in der praktischen Umsetzung oft sehr schwierig. Dauer und Intensität der weiteren Zyklusphasen und ihre jeweiligen Wendepunkte zu prognostizieren, gelingt nicht zielsicher, da neben allgemeinen konjunkturellen Faktoren bei allen Marktteilnehmern stets eine hohe Unsicherheit über strukturelle Änderungen des Flächenbedarfs bei den Nutzern herrscht. Demographische Entwicklungen spielen hier genauso eine Rolle wie der Wandel von Arbeitswelten oder technologischer Wandel sowie Aspekte auf gesamtwirtschaftlicher Ebene (z.B. Globalisierung). Aufgrund der recht mangelhaften Markttransparenz in Deutschland und der hohen Komplexität und Dynamik von Immobilienmarktzyklen ist eine Vorhersage auch nur über kurz- bis mittelfristige Zeiträume vertretbar.[32]

Gerade das Timing des An- und Verkaufs ist für eine Immobilieninvestition erfolgsentscheidend. Es definiert nicht nur die Höhe der Gesamtrendite (laufende Rendite und Wertsteigerung), sondern auch das Investitionsrisiko. Die Investition in einen aufstrebenden und wachstumsstarken Markt bietet nicht nur die Chance, hohe Mieten und hohe Wiederverkaufspreise zu erzielen, also die Rendite zu maximieren, sondern auch die Möglichkeit, einen hohen Vermietungsgrad mit geringer Leerstandswahrscheinlichkeit zu erzielen, da selbst bei Ausfall eines Mieters die Wiedervermietung leer stehender Flächen wahrscheinlich ist.

Der Investor bzw. der vom Investor beauftragte Dienstleister sollte wissen, wie sich der Immobilienzyklus im jeweiligen Markt verhält und wann die Wendepunkte, also Hoch- und Tiefpunkte des Zyklus, zu erwarten sind. Optimalerweise findet der Kauf einer Immobilie dann kurz vor dem zyklischen Tiefpunkt statt, da die meisten Marktakteure einen weiteren negativen Trend erwarten. Der Verkauf sollte sich kurz vor dem Hochpunkt des Zyklus ereignen, da allgemein von einem weiteren positiven Trend ausgegangen wird.[33]

3.3.1.2 Optimale Projektphase

Ankauf und Veräußerung des Projektes können grundsätzlich in jedem Entwicklungsstadium erfolgen. Der Projektentwicklungsprozess durchläuft mehrere Wertschöpfungsstufen, die von der Akquisitionsvorprüfung bis zum Objektverkauf reichen.

Vor dem Hintergrund der sich immer schwieriger darstellenden Finanzierung für Immobilienprojekte – insbesondere für mittelständisch orientierte Projektentwickler (s. Basel II) – etablieren sich zunehmend Finanzierungsmodelle, bei welchen die Investoren frühzeitig in die Gesellschaftsstruktur einer Projektentwicklung einbezogen werden. Hier sind u.a. Opportunity Fonds und Private Equity Fonds zu nennen. Aufgrund der vorzeitigen Involvierung und der damit einhergehenden Übernahme von Risiken aus dem Projektentwicklungsgeschäft werden von diesen Investoren deutlich höhere Renditemöglichkeiten erwartet.[34]

Es existieren eine Reihe von Kooperations- und Realisierungsmodellen, die die Risiken der Projektentwicklung zwischen Projektentwickler und Investor aufteilen.[35] Anhand dieser lässt sich der potenzielle Wertverlauf einer Projektentwicklung in Abhängigkeit der Risikoübernahme verdeutlichen.

Szenario A – Der Projektentwickler übernimmt alle Risiken und veräußert das fertiggestellte und vermietete Produkt. Er kann über die Ansprache mehrerer Investoren einen interessanten Wettbewerb bezüglich des Kaufpreises gestalten, sofern die Immobilie marktgerecht vermietet ist. Er erzielt den höchsten Preis, da er ein risikobereinigtes Produkt hinsichtlich der Projektentwicklungsphase verkauft.[36]

---

[32] *Bone-Winkel/Köppel* (Hrsg.) Praxishandbuch Immobilienzyklen, Köln, Müller, 2006, S. 254.

[33] *Cieleback/Baab* in: *Wernecke/Rottke* (Hrsg.) Praxishandbuch Immobilienzyklen, Köln, Müller, 2006, S. 202 f.

[34] Vgl. *Marth/Conzen* in *Schäfer/Conzen* (Hrsg.), Praxishandbuch der Immobilien-Investitionen, München, C.H. Beck Verlag, 2005, S. 300 f.

[35] Vgl. *Fischer* Projektentwicklung: Leistungsbild und Honorarstruktur, Köln, Müller, 2004, S. 66.

[36] Vgl. *Fischer* Projektentwicklung: Leistungsbild und Honorarstruktur, Köln, Müller, 2004, S. 67 f.

Szenario B – Der Projektentwickler übernimmt sämtliche Risiken im Projektentwicklungsprozess mit Ausnahme des Vermietungsrisikos. Für den Investor ergibt sich aufgrund der Übernahme des Vermietungsrisikos ein deutlicher Abschlag vom ursprünglich kalkulierten Verkaufswert, er muss jedoch die Risiken in geeigneter Form einpreisen.[37]

Szenario C – Der Projektentwickler verkauft ein Grundstück mit erteilter Baugenehmigung, der Investor übernimmt das Bau- und Vermietungsrisiko. Eine Preisermittlung für dieses Projekt kann nach der sogenannten Residualwertmethode (s. Abschnitt 3.2.2.1) erfolgen.[38]

Bei Beobachtung zyklischer Marktabschwächung wird der Verkauf des Projektes vor bzw. mit Baubeginn für den Projektentwickler häufig zu einer wichtigen Überlebensstrategie. Er kann auf diese Weise gebundenes Kapital früher freisetzen und einen unsicheren Trading-Profit durch einen kalkulierbaren Ertrag als Generalübernehmer ersetzen.

Szenario D – Der Investor tritt als Initiator mit Grundstück auf und übernimmt die Vermietungsgarantie (i.d.R. als Eigennutzer). Der Projektentwickler trägt das Planungs-, Kosten- und Baurisiko und übergibt dem Investor das schlüsselfertige Projekt zu einem definierten Fertigstellungstermin und zu einer definierten Qualität.

Szenario E – Der Investor bringt das Grundstück ein und der Projektentwickler übernimmt alle restlichen Risiken, inkl. Vermietungsrisiko. Diese Alternative findet vor allem aufgrund strategischer und steuerlicher Aspekte (doppelte Grunderwerbsteuer) selten Anwendung.

Szenario F – Projektentwickler und Investor treten gemeinsam als Projektträger auf und teilen die Risiken. Beide Parteien gründen eine gemeinsame Objektgesellschaft für Immobilieninvestition. Der Projektentwickler erhält ein Projektentwicklungshonorar in Abhängigkeit vom Zeitpunkt seines (Eigen-)Kapitaleinsatzes, seiner Leistungen und Verantwortlichkeiten.[39]

Der Vorteil einer frühzeitigen Vermarktung besteht für den Projektentwickler neben dem Sicherheitsbestreben vor allem in der Möglichkeit, in einer frühen Projektphase vom Investor Abschlagszahlungen auf den Kaufpreis zu erhalten.[40] Sofern er diese nicht erhält, muss er in der Realisierungsphase alle Zahlungen aus Eigenmitteln oder Darlehen bestreiten, d.h. zwischenfinanzieren. Die anfallenden Kapitalkosten für die Darlehen können – bei ausbleibendem Vermietungs- oder Verkaufserfolg oder Baukosten- und Zeitplanüberschreitungen – über einen längeren Zeitraum zur Illiquidität des Bauträgers und somit zur Insolvenz führen[41]. Die Liste der Bauträger-Pleiten der vergangenen Jahre ist lang.

3.3.2 Implementierung wertsteigender Maßnahmen

Die Grundproblematik des Projektentwicklers ist es, hohe architektonische, bauliche und städtebauliche Qualität mit funktionaler, konstruktiver und ökonomischer Optimierung zu verbinden. Nicht selten sind diametral auseinanderliegende Interessenssphären der an der Projektentwicklung Beteiligten in eine wirtschaftlich tragfähige Konzeption zu integrieren. Demnach sollte schon bei der Konzipierung des Projektes darauf geachtet werden, dass das Objekt im Vergleich zu national marktypischen Repräsentanten bewertet und ausgehend hiervon sowohl baulich als auch wirtschaftlich optimal entwickelt wird.

3.3.2.1 Bauliche Optimierung des Projektes

Die bauliche Optimierung einer Projektentwicklung kann in vielerlei Hinsicht erfolgen (s. hierzu auch Abschnitt 3.2.2.4, Objektqualität). So können unterschiedliche Objektelemente wie z.B. Architektur/Bauweise, Ausstattung, Objektzustand, Zertifizierungen, Umwelteinflüsse aus dem Objekt sowie die Wirtschaftlichkeit der Gebäudekonzeption Optimierungspotentiale

---

[37] *Bone-Winkel/Köppel* (Hrsg.), Praxishandbuch Immobilienzyklen, Köln, Müller, 2006, S. 252f.

[38] Vgl. *Fischer* Projektentwicklung: Leistungsbild und Honorarstruktur, Köln, Müller, 2004, S. 67f.

[39] Vgl. *Fischer* Projektentwicklung: Leistungsbild und Honorarstruktur, Köln, Müller, 2004, S. 67f.

[40] Vgl. *Marth/Conzen* in: *Schäfer/Conzen* (Hrsg.), Praxishandbuch der Immobilien-Investitionen, München, C.H. Beck Verlag, 2005, S. 300f.

[41] Vgl. Murfeld (Hrsg.): Spezielle Betriebswirtschaftlehre der Immobilienwirtschaft, 4. Auflage, Hamburg, Hammonia-Verlag, 2002, S. 651.

bergen, deren Ausschöpfung sich unter Umständen werterhöhend auswirkt. An ausgewählten Beispielen soll im Folgenden auf mögliche Optimierungspotentiale hingewiesen werden.

Die Wirtschaftlichkeit der Gebäudekonzeption ist ein wesentliches Kriterium bei Überlegungen zum (Ver-)Kauf von Immobilien. Die Qualität der Grundrissgestaltung, die Flächeneffizienz sowie die Anpassungsfähigkeit der Gebäudekonzeption an ein geändertes Nutzerverhalten (Drittverwendungsfähigkeit) spielen eine bedeutende Rolle im Investitionsprozess.

So sollte versucht werden, durch eine hohe Flexibilität der Nutzung eine nachhaltigere Vermietbarkeit bzw. bessere Veräußerungschancen sicherzustellen. Veränderungen der Nachfrage und differenzierte Raumbedürfnisse potentieller Mieter und Käufer erfordern aus diesem Grunde alternative Möglichkeiten der Raumnutzung. Ein regelrechter Zwang für eine flexible (Grundriss-)Planung ergibt sich beispielsweise dann, wenn Mieter für Büros, Ladenflächen etc. während der Bauphase noch nicht gefunden und deren Raumanforderungen somit noch nicht bekannt sind. Häufig ist dies bei Bürogebäuden der Fall, die großenteils für einen anonymen Markt erstellt werden. Letztlich dient die größere Flexibilität hinsichtlich der Nutzung einer nachhaltigen Ertragskraft, von der wiederum die langfristige Werterhaltung der Immobilie abhängt.

Um eine flexible Grundrissgestaltung zu gewährleisten sollten z.B. Zwischenwände leicht zu installieren bzw. zu entfernen sein. Ein großzügiges Stützenraster erleichtert die flexible Nutzung ebenfalls. Nebenräume können ggf. so angeordnet werden, dass sie einer veränderten Grundrissgestaltung Rechnung tragen. Ein zweites Treppenhaus kann unter Umständen die Aufteilung der Stockwerke in verschiedene Einheiten erleichtern. Bei größeren Handelsflächen ist die Möglichkeit zum Einbau von Rolltreppen vorzusehen.

Während der Aufwand für konstruktive Flexibilität eine durchaus sinnvolle Investition darstellen kann, sind die Anforderungen der einzelnen Nutzer an die technische Ausstattung oftmals zu speziell und nicht für andere Branchen/Nutzer geeignet. Der erforderliche Kostenaufwand erhöht die Flexibilität nicht. In gewissem Rahmen können aber die konstruktiven Voraussetzungen für den Einbau von spezieller Technik geschaffen werden. Die Anwendung neuer Kommunikationstechniken erfordert über das bisherige Maß hinausgehende technische Installationen. Diese müssen zwar nicht unbedingt im Gebäude enthalten sein, doch ist bereits beim Bau bzw. der Planung die Nachrüstungsmöglichkeit vorzusehen (Doppelböden, Kabelschächte). Durch sogenannte intelligente Technik im Bereich der Kommunikation und der Energieeinsparung erhöht sich auch die Flexibilität und Fungibilität, zumal das Anspruchsniveau der Mieter bzgl. Ausstattung und Nebenkosten gewachsen ist und in vielen Gegenden ein weitgehender Mietermarkt herrscht.

Die architektonische Gestaltung einer Immobilie ist preisbildend und somit ein Indikator für die Qualität der Verkäuflichkeit. Nicht selten wird ein Objekt jedoch zum Zwecke der Repräsentation außerordentlich aufwändig und wenig wirtschaftlich geplant und errichtet. Repräsentative Firmensitze z.B. sind i.d.R. für den betreffenden Nutzer gebaut und verfügen beispielsweise über unwirtschaftliche Raumhöhen in der Empfangshalle sowie eine eher mäßige Flächeneffizienz (Verhältnis Bruttogrundfläche zur Nutzfläche). Fragestellungen bei der Konzeptionierung der Architektur/Bauweise sollten die nachhaltige Akzeptanz der Objektgestaltung, die Nutzungs- und Umfeldangemessenheit der Objektausrichtung und -gestaltung, die Nutzungsangemessenheit der Baustoffe und die Angemessenheit der städtebaulichen Einbindung des Objektes umfassen.

Wertfördernd ist auch die Umweltverträglichkeit der Immobilie. So ist es wichtig, die durchschnittlichen Umwelteinflüsse von Gebäuden am Makro-Standort sowie den Marktstandard der verwendeten Baumaterialien und des Schadstoffgehalts zu kennen. Wichtige Fragestellung in der Konzeptionierungsphase betreffen die ökologische Nachhaltigkeit bei der Herstellung/Verwendung des Gebäudes, die Freiheit von nutzungsrelevanten Schadstoffen im Gebäude sowie die Freiheit von Immissionen im Gebäude durch Lärm und Gerüche.

3.3.2.2 Wirtschaftliche Optimierung des Projektes

Für Immobilieninvestoren von Renditeobjekten ist immer die zukünftige Entwicklung ihrer Mieterlöse von erheblicher Bedeutung. Insofern ist die wirtschaftliche Optimierung des Projektes vorwiegend in Verbindung mit der Optimierung des Objekt-Cashflows zu sehen (s. hierzu auch Abschnitt 3.2.2.4, Objektqualität und Dualität des Cash-Flows). Dessen Qualität als wesentliches Attribut der Verkäuflichkeit einer Immobilie wird durch die Qualität der Mieter-/Nutzerstruktur und durch die Struktur der Mietverträge bestimmt.

Der qualifizierte Investor wird deshalb den Mietverträgen eine ganz besondere Aufmerksamkeit widmen. Vor allem richtet sich sein Interesse auf den

- Mietpreis,
- Gewährte Anreize („Incentives"),
- Mietvertragslaufzeit,
- Verlängerungsoptionen,
- Sonderkündigungsrechte,
- Mietanpassungsklauseln,
- Nebenkostenumlage,
- Mietsicherheiten.

Des Weiteren wird er untersuchen, ob es sich um seriöse Abschlüsse mit marktüblichen Mietpreisen handelt, welcher Vermietungsstand etwa ein halbes Jahr vor Eröffnung erreicht wurde, welche Mietflächen bereits vermietet sind etc.

Ebenso kritisch wie der Mietvertrag wird auch die Mieterqualität im Hinblick auf berufliche Erfahrung, Bonität und Seriosität überprüft. Vor diesem Hintergrund soll im Folgenden an ausgewählten Beispielen u.a. auf mögliche Optimierungspotentiale der Ertragssituation hingewiesen werden.

Die Auswirkung der Mietvertragslaufzeiten ist insbesondere im Hinblick auf die mittelfristige Verkäuflichkeit der Immobilie relevant. Ein Mietvertrag (z.B. 15 Jahre, vermietet zu Marktkonditionen), länger als ein marktüblicher Standardmietvertrag über z.B. fünf Jahre und weiteren 5 Jahren als Mietoption, ist wesentlich positiver zu werten und damit ein Verkaufsargument für diese Immobilie.

Ferner ist die Analyse des Verhältnisses der Ist-Mieten (stichtagsaktuelle vertraglich vereinbarte Mieten) eines Objektes zu den Marktmieten entscheidend. Ein Objekt, welches als unter Marktmietniveau klassifiziert wird, weist somit ein Mietsteigerungspotential auf, da bei einer Anschlussvermietung Marktmieten erzielbar sind. Risiken (Mietsenkungen) und Potentiale (Mietsteigerungen) werden von Transakteuren verpreist und wirken sich somit auf den Verkaufspreis aus.

In diesem Zusammenhang ist auch die Gewährung von Incentives (mietfreie Zeiten, Ausbaukostenzuschüsse) zu nennen, die es dem Developer ermöglicht, im Mietvertrag höhere Mietpreise abzuschließen (Nominalmiete). Diese liegen unter Berücksichtigung der Mietvertragslaufzeit und der für die Incentivevergabe aufgewendeten Kosten oberhalb der vom Mieter effektiv gezahlten Miete (Effektivmiete). Über den Multiplikator-Effekt führt die erhöhte Vertragsmiete in der Praxis oft zu höheren Kaufpreisen.

Das Timing der Mietvertragsabschlüsse kann sich auf die Wirtschaftlichkeit der Immobilie auswirken. Wenn der Abschluss der Mietverträge in einem sehr frühen Projektstadium erfolgt, werden oftmals Zugeständnisse vor allem an Großmieter gemacht, die nicht selten während der Betriebsphase zu Problemen oder unzureichender Rentabilität führen können.

Die Vermietungssituation als solche spielt eine entscheidende Rolle beim Verkauf der Immobilie, jedoch können Vermietungsstände vor dem Hintergrund unterschiedlicher Marktsituationen anders beurteilt werden. So würde eine zu 100 % vermietete Büroimmobilie in der heutigen Büroimmobilienmarktsituation, die von hohen Leerständen geprägt ist, als positiv bewertet werden. In Anbetracht einer leeren Immobilie, bei der der einzige Großmieter kürzlich ausgezogen ist, und der Markt momentan einen Nachfrageüberhang aufweißt, kann sich der Leerstand positiv auf den Cashflow auswirken, da der Mietzins durch die hohe Nachfrage nach oben verhandelt werden kann.

Auch die optimale Konzeption des Mieter-/Nutzermixes ist insbesondere bei Shoppingcentern wichtig, da sich die verschiedenen Anbieter durch ihre Produktdiversifikation ergänzen und dadurch die Attraktivität des Center für die Kunden erhöhen.

Ein aktives Flächenmanagement kann hier wesentlich zur Erhöhung der Flächenproduktivität und damit zur wirtschaftlichen Optimierung des Projektes beitragen.[42] So können z.B. nachträglich eingebaute Verkaufskioske an oder auf der Ladenstrasse in Shopping-Centern sowie die Nutzung der Flächen unter den Treppen bzw. Rolltreppen (z.B. Mr. Minit, Schuh-, Schlüsselservice, Candy & Company, Süßwaren etc.) sowie Ausstellung und Vermietung von Vitrinen und Verkaufswagen das jährliche Mieteinkommen steigern.

Neben den Mieterträgen stehen die Nebenkosten zunehmend im Fokus von Nutzern und Investoren. Je stärker die Verhandlungsposition des Mieters bei Vertragsverhandlungen ausfällt, desto geringer ist oft seine Bereitschaft, Nebenkosten zu übernehmen. Dies wirkt sich negativ auf die Ertragssituation der Immobilie aus. Es ist daher von Vorteil, so früh wie möglich Property- oder Facility-Manager in den Projektentwicklungsprozess miteinzubeziehen, die eine Kostenanalyse erstellen und mit fundiertem Know-how Service- und Wartungsverträge effizient abschließen.

Gewährleistungsvereinbarungen, die der Projektentwickler üblicherweise für die beauftragten Bauleistungen zur Absicherung gegen Mängel abschließt, werden in der Regel beim Verkauf auf den Investor übertragen. Eine nicht optimale Gestaltung der Vereinbarungen/Bürgschaften kann den Investor zu Kaufpreisabschlägen veranlassen.

Um Unsicherheiten auf Seiten des potentiellen Käufers auszuschließen, ist bereits im Vorfeld des Verkaufs insbesondere im Bereich möglicher Altlasten eine Gewährleistungsstrategie zu entwickeln, die in den Kaufvertragsentwurf einfließen sollte. Ggf. ist der Verkäufer – z.B. als produzierendes Gewerbe – sehr viel besser in der Lage, ein Altlastenrisiko einzugrenzen als ein Bieter, insbesondere wenn der Verkauf unter Zeitdruck erfolgt.

3.3.3 Optimierung des Verkaufsprozesses

Eine der wesentlichen Maßnahmen der Optimierung des Verkaufsprozesses ist die angemessene Strukturierung der Transaktion.

Im Vordergrund der auszuwählenden Verfahrensstrategie steht dabei, dass die Strukturierung der Transaktion unter strenger Beachtung der Anforderungen der möglichen Investoren (s. Abschnitt 3.2.2.4) erfolgen muss, um die Nachfrage seitens der Investoren und damit den Wettbewerb zu maximieren.[43] Nicht selten erfolgt die Strukturierung der Transaktion statt dessen vor dem Hintergrund der eigenen Anforderungen des Verkäufers. Um ein zielgerichtetes Vorgehen zu gewährleisten, sollten aber auch die Mindestanforderungen, die der Verkäufer an die potentiellen Investoren stellt, bekannt sein. Wesentliche Kriterien sind z.B.:

– Investitionsschwerpunkte
– Risikobereitschaft
– Renditeanforderung
– Ausreichende Finanzkraft und Art der Refinanzierung
– „Deal appetite"
– „Track record"
– Professionalität und Kapazität zur Bewältigung des angestrebten Prozesses
– Reputation als verlässlicher Verhandlungspartner

[42] *Wittkop/Vogel* in *Rottke* (Hrsg.) Real Estate Private Equity, 2006, Abs. Flächenkonzeptionelle Maßnahmen.

[43] Vgl. Ergebnisse der von Cushman & Wakefield beauftragten Marktuntersuchung zur Einschätzung von Immobilieninvestments in Deutschland durch internationale Investoren: „Outside-In – Why invest in Germany?", S. 2, durchgeführt durch das unabhängige Marktforschungsinstitut TNS Emnid, November 2003.

Erster Schritt ist daher eine detaillierte Analyse des Investorenumfeldes einschließlich einer Kategorisierung der Investoren bezüglich ihrer Anlagekriterien. Wichtig ist in diesem Zusammenhang Kenntnis darüber zu haben, welche Investoren unter einem spezifischen Anlagedruck stehen, wie er sich zum Beispiel bei Real Estate Opportunity Funds aufbauen kann, die seit längerem keine Transaktion abgeschlossen haben, oder bei Asset-/Fondsmanagern, die über einen außerordentlichen Mittelzufluss verfügen.

Ferner ist eine optimale steuerliche und rechtliche Verkaufsstruktur zu entwickeln, die insbesondere festlegt, ob direktes Eigentum an Immobilien (Asset Deal) oder Anteile an einer Immobiliengesellschaft (Share Deal) veräußert werden. Auf die Unterschiede beider Verkaufskonstrukte sei an dieser Stelle kurz hingewiesen:

Beim sog. Asset-Deal wird die Immobilie direkt vom Verkäufer mittels notariellem Grundstückskaufvertrag erworben, und der Investor wird als neuer Eigentümer in das Grundbuch eingetragen. Dies löst den Anfall von Grunderwerbsteuer sowie Erwerbsnebenkosten (Notarkosten für den Grundstückskaufvertrag sowie Gebühren für die Eintragung des Eigentümerwechsels im Grundbuch) aus. Der Anfall dieser nicht unerheblichen Steuern und Gebühren kann in der Regel bei einem sogenannten Share-Deal vermieden werden. Dabei wird die Objektgesellschaft, in der sich üblicherweise nur die betreffende Immobilie befindet, vom Investor erworben. Die Akquisitionsprüfung beim Share-Deal fällt im Normalfall deutlich aufwändiger aus, da eventuelle Risiken aus der Gesellschaftsübernahme inklusive aller steuerrelevanten Themen, insbesondere die nicht sofort ersichtlichen Verbindlichkeiten, identifiziert, bewertet und seitens des Verkäufers beispielsweise durch eine werthaltige Freistellungserklärung abgesichert werden müssen. Eine notarielle Beurkundung entfällt hier in der Regel.

Im Rahmen der rechtlichen Strukturierung der Transaktion ist selbstverständlich auch frühzeitig eine Strategie für den Kaufvertrag zu entwickeln, insbesondere wenn der Verkauf unter Zeitdruck erfolgt, um verkaufsrelevante Aspekte wohlüberlegt vertraglich niederzulegen.

Oftmals scheitern Immobilientransaktionen an einer unzureichenden Datenqualität der Immobilie. Sie führt nicht selten dazu, dass Investoren im Laufe der Ankaufsprüfung potentielle Risiken nicht ausreichend eingrenzen bzw. bewerten konnten und dies durch Kaufpreisabschläge berücksichtigen.

Erfolgsfaktoren zur Erzielung einer ausreichenden Datenqualität sind die frühzeitige Aufnahme und Erfassung aller Objektdaten sowie Einholung ergänzender Informationen (aktuelle Grundbuchauszüge, Auszug aus dem Baulastenverzeichnis, aktuelle Mieterlisten etc.), die Beauftragung spezialisierter Beratungsunternehmen, sofern für die eigene Datenerhebung nicht ausreichend Zeit verbleibt, sowie die Einrichtung eines gut strukturierten und aussagekräftigen Datenraumes.

3.4 Veräußerungsprozess

3.4.1 Anlässe und Ziele

Aufgrund der zentralen Bedeutung der Verkaufsstrategie bei einer Projektentwicklung sollte diese bereits vor der Ankaufsentscheidung für das Grundstück definiert sein, denn ein Großteil der Marge einer Projektentwicklungsgesellschaft wird durch den Verkauf realisiert. Auch wenn in der Realisierungsphase die Baukosten nicht überschritten werden, der Bauablauf problemlos funktioniert und die Vermietung erfolgreich verläuft, kann ein Projekt unrentabel sein, wenn der zukünftige Verkauf ursprünglich falsch kalkuliert wurde. Der Projektentwickler sollte klare Vorstellungen von der Investorengruppe haben, die am Kauf des fertigen bzw. halbfertigen Produktes interessiert ist, und deren Investitionsanforderungen (Rendite, Ausstattung, Risikobereitschaft etc.). Ist dies festgelegt, muss der optimale Verkaufszeitpunkt gewählt und der Verkauf strukturiert vorbereitet werden.[44]

[44] Vgl. *Marth/Conzen* in *Schäfer/Conzen* (Hrsg.) Praxishandbuch der Immobilieninvestition, München, C.H. Beck Verlag, 2005, S. 298.

3.4.2 Vorbereitende Maßnahmen

3.4.2.1 Projektorganisation

Sobald der Projektentwickler die Entscheidung über den Verkauf seiner Projektentwicklung getroffen hat, sollte mit der Vorbereitung des Verkaufsprozesses begonnen werden. Einzelne Arbeitsschritte sind zu definieren und deren zeitlicher Ablauf festzulegen.

Der Projektentwickler muss zunächst entscheiden, auf welche Art er seine Liegenschaft veräußern möchte. Die nachstehend beschriebene strukturierte Auktion der Immobilie stellt wiederum nur eine von mehreren Alternativen dar, um den Verkauf zu realisieren (s. Abschnitt 3.4.4).

Unter strukturierte Auktion versteht man ein in verschiedenen Phasen gegliedertes Auktionsverfahren, das ausgehend von einer breiteren Ansprache geeigneter Investoren über mehrere Bietungsrunden, den besten Käufer im unmittelbaren Vergleich zu seinen Mitarbeitern identifiziert. Bedingung für die strukturierte Auktion ist, dass der Veräußerer mit einem transparenten Verfahren, das ggf. am Markt wahrgenommen werden darf, übereinstimmt.

Die strukturierte Auktion hat sich als Veräußerungsverfahren beim Verkauf von Unternehmen am Markt etabliert. In den vergangenen Jahren wurden diese Standards auch hinsichtlich ihres formalen Ablaufes zunehmend auf die Verkäufe von Immobilienportfolios und Einzelobjekten übertragen.

Zu Beginn des Verkaufsprozesses sollten wesentliche Elemente wie die Definition der Projektziele, eine grobe Bestandsanalyse, Markt- und Wettbewerbsanalyse, eine Objektbewertung sowie erste Überlegungen zu steuerlichen und rechtlichen Strukturfragen ausgearbeitet werden, um alle Beteiligten auf der Verkäuferseite auf den Verwertungsprozess vorzubereiten.

Ein sorgfältiges und organisiertes Projektmanagement ist von zentraler Bedeutung für die erfolgreiche Durchführung des Verkaufes. Um einen reibungslosen Ablauf des Prozesses auf Verkäuferseite garantieren zu können, müssen die personelle Organisationsstruktur des Projektes und die damit einhergehende klare Kompetenzabgrenzung frühzeitig vorgenommen und klar kommuniziert werden. Ferner ist es wichtig, einen Projektzeitplan aufzustellen, der mit fortschreitendem Verkaufsprozess adjustiert und ggf. verfeinert wird.

Je nach Größe des Verkaufsobjektes empfiehlt es sich, verschiedene Projektgruppen zu bilden, die die Themenschwerpunkte des Verkaufsprozesses abdecken:

Projektgruppe – Projektausschuss und Projektkoordinatoren

Der **Projektausschuss** leitet den Veräußerungsprozess und verfügt über entsprechende Entscheidungskompetenz, da mit ihm alle wesentlichen prozessualen Fragen diskutiert und entschieden werden. Der Projektausschuss wird meistens durch Immobilienberater und Anwälte unterstützt, da beide Berater den Verkäufer auch in den Verhandlungen mit den Investoren unterstützen.

Die am Verkaufsprozess mitwirkenden Arbeitsgruppen werden von Projektkoordinatoren geführt, die den Informationsfluss zwischen den Gruppen sicherstellen und die Einhaltung der Arbeitsprogramme und des Zeitplanes überwachen.

Projektgruppe – Kurzexposé und Informationsmemorandum

Zur ersten Kontaktaufnahme mit potentiellen Investoren dient i.d.R. ein **Kurzexposé („Teaser“)**, das wesentliche Eckdaten des Verkaufsobjektes, die rechtliche Verkaufsstruktur sowie den beabsichtigten Zeitplan der Transaktion kurz darstellt. Dieses wird zusammen mit einer Vertraulichkeitserklärung, die die potentiellen Investoren zur Geheimhaltung der ihnen im Verkaufsprozess übermittelten Objektinformationen verpflichtet, zugesandt.

Das **Informationsmemorandum** ist die Verkaufsbroschüre, die den angesprochenen Investoren als vertiefende Information in der ersten Phase ihrer Ankaufsprüfung dient. Es wird normalerweise von speziellen Immobilienberatern aufgesetzt und enthält begrenzte Informationen (wie z.B. Immobilienmarktinformationen über den objektspezifischen Teilmarkt, eine Gebäudebeschreibung, eine Mieterliste einschließlich mietvertraglicher Eckdaten, Fotos und Pläne, Eckdaten zum Transaktionsprozess einschl. Projektzeitplan und ggf. an die Gebotsabgabe geknüpfte Bedingungen (wie z.B. die Finanzierungsübernahme etc.) sowie die Kontaktdaten des Projektmanagements.

Das Informationsmemorandum wird an die ausgewählten Investoren geschickt, auf dessen Grundlage diese ein erstes Kaufgebot mit Kaufbedingungen abgeben.

Projektgruppe Datenraum
Im **Datenraum** werden alle Informationen zusammengestellt, in die der Verkäufer den potentiellen Investoren zu Ankaufsprüfungszwecken Einblick gewähren will. Wesentliche Tätigkeiten der Datenraum-Projektgruppe sind die Erstellung des Datenraumindexes, der einen geordneten Überblick über die im Datenraum vorhandenen Information und deren Ablageort geben sollte, die Zusammenstellung der notwendigen Unterlagen, die Koordination der Vendor Due Diligence und des Datenraumes sowie die Übernahme der Q&A-Funktion (Fragen und Antworten) aus der Due Diligence der Investoren.

Ein weiterer wichtiger Aufgabenbereich ist die Koordination und Vorbereitung von Managementpräsentationen und Ortsbesichtigungen, gerade im laufenden Projektentwicklungsprozess.

Projektgruppe Immobilienanalyse
Die **Immobilienanalyse** wird i.d.R. von einem Immobilienberatungsunternehmen ausgeführt. Wesentliche Tätigkeiten sind die Erfassung und Analyse der Objektdaten, die Erstellung einer Immobilenbewertung, die Analyse der immobilienwirtschaftlichen Werttreiber, ggf. eine Analyse der Entwicklungs- und Vermarktungsfähigkeit sowie Ausarbeitung potentieller Wertsteigerungsmaßnahmen.

Der Arbeitsgruppe sollten auch technische Immobilenexperten angehören, die Aussagen über den technischen Zustand vom Gebäude bzw. zur Grundstücksbeschaffenheit machen können.

Die Immobilienberater übernehmen oft die komplette Verkaufsprozesskoordinierung und sind auch bei den Kaufvertragsverhandlungen beratend tätig.

Projektgruppe – Steuern, Recht, Bilanzierung
Steuerberater, Rechtsanwälte und Wirtschaftsprüfer prüfen die **steuerlichen, rechtlichen und bilanziellen Voraussetzungen** und Aspekte der Transaktion und erarbeiten gemeinsam mit dem Verkäufer und Immobilienberater strukturelle Optionen für den Verkauf. Hier wird anschließend auch die steuerliche und rechtliche Struktur einschließlich der Kaufvertragentwurf entwickelt. Auch eine Bewertung der Angebote sowie eine Überwachung der Informationsfreigabe aus rechtlicher Sicht gehören zum Arbeitsbereich.

Hier wird auf Grundlage der Ergebnisse aus der Arbeitsgruppe Immobilienanalyse ein **Bewertungs- und Finanzierungsmodell** für das Verkaufsobjekt entwickelt und mögliche Finanzierungsstrukturen analysiert.

Inwieweit Financial Modelling auf Verkäuferseite eine Rolle spielt, ist auch abhängig von der Größe des Verkaufsobjektes sowie der gewählten Veräußerungsform (Asset-/Sharedeal).

3.4.2.2 Bestandsaufnahme und Vendor Due Diligence

Es wurde bereits mehrmals in diesem Beitrag darauf hingewiesen, welche zentrale Bedeutung der Bestandsaufnahme und Datenqualität der Immobilie im Rahmen des Verkaufsprozesses zukommt.

Die angehängte Checkliste gibt einen groben Überblick über einige wesentliche immobilienbezogene Daten, die im Rahmen von Projektentwicklungsveräußerungen zum Zwecke der Vendor Due Diligence und anschließenden käuferseitigen Ankaufsprüfung zusammengestellt werden sollten. Vom Fortschritt der Projektentwicklung wird es abhängen, ob weniger oder mehr Informationen erforderlich sind.

Der Begriff „Vendor Due Diligence" sei im Folgenden kurz erläutert: Unter Vendor Due Diligence versteht man eine verkäuferseitig durchgeführte Simulation der Ankaufsprüfung, die später auf Seiten der potentiellen Kaufinteressenten erfolgt, d.h. die umfassende Standort- und Marktanalyse, technische, rechtliche, steuerliche, wirtschaftliche und ggf. auch bilanzielle

Analyse des Kaufobjektes, durch i.d.R. externe Berater. Einbezogen werden sollte unbedingt auch die gegenwärtige Finanzierung des Verkaufsobjektes.[45]

Die Vendor Due Diligence dient zur Aufdeckung der Beschaffenheit des Verkaufsobjektes, um spätere Überraschungen, die zu einer nicht erwarteten Verschlechterung der Verhandlungsposition führen können, auszuschließen. Je komplexer und diffiziler eine Projektentwicklung ist, desto größer ist der den Kosten gegenüberstehende Nutzen einer Vendor Due Diligence.

Weiterhin dient die Vendor Due Diligence auch dazu, auszuschließen, dass vorhandene Informationen dem potentiellen Käufer nicht wissentlich vorenthalten werden. Im Zuge der Vendor Due Diligence sollten auch bestehende Defizite aufgezeigt und ungenutzte Potentiale des Verkaufsobjektes herausgearbeitet werden, um vor Aufnahme des eigentlichen Veräußerungsprozesses wertsteigernde Maßnahmen (s. Abschnitt 3.3.2) implementieren zu können, sofern hierzu die Zeit verbleibt.

Immobilienbewertung von Projektentwicklungen

Da der erzielte Verkaufpreis letztendlich erfolgsentscheidend für die Rentabilität der Projektentwicklung ist, kommt der Analyse des potentiellen Verkaufspreises im Rahmen der Vendor Due Diligence zentrale Bedeutung zu. Der Verkaufspreis wird unter anderem unter Hinzuziehung des Wertes bemessen, der aus der im Rahmen der Vendor Due Diligence durchgeführten Immobilienbewertung resultiert.

Abhängig von der jeweiligen Projektentwicklungsphase, in der sich das Verkaufsobjekt befindet, kommen im Rahmen der Bewertung von Projektentwicklungen folgende Bewertungsmethoden zur Anwendung.

Die **„Discounted Cash-flow Method"**, im Deutschen Barwertverfahren, wird zumeist für im Projektentwicklungsprozess weit fortgeschrittene (bereits (vor-)vermietete), komplexere Anlageobjekte zumeist das Barwertverfahren, im Englischen „Discounted Cash-flow Method" angewendet. Auf diese Weise können mietvertragliche Gegebenheiten, Kosten für Neu- bzw. Anschlussvermietungen sowie zu tätigende Investitionen oder mieterspezifische Nebenkostenregelungen explizit und ihrem zeitlichen Anfall entsprechend berücksichtigt werden.

Das Barwertverfahren basiert auf dem Prinzip des Zeitwertes von Kapital, also der simplen Erkenntnis, dass ein rationaler Investor einen Euro, den er heute besitzt, einem Euro, der ihm erst in einem Jahr zufließt, vorzieht. Was der in einem Jahr zu erhaltende Euro zum heutigen Zeitpunkt wert ist, hängt davon ab, wie der Investor sein Kapital in der Zwischenzeit nutzen könnte. Könnte er sein Kapital bei einer bestimmten jährlichen Verzinsung anlegen, so ergibt sich deren Barwert („Net Present Value" oder „NPV") aus einer einfachen Abzinsung zu eben diesem „Opportunitätszinssatz". Ausgedrückt wird dieser Sachverhalt in der bekannten Barwertformel wie folgt:

Bei einer Immobilieninvestition erwirbt der Anleger das Recht, die Einkünfte aus dem Objekt für einen bestimmten oder unbestimmten Zeitraum für sich zu vereinnahmen. Dabei werden die in die Zukunft projezierten vom Bewertungsobjekt ausgehenden Zahlungsströme zu einem angemessenen Diskontsatz auf den Bewertungsstichtag abgezinst, um den Barwert der Investition zu erhalten.

Hierzu werden die das Objekt betreffenden Ausgaben und Einnahmen über einen bestimmten Zeithorizont, der normalerweise bei 10 oder 15 Jahren liegt, zu einem Netto-Zahlungsstrom pro Zeitperiode zusammengefasst. Der Verkaufserlös am Ende des Investitionszeitraumes wird als ewige Rente anhand der geschätzten Verkaufsrendite und des fortgeschriebenen Mietwertes zum Zeitpunkt der Veräußerung ermittelt und ebenfalls abgezinst.

Die Tatsache, dass der etwaige spätere Verkaufspreis und die über den Investitionszeitraum fließenden Mieteinkünfte nicht exakt vorhersehbar sind (sie unterliegen gegebenenfalls einer Steigerung bei gleichzeitigem Ausfallrisiko) und diesen Zuflüssen auch ebenfalls nicht genau

[45] Vgl. Ergebnisse der von Cushman & Wakefield beauftragten Marktuntersuchung zur Einschätzung von Immobilieninvestments in Deutschland durch internationale Investoren: „Outside-In – Why invest in Germany?", S. 6, durchgeführt durch das unabhängige Marktforschungsinstitut TNS Emnid, November 2003.

zu quantifizierende Ausgaben (Bewirtschaftungskosten, Reparaturen an Dach und Fach, etc.) gegenüberstehen, bedingt eine Reihe von detaillierten Annahmen bezüglich des Bewertungsobjektes und des allgemeinen wirtschaftlichen Umfeldes.

Die in jeder Periode anfallenden Zahlungsströme müssen einzeln in die Zukunft projeziert werden. Dabei können sowohl das Ausmaß als auch der Zeitpunkt mietvertragsspezifischer bzw. inflationärer Einflüsse auf die von der Immobilie ausgehenden Einnahmen und Ausgaben exakt dargestellt werden. Der Modus der Mietwertsicherung über komplexe Staffelmieten oder Indexierungsklauseln kann dabei in das DCF-Modell eingebaut und die Auswirkungen verschiedener Vertragsgestaltungen bzw. Inflationsraten auf den Barwert veranschaulicht werden.[46]

Das sog. **Residualwertverfahren** findet Anwendung im Rahmen der Bewertung von unbebauten oder über den vorhandenen Bestand hinaus entwickelbaren Grundstücken sowie in einer frühen Bauphase befindlichen Projekten. Bei dieser Bewertung wird der Wert des Grundstücks in erster Linie durch den Wert der darauf erstellbaren, optimalen und städtebaulich genehmigungsfähigen Bebauung bestimmt. Um den Grundstückswert in Abhängigkeit der optimalen Nutzung zu ermitteln, greifen Bauträger regelmäßig auf die Residualmethode (auch „Bauträgermethode“) zurück.

Beim Residualverfahren wird der Wert des fertiggestellten Bauvorhabens zumeist anhand des Ertragswertverfahrens oder über Vergleichspreise ermittelt, wobei die zum Bewertungszeitpunkt erzielbaren Mietwerte und Verkaufsrenditen zugrunde gelegt werden. Durch die relativ lange Bauzeit und die Gefahr, dass konjunkturelle Schwankungen die prognostizierten Werte als unrealistisch erscheinen lassen, ist bereits an dieser Stelle größte Vorsicht geboten.

Von dem Gesamtwert der zukünftigen Bebauung werden nun sämtliche Kosten, die in diesem Zusammenhang entstehen und im Zuge des Baufortschrittes noch nicht ausgegeben wurden, abgezogen. Diese umfassen Abrisskosten, sämtliche Baukosten, Baunebenkosten, Gebühren, Finanzierungskosten für das Bauwerk (die Fremdkapitalkosten für das Grundstück werden später in Abzug gebracht), Marketingkosten sowie einen Posten für unvorhergesehene Ausgaben. Schließlich wird noch der Bauträgergewinn abgezogen, der entweder als prozentualer Anteil aus dem Gesamtwert der Bebauung oder aus der Summe der Entwicklungskosten angesetzt wird.

Die Finanzierungskosten für die sukzessive im Verlaufe der Bauzeit anfallenden Baukosten werden oft überschlägig berechnet, indem entweder die Summe der Baukosten über die halbe Bauzeit oder die Hälfte der Baukosten über den vollen Zeitraum verzinst werden. Beiden Ansätzen ist eines gemein, nämlich dass sie nur grobe Annäherungswerte liefern. Da Baukosten in Wirklichkeit – graphisch veranschaulicht – eher in Form einer horizontalen S-Kurve anfallen, wird bei komplexeren Bauvorhaben häufig die Barwertmethode angewandt, um der Zeitvariablen besser Rechnung tragen zu können.

Der verbleibende Betrag nach Abzug aller Kosten wird als Brutto-Residualwert bezeichnet und beinhaltet die Finanzierungskosten für das Grundstück über den gesamten Zeitraum vom Grundstückserwerb bis zum Verkauf des fertiggestellten Bauvorhabens, die Erwerbsnebenkosten beim Kauf des Grundstücks und den eigentlichen Grundstückswert, der auch als Netto-Residualwert bezeichnet wird.

Bei Wertermittlungen auf Basis des Residualverfahrens ist beim Ansatz der Wert- und Kostenvariablen große Vorsicht geboten. Aufgrund der hohen Sensitivität des Grundstückswertes gegenüber den Eingabevariablen birgt die Methode gewisse Risiken: Die bloße Extrapolation von historischen Mietwertsteigerungen über die Bauzeit hinaus, wie sie in Boom-Phasen von Developern häufig vorgenommen wird, kann bei einer Veränderung der Marktlage – die auf zahlreichen europäischen Immobilienmärkten zu beobachten sind – fatale Folgen haben.[47]

[46] *Brühl* Bemessung von Marktwerten, Studienbrief der HypZert GmbH, Berlin, 2004, S. 39 ff.
[47] *Brühl* Bemessung von Marktwerten, Studienbrief der HypZert GmbH, Berlin, 2004, S. 36 ff.

3.4.3 Durchführung der Veräußerung

3.4.3.1 Verfahrensschritte

Erstellung des Informationsmemorandums
Wie schon zuvor erläutert ist der erste Schritt des Verkaufsprozesses die Erstellung eines Teasers/ Verkaufsexposés. Dessen Aussagegehalt sollte eine indikative Bewertung ermöglichen, deren Bewertungsparameter im Rahmen der Käufer Due Diligence im wesentlichen nur noch zu bestätigen sind. Auf diese Weise minimiert sich das Risiko, dass Bieter in die nächste Auswahlrunde gelangen, die dem Verkaufsobjekt keinen ausreichenden Wert beimessen.

Das Exposé kann in Form einer Broschüre erstellt werden oder in webbasierter virtueller Form. Letzteres hat den Vorteil, dass aufwendige Druckkosten gespart und Informationen im Laufe des Ankaufsprüfungsprozesses aktualisiert werden können. Ferner, können anhand der Webseite statistische Auswertungen zur jeweiligen Bieteraktivität (Zugriffsberichte) gefahren werden (z.B. Anzahl der Bieterbesuche, durchschnittliche Verweildauer des Bieters auf der Internetseite etc.), die Rückschlüsse auf die Ernsthaftigkeit des Bieters ziehen lassen und zur Bieterselektion unterstützend hinzugezogen werden können.

Investorenauswahl und -ansprache
Parallel zur Erstellung des Exposés wird in der Regel bereits mit der Ansprache der potentiellen Bieter begonnen. Etablierte und professionelle Immobilienberatungsfirmen, die enge Kontakte zu zahlreichen Investoren pflegen und deren Anforderungskriterien genau kennen, können das zu verkaufende Produkt einem limitierten Kundenkreis zuordnen, der als Käufergruppe in Frage kommt. Eine Veröffentlichung in der Presse, bzw. eine Vermarktung über Zeitungsanzeigen kommen in der professionellen gewerblichen Immobilienvermittlung nicht vor.

Die erste Kontaktaufnahme zu den Investoren erfolgt mit einer Kurzübersicht über das Objekt (ggf. anonymisiert) zusammen mit einer Vertraulichkeitserklärung. Sollten Investoren ihr Interesse bekunden, wird die Vertraulichkeitserklärung übersandt.

Das Informationsblatt sollte auch Angaben zum Verkaufsablauf (Zeitplan, Prozessstufen etc.) und zu Mindestanforderungen, die der Verkäufer an potentielle Investoren stellt (z.B. Track record, ausreichende Finanzkraft und Art der Refinanzierung, eingesetzte Käuferberater etc.), enthalten. Wichtig sind die Anforderungen der Bieter an die vorgeschlagene Transaktionsstruktur, insbesondere, wenn auf Seiten des Verkäufers Flexibilität hinsichtlich dieser gegeben ist.

Analyse der indikativen Angebote (Indicative Offer)
Die indikativen Angebote der Bieter in der ersten Bieterrunde werden analysiert und bewertet. Die Bieterselektion sollte nicht allein auf Basis des Gebotes erfolgen, da diese zu diesem Zeitpunkt taktischer Natur sein können, um in die nächste Runde zu gelangen. Bedeutsam ist auch die Qualität des Gebots und seine Aussagekraft, die auf die Ernsthaftigkeit des Bieters an dieser Transaktion schließen lässt. Die ausgewählten Bieter sollten rechtzeitig über ihre Zulassung zur Due Diligence und weitere Planungsschritte informiert werden. Regelmäßig wird der Bieterkreis nach Abgabe des indikativen Gebotes auf drei bis fünf potentielle Käufer reduziert.

Eröffnung des Datenraums, Q&A und Ortsbesichtigung
Der Datenraum kann physicher Natur sein, d.h. an einem neutralen Ort eingerichtet werden, oder die Objektinformationen können in elektronischer Form in einem sogenannten virtuellen Datenraum bereit gestellt werden. Der Vorteil des virtuellen Datenraumes liegt in der Replizierbarkeit, d.h. man kann einer größeren Zahl von Bietern in einem kurzen Zeitraum gleichzeitig die notwendigen Informationen zur Verfügung stellen.

Die Unterschiede beider Verfahren sollen im folgenden kurz aufgezeigt werden:

Traditioneller physischer Datenraum	Virtueller Datenraum
Mehrere Kaufinteressenten können den Datenraum nur nacheinander benutzen, dadurch verlängern sich die Umsetzungszeiten.	Gleichzeitige Benutzung des Datenraumes reduziert die Umsetzungszeiten erheblich.
Reiseentfernungen limitieren die Anzahl der Interessenten	Durch den webbasierten Zugang sind Interessenten weltweit unbeschränkt erreichbar
Zugang nur möglich während der Geschäftszeiten	Zugang möglich an 24 Stunden pro Tag, 7 Tage die Woche
Ergänzende Informationen müssen über konventionelle Informationswege versandt werden (Post, Bote, Fax, Email)	Nahtlose Verteilung durch Einstellen der Informationen in den virtuellen Datenraum (mit entsprechendem Hinweis an die Benutzer
Keine Informationen darüber, welche Informationen über den Käufer von besonderem Interesse sind.	Informationen über besonderes Käuferinteresse durch „Zugriffsberichte"
Das tägliche Datenraummanagement erfordert Personalressourcen	Für das Datenraummanagement sind keine permanenten Personalressourcen erforderlich
Mehrfache Datenräume und Datenraumkopien müssen erstellt werden	Nur ein Datenraum muss erstellt werden, der für die Archivierungszwecke auch sehr leicht kopiert werden kann
Unsichere und ineffiziente Kontrolle über den Informationsumfang	Sichere und effiziente Kontrolle über den Informationsumfang
Gegebenenfalls mehrfaches Kopieren und Abheften der Informationen	Einmaliges Einscannen und elektronisches Zuordnen der Informationen

Quelle: Boettcher, Max: Virtuelle Datenräume – Weniger Fehler, mehr Transparenz in Immobilienwirtschaft 06/2006, S. 45

Im Rahmen der Due Diligence sollten den Bietern Ortsbesichtigungen ermöglicht werden. Innenbesichtigungen sollten nur nach Absprache mit dem Eigentümer sowie in Begleitung eines Verkäuferrepräsentanten erfolgen, um ein Stören der Eigentümer-Mieter-Beziehung zu verhindern.

Den potentiellen Käufern wird ferner die Möglichkeit gegeben, sich aus der Analyse der Objektinformationen ergebende Fragen an den Verkäufer zu richten. Dieser Frage-und-Antworten-Prozess (Q&A: „Questions & Answers") sollte sorgfältig dokumentiert werden. Jede neue Information, die zur Beantwortung der Fragen verteilt wird, ist an alle Bieter zu übermitteln. Der Verkäufer sollte sein Verkaufsprodukt allerdings im Rahmen der Vendor Due Diligence so gut analysiert haben, dass es nicht zu einem späteren Zeitpunkt, in dem der Wettbewerb deutlich reduziert ist und der Verkäufer aufgrund dessen nur noch beschränkt reagieren kann, zur Aufdeckung nicht erkannter Mängel kommt, die zu Kaufpreisanpassungen führen.

Vorlage konkretisierter Angebote (Final Bids)

Die Due Diligence endet in der Regel mit der Vorlage endgültiger Angebote, die auch als verbindliche Angebote (Binding Offer) bezeichnet werden, obwohl diese, jedenfalls bei einem Asset Deal, wegen des Beurkundungserfordernisses rechtlich regelmäßig nicht bindend sind. Die endgültigen Angebote basieren auf einer gründlicheren Prüfung der den Bietern in der Due Diligence überlassenen Informationen sowie der Ortsbesichtigung.

Spätestens mit den endgültigen Angeboten müssen die Bieter meist auch Finanzierungsbestätigungen vorlegen. Gleichzeitig sollten alle Vorbehalte, die bis zum Transaktionsabschluss ausgeräumt werden müssen, aufgezeigt werden. In der Regel wird an dieser Stelle auch ein „Mark-up" des Kaufvertrages mit übergeben.

Kaufverhandlungen und Unterzeichnung des Kaufvertrages
Auf Grundlage der Prüfung und Auswertung der endgültigen Angebote, selektiert der Verkäufer die Bieter, mit denen konkrete Kaufvertragsverhandlungen geführt werden sollen. Die Verhandlungen können parallel mit zwei oder auch drei Bietern aufgenommen werden, um den Wettbewerbsdruck möglichst lange aufrecht zu erhalten. Oder der Verkäufer setzt eine Rangfolge von Bietern fest, um zunächst exklusiv mit einem favorisierten Bieter zu verhandeln, während der oder die nachrangig platzierten Bieter in Wartestellung gehen. Nach erfolgreicher Verhandlung wird der Kaufvertrag abgeschlossen. Sicherheit für den erfolgreichen Abschluss der Transaktion besteht aber erst, wenn der Kaufpreis gezahlt worden ist. Bei den dafür oftmals notwendigen Gremiumsentscheidungen bzw. bei der Erfüllung der Anforderungen der finanzierenden Banken, sollte der Verkäufer, den Erwerber unterstützen, da nur dieser in der Lage ist, ggf. noch notwendige interne Informationen zu beschaffen (z.B. aktuelle Mieteinnahmen des laufenden Monats).

Verfahrensvariationen & ausgewählte Erfolgsfaktoren
Die Strukturierung des oben aufgeführten Veräußerungsprozesses kann in vielfältiger Weise erfolgen. So kann neben dem beschriebenen beschränkten Bieterverfahren auch ein Off-Market-Deal, d.h. die Einzelansprache von Investoren, oder aber eine öffentliche Ansprache anvisiert werden.

Das Bieterverfahren hat den Vorteil geordneter Abläufe und größerer Transparenz hinsichtlich der Käuferauswahlentscheidung. Aus Sicht des Verkäufers soll das Bieterverfahren die Kontrolle über den Veräußerungsprozess sichern und nicht zuletzt der Kaufpreisoptimierung dienen, indem der Wettbewerb mehrerer Bieter möglichst lange aufrecht erhalten wird. Ein weitere Vorteil ist die Zeiteffizienz, die das Verfahren mit sich bringt.

An dieser Stelle sollte aber auch darauf hingewiesen werden, dass Investoren zuweilen den Bieterprozess scheuen, da er oft mit hohen Kosten verbunden ist, und eine Einzelansprache mit Exklusivitätsvereinbarung bevorzugen. Es sollte genau abgewogen werden, ob durch diesen Prozess attraktive Investoren nicht verschreckt werden. Ferner, kann sich der Verkäufer bereit erklären, die Ankaufsprüfungskosten für die „zweiten Sieger" zumindest teilweise zu kompensieren.

Wie bereits mehrmals erwähnt, ist die sorgfältige Vorbereitung des Bieterverfahrens erfolgsentscheidend. Von Vorteil ist es, wenn der Verkäufer Immobilienberater hinzuzieht, die über umfangreiche Ankaufsberatung verfügen und so den Verkäufer in der Antizipation der Verhaltensweise der potentiellen Erwerber unterstützen können.

Die Aufrechterhaltung des Wettbewerbs ist ein zentraler Erfolgsfaktor und damit einhergehend das richtige Timing zur Vergabe der Exklusivität. Aufgrund des Investorendrucks wird nicht selten das Wettbewerbspotential durch eine zu frühe bzw. durch eine zu lange Exklusivitätsvergabe gemindert.

Es besteht aber auch die Gefahr, dass Investoren hohe Preisgebote abgeben, um in die nächste Bieterrunde zu gelangen und dann mit zahlreichen Argumenten versuchen, Kaufpreisabsenkungen zu rechtfertigen. Insofern ist es wichtig, die dem Gebot unterliegenden Annahmen im Detail zu analysieren, um nicht-seriöse Absichten frühzeitig zu identifizieren.

In einem aufgrund von persönlichen Beziehungen oftmals sehr transparenten Markt, sollte die Gleichbehandlung der Investoren im Laufe des Ankaufsprozesses selbstverständlich sein. Sollte der Eindruck entstehen, dass Investoren bevorzugt werden, besteht die Gefahr, dass sich die Benachteiligten aus dem Bieterverfahren zurückziehen.

3.5 Schlussbemerkung

Das Immobiliengeschäft ist immer internationaler, um nicht sogar provokativ zu sagen professioneller geworden. Internationalität reduziert sich nicht nur auf neue ausländische Nachfrage sondern manifestiert sich vielmehr in internationalen Standards die weltweit Ihre Gültigkeit haben. Die immer komplexer werdenden Abläufe und immer größeren Volumen bei Portfoliotransaktionen erfordern neben einer Diversifizierung der Arbeitsabläufe auch das Einschalten von entsprechenden Immobiliendienstleistern die den gesamten Lebenszyklus einer Immobilie begleiten, so wie dies in den angelsächsichen Ländern seit langem üblich ist. Dies erleichtert es dem Projektentwickler sich auf seine Kernkompetenz zu konzentrieren und seine eigenen Strukturen schlank und flexibel zu halten.

Anhang
Datenanforderungsliste
Erforderliche objektbezogene Unterlagen, Mitteilungen und sonstige Informationen (sofern zutreffend)

1. **Verkäufer**
   1.1 Auskünfte/Allgemeines
   1.2 HR-Auszug
   1.3 Vollmachtsfragen
2. **Grundbuch**
   2.1 Aktueller (beglaubigter) GB-Auszug
   2.2 Eintragungsbewilligungen mit Plananlagen für Belastungen in Abt. II
   2.3 Belastungen in Abt. III
      a) Valuten/Tageszinsen ab Stichtag
      b) Kreditverträge zu den Valuten
      c) Sicherungszweckerklärungen
      d) Kreditübernahme/Ablösungsprobleme
   2.4 laufende Eintragungsanträge
   2.5 Aktueller Auszug aus dem Liegenschaftskataster
3. **Baulastenverzeichnis**
   3.1 Aktueller (beglaubigter) BL-Auszug
   3.2 Eintragungsbewilligung mit Plananlagen
   3.3 laufende Eintragungsanträge
4. **Baurecht**
   4.1 B-Plan (oder § 34 BauGB?)
   Mitteilung zu etwaigen anstehenden Änderungen
   4.2 Baugenehmigung
      a) ursprüngl. Genehmigung/Umbaugenehmigung
         – Stellplatznachweis/Ablösevereinbarung
         – Art und Maß der baulichen Nutzung
         – Baubeschreibung
         – Flächenberechnung/Umbauter Raum
         – Pläne
         – etc.
      b) Schlußabnahme/Abnahmebescheinigungen der Behörden
      c) Nutzungsgenehmigungen (ursprüngliche + für derzeitige Nutzung)
      d) Betriebserlaubnis
   4.3 Genehmigungsfragen bei etwa beabsichtigten Umbauten
   4.4 Städtebauliche Verträge
5. **Gebäude/Grundstück**
   5.1 Maßstabsgerechte und vermaßte Gebäudepläne (aktuell)
   5.2 Aktuelle Flächenaufstellungen (BGF, NGF, Verkaufsflächen, Nebenflächen, Hauptnutzflächen, Nebennutzflächen etc.) u. zugrunde liegende Bemessungspraxis
   5.3 Aktueller Mieterbesatzplan
   5.4 Aktuelle Stellplatzaufstellung
   5.5 Grundstücksgröße
   5.6 Aktuelle Baubeschreibung einschließlich Ausstattungsstandard

5.7 Ausstehende/beauftragte Reparaturen/Instandhaltungsstaus
5.8 Bauherstellungskosten nach DIN 276/Gesamtinvestitionskosten einschließlich Bau- und Grundstückskosten
5.9 Angaben zu Investitionskosten/Incentives bei Neuvermietungen
5.10 Mitteilung zu Asbest und Altlasten (z.B. Auszug aus dem Altlastenkataster)
5.11 Behördliche Auflagen
5.12 Laufende TÜV-Zeugnisse etc.
5.13 Mitteilung zu etwaigem Denkmalschutz
5.14 Architektenurheberrechte
5.15 Drohende Beeinträchtigung durch Nachbarn/Dritte/Verkehrsumleitungen etc.
5.16 Gewährleistungsansprüche/Sicherheiten

6. Miet- und Pachtverhältnisse & Nebenkosten
6.1 Kopie aller Verträge (Schriftformfrage) einschließlich Nachträge und Anhänge
6.2 etwaige Nebenabsprachen (z.B. Mietverzichte)
6.3 Bestätigung über Mietgarantieleistungen/Zahlung von Mietkautionen
6.4 Stichtagsbezogene aktuelle excelbasierte Mieterliste mit Mieterdaten, Miete, Mietvertragslaufzeit, Indexierung, Sonderkündigungsrechte
6.5 Aufstellung von sonstigen Einnahmen einschließlich Marketing, Werbung, Innen- und Außenstellplätzen
6.6 Angaben über vereinbarte und geflossene Umsatzmieten und Verkaufsumsätze pro Mieter und Monat (Historie seit Inbetriebnahme)
6.7 Aktuelles Vermietungsprotokoll (Neuvermietungen, zu erwartende Neuvermietungen, Mieterkündigungen)
6.8 Nebenkostenabrechnungen (historische Kosten und Budget)
a) vergangene 2 Jahre/Unterlagen
b) laufendes Jahr/Unterlagen
c) nicht umlegbare Nebenkosten
6.9 Historie der Miet- und Nebenkostenzahlungen (seit Inbetriebnahme)
6.10 Mietminderungen/Meinungsverschiedenheiten/Prozesse
6.11 Werbegemeinschaften etc.

7. Verträge (einschl. aller Nachträge und Anhänge)
7.1 Grundstückskaufverträge
7.2 Erbbaurechtsverträge
7.3 Miet-/Pachtverträge (s.o. Abs. 6)
7.4 Bauverträge (s.o. Abs. 4)

8. Versicherungen
8.1 Kopien der Policen
8.2 Bestätigung über ausreichenden Deckungsschutz

9. Management-, Wartungs- und Serviceverträge/Haustechnische Anlagen
9.1 kaufm. Verwaltung
9.2 technische Verwaltung
9.3 Hausmeister
9.4 sonstige Verträge (Untergliederungen)
9.5 Stand der Zahlungen/Abrechnungen/Unterlagen
9.6 Zusammenfassung der mechanischen, elektrischen und HVAC-Installation (Sanitär/Heizung/Elektro/Sonstiges)
9.7 Messung der Besucherströme; Einkaufskörbe; durchschnittl. Einkaufssumme (seit Inbetriebnahme, pro Monat)

10. Objektgebundene Steuern/Abgaben
10.1 Einheitswertbescheid
10.2 Grundsteuer/städtische Abgaben/Stand der Zahlungen/Unterlagen
10.3 Erschließungsbeiträge/Anschlußgebühren

10.4 Bestätigung, dass keine Beiträge ausstehen, die vom Eigentümer getragen werden müssen.

11. Umsatzsteuer-Thematik

11.1 Grundstücksbehandlung beim Verkäufer
11.2 § 15 a – Thema
11.3 Flächenschlüssel

12. Nachbarabsprachen

13. Gutachten

13.1 Bodengutachten
13.2 Bodenverunreinigungen festgestellt
13.3 Schallschutzgutachen gemäß DIN
13.4 Wärmeschutznachweis gemäß DIN
13.5 Gutachten über Bauschäden
13.6 Standort- und Marktanalyse; Machbarkeitsanalyse

(Quelle: Richmond)

4. Wesentliche vertragliche und steuerrechtliche Aspekte

Nach der wirtschaftlichen Analyse des Objektverkaufs als Exitstrategie, sollen nun die vertraglichen und steuerrechtlichen Aspekte der, dem Projektentwickler zur Verfügung stehenden, Vermarktungsmöglichkeiten dargestellt werden.

4.1 Mietvertrag

Bei der Vermietung eines Objektes, ist in rechtlicher Hinsicht stets darauf zu achten, dass gewerbliche und Wohnraummietverträge zum Teil erheblich unterschiedlichen gesetzlichen Regelungen unterliegen. So ist zu berücksichtigen, dass für die Vermietung von Wohnraum generell mieterfreundlichere Regelungen Anwendung finden, um die Wohnung als Lebensmittelpunkt des Mieters zu schützen. Bei der Vermietung von Gewerberaum hingegen geht der Gesetzgeber davon aus, dass auch der Mieter hinreichend juristisch vorgebildet ist, weshalb ein großer Teil der Vorschriften abdingbar ist und mithin die Vertragsinhalte stärker privatautonom von den Parteien bestimmt werden können. Hieraus ergibt sich z.B. dass die im Wohnraummietrecht zentrale Begrenzung der Mieterhöhung im Gewerberaummietrecht keine Anwendung findet.

4.1.1 Vertragsanbahnung

Es ist zu beachten, dass rechtliche Ansprüche unter den Vertragsparteien auch schon vor der Unterzeichnung eines schriftlichen Mietvertrages entstehen können. So kann es zum einen zu einem mündlichen Mietvertrag oder einem Mietvorvertrag kommen, aus welchem dann vertragliche Pflichten für beide Parteien erwachsen. Zum anderen ist zu beachten, dass im Vertragsrecht die Vertragsparteien auch schon vor Vertragsschluss gewisse Schutzpflichten für die Rechtsgüter der anderen Partei treffen, bei deren Verletzung eine Schadenersatzpflicht droht (Grundsätze der culpa in contrahendo – c.i.c., vgl. §§ 311 Abs. 2 i.V.m. 280 Abs 1, 241 Abs. 2 BGB). In diesem vorvertraglichen Bereich ist darauf zu achten, dass regelmäßig die Partei, welche den Vertragsschluss stärker herbeisehnt, dazu tendiert, unverbindlich gemeinten Absichtserklärungen einen Rechtsbindungswillen beizumessen. Rechtssicherheit bringen daher auch hier klare, vorzugsweise schriftliche, Vereinbarungen.

Neben den Grundsätzen der c.i.c. können in diesem Zusammenhang der Mietvorvertrag, ein Vormietrecht, ein Anmietrecht oder eine Begründungsoption rechtliche Bindung entfalten.

Der Abschluss eines Mietvorvertrages entfaltet noch keine unmittelbar mietvertraglichen Verpflichtungen für die Vertragsparteien. Vielmehr handelt es sich hierbei um einen Vertrag, der darauf gerichtet ist, den Parteien das Recht einzuräumen, den Abschluss eines Hauptmietvertrages verlangen zu können. Die hierzu notwendige Willenserklärung kann gegebenenfalls auch klageweise eingefordert werden, wobei dann der Klageantrag den gesamten Vertragsinhalt umfassen muss. Der dabei erforderliche Klägervortrag muss nach der Rechtsprechung des BGH ein derartiges Maß an Bestimmtheit oder Bestimmbarkeit und Vollständigkeit besitzen, dass im Streitfall der Inhalt des Vertrages richterlich festgestellt werden kann. Um dieser Bestimmtheit zu genügen muss mindestens eine Einigung über die Vertragsparteien, den Mietgegenstand, die Mietdauer und die Miete bestehen. Im Falle eines derartig rudimentären Mietvorvertrages sind die für die wirtschaftliche Verwertung des Objekts entscheidenden Aspekte wie die Kaution und deren Höhe, die Übernahme von Schönheitsreparaturen und der Erhaltungslast nicht geregelt, wodurch dem Vermieter erhebliche Nachteile bei der weiteren Verhandlung der näheren Vertragsinhalte erwachsen können. Der Abschluss eines Mietvorvertrages ist nach herrschender Auffassung formfrei möglich, bedarf also insbesondere nicht der Schriftform.

Keiner ausdrücklichen gesetzlichen Regelung unterliegt das Vormietrecht, welches aufgrund der Vertragsfreiheit zulässig und auch in der Praxis allgemein anerkannt ist. Der Inhaber eines solchen Rechts hat die Befugnis, im Falle eines Vertragsschlusses zwischen demjenigen, der ihm das Recht einräumte und einem Dritten an die Stelle des Dritten in den Vertrag einzutreten. In Abgrenzung zum Mietvorvertrag besteht kein Zwang einen späteren Hauptmietvertrag abzuschließen. Vielmehr kann der Vermieter weiterhin frei entscheiden, ob er einen solchen abschließt und wenn ja, mit welchem Inhalt. Die einzige Beschränkung liegt darin, dass gegebenenfalls der Vormietberechtigte als Vertragspartner an die Stelle des ursprünglichen Vertragspartners tritt. Aufgrund des Regelungsmangels ist umstritten, ob die Begründung des Vormietrechts einer bestimmten Form bedarf. Einigkeit besteht darüber, dass die Anzeige des Vormietrechts durch den Berechtigten formfrei möglich ist, was sich aus der teilweise analogen Anwendung der Regelungen des Vorkaufrechts (§ 463 ff. BGB) ergibt. Aus diesem Regelungstransfer ergibt sich auch, dass das Vormietrecht innerhalb einer Ausschlussfrist von zwei Monaten nach Abschluss des Hauptmietvertrages ausgeübt werden muss, soweit keine andere Frist vereinbart wurde. Jedoch ist dem Vormietrecht, aufgrund seiner geringen Reichweite nur begrenzt Bedeutung beizumessen.

Im Gegensatz zum Vormietrecht verpflichtet das Anmietrecht den Vermieter dazu, den Berechtigten das fragliche Mietobjekt zur Miete anzubieten, bevor er mit einem anderen einen Mietvertrag schließt. Dementsprechend kann der Vermieter trotz bestehendem Anmietrecht frei entscheiden, ob, wann und zu welchen Bedingungen er vermieten möchte. Demnach trifft den Vermieter grundsätzlich kein Abschlusszwang wie dies beim Mietvorvertrag der Fall ist.

Wie das Vormietrecht, ist auch das (Miet-)Optionsrecht nicht ausdrücklich gesetzlich geregelt. Gegenstand des Optionsrechts ist, dass der Berechtigte die Möglichkeit erhält einen Mietvertrag zu bestimmten Bedingungen, i.d.R. innerhalb einer bestimmten Frist zu inhaltlich feststehenden oder zumindest nach den vereinbarten Bedingungen noch inhaltlich festzulegenden Bedingungen, zu begründen. Das Ausüben einer solchen Begründungsoption lässt ein zuvor bestimmtes Mietverhältnis, ohne weiteres Hinzutun des anderen Teils entstehen. Der wesentliche Unterschied zum Vorvertrag liegt darin, dass hier kein gegenseitiger Anspruch auf Abschluss eines Mietvertrages gegeben ist, sondern dieser Anspruch lediglich auf Seiten des Optionsberechtigten besteht. Auch beim Optionsrecht ist es umstritten, ob die Vereinbarung der Option dem Schriftformerfordernis unterliegt.

Generell besteht auch im Mietrecht eine verschuldensabhängige Haftung im vorvertraglichen Bereich (Grundsätze der c.i.c. vgl. §§ 311 Abs. 2 i.V.m. 280 Abs 1, 241 Abs. 2 BGB). Grund hierfür ist, dass mit Aufnahme der Vertragsverhandlungen oder einen diesem gleichstehenden geschäftlichen Kontakt, bereits ein vertragsähnliches Vertrauensverhältnis zwischen den Parteien entsteht. Dabei werden unterschiedliche Fallgruppen von der c.i.c.-Haftung erfasst.

So obliegen den potentiellen Vertragspartnern bereits mit Anbahnung des geschäftlichen Kontakts umfassende Verkehrssicherungspflichten, was sich zum Beispiel darin äußern kann, dass der potentielle Vermieter für den Schaden eines Mietinteressenten haftet, den er bei Besichtigung eines im Bau befindlichen Objekts erleidet, weil eine Treppe nicht hinreichend gesichert ist.

Darüber hinaus kann die schuldhafte Verletzung von Aufklärungspflichten gegenüber dem anderen Vertragsteil vor und während des Vertragsschlusses eine Schadensersatzpflicht aus den Grundsätzen der c.i.c. begründen. Eine solche Verletzung liegt vor, wenn der Vermieter es unterlässt über besondere Umstände, Eigenschaften oder rechtliche Beziehungen aufzuklären, die für den potentiellen Vertragspartner in erkennbarer Weise von besonderer Bedeutung wären. Das bedeutet aber nicht, dass sich die Parteien im Rahmen der Aufklärungspflichten das Vertragsrisiko gegenseitig abnehmen müssen, und dass die Vertragspartner nicht dazu verpflichtet sind auf Umstände hinzuweisen, von denen zu erwarten ist, dass der andere Vertragsteil danach fragen würde, soweit er ein Interesse daran hätte. Dabei können Fehleinschätzungen, Unaufmerksamkeiten und Vergesslichkeiten des einen Teils nicht dem anderen Teil angelastet werden. Bei der Frage, welche Umstände zur Aufklärung verpflichten sind die gesamten Umstände des Einzelfalls maßgebend, so dass die Aufklärungspflicht weniger umfangreich ist, wenn der Gegenüber ein erfahrener Geschäftsmann ist, bei dem davon auszugehen ist, dass er die üblichen rechtlichen und tatsächlichen Umstände kennt. So muss beispielsweise der Mieter eines Geschäftsraums nicht darauf hingewiesen werden, dass der Vermieter mit anderen Mietern einen Konkurrenzschutz vereinbart hat oder dass die Annahmefrist eines Vertrages abzulaufen droht. Aufklärungspflichten bestehen z.B. generell bei der Anordnung der Zwangsversteigerung oder Zwangsverwaltung des Mietobjekts, langfristigen Straßensperrungen oder einer langjährigen absichtlichen Störung der Nachtruhe des Vormieters durch einen Nachbarn.

Dagegen trifft auch den potentiellen Mieter die Pflicht, unaufgefordert bestimmte, ihn betreffende Umstände offen zu legen, wie beispielsweise solche, die die Zahlungsfähigkeit des Mieters fraglich erscheinen lassen z.B. die bevorstehende Einleitung eines Insolvenzverfahrens oder die Abgabe der Vermögensauskunft.

Eine weitere, hier relevante Fallgruppe der Haftung aus §§ 311 Abs. 2 i.V.m. 280 Abs 1, 241 Abs. 2 BGB, ist der Abbruch von Vertragsverhandlungen. Ein solcher Anspruch kann sich ergeben, wenn ein Verhandlungspartner während der Vertragsverhandlungen das Vertrauen auf einen sicheren Vertragsabschluss erweckt und diesen später ohne triftigen Grund vorsätzlich verweigert.

Der im Rahmen der Grundsätze der c.i.c zu leistende Schadenersatz bemisst sich grundsätzlich daran, wie der Geschädigte dastehen würde, hätte der Verletzer das schuldhafte Verhalten unterlassen. Erfasst wird von der Schadenersatzpflicht demnach der Schaden der z.B. dadurch entstanden ist, dass der eine Teil darauf vertrauen konnte einen Mietvertrag abzuschließen (Vertrauensschaden – z.B. Anwaltskosten). Vom Erfüllungsinteresse werden dagegen solche Schäden erfasst, die beispielsweise darin bestehen, dass ein Vertrag aufgrund der fraglichen Pflichtverletzung zu ungünstigeren Bedingungen abgeschlossen wurde, als ohne die Verletzung. Neben dem Anspruch auf Ersatz des entstandenen Schadens kann im Rahmen der Grundsätze der c.i.c. auch eine Vertragsanpassung Folge der Verletzung sein.

4.1.2 Voraussetzungen

Die Voraussetzungen für einen gültigen Immobilienmietvertrag variieren bei Wohnraum- und Geschäftsraummiete. Während Erstere stark vom Schutzgedanken des zumeist wirtschaftlich schwächeren Mieters geprägt ist und insoweit Abweichungen von den gesetzlichen Regelungen nur im geringem Umfang zulässt, gewährt Letztere weit mehr Gestaltungsmöglichkeiten.

4.1.2.1 Definition

Immobiliarmiete umfasst die befristete oder unbefristete Gebrauchsüberlassung von Grundstücken oder Gebäuden (bzw. Gebäudeteilen) gegen Zahlung eines Entgelts, basierend auf einem schuldrechtlichen Vertrag. Primär trifft den Vermieter demnach die Pflicht, den Mietgegenstand in vereinbarter Form dem anderen Vertragsteil zum Gebrauch zu überlassen. Der Mieter ist im Gegenzug dazu verpflichtet, die vereinbarte Miete zu zahlen. Im vorliegenden Fall muss der Mietgegenstand eine unbewegliche Sache sein, was lediglich bei Grundstücken und damit verbundenen Gebäuden und mithin Gebäudeteilen der Fall ist.

So lässt sich auch die Immobiliarmiete von der Pacht abgrenzen, denn diese kann neben Sachen, auch Rechte, wie z.B. ein Jagdrecht umfassen. Darüber hinaus erstreckt sich die Pacht nicht nur auf die Gebrauchsüberlassung der Sache an sich, sondern auch auf die Ziehung der Früchte aus der Sache. Unterschiedliche Rechtsfolgen bestehen zwischen Immobiliarmiete und Immobiliarpacht im Wesentlichen bei der Unterhaltspflicht für mitüberlassenes Inventar, der Ausgestaltung der gesetzlichen Kündigungsrechte bzw. -fristen und im Verfahrensrecht.

Die Leihe unterscheidet sich von der Miete im Wesentlichen durch die Unentgeltlichkeit der Gebrauchsüberlassung.

Des Weiteren können auch Abgrenzungsschwierigkeiten zwischen der Imobiliarmiete und dem Werkvertrag auftreten, wenn aus Anlass der Grundstücks- oder Raumüberlassung auch werkvertragliche Verpflichtungen auf Seiten des Grundstücksüberlassers oder des Gebrauchsberechtigten begründet werden. Im Falle einer solchen Vermischung unterschiedlicher Vertragstypen ist der für den Vertrag wesentliche Vertragstyp zu bestimmen, wobei dieser Vorgang im Zweifel anhand des Willens der Vertragsparteien zu ermitteln und danach zu entscheiden ist, ob das Schwergewicht auf der Mietzinszahlung oder auf der Herstellung des Werkes liegt.

Keine Typenvermischung in diesem Sinne, sondern einen eigenständiger Vertragstyp stellt das Leasing dar, obgleich es nur rudimentär im BGB geregelt ist und sich an der rechtlichen Schnittstelle von Miete, Darlehen und Kauf befindet. Ein Leasingvertrag ist gegeben, wenn eine Partei (Leasinggeber) eine Sache einer zweiten Partei (Leasingnehmer) gegen ein Entgelt (Leasingrate) zum Gebrauch überlässt, wobei die Gefahr(-tragung) und Haftung für Instandhaltung und Untergang der Sache allein den Leasingnehmer trifft. Kauft der Leasinggeber zuvor die Sache bei einem Dritten (Unternehmer) und überlässt diese unmittelbar dem Leasingnehmer, handelt es sich um das im Immobilienbereich übliche Finanzierungsleasing. Eine eindeutige Zuordnung des Leasing zu einem im Gesetz hinreichend geregelten Vertragstyp ist bislang noch nicht erfolgt, wobei die Anlehnung an die Regelungen des Mietvertrages überwiegt.

Neben dem schuldrechtlichen Mietvertrag kann auch ein dingliches Wohnungsrecht an der Immobilie bestehen. Für derartige Rechtsbeziehungen – zwischen Eigentümer und Wohnungsberechtigten – ist das Mietrecht nicht anwendbar.

Ein ebenfalls dem Vertragsrecht enthobenes dingliches Recht stellt der Nießbrauch an einer Sache dar. Der Nießbrauchberechtigte ist befugt die Nutzung im Rahmen der eingeräumten persönlichen Dienstbarkeit zu ziehen.

Schließlich ist die Unterscheidung zwischen Wohnraummiete und Gewerberaummiete von großer Bedeutung. Dies zeigt sich vor allem daran, dass sich im BGB ein eigenständiges Wohnraummietrecht herausgebildet hat, dessen Bestimmungen zum größten Teil nicht abbedungen werden können, wie die Regulierung und die Erhöhung der Miete, besondere Kündigungsschutzvorschriften, ein Zuweisungsrecht des Familienrichters für die Ehewohnung, ein Zweckentfremdungsverbot für Wohnraum, , besondere Räumungsfristen und Vollstreckungsschutz bei beendeten Wohnraummietverhältnissen und besondere Zulässigkeitsvoraussetzungen im Falle einer Klage auf künftige Räumung gegen einen Wohnungsmieter.

Entscheidendes Merkmal für die Abgrenzung zwischen Wohnraum- und Gewerberaummietvertrag ist die von den Parteien vereinbarte Zweckbestimmung des Mietgegenstandes. Bei der Ermittlung der zutreffenden Zweckbestimmung ist erneut der Mieterschutzgedanke des BGB zu erkennen. Ist die Bezeichnung eines Mischvertrages für die eindeutige Zuordnung nicht zielführend, so ist darauf abzustellen, auf welchem der Vertragstypen der Schwerpunkt des Vertrages liegt. Bei der Schwerpunktsermittlung ist nicht die Größe der unterschiedlichen Teilflächen maßgebend, sondern vielmehr der erklärte Parteiwille und der Vertragszweck.

4.1.2.2 Vertragsvereinbarung

Der Abschluss eines gültigen Immobilienmietvertrages ist grundsätzlich ohne Einhaltung von Formvorschriften möglich. Befristete Mietverträge mit einer Laufzeit von über einem Jahr – sowohl für Wohnraum als auch für Gewerberaum – bedürfen der Schriftform, da sie ansonsten als unbefristet gelten. Entweder sind im Vertrag selbst oder in seinen Anlagen – welche ordnungsgemäß einbezogen sein müssen – die wesentlichen Regelungen zu treffen. Daneben ergibt sich aus § 484 BGB die Schriftform für Teilzeit-Wohnrechtsverträge. Soweit keine Schriftform vom Gesetz gefordert ist, empfiehlt es sich trotzdem aus Gründen der Beweisbarkeit einen schriftlichen Vertrag zu schließen.

Darüber hinaus ermöglicht die schriftliche Fassung des Vertrages präzisere und detailliertere Vertragsinhalte fest zu legen. Dabei sollte insbesondere bei den „Hauptbestandteilen" des Vertrages, nämlich Mietgegenstand, Vertragspartei, Mietdauer und Miete besondere Sorgfalt an den Tag gelegt werden.

Bei der Festlegung des Mietgegenstandes empfiehlt es sich vor allem bei Gewerberaummietverträgen den Mietgegenstand neben der begrifflichen Umschreibung auch durch beigefügte Grundrisspläne zu konkretisieren, da sich zuweilen die physikalischen Gegebenheiten ändern können. Solche Pläne sind als ausgewiesene Anlagen dem Vertrag beizufügen. Soll eine Quadratmeterzahl festgelegt werden, ist Vorsicht geboten, denn solche Angaben können durch unterschiedliche Berechnungsmethoden variieren. Des Weiteren sind neben dem Hauptmietgegenstand auch alle Nebenräume – wie. z.B. Keller, Aufenthaltsräume, Umkleidekabine etc. – detailliert aufzulisten und deren Nutzung genau festzulegen. Gleiches gilt für die Nutzung der Fassade, Garagenstellplätze, Lastenaufzüge, Schauvitrinen etc.

Neben dem Vertragsgegenstand ist die genaue Bezeichnung der Vertragsparteien erforderlich. Dies ist schon im Falle der Rechtsnachfolge von erheblicher Bedeutung und ist darüber hinaus für die Zustellung von empfangsbedürftigen Erklärungen elementar. Neben der Bezeichnung der Vertragspartei ist es gerade bei juristischen Personen wichtig zu wissen wer für die Partei rechtsgültig handeln darf, um die Gültigkeit des Vertrages nicht zu gefährden. Hierzu kann man sich entsprechende Vollmachten vorlegen lassen oder im Falle einer Vertretungsmacht kraft einzutragender Tatsache Einblick in das entsprechende Handelsregister nehmen. Ist ein solcher Registerauszug über das fragliche Unternehmen eingeholt, lässt sich auch i.d.R. hiervon die genaue Bezeichnung des Vertragspartners verlässlich übertragen.

Ferner stellt auch die Bestimmung der Mietdauer einen Hauptbestandteile des Vertrags dar. Ist die Mietdauer nicht bestimmt oder liegt ein Verstoß gegen das Schriftformerfordernis nach § 550 BGB vor, ist der Mietvertrag auf unbestimmte Zeit abgeschlossen und kann von beiden Vertragsparteien unter Einhaltung der jeweiligen gesetzlichen Kündigungsfrist beendet werden.

Im Rahmen der zulässigerweise zu vereinbarenden Mietr ist zwischen Wohnraum- und Gewerberaummietrecht zu unterscheiden. Während im Wohnraummietrecht unabdingbare Vorschriften insbesondere über die Mieterhöhung gelten, ist die Miete im gewerblichen Mietrecht weitestgehend der Vereinbarung der Parteien überlassen. Einzige Begrenzung bildet hier der Maßstab der Sittenwidrigkeit, welche regelmäßig erreicht ist, wenn die ortsübliche Miete um 100% übertroffen wird. Neben der Festsetzung einer einfachen Miete ist es bei der Vermietung von Gewerberaum zulässig eine umsatzabhängige Miete festzulegen. Dadurch nimmt der Vermieter am wirtschaftlichen Risiko des Mieters teil, was dazu führen kann, dass der Vermieter zum eigenen Wohl stärker auf die Bedürfnisse des Mieters eingeht und daraus eine erfolgreichere Geschäftsbeziehung entsteht. Dabei lässt sich für den Vermieter das Verlustrisiko minimieren, indem die umsatzabhängige Miete um einen fixen Mindestbetrag ergänzt wird. Ist die Miete abhängig von der Quadratmeterzahl, sollte zugleich die dem Vertrag zugrundeliegende Berechnungsmethode festgelegt werden. Möchte man sicher gehen, dass diesbezüglich kein Rechtsstreit entsteht, kann hierfür eine Schiedsgutachterklausel vereinbart werden. Für den Fall, dass das Mietobjekt weder vermessen, noch fertiggestellt ist, sollte eine vorläufige Miete festgehalten und gleichzeitig bestimmt werden, wie im Falle einer Abweichung zu verfahren ist. Wird dennoch eine verbindliche Quadratmeterzahl im Mietvertrag angegeben, so kann eine negative Abweichung zu einem Mangel der Mietsache führen und dem Mieter daraus Gewährleistungsrechte erwachsen. Ein solcher erheblicher Mangel soll nach Teilen der Rechtsprechung sowohl für Wohnraum als auch Gewerberaum noch nicht bei einer Abweichung um 10% von der vereinbarten Quadratmeterzahl vorliegen. „Die vorgenannte Abweichung der vereinbarten zu der tatsächlichen Quadratmeterzahl von bis zu 10% gilt hingegen nicht, zumindest für die Wohnraummiete, bei den nach den gesetzlichen Vorgaben berechneten Betriebskosten, die auf Grundlage der tatsächlichen Quadratmeterzahl zu verteilen sind.“[48]

4.1.2.3 Formularverträge

Besondere Regelungen gelten für formularmäßig geschlossene Mietverträge. Hierbei handelt es sich um Verträge, die für eine Vielzahl, von noch unbestimmten Verträgen vorgefertigt sind und vom Verwender einseitig gestellt werden. Diese Form der Mietverträge ist in der Praxis üblich und stellt den Ursprung der Allgemeinen Geschäftsbedingungen dar. Da jedoch regelmäßig die stärkere Partei derartige Vertragsbedingungen zu ihren Gunsten stellt und der Vertragspartner zumeist aufgrund der Fülle der Regelungen überfordert ist, gelten für derartig einbezogene Vertragsklauseln zum Schutze der anderen Partei gesetzliche Kontrolltatbestände gemäß den §§ 305 ff. BGB. Der Vielfalt in der Praxis verwandten formularmäßigen Vertragsklauseln soll hier mit einigen Beispielen – nicht abschließend – Rechnung getragen werden.

[48] BGH Urt. v. 30.5.2018 – VIII ZR 220/17 für Wohnraummiete.

Für die Vermietung von Geschäftsräumen ist eine Abtretung von Ansprüchen zur Sicherung der Mietforderungen grundsätzlich zulässig, soweit keine übermäßige Übersicherung eintritt. Für die Vermietung von Altbauten sind Klauseln zulässig, nach denen die Schall- und Wärmeschutzvorschriften des Errichtungsdatums gelten. Ein Aufrechnungsverbot mit Ansprüchen die bestritten oder nicht rechtskräftig festgestellt sind sowie der Ausschluss von baulichen Änderungen sind ebenfalls wirksame Formularklauseln.

Unzulässig sind Klauseln, die dem Vermieter die Festsetzung des Beginns der Mietzeit überlassen. Zulässig sind dagegen Klauseln, die das Mietverhältnis zum Zeitpunkt der Fertigstellung beginnen lassen, soweit vereinbart ist, bis wann der Mietgegenstand spätestens übergeben wird. Wird ein noch unfertiges Objekt vermietet sind Klauseln, die den Vermieter auch an einen potentiellen späteren Erwerber als Vertragspartner binden zulässig, denn sonst könnte nur sehr aufwendig ein neu fertiggestelltes Objekt vollvermietet verkauft werden, was aber zumeist das Ziel im Rahmen der Projektentwicklung ist. Eine Haftungserweiterung für Schäden am Objekt, die durch Personen entstehen, die dem Mieter zuzurechnen sind, gelten als unzulässig und sind somit im gewerblichen Bereich unwirksam. Gleiches gilt für eine Haftungsverschärfung für verschuldensunabhängige Haftungen. Darüber hinaus entfalten Beweislastumkehrklauseln, für den Mieter keine Wirkung und sind unwirksam. Daneben können auch nicht die Primärpflichten des Vermieters, wie z.B. die fristgerechte Übergabe der Mietsache formularmäßig ausgeschlossen werden. Die eigene Haftung für Schadensersatzansprüche mit Ausnahme solcher aus der Verletzung von Leben, Körper oder Gesundheit, kann der Vermieter nur für leichte Fahrlässigkeit, nicht jedoch für grobe Fahrlässigkeit oder Vorsatz ausschließen. Anders als im Wohnraummietrecht kann für Gewerbemietraum formularmäßig bestimmt werden, dass der Mietvertrag nur zustande kommt, wenn die Kaution vor Übergabe der Mietsache gezahlt wird. Ausgeschlossen oder eingeschränkt werden kann die, jedem Gewerberaummietvertrag innewohnende Konkurrenzschutzpflicht des Vermieters.

Nicht eingeschränkt werden kann das Recht, fristlos zu kündigen. Zulässig dagegen ist es die Anbringung von Reklame an der Außenfassade per Formularvertrag auszuschließen oder von der Einwilligung des Vermieters abhängig zu machen, soweit es sich nicht um übliche Firmen- oder Praxisschilder handelt. Im Falle der formularmäßigen Abwälzung von Schönheitsreparaturen und der Instandhaltung der Mietsache auf den Mieter hat sich in den letzten Jahren eine Konkretisierung durch die Rechtsprechung ergeben. Insbesondere ist im Wohnraummietrecht die Übertragung von Schönheitsreparaturen grundsätzlich nur noch bei der Vermietung einer renovierten oder als renoviert anzusehenden Wohnung zulässig. Dies dürfte, gleichwohl noch nicht höchstrichterlich geklärt, bejahend u.a. das OLG Celle, auch in der Gewerberaummiete gelten. Klauseln, die eine starre Fristenregelung für die Durchführung von Schönheitsreparaturen vorsehen sind ebenfalls grundsätzlich unwirksam. Wirksam hingegen sind Klauseln, die je nach Zustand der Mieträume einen Fristenplan als Orientierung vorsehen. Dennoch kann eine derartige Klausel wiederum ihre Wirksamkeit wegen des Summierungseffektes verlieren, wenn sie mit einer Endrenovierungsklausel kombiniert ist. Die Übertragung von Instandhaltungspflichten für Räume, die von mehreren Mietern gemeinschaftlich genutzt werden auf den Mieter, ist unzulässig, soweit sie ihrer Höhe nach nicht beschränkt sind. Formularmäßig zulässig ist die Auferlegung der Kosten des Centermanagements im Falle gewerblicher Miete, soweit die entstehenden Kosten für den Mieter absehbar und der Leistungsumfang beschrieben ist. Ist der Gewerberaummieter vertraglich verpflichtet, die Miete inklusive der Umsatzsteuer zu zahlen, kann er auch verpflichtet werden, in den Mieträumen ausschließlich Umsätze zu tätigen, die den Vorsteuerabzug nicht ausschließen und über diese Umsätze dem Vermieter Auskunft zu erteilen. Schließlich ist im Gewerberaummietrecht die Regelung einer Vertragsstrafe soweit zulässig, soweit sie den Mieter nicht unangemessen benachteiligt, was der Fall sein kann, wenn die Höhe der Strafe unabhängig von der Schwere des Verstoßes ist.

4.1.3 Gestaltungsmöglichkeiten

Ungeachtet der umfangreichen gesetzlichen Regelungen im Mietvertragsrecht ergeben sich immer noch privatautonome Gestaltungsmöglichkeiten für die Vertragsparteien. Diese Möglichkeiten sind auch zwingend notwendig, um der jeweiligen Vertragsbeziehung den individuellen Gegebenheiten entsprechend einen wirtschaftlich sinnvollen Rahmen zu geben. So wäre beispielsweise mangels abweichender Regelung ein Gewerberaummietvertrag innerhalb der gesetzlichen Fristen frei kündbar. Jedoch kann es gerade bei gewerblichem Mietraum dazu kommen, dass der Mieter erhebliche Aufwendungen im Objekt getätigt hat, welche aber nur ihm alleine nutzen, damit also bei Beendigung des Mietverhältnisses praktisch nutzlos werden. Gleiches lässt sich auch für die Transaktionskosten des Vermieters sagen, weshalb es für beide Parteien wirtschaftlich sinnvoll sein kann, eine längere Vertragslaufzeit oder zumindest eine längere Kündigungsfrist zu vereinbaren. In diesem Fall wiederum müsste der Vermieter darüber nach denken, eine Wertsicherungsklausel in den Vertrag aufzunehmen, um eine Preis- und Wertsteigerung in der Miete darstellen zu können, da entgegen dem Wohnraummietrecht eine Mietanpassung für Gewerberaummiete von Gesetzeswegen nicht vorgesehen ist.

4.1.3.1 Mietzeit

Wie obiges Beispiel zeigt muss bei der Festlegung der Mietzeit die Frage berücksichtigt werden, in welcher Höhe einmalige Aufwendungen auf die Sache gemacht wurden und wie diese Aufwendungen nach dem Ende der Mietzeit weiter für den Mietgegenstand von Nutzen sind. Hier stellt sich die Frage wie sich derartige Investitionen amortisieren, so dass der Vermieter so bald als möglich mit seinem Investment in einen profitablen Bereich gelangt. Hier bietet sich entweder eine langfristige Bindung des Mieters mit einer niedrigen Amortisationsquote an, wobei dann zum einen Wertsteigerungsklauseln berücksichtigt werden müssen und zum anderen der Mieter hinreichend liquide sein muss, um entsprechend lange in dem Vertragsverhältnis bleiben zu können. Dem gegenüber kann auch ein kurzfristigerer Mietvertrag zu einer schnelleren Amortisation führen, wobei dann wiederum die Marktfähigkeit der Miete zu prüfen ist.

Generell bestehen bei der Gestaltung der wirtschaftlich sinnvollen Mietzeit keine Bedenken, solange die Laufzeit von 30 Jahren – einschließlich Verlängerungs- und Optionszeiten – nicht überschritten wird. Für den Fall, dass ein Mietvertrag für länger als ein Jahr abgeschlossen werden soll, ist jedoch das bereits erwähnte Schriftformerfordernis zu beachten und einzuhalten. Sollte eine Laufzeit von mehr als 30 Jahren angestrebt werden, könnte außerhalb des Mietrechts ein Erbbaurecht in Betracht kommen.

4.1.3.2 Miete

Neben der Länge der Mietlaufzeit lässt sich auch auf die Mietanpassung in privatautonom, gestalterischer Weise Einfluss nehmen. So ist sowohl im Wohnraum-(hier allerdings eingeschränkt), als auch im Gewerberaummietrecht die Vereinbarung einer Staffelmiete, also eine Mietpreisanpassung mit voranschreitender Mietdauer, denkbar, wobei der Inhalt der Staffelmietvereinbarung im Gewerberaummietrecht außer der Sittenwidrigkeit und der Wuchergrenzen, keinen gesetzlichen Reglementierungen unterliegt. Möglich sind Vereinbarungen, die entweder eine betragsmäßige oder eine prozentuale Erhöhung der Miete vorsehen. Hierbei gilt es jedoch zu beachten, dass gerade bei langen Mietlaufzeiten bei der Vereinbarung einer Staffelmiete stets ein spekulatives Element verbleibt, denn die zu Beginn der Mietzeit vereinbarte Steigerungsrate kann sich auch asymmetrisch zum Mietmarkt entwickeln.

Daher sind Wertsicherungsklauseln üblich, die eine Anpassung entlang der allgemeinen Preisentwicklung vorsehen, ohne den Parteien einen Ermessensspielraum zu gewähren. Orientieren können sich derartige Klauseln dann an Indices, die die Entwicklung der Lebenshaltungskosten wiederspiegeln. Für diese Fälle gilt seit dem 1.1.1999 die Preisklauselverordnung, wonach entsprechende Wertsteigerungsklauseln Wirksamkeit erlangen, soweit sie sich an einem vom statistischen Bundesamt oder einem Statistischen Landesamt ermittelten Index orientieren und der Vermieter gleichzeitig für die Dauer von mindestens 10 Jahren auf die Möglichkeit das Mietverhältnis ordentlich zu kündigen verzichtet.

Da allein der Verbraucherpreisindex (VPI) des Statistischen Bundesamt weiterberechnet wird, ist ausschließlich dieser Index als Bezugspunkt zu nehmen. Sofern die Indexierung im Mietvertrag noch Bezug auf einen nicht mehr fortgeführten Index nimmt, ist nach der Rechtsprechung des BGH im Wege der ergänzenden Vertragsauslegung auf den Verbraucherpreisindex abzustellen. Weiterhin zu beachten ist die Gestaltung des Steigerungsfaktors. So kann zum einen eine Anpassung nach Punktzahlen vorgenommen werden, was zu einer häufigeren, linearen Anpassung führt oder zum anderen eine prozentuale Anpassung, welche zwar seltener greift, aber die Steigerung der letzten Jahren berücksichtigt. Des Weiteren muss die Preisanpassung nicht parallel zu dem gewählten Index verlaufen, sondern kann um einen zu vereinbarenden Faktor schwächer sein. Schließlich können im Rahmen einer Staffelmietvereinbarung Freijahre vereinbart werden, in denen eine Anpassung der Miete ausbleibt. In diesem Fall muss bestimmt werden, ob sich die Mietanpassung am Indexwert zu Beginn des Mietverhältnisses, oder zum Ende des Freijahres orientiert.

Ist eine Wertsicherungsklausel im Vertrag vorgesehen, muss jedoch beachtet werden, dass die Entwicklung des jeweiligen Mietmarktes nicht zwingend mit der allgemeinen Preisentwicklung im Einklang stehen muss. Tatsächlich ist die Mietpreisentwicklung stark abhängig vom Standort des Objektes und der Angebotssituation im Umfeld der Immobilie, welche sich nicht symmetrisch zur Entwicklung des allgemeinen Lebensstandards bewegen muss. Damit bleibt hier die Gefahr einer nicht optimalen Vermarktung des Objekts. Um dem weitestgehend vorzubeugen, ist es ratsam zusätzlich zu der jeweiligen Gleitklausel – bei deren eventueller Unwirksamkeit – einen Leistungsvorbehalt in den Vertrag aufzunehmen, welcher darüber hinaus mit einer Schiedsgutachterabrede flankiert werden kann, um – bei Nichteinigung – Rechtsstreitigkeiten zu vermeiden.

Leistungsvorbehalte sind Vereinbarungen, nach denen die Höhe der Miete beim Eintritt bestimmter Bedingungen durch die Parteien oder einen Dritten neu festgesetzt werden kann. Sie unterscheiden sich von oben genannten Gleitklauseln dadurch, dass die Mietanpassung nicht nach einem zuvor festgesetzten Schema automatisch, sondern im Rahmen des billigem Ermessens durch die hierzu berechtigte Partei erfolgt. Die Vereinbarung derartiger Klauseln bedarf keiner Genehmigung und kann daher auch für Verträge mit einer Mindestlaufzeit oder in Fällen in der einseitigen Bindung durch den Vermieter von weniger als 10 Jahre vereinbart werden. Wer die Mietanpassung vornimmt, obliegt der Bestimmung durch die Vertragsparteien. Wird keine ausdrückliche Vereinbarung getroffen, so obliegt dem Vermieter als Gläubiger der Miete dieses Recht. Dies ist nicht nur sinnvoll, sondern auch regelmäßig günstig für den Vermieter, da die Gerichte bei der Überprüfung, ob die Erhöhung tatsächlich dem billigen Ermessen entspricht zurückhaltend sind. Vereinbart werden kann auch, dass ein Dritter die Anpassung vornimmt.

Neben der einseitigen Festlegung der Mietpreisanpassung kann auch festgelegt werden, dass die Parteien bei Bedarf in Verhandlungen eintreten. In dieser Konstellation ist es jedoch gleichzeitig ratsam festzulegen, zu welchem Zeitpunkt die Verhandlungen als gescheitert anzusehen sind. Tritt dieser Fall ein, so ist auch hier im Zweifel der Vermieter berechtigt die Anpassung nach billigem Ermessen vorzunehmen. Alternativ hierzu kann auch ein Schiedsgutachter z.B. der örtlichen Industrie- und Handelskammer für die Anpassung berufen werden. Hierbei bietet es sich aber an, von vornherein eine Regelung zu treffen, an welchen Parametern (z.B. Steigerungsrate, Vergleichsobjekte etc.) sich der Gutachter zu orientieren hat. Hat der Schiedsgutachter eine Entscheidung getroffen, so kann diese nur bedingt gerichtlich angegangen werden, in der Regel nur wenn diese offensichtlich unrichtig ist.

Neben der reinen Miete muss im Mietvertrag auch eine Regelung über die Betriebs- und Nebenkosten, die bei der Nutzung des Objekts anfallen getroffen werden. Diese Kosten sind in § 2 Betriebskostenverordnung (BetrKV) definiert. Üblicherweise werden diese Positionen auf den Mieter umgelegt, was jedoch der ausdrücklichen Regelung bedarf, da ansonsten der Vermieter von Gesetzes wegen verpflichtet ist die Kosten zu tragen. Bezieht der Vermieter die umzulegenden Leistungen, so obliegt ihm hierbei die Pflicht, das Gebot der Wirtschaftlichkeit zugunsten des Mieters zu beachten. Alternativ hierzu kann der Mietvertrag aber auch vorsehen, dass der Mieter zum Direktbezug der fraglichen Leistungen verpflichtet wird. Hierdurch erspart sich den Vermieter Verwaltungskosten, muss aber im Falle eines Wechsels des Mieters neue Vereinbarungen mit den Versorgungsdienstleistern treffen. Obgleich der Begriff der Betriebs- und Nebenkosten in § 2. BetrKV festgelegt und eine exemplarische Auflistung enthalten ist, können gerade im Gewerberaummietrecht Positionen in Frage stehen, die von der Betriebskostenverordnung nicht ausdrücklich erfasst werden, weshalb sich eine detaillierte vertragliche Vereinbarung anbietet beziehungsweise für die wirksame Umlage der sonstigen Betriebskosten im Sinne des § 2 Ziffer 17 BetrKV erforderlich ist.

Schließlich gilt es im Rahmen der Mietvertragsvereinbarung die Höhe und Art der Mietsicherheit festzulegen. Während für die Wohnraummiete die Kautionshöhe die Summe von drei Monatsmieten ohne die Betriebs- und Nebenkosten nicht überschreiten darf, findet sich für Geschäftsraummieten keine entsprechende Regelung. Mangels abweichender Vereinbarung ist die Barkaution vom Vermieter zu verzinsen. Alternativ zur Barkaution kann auch eine Bankbürgschaft als Mietsicherheit fungieren. Hierbei ist eine selbstschuldnerische Bürgschaft unter Ausschluss der Vorausklage und der Verwertung vorrangiger Sicherheiten bei Zahlung auf erstes Anfordern – bei wirksamer Vereinbarung – ebenso leicht zu realisieren, wie eine Barkaution. Neben einer Bankbürgschaft bietet sich bei juristischen Personen eine persönliche Bürgschaft der für die Gesellschaft handelnden natürlichen Personen an, da hierdurch gewährleistet werden kann, dass die Verantwortlichen im Sinne des Vermieters handeln.

4.1.3.3 Rechtsübergang

Ist das Objekt vermietet und wird es anschließend veräußert, tritt der Erwerber in den Mietvertrag ein (Kauf bricht nicht Miete). Maßgeblicher Zeitpunkt für den Übergang ist der Eigentumserwerb, dies bedeutet, entweder mit Eintragung im Grundbuch oder dem Zuschlagsbeschluss bei einer Zwangsversteigerung. Hiervon nicht erfasst ist der Fall, dass einer GbR, die ein Grundstück vermietet, ein neuer GbR-Gesellschafter beitritt und im Grundbuch eine gesamthänderische Bindung der Gesellschafter eingetragen ist, denn der neue Gesellschafter wird ohne das Erfordernis der Grundbuchberechtigung Mitvermieter des Objekts.

Eine weitere Ausnahme von diesem Grundsatz liegt in den Fällen vor, dass der gewerbliche Zwischenmieter wechselt. In diesem Fall tritt der Vermieter oder der neue Zwischenmieter nur dann in den Mietvertrag ein, soweit der Untermieter Wohnraummieter ist. Problematisch an dieser Situation ist, dass im Verhältnis zwischen Vermieter zu gewerblichen Zwischenmieter Gewerbemietrecht und im Verhältnis Zwischenmieter und Untermieter Wohnraummietrecht zur Anwendung kommt. Demnach kann bei entsprechender Gestaltung des Wohnraummietvertrages der Kündigungsschutz des Wohnraumuntermieters entfallen, wenn der Vermieter in den Mietvertrag des Zwischenmieters nach dessen Beendigung eintritt. In diesen Konstellationen wird die Unterscheidung zwischen Gewerberaum- und Wohnraummiete nicht nur im Bereich des Kündigungsschutzes durchbrochen.

4.1.3.4 Mietgegenstand

Wie bereits dargestellt ist der Mietgegenstand hinreichend genau im Vertrag zu bestimmen. Doch auch hier gibt es tatsächliche Gestaltungsmöglichkeiten auf die Hauptpflicht des Vermieters, nämlich die Übergabe des Mietgegenstandes, Einfluss zu nehmen. So kann es sich ergeben, dass ein Mietobjekt im Zeitpunkt der Vermietung noch nicht gebaut oder bezugsfertig ist. In diesem Fall kann eine Übergabe zum Zeitpunkt der Fertigstellung vereinbart werden – hinreichend bestimmt ist aber eine solche Frist nur – wenn es dem Mieter möglich ist, diesen Zeitpunkt selbst zu errechnen, was nicht gegeben ist, wenn dies aus einem Ereignis aus der Sphäre des Vermieters abhängt. In jedem Fall zulässig ist die Vereinbarung einer angemessenen Frist zur Übergabe des Mietgegenstandes, wobei die Angemessenheit für Wohnraum bei 4 Wochen und für Gewerberaum bei 6 Wochen ihre Grenze findet. Im Falle der Vermietung eines Objektes vom Reißbrett, besteht für den Vermieter die Möglichkeit, sich das Recht vorzubehalten, andere als die Nebenräume, welche Gegenstand des Mietvertrages waren – wie z.B. Speicher, Keller oder Garage – zuzuweisen, wenn dies dem Mieter zumutbar ist und der Vermieter einen triftigen Grund hat. Der Vorbehalt geht nicht so weit, dass der Vermieter berechtigt ist, andere Mieträume dem Mieter zuzuweisen, da dies dem Mieter unzumutbar ist. Zulässig ist dann der

Vorbehalt von Änderungen und Abweichungen gegenüber dem Zustand bei z.B. Besichtigung bzw. bei noch zu errichtenden Räumen gegenüber der Baubeschreibung oder den Plänen, wenn der Vorbehalt auf bautechnisch oder baurechtlich erforderliche und notwendige Änderungen beschränkt wird, und dies ein verständiger Mieter billigen würde, insbesondere im Hinblick darauf, dass sich dadurch die Gebrauchstauglichkeit des Objektes nicht wesentlich verändert.

4.1.3.5 Form

Obgleich Immobilienmietverträge grundsätzlich formfrei geschlossen werden können, sollten und werden sie in der Praxis zumeist schriftlich fixiert. Ein solcher schriftlicher Mietvertrag ist von allen Parteien zu unterzeichnen und muss alle wesentlichen Vertragsinhalte beinhalten. Schwierigkeiten können dann auftreten, wenn Regelungen in den Vertrag aufgenommen werden sollen, die nicht in der Haupturkunde selbst aufgeführt sind, sondern die durch Verweis auf Anlagen in den Vertrag aufgenommen werden sollen und keine feste Verbindung, sondern nur eine verbale Bezugnahme erfolgte. So forderte die Rechtsprechung früher, dass ein aus mehreren Schriftstücken bestehender Vertrag nur dann eine Einheit bildet, wenn auch eine körperliche, feste Verbindung unter den einzelnen Teilen besteht. In neuerer Rechtsprechung wurden diese Anforderungen gelockert, so dass es heute wohl nicht mehr einer solch strengen, körperlichen Verbindung bedarf. Um jedoch die Gefahr einen unvollständigen Vertrag zu schließen weiter zu mindern, sollten alle einzelnen Anlagen von beiden Parteien unterzeichnet und miteinander verbunden werden.

4.1.4 Steuerrechtliche Aspekte

Grundsätzlich sind Mieteinkünfte umsatzsteuerfrei (§ 4 Nr. 12 lit.a) UStG). Allerdings kann der Vermieter auf die Steuerbefreiung verzichten und damit zur Umsatzsteuer optieren (§ 9 UstG), wenn der Mieter das Objekt für sein Unternehmen mietet und ausschließlich Umsätze macht, die den Vorsteuerabzug nicht ausschließen. Da es kaum ein Unternehmen gibt, dass diese Ausschließlichkeit erreicht, hat die Finanzverwaltung – entgegen dem Gesetzeswortlaut – eine Nichtbeanstandungsgrenze von 5 % für schädliche Umsätze eingeführt. Die Regelung birgt demnach das unüberschaubare Risiko für den Vermieter in sich, alle geltend gemachten Vorsteuern aus der Gebäudeerrichtung zurückzahlen zu müssen. Wird der Mietgegenstand innerhalb von zehn Jahren seit dem Beginn der erstmaligen umsatzsteuerpflichtigen Vermietung umsatzsteuerfrei verwendet, wie z.B. bei Vermietung an Nichtunternehmer oder an Unternehmer, die steuerfrei Umsätze tätigen (wie z.B. Vermietung an Ärzte, Physiotherapeuten etc.), oder durch umsatzsteuerfreien Verkauf, so ist die erstattete Vorsteuer aus Herstellungs- oder Anschaffungskosten zeitanteilig zurückzuzahlen.

Einkommensteuerrechtlich werden Mieteinnahmen als Einkünfte aus Vermietung und Verpachtung versteuert (§§ 2 Abs. 1 Nr. 6, 21 EStG), sofern das Vermietungsobjekt nicht zu einem Betriebsvermögen gehört. Einkünfte aus Vermietung und Verpachtung erzielt derjenige, der die Einkünfte tatsächlich erwirtschaftet. Die Vermietereigenschaft kann ihre Grundlage in rechtlichem oder wirtschaftlichem Eigentum, aber auch in obligatorischen oder dinglichen Nutzungsrechten, wie z.B. einem Nießbrauch oder Erbbaurecht haben. Einnahmen aus Pachtverträgen werden dagegen häufig zu den Einkünften aus Gewerbebetrieb oder Land- und Forstwirtschaft gehören.

Werden zur Anbahnung eines Mietverhältnisses Aufwendungen getätigt, so richtet sich ihr steuerliche Behandlung bei den Mietvertragsparteien danach, ob der angestrebte Vertrag der Einkünfteerzielung dienen soll und damit die Aufwendungen – wie z.B. Kosten für Inserate, Fahrten, Bewirtung, Rechtsanwalt, Steuerberater, Makler – zu abziehbaren Werbungskosten bzw. Betriebsausgaben führen.

Keiner Einkunftsart werden Einnahmen zugerechnet, wenn die Vermietung nicht mit, anhand äußerlicher Kennzeichen feststellbarer, Überschusserzielungsabsicht erfolgt und als sog. Liebhaberei anzusehen ist. Dies hat insbesondere zur Folge, dass Verluste aus der Vermietung bei der Ermittlung der ESt unberücksichtigt bleiben. Allerdings begründet die auf Dauer angelegte Vermietung den ersten Anschein der Überschußerzielungsabsicht. Entscheidend ist das voraussichtliche, vom Vermieter aufgrund objektiver Gegebenheiten, insbesondere nach den Verhältnissen des bereits abgelaufenen Zeitraums erwartete Gesamtergebnis für die gesamte Nutzungsdauer der Immobilie, wobei Steuerersparnisse und Wertsteigerungen außer Betracht bleiben. Liebhaberei kann also bei Vermietung von Wohn- und Geschäftsraum auch dann nicht angenommen werden, wenn die Anfangsverluste länger als acht Jahre dauern oder wenn Verluste auf erhöhten AfA oder Sonderabschreibungen beruhen.

Soweit eine Personenmehrheit Vermieter ist, werden die Einkünfte gem. § 180 AO einheitlich und gesondert ermittelt und festgestellt und nach dem vereinbarten Beteiligungsverhältnis dem einzelnen Vermieter zugerechnet. Allerdings erzielt ein an einer Personengesellschaft Unterbeteiligter keine Einkünfte aus Vermietung und Verpachtung, wenn er nicht nach außen als Vermieter in Erscheinung tritt und er nur im Innenverhältnis am Einnahmeüberschuss beteiligt ist.

Die Einkünfte aus Vermietung und Verpachtung werden als Überschuss der Einnahmen über die Werbungskosten ermittelt. Sind die Mieteinnahmen hingegen den Einkünften aus Gewerbebetrieb, Land- und Forstwirtschaft zuzuordnen, so wird der Gewinn entweder im Wege der Bilanzierung oder im Wege der Überschusseinkünfteermittlung festgestellt. Zu den steuerpflichtigen Einnahmen gehören u.a. neben dem Mietzins auch Entgelte für Nebenleistungen, Betriebskostenerstattungen, Umsatzsteuerzahlungen, Verzugszinsen oder Schadensersatzleistungen soweit sie auf der Verletzung von Mietvertragspflichten beruhen. Von den Einnahmen können – auch bei vorübergehendem Leerstand der Mieträume – die Werbungskosten bzw. Betriebsausgaben abgesetzt werden. Werbungskosten sind alle Ausgaben, die zum Zwecke des Erwerbs, der Erhaltung und Sicherung der Mieteinnahmen getätigt werden, also sofort abzugsfähige Aufwendungen sowie Absetzung für Abnutzung und Substanzverringerung (AfA) und Abschreibungen. Dies sind bspw. Finanzierungskosten, Kontogebühren, Grundsteuer, Instandhaltungsaufwendungen, Rechts- und Steuerberatungskosten, USt aus Werbungs- und Herstellungskosten und die AfA, die unter Umständen nicht in voller Höhe abzugsfähig sind, sondern auf unterschiedliche Zeiträume verteilt zu Werbungskosten bzw. Betriebsausgaben führen.

Zu beachten ist, dass ein Ausgleich von Gewinnen im laufenden Veranlagungszeitraum mit Verlusten aus vorangegangenen Veranlagungszeiträumen und auch der Rücktrag von Verlusten aus dem laufenden Veranlagungszeitraum in den vorangegangenen Veranlagungszeitraum in dem noch Gewinne zu versteuern waren nur eingeschränkt möglich ist. Die seit 1998 geltende Beschränkung des „vertikalen Verlustausgleiches" ist seit dem Veranlagungszeitraum 2004 aufgehoben. Der rücktragbare Verlust in vorangegangene Veranlagungszeiträume oder der zeitlich unbegrenzt vortragbare Verlust beträgt € 1.000.000 (bei zusammenveranlagten Ehegatten € 2.000.000). Darüber hinaus dürfen nur 60 % des Betrages der € 1.000.000 (Gesamtbetrag der Einkünfte) übersteigt durch bestehende Verlustvorträge gemindert werden (§ 10 d Abs. 2 EStG). Der verbleibende Betrag unterliegt der regulären Besteuerung. Bei Anwendung der Verlustausgleichsregelungen, gleichgültig, ob Verlustrücktrag oder Verlustvortrag kann es vorkommen, dass Sonderausgaben und außergewöhnliche Belastungen ganz oder teilweise unberücksichtigt bleiben, da sie sich nur bei einem positiven Einkommen auswirken und die Verlustvorträge vorher in Abzug gebracht werden.

4.2 Weitere Vermarktungsmöglichkeiten

Neben der Vermietung des Objekts, stehen dem Projektentwickler weitere Möglichkeiten der Vermarktung zur Verfügung, deren rechtliche Gegebenheiten im Folgenden kurz dargestellt werden sollen.

4.2.1 Grundstückskaufvertrag bei fertiggestelltem Gebäude

Das fertiggestellte Objekt kann samt dem Grundstück an einen Dritten veräußert werden. Der hierzu notwendige Immobilienkaufvertrag bedarf, im Gegensatz zu anderen Kaufverträgen, der notariellen Beurkundung, soweit er deutschem Recht unterliegt. Ein gültiger Kaufvertrag verpflichtet den Veräußerer dazu dem Erwerber das Eigentum an der Kaufsache zu verschaffen. Der Eigentumserwerb vollzieht sich wiederum durch Einigung der Parteien über den Eigentumsübergang (Auflassung) und der Eintragung in das Grundbuch. Die Auflassung, als besondere Form der Einigung, muss vor einem Notar von den Parteien erklärt werden. Neben der Veräußerung des jeweiligen Grundstücks samt dem darauf befindlichen Gebäude besteht aber auch die Möglichkeit Wohnungen einzeln zu veräußern.

In Ermangelung anderweitiger, eindeutiger Regelungen im Kaufvertrag, erstreckt sich dieser auch auf das Zubehör des Grundstücks. Als Zubehör gelten alle „beweglichen Sachen, die ohne Bestandteil der Hauptsache zu sein, dem wirtschaftlichen Zweck der Hauptsache zu dienen bestimmt sind und zu ihr in einem räumlichen Verhältnis stehen". Zu beachten ist hier, dass der Veräußerer nicht Eigentümer der Sache sein muss, um vertraglich zur Eigentumsverschaffung verpflichtet zu werden. Daher empfiehlt es sich entweder die Erstreckung des Kaufvertrages auf das Zubehör auszuschließen, oder eine detaillierte Inventarliste zum Bestandteil des notariellen Immobilienkaufvertrags zu machen.

Die Veräußerung von Zubehörgegenständen unterliegt nicht der Grunderwerbssteuer, weshalb für deren Berechnung der Wert des mitveräußerten Zubehörs abgezogen werden muss. Wertansätze unter 15 % des Kaufpreises werden dabei regelmäßig nicht von den Finanzämtern geprüft.

Soweit der Verkäufer Unternehmer i.S.d. UStG ist, unterliegen die mitverkauften beweglichen Gegenstände, also insbesondere veräußerte Betriebsvorrichtungen, die steuerrechtlich als bewegliche Wirtschaftsgüter behandelt werden, auch wenn sie zivilrechtlich als wesentlicher Bestandteil der Immobilie (§§ 94, 946 BGB) angesehen werden, der Umsatzsteuerpflicht. Dabei ist zu beachten, dass hinsichtlich der Grundstücksveräußerung § 13 b UStG Anwendung findet, also der Erwerber – als Leistungsempfänger – Schuldner der Umsatzsteuer aus dem Veräußerungsvorgang wird. Sofern der Erwerber das Grundstück selbst zur Erzielung umsatzsteuerpflichtiger Umsätze verwendet, kann er die Umsatzsteuer als Vorsteuer in Abzug bringen und ist insoweit wirtschaftlich nicht belastet. Für den Verkauf von Mobilien gilt § 13 b UStG allerdings nicht. Der Verkäufer ist daher nach wie vor Schuldner der Umsatzsteuer und muss diesen entsprechend erklären und die entstehende Umsatzsteuer abführen.

Ist das verkaufte Objekt im Zeitpunkt der Übergabe mangelhaft, so stehen dem Käufer schuldrechtliche Gewährleistungsrechte zu. So kann er nicht nur Nacherfüllung verlangen, sondern auch den Kaufpreis mindern, vom Kaufvertrag zurücktreten und Schadens- oder Aufwendungsersatz fordern. Um Streitigkeiten über die Frage, ob ein Mangel bereits vor oder erst nach der Übergabe entstanden ist, zu vermeiden, empfiehlt es sich ein ausführliches Abnahmeprotokoll mit dem Erwerber zu erstellen, wobei hierdurch die Gewährleistungsansprüche für sog. versteckte Mängel nicht ausgeschlossen werden können. Während bei der Veräußerung von älteren Gebäuden Haftungsausschlussklauseln üblich und von der Rechtsprechung gebilligt werden, wird deren Anwendung auf Verträge für neue Bauwerke – auf die Werkvertragsrecht Anwendung findet – von der Rechtsprechung nicht zugelassen. Ebenso unwirksam sind solche Ausschlussklauseln bei arglistig verschwiegenen Mängel. Im Übrigen gelangen Formularklauseln im Rahmen der Regeln über Allgemeine Geschäftsbedingungen (§§ 305 ff. BGB) an ihre Grenzen, welche grundsätzlich solche Klauseln untersagen, mit denen der Verwender nicht rechnen musste oder die gegen die Gebote aus Treu und Glauben verstoßen.

Ist ein Objekt zum Zeitpunkt des Verkaufs bereits vermietet, tritt, wie obige Ausführungen zeigen, der Erwerber an die Stelle des Veräußerers und ursprünglichen Vermieters. Zu beachten hat der Veräußerer/Vermieter an dieser Stelle, dass für den Fall, dass der Erwerber und neue Vermieter seinen Verpflichtungen aus dem Vertragsübergang gegenüber dem Mieter nicht nachkommt, haftet der Veräußerer für den von dem Erwerber zu ersetzenden Schadengrundsätzlich als selbstschuldnerisch haftender Bürge, sofern der Mieter nicht vom Veräußerer über den Eigentumsübergang informiert wird. Ein vertraglicher Ausschluss dieser Verpflichtung ist zwar denkbar, bedarf aber der Zustimmung aller Beteiligten und ist nicht formularmäßig möglich.

4.2.2 Bauträgervertrag

Im Gegensatz zu dem oben dargestellten Verkauf eines Grundstücks, samt fertigen Bauwerks, ist es für das Bauträgermodel typisch, dass die Einigung über die Veräußerung des fraglichen Grundstücks und dem darauf zu errichtenden Objekts i.d.R. bereits vor Fertigstellung erfolgte. Dabei kauft der Bauträger regelmäßig ein Grundstück und lässt dieses von Drittunternehmern bebauen, um dann das gesamte Objekt an einen Dritten weiterzuveräußern. Wie ein solches Bauträgermodell im Einzelnen ausgestaltet ist variiert regelmäßig. Obgleich üblicherweise das Objekt bereits weiterveräußert ist, bevor das Grundstück erworben ist und der Bau des Objektes noch nicht begonnen hat, kann auch ein Projekt zunächst auf Kosten des Bauträgers in der Hoffnung begonnen werden, während der Bauphase einen Erwerber zu finden (Vorratbauten). In diesem Fall jedoch können die Beteiligten nicht von einem maßgeblichen Vorteil des Bauträgermodels profitieren, nämlich der Tatsache, dass der Erwerber regelmäßig günstiger finanzieren kann als der Bauträger, wodurch die Kosten für das Projekt sinken. Des Weiteren mindert eine frühzeitige Veräußerung des Objektes das wirtschaftliche Risiko des Bauträgers, womit erneut der Gesamtpreis sinkt. Schließlich hat der Erwerber mehr Möglichkeiten auf die endgültige Gestaltung des Objekts Einfluss zu nehmen, je früher die Weiterveräußerung abgeschlossen ist.

Damit treffen den Bauträger gegenüber dem Erwerber stets die Pflichten das Objekt zu übereignen und das Bauvorhaben durchzuführen. Die gespaltene Stellung des Bauträgervertrags zwischen Kauf- und Werkvertrag hat gerade im Bereich der Mängelgewährleistungsrechte Abgrenzungsschwierigkeiten mit sich gebracht. Seit dem 1.1.2018 ist der Bauträgervertrag jedoch gesetzlich in § 650u BGB kodifiziert. Danach ist betreffend den Anspruch auf Übertragung des Eigentums an dem Grundstück oder auf Übertragung oder Bestellung des Erbbaurechts das Kaufrecht anzuwenden und betreffend den Anspruch auf Errichtung oder den Umbau das Werkvertragsrecht. Ein vertraglicher Haftungsausschluss wird regelmäßig an den Vorschriften für Allgemeine Geschäftsbedingungen (§§ 305 ff. BGB) zu messen sein, denn Bauträgerverträge sind aufgrund ihrer Komplexität zumeist in weiten Teilen vorgefertigt. Dadurch sind dem Haftungsausschluss enge Grenzen gesetzt. Das trifft auch für den Versuch zu, die Gewährleistungsregeln der VOB/B in die Bauträgerverträge aufzunehmen.

Der Abschluss eines gültigen Bauträgervertrages bedarf, so wie ein Grundstückskaufvertrag auch der notariell beglaubigten Form. In diesem Vertrag ist auch das Bauvorhaben anhand einer Baubeschreibung, detailliert darzustellen. Vereinbart wird regelmäßig die Übergabe eines schlüsselfertigen Objekts zu einem, zuvor festgesetzten, Preis. Dieser kann vom Erwerber in Teilzahlungen geleistet werden, wodurch erneut die Finanzierbarkeit des Projekts vereinfacht wird.

Der Erwerb im Wege des Bauträgerkaufvertrages ist umsatzsteuerfrei, da er der Besteuerung nach dem Grunderwerbsteuergesetz unterliegt. Die Grunderwerbsteuer beträgt je nach Bundesland zwischen 5 bis 6,5 % des Kaufpreises, dem Sonderwünsche hinzugerechnet werden und damit auch besteuert werden, und zwar unabhängig davon, ob sie mitbeurkundet worden sind oder nicht.

4.2.3 Generalübernehmermodell

Der Generalübernehmer übernimmt im Rahmen eines Bauvertrages die Verpflichtung, alle notwendigen Planungs- und Ingenieurmaßnahmen sowie alle Baumaßnahmen des Projektes durchzuführen. Im Unterschied zum Bauträgermodell ist der Generalübernehmer lediglich zur Ausführung vorstehender Leistungen verpflichtet, wohingegen der Bauträger auch das Grundstück mitübereignen muss. Dabei übernimmt der Generalübernehmer für gewöhnlich nicht selbst die Erbringung der insgesamten Leistungen, sondern beauftragt Nachunternehmer mit diesen Aufgaben. Ein entscheidender Vorteil für den Erwerber ist, dass dieser lediglich einen Vertragspartner, nämlich den Generalübernehmer hat und im Falle von Gewährleistungsansprüchen auch nur diesen in Haftung nehmen muss. Generell unterliegt der Generalübernehmer nicht § 34 c der Gewerbeordnung und der Makler- und Bauträgerverordnung (MaBV), obgleich sich dies ändern kann, soweit er maßgeblichen Einfluss auf die Abwicklung des Grundstückskaufs, sog. verdecktes Bauträgermodell, nimmt.

In der praktischen Ausgestaltung wird das Generalübernehmermodell regelmäßig so ausgestaltet, dass der Bauherr sich vom Eigentümer ein befristetes Verkaufsangebot geben lässt, in welchem er zur Benennung der Käufer berechtigt wird. Das entsprechende Bauunternehmen benennt in der Folge nur solche Käufer, die gleichzeitig mit Annahme des Angebots mit ihm einen Bauvertrag (Generalübernehmervertrag) abschließen. Der Generalübernehmer baut dann meist nicht selbst, sondern lässt Subunternehmer bauen. Dadurch wird er also zum Auftraggeber, ohne Bauherr zu werden.

Wie auch im Bauträgermodell lassen sich die Gewährleistungsrechte des Erwerbers aus dem Werkvertragsrecht nicht umgehen, womit die gesetzliche Verjährungsfrist für Werkverträge über Bauwerke von grundsätzlich 5 Jahren gilt.

4.2.4 Geschlossener Immobilienfonds

Eine andere Dimension wird von dem Projektentwickler mit der Auflage eines geschlossenen Immobilienfonds beschritten. Während bei zuvor besprochenen Vermarktungsmöglichkeiten regelmäßig nur ein Objekt und zumindest bei gewerblichen Projekten oftmals nur ein Investor auftritt, eröffnet der Immobilienfonds die Möglichkeit eine Vielzahl von Projekten, mit einer Vielzahl von Investoren zu verwirklichen. Ein solcher Fonds sammelt Kapital bei Anlegern um dann in Immobilienprojekte zu investieren. Dabei zeichnet sich der geschlossene Immobilienfonds dadurch aus, dass die Aufnahme von Investoren begrenzt ist. Die Vorteile die sich hieraus ergeben, sind zum einen dass der Projektentwickler durch eine breite Streuung der Anleger die Möglichkeit hat eine größere Menge an Kapital zu generieren. Zum anderen kann der Anleger schon mit einem relativ kleinen Betrag in relativ krisenfeste Immobilienwerte investieren und zu dem noch steuerliche Vorteile geltend machen. Eben diese steuerlichen Vorteile waren es auch, die den Immobilienfonds im Laufe der 90er Jahre eine besondere Blütezeit bescherten. Mit Auslaufen von Sonderabschreibungen für Immobilienerwerb in den neuen Bundesländern und Einschränkung der Verrechnungsmöglichkeiten von Verlusten aus Vermietung und Verpachtung mit anderen Einkünften, sind die steuerlichen Anreize für die Investition in Immobilienfonds stark zurückgegangen. Nichts desto trotz bleibt der Immobilienfonds eine bequeme Möglichkeit am Immobilienmarkt teilnehmen zu können.

In der rechtlichen Konstruktion werden Immobilienfonds zumeist als Personengesellschaften aufgelegt, deren gemeinsamer Zweck in der Errichtung und Vermarktung von meist zuvor festgelegten Objekten besteht. Durchgesetzt haben sich die GbR und die KG als Fondsgesellschaften, abhängig davon, ob eine renditeorientierte oder eine Steuersparanlage angestrebt wird. Die GbR entsteht durch einen Gesellschaftsvertrag in dem sich die Gesellschafter zur Förderung eines bestimmten Zwecks durch die Leistung von Beiträgen verpflichten. Ihre Errichtung ist grundsätzlich formfrei möglich, was auch für die KG gilt. Diese besteht ebenfalls aus Gesellschaftern, die sich zur Verwirklichung eines gemeinsamen Zwecks verpflichtet haben, wobei dieser Zweck bei der KG auf den Betrieb eines Handelsgewerbes gerichtet sein muss und zumindest einer der Gesellschafter nur beschränkt für die Gesellschaftsschulden haftet. Obgleich beide Gesellschaften grundsätzlich formfrei gegründet werden können muss der Gesellschaftsvertrag eines Immobilienfonds notariell beurkundet werden.

Herzstück der Gesellschaft ist die Satzung, in der alle, die rechtliche Gestaltung der Gesellschaft betreffenden, Regelungen getroffen werden. Für Immobilienfondsgesellschaften empfiehlt es sich, abweichend von den gesetzlichen Bestimmungen die freie Übertragbarkeit der Gesellschaftsanteile zu vereinbaren. Ebenso sollte eine Regelung für den Fall getroffen werden, dass ein Gesellschafter aus der Gesellschaft frühzeitig ausscheidet, um die Gesellschaft dann nicht auseinandersetzen zu müssen (Fortsetzungsklausel). Die Durchführung des Projektes erfolgt durch die Geschäftsführungs- und Vertretungsberechtigten der Gesellschaft. Im Rahmen der GbR sind dies, nach den gesetzlichen Regelungen die Gesellschafter. Die Investoren eines Immobilienfonds wollen jedoch eben nicht derartige Aufgaben übernehmen, weshalb ein

Geschäftsführer zu bestellen ist, der die Geschäfte der Gesellschaft führt. Ebenso kann auch in der KG verfahren werden, wobei dies hier nicht von Nöten ist, denn die Investoren treten hier als nicht persönlich haftende Gesellschafter (Kommanditisten) auf und die Initiatoren als persönlich haftende Gesellschafter (Komplementäre), welche für die Vertretung und Geschäftsführung schon von gesetzeswegen zuständig sind. Um die Investoren weiter zu entlasten und gleichzeitig ein neutrales Überwachungsorgan den Initiatoren gegenüber zu stellen, kann von den Anlegern auch ein Treuhänder bestimmt werden. Der Treuhänder hat auch schon vor dem Angebot an die potentiellen Investoren das Projekt zu prüfen, wodurch das Risiko der Anlage verlässlicher dargestellt werden kann.

Der Beitritt von Anlegern kann im Wege des Beitritts durch Aufnahme und durch Übertragung von Anteilen an der Gesellschaft erfolgen. In der Praxis geläufig ist die Variante, dass die Gesellschaft, vertreten durch einen bereits im Gesellschaftsvertrag bestimmten Gesellschafter, laufend neue Gesellschafter aufnimmt. Dabei werden den Anlegern häufig sogenannte „Zeichnungsscheine" oder „Beitrittserklärung" vorgelegt. Die Beurkundungsbedürftigkeit derartiger Vereinbarungen ergibt sich unabhängig von der gewählten Gesellschaftsform daraus, dass sich der einzelne an einer Gesellschaft beteiligt, die noch nicht im Grundbuch als Eigentümer eingetragen ist oder die für die Zukunft noch Veräußerungs- oder Erwerbsverpflichtungen treffen. Der Beitritt zu einem geschlossenen Immobilienfonds ist allerdings schon dann formfrei möglich, wenn die Vorgesellschaft den Grundstückskaufvertrag abgeschlossen hat oder die Gesellschaft ein Ankaufangebot abgegeben hat.

Der Beitritt von Anlegern erfolgt durch die Aufnahme in die Gesellschaft und die Übertragung von Gesellschaftsanteilen. Dieser Vorgang ist zwar grundsätzlich formfrei möglich, doch wird im Regelfall schon aus Beweiszwecken der schriftliche Antrag auf Aufnahme auch schriftlich bestätigt. In der Praxis werden für das Aufnahmeangebot sogenannte Zeichnungsscheine verwandt. Der notariellen Form kann der Beitritt dennoch bedürfen, wenn die Gesellschaft das fragliche Objekt noch nicht erworben hat, oder sie in Zukunft weitere Akquisitionen tätigen soll.

4.2.5 Verkauf der Objektgesellschaft

Neben der Veräußerung des jeweiligen Projektgegenstandes und den anderen oben angeführten Vermarktungsmöglichkeiten den Gegenstand selbst betreffend, kann der Projektentwickler auch die Objektgesellschaft selbst verkaufen. Dabei handelt es sich um den sog. Share-Deal. Damit geht dann, das im Gesellschaftsvermögen befindliche Objekt mittelbar in den Besitz des Erwerbers über. In dieser Konstellation ist danach zu unterscheiden, ob Anteile der Gesellschaft, oder nur einzelne Vermögensbestandteile den Eigentümer wechseln sollen. Der, diese Entscheidung überwiegend beeinflussende, Faktor ist die Frage nach der Besteuerung der jeweiligen Transaktion.

Generell ist der Unternehmenskauf, unabhängig davon ob er sich auf die gesamte Gesellschaft oder nur Gesellschaftsanteile bezieht ein Rechtskauf, welcher sich seit der Schuldrechtsreform 2002 gänzlich nach den Vorschriften über den Kauf von Sachen (§ 453 BGB) richtet. Demnach greift auch hier das Gewährleistungsrecht des Kaufvertrags. Nichts desto trotz geht die Rechtsprechung dazu über, bei Mängeln des verkauften Unternehmens auf die vorvertragliche Haftung nach den Grundsätzen der c.i.c. (§§ 311 Abs. 2 i.V.m. 280 Abs 1, 241 Abs. 2 BGB (vgl. 4.1.1.)) abzustellen, da diese weit flexibler ist und damit für die Behandlung des zumeist komplexen Unternehmenskaufs besser geeignet scheint. Dennoch ist es ratsam eine umfassende Vereinbarung über die Haftung im Kaufvertrag zu treffen, in der vor allem zu regeln ist, welche Zusicherungen der Verkäufer macht um dementsprechend bei Abweichungen die Haftung zu begründen.

Neben der Haftungsregelung wird üblicherweise eine Vereinbarung getroffen, mittels derer der Käufer von steuerlichen Lasten frei gestellt wird, die aus der Zeit vor dem Unternehmenskauf resultieren, wobei der Umfang der Freistellung der Vereinbarung der Parteien obliegt, welche regelmäßig von steuerlichen Aspekten beeinflusst wird.

Soweit Grundstücke und damit verbundene Gebäude zu dem Vermögen der Gesellschaft gehören, so ist darauf zu achten, dass die Veräußerung und der Eigentumserwerb von Immobilien regelmäßig zeitlich nicht zusammenfallen (vgl. 4.2.1. – Auflassung und Eintragung). Daher ist es ratsam Auflassungsvormerkungen eintragen zu lassen, soweit entsprechende Sicherungen vorgelegt werden.

Wird der Unternehmenskauf rechtmäßig angefochten oder muss er aus sonstigen Gründen rückabgewickelt werden, greifen die Regeln des Bereicherungsrechts. Daraus resultiert, dass stets das Unternehmen in seiner Gesamtheit an den Veräußerer zurück zu übertragen ist. Ist dies dem Erwerber nicht möglich, wird er ungeachtet der tatsächlichen Möglichkeit einzelne Gegenstände zurückzugeben wertersatzpflichtig. Für die Höhe des Wertersatzanspruches ist der Zeitpunkt maßgeblich, zu dem feststand, dass der Vertrag keinen Bestand haben wird.

4.3 Zusammenarbeit mit Maklern

Bei der Verwertung des Objekts nimmt der Makler in der Praxis eine gewichtige Rolle ein. Er fungiert als eine Art Vermittler zwischen dem Projektenwickler und der angestrebten Zielgruppe. Dabei ist der Makler spezialisiert auf den Verkauf oder die Vermietung von Immobilien und hat in der Regel eine Marktposition, von der der Projektentwickler profitieren kann. Der Makler kann sowohl vom Objektsuchenden als auch vom Anbieter beauftragt werden. Zwischen dem Anbieter und dem Makler wird ein Maklervertrag geschlossen, der den Vermieter/Verkäufer einseitig gegenüber dem Makler zur Provisionszahlung verpflichtet. Den Makler hingegen trifft aus dem Vertrag regelmäßig keine Verpflichtung zum Tätigwerden, wodurch die Abgrenzung zum Dienstvertrag deutlich wird. Etwas anderes kann für den speziellen Vertragstyp des Makleralleinauftrags gelten. In diesem Falle wird auch eine Tätigkeit geschuldet, der Auftraggeber aber dennoch nur erfolgsabhängig zur Provisionszahlung verpflichtet.

Grundsätzlich sind zwei Arten von Maklerverträgen zu unterscheiden, welche sich nach der Art der den Provisionsanspruch auslösenden Tätigkeit richtet. So kann der Makler zum einen beauftragt werden einen Vertragsschluss zu vermitteln (Vermittlungsmakler) und zum anderen kann die Vereinbarung lediglich auf den Nachweis von potentiellen Vertragspartnern gerichtet sein (Nachweismakler). In beiden Fällen hängt jedoch die Entstehung des Provisionsanspruchs von der Kausalität der fraglichen Tätigkeit für den Abschluss des angestrebten Vertrages ab. Dabei bleibt es dem Auftraggeber regelmäßig unbenommen, eigenständig Vertragsabschlüsse anzustreben und diese auch ohne eine Provisionsverpflichtung auszulösen einzugehen. Dem entgegenstehende Vereinbarungen können jedoch individualvertraglich getroffen werden, während eine wirksame formularmäßige Einbeziehung solcher Regelungen an den Vorschriften über die Allgemeinen Geschäftsbedingungen (§§ 305 ff. BGB) scheitert.

Gesetzliche Regelung erfährt der Maklervertrag in den §§ 652 bis 655 BGB, die oben dargestellte Grundsätze festlegen. Neben den BGB-Vorschriften findet sich für den Makler in § 34 c GeWO eine gesetzliche Regelung, die eine Berufszulassungsregelung enthält. Weitere Bestimmungen über die Art und Weise der Ausübung des Maklerberufes finden sich in der Makler- und Bauträgerverordnung (MaBV) und dem Wohnungsvermittlungsgesetz. Hiernach werden dem Makler bei seiner Tätigkeit gewisse Dokumentations- und Informationspflichten gegenüber seinem Auftraggeber auferlegt.

Für den Abschluss eines Maklervertrages ist grundsätzlich nicht die Einhaltung einer bestimmten Form notwendig, was bedeutet, dass der Vertrag sowohl mündlich als auch durch konkludentes Handeln geschlossen werden kann. Jedoch ist auch hier anzumerken, dass es schon zu Beweiszwecken ratsam ist einen schriftlichen Vertrag zu schließen. Ist nichts weiter bestimmt, so gilt regelmäßig ein Maklerlohn als vereinbart, wenn der Makler üblicherweise nur gegen Entgelt tätig wird.

Neben den oben angeführten Hauptpflichten aus dem Maklervertrag treffen beide Parteien weitreichende Neben- und Sorgfaltspflichten. Der Umfang dieser Pflichten bestimmt sich durch die Intensität des Vertrauensverhältnisses, der wirtschaftlichen Bedeutung des in Frage stehenden Geschäfts und der Erfahrenheit der Vertragsparteien.

Den Auftraggeber trifft dabei die Pflicht den Makler hinreichend und richtig über das Objekt zu informieren. Darüber hinaus ist der Auftraggeber zur Vertraulichkeit verpflichtet, was sich insbesondere darin äußert, dass es ihm untersagt ist, die vom Makler gelieferten Nachweise an Dritte weiterzugeben.

Auf der anderen Seite treffen auch den Makler Aufklärungs- und Informationspflichten. Von besonderer Bedeutung ist dabei die Pflicht dem Auftraggeber alles mitzuteilen, was für diesen von Bedeutung sein kann um eigene Schäden zu vermeiden. Von dieser Pflicht wird allerdings nur die Weitergabe der erhaltenen Informationen erfasst. Den Makler treffen keine Nachforschungs- oder Erkundigungspflichten, sodass er den Sachverhalt nicht selbst aufklären muss. Für die Richtigkeit der weitergegebenen Angaben haftet der Makler nur, soweit sich ihm die Unrichtigkeit der Informationen erschloss. Darüber hinaus untersagt die Treuepflicht dem Auftraggeber gegenüber die Vornahme einer Doppeltätigkeit für die andere Vertragspartei.

Konflikte mit dem Rechtsdienstleistungsgesetz, die zur Unwirksamkeit des Maklervertrags führen, können dann bei der Maklertätigkeit auftreten, wenn der Makler auch mit der Vertragsgestaltung oder der Erteilung von Rechtsauskünften betraut wird. Oftmals werden diese Tätigkeiten jedoch keine besonders umfangreichen Rechtskenntnisse voraussetzten und einen hinreichenden Bezug zu dem angestrebten Vertragsschluss aufweisen, so dass kein Verstoß gegen das Rechtsdienstleistungsgesetz vorliegt. Insbesondere ist eine zulässige Rechtsberatung durch den Makler gegeben, wenn ihn eine Aufklärungspflicht gegenüber seinem Kunden betreffend eine konkrete rechtliche Gegebenheit trifft.

Stichwortverzeichnis

Stichwortverzeichnis

Stichwortverzeichnis

Stichwortverzeichnis

Stichwortverzeichnis

Stichwortverzeichnis

Stichwortverzeichnis